DAS GEFÜHL,
AM RICHTIGEN ORT ZU SEIN.
SONNENGUT ★★★★S
Wellness Therme Spa
Hotel Sonnengut GmbH & Co. KG
Am Aunhamer Berg 2 · 84364 Bad Birnbach/Ndb.
Telefon 08563/305-0 · Fax 08563/305-100
info@sonnengut.de · www.sonnengut.de
Wellness Hotels & Resorts
Werden Sie Fan bei Facebook!
www.facebook.com/WellnesshotelSonnengut

Der Große
Restaurant & Hotel
GUIDE

2022

Ein Guide für Gäste.
Informationen und
Inspirationen
für Menschen mit
Stil und Geschmack.

IMPRESSUM

PROJEKTLEITUNG
HDT Mediengesellschaft mbH
Stührmanns Höhe 7 · D - 28816 Stuhr
info@der-grosse-guide.de · www.hdt-medien.de
V.i.S.d.P. Herbert Wallor

REDAKTION
Redaktionsbüro Reichelt · Mühlbachstraße 28 · D-45891 Gelsenkirchen
redaktion@der-grosse-guide.de

Printed in Germany
ISBN 978-3-9816331-7-7
GeoCenter GeoNr. 17119
25. Auflage
Redaktionsschluss: 17. Dezember 2021

Alle Angaben in diesem Guide sind gewissenhaft geprüft, die Zusammenstellung der Daten erfolgt mit größtmöglicher Sorgfalt. Es ist nicht auszuschließen, dass nach Erscheinen dieser Ausgabe Preis- und Leistungsveränderungen eintreten.
Für eventuelle Fehler übernimmt der Verlag keine Haftung.

Für Hinweise, Verbesserungsvorschläge und Korrekturen ist der Verlag dankbar.
Bitte richten Sie Ihr Schreiben an:

Redaktionsbüro Reichelt · Mühlbachstraße 28 · D-45891 Gelsenkirchen

Coverfotos oben: Epoca by Tristan Brandt, Flims © lvffood.com
unten: © Hotel Eisvogel, Bad Gögging

Inbegriff der Assemblage in der Champagne
DIE KREATION
DES IDEALEN JAHRGANGS
N°23
CHAMPAGNE
Grand Siècle
Laurent-Perrier
GRANDE CUVÉE
98/100
JAMESSUCKLING.COM
95/100
WINE ADVOCATE
18,5/20
Entdecken Sie die Iteration N°23 unter www.grandsiecle.com
Fotograf Iris Velghe - Design LUMA

INHALTSVERZEICHNIS

Der Große Restaurant & Hotel GUIDE

EINIGE ZEILEN VORWEG

Liebe Leserinnen und Leser,

Sie halten die 25. Ausgabe des 'Der Große Restaurant & Hotel Guide' in den Händen, somit eine Jubiläumsausgabe und Jubiläen sind eigentlich immer ein Grund zum feiern. Zwei Jahren Pandemie dämpfen jedoch unsere Feierlaune erheblich. Zwei Jahre des Mitfühlens mit der Gastronomie und Hotellerie, die neben den Kulturbetrieben stets das erste Ziel von Maßnahmen zur Eindämmung von Infektionswellen waren, drücken auch auf unsere Stimmung.

Am Ende ist es ganz gleich, ob die verordneten Maßnahmen richtig oder nicht, zielführend oder nicht waren, das Ergebnis bleibt das selbe: Gastronomie und Hotellerie mussten in erheblichem Umfang den Verlust von Mitarbeitern, Gästen und Umsatz hinnehmen.

Spätestens nach dem 2. Lockdown wurde vielen bewusster, dass Gastronomie und Hotellerie systemrelevant im eigentlichen Sinne des Wortes sind, denn sie haben als Treffpunkte für persönliche Kommunikation eine nicht zu unterschätzende gesellschaftliche Bedeutung. Ihre Angebote sorgen für positive Erlebnisse und Emotionen und welch großen Einfluss Stimmungen auf Gesellschaft und Wirtschaft haben, erleben wir beinahe täglich.

Unser neues Logo wird Ihnen bereits aufgefallen sein. Nicht auf den ersten Blick zu erkennen ist, dass wir mit dieser Ausgabe unsere traditionelle Klassifizierung von Restaurants verlassen haben.

War es bisher allein die Küchenleistung, die als Gesamtergebnis in der Anzahl der Hauben ihren Ausdruck bekam, so haben hier jetzt auch der Service und das Ambiente einen Anteil. Das heißt, wir verabschieden uns bewusst von der Vorstellung, dass allein die Qualität der Küche die Leistung eines Restaurants ergibt.

Der kulinarische Genuss bleibt logischerweise das wichtigste Kriterium, aber nur zusammen mit einem adäquaten Service und einem stimmigen Ambiente ergibt sich ein komplettes Gasterlebnis. Wenn wir Ihnen ein Restaurant empfehlen, dann geht es also um die Gesamtheit dessen, was wir als Gäste wahrnehmen können.
Unsere Hauben sollen Ihnen dabei einen Anhalt geben, was Sie als Gesamt- und Gasterlebnis bei dem Besuch eines der aufgeführten Restaurants erwarten dürfen.

Unsere Klassifizierung war und ist mitnichten als Urteil zu verstehen, weil wir uns nicht als Richter sehen. Sie sind am ehesten vergleichbar mit der Klassifizierung von Automobilen, wo wir gewohnt unterscheiden z.B. in Mittelklasse, obere Mittelklasse, Spitzenklasse, absolute Spizenklasse ...
Und selbstverständlich sind hier die Übergänge fließend und was der eine als Mittelklasse empfindet ist für den anderen möglicherweise Weltklasse. Es ist am Ende immer die Mischung aus persönlichen Vorlieben, Erfahrungen, Erwartungen und dem Preis-Leistungsverhältnis, die einen Gesamteindruck beeinflussen.

Unser Ziel ist, dass wir Ihnen ein verlässlicher Partner bei der Wahl Ihrer nächsten Genuss- und Reiseziele sind und wir wünschen Ihnen hierzu viele Inspirationen bei der Lektüre dieses Buches.

Herbert Wallor
Herausgeber

HOTEL-KLASSIFIZIERUNG

= Luxuriöses Hotel mit absolut perfektem Komfort

= Hervorragendes Hotel mit außergewöhnl. Komfort

= Sehr gutes komfortables Hotel

= Gutes komfortables Hotel

= Zweckmäßig ausgestattetes Hotel

= Zu erwartender Hotel-Komfort

= Hervorhebenswert in seiner Kategorie

= Anspruchsvolles Wellness-& Beauty-Angebot

SERVICE-LEISTUNG

= Exzellent

= Hervorragend

= Sehr gut

= Gut

= Lobenswert

RESTAURANT-KLASSIFIZIERUNG

= eines der besten Restaurants des Landes

= exzellentes Restaurant

= anspruchsvolles Restaura

= gehobenes Restaurant

= sehr gutes Restaurant

= Abwartehauben - wahrscheinlich zu erwartend Klassifizierung nach Neu eröffnung

= Hervorhebenswert in seiner Kategorie

= Gutes Genuss-Preis-Verhältnis

WEINANGEBOT

= Exzellent

= Sehr gut

= Gut

ALLGEMEINE ZEICHENERKLÄRUNG

Histor. Gebäude
American Express
Diners Club
Mastercard
Visa Card
Eurocheque
NR-Zimmer
Ruhig gelegen
Klimaanlage
Lift/Fahrstuhl

Garage
Parkplatz
Garten/Terrasse
Beauty-Shop
Massage
Whirlpool
Sauna
Solarium
Schwimmbad
Hallenbad

Tennisplatz
Tennishalle
Fitness-Raum
Keine Vierbeiner
Konferenzzimmer
Rollstuhlgerecht
Golfplatz
WLAN-Internet
Pay-TV
facebook-Präsenz

BENUTZERHINWEISE

- Die Restaurant- und Hoteleinträge sind ortsalphabetisch gegliedert
- Klassifikation der Leistungen von Hotellerie und Gastronomie nach Fünf-Punkte-System.
- Hotel-Bewertungsskala: von einem Stern für einfache Häuser bis zu fünf Sternen für Luxus-Herbergen.
- Restaurant-Bewertungsskala: von einer bis zu fünf Hauben.
- Hotels mit dazugehörigem Restaurant, das zumindest eine Ein-Hauben-Küchenleistung bietet, sind einander zugeordnet. Dabei bildet der Hotelname das Einordnungskriterium innerhalb des Alphabets und falls der Restaurantname eigenständig ist, wird er zugeordnet.
- Die Hauben-Klassifizierung der Restaurants bezieht sich seit dieser Ausgabe nicht allein auf die Qualität der Küche! Sie ist nach wie vor maßgeblich, aber Service und Ambiente fließen nun mit insgesamt 10% in die Gesamtwertung ein, weil wir der Überzeugung sind, dass beides einen nicht zu verleugnenden Anteil am Genusserlebnis hat.
- Differenzierte Beurteilungen ergeben sich aus den Beschreibungen der einzelnen Häuser.
- Die angegebenen Zimmerpreise verstehen sich in der Regel inkl. Frühstück.
- Die Preise für Doppelzimmer, Suiten etc. beziehen sich auf das Zimmer und nicht je Person.
- Preise und Öffnungszeiten ändern sich oft – deshalb vor einem Besuch bitte das Haus kontaktieren.

Koch 2022

Boris Rommel

Le Cerf – Zweiflingen

Während alle Welt auf der Suche nach neuen, nie dagewesenen Aromen, Zutaten und Garmethoden zu sein scheint, gibt es weiterhin kleine, "gallische Dörfer", in denen an der Perfektion der Klassischen Küche gearbeitet wird. Zweiflingen ist so ein widerständiges Dorf, in dessen Restaurant Le Cerf Boris Rommel der Hüter und Entwickler der Klassik ist. Seine Interpretationen der französischen Hochküche begeistern Menschen, die der klassischen Küche verbunden sind ebenso wie jene, die kulinarisch eher mit "Hip-Hop" aufgewachsen sind.

AUFSTEIGER 2022

„Aufsteiger“ sind für uns Köche, die unter Feinschmeckern längst keine Unbekannten sind, denen es aber merklich nicht genügt, sich mit kulinarischen Ist-Zuständen zufrieden zu geben. Ihre Restaurants, Menüs und Gerichte haben sich zu Reisezielen für Gourmets mit weitester Anfahrt entwickelt. Neben der höheren Wertung innerhalb des Guides möchten wir ihre Leistung und die ihrer Küchenteams an dieser Stelle besonders hervorheben und würdigen.

CHRISTOPH KUNZ
Alois – München

ALEXANDER HOHLWEIN
360° – Limburg

© Wim Jansen

Silio Del Fabro
Esplanade – Saarbrücken

Maurizio Oster
Zeik – Hamburg

Klaus Buderath
Seestern – Ulm

Robert Rädel
Oben – Heidelberg

Newcomer 2022

„Newcomer“ sind für uns Köche, die in den vergangenen Monaten die Position des Küchenchefs übernommen haben und auf Anhieb eine so überzeugende Kulinarik auf die Teller zauberten, dass wir unseren Lesern einen baldigen Besuch ihrer Restaurants ausdrücklich empfehlen möchten.

Nathalie Leblond & Gregor Goncharov
Les Deux by Kieffer – München

Martin Weghofer

MAIN TOWER – Frankfurt am Main

Pascal Dyck

Schuhbecks in den Südtiroler Stuben – München

Inbegriff der Assemblage in der Champagne
DIE KREATION DES IDEALEN JAHRGANGS
N°23
CHAMPAGNE
Grand Siècle
Laurent-Perrier
GRANDE CUVÉE
98/100
JAMESSUCKLING.COM
95/100
WINE ADVOCATE
18,5/20
Entdecken Sie die Iteration N°23 unter www.grandsiecle.com
Fotograf Iris Velghe - Design LUMA

Serviceteam 2022

V.l.n.r: Alexandra Himmel, Jennifer Seifert, Boris Häbel, Miguel Martin, Florian Friedrich, Alexandra Vetter

Lafleur

Frankfurt am Main

Im Restaurant Lafleur sorgt das gesamte,
top geschulte Serviceteam um Boris Häbel für
einen rundum gelungenen Abend.
Mit staunenswerter Selbstverständlichkeit
reagieren die Mitarbeiter flexibel und individuell
auf jeden Gast und jede Situation am Tisch,
um den Aufenthalt erinnerungswürdig zu gestalten.
Das gelingt, weil das Team hochprofessionell
und auffallend unauffällig agiert.
Achten Sie bei Ihrem nächsten Besuch einmal darauf ;-)

L'ÉQUILIBRE
PARFAIT
LA CUVÉE
CHAMPAGNE
Laurent-Perrier
MAISON FONDÉE
1812
BRUT
Laurent-Perrier
LA CUVÉE
CHAMPAGNE
Laurent-Perrier
MAISON FONDÉE
1812
BRUT
photographe Iris Velghe

Gastgeber 2022

Christian und Christiane Grainer

Christians Restaurant – Kirchdorf

Die Eheleute Grainer führen ihr Restaurant
mit großem Einsatz und echter Leidenschaft.
Christian und Christiane – die beiden müssen
einfach ein kongeniales Team sein.
Er zaubert den Gästen mit seinen Speisen ein Lächeln
ins Gesicht und sie mit ihrem natürlichen und herzlichen
Wesen, das jeden Gast sofort für sie einnimmt.

Sommelier 2022

Teoman Mezda

Restaurant Bareiss – Baiersbronn

Teoman Mezda versteht es vorzüglich, seinen Gästen Wein in all seiner Vielfältigkeit nahe zu bringen. Die hervorragende Weinauswahl im Restaurant Bareiss hat er mit enormem Fachwissen zusammengestellt. Eine besondere Freude ist, dass er immer offen für Neues ist und auch jungen Winzern eine Chance gibt.

Pâtissier 2022

Raffaele Stea

OPUS V – Mannheim

Kann denn Süßes Sünde sein? Nicht, wenn Raffaele Stea seine Hände im Spiel hat. Mit denen kreiert er Desserts, Petit Fours, Trüffel & Co., die so klar wie ideenreich sind, so präzise wie verführerisch und so kunstvoll, dass Auge und Gaumen übergehen – übrigens ohne, dass Zucker überhaupt die Hauptrolle spielt.

Gastronomen 2022

© Günter Standl

V.l.n.r.:Schwiegersohn Christian Fleischmann, Tochter Katharina Fleischmann, Susanne und Hans-Jürgen Nägerl

Familie Fleischmann-Nägerl

Landhotel Weißes Roß – Illschwang

Seit 1840 in Familienbesitz, verstehen es die Fleischmann-Nägerls gelebte Gastlichkeit und echte Gastfreundschaft fortzuführen und mit gastronomischen Innovationen zu ergänzen. Über allem steht jederzeit das Wohl des Gastes. Dafür setzt sich die ganze Familie mit Leidenschaft und nimmermüdem Einsatz ein.

Dichter

Park Hotel Egerner Höfe – Rottach-Egern

Nach umfangreicher Neugestaltung wurde das Restaurant Dichter der rasant veränderten Zeit angeglichen, ist ihr gar einen Schritt voraus. Nicht nur der Gastraum strahlt jetzt die Philosophie von Transparenz, ökologischem Bewusstsein und Nachhaltigkeit aus, auch die regional orientierte Küche unter Leitung von Thomas Kellermann folgt diesen Prämissen. Heute präsentiert sich das Dichter so aktuell wie nie, weil hier aufgezeigt wird, wie man mit Kreativität aus dem vermeintlich Einfachen das Besondere macht.

Restaurant-Entdeckungen 2022

Diese Restaurants sind neu in unserem Guide und wir möchten sie an dieser Stelle besonders hervorheben, weil jedes für sich genommen eine individuelle Ausstrahlung besitzt, von einer ausgezeichneten Küche begleitet wird und man ein Gasterlebnis erfährt, das bereits beim Verlassen des Restaurants echte Vorfreude auf den nächsten Besuch weckt.

12Seasons - Berlin

Votum - Hannover

MOD BY SVEN NÖTHEL - DUISBURG

SEVEN SWANS - FRANKFURT/MAIN

THE STAGE - DORTMUND

Restaurant-Eröffnung 2022

Troyka

Erkelenz

Das neueröffnete Restaurant Troyka setzt ein Zeichen für die vielen, die ebenfalls von einem eigenen Restaurant träumen. Wenn man genau weiß, was man kann und was man will, braucht es gar nicht so viel Mut, wohl aber unermüdlichen Einsatz. Denn dem, der ohne zu stöhnen 24 Stunden des Tages an der Verwirklichung seines Traums arbeitet, kann das Troyka tatsächlich als Beispiel dienen. Darüber wollen wir als Gäste natürlich nicht weiter nachdenken. Wir möchten Genuss, kulinarisches Erlebnis und gastronomisches Event und im Troyka bekommen wir all das und zwar nicht zu knapp.

Millésimé 2008
CHAMPAGNE
Laurent-Perrier
MAISON FONDÉE
1812
BRUT
2008
Laurent-Perrier
MILLÉSIME
CHAMPAGNE
Laurent-Perrier
MAISON FONDÉE
1812
BRUT

Landgasthof 2022

Rait'ner Wirt

Schleching

Am Fuße der Alpen im Achental, nahe dem Chiemsee
findet sich mit dem Rait'ner Wirt ein
Landgasthof wie aus dem Bilderbuch.
Hotel, Restaurant, Wirtshaus und Biergarten sind
bei Wanderern, Bergsteigern und Urlaubsgästen
ebenso beliebt wie bei Einheimischen.
Die authentische Gastfreundschaft der Mitarbeiter
trägt ihren Teil dazu bei, dass der Rait'ner Wirt
ein Ruhepol und Kraftort in hektischer Zeit ist.

L'ÉQUILIBRE
PARFAIT
LA CUVÉE
CHAMPAGNE
Laurent-Perrier
MAISON FONDÉE
1812
BRUT
Laurent-Perrier
LA CUVÉE
CHAMPAGNE
Laurent-Perrier
MAISON FONDÉE
1812
BRUT
photographe Iris Velghe

Nachhaltigkeits-konzept 2022

Gut Steinbach

Reit im Winkl

Gut Steinbach tut gut. Heimatliebe und regionale Verbundenheit sind hier Ursprung und Antrieb für gelebte Nachhaltigkeit aus Respekt vor der Natur und zum Wohl der Gäste.
51 Hektar Land, davon 35 Hektar Wald, überwiegend natürliche Baumaterialien im Haus, den Chalets und dem Spa, Heizwärme aus einem Naturwärmewerk, 80% der Lebensmittel aus einem Radius von maximal 80 km: Das sind nur ein paar wenige von vielen guten Argumenten, die für eine bewusste Auszeit auf Gut Steinbach sprechen, das unseren Nachhaltigkeitspreis mehr als verdient.

Hotelteam 2022

Bayerwaldhof

Bad Kötzting

Wer einmal Gast im Bayerwaldhof war, wird bestätigen, dass er sich dort ganz besonders wohl gefühlt hat. Tolles Ambiente, tolles Angebot. Das findet man ehrlich gesagt auch in anderen Hotels. Aber ein Hotel, in dem die Mitarbeiter ein "Willkommen" oder "Schön, dass Sie bei uns sind" nicht als Schild vor der Brust tragen, sondern es spürbar von ganzem Herzen kommt, ist (leider) deutlich seltener. Beim wiederholten Besuch des Bayerwaldhofs werden Sie sagen: "Ein tolles Team und dazu ein tolles ..."

HOTEL 2022

LIBERTY

Offenburg

Im „Liberty“ wurde die ursprüngliche Bestimmung des Hauses ins Gegenteil verkehrt und hinter einstigen Gefängnismauern und -zellen findet sich nun ein schickes Designhotel mit lässigem Ambiente. Die Integration historischer Elemente und die Verwandlung vom Zucht- zum Gästehaus sind so unbeschreiblich gut gelungen, dass man das Hotel am besten selbst einmal besucht, um die einzigartige Atmosphäre auf sich wirken zu lassen.

Resort 2022

Das Achental

Grassau

Das Achental ist ein so unglaubliches Resort der Extraklasse, dass man es am besten selbst erlebt, um es in seiner ganzen Fülle von Angeboten und individuellen Möglichkeiten für Erholung, Golf und Genuss inmitten von lässigem Luxus für wahr zu halten. Tatsache ist: Staunen und Begeisterung sind im Das Achental garantiert.

Wellnesshotel 2022

Angerhof
Sport & Wellnesshotel
St. Englmar

Die über 6.500 m² große Wellnesslandschaft
im Angerhof umfasst eine Wasser- und Saunawelt mit
Felsenbad, Infinity-Pool, Kräuterdom, Saunen, Laconium,
Ruhe- und Fitnessräumen sowie Relaxbehandlungen,
die ihresgleichen suchen, und wird noch von einer
30.000 m² großen Gartenanlage ergänzt.
Mehr Erholung wartet nur noch im Paradies – aber
das ist nicht so leicht zu erreichen wie der Angerhof.

BOUTIQUEHOTEL 2022

BACHOFER

Waiblingen

Im Zentrum der historischen Stauferstadt Waiblingen ist das „bachofer" ein kleines, gastronomisches Gesamtkunstwerk. Gourmetrestaurant, interaktive ESS-Bar, Kochschule, Private-Dining-Room, Cateringservice, Sommer-Terrasse und last but not least das Boutique-Hotel mit acht individuellen Designzimmern ergänzen einander und sind geprägt von einem herzlichen Service und wunderbar entspannter Atmosphäre.

Landhotel 2022

Steffen und Nadine Mezger, Inhaberfamilie Sturm

Landhotel Jagstmühle

Mulfingen

Die liebevoll restaurierte, historische Jagstmühle ist eng mit dem Fluss und der Region der Hohenloher Ebene verbunden. Abseits vom umtriebigen Alltag und umgeben von romantischer Natur kann man hier entschleunigen und die natürliche Ruhe genießen. Mit dem Haupt- und Gästehaus, der Mühlenscheune und Jagsthütte grenzen vier Gebäude an eine eigene, grüne, üppig bewachsene Insel und bilden eine Einheit der Erholung und Geborgenheit.

BUSINESSHOTEL 2022

Inh. Manuela und Marc Schumacher

ALTE POSTHALTEREI

Zusmarshausen

Die „Alte Posthalterei“ mitten im Naturpark Westliche Wälder, bietet allerbeste Rahmenbedingungen, um effizient und – ja das geht – freudvoll zu tagen. Die landschaftliche Ruhe ermöglicht ungestörte Konzentration, die funktionell ausgestatteten Räumlichkeiten effektives Arbeiten. Und natürlich begleitet ein aufmerksamer Service die Veranstaltung, die stets nach individuellen Wünschen ausgerichtet wird.

KULINARISCHE TRÄUME

Auf den nachfolgenden Seiten präsentieren wir Ihnen Restaurants, in denen Sie sich nicht nur kulinarisch verwöhnen lassen sondern auch Erinnerungen an wundervolle Abende mit nachhause nehmen können. Lassen Sie sich inspirieren.

Das ist unsere
Natur.
Und das ist ihr
Bier.
Mit Felsquellwasser® gebraut.
Krombacher
Pils
Krombacher
KROMBACHER PRIVATBRAUEREI
SEIT 1803
Krombacher
Pils
EINE PERLE DER NA
ÖKO-TEST
Krombacher Pils
Gesamturteil:
sehr gut
Ausgabe 06/2019
Eine Perle der Natur.
Gebraut nach dem deutschen Reinheitsgebot · Krombacher Privatbrauerei

Bad Birnbach

Bhf→2 km

Sonnengut - Hirschstube

✉ 84364 · Am Aunhamer Berg 2 · ☎ (0 85 63) 30 50 · Fax: 30 51 00
Neue, geh. Reg. u. Mediterrane Küche (s. a. Kulinarisches Special) · **Geöffnet:** Do.-So. 18-21 Uhr · **Ruhetag:** Mo./Di./Mi. · **Tische:** 60/125 Plätze VISA AE BC
info@sonnengut.de · www.sonnengut.de

Speisekarte: 2 Menüs von 35,00 bis 79,00 € 600 Weinpos.
Chefkoch Christian Gsödl tüftelt und werkelt in seiner Küche, um immer wieder neue Speisen zu kreieren, die er zu zwei Menüs zusammenstellt, die es in sich haben. Egal, ob man das "Sonnengut-Abendmenü" oder das "Wine & Dine Menü" wählt, das Feinschmeckerherz wird höher schlagen. Die Qualität der Zutaten und die frischen Zubereitungen sind immer erste Wahl. Das Fleisch stammt aus Muttertierhaltung vom heimischen Bauern, Getreide, Obst und Gemüse kommen aus natürlichem Anbau, gewürzt wird mit frischen Kräutern aus dem eigenen Kräutergarten.
Lukas Ritter sorgt als umsichtiger Restaurantleiter für einen harmonischen und entspannten Ablauf des Abends. Er ist außerdem kompetenter Ansprechpartner, wenn es um die hinreißend vielseitig sortierte Weinkarte geht. Bei 600 Positionen ist es schön, einfühlsame Tipps zu bekommen. An warmen Tagen ist ein Platz auf der großen, sonnenbeschirmten Terrasse mit herrlichem Blick in die Natur besonders schön. Hier oder auch in der modernen "Arthur's 1994" Bar kann man den Abend in netter Gesellschaft oder romantischer Zweisamkeit bestens ausklingen lassen.

****

Aktuell ist die Hirschstube für à la carte Gastronomie geschlossen und nur auf Anfrage für Veranstaltungen geöffnet.

Bad Peterstal-Griesbach

Hotel Dollenberg - Le Pavillon

Bhf→3 km

✉ 77740 · OT Bad Griesbach · Dollenberg 3 · ☎ (0 78 06) 7 80 · Fax: 12 72
Klassische, Neue u. Regionale Küche · Küche: 18:30–21 Uhr · **Ruhetag:** Di./Mi. ·
Ferien: 6.-23.3.22/19.6.-6.7.22 · **Tische:** 9/40 Plätze
info@dollenberg.de · www.dollenberg.de

Speisekarte: 1 Menü von 143,00 bis 189,00 € 540 Weinpos.

Frankreich fast vor der Tür, kann man im Hotel "Dollenberg" nicht nur feinstes "savoir vivre" im Gourmetrestaurant "Le Pavillon" erleben, sondern in der Kaminstube auch gehobene regionale Spezialitäten genießen, die die Vielfalt der badischen Küche widerspiegeln. (tägl. 12-14/18:30-21 Uhr geöffnet)
Hier wie da zeigt sich Chefkoch Martin Herrmann als Meister seines Faches. Gerne lässt er sich von den wechselnden Jahreszeiten inspirieren und erfreut sich und seine Gäste an den variierenden Zutaten, Aromen, Texturen, Farben und Formen.
Ist das "Le Pavillon" zeitlos elegant eingerichtet und dem klassischen Küchenauftritt vorbehalten, sind die zwei Stuben mit viel Holz und kleinen Nischen die gelungene und behagliche Variante "für jeden Tag". Stets sind die handverlesenen Zutaten – gerne von bekannten Händlern aus der Region – von kompromisslos guter Qualität und werden vom engagierten Team mit Achtung vor dem Produkt verarbeitet und harmonisch zusammengestellt.
Im Sommer und an warmen Tagen sollte man es sich nicht entgehen lassen, die wirklich außergewöhnlichen Speisen mit Panoramablick auf das Renchtal zu genießen. Dieses kulinarische Erlebnis wird garantiert ein unvergessliches und einmaliges sein.

Bad Staffelstein

"v. Scheffel"

Bhf→100 m

✉ 96231 · Am Kurpark 7 · ☎ (0 95 73) 33 30 · Fax: 33 32 99
Gehobene Mediterrane Küche · **Geöffnet:** 18–22 Uhr · Küche: 18–21 Uhr · **Ruhetag:** Mo./Di. · **Tische:** 7/18 Plätze
info@v-scheffel.de · www.v-scheffel.de

Speisekarte: 5 Hauptgerichte von 34,50 bis 44,00 €; 2 Menüs von 51,50 bis 124,00 € 55 Weinpos.

Der bekannte Dichter Joseph Victor von Scheffel, der mit dem "Frankenlied" die inoffizielle Hymne der Franken geschrieben hat, ist Namensgeber des Fine Dining Restaurants. Chefkoch Fabian Wallner überzeugt hier mit einer gehobenen mediterranen Küche, die durch den klassischen Service mit Tranchieren und Filetieren am Tisch zusätzliche Qualität bekommt.
In eleganter Atmosphäre werden frische mediterrane Spezialitäten geboten. Hier genießt man südländische Leichtigkeit, gepaart mit dem Lebensgefühl des Mittelmeerraums.
Das Küchenteam verführt täglich mit zwei raffiniert zusammengestellten Menüs. Das Konzept "B(o)orn for nature" setzt auf Zutaten, die ökologisch, ökonomisch, regional und nachhaltig sind. Fett-, salzarme, laktose- und glutenfreie Gerichte können unbeschwert genossen werden.
Im Weinkeller lagern die passenden edlen Tropfen. In der schick gestylten, modernen Lounge kann man von 10 bis 24 Uhr verweilen und aus einem facettenreichen Angebot wählen. Kaffee und Kuchen, eine Snackkarte (bis 23 Uhr), frisch geshakte Cocktails, ein kühles Bier aus über 50 (!) heimischen Spezialitäten und das Sky-Sportprogramm auf dem 65"-Bildschirm versüßen die Zeit.

Bad Tabarz

AKZENT Hotel "Zur Post" - Thüringer Stube Bhf→25 km

✉ 99891 · Lauchagrundstraße 16 · ☎ (03 62 59) 66 60 · Fax: 6 66 66
Neue u. Regionale Küche · Küche: 12–21 Uhr · **Tische:** 17/75 Plätze
VISA AE
info@hotel-tabarz.de · www.hotel-tabarz.de

Speisekarte: 17 Hauptgerichte von 11,50 bis 32,00 €; 1 Tagesgericht von 13,00 bis 27,00 € ♦♦♦ 50 Weinpos. Die "Thüringer Stube" ist modern-behaglich eingerichtet und vermittelt eine lässig-entspannte Atmosphäre. Der Service ist ausnehmend freundlich und zuvorkommend und versucht auch gerne, den einen oder anderen Sonderwunsch zu erfüllen. Chefkoch Michael Töpfer kocht aromensicher und stellt die sorgfältig ausgesuchten Zutaten, die möglichst aus der näheren Umgebung stammen und auf die wechselnden Jahreszeiten abgestimmt sind, mit Bedacht und Harmonie zusammen. Dabei setzt er auch eigene Ideen zu zeitgeistigen Speisen um und bietet zusätzlich eine Anzahl köstlicher Thüringer Spezialitäten wie Wildgerichte, Zwiebelrostbraten und natürlich die überaus beliebte Thüringer Bratwurst. Die abwechslungsreiche Speisekarte hält für jeden Geschmack etwas bereit. Kleine Gäste können sich ein kindgerechtes Menü selber zusammenstellen.

In der Erlebnis- und Musikbar "Postmarie" gibt es das ganze Jahr Musikveranstaltungen, Sonderevents und samstags Livemusik oder Diskothek. Ein großes Angebot mit Cocktails, kleinen Snacks, verschiedenen Biersorten sowie alkoholfreien- und Szenegetränken rundet den Besuch ab. Bei der individuellen Durchführung privater Feste in den Räumlichkeiten des Hotels ist das nette Team übrigens jederzeit behilflich.

Bad Tabarz

Bhf→25 km

Frauenberger - Schwanenrestaurant

✉ 99891 · Max-Alvary-Straße 9-11 · ☎ (03 62 59) 52 20 · Fax: 52 21 00
Internationale und Regionale Küche · Küche: 12–22 Uhr · **Tische:** 26/110 Plätze
VISA AE
info@hotel-frauenberger.de · www.hotel-frauenberger.de · f

Speisekarte: 9 Hauptgerichte von 25,00 bis 40,00 €; 1 Mittagsmenü zu 29,00 €; 2 Menüs von 45,00 bis 70,00 €
70 Weinpos.

Behaglichkeit und stilvoll-eleganter Landhausstil überzeugen im Schwanenrestaurant. In einem warm-frischen, hellen Blauton gefallen die filigranen Stühle, geschmackvoll eingedeckt sind die Tische. Hier genießt man in einer herrlich entspannten Atmosphäre. Die frischen Zutaten orientieren sich am jahreszeitlichen Angebot und werden sorgfältig unter Leitung von Tim Haney zusammengestellt. Dank der offenen Showküche lässt sich bestens beobachten, mit wie viel handwerklichem Geschick und Raffinesse die Speisen zubereitet werden. Dabei zählen die auf den Punkt gebratenen exzellenten Steaks zu den besonderen Spezialitäten.
Am Wochenende, für Familienfeiern (für bis zu 30 Personen) oder auch für ein unvergessliches, romantisches Candlelight-Dinner ist das Kaminzimmer mit flackerndem Feuerschein individueller Rahmen und stilvolles Refugium zugleich.
Egal, wo man speist – der Service ist zuvorkommend und ausgesprochen herzlich und natürlich. Ein abwechslungs- und auch lehrreiches Angebot ist die Teilnahme an einem Kochkurs bei den Profiköchen, die allen Beteiligten immer viel Spaß macht. Hier kann man so manchen Tipp bekommen, um die spannenden Inspirationen dann zu Hause umzusetzen.

Bad Teinach-Zavelstein

Gourmetrestaurant Berlins Krone

Bhf→4 km

75385 · OT Zavelstein · Marktplatz 1-3 · (0 70 53) 9 29 40 · Fax: 92 94 30
Klassische, Regionale und Neue Küche · Küche: 18–21 Uhr · **Ruhetag:** Mo./Di. ·
Ferien: je 2 Wo. Jan. + Juni · **Tische:** 10/35 Plätze
kronelamm@berlins-hotel.de · www.berlins-hotel.de ·

Speisekarte: 4 Hauptgerichte zu 48,00 €; 1 Menü von 115,00 bis 145,00 €

180 Weinpos.

Mit gleich drei Restaurants bietet das Hotel "Krone Lamm" dreifach einzigartigen Gaumenschmaus auf höchstem Niveau. Vom schwäbisch-rustikalen "Wanderheim Zavelstein" mit kulinarischen Specials wie Fondue, wunderschönem Biergarten und Eventbereich "GiganTische" über regionale Spezialitäten und Wellness-Vitalküche im "Naturparkrestaurant Lamm" bis hin zum "Gourmetrestaurant Berlins Krone" ist für alle Geschmäcker etwas dabei.

Im "Gourmetrestaurant Berlins Krone" wird der Besucher von Gastgeber Franz Berlin in neue Geschmackswelten entführt und mit fantasievollen Gaumenfreuden verwöhnt. Ausgezeichnet mit einem Michelin-Stern, werden höchste Genüsse und eine kreative Küche präsentiert, die Gourmetherzen höherschlagen lassen. Ob saisonal, kreativ oder vegetarisch – für jeden Geschmack steht das richtige Menü zur Verfügung.

Das liebevoll restaurierte Bauernhof-Ensemble "Theurerhof" mit seinen behaglichen Stuben ist die perfekte Ergänzung für festliche Veranstaltungen, zünftige Events oder Seminare in ganz besonderem Rahmen. Bleibt noch die Bar & Lounge "Berliner Platz" zu erwähnen: Hier kann man in entspannter und kommunikativer Atmosphäre den Tag bei einem Drink an der Theke oder vor dem Kamin entspannt ausklingen lassen.

Billerbeck

Bhf→700 m

Domschenke

✉ 48727 · Markt 6 · ☎ (0 25 43) 9 32 00 · Fax: 93 20 30
Regionale u. Crossover Küche · Küche: 12–14/18–22 Uhr · **Tische:** 26/100 Plätze
VISA AE
domschenke@t-online.de · www.domschenke-billerbeck.de

Speisekarte: 15 Hauptgerichte von 11,00 bis 30,00 €; 3 Menüs von 29,00 bis 56,00 € 250 Weinpos.

So beschaulich das kleine westfälische Billerbeck auch ist, mit der "Domschenke" gibt es hier ein Restaurant, das nicht nur denen im nahen Münster den Rang abläuft.

Das Interieur ist zweigeteilt: Rechts vom Eingang findet sich ein dezent rustikaler Raum, der auch mittags gerne genutzt wird, im linken Teil kontrastiert der warme Rotton der Kirschholzmöbel reizvoll mit kühlem Grau. Egal, wo man sitzt, die Tische sind geschmackvoll und edel eingedeckt und der Service unter aufmerksamer Leitung von Beate Apel ist ausnehmend freundlich, zuvorkommend und kompetent. Am Herd des traditionsreichen Familienbetriebes, der in nunmehr fünfter Generation geführt wird, steht Chefkoch Frank Groll. Er kann auf illustre Karrierestationen zurückblicken, beweist aber nun schon seit über zwei Jahrzehnten, dass man im Münsterland mehr bieten kann als nur westfälische Küche. Das spricht sich herum und so findet die moderne Crossover-Küche, ergänzt von pfiffigen Bistrogerichten, auch bei Besuchern von außerhalb großen Anklang. Die Zutaten sind handverlesen und kommen möglichst aus der Region, was zusätzlich Topqualität und Frische garantiert. Im Sommer sitzt man an warmen Tagen im Gastgarten eingangs der Fußgängerzone und genießt lockeres savoir vivre mitten in Westfalen.

Blankenhain

Gastronomie im Spa & GolfResort Weimarer Land

Bhf→20 km

✉ 99444 · Weimarer Straße 60 · ☎ (03 64 59) 61 64-0 · Fax: 61 64 40 09
Neue Thüringer und Mediterrane Küche · Küche: 18–21:30 Uhr VISA AE EC
info@spahotel-weimar.de · www.golfresort-weimarerland.de · f

140 Weinpos.

Im "Spa & GolfResort Weimarer Land" kann man tatsächlich für jeden Geschmack und jede Stimmung ein passendes Restaurant finden. Gourmet-Flaggschiff ist das elegante à la carte "Restaurant Masters" (eine rechtzeitige Reservierung ist erforderlich), in dem Küchenchef Danny Schwabe mit einer leichten und innovativen mediterranen und frankophilen Küche überzeugt.

In den ursprünglichen, behaglichen Stuben des Restaurants "Augusta" trifft man sich abends nach der Golfrunde, dem Familienausflug oder dem erholsamen Spa-Tag und lässt sich vom Dinner-Menü verwöhnen. Hier legt Küchenchef Marcel Hanslok größten Wert auf erstklassige Zutaten, die bevorzugt aus der Region stammen.

In der "GolfHütte" mit weitem Blick aufs Grün rund um Loch 18 im Feininger-Course gibt es von knackigen Salaten über Burger bis zu Flammkuchen bodenständige, aber raffinierte Speisen.

Klassische Thüringer Küche wartet im "Zum güldenen Zopf", ein wunderschön gestaltetes, 500 Jahre altes Gasthaus. Und wer den Tag bei einem frisch gemixten Drink oder gezapften Bier ausklingen lassen möchte, wird sich in der schön gestylten Grand Slam Bar rundum wohlfühlen. Die Bobby Jones Smoker's Lounge mit gediegenen Ledersesseln und offenem Kamin und die Vinothek mit exzellenter Weinauswahl machen das vielseitige kulinarische Angebot perfekt.

Friedland (Kreis Göttingen)

Bhf→2 km

Schillingshof

37133 · OT Groß Schneen · Lappstraße 14 · (0 55 04) 2 28 · Fax: 4 27 · Neue, Intern. u. Reg. Küche · **Geöffnet:** Mi.-Sa. 17:30 - 22 Uhr, So. 12-14 Uhr · **Ruhetag:** Mo./Di. · **Ferien:** je 3 W. Jan. + 3 W. Sommer · **Tische:** 15/45 Plätze VISA EC
info@schillingshof.de · www.schillingshof.de ·

Speisekarte: 6 Hauptgerichte von 26,00 bis 45,00 €; 3 Menüs von 40,00 bis 125,00 € 170 Weinpos.

Besonders in der kalten Jahreszeit vermittelt das historische Anwesen von Familie Erbeck-Schilling schon von weitem Geborgenheit und Wärme, im Sommer hingegen wartet eine wunderschöne Garten-Terrasse mit Pavillon. Im Interieur gefällt das Restaurant mit gediegener Einrichtung und heiterer Atmosphäre.
Die über 400-jährige gastliche Tradition verpflichtet und so kümmern sich Stephan Schilling (als Chefkoch) und Petra Erbeck-Schilling (als Restaurantleiterin) liebevoll um ihre Gäste. Die Küche orientiert sich am saisonalen Marktangebot und man kann regionale, moderne und mediterran geprägte Speisen auf echtem Topniveau genießen. Die Zutaten kommen unter nachhaltigen Aspekten von bekannten Erzeugern und aus artgerechter Tierhaltung.
Für private und geschäftliche Veranstaltungen stehen separate, stilvolle Räumlichkeiten zur Verfügung, kulinarische Events in den eigenen vier Wänden betreut ein exzellenter Catering-Service. Hervorhebenswert sind auch die mit edlen Materialien – hübsch kontrastiert der dunkelbraune Boden mit hellen Möbeln – und sowohl technisch als auch dekorativ perfekt ausgestatteten Zimmer (5 DZ 145,- €, als EZ 78,- €, inklusive individuell zusammengestelltem Frühstück).

Gengenbach

Die Reichsstadt

Bhf→800 m

77723 · Engelgasse 33 · ☎ (0 78 03) 9 66 30 · Fax: 96 63 10
Klass., Reg. u. Mediter. Küche · **Geöffnet:** ab 17 Uhr · **Ruhetag:** Mo. · **Tische:** 15/70 Plätze
info@die-reichsstadt.de · www.die-reichsstadt.de

Speisekarte: 10 Hauptgerichte von 21,00 bis 45,00 €; 6 Tagesgerichte von 14,00 bis 28,00 €; 2 Menüs von 39,00 bis 95,00 € 129 Weinpos.
Im romantischen Gengenbach findet der Gast mit dem Hotel und Restaurant "Reichsstadt" ein persönlich geführtes gastronomisches Kleinod, das mit Stil und Geschmack eingerichtet wurde und sich auch jederzeit durch einen sehr persönlichen Service auszeichnet.
Im Restaurant steht mit den Herren Schley und Blass eine Doppelspitze am Herd und überzeugt die Gästeschar mit einer durchdachten Küche der feinen Aromen. Sie bieten sowohl moderne Speisen als auch gehobene Regionalia und von mediterranen Elementen geprägte Gerichte an, die auf handverlesenen Zutaten basieren und von großem handwerklichem Geschick und Kreativität zeugen. Für Abwechslung auf der Karte sorgen die Jahreszeiten. Neben feinsten Zubereitungen von Rinderfilets, Jakobsmuscheln oder Edelfischen sollte man natürlich unbedingt eine der Schwarzwälder Spezialitäten wie die Forelle "Müllerin" oder die badischen Hechtklößchen probieren. Ein nach individuellen Wünschen festlich geschmückter Saal steht für vielerlei Veranstaltungen wie Hochzeiten oder Geburtstage bereit, die kulinarische Begleitung ist der erste Garant fürs gute Gelingen.
Im Sommer wartet eine wunderschöner, üppig begrünter, sehr romantischer Garten auf den Feinschmecker.

Grassau

Bhf→14 km

Das Achental Resort

✉ 83224 · Mietenkamer Straße 65 · ☎ (0 86 41) 40 10
Gourmetküche und Landhausküche
essenz@das-achental.com · www.das-achental.com

VISA AE EC

Speisekarte: Hauptgerichte von 18,00 bis 59,00 €; Menüs von 55,00 bis 215,00 €
ca. 700 Weinpos.
Das gastronomische Angebot im Achental Resort ist beeindruckend. Hier findet jeder Gast die Einkehr, die seiner Stimmung, Lust und Laune entspricht. Flaggschiff ist das Gourmetrestaurant es:senz: Hier zeigt Chef de Cuisine Edip Sigl sein kulinarisches Ausnahmetalent und begeistert die Gäste mit einer modernen klassischen Küche, in der er auch regionale Elemente in raffiniertester Form als Bereicherung mit einbezieht. Im Restaurant Weißer Hirsch mit großer Terrasse präsentiert Chefkoch Gideon Huth seine abwechslungsreiche alpenländische Landküche. Vom üppigen Frühstück über regionale Schmankerl bis zur gesunden Vitalkost vom Buffet ist alles dabei – immer begleitet von einem herrlichen Ausblick ins Grüne. In der Achental Lounge kann man vor oder nach dem Spiel pausieren, abschalten oder den Tag ganz entspannt ausklingen lassen. In der Bar – bestückt mit edlen Spirituosen und einer verführerischen Cocktailauswahl sitzt man plaudernd am offenen Kamin. Damit nicht genug gibt es im Achental Resort mit der Jagd- und Reiterstube noch wunderschön gestaltete Räumlichkeiten für private Treffen und Feiern. In der original ausgestatteten Hubertushütte mitten im Grünen kann man deftige Schmankerl genießen oder aber auch exklusiv die bayerische Traumhochzeit feiern.

Hamburg

VLET in der Speicherstadt OT Speicherstadt **Bhf→1 km**

✉ 20457 · Am Sandtorkai 23 · ☎ (0 40) 3 34 75 37 50 · Fax: 33 47 53 75 12
Moderne Hamburger Küche · **Geöffnet:** 17–24 Uhr · **Geöffnet:** 11:30-21 Uhr., FR./ Sa. bis 22 Uhr · **Ruhetag:** So. · **Tische:** 32/90 Plätze
info@vlet.de · www.vlet.de ·

Speisekarte: 8 Hauptgerichte von 24,00 bis 38,00 €; 1 Tagesgericht zu 10,00 €; 1 Mittagsmenü zu 21,50 €; 1 Menü von 54,00 bis 89,00 € 160 Weinpos.
Hamburgs moderne Hafencity und die historische Speicherstadt können sich eines wirklich feinen Restaurants rühmen. Im VLET in der Speicherstadt, fußläufig zur Elbphilharmonie, treffen Tradition und Moderne in einer harmonischen Verbindung zusammen.
Liebe- und stilvoll wurde ein ehemaliger Speicherboden restauriert, der an der Fleetseite einen herrlichen Blick auf die pulsierende HafenCity bietet. Holz und offenes Trägerwerk prägen das Ambiente, schlicht eingedeckte, moderne Tische bieten einen reizvollen Kontrast. In der Küche haben Küchenchef Knut Keppler und sein engagiertes Team das kulinarische Geschehen bestens im Griff. Die raffiniert verfeinerten norddeutschen Spezialitäten werden von einem Degustationsmenü ergänzt, das man nach Gusto individuell zusammenstellen kann. Zusätzlich zu feinen Desserts steht eine top sortierte Käseauswahl bereit. Ein umfangreiches Weinangebot ergänzt die sorgfältig zubereiteten Speisen.
Auch außer Haus muss man auf die erstklassigen Speisen nicht verzichten: Ein exklusives, der Slow-Food-Philosophie unterliegendes Catering-Konzept (mehrgängige, perfekt durchdachte Menüs, Fingerfood uvm.) bereichert jede private und geschäftliche Veranstaltung.

Kaikenried

Bhf→5 km

Oswald's Gourmetstube

✉ 94244 · Am Platzl 2 · ☎ (0 99 23) 8 41 00 · Fax: 84 10 10
Klass. u Regionale Küche · **Geöffnet:** 18:30–23 Uhr · Küche: 18:30–20 Uhr ·
Ruhetag: So.-Di. · **Tische:** 6/16 Plätze VISA
info@hotel-oswald.de · www.hotel-oswald.de ·

Speisekarte: 1 Menü von 68,00 bis 135,00 € 300 Weinpos. Gehobene Feinschmeckerküche ist im Bayerischen Wald nicht unbedingt selbstverständlich. In Oswald's Gourmetstube dagegen schon. Das geschmackvoll eingerichtete, in Braun- und Beigetönen gestaltete Restaurant mit eleganten Fauteuils, edel eingedeckten Tischen und doch zu jeder Zeit entspannter Atmosphäre verspricht kulinarischen Genuss der Extraklasse. Hier steht mit Thomas Gerber ein Chefkoch am Herd, der bei den Großen seiner Zunft gelernt und gearbeitet hat, sich ambitionierte Ziele gesteckt hat und nun sein exzellentes kulinarisches Können stetig individuell verbessert. Klassische Speisen verfeinert er mit innovativen Elementen, Regionales setzt er in einen spannungsreichen, zeitgeistigen Kontext. Seine Warenauswahl unterliegt größter Sorgfalt, die Jahreszeiten bestimmen wenn möglich die Auswahl. Fleisch und Wurst kommen in erster Güte aus der hauseigenen Metzgerei.
Abgerundet wird das kulinarische Angebot mit einer wirklich verführerischen Pâtisserie. Der wunderschöne Gastgarten mit einem Springbrunnen als zentralem Element ist an warmen Tagen besonderer Gästemagnet. Der Service ist stets aufmerksam und kompetent und ist auch in puncto Weinberatung stets ansprechbar. Es steht ein verführerisch vielseitiges Angebot korrespondierender Tropfen zur Auswahl.

2008
Laurent-Perrier
MILLÉSIMÉ
CHAMPAGNE
Laurent-Perrier
MAISON FONDÉE
1812
BRUT
MILLÉSIMÉ 2008
CHAMPAGNE
Laurent-Perrier
MAISON FONDÉE
1812
BRUT

München

Bhf→800 m

♜ Bayerischer Hof

✉ 80333 · Promenadeplatz 2-6 · ☎ (0 89) 2 12 09 20 · Fax: 2 12 09 06
Facettenreiche Frischeküche
info@bayerischerhof.de · www.bayerischerhof.de

Im "Bayerischen Hof" steht ein gastronomisches Angebot zur Auswahl, das sehr verführerisch ist und es jedem Gast ermöglicht, nach "Tagesform" zu wählen, wo und wie er speisen möchte.
Kulinarisches Flaggschiff ist das mit zurückhaltender Eleganz in sehr edlen Naturmaterialien eingerichtete "Atelier". Hier wird in exklusivem, urbanem Ambiente eine leichte, raffinierte und zeitgenössische Küche der großen Aromen und fein abgestimmten Texturen angeboten. Im "Garden" (12-14:30 + 18-22:30) – gestaltet in schlichter Harmonie, mit Akzenten im Industrial-Style – wird eine raffinierte Küche mit bewährten Klassikern und zeitgeistigen Speisen präsentiert. Urbayerisch geht es von 11-23 Uhr im "Palais Keller" zu. Im massiven Gewölbe aus dem Jahr 1425 – ursprünglich ein Salzlager – treffen sich heute Gäste aus aller Welt, die sich mit bodenständigen bayerischen Schmankerln, Bier vom Fass und Brez'n aus der eigenen Hof-Bäckerei verwöhnen lassen möchten. Eine exotische Abrundung erfährt das gastronomische Angebot mit dem Restaurant "Trader Vic's" – hier gibt es von 17-3 Uhr in entspannter Urlaubsatmosphäre polynesische Spezialitäten, Köstlichkeiten aus dem fernen Osten und die so beliebten wie legendären Südsee-Cocktails. Last but not least: An der "Blue Spa Bar", im Wintergarten und auf der Dachterrasse werden leichte Kreationen der mediterran und asiatisch inspirierten Spa Küche serviert.

Netphen

Gasthaus Klein

Bhf→20 km

✉ 57250 · OT Deuz · Marburger Str. 7 · ☎ (0 27 37) 5 93 30 · Fax: 59 33 11 · Regionale und Westfälische Küche · Küche: 12–14:30/18–21:30 Uhr · **Ruhetag:** Mo. · **Ferien:** 1 Wo. Sommerf. · **Tische:** 16/70, Gartenrest. 50 Sitzplätze Plätze VISA EC
gasthaus-klein@gmx.de · www.gasthaus-klein-deuz.de

Speisekarte: 7 Hauptgerichte von 12,50 bis 29,50 €; 2 Menüs von 34,80 bis 50,20 €
100 Weinpos.

Nunmehr seit über 300 Jahren als Gasthaus im Besitz der Familie Klein, werden hier Tradition und Gastfreundschaft besonders großgeschrieben. Christian und Corinna Klein ist es ein echtes Anliegen, ihren Gästen einen schönen und harmonischen Aufenthalt zu bereiten. Das spürt man jederzeit, das ließ mit den Jahren aus Fremden Freunde werden. Der Patron steht selber am Herd und kocht, was gefällt. Dabei sind die Jahreszeiten Inspiration für das abwechslungsreiche Speisenangebot. Mit viel Sorgfalt und Präzision verarbeitet Christian Klein-Wagner natürliche regionale Produkte – dazu gehören auch Kräuter und Blüten aus dem Garten sowie selber gesammelte Wildkräuter und Wildgemüse. Besonders gern verarbeitet er die frischen Zutaten zu westfälischen Spezialitäten, aber auch vegetarische Köstlichkeiten kommen auf die blank gescheuerten Tische in der behaglich eingerichteten Gaststube. Hier ist Corinna Klein-Wagner stets liebenswürdige Ansprechpartnerin.
Für Veranstaltungen stehen mit dem romantischen Kaminzimmer, der Jagdstube und dem Graf-Johann-Zimmer stilvolle und passende Räumlichkeiten zur Verfügung. Im Sommer sitzt man ganz idyllisch im Garten zwischen alten Buchenhecken.

Neubrandenburg

Bornmühle – Räthro

Bhf→15 km

17094 · Bornmühle 35 · ☎ (03 96 05) 6 00 · Fax: 6 03 99
Neue u. Regionale Küche · Küche: 18–22 Uhr · **Ruhetag:** So.-Mi. · **Tische:** 12/30 Plätze
info@bornmuehle.com · www.bornmuehle.com

Speisekarte: 1 Menü (4-8 Gänge) von 75,00 bis 129,00 € 50 Weinpos. Nach einem Tag in der herrlichen Natur am Ostufer des Tollensesees, wo das persönlich geführte Hotel Bornmühle seine Gäste empfängt, freut man sich zum Abschluss des Tages besonders auf einen Besuch im neu gestalteten Feinschmecker-Restaurant „Räthro" mit schönem Seeblick, das in zurückhaltender Eleganz und mit warmen Farben gestaltet ist.

Hier schwingt Küchenchef Torsten Räth den Kochlöffel und bietet dem Gast eine harmonische und gut durchdachte Frischeküche. Das Fleisch ist aus artgerechter Tierhaltung, die Zutaten kommen in allerbester Qualität von bekannten Erzeugern bevorzugt aus dem Umland und spiegeln das jahreszeitliche Angebot und Achtsamkeit wider. Neben köstlichen Fisch- und Wildspezialitäten aus heimischen Seen und Wäldern finden regionale Spezialitäten sowie mediterran inspirierte Speisen den Weg auf die hübsch eingedeckten Tische. Im "Zweitrestaurant" ist die Küche bodenständiger, findet der besonders gesundheitsbewusste Gast auch vegetarische und vollwertige Gerichte sowie Speisen für Diabetiker, ist Torsten Räth doch auch ausgebildeter Diätkoch und offizieller Ernährungsberater.

Im Sommer sollte man sich unbedingt vom zuvorkommenden Service einen Platz auf der idyllischen Seeterrasse mit herrlichem Ausblick reservieren lassen.

Neunburg vorm Wald

Der Birkenhof - Obendorfers Eisvogel

Bhf→20 km

✉ 92431 · Hofenstetten 55 · ☎ (0 94 39) 95 00 · Fax: 95 01 50 · Klass., Neue u. Intern. Küche · **Geöffnet:** Di.-Sa. ab 18:30 Uhr, jed. 1. Di. i. Mon. geschl. · **Ruhetag:** So./Mo. · **Ferien:** 30.7.-21.8.19 · **Tische:** 6/24 Plätze
info@der-birkenhof.de · www.der-birkenhof.de

Speisekarte: 1 5-9 gängiges Auswahl-Menü von 120,00 bis 192,00 €
300 Weinpos.

Das kulinarische Angebot im "Landhotel Birkenhof" ist weit über die Grenzen der Oberpfalz hinaus bekannt. Dazu trägt auch die besonders gastorientierte freundliche Atmosphäre bei. Das Team ist mit so viel Engagement, Spaß und Können bei der Arbeit, dass sich Besucher sofort wohlfühlen – egal ob sie das Gourmetrestaurant "Eisvogel" oder die "Turmstube" besuchen.
Die Heimat des "Eisvogel" ist ein halbrund gestalteter Raum mit zeitlos-eleganter Einrichtung und herrlichem Blick durch die fast bodentiefen Fenster ins Oberpfälzer Tal. Hier steht Sebastian Obendorfer am Herd. Fein, leicht und kreativ sind seine Speisen, die auf feinsten Zutaten – möglichst aus der näheren Umgebung und von umliegenden Bio-Bauern – basieren. Geschickt verarbeitet er sie zu modernen, kulinarischen Köstlichkeiten, die er zusätzlich mit regionalen Elementen bereichert. In der Mitte des Raumes ist die Weinvitrine gleichzeitig schöner Blickfang und Lagerraum für die edlen Weine, die hier in großer Fülle und exzellenter Qualität fachgerecht lagern. Zusätzlich zur Gourmetküche gibt es mit dem Restaurant "Turmstube" die etwas bodenständigere Variante. Hier werden regionale Speisen angeboten, die als feine Landküche behutsam verfeinert und dem modernen Geschmack angepasst werden.

Schalkenmehren

Bhf→25 km

Michels Restaurant

54552 · St.-Martin-Straße 9 · (0 65 92) 92 80 · Fax: 92 81 60
Klassische und Regionale Küche · **Geöffnet:** 7–24 Uhr · Küche: 12–21 Uhr · **Tische:** 58/150 Plätze
info@michels-wohlfuehlhotel.de · www.michels-wohlfuehlhotel.de ·

Speisekarte: 25 Hauptgerichte von 14,00 bis 34,00 €; 5 Tagesgerichte von 12,00 bis 18,00 €; 1 Menü von 30,00 bis 70,00 € 200 Weinpos.
Der hohe Wohlfühl-Faktor im Hotel trifft auch auf das sehr geschmackvoll im Landhausstil eingerichtete Restaurant im "Michels" zu. Ein motiviertes Mitarbeiterteam ist stets bedacht, die Gästewünsche zur vollsten Zufriedenheit zu erfüllen. Das engagierte Küchenteam arbeitet konzentriert, handwerklich präzise und nutzt marktfrische Zutaten möglichst aus dem nahen Umland von bekannten Erzeugern. Dabei stehen regionale Spezialitäten, wie die Eifeler Lammbrat- und Mettwürstchen mit Monschauer Ur-Senf, Eifel-Lammkarree, gekochte Rinderbrust vom Eifeler Weiderind mit Monschauer Senfsauce und fein zubereitetes Wildbret ganz obenan auf der abwechslungsreich zusammengestellten Speisekarte. Die Tagesgerichte wechseln entsprechend dem Marktangebot in kurzer Taktung. Sehr beliebt sind gesellige Treffen in der urgemütlichen Vesperstube bei einem frisch gezapften Eifeler Landbier und Eifeler Premium Schinken, in der großzügig geschnittenen Lobby oder auf der idyllischen Terrasse mit wunderschönem Blick in den Garten. In der schick gestylten Hotelbar kann man den Tag entspannt ausklingen lassen. Für individuell geplante Firmenevents und Familienfeste werden Angebote nach Gästewünschen erstellt.

Schirgiswalde-Kirschau

Gastronomie im HOTEL BEI SCHUMANN

Bhf→3 km

✉ 02681 · OT Kirschau · Bautzener Straße 74 · ☎ (0 35 92) 52 00 · Fax: 52 05 99
Gourmetküche · Küche: 19–22 Uhr · **Ruhetag:** So. - Mi. · **Ferien:** 22.-28.3.21 / 26.7.-3.9.21 / 13.12.-19.12.21 · **Tische:** 9/32 Plätze
VISA AE
info@bei-schumann.de · www.bei-schumann.de

495 Weinpos.

Das gastronomische Angebot im HOTEL BEI SCHUMANN ist faszinierend breit gefächert. Allen vier Restaurants gemein ist eine geschmackvolle Einrichtung mit großer Detailliebe. Flaggschiff des Hauses ist fraglos das Gourmetrestaurant "JUWEL": Schlichte Eleganz gepaart mit räumlicher Großzügigkeit ist die Kulisse für die genussvolle Küche aus der Kreativabteilung von Küchenchef Robert Hauptvogel. Ergänzt wird das Restaurant mit einem stilvollen Private Dining Room. Im KIRSCHGARTEN kann der Tag bereits ab 7.00 Uhr genussvoll mit dem Frühstücksbuffet beginnen. Eine kleine Snackkarte, Kaffee und Kuchen komplettieren das Angebot am Nachmittag. In der rustikalen "WEBERSTUBE" mit Kachelofen genießt man Regionales in sorgfältigen Zubereitungen. Authentische italienische Speisen warten im gemütlichen Ristorante "AL FORNO" mit einsehbarer Küche. Insgesamt stehen den Gästen 63 individuell eingerichtete Doppelzimmer und luxuriöse Suiten zur Verfügung. Im SEEFLÜGEL, mit Deutschlands erstem Flying Pool erwartet die Gäste ein exklusiver SPA-Bereich, der neben dem einzigartigen römischen SPA-TEMPEL Erholung und Entspannung bringt. In der KULT-HIPPO-BAR mit spanisch-maurischem Ambiente taucht man in ein verführerisches Märchen aus tausendundeiner Nacht ein und entflieht ganz einfach dem Alltag.

Bhf→17 km

Dünenrestaurant + THE FISH CLUB

✉ 25992 · OT List · Listlandstraße 11 · ☎ (0 46 51) 9 67 50-7 00 · Fax: 9 67 50-7 99
Interationale u. Regionale Küche · Küche: 18:30–21:30 Uhr · **Tische:** 90/226 Plätze
VISA AE EC
empfang.sylt@a-rosa.de · www.a-rosa-resorts.de

Speisekarte: täglich wechselndes A-ROSA-Buffet zu 45,00 p. P. €
270 Weinpos.

Im wunderschön und geschmackvoll gestalteten "Dünenrestaurant" is(s)t man dank der bodentiefen Panoramafenster mitten in der Lister Dünenlandschaft. Wandpaneele aus dem Holz von Sylter Strandbuden sorgen für ein einzigartiges, regionales Ambiente. Wer sich zusätzlich die frische Brise um die Nase wehen lassen möchte, wählt im Sommer einen Platz auf der großen Dünenterrasse.

Das A-ROSA Buffet hält garantiert für jeden Geschmack so viel bereit, dass jeder Gast glücklich satt wird – angefangen mit einer köstlichen Auswahl an Vorspeisen, über täglich wechselnde Hauptgerichte bis zu verführerischen Desserts. Für die kleinen Besucher gibt es ein eigenes Kinderbuffet, an dem sie sicher ihre Lieblingsspeise entdecken werden.

Mit dem THE FISH CLUB (Di.-Sa. 18-21:30 Uhr), einer genialen Mischung aus Restaurant, Bar und Lounge mit lässiger Atmosphäre gibt es noch ein weiteres einladendes Restaurant: Hier sind die sieben Weltmeere der kulinarische Taktgeber. Maritime Küche wird mit feinen regionalen Gerichten ergänzt. Zusätzlich sorgt ein Sushi-Meister für die variantenreichen japanischen Spezialitäten. Hinzu kommen norddeutsche Tapas in erstklassiger Zubereitung – gerade diese "Kleinigkeiten" laden zum Teilen in geselliger Runde ein.

Weigenheim

Le Frankenberg "Fine Dining" und "Amtshaus"

Bhf→6 km

✉ 97215 · Schloß Frankenberg 1 · ☎ (0 93 39) 97 14-5 71 · Fax: 97 14-1 17
Klassische und Neue Küche · **Geöffnet:** s. Fine Dining–s. Amtshaus Uhr · **Ruhetag:** Mi./Do.+So. (Fine Dining); Mo./Di. (Amtshaus) · **Ferien:** variabel VISA
gatro@schloss-frankenberg.com · www.schloss-frankenberg.com

120 Weinpos.

Wie schön, dass Schloss Frankenberg dank Prof. Dr. Dr. Peter Löw, im Rahmen des von ihm initiierten European Heritage Projekts aus seinem Dornröschenschlaf geweckt und aufwendig restauriert wurde. Nun gibt es hier gleich zwei Restaurants (ein Hotel wird folgen), die neben dem kulinarischen Angebot einen hinreißenden Blick über die umgebenden Weinberge bieten. Für den Aufbau, die Konzeption und Gesamtleitung des gastronomischen Angebots konnte Steffen Szabo gewonnen werden, er ist am Fuße des Schlosses aufgewachsen und kennt die Region und ihre Bauern und Händler bestens. Im "Amtshaus" mit rustikaler Einrichtung kann man die Wanderung unterbrechen und sich mit den deftigen, traditionsreichen fränkischen Speisen neue Energie holen – am besten auf der Terrasse mit dem beeindruckenden Panoramablick. Das "Fine Dining" ist Freitag / Samstag / Montag & Dienstag geöffnet. Hier zeigen Steffen Szabo und sein Souschef Michael Huber die ganze Bandbreite ihres Könnens und präsentieren eine klassisch französische Küche mit fränkischen Elementen. Verschiedenste Räumlichkeiten stehen für Feiern in historischem Rahmen zur Verfügung, die auch wegen der exklusiven Lage zu einem unvergesslichen Event werden. Die nachhaltig bewirtschafteten, zum Schloss gehörenden Weinberge sind vor allem mit Riesling und Weißburgunder bepflanzt.

Wolfsburg

Bhf→2,5 km **The Ritz-Carlton, Wolfsburg - Aqua**

✉ 38440 · Parkstraße 1 · ☎ (0 53 61) 60 60 56 · Fax: 60 80 00
Modern-europäische Küche, eigene Kreationen · Küche: 18–20 Uhr · **Ruhetag:** So./Mo./Di. · **Ferien:** variabel · **Tische:** 11/36 Plätze
info@restaurant-aqua.com · www.restaurant-aqua.com

Speisekarte: 2 Menüs von 195,00 bis 225,00 €
900 Weinpos.
Nicht weniger exklusiv als das Hotel ist das gastronomische Angebot im The Ritz Carlton, Wolfsburg. Je nach Lust, Laune oder auch Anlass kann man zwischen der Lobby Lounge, den Restaurants "Terra" und "Aqua" oder der eleganten "Newman's Bar" wählen.
Die Lobby Lounge mit weißem Marmorkamin verlängert die Parklandschaft der Autostadt ins Innere des Hotels und ist ideal, um den klassischen Nachmittags-Tee zu genießen.
Im exklusiv gestalteten "Terra" genießt man regional geprägte Speisen in frischer Zubereitung.
Viele Worte über das "Aqua" zu verlieren, hieße, Eulen nach Athen zu tragen. Chef de Cuisine Sven Elverfeld gehört zu den Besten, die seine Zunft zu bieten hat. Die innovative europäische, mit 3 Michelin-Sternen gekrönte Küche hat ein unglaublich hohes Niveau und zeugt von größter Fachkenntnis und Fantasie. In beiden Restaurants ist Marcel Runge kenntnisreicher und zuvorkommender Sommelier. Im "Aqua" ist neben ihm auch Anna Helene Herpers als Sommelière tätig
Cognacfarbene Glasröhren an den Wänden und warme, weiche Farben prägen die "Newman's Bar" mit weltoffener Atmosphäre und einer Topauswahl von individuell gemixten (Wunsch-) Cocktails, Longdrinks und einer erlesenen Spirituosen-Auswahl.

Ellmau

Kaiserhof

Bhf→10 km

✉ 6352 · Harmstätt 8 · ☎ (0 53 58) 20 22 · Fax: 2 02 26 00 · Intern., Österreichische u. Reg. Küche · Küche: 17:30–21:30 Uhr · **Ruhetag:** So./Mo./Di. · **Ferien:** Mi. Apr.-Mi. Mai/Mi. Nov.-Mi. Dez. · **Tische:** 8/26 Plätze
info@kaiserhof-ellmau.at · www.kaiserhof-ellmau.at

Speisekarte: 10 Hauptgerichte von 26,00 bis 42,00 €; 2 Menüs von 56,50 bis 87,50 € 400 Weinpos.
Schwer zu sagen, in welchem der fünf wunderschön eingerichteten Restauranträume man sich am wohlsten fühlt. Elegant ist das neue Restaurant „Novelli“, gemütlich die Tirolstube, heimelig und urig sind die Kaminstube mit dem imposanten Kachelofen und die rustikalschöne Zirbenstube, modern-trendig ist das à-la-carte-Gourmetrestaurant, das während der Saison jeweils von Mittwoch bis Samstag ab 17:30 Uhr selbstverständlich auch für externe Gäste geöffnet ist (Um vorherige Tischreservierung wird gebeten).
Überall genießt man die individuelle Gastlichkeit und den liebenswerten Charme des engagierten Service-Teams. Patron Günter Lampert und Verena Fiegl sind mit großem handwerklichem Können, Fantasie und dem richtigen Gespür für die harmonische Kombination der Speisen stets um das kulinarische Wohl der Gäste bemüht. Besonderen Wert legen sie auf die Topqualität der Zutaten, die im saisonalen Rhythmus möglichst von Erzeugern aus dem Umland stammen.
Im Weinkeller laden über 400 edelste Tropfen zu einer kulinarischen Weinreise rund um den Globus ein. Hier berät der diplomierte Sommelier Karl Rotheneder, der auch unaufdringlich den Service leitet, mit großem Fachwissen, Liebenswürdigkeit und Kompetenz.

Geinberg

Bhf→2 km

Gourmetrestaurant AQARIUM

✉ 4943 · Thermenstraße 13 · ☎ (0 77 23) 8501-55 55 · Fax: 8501-9 99
Regionale und Internationale Küche · **Geöffnet:** 7:30–24 Uhr · **Geöffnet:** Warme Küche bis 22 Uhr. · **Tische:** 18/60 Plätze
aqarium@geinberg5.com · www.geinberg5.com

Speisekarte: 7 Hauptgerichte von 16,00 bis 45,00 €; 6 Tagesgerichte von 11,00 bis 35,00 €; 3 Menüs von 57,00 bis 85,00 €
300 Weinpos.
Im Restaurant AQARIUM der GEINBERG 5 PRIVATE SPA VILLAS hat man die freie Auswahl: Gehe ich ins stilvoll eingerichtete Restaurant AQARIUM mit seiner Showküche, um die exzellente Küche zu genießen, oder lasse ich die frisch zubereiteten Speisen in meinen "eigenen" vier Wänden vom Butler-Service servieren? Die Qualität hilft bei der Entscheidungsfindung nicht weiter, denn sie ist stets kompromisslos gut. Chef de Cuisine Peter Reithmayr und sein engagiertes Team arbeiten gerne mit Innviertler Produkten, ergänzen sie aber auch mit internationalen Ingredienzen und präsentieren moderne, leichte, authentische Speisen mit klarem Geschmacksbild und fein ausbalancierten Aromen. Das vielseitige kulinarische Angebot im GEINBERG5 beginnt morgens mit einem à la carte Frühstück, das wirklich keine Wünsche offen lässt (für Villengäste bis 18 Uhr). Eine Mittagskarte wird von einer kleineren Speisekarte ergänzt und ab 18 Uhr ist das komplette Gourmetangebot mit täglich wechselnden Menüs an der Reihe, das man an warmen Tagen sogar auf der malerischen Seerosen-Terrasse genießen kann. Im Exklusiv SPA gibt es in der exquisiten Lounge feine Delikatessen und orientalische Teekultur wird in einer authentischen Teebar am Hamam zelebriert.

Golling

♜ Döllerers Restaurant

Bhf→500 m

✉ 5440 · Markt 56 · ☎ (0043-6244) 4 22 00 · Fax: 62 44 69 12 42
Neue und Regionale Küche · **Geöffnet:** 18-21:30 Uhr, Sa 12-21:30 Uhr · **Ruhetag:** So./Mo. · **Ferien:** variabel · **Tische:** 14/60 Plätze VISA AE
office@doellerer.at · www.doellerer.at

Speisekarte: 3 Hauptgerichte von 49,00 bis 69,00 €; 2 Menüs von 159,00 bis 189,00 € 3.000 Weinpos.
Im "Döllerers" ist die ganze, weitverzweigte Familie mit Herzblut dabei, den zahlreichen Gästen die verschiedensten Genussformen Tag für Tag nahe zu bringen. Die Pole-Position in der Kulinarik nimmt das Restaurant ein. Hier präsentiert Chefkoch Andreas Döllerer eine Feinschmeckerküche, die seine Handschrift trägt. Mit erntefrischen Zutaten, gerne auch tradierten und doch in Vergessenheit geratenen, kreiert er in virtuosen, zeitgemäßen Zusammenstellungen ganz neue Geschmackswelten. Bodenständiger, aber keinesfalls mit weniger hohem Anspruch geht es in Döllerers Wirtshaus zu. Das ist bereits seit 1909 ein behaglicher Treffpunkt für alle, die Wert auf echten, unverfälschten Genuss legen. Hier setzt Andreas Döllerer die kulinarische Vielfalt der Region gekonnt und vielseitig in Szene und punktet mit gutbürgerlichen Speisen in zeitgemäßem Gewand. In Döllerers Enoteca genießt man kulinarische Kleinigkeiten, während offene Weine und Flaschenweine aus den besten Lagen der Welt bei einer Verkostung darauf warten, entdeckt zu werden. In Döllerers Feine Kost werden nach überlieferten Familienrezepten hergestellte, erlesene Fleisch- und Wurstspezialitäten angeboten. Im Webshop auf shop.doellerer.at kann man die Schmankerl sowie erlesene Weine und mehr bestellen.

Ischgl

Bhf→30 km

Sport- und Genusshotel Silvretta

✉ 6561 · Dorfstraße 74 · ☎ (0 54 44) 52 23 · Fax: 52 23 45
Regionale und Gourmetküche · Küche: 11–22 Uhr · **Ferien:** Mai- Mi. Juni, Mi. Sept.-Ende Nov.
info@sporthotel-silvretta.at · www.sporthotel-silvretta.at

1.000 Weinpos.

Mit gleich drei Restaurants ist das "Silvretta" bestens aufgestellt. Alle drei können beim Bezug ihrer Zutaten in Topqualität auf den hauseigenen "Maashof" zurückgreifen. Hier verbringen die Tiere, wenn sie nicht gerade auf der eigenen Alm Larlin Alpe sind, tatsächlich noch ein entspanntes Bauernhofleben. Dass viele Produkte selber hergestellt werden, schmeckt man ganz einfach und es beweist einmal mehr, wie wichtig Respekt vor der Natur und achtsame Verarbeitung der Zutaten sind. Eine Philosophie, die – verbunden mit der Liebe zur Heimat – allen drei Restaurants gemein ist. Im Restaurant "Bärafalla" werden österreichische Traditionsgerichte und italienische Spezialitäten wie Nudeln oder knusprige Pizzen angeboten. Die kraftvolle Küche passt perfekt zum geselligen Beisammensitzen in der rustikal-urigen Gaststube.Nicht weniger zünftig geht es im "Wiartshaus" zu. Auch hier treffen sich Hotelgäste und externe Besucher, um in entspannter Atmosphäre die regionale, bodenständige und unverfälschte österreichische Küche mit vielen saisonalen Klassikern zu genießen. Ein Anziehungspunkt für jeden Gourmet ist das Feinschmeckerrestaurant "Stiar", in dem Chefkoch Gunther Döberl mit seinem Team zeigt, wie man mit Können, Fleiß und Experimentierfreude aus vermeintlich "einfachen" Zutaten Speisen kreiert, die komplett neue Aromenbilder und Geschmackswelten erschließen.

Ischgl

YSCLA - Stüva

Bhf→30 km

6561 · Dorfstraße 73 · ☎ (0 54 44) 52 75 · Fax: 5 27 54
Klassische u. Neue Küche · Küche: 19–20:30 Uhr · **Ruhetag:** flexibel · **Ferien:** A. Septi-E. Nov/A. Mai.-A. Juli · **Tische:** 11/30 Plätze
info@yscla.at · www.yscla.at

Speisekarte: 4 Hauptgerichte zu 39,00 €; 1 Menü von 91,00 bis 154,00 €
800 Weinpos.

Kulinarisch wird der Gast im Hotel YSCLA rundum perfekt verwöhnt. Der Tag beginnt mit einem vielseitigen Frühstücksbüfett – das Spätaufsteher von 11 bis 16 Uhr auch in der Hotelhalle serviert bekommen können. Nach dem Ski- oder Wandertag kann die zünftige Nachmittagsjause je nach Laune mit einem frisch gezapften Pils oder einem Capuccino ergänzt werden.

Der Abend ist dem großen kulinarischen Auftritt vorbehalten, dann betritt Chefkoch Benjamin Parth, einer der jüngsten Spitzenköche Europas, die Bühne. Er kocht mit überbordender Fantasie, verliert aber nie die Bodenhaftung, was man an der Auswahl der Zutaten erkennt. Gerne kombiniert er das Beste aus dem Meer mit Spezialitäten aus den Tiroler Bergen. Auch klassische französische Hochküche und Traditionelles wie das Backhenderl oder Wiener Schnitzel kommen in präziser Zubereitung auf die fein eingedeckten Tische im in modernem alpinenCharme gestalteten Gourmetrestaurant. Sympathisch ist für kleine Gäste die Möglichkeit, jenseits der gängigen "Micky-Mouse-Karte" eigene Speisewünsche zu äußern. Bereits ab 16 Uhr ist die "Allegra-Bar" geöffnet: Im Stil eines 50er Jahre Diners eingerichtet, treffen sich im coolen Ambiente Gäste und Einheimische bei frisch gezapftem Bier und raffinierten Cocktails.

Bhf→2,5 km

Zum kleinen Griechen

4020 · OT Altstadt · Hofberg 8 · ☎ (07 32) 78 24 67 · Fax: 94 40 96
Neue u. Internationale Küche · Küche: 11:30–14/18–23:30 Uhr · **Ruhetag:** So. ·
Ferien: variabel · **Tische:** 11/42 Plätze
info@zumkleinengriechen.at · www.zumkleinengriechen.at

Speisekarte: 12 Hauptgerichte von 22,90 bis 49,00 €; 4 Tagesgerichte von 9,00 bis 18,90 €; 2 Menüs von 49,00 bis 69,00 € 350 Weinpos.

Nicht nur Freunde der griechischen Küche werden im "kleinen Griechen" überzeugende Genussmomente erleben. Zwar ist Andreas Mair selber kein Grieche, aber seit nunmehr vier Jahrzehnten gemeinsam mit Ehefrau Renatá mit seinem Gourmetlokal inmitten der Linzer Altstadt mehr als erfolgreich. Nicht nur das historische Gewölbe, sondern auch die gediegene Einrichtung sorgen dafür, dass es hier ungemein gemütlich und entspannt zugeht. Bekannt ist das Restaurant "Zum kleinen Griechen" vor allem für die exzellente mediterrane Küche und die Zubereitung feinster Fischspezialitäten. Renatá Mair bereitet die Speisen aus hochwertigen und frischen Zutaten zu. Ziegenkäse mit Thymian, Walnüssen, Pinienkernen, Honig und Radicchio, Flusskrebse mit Polenta, wild gefangener Steinbutt mit Zuckerschoten oder lieber ein Filet vom Ibericoschwein mit Topfen-Kürbis-Knödel und Kohlrabigemüse – wer die Wahl hat, hat die Qual. Jeder Teller ist sorgsam arrangiert und überzeugt mit ausbalancierten, aromenstarken Speisen. Patron Andreas Mair kann auf Wunsch perfekte Empfehlungen aussprechen. Er ist außerdem für seinen erstklassigen Service und kompetente Weinberatung bekannt. Zigarrenraucher werden die eigene "Outdoor Smoking Area" zu schätzen wissen.

Maria Wörth

Gourmetrestaurant Hubert Wallner

Bhf→25 km

9082 · OT Dellach · Seeplatz 6 · (06 64) 4 01 27 30
Klassische, Neue und Gourmet-Küche · **Geöffnet:** siehe Textende! · **Ferien:** 3 Wo. Feb. · **Tische:** 12/32 Plätze
office@hubertwallner.com · www.hubertwallner.com

Speisekarte: 4 Hauptgerichte von 41,00 bis 59,00 €; 2 Menüs von 115,00 bis 155,00 €

5,500 Weinpos.

Kerstin und Hubert Wallner sind Gastgeber aus Leidenschaft, das ist in ihrem gastronomischen Reich mit herrlicher Lage am Südufer des Wörthersees allgegenwärtig. Hier kann man abends dem großen Gourmetgenuss frönen, wenn man sich von Hubert Wallner und seiner rechten Hand, Oliver Drug, mit erlesen komponierten Speisen einer klassischen und modernen "Alpe-Adria-Küche" verwöhnen lässt. Ein Weinangebot, das mit über 4.000 erstklassigen Positionen mehr als staunenswert ist, begleitet den Besuch.

Etwas bdenständiger geht es im stylish-modern eingerichteten "Bistro Südsee by Hubert Wallner" zu. Chefkoch Wolfgang Mager präsentiert eine durchgehend warme Küche mit facettenreichen Bistrogerichten. Ob frisch zusammengebaute Burger, Muscheln, Pasta, Kasnudeln oder Caesar's Salad – die Speisen sind handwerklich korrekt, abwechslungsreich, präzise zubereitet und leicht. Die Terrasse gehört sicher zu den schönsten weit und breit und verwöhnt mit einem Traumblick. Im Bistro steht alles im Zeichen von Sommer-Sonne-See und unkompliziertem, lässigem Genuss. Es kann sogar als exklusive Party-Location für Freunde oder Geschäftspartner genutzt werden – Chill-out Musik und Südsee-Flair inklusive.

Basel

Bhf→3 km

♜ Stucki - Tanja Grandits OT Bruderholz

✉ 4059 · Bruderholzallee 42 · ☎ (41(0) 61) 361 82 22 · Fax: 361 82 03
Aromaküche · Küche: 12–13/18:30–20 Uhr · **Ruhetag:** So./Mo. · **Ferien:** 3 Wo. Feb. /2 Wo. Okt. · **Tische:** 20/65 Plätze
VISA AE BC
info@tanjagrandits.ch · www.tanjagrandits.ch · f

Speisekarte: 1 (Di.-Fr.) Mittagsmenüs von 95,00 bis 140,00 CHF; 1 Aromamenü (9-Gang) zu 250,00 CHF
647 Weinpos.

Als seinerzeit im "Stucki" eine Ära zu Ende ging und Tanja Grandits den Namensgeber des Restaurants Hans Stucki beerbte, war nicht klar, wohin die kulinarische Reise geht. Inzwischen weiß man schon lange, dass diese Reise grenzenlos ist, denn Tanja Grandits zelebriert eine Küche, die ihresgleichen sucht. Was für den Maler Palette und Pinsel, sind für sie Herd und Kochlöffel, wobei das künstlerische Element bei ihren raffinierten kulinarischen Kreationen dem eines Malers in nichts nachsteht. Hat seine Fantasie bleibenden Wert, sind es bei Tanja Grandits eher ein ideelles Erlebnis und das Wissen, mit der gewählten Speise ein Unikat genossen zu haben, wie man es so kein zweites Mal bekommt. Nur beste Grundprodukte, feine Kräuter und edle Gewürze finden Gnade vor ihrem kritischen Auge, um in den Genuss einer fantastisch kreativen Veredelung zu kommen, in der finessenreiches Aromenspiel mit Bodenhaftung gelingt. Viele der Zutaten stammen aus dem Umland, einige sind fernöstlichen Ursprungs und werden mit Sinn für Harmonie und spannungsreichen Gegensatz gleichermaßen verarbeitet.
Grégory Rohmer ist als souveräner Maître und Sommelier versierter Mittler der Speisen und Weine und stets herzlicher und zuvorkommender Gastgeber.

Rehetobel

Gasthaus zum Gupf

Bhf→13 km

✉ 9038 · Gupf 21 · ☎ (0 71) 8 77 11 10 · Fax: 8 77 15 10 · Klass. u. Reg. Küche, eig. Kreationen · Küche: 11:30–14/18–21 Uhr · **Ruhetag:** Mo./Di. · **Ferien:** je 3 Wochen im Sommer und Winter · **Tische:** 15/70 Plätze
VISA AE EC
info@gupf.ch · www.gupf.ch

Speisekarte: 12 Hauptgerichte von 42,00 bis 68,00 CHF; 1 Menü von 118,00 bis 144,00 CHF

3.112 Weinpos.

Wenn man knapp über 1.000 Höhenmeter hinter sich gebracht hat – keine Angst, es gibt auch eine Straße – gelangt man zum Gasthaus zum Gupf, dessen heimeliger Atmosphäre man sich gar nicht entziehen kann und möchte. Denn hier gilt es, in wunderschönen Stuben eine außergewöhnlich gute Küche zu genießen. Chefkoch Walter Klose kocht auf Topniveau klassisch, modern und auch traditionelle Schweizer Rezepturen verfeinert er geschickt und kreativ. Schwierig ist es nur, sich für eine der bis ins Detail liebevoll eingerichteten Räumlichkeiten zu entscheiden. Allen gemein ist das Naturmaterial Holz in unterschiedlicher Farbe und Fülle als charakteristisches Ausstattungsmerkmal: Die Bodenseestube bietet einen fantastischen Blick über den Bodensee, die Gupfstube ist intimer Rückzugsort für ein privates Zusammensein, in der Alpsteinstube flackert ein behagliches Feuer, hier reifen schottische Whiskys in sichtbaren, kleinen Fässchen, die Säntistube bleibt einem gepflegten Raucherstündchen vorbehalten und der Gastgarten ist im Sommer eine wunderbar romantische, blühende Oase, wo man bei exzellentem kulinarischem Genuss dem Himmel ganz nah ist. Und weil es noch hübsche Zimmer gibt, kann man im Gasthof Gupf länger als ein paar Stunden verweilen.

Wengi bei Büren

Bhf→15 km

Mösching's Sonne

✉ 3251 · OT Scheunenberg · ☎ (0 32) 3 89 15 45 · Fax: 3 89 15 36 · Klass./Neue u. Mediterr. Küche · **Geöffnet:** Mi.-Fr.:11:30-15/18.30-23, Sa.: 11:30-23, So.: 11:30-17 Uhr · **Ruhetag:** Mo./Di. · **Ferien:** a. Anfr. · **Tische:** 14/35 Plätze VISA AE
sonne-scheunenberg@bluewin.ch · www.sonne-scheunenberg.ch

Speisekarte: 5 Hauptgerichte von 56,00 bis 75,00 CHF; 4 Tagesgerichte von 40,00 bis 69,00 CHF; 1 Mittagsmenü zu 75,00 CHF; 2 Menüs von 149,00 bis 174,00 CHF 640 Weinpos.

Im Bauerndorf Scheunenberg ist das Restaurant "Mösching's Sonne" allein schon wegen der reizvollen Lage inmitten von Feldern und Hügeln einen Besuch wert.

Hier haben Iris und Kurt Mösching ein echtes kulinarisches Kleinod geschaffen. Während in den Speiseräumen rustikal-elegantes Mobiliar und freundliche Farben dominieren, ist der schön gestaltete Garten romantisch-verträumt. Für private Feiern in heiterer Atmosphäre stehen passende Räumlichkeiten zur Vefügung. In der Küche steht Kurt Mösching für eine weithin bekannte Gourmetküche; mit Vorliebe kreiert er abwechslungsreiche Kulinaria von Fisch und Wild. Die Grundzutaten sind dabei bevorzugt aus der Region, marktfrisch und von bester Qualität. Die Karte wechselt im jahreszeitlichen Verlauf mehrmals. Im Weinkeller wartet ein echter vinologischer Schatz: Neben Tropfen aus den traditionellen Weingebieten der Welt, Burgund, Bordeaux, Spanien und Italien, findet sich auch eine stattliche Auswahl an Flaschen aus der Schweiz, insbesondere aus dem Tessin und der Französischen Schweiz. Hier hilft Iris Möschin mit großem Fachwissen weiter. Sie leitet auch mit leichter Hand den aufmerksamen Service.

Freienfeld

♜ Gourmetstube Einhorn

Bhf→3 km

✉ 39040 · OT Mauls · Mauls 10 · ☎ (00 39/04 72) 77 11 36 · Klass., Neue u. Reg. Küche · **Geöffnet:** 19-20:30, So./Feiertag auch 12-13:30 Uhr · Küche: 19–20:30 Uhr · **Ruhetag:** Di./Mi. · **Ferien:** variabel, a. A, · **Tische:** 5/14 Plätze VISA EC
info@stafler.com · www.stafler.com

Speisekarte: 1 Menü von 130,00 bis 165,00 € 240 Weinpos.

Bereits seit 1270 kehren Reisende ins "Stafler" ein. Die lange gastliche Tradition des einstigen Post-Gasthauses spürt man noch heute in den traditionsreichen Gemäuern. Gleich in zwei Restaurants kommt der Gast in den Genuss sorgfältig zubereiteter Speisen, die Klassisches und Regionales, Tradiertes und Zeitgeistiges in harmonischer Kombination präsentieren. In der nostalgisch-elegant gestalteten Gourmetstube "Einhorn" schwingt Peter Girtler den Kochlöffel mit begeisternder Präzision und Kreativität. Das Wichtigste ist ihm die kompromisslos gute Qualität der Zutaten, von denen so viele wie möglich im saisonalen Rhythmus aus der Region kommen. Mit viel Fantasie und ebenso viel Können stellt er die Ingredienzen zu klassischen Speisen zusammen, denen auch moderne und regionale Elemente nicht fehlen.
In der "Gasthofstube" geht es etwas bodenständiger zu: Heimisches und Internationales prägen hier die ausdrucksstarken Kreationen von Peter Girtler und seinem Team.
Die Hans-Stafler-Stube und das Romantik-Gewölbe sind auch ideal, um zu zweit oder bei Familienfesten, Weihnachts- oder Firmenfeiern mit bis zu 40 Personen die feine Küche und den zuvorkommenden Service in entspannter, familiärer Umgebung zu genießen.

Lana

Bhf→10 km

Restaurant Kirchsteiger

✉ 39011 · OT Völlan · Propst-Wieser-Weg 5 · ☎ (04 73) 56 80 44 · Fax: 56 81 98
Klass., Reg. u. Mediter. Küche · Küche: 12–14/18–21:30 Uhr · **Ruhetag:** Do. ·
Ferien: Mitte Jan.-Mitte März · **Tische:** 20/65 Plätze
info@kirchsteiger.com · www.kirchsteiger.com

Speisekarte: 6 Hauptgerichte von 19,00 bis 26,00 €; 5-7 Tagesgerichte von 10,90 bis 22,90 €; 2 Abendmenüs von 49,00 bis 62,00 € 400 Weinpos.

Oberhalb von Lana direkt am Weinberg gelegen, genießt man zuerst die herrliche Ruhe im Gasthof Kirchsteiger. Dann lässt man das ausgefallene Ambiente im Restaurant mit der herrlichen Sonnenterrasse auf sich wirken.

Neben dem Gourmetrestaurant gibt es noch das Halbpensions-Restaurant für Hausgäste und die urgemütliche, rustikal gestaltete Wirtshausstube. Zusätzlich zu den à la Carte Speisen werden auch Degustationsmenüs mit 4 bzw. 6 Gängen angeboten.

Patron Christian Pircher kocht selber, natürlich unterstützt von einem engagierten Team und präsentiert eine feine alpin-mediterrane Küche. Er legt größten Wert auf ausgesuchte, frische Produkte, die möglichst aus dem Umland von bekannten Erzeugern kommen. Mit viel handwerklichem Geschick, großer Sorgfalt und einer ganz eigenen, kreativen Note versteht er es, die Zutaten zu harmonischen Gerichten zusammenzufügen. Dabei kann man klassische Speisen ebenso genießen wie aromenreiche, mediterrane Spezialitäten oder regionale Schmankerl.

Jahreszeitlich geprägte, abwechslungsreiche Spezialitätentage – hier sind z. B. die Kastanienwochen hervorhebenswert – runden das feine, kulinarische Angebot perfekt ab.

Villanders

Ansitz zum Steinbock OT St. Stefan

Bhf→5 km

39040 · Franz v. Deffreggergasse 14 · (04 72) 84 31 11 · Fax: 84 34 68
Intern., Reg. u. Mediterr. Küche · Küche: 12–14/19–21 Uhr · **Ruhetag:** Mo. · **Ferien:** ca. 15.1.-15.2. · **Tische:** 15/50 Plätze
info@zumsteinbock.com · www.zumsteinbock.com

Speisekarte: 6 Hauptgerichte von 24,00 bis 36,00 €; 2-5 Tagesgerichte von 12,00 bis 28,00 €; 3 Menüs von 52,00 bis 84,00 €
800 Weinpos.

Eine der drei Gaststuben aus dem 16. Jahrhundert mit getäfelten Decken scheint noch hübscher als die andere und verleiht dem "Ansitz zum Steinbock" ein einzigartiges historisches Flair – da fällt die Auswahl richtig schwer oder besser noch, man besucht das urgemütliche, mit viel Holz ausgestattete Restaurant gleich öfter. Das hochengagierte Küchenteam verführt die Gäste mit Rezepten aus Großmutters Zeiten, die über Generationen bis in die heutige Zeit weitergereicht wurden, und verfeinert sie mit handwerklichem Können, Präzision und eigenen Ideen. Dabei werden stets die Charakteristika der handverlesenen Zutaten herausgearbeitet, die bevorzugt von Bauernhöfen aus der Umgebung stammen. Entsprechend saisonal sind die Speisen geprägt, was das ganze Jahr über Abwechslung garantiert.
Erlesene Weine lagern im Weinkeller, einem jahrhundertealten Gewölbe; hier werden auch gerne Weinverkostungen und Käsedegustationen organisiert.
Hochzeiten, Firmenfeiern und Familienfeste finden im "Ansitz zum Steinbock" einen wunderschönen Rahmen. Das gilt auch für die wunderschön im Lounge-Stil gestaltete Gartenterrasse mitten im Dorf von Villanders mit wirklich hinreißenden Ausblicken auf die Dolomiten.

HOTEL-SPECIALS

Auf den folgenden Seiten präsentieren wir Ihnen Hotels, die spezielle Angebote für Wellness & Beauty, Sport & Golf oder Tagungen & Seminare für Sie bereithalten.
Lassen Sie sich inspirieren.

Bad Birnbach

Bhf→2 km **Hotel Sonnengut Wellness, Therme & Spa**

✉ 84364 · Am Aunhamer Berg 2 · ☎ (0 85 63) 30 50 · Fax: 30 51 00 · Rest. Sonnengut und Hirschstube m. Kreativer u. Reg. Küche; Sport- u. Aktivprogramme, Arthur's 1994 Bar, E-Bike-Verleih Frühstück im Zi.-Preis inkl.
300 m
VISA AE
info@sonnengut.de · www.sonnengut.de ·

Family

60 **DZ** ab 119,- pro Pers./Tag €;
4 als **EZ** ab 119,- pro Pers./Tag €;
14 **EZ** ab 119,- pro Pers./Tag €;
14 **Suiten** von 150,00 bis 250,00 €

Sehr engagiert und freundlich leiten Petra und Hans-Jörg Franzke dieses ausgezeichnete Wellnesshotel. Die Philosophie des Hauses, echte Herzlichkeit und aufmerksame Gastfreundschaft zu zeigen, wird hier auch gelebt. Modern eingerichtete Zimmer und eine kreative Frischeküche sind die Grundlage des Verwöhnurlaubs.
Im 3000 m² großen, sehr gepflegten Wellnessbereich stehen nachhaltige Erholung und Tiefen-Entspannung obenan. Der großzügige Spa-Bereich mit Saunallandschaft, Hamam, Freilufthof und drei Schwimmbecken wartet in der Wasserwelt des Hauses. Hier gibt es sogar eine Heiltherme mit Wasser aus der Bad Birnbacher Ursprungsquelle.
Bei Akupunktmassagen und Ayurveda, die den Körper vitalisieren, werden Energiezentren aktiviert. Die La Stone Therapie, Aloe-Vera-Behandlungen, Biodynamische Ausleitungsmassagen und LOMI LOMI gehören ebenfalls zum vielseitigen Angebot.
In den modernen Räumen der Kosmetik werden BABOR + CLARINS Produkte verwendet. Ein weiterer Garant, um Schönheit und Pflege auf hohem Niveau zu erleben. Im Hotel Sonnengut wird rund um Relaxen, Regeneration und Beauty wirklich an alles gedacht.

Bad Gögging

Der Eisvogel Hotel & SPA

Bhf→4 km

✉93333 · An der Abens 20 · ☎ (0 94 45) 96 90 · Fax: 84 75 · Restaurant mit Terrasse, Wochenendarrangements, Bar, Biergarten, Zi.-Preise inkl. Frühstück
500 m
VISA
info@hotel-eisvogel.de · www.hotel-eisvogel.de

42 **DZ** von 160,00 bis 300,00 €;
7 **EZ** von 95,00 bis 195,00 €;
6 **Suiten** von 300,00 bis 450,00 €

"Entschleunigung" ist ein Postulat unserer Zeit. Und nicht zu Unrecht, denn wir haben verlernt, nicht immer alles hochtourig zu machen. Hier kommt der Eisvogel Spa ins Spiel. Das, was die engagierten und gut geschulten Mitarbeiter dem Gast schenken möchten, ist Muße. So wurde ein Konzept erarbeitet, dass die Basis aller Angebote ist: Gesundheit – Genuss – Gleichgewicht – G'mächlichkeit – G'schaftigkeit – Gemütlichkeit. Genau das wird in der einzigartigen Wellnessoase vermittelt.
Auf zwei Etagen steht alles im Zeichen nachhaltiger Erholung. Im großen Badhaus mit Schwimmbad und Saunalandschaft (Infrarot- und Finnische Sauna, Sole-Dampfbad) geht es erfrischend zu. Tiefenentspannung versprechen die schmeichelnden Packungen, Massagen und Bäder. Teilmassagen (KMT), Lymphdrainagen und Moorpackungen werden gegen eine entsprechende Verordnung sogar unkompliziert direkt mit der Krankenkasse abgerechnet.
Im Wellnessbereich und den Anwendungen ist Hopfen – das Gold der Hallertau – ein Schwerpunkt, denn seine gesundheitsfördernde Wirkung wird mit Bädern, Packungen und Massagen genutzt. Dank des Day-Spa können auch Nicht-Hotelgäste einen Tag Auszeit in vollen Zügen genießen.

Bad Kissingen

Bhf→400 m

Kaiserhof Victoria

✉ 97688 · Am Kurgarten 5-7 · ☎ (09 71) 70 10 · Fax: 70 11 97
Cafè & Restaurant "stelldichein", "Victoria-Bar", Zi.-Preise inkl. Frühstück
1 km VISA
info@kaiserhof-victoria.de · www.kaiserhof-victoria.de ·

112 **DZ** von 149,00 bis 309,00 €;
47 **EZ** von 89,00 bis 159,00 €;
6 **Gartenvilla-Suiten** von 179,00 bis 199,00 €;
3 **Suiten** von 399,00 bis 549,00 €

Der "Kaiserhof Victoria" punktet nicht nur mit allen Annehmlichkeiten einer zeitgemäßen Hotellerie und wunderbar persönlichem Service, sondern hat mit dem „Elemente SPA" auch eine gepflegte Wellnessoase der besonderen Klasse. Hier kann man den Alltag hinter sich lassen und bei vielfältigen, schmeichelnden Anwendungen nachhaltig entspannen. Angebote und Behandlungen mit „Wasser & Feuer" warten im Erdgeschoss, „Erde & Luft" sind Elemente, die Form, Farben und Materialien aus der Natur aufgreifen.

Freundliche und geschulte Mitarbeiter helfen gerne, ein individuelles Wohlfühlpaket zu schnüren. Die Auswahl ist groß: Schwimmbad, Sauna, Dampfbad und ein eigenes Gradierwerk erfrischen, Solebäder, Heublumen- und viele andere Bäder, Naturmoorbehandlungen, hinreißende Körperpeelings mit hochwertigen Produkten und herrliche Massagen (u. a. Hot Stone, Aromaöl) lassen Hektik und Stress vergessen.

Ein ganz besonderes Erlebnis ist es, mit einer angenehmen Körperpackung versehen, auf einer Schwebeliege zu relaxen. Wer es aktiver mag, nutzt den Fitnessraum mit modernen Geräten. Die berühmten Mineralthermalquellen sind direkt gegenüber vom Hotel.

Bad Kötzting

Hotel Bayerwaldhof

Bhf→5 km

✉ 93444 · OT Liebenstein · Liebenstein 25 · ☎ (0 99 41) 94 800 · Fax: 94 80 800
Restaurant, Bar, Gartenanlage, Arrangements, Reitmöglichkeiten
15 km
info@bayerwaldhof.de · www.bayerwaldhof.de ·

74 **DZ** von 208,00 bis 356,00 €;
als **EZ** von 122,00 bis 203,00 €;
8 **EZ** von 132,00 bis 172,00 €;
12 **Suiten** von 282,00 bis 450,00 €

Inmitten wunderschöner Natur eins werden mit Körper und Geist, den hektischen Alltag hinter sich lassen und nachhaltige Kraft schöpfen – wer wünscht sich das nicht? Im Hotel "Bayerwaldhof" kann dieser Traum Wirklichkeit werden. Die mit Bedacht konzipierte 10.000 m² große Wellnessoase mit ganz neuem SPA integriert immer auch die malerische Landschaft des Bayerischen Waldes: So kann man sich im beheizten Solebecken, im Außenpool mit Panoramaaussicht oder im Naturschwimmbad inmitten des idyllischen Gartens einfach nur treiben lassen. Im Saunaplatzl warten verschiedenste Saunen, Erlebnisräume und angenehm gestaltete Ruhezonen. Schönheits- und Wellnessbehandlungen gibt es in vielen Varianten. Ob Gesichtsbehandlungen, Bäder mit edlen Ölen und klassische- Schröpf-, Sport- oder Vitalmassagen – gerne werden individuelle Programme zusammengestellt. Der Bayerwaldhof ist das erste haki® Hotel Deutschlands: Die von speziell ausgebildeten Therapeuten durchgeführte einzigartige Behandlung konzentriert sich auf die Bereiche Schulter, Nacken und Kopf und löst dortige Verkrampfungen. Die erstklassige 3/4-Pension des Hauses und das Engagement von Familie Mühlbauer und Team begleiten den Aufenthalt im Bayerwaldhof.

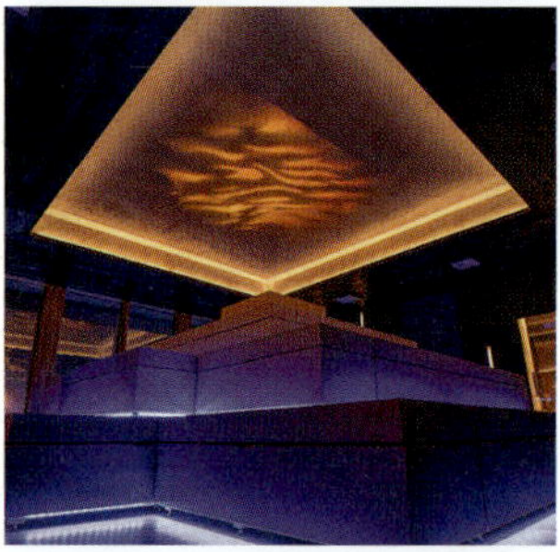

Bad Peterstal-Griesbach

Bhf→3 km

Hotel Dollenberg OT Bad Griesbach

✉ 77740 · Dollenberg 3 · ☎ (0 78 06) 7 80 · Fax: 12 72 · Gartenrestaurant, Weinstube, Café, Cocktail-Bar, Bauern- u. Kaminstube, Zi.-Preise inkl. Frühstück
18 km
info@dollenberg.de · www.dollenberg.de

Family

17 **DZ** ab 266,00 €;
als **EZ** ab 166,00 €;
83 **(Jui.-)Suiten** ab 312,00 €

Wo gibt es noch ein exklusives 5-Sterne-Hotel, das von der Inhaberfamilie persönlich geleitet wird? Diese Bodenständigkeit und traditionelle Gastlichkeit in elegantem Ambiente kann man im Hotel "Dollenberg" erleben und genießen. Wunderschöne Natur, gehobener Wohnkomfort, erlesene Speisen, Wellness und Beauty sind die Zauberworte in diesem "Relais-&-Châteaux"-Haus.

Hier bleibt die Alltagshektik vor der Tür und ein Besuch in der hinreißenden Wellnessoase, die sich über fantastische 5.000 m² erstreckt, ist wahrlich ein Fest für alle Sinne. Ausgeklügelte Beautyprogramme, kosmetische Anwendungen mit hochwertigen Produkten, ein Friseursalon, Massagen, Luxusbäder, wohltuende Packungen und vielfältige Trainingsprogramme (auf Wunsch mit Personal Trainer) werden mit Unterstützung der geschulten und freundlichen Mitarbeiter zu ganzheitlicher Erholung, die mit Langzeiteffekt noch lange wohltuend in den Alltag hineinwirkt. Im "DOLLINA Spa & Health" findet man neben der Saunawelt (Altholz,- Zirbelholz-, Bio- und Salz-Tocken-Sauna), Kräuter- und Sole-Dampfbäder, eine Sole- und Mineralwasserbad, Innen- und Außenschwimmbecken, Hamam, Erlebnisduschen, Grotten, Ruheraum u.v.m. Hier schöpft man Kraft und Energie mit Langzeitwirkung.

Bad Staffelstein

Best Western Plus Kurhotel an der Obermaintherme

Bhf→100 m

96231 · Am Kurpark 7 · (0 95 73) 33 30 · Fax: 33 32 99
Rest. m. Mediter. u. Regionaler Küche, Terrasse, Wintergarten, Lounge-Bar
20 km
info@kurhotel-staffelstein.de · www.kurhotel-staffelstein.de

116 (EZ/DZ) als **EZ** von 147,00 bis 404,00 €;
4 **Penth.-Sui.** von 368,00 bis 513,00 €;
16 **Classic EZ/DZ** von 90,00 bis 215,00 €
Im Best Western Plus Kurhotel an der Obermaintherme kann man im sehr gepflegten und großzügig gestalteten, eigenen 1.100 m² großen, barrierefreien Wellnessbereich VITUS SPA erholsame Stunden und Tage fernab von Hektik und Stress verbringen. VITUS, der Nothelfer, der heilige St. Veit, der Patron der Jugend und Schutzpatron bei Krankheiten, symbolisiert das jahrhundertealte, überlieferte Klosterwissen um die heilsame Wirkung von Pflanzen und Früchten – ganz im Einklang mit der Natur, Lebensqualität, einem hohen Maß an Wohlbefinden und viel Lebensfreude! Der VITUS SPA steht für ein schönes, gepflegtes Aussehen, eine attraktive Ausstrahlung, einen gestärkten Körper in Balance sowie Fitness und Beweglichkeit bis ins hohe Alter. Schwimmbad, Ruheraum, Saunalandschaft, Massage und Beautyabteilung mit Double-Treatment-Raum und Schwebeliege, Fitnessraum mit Internet/TV an jedem Trainingsgerät von Technogym und der AKTIVraum warten auf den Gast. Zahlreiche Wellness-Pauschalen stehen zur Auswahl. Wem dieses wirklich umfangreiche Angebot noch nicht reicht: Die Obermain Therme ist über einen Bademantelgang zu erreichen. In jeder Hotelübernachtung ist das ThermenMeer enthalten (exkl. Classic-Kategorie).

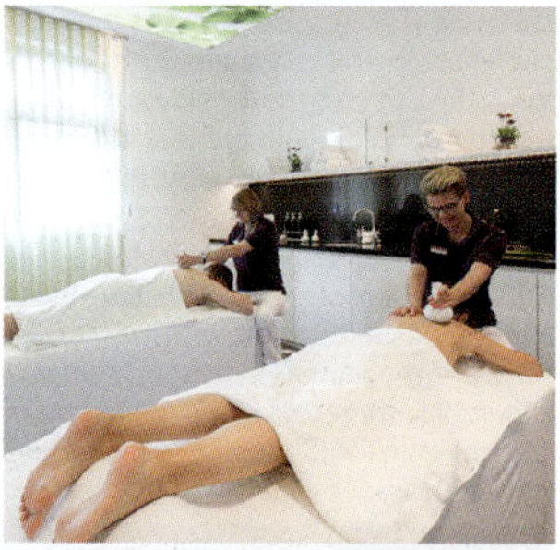

Bad Tabarz

Bhf→25 km

AKZENT Hotel "Zur Post"

99891 · Lauchagrundstraße 16 · ☎ (03 62 59) 66 60 · Fax: 6 66 66
Restaurant mit Intern. und Regionaler Küche, Kellerbar, Gartenterrasse
25 km VISA AE
info@hotel-tabarz.de · www.hotel-tabarz.de

36 **DZ** von 110,00 bis 130,00 €;
als **EZ** von 79,00 bis 99,00 €;
2 **App.** von 145,00 bis 165,00 €;
2 **Ju.-Suite** von 135,00 bis 165,00 €

"Von Kopf bis Fuß" zu 289,- € p.P.; "Ayurveda Verwöhnzeit" zu 476,- €; "Schokoladengenuss ohne Reue" u.a. 2xÜ/F, 1xGanzkörper Kaffeepeeling zum Aufbau der Haut, 1xMassage (45min), 1xAbschlusspfl. m. Schokoladen-Cream, 1x Candle-Light-Dinner uvm. p.P./DZ 239,-.

Im modernen Hotel zur Post genießt man traditionelle Gastlichkeit. Persönlicher Service – dafür sorgen die Eheleute Peschke/Lauer und ihr Team – wird hier groß geschrieben. Kurpark und Wald sind dank der idyllischen Lage in wenigen Minuten erreichbar und erhöhen den Erholungswert in diesem komfortablen Haus. Silke Lauer und zwei Physiotherapeutinnen kümmern sich um das körperliche Wohlbefinden der Gäste. Zum Entspannen und Relaxen stehen Sauna, Solarium und Fitnessgeräte zur Verfügung. Außerdem gibt es ein Kosmetikinstitut. Hier kann man bei einer Fülle attraktiver Angebote tiefenentspannen. Spezialbehandlungen wie Aloe-Vera-Modelagen, Dekolleté-Behandlungen oder die Acerola-Vitamin-Maske werden von Bädern, Wärmebehandlungen, Massagen und ayurvedischen Anwendungen wie Shirodhara (Öl-Stirnguss) oder Garshan- (Seidenhandschuh-)Massage ergänzt.

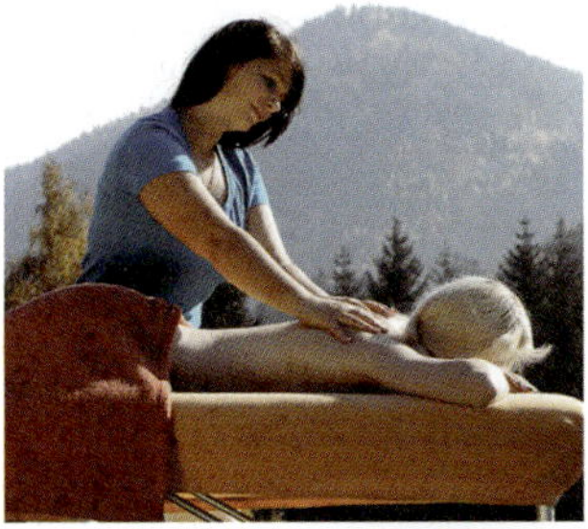

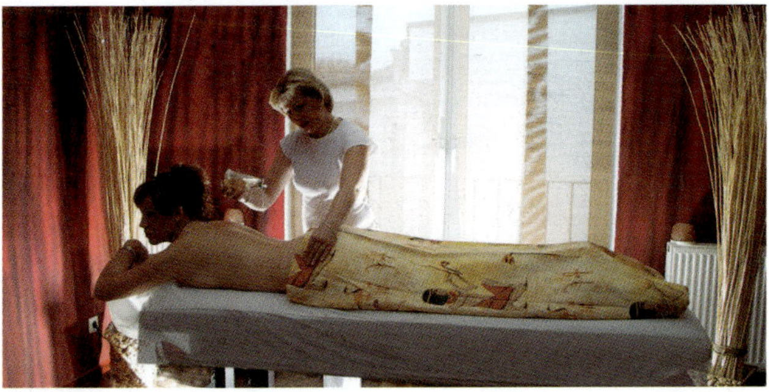

Bad Teinach-Zavelstein

Berlins KroneLamm OT Zavelstein

Bhf→4 km

75385 · Marktplatz 1-3 · ☎ (0 70 53) 9 29 40 · Fax: 92 94 30 · Wellnessbereich "königSPA", 3 Restaurants von schwäbisch rustikaler Wanderhütte bis Sternerestaurant Berlins Krone, Frühstück im Zi.-Preis inkl.
16 km
info@berlins-hotel.de · www.berlins-hotel.de ·

57 **DZ** von 198,00 bis 348,00 €;
2 **EZ** von 124,00 bis 274,00 €;
3 **Suiten** von 350,00 bis 398,00 €

Die Philosophie in "Berlins KroneLamm" - die Wertschöpfung der eigenen Region an erste Stelle zu setzen – ist auch im "königSPA" Realität: Originale Buntsandsteinfelsen und Mauern sind naturbelassen und wunderbar harmonisch in den gesamten, 1.600 m² großen Wellnessbereich integriert. Tag für Tag setzen die engagierten und zuvorkommenden Mitarbeiter alles daran, dem Gast einen Aufenthalt abseits von Hektik und Stress mit schmeichelnden Anwendungen zu ermöglichen. Allein dafür stehen 14 Behandlungsräume zur Verfügung. Auch das weitere Angebot ist hinreißend: Warmbade-Erlebnispool mit Gegenstromanlage, Massagedüsen, ganzjährig beheiztes Außenschwimmbecken, große Liegewiese mit herrlichem Schwarzwaldblick, Aromadampfbad, Schwarzwälder Kräutersauna (75°C), Hochsitz-Sauna (80°C), Finnische Sauna (90° C), Softsauna mit Panoramapoolblick (65 °C), Erlebnisduschen mit Regenhimmel, Tauchbecken, Fitness-Vitalraum mit modernen Cardiogeräten etc. und viel Platz für Gymnastik, Yoga, Pilates etc., Wellnesslounge mit Nachmittagssnackbuffet u.v.m. Hervorhebenswert ist die Salz-Inhalationskammer, in der die wohltuende und positive Wirkung von Salzkristallen genutzt wird, während man dem Plätschern der Sole und Wellenrauschen lauscht.

Baiersbronn

Bhf→20 km

Nationalpark-Hotel Schliffkopf

72270 · Schliffkopf 1 · (0 74 49) 92 00 · Fax: 92 01 99
Rest. m. Reg. u. Intern. Kü., Bar, Lounge, Terr., Spa-Bistro, Zi-Preise inkl. HP
25 km VISA EC
info@schliffkopf.de · www.schliffkopf.de

34 **DZ** ab 300,00 €;
12 **EZ** ab 171,00 €;
6 **Suiten** ab 436,00 €

Für viele Menschen war und ist das Nationalpark-Hotel Schliffkopf der Familie Fahrner das Höchste, was zunächst einmal ganz wörtlich zu nehmen ist, liegt das Vier-Sterne-Superior-Hotel an der Schwarzwaldhochstraße doch exakt auf 1025 Metern. Der Schliffkopf ist das ideale Refugium für stressgeplagte Großstädter, Rückzugsraum und Zielort für "kleine Fluchten".
Dass die Wahl auf den Schliffkopf fällt, liegt nicht nur an Ruhe und Höhenluft. Im Rundum-Wohlfühl-Paket ist einiges enthalten: hervorragendes Essen aus frischen, heimischen Produkten, die familiäre Atmosphäre und das Schliffkopf-Verwöhnprogramm: an 7 Tagen zelebriert von zwei WohlFit-Trainern Fitness, Massage, Physiotherapie, Saunalandschaft, Bäder, Gymnastik, Meditation, Kosmetik – verwöhnt werden, entspannen, auftanken. Zentrum ist das Berg SPA in naturnahem Design, hier hat man die Qual der Wahl, welche der zahlreichen Wellness- oder Gesundheits-Massagen oder welche der Hamam- und Dampfbad-Rituale am verlockendsten sind. Ein Traum ist das "sanfte Wasser": schwerelos treibt man in körperwarmem Wasser, während kundige Hände bewegen, lagern, massieren und sanft dehnen. Eine Anwendung, die garantiert eine ganz neue Körpererfahrung eröffnet.

Baiersbronn

Family

Sackmann OT Schwarzenberg

Bhf→200 m

✉ 72270 · Murgtalstraße 602 · ☎ (0 74 47) 28 90 · Fax: 28 94 00 · „Murgstube“ (ganzj. geöffn.) mit Reg. u. Bürgerl. Kü., Bar, Terrasse, Zi.-Preise inkl. Frühstück
15 km
info@hotel-sackmann.de · www.hotel-sackmann.de

48 **DZ** von 234,00 bis 494,00 €;
13 **EZ** von 131,00 bis 196,00 €;
7 **App.** von 238,00 bis 338,00 €;
12 **Ju.-Suiten** von 410,00 bis 598,00 €

Im Hotel Sackmann sind nicht nur die wunderschöne Lage im malerischen Murgtal und die komfortablen Zimmer ein Grund für den Besuch, auch die Küche lockt Gäste von nah und fern. Denen wird mit den Wohlfühloasen "Burgfels SPA“ (indoor) und "Murgtal-Sky-SPA“ mit Infinity-Sky-Pool (outdoor) auf insgesamt 2.000 m² noch ein besonderes Schmankerl geboten. Hier lassen sich die unerschöpfliche Aromenvielfalt und die wirkungsvollen Kräfte der Natur erleben, genießen und in nachhaltige Erholung umsetzen. Dafür sorgt auch ein kompetentes, sympathisches Team, das den Besucher auf seine ganz persönliche und unvergessliche Sinnesreise begleitet. Das Spektrum der möglichen Anwendungen ist breit gefächert und bietet neben Gesichtspflege und Kosmetik auch exotische Behandlungen unter ayurvedischen Aspekten wie Shirodhara (Stirnölguss), Abhyanga (Ganzkörpermassage) oder Garshan (Massage mit Rohseidenhandschuhen). Im Hamam und Serailbad taucht man ein wie in ein Märchen aus 1000 und einer Nacht. Bei Packungen (z. B. Rosenblüten, Traubenkernöl) und schmeichelnden Bädern (u. a. Nachtkerzenöl, Cleopatra, Rosmarin) vergisst man den Alltag. Die ganz persönliche Auszeit nimmt man sich übrigens in der hinreißenden Private Spa Suite.

Berchtesgaden

Bhf→3,5 km

Alm- & Wellnesshotel Alpenhof

83471 · Richard-Voss-Straße 30 · ☎ (0 86 52) 60 20 · Fax: 6 43 99
Restaurant mit Intern. und Regionaler Küche, ganzjährig beheiztes Freibad
10 km VISA
info@alpenhof.de · www.alpenhof.de

7 **DZ** ab 202,00 €;
7 **EZ** ab 102,00 €;
38 **Juniorsuiten** ab 266,00 €

In absolut ruhiger Toplage, eingebettet in die faszinierende Bergwelt der bayerischen Alpen, befindet sich der "Alpenhof" – ein Wellness- und Urlaubshotel, das zu jeder Jahreszeit persönliche Gastfreundschaft, Erholung, Spaß und Abwechslung garantiert. Die freundlichen Zimmer werden von behaglichen Gaststuben ergänzt. Hier kann man die kreative Frischeküche genießen. In der großzügigen Bade- und Saunalandschaft mit Pool, ganzjährig beheiztem Freibad und 37°C warmem Whirlpool im Außenbereich regeneriert man, lassen sich Alltag und Stress vergessen. In "Alpenhofs Wohlfühl-Alm" werden Körper und Geist zahlreiche durchdachte Wellnessanwendungen geboten: Wohltuende Massagen, Aromatherapien, die alle Sinne ansprechen, und fernöstliche Behandlungen verführen zum Abtauchen in eine tiefenentspannte Welt. Zu den Besonderheiten gehört das nach einem Verfahren von Johann Grander hergestellte Granderwasser, ein Informationswasser mit hoher innerer Ordnung, das von unzähligen Menschen als sehr weich, hautverträglich und belebend empfunden wird. Aber auch klassische Beautybehandlungen (Kosmetik, Maniküre, Pediküre u.v.m.) werden nach individuellen Wünschen zusammengestellt und vom geschulten Personal perfekt umgesetzt.

Cuxhaven

Badhotel Sternhagen OT Duhnen

Bhf→6 km

✉ 27476 · Cuxhavener Str. 86 · ☎ (0 47 21) 43 40 · Fax: 43 44 44 · Drei Restaurants, eigene Konditorei, Weinkeller, Panorama-Café, Zi.-Preise inkl. Frühst.
12 km VISA AE
sternhagen@badhotel-sternhagen.de · www.badhotel-sternhagen.de ·

Family

13 **DZ** von 260,00 bis 330,00 €;
als **EZ** von 216,00 bis 245,00 €;
7 **EZ** von 194,00 bis 250,00 €;
28 **Suiten** von 334,00 bis 625,00 €

Im „Badhotel Sternhagen" kann man nicht nur exklusiv logieren, sondern auch vortrefflich Entspannung und Abstand vom Alltag gewinnen. Pures Wohlbehagen vermittelt der 850 m² große Wellnessbereich mit herrlicher Meerwasser-Badelandschaft (exklusiv für Hausgäste). Frisches Nordseewasser mit heilsamen Spurenelementen speist den Badebereich mit Fitnessbecken, Sprudel- und Quellbad, Meerwasserfall, außerdem gibt es verschiedene Saunen und Massagen sowie eine Beauty-Abteilung und die Möglichkeit, mit einem Personal-Trainer oder einer Yoga-Therapeutin die Fitness zu verbessern.

Das „Sternhagen" ist anerkanntes Original Nordsee-Thalasso-Therapie-Center, in dem die 2- bis 7-tägigen Programme auf Wunsch nach ärztlicher Eingangsuntersuchung stattfinden. Das "Nordsee-Thalasso-Spa" bekam das "Leading Spa Selection"-Siegel – die Höchstnote des europäischen Qualitätssiegels für Thalasso-Therapien. Die Anwendungen mit reinem Meerwasser in der "aerosolen Brandungszone" des Meeres sind ein Jungbrunnen für Körper und Geist. Die ganzheitliche Thalasso-Therapie wird zur nachhaltigen Erholung, die neue Energie spendet. Die Wellnessküche des Hauses unterstützt die therapeutischen Maßnahmen perfekt.

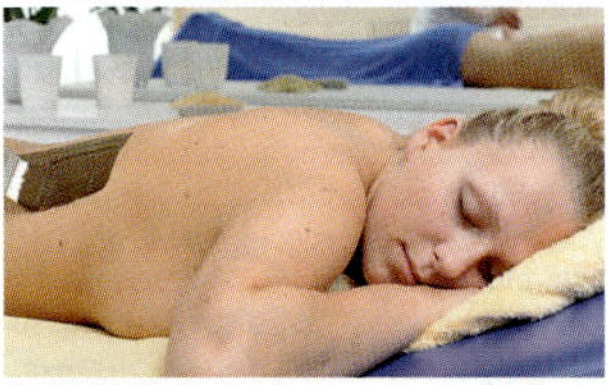

Freudenstadt

Bhf→3 km

Lauterbad

✉ 72250 · OT Lauterbad · Amselweg 5 · ☎ (0 74 41) 86 01 70 · Fax: 8 60 17 10
HP-Restaurant, Lounge, Wellness auf 1.800 m², Fitnesspark
1 km
info@lauterbad-wellnesshotel.de · www.lauterbad-wellnesshotel.de

33 **DZ** von 184,00 bis 274,00 €;
als **EZ** von 111,00 bis 165,00 €;
2 **EZ** von 92,00 bis 105,00 €;
6 **Suiten** von 242,00 bis 290,00 €

Im Wellness Hotel Lauterbad kann man inmitten der reizvollen Schwarzwälder Landschaft einen Wellnessurlaub der Extraklasse genießen. In fünf Wärme- und Dampfgrotten der LAUTERBAD-THERME sowie einem Außen- und Innenpool findet man Entspannung. Über 10 Fachkräfte verwöhnen charmant und professionell in der Beautyfarm mit Kosmetikarrangements mit Produkten von Thalgo und Comfort Zone.
Neben Sport, Fitness und Animation gibt es noch die Massageabteilung (u. a. mit Pantai Luar, Klang- und Steinmassage). Sehr exklusiv ist das Wellness-Resort auf über 1800 m² mit Außenbecken und Indoorzugang, SIESTA-Rondell mit Swingliegen, Schlafsack mit offenem Kamin, Südsee-Relax-Erlebniswelten, Wasserbetten, Fitnesstheke, Fitness- und Bewegungspark u. v. m.
Das neue Restaurant schafft eine räumliche Ergänzung zum Bestehenden in naturtypischer Anmut, Panoramablick ins Grüne inklusive. In der angrenzenden Lounge "über den Wolken" erlebt man Genuss und Entspannung in vollkommener Harmonie. Die Familien Heinzelmann-Schillinger und das charmante Mitarbeiter-Team hinter und vor den Kulissen heißen den Gast stets herzlich willkommen.

Heiligendamm

Grand Hotel Heiligendamm

Bhf→2 km

Family

18209 · Prof.-Dr.-Vogel-Str. 6 · ☎ (03 82 03) 7 40 76 76 · Fax: 7 40 74 74
Zwei Restaurants, Sushi-Bar, Salons, Davidoff-Lounge, Heiligendamm-SPA
5 km
info@grandhotel-heiligendamm.de · www.grandhotel-heiligendamm.de

120 **DZ** von 205,00 bis 495,00 €;
als **EZ** von 195,00 bis 465,00 €;
61 **Suiten** von 295,00 bis 1435,00 €

Egal, ob man ein romantisches Wochenende plant oder den luxuriösen Urlaub für die ganze Familie – im "Grand Hotel Heiligendamm" ist man zu jeder Jahreszeit richtig. Ein ganz besonderes Highlight ist ein Wellness-Aufenthalt in einem der besten SPAs Deutschlands. Was hier geboten wird, um Körper und Geist ins Gleichgewicht zu bringen, sucht seinesgleichen.

Die heilsame Kraft der Ostsee steht im Fokus der Angebote und Anwendungen, die von top geschulten Mitarbeitern durchgeführt werden. Pool, Saunen (eine auch exklusiv für Damen), Beautyanwendungen und fantastische Massagen (u. a. Abhyanga, Lomi Lomi Nui, La Stone und viele weitere) sowie ein indischer Yogameister unterstützen die traditionelle Gesundheitsphilosophie eines ganzheitlichen Ansatzes. Hinreißend ist das kostenfreie Angebot an Fitness- und Entspannungskursen wie z. B. Pilates, Wassergymnastik, Rücken Fit, Power-Workout.

Ein vielfältiges gastronomisches Angebot (u. a. das Sterne-Restaurant "Friedrich Franz", Sushi Bar und Beach Bar), die beliebte Kindervilla mit dem "Eisbären"-Kinderclub sowie ein attraktives Kulturprogramm (historische Vorträge, Konzerte uvm.) machen das Grand Hotel Heilgendamm zu einem echten Sehnsuchtsort.

Hofheim am Taunus

Bhf→4 km

Vital Hotel Frankfurt

65719 · Niederhofheimer Straße 67 · ☎ (0 61 92) 9 77 79-800 · Fax: 9 77 79-899
Rest. m. intern. Küche, Bistro, div. Bars, Therme, Frühstück im Zi.-Preis inkl.
info@vital-hotel-frankfurt.de · www.vital-hotel-frankfurt.de

90 **DZ** ab 149,00 €;
als **EZ** ab 99,00 €;
4 **Suiten** ab 209,00 €;
3 **Junior-Suiten** ab 169,00 €

Vielleicht sollten wir damit beginnen, dass es im "Vital Hotel Frankfurt" mit direktem Anschluss an die Rhein-Main-Therme alles gibt, was der Wellness-Sektor bietet. Die Therme lädt auf 15.000 m² ein, den Alltag für Stunden oder Tage hinter sich zu lassen. Die Wasser-, Sauna- und Fitnesslandschaften bieten der ganzen Familie in einer unglaublichen Vielfalt aktive und passive Erholung. In der Saunawelt warten u. a. Finnische und Kelo Saunen, Biosanarium, Erdsauna und der Saunagarten mit Taunus-Blick. Das Freizeitbad mit großem Innen- und Außenbereich und der dazugehörigen Liegewiese kommt natürlich besonders bei den kleinen Wasserratten gut an: 25 m Sportbecken mit Sprungturm, rasante Wasserrutschen-Abfahrten (auch für die Großen!), mitreißende Strömungen, spritzige Fontänen, Planschbecken, aber auch Ruhe und Erholung auf den Massageliegen und in diversen Whirlpools erwarten die Gäste. Richtig aktiv wird es im Fitnessclub: Hier gibt es modernste Anlagen und Geräte, geschulte Trainer und über 45 Kurse, um den Puls in die Höhe zu treiben, ohne die Gesundheit aus den Augen zu verlieren. Im Hotel selber kann man im gepflegten Beauty-Spa bei Massagen, wohltuenden Behandlungen und Verwöhnprogrammen regenerieren.

Kahl am Main

Zeller - Hotel + Restaurant -

Bhf→1 km

63796 · Aschaffenburger Str. 2 · ☎ (0 61 88) 91 80 · Fax: 91 81 00 · "Emmas Weinbar", kleine Parkanlage, Gartenterrassen, 4 Tanksäulen für E-Autos, Zi.-Preise inkl. Frühst.

8 km

rezeption@hotel-zeller.de · www.hotel-zeller.de ·

23 **DZ** von 190,00 bis 250,00 €;
58 **EZ** von 104,00 bis 174,00 €;
4 **Suiten** von 174,00 bis 260,00 €

Im wunderschön gestalteten Zeller GardenSPA kann man auf 600 m² den Alltag einfach hinter sich lassen. Hotelgäste können das SPA kostenfrei nutzen, für jeden, der einen Wellness-Kurzurlaub sucht, ist es als Day-Spa geöffnet. Vom Pool mit Panorama-Glasfront über die sanfte Biosauna bis hin zum modernen Fitnessraum steht hier alles im Zeichen von Gesundheit und Vitalität. Bei vielfältigen Beauty- und Massageangeboten bis hin zu Maniküre und Pediküre kommt auch die innere und äußere Schönheit nicht zu kurz.

Besonders überzeugend ist das sehr durchdachte Konzept von vier aufeinander abgestimmten Wirkungsfeldern. Naturkraft & Ruhe sorgen für Entschleunigung, Wohlgefühl und Ausgeglichenheit, z. B. bei einer Hot Stone Massage. Erneuerung & Energie führen zu einem ganz neuen Körperbewusstsein, dass die Vitalkraft – z. B. durch eine Sport- und Faszienmassage – erhöht. Verwurzelung & Erdung geben in Verbindung mit der Natur und anderen Menschen Stabilität, Kraft und Erdung, hier entspannt die Honigmassage. Schönheit & Entfaltung stärken die innere Lebensfreude und führen zu einer positiven Grundeinstellung, die hilft, die geistigen Kräfte wahrzunehmen, am besten bei einer der zahlreichen, schmeichelnden Körper- und Gesichtsbehandlungen.

Kühlungsborn

Bhf→800 m

Ringhotel Strandblick

18225 · Ostseeallee 6 · ☎ (03 82 93) 6 33 · Fax: 6 35 00 · Zi.-Preise inkl. Frühstück, Hotelbar, Gartenterrasse, Leihfahrräder, Vermittlung von Ausflugsfahrten
4 km VISA AE
kuehlungsborn@ringhotels.de · www.ringhotel-strandblick.de ·

Family

46 **DZ** von 140,00 bis 195,00 €;
als **EZ** von 125,00 bis 180,00 €;
1 **EZ** von 125,00 bis 140,00 €;
5 **Suiten** von 170,00 bis 235,00 €

Das Ringhotel Strandblick mit dem Restaurant "Strandauster" ist in einer liebevoll renovierten, unter Denkmalschutz stehenden Jugendstilvilla beheimatet. (Die Zimmerpreise beinhalten das Frühstücksbuffet). Der Charme und die Nostalgie des Fin de Siècle wurden erhalten, aber durch mannigfache moderne Annehmlichkeiten ergänzt. Dazu zählt das modern gestaltete Wellness-SPA.

Hier kann man ganz wunderbar ausspannen und den Alltag hinter sich lassen. Hotelgästen stehen das 11 m lange Hallenschwimmbad mit integrierter Whirlecke, der Saunabereich, u. a. mit Finnischer Sauna, Biosauna, Eisdusche, Sonnendeck und Liegewiese sowie der Fitnessraum kostenfrei zur Verfügung. Wer sich einfach nur verwöhnen lassen möchte, greift auf das umfangreiche Angebot an Anwendungen und Massagen zurück. Ob klassische Massagen des ganzen Körpers, von Rücken, Kopf, Nacken oder energetische Massagen mit warmem Ölguss, Meridian- oder Hot Stonemassagen sowie die Hot Stemp, eine pflegende Massage mit warmen Stempeln – die Auswahl ist groß, die Mitarbeiter sind geschult und sehr liebenswürdig. Gerne werden die schmeichelnden Anwendungen vom engagierten Team auf die individuellen Wünsche und Bedürfnisse des Gastes abgestimmt.

Neubrandenburg

Bornmühle

Bhf→15 km

✉ 17094 · Gr.-Nemerow, Bornmühle 35 · ☎ (03 96 05) 6 00 · Fax: 6 03 99 · Seeterrasse, Lobby, Bar,Live-Cooking, reichhaltiges Frühstücksbuffet (im Zi.-Preis inkl.)
500 m
info@bornmuehle.com · www.bornmuehle.com

74 **DZ** von 130,00 bis 230,00 €;
als **EZ** von 110,00 bis 210,00 €;
13 **EZ** ab 90,00 €;
10 **Suiten** von 160,00 bis 320,00 €

Wer täglich Hektik, Unruhe und Stress ausgesetzt ist, muss sich einen Ausgleich schaffen. Ein Besuch in der "Bornmühle" ist dafür wie geschaffen. Hier kann man inmitten unberührter Natur, direkt am Ufer des idyllischen Tollensees einen wunderschönen Erholungsurlaub verbringen. Freundlich und sehr komfortabel gestaltete Zimmer mit exklusiven Schlafsystemen, liebevoller und persönlicher Service und eine abwechslungsreiche Frischeküche sind hier selbstverständlich.

Neben vielen Freizeitmöglichkeiten (u. a. Golfen, Kanufahrten, Radfahren, Mordic Walking) wartet ein herrliches, gern auch individuelles Wellnessangebot auf den Gast. Salzwasserhallenbad, Liegewiese mit Seeblick und eine herrliche Außensauna-Landschaft aus Keloholz sind schon da. Außerdem gibt es ein tägliuches Aktivprogramm mit diversen Kursangeboten wie Yoga, Qi-Gong, Kung Fu, Faszientraining etc.oder Klettern an der hauseigenen 12-Meter Kletterwand mit faszinierendem Blick über den See. Tiefenentspannung garantieren ausgeklügelte Anwendungen, Massagen, Mei-Rituale, Phytomassopodia, Nordic Walking und vielfältige Gesundheitsangebote. Hier kann man den Alltag vergessen und sich ein individuelles Wohlfühlprogramm zusammenstellen lassen.

Niedernberg

Bhf→15 km **Seehotel Niedernberg - Das Dorf am See**

✉ 63843 · Leerweg · ☎ (0 60 28) 99 90 · Fax: 9 99-22 22 · Rest. ELIES m. gehobener Frischeküche, Arrangements, Frühstück 22,50 € p. Pers.
2,5 km VISA AE
mail@seehotel-niedernberg.de · www.seehotel-niedernberg.de

86 **DZ** ab 160,00 €;
11 **EZ** ab 125,00 €;
10 **Suiten** ab 235,00 €

Nur 30 Autominuten vom Flughafen Frankfurt entfernt, wartet im "Seehotel Niedernberg" direkt am schönen See, der auch zu einem erfrischenden Bad einlädt, ein durchdachtes Hotelkonzept mit charmanter Dorfatmosphäre und viel Individualität. Hier kann man wunderbar wohnen sowie hervorragend relaxen und tagen. Ein besonderes Highlight ist die vitalOase. Hallenbad, Saunalandschaft und verschiedenste Wellness-Anwendungen geben den zusätzlichen Erholungskick. Der 5x8 m große Pool (29°) mit Teich-Blick hat mit dem 10x3 m großen Außenpool (34°) und dem Whirlpool eine perfekte Outdoor-Ergänzung. Von der Liegewiese kann man zur kleinen Insel laufen oder den "Beach-Club" besuchen. In der Saunalandschaft warten ein Thermium, Blockhaussauna mit Seeblick, Biosauna (55°), Wärmekabine und ein Ruhebereich. Wer's aktiver mag nutzt die Yoga- und Aqua Gymnastik-Kurse. Thalgo- u. Anti-Aging-Anwendungen sowie ayurvedische Massagen können ebenfalls gebucht werden. Bestens aufgestellt ist man im "Seehotel Niedernberg" auch, wenn es um Tagungen, Feiern und Events geht. Abläufe werden maßgeschneidert, Räumlichkeiten gibt es in großer Auswahl und attraktive Rahmenprogramme sowie Seminare zu Coachings, Arbeitsoptimierung etc. runden das Angebot ab.

Nohfelden

Seezeitlodge Hotel & Spa OT Gonnesweiler

Bhf→5 km

✉ 66625 · Am Bostalsee 1 · ☎ (0 68 52) 80 98-0 · Fax: 80 98-3 33 · Jahresprogramm mit Kursangeboten, Zimmerpreis inkl. 3/4 Pension Seezeit Kulinarik
VISA EC
mail@seezeitlodge.de · www.seezeitlodge.de ·

84 **DZ** von 368,00 bis 428,00 €;
als **EZ** von 224,00 bis 254,00 €;
14 **Suiten** von 456,00 bis 556,00 €

Architektonisch durchdacht und mit dem Ziel auch optisch größtmögliche Entspannung zu erreichen, kann man sich im Seezeit Spa von einem wirklich hinreißend vielfältigen Angebot begeistern lassen.

Die regionale Geschichte des Saarlandes ist eng mit den Kelten verknüpft und so lebt hier längst vergessenes Wissen aus der Heilkunst der Kelten weiter, indem es eine zeitgemäße Umformung in unverfälschte Wellness-Angebote und ursprüngliche Rituale erfährt. Der beheizte Innen- und Außenpool ist so konzipiert, dass er sich in die umgebende Landschaft integriert und gleichsam in den Bostalsee hineinreicht. Neben verschiedenen Indoor-Saunen ist das keltische Außensaunadorf ein Kraftplatz mitten im Grünen, der zu einem intensiven Naturerlebnis einlädt.

Ruhe, Klarheit, Energie und Inspiration versprechen die pflegenden Verwöhnangebote wie Massagen, Lymphdrainage, Faszientherapie und ursprüngliche Rituale. Das bestens geschulte, zuvorkommende Mitarbeiterteam erstellt ein ganz individuelles Wohlfühl-Programm (nach vorheriger Reservierung sind alle Angebote auch für externe Besucher möglich) und geht auch gerne auf Gästewünsche ein. Das Angebot und die Anwendungen versprechen nachhaltige Wirkung und zusätzliche Energie.

Scharbeutz

Bhf→2 km

Gran BelVeder

✉ 23683 · Strandallee 146 · ☎ (0 45 03) 3 52 66 00 · Fax: 3 52 66 99 · Frühstück im Zi.-Preis inkl., Rest. "DiVa" mit ausgezeichneter Küche, Davidoff Lounge
2 km
info@belveder.de · www.belveder.de ·

Family

60 **DZ** von 170,00 bis 330,00 €;
als **EZ** von 120,00 bis 240,00 €;
23 **Suiten** von 320,00 bis 430,00 €

Das "Gran BelVeder" ist zu jeder Jahreszeit das ideale Domizil, um dem Alltag zu entfliehen und eine Auszeit zu nehmen, die Regeneration für Körper und Geist zugleich bedeutet. In einem exklusiven und wirklich perfekt konzipierten Beauty SPA werden – auch für besondere Stunden zu Zweit – Massagen aus aller Welt, Packungen, orientalische Rasulbäder und Behandlungen mit hochwertigen Produkten angeboten.
Direkt ans Hotel angeschlossen und über einen Glasgang erreichbar, ist die 14.000 m² große Ostsee-Therme. Die subtropische Wellness- und Wasser-Erlebniswelt mit Saunalandschaft mit direktem Strandzugang und zahlreichen Kursen im 800 m² großen Fitness- und Healthclub VITA-SPA mit modernsten Geräten, ausgebildeten Trainern und attraktiven, äußerst vielfältigen Kursen steht den Hotelgästen ebenfalls kostenlos zur Verfügung.
Bei so vielen verschiedenen Möglichkeiten, sich von den geschulten Mitarbeitern bei individuellen Behandlungen nachhaltig verwöhnen zu lassen oder aktiv zu erholen, vergisst man fast die grandiose Lage des Hotels direkt am Timmendorfer Strand, die es ermöglicht, zusätzlich attraktive Sportangebote wie Wandern, Radfahren, Reiten und natürlich Segeln zu nutzen.

Schmallenberg

Family

Waldhaus Ohlenbach

Bhf→8 km

57392 · OT Ohlenbach · Ohlenbach 10 · ☎ (0 29 75) 8 40 · Fax: 84 48
Terrasse, reichhaltiges Frühstücksbuffet (22,- € p./P.) vielseitige Arrangements
8 km
info@waldhaus-ohlenbach.de · www.waldhaus-ohlenbach.de

44 **DZ** von 250,00 bis 300,00 €;
als **EZ** von 145,00 bis 170,00 €;
3 **Suiten** von 330,00 bis 450,00 €
Im sehr persönlich und familiär geführten Waldhaus Ohlenbach mit behaglichen Zimmern kann man zu jeder Jahreszeit einen erholsamen Urlaub verbringen. Das garantiert allein schon die hinreißende Lage begrenzt von Wiesen und Wäldern, mitten im Grünen.
Nachhaltige Entspannung und Regeneration findet man besonders in der Wellnesslandschaft. Der ist sofort eine ganze Etage vorbehalten. Im Wellness & Spa Waldzauber stellen die motivierten und gut geschulten Mitarbeiterinnen gerne ein individuelles Erholungspaket zusammen, in dem persönliche Wünsche berücksichtigt werden. Die Auswahl ist ja auch zu verlockend: Bäder (u. a. mit Meersalz und Algen, Aroma Relax, Wildrosen- oder Orangen-Salz-Bad), Körper- und Kosmetikbehandlungen (Anti-Stress, Wickel etc.), Massagen (Ayurveda, Lomi-Lomi-Nui, Shiatsu, Fußreflexzonen und, und, und ...) – die Auswahl ist groß, die Qualität top und der Erholungsfaktor unbezahlbar.
Das Hallenbad mit Wald- und Wiesen-Aussicht und die Finnische Sauna unter'm Grasdach am Hang mit eiskaltem Quellwasser auf der eigenen, blickgeschützten Terrasse bieten zusätzliche Erholung. Immer wieder ein beliebter Treffpunkt ist das ganzjährig beheizte 6 x 12 m große, von Liegewiesen umgebene Schwimmbad.

St. Englmar

Bhf→35 km

Angerhof Sport- & Wellnesshotel

94379 · Am Anger 38 · (0 99 65) 18 60 · Fax: 1 86 19 · Panoramarest. m. Reg. u. Intern. Küche, "Kachelofenstube", Bar, Café, Zi.-Preise inkl. 3/4-Verwöhnpension
30 km VISA AE
hotel@angerhof.de · www.angerhof.de

50 **DZ** von 260,00 bis 320,00 €;
10 **EZ** von 135,00 bis 165,00 €;
10 **(Jui.-)Suiten** von 330,00 bis 430,00 €

Arrangements: u. a. Wellness-Schnupper-Woche: inkl. Verwöhn-HP u. 3 Wellnessanwendungen ab 748,- € pro Person.
Wer den Angerhof besucht hat, wundert sich nicht, dass er zu den zehn besten Wellnesshotels Europas zählt. Das liegt auf der einen Seite an den komfortablen Zimmern sowie der köstlichen und kreativen Frischeküche. Auf der anderen Seite ist da das ausgewogene Angebot von aktiver und passiver Erholung, das den Urlaub zum puren Genuss macht. Der Tag beginnt gemütlich – das Langschläfer-Frühstücksbuffet kann bis 11:30 Uhr eingenommen werden.
Schmeichelnde Bäder, sanfte Packungen, Energie spendende Massagen im Massagetempel, Thalgo-, Anti-Aging- und Schönheitsbehandlungen können individuell zusammengestellt werden. Der Kristall-Farblicht-Aromaraum spricht alle Sinne an.
Wer's aktiver bevorzugt, kann (auf Wunsch auch unter Anleitung) walken, sich an der hoteleigenen Kletterwand versuchen, den Kneipp-Pfad entdecken, auf dem 500 m langen "Barfußweg der Sinne" auf 70 verschiedenen Stationen die Reflexzonen der Füße anregen oder einfach im wunderschönen Vital-Felsenbad mit Sole-Freibecken nachhaltig entspannen.

Usedom

DAS AHLBECK HOTEL & SPA

Bhf→5 Gehminuten

17419 · Dünenstr. 48 · (03 83 78) 49 94-800 · Fax: (03 83 78) 49 94-9 99
Rest. mit Showküche, Lobby, Hotelbar, Terrasse, Kaminzimmer, Hotelbäckerei
3 + 15 km
info@das-ahlbeck.de · www.das-ahlbeck.de

18 **DZ** ab 159,00 €;
als **EZ** ab 113,00 €;
31 **App.** ab 216,00 €

Ein Wellnesstag im Spa des Hotels "DAS AHLBECK HOTEL & SPA" ist ein Tag ohne Hektik und Stress, stattdessen mit Ruhe, Wärme und Entspannung. Wohltuend die Düfte von Eukalyptus oder exotischen Blüten, das Zischen beim nächsten Sauna-Aufguss und das unbeschreiblich schöne Gefühl, den Alltag ganz fern zu wissen. Passive Entspannung oder aktive Erholung – hier wurde an alles gedacht.

Auf 1250 m² findet man die Finnische Sauna, Sanarium, Dampfbad, Tepidarium, Pool mit Sprudelbad, einen Fitnessbereich mit modernsten Cardio- und Kraftgeräten, Wasserbett-Massageliege, Serail-Bad, Private-Duo-Sandliege, Duo-Schwebeliege, Duo-Licht-/Klangwanne sowie herrliche Beauty- und Körperanwendungen und zahlreiche Massagen von klassisch bis exotisch. Von Serail-Zeremonien, über Körper-Erlebnisbehandlungen bis hin zu Angeboten nur für Männer findet man im Spa für jeden Entspannungs-Wunsch die richtige Lösung. Viele der Anwendungen sind für Paare, können in den Duoräumen oder Private SPA genossen werden und machen z. B. eine Hochzeitsreise zu einem unvergesslichen Erlebnis.

Die geschulten und liebenswürdigen Mitarbeiter stellen auch gerne auf individuelle Wünsche abgestimmte Anwendungsprogramme zusammen.

Zweiflingen

Bhf→5 km

Wald & Schlosshotel Friedrichsruhe

✉ 74639 · OT Friedrichsruhe · · ☎ (0 79 41) 60 87-0 · Fax: 60 87-8 88
Gourmet-Restaurant "Le Cerf", "Jägerstube" u. "Waldschänke", Bar, Terrasse
100 m
hotel@schlosshotel-friedrichsruhe.de · www.schlosshotel-friedrichsruhe.de

33 **DZ** von 360,00 bis 440,00 €;
als **EZ** von 270,00 bis 350,00 €;
4 **EZ** von 190,00 bis 290,00 €;
29 **Sui.** von 470,00 bis 1600,00 €

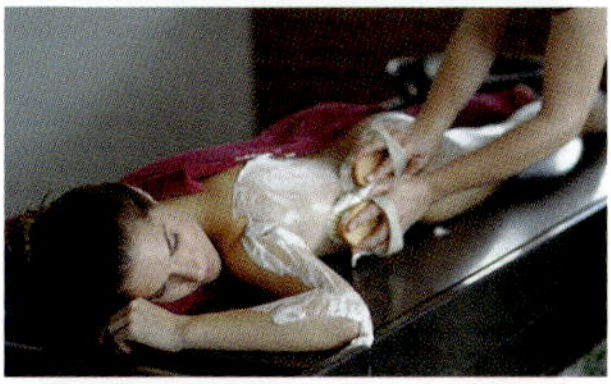

Eine nachhaltige Auszeit vom Alltag verspricht ein Besuch des Spa vom Wald & Schlosshotel Friedrichsruhe. Auf 4.400 m^2 sind die mit hellem Granit ausgekleideten Pools ein echter Hingucker. Die anspruchsvolle und luxuriöse Ausstattung der Wohlfühloase orientiert sich in der Gestaltung am Vorbild der Natur – ausdrucksstarke Hölzer, feine Stoffe, markante Steine und Keramik in Naturfarben mit angenehmer Haptik sprechen für sich. Über einen Sinnes- und Wandelgang direkt mit dem Wald & Schlosshotel Friedrichsruhe verbunden, kann man sich bei einer Vielzahl von Anwendungen verwöhnen lassen oder die aktivere Variante wählen mit der Saunalandschaft (Damensauna mit Finnischer Sauna und Dampfbad sowie Hauptbereich mit Aroma- und Soledampfbad, Erlebnisduschen, Eisbrunnen, Sanarium, Finnischer Sauna und Außenbereich mit Blockhaus-Sauna, Kneippgang und Hydro-Pool), Gymnastikraum und dem High Tech Fitnesscenter. Letztere sind im Obergeschoss und werden dort von 13 Behandlungsräumen für Massage und Kosmetik, dem Rasulbad, der private Spa-Suite und der SanVino-Suite für Paarbehandlungen ergänzt. Gepflegte Ruheräume, eine weitläufige Liegewiese und das Spa Bistro bieten zusätzliche Abwechslung.

Ellmau

Kaiserhof

Bhf→10 km

✉ 6352 · Harmstätt 8 · ☎ (0 53 58) 20 22 · Fax: 2 02 26 00 · HP-Restaurant, Panoramaterrasse, Skybar, Outdoor-Spielplatz, Unlimited Mountain Pool, 24-h-Rezeption
5 km
VISA AE
info@kaiserhof-ellmau.at · www.kaiserhof-ellmau.at ·

Family

52 **Zimmer und Suiten** von 390,00 bis 710,00 €

Vor der imposanten Naturkulisse des Wilden Kaisers findet man mit dem Kaiserhof ein Tiroler Luxusidyll der Extraklasse. Hier stimmt alles, um unbeschwerte Tage in heiterem Ambiente zu verleben. Erstklassige Komfortzimmer und eine gehobene Küche gehören ebenso dazu wie ein sehr vielseitiges und attraktives Freizeitangebot.
Nachhaltige Erholung verspricht die hinreißend gestaltete, gepflegte Wellnessoase. Der biologische Naturbadeteich und der durchdacht konzipierte Wellnessbereich mit der Beautyfarm bieten neben einer Finnischen Sauna, Biosauna, Soledampfbad, Infrarotkabine, Wärmebank, Erlebnisduschen, Freiluftzone und großzügigen Ruheräumen genügend Möglichkeiten, den Tag nach individuellen Wünschen als Auszeit vom Alltag zu gestalten.
2020 hinzugekommen ist ein 18 m langer Unlimited Mountain Pool mit spektakulärem Blick in die alpine Landschaft. Schmeichelnde Beautyanwendungen und Schönheitsprogramme sorgen für wunderbare Entspannung. Das geschulte Personal verwöhnt mit Massagen wie Ayurveda und Hot Stone, Packungen, Modellagen und Bädern und stellt individuelle Anwenungen zusammen. Es gibt noch einen Fitnessraum und Trainingseinheiten wie Stretching, Wirbelsäulengymnastik uvm.

Geinberg

Bhf→2 km

Geinberg5 PRIVATE SPA VILLAS

✉ 4943 · Thermenstraße 13 · ☎ (0 77 23) 8501-55 55 · Fax: 8501-9 99 · Private Bungalow-Suiten mit Terrasse und eig. Badesteg, SPA, Concierge-Service
15 km
VISA AE
office@geinberg5.com · www.geinberg5.com

20 **Private SPA Sui.** ab 610,00 €;
1 **Private SPA Villa** ab 1510,00 €

In den GEINBERG5 PRIVATE SPA VILLAS kann der Gast Tag für Tag entscheiden, ob er sich in privatem Ambiente in der eigenen Suite entspannen oder das SPA der Therme besuchen möchte. Das Herzstück jeder Private SPA Suite ist ein exklusiver Wellnessbereich mit einer frei stehenden Badewanne, Finnischer Sauna, Dampfbad, Außen-Whirlpool mit 36°C warmem Thermalwasser und offenem Kamin. Lust auf eine Runde im Naturbadeteich – die persönliche Badebucht ist direkt vor der Tür, Steg und die Terrasse sind nicht einsehbar. Auch für Massagen und Beauty-Anwendungen muss man die Villa nicht verlassen, die liebenswürdigen und top geschulten Mitarbeiter kommen vorbei und verwöhnen den Gast mit individuell abgestimmten Behandlungen.

Wenn man Hunger bekommt und einem gerade nicht danach ist, den kuscheligen Bademantel abzulegen: Kein Problem, das à-la-carte-Angebot des Restaurants wird auch in den privaten Räumen serviert. Dort steht auch jederzeit ein Concierge-Service zur Verfügung, der kleine und große Bitten erfüllt. Bleibt zu erwähnen, dass es zusätzlich noch ein Exklusiv SPA mit großzügigem Indoor- und Outdoor-Schwimmbereich, Ruhe- und Liegezonen auf zwei Etagen, einer exotischen orientalischen Erlebniswelt mit Hamam sowie einer eleganten Lounge mit Bar gibt.

Lech am Arlberg

Burg Vital Resort

Bhf→17 km

✉ 6764 · OT Oberlech · Oberlech 568 · ☎ (0 55 83) 31 40 · Fax: 31 40 16
Restaurants mit Klass. und Regionaler Küche, Bar, Teebar, Terrasse, Indoor-Golf
2 km
office@burgvitalresort.com · www.burgvitalresort.com

Family

31 **DZ** von 380,00 bis 890,00 €;
als **EZ** von 276,00 bis 680,00 €;
6 **EZ** von 227,00 bis 452,00 €;
9 **App. (3-4 Ps.)** von 607,00 bis 1670,00 €;
20 **(Ju.-)Sui.** von 425,00 bis 5849,00 €
Diverse Pauschalen: im Winter mit Übernachtungen inkl. Skipass; im Sommer mit verschiedenen Schwerpunkten wie Kulinarik, Wellness, Aktiv, Familie. Preise auf Anfrage. In 1700 Meter Höhe – Licht, Sonne und Bergen so nah – entfaltet das „Burg Vital Resort" eine Faszination, der man sich kaum entziehen kann. Exklusiv und familiär zugleich, umfängt den Gast ein Ambiente romantischer Eleganz. Gemütliche Zimmer, das à-la-carte-Restaurant "Griggeler Stuba" und eine paradiesische, fantastische 3.800 m² große Wellnesslandschaft machen den Aufenthalt zu einem unvergesslichen Erlebnis. Das Engagement und die Freundlichkeit der Mitarbeiter und die heitere Atmosphäre in der „Vital-Spa-Oase" machen Wohlfühlträume wahr. Kosmetikbehandlungen, Yoga und Massagen bringen Entspannung. Wirbelsäulengymnastik und Body-Workout steigern die Fitness. Die Thalasso-Therapie nutzt die Heilkraft des Meerwassers: Vitalstoffe von Salzen und Algen werden vom Körper aufgenommen, während Giftstoffe im Körper entschlackt werden. Mit ayurvedischen Behandlungen werden die Selbstheilungskräfte nachhaltig aktiviert. Man spürt, dass es dem geschulten Team hier tatsächlich um persönliches Wohlbefinden geht.

Neunburg vorm Wald

Bhf→20 km

Spa&Genuss Resort – Der Birkenhof

✉ 92431 · Hofenstetten 55 · ☎ (0 94 39) 95 00 · Fax: 95 01 50 · Rest. m. reg. Küche "Turmstube", HP-Restaurant "Landart", Bar, Zi.-Preise inkl. Genießer-HP
5 km
info@der-birkenhof.de · www.der-birkenhof.de

53 **DZ** ab 278,00 €;
als **EZ** ab 154,00 €;
6 **EZ** ab 154,00 €;
24 **Suiten** ab 324,00 €
Arrangements:
u. a. Golf: 2 x Ü/HP mit tgl. 5-Gang-Abendmenü, Greenfee in zwei Golfclubs 374,- € p. P./DZ

Umgeben von üppigen Feldern, ist das "Landhotel Birkenhof" mit seinem traumhaften Panoramablick auf die Seenlandschaft der Oberpfalz und einer fantastischen 2.000 m² großen Wellnesoase ein perfektes Refugium für den Ruhe und nachhaltige Erholung suchenden Urlauber. Neben einem großen Freizeitangebot mit vielen Events und Outdoor-Sportmöglichkeiten können hier besonders Golffreunde ihrem Hobby frönen.
Gleich 15 Golfplätze (270 Spielbahnen) sind in der näheren und weiteren (bis 80 km) Umgebung. Direkt am Ort ist der Golf- und Landclub Oberpfälzer Wald. Wunderschön eingebettet in einer Talmulde bietet der landschaftlich herrlich gelegene 18-Loch-Platz mit Driving Range ein interessantes Profil und spektakuläre Bahnen, die auch erfahrene Golfer fordern. Die Nutzung des 3D-Golfsimulators hilft bei der Verbesserung der eigenen Schlagtechnik. Nach einem erfolgreichen Tag auf dem Grün wartet der gepflegte Wellnessbereich, wo man bei zahlreichen Anwendungen entspannen oder sich eine muskellockernde Massage gönnen kann.

Ellmau

Der Bär

Family

Bhf→20 km

✉ 6352 · Kirchbichl 9 · ☎ (0 53 58) 23 95 · Fax: 23 95 56
Halbpensions- & à la carte-Rest., Bar, Terrasse, reichhaltiges Frühstücksbuffet
0,5 km VISA
info@hotelbaer.com · www.hotelbaer.com

32 **DZ** von 270,00 bis 512,00 €;
EZ von 155,00 bis 265,00 €;
30 **(Jui.-)Suiten** von 350,00 bis 792,00 €

Das Hotel Bär am Fuße des Wilden Kaiser ist nicht nur ein Hotel, sondern ein ganzes gastronomisches Ensemble – praktisch ein kleines Dorf für sich – mit Zimmern (mit Balkon oder Terrasse), die alpinen Charme mit modernem Chic kombinieren und einem weitläufigen Wellnessbereich mit einer Fülle von Anwendungen. In der landschaftlich beeindruckenden Umgebung wird Golf spielen zum ganz besonderen Genuss. Dafür sorgt natürlich auch der 27-Loch-Golfplatz "Wilder Kaiser" – einer der schönsten Plätze in Österreich. Das Drivingrange-Areal und der großzügige Übungsbereich bieten auch dem Golf-Neuling ideale Voraussetzungen und sehr gute Einstiegsmöglichkeiten in diese beliebte und faszinierende Sportart.
Das Hotel Bär überzeugt zusätzlich mit einem großen gastronomischen Angebot und ausgezeichneter Küche. Mit Rodeln, Wandern, Skilaufen (Skiverleih) und Schneewandern gibt es auch in der kalten Jahreszeit attraktive Freizeitangebote. In der SkiWelt Wilder Kaiser/Brixental erleben Wintersportler auf 279 Pistenkilometern eine neue Dimension des Skifahrens. Fazit: In dem von Familie Windisch herzlich geführten Urlaubsdomizil gehört der majestätische Berg quasi zum Interieur, wird der Urlaub zu einem unvergesslichen Erlebnis.

Berlin

Bhf→5 km

Pullman Berlin Schweizerhof

Family

✉ 10787 · OT Mitte · Budapester Straße 25 · ☎ (0 30) 26 96-0 · Fax: 26 96-10 00
Rest. „BLEND“ mit Melting Pot Kitchen, Frühstücksrest. "Le Bouveret"
H5347@accor.com · www.pullmanhotels.com

357 **DZ** ab 145,00 €;
als **EZ** von 145,00 bis 425,00 €;
20 **Suiten** ab 209,00 €

Das "Pullman Berlin Schweizerhof" ist nicht nur für den Berlinreisenden attraktiv, vielmehr bietet es dem Businessgast erstklassige Rahmenbedingungen, um Tagungen, Seminare und Präsentationen in angenehmer Atmosphäre zu veranstalten. Der innovative „Business Playground“ ist ein Meeting-Konzept, das die Konventionen der bisherigen Meeting- und Besprechungsräume bewusst aufbricht und so an der Schnittstelle zwischen Arbeit und Vergnügen Raum für ganz viel Kreativität schaffen möchte, in der Arbeit zum inspirierenden Erlebnis wird. Die 18 (!) Tagungsräume haben alle Tageslicht und modernes technisches Equipment,sie lassen sich dank modularem Aufbau in viele Räume unterteilen und passen sich so dem individuellen Verantslatungskonzept der Gäste an. Im Erdgeschoss gibt es einen Ballsaal, der mit 692 m² Platz für bis zu 700 Personen bietet. Aber auch für Treffen im kleineren Kreis gibt es Räumlichkeiten in ausreichender Kapazität. Neben angebotenen Rahmenprogrammen wird auch fürs leibliche Wohl gesorgt: Für Lunch und Dinner empfiehlt sich das BLEND mit seiner weltoffenen "melting pot cuisine". Das hauseigene Catering ist so vielseitig, dass man vom Frühstück bis zum Pausensnack und festlichen Gourmetmahl alles findet, was die Veranstaltung auch kulinarisch zum Erfolg macht.

Geisenheim-Johannisberg

Relais & Châteaux Hotel Burg Schwarzenstein

Bhf→5 km

65366 · Rosengasse 32 · (0 67 22) 9 95 00 · Fax: 99 50 99
Mediterraner Park, Burgrestaurant u. MÜLLERS auf der Burg, Arrangements
20 km
VISA AE EC
info@burg-schwarzenstein.de · www.burg-schwarzenstein.de

51 **DZ** von 295,00 bis 360,00 €;
als **EZ** von 160,00 bis 310,00 €;
2 **Suiten** von 620,00 bis 760,00 €;
10 **Junior-Suiten** zu 395,00 €

Wer eine Tagung in wirklich ausgefallenem Ambiente plant, findet mit der Burg Schwarzenstein und dem angeschlossenen Neubau Park Hotel den idealen Ort. Hier gehen Historie und die Annehmlichkeiten zeitgemäßen Komforts eine perfekte Verbindung ein. Wunderbar ruhig gelegen, kann man den Blick – je nach Wunsch konzentrationsfördernd oder entspannend – fast 50 km in die Ferne schweifen lassen.

Die lichtdurchfluteten Tagungs- und Veranstaltungsräume sind individuell eingerichtet, medientechnisch hervorragend ausgestattet und lassen sich per Knopfdruck verdunkeln und durch bodentiefe Türen zu den vorgelagerten Terrassen öffnen. Hier wird Brainstorming & Co. in Management-Meetings, Aufsichtsrat-Sitzungen und Tagungen zum Vergnügen, was natürlich auch an der exquisiten kulinarischen Begleitung liegt. Ein bestens geschultes Hotelteam trägt nicht unwesentlich zum guten Gelingen bei. Es gibt einen hoteleigenen Hochseilgarten, der anregt, gewohnte Wege zu verlassen und im Team ganz neue Lösungen zu finden. Natürlich werden auch Outdoor-Trainings und Incentives (u.a. Schifffahrt zur Loreley, Events mit dem eigenen Sternekoch, Weinproben) angeboten, die aus der Freizeit kleine Erlebnisse machen.

Hohenkammer

Bhf→6 km

Schloss Hohenkammer

85411 · Schlossstraße 20 · ☎ (0 81 37) 93 40 · Fax: 93 43 90
Gourmetrestaurant "Camers", "Alte Galerie" m. Frischeküche, Biergarten
15 km VISA AE EC
mail@schlosshohenkammer.de · www.schlosshohenkammer.de

58 **DZ** von 91,00 bis 269,00 €;
110 **EZ** von 71,00 bis 249,00 €

Nur eine knappe halbe Autostunde von München entfernt, sollte Schloss Hohenkammer für jeden Veranstalter erste Adresse sein, gibt es hier doch ein Tagungs- und Seminarzentrum, das in diesem Bereich die Messlatte enorm hochschraubt.
Ob intensiver Workshop, Präsentation, Event oder klassische Konferenz, die von den engagierten Mitarbeitern stets an den individuellen Wünschen ausgerichtet werden – es findet sich immer eine passende Räumlichkeit. Zwischen 20 m² und 250 m² groß, finden 8 bis 180 Personen Platz und können neueste audiovisuelle Medientechnik nutzen, bei der die Bedienung und Steuerung – inklusive Displays und Projektoren – über drahtlose FunkTouchpanels erfolgt.
Aber nicht nur die erstklassige Technik überzeugt, vielmehr ist das Interieur der Räume so ästhetisch und geschmackssicher gestaltet, dass ein kreatives und inspirierendes Umfeld gewährleistet ist. In der Freizeit bleibt die Qual der Wahl – geführte Ausflüge, Picknicks oder Grillabende werden organisiert, Fitnessraum, Flächen mit Fußballtoren, für Frisbee und Badminton warten. Dass mit der "Alten Galerie", dem Sternerestaurant "Camers" und dem gemütlichen bayerischen Biergarten fürs leibliche Wohl formidabel gesorgt wird, erübrigt sich fast, erwähnt zu werden.

Mainz

Atrium Hotel Mainz OT Finthen

Bhf→6 km

✉ 55126 · Flugplatzstraße 44 · ☎ (0 61 31) 49 10 · Fax: 49 11 28 · Gourmetrestaurant "GenussWerkstatt", à-la-carte Rest. "Adagio", Bar & Lounge, Atrium Sommergarten
10 km
info@atrium-mainz.de · www.atrium-mainz.de

85 **DZ** ab 99,00 €;
31 **EZ** ab 99,00 €;
31 **App.** von 60,00 bis 135,00 €;
3 **Suiten** von 299,00 bis 619,00 €

Die Voraussetzungen, im Atrium Hotel Mainz Tagungen und Veranstaltungen durchzuführen sind so optimal und vielfältig wie die Möglichkeiten, dies individuell zugeschnitten zu tun. Nicht umsonst zählt das Haus zu den besten Tagungshotels in Deutschland. Ob kleines, privates Meeting, feierlicher Empfang oder der Kongress mit 600 Gästen – die 2000 m² Veranstaltungsfläche lässt jede Variante zu. Dabei gefällt besonders das Motto: "Kommunikation mit Inspiration". Die top geschulten Mitarbeiter haben große Erfahrung, sorgen für eine professionelle Rundumbetreuung und sind stets ansprechbar. Nicht weniger als 22 (!) schallisolierte, klimatisierte, variable Tagungsräume mit modernster Infrastruktur (u. a. Mikrofon-Anlage, Anschlüsse für Telekommunikation, digitales Flip-Chart) stehen für effektives Arbeiten in inspirierender Atmosphäre bereit. Flächendeckendes, kostenfreies W-LAN ist selbstverständlich. Das ATRIUM Conference Center (ACC) liegt mitten im Grünen und lässt zu, dass auch der Gartenbereich in die Veranstaltung mit einbezogen wird. Eine gut durchdachte Frischeküche sorgt für kulinarische Energieschübe. Zahlreiche Rahmenprogramme runden das umfangreiche Angebot ab.

Inbegriff der Assemblage in der Champagne
DIE KREATION
DES IDEALEN JAHRGANGS
N°23
CHAMPAGNE
Grand Siècle
Laurent-Perrier
GRANDE CUVÉE
98/100
95/100
18,5/20
JAMESSUCKLING.COM
WINE ADVOCATE
Entdecken Sie die Iteration N°23 unter www.grandsiecle.com
Fotograf Iris Velghe · Design LUMA

UNSERE BESTEN DER BESTEN
KÖCHE UND KÜCHEN IN DEUTSCHLAND

Die Namen dieser Köche stehen für ein kulinarisches Erlebnis der absoluten Spitzenklasse und stellvertretend für ihr Küchen- und Serviceteam, die Ihnen mit ihren überragenden Leistungen unvergessliche Stunden bereiten.

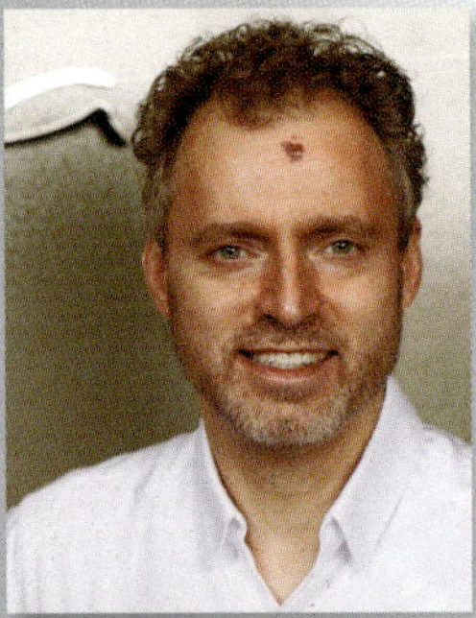

Sven Elverfeld
Aqua - Wolfsburg

Claus-Peter Lumpp
Bareiss - Baiersbronn

Torsten Michel
Schwarzwaldstube - Baiersbronn

Christian Bau
Victor's by Christian Bau - Perl

Clemens Rambichler
Waldhotel Sonnora - Dreis

Joachim Wissler
Vendôme - Bergisch Gladbach

Christoph Rüffer
Haerlin - Hamburg

Kevin Fehling
The Table - Hamburg

Marco Müller
Rutz - Berlin

Hans Stefan Steinheuer
Zur Alten Post - Bad Neuenahr

Thomas Schanz
schanz. restaurant. - Piesport

Klaus Erfort
GästeHaus - Saarbrücken

UNSERE BESTEN KÖCHE UND KÜCHEN IN DEUTSCHLAND

Andernach · PURS (Christian Eckhardt)

Aschau · Residenz Heinz Winkler (Heinz Winkler)

Bad Peterstal-Griesbach · Le Pavillon (Martin Herrmann)

Bad Tölz · Schwingshackl ESSKULTUR (Erich Schwingshackl)

Berlin · Facil (Michael Kempf/Michael Gerner)

Berlin · Tim Raue (Tim Raue)

Fortsetzung auf Seite 120 ...

... Fortsetzung von Seite 119

Berlin · Horváth (Sebastian Frank)

Dierhagen · Ostseelounge (Pierre Nippkow)

Elmau · Schloss Elmau - Luce d'Oro (Christoph Rainer)

Frankfurt (Main) · Lafleur (Andreas Krolik)

Glücksburg · Restaurant Meierei (Dirk Luther)

Grassau · ES:SENZ (Edip Sigl)

Kirchdorf bei Haag · Christians Restaurant (Christian Grainer)

Kirchheim · Schwarz Gourmet (Manfred Schwarz)

Konstanz · Riva - Ophelia (Dirk Hoberg)

Leipzig · Falco (Peter Maria Schnurr)

Leipzig · Stadtpfeiffer (Detlef Schlegel)

München · ALOIS (Christoph Kunz)

München · EssZimmer (Bobby Bräuer)

München · Les Deux (Gregor Goncharov/Nathalie Leblond)

Neunburg v. W. · Eisvogel (Sebastian Obendorfer/Christian Schider)

Oberstdorf · Ess Atlelier Strauss (Peter Armin Strauss)

Rottach-Egern · Dichter (Thomas Kellermann)

Rottach-Egern · Gourmetrestaurant Überfahrt (Christian Jürgens)

Rust · Ammolite (Peter Hagen-Wiest)

Saarbrücken · Esplanade (Silio Del Fabro)

Sylt/Rantum · Söl'ring Hof (Jan-Philipp Berner)

Sylt/Tinnum · Bodendorf's (Holger Bodendorf)

Weissenhaus · COURTIER (Christian Scharrer)

Zweiflingen · Le Cerf (Boris Rommel)

Aachen

Bhf→2 km

La Bécasse

52064 · Hanbrucher Straße 1/Ecke Vaalser Straße · ☎ (02 41) 7 44 44
Klassische Küche leichter Zubereitung · **Geöffnet:** 12–15/19–22:30 Uhr · **Ruhetag:** So./Mo. · **Tische:** 11/45 Plätze
labecasse@t-online.de · www.labecasse.de

Speisekarte: 5 Hauptgerichte von 31,50 bis 45,50 €; 1 Mittagsmenü zu 38,50 €; 1 Menü von 88,00 bis 118,00 €
300 Weinpos.
Das Restaurant "La Bécasse" ist geradlinig und modern eingerichtet. Die Küche von Chefkoch Andreas Schaffrath ist klassisch französisch, lässt ihm aber genug Raum, den Speisen seine eigene, kreative Handschruft zu geben.

Bhf→14 km

St. Benedikt

52076 · OT Kornelimünster · Benediktusplatz 12 · ☎ (0 24 08) 28 88
Neue u. Internationale Küche · **Geöffnet:** Di.-Sa. 11:30-14:30 Uhr, Do.-Sa. ab 19 Uhr · **Ruhetag:** So./Mo. · **Tische:** 10/24 Plätze
st-benedikt@t-online.de · www.stbenedikt.de

Speisekarte: 4 Hauptgerichte von 42,00 bis 46,00 €; 4 Tagesgerichte von 17,00 bis 25,50 €; 2 Menüs von 90,00 bis 135,00 €

Nachdem das Restaurant St. Benedikt im Sommer 2021 leider massiv vom Hochwasser betroffen war und kernsaniert werden musste, konnte es im Dezember 2021 sehr zur Freude aller Protagonisten endlich wieder eröffnet werden. Historische Details im modernen Interieur verweisen auf das Alter des denkmalgeschützten Hauses. Hier setzt Patron und Chefkoch Maximilian Kreus wie scheinbar selbstverständlich eine Familientradition fort, die mit ihrem Erfolg in dieser Form wahrlich nicht selbstverständlich ist, denn bereits Großmutter und Mutter waren im St. Benedikt sternegekrönt. Umso bemerkenswerter, dass der Enkel und Sohn sich nie hat einschüchtern lassen, sondern vielmehr entdeckte, wieviel Freude es ihm macht, seinen Gästen sorgfältig ausgetüftelte Speisen zu präsentieren. Er kocht klassisch französisch mit grenzübergreifenden, sehr gerne auch asiatischen Elementen und eigenen, kreativen Ideen. Das wöchentlich wechselnde Lunch ist gehoben regional. Voraussetzung für seine durchdachte Küche sind bevorzugt heimische, nachhaltig erzeugte Zutaten. Mit Karin Weißer bemüht sich eine charmante und zuvorkommende Restaurantleiterin mit ihrem engagierten Team um jeden einzelnen Gast. Als ausgebildete Sommelière ist sie auch kompetente Ansprechpartnerin, wenn es um die Auswahl der begleitenden Weine und Getränke geht.

Ein Restaurant mit anspruchsvoller Küche.

Parkhotel Quellenhof

Bhf→2 km

52062 · Monheimsallee 52 · ☎ (02 41) 9 13 20 · Fax: 9 13 21 00
Restaurant "La Brasserie" mit intern. Küche, "Elephant Bar", Terrasse
info@parkhotel-quellenhof.de · www.parkhotel-quellenhof.de

125 **DZ** von 149,00 bis 297,00 €;
57 **EZ** von 129,00 bis 269,00 €;
3 **Suiten** ab 399,00 €
Direkt am Kurpark gelegen, empfängt dieses traditionsreiche Luxushotel seine Gäste in sehr elegantem Ambiente. Das Haus verfügt außerdem über ein breit gefächertes gastronomisches Angebot.

Achern

♜ Kiningers Hirsch

Bhf→3 km

77855 · Oberachener Straße 26 · ☎ (0 78 41) 2 15 79 · Badisch-französische Küche, Fischspezialitäten · Küche: 12–13:45/17–21:30 Uhr · **Ruhetag:** Mo./Di. · **Ferien:** je 2 Wo. Okt-Nov., Feb. + März · **Tische:** 12 (+ 25 Terrasse)/60 (+ 80) Plätze
info@kiningers-hirsch.de · www.kiningers-hirsch.de

Speisekarte: 10 Hauptgerichte von 21,00 bis 32,00 €; 1 Mittagsmenü ab 11,90 €; Menü zu 39,50 €
73 Weinpos.
Gediegen und ungemein gemütlich geht es in "Kiningers Hirsch" zu. Die behagliche Atmosphäre des Landgasthofs ist die perfekte Kulisse für die facettenreiche Küche des Chefkochs Bernhard Kininger. Seit nunmehr fünf Jahrzehnten steht er für eine grundehrliche Küche ohne Chichi. Erstklassige Zutaten sind die Basis für die durchdachten und handwerklich präzisen Speisen, die immer auch ein Spiegel der Jahreszeiten sind. Weithin bekannt ist der Patron für seine erstklassigen Fischspezialitäten. Bei ihm kommt im Frühjahr die Scholle mit Spargel und Erdbeerbutter auf den Tisch, im Spätsommer und Herbst mit Pfifferlingen und Steinpilzen. Alle Speisen erhalten den extra Aromenkick durch Kräuter aus dem eigenen Kräutergarten. Dort kann man teils unterm Dach, teils unter Markisen sitzen, die Speisen genießen und die duftende Pracht bestaunen. Der kulinarische Kalender hält verschiedene sommerliche Themenabende bereit, für die der romantische Garten wie geschaffen ist. Birgit Müller leitet den Service, berät zu den Weinen und kann nach ein paar Gläsern auch gleich auf eines der fünf hübsch eingerichteten Zimmer (EZ 55,- €/DZ 95,- inkl. Frühstück) verweisen.

Schwarzwälder Hof

Bhf→1 km

77855 · Kirchstraße 38 · ☎ (0 78 41) 69 68-0 · Fax: 2 95 26 · "Chez Georges" mit reg. u. "Kächele" mit bodenst. Küche, Zimmerpreise inkl. Frühstücksbuffet
15 km
info@hotel-sha.de · www.hotel-sha.de

15 **DZ** von 84,00 bis 125,00 €;
als **EZ** von 56,00 bis 79,00 €
In diesem familiär geführten Hotel mit sehr persönlichem Service fühlt man

sich jederzeit wie zu Hause. Die Zimmer – Preise inkl. Frühstücksbuffet– sind mit viel Geschmack im eleganten Landhausstil sehr komfortabel (Treca-Matratzen) eingerichtet. Zeitgemäße Annehmlichkeiten wie z. B. ein kostenfreier Internetzugang gehören im Hause zum Standard. Der Garten mit seiner überbordenden Blütenpracht, wohlriechenden Kräutern und dem mediterranen Ambiente ist ein kleines Paradies und wie geschaffen, um sich zu erholen oder dort zu speisen. Kulinarischen Genuss bieten verschiedene Restaurants. Gehobene Küche wartet im "Chez Georges", das "Kächele" ist eine behagliche Weinstube und in der "Josefsstube" kann man à la Carte speisen oder den stilvollen Rahmen für private und geschäftliche Feiern und Veranstaltungen nutzen.

Bhf→1 km

Schwarzwälder Hof - Chez Georges

✉ 77855 · Kirchstraße 38 · ☎ (0 78 41) 69 68-0 · Fax: 2 95 26
Klassische u. Reg. Küche · Küche: 17–20:15 Uhr · **Ruhetag:** So.-Abd./Mo. · **Ferien:** 2 Wo. Aug. · **Tische:** 12/45 Plätze
VISA AE
info@hotel-sha.de · www.hotel-sha.de

Speisekarte: 14 Hauptgerichte von 9,90 bis 27,00 €; 5 Tagesgerichte von 8,50 bis 14,00 €; 3 Menüs von 18,00 bis 45,00 €
300 Weinpos.
Das Restaurant "Chez Georges" ist mit sehr viel Geschmack in einem romantischen Landhausstil eingerichtet. Wie hingetupft sind die hellen Aquarellfarben und fein eingedeckt sind die Tische, so dass man hier die heiter-entspannte Atmosphäre auf sich wirken lassen kann und sich einfach sofort wohlfühlt. Patron und Chefkoch Jean-Georges Friedmann kauft vorzugsweise bei Höfen und Erzeugern aus dem Umland ein und nutzt das vielfältige, saisonal wechselnde Warenangebot. Die Zubereitungen sind grundehrlich und aromenstark, französische als auch badische Elemente finden Eingang in die ausgeklügelten Zusammenstellungen, die Tradition und Moderne verbinden. Der Schwerpunkt liegt bei erstklassig zubereiten Fisch- und Meeresfrüchtespezialitäten. Ausgesuchte Weine ergänzen die Kulinaria perfekt. In der ländlichen Weinstube "Kächele" werden vor allem kleine Vespergerichte angeboten. Die "Josefsstube" ist ideal für Feierlichkeiten aller Art. Traumhaft schön ist der romantische Garten mit nostalgischen Accessoires, hier kann man umgeben von einem Blütenmeer und duftenden Kräutern den Alltag vergessen.

Bhf→1,5 km

Sonne Eintracht

✉ 77855 · Hauptstraße 112 · ☎ (0 78 41) 64 50 · Fax: 64 56 45 · Rest. mit Klass. und Reg. Küche, Weinstube, Gartenterrasse, Frühstücksbuffet im Zi.-Preis inklusive
8 km
VISA AE
info@hotel-sonne-eintracht.com · www.hotel-sonne-eintracht.com

31 **DZ** zu 109,00 €;
als **EZ** von 87,00 bis 98,00 €;
19 **EZ** von 67,00 bis 87,00 €;
19 **App.-DZ** zu 133,00 €
Familientradition und Freundlichkeit werden in der 1630 erbauten „Sonne" groß geschrieben. Alte und neue Bausubstanz bilden eine harmonische Verbindung. Die Zimmer sind stilvoll und zugleich gemütlich eingerichtet.

Aerzen

♜ Münchhausen - Gourmetrestaurant

Bhf→10 km

31855 · Schwöbber 9 · ☎ (0 51 54) 7 06 00 · Fax: 7 06 01 30 · Klassische und Neue Küche · **Geöffnet:** 18–21:30 Uhr · **Ruhetag:** So./Mo. · **Ferien:** variabel · **Tische:** 8/25 Plätze
info@schlosshotel-muenchhausen.com · www.schlosshotel-muenchhausen.com

Speisekarte: 1 Menü von 130,00 bis 190,00 €
750 Weinpos.
Die filigranen Renaissance-Elemente im niveauvoll gestalteten Interieur des Gourmetrestaurants sind ebenso expressiv wie die Produktküche von Chefkoch Achim Schwekendiek. Französische Haute Cuisine ist bei ihm einem stetigen Wandel unterworfen und wird mit mediterranen Komponenten kunstvoll und aromenprononciert erweitert.

♜ Schlosshotel Münchhausen

Bhf→8 km

31855 · Schwöbber 9 · ☎ (0 51 54) 7 06 00 · Fax: 7 06 01 30 · Gourmet-Restaurant, „1570" Petit Gourmet-Restaurant, Bar, Wintergarten
100 m
info@schlosshotel-muenchhausen.com · www.schlosshotel-muenchhausen.com

56 **DZ** ab 220,00 €;
als **EZ** ab 190,00 €;
10 **Suiten** ab 395,00 €
Im Interieur und den Zimmern (Frühstücksbuffet 29,- € p. P.) des Schlosshotels überzeugen zurückhaltender Luxus und moderne Annehmlichkeiten. Beeindruckend ist der exklusive Wellnessbereich mit Innenpool (18 m), Sauna, Salina-Lounge und Erlebnisduschen. Für private Feiern und Tagungen stehen passende Räumlichkeiten zur Verfügung.

Ahrenshoop

Romantik Hotel Namenlos & Fischerwiege

Bhf→15 km

18347 · Am Schifferberg · ☎ (03 82 20) 60 60 · Fax: 60 63 01
Rest. mit verfeinerter regionaler Küche, hauseigene Konditorei, Seeterrasse
15 km
info@hotel-namenlos.de · www.hotel-namenlos.de

15 **DZ** von 85,00 bis 225,00 €;
als **EZ** ab 100,00 €;
5 **EZ** von 65,00 bis 160,00 €;
25 **Suiten** von 165,00 bis 305,00 €;
5 **App.** ab 120,00 €
Das wunderschöne, reetgedeckte Anwesen in der legendären Künstlerkolonie Ostseebad Ahrenshoop verfügt über komfortable Zimmer, einen Wellnessbereich sowie die Gästehäuser Bergfalke, Galerie Dünenhaus und das Hotel Namenlos. Im Restaurant Namenlos sorgt Chefkoch Richard Crohn für bodenständige Speisen.

The Grand Ahrenshoop

Bhf→22 km

18347 · Schifferberg 24 · ☎ (03 82 20) 67 80 · Preise inkl. Frühstück, Café & Bar "View", Outdoor-Küche "Outside", Frühstücksrestaurant "Bogislav"
22 km
info@the-grand.de · www.the-grand.de

44 **DZ** ab 160,00 €;
als **EZ** ab 124,00 €;
16 **EZ** ab 114,00 €;
20 **(Jui.-)Suiten** ab 280,00 €;
1 **Loft** ab 835,00 €
Einen grandiosen Panoramablick über die Ostseelandschaft genießt man in den lichtdurchfluteten Zimmern dieses Luxushotels. Die Räumlichkeiten sind modern und elegant eingerichtet und bieten alles, was man sich für einen geruhsamen Aufenthalt wünscht.

Bhf→22 km

The Grand Ahrenshoop – Weitblick

✉ 18347 · Schifferberg 24 · ☎ (03 82 20) 67 80
Reg. u. Neue Küche, eig. Kreationen · Küche: 13–21 Uhr · **Tische:** 25/70 + 40 Terrasse Plätze
info@the-grand.de · www.the-grand.de

Speisekarte: 9 Hauptgerichte von 19,00 bis 39,00 €; 3 Tagesgerichte von 18,00 bis 25,00 €
120 Weinpos.
Hier ist der Restaurantname Programm, denn das Restaurant mit Bar befindet sich auf der Dachterrasse des Hotels und bietet neben den präzise zubereiteten Speisen, die von regional über maritim bis mediterran reichen, einen hinreißenden Blick über die Ostsee und die Bodenlandschaft.

Alt Duvenstedt

Bhf→12 km

LammButtRind

✉ 24791 · Am See 1 · ☎ (0 43 38) 9 97 10 · Fax: 99 71 71
Regionale Küche, eig. Kreationen, Klassisch, Neue Küche · **Geöffnet:** 18–24 Uhr · Küche: 18–21 Uhr · **Ruhetag:** Mo.+Die. · **Tische:** 11/26 Plätze
geniessen@lammbuttrind.com · www.lammbuttrind.com

Speisekarte: 6 Hauptgerichte von 22,80 bis 28,60 €; 1 Mittagsmenü zu 40,00 €
Nordische Schlichtheit sorgt für ein lässiges Ambiente im Restaurant des im Seehotel Töpferhaus beheimateten "LammButtRind". Chefkoch Julian Richert kombiniert kulinarische Elemente des Nordens mit mediterranen und setzt vor allem auf regionale Spitzenprodukte, Meeresfrüchte und Fische aus Atlantik, Nord- und Ostsee.

Altheim

Bhf→12 km

Löwen Altheim

✉ 88699 · Hauptstraße 41 · ☎ (0 75 54) 86 31
Regionale Küche · **Geöffnet:** 17:30-21:30 Uhr, So. auch 11.30-13:30 Uhr · **Ruhetag:** Mo. · **Ferien:** 2 Wo. Karneval + 1 Wo. Sommer · **Tische:** 17/50 Plätze
info@loewen-altheim.de · www.loewen-altheim.de

Speisekarte: 7 Hauptgerichte von 16,00 bis 27,00 €; 1 Menü von 37,00 bis 45,00 €
43 Weinpos.
Direkt an der Dorfkirche gelegen, ist der von Familie Pfaff in 4. Generation geführte Löwen seit mehr als 400 Jahren ein Ort der Gastlichkeit. Junior Roman Pfaff steht am Herd und überzeugt mit einer unverfälschten, saisonalen Regionalküche.

Altrip

Bhf→11 km

Darstein

✉ 67122 · Zum Strandhotel 10 · ☎ (0 62 36) 4 44-0 · Fax: 4 44-130
Preise inkl. Frühstück; Restaurant, Sonnenterrasse, ideales Haus für Hochzeiten
9 km
info@hotel-darstein.de · www.hotel-darstein.de

DZ von 116,00 bis 141,00 €;
als **EZ** von 84,00 bis 99,00 €;
EZ von 83,00 bis 98,00 €;
3 **Suiten** zu 188,00 €;
Suite als EZ zu 119,00 €

Im Großraum Rhein-Neckar liegt das moderne Hotel "Darstein" mit zeitgemäßen Zimmern, gut ausgestatteten Tagungsräumen und einem Restaurant mit abwechslungsreicher Küche.

Hervorragendes Hotel mit außergewöhnlichem Komfort

Amberg

Drahthammer Schlöß'l

Bhf→4 km

92224 · Drahthammer Straße 30 · (0 96 21) 70 30 · Fax: 8 84 24 · Restaurant mit gehobener Küche, Wintergarten, Frühstück im Zimmerpreis inkl., Arrangements
17 km
info@drahthammerschloessl.de · www.drahthammerschloessl.de

30 **DZ** von 115,00 bis 180,00 €;
als **EZ** von 90,00 bis 160,00 €;
12 **EZ** von 55,00 bis 100,00 €;
1 **Suite** von 160,00 bis 180,00 €

Am Ortsrand Ambergs im ehemaligen Hammerschlosswerk beheimatet, ist bereits die Lage in diesem Hotel mit Tagungsräumen und Restaurant perfekt.

Amorbach

Der Schafhof Amorbach OT Otterbach

Bhf→3,5 km

63916 · Schafhof 1 (Amorsbrunnenstr.) · (0 93 73) 9 73 30 · Fax: 41 20
Verschiedene Restaurants, Wellnessoase, Frühstück inkl.
9 km
rezeption@schafhof.de · www.schafhof.de

16 **DZ** von 140,00 bis 185,00 €;
1 **EZ** zu 95,00 €;
8 **Suiten** von 225,00 bis 300,00 €

Der Schafhof im Naturpark Bayerischer Odenwald ist ein Refugium für Liebhaber von Tradition und zeitgemäßem Komfort. Zu erleben ist ein einmaliges Wohnerlebnis, das man so nur hinter den historischen Mauern des ehemaligen Klostergutes aus dem 15. Jh. findet und Entspannung auf höchstem Niveau garantiert.

Der Schafhof Amorbach - Abt- und Schäferstube

Bhf→3,5 km

63916 · Schafhof 1 (Amorsbrunnenstr.) · (0 93 73) 9 73 30 · Fax: 41 20
Klass. Küche, eig. Kreationen · **Geöffnet:** 18-21 Uhr, Sa./So. auch 12-14 Uhr · **Ferien:** variabel · **Tische:** 15/46 Plätze
rezeption@schafhof.de · www.schafhof.de

Speisekarte: 6 Hauptgerichte von 18,50 bis 36,00 €; 1 Menü von 63,00 bis 72,50 €
450 Weinpos.
Das Ambiente in der historischen Abt- und Schäferstube ist bezaubernd. Die klassische Küche von Chefkoch Achim Krutsch überzeugt mit präzisen und kreativen Zubereitungen. Den Weinkeller im ehemaligen Kelterhaus von 1524 sollte man unbedingt einmal besuchen.

Amtzell

Schattbuch

Bhf→7 km

88279 · Schattbucher Straße 10 · (0 75 20) 95 37 88
Klassisch-kreative Küche · Küche: 11:30–13:30/18–20:30 Uhr · **Ruhetag:** Sa.-Mittag, So./Mo. · **Tische:** 14 (+ 14 Terrrasse)/36 (+ 36) Plätze
info@schattbuch.de · www.schattbuch.de

Speisekarte: 9 Hauptgerichte von 22,00 bis 62,00 €; 1 Mittagsmenü von 18,00 bis 23,50 €; 1 Menü von 85,00 bis 105,00 €
638 Weinpos.
Im schönen Allgäu gelegen, mit Wiesen und Wäldern vor der Tür findet sich das "Schattbuch" Eventhaus. Unter einem Dach kann man formidabel speisen, großartige Feste feiern sowie saisonale und kulturelle Veranstaltungen besuchen. Das in zeitloser Moderne geradlinig eingerichtete Restaurant ist hell und lichtdurchflutet, die Atmosphäre locker und lässig. Mit Sebastian Cihlars und Nico Lanz verwöhnen gleich zwei Chefköche die Gäste. Sie nutzen das reichhaltige Warenangebot der Region und präsentieren eine handwerklich korrekte, zeitgemäße Küche, in der unverfälschter Genuss ganz oben ansteht. Die erntefrischen Zutaten werden entsprechend präzise und ehrlich zubereitet und mün-

den in aromenstarke, fein aufeinander abgestimmte Speisen. Beispielhaft auch für den hohen Kreativitätsfaktor sind die geräucherten Short Ribs mit Tamarindenjus, Petersilienwurzel, Kichererbse und Kürbis. Marcel Frank berät mit großer Expertise zu einer Weinkarte, die es mit über 600 Positionen in sich hat, Christian Marz leitet umsichtig den Service. Für private Feiern – allen voran Hochzeiten – und geschäftliche Veranstaltungen stehen auf zwei Etagen bis zu 500m² große elegante und moderne Räumlichkeiten, die flexibel individuellen Wünschen angepasst werden können, zur Verfügung. Die Terrasse unter schattenspenden Sonnensegeln grenzt an einen kleinen Seerosenteich und ist ein malerischer Ort, um open air zu feiern und zu genießen.

Andernach

Bhf→800 m

PURS

56626 · Steinweg 30-32 · ☎ (0 26 32) 9 58 67 50
Innovative Gourmetküche · Küche: 18:30–19:30 Uhr · **Ruhetag:** So./Mo./Di. ·
Tische: 10/40 Plätze
welcome@purs.com · www.purs.com

Speisekarte: 2 Hauptgerichte von 52,00 bis 68,00 €; 1 Menü von 195,00 bis 245,00 €

900 Weinpos.

Dezent und edel eingerichtet, präsentiert Chefkoch Christian Eckhard eine handwerklich perfekte Küche mit herausfordernden, kreativen Speisefolgen und -kombinationen, die gleichermaßen innovativ und ausbalanciert sind.

Bhf→800 m

YOSO

56626 · Schafbachstr. 14 · ☎ (0 26 32) 4 99 86 43
Asiatische Küche, eig. Kreationen · Küche: 12–14/18–21 Uhr · **Ruhetag:** So./Mo. ·
Ferien: Anf. Feb. + Mi.-Ende Aug. 2021 · **Tische:** 14/40 Plätze
info@yoso-restaurant.de · www.yoso-restaurant.de

Speisekarte: Hauptgerichte von 24,00 bis 36,00 €; 2 Menüs von 98,00 bis 112,00 €

100 Weinpos.

Viel besser als die gebürtige Südkoreanerin Sarah Henke im "Yoso" kann man die facettenreiche asiatische Küche nicht präsentieren. Die filigranen Speisen entsprechen einem der vier Grundelemente: Feuer (scharf), Wasser (Fischgerichte), Erde (Fleischspeisen) oder Luft (Vegetarisches).

Annaberg-Buchholz

Traditionshotel Wilder Mann

Bhf→600 m

09456 · Markt 13 · ☎ (0 37 33) 14 40 · Fax: 14 41 00
Rest. „Silberbaum" u. „Kartoffelkeller" mit Int. u. Reg. Küche, Hotelbar
info@hotel-wildermann.de · www.hotel-wildermann.de

41 **DZ** ab 81,00 €;
als **EZ** ab 73,00 €;
10 **EZ** ab 67,00 €;
3 **Junior-Suiten** ab 106,00 €;
4 **Suiten** ab 104,00 €
Das liebevoll geführte Traditionshotel direkt am historischen Marktplatz verfügt über behagliche Gästezimmer mit jeglichem Komfort. Kulinarisch kann man sich in den Restaurants "Silberbaum" und "Kartoffelkeller" mit regionalen Speisen verwöhnen lassen.

Ansbach

La Corona

Bhf→800 m

91522 · Joh.-Seb.-Bach-Platz 20 · ☎ (09 81) 90 90 130 · Fax: 90 90 190
Internationale Küche · **Geöffnet:** Do.-Sa. 18-22 Uhr · **Ruhetag:** So.-Mi. · **Tische:** 15 /72 Plätze
info@lacorona.de · www.lacorona.de

Speisekarte: 5 Hauptgerichte von 21,50 bis 39,80 €
1400 Weinpos.
Wenn man in Ansbach gut essen gehen möchte und edle Weine zu schätzen weiß, sollte man im "La Corona" einkehren. Die regionale Landküche von Sigrun Gerg ist aromenstark, wunderbar stimmig und basiert auf den Grundsätzen der Slow Food Idee. An den Ruhetagen kann das Restaurant für Gruppen gebucht werden.

Apfelstädt

Best Western Hotel Erfurt-Apfelstädt

Bhf→20 km

99192 · Riedweg 1 · ☎ (03 62 02) 8 50 · Fax: 8 54 10 · Restaurant mit Sommerterrasse, Lobbybar, Freizeitbereich mit Sauna, Fitnessraum
10 km
info@erfurt-apfelstaedt.bestwestern.de · www.hotel-erfurt-apfelstaedt.de

DZ von 117,00 bis 142,00 €;
EZ von 87,00 bis 112,00 €
Im Herzen Thüringens empfängt das Haus im amerikanischen Landhausstil seine Gäste. Sowohl Urlauber als auch Tagungsgäste werden dank der komfortablen Zimmer und bestens ausgestatteten Konferenzräumen angesprochen.

Arnsberg

Menge

Bhf→2 km

59821 · Ruhrstr. 60 · ☎ (0 29 31) 5 25 20 · Fax: 52 52 50
Neue u. Reg. Küche · Küche: 18–21 Uhr · **Ruhetag:** So./Mo. · **Tische:** 13/50 Plätze
info@hotel-menge.de · www.hotel-menge.de

Speisekarte: 8 Hauptgerichte von 26,00 bis 38,00 €; 1 Menü von 42,30 bis 81,30 €
160 Weinpos.
Die Zutaten für seine gehobene regionale und Neue Küche bezieht Patron und Chefkoch Christoph Menge bevorzugt aus biologischem und ökologischem Anbau. Daraus werden handwerklich präzise, aromenstarke Speisen. Das Menü (mit vegetarischer Wahlmöglichkeit) kann man sich je nach Gusto von drei bis fünf Gängen zusammenstellen.

Restaurant mit gutem Genuss-/Preisverhältnis.

Arrach

Bhf→10 m

Herzog Heinrich

✉ 93474 · Eckstraße 5 · ☎ (0 99 43) 95 40 · Fax: 95 47 77
Restaurant, Kindergarten mit Betreuung
25 km
info@hotel-herzog-heinrich.de · www.hotel-herzog-heinrich.de

Family

180 **DZ** von 145,00 bis 189,00 €
In diesem stilvoll eingerichteten Hotel in reizvoll schöner Lage fühlt sich der Gast von der ersten Minute an wie zu Hause. Der Wellnessbereich mit ganzjährig beheiztem Außenpool, Massagen und Kosmetikanwendungen sowie diversen Fitnessangeboten sorgt für Entspannung pur. Für kleine Gäste gibt es einen eigenen Kindergarten.

Aschaffenburg

Bhf→200 m

Zum Goldenen Ochsen

✉ 63739 · Karlstraße 16 · ☎ (0 60 21) 2 31 32 · Fax: 2 57 85
Restaurant "Oechsle" mit Landhausküche, Arrangements, Frühstück ab 7,50 €
20 km
VISA AE EC
info@zumgoldenenochsen.de · www.zumgoldenenochsen.de

18 **DZ** von 79,00 bis 105,00 €;
als **EZ** von 80,00 bis 93,00 €;
EZ von 62,00 bis 81,00 €;
1 **Appartement** von 118,00 bis 145,00 €
Eines der ältesten Gasthäuser der Stadt, liegt das Haus verkehrsgünstig an der B 8 und gleichzeitig idyllisch zwischen Schloss Johannisburg, Schlossgarten und der Kapuzinerkirche und wurde 1974 mit einem modernen Anbau vergrößert. Die Zimmer (Frühstück ab 7,50 €) sind geradlinig und komfortabel eingerichtet und ein schönes Zuhause auf Zeit. Das Restaurant mit einer leichten Landküche ist eine gelungene Melange aus Traditionellem und Zeitgemäßem. Nicht zuletzt dank der liebevollen Leitung des Hauses durch Nadine Gala und das zuvorkommende Mitarbeiterteam ist ein Aufenthalt im "Goldenen Ochsen" immer auch eine Auszeit vom Alltag.

Bhf→3 km

Zum Goldenen Ochsen - Oechsle

✉ 63739 · Karlstraße 6 · ☎ (0 60 21) 2 31 32 · Fax: 2 57 85
Neue u. Regionale Küche · Küche: 17:30–22 Uhr · **Ruhetag:** So./Mo. · **Tische:** 15/60 Plätze
VISA AE EC
info@zumgoldenenochsen.de · www.zumgoldenenochsen.de

Speisekarte: 12 Hauptgerichte von 12,80 bis 37,50 €; 2 Menüs von 37,00 bis 47,00 €
Im "Zum Goldenen Ochsen" steht alles im Zeichen der Gastlichkeit und im Restaurant "Oechsle" im Zeichen des kulinarischen Genusses. Geradlinig eingerichtet, gibt es eine umlaufende, gepolsterte Sitzbank, schwarze Bistrostühle, dem gegenüber wurden die schönen, bleiverglasten Fenster erhalten und werfen Licht auf einen imposanten historischen Schweizer Stubenofen – diese Mischung aus traditionellen und modernen Gestaltungselementen ist sehr gelungen und vermittelt eine heiter-entspannte Atmosphäre. Patron und Chefkoch Florian Löffler kauft die Zutaten für seine gehobene fränkische Landküche vorzugsweise im Umland von bekannten Händlern und Erzeugern ein und nutzt auch das jahreszeitlich wechselnde Warenangebot für seine durchdachte und handwerklich korrekten Speisen, die grundehrlich, aromenstark und unverfälscht sind. Deftige Brotzeiten, Vegetarisches, Fischgerichte und monatlich wechselnde Menüs ergänzen das An-

gebot. Partnerin Nadine Gala ist charmante Gastgeberin und leitet gewohnt liebenswürdig den zuvorkommenden Service. Für private und geschäftliche Veranstaltungen stehen mit der rustikalen Kirchnerstube (25 Ps.) und dem Speisezimmer (45 Ps.) sowie dem Wintergarten verschiedene, schön gestaltete Räumlichkeiten zur Verfügung. Ab 15 Personen werden auf Vorbestellung und nach Absprache Gäste mittags auch gerne exklusiv bewirtet.

Aschau

Residenz Heinz Winkler

Bhf→500 m

83229 · Kirchplatz 1 · (0 80 52) 1 79 90 · Fax: 17 99 66 · Panorama-Bergterrasse, Bar, Golf-, Wander-Arrangement uvm., Zi.-Preise inkl. Gourmet-Frühstück
3 km
info@residenz-heinz-winkler.de · www.residenz-heinz-winkler.de

18 **DZ** von 250,00 bis 370,00 €;
12 **Suiten** von 330,00 bis 520,00 €

Inmitten einer Bilderbuchlandschaft im Chiemgau, nahe der österreichischen Grenze, steht ein spätmittelalterliches Anwesen, das jahrhundertelang den Namen „Hotel zur Post“ trug, und dank des großen Einsatzes von Familie Heinz Winkler zur "Residenz", einer exklusiven Hotelanlage von internationalem Format wurde, die im September 2021 ihr 30-jähriges JUbiläum feiern konnte. Bereits die imposante Alpenkulisse und die Chiemgauer Bilderbuchlandschaft sorgen schon wenige Stunden nach der Ankunft für einen entspannenden Urlaubseffekt. Die perfekte Mischung aus Luxus und lokalem Charme bezaubert Gourmets und anspruchsvolle Hotelgäste gleichermaßen. Das barocke Stammhaus aus dem Jahre 1405 ist ein wunderschönes und harmonisches Ensemble auf gastronomischem Topniveau. Die Gästezimmer sind elegant und stilvoll eingerichtet und verfügen selbstverständlich über jeden zeitgemäßen Komfort – das opulente Frühstück ist im Zimmerpreis inkludiert. Geschäftsreisende finden darüber hinaus die passenden Räume für erfolgreiche Tagungen. Entspannung erlebt man auf der Panorama-Terrasse oder im „Residenz VitalResort und Laconium“ mit Pool, Saunen und Beauty-Behandlungen. Der Wintergarten mit Blick auf die Bergterrasse und die Kampenwand sowie die Bar sind zentraler Treffpunkt von Gästen und Freunden des Hauses und wird gerne genutzt, um vor dem Restaurantbesuch einen Aperitif einzunehmen. Viele sehr attraktive Packages (u. a. Golf, Wandern, Salzburger Festspiele, Schloss Herrenchiemsee, Kochkurse) und jahreszeitliche Arrangements stehen zur Auswahl.

Bhf→500 m

♜ Residenz Heinz Winkler

✉ 83229 · Kirchplatz 1 · ☎ (0 80 52) 1 79 90 · Fax: 17 99 66
Neue und Klassische Küche · **Geöffnet:** Mo.-Sa. 18-21:30 Uhr, Sa./So. zusätzl. 12-13:30 Uhr · **Tische:** 21/60 Plätze
info@residenz-heinz-winkler.de · www.residenz-heinz-winkler.de

Speisekarte: 10 Hauptgerichte von 48,00 bis 99,00 €; 1 Mittagsmenü von 105,00 bis 150,00 €; 2 Abendmenüs von 175,00 bis 205,00 €

650 Weinpos.

Säulen, Ölgemälde, üppig blühende Pflanzen und deckenhohe Flügeltüren mit Sprossen und Rundbogen, die sich zu einer malerischen Gartenterrasse hin öffnen – das Ambiente im Gourmetrestaurant ist romantisch-verspielt und erinnert an opulente, venezianische Pracht. Der Blick in die Chiemgauer Alpen ist grandios und unterstreicht das Gefühl, sich hier abseits vom Alltag etwas ganz Besonderes zu gönnen. Für das Besondere sorgt Patron und Chef de Cuisine Heinz Winkler mit seiner ausgeklügelten "Cuisine Vitale" – eine Gourmetküche, die sich auf das Wesentliche konzentriert, mit wenigen Grundzutaten auskommt, durch großartige Saucen bereichert wird und die trotz aller Raffinesse immer unverfälscht und verständlich bleibt. Zusätzlich zum raffiniert zusammengestellten Menü wird auch ein vegetarisches angeboten, dass dem "fleischlichen" in puncto Qualität und Ideenreichtum in nichts nachsteht. Mit Sohn Alexander, sorgt auch die nächste Generation dafür, dass die Residenz Heinz Winkler ein kulinarischer Sehnsuchtsort bleibt. Er leitet das Restaurant mit leichter Hand und großer Liebenswürdigkeit und ist auch kompetenter Ansprechpartner, wenn es um korrespondierende Weine geht. Ein ganz besonderes Highlight ist es, die Speisen an warmen Tagen auf der Terrasse einzunehmen und sich im traumschönen Blick auf die imposante Kampenwand zu verlieren.

Aspach

Bhf→7 km

♜ Lamm Schank- und Speisewirtschaft

✉ 71546 · OT Großaspach · Hauptstraße 23 · ☎ (0 71 91) 2 02 71
Klassische, Neue u. Reg. Küche · **Geöffnet:** Mo.-Sa. 17:30-22 Uhr, So./Feiert. 12-15 + 17-21 Uhr · **Tische:** 9/50 Plätze
info@lamm-aspach.de · www.lamm-aspach.de

Speisekarte: 7 Hauptgerichte von 24,00 bis 39,50 €; 1 Menü zu 39,00 €

80 Weinpos.

Seit 2021 leiten Mirela und Toni Wahl das

"Lamm" mit großer gastronomischer Erfahrung. Neben der gehobenen mediterranen Küche gehören „der persönliche Kontakt zu Gästen und eine partnerschaftliche Zusammenarbeit mit Erzeugern aus der Region" zum Erfolgsrezept.

Asperg / Ludwigsburg

Adler Asperg

Bhf→800 m

✉ 71679 · Stuttgarter Straße 2 · ☎ (0 71 41) 2 66 00 · Fax: 26 60 60 · "Aguila" m. mediteraner Küche, Gartenterrasse, Hotelbar, Zi.-Preise inkl. Frühstück
5 km
info@adler-asperg.de · www.adler-asperg.de

31 **DZ** ab 125,00 €;
39 **EZ** ab 87,00 €;
3 **App.** ab 175,00 €

Schwäbische Gastlichkeit, modernes Ambiente und großzügiges Flair sind die Pluspunkte des mitten in Asperg gelegenen, von Familie Ottenbacher engagiert geführten Hotels. Abseits der Hektik und dennoch gerade mal 4 km von Ludwigsburg entfernt, beeindruckt die harmonische Verbindung des alten Fachwerkhauses mit modernen Anbauten. Hier findet sowohl der Urlauber als auch Geschäftsreisende komfortable Zimmer von wohnlicher Qualität (Frühstück 20,- € für externe Gäste). Besonders liebevoll und detailreich ausgestattet sind die weltbekannten, schwäbischen Tüftlern (Bosch, Porsche, Daimler) gewidmeten Themenzimmer. Die klimatisierten Tagungsräume garantieren effektives Arbeiten, herrlich die begrünte Tagungsterrasse. Festsaal und Banketträume lassen sich individuell gestalten, für den reibungslosen Verlauf sorgt ein bewährtes Serviceteam. Zur nachhaltigen Entspannung gibt es einen großen, gepflegten Freizeitbereich mit Hallenbad und Sauna. In der Brasserie "Aguila" (spanisch für "Adler") genießt man raffinierte Tapas, regionale Klassiker und Cocktails, im "RichardZ" einen abwechslungsreichen Mittagstisch. Die "Schubart Stube" im Torturm der Festung Hohenasperg mit Regionalküche und schönem Biergarten ist ein beliebtes Ausflugsziel mit rustikalem Ambiente.

Bhf→800 m

Adler Asperg - Schwabenstube

✉ 71679 · Stuttgarter Straße 2 · ☎ (0 71 41) 2 66 00 · Fax: 26 60 60
Klassische und Neue Küche · Küche: 18:30–21:30 Uhr · **Ruhetag:** So./Mo./Di. ·
Ferien: 2 W. Pfingsten, 3 W. Aug. · **Tische:** 12/40 Plätze
info@adler-asperg.de · www.adler-asperg.de

Speisekarte: 4-5 Hauptgerichte von 36,00 bis 45,00 €; 3 Menüs von 62,00 bis 115,00 €

250 Weinpos.

Holzdecken und -böden, Sprossenfenster und Sitznischen – die "Schwabenstube" vermittelt zum einen ländliche Behaglichkeit und zum anderen weltoffenen Schick, denn die sanft schimmernden Polsterungen von Stühlen und Bänken, edel eingedeckte Tische, Aufmauerungen und die mit Märchen-Zitaten aus dem Schwabenland bedruckten Wände und transparenten Stoffbahnen setzen einen geschmackvollen Kontrast. Dieses in der Region verwurzelt sein und dennoch jederzeit bereit, über den Tellerrand zu blicken trifft auch auf die Küche von Chefkoch Max Speyer zu. Er spielt mit den handverlesenen Zutaten, nutzt das wechselnde, jahreszeitliche Angebot und kombiniert verschiedenste Aromen, Texturen und Garzustände. Traditionelles verfeinert er mit raffinierten Ideen und vielseitigem Aromenspiel, Modernem verschließt er sich nicht, verbindet es vielmehr geschickt mit Bekanntem und kreiert so Speisen, die seinen Facettenreichtum demonstrieren. Ausgesuchte Weine komplettieren die genussvollen Speisefolgen. Marco Hünicke ist kompetenter, liebenswürdiger und stets ansprechbarer Maître.

Aue / Erzgebirge

Blauer Engel - Restaurant St. Andreas

Bhf→800 m

08280 · Altmarkt 1 · ☎ (0 37 71) 59 20 · Fax: 2 31 73
Klassische und Neue Küche · Küche: 18–21 Uhr · **Ruhetag:** So./Mo. · **Ferien:** Jan., Juli-Aug. · **Tische:** 4/16 Plätze
info@hotel-blauerengel.de · www.hotel-blauerengel.de

Speisekarte: 2 Hauptgerichte von 45,00 bis 50,00 €; 1 Menü von 89,00 bis 140,00 €
300 Weinpos.
"St. Andreas", so hieß die alte Weißerdenzeche in Aue und gab dem Gourmetrestaurant im traditionsreichen Blauen Engel seinen Namen. Die bleiverglasten Scheiben sind eine Erinnerung an die lange Geschichte des Hauses und einziges nostalgisches Element, denn das Interieur ist in zeitloser Moderne mit sehr viel Geschmack und wertigen Materialien gestaltet, die den traditionellen Naturraum Erzgebirge aufgreifen. Die in cognacfarbenem Leder bespannten Stühle und blanken Tische mit unprätentiöser Eindeckung sind ein echter Hingucker. Benjamin Unger, einer der Söhne des Hauses, ist der verantwortliche Mann am Herd und demonstriert mit handwerklicher Präzision im "St. Andreas" wie er sich eine innovative Gourmetküche vorstellt. Gerne nutzt er das reichhaltige Warenangebot des Erzgebirges, nimmt aber auch grenzübergreifende Produkte, um seine Speisen so zu präsentieren, wie er sie zuvor mit Fleiß, Akribie und sehr viel Fantasie ausgetüftelt hat. Die Kombinationen von Zutaten mit unterschiedlichsten Aromen, Texturen und Garzuständen münden in immer wieder neue Geschmackswelten. Auf Wunsch und nach Absprache wird auch vegetarisch oder vegan gekocht. Für die vinologische Ergänzung der Speisen ist der zweite Sohn, Claudius Unger, verantwortlich. Er hat einen fulminanten Weinschatz zusammengetragen, berät gekonnt und erläutert auch gerne die kulinarischen Zusammenstellungen. Beide Brüder sind im kleinen Restaurant präsent, so dass es regelmäßig zu einem lebendigen Dialog mit den Gästen kommt. Das ist spannend, informativ und trägt zur entspannt, lockeren Atmosphäre bei.

Family

Hotel Blauer Engel

Bhf→800 m

08280 · Altmarkt 1 · ☎ (0 37 71) 59 20 · Fax: 2 31 73 · "Lotters Wirtschaft", Terrasse, Bar, Weinstube, Frühstücksbuffet (12,- € p. Ps.), Biermuseum
5 km
info@hotel-blauerengel.de · www.hotel-blauerengel.de

31 **DZ** von 97,00 bis 117,00 €;
als **EZ** von 73,50 bis 92,50 €;
4 **EZ** ab 58,50 €;
4 **Suiten** von 113,50 bis 167,00 €

Bereits 1663 wurde der im Herzen Aues liegende "Blaue Engel" urkundlich erwähnt. Das stilvolle Hotel mit schöner Gründerzeitfassade ist einer langen Familientradition verpflichtet, und so wird der Gast mit liebevollem Service betreut. Die Zimmer sind behaglich und bieten zeitgemäßen Komfort (Frühstück zzgl. 12.- € p. Ps.). Mit großem Engagement wird stetig weiter ins Haus investiert, so dass man immer auf einem hohen, gastronomischen Standard ist. Der attraktive Wellness- und Fitnessbereich sorgt für Entspannung. Gehobene, moderne Küche genießt man im Feinschmeckerrestaurant „St. Andreas“, abwechslungsreiche Speisen in der gemütlichen „Tausendgüldenstube“ mit Kachelofen und Regionales und Deftiges in der historischen Braustube "Lotters Wirtschaft". Gediegen ist die Weinstube mit Klimaschrank und Fromagerie und regelmäßig stattfindenden Weinproben. Für kleine Gäste gibt es ein Kinderspielzimmer, die großen besichtigen das Auer Biermuseum u. a. mit der 3.500 Objekte umfassenden Bierkrug-Sammlung.

Auerbach

Bhf→15 km

SoulFood

✉ 91275 · Unterer Markt 35 · ☎ (0 96 43) 2 05 22 25 · Fax: 2 05 22 28
Reg., Int., Neue Küche u. Eigene Kreationen · Küche: 12–13:15/17:30–22:00 Uhr ·
Ruhetag: Mo./Di. · **Ferien:** Anf. Jan. · **Tische:** 14/40 Plätze
info@restaurant-soulfood.com · www.restaurant-soulfood.com

Speisekarte: 4 Hauptgerichte von 17,50 bis 29,50 €; 2 Menüs zu 79,00 €
70 Weinpos.
Essen für die Seele. Chefkoch Michael Laus versteht es, die saisonal-frischen Zutaten mit viel Kreativität gekonnt in Szene zu setzen. Im Herzen von Auerbach gelegen, bietet das modern gestaltete Restaurant Spitzengastronomie zu erfreulich günstigen Preisen.

Auerbach (Vogtland)

Bhf→10 km

Renoir OT Schnarrtanne

✉ 08209 · Schönheider St. 235 · ☎ (0 37 44) 21 51 19 · Fax: 21 51 19 · Klass. u. Neue Kü., eig. Kreat. · **Geöffnet:** Mi.-Sa.: 18-22 Uhr, So.: 11:30-14 Uhr · **Ruhetag:** So.-Abend/Mo./Di. · **Ferien:** 1Wo.Jan./2Wo.Sommer/1Wo.Okt. · **Tische:** 9/30 Plätze
info@restaurant-renoir.de · www.restaurant-renoir.de

Speisekarte: 6 Hauptgerichte von 19,00 bis 32,00 €; 1 Menü von 39,00 bis 59,00 €
300 Weinpos.
Das hübsch gelegene Restaurant bietet die perfekte Kulisse für die hohen Kochkünste von Küchenchef Ulf König. Dieser kreiert aus den handverlesenen und saisonalen Grundprodukten echte, aromenprononcierte Meisterwerke der klassischen französischen Küche.

Sehr gute Serviceleistung

Restaurant mit gehobener Küche

Augsburg

♜ August

Bhf→1,5 km

✉ 86152 · Johannes-Haag-Straße 14 · ☎ (08 21) 3 52 79
Eigene Kreationen · **Geöffnet:** 19–23 Uhr · Küche: 19–20 Uhr · **Ruhetag:** So./Mo./Di. · **Ferien:** variabel · **Tische:** 5/12 Plätze
august.restaurant@gmx.de · www.restaurantaugust.de

Speisekarte: 1 Menüs von 189,00 bis 210,00 €

Für Chefkoch Christian Grünwald ist sein Restaurant auch ein kommunikativer Treffpunkt. Er kocht ohne festes Menü, aber dafür mit umso mehr spontaner Inspiration, die sich ihm über Aromen, Düfte und Bilder vermittelt. Entsprechend innovativ und exklusiv, ohne selber diesen Anspruch zu erheben, ist seine Küche.

Sartory

✉ 86150 · Maximilianstraße 40 · ☎ (08 21) 50 36-0
Klassische Küche · **Geöffnet:** Fr./Sa. 18-22 Uhr · **Ruhetag:** So.-Do. · **Tische:** 6/24 Plätze
info@sartory-augsburg.de · www.sartory-augsburg.de

Speisekarte: 5 Hauptgerichte von 38,00 bis 49,00 €; 1 Menü von 169,00 bis 189,00 €

Stilvolle Eleganz prägt das Interieur des "Sartory". Hier kocht Chefkoch Simon Lang mit erlesenen Zutaten klassische Speisen, denen er mit mediterranen Elemente ein eigene, leichte Note gibt und die er besonders gerne mit facettenreichen Fisch- und Schalentier-Spezialitäten ergänzt.

Bad Birnbach

Sonnengut - Hirschstube

Bhf→2 km

✉ 84364 · Am Aunhamer Berg 2 · ☎ (0 85 63) 30 50 · Fax: 30 51 00
Neue, geh. Reg. u. Mediterrane Küche (s. a. Kulinarisches Special) · **Geöffnet:** Do.-So. 18-21 Uhr · **Ruhetag:** Mo./Di./Mi. · **Tische:** 60/125 Plätze
info@sonnengut.de · www.sonnengut.de

Speisekarte: 2 Menüs von 35,00 bis 79,00 € 600 Weinpos.

Im "Sonnengut" wird wirklich an alles gedacht, um den Gästen einen rundum perfekten Urlaub zu ermöglichen. Dazu gehört auch ein gutes kulinarisches Angebot. Für das wird in der Hirschstube und im Restaurant (tägl. Halbpension-Abendmenü: 32,- €/Pers., Sa. Galamenü: 52,- €/Pers.) gesorgt. Erstere ist mit altem Holz, Sprossenfenstern und Stubenofen landestypisch und wunderbar behaglich eingerichtet, letzteres überzeugt mit einem geschmackvollen Interieur in freundlichen Farben und zeitloser Moderne. Chefkoch Christian Gsödl kocht, was gefällt und schmeckt. Die Zutaten für seine durchdachte Produktküche kommen bevorzugt von örtlichen Bauern und Erzeugern, Obst und Gemüse ist aus natürlichem Anbau und die Kräuter sind aus dem hauseigenen Garten. Man schmeckt die erstklassige Qualität der Ingredienzen, die in der Küche mit vielseitigen Ideen und handwerklicher Präzision zusammengestellt werden. Die Küche ist grundehrlich, aromenstark und wird mit mediterranen Elementen ergänzt. An warmen Tagen kann man auch auf der großen Sonnenterrasse speisen und dabei zusätzlich den weiten Blick ins Rottal genießen.
Aktuell ist die Hirschstube nur für Haus-

gäste geöffnet und für die à la carte Gastronomie vorübergehend geschlossen. Sie wird nur auf Anfrage für Veranstaltungen geöffnet.

Bhf→2 km Hotel Sonnengut Wellness, Therme & Spa

Family

✉ 84364 · Am Aunhamer Berg 2 · ☎ (0 85 63) 30 50 · Fax: 30 51 00 · Rest. Sonnengut und Hirschstube m. Kreativer u. Reg. Küche; Sport- u. Aktivprogramme, Arthur's 1994 Bar, E-Bike-Verleih Frühstück im Zi.-Preis inkl.
300 m VISA AE EC
info@sonnengut.de · www.sonnengut.de

60 **DZ** ab 119,- pro Pers./Tag €;
4 als **EZ** ab 119,- pro Pers./Tag €;
14 **EZ** ab 119,- pro Pers./Tag €;
14 **Suiten** von 150,00 bis 250,00 €
Im Hotel Sonnengut, das den Gast mit einer großzügigen Lobby empfängt, wird von Herzen kommende Gastlichkeit tatsächlich gelebt. Gäste, die gehobene Wohnkultur und attraktive Wellnessangebote und den Golfsport schätzen, sind hier genau richtig. Neben klassischen Kosmetikbehandlungen und Ayurveda werden auch physiotherapeutische Anwendungen sowie zahlreiche Arrangements angeboten. Täglich gibt es ein kostenloses Aktiv- und Sportprogramm, Fahrräder und Schlitten können geliehen werden. Der Gast logiert in freundlichen, modern eingerichteten, sehr komfortablen Zimmern (Preise inkl. reichhaltigem Frühstücksbuffet) und kann den 3.000 m² großen Wellnessbereich,

u. a. mit Hamam, Thermalbad und Themenräumen, nutzen und genießen. (s. a. Wellness-Special) Als 1. Partnerhotel gehört das "Sonnengut" dem Hartl Golf Resort an. Ein gutes Veranstaltungsangebot, Wellness und Golf gehen im Hotel Sonnengut eine perfekte Symbiose ein.

Bad Driburg

Bhf→1 km ♜ Gräflicher Park Health & Balance Resort

✉ 33014 · Brunnenallee 1 · ☎ (0 52 53) 9 52 30 · Fax: 9 52 32 05 · 2 Rest., Café; div. Sport- u. Eventmöglichkeiten; Medical Wellness, Zi.-Preise inkl. Frühst.
500 m VISA AE EC
info@graeflicher-park.de · www.graeflicher-park.de

95 **DZ** von 169,00 bis 279,00 €;
als **EZ** von 134,00 bis 244,00 €;
26 **EZ** von 124,00 bis 204,00 €;
14 **Suiten** von 279,00 bis 329,00 €

Design trifft auf historische Architektur. Die 135 Zimmer, jedes ein Unikat und in traditioneller Stroh- und Lehmmischung gebaut, sind auf sechs Logierhäuser verteilt und umgeben von einem 64 ha großem Parkgelände. Der 1500 m² große Wellness-Bereich bietet alles, was Körper, Geist und Seele gut tut.

Bad Dürkheim

Speeter

Bhf→7 km

✉ 67273 · Weisenheim am Berg, Leistadter Straße 8 · ☎ (0 63 53) 9 36 60 · Fax: 9 36 66 · Restaurant, Biergarten
6 km
info@hotel-speeter.de · www.hotel-speeter.de

DZ ab 105,00 €;
EZ ab 69,00 €;
Fam.-App. ab 149,00 €
Frühstück im Preis inbegriffen. Die vielseitige Pfälzer Kulturlandschaft ist die perfekte Kulisse für Urlaub abseits ausgetrampelter Touristenpfade. Im idyllischen, zu Bad Dürkheim gehörenden Dorf Weisenheim am Berg findet man mit dem Hotel Speeter – eingebettet zwischen Weinbergen und Wald – das perfekte Domizil, um sich unbeschwert zu erholen und zu genießen. Die Zimmer sind individuell eingerichtet und verfügen über zeitgemäßen Komfort. 2020 wurden alle Bäder erneuert und auf modernen Stand gebracht. Für Tagungen und auch private Veranstaltungen stehen bestens ausgestattete Räumlichkeiten zur Verfügung. Ein liebenswürdiges Serviceteam steht bei kleinen und großen Fragen bereit und ist auch gerne behilflich, wenn es um die Freizeitgestaltung geht.
Die "deutsche Toskana" ist wie geschaffen, um in der reizvollen Landschaft ausgedehnte Rad- oder Wandertouren zu unternehmen, historische Städte zu erkunden oder einfach die Seele baumeln zu lassen.

Speeter

Bhf→7 km

✉ 67273 · Weisenheim am Berg, Leistadter Straße 11 · ☎ (0 63 53) 9 36 60 · Fax: 9 36 66 · Regionale und Saisonale Küche · **Geöffnet:** Mo./Di./Fr. 17-21, Sa./So./Feiert. 11-21 Uhr warme Küche · **Ruhetag:** Mi./Do. · **Ferien:** 24.12. · **Tische:** 40/150 Plätze
info@hotel-speeter.de · www.hotel-speeter.de

Speisekarte: 16 Hauptgerichte von 8,90 bis 26,90 €

Das Restaurant ist in einem gediegenen Landhausstil eingerichtet und die perfekte Kulisse, um in entspannter Atmosphäre gut zu essen. Chefkoch Alexander Fluck kann auf Produkte zugreifen, die es in der waldreichen Umgebung in großer Fülle und bester Qualität gibt. Entsprechend frisch sind die Angebote. Er kocht Regionales und viele Spezialitäten, die die wechselnden Jahreszeiten spiegeln. Die Speisen sind aromenstark, gut durchdacht und handwerklich korrekt. Ob Wildgulasch, Ochsenbäckchen oder Zanderfilet – man schmeckt die Sorgfalt, mit der alles zubereitet wird. Auch für Vegetarier gibt es immer eine kleine Auswahl frisch zubereiteter Speisen sowie knackige Salate. Vom Wintergarten, über die Weinstube, und das grüne Zimmer bis zum großen Saal im 1. Stock stehen individuelle Räumlichkeiten für gut geplante und begleitete Veranstaltungen zur Verfügung.

Baden-Baden

Bhf→5 km

Atlantic Parkhotel

✉ 76530 · Goetheplatz 3 · ☎ (0 72 21) 36 10 · Fax: 2 62 60 · Abendrest. "Wintergarten" mit Int. u. Reg. Küche, Parkcafé, Kaminzimmer, Zi.-Preise inkl. Frühstück
3 km VISA
info@atlantic-parkhotel.de · www.atlantic-parkhotel.de

35 **DZ** von 229,00 bis 339,00 €;
18 **EZ** von 129,00 bis 169,00 €;
3 **Suiten** ab 399,00 €
1748 war es noch das "Gasthaus zum Rössel", das dank der Eheleute Stadelhofer 1830 zum Hotel "Englischer Hof" wurde, der in der Belle Epoque zu den prachtvollsten Häusern Baden-Badens gehörte. Geblieben sind die Traumlage an der Lichtentaler Allee und dem idyllischen Flüsschen Oos, vis à vis von Theater, Kurhaus und Casino, geblieben ist das luxuriöse Ambiente und hinzugekommen sind zahllose Annehmlichkeiten der Neuzeit, die einen Aufenthalt, begleitet von einem sehr zuvorkommenden, individuellen Service, so entspannend und besonders machen. Die Zimmer mit schöner Aussicht sind elegant, nostalgisch und geschmackvoll eingerichtet, das reichhaltige Frühstücksbuffet ist im Preis inkludiert. Für effektive Tagungen stehen ebenso passende, funktionale Räumlichkeiten bereit wie für private Veranstaltungen, die bereits durch den zauberhaften Rahmen unvergesslich werden. Restaurant, Café und das Kaminzimmer mit Piano-Bar gehören zum gastronomischen Angebot. Die Gartenterrasse am Ufer der Oos bietet einen traumschönen Blick in die Lichtentaler Allee zum Theater auf den Goetheplatz.

Bhf→5 km

Atlantic Parkhotel

✉ 76530 · Goetheplatz 3 · ☎ (0 72 21) 36 10 · Fax: 2 62 60
Klassische und regionale Küche · Küche: 12–14:30/18–21:30 Uhr · **Tische:** 20/60 Plätze
VISA
info@atlantic-parkhotel.de · www.atlantic-parkhotel.de

Speisekarte: 8 Hauptgerichte von 19,80 bis 29,50 € 500 Weinpos.
Von 7-18 Uhr ist das Restaurant Parkcafé geöffnet. Hell, freundlich und elegant gestaltet, ist das Ambiente sehr niveauvoll und weltoffen. Hier wird man tagsüber kulinarisch bestens begleitet. Der Morgen beginnt mit einem reichhaltigen und sehr attraktiven Frühstücksbuffet, mittags und zur Kaffeezeit steht ein vielseitiges Angebot bereit. Ab 18 Uhr ist das Wintergarten-Restaurant geöffnet. Die Küche ist abwechslungsreich, orientiert sich an den wechselnden Jahreszeiten, bietet Klassisches und wird von gehobenen badischen Speisen ergänzt. Eine sehr umfangreiche Weinkarte steht bereit, um passende Tropfen zu wählen. Die Gartenterrasse am Ufer der Oos ist ein echter Sehnsuchtsort – der Blick ins Grüne, aufs Flüsschen oder die Lichtentaler Allee ist ein kleiner Urlaub für sich.

Brenners Park-Hotel & Spa

Bhf→7 km

Family

76530 · Schillerstraße 4/6 · (0 72 21) 90 00 · Fax: 900 87 44 · Rest. "Wintergarten" u. "Rive Gauche Brasserie", "Oleander-Bar", Kaminhalle, Terrasse
2 km VISA AE
information.brenners.@oetkercollection.com · www.oetkercollection.com/de/hotels/brenners-park-hotel-spa

50 **DZ** von 380,00 bis 945,00 €;
15 **EZ** von 270,00 bis 370,00 €;
35 **Suiten** von 920,00 bis 12000,00 €

Inmitten eines malerischen Parks gelegen, präsentiert sich das „Brenners" als eines der letzten wahren Grandhotels internationalen Zuschnitts. Legerer Luxus, Stil, Klasse und tadelloser Service sind hier genauso selbstverständlich wie erlesen eingerichtete Zimmer und erstklassige Tagungsräume. Die luxuriöse Erweiterung des Spas in der historischen „Villa Stéphanie" in unmittelbarer Nähe zum Hotel verfolgt einen ganzheitlichen Ansatz und konzentriert sich auf vier verschiedene Bereiche: Beauty, Detox & Nutrition, Emotional Balance und Medical Care. Das gepflegte Brenners Spa ist direkt mit dem „Haus Julius" verbunden, einem 1.700 m²-Anwesen, das ausschließlich der umfassenden medizinischen Versorgung der Brenners-Gäste dient. Küchendirektor Mario Corti sorgt als Executive Chef für das breit aufgestellte gastronomische Angebot: Im Restaurant "Wintergarten" mit Traumblick in den Garten werden vor allem regionale, in der "Rive Gauche Brasserie" bevorzugt französische Spezialitäten serviert und das "Fritz & Felix" ist dem großen Gourmetgenuss vorbehalten.

Brenners Park-Hotel & Spa - Fritz & Felix

Bhf→7 km

76530 · Schillerstr.4/6 · (0 72 21) 90 09 99 · Fax: 6 13 87 72
Klassische u. Intern. Küche · **Geöffnet:** 18–01 Uhr · Küche: 18–22:30 Uhr · **Tische:** 27/85 Plätze VISA AE
information.brenners@oetkercollection.com · www.brenners.com

Speisekarte: 8 Hauptgerichte von 21,00 bis 49,00 €; 1 Chefs Choice Menu zu 99,00 € 350 Weinpos. Ein Stilmix mit harmonischem Gesamtbild prägt das Interieur des „Fritz & Felix": Dunkles Holz, Parkettboden, samtige Polsterungen, geradlinige Stühle, blanke Tische, Wandelemente mit geometrischen Mustern und goldfarbene Akzente vermitteln den Eindruck eines klassischen, gediegenen Grill-Rooms mitsamt seinem kosmopolitischen Flair. Hier wird Fine Dining zu Casual Fine Dining, denn abseits jeder Steifheit sorgen das Raum (und Küchen-) Konzept mit Showküche, Bar und der Terrasse mit Weitblick für entspannten Genuss. Die Bedürfnisse des Gastes stehen über allem – egal ob romantische Zweisamkeit oder geselliges Familienessen – hier wird alles zu einem genussvollen Spiel mit den Möglichkeiten. Chefkoch Farid Fazel präsentiert eine junge und frische Küche, die sich nicht in ein festes Schema pressen lässt, sondern durch das Spiel mit den verschiedensten – bevorzugt regionalen – Zutaten, Aromen und Würzungen überzeugt, in der Regionalität und Weltoffenheit eine perfekte Verbindung eingehen und die immer herrlich unverfälscht und ehrlich ist. Jeden Dienstag gibt es ein 4-Gang-Menü inklusive Wasser und Kaffee für fair kalkulierte 65,-€. Matthias Pfundstein leitet mit Übersicht und leichter Hand den liebenswürdigen Service.

Bhf→5 km

Belle Epoque

✉ 76530 · Maria-Viktoria-Straße 2 c · ☎ (0 72 21) 30 06 60 · Fax: 30 06 66
Mitglied "Small Luxury Hotels of the World", "Afternoon High-Tea"
3 km
VISA AE
info@Hotel-Belle-Epoque.de · www.hotel-belle-epoque.de

16 **DZ** ab 189,00 €;
als **EZ** ab 155,00 €;
4 **EZ** ab 129,00 €;
8 **Suiten** ab 340,00 €
Im hoteleigenen Park zentral gelegen, erlebt man in der Neo-Renaissance-Villa die 'Belle Epoque'. Mit antiken Originalmöbeln liebevoll eingerichtet, versprechen die Salons, Zimmer und Suiten einen stilvollen und komfortablen Aufenthalt. (Preise Nebensaison, inkl. Frühstück + Nachmittagstee)

Bhf→5 km

Der Kleine Prinz

✉ 76530 · Lichtentaler Straße 36 · ☎ (0 72 21) 34 66 00 · Fax: 3 46 60 59 · Zi.-Preise Nebensaison, Frühstück + Nachmittagstee inkl., Restaurant, Lobbybar, Terrasse
3 km
VISA AE
info@derkleineprinz.de · www.derkleineprinz.de

21 **DZ** ab 179,00 €;
als **EZ** ab 139,00 €;
6 **EZ** ab 119,00 €;
9 **(Jui.-)Suiten** ab 340,00 €;
4 **App.** ab 289,00 €
Märchenhafte Hotellerie, nur wenige Schritte vom Bäderviertel entfernt, ist im "Kleinen Prinz" garantiert. Alle Zimmer bezaubern mit individuellem Charme und verwöhnen mit hohem Komfort wie auch die Kaminlounge mit Bibliothek und der idyllische Innenhof.

Bhf→6 km

Le Jardin de France

✉ 76530 · Lichtertaler Straße 13 · ☎ (0 72 21) 3 00 78 60 · Fax: 3 00 78 70
Klassische Küche · **Geöffnet:** 12-15, 18:30-23 Uhr · **Ruhetag:** So./Mo. · **Ferien:** 1 W. Anf. Aug. · **Tische:** 18/60 Plätze
VISA AE
info@lejardindefrance.de · www.lejardindefrance.de

Speisekarte: 10 Hauptgerichte von 25,00 bis 59,00 €; 1 Mittagsmenü zu 45,00 €; 1 Menü von 85,00 bis 115,00 €
300 Weinpos.
Nicht nur, dass Sophie und Stéphan Bernhard ihr Restaurant mit Herzblut führen, auch die "cuisine du coeur" des Patrons zeugt von echter Leidenschaft. Mit besten Zutaten kreiert er französische Speisen, die dank seiner Kunstfertigkeit und Fantasie eine eigene, raffinierte Note haben.

Restaurant mit sehr gutem Weinangebot

Nigrum

Bhf→3 km

76530 · Schlossstr. 20 · (0 72 21) 3 97 90 08
Klassische und Internationale Küche · **Geöffnet:** Mi.-Sa.: 17:30-0:00 Uhr · **Ruhetag:** So./Mo./Di. · **Ferien:** 2.+3. Jan.-Wo. · **Tische:** 12/40 Plätze
info@restaurant-nigrum.de · www.restaurant-nigrum.de

Speisekarte: 1 Menü (4-8 Gänge) von 99,00 bis 139,00 € 51 Weinpos.
Das Interieur des "Nigrum" – was nichts anderes als „schwarz" bedeutet – ist fraglos außergewöhnlich. Außergewöhnlich schick, außergewöhnlich edel und außergewöhnlich beeindruckend. Schwarz als dominanter Farbton und sanft schimmernde Goldtöne vor allem an einer raffiniert gestalteten Wand fügen sich zu einer urbanen und weltoffenen Atmosphäre. Chefkoch Ronald "Ronny" Ettl ist gebürtiger Österreicher und war kulinarisch in der ganzen Welt unterwegs, im "Nigrum" verwirklicht er nun seinen ganz eigenen Stil. Er arbeitet handwerklich sehr präzise, nutzt nur allerbeste Zutaten und kreiert Speisen, die sich in kein festes Schema pressen lassen, sondern vielmehr von Rezepturen aus aller Herren Länder und der Region inspiriert werden. Saisonales baut er ebenso ein wie eigene, kreative Ideen. Das Vier-Gang-Menü kann der Gast aus den angebotenen Gerichten selber zusammenstellen und bis auf acht Gänge aufstocken, vegetarische oder vegane Gerichte können vor Ort besprochen und zubereitet werden – da ist wirklich für jeden Geschmack etwas Passendes bei. Den zugewandten Service leitet Guido Freuen sehr liebenswürdig und aufmerksam. Zu den korrespondierenden Weinen berät Patron Florian Bajraj mit Sensibilität und großer Sachkenntnis. In der modern gestalteten Bar kann man den Abend ganz entspannt und zufrieden ausklingen lassen.

Badenweiler

Park Hotel & Spa KATHARINA

Bhf→10 km

79410 · Römerstr. 2 · (0 76 32) 2 18 95 00 · Fax: 2 18 95 04
Restaurant, Bar, Café, Kamin,Ziimmerpreise inkl. Frühstück
10 km
welcome@parkhotelkatharina.de · www.parkhotelkatharina.de

42 **DZ** ab 155,00 €;
6 **EZ** ab 109,00 €;
4 **Suiten** ab 249,00 €
Eines der traditionsreichsten und exklusivsten Häuser des Ortes – direkt am Kurpark im malerischen Badenweiler gelegen. Das Hotel zelebriert die Version einer Residenz mit gehobener Badekultur und bietet seinen Gästen jegliche Annehmlichkeiten. Das Restaurant offeriert eine exquisite Küche sowie eine hervorragende Weinauswahl.

Bad Friedrichshall

Bhf→2 km

Schloss Lehen OT Kochendorf

✉ 74177 · Hauptstr. 2 · ☎ (0 71 36) 9 89 70 · Fax: 98 97 20 · Rest. m. reg. Küche, Bibliothek, Loungebar, Parkterrasse, Zi.-Preise inkl. Frühstücksbuffet
15 km
info@schlosslehen.de · www.schlosslehen.de

7 **DZ** von 99,00 bis 155,00 €;
als **EZ** von 89,00 bis 109,00 €;
5 **EZ** von 79,00 bis 98,00 €;
8 **Suiten** von 109,00 bis 165,00 €

Als Wasserburg erbaut, wurde "Schloss Lehen" im 13. Jh. erstmalig erwähnt. Heute beherbergt das imposante Gebäude ein Hotel-Restaurant allererster Güte. Die komfortablen Zimmer bieten einen erholsamen Aufenthalt.

Bad Füssing

Bhf→5 km

Parkhotel

✉ 94072 · Waldstraße 16 · ☎ (0 85 31) 92 80 · Fax: 20 61 · Parkrest. "Toskana" mit Neuer und Intern. Küche, Terrassen-Café, Zimmerpreise inkl. Halbpension
3 km
team@parkhotel.stopp.de · www.parkhotel.stopp.de

31 **DZ** ab 218,00 €;
60 **EZ** ab 111,00 €;
3 **Suiten** ab 276,00 €

Direkt am Kurpark gelegen, ist das Parkhotel in Bad Füssing eine Oase der Ruhe mitten im Grünen und erinnert mit seinem unaufdringlichen Luxus und dem lichtdurchfluteten Foyer an die Pracht des Fin de Siècle. Hier werden individuelle Wünsche ernst genommen und vom freundlichen Hotelteam gerne erfüllt. Neben den mit viel Liebe zum Detail eingerichteten Komfortzimmern (die Preise verstehen sich inklusive Halbpension!) überzeugt auch die vielseitige, kreative Frischeküche im stilvollen Gourmetrestaurant. Wandern, Radeln, Golfen – alles ist in unmittelbarer Nähe möglich. Sehr gepflegt ist die Sauna- und Wellnesslandschaft, wo man sich bei einer Fülle von Angeboten cremen, baden, massieren und verwöhnen lassen kann, sowie die Thermalbäder, in denen das einzigartige Bad Füssinger Heilwasser strömt und sprudelt.

Holzapfel

Bhf→6 km

✉ 94072 · Thermalbadstr. 4 + 5 · ☎ (0 85 31) 95 70 · Fax: 95 72 80
Restaurants, Weinlounge, Bar, Zimmerpreis inkl. Frühstücksbuffet
2 km
info@hotel-holzapfel.de · www.hotel-holzapfel.de

66 **DZ** von 192,00 bis 250,00 €;
45 **EZ** von 106,00 bis 129,00 €;
12 **(Jui.-)Suiten** von 242,00 bis 286,00 €
Zentral und dennoch ruhig gelegen, gefällt das familiär geführte Domizil mit seinem vielfältigen Angebot in puncto Genießen (verschiedene Restaurants) und Erholen (eigene Therme).

Bad Gögging

Der Eisvogel Hotel & SPA

Bhf→4 km

✉ 93333 · An der Abens 20 · ☎ (0 94 45) 96 90 · Fax: 84 75 · Restaurant mit Terrasse, Wochenendarrangements, Bar, Biergarten, Zi.-Preise inkl. Frühstück
500 m
info@hotel-eisvogel.de · www.hotel-eisvogel.de

42 **DZ** von 160,00 bis 300,00 €;
7 **EZ** von 95,00 bis 195,00 €;
6 **Suiten** von 300,00 bis 450,00 €
Mit großem Engagement und viel Herzblut führt die sympathische Gastgeberfamilie Zettl-Feldmann ihr gastronomisches Kleinod, das sehr idyllisch am Flüsschen Abens gelegen ist, und alles bietet, was das Kur- und Urlaubsherz begehrt. Die liebevoll eingerichteten Zimmer im "Eisvogel" gefallen mit zeitgemäßem Komfort (Preise inkl. Frühstücksbuffet), für Veranstaltungen und Tagungen stehen passende, Räumlichkeiten mit Tageslicht bereit. Der sehr großzügig gestaltete, lichtdurchflutete Wellnessbereich garantiert nachhaltige Erholung und Entspannung (siehe auch Wellness-Special). Die riesige Gartenlandschaft mit Liegewiese ist vom Wellnessbereich mit idyllischer Terrasse aus erreichbar. Sehr beliebt sind die zahlreichen durchdachten Beautypackages und Fitnessangebote. Im "Eisvogel" wird der Aufenthalt zu einer nachhaltigen Pause vom Alltag.

Bad Hersfeld

L'étable

Bhf→1 km

✉ 36251 · Linggplatz 11 · ☎ (0 66 21) 18 90 · Fax: 18 92 60
Klassische und Neue Küche · **Geöffnet:** ab 18 Uhr · **Ruhetag:** Mo./Di./Mi. · **Ferien:** 20.12.21-19.1.22 · **Tische:** 9/30 Plätze
info@zumsternhersfeld.de · www.zumsternhersfeld.de

Speisekarte: 4 Hauptgerichte von 42,00 bis 48,00 €; 2 Menüs von 86,00 bis 126,00 €
350 Weinpos.
Das "L'étable" ist in den einstigen Stallungen der früheren Postkutschenstation beheimatet. Heute gibt es hier statt Wasser und Stroh dank Chefkoch Con-

stantin Kaiser innovativ ausgetüftelte, sorgfältig zubereitete Speisen, die auf erstklassigen Zutaten basieren und ihre Wurzeln in der klassischen Küche haben.

Bad Kissingen

Bhf→400 m

Kaiserhof Victoria

✉ 97688 · Am Kurgarten 5-7 · ☎ (09 71) 70 10 · Fax: 70 11 97
Cafè & Restaurant "stelldichein", "Victoria-Bar", Zi.-Preise inkl. Frühstück
1 km VISA
info@kaiserhof-victoria.de · www.kaiserhof-victoria.de

112 **DZ** von 149,00 bis 309,00 €;
47 **EZ** von 89,00 bis 159,00 €;
6 **Gartenvilla-Suiten** von 179,00 bis 199,00 €;
3 **Suiten** von 399,00 bis 549,00 €

Direkt am Kurgarten mit Blick auf Europas größte Wandel- und Brunnenhalle gelegen, ist nicht nur die Lage des "Kaiserhof Victoria" im denkmalgeschützten Kurhaus exzellent. Seit über 175 Jahren finden in diesem Grandhotel internationalen Zuschnitts Gäste aus aller Welt ein wunderschönes Zuhause auf Zeit. Die Zimmer sind modern eingerichtet, viele mit Balkon, fast alle sind barrierefrei. Das Frühstücksbuffet ist bereits im Preis inkludiert und wird in einem der im Originalzustand erhaltenen Kaisersäle aufgebaut. Veranstaltungen werden professionell betreut, die Tagungsräume können nach individuellen Wünschen ausgestattet werden. Ein gepflegter Wellnessbereich (s. a. Wellness-Special) garantiert Entspannung. Ein breites gastronomisches Angebot zählt zu den weiteren Pluspunkten des Hauses. Zusätzlich gibt es verschiedene attraktive Arrangements und buchbare Events wie geführte Wanderungen durch Bad Kissingen oder einen schön bestückten Korb für ein Picknick im Kurgarten.

Bhf→200 m

Laudensacks Parkhotel

✉ 97688 · Kurhausstraße 28 · ☎ (09 71) 7 22 40 · Fax: 72 24 44 · Zi.-Preise inkl. Frühstück, Wintergarten, Park-Terrasse, Bar, Seminarmöglichkeit
1 km VISA AE
info@laudensacks-parkhotel.de · www.laudensacks-parkhotel.de

10 **DZ** von 164,00 bis 194,00 €;
als **EZ** von 115,00 bis 140,00 €;
10 **EZ** von 97,00 bis 108,00 €;
1 **Junior-Suite** zu 212,00 €
Eine Villa aus der Gründerzeit beherbergt dieses charmante Hotel. Nicht nur die traumhafte Lage, auch die komfortablen Zimmer, der herrliche Wellnessbereich und das feine Restaurant machen den Aufenthalt so besonders.

Bhf→200 m

Laudensacks Restaurant

✉ 97688 · Kurhausstraße 28 · ☎ (09 71) 7 22 40 · Fax: 72 24 44
Reg. Küche, eigene Kreationen · Küche: 18–21:30 Uhr · **Ruhetag:** So./Mo. · **Tische:** 10/22 Plätze
VISA AE
laudensacks-parkhotel@t-online.de · www.laudensacks-parkhotel.de

Speisekarte: 4 Hauptgerichte von 26,00 bis 43,00 €; 2 Menüs von 82,00 bis 138,00 € 200 Weinpos. Basis der kreativen Speisen, die Chefkoch Frederik Desch mit seinem Team zubereitet, ist die klassische französische Küche. Vor ihrem Hintergrund ersinnt er immer wieder neue Kombinationen, die seine eigene, konzentrierte Hansdschrift tragen.

Bad Kötzting

Hotel Bayerwaldhof

Bhf→5 km

93444 · OT Liebenstein · Liebenstein 25 · ☎ (0 99 41) 94 800 · Fax: 94 80 800
Restaurant, Bar, Gartenanlage, Arrangements, Reitmöglichkeiten
15 km
info@bayerwaldhof.de · www.bayerwaldhof.de

74 **DZ** von 208,00 bis 356,00 €;
als **EZ** von 122,00 bis 203,00 €;
8 **EZ** von 132,00 bis 172,00 €;
12 **Suiten** von 282,00 bis 450,00 €

Das Hotel "Bayerwaldhof" ist ein echtes gastronomisches Paradies in der wunderschönen Landschaft des Bayerischen Waldes. Hier kann man – nicht zuletzt dank der engagierten Gastgeberfamilie Mühlbauer – abseits von Hektik und Stress in herrlicher Ruhe entspannen. Das beginnt bereits in den liebevoll im edlen Landhausstil eingerichteten Zimmern, die über jeden zeitgemäßen Komfort verfügen und bei denen die 3/4-Verwöhnpension bereits im angegebenen Preis enthalten ist. Im Restaurant mit exzellenter Küche kommt auch der anspruchsvolle Feinschmecker auf seine Kosten. Highlight im Hause ist fraglos der hinreißende Wellnessbereich (s. a. Wellness-Special), der wirklich alles bietet, um zu regenerieren. Der Bayerische Wald lockt mit einer Fülle herrlicher Freizeitangebote – die kilometerlangen Wanderwege beginnen praktisch vor der Tür. Sehr attraktive und vielseitige Arrangements (z. B. Kulinarik-, Wellness- oder Reiterwochen) stehen zur Auswahl. Und stets begleitet ein sehr persönlicher Service die Urlaubstage und gibt gerne Tipps rund um die Tagesgestaltung. Besonders erwähnenswert ist uns in diesen Zeiten das in allen Bereichen ausgezeichnete Corona & Hygienekonzept des Bayerwaldhofs, dem es bestens gelingt, die Bedürnisse nach Sicherheit und Erholung zu vereinen.

Bhf→10 km

Leos by Stephan Brandl

✉ 93444 · Hotel Bayerwaldhof, Liebenstein 25 · ☎ (0 99 41) 94 800 · Fax: 94 80 800 · Klass., Neue u. Reg. Küche · Küche: 18:30–21 Uhr · **Ruhetag:** So./Mo./Di. · **Ferien:** Aug./Sept. · **Tische:** 5/20 Plätze
restaurant@bayerwaldhof.de · www.bayerwaldhof.de

Speisekarte: 2 Menüs von 105,00 bis 135,00 €
160 Weinpos.
Der Bayerische Wald ist für seine natürliche Landschaft bekannt und nicht zwingend für seine kulinarischen Höhenflüge. Letzteres hat Stephan Brandl mit seiner exzellenten Gourmetküche im "Leo's" geändert. Das lässige Interieur lässt niemanden in Ehrfurcht erstarren, vielmehr fühlen sich die Gäste rundum wohl. Mit wertigen Naturmaterialien, die der Ursprünglichkeit der Region entsprechen, ist es in zeitloser Moderne eingerichtet und wird zu einer stilvollen Bühne für den fulminanten Küchenauftritt von Herrn Brandl und seinem Team. Star auf dem Teller sind die handverlesenen Zutaten, die in kompromisslos guter Qualität in die Küche gelangen. Am liebsten nach kurzen Wegen vom eigenen Öko-Bauernhof und aus dem hoteleigenen Kräutergarten. Nachhaltigkeit, Achtsamkeit und Tierwohl gehören zu den Aspekten, unter, Leidenschaft, Ide-

enreichtum und Experimentierfreude, mit denen gearbeitet wird. Der Chefkoch interpretiert französische Hochküche neu und gibt ihr seinen ganz eigenen Stil: raffiniert und dennoch unverfälscht, traditionell und modern – kurz: genussreich auf Topniveau. Der Service im Restaurant ist zugleich unaufdringlich und zugewandt, ausgesuchte Weine begleiten die Speisen.

Bad Krozingen

Bhf→4 km

♜ Storchen Restaurant Hotel

✉ 79189 · OT Schmidhofen · Felix-Nabor-Straße 2 · ☎ (0 76 33) 53 29 · Fax: 70 19
Klass. u. Reg. Küche · Küche: 12–18 Uhr · **Ruhetag:** So./Mo. · **Tische:** 9/45 Plätze
VISA AE EC
info@storchen-schmidhofen.de · www.storchen-schmidhofen.de

Speisekarte: 9 Hauptgerichte von 22,00 bis 48,00 €; 1 Mittagsmenü zu 42,00 €; 1 Menü von 72,00 bis 128,00 €
280 Weinpos.
In zurückhaltender Eleganz eingerichtet, präsentieren Fritz und Jochen Helfesrieder im Gourmetrestaurant des "Storchen" eine fulminante Produktküche, die in der Region verwurzelt ist, aber in ihren filigranen, aromenstarken und

unverfälschten Zubereitungen weit darüber hinaus geht. Etwas längere Pausen zwischen den Gängen hätten den Genuss noch intensiviert.

Bad Laasphe

Jagdhof Glashütte

Bhf→5 km

57334 · OT Glashütte · Glashütter Str. 20 · ☎ (0 27 54) 39 90 · Fax: 39 92 22
Rôtisserie Jagdhofstuben, Fuhrmannskneipe, Bauernstube, Wiener Café, Bar
15 km
info@jagdhof-glashuette.de · www.jagdhof-glashuette.de

17 **DZ** ab 316,00 €;
als **EZ** ab 158,00 €;
3 **EZ** ab 148,00 €;
9 **App.** ab 376,00 €
Das Relais & Châteaux Hotel „Jagdhof Glashütte" liegt im schönen Wittgensteiner Land. Engagiert von Familie Dornhöfer geführt, überzeugt neben den edel gestalteten Zimmern, Tagungsräumen, Wellnessbereich und verschiedenen Restaurants besonders der persönliche Service.

Bad Lauterberg

revita - Das Verwöhnhotel

Bhf→7 km

37431 · Sebastian-Kneipp-Promenade 56 · ☎ (0 55 24) 8 31 · Fax: 8 04 12
7 verschiedene Restaurants, Bars, Cafés, Preise inkl. 3/4 Verwöhnpension
30 km
urlaub@revita-hotel.de · www.revita-hotel.de

248 **DZ** von 258,00 bis 296,00 €;
als **EZ** von 154,00 bis 173,00 €;
12 **Suiten** von 389,00 bis 554,00 €
Das familiär geführte 5-Sterne-Hotel liegt eingebettet inmitten der wunderschönen Harzlandschaft. Hier werden herzliche Gastfreundschaft, vielseitige Arrangements und unbeschwerte Geselligkeit zu einem besonderen Konzept vereint.

Bad Liebenzell

Hirsch Genusshandwerk

Bhf→4 km

75378 · Monbachstr. 47 · ☎ (0 70 52) 23 67 · Klassisch, regional und nordisch, eigene Kreationen · **Geöffnet:** 17:30-22:30, Sa./So. auch 12-15 Uhr · **Ruhetag:** Di. / Mi. (Do. a. Anfr. + f. Veranstaltungen) · **Ferien:** Fasching und Aug. · **Tische:** 9/46 Plätze
info@hirsch-genusshandwerk.de · www.hirsch-genusshandwerk.de

Speisekarte: 5 Hauptgerichte von 15,00 bis 30,00 €; 1 Menü von 70,00 bis 90,00 €
122 Weinpos.
Chefkoch Andreas Sondej verarbeitet alles, was der hauseigene Gemüse- und Kräutergarten und das Umland zu bieten haben und sieht sich als "Genusshandwerker". Das macht er mit Recht, lässt dabei aber außer Acht, dass er zusätzlich zum Handwerk auch viele kreative Ideen in die unverfälschten Speisen einfließen lässt.

Bad Nenndorf

Romantik Hotel Schmiedegasthaus Gehrke

Bhf→4 km

31542 · OT Riepen · Riepener Straße 21 · ☎ (0 57 25) 9 44 10 · Fax: 94 41 41
Restaurant "August" u. Dorfstube "Esse", Terrasse, Bundeskegelbahn
25 km
info@schmiedegasthaus.de · www.schmiedegasthaus.de

11 **DZ** ab 108,00 €;
als **EZ** ab 88,00 €;
7 **EZ** ab 78,00 €
Bis ins 17. Jh. geht die Geschichte der einstigen Hufschmiede zurück. Das traditionell und sehr persönlich geführte Haus bietet komfortable Zimmer und zahlreiche Angebote wie z. B. Ausflüge ans Steinhuder Meer oder in die Landgrafentherme an.

Bhf→4 km

Schmiedegasthaus Gehrke - Restaurant "August"

✉ 31542 · OT Riepen · Riepener Str. 21 · ☎ (0 57 25) 9 44 10 · Fax: 94 41 41
Reg. u. klass. Küche, Sommerterrasse · Küche: 12–14/18–20:30 Uhr · **Ruhetag:** Mo./Di. · **Ferien:** 26.12.19-6.1.21 · **Tische:** 15/max. 60 Plätze
info@schmiedegasthaus.de · www.schmiedegasthaus.de

Speisekarte: 12 Hauptgerichte von 16,00 bis 33,00 €; 4 Tagesgerichte von 6,00 bis 30,00 €; 1 Menü von 25,00 bis 35,00 €

900 Weinpos.

In diesem charmant eingerichteten (und kinderfreundlichen) Restaurant kommt man dank Patron Ernst-August Gehrke im saisonalen Wechsel in den Genuss einer authentischen, marktfrischen Küche. Eine eigene Wein- und Bierlinie runden das Angebot ab.

Bad Neuenahr-Ahrweiler

Bhf→1 km

Steinheuers Landhaus OT Heppingen

✉ 53474 · Landskroner Straße 110 · ☎ (0 26 41) 9 48 60 · Fax: 94 86 10 · 2 Rest.,
Zimmerpreise inkl. Frühstück, Stellplätze für Elektroautos mit Ladestation
2 km
info@steinheuers.de · www.steinheuers.de

6 **DZ** von 149,00 bis 175,00 €;
als **EZ** von 118,00 bis 128,00 €;
4 **Suiten** von 245,00 bis 285,00 €

Desirée und Gabi Steinheuer bieten im Haupt- und Landhaus Gastlichkeit auf Topniveau. Die liebevoll und individuell eingerichteten Zimmer mit maßgefertigtem Mobiliar und edlen Bädern sind mit höchstem Wohnkomfort ein schönes Zuhause auf Zeit und zeugen von Geschmack und Stilsicherheit. Der Tag beginnt mit einem hinreißenden Gourmet-Frühstück, das bereits im Zimmerpreis inkludiert ist. Für effektives Arbeiten steht ein exklusiver Tagungsbereich bereit. Im direkt gegenüber liegenden Landhaus warten eine luxuriöse Penthouse-Suite und Junior-Suiten mit großzügigen Bädern. Ein Wohlfühlbereich mit Sauna und Jacuzzi-Wanne sorgt für zusätzliche Entspannung, die Kochschule für interessante Einblicke in kulinarische Abläufe. Der freundliche Service und das exquisite Ambiente sind bei Steinheuers allgegenwärtig und geben einen Vorgeschmack auf die feinen Restaurants des Hauses. Neben der Lounge mit Bibliothek und behaglichen Lederfauteuils ist der Esskultur-Shop mit vollmundigen Ölen, Balsamicos, Kochutensilien, hausgemachten Spezialitäten und ausgesuchten Produkten aus Steinheuers Küche. Der traumschöne Garten des Landgasthofs Poststube mit malerischer Terrasse lädt an warmen Tagen zum open air Genuss ein. Nachdem das Ahrtal von der Hochwasserkatastrophe im Sommer 2021 besonders betroffen war – und Steinheuers mit Aberhunderten von kostenlosen Mahlzeiten für Helfer und Anwohner einmal mehr ihre Anteilnahme und ihre Heimatverbundenheit gezeigt haben – sollte man sich nicht scheuen, die Region möglichst bald wieder zu besuchen. Mit Steinheuers Landhaus gibt es eine bildschöne Herberge für den Rundumgenuss.

Zur Alten Post - Landgasthof Poststuben

Bhf→1 km

✉ 53474 · Landskroner Straße 110 · ☎ (0 26 41) 9 48 60 · Fax: 94 86 10
Regionale Küche · Küche: 12–14/18–22 Uhr · **Ruhetag:** Di./Mi. · **Ferien:** 2 Wochen im Januar · **Tische:** 12/45 Plätze
info@steinheuers.de · www.steinheuers.de

Speisekarte: 7 Hauptgerichte von 25,00 bis 39,00 €; 1 Menü von 63,00 bis 73,00 €
1.500 Weinpos.

Die „Poststuben" sind genau so, wie man sich einen gediegenen Landgasthof vorstellt: Umlaufende Bänke, hochlehnige Stühle, edel eingedeckte Tische, dunkle Deckenbalken und weinrote Fensterläden verbinden sich zu einem ungemein charmanten und unprätentiösen Interieur. Hier wird nicht schlechter als im Gourmetrestaurant gekocht, nur anders und mit anderen Zutaten. Die spiegeln das saisonale Marktangebot wider und werden von Hans Stefan Steinheuer und Christian Binder zu immer wieder neuen Speisen zusammengestellt, die in der Region verwurzelt sind, in ihrer Ausdruckskraft und Aromentiefe aber bisweilen deutlich darüber hinausgehen, wenn sie bodenständige Rezepturen aufregend neu interpretieren. Ehrlich, authentisch und klar kommen die Speisen in ausbalancierter Zusammenstellung auf die Teller. Auch in den "Poststuben" sind Mutter Gabi Steinheuer in der Serviceleitung und Tochter Désirée mit einer sensiblen Weinberatung immer für ihre Gäste da. In den Sommermonaten ist der sehr schöne Gastgarten ein beliebter Ort, um die Speisen von Bäumen beschattet zu genießen und sich eine kleine Auszeit zu gönnen.

Zur Alten Post – Steinheuers Restaurant

Bhf→1 km

✉ 53474 · Landskroner Str. 110 · ☎ (0 26 41) 9 48 60 · Fax: 94 86 10 · Neue Deutsche Küche · **Geöffnet:** 18:30-21:30 Uhr, So. auch 12-13:30 Uhr · **Ruhetag:** Di./Mi. · **Ferien:** 2 Wo. Anf. Jan.; 4 Wo. Juli/Aug. · **Tische:** 8/25 Plätze
info@steinheuers.de · www.steinheuers.de

Speisekarte: 2 Menüs von 155,00 bis 195,00 €
1.500 Weinpos.

Das Steinheuer'sche kulinarische Reich zeichnet sich zuallererst durch das große Engagement und die Zugewandtheit von Familie Steinheuer aus. Das wurde auch im Zuge der verheerenden Flutkatastrophe, die Bad Neuenahr mit aller Wucht traf, augenfällig. Die Steinheuers sahen sich wie selbstverständlich in der Verantwortung und nutzten die eigene Stromversorgung, um Anwohnern und Helfern regelmäßig Hunderte von frischen und kostenfreien Mahlzeiten zu kochen. Inzwischen gibt es wieder den normalen Restaurantbetrieb. Jeder einzelne Gast soll einen erinnerungswürdigen und unvergesslichen Aufenthalt haben und so wurde das Gourmetrestaurant dank Patron Stefan Steinheuer zu einem der besten in der Republik. Das Interieur ist in zurückhaltender, schlichter Eleganz eingerichtet und zeugt von Geschmack und Niveau. Am Herd steht Stefan Steinheuer schon viele Jahre gemeinsam mit seinem Schwiegersohn Christian Binder. Die beiden ergänzen einander aufs Feinste und teilen ihre Philosophie einer perfekten Küche. Die lebt nicht von gewollten Brüchen und Spannungen, sondern vielmehr von einer feinen, aber umso ausdrucksstärkeren Balance der einzelnen Zutaten. Es geht nicht um modernen, fulminanten Schein, sondern um die wahre Klassik und ihr unverfälschtes Sein. Das macht die Küche aber keineswegs langweilig, eher verlässlich. Doch das mit einer Klasse, die einfach staunenswert bleibt angesichts der raffiniert augetüftelten Kompositionen und ihrer Umsetzungen, die in wunderbare Ausgeglichenheit von Aromen und Texturen münden. Den Ablauf des Abends gestalten Gabi Steinheuer und Tochter Désirée herrlich zugewandt. Erstere ist charmante und natürliche Gastgeberin und letztere berät mit unglaublicher Expertise, kombiniert mit großer Sensibilität zu den Weinen, die es in grandioser Auswahl gibt.

Bad Orb

Bhf→12 km

Rauchfang

63619 · Gutenbergstraße 15 · ☎ (0 60 52) 91 23 76 · Fax: 91 23 81
Neue u. Mediterrane Küche · Küche: 18:30–21 Uhr · **Ruhetag:** Mo./Di./Mi. · **Ferien:** variabel · **Tische:** 4/8 Plätze
VISA EC
sifakijoanna@aol.com · www.restaurant-rauchfang.de ·

Speisekarte: 6 Hauptgerichte von 31,00 bis 38,00 €; 1 Menü ab 109,00 €

80 Weinpos.

Im Restaurant "Rauchfang" – im Zentrum von Bad Orb direkt an der Stadtmauer gelegen – stimmt einfach alles: Das Ambiente ist entspannt und unaufgeregt, das Interieur mit Rundbogenfenstern, behaglichen Sitznischen und fein eingedeckten Tischen ist rustikal-gediegen mit eleganter Note. Hier gerät der Besuch – nicht zuletzt durch den großen Einsatz von Pierantonio Maritan und seiner Frau Joanna Sifaki – zu einer genussvollen Auszeit vom vom Alltag. Der Patron steht selber am Herd und sorgt mit seiner aromenstarken leichten, zeitgemäßen und mediterranen Küche für exklusive Genussmomente. Die Zutaten sind erstklassig und werden präzise, achtsam und gekonnt mit Fantasie und Aromenvielfalt zu ausgeklügelten Speisen, die in kunstvoller Optik präsentiert werden. Vieles ist selbst gemacht wie z. B. die erst nach der Bestellung frisch gezogenen Nudeln aus Bio-Eiern und Hartweizenmehl. Joanna Sifaki ist in der Serviceleitung stets ansprechbar und erfüllt wenn möglich auch gerne Sonderwünsche. Die hübsche, kleine Terrasse wird beim open air Genuss von Sonnensegeln gut beschattet.

Bad Peterstal-Griesbach

Hotel Dollenberg OT Bad Griesbach

Bhf→3 km

✉ 77740 · Dollenberg 3 · ☎ (0 78 06) 7 80 · Fax: 12 72 · Gartenrestaurant, Weinstube, Café, Cocktail-Bar, Bauern- u. Kaminstube, Zi.-Preise inkl. Frühstück
18 km
info@dollenberg.de · www.dollenberg.de

Family

17 **DZ** ab 266,00 €;
als **EZ** ab 166,00 €;
83 **(Jui.-)Suiten** ab 312,00 €

Wie im siebten Himmel fühlt man sich in diesem exklusiven Hotel der „Relais-&-Châteaux"-Gruppe schon, wenn man die großzügige Lobby betritt. Erlesen eingerichtete Zimmer (Preise inkl. Frühstück) mit stilvoll-elegantem Ambiente bieten höchsten Wohnkomfort. Boutique und prächtiger Weinkeller fehlen nicht. Kernstück des Hauses ist die exklusive Bäder- und Wellnesslandschaft (s. a . Wellness-Special). In dieser Oase des Wohlbefindens stehen Gesundheit, Schönheit und Wohlbefinden im Mittelpunkt. Die Dollenberg-Dependance, die rustikale Renchtalhütte, ist nur 60 Gehminuten entfernt und beliebtes Ziel für fröhliche Wanderungen. In diesem außergewöhnlichen Haus überlässt man sich ganz dem Genuss mit allen Sinnen und genießt Schwarzwälder Gastlichkeit. Rund ums Jahr gibt es eine Fülle attraktiver Arrangements.

Hotel Dollenberg - Le Pavillon

Bhf→3 km

✉ 77740 · OT Bad Griesbach · Dollenberg 3 · ☎ (0 78 06) 7 80 · Fax: 12 72
Klassische, Neue u. Regionale Küche · Küche: 18:30–21 Uhr · **Ruhetag:** Di./Mi. · **Ferien:** 6.-23.3.22/19.6.-6.7.22 · **Tische:** 9/40 Plätze
info@dollenberg.de · www.dollenberg.de

Speisekarte: 1 Menü von 143,00 bis 189,00 € 540 Weinpos.
Einfach hinreißend ist der Blick durch die bodentiefen Fenster des halbrunden Gourmetrestaurants "Le Pavillon" in die waldreiche Weite des Schwarzwalds. Das Interieur ist in vollendeter Eleganz gestaltet, warmes Kirschbaumholz, gedeckte Blautöne, verspiegelte Decken und sanft fallende Stoffe vermitteln eine ein stilvolles Ambiente und eine sehr entspannte Atmosphäre. Chefkoch Martin Herrmann, übrigens gebürtiger Schwarzwälder, ist aus dem "Dollenberg" nicht mehr wegzudenken, denn hier hat er sein Handwerk gelernt, hier ist er geblieben. Das mag langweilig klingen, zeugt aber eher von einer tiefen Verbundenheit zur Region und Bodenständigkeit. Die legt er an den Tag, ohne Raffinesse, Kreativität und detailreiche kulinarische Ideen vermissen zu lassen. Seine Speisen nehmen den Gast mit und bieten ihm doch auch immer wieder gekonnte, herausfordernde Kombinationen, Aromen und Texturen, die in ihrer Vielseitigkeit faszinieren. Das angebotene 8-Gang-Menü kann bis auf 5 Gänge reduziert werden und berücksichtigt immer auch das tagesaktuelle Marktangebot, weshalb es zu Gunsten größtmöglicher Frische auch schon mal zu einer kleinen Änderung kommen kann. Christophe Meyer berät als kompetenter Sommelier mit Sensibilität zu den korrespondierenden Weinen, die es in großer Fülle und Top-Quali-

tät gibt. Formvollendete und liebenswürdige Gastgeberin ist Sabine Ritter, die das top geschulte und zugewandte Serviceteam mit leichter Hand leitet.

Bhf→700 m

Schauinsland OT Bad Peterstal

✉ 77740 · Forsthausstraße 21 · ☎ (0 78 06) 9 87 80 · Fax: 15 32 · Rest. mit Intern. und Regionaler Küche, Terrasse, Frühstücksbuffet ist im Zi.-Preis inkludiert
19 km
schauinsland-hotel@t-online.de · www.schauinsland-hotel.de

7 **DZ** zu 126,00 €;
4 **EZ** von 65,00 bis 69,00 €;
14 **Ju.-Sui.** von 132,00 bis 144,00 €
Einfach nur traumhaft ist der Panoramablick dieses von Wäldern und Wiesen umgebenen, komfortablen Hotels. Modern und wohnlich sind die Zimmer und Appartements (viele mit Balkon, das reichhaltige Frühstücksbuffet ist im Preis inkludiert) eingerichtet. Sehr gepflegt ist der Freizeitbereich mit Pool, Sauna/Softsauna, Fitnessraum und Tennisplatz. Im hell und freundlich eingerichteten Restaurant werden bevorzugt Speisen mit Frischeprodukten vom heimischen Markt serviert. Das malerische Umland bietet vielseitige Freizeitmöglichkeiten und Sehenswürdigkeiten. Im Haus selber können Elektrofahrräder

ausgeliehen werden, um entspannt die Region zu erkunden – gerne gibt das liebenswürdige Hotelteam Tipps für individuelle Touren.

Bad Säckingen

Bhf→2 km

Genuss-Apotheke

✉ 79713 · Schönaugasse 11 · ☎ (0 77 61) 9 33 37 67
Regionale Küche, eigene Kreationen · **Geöffnet:** 18:30-23:30 · **Ruhetag:** So./Mo. · **Ferien:** Ferien BW · **Tische:** 7/20 Plätze
info@genuss-apotheke.de · www.genuss-apotheke.de

Speisekarte: 1 Abendmenü von 121,00 bis 141,00 €
70 Weinpos.
Die Speisen, die Patron und Chefkoch Raimar Pilz in seinem geradlinig eingerichteten Restaurant mit Showküche präsentiert, basieren auf erstklassigen, erntefrischen Zutaten, sind unverfälscht, aromenstark und werden zu unvergesslichen Genussmomenten.

Restaurant mit gutem Genuss-/Preisverhältnis.

Bad Salzuflen

Hotel Arminius

Bhf→800 m

32105 · Ritterstraße 2-8 · ☎ (0 52 22) 36 60 · Fax: 36 61 11
Restaurant "Varus" m. Reg. u. Intern. Küche, Wintergarten, "Barhermann"
5 km
info@hotelarminius.de · www.hotelarminius.de

48 **DZ** ab 99,00 €;
als **EZ** ab 89,00 €;
20 **EZ** ab 79,00 €;
9 **(Jui.-)Suiten** ab 119,00 €

Acht romantische Fachwerkhäuser beherbergen dieses Hotel mit komfortablen Zimmern (Preise inkl. Frühstück), Tagungs- und Bankettträumen, einer kleinen Wellnessoase sowie Bar und charmantem Restaurant.

Bad Saulgau

Romantikhotel Kleber Post

Bhf→250 m

88348 · Poststr. 1 · ☎ (0 75 81) 50 10 · Fax: 50 14 99
Restaurant, Bar, Kamin, Arrangements, E-Autoladestationen (Tesla, Porsche)
6,5 km
hotel@kleberpost.de · www.kleberpost.de

47 **DZ** von 149,00 bis 189,00 €;
als **EZ** von 94,00 bis 114,00 €;
9 **EZ** von 94,00 bis 114,00 €;
1 **Junior Suite** von 149,00 bis 219,00 €

Das traditionsreiche Hotel verbindet Klassik und Moderne auf eindrucksvolle Art und Weise und empfängt seine Gäste mit herzlicher Gastfreundschaft. Das hervorragende Restaurant serviert eine raffinierte, international inspirierte Küche.

Kleber Post

Bhf→300 m

88348 · Poststraße 1 · ☎ (0 75 81) 50 10 · Fax: 50 14 99
Moderne und Regionale Küche · **Geöffnet:** Mo./Do./Fr. 12-14 + 18-22, Mi.+Sa. 18-22, So. 12-14 + 18-21 · **Ruhetag:** Di.
hotel@kleberpost.de · www.kleberpost.de

Speisekarte: 6 Hauptgerichte von 25,00 bis 50,00 €; 5 Mittagsmenüs von 15,00 bis 29,00 €; 3 Menüs von 49,00 bis 100,00 €

Christian Brändle und Walter Varga lassen sich gerne von Küchenlinien aus aller Herren Länder inspirieren und ergänzen die raffiniert und unverfälscht zubereiteten Speisen mit Traditionellem aus der Region.

Bad Schönborn

Erck - Dein Hotel

Bhf→800 m

76669 · Heidelberger Straße 22 · ☎ (0 72 53) 97 79 10
Restaurant, reichhaltiges Frühstücksbuffet im Zimmerpreis inklusive
4 km
welcome@dein-erck.de · www.dein-erck.de

9 **DZ** von 90,00 bis 135,00 €;
10 **EZ** von 65,00 bis 95,00 €;
2 **Suiten** von 120,00 bis 155,00 €

In der Rhein-Neckar-Region, nahe Karlsruhe, am Übergang des Kraichgau zur Rheinebene findet sich dieses charmante und wunderbar persönlich geführte Hotel. Hier sorgt Familie Erck mit ihrem engagierten Team dafür, dass jeder einzelne Gast liebenswürdig betreut wird und sich sofort wie zu Hause fühlt. Authentische, badische Lebensart und echte Herzlichkeitwerden hier tatsächlich gelebt. Die Zimmer sind mit natürlichen Farben und warmen Hölzern in zeitlosem Design gestaltet und individuell eingerichtet. Morgens wird ein vielseitiges Frühstücksbuffet (im Zimmerpreis inbegriffen und unter der Woche sogar schon ab 6 Uhr) aufgebaut: selbstgemachte Konfitüre, Brot, Käse, Wurst von heimischen Händlern und frisch zubereitete Eierspeisen sind selbstverständlich und nur ein Teil des Angebotes. Unbedingt lohnenswert ist auch ein Besuch des Restaurants.

Bhf→800 m

Der Erck - Dein Restaurant

✉ 76669 · Heidelberger Straße 22 · ☎ (0 72 53) 97 79 10
Gehobene Heimatküche · Küche: 18–21 Uhr · **Ruhetag:** So./Mo. · **Ferien:** 3 Wo. Aug. · **Tische:** 18 (+ Terrasse 10)/45 (+ 30) Plätze
welcome@dein-erck.de · www.dein-erck.de

Speisekarte: 5 Hauptgerichte von 22,00 bis 39,00 €; 2 Menüs von 46,00 bis 89,00 € 92 Weinpos.

Freundlich und charmant eingerichtet, ist das Restaurant DER ERCK perfekt, um sich in entspannter Atmosphäre von einer ungemein kreativen Küche verwöhnen zu lassen. Chefkoch Alexander Erck kocht mit echter Leidenschaft und Freude. Das schmeckt und sieht man – jeder Teller ist auch optisch ein kleines Kunstwerk. Er kauft bevorzugt regional ein. Für Wild, das es in feinen Variationen gibt, sorgt er als passionierter Jäger ebenso selbst wie für Honig aus den eigenen Bienenstöcken. Nachhaltigkeit beim Anbau und der Erzeugung der Produkte, beim Einkauf und beim Umgang mit den Lebensmitteln ist ihm enorm wichtig. Seine Küche ist authentisch und aromenstark, er spielt mit den einzelnen Zutaten und ihren verschiedensten Garzuständen und lässt sich auch gerne vom nahen Elsass inspirieren, wenn er die Ingredienzen zu exklusiven und innovativen regionalen Speisen zusammenstellt. Den Service leitet Christoph Chipaux, der auch mit Expertise zu den passenden Weinen berät.

Bhf→2 km

Villa Medici

✉ 76669 · Waldparkstr. 20 · ☎ (0 72 53) 9 87 10
Restaurant „Dolce Vita" m. dt.-mediterr. Küche; Konferenzräume; Spa
6 km
info@hotel-villa-medici.de · www.hotel-villa-medici.de

79 **DZ** von 98,00 bis 118,00 €;
als **EZ** von 88,00 bis 108,00 €;
6 **EZ** von 78,00 bis 108,00 €;
1 **Suite** von 148,00 bis 168,00 €;
2 **Jr.-Suiten** von 138,00 bis 158,00 €
Das moderne Hotel „Villa Midici" verspricht italienisches Lebensgefühl, das sich auch in der geschmackvollen Einrichtung in warmen Sonnentönen widerspiegelt. Es ist ein idealer Treffpunkt für Geschäftsreisende sowie für Tagungs- und Urlaubsgäste.

Bad Sobernheim

BollAnts SPA im Park

Bhf→3 km

✉ 55566 · Felkestraße 100 · ☎ (0 67 51) 9 33 90 · Fax: 9 33 92 69 · Rest. „Historischer Hermannshof" mit Intern. Küche, Terrasse, Zi.-Preise ink. Halbpension
2 km
VISA AE
info@bollants.de · www.bollants.de ·

106 **DZ** von 348,00 bis 418,00 €;
5 **EZ** von 164,00 bis 199,00 €;
9 **Suiten** von 508,00 bis 578,00 €

Eine malerische Parkanlage umgibt das Hotel mit heiter-mediterranem Ambiente. Die Zimmer bezaubern mit Stil und Eleganz (Preise inkl. durchdachter Halbpension mit Frühstücksbuffet, hausgebackenen Kuchen, Obst, 4-gängigem Abendmenü). Das Gästehaus "Halenberg" und sechs "Heimat-Lodges" (498,- € inkl. HP) – wunderschöne, rustikal und ursprünglich eingerichtete komfortable Häuschen am Berghang mit 75 m² Wohnfläche und unaufdringlichem Hotelservice – sind ein privater Rückzugsort der Extraklasse. Hinreißend ist das 3.000 m² große SPA u. a. mit Luftbadepark sowie Beautysalon, Bade- und Saunalandschaft und Medical Wellness. Regeneration mithilfe der sanften Kraft der Naturelemente verspricht die ganzheitliche Felke-Behandlungsweise. So wird Urlaub zu einer nachhaltigen Auszeit vom alltäglichen Stress. Auf dem nahen Golfplatz bekommen Hotelgästen eine Greenfee-Ermäßigung. Ob Wellnessküche oder à-la-carte – zur Spitzengastronomie gehört das Angebot hier immer.

BollAnts-SPA im Park - Jungborn

Bhf→3 km

✉ 55566 · Felkestr. 100 · ☎ (0 67 51) 9 33 90 · Fax: 9 33 92 69
Klassische u. Neue Küche · Küche: 18:30–21:30 Uhr · **Ruhetag:** So./Mo. · **Ferien:** 23.12.-15.1. + 4 W. So.-Fer., 2 W. Herbstfer. RP · **Tische:** 10/25 Plätze VISA AE
info@bollants.de · www.bollants.de ·

Speisekarte: 2 Hauptgerichte von 36,00 bis 42,00 €; 2 Menüs von 121,00 bis 144,00 € 400 Weinpos.
Ein Weinkeller mit Tageslicht ist eher ungewöhnlich und damit sofort das richtige, um ein ebenfalls ausgefallenes Restaurant zu berherbergen. Der historische Weinkeller eines alten Bauernhofes weist die architektonische Besonderheit auf, am Fuße eines Berges erbaut worden zu sein und ebenerdig zu liegen. Die groben Sandsteinziegel des Tonnengewölbes stehen in reizvollem Kontrast zu den hochlehnigen, samtig gepolsterten Stühlen und edel eingedeckten Tischen. Genau dieser Kontrast von grober Ursprünglichkeit und niveauvoller Eleganz macht die Atmosphäre im Restaurant so einzigartig. In Verbindung mit der fulminanten Küche von Chef de Cuisine Philipp Helzle wird jeder Gast nach einem Besuch noch lange vom "Jungborn" schwärmen. Die Speisen basieren auf erstklassigen, handverlesenen Zutaten. Philipp Helzle gelingt das Kunststück, eine gesunde Vitalküche mit klassischen Elementen so zu verbinden, dass die modernen und leichten Speisen in aromenstarke, raffiniert erschaffene Geschmackswelten münden und gleichzeitig auf die SPA-Themen Felke, Ayurveda und Vinotherapie abgestimmt

sind. Sous-Chef Niklas Maletzke und Chef-Patissier Frédéric Guillon ergänzen die engagierte Küchenbrigade. Den aufmerksamen und natürlichen Service leitet Ehefrau Petra Helzle mit großer Liebenswürdigkeit, außerdem berät sie mit Sachverstand und Feingefühl zu den passenden Weinen.

Bad Staffelstein

Bhf→100 m

Best Western Plus Kurhotel an der Obermaintherme

96231 · Am Kurpark 7 · ☎ (0 95 73) 33 30 · Fax: 33 32 99
Rest. m. Mediter. u. Regionaler Küche, Terrasse, Wintergarten, Lounge-Bar
20 km VISA AE
info@kurhotel-staffelstein.de · www.kurhotel-staffelstein.de

116 (EZ/DZ) als **EZ** von 147,00 bis 404,00 €;
4 **Penth.-Sui.** von 368,00 bis 513,00 €;
16 **Classic EZ/DZ** von 90,00 bis 215,00 €

Direkt neben der Obermain Therme gelegen, und durch einen Bademantelgang mit ihr verbunden, ist das ThermenMeer in der Hotelübernachtung inklusive (nicht in der Classic Kategorie). Zufriedene Gäste sowie Erholungssuchende reizt auch das Frankenland oder Angebote für Gesundheit und Golf. Tagungsgäste finden mit sieben technisch bestens ausgestatteten Räumlichkeiten ebenfalls optimale Bedingungen vor. Die Gästezimmer (38 m², Preise inkl. Frühstück) sind geschmackvoll eingerichtet. Im Security Floor befinden sich vier Penthouse Suiten (80 m²) und drei Executive Zimmer. Durch die Aufstockung 2020/21 ist das Raumangebot um 16 trendige, funktionale Classic Zimmer (22-32 m²) gewachsen. Alle Hotelzimmer sind klimatisiert. Der 1.100 m² große VITUS SPA lädt mit Schwimmbad, Ruheraum, Saunalandschaft, Massage- und Beautyabteilung nebst zahlreichen Anwendungen, Fitnessraum und AKTIVraum zum Entspannen und Verweilen ein. Im bayerisch-regionalen und mediterranen Restaurant erwartet den Gast ein sehr abwechslungsreiches kulinarisches Angebot.

"v. Scheffel"

Bhf→100 m

✉ 96231 · Am Kurpark 7 · ☎ (0 95 73) 33 30 · Fax: 33 32 99
Gehobene Mediterrane Küche · **Geöffnet:** 18–22 Uhr · Küche: 18–21 Uhr · **Ruhetag:** Mo./Di. · **Tische:** 7/18 Plätze
info@v-scheffel.de · www.v-scheffel.de

Speisekarte: 5 Hauptgerichte von 34,50 bis 44,00 €; 2 Menüs von 51,50 bis 124,00 €
55 Weinpos.
Im Fine-Dining Restaurant "v. Scheffel" (der Dichter Victor von Scheffel hat u. a. das "Frankenlied" geschrieben), das in unaufdringlicher Eleganz eingerichtet ist und mit entspannter Atmosphäre gefällt, dreht sich alles um Genuss und Gesundheit. Beides so zu kombinieren, dass am Ende eine durchdachte und aromenstarke Küche steht, hat sich Chefkoch Fabian Wallner zur Aufgabe gemacht. Er hat sein Handwerk von der Pike auf gelernt, stets verfeinert und sich zusätzlich zum staatlich geprüften Diätkoch ausbilden lassen. Davon profitiert jeder Gast, denn seine Speisen sind von kompromissloser Frische und basieren auf erstklassigen Zutaten. Er kocht unverfälscht, hat immer das harmonische Ganze im Blick und setzt gerne mediterrane Akzente. Gerade die Mittelmeerküche ist nicht zuletzt wegen ihrer Vielfalt so beliebt. Auf besondere Wünsche, Unverträglichkeiten und Diäten nimmt Fabian Wallner stets Rücksicht, gerne berät er auch kompetent, stellt individuelle Menüs zusammen und gibt sogar Seminare zu gesunder und ausgewogener Ernährung. Ein zuvorkommender Service unter Leitung von Sabine Salewsky begleitet den Restaurantbesuch.

Bad Tabarz

AKZENT Hotel Am Burgholz

Bhf→25 km

✉ 99891 · Am Burgholz 30 · ☎ (03 62 59) 5 40 · Fax: 5 41 00
Restaurant, Arrangements, Zimmerpreise inkl. Frühstück
25 km
info@hotel-am-burgholz.de · www.hotel-am-burgholz.de

36 **DZ** von 118,00 bis 126,00 €;
46 **EZ** von 75,00 bis 83,00 €;
14 **Familienzi.** von 136,00 bis 147,00 €
Egal ob Individual-, Kurz- oder Gruppenreisender, Erholung Suchender oder Tagungsgast – das AKZENT Hotel Am Burgholz ist zu jeder Jahreszeit die richtige Adresse. Mitten im Naturpark Thüringer Wald, nicht weit vom Rennsteig entfernt, präsentiert das Haus direkt am Waldrand mit Panoramablick zum Inselberg geschmackvoll und funktionell eingerichtete, lichtdurchflutete Zimmer mit Balkon. Neben vielfältigen Wellnessangeboten kann man hier besonders effektiv die guten Tagungsmöglichkeiten nutzen. Konferenzen, Schulungen, Seminare sowie private Feierlichkeiten finden einen perfekten, individuell gefertigten Rahmen und werden vom engagierten Hotelteam kompetent begleitet. Rund ums Jahr gibt es verschiedenste Arran-

gements. Im freundlich eingerichteten Restaurant werden regionale und internationale Speisen in feiner Qualität und saisonaler Frische angeboten.

Bhf→25 km

AKZENT Hotel "Zur Post"

✉ 99891 · Lauchagrundstraße 16 · ☎ (03 62 59) 66 60 · Fax: 6 66 66
Restaurant mit Intern. und Regionaler Küche, Kellerbar, Gartenterrasse
25 km
info@hotel-tabarz.de · www.hotel-tabarz.de

36 **DZ** von 110,00 bis 130,00 €;
als **EZ** von 79,00 bis 99,00 €;
2 **App.** von 145,00 bis 165,00 €;
2 **Ju.-Suite** von 135,00 bis 165,00 €

Im Zentrum von Bad Tabarz gelegen, ist dieses moderne Hotel zu jeder Jahreszeit ein attraktives Domizil für Urlauber und Tagungsgäste (Preise inkl. Frühstück). Mario Peschke und Silke Lauer bemühen sich mit ganz viel Engagement um ihre Gäste und werden von sehr zuvorkommenden Mitarbeitern tatkräftig unterstützt. Alle Gästezimmer wurden umfangreich modernisiert, verfügen über zeitgemäßen Komfort und sind ein behagliches Zuhause auf Zeit. Technisch bestens eingerichtete variable Tagungsräume mit Tageslicht garantieren effektives Arbeiten. Silke Lauer kümmert sich besonders um die gepflegte Wellnessoase (s. a. Wellness-Special). Im Restaurant genießt man eine abwechslungsreiche Küche. Geselliger Treffpunkt ist die urgemütliche Kellerbar "Zur Postmarie", wo man kleinere Speisen – auch der Thüringer Küche – ordern kann. Mit den Leih-E-Bikes und dem Segway lässt sich mühelos die landschaftlich reizvolle Umgebung erkunden.

Hervorhebenswert in seiner Kategorie

AKZENT Hotel "Zur Post" - Thüringer Stube Bhf→25 km

✉ 99891 · Lauchagrundstraße 16 · ☎ (03 62 59) 66 60 · Fax: 6 66 66
Neue u. Regionale Küche · Küche: 12–21 Uhr · **Tische:** 17/75 Plätze
info@hotel-tabarz.de · www.hotel-tabarz.de

Speisekarte: 17 Hauptgerichte von 11,50 bis 32,00 €; 1 Tagesgericht von 13,00 bis 27,00 €

50 Weinpos.

Es ist immer wieder eine Freude in die "Thüringer Stube" einzukehren. Ein ausgesprochen liebenswürdiger Service begleitet den Besuch, sorgt für einen reibungslosen Ablauf und gibt auch Sonderwünsche an die Küche weiter. Dort wird Chefkoch Michael Töpfer mit großem Einsatz jedem Gast gerecht. Er legt allergrößten Wert auf Zutaten, bevorzugt aus der Region, die er im jahreszeitlichen Wechsel einkauft und konzentriert zubereitet. Mit pfiffigen Ideen verfeinert er die Speisen, die seine ganz eigene Handschrift tragen wie unsere Vorspeise gegrillte Avocado mit würziger Tomatensalsa, Rucola, Gran Padano und Baguette. Ob regional oder modern – die Zubereitungen sind klar und unverfälscht. Wer mag, kann im Restaurant, der Kellerbar und dem Gesellschaftsraum zu Feiern und Veranstaltungen einladen – das Team plant alles individuell und begleitet das Event.

Frauenberger Bhf→25 km

✉ 99891 · Max-Alvary-Straße 9-11 · ☎ (03 62 59) 52 20 · Fax: 52 21 00 · Gartenrestaurant, Terrasse, Kaminzimmer, Hotel- u. Skybar, Zi.-Preise inkl. Frühstück
15 km
info@hotel-frauenberger.de · www.hotel-frauenberger.de

37 **DZ** von 105,00 bis 135,00 €;
5 **EZ** von 75,00 bis 85,00 €;
1 **App.** von 140,00 bis 155,00 €

Direkt am Hochwaldrand, mithin der besten Lage des Kurstädtchens Tabarz (das nur 7 km von der Autobahn entfernt ist), steht das umfangreich renovierte Hotel „Frauenberger". Hervorhebenswert hier sind das persönliche Engagement der stets ansprechbaren Gastgeberin Elisabeth Hügel – angesichts deren sehr herzlicher Begrüßung man sich sofort willkommen fühlt – und der familiäre Service. Die komfortablen Zimmer sind im gemütlichen Landhausstil eingerichtet und erlauben einen herrlichen Ausblick auf die reizvolle Umgebung. Erstklassige Tagungsräume sind ebenso selbstverständlich wie ein lichter Wintergarten, der wie die zwei Restaurants und die hübsche Terrasse zum Relaxen zwischendurch animiert. Entspannung findet man im Hallenbad, der Sauna und einem Wellnessbereich mit Kosmetikanwendungen und herrlichen Massagen. In der schick gestalteteten, behaglichen Kellerbar kann der Tag harmonisch ausklingen. Gut durchdachte und attraktive Arrangements stehen zur Auswahl, um den Urlaub noch perfekter zu gestalten.

Bhf→25 km

Frauenberger - Schwanenrestaurant

✉ 99891 · Max-Alvary-Straße 9-11 · ☎ (03 62 59) 52 20 · Fax: 52 21 00
Internationale und Regionale Küche · Küche: 12–22 Uhr · **Tische:** 26/110 Plätze
VISA AE
info@hotel-frauenberger.de · www.hotel-frauenberger.de

Speisekarte: 9 Hauptgerichte von 25,00 bis 40,00 €; 1 Mittagsmenü zu 29,00 €; 2 Menüs von 45,00 bis 70,00 €
70 Weinpos.
Man kehrt gerne ins "Schwanenrestaurant" ein, denn der frische Landhausstil und die Farbgestaltung mit Natur- und Blautönen fügen sich zu einem sehr einladenden Interieur. Die Showküche an einem Ende des Raums ist ein echter Hingucker, erinnert sie mit kleinem Schindeldach und Holzständern doch an ein veritables Fachwerkhaus. Das gediegene Interieur trägt nicht unerheblich zur entspannten und familiären Atmosphäre bei. Chefkoch Tim Haney nutzt das große Warenangebot des waldreichen Thüringen und kauft die Zutaten den wechselnden Jahreszeiten entsprechend ein. Die Speisen sind gut durchdacht, werden mit feinem Gespür für aufeinander abgestimmte Aromen und Texturen zusammengestellt und punkten mit Aromenkraft und Unverfälschtheit. Jacqueline Frübing leitet herzlich und aufmerksam den zuvorkommenden Service und berät zu den Weinen. Ideal für Feiern in schönem Rahmen ist die Kaminstube mit Parkettboden und edel bespannten Stühlen. Im Sommer trifft man sich gerne auf der gut beschirmten Terrasse mit Blick ins Grüne.

Die Küchenleistung dieses Restaurants ist hervorhebenswert in seiner Kategorie.

Bad Teinach-Zavelstein

Berlins KroneLamm OT Zavelstein

Bhf→4 km

✉ 75385 · Marktplatz 1-3 · ☎ (0 70 53) 9 29 40 · Fax: 92 94 30 · Wellnessbereich "königSPA", 3 Restaurants von schwäbisch rustikaler Wanderhütte bis Sternerestaurant Berlins Krone, Frühstück im Zi.-Preis inkl.
16 km
VISA AE EC
info@berlins-hotel.de · www.berlins-hotel.de

57 **DZ** von 198,00 bis 348,00 €;
2 **EZ** von 124,00 bis 274,00 €;
3 **Suiten** von 350,00 bis 398,00 €

Im wunderschönen Nordschwarzwald gelegen, kann man im Wellnesshotel "Berlins KroneLamm" mit traumhaftem Blick über die malerischen Täler des Teinachtals einen Entspannungs-Urlaub der Extraklasse genießen. Hier wird der Gast von den hochengagierten Mitarbeitern nach dem Motto "König und Königin sein in Zavelstein" perfekt umsorgt. Er logiert in behaglich eingerichteten komfortablen Zimmern (Frühstück im Preis enthalten, LCD-TV, ISDN-Anschluss etc.) und kann aus einem vielseitigen kulinarischen Angebot wählen. Vom Gourmetrestaurant, über das Hauptrestaurant mit Panoramaterrasse bis hin zum Wanderheim mit deftig-schwäbischen Spezialitäten und Grill- und Fondueabenden sowie dem gemütlichen Biergarten gibt es alles, was das Herz begehrt. Für Tagungen und private Veranstaltungen stehen passende Räumlichkeiten zur Verfügung. Der Wellnessbereich "königSPA" lässt bezüglich Erholung und Entspannung keine Wünsche offen (s. a. Wellness-Special). In der Freizeit muss man sich nur entscheiden, welche Reihenfolge der Aktivitäten man wählt: Aktivprogramme, Fitnessraum, Personal Training, Radeln, Wandern gehören zum Angebot.

Bhf→4 km

♜ Gourmetrestaurant Berlins Krone

✉ 75385 · OT Zavelstein · Marktplatz 1-3 · ☎ (0 70 53) 9 29 40 · Fax: 92 94 30
Klassische, Regionale und Neue Küche · Küche: 18–21 Uhr · **Ruhetag:** Mo./Di. ·
Ferien: je 2 Wo. Jan. + Juni · **Tische:** 10/35 Plätze VISA AE EC
kronelamm@berlins-hotel.de · www.berlins-hotel.de · f

Speisekarte: 4 Hauptgerichte zu 48,00 €; 1 Menü von 115,00 bis 145,00 €
180 Weinpos.

Das erste, was im Gourmetrestaurant "Berlins Krone" auffällt, ist die einladende Einrichtung. Da ist nichts überkandidelt oder gewollt stylish, vielmehr dominiert der traditionelle Landhausstil mit Holzboden und grünem Kachelofen sehr charmant das Interieur und trägt zu einem entspannten Wohlgefühl ohne Schwellenängste bei. Denn die könnte man ja angesichts der fulminanten Gourmetküche von Patron und Chefkoch Franz Berlin entwickeln. Braucht man aber nicht, denn da ist auch der liebenswürdige Service unter Leitung von Holger Klotz, der jederzeit ansprechbar ist und für einen ungezwungenen Ablauf des Abends sorgt. Die Küche von Franz Berlin ist wunderbar lebendig und individuell. Ein sorgfältig aufgebautes Netzwerk verlässlicher und nachhaltig arbeitender Erzeuger und Lieferanten sorgt für marktfrische, saisonale Produkte, die er gekonnt in Szene setzt. Sein enormes Fachwissen ergänzt er mit kreativen Ideen, die aus harmonisch zusammengestellten Zutaten kunstvolle Speisen werden lassen. Passende Weine gibt es in Top-Auswahl. Rund um den edlen Tropfen und alle weiteren Getränke gibt Holger Klotz kompetent Auskunft.

Hervorragende Serviceleistung

Bhf→4 km

♜ Hotel Therme Bad Teinach

✉ 75385 · Otto-Neidhart-Allee 5 · ☎ (0 70 53) 2 90 · Fax: 2 91 77 · „Quellenrestaurant“ mit Internation. und Region. Küche, Otto’s Bar, Schlossberghütte
19 km VISA AE EC
info@hotel-therme-teinach.de · www.hotel-therme-teinach.de · f

76 **DZ** von 145,00 bis 205,00 €;
34 **EZ** von 95,00 bis 155,00 €;
1 **Suite** von 215,00 bis 305,00 €;
8 **App.** von 175,00 bis 285,00 €

Das 4 Sterne Superior Hotel im Nordschwarzwald bietet 119 Gästezimmer sowie eine neue Thermenlandschaft auf über 2500m². Im exklusiven Panorama Spa sauniert und relaxt man mit einmaliger Aussicht in die Natur.

Bad Tölz

Gasthaus Jägerwirt

✉ 83646 · OT Kirchbichl · Nikolaus-Rank-Straße 1 · ☎ (0 80 41) 95 48
Gehobene Wirtshausküche · Küche: 12–14/17:30–20 Uhr · **Ruhetag:** Di./Mi. ·
Tische: 10/45 Plätze VISA
anfrage@jaegerwirt.de · www.jaegerwirt.de

Speisekarte: 6 Hauptgerichte von 15,50 bis 24,00 €

Seit fünf Generationen steht im "Jägerwirt" alles im Dienste der Gastlichkeit. In gemütlichen Stuben kann man die ausgezeichnete Frischeküche von Peter Rank genießen, der unverfälschte Regionalia zubereitet und dabei auf Produkte aus dem Umland oder dem eigenen Garten setzt.

Schwingshackl HEIMATKÜCHE im alten Fährhaus

Bhf→2 km

✉ 83646 · An der Isarlust 1 · ☎ (0 80 41) 60 30 · Fax: 7 22 70
Gehobene Südtiroler und Regionale Küche · Küche: 12–13:30/18:30–21:30 Uhr ·
Ruhetag: Mo./Di. · **Ferien:** variabel · **Tische:** 7/30 Plätze VISA
info@schwingshackl-esskultur.de · www.schwingshackl-esskultur.de

Speisekarte: 10 Hauptgerichte von 17,90 bis 29,90 €
350 Weinpos.

Wenn man das kulinarische Reich von Erich und Katharina Schwingshackl betritt, kommt man zuerst in das Restaurant HEIMATKÜCHE. Unprätentiös eingerichtet, verbinden sich blanke Tische und ausgefallene Bilder an den Wänden zu einer lässigen und einladenden Atmosphäre. Viele Fenster machen den Raum hell und freundlich. Hier ist der Name Programm: Die Küche des Patrons mit Braten, Schnitzel, Wild und Fisch ist frisch, bunt und abwechslungsreich und widmet sich mit den Rezepturen vor allem der Südtiroler Heimat von Erich Schwingshackl. Beste Zutaten von bekannten Händlern und Erzeugern kombiniert er mittags und abends zu authentischen Speisen voller Aromenkraft. Ehefrau Katharina hat ein Auge auf den zuvorkommenden Service und ist kenntnisreiche Ansprechpartnerin, wenn es um begleitende Weine geht. An warmen Tagen sollte man den kulinarischen Genuss mit einem optischen ergänzen und einen Platz auf der Terrasse direkt an der Isar wählen.

Restaurant mit exzellenter Weinkarte

Exzellente Serviceleistung

Schwingshackl ESSKULTUR im alten Fährhaus

Bhf→2 km

83646 · An der Isarlust 1 · (0 80 41) 60 30 · Fax: 7 22 70
Klassische und Neue Küche · Küche: 18:30–20:30 Uhr · **Ruhetag:** Mo./Di. · **Ferien:** je 2 W. Nov. + Feb. · **Tische:** 7/36 Plätze
info@schwingshackl-esskultur.de · www.schwingshackl-esskultur.de

Speisekarte: 8 Hauptgerichte von 33,00 bis 42,00 €; 1 Menü von 98,00 bis 135,00 €
350 Weinpos.

Erich und Katharina Schwingshackl arbeiten mit Leidenschaft und scheinbar ohne Rast und Ruh. Mit ihren Restaurants ESSKULTUR und HEIMATKÜCHE haben sie dem Alten Fährhaus wieder zu vergangener Reichweite und Klasse verholfen. Unter einem Rundbogen hindurch gelangt man in das Gourmetrestaurant – mithin die Kreativabteilung des Hauses. Schlicht und niveauvoll eingerichtet, zeigt Erich Schwingshackl hier die ganze Bandbreite seines Könnens, spielt mit Aromen und Texturen und rückt die handverlesenen Zutaten in ein raffiniertes, kulinarisches Licht. Das abendliche Überraschungsmenü seiner erstklassigen Alpen-Adria-Küche, in der er auch immer über den nationalen Tellerrand schaut, wird in vier bis sechs Gängen angeboten und begeistert mit Zubereitungen auf kulinarischem Topniveau. Immer steht das handverlesene Produkt im Fokus und wird sehr schonend verarbeitet, um es so unverfälscht wie möglich zu präsentieren. An warmen Tagen sollte man einen Terrassenplatz mit Isarblick wählen und den Alltag einfach vergessen. Katharina Schwingshackl kümmert sich liebenswürdig um die Gäste, leitet den zuvorkommenden Service und beweist mit ihrer feinsinnig zusammengestellten Weinauswahl, dass sie eine Sommelière mit besonderer Expertise ist.

Bad Zwischenahn

Jagdhaus Eiden am See - Apicius

Bhf→2,5 km

26160 · Eiden 9 · (0 44 03) 69 84 16 · Fax: 69 83 98 · Neue u. Regionale Küche, eig. Kreationen · **Geöffnet:** Mi.-Sa. ab 18:30 Uhr · **Ruhetag:** Sa./So./Mo. (ab 18.1.22) · **Ferien:** s. Webseite · **Tische:** 9/28 Plätze
info@jagdhaus-eiden.de · www.jagdhaus-eiden.de

Speisekarte: 2 Menüs von 99,00 bis 159,00 €
800 Weinpos.

Chefkoch Tim Extra interpretiert die klassische, französische Küche raffiniert neu. Mit erstklassigen Zutaten – vieles aus dem hoteleigenen Gemüse- und Obstgarten – ertüftelt er durchdachte und moderne Speisen. Eines der angebotenen Menüs ist vegetarisch.

Baiersbronn

Bareiss OT Mitteltal

Bhf→5 km

Family

72270 · Hermine-Bareiss-Weg · ☎ (0 74 42) 4 70 · Fax: 4 73 20 · Zi.-Preis inkl. kulinarischem Ferientag, Weinkeller, Terr., Bar, Wanderhütte Sattelei, Morlokhof, Forellenhof Buhlbach

12 km

info@bareiss.com · www.bareiss.com

33 **DZ** von 590,00 bis 640,00 €;
8 **EZ** von 300,00 bis 365,00 €;
10 **Suiten** ab 870,00 €;
48 **App.** von 720,00 bis 820,00 €

Das "Bareiss" wurde mit den Jahren zu einer imposanten Hotelanlage, die dank der liebenswerten Mitarbeiter von einer heiteren Atmosphäre geprägt ist. Es stehen dezent-elegant oder im legeren Landhausstil gestaltete Zimmer sowie exklusive Suiten, eine Penthouse-Etage und großzügige Appartements bereit. Im Restaurant für die Hausgäste genießt man mit dem kulinarischen Ferientag jeden Tag die exklusive Bareiss-Halbpension (im angegebenen Preis enthalten). Verschiedenste Erlebnisbereiche mit einer Bäder- und Saunawelt mit allein neun Pools, einem Naturteich und diversen Saunen, ein hinreißender, großzügiger Wellnessbereich, Beauty & Spa sowie das Gesundheits- und Wohlfühlzentrum sorgen für tiefenentspannte Urlaubstage. Täglich werden unterschiedlichste Ferien- und Sportprogramme angeboten, über 10 Golfplätze stehen im weiten Umkreis zur Verfügung. An kleine Gäste jeder Altersgruppe ist mit einem täglichen Angebot gedacht in der „Villa Kunterbunt", der "Villa Sternenstaub" und im "Haus der Spiele" für die Teenies, außerdem gibt es einen Streichelzoo im Waldpark. Naturfreunde wissen die Wanderhütte "Sattelei" und den "Nationalpark Schwarzwald" vor der Haustür zu schätzen. Sehr durchdacht in der Gestaltung ist der attraktive Waldpark (u. a. mit Barfußpfad, Gymnastikwiese und Wasserspielplatz), der Jung und Alt gleichermaßen begeistert und animiert. Mit einem eigenen Blockheizkraftwerk wird das Verantwortungsbewusstsein hinsichtlich nachhaltiger und umweltfreundlicher Energiegewinnung klar unterstrichen. Beliebtes Ausflugsziel ist der zum Haus gehörende Forellenhof Buhlbach mit eigener Forellenzucht und Fischlädle.

Bhf→5 km

Bareiss - Dorfstuben

✉ 72270 · OT Mitteltal · Hermine-Bareiss-Weg · ☎ (0 74 42) 4 70 · Fax: 4 73 20
Regionale Küche, Vesper-Spezialitäten · **Geöffnet:** Mo.-Do.: 12-14:30 + 18-23, Fr.-So/Feiert.: 12-23 Uhr · **Tische:** 12/40 Plätze
info@bareiss.com · www.bareiss.com

Speisekarte: 13 Hauptgerichte von 15,00 bis 28,00 € 815 Weinpos.

Gäbe es die "Dorfstuben" nicht, man müsste sie wohl erfinden. Nicht viele Restaurants bezaubern mit so viel Charme und Behaglichkeit. An den Vater von Hermann Bareiss erinnert die Förster-Jakob-Stube mit viel Holz, hübschen Stoffen und zauberhaften Details, die Uhrenstube verdankt ihren Namen den unzähligen nostalgischen und alten Uhren an den Wänden mit hölzerner Patina, beiden Räumen gemein ist ihr historischer Ursprung aus zwei originalen Bauernstuben aus dem 19. Jh. Hier sind die Speisen besonders bodenständig und authentisch. Die kraftvolle Regionalküche wird mit badischen Spezialitäten wie der deftigen Vesperplatte, handgeschabten Spätzle, Maultaschen, Wurstsalat und köstlichen Forellen-Zubereitungen ergänzt. Alles wird frisch zubereitet und ist ein schöner Querschnitt ehrlicher Kochkunst. Ingrid Jedlitschka ist in der Serviceleitung als aufmerksame Seele des Restaurants dort nicht mehr wegzudenken.

Bhf→5 km

Bareiss - Kaminstube

✉ 72270 · OT Mitteltal · Hermine-Bareiss-Weg · ☎ (0 74 42) 4 70 · Fax: 4 73 20
Klassische Europäische Küche · **Geöffnet:** 18:30-20:30 Uhr; Sa./So./Feiert.: 12:30-14:30 + 18:30-20:30 Uhr · **Tische:** 17/32 Plätze
info@bareiss.com · www.bareiss.com

Speisekarte: 7 Hauptgerichte von 21,00 bis 36,00 € 815 Weinpos.

Die Kaminstube ist in einem gefälligen Landhausstil gediegen-elegant eingerichtet. Hübsche Sprossenfenster, Holzvertäfelungen, Stoffe in freundlichen Farben, dekorative Bilder und selbstverständlich der namengebende Kamin fügen sich zu einer Demonstration des guten Geschmacks. Chefkoch Nicolai Biedermann und sein Team lassen sich von kulinarischen Strömungen aus aller Welt inspirieren, vertreten aber am Ende ihre eigene Küchenlinie, die sie mit beliebten Klassikern und saisonalen Speisen ergänzen. Basis sind handverlesene, saisonale Zutaten und präzises Handwerk. Verbunden mit Ideenreichtum gelingen ihnen mit einer gehörigen Portion Kreativität aromenkräftige und ausdrucksstarke, ehrliche Speisen. Hervorhebenswert ist, dass man die Gerichte auch als kleine Portion bestellen kann. Der liebenswürdige Service agiert aufmerksam und berät auch gerne zu passenden Weinen und Getränken.

Sehr gute Serviceleistung

Bareiss - Restaurant Bareiss OT Mitteltal

Bhf→5 km

✉ 72270 · Hermine-Bareiss-Weg · ☎ (0 74 42) 4 70 · Fax: 4 73 20 · Französische Hochküche, eig. Kreationen · **Geöffnet:** mittags ab 12 Uhr, abends ab 19 Uhr · **Ruhetag:** Mo./ Di. · **Ferien:** siehe Webseite · **Tische:** 8/32 Plätze
info@bareiss.com · www.bareiss.com

Speisekarte: 6 Hauptgerichte von 98,00 bis 130,00 €; 1 Mittagsmenü zu 150,00 €; 3 Menüs von 210,00 bis 258,00 €

1137 Weinpos.

Das Interieur im Gourmetrestaurant "Bareiss" ist in opulenter Eleganz gestaltet. Edle Brokatstoffe, Farbtöne in Gold und royalem Blau, üppige, wunderschöne Blumenbuketts und ein mit Hunderten Kristallornamenten funkelnder Lüster verbinden sich zu einem feinsinnigen Ganzen und werden zu einer prachtvollen Bühne für die nicht minder beeindruckenden Speisen von Chefkoch Claus-Peter Lumpp. Sie sind in der klassischen französischen Küche verwurzelt, werden aber wohl überlegt neu interpretiert. Experimentierfreude und handwerkliche Präzision gehen Hand in Hand. Die Kompositionen zeugen von Können, Leidenschaft und der Fähigkeit scheinbar Gegensätzliches harmonisch zu verbinden und in faszinierender Ästhetik zu präsentieren. Bei jeder Speise, jeder Menüfolge (auch ein vegetarisches Menü wird angeboten) erkennt man die Hingabe mit der Claus-Peter Lumpp und seine hochengagierteKüchenbrigade arbeiten. Korrespondierende Weine setzten den Speisen ein weiteres Glanzlicht auf, hier berät Teoman Mezda als versierter Sommelier mit großer Sachkunde und feinem Gespür. Maître Thomas Brandt begrüßt die Gäste liebenswürdig und sorgt gemeinsam mit seinem erstklassig geschulten Team für das genau richtige Maß an Zuwendung und echter Freundlichkeit, um den Restaurantbesuch perfekt zu machen.

Ailwaldhof OT Klosterreichenbach

Bhf→1 km

✉ 72270 · Ailwald 3 · ☎ (0 74 42) 83 60 · Fax: 83 62 00 · Rest., Café, Gartenlokal, Kaminzi., Hirschgehege, Forellenzucht, Zi.-Preise inkl. Frühstück
15 km
info@ailwaldhof.de · www.ailwaldhof.de

14 **DZ** ab 208,00 €;
als **EZ** ab 134,00 €;
6 **(Jui.-)Suiten** ab 248,00 €

Das Hotel im ehemaligen königlichen Forst- und Jagdrevier liegt inmitten einer 14 ha großen Wiesen-, Wald- und Parklandschaft. Es überzeugt mit schön gestalteten Zimmern, einem feinen Restaurant, einer gepflegten Wellnessoase und einem sehr liebenswürdigen Service.

Bhf→8 km

Engel Obertal

72270 · OT Obertal · Rechtmurgstraße 28 · ☎ (0 74 49) 8 56 06 · Fax: 8 52 00
Café, Hotelrestaurant, Kaminzimmer, Bar, Terrasse, Preise inkl. HP
15 km VISA
himmlisch@engel-obertal.de · www.engel-obertal.de

41 **DZ** ab 286,00 €;
22 **EZ** ab 136,00 €;
16 **Suiten + App.** ab 374,00 €;
6 **Chalets** ab 498,00 €
Idyllisch an einem Hang gelegen, bietet das Hotel komfortable Zimmer (Frühstücks- und Lunchbuffet sowie Abreisevesper sind im Preis inkludiert), eine 5.000 m² große Wellnesswelt sowie drei Restaurants und eine Hotelbar.

Bhf→700 m

Holzschuh's Schwarzwaldhotel

72270 · OT Schönmünzach · · ☎ (0 74 47) 9 46 30 · Fax: 94 63 49 · Rest. m. Reg. Küche, Kaminzimmer, Terrasse, Bar, Zimmerpreise inkl. Halbpension
25 km VISA
holzschuh@schwarzwaldhotel.de · www.schwarzwaldhotel.de

23 **DZ** ab 186,00 €;
als **EZ** ab 117,00 €;
4 **EZ** ab 97,00 €;
3 **App.** ab 277,00 €
Schwarzwaldromantik par excellence kann man im "Holzschuh's" genießen: von den urig-gemütlichen Zimmern über das rustikale Restaurant bis hin zum Wald-Spa mit Birkensauna, Aroma-Dampfbad und Heu-Stadl.

Bhf→20 km

Nationalpark-Hotel Schliffkopf

72270 · Schliffkopf 1 · ☎ (0 74 49) 92 00 · Fax: 92 01 99
Rest. m. Reg. u. Intern. Kü., Bar, Lounge, Terr., Spa-Bistro, Zi-Preise inkl. HP
25 km VISA
info@schliffkopf.de · www.schliffkopf.de

34 **DZ** ab 300,00 €;
12 **EZ** ab 171,00 €;
6 **Suiten** ab 436,00 €
"Natur und Wellness pur – 1025 m über dem Alltag", mit diesem Slogan wirbt dieses schöne Haus, das zu den führenden deutschen Wellnesshotels (s. a. Wellness-Special) zählt und mitten im Nationalpark Schwarzwald in gesunder Höhenluft errichtet wurde. Die Gäste können kostenlos am Schliffkopf-Wohl-Fit-Programm teilnehmen, u. a. mit Aquagymnastik, Qui-Gong, progressiver Muskelentspannung, Nordic Walking und geführten Wanderungen. Helle, elegante Zimmer (die Preise sind u. a. inklusive Frühstücksbuffet, Mittagsimbiss oder nachmittags hausgebackenes Gebäck und 5-Gang-Abendmenü), die schicke Bar als geselliger Treffpunkt, das behagliche Restaurant, Stüble mit Kachelofen, Terrasse – alles zusammen garantiert einen angenehmen Aufenthalt.

Hotel mit anspruchsvollem Wellnessangebot

Family

Sackmann OT Schwarzenberg

Bhf→200 m

✉ 72270 · Murgtalstraße 602 · ☎ (0 74 47) 28 90 · Fax: 28 94 00 · „Murgstube“ (ganzj. geöffn.) mit Reg. u. Bürgerl. Kü., Bar, Terrasse, Zi.-Preise inkl. Frühstück
15 km
info@hotel-sackmann.de · www.hotel-sackmann.de

48 **DZ** von 234,00 bis 494,00 €;
13 **EZ** von 131,00 bis 196,00 €;
7 **App.** von 238,00 bis 338,00 €;
12 **Ju.-Suiten** von 410,00 bis 598,00 €

Die landschaftlich reizvolle Umgebung im wildromantischen Murgtal ist zu jeder Jahreszeit wie geschaffen für einen Urlaub, der alle Sinne anspricht. Im Hotel "Sackmann" – idealer Ausgangspunkt für Wanderer und Spaziergänger – weiß man seit vier Generationen um die Bedürfnisse Erholung Suchender und geht ganz persönlich und herzlich auch auf individuelle Wünsche ein. Die Zimmer und Suiten sind z. T. neu renoviert und modern eingerichtet (Preise inkl. exquisitem Frühstücksbuffet). Für Tagungen stehen medientechnisch erstklassig ausgestattete, großzügige Räumlichkeiten zur Verfügung. Auch hier wird gerne der komplette Ablauf betreut. Großzügig und exklusiv gestaltet sind die Wohlfühloasen "Burgfels SPA“ (indoor) und "Murgtal-Sky-SPA“ mit Infinity-Sky-Pool (outdoor) auf insgesamt 2.000 m². (s. a. Wellness-Special). Hochgenuss dort bietet auch das umfangreiche Programm an Massagen und Beautybehandlungen in luxuriösem Ambiente. Attraktiv sind die verschiedenen Arrangements (z. a. die Schnuppertage u. a. mit Verwöhnpension und Aktiv- u. Entspannungsprogramm). Das edle Abend-Restaurant "Schlossberg" bietet leichte Neue Küche, in der behaglichen "Anita Stube" stehen bodenständige Spezialitäten mit Produkten aus der Region auf der Karte und das "Silberberg" ist den Hotelgästen vorbehalten.

Bhf→200 m

Sackmann - Schlossberg OT Schwarzenberg

72270 · Murgtalstraße 602 · (0 74 47) 28 90 · Fax: 28 94 00
Neue Küche · Küche: 18–20:30 Uhr · **Ruhetag:** Mo./Di. · **Ferien:** variabel · **Tische:** 19/38 Plätze
VISA AE
info@hotel-sackmann.de · www.hotel-sackmann.de

Speisekarte: 2 Menüs von 138,00 bis 182,00 € 380 Weinpos. Helles Beige und Naturtöne sind die dominierenden Farben im Gourmetrestaurant "Schlossberg", raffiniert gepolsterte Stühle und ihnen entsprechende Raumteiler geben dem Interieur eine geschmackvolle Note und vermitteln eine angenehm private Atmosphäre. Hier ist die stilvolle Bühne für eine erstklassige und ambitionierte Küche, die in ihrer Klasse außergewöhnlich ist und bester Familientradition entspricht. Denn am Herd stehen mit Jörg und Nico Sackmann Vater und Sohn. Beiden gemein ist großes Können, präzises Arbeiten und enormer Fleiß. Jeder bringt seine eigenen, kreativen Ideen mit ein, beide können auf ein reichhaltiges Warenangebot zurückgreifen und lieben das Spiel mit Kräutern aus der Heimat und mediterranen sowie asiatischen Gewürzen. So werden aus den modernen Zusammenstellungen Speisen mit großer Aromentiefe, gerne mit jahreszeitlichem Bezug, in denen Tradition und Innovation einander ergänzen. Die Kompositionen sind originell, aber immer verständlich, eines der angebotenen Menüs ist ein vegetarisches. Uwe Joel ist ein Maître, der immer ansprechbar ist und für Fragen und bei Sonderwünschen ein offenes Ohr hat. Zu den korrespondierenden Weinen berät Manuel Vogel mit großer Sachkenntnis und Feingefühl. Hotelgästen steht das Restaurant "Silberberg" zur Verfügung, etwas bodenständiger geht es in der "Murgstube" zu.

Hervorragende Serviceleistung

Traube Tonbach

Bhf→5 km

72270 · OT Tonbach · Tonbachstraße 237 · ☎ (0 74 42) 49 20 · Fax: 49 26 92
Rest. „Silberberg" mit leichter, klass. Küche f. Hausgäste, Bar, Pool-Bistro
12 km
info@traube-tonbach.de · www.traube-tonbach.de

85 **DZ** von 289,00 bis 729,00 €;
25 **EZ** von 209,00 bis 489,00 €;
17 **Suiten** von 589,00 bis 909,00 €;
24 **App.** von 609,00 bis 849,00 €

Auch, wenn das Stammhaus der legendären Traube Tonbach in dem verheerenden Brand 2020 zerstört wurde und den Sternerestaurants vorübergehend die Heimat nahm, war es für Familie Finkbeiner nie eine Option ihrem Lebenswerk durch umfangreiche Wiederaufbauten nicht wieder alten Glanz zu geben. Der Hotelbetrieb war nicht betroffen und gehört nach wie vor zu den besten der Welt. So professionell das Hotelteam auch agiert, Freundlichkeit und herzliche Gastfreundschaft sind hier selbstverständlich, niveauvolle Großzügigkeit, unaufdringliches luxuriöses Ambiente und die individuelle Betreuung sprechen für sich. Die geschmackvoll und mit durchdachten Details eingerichteten Zimmer (die Preise verstehen sich inklusive einem exzellentem Gourmet-Frühstück) sind wunderschöne, harmonische Refugien. Kinder und Jugendliche werden dank der altersgemäß abgestimmten, zahlreichen Programme und, weil auch ihnen der persönliche Service gilt, den Aufenthalt in diesem Hotel lieben. Im hinreißenden Wellnessbereich mit Badelandschaft erhalten Gesundheit und Lebensfreude einen exklusiven Rahmen. Aktivprogramme, Mountainbiking, E-Bike-Touren, Inlineskating oder geführte Wanderungen kommen als eine der vielen Möglichkeiten einer abwechslungsreichen Freizeitgestaltung noch hinzu. Im Vorfeld der Wiedereröffnung des neuen Stammhauses wird die gesamte Traube Tonbach vom 21.3-7.4.22 geschlossen sein. Danach wird es als zentralen Genussort für die Gäste ein drittes à la carte Restaurant mit breitem Küchenspektrum geben.

Hotel mit anspruchsvollem Wellnessangebot

Sie finden diese Hotels und Restaurants auch bei facebook oder instagram.

Bhf→5 km

Traube Tonbach - Schwarzwaldstube

✉ 72270 · Tonbachstr. 237 · ☎ (0 74 42) 49 26 65 · Fax: 49 26 92 · Französische Küche · **Geöffnet:** Mi.-So. 19-22 Uhr, nach der Wiedereröffnung am 8.4. zusätzl. Sa./So. ab 12 Uhr · **Ruhetag:** Mo./Di. · **Ferien:** 7.3.-7.4.22 + 1.-25.8.22 VISA AE
reservations@traube-tonbach.de · www.traube-tonbach.de

Speisekarte: Hauptgerichte von 68,00 bis 95,00 €; 3 Menüs von 215,00 bis 265,00 €

750 Weinpos.

Noch heißt die Schwarzwaldstube "#temporaire", noch ist sie in einer Interimslösung in Containern beheimatet – Containern, die außer der vorgegebenen Form aber so gar nichts mit ihren Artgenossen gemein haben. Hier wirkt nichts provisorisch, sondern im Gegenteil durchdacht und gekonnt. Das Interieur mit farbenkräftigen, großformatigen, modernen Bildern an den Wänden ist schlicht und gefällt mit sanft geschwungenen Fauteuils in einem gedeckten Taubenblau. Die Fenster geben durch ein grobes Holzspalier den Blick frei in die waldreiche Umgebung. Die Vorfreude, bald in den Genuss einer der besten Küchen des Landes zu kommen, wird durch nichts geschmälert. Chefkoch Torsten Michel lässt sich bewusst darauf ein, klassisch zu kochen, aber vor diesem Hintergrund auch immer wieder Speisen zu ertüfteln, die zu ihren Wurzeln zurückfinden, in denen vergessene Kulturpflanzen, Gemüsesorten und Kräuter wieder Einzug halten und seinen Gourmandisen mit ihrer unverfälschten Aromenvielfalt eine ganz besondere, eine innovative Note geben. Der Gast erlebt Geschmackswelten von großer Schlichtheit und gleichzeitig verführerischer Opulenz wie bei der gefüllten, bretonischen Rotbarbe „légèrement croustillant" mit pikantem Paprikachutney, Artischocken und Fenchel, Coulis von geschmorter Paprika und Krustentierfond. Neben dem großen und kleinen Degustationsmenü gibt es auch eine vegetarische Speisefolge mit faszinierenden Kompositionen.

Maître David Breuer ist bei Fragen und Wünschen immer zur Stelle, berät kompetent und sorgt mit seinem top geschulten Team für einen perfekten Besuch. Chef-Sommelier Stéphane Gass lebt seinen Beruf und ist seit fast 30 Jahren mit seinen exzellenten Weinberatungen aus der Traube Tonbach gar nicht mehr wegzudenken.

Im Frühjahr 2022 soll der Neubau, in dem die "Schwarzwaldstube" dann ins Erdgeschoss ziehen wird, fertig sein und die Küchenmannschaft bekommt wieder ein endgültiges Zuhause.

Exzellente Serviceleistung

Traube Tonbach - Köhlerstube

Bhf→5 km

✉ 72270 · OT Tonbach · Tonbachstraße 237 · ☎ (0 74 42) 49 26 65 · Fax: 49 26 92
Internationale u. Regionale Küche · **Geöffnet:** ab 19 Uhr · **Ruhetag:** Mi./Do. ·
Ferien: 7.3.-7.4.22 + 20.6.-3.7.22
reservations@traube-tonbach.de · www.traube-tonbach.de

Speisekarte: Hauptgerichte von 28,00 bis 48,00 €; 2 Menüs von 128,00 bis 158,00 €

Noch ist auch die "Köhlerstube" in ihrem Übergangszuhause, wird aber, sobald das neue Gebäude – Wiedereröffnung ist am 8. April 2022 – fertig ist, dorthin umziehen. Bis dahin findet sie sich in einer Art von Luxus-Container, dem man den Container weder innen noch außen ansieht, so dekorativ ist die Fassade, so schlicht-geschmackvoll das Interieur gestaltet. Der Blick durch eine große Fensterfront schweift immer noch über die waldreiche Landschaft und die Küche von Chefkoch Florian Stolte ist immer noch gewohnt gut, präzise und genussvoll. Auf Basis französischer Haute Cuisine entwickelt er innovative Speisen, in die er gekonnt regionale und internationale Elemente einfließen lässt. Wesentliche Impulse zieht er auch aus dem Wechsel der Jahreszeiten und präsentiert ausbalancierte, zeitgemäße und unverfälschte Kompositionen. Kompetenter Maître ist Fabian Clement, der gemeinsam mit seinem jungen Team aufmerksam durch den Abend leitet und bei Fragen gerne behilflich ist.

Bamberg

Die Küche – Esszimmer

✉ 96049 · Obere Sandstraße 27 · ☎ (09 51) 29 99 39 66
Regionale und Internationale Küche · **Geöffnet:** Reservierungen für 12-15, 17-19:15, ab 19:30 Uhr · **Ruhetag:** Mo./Di. · **Tische:** 6/27 Plätze
info@die-kueche-bamberg.de · www.die-kueche-bamberg.de

Speisekarte: 3 Hauptgerichte von 157,00 bis 25,00 €; 2 Tagesgerichte zu 15,00 €

45 Weinpos.

Bereits der Name "Die Küche – Das Esszimmer" bringt die Philosophie von Michael Melber und Julia Seuling auf den Punkt. Sie konzentrieren sich in ihrem leidenschaftlich geführten Restaurant zwischen Bamberger Dom und linkem Regnitzarm auf das Wesentliche: die Küche und den Genuss im unprätentiös gestalteten "Esszimmer". Blanke Tische, ein Holzdielenboden und -decke, bequeme Sessel und ein großes Regal mit schönen Dingen rund um das Thema Küche (von denen man etliches auch käuflich erwerben kann) verbinden sich zu einem lässig-entspannten Ambiente mit individueller und nostalgischer Note. Die beiden stehen gemeinsam am Herd und präsentieren eine kraftvolle, grundehrliche und aromenstarke Küche, die auf erstklassigen Zutaten basiert. Da geht es nicht um überflüssiges Chichi, sondern um unverfälschte Speisen, die gerne Anleihen in der fränkischen Küche nehmen, aber auch mit grenzübergreifenden Elementen begeistern. Voller Hingabe lassen sie ihrer Fantasie freien Lauf, tüfteln und probieren und kreieren jeden Monat ein neues Angebot. Der Service ist liebenswürdig, gastzugewandt und kompetent.

Restaurant mit gehobener Küche

Bhf→1 km

Kropf – Bamberger Köstlichkeiten

✉ 96052 · Untere Königstraße 28 · ☎ (09 51) 2 08 30 95
Neue und Regionale Küche · Küche: 17:30–21:30 Uhr · **Ruhetag:** Mo./Di. · **Tische:** 22/70 Plätze
VISA
info@kropf-restaurant.de · www.kropf-restaurant.de

Speisekarte: 6 Hauptgerichte von 24,00 bis 36,00 €; 2 Menüs von 48,00 bis 82,00 €
40 Weinpos.
Patron und Chefkoch Christopher Kropf ist auch Namensgeber seines engagiert geführten Restaurants nahe der Bamberger City. Das Restaurant mit hübschen Sprossenfenstern ist geradlinig eingerichtet: sanfte Farben, schön aufgepolsterte, moderne Stühle, Bruchsteinwände und Bilder von den Großeltern nebst ihrer Gärtnerei vermitteln eine angenehm entspannte, persönliche Atmosphäre. Genau die abgebildete Gärtnerei ist der Hauptlieferant für Kräuter und Gemüse, Wild erjagt der Großonkel und Fischfang ist seit langer Zeit die Lebensgrundlage von Christopher Kropfs Familie. Da sind ihm Respekt und schonende Behandlung mit den Gaben der Natur gleichsam in die Wiege gelegt worden. Entsprechend ehrlich und unverfälscht ist seine Küche. Sein Stil ist innovativ und modern, regional und saisonal und immer setzt er verschiedenste Kräuter ein und gibt damit den durchdachten

und ausbalancierten Speisen den letzten Aromakick. Es werden zwei Menüs (auch vegan und vegetarisch) mit verschiedenen, wählbaren Hauptgängen angeboten, bei denen Vorspeise, Käse und Dessert grundsätzlich aus einem Dreierlei bestehen. Eine Vielfalt, die einfach Spaß macht. Florian Aichinger leitet den liebenswürdigen Service und berät zu den passenden Weinen und weiteren Getränken.

Edelfrei

Bhf→2 km

96049 · Karolinenstraße 26 · ☎ (09 51) 18 07 44 87
Internationale und Neue Küche · **Geöffnet:** Mo.-Do. 17-22 Uhr, Fr.+Sa. 17-23 Uhr · **Ruhetag:** So. · **Tische:** 13/45 Plätze
weinkultur@edelfrei.com · www.edelfrei.com

Speisekarte: 6 Hauptgerichte von 19,50 bis 32,00 €; 1 Menü von 40,00 bis 60,00 €
130 Weinpos.
Patron Johannes Weigand fehlte in Bamberg ein Ort, an dem man in lockerer Atmosphäre ein Glas Wein trinkt, sich mit Freunden oder dem Geschäftspartner trifft, nur einen Espresso oder Cappuccino bestellt, Zeitung liest oder den Einkaufsbummel unterbricht, ohne gleich in ein Restaurant gehen zu müssen. Kurzerhand erschuf er diesen Ort, in dem es auch um die Liebe zu den schönen Dingen des Lebens geht. Der Sandsteinbau in der Karolinenstraße 26 wurde im 18. Jh. für die von Aufseß – ein edelfreies Adelsgeschlecht – errichtet. Der anfängliche Arbeitstitel "Edelfrei" wurde schlussendlich zum Namen für diesen Ort zum Wohlfühlen und Genießen. Ob Weinliebhaber, -anfänger, Kunstfreund oder Gourmet – hier kann man alles oder nichts sein. Entsprechend ungezwungen geht es zu, entsprechend lässig ist das Interieur gestaltet, das mit Gold-Lila- und Olivtönen gefällt, raffinierter Illumination und Bildern wechselnder Künstler an den Wänden. Neben der Wein-Café-Bar mit feinen Köstlichkeiten und der klassischen Vinothek, die vor allem jungen, deutschen Winzern eine Bühne bietet, gibt es noch das Restaurant. Hier setzt das Team in der Küche moderne europäische Speisen mit asiatischen Einflüssen ins Tellerrund, verfeinert Regionales, bereitet alles frisch zu und sorgt für denkwürdige Geschmacksmomente. Die beliebten Klassiker wie Fischsuppe und Antipasti-Variationen ergänzt er mit Tagesempfehlungen und monatlich wechselnden Speisen. Wie schön, dass Johannes Weigand, der in puncto Wein versierter Ansprechpartner ist, diesen Ort der kommunikativen Begegnung und des Genusses für Jedermann geschaffen hat. Ach ja – den Lieblingswein kann man auch direkt käuflich erwerben und mit nach Hause tragen.

HENRII Tagesbar-Restaurant-Vinothek

96047 · Untere Mühlbrücke 5 · ☎ (09 51) 29 99 34 29
Mediterrane Küche · Küche: 11:30–14:30/17:30–22 Uhr · **Ruhetag:** Mo. · **Tische:** 22/95 Plätze
info@henrii-bamberg.de · www.henrii-bamberg.de

150 Weinpos.
Speisekarte: 10 verschiedene Steak Cuts von 23 bis 89 €; 10 Pastagerichte von 10 bis 26 €; wechselnde Mittagsgerichte.
Drei ehemalige Mühlgrundstücke, die Unteren Mühlen, wurden nach Jahrzehnten des Hin und Her aufwändig saniert. Im restaurierten Gebäudeensemble bildet das Welterbe-Besucherzentrum einen bewusst gesetzten modernen Kontrapunkt. Hier ist auch das HENRII beheimatet. Es ist minimalistisch gestaltet – Betonwände, sanft geschwungene Fauteuils an blanken Tischen und punktuelle Illuminationen geben dem Interieur eine zeitgeistige, weltoffene Note. Direkt an der Regnitz gelegen, gehört man hier praktisch zum Weltkultur-

erbe Bambergs mit Blick aufs in Steinwurfnähe entfernte, historische Rathaus und den Fluss. Eine viel bessere Lage, um das Konzept des HENRII kennen zu lernen, lässt sich kaum finden. Städtereisende, Businessgäste und Bamberger haben hier einen Treffpunkt und können zwischen Tagesbar, Restaurant und Vinothek wählen. Chefkoch Andreas Pickel überzeugt seine Gäste mit einer frischen und zeitgemäßen Küche, in der Mediterranes und Internationales ihren Platz haben. Zu den Spezialitäten des Restaurants gehören edle Cuts vom Josper-Grill, denen spanische Holzkohle einen unvergleichlichen Edelholzrauch verleiht, sowie hausgemachte Pasta. Abends kann man auch aus der "normalen" Tageskarte wählen; für Vegetarier findet sich ein vielseitiges Angebot. Den aufmerksamen Service leitet Michael Resch, die kenntnisreiche Weinberatung übernimmt Stephan Voit. Ein echter Sehnsuchtsort ist an warmen Tagen und vor allem Abenden die Terrasse über der Regnitz.

Bhf→1,8 km

Nepomuk

✉96049 · Obere Mühlbrücke 9 · ☎ (09 51) 98 42-0 · Fax: 98 42-100 · Wirtshaus, Genuss-Werkstatt, à-la-carte-Frühstück mit regionalen Produkten ab 5,- €
VISA
reservierung@hotel-nepomuk.de · www.hotel-nepomuk.de

23 **DZ** ab 138,00 €;
als **EZ** ab 98,00 €;
1 **Suite** ab 358,00 €

Das Hotel Nepomuk liegt wie ein Schiff mitten in der Regnitz. Das erstklassige Domizil offeriert seinen Gästen in freundlicher Atmosphäre viel Raum zum Wohnen, Entspannen und Genießen.

Bhf→1,3 km

Weinhaus Messerschmitt

✉96047 · Lange Straße 41 · ☎ (09 51) 29 78 00 · Fax: 2 97 80 29
Restaurant, Terrasse, Frühstücksbuffet, Vinothek, E-Bike-Verleih
15 km
VISA AE
info@hotel-messerschmitt.de · www.hotel-messerschmitt.de

DZ ab 79,00 €;
EZ ab 69,00 €;
2 **3/4-Bett-Zimmer** ab 109,00 €;
Suite ab 139,00 €

Ursprünglich war dieses Hotel ein altes Weinhaus und außerdem Elternhaus des Flugzeugpioniers Willy Messerschmitt. Seit 1832 in Familienbesitz, gehört es heute zu den ersten Adressen Bambergs und zeichnet sich besonders durch einen sehr persönlichen Service aus. Das 4-Sterne-Hotel verfügt über individuell eingerichtete Zimmer mit modernem Komfort, Klimaanlage, Marmorbad und Fußbodenheizung. Entspannung findet man in einer kleinen Wellnessoase. Konferenz-, Besprechungs- und Veranstaltungsräume ermöglichen effektives Arbeiten. Die vielseitige Küche kann man im Sommer auch auf der hübschen Terrasse genießen. Eine schön gestaltete Vinothek gehört zum Hause.

Weinhaus Messerschmitt

Bhf→1,3 km

96047 · Lange Straße 41 · (09 51) 29 78 00 · Fax: 2 97 80 29
Klass. u. Reg. Küche · **Geöffnet:** 11–23 Uhr · Küche: 12–14/18–22 Uhr · **Ruhetag:** So. · **Ferien:** 03.1.-17.1.16 · **Tische:** 31/82 Plätze
hotel-messerschmitt@t-online.de · www.hotel-messerschmitt.de

Speisekarte: 6 Hauptgerichte von 19,50 bis 33,50 €; 7 Tagesgerichte von 9,90 bis 19,80 €; 2 Menüs von 36,00 bis 68,00 €
140 Weinpos.

Man spürt an jeder Ecke, dass das Weinhaus Messerschmitt familiär geführt wird, denn die Atmosphäre ist sehr entspannt und herzlich. Was natürlich auch am Einsatz der Gastgeber Caroline Martin und Florian Müller liegt. Das Interieur ist charmant gestaltet: schöne Accessoires, dunkles Holz und fein eingedeckte Tische verbinden sich zu einem nostalgischen Flair. Chefkoch Claus Schubert-Sauer kauft bevorzugt in der Region ein und verarbeitet in seiner Küche nur frischeste und saisonale Ware. Er arbeitet konzentriert, handwerklich korrekt und präsentiert unverfälschte, gerne fränkische Speisen, die er mit Wildgerichten – das Wild kommt aus heimischer Jagd – und Variationen von frischen Mainfischen ergänzt. An warmen Tagen sitzt man in blühender Idylle besonders schön auf der Sonnenterrasse. Im "Rauschgold", einer charmant gestalteten Vinothek, kann man nicht nur Weine verköstigen, sondern sich in geselliger Runde treffen, Speisen aus der Restaurantküche genießen und den Tag harmonisch ausklingen lassen.

Baunach

Rocus

Bhf→50 m

96148 · Bahnhofstr. 16 · (09544) 20640
Neue Küche, intern. eig. Kreat. · Küche: 17:30–21:30/So. auch 12–14 Uhr · **Ruhetag:** Mo. · **Tische:** 18/65 Plätze
rocus@hotmail.de · www.restaurant-rocus.de

Speisekarte: 5 Hauptgerichte von 28,00 bis 38,00 €; 2 Tagesgerichte von 25,00 bis 35,00 €; 2 Menüs von 61,50 bis 89,50 €
150 Weinpos.
Im ehemaligen Bahnhofsgebäude, gediegen und elegant zugleich, sind Ro(sa Rodriguez) und (Mar)cus Bluszcz im Restaurant ROCUS engagierte Gastgeber und präsentieren eine aromenstarke mediterran-spanische Küche.

Bayerisch Gmain

Klosterhof, Premium Hotel & Health Resort

83457 · Steilhofweg 19 · (0 86 51) 98 25-0 · Restaurant,Bar, Wellness mit Gesundheitsschwerpunkt, Shuttle-Service z. d. Salzburger Festspielen
info@klosterhof.de · www.klosterhof.de

56 **DZ** ab 338,00 €;
als **EZ** ab 169,00 €;
9 **(Jui.-)Suiten** ab 458,00 €
Mit hochwertigen Naturmaterialien sind die behaglichen Zimmer, Suiten und Spa-Lofts in diesem exklusiven Resort stilsicher, komfortabel und wunderschön gestaltet – faszinierende Blicke in die Natur und Bergwelt sowie die 3/4-Pension inklusive. Ein erstklassiger Wellnessbereich unterstützt den Erholungscharakter des "Klosterhof". Das Panorama-Restaurant bietet eine gesunde und abwechslungsreiche Frischeküche.

Hervorhebenswert in seiner Kategorie

Bayrischzell

Bhf→400 m

Romantik Hotel Der Alpenhof

✉ 83735 · Osterhofen 1 · ☎ (0 80 23) 90 65-0 · Fax: 90 65-20
Restaurant, Roomservice, Bikerservice mit Garage, Loipen vor der Haustür
info@der-alpenhof.com · www.der-alpenhof.com

30 **DZ** ab 139,00 €;
als **EZ** ab 99,00 €;
8 **Themensuiten** ab 220,00 €;
2 **Juniorsuiten** ab 165,00 €
Nur eine knappe Autostunde von München entfernt, erwartet den Gast umgeben von grandioser Bergwelt mit dem "Alpenhof" ein familiengeführtes Hotel, das mit exklusivem Interieur, komfortablen Zimmern (Preise inkl. Frühst.), gutem Restaurant und einem außergewöhnlich vielseitigen Service punktet.

Beilstein

Bhf→22 km

Mayer's Burgrestaurant Hohenbeilstein

✉ 71717 · Langhans 1 · ☎ (0 70 62) 57 70-0 · Regionale Küche · Küche: (Mai-Okt.) 11:30–22/Winter ab 17:30 Uhr– Uhr · **Ruhetag:** Mo./Di. · **Ferien:** 3 Wo. Jan. · **Tische:** 14 (Terrasse 15)/70 (75) Plätze
info@burg-beilstein.de · www.burg-beilstein.de

Speisekarte: 17 Hauptgerichte von 13,00 bis 33,00 €; 1 Menü von 39,00 bis 59,00 € 243 Weinpos. Zwischen Neckar und dem schwäbischen Wald findet man am Fuße der Löwensteiner Berge die im 12 Jh. erbaute Burg Hohenbeilstein. Nach wechselvoller Geschichte ging sie 1960 in den Besitz der Stadt Beilstein über und ist dank einer Falknerei und Gaststätte ein beliebtes Ausflugsziel. Das Burgrestaurant gefällt mit einem schönen Mix aus Tradition und Moderne, der Gewölbekeller ist ideal für Feierlichkeiten und Firmenveranstaltungen. Chefkoch Thomas Mayer ist für das kulinarische Angebot verantwortlich. In seine Küche kommt nur frische Ware – und das zu 90% aus dem Umland und in Bio-Qualität. Die Speisen sind in der Region verwurzelt, werden sorgfältig zubereitet, sind herrlich unverfälscht, ehrlich und aromenstark. Neben Maultaschen, Kutteln und Sauerbraten kann man auch Vegetarisches und knackige Blattsalate genießen. Verschiedenste Veranstaltungen und Weinproben finden rund ums Jahr statt. Der Biergarten im Burghof ist im Sommer ein besonders beliebter Ort. Ob romantisches Candlelight-Dinner für 2 bis zum Firmenevent für 1000 Personen – das Burgteam bietet alles aus einer Hand.

Restaurant mit sehr guter Küche

Berchtesgaden

Alm- & Wellnesshotel Alpenhof

Bhf→3,5 km

83471 · Richard-Voss-Straße 30 · (0 86 52) 60 20 · Fax: 6 43 99
Restaurant mit Intern. und Regionaler Küche, ganzjährig beheiztes Freibad
10 km
VISA EC
info@alpenhof.de · www.alpenhof.de ·

7 **DZ** ab 202,00 €;
7 **EZ** ab 102,00 €;
38 **Juniorsuiten** ab 266,00 €

Es ist nicht nur die ruhige und idyllische Lage inmitten einer schönen Landschaft, die das Alm- & Wellnesshotel (s. a. Wellness-Special) am Königssee besonders auszeichnet. Es ist auch nicht nur die 4-Sterne-Superior-Kategorisierung, vielmehr sind es die Werte – authentisch, bodenständig und wertschätzend –, die den Alpenhof einzigartig und unverwechselbar machen. Er ist ein familiengeführtes Haus, in dem regionale Traditionen gepflegt und herzliche Gastfreundschaft gelebt werden, der Alpenhof in Berchtesgaden, in dem man Genuss und Vielfalt erleben kann. Es heißt „in der Ruhe liegt die Kraft" – das bestätigen nicht zuletzt die vielen Gäste mit ihren schönen Urlaubserfahrungen. Ob es der Panoramablick auf den Watzmann im Hotelrestaurant ist, das schwerelose Treiben in einem der Pools oder ein gemütlicher Spaziergang in der Region Schönau am Königssee. Es gibt viele Wege, um im Alpenhof zu innerer Harmonie und Balance zu finden. Und ebenso viele, um die Lust nach Abenteuern und Entdeckungen zu stillen. Gerne gibt das engagierte Hotelteam eigene Insidertipps weiter, damit sich die schöne Alpenregion rund um Berchtesgaden noch besser kennenlernen lässt.

Alpenhotel Zechmeisterlehen

Bhf→4 km

83471 · Wahlstr. 35 · (0 86 52) 94 50 · Fax: 94 52 99
Rest. mit abwechslungsreicher Frischeküche, Kaminzimmer, Bar
4 km
EC
info@zechmeisterlehen.de · www.zechmeisterlehen.de ·

28 **DZ** ab 254,00 €;
14 **Suiten** ab 324,00 €

In traumhafter Lage im Berchtesgadener Land empfängt das Alpenhotel seine Gäste, die sich dank der komfortablen Zimmer (Preise inkl. Frühstück, Nachmittagsbuffet, Abendmenü) und dem herrlichen Wellnessbereich sofort wohl fühlen. Vielfältige Freizeitmöglichkeiten ergänzen das vielseitige Angebot.

♜ Berchtesgadener Esszimmer

✉ 83471 · Nonntal 7 · ☎ (0 86 52) 6 55 43 01
Regionale, Saisonale Küche · Küche: 18–21:30 Uhr · **Ruhetag:** So./Mo. · **Tische:** 7/30 Plätze
info@esszimmer-berchtesgaden.de · www.esszimmer-berchtesgaden.de

Speisekarte: 2 Hauptgerichte zu 29,00 €; 1 Menü von 59,00 bis 67,00 €
30 Weinpos.
Patron Maximilian Kühbeck sorgt im charmant und urig eingerichteten Restaurant mit Leidenschaft für eine innovative, regionale Küche, die auf hochwertigen, nachhaltig produzierten Produkten basiert. Ehrlich und gekonnt sind die durchdachten Speisen und Menüfolgen.

Bhf→4 km

Kempinski Hotel Berchtesgaden

✉ 83471 · Hintereck 1 · ☎ (0 86 52) 9 75 50 · Fax: 97 55 99 99 · Terrassen, Bibliothek, Hotelbar, eigener Skilift, Arrangements, Zi.-Preise inklusive Frühstück
1 km
reservation.berchtesgaden@kempinski.com · www.kempinski.com/berchtesgaden

126 **DZ** von 330,00 bis 650,00 €;
als **EZ** von 330,00 bis 650,00 €;
126 **EZ** von 280,00 bis 510,00 €;
12 **Suiten** von 750,00 bis 8000,00 €
Eingebettet in die einzigartige Natur der Bayerischen Alpen liegt das Kempinski Hotel Berchtesgaden. Exklusive Zimmer, ein lichtdurchflutetes Konferenzzentrum, Spa und zwei Restaurants gehören zum vielseitigen Hotelangebot.

Bhf→4 km

Kempinski Hotel Berchtesgaden – PUR

✉ 83471 · Hintereck 1 · ☎ (0 86 52) 97 55-0 · Fax: 97 55 11 55 · Klassische, Intern. u. Regionale Küche · Küche: 18:30–21:30 Uhr · **Ruhetag:** So./Mo./Di. · **Ferien:** 8.-23.3./21.6.-6.7./8.11.-7.12. · **Tische:** 12/34 Plätze
info.berchtesgaden@kempinski.com · www.kempinski.com/berchtesgaden

Speisekarte: 2 Hauptgerichte zu 56,00 €; 1 Menü von 85,00 bis 175,00 €
600 Weinpos.
Moderne, schlichte Eleganz prägt das Gourmetrestaurant, in dem Chefkoch Ulrich Heimann mit viel Können und großer Warenkenntnis glänzt. Die Speisen sind in der klassischen französischen Küche verwurzelt, tragen aber immer seine ganz persönliche Handschrift.

Bhf→4 km

Kempinski Hotel Berchtesgaden – Johann Grill

✉ 83471 · Hintereck 1 · ☎ (0 86 52) 9 75 50 · Fax: 97 55 99 99 · Internationale und Regionale Küche · Küche: 18:30–21:30 Uhr · **Tische:** 47/146 Plätze
reservation.berchtesgaden@kempinski.com · www.kempinski.com/berchtesgaden

Speisekarte: 10 Hauptgerichte von 24,00 bis 53,00 €; 7 Tagesgerichte von 10,00 bis 32,00 €
Vor einem hinreißenden Bergpanorama präsentiert Chefkoch Sebastian Weigl internationale Speisen und eine authentische Regionalküche. Im Sommer wartet im Restaurant Johann Grill – dem ersten Bezwinger der Watzmann-Ostwand – zusätzlich eine schöne Terrasse.

Berg am Starnberger See

Bhf→7 km

Seehotel Leoni

✉ 82335 · Assenbucher Str. 44 · ☎ (0 81 51) 50 60 · Fax: 50 61 40 · Rest. "La Cucina" und "Wintergarten", Terrasse, Bar "Seh-Bar", Zi.-Preis inkl. Frühstück
6 km
info@seehotel-leoni.com · www.seehotel-leoni.com

49 **DZ** ab 128,25 €;
19 **EZ** ab 90,25 €;
2 **Suiten** ab 225,00 €
Wunderschön die Lage des "Seehotel Leoni" am sonnigen Ostufer des Starnberger Sees. Hier kann man in moder-

nen Zimmern mit zimmerhohen Fensterfronten und Balkon erholsame Urlaubstage verbringen. Die Wellnessoase bietet zusätzliche Entspannung.

Bergisch Gladbach

Althoff Grandhotel Schloss Bensberg

Bhf→15 km

✉ 51429 · OT Bensberg · Kadettenstraße · ☎ (0 22 04) 4 20 · Fax: 4 28 88
Café, Bar, Weinkeller, Terrasse, Gourmetfrühstück (38,- € p. P.)
2 km
info@schlossbensberg.com · www.schlossbensberg.com

60 **DZ** von 225,00 bis 325,00 €;
als **EZ** von 205,00 bis 305,00 €;
24 **EZ** von 175,00 bis 275,00 €;
36 **Suiten** von 380,00 bis 2225,00 €

In traumhafter Lage über der Bucht von Köln präsentiert sich eines der schönsten Barockschlösser Europas – das 5-Sterne-Luxushotel Grandhotel Schloss Bensberg. Die 120 eleganten Zimmer und Suiten laden zum Wohlfühlen und Entspannen ein. Edle Marmorbäder, elegante Interieurs und modernste Technik vervollständigen das exklusive Ambiente. Im Restaurant Vendôme erleben Gäste die Gourmetküche des 3-Sterne Kochs Joachim Wissler, entdecken italienisches Flair in der Trattoria Enoteca oder genießen den sonntäglichen Champagnerbrunch. Wellness mit einem Höchstmaß an persönlichem Service garantiert der 1000 m² große "4 elements spa" by Althoff. Tagungen und Feierlichkeiten wie z. B. im prunkvollen Ballsaal werden zum Erlebnis.

Restaurant Vendôme

Bhf→15 km

✉ 51429 · OT Bensberg · Kadettenstraße · ☎ (0 22 04) 4 29 06 · Fax: 4 29 81
Neue Küche · **Geöffnet:** Do.-So.: ab 19 Uhr · **Ruhetag:** Mo/Di./Mi. · **Ferien:** 2022: 1.-6.1./21.2.-10.3./18.7.-18.8. · **Tische:** 15/38 Plätze
info@schlossbensberg.com · www.schlossbensberg.com

Speisekarte: 1 Menü von 240,00 bis 285,00 €
900 Weinpos.

Im barocken Schloss Bensberg ist das ehemalige Kavaliershäuschen – ursprünglich für höhere Beamte, Gäste und Angestellte des Hofes bestimmt – heute ein Sehnsuchtsort für den weitgereisten Gourmet, findet man hier doch dank Chefkoch Joachim Wissler eines der besten Restaurants Deutschlands. Bereits das Interieur zeugt von erlesenem Geschmack: Verschieden große Natursteinfliesen kontrastieren in ihrer Urwüchsigkeit mit den elegant eingedeckten Tischen und feinen, grauen Fauteuils. Schwarz und goldfarbene halbrunde Elemente wiederholen sich in der Wandgestaltung und als Buffet-Element und erinnern in ihrer Gegensätzlichkeit an Elemente des Yin und Yang. Zu diesem weltoffenen Gesamtkunstwerk passt die Küche von Joachim Wissler, der seine Freude an Lebensmitteln auf dem elterlichen Bauernhof kennen lernte. Dort wurden ihm Respekt vor den Tieren und den Gaben der Natur vermittelt, bekam er ein Gespür für die Produkte und ihre unterschiedlichen Reifegrade und nahm zusätzlich eine Erdung fürs Leben mit, die in der Hochgastronomie nicht immer selbstverständlich ist. Seinen Speisen gehen Tüfteleien und Experimente voraus, immer wieder werden die Kompositionen auf Ausgewogenheit abgeklopft, werden Nuancen verändert, um das optimale Ergebnis zu erzielen. Es sind gerade die verblüffend innovativen Zusammenstellungen, die den Gast herausfordern, ihn aber nicht überfordern. Am Ende jeder Komposition steht ein essbares Kunstwerk, bei dem sich nur erahnen lässt, wieviel Fantasie, Können und Disziplin ihm zugrunde liegen. Dass ein Restaurant dieser Klasse auch mit einem top geschulten Service aufwarten kann, ist selbstverständlich und obliegt Christoph Strahl, der als Maître jedem Gast behilflich ist, Fragen beantwortet und für einen unvergesslichen Restaurantbesuch sorgt. Jochen Büscher ist ein so kompetenter wie sensibler Sommelier und in puncto Wein der perfekte Ansprechpartner.

Bhf→15 km

Trattoria Enoteca

51429 · OT Bensberg · Kadettenstraße · ☎ (0 22 04) 4 29 15 · Fax: 4 28 88
Italienische u. Mediter. Küche · **Geöffnet:** 18-22 Uhr, zusätzl. Lunch Sa./So.: 12-14 Uhr, · **Tische:** 18/55 Plätze
info@schlossbensberg.com · www.schlossbensberg.com

Speisekarte: 12 Hauptgerichte von 22,00 bis 46,00 €; Menüs von 52,00 bis 68,00 €

Die gediegene Einrichtung in der "Trattoria Enoteca" mit dunklen Stühlen, offenem Weinregal und blanken Tischen vermittelt eine gesellig-entspannte Atmosphäre und heitere, italienische Lebensart wie in einem toskanischen Landgasthaus. Chefkoch Marcus Graun sorgt für den dazugehörigen aromenstarken Genuss. Seine "Cucina Creativa" ist ein feiner Querschnitt italienischer Spezialitäten und Klassiker, wie wir sie so lieben. Unverfälscht, ehrlich und gekonnt werden die Speisen zubereitet, sind die wechselnden Jahreszeiten zusätzliche Ideengeber. Leichte Fischgerichte und frische, hausgemachte Pasta gehören ebenso zum Angebot wie mehrgängige Saisonmenüs, eines ist übrigens immer vegetarisch. Samstag und Sonntag werden die Türen auch zum Lunch – gerne in familiärer Runde – geöffnet. In der angeschlossenen Wein-Boutique mit italienischem Flair findet man alle Weine der Karte, die man käuflich erwerben und auch zum Verschenken als Präsent verpacken lassen kann.

Berlin

Bhf→6 km

12seasons Berlin

10629 · OT Charlottenburg · Giesebrechtsstraße 3 · ☎ (0 30) 92 25 80 49
Moderne europäische u. saisonale Küche · Küche: 18–22 Uhr · **Ruhetag:** So./Mo. · **Tische:** 7/48 Plätze
office@12seasons.berlin · www.12seasons.berlin

Speisekarte: 4 Hauptgerichte von 20,00 bis 30,00 €; 3 Menüs von 55,00 bis 95,00 €

Küchenchef Kamel Haddad kocht in seinem stylischen Restaurant mit Leidenschaft und eigenem Stil. Seine Küche ist saisonal, authentisch und intuitiv, Gemüse und Kräuter gehören zu den Hauptkomponenten, entsprechen dem täglichen Marktangebot und zeigen die Vielfalt der Natur. Die Speisen werden von Tim Hansen, Vitali Müller oder dem Chefkoch am Tresen rund um die offene Küche und am Tisch serviert, was erheblich zur lässigen und kommunikativen Atmosphäre beiträgt.

Bhf→500 m

Adlon Kempinski

10117 · OT Mitte · Unter den Linden 77 · ☎ (0 30) 2 26 10 · Fax: 22 61 22 22
Rest. "Quarré", Gourmetrest. "Lorenz Adlon Esszimmer", Adlon Day Spa
hotel.adlon@kempinski.com · www.hotel-adlon.de

304 **DZ** ab 290,00 €;
(Jui.-)Sui. von 500,00 bis 26.000,00 €
Ein exzellenter Service, niveauvolles Ambiente und die Lage direkt am Brandenburger Tor machen das legendäre und weltbekannte "Adlon" zur ersten

Adresse in Berlin. Restaurants, ein luxuriöser Spa-Bereich, eindrucksvolle Veranstaltungsräume und die elegante Bar lassen keine Wünsche offen.

Adlon Kempinski - Lorenz Adlon Esszimmer

✉ 10117 · Unter den Linden 77 · ☎ (0 30) 22 61 19 60 · Fax: 22 61 22 22
Klass. u. Europäische Küche · **Geöffnet:** 19–23 Uhr · **Ruhetag:** So./Mo./Di. ·
Ferien: 1.-23.1.22 · **Tische:** 12/40 Plätze
hotel.adlon@kempinski.com · www.lorenzadlon-esszimmer.de ·

Speisekarte: 1 Menü von 190,00 bis 250,00 €

550 Weinpos.

Im elegant eingerichteten Restaurant kann man sich – begleitet vom Blick aufs Brandenburger Tor – kulinarisch verwöhnen lassen. Da der langjährige Chefkoch Hendrik Otto kurz vor Redaktionsschluss ausschied, können wir nur Abwartehauben vergeben.

Bricole

Bhf→2 km

✉ 10437 · OT Prenzlauer Berg · Senefelderstraße 30 · ☎ (0 30) 84 42 13 62
Moderne Küche · **Geöffnet:** Mo.-Fr. ab 18:30 Uhr · **Ruhetag:** Sa./So. · **Tische:** 8/22 Plätze
info@bricole.de · www.bricole.de ·

Speisekarte: 2 Menüs von 69,00 bis 79,00 €

250 Weinpos.

Im quirligen und angesagten Prenzlauer Berg ist das "Bricole" eine echte gastronomische Bereicherung, spricht es nicht nur den Kiez-Bewohner, sondern auch den Berliner und Berlin-Besucher an. Das liegt auch am unprätentiösen, lässigen und kosmopolitischen Ambiente, denn das Interieur ist ein gekonnter Stilmix mit blanken Tischen, unterschiedlichen, alten Stühlen, Dielenboden, niveauvollen Gestaltungselementen und punktgenauer Illumination. Man spürt, dass das Betreiber-Trio mit Leidenschaft zur Sache geht. Patron Fabian Fischer ist für die Gäste zuständig: Er erläutert die Speisen, berät zu den Weinen und steht auch bei Sonderwünschen bereit. Jan Rethemeier führt die integrierte Bar, mixt und schenkt ein und Steven Zeidler ist der verantwortliche Mann am Herd. Er bietet zwei untereinander kombinierbare Menüs an und gibt somit individuellen Vorlieben mehr Raum. Die Gerichte basieren auf erstklassigen Grundprodukten und werden unverfälscht und dennoch raffiniert zusammengestellt. Regionales erfährt geschickte Verfeinerungen und der Blick geht immer auch über den nationalen Tellerrand. Das ist eine facettenreiche Küche, die einfach Spaß macht und tatsächlich den Anspruch erfüllt, ein modernes und bezahlbares Casual Fine Dining zu bieten.

Ein Restaurant mit anspruchsvoller Küche.

Bhf→500 m

Bandol Sur Mer

✉ 10115 · OT Mitte · Torstr. 167 · ☎ (030) 67 30 20 51
Neue und Reg. Küche · **Geöffnet:** Do.-Mo.: 18:30-21 Uhr · **Ruhetag:** Di./Mi. ·
Tische: 7/17 Plätze
contact@bandolsurmer.de · www.bandolsurmer.de

Speisekarte: 1 Menü von 95,00 bis 139,00 € 200 Weinpos.
Lässiger als im "Bandol sur Mer" lässt sich exklusive französische Küche kaum genießen. Chefkoch Andreas Saul sorgt für aromenprononcierte Speisen, die von seinem Können, gepaart mit überbordender Fantasie zeugen und auch wegen der exzellenten Weinbegleitungen großen Erinnerungswert haben.

Bieberbau OT Wilmersdorf

✉ 10715 · Durlacher Straße 15 · ☎ (0 30) 8 53 23 90 · Fax: 81 00 68 65
Klassische u. Regionale Küche · **Geöffnet:** 17:30–22 Uhr · Küche: 17:30–19:30 Uhr · **Ruhetag:** Sa./So. · **Tische:** 16/45 Plätze
restaurant@bieberbau-berlin.de · www.bieberbau-berlin.de

Speisekarte: 2 Hauptgerichte bis 22,50 €; 3 Menüs von 56,00 bis 85,50 € 100 Weinpos.
Im Interieur wurden historische Elemente beibehalten und erinnern an den "Bieberbau" als beliebten Treffpunkt der Berliner Avantgarde. Heute begeistert Chefkoch Stephan Garkisch mit seiner kulinarischen Kunst die Gäste und präsentiert eine unverfälschte, moderne Produktküche, in der frische Kräuter fulminante Aromenträger sind.

Bhf→1 km

Bonvivant

✉ 10781 · Goltzstr. 32 · ☎ (01 76) 61 72 26 02
Eig. Kreat., „Eat-Easy Cuisine" · **Geöffnet:** Mi.-Sa. ab 18 Uhr, Sa./So. ab 10 Uhr Brunch · **Ruhetag:** So./Mo./Di. · **Tische:** 16/46 Plätze
info@bonvivant.berlin · www.bonvivant.berlin

Speisekarte: 4 Hauptgerichte von 15,00 bis 19,00 €; 1 Menü von 45,00 bis 67,00 € 25 Weinpos.
Das innovative Konzept – ein Cocktail Bistro, das die Kombination eines lässigen Cocktailabends in Verbindung mit bestem Essen bietet – kommt bei den Gästen an. Chefkoch Nikodemus Berger, selber von Kind an Vegetarier, kocht mit raffinierten Ideen und präsentiert saisonale und regionale Speisen, die bevorzugt auf heimischen Zutaten basieren.

Bhf→2 km

Christopher's

✉ 10629 · OT Charlottenburg · Mommsenstr. 63 · ☎ (030) 24 35 62 82
Neue Küche, eig. Kreationen · **Geöffnet:** 18–23:30 Uhr · **Ruhetag:** So. · **Tische:** 25/60 Plätze
info@christophers.online · www.christophers.online

Speisekarte: 4 Hauptgerichte von 18,00 bis 35,00 €; 1 Menü von 65,00 bis 75,00 € 360 Weinpos.
Das junge und weltoffene Konzept aus Bistro, Bar und Casual Fine Dining im lässig eingerichteten "Christopher's" geht dank Chefkoch Christopher Kümper auf. Er kocht handwerklich präzise, mit lockerem Schwung und vielen Ideen gehobene Regionalia und Speisen aus aller Herren Länder. Raffiniertes Barfood ergänzt das Angebot.

Bhf→7,5 km

CODA Dessert Dining & Bar

✉ 12047 · OT Neukölln · Firedelstr. 47 · ☎ (030) 91 49 63 96
Eigene Kreationen · Küche: 19–00 Uhr · **Ruhetag:** So./Mo./Mi. · **Ferien:** je 2 Wo. Jan.+Juli · **Tische:** 7/26 Plätze
table@coda-berlin.com · www.coda-berlin.com

Speisekarte: 2 Menüs von 88,00 bis 165,00 €
Küchenchef René Frank verspricht eine Reise zurück zum Ursprung des Geschmacks. Kompromisslose Frische

und handwerkliche Präzision hat dabei oberste Priorität. Serviert werden 7 Gänge (ab 19 Uhr), bzw. 4 Gänge (ab 22 Uhr).

Cookies Cream

Bhf→2 km

✉ 10117 · OT Mitte · Behrenstr. 55 · ☎ (030) 27 49 29 40
eig. Kreat., Vegetarisch · Küche: 18:00–23:00 Uhr · **Ruhetag:** So./Mo. · **Tische:** 26/80 Plätze
cream@cookie.ch · cookiescream.com

Speisekarte: 5 Hauptgerichte ab 25,00 €; 1 Menü von 79,00 bis 99,00 €
60 Weinpos.
Im "Cookies Cream" hebt Chefkoch Stephan Hentschel vegetarische Küche auf ein ganz neues Niveau. Die erstklassigen Zutaten bezieht er vorzugsweise von einem Bauern in Brandenburg und kombiniert sie mit Können und Leidenschaft. Klassische und moderne Zubereitungstechniken münden in neue, ungemein innovative Kompositionen.

Cordo

✉ 10115 · Große Hamburger Straße 32 · ☎ (0 30) 27 58 12 15
Moderne Küche · **Geöffnet:** Di.-Sa. ab 18:30 Uhr · **Ruhetag:** So./Mo.
cordo@cordo.berlin · www.cordo.berlin

Speisekarte: 2 Menüs von 135,00 bis 150,00 €
So weltoffen und lässig das Interieur und die Atmopshäre im "Cordo" sind, so unprätentiös und facettenreich – manchmal könnte etwas weniger mehr sein – ist die Küche von Yannick Stockhausen. Er kocht mit großer Leidenschaft und einer Fülle genialer Ideen, die er sich aus aller Herren Länder holt und mit kreativem Schwung ins Tellerrund platziert.

Dae Mon

Bhf→3,5 km

✉ 10178 · OT Mitte · Monbijouplatz 11 · ☎ (0 30) 26 30 48 11
Asiatische u. Europäische Küche · **Geöffnet:** Do.-Sa. ab 18 Uhr · **Ruhetag:** So./Mo./Di./Mi.
mail@dae-mon.com · www.dae-mon.com

Speisekarte: 4 Hauptgerichte von 26,00 bis 46,00 €; 1 Menü ab 92,00 €
Avantgardistisch eingerichtet, ist das Dae Mon nahe dem Hacke'schen Markt ein Restaurant für Menschen, die neugierig geblieben sind und das Besondere lieben. Chefkoch Raphael Schünemann pflegt eine „open minded cuisine", die grenzübergreifend ist und in der er Strömungen aus Europa, Japan und Korea in innovativen Kombinationen präsentiert.

Einsunternull

Bhf→500 m

✉ 10115 · OT Mitte · Hannoversche Str. 1 · ☎ (030) 27577810
Berliner Klassiker neu interpretiert · **Geöffnet:** Fr.-Mo.: 19-23 Uhr · **Ruhetag:** Di./Mi./Do. · **Tische:** 16/40 Plätze
kontakt@einsunternull.com · www.einsunternull.com

Speisekarte: 2 Menüs ab 139,00 €
230 Weinpos.
Modern und unprätentiös eingerichtet, erlebt man im "Einsunternull" dank Chefkoch Silvio Pfeufer das rasante, bunte und vielfältige Berlin in kulinarischer Form. Sein Spiel mit Aromen und Texturen ist gekonnt und raffiniert.

faelt

✉ 10823 · OT Schöneberg · Vorbergstraße 10 a · ☎ (030) 78 95 90 01
kreative, nachhaltige Küche · **Geöffnet:** Di. - Sa. 18:30 - 23:30 · **Ruhetag:** So./Mo.
booking@faelt.de · www.faelt.de

Speisekarte: 1 Menü (7-Gang) zu 89,00 €
40 Weinpos.
Im kleinen, aber feinen Restaurant mit offener Küche schafft Björn Swanson eine stimmungsvolle Atmosphäre und verwirklicht seine Vorstellung von pro-

duktorientierten, avantgardistischen und dennoch verständlichen Speisen. Ungezwungenes Fine Dining, das Spaß macht und zum Wiederkommen einlädt.

Bhf→4 km

♜ Frühsammers Bistro Grundschlag

✉ 14193 · Flinsberger Platz 8 · ☎ (0 30) 89 73 86 28
Moderne europäische Basisküche · Küche: 12–14:30/17:30–21:30 Uhr · **Ruhetag:** So./Mo. · **Tische:** 8/30 Plätze
VISA AE EC
info@fruehsammers.de · www.grundschlag.de · f

Speisekarte: 4 Hauptgerichte von 11,00 bis 21,00 €; 1 Menü ab 36,00 €
100 Weinpos.

Sonja und Peter Frühsammer haben auch ein Herz für Feinschmecker, die nicht immer die ganz große Küchenbühne betreten, aber dennoch außergewöhnlich gut essen wollen, und haben mit dem "Bistro Grundschlag" ein Restaurant "für jeden Tag" etabliert. Unprätentiös und geschmackvoll in Beige- und Brauntönen gestaltet und mit blanken Holztischen eingerichtet, sitzt man hier in entspannter Atmosphäre und kann sich auf eine Küche freuen, die mit Unverfälschtheit und Aromentiefe eine perfekte Symbiose von Geradlinigkeit, Fantasie und Kreativität ist. Die Chefköchin und Dame des Hauses, Sonja Frühsammer, hat ihr das Label "moderne europäische Basisküche" gegeben, wir nennen es kulinarische Vielseitigkeit mit Seele. Brot, Nudeln, Eis, Teige und Fonds werden selber hergestellt, die Karte wechselt täglich, was ein Höchstmaß an Flexibilität erlaubt. Das dreigängige Menü gibt es angesichts der Qualität und tadellosen Zubereitung zu einem unglaublich fair kalkulierten Preis. Auch hier ist Peter Frühsammer der zugewandte Ansprechpartner für Gästefragen und vor allem der Fachmann, wenn es um die versierte Weinberatung geht.

Bhf→4 km

♜ Frühsammers Restaurant

✉ 14193 · Flinsberger Platz 8 · ☎ (0 30) 89 73 86 28
Klass. u. Neue Küche, eig. Kreat. · Küche: 19–20:30 Uhr · **Ruhetag:** So./Mo./Di. · **Tische:** 5/20 Plätze
VISA AE EC
info@fruehsammers.de · www.fruehsammers.de · f

Speisekarte: 1 Menü "Sonja kocht" zu 135,00 €
800 Weinpos.

Die sehenswerte, zum Grunewalder Tennisclub gehörende Villa in augenfälligem Sienarot beheimatet mit "Frühsammers Restaurant" ein echtes kulinarisches Kleinod. Das Interieur mit dunklem Parkettboden, bodentiefen Sprossenfenstern und edel eingedeckten Tischen ist von niveauvoller Schlichtheit und in zurückhaltender Eleganz eingerichtet. Sonja und Peter Frühsammer führen ihr Restaurant passioniert und mit großem Einsatz. Beider Bestreben ist, dass ihre Gäste rundum zufrieden sind, den Alltag für ein paar Stunden vergessen und sich mit allen Sinnen dem kulinarischen Genuss der exklusiven Küche von Sonja Frühsammer hingeben. Sie arbeitet mit handverlesenen Zutaten, die von bekannten Händlern und Erzeugern kommen und in ihrer Erntefrische dem jahreszeitlichen Wechsel entsprechen. Mit Können und Ideenreichtum kreiert sie daraus klassische Speisen, die ihre eigene, zeitgemäße Handschrift tragen und den Gast auf eine große und sinnliche Reise durch die Küchen Europas mitnehmen. Es wird ein Menü "Sonja kocht" angeboten, man kann aber auch – mit Ankündigung bei der Reservierung – à la Carte aus dem Bistro-Angebot wählen. Peter Frühsammer ist formvollendeter Gastgeber, zugewandter Maître und er hütet einen beachtlichen Weinschatz, den er seinen Gästen mit großem Feingefühl näherbringt.

GOLVET

Bhf→1 km

✉ 10785 · Potsdamer Str. 58 · ☎ (030) 89 06 42 22
eig, Kreat., asiat. Einflüsse · **Geöffnet:** Mi.-Sa.: 18-22:45 Uhr · **Ruhetag:** So./Mo./Di. · **Tische:** 24/85 Plätze
VISA AE
info@golvet.de · www.golvet.de

Speisekarte: 2 Hauptgerichte von 60,00 bis 65,00 €; 1 Menü von 99,00 bis 129,00 €
175 Weinpos.
Chefkoch Jonas Zörner präsentiert eine Produktküche, die durchdacht und innovativ zugleich ist. Das Spiel mit Aromen und Texturen bleibt immer verständlich. Für die passende (non-)alkoholische Getränkebegleitung sorgt Barchef Andreas Andricopoulos.

Horváth

Bhf→600 m

✉ 10999 · OT Kreuzberg · Paul-Lincke-Ufer 44a · ☎ (0 30) 61 28 99 92 · Mod. Küche, 6 oder 8 Gang, auch alkoholfr. Begleitung, Weinreben-Terrasse · **Geöffnet:** Di.-Sa. ab 18:30 Uhr · Küche: 18:30–22 Uhr · **Ruhetag:** So./Mo.
VISA AE
mail@restaurant-horvath.de · www.restaurant-horvath.de

Speisekarte: 1 Menü von 145,00 bis 185,00 €
250 Weinpos.
Auf den Tellern von Chefkoch Sebastian Frank geht es gleichberechtigt zu – er nennt es treffend emanzipatorisch. Kein Produkt dominiert das andere, vielmehr verbindet er sie mit magischer Kreativität zu ausbalancierten Speisen voller Aromentiefe und setzt gerne noch den ein oder anderen Akzent aus seiner österreichischen Heimat.

Hotel de Rome OT Mitte

Bhf→3 km

✉ 10117 · Behrenstraße 37 · ☎ (0 30) 4 60 60 90 · Fax: 46 06 09 20 00 · Italienisch-Japanisches Restaurant "Chiaro", Bar, Rooftop Terrasse (Yoga im Sommer)
21 km
VISA AE
info.derome@roccofortecollection.com · www.roccofortecollection.com

61 **DZ** von 300,00 bis 555,00 €;
als **EZ** von 300,00 bis 555,00 €;
37 **Suiten** von 755,00 bis 18.000,00 €
as luxuriöse Hotel de Rome liegt im Herzen Berlins mit fantastischem Blick auf den Bebelplatz. Fünf Konferenzräume und ein Ballsaal sind mit neuester Technologie ausgestattet. Im Spa de Rome kann man bei zahlreichen Wellnessangeboten relaxen.

Hotel Palace Berlin OT Charlottenburg

Bhf→500 m

✉ 10787 · Budapester Straße 45 · ☎ (0 30) 2 50 20 · Fax: 25 02 11 19 · Boutique Restaurant "beef 45", Lobby Lounge, House of Gin mit 150 Gins und innovativem Bar-Food, Smoker's Lounge
VISA AE
hotel@palace.de · www.palace.de

205 **DZ** von 129,00 bis 630,00 €;
33 **EZ** von 129,00 bis 630,00 €;
40 **Suiten** von 260,00 bis 5.500,00 €
Die Zimmer und Suiten im "Hotel Palace Berlin" sind ein erstklassiges Refugium auf Zeit. Tagungen finden in 18 Räumlichkeiten (insgesamt 2.600 m²) statt. Entspannung wartet im 800 m² großen Spa. Das gastronomische Angebot ist sehr vielseitig.

Bhf→500 m

InterContinental Berlin OT Tiergarten-Süd

✉ 10787 · Budapester Straße 2 · ☎ (0 30) 2 60 20 · Fax: 26 02 26 00
Hugos Restaurant, Marlene Restaurant und Marlene Bar, L.A. Café
VISA AE
berlin@ihg.com · www.berlin.intercontinental.com

558 **DZ** von 99,00 bis 320,00 €;
50 **Suiten** von 164,00 bis 420,00 €
So wie die Hauptstadt vereint auch das InterContinental Berlin Geschichte und Moderne unter einem Dach. Hier finden sich die ganze Vielfalt moderner Annehmlichkeiten sowie exzellente Tagungsmöglichkeiten.

Bhf→500 m

InterContinental Berlin - Hugos OT Tierg.-Süd

✉ 10787 · Budapester Straße 2 · ☎ (0 30) 26 02 12 63 · Fax: 26 02 26 18
Neue Küche · Küche: 18:30–21:30 Uhr · **Ruhetag:** So./Mo. · **Ferien:** variabel, a. A. · **Tische:** 12/42 Plätze
VISA AE
info@hugos-restaurant.de · www.hugos-restaurant.de

Speisekarte: 5 Hauptgerichte von 32,00 bis 46,00 €; 1 Menü von 155,00 bis 180,00 € 770 Weinpos.
Hoch über den Dächern Berlins mit spektakulärem Blick auf die Stadt speist es sich ganz besonders gut. Dafür sorgt Chefkoch Eberhard Lange mit Speisen aus der Kreativabteilung, die sowohl raffiniert als auch unverfälscht und eine Klasse für sich sind.

Bhf→4,5 km

Irma la Douce

✉ 10785 · OT Schöneberg · Potsdamer Straße 102 · ☎ (0 30) 23 00 05 55
Französische Küche · Küche: 18–23:45 Uhr
VISA AE
irma@irmaladouce.de · www.irmaladouce.de

Speisekarte: 6 Hauptgerichte von 28,00 bis 45,00 €
ca. 50 Weinpos.
Stylish eingerichtet, ist die Atmosphäre im Restaurant lässig und kommunikativ. Chefkoch Michael Schulz sorgt für eine aromenstarke und unverfälschte französisch inspirierte Küche.

Bhf→5 km

Kin Dee

✉ 10785 · Lützowstraße 81 · ☎ (0 30) 2 15 52 94
Thailändische Küche · **Geöffnet:** Di.-Sa. ab 18 Uhr · **Ruhetag:** So./Mo.
reservations@kindeeberlin.com · www.kindeeberlin.com

Speisekarte: 1 Menü zu 62,00 €
Jenseits der Küchen asiatischen Mainstreams kann man im "Kin Dee" erstklassige, wirklich authentische thailändische Speisen in filigraner Zubereitung genießen. Chefköchin Dalad Kambhu ist es am liebsten, wenn das im "Family Style", d. h. in kommunikativer Runde geschieht, und die Speisen in der Mitte des Tisches stehen.

Bhf→500 m

Kitchen Library

✉ 10623 · OT Charlottenburg · Bleibtreustraße 55 · ☎ (0 30) 3 12 54 49
Regionale Küche · **Geöffnet:** Mi.-Sa. ab 17:30 Uhr · **Ruhetag:** So./Mo./Di. · **Tische:** 10/26 Plätze
VISA
info@kitchen-library.de · www.kitchen-library.de

Speisekarte: 4 Hauptgerichte von 22,00 bis 26,50 €; 1 Menüs von 49,00 bis 98,00 €
40 Weinpos.
Dieser Zwei-Personen-Betrieb mit Udo Knörlein und Ehefrau Daniela Knörlein im Service hat es in sich: In der wunderbar stimmig eingerichteten Kitchen Library kann man sich in Kochbücher vertiefen oder – was unbedingt anzuraten ist – die Speisen des Patrons genießen. Die sind erfrischend kreativ und verführen mit einer Melange aus französischen, deutschen, schweizerischen und fränkischen Elementen.

Louisa's Place OT Wilmersdorf

Bhf→2 km

10709 · Kurfürstendamm 160 · (0 30) 63 10 30 · Fax: 63 10 31 00
Lounge, Bibliothek, Wellnessbereich, Frühstücksbuffet 26,- €/Person
info@louisas-place.de · www.louisas-place.de

47 **Suiten** von 155,00 bis 395,00 €
Bereits der Name dieses eleganten Hotels klingt nach luxuriöser Wohnzimmeratmosphäre. Tatsächlich wohnt man in privater Atmosphäre im "Louisa's Place" wie in einem edlen Berliner Stadtdomizil. Die meisten der individuell mit hochwertigen Materialen eingerichteten Suiten verfügen über Balkon oder Wintergarten.

Ottenthal

Bhf→300 m

10623 · Kantstraße 153 · (0 30) 3 13 31 62 · Fax: (0 30) 3 13 37 32
Österreichische Küche · **Geöffnet:** 17 - 22.00 Uhr, Küche 17-21:30 · **Ruhetag:** 24.+31.12. · **Ferien:** 9.-15.7. · **Tische:** 18/80 Plätze
restaurant@ottenthal.com · www.ottenthal.com

Speisekarte: 9 Hauptgerichte von 19,00 bis 31,50 €; 1 Menü ab 35,00 €
300 Weinpos.
Das "Ottenthal" ist ein Restaurant, in dem man sich einfach sofort wohlfühlt, so unaufgeregt, entspannt und weltoffen geht es dort zu, so behaglich ist es eingerichtet, so bodenständig und durchdacht ist die Küche dort. Unprätentiös ist der Bistrostil, man sitzt an blanken Tischen und kann sich von der Fülle an Weinen in den offenen Regalen inspirieren lassen – und sie bei Gefallen direkt in der angeschlossenen Weinhandlung kaufen. Das Sortiment ist groß, gerne werden noch unbekannte Bio-Winzer gefördert. Dafür sorgt Patron und Chefkoch Arthur Scheller, der sein Restaurant mit ganz viel Herzblut führt. Eine lange Reihe weißer und aufgepeppter Mozart-Büsten verrät das Geburtsland von Arthur Scheller, dem es Freude macht, bekannte Spezialitäten aus seiner österreichischen Heimat frisch, sorgfältig und gekonnt zuzubereiten und mit saisonalen Eigenkreationen zu ergänzen. Das Wiener Schnitzel gehört ebenso zu den Klassikern wie Gulasch oder der wunderbar mürbe Tafelspitz. Man könnte natürlich auch die Hauptspeise überspringen und sich mit Kaiserschmarrn, Wiener Apfelstrudel, Sachertorte und Marillenknödelln verwöhnen lassen, allerdings würde man wirklich etwas verpassen.

Nobelhart & Schmutzig

Bhf→2 km

10969 · OT Kreuzberg · Friedrichstr. 218 · (0 30) 25 94 06 10 · Fax: 25 94 06 11
Reg. und Neue Küche, Eigene Kreationen · **Geöffnet:** 18:30–2:00 Uhr · **Geöffnet:** Di.-Sa. ab 18:30 Uhr · **Ruhetag:** So./Mo. · **Ferien:** August + 2 Wo. Jan.
dubist@nobelhartundschmutzig.com · www.nobelhartundschmutzig.com

Speisekarte: 1 Menü ab 120,00 €
850 Weinpos.
Im "Nobelhart & Schmutzig" ist alles ein bisschen anders. Die Zutaten kommen ausschließlich aus dem Berliner Umland, werden von Chefkoch Micha Schäfer gekonnt kombiniert und in einen modernen und innovativen Kontext gesetzt.

An einer großen Tafel oder der Theke serviert, sind die Speisen häufig genug Anlass, in einen regen Austausch mit seinem Gegenüber zu treten.

Bhf→1 km

Parc Fermé

✉ 10553 · Wiebestraße 36-37 · ☎ (0 30) 20 61 30 50 · Fax: 20 61 30 40
Moderne, klassische Küche · **Geöffnet:** 18–22 Uhr · **Ruhetag:** So. · **Tische:** 10/30 Plätze
parcferme@classic-driver.eu · www.classic-driver.eu

Speisekarte: 5 Hauptgerichte von 14,00 bis 28,00 €; 1 Menü von 55,00 bis 60,00 € 250 Weinpos.
Das imposante Gebäude aus der Kaiserzeit war 1901 das größte Straßenbahndepot Europas, 1967 wurde in Westberlin der Straßenbahnverkehr eingestellt, eine Lagerhalle entstand, bis die Immobilie 2002 vom Land Berlin verkauft wurde. Heute findet man hier ein Dienstleistungszentrum für Oldtimer mit Werkstätten, Händlern, Automobilclubs, Veranstaltungsflächen sowie Gastronomie. Die wilhelminische Industriearchitektur ist nicht zuletzt für das "Parc Fermé" eine imposante Kulisse. Viel Glas ermöglicht tiefe Einblicke in das geschäftige Treiben der Service- und Restaurationswerkstätten, auf kostbare Oldtimer und ins Restaurant "Parc Fermé" mit seinen mit braunem Leder gepolsterten Stühlen, gerahmten Bildern und der geradlinigen Einrichtung, die sich zu einem "maskulinen" Interieur verbinden. Chefkoch Alexander Goesmann hat sich ein gutes Netzwerk verlässlicher Händler und Erzeuger aufgebaut, die er alle persönlich kennt und schätzt und denen artgerechte Tierhaltung und nachhaltige Erzeugung ebenso wichtig sind wie ihm. Seine handwerklich präzisen Speisen mit hohem Kreativitätsfaktor sind in der klassischen französischen Küche verwurzelt und gefallen mit modernen, innovativen Zubereitungen, bei denen Geschmcksverstärker ein no go sind. In der deutlich größeren Brasserie "Trofeo" gibt es einen Mittagstisch, Business-Menüs und sonntags ein Brunch mit Livemusik. Für die Durchführung von exklusiven Events aller Art ist die Classic Remise Berlin wie geschaffen.

Bhf→8 km

Prism

✉ 10627 · OT Charlottenburg · Fritschestraße 48 · ☎ (0 30) 54 71 08 61
Levantinische und Europäische Küche · **Geöffnet:** 18–24 Uhr · **Ruhetag:** So./Mo. · **Tische:** 7/26 Plätze
www.prismberlin.de

Speisekarte: 1 Menü von 89,00 bis 165,00 € ca. 230 Weinpos.
Es gibt nicht viele Restaurants, in denen spannender gekocht wird als im "Prism" von Gal Ben Moshe. Der kombiniert Würzungen und Gartechniken der Levante und traditionelle mittelalterliche Küche dieser Region mit skandinavischen und mitteleuropäischen Elementen. Das Ergebnis ist authentisch und filigran zugleich und eröffnet dem Gast komplett neue Geschmackswelten.

BLEND – berlin kitchen and bar

Bhf→5 km

✉ 10787 · OT Mitte · Budapester Straße 25 · ☎ (0 30) 26 96 26 96 · Fax: 26 96-10 00
Melting Pot Kitchen · **Geöffnet:** 12-18 Uhr Bistro Tageskarte, ab 18 Uhr Abendkarte · Küche: 12–14/18–23 Uhr · **Tische:** 20/74 Plätze
info@restaurant-blend.com · www.restaurant-blend.com

Speisekarte: 8 Hauptgerichte von 12,50 bis 32,00 €; 4 Tagesgerichte von 11,50 bis 32,00 €; 1 Mittagsmenü von 17,50 bis 21,00 €; 1 Menü zu 42,50 €

80 Weinpos.

Das "BLEND berlin kitchen and bar" spiegelt bereits im Namen, dass hier nichts von der Stange kommt, vielmehr eine bunte und wilde Mischung wartet. Ein gigantisches Zebra ist der Hingucker im frech designten Interieur und zugleich Verweis auf den nahegelegenen Zoo. Petrolfarbene Loungesessel, blanke Tische und große Fensterfronten verbinden sich zu einem bunten Stilmix. Im "BLEND" findet die quirlige und weltoffene Metropole Berlin im eine geniale kulinarische Entsprechung. Die Speisen von Chefkoch Steffen Sinzinger lassen sich in kein Schema pressen, vielmehr sind sie ein aufregender Mix aus den Küchen aller Herren Länder, der verschiedensten Würzungen und Zubereitungsformen. Unter dem Hashtag "sophisticated" wird die Küche zusammgefasst – ein Motto, das wirklich passt. Mit Verve und Können stellt er die Zutaten zusammen und kreiert eine spannende und genussvolle "melting pot cuisine". Sowohl das Lunchmenü (nach Wunsch 2- oder 3-gängig) als auch das Dinnermenü kann man sich nach Gusto zusammenstellen. Ein agiler Service unter aufmerksamer Leitung von Giovanni del Vecchio begleitet den Restaurantbesuch, den man in der sich anschließenden Bar mit extravagantem Interieur perfekt ausklingen lassen kann. Hier heißt es, Craft-Biere, frisch Gemixtes und Hochprozentiges aus aller Welt zu entdecken.

Sehr gute Serviceleistung

Pullman Berlin Schweizerhof

Bhf→5 km

✉ 10787 · OT Mitte · Budapester Straße 25 · ☎ (0 30) 26 96-0 · Fax: 26 96-10 00
Rest. „BLEND“ mit Melting Pot Kitchen, Frühstücksrest. "Le Bouveret"
H5347@accor.com · www.pullmanhotels.com

357 **DZ** ab 145,00 €;
als **EZ** von 145,00 bis 425,00 €;
20 **Suiten** ab 209,00 €

Lässiger Chic und modernes Design mit frecher Berliner Note: Das im eleganten Bauhausstil gestaltete Hotel vereint avantgardistisches Interieur mit schlichter Funktionalität und verfügt über 377 Zimmer und Suiten, 18 Konferenzräume mit insgesamt 1.610 m², das ebenfalls neu konzipierte Restaurant "BLEND – berlin kitchen & bar" sowie eine Fit and Spa Lounge mit dem größten Hotelpool der Stadt. Echt berlinerisch ist auch die Lage des Lifestyle-Hotels – direkt am Zoologischen Garten gelegen, sind es nur wenige Schritte zur weltbekannten Einkaufsmeile Kurfürstendamm.

Bhf→2 km

Regent Berlin

✉ 10117 · OT Mitte · Charlottenstr. 49 · ☎ (0 30) 2 03 38 · Fax: 20 33 61 19 · Lobby Lounge m. Kamin, Bar, Terr. im Innenhof, à-la-Carte-Frühstück, Health Club
25 km
info.berlin@regenthotels.com · www.regenthotels.com/berlin ·

156 **DZ** von 260,00 bis 400 €;
39 **Suiten** von 470,00 bis 3960,00 €
Das REGENT BERLIN liegt direkt am Gendarmenmarkt und überzeugt mit einem Interieur klassischer Eleganz und niveauvoll gestalteten Komfortzimmern. Mit dem "Charlotte & Fritz" gibt es ein exklusives Restaurant.

Bhf→1 km

Restaurant VOLT OT Kreuzberg

✉ 10999 · Paul-Lincke-Ufer 21 · ☎ (0 30) 3 38 40 23 20 · Fax: 3 38 40 23 29
Reg. u. Neue Küche · Küche: 18–22 Uhr · **Ruhetag:** So./Mo. · **Ferien:** 1 W. Winter/3 W. Sommer · **Tische:** 27/85 Plätze
info@restaurant-volt.de · www.restaurant-volt.de ·

Speisekarte: 2 Hauptgerichte von 28,00 bis 40,00 €; 2 Menüs von 76,00 bis 89,00 €
100 Weinpos.
Der urbane Charakter des VOLT, das in einem historischen Umspannwerk aus dem Jahre 1928 beheimatet ist, passt hervorragend zu der modernen und innovativen Küche von Chefkoch Christopher Jäger. Er folgt seinem eigenen, gemüseorientierten und produktfokussierten Küchenstil und lässt sich von den wechselnden Jahreszeiten inspirieren.

Bhf→1 km

Richard

✉ 10997 · Köpenicker Str. 174 · ☎ (030) 49 20 72 42
Klass. Küche, eig. Kreat. · Küche: 19–22 Uhr · **Ruhetag:** So./Mo./Di. · **Tische:** 20/50 Plätze
rsvp@restaurant-richard.de · www.restaurant-richard.de ·

Speisekarte: 1 Menü von 86,00 bis 98,00 € 150 Weinpos.
Ein bunter Stilmix prägt das Interieur des Restaurants RICHARD – hier kann man in lässiger Atmosphäre die frische, moderne Küche von Hans Richard genießen. Er kocht mit handwerklicher Präzision, einer Fülle raffinierter Ideen und bietet wenn möglich auch ein vegetarisches Menü der Extraklasse an.

Bhf→300 m

Rutz - Restaurant

✉ 10115 · OT Mitte · Chausseestraße 8 · ☎ (0 30) 24 62 87 60 · Fax: 24 62 87 61
Innovative Küche · **Geöffnet:** letzte Reservierungsannahme 19:30 Uhr · Küche: 18–19:30 Uhr · **Ruhetag:** So./Mo. · **Tische:** 12/38 Plätze
info@rutz-restaurant.de · www.rutz-restaurant.de ·

Speisekarte: 1 x 6-Gang-Menü zu 198,-; 1 x 8-Gang-Menü zu 245,- Euro €
650 Weinpos.
Im Restaurant "Rutz" sind die ausgesuchten, regionalen Zutaten von bester Qualität, und verzaubern in Form der Inspirationsmenüs zu immer wieder unvergleichlichen Geschmackserlebnissen. Die legendäre Weinkarte und das erklärte Ziel, allen Gästen einen wunderschönen Abend zu bereiten, wurden zuletzt 2020 mit 3 Michelin-Sternen ausgezeichnet. Das Rutz-Team um Sternekoch und Küchendirektor Marco Müller mit Chefkoch Dennis Quetsch, Sommelière des Jahres 2020 Nancy Großmann und Restaurantleiter Falco Mühlichen arbeitet mit Leidenschaft und großem Engagement. Puristische Finesse ist auch Pro-

gramm, wenn es um die Räumlichkeiten des Restaurants geht: Auf zwei Stockwerken öffnet sich das Restaurant mit Galerie und angeschlossener Terrasse für die Gäste. Elegant und gleichzeitig wunderbar ungezwungen, mitten in Berlin. Das Rutz ist seit 20 Jahren – seit Namensgeber und Sommelier Lars Rutz (†) und Weinhändler Carsten Schmidt 2001 die „Weinbar Rutz" eröffneten – Ziel und Zuflucht für Weinliebhaber, Entdeckungsfreudige und anspruchsvolle Genießer.

Rutz – Zollhaus OT Kreuzberg

Bhf→1 km

✉ 10961 · Car-Herz-Ufer 30 · ☎ (0 30) 23 32 -7 66 70 · Fax: 23 32 -7 66 80 · Regionale Küche · **Geöffnet:** Okt.-März: Di.-Sa. ab 18 Uhr / Apr.-Sept.: Mi.-Fr. ab 18 Uhr, Sa.+So. ab 16 Uhr; Küchenschluss 22 Uhr · **Ruhetag:** Mo./Di. · **Tische:** 8/28 Plätze

VISA AE EC

info@rutz-zollhaus.de · www.rutz-zollhaus.de ·

Speisekarte: Hauptgerichte ab 19,00 €

120 Weinpos.

Das „Alte Zollhaus" unter Ägide von Herbert Beltle ist nun das „Rutz – Zollhaus" und ein echtes Kleinod, in dem „ausgewogene regionale Spezialitäten für Genießer auf rebellische Rutz-Art zubereitet werden". Das traditionsreiche Restaurant direkt am Landwehrkanal wurde mit Bedacht renoviert, die historischen Boden- und Wandfliesen blieben erhalten und werden mit umlaufenden Bänken, blanken Tischen und sanft geschwungenen Sesseln ergänzt. Alles ist entspannt, lässig, weltoffen. Die Küche von Chefkoch Florian Mennicken ist beides: gehoben und geerdet. Er kombiniert die ausgesuchten Zutaten zu regionalen Speisen, bietet aber vor allem abends Innovativeres. Die „Rettung der deutschen Esskultur", die bereits in der Rutz Weinbar proklamiert wurde, wird hier fortgesetzt, lässt sich in Überraschungs-Speisefolgen und raffinierten Kombinationen erschmecken. Es ist gerade dieses „alles kann, nichts muss", dass dem Rutz – Zollhaus die besondere Note gibt. Umsichtiger Maître und kenntnisreicher Sommelier ist Hendrik Canis. Garten, Terrasse im Grünen und der Bootsanleger ums Eck werden an warmen Tagen auch zum besonderen Lieblingsort für Sommerfrischler.

Bhf→500 m

Steigenberger Hotel Berlin

✉ 10789 · OT Charlottenb. · Los-Angeles-Platz 1 · ☎ (0 30) 2 12 70 · Fax: 2 12 71 17
Rest. "Berliner Stube", Frühstücks-"Parksalon", Pianobar, Terrasse, Boutique
20 km
berlin@steigenberger.de · www.berlin.steigenberger.de

386 **DZ** ab 105,00 €;
als **EZ** ab 105,00 €;
11 **Suiten** ab 460,00 €
Nur wenige Schritte vom Ku'damm entfernt, grüßt dieses Hotel als eine der ersten Adressen Berlins und ist ein repräsentatives Domizil für den geschäftlichen oder privaten Aufenthalt.

Bhf→5 km

the Cord

✉ 10829 · EUREF-Campus 23-24 · ☎ (0 30) 26 47 67 92
Moderne Küche · **Geöffnet:** 17:30–23 Uhr · **Ruhetag:** Mo./Di.
info@euref.de · www.thecord.de

Speisekarte: 14 Hauptgerichte von 24,00 bis 98,00 €

Das "the Cord" (der Cord war 1937 das modernste Auto seiner Zeit) findet sich seit Mai 2021 auf dem EUREF-Campus am historischen Gasometer. Das urbane, stylishe Interieur mit integrierter Bar ist die perfekte Kulisse für die weltoffene Küche von Chefkoch Thomas Kammeier. Er arbeitet präzise, facettenreich und mit hohem Kreativitätsfaktor. Ein Schwerpunkt sind exzellente Fleisch-/Grillzubereitungen z. B. vom Duroc-Schwein oder Wagyu-Rind. Aber natürlich gibt es auch ein vegetarisches Angebot.

Bhf→2 km

The Mandala Hotel OT Tiergarten-Süd

✉ 10785 · Potsdamer Str. 3 · ☎ (0 30) 5 90 05 12 21 · Fax: 5 90 05 20 00
Gourmetrestaurant und Bar, Arrangements für Langzeitgäste
welcome@themandala.de · www.themandala.de

62 **EZ** ab 160,00 €;
95 **Suiten** ab 190,00 €
Am Potsdamer Platz empfiehlt sich das Haus als modernes, weltoffenes Boutique-Hotel für anspruchsvolle Gäste. Klar und schnörkellos sind die großen Studios und Suiten gestaltet. Fitness und Wellness ermöglicht das gepflegte Ono Spa. Für Veranstaltungen gibt es perfekte Räumlichkeiten.

Bhf→2 km

The Mandala Hotel - Facil

✉ 10785 · Potsdamer Str. 3 · ☎ (0 30) 5 90 05 12 34 · Fax: 5 90 05 22 22 · Klass. und Europ. Küche · **Geöffnet:** Mo.-Fr.: mittags ab 12 Uhr, abends ab 19 Uhr · **Ruhetag:** Sa./So. · **Ferien:** 3 Wo. Wint./2 Wo. Somm. · **Tische:** 14/48 Plätze
welcome@facil.de · www.facil.de

Speisekarte: 1 (ab 2 Gänge) Mittagsmenüs ab 28,00 €; 2 Menüs von 96,00 bis 218,00 € 420 Weinpos.
Dem Einfachen das Raffinierte zu entlocken, haben sich Küchendirektor Michael Kempf und Chefkoch Michael Gerner im stilvoll eingerichteten "Facil" mit großer Leidenschaft zum Ziel gesetzt. Das gelingt ihnen mit Zutaten in kompromisslos guter Qualität, großer Warenkunde, handwerklichem Geschick und innovativen Ideen.

Bhf→1,9 km

TheNOname

✉ 10117 · OT Mitte · Oranienburger Straße 32 · ☎ (0 30) 27 90 990-27
Moderne Weltküche · Küche: 12–16/18–23 Uhr · **Ruhetag:** So./Mo. · **Tische:** 12/40 Plätze

Speisekarte: 1 Mittagsmenü zu 35,00 €; 3 Menüs von 45,00 bis 109,00 €
Moderne Streetart und historische Details im "TheNOname" sind Sinnbild für den Facettenreichtum Berlins. Dank Chefkoch Vicenzo Broszio mit seiner grenzübergreifenden, kreativen Küche macht sich das Restaurant mit Rasanz einen Namen, der für kulinarische Überraschungen steht.

The Westin Grand Berlin

Bhf→1 km

⊠ 10117 · OT Mitte · Friedrichstraße 158-164 · ☎ (0 30) 2 02 70 · Fax: 20 27 33 62
Frühstücksrestaurant "Coelln" und Rest. "Relish", Terrasse, Valet-Parking
25 km
info@westin-grand.com · www.westin-berlin.com

366 als **EZ** von 120,00 bis 499,00 €;
34 **Suiten** von 250,00 bis 3000,00 €
Das zentral gelegene Luxushotel der Extraklasse verfügt über stilvoll eingerichtete Komfortzimmer und einen sehr gepflegten Wellnessbereich. Modern ausgestattete Veranstaltungsräume und ein 3000 qm großer Sommergarten machen das Hotel auch zu einer perfekten Hochzeits-Location.

Tim Raue

Bhf→2 km

⊠ 10969 · OT Kreuzberg · Rudi-Dutschke-Str. 26 · ☎ (0 30) 25 93 79 30
Asiatisch-Europäische Küche · Küche: 12–13.30/19–21.30 Uhr · **Ruhetag:** So./Mo. · **Tische:** 17/50 Plätze
office@tim-raue.com · www.tim-raue.com

Speisekarte: 6 Hauptgerichte von 55,00 bis 92,00 €; 2 Mittagsmenüs von 88,00 bis 148,00 €; 3 Menüs von 182,00 bis 208,00 €
1200 Weinpos.
Tim Raue ist einer der deutschen Spitzenköche, der asiatische Küche auf eine ganz neue, bis dahin nicht bekannte Ebene gehoben hat. Er spielt mit den verschiedensten Gartechniken, Aromen und Würzungen und kreiert Speisen, die nicht nur den Gaumen kitzeln, sondern auch die Seele anrühren.

Tulus Lotrek

Bhf→7 km

⊠ 10967 · Fichtestr. 24 · ☎ (030) 41 95 66 87
eig. Kreat., innovative Gourmetküche · **Geöffnet:** 18–23 Uhr · **Ruhetag:** Di./Mi. · **Tische:** 14/34 Plätze
mail@tuluslotrek.de · www.tuluslotrek.de

Speisekarte: 1 Menü von 139,00 bis 175,00 €
160 Weinpos.
Das, was Chefkoch Maximilian Strohe und sein engagiertes Team im "Tulus Lotrek" veranstalten, passt perfekt zum urbanen, quirligen und weltoffenen Berlin. Die Küche lässt sich in keine Schublade stecken und hat als einzige Pflicht eine handwerkliche Qualität auf Topniveau. Alles andere ist die Kür. Nicht unerwähnt soll bleiben, dass Maximilian Strohe und Ilona Scholl mit Beginn der Corona-Pandemie die Initiative "Kochen für Helden" ins Leben gerufen haben, für die ihnen zurecht der Verdienstorden der Bundesrepublik Deutschland verliehen wurde.

Vienna House Andel's Berlin OT Lichtenberg

Bhf→100 m

⊠ 10369 · Landsberger Allee 106 · ☎ (0 30) 45 30 53-0 · Fax: 45 30 53-20 99
Frühstücksrestaurant "delight", Loft 14, Mavericks Restaurant
info.andels-berlin@viennahouse.com · www.viennahouse.com

534 **DZ** ab 108,00 €;
als **EZ** ab 108,00 €;
23 **(Jui.-)Suiten** ab 185,00 €
Das Vienna House Andel's Berlin ist ein modernes Designhotel. Das sky.café und die sky.bar in der 12. und 14. Etage bieten einen herrlichen Blick auf die pulsierende Metropole.

Vienna House Andel's Berlin – SKYKITCHEN

Bhf→100 m

⊠ 10369 · Landsberger Allee 106 · ☎ (0 30) 45 30 53-26 20 · Fax: 45 30 53-20 99
Klassische u. Moderne Küche · **Geöffnet:** 18–23 Uhr · **Ruhetag:** So./Mo. · **Tische:** 18/60 Plätze
restaurant@skykitchen.berlin · www.viennahouse.com

Speisekarte: 2 Menüs zu 125,00 €
190 Weinpos.
So bunt der Stilmix im Interieur des Restaurants im 12. Stock ist, so vielschichtig und facettenreich ist auch die Küche von Chefkoch Alexander Koppe. Der

kennt keine Dogmen in seiner Küche, vielmehr nur ehrliche, konzentrierte Arbeit, Freude am Tun und überbordende Kreativität.

Bhf→200 m

Waldorf Astoria Berlin

✉ 10623 · Hardenbergstr. 28 · ☎ (0 30) 8 14 00 00 · Fax: (0 30) 8 14 00 01
Französisches Gourmetrestaurant, Romanisches Café, Lang Bar
berlininfo@waldorfastoria.com · www.waldorfastoria.com

182 **DZ** ab 210,00 €;
EZ ab 210,00 €;
50 **Suiten** ab 260,00 €
Das Waldorf Astoria verspricht einen angenehmen Aufenthalt in den großzügigen Zimmern und luxuriöse Entspannung im Guerlain Spa mit hübscher Terrasse in der 6. Etage.

Bernau im Schwarzwald

Bhf→15 km

Rössle

✉ 79872 · St. Johann-Weg 2 · ☎ (0 76 75) 92 97 20
Restaurant, Arrangements, Frühstück im Zimmerpreis inkludiert
15 km
info@roessle-bernau.de · www.roessle-bernau.de

Family

29 **DZ** von 160,00 bis 230,00 €;
3 **EZ** von 70,00 bis 95,00 €;
5 **Suiten** von 230,00 bis 300,00 €
Seit 1912 ist das "Rössle" in einem sonnigen Hochtal im südlichen Schwarzwald beheimatet. Umgeben von Wiesen und Wäldern ist das Haus ein erholsamer Rückzugsort für jeden Erholungsuchenden. Der nimmermüde Einsatz von Familie Mäule mit Mutter Anneliese in dritter und den Kindern Alexandra und Florian in vierter Generation ist allgegenwärtig. Während Sohn Florian verantwortlicher Küchenchef ist und im behaglichen Restaurant für eine abwechslungsreiche und kreative, saisonale Regionalküche sorgt, kümmern sich Mutter und Tochter gemeinsam mit dem Team um alles andere. Der Gast logiert in geschmackvoll in einem dezenten Schwarzwälder Landhausstil eingerichteten Komfortzimmern (die meisten mit Balkon, Preise inkl. Frühstück) und kann den Ausblick in die schöne Landschaft genießen. Für Veranstaltungen aller Art gibt es vortreffliche Räumlichkeiten. Alle sind dank der großen Fenster lichtdurchflutet und egal, ob getagt oder gefeiert wird, die Begleitung durch die engagierten Mitarbeiter ist kompetent und zuvorkommend.
In der Freizeit kann man im gepflegten Spa mit Pool entspannen oder sich im Fitnessraum auspowern. Eine Vielzahl herrlicher Relaxangebote – u. a. Massagen, Thalasso, Ayurveda-Anwendungen, Visionäre Craniosacrale Körperarbeit – wartet, um den Alltag hinter sich zu lassen. Im Hotel "Rössle" mit seiner familiären Atmosphäre steht der Gast stets im Mittelpunkt aller Arbeit und hier wird an alles gedacht, was den Aufenthalt abwechslungsreich, genussvoll und nachhaltig erholsam macht.

Bescheid

Gasthaus Zur Malerklause

Bhf→30 km

54413 · Im Hofecken 2 · ☎ (0 65 09) 5 58 · Fax: 10 82 · Klass. u. Mediterr. Kü., eig. Kreationen · **Geöffnet:** Do.-Sa. ab 18 Uhr · Küche: 18:30–21 Uhr · **Ruhetag:** Mo./Di. /Mi. · **Ferien:** Anf. Sept., Fasenacht · **Tische:** 5/16 Plätze
malerklause@t-online.de · www.malerklause.de

Speisekarte: 5 Hauptgerichte von 34,00 bis 38,00 €; 1 Menü von 74,00 bis 98,00 € 250 Weinpos.
Die "Malerklause" ist sehr liebevoll und behaglich eingerichtet. Hier kommt man dank Patron und Chefkoch Hans Georg Lorscheider in den Genuss einer Küche, die frisch, vielfältig und handwerklich korrekt ist und deren feine Aromen sehr ausbalanciert sind.

Bielefeld

Abendmahl

Bhf→5 km

33611 · OT Schildesche · Johannisstraße 11a · ☎ (05 21) 8 61 05
Klass. u. Regionale Küche · Küche: 18–21 Uhr · **Ruhetag:** So./Mo. · **Ferien:** 2. W. Okt./3 W. April · **Tische:** 7/20 Plätze
info@abendmahl-restaurant.de · www.abendmahl-restaurant.de

Speisekarte: 1 Menü von 90,00 bis 119,00 € 180 Weinpos.
Ein charmanter Stilmix prägt das Interieur in Sebastian Höptners "Abendmahl" und greift seiner Küchenlinie vor. Denn auch die ist frisch, bunt, abwechslungsreich und handwerklich präzise. Das angebotene Menü wechselt alle sechs Wochen, basiert auf erstklassigen Zutaten und kann auf Vorbestellung auch als vegetarische Variante serviert werden.

Bielefelder Hof

Bhf→20 m

33602 · Am Bahnhof 3 · ☎ (05 21) 5 28 20 · Fax: 5 28 21 00
Restaurant, Bistro-Bar, Terrasse, Leihfahrräder ab 10,- €
info@bielefelder-hof.de · www.bielefelder-hof.de

120 **DZ** von 89,00 bis 249,00 €;
22 **EZ** von 89,00 bis 249,00 €;
19 **Suiten** auf Anfrage
Mitten im Stadtzentrum findet sich hinter einer hübschen, historischen Gründerzeit-Fassade dieses moderne und privat geführte Traditionshaus, das mit komfortablen, wohnlich-eleganten Zimmern und durchdachtem Tagungsbereich punktet.

Tomatissimo OT Kirchdornberg

Bhf→10 km

33619 · Am Tie 15 · ☎ (05 21) 16 33 33 · Fax: 16 33 26 · Neue u. Mediter. Küche, eig. Kreat. · **Geöffnet:** 18:00–open end · **Geöffnet:** So. auch 12-14 Uhr · Küche: 18–21:30 Uhr · **Ruhetag:** Mo./Di. · **Tische:** 22/60 Plätze
info@tomatissimo.de · www.tomatissimo.de

Speisekarte: 7 Hauptgerichte von 22,50 bis 39,00 €; 3 Menüs von 60,00 bis 98,00 € 80 Weinpos.
Chef de Cuisine Bernhard Grubmüller kocht im reizvollen "Tomatissimo" handwerklich präzise und aromenreich. Die authentischen, mediterranen Speisen sind bei den Gästen besonders beliebt. Alle sechs Wochen wechselt die Speisekarte. Auch Dry Aged Beef vom Holzkohlegrill wird geboten, eines der Menüs ist vegetarisch.

Dieses Restaurant bietet Ihnen ein gutes Genuss-/Preisverhältnis.

Bietigheim-Bissingen

Bhf→5 min

♜ Maerz - Das Restaurant

✉ 74321 · OT Bietigheim · Kronenbergstr. 14 · ☎ (0 71 42) 4 20 04
Neue, Intern. und Reg. Küche · Küche: 18:30–22 Uhr · **Ruhetag:** So./Mo. · **Tische:** 12/30 Plätze
VISA AE
info@hotel-rose.de · www.maerzundmaerz.de

Speisekarte: 3 Hauptgerichte von 32,00 bis 36,00 €; 1 Menü zu 129,00 €
205 Weinpos.
Traditionen und familiäre Verbundenheit waren immer Konstanten im Leben der Brüder Benjamin und Christian Maerz. 2013 setzten sie das Lebenswerk des verstorbenen Vaters fort und machten aus dem elterlichen Restaurant Rose ihr neues kulinarisches Kleinod "Maerz". Sie sahen die Weiterführung als große Herausforderung an und heute kann man getrost sagen, dass sie sie in allen Belangen gemeistert haben und dennoch den status quo nie als Endpunkt ansehen werden, weil Fleiß, Neugierde und Ehrgeiz zu den Triebfedern ihres Tuns gehören. Das Restaurant ist in unaufdringlicher Eleganz mit Geschmack eingerichtet, erzeugt keinerlei Schwellenängste, sondern ist ein Ort entspannten Genusses. Für den sorgt als Chefkoch Benjamin Maerz mit einem Ideenreichtum, der staunenswert ist. Die regionalen Wurzeln kappt er nicht, sondern nimmt sie vielmehr als wesentlichen Bestandteil seiner durchdachten und präzisen Produktküche. Dort gibt er sich aber nicht mit bekannten Zubereitungsarten und Würzungen zufrieden, sondern blickt weit über den schwäbischen Tellerrand hinaus, ohne in starre Muster zu verfallen. Küche ist für ihn etwas Lebendiges, das einem steten Wandel unterliegt und mit raffinierten Kombinationen und Überraschungen aufwarten kann und sollte. Seine modernen Speisen überfordern den Gast nicht, fordern ihn aber heraus, sich auf das gekonnte Spiel mit faszinierenden Aromen und verschiedensten Texturen einzulassen. So werden auch immer Menü-Specials angeboten wie das Sternschnupper-Menü – eine fünfgängiges Speisefolge mit kleinen Extras für zwei Personen für 179,- €. Christian Maerz ist praktisch der verlängerte Arm der Küche: Er leitet den Service mit leichter Hand, erläutert gerne die Speisefolgen und ist Ansprechpartner, wenn es um die korrespondierenden Weine und Getränke geht. Sein Fachwissen ist enorm und steht dem sensiblen Gespür für das passende Getränk in nichts nach. Eine außergewöhnliche Alternative zur Sternegastronomie ist das "Maerz Burger" (Mi.-Sa. 15-20:30 Uhr zum Mitnehmen, 18-21 Uhr vor Ort) – hier gibt es geniale Burger und deftige Speisen mit besten Wein- und Craft-Beer-Begleitungen.

Dieses Restaurant bietet Ihnen eine exzellente Küche.

♜ Rose

Bhf→5 min

✉ 74321 · OT Bietigheim · Kronenbergstr. 14 · ☎ (0 71 42) 4 20 04
Rest. m. Reg. u. Intern. Küche, reichhaltiges Frühstücksbüfett
5 km
info@hotel-rose.de · www.hotel-rose.de

11 **DZ** von 89,00 bis 129,00 €;
13 **EZ** von 79,00 bis 109,00 €;
7 **App.** von 99,00 bis 159,00 €

Ein wunderbares Zuhause auf Zeit ist das in unmittelbarer Nähe zur Altstadt gelegene, sehr engagiert geführte Hotel. Businessgäste im Raum Stuttgart wissen es ebenso zu schätzen wie Kurzurlauber und Familien, die einen guten Ausgangspunkt für Touren ins Schwabenland suchen. Gerade die harmonische Kombination von modernem Stil und traditionellem Flair macht den Reiz des Hauses aus. Die Zimmer (Frühstück im Preis inkludiert) sind sehr stil- und geschmackvoll eingerichtet und bieten zeitgemäßen Komfort und lässige Behaglichkeit. Exklusiven Frühstücks- und Business-Dinner gehören ebenso zum Angebot wie das exzellente Gourmetrestaurant und die schön gestaltete Weinbar, in der man Bodenstädiges mit Pfiff genießen kann. Bei kleinen und großen Wünschen steht ein Serviceteam bereit, dass sehr gastorientiert, kompetent und liebenswürdig weiterhilft.

Sehr gutes, komfortables Hotel

Billerbeck

♜ Domschenke

Bhf→700 m

✉ 48727 · Markt 6 · ☎ (0 25 43) 9 32 00 · Fax: 93 20 30 · Gaststätte, Bauernstübchen, Kaminzimmer, Terrasse, Frühstücksbuffet im Zi.-Preis inkl.
18 km
domschenke@t-online.de · www.domschenke-billerbeck.de

24 **DZ** von 85,00 bis 120,00 €;
als **EZ** von 60,00 bis 95,00 €;
4 **EZ** von 60,00 bis 75,00 €;
1 **Suite** von 120,00 bis 150,00 €

Am Fuße des beeindruckenden Billerbecker Doms steht dieses komfortable Hotel. Hier werden die Gäste mit typisch Münsterländer Gastfreundschaft empfangen. Schon seit dem Jahr 1668 eine Stätte gepflegter Gastlichkeit, kamen natürlich seitdem etliche Neuerungen hinzu. Für Businessgäste stehen technisch bestens ausgestattete Tagungsräume zur Verfügung, die mit ruhiger Atmosphäre für einen angenehmen Arbeitsaufenthalt sorgen und dank attraktiver Tagungs-Pauschalen optimal genutzt werden können. Die hübschen Räumlichkeiten – mal im altdeutschen Stil, rustikal oder südländisch heiter – , komfortablen Zimmer und der persönliche Service lassen auch jede individuell gestaltete private Feier zum Erfolg werden. Dafür ist das nette Hotelteam verantwortlich, allen voran Familie Groll, die das Gasthaus mit dem erstklassigen Restaurant nunmehr in fünfter Generation engagiert führt.

Bhf→700 m

Domschenke

✉48727 · Markt 6 · ☎ (0 25 43) 9 32 00 · Fax: 93 20 30
Regionale u. Crossover Küche · Küche: 12–14/18–22 Uhr · **Tische:** 26/100 Plätze
VISA AE
domschenke@t-online.de · www.domschenke-billerbeck.de

Speisekarte: 15 Hauptgerichte von 11,00 bis 30,00 €; 3 Menüs von 29,00 bis 56,00 €
250 Weinpos.

Der Billerbecker Dom ist eine kilometerweit sichtbare Landmarke, es ist also überhaupt nicht schwierig, auch die alteingesessene und mit familiärem Engagement traditionell geführte "Domschenke" zu finden, denn sie findet sich direkt rechts vom Hauptportal. Hinter der Eingangstür erwartet den Gast westfälische Behaglichkeit, elegant-rustikal im rechten Raum mit schick gestyltem Thekenbereich, links davon mit dem feinsinnig eingerichteten Restaurant. Grautöne und Kirschbaummöbel sowie geschmackvolle dekorative Elemente fügen sich zu einem niveauvollen Ganzen. Patron Frank Groll hat sein Handwerk von der Pike auf gelernt und steht selber am Herd. Das Umland ist reich an nachhaltig betriebenen Höfen und achtsam arbeitenden Händlern, so dass er die meisten der Zutaten für seine frische Produktküche in der Region beziehen kann. Daraus macht er Speisen, die keinem festen Stil unterliegen, vielmehr holt er sich Anregungen aus den Küchen der Welt und ertüftelt feine und kreative Gerichte, die handwerklich präzise, leicht und aromenstark sind, gerne die Jahreszeiten spiegeln und je nach Marktlage auch kurzfristig wechseln. Beate Apel leitet den aufmerksamen Service mit Übersicht und natürlicher Herzlichkeit. Im Sommer kann man auf der vorgelagerten Terrasse sitzen, eine kleine Auszeit nehmen und neben dem Genuss der Speisen das Kleinstadttreiben auf sich wirken lassen.

Dieses Restaurant bietet Ihnen ein gutes Genuss-/Preisverhältnis.

Birkenau (Odenwald)

Lammershof - WILD X BERG

Bhf→8 km

69488 · Abtsteinacher-Straße 2 · (0 62 01) 84 50 30
Moderne Fusionküche · **Geöffnet:** ab 18 Uhr · **Ruhetag:** So./Mo./Di. · **Ferien:** Jan./Aug. · **Tische:** 6/20 Plätze
info@lammershof.de · www.lammershof.de ·

Speisekarte: 11 Hauptgerichte von 19,00 bis 69,00 €; 1 Menü von 79,00 bis 118,00 € 129 Weinpos.

Historisches Holzständerwerk und moderne Elemente ergänzen sich im Restaurant WILD X BERG aufs Feinste. Küchenchef Kenneth Rentschler arbeitet unter dem Motto "farm to table", setzt auf Nachhaltigkeit, Saisonalität und präsentiert moderne, leichte Speisen.

Blankenhain

Gastronomie im Spa & GolfResort Weimarer Land

Bhf→20 km

99444 · Weimarer Straße 60 · (03 64 59) 61 64-0 · Fax: 61 64 40 09
Neue Thüringer und Mediterrane Küche · Küche: 18–21:30 Uhr
info@spahotel-weimar.de · www.golfresort-weimarerland.de ·

140 Weinpos.

Im Gourmetrestaurant "Masters" des Spa & Golf Resort Weimarer Land stimmt die Mischung: Gediegen und elegant, gefällt die Farbgebung in warmem Weinrot und edlem Grau, sind die samtigen, gepolsterten Fauteuils und feinste Tischkultur einladend und geraten die Wandgestaltung und raffinierte Accessoires zu echten Hinguckern. Chefkoch Danny Schwabe überzeugt mit einer abwechslungsreichen, frankophilen Küche der ausbalancierten Aromen und fein aufeinander abgestimmten Gewürze und Texturen. Die Zutaten sind handverlesen, kommen bevorzugt aus der Region und spiegeln das saisonale Marktangebot wider. Die handwerklich präzisen, kraftvollen und finessenreichen Speisen nehmen Anleihen in der leichten mediterranen Küche und können auch im raffiniert kombinierten Abendmenü (72,-/100,- €) kennengelernt werden. Zu den korrespondierenden Weinen berät Thomas Stobbe als feinfühliger und kenntnisreicher Sommelier. Ein zuvorkommender Service begleitet den Restaurantbesuch. Wer mag, lässt den Tag in der Smoker's Lounge ausklingen oder trifft sich mit Freunden in der Vinothek zu einer Verkostung.

Bhf→20 km

Spa & GolfResort Weimarer Land

✉ 99444 · Weimarer Straße 60 · ☎ (03 64 59) 61 64-0 · Fax: 61 64 40 09 · Restaurants, E-Bike-Verleih, geführte Wanderungen, Kinderbetreuung und -programme
am Haus VISA AE EC
info@spahotel-weimar.de · www.golfresort-weimarerland.de ·

76 **DZ** ab 289,00 €;
als **EZ** ab 189,00 €;
18 **Suiten** ab 359,00 €

Umgeben von einer 45-Loch-Golfanlage findet man in der Lindenblütenstadt Blankenhain dieses stilvolle 4 Sterne Superior Spa & GolfResort mit ländlich-elegantem Charakter. Viele Naturmaterialien und ein lässiger Einrichtungsstil geben dem gesamten Haus ein unprätentiöses, herrlich entspanntes Ambiente. Ob Groß oder Klein, Erholung suchend oder sportbegeistert – das Angebot im Spa & GolfResort Weimarer Land ist so vielfältig wie seine Gäste und lässt keine Wünsche offen. In der Spa-Welt steht alles im Zeichen von ganzheitlicher Ruhe und Entspannung: Verschiedene Pools, Saunen, Dampfbäder, Massagen, Anwendungen und Beauty-Treatments sorgen für nachhaltige Erholung. Die 45-Loch Golfanlage mit traumhafter Naturkulisse besteht aus zwei 18-Loch Golfplätzen und einem 9-Loch Übungsplatz. Die Kombination der beiden Plätze ermöglicht drei 18-Loch-Varianten, so dass Spieler mit jedem Handicap angesprochen und Spaß haben werden. Personal Trainings, geführte Wanderungen und (E-)-Bike-Touren machen den Urlaub zum abwechslungsreichen sportlichen Vergnügen. Für kleine Gäste reicht das Spektrum vom liebevoll gestalteten Spielhaus über Kids-Golf bis zu Kreativprogrammen. Nicht weniger ambitioniert und durchdacht als die vielseitigen Freizeitmöglichkeiten ist das gastronomische Angebot auf kulinarischem Topniveau. Die Zimmerpreise verstehen sich inklusive des reichhaltigen Frühstücksbuffets.

Hervorhebenswert in seiner Kategorie

Blieskastel

Hämmerle's Barrique

Bhf→300 m

✉ 66440 · Bliestalstraße 110 · ☎ (0 68 42) 5 21 42
Klassische u. Französische Küche · Küche: 19–21 Uhr · **Ruhetag:** So./Mo./Di. ·
Tische: 7/20 Plätze
info@haemmerles.de · www.haemmerles.de

Speisekarte: 2 Menüs von 85,00 bis 105,00 €
300 Weinpos.
In landschaftlich reizvoller Umgebung findet sich im Ortsteil Webenheim mit dem "Barrique" ein Restaurant für den anspruchsvollen Gast. Patron und Chefkoch Cliff Hämmerle versteht es mit Sachverstand und Fantasie, aus erstklassigen, gerne saisonalen Zutaten Speisen voller Ausdruckskraft und Aromentiefe zu kreieren.

Böbing

Bromberg Alm

Bhf→15 km

✉ 82389 · Bromberg 10 · ☎ (0 88 67) 9 20 45
Regionale und Deutsche Küche · Küche: 11–14/17–21 Uhr · **Ruhetag:** Di./Mi. (außer Feiertag) · **Ferien:** Nov. · **Tische:** 12/60 Plätze
je@bromberg-alm.de · www.bromberg-alm.de

Speisekarte: 15 Hauptgerichte von 11,80 bis 24,90 €; 9 Tagesgerichte von 12,60 bis 25,80 €; 1 Mittagsmenü zu 22,00 €; 1 Menü (inkl. Weinbegleitung) zu 120,00 € 15 Weinpos.
Dass die Bromberg Alm seit Jahrzehnten ein beliebtes Ausflugsziel ist, verwundert nicht, ist der Ausblick aus 820 m Höhe auf die wunderschöne Naturlandschaft von hier aus doch hinreißend schön. Begonnen hat die Erfolgsgeschichte mit dem Bau eines Skilifts, dem das Gasthaus folgte. Das wiederum übernahm Jakob Erhard von seinen Eltern, baute es weiter aus und machte daraus gemeinsam mit seiner Frau Britta ein liebevoll gestaltetes, oberbayerisches Kleinod. Das Restaurant ist mit viel Altholz und aufwändig gestalteten Decken sehr behaglich im landestypischen Stil eingerichtet. Wer nun die Küche einer Ausflugsgaststätte erwartet, irrt gewaltig. Das, was Patron und Chefkoch Ja-

kob Erhard auf die hübsch eingedeckten Tische bringt, ist durchaus ambitioniert und überzeugt mit einer Vielfalt von raffinierten Zusammenstellungen und abgestimmten Aromen. Die Zutaten kommen aus dem Umland von bekannten Händlern und Erzeugern und werden mit vielseitigen Ideen zu grundehrlichen Speisen kombiniert. Im Sommer sollte man einen Platz auf der großen Sonnenterrasse mit herrlichem Panoramablick wählen und das Essen nebst Ausblick mit allen Sinnen genießen.

Bocholt

Am Erzengel

Bhf→1,8 km

✉ 46397 · Münsterstraße 252 · ☎ (0 28 71) 24 77 00 · Fax: 24 77 02 47
Restaurant m. Reg. u. Intern. Küche, Gartenterrasse, Frühstück 9,90 €/Ps.
20 km
info@am-erzengel.de · www.am-erzengel.de

35 **DZ** ab 96,20 €;
als **EZ** ab 89,10 €;
25 **EZ** ab 76,10 €
Das schmucke Hotel im westlichen Münsterland vereint frische Eleganz und exquisite Ausstattung. Sowohl Privatreisende als auch Businessgäste schätzen die komfortablen Gästezimmer und die hellen Tagungsräume, die mit jedweden zeitgenössischem Equipment aufwarten. Das Haus bietet auch spezielle Wochenendtarife.

Bochum

Bhf→2 km

Schreiner's essen + trinken

✉ 44789 · OT Ehrenfeld · Hattinger Straße 103 · ☎ (02 34) 41 48 28 72
Klass., Reg.Küche · **Geöffnet:** Di.-Do. + So. 12-15 Uhr, ab 17:30, Fr./Sa. 12-15 Uhr und ab 17 Uhr · **Ruhetag:** Mo. · **Tische:** 29/80 Plätze
m/o@schreiners-bochum.de · www.schreiners-bochum.de

Speisekarte: 7 Hauptgerichte von 14,50 bis 34,50 €; 5 Tagesgerichte von 9,90 bis 13,50 €
In einem Gründerzeit-Eckhaus beheimatet, ist das Ambiente im klimatisierten Restaurant lässig-urban. Patron Andreas Schreiner kocht mit großem Ideenreichtum sehr zeitgemäß und innovativ. Empfehlenswert ist auch das Catering-Angebot des "Schreiner's".

Bodenmais

Bhf→350m

Bodenmaiser Hof

✉ 94249 · Rißlochweg 4 · ☎ (09 92 4) 95 40 · Fax: 95 44 0 · Rest. mit gehobener Regionalküche, Tagungsmöglichkeiten, Zi.-Preise inkl. Rundum-Verwöhnpension
info@bodenmaiser-hof.de · www.bodenmaiser-hof.de

27 **DZ** ab 186,00 €;
3 **EZ** ab 97,00 €;
12 **Suiten** ab 276,00 €
Das herzlich geführte Hotel im schönen Bodenmais bietet Entspannung auf allen Ebenen: Ob in der Sauna, Solarium oder Hallenbad - hier ist für jeden Wellness-Freund etwas dabei. In der hauseigenen Brennerei können Köstlichkeiten probiert werden.

Bhf→1,5 km

Hotel Mooshof Wellness & SPA Resort

✉ 94249 · OT Mooshof · Mooshof 7 · ☎ (0 99 24) 77 50 · Fax: 72 38 · Restaurant mit Reg. und Int. Küche, Bar, Café-Terrasse, Wellnesswochen u. Wohlfühltage
20 km
info@hotel-mooshof.de · www.hotel-mooshof.de

30 **DZ** ab 256,00 €;
7 **EZ** ab 141,00 €;
22 **(Jui.-)Suiten** ab 282,00 €
Der familiengeführte Mooshof empfängt seine Gäste in traumhafter Lage und bietet ihnen hochwertig ausgestattete Zimmer. Hier kann man einen luxuriösen Urlaub der Extraklasse genießen, entspannen und das vielseitige Freizeitangebot nutzen. (Preise inkl. Verwöhnpension)

Boltenhagen

Bhf→16 km

Dorfhotel Boltenhagen OT Tarnewitz

✉ 23946 · Mecklenburger Allee 1 · ☎ (03 88 25) 38 40 · Fax: 3 84 87 01
A-la-carte- und Buffet-Restaurant, Bar, Beachclub
info@dorfhotelboltenhagen.de · www.dorfhotel.com

191 **Appartements /Ü. bei 2 Vollzahlern** von 100,00 bis 260,00 €
Auf der wildromantischen Halbinsel Tarnewitz befindet sich das Ferienresort Weiße Wiek mit der Appartementanlage Dorfhotel Boltenhagen sowie dem Komforthotel Iberotel Boltenhagen. Hier kann man besonders gut mit Kindern herrlich entspannte Urlaubstage bei bestem Service verbringen.

Gutshaus Redewisch

Bhf→15 km

23946 · OT Redewisch · Redewischer Str. 46 · (03 88 25) 37 60 · Fax: 3 76 37
Restaurant, Kaminzimmer, Kosmetikstudio, Preise inkl. Frühstück
11 km
info@gutshaus-redewisch.de · www.gutshaus-redewisch.de

16 **DZ** ab 120,00 €;
als **EZ** ab 105,00 €;
5 **EZ** ab 90,00 €;
3 **Suiten** ab 130,00 €
Inmitten eines reizvollen Parks liegt dieses liebevoll restaurierte Gutshaus aus dem Jahr 1817, das heute ein elegantes Hotel mit komfortablen Zimmern (Preise inkl. Frühstück) und Restaurant beherbergt.

Bonn

Halbedel's Gasthaus

Bhf→10 Min.

53173 · OT Bad Godesberg · Rheinallee 47 · (02 28) 35 42 53 · Fax: 35 25 34
Reg. und Neue Kü., Eig. Kreat. · **Geöffnet:** 18–24 Uhr · Küche: 18–21:30 Uhr · **Ruhetag:** Mo. · **Ferien:** 3 Wo. Sommerfer. NRW · **Tische:** 10/30 Plätze
info@halbedels-gasthaus.de · www.halbedels-gasthaus.de

Speisekarte: 4 Hauptgerichte von 43,00 bis 49,00 €; 3 Menüs von 85,00 bis 130,00 €
800 Weinpos.
Mit staunenswerter Konstanz kocht Chef de Cuisine Rainer-Maria Halbedel in seinem gleichnamigen Restaurant auf kulinarischem Topniveau. Bevorzugt arbeitet er mit Zutaten vom hauseigenen Bauernhof und kreiert daraus expressive Speisen mit fein aufeinander abgestimmten Aromen und Texturen.

Kameha Grand

Bhf→2 km

53227 · Am Bonner Bogen 1 · (02 28) 43 34-50 00 · Fax: 43 34-50 05
Brasserie, Gourmetrestaurant, Bar & Lounge, Rheinalm
3 km
info@kamehagrand.com · www.kamehabonn.de

218 **DZ** von 114,00 bis 554,00 €;
als **EZ** ab 107,00 €;
6 **EZ** von 107,00 bis 534,00 €;
49 **Suiten** von 414,00 bis 5.000 €
Im "Kameha Grand" bekam das klassische Grandhotel ein zeitgemäßes Gewand. Das Haus punktet mit einer Fülle von Angeboten und Serviceleistungen, Seminar- und Veranstaltungsräumen, einem exklusiven Wellnessbereich sowie einem beheizbaren Außenpool auf der Dachterrasse, Rheinblick inklusive.

Kameha Grand – Yunico

Bhf→1 km

53227 · Am Bonner Bogen 1 · (02 28) 43 34 50 00
Fusion Küche · Küche: 19–22 Uhr · **Ruhetag:** So./Mo. · **Ferien:** je 3 W. Jan. + Sommer · **Tische:** 20/40 Plätze
yinico@kamehagrand.com · www.kamehagrand.com

Speisekarte: 4 Hauptgerichte von 49,00 bis 175,00 €; 2 Menüs von 89,00 bis 149,00 €
120 Weinpos.
In der obersten Etage des Hotels beheimatet, beeindruckt im "Yunico" zuerst der weite Blick über Bonn. Die unerhört kreative Küche von Chefkoch Christian Sturm-Willms folgt auf dem Fuße. Mit großer Raffinesse präsentiert er japanische Speisen, die geradlinig und filigran zugleich sind – eine Kunst, die nicht jeder Koch auf diesem hohen Niveau beherrscht.

Dieses Restaurant bietet Ihnen eine exzellente Küche.

Bhf→5 km

Maritim Bonn OT Bad Godesberg

✉ 53175 · Godesberger Allee · ☎ (02 28) 8 10 80 · Fax: 8 10 88 11
Rest. „Rôtisserie", Café Brasserie, Piano-Bar, Arrangements
10 km
info.bon@maritim.de · www.maritim.de

369 **DZ** von 79,00 bis 229,00 €;
als **EZ** von 79,00 bis 289,00 €;
41 **Suiten** von 179,00 bis 799,00 €
In diesem Hause kann man gleichzeitig elegant wohnen und erfolgreich tagen. Die komfortablen Zimmer werden von top ausgestatteten Konferenzräumen ergänzt. Zur Entspannung steht der gepflegte Wellnessbereich mit einer Vielzahl von Arrangements bereit.

Bhf→1 km

Redüttchen

✉ 53177 · OT Bad Godesberg · Kurfürstenallee 1 · ☎ (02 28) 68 89 88 40
Moderne Internationale Küche
willkommen@reduettchen.de · www.reduettchen.de

Speisekarte: 4 Hauptgerichte von 30,00 bis 42,00 €; 2 Menüs von 44,00 bis 89,00 €

Die nostalgische Eleganz im Interieur ist sehr charmant, das kulinarische Spektrum von Chefkoch Matthias Pietsch groß. Die Speisen bleiben jedoch konzentriert, kreativ und unverfälscht.

Bhf→2 km

Strandhaus

✉ 53111 · OT Altstadt · Georgstr. 28 · ☎ (02 28) 3 69 49 49
Regionale Küche, eig. Kreationen · Küche: 18–21:30 Uhr · **Ruhetag:** So./Mo. ·
Ferien: 3 Wo. NRW-Ferien · **Tische:** 17/50+35 Plätze
anfrage@strandhaus-bonn.de · www.strandhaus-bonn.de

Speisekarte: 4 Hauptgerichte von 29,50 bis 37,00 €; 2 Menüs von 54,00 bis 73,00 €
120 Weinpos.
Mit einer kräftigen Prise Ideenreichtum bietet das Restaurant „Strandhaus" seinen Gästen eine Genussvielfalt für alle Sinne. In entspannter, maritimer Atmosphäre offeriert Chefköchin Astrid Kuth saisonale Speisen mit französischen Elementen. Von den drei angebotenen Menüs sind zwei Überraschungsmenüs und eines davon ist vegetarisch.

Boppard

Bhf→300 m

Bellevue Rheinhotel

✉ 56154 · Rheinallee 41 · ☎ (0 67 42) 10 20 · Fax: 10 26 02
Rest. „Le Bristol" mit Regionaler Küche, Bar, Café, Arrangements
9 km
info@bellevue-boppard.de · www.bellevue-boppard.de

78 **DZ** von 76,50 bis 157,50 €;
15 **EZ** von 58,00 bis 107,50 €;
1 **Suite** von 145,00 bis 232,50 €;
20 **App.** von 125,00 bis 202,50 €
Seit über 130 Jahren erfährt man in diesem direkt am Rhein gelegenen Hotel herzliche Gastlichkeit mit Niveau. Die romantische Verbindung von Belle Epoque und Jugendstil ist darüber hinaus äußerst bezaubernd.

Bhf→300 m

Bellevue Rheinhotel - Le Chopin

✉ 56154 · Rheinallee 41 · ☎ (0 67 42) 10 20 · Fax: 10 26 02 · Klass., Reg., Int. und Neue Küche · **Geöffnet:** Fr.-So.: 18-23:30 Uhr · Küche: 18–21 Uhr · **Ruhetag:** Mo.-Do. · **Ferien:** variabel, s. Webseite · **Tische:** 10/38 Plätze
info@bellevue-boppard.de · www.lechopin-boppard.de

Speisekarte: 7 Hauptgerichte von 19,00 bis 35,00 €; 2 Menüs von 64,00 bis 84,00 €
ca. 120 Weinpos.
Mit frischen Zutaten, die bevorzugt aus der Region kommen, präsentiert Chefkoch Sebastian Messinger im "Le Chopin" mit bildschönem Jugendstilinterieur eine klassische Küche, die er mit modernen Elementen und tiefgründigen Aromen perfekt abrundet.

Borkum

Strandhotel Hohenzollern

Bhf→600 m

26757 · Jann-Berghaus-Str. 63 · ☎ (0 49 22) 9 23 30 · Fax: 92 33 44
Restaurant "Palée" mit Internationaler u. gehobener Regionaler Küche, Bar
info@strandhotel-hohenzollern.com · www.strandhotel-hohenzollern.com

10 **DZ** von 130,00 bis 200,00 €;
als **EZ** von 110,00 bis 180,00 €;
12 **Suiten** von 145,00 bis 265,00 €

Seit 1898 steht das Strandhotel Hohenzollern für gehobene Hoteleriekultur. Heute präsentiert sich das Haus in einem Mix aus historischen und modernen Stilelementen.

Brackenheim-Botenheim

Adler

Bhf→7 km

74336 · Hindenburgstraße 4 · ☎ (0 71 35) 98 11-0
Regionale Küche · Küche: 12–14/18–22 Uhr · **Ruhetag:** Di. · **Ferien:** 3 Wo. August · **Tische:** 12 (+Terrasse)/50 (+ 40) Plätze
info@adlerbotenheim.de · www.adlerbotenheim.de

Speisekarte: 6 Hauptgerichte von 19,00 bis 32,00 €; 1 Menü ab 44,00 €
150 Weinpos.

Das Restaurant im "Adler" ist in einem elegant-nostalgischen Landhausstil sehr behaglich eingerichtet. Chefkoch André Butz arbeitet sorgfältig, setzt bevorzugt auf heimische Zutaten und präsentiert regionale Speisen mit elässischen Elementen.

Brandenburg

Am Humboldthain

Bhf→3 km

14770 · OT Altstadt · Plauer Straße 1 · ☎ (0 33 81) 33 47 67
Neue u. Regionale Küche · **Geöffnet:** Mi.-Fr. 17-21 Uhr, Sa. 12-21 Uhr, So. 12-20 Uhr · **Ruhetag:** Mo./Di. · **Ferien:** Jan. · **Tische:** 9/35 Plätze
restaurant@am-humboldthain.de · www.am-humboldthain.de

Speisekarte: 7 Hauptgerichte von 12,90 bis 27,90 €; 1 Menü von 39,00 bis 53,00 €
60 Weinpos.

Das Restaurant "Am Humboldthain" findet sich im historischen Stadtkern Brandenburgs in einem stilgerecht restaurierten Barockhaus. Das Interieur ist mit leichter Hand schlicht, unprätentiös und sehr geschmackvoll gestaltet. Fein und doch lässig, ist das Ambiente einladend und entspannt. Patron und Chefkoch Jasper Krombholz beweist seit Jahren, dass auch in der kulinarischen Diaspora mit Anspruch gekocht werden kann und präsentiert eine Produktküche mit hohem Kreativitätsfaktor. Die erntefrischen Zutaten kommen bevorzugt aus der Region wie etwa Wild aus dem Fläming, Saibling aus der Teichwirtschaft Rottstock, Barsch aus dem Plessower See (Werder) und Geflügel aus Rogäsen. Er kocht regional und gehoben deutsch und setzt gerne auch raffinierte mediterrane und asiatische Akzente. Wichtig sind ihm tiefgründige Aromen und harmonisch aufeinander abgestimmte Texturen. Einmal monatlich gibt es sonntags ab 10:30 Uhr ein exklusives kalt/warmes Brunch zu fairen 20,- € (inkl. einem Glas Prosecco). Catering und Hochzeiten sowie Feierlichkeiten für bis zu max. 40 Personen gehören ebenfalls zum Angebot. Wobei auf Wunsch sogar die Ausstattung von Bestuhlung über Tischwäsche bis zum Blumenschmuck übernommen wird.

Bhf→5 km

Axxon

✉ 14770 · Magdeburger Landstr. 228 · ☎ (0 33 81) 32 10 · Fax: 32 11 11
Restaurant "Rossini" mit Mediterraner und Regionaler Küche
VISA AE EC
info@axxon-hotel.de · www.axxon-hotel.de

109 **DZ** ab 69,00 €;
EZ ab 49,00 €;
6 **Suiten** ab 115,00 €;
4 **App.** ab 110,00 €
Ganz gleich, ob man arbeiten oder einfach nur entspannen will – in diesem Hotel mit seinen guten Tagungsmöglichkeiten auf der einen und den komfortablen Zimmern auf der anderen Seite ist beides möglich.

Bhf→3 km

♜ Inspektorenhaus

✉ 14770 · Altstädtischer Markt 9 · ☎ (0 33 81) 32 82 21 39 · Regional, deutsch mit intern. Einflüssen · **Geöffnet:** Mi.-Sa. 17:30-23 Uhr (Küchenschluss: 21:30 Uhr), Fr./Sa./Feiert. auch 11:30-14:30 Uhr · **Ruhetag:** So./Mo. · **Ferien:** 3 W. Jan. · **Tische:** 8/32 Plätze
VISA EC
info@inspektorenhaus.de · www.inspektorenhaus.de

Speisekarte: 2 Menüs von 51,00 bis 61,00 € 40 Weinpos.
Das Brandenburger Markttreiben hielten früher Inspektoren im Auge. Ihnen stand ein eigenes Haus zu, in dem sich heute ein liebevoll gestaltetes und leidenschaftlich geführtes Restaurant findet. Das historische Fachwerk wurde geweißelt und harmonisch im Interieur integriert. Shabby Chick, fein eingedeckte Tische und hübsche Accessoires verbinden sich zu einem geradlinigen, skandinavisch inspirierten Design und entspannt-lässigen Ambiente. Die regionale und deutsche Küchevon Benjamin Döbbel versperrt sich auch grenzübergreifenden Elementen nicht. Er arbeitet konzentriert und kreativ und legt großen Wert auf erstklassige Zutaten, die von regionalen Fleischern und Biohöfen kommen. Hier werden nicht nur die Edelteile eines Tieres verarbeitet, sondern alles findet Verwendung in seinen sorgfältig ausgetüftelten Zusammenstellungen. Traditionelle Küchentechniken kommen beim Einwecken und Fermentieren zum Einsatz: Essig, eingelegte Senfgurken,

Bouillabaisse, Wildgulasch und Chutneys sind nur einige der selbst hergestellten Produkte. Es werden zwei Menüs angeboten, die gerne dem saisonalen Marktangebot entsprechen und in der Speisefolge ungemein innovativ sind. Im Service ist Mutter Jaqueline Döbbel herzliche Ansprechpartnerin und zeigt im Sommer gerne einen Platz auf der ruhigen Hofterrasse. Treffen ab 10 Personen können auch außerhalb der eigentlichen Öffnungszeiten stattfinden.

Die Küchenleistung dieses Restaurants ist hervorhebenswert in seiner Kategorie.

Braubach

Zum Weißen Schwanen

Bhf→200 m

56338 · Brunnenstraße 4-12 · (0 26 27) 98 20 · Fax: 88 02
Historische Mühlenstube, Bar, Bistro, Biergarten, Frühstück im Zi.-Preis inkl.
8 km
VISA EC
info@zum-weissen-schwanen.de · www.zum-weissen-schwanen.de ·

19 **DZ** von 110,00 bis 150,00 €;
als **EZ** ab 90,00 €;
3 **EZ** von 60,00 bis 85,00 €;
5 **App.** von 110,00 bis 140,00 €;
1 **Ju.-Suite** ab 150,00 €

Erich Kunz überließ als gelernter Restaurator das wunderschöne Fachwerkhaus aus dem Ende des 17. Jh. nicht seinem Abriss-Schicksal und zauberte daraus das heutige Hotel „Zum Weißen Schwanen", ein zertifiziertes Welterbe Gastgeber(in)- und Wanderhotel, das auch mit seiner stimmigen Kombination aus Kultur und Kulinarik begeistert. Die historische Atmosphäre macht einen Aufenthalt hier unvergesslich. Viel altes Gebälk, Tüllgardinen und Sprossenfenster bestimmen das Ambiente der gemütlichen Zimmer, zeitgemäßer Komfort ergänzt die Nostalgie. (Das Frühstück ist im Preis inklusive) Rustikal, aber mit moderner Technik (kostenfreies W-LAN) ausgestattete Seminarräume garantieren erfolgreiches Tagen. Golffreunde wissen zu schätzen, dass es im Radius von 18 km drei Plätze gibt. Der Bauerngarten mit vielen Wildkräutern, Zier- und Nutzpflanzen ist so schön, dass er zur Route der UNESCO Welterbe-Gärten gehört. Karolin König-Kunz, die Tochter des Hauses, ist IHK-geprüfte Kräuterexpertin, ausgebildete Sommelière und gibt ihr fundiertes Wissen gerne weiter. Die nahe gelegen Burg Sterrenberg hoch überm Mittelrheintal gehört zum Haus und wird für exklusive kulinarische Events und effektive Tagungen fernab vom alltäglichen Stress genutzt.

Zum Weißen Schwanen

Bhf→200 m

56338 · Brunnenstraße 4-12 · (0 26 27) 98 20 · Fax: 88 02
Klass., Neue u. Reg. Küche · **Geöffnet:** Feiertage auch 12-14 Uhr · Küche: 18–22 Uhr · **Ruhetag:** Mo./Di./Mi. · **Ferien:** variabel · **Tische:** 11/50 Plätze
VISA EC
info@zum-weissen-schwanen.de · www.zum-weissen-schwanen.de ·

Speisekarte: 8 Hauptgerichte von 19,50 bis 27,90 €; 1 Menü von 49,50 bis 75,00 €
200 Weinpos.

Fachwerkromantik wie aus dem Märchenbuch, liebevoll platzierter Zierrat und hübsch eingedeckte Tische verbinden sich im Landgasthaus "Zum Weißen Schwanen" zu einem sehr charmanten und behaglichen Ambiente. Chefköchin Nada Gavric kann sich auf ein gutes Netzwerk heimischer Bauern und Jäger verlassen, dass sie mit marktfrischen, jahreszeitlichen Zutaten von erstklassiger Qualität versorgt. Sie kocht achtsam, unverfälscht, frisch (Fertigprodukte finden keinen Eingang in ihre Küche) und abwechslungsreich. Ob klassisch, regional oder modern – die Speisen bekommen den zusätzlichen Aromakick durch Kräuter von den umliegenden Wiesen und aus dem eigenen Garten mit mehr als 80 Kräutersorten. Die kann man in ihrer beeindruckenden Vielfalt kennenlernen, genießen und entdecken, denn den

Kräutergarten am Fuße der Marksburg darf man besuchen. Anna Grüttner und Karolin König-Kunz sind ein eingespieltes Team: Erstere leitet mit Übersicht den Service, während letztere als gelernte Sommelière mit Expertise zu den passenden Weinen berät. Die historische Mühlenstube lädt zu regionalen Spezialitäten sowie der Winzervesper ein und die zum Haus gehörende, nahe gelegene Burg Sterrenberg lockt mit Speisen aus der Burgküche und feinen Kaffee- und Kuchenspezialitäten (s. a. Burg Sterrenberg unter Kamp-Bornhofen).

Braunsbach

Bhf→12 km

Schloß Döttingen

74542 · OT Döttingen · Buchsteige 2 · ☎ (0 79 06) 10 10 · Fax: 1 01 10 · Preise inkl. Frühst., Rest. mit Int., Bürgerl. und Reg. Küche, Bar, historischer Innenhof
14 km VISA
info@schloss-doettingen.de · www.schloss-doettingen.de

38 **DZ** ab 159,00 €;
8 **EZ** ab 99,00 €;
5 **Suiten** ab 189,00 €
In diesem historische Anwesen genießt der Gast modernen Komfort in 800 Jahre altem Ambiente. Ob Urlaub oder Konferenz, hier findet sich immer der richtige Rahmen. Das Restaurant des reizvoll gelegenen Hauses bietet internationale und regionale Speisen.

Bräunlingen

♜ Gasthaus Löwe

Bhf→2 km

✉ 78199 · Friedhofweg 4 · ☎ (07 11) 22 90 96 90
Regionale Küche · **Geöffnet:** 17-21 Uhr, So./Feiertag 11:30-14 + 17-20:30 Uhr · **Ruhetag:** Mo./Di. · **Tische:** 12 (+ Terrasse 12)/70 (+ 60) Plätze
reservierung@loewe-braeunlingen.de · www.loewe-braeunlingen.de

Speisekarte: 10 Hauptgerichte von 13,00 bis 30,00 €; 2-3 Tagesgerichte von 10,00 bis 20,00 €; 1 Menü von 28,00 bis 45,00 €

23 Weinpos.

Nahe Donaueschingen im Hochschwarzwald gelegen, ist Bräunlingen eine malerische Kleinstadt, in der es mit dem Gasthaus Löwe ein ganz formidables Restaurant gibt. Ulf und Sabine Gerspacher führen ihr kulinarisches Kleinod mit viel Herzblut. Das sieht man bereits an der charmanten Einrichtung im Landhausstil. Der Patron steht selber am Herd und arbeitet konzentriert, sorgfältig und präsentiert unverfälschte Speisen, die häufig dem saisonalen Wechsel entsprechen. Gerne bereitet der gebürtige Hamburger klassische Fischspezialitäten wie den Pannfisch mit Bratkartoffeln aus seiner alten Heimat zu. "Schmeckt nicht ...gibt´s nicht !" heisst es hier und so wird bestimmt jeder auf der kleinen aber feinen Speisekarte fündig. Gelegentlich ergänzt durch eine Vesperkarte vom Dorfmetzger. Mit einem Augenzwinkern verfeinert er seine Speisen und kreiert Eigenschöpfungen wie die Schwarzwälder Hirschtorte – Pumpernickel, Hirschfleisch, Buchweizen und Steinpilze werden geschichtet und mit Kirschkrokant gekrönt. Ehefrau Sabine ist die gute Seele & der Wirbelwind des Hauses. Sie leitet den Service immer mit der Prämisse: "Wir machen dem Gast die Beste Zeit hier im Löwen..."

Restaurant mit gehobener Küche

Breisach am Rhein

Hotel Stadt Breisach

Bhf→1 km

✉ 79206 · Münsterbergstr. 23 · ☎ (0 76 67) 83 80 · Fax: 83 81 00
Restaurant "Augustins", Panoramaterrasse, Frühstück 14,90 €/Ps.
info@hotelstadtbreisach.de · www.hotelstadtbreisach.de

49 **DZ** von 84,90 bis 194,90 €;
als **EZ** von 79,90 bis 164,90 €;
21 **EZ** von 69,90 bis 99,90 €

Direkt auf dem historischen Münsterberg in Breisach am Rhein gelegen, bietet dieses Hotel beste Voraussetzungen für einen entspannten Aufenthalt rund um das Dreiländereck. Viele der stilvoll eingerichteten Zimmer verfügen über einen herrlichen Panoramablick.

Bhf→1 km

Kapuzinergarten

Family

✉ 79206 · Kapuzinergasse 26 · ☎ (0 76 67) 93 00 0
Restaurant, Biergarten, E-Bike-Ladestation, Café, Arrangements
12 km
VISA
mail@kapuzinergarten.de · www.kapuzinergarten.de ·

40 **DZ** von 99,00 bis 144,00 €;
3 **Suiten** von 112,00 bis 193,00 €
Hoch über Breisach auf dem Münsterberg findet sich das familiengeführte Panoramahotel von Familie Hau. Die komfortablen Zimmer sind gemütlich eingerichtet. Im Eventrestaurant überzeugt die feine, kreative Frischeküche.

Breitenbrunn

Bhf→8 km

Landhotel Rittersgrün

✉ 08359 · Karlsbader Straße 23 · ☎ (03 77 57) 18 80 · Fax: 18 81 99 · Restaurant, Biergarten, Bowling, Billard, Strom-Tankstelle, Zi.-Preise inkl. Frühstück
VISA AE
info@landhotel-rittersgruen.de · www.landhotel-rittersgruen.de ·

25 **DZ** ab 150,00 €;
3 **EZ** ab 75,00 €
Das "Landhotel Rittersgrün" ist der perfekte Ausgangspunkt, um das landschaftlich reizvolle Erzgebirge zu erkunden. Das Hotel ist barrierefrei, bietet komfortable Zimmer (Preise inkl. Frühstücksbuffet), ein Restaurant, einen gemütlichen Biergarten und viele attraktive Freizeitangebote.

Bremen

Bhf→100 m

BEST WESTERN Hotel zur Post

✉ 28195 · Bahnhofsplatz 11 · ☎ (04 21) 3 05 90 · Fax: 3 05 95 91
Café mit Patisserie, Café, Cocktail Bar, Bistro, Zimmerpreise inkl. Frühstück
VISA AE
info@zurpost.bestwestern.de · www.hotel-zurpost-bremen.de ·

138 **DZ** von 102,00 bis 199,00 €;
als **EZ** von 88,00 bis 180,00 €;
34 **EZ** von 82,00 bis 170,00 €;
3 **Suiten** von 183,00 bis 309,00 €;
1 **App.** von 57,00 bis 199,00 €
Nur wenige Meter vom Hauptbahnhof entfernt, ist dieses Hotel optimaler Ausgangspunkt für jede Art von Aktivitäten. Die modern eingerichteten Zimmer bieten allen erdenklichen Komfort.

Bhf→1,2 km

Das Kleine Lokal

✉ 28203 · OT Fesenfeld · Besselstraße 40 · ☎ (04 21) 7 94 90 84 · Fax: 7 94 90 83
Neue Küche u. eig. Kreationen · Küche: 18–23 Uhr · **Ruhetag:** So./Mo. · **Ferien:** 3 Wo. in Sommerferien · **Tische:** 10/34 Plätze
VISA AE
service@das-kleine-lokal.de · www.das-kleine-lokal.de ·

Speisekarte: 2 Hauptgerichte von 33,00 bis 37,50 €; 2 Menüs von 62,00 bis 88,00 €
180 Weinpos.
So schön und geschmackvoll das Interieur gestaltet ist, so gut und abwechslungsreich ist die Küche von Chefkoch Stefan Ladenberger. Er kocht handwerklich präzise, ehrlich und legt großen Wert auf fein aufeinander abgestimmte, gerne saisonale Speisen.

Bhf→2 km

Designhotel ÜberFluss

✉ 28195 · Langenstraße 72 · ☎ (04 21) 32 28 60 · Fax: 3 22 86 77
Hotelbar, Restaurant im Haus, SPA, Frühstück 17,50 €/Ps.
VISA AE
info@hotel-ueberfluss.de · www.hotel-ueberfluss.de ·

46 **DZ** von 139,00 bis 199,00 €;
als **EZ** von 124,00 bis 162,00 €;
4 **EZ** von 124,00 bis 162,00 €;
1 **Suite** zu 345,00 €
Zentral, nahe dem historischen Marktplatz und direkt an der Weser gelegen,

präsentiert sich dieses Designhotel als ideales Zuhause auf Zeit. Sowohl Touristen als auch Tagungsgäste finden hier beste Voraussetzungen vor.

Due Fratelli Ristorante

Bhf→4 km

28205 · OT Peterswerder · Hamburger Straße 32 · ☎ (04 21) 67 35 28 17
Italienische u. Klass. Küche · **Geöffnet:** 18–22:30 Uhr · **Ruhetag:** Mo./Di. VISA EC
due-fratelli@gmx.de · www.due-fratelli-bremen.de

Speisekarte: 12-16 Hauptgerichte von 12,50 bis 29,50 €; 2-3 Tagesgerichte von 22,50 bis 36,00 €; 3-12 Gänge-Menüs von 39,00 bis 115,00 €

40 Weinpos.

Im "Due Fratelli" werden Ambitionen und Traditionen in brüderlicher Eintracht gelebt. Das Restaurant ist In geradliniger Eleganz eingerichtet, warme Beige- und Brauntöne dominieren und fügen sich gemeinsam mit edel gerahmten Schwarzweißfotos großer Hollywood-Legenden zu einer Melange des guten Geschmacks. Die Brüder Denis und Elvis Behljuljevic führen ihr Restaurant mit ganz viel Herzblut und Engagement. Denis ist der verantwortliche Mann am Herd. Er arbeitet konzentriert, gekonnt und mit Ideenreichtum. Die erstklassigen Zutaten fügt er zu aromenstarken Speisen zusammen, die ein genialer Querschnitt der klassischen italienischen Küche sind. Die Speisekarte wechselt monatlich, der "schnelle" und fair kalkulierte Mittagstisch wöchentlich. Elvis Behljuljevic leitet den zugewandten und flinken Service mit Übersicht. In der Bremer City führen die beiden noch ein charmantes Bistro, das "DUE – Italian Street Food". Hier wird nach dem Motto "Happy, Fresh, Italian" gekocht.

Hotel Munte am Stadtwald - Ringhotel

Bhf→3,5 km

28213 · Parkallee 299 · ☎ (04 21) 22 02-0 · Fax: 2 20 26 09 · Rest. "WELS" und "Trattoria del bosco" m. italien. Küche, Bar, Zimmerpreis inkl. Frühstück
7 km VISA AE EC
info@hotel-munte.de · www.hotel-munte.de ·

79 **DZ** von 134,00 bis 189,00 €;
40 **EZ** von 109,00 bis 161,00 €;
2 **Suiten** von 199,00 bis 260,00 €

Am Stadtwald und doch nahe der Bremer City gelegen, ist dieses Hotel auch für Tagungen bestens geeignet. Der Wald-Spa mit Massagen uvm. lädt auch als Day-Spa zum Entspannen ein.

Bhf→1,2 km

Küche 13

⊠ 28203 · OT Ostertor · Beim Steinernen Kreuz 13 · ☎ (0421) 20 82 47 21
Neue Küche · Küche: 18:00–22:00 Uhr · **Ruhetag:** So./Mo. · **Tische:** 10/40 Plätze
post@kueche13.de · www.kueche13.de

Speisekarte: 5 Hauptgerichte von 17,00 bis 28,00 €
Den Gast erwartet ein kleines, ungemein gemütliches Restaurant mit eng gestellten und abgewetzten Tischen in einer ruhigen Lage im ansonsten pulsierenden Bremer Ostertorviertel. Die Küche von Chef Jan-Philipp Iwersen überrascht mit gelungenen, ideenreichen Aromenkombinationen, die seine Gäste sichtbar überzeugen: Auf jedem Tisch ein Reservierungskärtchen!

Bhf→5 km

Landgut Horn

⊠ 28357 · OT Horn · Leher Heerstraße 140 · ☎ (04 21) 2 58 90 · Fax: 2 58 92 22
Rest. „Victorian“ mit Intern. u. Regionaler Küche, Atrium-Lounge, Bar
3,5 km
VISA AE
info@landgut-horn.de · www.landgut-horn.de

74 **DZ** ab 100,00 €;
als **EZ** ab 90,00 €;
30 **EZ** ab 75,00 €;
2 **Suiten** ab 120,00 €
Das im britischen Landhausstil gestaltete „Landgut Horn“ verfügt über Komfort-Zimmer (Preise inkl. Frühstücksbuffet), Tagungs- und Veranstaltungsmöglichkeiten sowie ein Restaurant mit gehobener Regionalküche.

Bhf→600 m

Parkhotel Bremen OT Schwachhausen

⊠ 28209 · Im Bürgerpark · ☎ (04 21) 3 40 80 · Fax: 3 40 86 02 · "Park Restaurant", Parkhotel Bar, Café-Terrasse am Hollersee
3 km
VISA AE
info.bremen@hommage-hotels.com · www.hommage-hotels.com/parkhotel-bremen

80 **DZ** von 149,00 bis 299,00 €;
als **EZ** von 144,00 bis 274,00 €;
75 **EZ** von 119,00 bis 249,00 €;
20 **Suiten** von 279,00 bis 1200,00 €
Das luxuriöse Ambiente vermittelt schon beim Betreten des Hotels den unvergleichbaren Charme eines Grand Hotels. Der Gast logiert in äußerst geschmackvoll eingerichteten und großzügig geschnittenen Komfortzimmern.

Bremerhaven

Bhf→2 km

Haverkamp

⊠ 27568 · Prager Straße 34 · ☎ (04 71) 4 83 30 · Fax: 4 83 32 81
Restaurant "Weinrot", Lounge, Bar
VISA AE
info@hotel-haverkamp.de · www.hotel-haverkamp.de

60 **DZ** ab 109,00 €;
9 **Suiten** ab 180,00 €
Herzliche Gastfreundschaft zeichnet dieses liebevoll geführte, zentral gelegene Hotel aus. Das Haus überzeugt mit seinem Vier-Sterne-Superior-Service, komfortablen Zimmern (inkl. Frühstück) und einen herrlichen Wellnessbereich.

Bhf→2 km

Natusch Fischereihafen-Restaurant

⊠ 27572 · Am Fischbahnhof 1 · ☎ (04 71) 7 10 21 · Fax: 7 50 08 · Neue und Regionale Küche · Küche: 11:30–15/17:30–21:30 Uhr (Di.,Mi.,Do.), Fr.+Sa.: 22 Uhr, So.: 21 Uhr Uhr · **Ruhetag:** Montag (außer feiertags) · **Tische:** 28/120 Plätze
VISA AE
info@natusch.de · www.natusch.de

Speisekarte: 12 Hauptgerichte von 21,00 bis 38,00 €; 1 Menü von 48,00 bis 58,00 €
Das "Natusch" ist eine Institution in Bremerhaven. Mit großem familiären Engagement geführt, kann man hier in wunderschön maritim eingerichteten Räumen dank Chefkoch Richard Apel

eine Vielzahl an sorgfältig zubereiteten Fischspezialitäten genießen. Im Sommer muss man einfach auf der Terrasse "Sonnendeck" Platz nehmen.

Bretten

Restaurant Maxime / Café & Pâtisserie Hesselbacher

Bhf→1 km

75015 · Melanchthonstraße 35 · ☎ (0 72 52) 71 38 · Fax: 95 86 37 · Klass. u. gehobene, regionale Küche · **Geöffnet:** Do.-Sa. 11:30 - 21:30 Uhr, So. 11:30 - 17 Uhr · **Ruhetag:** Mo./Di./Mi. · **Ferien:** je 2 W. Frühjahr u. Herbst · **Tische:** 5/25 Plätze
VISA AE EC
kontakt@guy-graessel.de · www.guy-graessel.de

Speisekarte: 10 Hauptgerichte von 20,00 bis 30,00 €; 1 Überraschungs-Menü zu 60,00 € 350 Weinpos. Mit seinem „Restaurant Maxime“ und dem „Café & Pâtisserie Hesselbacher“ im Herzen von Bretten fährt Patron Guy Graessel zweigleisig, um seiner Freude an durchdacht und kunstfertig zubereiteten Speisen und Leckereien Ausdruck zu verleihen. Das Restaurant mit einem Deckengemälde von Willi Gilli gefällt durch seine klare, moderne und dennoch gediegene Atmosphäre. Kleinere Speisen und vor allem Kuchen, Torten, Pralinen und Feingebäck in verführerischer Konditorenqualität werden ganztags angeboten (auch außer Haus oder als Bestellung für Feiern) und können an warmen Tagen auch direkt vor dem Restaurant in der Fußgängerzone genossen werden (ein Parkhaus ist nur 100 m entfernt). Guy Graessels Küchenauftritt überzeugt durch klassische und gehobene regionale Speisen in einwandfreier Qualität frisch und kreativ zubereitet. Das beginnt mit Eiern der eigenen Hühner bis zu Kräutern aus dem

hauseigenen Garten. Obwohl stets geerdet, sind die Gerichte dennoch raffiniert, im besten Sinne ohne viel Chichi und spiegeln Guy Graessels Philosophie: „Es ist wichtig, den Sinn für das Einfache und Natürliche nicht zu verlieren, für das Naheliegende.“ Ehefrau Birgit ist liebenswürdige Gastgeberin und leitet charmant den Service. Der begrünte und beschirmte Hinterhof lädt an warmen Tagen zu entspanntem Open-air-Genuss inmitten der Brettener Altstadt.

Die Küchenleistung dieses Restaurants ist hervorhebenswert in seiner Kategorie.

Bruchsal

Bhf→2,5 km

das kleine feine + lago

✉ 76646 · Langental-Siedlung 2a · ☎ (0 72 51) 3 02 27 23 · Fax: 3 02 27 20 · Klassische, Intern. u. Regionale Küche · Küche: 12–22 (lago)/18–22 (das kleine feine) Uhr · **Ruhetag:** Mo./Di, im lago nur Mo. · **Tische:** 6-8/22-30 Plätze
info@dierestaurants.net · www.dierestaurants.net

Speisekarte: 15 (lago) Hauptgerichte von 9,50 bis 23,50 €; 1 2-Gang-Menü (das kleine feine) zu 39,00 €

Im Golfclub Bruchsal hat man mit dem "lago" und "das kleine feine" die Auswahl zwischen zwei Restaurants. Beide gefallen mit einer modernen und geradlinigen Gestaltung und erlauben dank der bodentiefen Fenster einen schönen und entspannenden Blick ins Grüne und aufs Grün. Im "lago" (Ruhetag Montag), das bereits ab 12 Uhr geöffnet ist, kocht das Küchenteam vorwiegend regional und präsentiert handwerklich präzise zubereitete badische Spezialitäten wie Flammkuchen und Maultaschen, die mit Pasta und variantenreichen Burgern ergänzt werden. "das kleine feine" (Ruhetag Montag und Dienstag) ist ein klassisches Abendrestaurant, erst ab 18 Uhr geöffnet und – nomen est omen – der gehobeneren Küche vorbehalten. Hier interpretiert die kreative Küchencrew um Stephanie Ewert, Mark Arndt und Mirella Suciu klassische und traditionelle Speisen neu und nutzt das reichhaltige Warenangebot für innovative, ausbalancierte Zubereitungen, die von saisonalen Spezialitäten ergänzt werden. Carola Rapp leitet liebenswürdig und zugewandt den aufmerksamen Service. Für Veranstaltungen stehen passende Räumlichkeiten zur Verfügung. Die Terrasse ist an warmen Tagen ein besonderer Publikumsmagnet.

Restaurant mit gehobener Küche

Brilon

♜ Almer Schlossmühle

Bhf→6 km

✉ 59929 · OT Alme · Schlossstraße 13 · ☎ (0 29 64) 9 45 14 30
Österr.-Deutsche, Reg. Küche · **Geöffnet:** 12-14/18-22, Sa./So. durchgehend · **Ruhetag:** Mo./Di. · **Ferien:** 2 W. Jan./2 W. Juli · **Tische:** 14/65 Plätze
info@almer-schlossmuehle.de · www.almer-schlossmuehle.de

Speisekarte: 9 Hauptgerichte von 16,00 bis 39,00 €; 1 Menü von 56,00 bis 62,00 €
66 Weinpos.

Die "Almer Schlossmühle" ist in einem hübschen Fachwerkhaus beheimatet und mit historischen Handwerksutensilien ungemein behaglich eingerichtet. Chefkoch Martin Steiner kombiniert mit pfiffigen Ideen Speisen aus seiner österreichischen Heimat mit regionalen Spezialitäten – eine gelungene Mischung, die gefällt.

Bühl

♜ Burg Windeck

Bhf→5 km

✉ 77815 · Kappelwindeckstr. 104 · ☎ (0 72 23) 9 49 20 · Fax: 94 92 90
Panorama-Restaurant mit Klass./Reg. Küche, Wein- und Vesperstube
15 km
kontakt@burg-windeck.de · www.burg-windeck.de

18 **DZ** von 120,00 bis 149,00 €;
als **EZ** von 91,00 bis 97,00 €;
2 **Fam.-Zi. + Suite** von 159,00 bis 189,00 €

Im schlichten, aber eleganten Landhausstil sind die Zimmer der berühmten "Burg Windeck" eingerichtet (Preise inkl. Frühstück). Der Ausblick von der Veste, im Jahre 1200 als Lehen der Grafen von Eberstein erbaut, sucht seinesgleichen. Man kann ihn am besten bei einem Essen im eleganten Panorama-Restaurant genießen. Im behaglichen "Pferdestall" oder auf der Terrasse sind die burgeigenen Weine und rustikale Kleinigkeiten zu goutieren. Moderne Tagungseinrichtungen stehen für effektives Arbeiten ebenso zur Verfügung wie Räumlichkeiten für kompetent betreute, private Veranstaltungen. Attraktiv sind die Burg-Romantik- und Gourmet-Romantik Specials mit Ü/F und 4-5 Gang-Menü sowie diverse kulinarische Events (u. a. Musik-Barbecue, Küchenparty, Herbstbrunch) rund ums Jahr.

♜ Burg Windeck - Panorama-Restaurant

Bhf→5 km

✉ 77815 · Kappelwindeckstraße 104 · ☎ (0 72 23) 9 49 20 · Fax: 94 92 90
Regionale u. Mediterrane Küche · Küche: 12–13:30/18–21 Uhr · **Ruhetag:** So.-Abend · **Tische:** 19/65 Plätze
kontakt@burg-windeck.de · www.burg-windeck.de

Speisekarte: 8 Hauptgerichte von 16,50 bis 29,00 €; 2 Menüs von 41,00 bis 94,00 €
103 Weinpos.

Hoch über Bühl steht die Ruine von Burg Windeck und bietet einen herrlichen Blick übers Rheintal. Das Restaurant dort droben ist in zeitloser Moderne geradlinig eingerichet und bietet dank der großen Panoramafenster einen ungehinderten Blick in die weite Landschaft. Chefkoch Rolf Fischer ist aus der Burg-Küche nicht mehr wegzudenken. Er arbeitet bevorzugt mit Produkten aus dem Umland, die in marktfrischer Qualität in seine Küche kommen. Die badischen Speisen verfeinert er mit kreativen Elementen und ergänzt sie mit mediterranen Spezialitäten voller südländischer

Aromenfülle. Vegetarische und vegane Gerichte ergänzen das Angebot. Aus den Menüs können auch einzelne Gänge bestellt werden. Den freundlichen Service leitet Petra Schlüter mit Übersicht, während Rosa Burhart mit großem Fachwissen zu den passenden Weinen berät. In der Burgstube gibt es deftigere Speisen und in der Vesperstube – der ehemaligen

Pferdetränke – geht es ebenfalls rustikaler zu. Alle Stuben können auch für Festivitäten in ausgefallenem Rahmen genutzt werden. In der hauseigenen Brennerei nebst Probierstube locken edle Obstbrände und Weinverkostungen. An warmen Tagen gibt es auch auf den zwei Terrassen (50 + 70 Plätze) zum Kaffee verführerische, hausgemachte Patisserie – Traumblick inklusive.

Bhf→3,5 km

Jägersteig

⊠ 77815 · Kappelwindeckstraße 95a · ☎ (0 72 23) 98 59-0 · Fax: 98 59-98
Panoramaterrasse, reichhaltiges Frühstücksbuffet im Zi.-Preis inklusive
15 km
VISA AE EC
leppert@jaegersteig.de · www.jaegersteig.de

12 **DZ** von 135,00 bis 200,00 €
Umgeben von malerischen Weinbergen, ist der "Jägersteig" in der "Zwetschgenstadt" Bühl ein idyllisch auf einem kleinen Plateau gelegenes Hotel, in dem man abseits von alltäglicher Hektik und Lärm, begleitet von persönlichem Service Ruhe und Erholung genießen kann. Die Zimmer mit herrlicher Fernsicht– die meisten davon klimatisiert – sind liebevoll eingerichtet und mit edlen Naturmaterialien und zeitgemäßem Komfort ausgestattet. Hervorhebenswert sind die fast 50 m² großen Deluxe-Zimmer. Die über 100 m² große Panoramaterrasse bietet einen weiten Blick über die Rheinebene. Hier oder in passenden Räumlichkeiten kann man auch wunderschöne private Feiern ausrichten lassen. Ein vielseitiges gastronomisches Angebot rundet den Aufenthalt im "Jägersteig" perfekt ab. Rund ums Jahr werden verschiedene Arrangements (Wein, Gourmet) angeboten. In der Umgebung warten zahlreiche Wanderwege, Mountainbikestrecken und weitere Freizeitmöglichkeiten (Ballonfahren, Gleitschirmfliegen).

Bhf→3,5 km

Jägersteig

⊠ 77815 · Kappelwindeckstraße 95a · ☎ (0 72 23) 98 59-0 · Fax: 98 59-98
Regionale Küche · Küche: 12–14/18–21:30 Uhr · **Ruhetag:** Do. · **Ferien:** je 2 W. Nov. + Feb. · **Tische:** 20 (+ 20 Terrasse)/80 (+ 80) Plätze
VISA EC
info@jaegersteig.de · www.jaegersteig.de

Speisekarte: 10 Hauptgerichte von 12,00 bis 26,00 €; 1 Menü zu 36,00 €
Sowohl im Panoramarestaurant als auch in der gemütlich-rustikalen Weinlaube oder im Sommer auf der 100 m² großen Terrasse mit weitem Blick über die Rheinebene kann man die abwechslungsreiche Küche von Chefkoch Peter Leppert genießen. Er kocht mit Leidenschaft und einer Menge guter Ideen regionale Speisen in neuem Gewand. Gerne ertüftelt er verschiedene Kombinationen, denen zugrunde liegt, die handverlesenen Produkte – bevorzugt aus der Region – so unverfälscht wie möglich zu präsentieren. Neben Fleisch- und Fischspeisen stehen auch zeitgemäße vegetarische und vegane Gerichte auf der Karte. Passende Weine gibt es in feiner Auswahl: Das Restaurant wurde schon mehrfach als „Haus des baden-württembergischen Weines" klassifiziert. Dank des Engagements von Peter Leppert finden rund ums Jahr verschiedene Wein-Events mit Winzern oder bekannten Sommeliers statt.

Gude Stub Casa Antica

77815 · Dreherstraße 9 · (07223) 3 06 06
Klass., Neue und ital. Küche, eig. Kreationen · Küche: 11:45–14/17:30–22 Uhr · **Ruhetag:** Di. · **Tische:** 12/48 Plätze
info@gudestub-casa-antica.de · www.gudestub-casa-antica.de

Speisekarte: 6 Hauptgerichte von 16,90 bis 34,90 €; 2 Tagesgerichte zu 8,90 €; 3 Menüs von 44,90 bis 59,90 €
40 Weinpos.
In der "Gude Stub Casa Antica" fühlt man sich als Gast sofort wohl. Das liegt am behaglichen Interieur, der herzlichen Gastfreundschaft und vor allem an der authentischen italienischen Küche von Patron Andrea Alesi. Hausgemachte Pasta, Brot und Fischzubereitungen gehören zu den Spezialitäten des Hauses.

Pospisil's Gasthof Krone OT Oberbruch

Bhf→8 km

77815 · Seestraße 6 · (0 72 23) 9 36 00 · Fax: 93 60 -0 · Intern. u. Reg. Küche, Tagesgerichte a. e. Tafel · **Geöffnet:** 18-22 Uhr, Sa./So. auch 12-14 Uhr · Küche: 12–14/18–22 Uhr · **Ruhetag:** Mo./Di. · **Tische:** 20/70 Plätze
pavel@pospisils-krone.de · www.pospisilskrone.de

Speisekarte: 10 Hauptgerichte von 19,00 bis 29,00 €; 1 Menü von 55,00 bis 59,00 € 212 Weinpos.
Pavel Pospisil kocht mit großer Leidenschaft und auf hohem kulinarischem Niveau. In der Region verwurzelt, präsentiert er auch grenzübergreifende Speisen mit großem Aromenspektrum. Ehefrau Lenka ist die gute Seele des Hauses und berät auch zu den Weinen.

Burgrieden

Ebbinghaus

Bhf→5 km

88483 · Bahnhofplatz 2/1 · (0 73 92) 60 41 · Fax: 1 67 65
Reg. u. Neue Küche, Eig. Kreat. · **Geöffnet:** 18:30–23:00 Uhr · **Geöffnet:** Do.-Sa. ab 18:30 Uhr · **Ruhetag:** So.-Mi. · **Ferien:** Aug./Sept. · **Tische:** 10/30-50 Plätze
Restaurant-Ebbinghaus@t-online.de · www.restaurant-ebbinghaus.de

Speisekarte: 1 Menü von 77,00 bis 98,00 €

Patron Peter Ebbinghaus und sein Küchenteam machen keine Kompromisse bei der Qualität der ausschließlich frischen und saisonal orientierten Produkte und verblüffen ihre Gäste immer wieder mit innovativen und perfekt zubereiteten Gaumenfreuden. Besuche außerhalb der Öffnungszeiten können besprochen werden.

Bürgstadt

Weinhaus Stern

Bhf→5 km

63927 · Hauptstraße 23-25 · (0 93 71) 4 03 50 · Fax: 40 35 40 · Reg., Bürgerl. u. Neue Küche · Küche: 18–21:30 Uhr · **Ruhetag:** jeder 1. So. im Monat + Apr.-Dez.: Di., Jan.-März: Di./Mi. · **Ferien:** variabel · **Tische:** 10/40 Plätze
info@hotel-weinhaus-stern.de · www.hotel-weinhaus-stern.de

Speisekarte: 5 Hauptgerichte von 10,00 bis 28,00 €; Menüs von 35,00 bis 75,00 €
350 Weinpos.
Gediegene Landhausromantik im Restaurant des Weinhaus Stern ist die stimmungsvolle Kulisse für die Speisen von Chefkoch Klaus Markert, der mit ausgesuchten Zutaten Gutbürgerliches neu interpretiert und zu zeitgemäßen, leichten und aromenstarken Speisen macht.

Sehr gute Serviceleistung

Burrweiler

♜ Ritterhof zur Rose

✉ 76835 · Weinstr. 6a · ☎ (0 63 45) 40 73 28 · Klass., Reg. Küche und eig. Kreat. · **Geöffnet:** Do./Fr.: 18-21, Sa./So./Mo. auch 12-14 Uhr · **Ruhetag:** Di./Mi. · **Ferien:** 1 W. Jan., 2 W. Juli, 26.12. abends · **Tische:** 15 +12/50 + 60 Plätze
info@ritterhofzurrose.de · www.ritterhofzurrose.de

Speisekarte: 3 Hauptgerichte von 29,00 bis 35,00 €; 3 Menüs von 44,00 bis 78,00 €
498 Weinpos.
Karin und Florian Winter begrüßen ihre Gäste in einem traditionsreichen Haus mit elegant-charmanter Atmosphäre. Die frische, kreative Regionalküche überzeugt auf ganzer Linie, ebenso wie die vielfältige Weinkarte. An warmen Tagen wartet eine wunderschöne Terrasse.

Restaurant mit exzellenter Weinkarte

Burscheid

Bhf→25 km

♜ Gut Landscheid

✉ 51399 · Haus Landscheid 1-2 · ☎ (0 21 74) 3 98 90 · Fax: 39 89 99 · Rest., histor. Weinkeller, eig. Standesamt, Golf Short-Game Areal, Zi.-Preise inkl. Frühst.
am Haus
info@gut-landscheid.de · www.gut-landscheid.de

14 **DZ** ab 109,00 €;
als **EZ** ab 99,00 €;
4 **Suiten** ab 119,00/139,00 (EZ/DZ) €
Malerisch mitten im Grünen gelegen, bezaubert "Gut Landscheid", ein ehemaliger Rittersitz, mit einer ganz besonderen sehr entspannten und kultivierten Atmosphäre. Umgeben von über 700 Jahre alten Bruchsteinmauern logiert man in den sehr geschmackvoll eingerichteten und mit allem zeitgemäßen Komfort ausgestatteteten Zimmern und genießt zudem einen engagierten und zuvorkommenden Service. Dank des eigenen Standesamtes kann man hier direkt an die Trauung anschließend eine unvergessliche Hochzeitsfeier in einer der hübschen Räumlichkeiten (z. B. in der ehemaligen Kapelle des Rittergutes oder im historischen Weinkeller) ausrichten lassen. Die Zimmerpreise verstehen sich inklusive Frühstück. Außerdem gibt es einen lichtdurchfluteten Neubau mit medientechnisch perfekt ausgestatteten Tagungsräumen. Hervorhebenswert auch der Sauna- und Ruhebereich mit Schwerpunkt auf entspannende Anwendungen. "Gut Landscheid" ist tatsächlich ein echtes Kleinod exklusiver Hotelleriekultur, das man unbedingt entdecken sollte.

Gut Landscheid – 13 null 1

Bhf→25 km

✉ 51399 · Haus Landscheid 1-2 · ☎ (0 21 74) 3 98 90 · Fax: 39 89 99
Klassische und Neue Küche · Küche: 12–21 Uhr · **Tische:** 13/ca. 40 Plätze
info@gut-landscheid.de · www.gut-landscheid.de

Speisekarte: 9 Hauptgerichte von 14,00 bis 37,00 €; 2-3 Tagesgerichte zu Tagespreis €; 1 Mittagsmenü zu 14,80 €; 2 Menüs von 52,00 bis 95,00 €

60 Weinpos.

"13null1", als 1301 war das Jahr, in dem der Rittersitz Haus Landscheid erstmals urkundlich erwähnt wurde, und ist heute der Name des hier beheimateten Restaurants. Nostalgische und moderne Elemente wechseln sich im Interieur mit dunkeln Fachwerkträgern, gewürfeltem Fliesenboden und schick eingedeckten Tischen ab. Genau diese Mischung aus Historischem und stilvoller Moderne macht das Ambiente besonders charmant und wird zur gediegenlässigen Atmosphäre. Das Netzwerk heimischer Händler wurde sorgsam aufgebaut, die Lieferanten werden detailliert aufgeführt. Kräuter, die den abwechslungsreichen, gerne saisonalen Speisen den letzten Schliff geben, kommen aus dem eigenen Garten oder werden vom Kräuter- und Pilzexperten des Hauses in den Wäldern des bergischen Landes gesammelt. Hier kommt echte Bio-Qualität auf die Teller. Die Zutaten werden harmonisch aufeinander abgestimmt und handwerklich korrekt, kraftvoll und unverfälscht zu raffinierten regionalen und zeitgeistigen Speisen zusammengestellt. Mittags wird ein fair kalkuliertes Zweigang-Menü angeboten. Ein aufmerksamer Service begleitet den Restaurantbesuch. Die Terrasse am Landscheider Bach ist eine wunderschöne Idylle mitten im Grünen. Aufgrund des Juli-Hochwassers 2021 müssen umfangreiche Renovierungsarbeiten durchgeführt werden, so dass das Restaurant leider vorübergehend geschlossen ist.

Büttelborn

Monika

Bhf→8 km

✉ 64572 · Im Mehlsee 1-5 · ☎ (0 61 52) 18 10 · Fax: 18 150
Restaurant, Terrasse, Bar, Bauernstube, Frühstück im Zimmerpreis inklusive, 5 + 7 km
info@hotelmonika.de · www.hotelmonika.de

14 **DZ** von 132,00 bis 160,00 €;
als **EZ** von 95,00 bis 110,00 €;
27 **EZ** von 88,00 bis 95,00 €;
3 **App.** zu 160,00 €

Seit über 85 Jahren heißen die Familien Scheuermann und Gries ihre Gäste im familiär geführten Business Hotel zwischen Frankfurt und Darmstadt herzlich willkommen. Bereits in dritter Generation Gastgeber aus Leidenschaft, können sie sich auf ein engagiertes Team langjähriger Mitarbeiter verlassen, das sich aufmerksam und freundlich um kleine und große Gästewünsche kümmert. Die Rezeption ist von 6:00 Uhr bis 23:00 Uhr durchgehend besetzt. Die geschmackvoll und modern eingerichteten Zimmer sind ein behagliches Zuhause auf Zeit (Zimmerpreise inkl. Frühstück). Die Lage des Hauses direkt an der Autobahnausfahrt 67, 800 Meter zum Bahnhof Groß Gerau-Dornberg (Richtung: Frankfurt und Mannheim) und nur 10 Autominuten vom Loop 5 Shopping Center in Weiterstadt entfernt, ist nicht nur für Geschäftsleute ideal. Das gastronomische Angebot ist durchdacht und die Philosophie im Hotel Monika – gutes Essen, freundliches Personal, angenehmes Ambiente – geht auf und sorgt für einen entspannten Aufenthalt.

Bhf→8 km

Monika

✉64572 · Im Mehlsee 1-5 · ☎ (0 61 52) 18 10 · Fax: 18 150 · Deutsche und Mediterrane Küche · Küche: 17:30–21:30 Uhr · **Ruhetag:** Sa./So.-Abd. · **Ferien:** 20.12-2. Januarwoche · **Tische:** 20 (+ Terrasse 20)/70 (+70) Plätze
VISA AE EC
info@hotelmonika.de · www.hotelmonika.de

Speisekarte: 18 Hauptgerichte von 19,00 bis 38,00 €; 1 Menü von 59,00 bis 85,00 €

67 Weinpos.

Das gastronomische Angebot im Hotel Monika ist breit gefächert. Das Restaurant ist in klaren Linien gehalten, modern gestaltet und überzeugt mit einer raffinierten Licht- und Tontechnik. Das engagierte Küchenteam unter Leitung von Chefkoch Oliver Hartmann und auch Holger Gries sorgt für ein facettenreiches Angebot. Beste, gerne saisonale und regionale, marktfrische Zutaten kombinieren sie zu einer abwechslungsreichen, zeitgemäßen deutschen Küche, die mit mediterranen Elementen ergänzt wird. Die Speisen sind handwerklich korrekt, kreativ und jeder Teller ist auch optisch ein echter Hingucker. Der Gast kann sich sein Menü nach Gusto zusammenstellen. Stefanie Gries leitet den zuvorkommenden Service charmant und mit Übersicht. Für Veranstaltungen mit bis zu 25 Personen ist die gemütliche, vollholzverkleidete Bauernstube die perfekte und stimmungsvolle Kulisse. An warmen Tagen wartet eine schöne, begrünte Terrasse. Die besondere Location ist die beheizte Schirmbar, der "Scherm", mit dem Charme einer urigen, geselligen Eckkneipe. Hier finden bis zu 50 Personen Platz. Nach dem Essen trifft man sich auch gerne in der M-Bar auf ein frisch gezapftes Bier oder genießt feine Spirituosen.

Buxtehude

Landhotel Zur Eiche

Bhf→2 km

21614 · Harsefelder Str. 64 · ☎ (0 41 63) 8 07 60 · Fax: 80 76 30
Restaurant mit Regionaler Küche, Terrasse, Zimmerpreise inkl. Frühstück
5 km
VISA
info@hotel-zur-eiche.de · www.hotel-zur-eiche.de

23 **DZ** von 102,00 bis 127,00 €;
als **EZ** von 75,00 bis 88,00 €
Komfortabel Logieren in gemütlichem Ambiente – dafür steht dieses privat geführte Hotel mit traditionellem Gasthaus. Ausflüge nach Hamburg, an die Elbe oder ins "Alte Land" sind von hieraus gemütlich und problemlos machbar. Die Zimmerpreise verstehen sich inkl. Frühstück.

Sehr gutes, komfortables Hotel

Restaurant N°4

Bhf→2 km

21614 · Harburger Straße 4 · ☎ (0 41 61) 74 90-0 · Fax: 74 90-3 03
Nordische Küche · Küche: 18:30–23 Uhr · **Ruhetag:** So./Mo./Di. · **Ferien:** a. Anfrage · **Tische:** 4/16 Plätze
VISA AE
restaurant@jens-rittmeyer.de · www.jens-rittmeyer.de

Speisekarte: 1 Überraschungsmenü ab 115,00 €
90 Weinpos.
Das historische Gewölbe in der einstigen Mädchenschule ist ein beeindruckendes Gestaltungsmerkmal im charmanten Interieur. Chefkoch Jens Rittmeyer bezieht viele der erntefrischen Zutaten von einem Biohof und präsentiert klare, aromenstarke nordische Speisen, die von Rittmeyers Spezialität – großartigen Saucen – begleitet werden.

Celle

Fürstenhof Celle

Bhf→1 km

29221 · Hannoversche Straße 55-56 · ☎ (0 51 41) 20 10 · Fax: 20 11 20
Gartenterrasse, Foyerbar, kulinarische Arrangements
8 km
VISA AE
info@fuerstenhof-celle.com · www.fuerstenhof-celle.com

51 **DZ** ab 175,50 €;
6 **EZ** ab 68,00 €;
5 **(Jui.-)Suiten** ab 305,50 €
Kostbare Antiquitäten und edle Stoffe bestimmen das erlesene Interieur des „Fürstenhofs". Tagungsräume mit perfekter medientechnischer Ausstattung stehen ebenso bereit wie eine gepflegte Wellnessoase. In der "Taverna & Trattoria Palio" genießt man die variationsreiche Küche der italienischen Hausfrau "Cucina casalinga".

Ringhotel Celler Tor

Bhf→4 km

29229 · OT Groß Hehlen · Scheuener Straße 2 · ☎ (0 51 41) 59 00 · Fax: 59 04 90
Restaurant mit leichter Intern. Küche, Bar & Lounge, Terrasse
7 km
VISA AE
info@celler-tor.de · www.celler-tor.de

27 **DZ** ab 105,00 €;
31 **EZ** ab 85,00 €;
15 **Deluxe-Zi.** ab 140,00 €
Dieses erstklassige Hotel befindet sich bereits seit 1438 in Familienbesitz. Zeitgemäßes Interieur in wohltuendem Ambiente - dies ist die Philosophie des Hauses. Entspannungssuchende wie Tagungsgäste fühlen sich hier gleichermaßen wohl. (Zi.-Preise inkl. Frühst.)

Chemnitz

Bhf→1 km

Alexxanders

09130 · Ludwig-Hirsch-Str. 9 · ☎ (0371) 4 31 11 11 · Fax: 4 31 11 13
Klassisch-mediterran-asiatische Küche · **Geöffnet:** Mi.-Fr. 12-14 + 18-22, Sa. 17-22 Uhr Uhr · **Ruhetag:** So./Mo./Di. · **Tische:** 16/50 Plätze
info@alexxanders.de · www.alexxanders.de

Speisekarte: 10 Hauptgerichte von 17,00 bis 35,00 €; 6 Tagesgerichte von 7,50 bis 11,50 €; 1 Menü von 42,00 bis 59,00 €

73 Weinpos.

Das engagierte Küchenteam setzt auf eine deutsche Küche mit internationalen Einflüssen. Ob raffiniert-klassisch oder exotisch-modern - die Zutatenliste wird vom saisonalen und regionalen Frischeangebot bestimmt. Das moderne Interieur in Verbindung mit der historischen Außenfassade sorgt für eine außergewöhnlich schöne Atmosphäre.

Bhf→400 m

Chemnitzer Hof

09111 · Theaterplatz 4 · ☎ (03 71) 68 40 · Fax: 6 76 25 87
Bar, Terrasse,Café, Biergarten, Kaminzimmer, Frühstücksbuffet im Zi.-Preis inkl.
5 km
info@chemnitzer-hof.de · www.chemnitzer-hof.de

55 **DZ** von 89,00 bis 269,00 €;
33 **EZ** von 69,00 bis 249,00 €;
3 **Suiten** von 169,00 bis 349,00 €;
1 **App.** von 219,00 bis 399,00 €

1929/1930 nach Plänen des berühmten Architekten Prof. Dr.-Ing. Heinrich Straumer mit klassischen Bauhausstil-Elementen erbaut, wurde das Traditionshotel im Jahre 2016 aufwändig und umfangreich renoviert und findet sich inmitten der City am schönsten Platz von Chemnitz, direkt neben dem Opernhaus, den Kunstsammlungen und der Petrikirche. Die beeindruckende Architektur in Marmor und Sandstein mit lichtdurchflutetem Innenhof blieb natürlich erhalten und ist in ihrer zeitlosen Schlichtheit ansprechender denn je. Die Zimmer sind geradlinig und modern eingerichtet und verfügen über zeitgemäßen Komfort. Nicht nur Städtereisende werden sich im Chemnitzer Hof wohlfühlen, auch Businessgäste wissen das gute Angebot mit fünf klimatisierten Konferenz- und Veranstaltungsräumen mit Tageslicht und WLAN für bis zu 350 Personen zu schätzen. Zahlreiche attraktive Serviceleistungen (u. a. Weckservice, kostenfreie Nutzung des ÖPNV im Stadtgebiet Chemnitz und kostenfreier Fahrradverleih in begrenzter Anzahl), Arrangements und ein gediegenes Restaurant runden das vielseitige und sehr attraktive Angebot ab.

Hervorragendes Hotel mit außergewöhnlichem Komfort

Chemnitzer Hof - Opera

Bhf→400 m

✉ 09111 · Theaterplatz 4 · ☎ (03 71) 68 47 05 · Fax: 6 76 25 87
Internationale Küche · **Geöffnet:** So.-Do.: 12-22 Uhr, Fr./Sa. 12-23 Uhr · **Tische:** 20 (+20 Terrasse)/70 (+70) Plätze
info@chemnitzer-hof.de · www.chemnitzer-hof.de

Speisekarte: 8 Hauptgerichte von 20,00 bis 40,00 €; 1 Mittagsmenü zu 9,50 €; 1 Menü ab 38,00 €

76 Weinpos.

Das stilvoll eingerichtete Restaurant "Opera" kann nicht nur mit einer exzellenten Lage vis-à-vis der Oper und den Kunstsammlungen punkten (an warmen Tagen ist ein Terrassenplatz nahezu ein Muss), sondern auch mit einer feinen, leichten und durchdachten Küche. Für die zeichnet Mario Öhlmann verantwortlich. Er arbeitet umsichtig, kombiniert die Zutaten gekonnt und mit kreativen Ideen und präsentiert internationale Spezialitäten mit eigener Note. Steaks, Burger und beliebte Klassiker gehören ebenso zum Angebot wie der täglich wechselnde, sehr fair kalkulierte Mittagstisch. Freitags kann man von 17-21 Uhr das Dinner for Two buchen und bekommt ein Vier-Gang-Menü inklusive einer halben Flasche Wein für 38,00 € pro Person und sonntags gibt es von 12-21 Uhr ein Zweigangmenü für 20,- €. Saujin Kuko leitet mit Übersicht den liebenswürdigen, flinken Service und berät zur gut sortierten Weinkarte.

Villa Esche OT Süd/Kapellenberg

Bhf→5 km

✉ 09120 · Parkstr. 58 · ☎ (03 71) 2 36 13 63 · Fax: 2 36 13 65 · Regionale Küche ·
Geöffnet: Di.+Do.: 12-15 + 18-21 Uhr, Mi., Fr.+Sa.: 12-21 UhrMi./Fr./Sa. 12-21 Uhr, Di.+Do. 12-15 + 18-21 Uhr · **Ruhetag:** So./Mo. · **Tische:** 15/50 Plätze
info@restaurant-villaesche.de · www.restaurant-villaesche.de

Speisekarte: 4 Hauptgerichte von 28,00 bis 39,50 €; 8 Tagesgerichte von 9,70 bis 19,90 €; 1 Mittagsmenü ab 19,00 €; 1 Menü zu 66,00 €

200 Weinpos.

Die Villa Esche wurde 1903 von Henry van de Velde an der Schnittstelle zwischen Jugendstil und Moderne für den Fabrikanten Herbert Esche erbaut und ist bis in die heutige Zeit ein architektonisches Meisterwerk. Unter einem Dach finden sich hier Tagungsräume, eine Begegnungsstätte, ein Museum und auch als Eventlocation wird die Villa gerne genutzt. Last but not least ist hier in der einstigen Orangerie und dem Gartenhaus ein Restaurant beheimatet, dass sich inzwischen weit über die Chemnitzer Grenzen hinaus einen guten Ruf erworben hat. Das liegt nicht nur an der entspannt-lässigen Atmosphäre, sondern auch und ganz besonders an der durchdachten Küche von Chefkoch Falk Heinrich und seinem jungen und engagierten Team. Er holt sich Inspirationen in aller Herren Länder und kombiniert sie mit eigenen Ideen. Die Zutaten bezieht er vorzugsweise in der Region und bereitet sie handwerklich sauber, aromenstark und einfallsreich zu. Das viergängige Überraschungsmenü kann auch als vegetarische Variante zubereitet werden. Ein zuvorkommender Service unter Leitung von Tobias Berg begleitet den Restaurantbesuch. Feierlichkeiten und Veranstaltungen (außen und im Haus) profitieren vom durchdachten Catering. An warmen Tagen sitzen die Gäste gerne auf der Terrasse mit Blick in den malerischen Park.

Ein Restaurant mit anspruchsvoller Küche.

Chieming

Bhf→14 km

Hotel Gut Ising

83339 · OT Ising · Kirchberg 3 · (0 86 67) 7 90 · Fax: 7 94 32 · Rest. "Usinga", "Zum Goldenen Pflug" u. "Il Cavallo", Derby bar I grill, Hotel- u. Pool-Bar
am Haus VISA AE EC
marketing@gut-ising.de · www.gut-ising.de

86 **DZ** von 175,00 bis 325,00 €;
als **EZ** von 145,00 bis 295,00 €;
8 **EZ** von 115,00 bis 215,00 €;
7 **App.** von 265,00 bis 365,00 €;
4 **Suiten** von 345,00 bis 690,00 €

In malerischer Chiemsee-Landschaft erwarten den Gast elegante, komfortable Zimmer (Preise inkl. Frühstück), feinste Küche, ein großes Wellnessangebot und beste Veranstaltungsmöglichkeiten.

Bhf→14 km

Hotel Gut Ising - Goldener Pflug

83339 · OT Ising · Kirchberg 3 · (0 86 67) 7 90 · Fax: 7 94 32
Regionale Küche · **Geöffnet:** warme Küche 12-14 + 18-22 Uhr, Brotzeitkarte durchgehend · **Tische:** 45/145 Plätze VISA AE EC
marketing@gut-ising.de · www.gut-ising.de

Speisekarte: 13 Hauptgerichte von 18,00 bis 34,00 €; Tageskarte mit 5 Gerichten zur Auswahl €
200 Weinpos.
Der "Goldene Pflug" ist eines der ältesten Gasthäuser im Chiemgau. Chefkoch Rüdiger Linke nutzt das heimische Warenangebot, um sorgfältig zubereiteten fangfrischen Fisch sowie bayerische Spezialitäten zu präsentieren.

Coburg

Bhf→800 m

Romantik Hotel Goldene Traube

96450 · Am Viktoriabrunnen 2 · (0 95 61) 87 60 · Fax: 87 62 22
Hotelbar, Frühstück 16,90 € p./Ps.
13 km VISA AE EC
info@goldenetraube.com · www.goldenetraube.com

49 **DZ** von 149,00 bis 185,00 €;
18 **EZ** von 95,00 bis 125,00 €;
1 **Suite** von 125,00 bis 185,00 €

Die "Goldene Traube" in zentraler Lage ist ein stilvolles Hotel mit individuell gestalteten Zimmern und Bar. Gern besucht wird der 300 m² große Wellnessbereich mit vielen Fitnessangeboten.

Cochem

Bhf→3 km

Moselromantik Hotel Keßler-Meyer

56812 · Am Reilsbach 10-14 · (0 26 71) 46 00 · Fax: 38 58
Restaurant "Cochem", Terrasse, Wintergarten, Hotelbar
5 km VISA EC
rezeption@hotel-kessler-meyer.de · www.hotel-kessler-meyer.de

43 **DZ** ab 225,00 €;
2 **Suiten** ab 245,00 €

In verschiedenen Häusern sind die komfortablen Zimmer ein schönes Zuhause auf Zeit. Das Freizeitangebot, u. a. mit geführten Wanderungen, Schiffahrten und eigener Spa-Villa mit vielseitigen Wellness-Angeboten ist umfangreich.

Bhf→3 km

Moselromantik Hotel Weißmühle

56812 · Im Enderttal/Wilde Endert · (0 26 71) 89 55 · Fax: 82 07
Rest. „Müllerstube" mit Regionaler Küche, Forellenteiche, Café-Terrasse, Bar
VISA EC
info@hotel-weissmuehle.de · www.hotel-weissmuehle.de

30 **DZ** von 98,00 bis 118,00 €;
6 **EZ** von 54,00 bis 64,00 €

Familiär geführt, sorgen die komfortablen Zimmer (Preise inklusive Frühstück) in edlem Interieur für erholsamen Schlaf, während die gepflegte Wellnessetage alle erdenklichen Annehmlichkeiten offeriert.

Cuxhaven

Badhotel Sternhagen OT Duhnen

Bhf→6 km

Family

✉ 27476 · Cuxhavener Str. 86 · ☎ (0 47 21) 43 40 · Fax: 43 44 44 · Drei Restaurants, eigene Konditorei, Weinkeller, Panorama-Café, Zi.-Preise inkl. Frühst.
12 km
sternhagen@badhotel-sternhagen.de · www.badhotel-sternhagen.de

13 **DZ** von 260,00 bis 330,00 €;
als **EZ** von 216,00 bis 245,00 €;
7 **EZ** von 194,00 bis 250,00 €;
28 **Suiten** von 334,00 bis 625,00 €

Gemäß dem Motto "Stillstand ist Rückschritt" wird im Badhotel im November stets erneuert, verbessert und verschönert, so dass sich das Haus immer in einem makellosen Zustand präsentiert. Zusätzlich bekam diesmal die Meerwasser-Badelandschaft ein kleines Facelifting. Die Zimmer im "Badhotel Sternhagen" sind alle mit ganz viel Geschmack und hanseatischer Noblesse gestaltet – reichhaltiges, nordisches Frühstücksbuffet im Preis inklusive – und ein wunderschöner Rückzugsort mit hohem Erholungsfaktor. Gemälde namhafter Künstler sowie erlesene Perserteppiche in allen Bereichen geben dem Interieur kultivierte Individualität. Von der handgearbeiteten Zwischentür bis zum Fitnessbereich lässt die Ausstattung keine Wünsche offen. Als Attraktion erlebt man auch die 850 m² große Meerwasser-Wellness-Landschaft (s. a. Wellness-Special) mit eigener Zuleitung zur Nordsee, deren Nutzung im Zimmerpreis enthalten ist, sowie das Original Nordsee-Thalasso-Therapie-Center „Nordsee SPA“ mit entspannenden Anwendungen in der Beauty- und Physiotherapie-Abteilung. Der 24-h-Service im Hause (u. a. Botengänge, Wäscheservice, Kinderbetreuung, kostenlose Tageszeitung) ist unschlagbar. Im sehr stilvollen Panorama-Restaurant "Schaarhörn" werden die Gäste mit gehobener à-la-Carte-Küche verwöhnt.

Die rustikale Stube "Ekendöns" wird räumlich so umgestaltet, dass ein Bistro mit Bar und gemütlichem Loungebereich entsteht. Die Bar "Ekenschänke" wird zu einer Raucherlounge. Im "Café und Sonnengarten am Meer" mit Strandkörben sowie im Panorama-Café genießt man Kaffee und Kuchen aus der eigenen Konditorei. Erlesene Speisen für den anspruchsvollen Feinschmecker genießen die Gäste im Panorama-Gourmet-Restaurant "Sterneck".

Bhf→6 km

Badhotel Sternhagen - Sterneck

✉ 27476 · OT Duhnen · Cuxhavener Str. 86 · ☎ (0 47 21) 43 40 · Fax: 43 44 44 · Deutsche Küche m. span. u. frz. Akzenten · **Geöffnet:** Do.-So. 18-24 Uhr, So. ab 13 Uhr · Küche: 13–14 Uhr · **Ruhetag:** Mo./Di./Mi. · **Tische:** 6/20 Plätze VISA AE
sternhagen@badhotel-sternhagen.de · www.badhotel-sternhagen.de

Speisekarte: 2 Menüs von 85,00 bis 190,00 € 540 Weinpos.
Bereits beim Betreten des Gourmetrestaurants "Sterneck" empfindet man als Gast die besondere, unaufgeregte und doch charmante Atmosphäre. Die dezente Eleganz, edel eingedeckte Tische und der hinreißend schöne Blick auf die Nordsee, den Weltschifffahrtsweg und das Weltnaturerbe Wattenmeer werden zur stilvollen Kulisse für einen ganz besonderen Aufenthalt, der das Besondere nicht nur verspricht, sondern auch hält. Was vor allem das Verdienst von Chefkoch Marc Rennhack und seinem engagierten Team ist. Er überzeugt jeden Gast mit seiner leichten, modernen, deutschen Küche, die in der Klassik verwurzelt ist. Nur erstklassige, erntefrische Zutaten werden verarbeitet und zu aromenstarken Speisen mit echtem Tiefgang. So filigran diese begeisternde Produktküche auch ist, sie bleibt immer verständlich, weil sie unverfälscht und ehrlich ist. Spanische und französische Elemente werden gekonnt eingebaut, Meeres-Spezialitäten ergänzen das facettenreiche Angebot. Jeder Teller ist wunderschön angerichtet und ein Unikat, das alle Sinne anspricht. Eines der zwei angebotenen Menüs, bei denen der Gast die Anzahl der Gänge selber bestimmen kann, ist vegetarisch. Restaurantleiterin Anika Nührenberg leitet den Service mit natürlicher Herzlichkeit, erläutert die Speisen und gibt gerne individuelle Wünsche an die Küche weiter. Außerdem berät sie mit enormer Kenntnis zu den korrespondierenden Weinen, die in einem drei Meter unter NN auf einer Sanddüne gebauten, 200 m^2 großen, begehbaren Weinkeller lagern.

Bhf→6 km

Badhotel Sternhagen - Panorama-Restaurant Schaarhörn

✉ 27476 · OT Duhnen · Cuxhavener Str. 86 · ☎ (0 47 21) 43 40 · Fax: 43 44 44
Neue Deutsche Küche m. mediter. u. asiat. Einflüssen · Küche: 12:30–21:30 Uhr · **Ferien:** 21.11.-22.12.21 · **Tische:** 27/84 Plätze VISA AE
sternhagen@badhotel-sternhagen.de · www.badhotel-sternhagen.de

Speisekarte: 23 Hauptgerichte von 22,00 bis 35,00 €; 5 Menüs von 38,00 bis 66,00 €
540 Weinpos.
Das Restaurant "Schaarhörn" ist sehr edel eingerichtet: In Italien handgefertigte Tische und Stühle mit klassischem Stoff in hellem Design verbinden sich mit dem herrlichen Panoramablick auf das Weltnaturerbe Wattenmeer. In angnehem entspannter Atmosphäre kommt man den ganzen Tag über in den Genuss sorgfältig zubereiteter Speisen. Das beginnt mit einem nordisch geprägten Frühstücksbuffet, geht über eine durchdachte Wellness-Küche, die Kinderkarte, Kaffee und hausgebackenen Kuchen nachmittags bis zum Speiseangebot, für das Chefkoch Thomas Hildebrandt verantwortlich zeichnet. Er kocht moderne, deutsche Gerichte, die er mit mediterranen und asiatischen Elementen ergänzt.

Eingekauft wird bevorzugt in Bio-Qualität von Erzeugern aus der Region und auf ausgesuchten Wochenmärkten und Höfen. Alles wird frisch zubereitet, gerne lässt sich Thomas Hildebrandt auch von den wechselnden Jahreszeiten inspirieren. Regina Bartz leitet den zugewandten und liebenswürdigen Service mit leichter Hand, während Anika Nührenberg als kenntnisreiche Sommelière sensibel und kompetent zu den passenden Weinen berät.

Hotel Strandperle

Bhf→5 km

✉ 27476 · OT Duhnen · Duhner Strandstr. 15 · ☎ (0 47 21) 4 00 60 · Fax: 4 00 61 96
Restaurant, Fitnessraum, Hotelbar, Zimmerpreise inkl. Frühstücksbuffet
15 km
info@strandperle-hotels.de · www.strandperle-hotels.de

40 **DZ** ab 179,00 €;
als **EZ** ab 159,00 €;
19 **Suiten** ab 199,00 €;
16 **App.** ab 129,00 €

Im direkt am Meer gelegenen Hotel "Strandperle" mit gemütlichen Komfortzimmern (Preise inkl. Frühstücksbuffet) kann man zu jeder Jahreszeit das gute Angebot mit Wellnessbereich, Bar und Restaurant genießen.

Strandhotel Duhnen

Bhf→7 km

✉ 27476 · OT Duhnen · Duhner Strandstraße 5-9 · ☎ (0 47 21) 40 30 · Fax: 40 33 33
Zimmerpreise inkl. Frühstück, Hunde sind willkommen
13 km
info@kamp-hotels.de · www.kamp-hotels.de

52 **DZ** ab 135,00 €;
21 **EZ** ab 79,00 €

Egal, ob man als Gast Erholung, professionelle Tagungsmöglichkeiten oder ausgezeichnete Kulinaria sucht - dieses von Familie Kamp und ihrem Team sehr persönlich geführte Hotel hält für jeden Gast das Richtige bereit.

Dahn

Hotel Pfalzblick

Bhf→3,5 km

66994 · Goethestr. 1 · ☎ (0 63 91) 40 40 · Fax: 40 45 40
Vinothek, Bar, Kamintreff, Preise inkl. 3/4-Wohlfühlpension
20 km
info@pfalzblick.de · www.pfalzblick.de

63 **DZ** ab 300,00 €;
7 **EZ** ab 167,00 €;
2 **Suite** ab 217,00 (p. Ps.) €
Erholung pur findet der anspruchsvolle Gast in diesem Hotel im großzügigen Wellnessbereich oder im 53.000 m² großen Garten. Die geschmackvoll eingerichteten Zimmer garantieren modernen und höchsten Komfort. Attraktive Arrangements zu allen Jahreszeiten.

Damme

Lindenhof Hotel Tepe

Bhf→10 km

49401 · Osterdammer Str. 51 · ☎ (0 54 91) 9 71 70 · Fax: 97 17 47 · Reichhaltiges Frühstücksbuffet (im Zimmerpreis inkl.), Wochenend-Arrangem., Leihfahrräder
17 km
info@lindenhof-hotel-tepe.de · www.lindenhof-hotel-tepe.de

27 **DZ** von 130,00 bis 140,00 €;
2 **EZ** von 85,00 bis 89,00 €;
2 **Fam.-Zi.** ab 199,00 €;
4 **(Ju.-)Suiten** von 159,00 bis 189,00 €

Wer Ruhe und Entspannung sucht, der ist in diesem freundlichen, ruhig gelegenen Hotel mit Restaurant und drei Wintergartenbereichen, sehr kultivierter Atmosphäre und persönlichem Service genau richtig. Die individuell eingerichteten Zimmer sind ein komfortables (u. a. Schreibtisch, kostenfreies W-Lan im ganzen Haus) und sehr geschmackvolles Zuhause auf Zeit, das Frühstücksbuffet ist im Preis inkludiert. Gästewünsche – auch bei privaten Feiern – werden sehr zuvorkommend behandelt. Für effektive Tagungen stehen passende Räumlichkeiten mit moderner Technik zur Verfügung (s. a. Tagungs-Special).

Darscheid

Kucher's Genuss- und Businesshotel

Bhf→20 km

54552 · Karl-Kaufmann-Straße 2 · ☎ (0 65 92) 6 29 · Fax: 36 77 · Weinwirtschaft mit reg. Küche und "Kucher's Gourmet Restaurant" mit gehobener Küche, Weinlounge
20 km
info@kucherslandhotel.de · www.kucherslandhotel.de

27 **DZ** von 109,00 bis 139,00 €;
als **EZ** von 65,00 bis 89,00 €
Das hübsche, kleine Landhotel verwöhnt seine Gäste mit persönlichem Service und behaglichem Ambiente. Die im Landhausstil gehaltenen Zimmer bieten modernsten Komfort. Insbesondere der neue Hotelbereich mit Tagungs- und Veranstaltungsräumen und die vielfältigen Arrangements runden das Angebot ab.

Kucher's Gourmet Restaurant

Bhf→20 km

54552 · Karl-Kaufmann-Straße 2 · ☎ (0 65 92) 6 29 · Fax: 36 77
Neue Küche · Küche: 18–21 Uhr · **Ruhetag:** So.,Mo.,Di. · **Ferien:** 3 Wo. im Jan. · **Tische:** 9/ca. 24 Plätze
info@kucherslandhotel.de · www.kucherslandhotel.de

Speisekarte: 2 Hauptgerichte von 40,00 bis 42,00 €; 2 Menüs von 85,00 bis 119,00 € 1619 Weinpos. Florian Kucher und sein Team bieten ihren Gästen große Gourmet-Momente und begeistern mit einem Feuerwerk an Aromen, die Vater Martin Kucher mittels eigens gesammelten Wildkräutern und Blüten geschmackvoll bereichert. Auch der zuvorkommende Service und die große Weinkarte sind bemerkenswert. Das Sterne-Restaurant vermittelt durch sein modernes Ambiente eine private, angenehme und zurückhaltende Atmosphäre. Auch das zweite Restaurant des Hauses „Kucher´s Weinwirtschaft" überzeugt mit pfiffigen, regionalen Angeboten.

Deidesheim

Deidesheimer Hof

Bhf→500 m

✉ 67146 · Am Marktplatz · ☎ (0 63 26) 9 68 70 · Fax: 76 85
Restaurants, Weingarten, Bar, Terrasse, exkluisves Catering, E-Auto-Ladestation
15 km
info@deidesheimerhof.de · www.deidesheimerhof.de

24 **DZ** von 189,00 bis 239,00 €;
als **EZ** von 144,00 bis 184,00 €;
3 **Suiten** von 327,00 bis 337,00 €;
1 **Ju.-Suiten** von 189,00 bis 289,00 €

Der traditionsreiche "Deidesheimer Hof" findet sich in einem prächtigen Renaissancegebäude am Marktplatz. In diesem Domizil von besonderer Klasse erlebt man eine weltoffene Hotelleriekultur kombiniert mit Pfälzer Gastlichkeit auf Topniveau. Hier wird das Motto "Für unsere Gäste nur das Beste" tatsächlich gelebt. Die harmonisch und geschmackvoll gestalteten Zimmer (Frühstücksbufett 25,- €/p. P.) lassen keinen modernen Komfort missen. Repräsentative Räumlichkeiten für Tagungen und Bankette stehen zur Verfügung – im Cyriakus-Gewölbe feiert man ebenso exklusiv wie im Schlosskeller oder im alten Kelterhaus. Verschiedenste Tagungsräume und eine kompetente Veranstaltungsbegleitung ermöglichen effektives Arbeiten in einem inspirierenden Umfeld. Eine wunderschöne und liebevoll mediterran gestaltete Gartenanlage mit Restaurant-Terrasse lädt zur Entspannung ein; das lichtdurchflutete Gartenhaus ist ideal für Events.
Fürs kulinarische Wohlergehen wird im Restaurant "St. Urban" und dem Gourmetrestaurant "Schwarzer Hahn" gesorgt. Zahlreiche, gut durchdachte Arrangements (Weihnachten, Last Minute, Kochkurs uvm.) machen den Aufenthalt zusätzlich attraktiv.

Deidesheimer Hof – St. Urban

Bhf→500 m

✉ 67146 · Am Marktplatz · ☎ (0 63 26) 9 68 70 · Fax: 76 85
Gehobene Regionale Küche · Küche: 12–14/18–21 Uhr · **Ferien:** 2 Wo. Jan. ·
Tische: 15/66 Plätze
info@deidesheimerhof.de · www.deidesheimerhof.de

Speisekarte: 10 Hauptgerichte von 17,00 bis 35,00 €; 2 Menüs von 35,00 bis 59,00 €

800 Weinpos.

Schimmerndes Stäbchen-Parkett und ein grüner Kachelofen tragen zum hohen Wohlfühl-Faktor im Restaurant "St. Urban" bei. Das Restaurant steht für unkomplizierten Genuss der grundehrlichen Pfälzer Landküche. Küchendirektor Stefan Neugebauer und Chefkoch Alexander Zillessen sorgen dafür, dass die Speisen behutsam dem modernen Zeitgeist angepasst werden. Regionale Klassiker werden mit saisonalen Spezialitäten vortrefflich ergänzt. Ein engagiertes Serviceteam kümmert sich zugewandt und liebenswürdig um die Gäste.

Verschiedenen Stuben (Wappenzimmer, Weinbibliothek sowie Geißbock- und Schmankerlstube) in gediegener Gastlichkeit stehen auch für Feierlichkeiten zur Verfügung. An warmen Tagen sitzt man besonders schön auf der Terrasse am historischen Marktplatz und kann dem bunten Treiben zuschauen.

Bhf→500 m ## ♜ Deidesheimer Hof - Schwarzer Hahn

✉ 67146 · Am Marktplatz · ☎ (0 63 26) 9 68 70 · Fax: 76 85
Klassische und Neue Küche · Küche: 18:30–22 Uhr · **Ruhetag:** So./Mo./Di. · **Ferien:** Jan. + 3 W. Ende Juli/Anf. Aug. · **Tische:** 17/45 Plätze
VISA AE
info@deidesheimerhof.de · www.deidesheimerhof.de

Speisekarte: 8 Hauptgerichte von 25,00 bis 59,00 €; 1 Menü von 85,00 bis 145,00 €
800 Weinpos.

Das Gourmetrestaurant "Schwarzer Hahn" ist ein sehr geschmackvoll und charmant gestaltetes gastronomisches Gesamtkunstwerk. Unter dem historischen Kreuzgewölbe mit imposanten, tragenden Säulen kommen die samtenen Fauteuils in Aubergine-Mauve und einem warmen Korallenrot-Orange, blanke Tische mit schlicht-edler Eindeckung, das opulente Wandbild und die fein ziselierten Lüster besonders gelungen zur Geltung. Feinsinnige Lebensart ist hier allgegenwärtig und wird von einer wirklich großen Küche begleitet. Küchendirektor Stefan Neugebauer und Chefkoch Felix Jarzina leben und arbeiten eine durchdachte kulinarische Philosophie, in der das unverfälschte Produkt Zentrum allen Geschehens ist. Die Erzeuger, Händler und Lieferanten sind bevorzugt aus der Region und teilen die Ansprüche von nachhaltiger Erzeugung und artgerechter Tierhaltung des Küchenteams. Felix Jarzina kocht klassische Gerichte, denen er eine eigene, intensive und aromentiefe Note gibt und ergänzt sie mit geradlinigen, auch vegetarischen Speisen, die in der

Pfalz verwurzelt sind, aber von ihm in einen neuen, modernen Kontext gesetzt werden – so kommt der legendäre Saumagen mit Foie Gras und Trüffel daher. Im hinteren Bereich des Restaurants findet sich unter dem historischen Sandsteingewölbe die Vinothek "Cave à rouge". Hier kann man in lockerer Atmosphäre den einen oder anderen Tropfen kennen lernen. Kenntnisreiche Informationen – natürlich besonders im Restaurant – liefert Andreas Weber, der auch als umsichtiger Maître stets ansprechbar ist und gemeinsam mit Restaurantleiterin Pia Anna Claßen für eine entspannte Atmosphäre sorgt.

Exzellente Serviceleistung

Kaisergarten Hotel & Spa

Bhf→500 m

67146 · Weinstraße 12 · (0 63 26) 70 00 77 · Fax: 70 00 78
Restaurant RIVA, Bar, Terrasse, Arrangements, Frühstück 19,- € p. P.
18 km
info@kaisergarten-deidesheim.com · www.kaisergarten-deidesheim.com

77 **DZ** ab 145,00 €;
als **EZ** ab 115,00 €;
8 **Suiten** ab 300,00 €
Unaufdringlicher Luxus, Individualität und Niveau zeichnen dieses exklusive Hotel aus, das mit geradlinig gestalteten Zimmern, SPA-Bereich und passenden Räumlichkeiten für Veranstaltungen sowie einem feinen Restaurant mit gehobener Küche punktet.

Ketschauer Hof

Bhf→700 m

67146 · Ketschauerhofstraße 1 · (0 63 26) 7 00 00 · Fax: 70 00 99 · Gourmetrestaurant, Weinbistro, Sonnenterrasse, Arrangements, Preise inkl. Frühstück
20 km
hotel@ketschauer-hof.com · www.ketschauer-hof.com

10 **DZ** ab 230,00 €;
als **EZ** ab 195,00 €;
8 **(Jui.-)Suiten** ab 350,00 €
Im Ketschauer Hof verbindet sich das Flair vergangener Zeiten mit unaufdringlichem Luxus und zeitloser Moderne. Edle Zimmer, erstklassige Tagungs- und Bankettmöglichkeiten, die Wellnessoase und abwechslungsreiche Gastronomie gehören zum Angebot.

Ketschauer Hof - L.A. Jordan

Bhf→700 m

67146 · Ketschauerhofstr. 1 · (0 63 26) 7 00 00 · Fax: 70 00 99
Klass. und Neue Küche · **Geöffnet:** 18:30–24 Uhr · **Ruhetag:** So./Mo. · **Tische:** 13/46 Plätze
info@ketschauer-hof.com · www.ketschauer-hof.com

Speisekarte: 2 Menüs (1 nur Di./Mi./Do.) von 95,00 bis 205,00 €
350 Weinpos.
Executive Chef Daniel Schimkowitsch und sein hochengagiertes Team präsentieren im raffiniert gestalteten Restaurant "L. A. Jordan" eine klassische Produktküche, die mit asiatischen Elementen gefällig bereichert wird und von handwerklicher Präzision zeugt.

Leopold Restaurant

Bhf→1 km

67146 · Weinstr. 10 · (0 63 26) 9 66 88 88 · Fax: 9 66 88 89
Reg. neue Küche, eig. Kreat. · **Geöffnet:** 12–24 Uhr · **Ferien:** 24.12. + 31.12. · **Tische:** 25 + 25/55 + 80 Plätze
leopold@von-winning.de · www.von-winning.de

Speisekarte: 9 Hauptgerichte von 18,50 bis 36,00 €; 2 Tagesgerichte von 8,00 bis 90,00 €
323 Weinpos.
Die Küchenchefs Michael Pauli und Christian Meier offerieren traditionelle Gerichte mit zeitgeistigen Nuancen. Hochwertige, regionale Produkte bilden die Basis der sorgsam zubereiteten Speise. Das außergewöhnliche Ambiente unterstreicht den hohen Anspruch an Stil und Klasse.

Denzlingen

Rebstock-Stube

Bhf→300 m

79211 · Hauptstraße 74 · (0 76 66) 90 09 90 · Fax: 79 42
Franz., Neue u. Reg. Küche · Küche: 18–20:30 Uhr · **Ruhetag:** So./Mo. · **Tische:** 16/50 Plätze
www.rebstock-stube.de

Speisekarte: 8 Hauptgerichte von 26,00 bis 48,00 €; 2 Menüs von 64,00 bis 110,00 €
In der liebevoll eingerichteten Rebstock-Stube sorgt Patron Axel Frey für eine moderne, unverfälschte und präzise ba-

disch-französische Küche. Die Die Zubereitungen basieren auf dem aktuellen Marktangebot und wechseln entsprechend häufig.

Dernbach

Bhf→12 km

♜ Schneider

✉ 76857 · Hauptstraße 88 · ☎ (0 63 45) 83 48 · Fax: 40 78 10 · Neue u.Regionale Küche · **Geöffnet:** Mi./Do. 18-21 Uhr, Fr.-So.: 11:30-14 Uhr und 18-21 Uhr · **Ruhetag:** Mo./Di./Mi.-Mittag · **Ferien:** 2 W. Jan. + 1 W. Aug. · **Tische:** 25/80 Plätze
VISA

info@schneider-dernbachtal.de · www.schneider-dernbachtal.de

Speisekarte: 8 Hauptgerichte von 21,90 bis 36,00 €; 1 Tagesgericht zu 19,90 €; 2 Menüs von 35,00 bis 80,00 €
130 Weinpos.

Bereits seit 1884 und nunmehr in fünfter Generation bemüht sich Familie Roth-Püngeler um das Wohl ihrer Gäste. Das historische Gasthaus scheint aus einem Bilderbuch zu stammen, so gefällig und wunderschön ist es mit dem dunklen Fachwerk vor der weißen Fassade, kleinen Fenstern und wunderbar üppigem Blumenschmuck. Das Interieur steht dem äußeren Eindruck in nichts nach und ist eine perfekte Kulisse für die vielseitige Küche – in der Fine Dining und unverfälschte Klassiker viel Raum einnehmen. Stefan Püngeler hat seine Mutter Petra Roth-Püngeler am Herd quasi beerbt und steht nun in verantwortlicher Position, aber doch weiterhin tatkräftig von ihr und dem gesamten Team unterstützt in der Küche. Präsentiert werden fantasievolle Gourmetspeisen, deren Basis vorzugsweise erntefrische Waren aus der Region sind und die mit Fantasie, Ideenreichtum und ganz viel Können zu ausbalancierten, harmonischen Speisen zusammengestellt werden. Ein liebenswürdiger Service begleitet den Restaurantbesuch, zu den passenden Weinen (viele im Offenausschank und aus der Region) berät Christa Vogt mit Sachkenntnis. Rund ums Jahr gibt es verschiedene kulinarische Events. u. a. die schnell ausgebuchten Küchenpartys.

Die Küchenleistung dieses Restaurants ist hervorhebenswert in seiner Kategorie.

Dermbach

BjoernsOx

✉ 36466 · Bahnhofstraße 2 · ☎ (03 69 64) 86 92 30
Moderne Küche · **Geöffnet:** Mi.-Sa. ab 18:30 · **Ruhetag:** So./Mo./Di. · **Tische:** 5/14 Plätze
VISA AE EC
info@rhoener-botschaft.de · www.rhoener-botschaft.de

Speisekarte: 1 Überraschungsmenü zu 129,00 €

Klein, aber fein – Bjoern Leist zeigt in seinem Restaurant, wie man mit regionalen Zutaten fulminante Menüs kreieren kann, die dem Gast mit ideenreichen, traditionellen und innovativen Kombinationen unvergessliche Geschmackserlebnisse ermöglichen.

Detmold

Detmolder Hof – Jan's Restaurant

Bhf→1 km

✉ 32756 · Lange Straße 19 · ☎ (0 52 31) 98 09 90 · Fax: 98 09 92 20
Neue Küche · **Geöffnet:** Di./Do./Sa. 12-14 Uhr, Di.-Sa. 18:30-22 Uhr · **Ruhetag:** So./Mo. · **Tische:** 12/70 Plätze
VISA AE EC
info@detmolder-hof.de · www.detmolder-hof.de

Speisekarte: 3 Hauptgerichte von 26,00 bis 38,00 €; 1 Mittagsmenü von 25,00 (Vorspeise/Hauptgang) bis 33,00 (+ Dessert) €; 1 Überraschungsmenü von 79,00 bis 115,00 €

80 Weinpos.

Schwarze samtbezogene Bänke und Fauteuils auf braunrotem Holzboden, blanke, schlicht eingedeckte Tische und ein Sichtfenster zur Küche verbinden sich in "Jan's Restaurant" zu einem ungemein geschmackvollen und legeren Ambiente. Hier zeigt Chefkoch Jan Diekjobst, der nach 10 Jahren spannender beruflicher Stationen in seine Heimatstadt Detmold zurückgekehrt ist, die große Bandbreite seines kulinarischen Könnens und präsentiert eine junge, aromenbetonte und unverfälschte Küche. Das vermeintlich Einfache wird unter seinen geschulten und kreativen Händen zu Speisen voller Raffinesse. Die Basis sind marktfrische regionale und saisonale Produkte in kompromisslos guter Qualität. Die ambitionierte Küche bietet einwandfreies Handwerk und darüber hinaus finessenreiche neue Geschmackserlebnisse. Dass unter Jan Diekjobsts Regie beim engagierten Team Perfektion und Freude bei der Arbeit zusammengehören, zeigt jedes der auch optisch begeisternden Gerichte. Ein zuvorkommender Service begleitet den Restaurantbesuch.

Ein Restaurant mit anspruchsvoller Küche.

Bhf→1 km

Detmolder Hof

32756 · Lange Straße 19 · ☎ (0 52 31) 98 09 90 · Fax: 98 09 92 20
Business und De Luxe Zimmer, versch. Arrangements, Frühst. im Preis inklusive
10 km
info@detmolder-hof.de · www.detmolder-hof.de

12 **DZ** ab 109,00 €;
als **EZ** ab 99,00 €;
1 **Suite** ab 139,00 €
Im historischen Stadtkern Detmolds liegt das charmante Stadthotel mit exklusiven Zimmern, einem sehr persönlichen Service und einem unbedingt empfehlenswerten Gourmetrestaurant.

Dierhagen

Bhf→12 km

Strandhotel Dünenmeer

18347 · OT Neuhaus · Birkenallee 20 · ☎ (03 82 26) 5 01-0 · Fax: 5 01-5 55
Restaurant Strandläufer, Restaurant Kaminlounge, Hotel für Erwachsene
6 km
info@strandhotel-ostsee.de · www.strandhotel-duenenmeer.de

49 **DZ** von 165,00 bis 350,00 €;
als **EZ** von 213,00 bis 397,00 €;
43 **App.** von 135,00 bis 252,00 €;
16 **Suiten** von 287,00 bis 494,00 €
Das Strandhotel Dünenmeer ist das einzige 5 Sterne Hotel der Halbinsel und nicht nur durch seine privilegierte Lage am Meer ein Rückzugsort für Genießer. Das Hotel steht für exzellenten Service und eine leidenschaftliche Verbindung von ungezwungenem Luxus mit Wellness und kulinarischem Genuss. Die beiden exklusiven Restaurants bieten regional-kreative Kulinarik auf höchstem Niveau. Weinkenner finden hier den perfekten Rückzugsort zum Genießen und Entdecken. Ein besonderes kulinarisches Highlight ist auch das regionale Frühstück, das jeden Morgen frisch und à la carte serviert wird. Auch als Wellnesshotel ist das Strandhotel Dünenmeer einzigartig in der Region. In stilvollen Räumen, in den verschiedenen Saunen und bei vielseitigen Anwendungen schöpft jeder Gast neue Energie für Körper und Geist. Über zwei Etagen erstreckt sich der 1.500 qm große SPA mit Indoor Pool. Ein besonderes Highlight sind die traumhaften Sonnenuntergänge über der Ostsee. Ob in den exklusiven Zimmern und Suiten, im Restaurant oder im SPA – das Strandhotel Dünenmeer ist Wellness, Genuss und Luxus für jeden, der das Leben und die Weite des Meeres liebt.

Hotel mit anspruchsvollem Wellnessangebot

Strandhotel Dünenmeer - Restaurant Kaminlounge

Bhf→12 km

✉ 18347 · OT Neuhaus · Birkenallee 20 · ☎ (03 82 26) 5 01-0 · Fax: 5 01-5 55
Regional-kreative Kulinarik, erlesene Weine · Küche: 18–22 Uhr · **Tische:** 39/90 Plätze
VISA
info@strandhotel-duenenmeer.de · www.strandhotel-duenenmeer.de

Speisekarte: 5 Hauptgerichte von 18,00 bis 44,00 €; 3 Menüs von 46,00 bis 68,00 € 60 Weinpos.
Das à la Carte Restaurant "Kaminlounge" – das sind ein heiter-entspanntes Ambiente und magische Momente mit Blick auf Dünen und auf das Meer. Regional und kreativ ist die gut durchdachte und modern präsentierte Küche von Ronny Schäfer und Matthias Bäumer. Die beiden kaufen vorzugsweise in der Region ein und geben leichten und kreativen Fischzubereitungen natürlich besonders viel Raum. Sie kochen auch gerne mit jahreszeitlichem Bezug und lassen immer wieder kreative und moderne Elemente in die Speisen einfließen. Köstlichkeiten aus der hauseigenen Pâtisserie runden die Speisen ab. Das Restaurant ist ein Rückzugsort für Genießer und Entdecker und eine Heimat für Weinkenner. In der "Kaminlounge" werden alle Sinne angesprochen, wird der Besuch zum perfekten Rundumerlebnis.

Die Küchenleistung dieses Restaurants ist hervorhebenswert in seiner Kategorie.

STRANDHOTEL FISCHLAND

Bhf→12 km

✉ 18347 · OT Strand · Ernst-Moritz-Arndt-Str. 6 · ☎ (03 82 26) 5 20 · Fax: 5 29 99
Gourmet- u. Marktplatz-Restaurant, Sport-Center, FISCHLAND BAR & LOUNGE
10 km
info@strandhotel-ostsee.de · www.strandhotel-fischland.de

Family

66 **DZ** von 145,00 bis 327,00 €;
als **EZ** von 145,00 bis 257,00 €;
7 **Suiten** von 275,00 bis 576,00 €;
49 **App.** von 125,00 bis 370,00 €
Magische Momente und ungezwungene Herzlichkeit – dafür steht das gesamte Team des STRANDHOTEL FISCHLAND. Direkt am Meer, mit luxuriös ausgestatteten Zimmern, Suiten, Ferienwohnungen und -häusern (16 von 175,-/470,- € /Tag) gelegen, ist es eine exklusive Urlaubswelt, die nicht nur an der Ostsee ihresgleichen sucht. Das STRANDHOTEL FISCHLAND mit seiner 4.500 m² großen Spa- und Sportwelt MEERzeit ist der perfekte Wohlfühlort für Freizeitsportler, Familien und alle, die das Meer lieben. Rundum wohlfühlen – bei entspannenden Stunden im Pool, im SPA und in der Saunalandschaft. Hier kann man sich einfach zurücklehnen und bei einladender Wärme, sanfter Musik und sinnlichem Duft ein ganz persönliches SPA-Treatment genießen. Der Genuss gilt auch für die facettenreiche Kulinarik – von der Sterneküche des Gourmetrestaurants OSTSEELOUNGE bis zu regional-saisonaler Kochkunst im neu gestalteten Marktplatzrestaurant oder bei coolen Cocktails und Drinks in der mo-

dernen Bar und Lounge. STRANDHOTEL FISCHLAND heißt auch, jeden Tag Herzlichkeit, Wellness und Genuss in einzigartiger Atmosphäre zu erleben, denn jeder Mitarbeiter ist mit Liebe und Leidenschaft ein ganz persönlicher Gastgeber.

Bhf→12 km

OSTSEELOUNGE

✉ 18347 · Ernst-Moritz-Arndt-Straße 6 · ☎ (03 82 26) 5 20 · Fax: 5 29 99
Moderne Regionalküche · Küche: 18:30–22 Uhr · **Ruhetag:** So./Mo.
info@strandhotel-ostsee.de · www.gourmetrestaurant-ostseelounge.de

Speisekarte: 1 Menü zu 124,00 €
110 Weinpos.

In der OSTSEELOUNGE im 4. Stock des STRANDHOTELS FISCHLAND beginnt der Genuss mit der Aussicht. Sobald man den Aufzug verlassen hat, steht man im niveauvoll in zurückhaltender Eleganz eingerichteten Restaurant und wird von einem traumschönen Blick aufs Meer begrüßt. Genau das ist eine der wichtigsten Inspirationsquellen für Chef de Cuisine Pierre Nippkow, dessen Liebe zu seiner mecklenburgischen Heimat sich wie ein Roter Faden durch seine Kulinarik zieht. Denn viele seiner Speisefolgen sind eine finessenreich ertüftelte Hommage an die Ostsee, satte Wiesen, Bodden und Küstenwälder. Er fängt die Vielfalt dieser Landschaft ein und setzt sie mit leichten Speisen und großer Naturverbundenheit in den Kontext dieser Ursprünglichkeit. Dabei stehen die kompromisslos gute Qualität und Frische der Zutaten an erster Stelle. Mit leichter Hand kombiniert er sie zu Speisen mit klarem jahreszeitlichem Bezug und erweitert sie gerne mit dem ein oder anderen aromentiefen, mediterranen Element. Die liebenswürdige Vanessa Riedemann führt als charmante Gastgeberin durch den Abend, leitet mit leichter Hand den zugewandten Service und berät mit großem Fachwissen und Sensibilität zu den korrespondierenden Weinen und Getränken.

Sehr gute Serviceleistung

Dießen am Ammersee

Seefelder Hof

Bhf→300 m

✉ 86911 · Alexander-Koester-Weg 6 · ☎ (08807) 10 22 · Fax: 10 24
Restaurant mit gehobener regionaler und französischer Küche, Biergarten
8 km
VISA AE
info@seefelder-hof.de · www.seefelder-hof.de

17 **DZ** von 106,00 bis 181,00 €;
als **EZ** von 114,00 bis 150,00 €;
4 **EZ** von 85,00 bis 130,00 €;
2 **App.** von 190,00 bis 292,00 €

Dießen ist der südlichste Ort am Westufer des Ammersees – hier findet man mit dem kleinen Hotel "Seefelder Hof" das ideale Domizil, um erholsame Urlaubstage zu verbringen. Bereits seit drei Generationen in Familienbesitz, ist der Service sehr gastorientiert und persönlich. Das Haus gefällt mit einem heiteren bayerisch-mediterranen Ambiente und verfügt über freundliche Zimmer mit zeitgemäßem Komfort. Für Tagungen und Veranstaltungen stehen passende Räumlichkeiten zur Verfügung. Das malerische Umland lädt zu Wanderungen und Wassersport ein, der Dießener Ortskern, Dampfersteg, Segelschule und -club sowie das Strandbad sind in wenigen Minuten fußläufig erreichbar.

Seefelder Hof

Bhf→300 m

✉ 86911 · Alexander-Koester-Weg 6 · ☎ (08807) 10 22 · Fax: 10 24
Regionale und Französische Küche · Küche: 12–14/18–21 Uhr · **Ruhetag:** Do. ·
Ferien: Jan.-Mitte Feb. · **Tische:** 30/120 Plätze
VISA AE
info@seefelder-hof.de · www.seefelder-hof.de

Speisekarte: 15 Hauptgerichte von 12,00 bis 35,00 €; 1 Menü von 28,00 bis 39,50 € ♦♦♦ 25 Weinpos.
Der "Seefelder Hof" ist ein schöner Landgasthof mit klassischem Wirtshaus. Hier kann man in entspannter und geselliger Atmosphäre bei Speis und Trank ein paar schöne Stunden verbringen. Die Einrichtung gefällt mit fast 100 Jahre alten Bänken in dunklem Holz, echtem Herrgottswinkel, Sprossenfenstern mit hübschen Gardinen und fein eingedeckten Tischen. In der Küche steht bereits die nächste Generation am Herd – Alexandra Filgertshofer kocht, was gefällt und präsentiert besonders gerne eine authentische Regionalküche, die sie mit modernen, internationalen und mediterranen Elementen raffiniert aufpeppt. Die Zutaten kommen im saisonalen Wechsel in marktfrischer Qualität bevorzugt von Händlern und Erzeugern aus dem Umland. Mit dem Ammersee gleichsam um die Ecke, wird den verschiedenen Fischspezialitäten besonders viel Raum gegeben. Im Sommer trifft man sich besonders gerne im klassischen und gemütlichen Biergarten unter ausladenden Kastanienbäumen und kann die Speisen auch open air genießen.

Restaurant mit gehobener Küche

Dietersheim

Bhf→5 km

Landgasthof Fiedler

✉ 91463 · Oberroßbach 3 · ☎ (0 91 61) 24 25 · Fax: 6 12 59 · Restaurant, Biergarten, Golfarrangement, Romantik-Wochenende, Frühst. im Zimmerpreis inkl.
12 km VISA
info@landgasthof-fiedler.de · www.landgasthof-fiedler.de ·

20 **DZ** von 99,00 bis 125,00 €;
als **EZ** von 70,00 bis 95,00 €;
3 **Suite/Fam.-Zi.** von 130,00 bis 150,00 €
Seit Jahrzehnten ist dieser schöne Landgasthof in Familienbesitz und wird engagiert und persönlich von Carmen und Markus Fiedler geführt. Die Zimmer sind behaglich, teils rustikal, eingerichtet und haben in der Komfort-Kategorie einen Balkon oder Terrasse. Dank der zeitgemäßen Ausstattung (u. a. ISDN-Anschluss, W-LAN) fühlen sich dort auch Geschäftsreisende wohl. Der Morgen beginnt mit einem reichhaltigen Frühstücksbuffet (im Zimmerpreis inkludiert) in ruhiger, ländlicher Umgebung. Im Sommer ist der Biergarten inmitten grüner Natur ein geselliger Treffpunkt.

Bhf→5 km

Landgasthof Fiedler

✉ 91463 · Oberroßbach 3 · ☎ (0 91 61) 24 25 · Fax: 6 12 59
Fränkische Küche · **Geöffnet:** 7–24 Uhr · **Ruhetag:** So.-Abd. + Mi. · **Tische:** 22/120 Plätze VISA
info@landgasthof-fiedler.de · www.landgasthof-fiedler.de ·

Speisekarte: 8 Hauptgerichte von 15,80 bis 29,80 €; 3 Menüs von 16,80 bis 50,00 €
100 Weinpos.

Im Landgasthof Fiedler erwartet den Gast fränkische Gastfreundschaft mit Seele, denn hier spürt man in jeder Ecke das große Engagement von Familie Fiedler. Das Restaurant ist mit viel Holz, Stühlen mit geschnitzter Ornamentik und Kachelofen behaglich eingerichtet. Das urige "Wirtsstübla" und der lichtdurchflutete Wintergarten mit herrlichem Blick ins Grüne helfen, jederzeit einen romantischen Platz für zwei oder die große Tafel fürs gesellige Fest zu finden. Patron und Chefkoch Markus Fiedler nutzt das reichhaltige Warenangebot der Region und kauft bei bekannten Händlern und Erzeugern in erntefrischer Qualität ein. Er kocht unverfälscht, handwerklich korrekt und setzt die fränkische Heimat kulinarisch mit neuen Ideen gekonnt in Szene. Steakgerichte runden das Angebot ebenso ab wie Themenwochen, Sonderkarten, Fondueabende oder das Bierkulinarium. Für kleine Gäste gibt es eine Extrakarte und für große, die romantische Zweisamkeit suchen, das Candle Light Dinner. Fränkische Biere haben einen sehr guten Ruf, im "Fiedler" kann man sich mit 40 Sorten davon überzeugen. Und bei Fragen hilft Ehefrau Carmen Fiedler – die auch liebenswürdig den Service leitet – als versierte Bier-Sommelière gerne weiter. Ein besonders beliebter und geselliger Treffpunkt ist der bis in den Spätherbst hinein bewirtschaftete urgemütliche Biergarten.

Dietramszell

Moarwirt

✉ 83623 · Sonnenlängstr. 26 · ☎ (0 80 27) 10 08
Moderne Kräuter- und Alpenküche · **Geöffnet:** Mi.+Do. 19-22, Fr.-So. 12-22 Uhr · **Ruhetag:** Mo./Di. (Jan., Feb. + Nov. zusätzl. Mi.) · **Tische:** 5/32 Plätze
kontakt@moarwirt.de · www.moarwirt.de ·

Speisekarte: 8 Hauptgerichte von 18,00 bis 28,00 €; 1 Menü von 40,00 bis 56,00 €

Beim Moarwirt überschreitet der Radius, in dem die nachhaltigen Produkte bezogen werden, keine 15 Kilometer. Eigene

Hühner, Schafe, Bienenstöcke tragen zur Palette der natürlichen Zutaten bei. Die werden von Sebastian Miller gekonnt und kreativ zu einer wunderbar aromenstarken, modernen und ehrlichen Alpenküche zusammengestellt.

Donaueschingen

Der Öschberghof

Bhf→5 km

✉ 78166 · Golfplatz 1 · ☎ (07 71) 84-0 · Fax: 84-6 00 · Fine-Dining-Restaurant "Ösch Noir", Terrasse, Vinothek, Arrangements, Zi.-Preise inkl. HP
direkt am Haus
info@oeschberghof.com · www.oeschberghof.com

94 **DZ** von 447,00 bis 579,00 €;
17 **EZ** von 310,00 bis 337,00 €;
16 **Suiten** von 524,00 bis 755,00 €

Am Rande Donaueschingens, nahe Bodensee, Schwarzwald und der Schweiz findet man mit dem "Öschberghof" ein Luxusresort internationalen Zuschnitts für den gehobenen Geschmack. Ob beruflich oder als Ruhe und Erholung suchender Urlauber – jeder Gast wird sehr individuell umsorgt und kann sich jederzeit an das top geschulte, herzliche und kompetente Serviceteam wenden. Die individuell eingerichteten, mit allem zeitgemäßen Komfort ausgestatteten Zimmer gefallen mit einer klaren Linienführung, modernem Design und hohem Wohlfühlcharakter (Preise inkl. HP). Ob privates Event, Kongress, Tagung oder Workshop – das Raumangebot ist ungemein vielseitig, jede Veranstaltung wird maßgeschneidert. Abwechslung in der Gestaltung des Aufenthaltes im Öschberghof bietet das durchdachte und exzellente Freizeitangebot. Der 5.000 m² große SPA steht ganz im Zeichen von Ruhe und Entspannung. Das Konzept hat einen ganzheitlichen Ansatz, Körper und Geist sollen in kurzer Zeit wieder zu ihrer Balance zurückfinden. Wer es aktiver mag, nutzt den 25 m langen Innenpool oder träumt sich im 20 m langen, ganzjährig beheizten Infinity-Außenpool in die weite Landschaft hinein.

Im GYM stehen auf einer auf über 550 m² Indoor-und Outdoor-Trainingsfläche modernste Geräte von Technogym bereit. Ein vielseitiges Kursprogramm und auf Wunsch auch Personal Training komplettieren das Angebot. Golffreunde wissen die Lage des Hauses unmittelbar an der Golfanlage zu schätzen. Man braucht nicht mehr als drei Gehminuten bis zum Abschlag. (Die Driving Range inkl. Range Bälle ist kostenfrei nutzbar.)

Dem hohen Anspruch des Resorts entsprechend, gibt es vom 2-Sterne- bis zu verschiedenen Spezialitätenrestaurants, Bar mit Smokers Lounge und begehbarem Humidor eine Vielzahl gastronomischer Angebote.

Luxuriöses Hotel mit absolut perfektem Komfort

Bhf→5 km

Der Öschberghof – ÖSCH NOIR

✉ 78166 · Golfplatz 1 · ☎ (07 71) 84-6 10 · Fax: 84-6 00
Moderne Französische Küche · **Geöffnet:** 19-21 Uhr · **Ruhetag:** Mo./Di. · **Ferien:** 10.1.- 10.2. + 15.8.-13.9. · **Tische:** 13/35 Plätze
info@oeschberghof.com · www.oeschberghof.com

Speisekarte: 2 Menüs von 145,00 bis 195,00 €
ca. 1.000 Weinpos.
Mit dem ÖSCH NOIR gibt es im Öschberghof ein Fine Dining Restaurant, das dank seines Chefkochs Manuel Ulrich eine feste Größe am kulinarischen Sternenhimmel ist. Das Interieur ist eine geschmackvolle Hommage an die Region Schwarzwald: Eine grüne Tapete mit Nadeloptik, Holzelemente und die Farbgebung in Grau- und Anthrazittönen nehmen Bezug auf die waldreiche Naturlandschaft. Der Purismus klarer Linien wird durch runde, von langen Glasketten umgebene Sitzgruppen aufgebrochen. Die an Tautropfen erinnernden Glaselemente sorgen für ein raffiniertes Wechselspiel von Licht und Schatten und gleichzeitig für angenehme Privatheit. Der gebürtige Donaueschinger Manuel Ulrich hat sein Können bei gastronomischen Topadressen erweitert und sich das Rüstzeug geholt, um in der großen kulinarischen Liga mitzuspielen. Das setzt sehr viel Können, enormen Fleiß, Neugierde und Kreativität voraus. Die Basis seiner ausgeklügelten Speisefolgen ist die französische Haute Cuisine, die er behutsam weiterentwickelt und neu interpretiert. Ein sehr klares Geschmacksbild und komplexe Aromen prägen seine Speisen, die innerhalb von zwei Menüs – dem "Noir" und dem vegetarischen "Vert" – angeboten werden. Maria Hentsch ist liebenswürdige Gastgeberin und leitet den klassischen Service kompetent und unaufdringlich. Zu Fragen rund um den passenden Wein steht mit Michael Häni ein Sommelier bereit, der in seiner Beratung so einfühlsam wie kenntnisreich ist, was angesichts der überwältigenden Fülle an edlen Tropfen eine große Hilfe ist.

Hervorragende Serviceleistung

Der Öschberghof – Esszimmer

Bhf→5 km

Regionale und Internationale Küche · **Geöffnet:** 7-11 Frühst. + 18:30-21:30 Uhr, Sa./So. 7-12 Frühst. · **Tische:** 91/208 Plätze
info@oeschberghof.com · www.oeschberghof.com

Speisekarte: 8 Hauptgerichte von 19,00 bis 46,00 €
ca. 1.000 Weinpos.
Mit leichter Hand sehr stylish und sehr geschmackvoll eingerichtet, gefallen im "Esszimmer" mit transparentem Flair und lässig-entspannter Atmosphäre das klare Design, die raffiniert gestalteten Glaswände und ein offener Giebel. Der Tag beginnt mit einem vitalen und abwechslungsreichen, warm/kalten Frühstücksbuffet, das von 7-11 Uhr (am Wochenende bis 12 Uhr) aufgebaut ist und wirklich für jeden Geschmack etwas bereithält. Am Abend ist der große kulinarische Auftritt von Chefkoch Gregor Schuber und seinem Team. Er kocht handwerklich korrekt, aromenstark und unverfälscht. Sein Blick geht über den regionalen Tellerrand weit hinaus. Die Zutaten sind saisonal und marktfrisch und werden zu Speisen mit klarem Geschmacksbild kombiniert. Ein umfangreiches Salat- und Käsebuffet sowie eine verführerische Dessertauswahl ergänzen das ohnehin schon feine Angebot zusätzlich. Ein zugewandter Service unter liebenswürdiger Leitung von Elena Runge und kenntnisreiche Weinempfehlungen der Sommeliers begleiten den Besuch. Im Sommer warten gleich zwei Terrassen, um die Speisen vor der herrlichen Kulisse des Grüns des Golfplatzes zu genießen.

Der Öschberghof – Hexenweiher Ristorante

Bhf→5 km

Geöffnet: Sommer 11.30 - 21.30 Uhr; Winter 12 - 14/ 17.30 - 21.30 Uhr · **Ruhetag:** Mo. (bis Ende Sept.), Mi./Do. (ab Okt.) · **Tische:** 17/68 Plätze
info@oeschberghof.com · www.oeschberghof.com

Speisekarte: 26 Hauptgerichte von 8,00 bis 37,20 €
Petticoats, Sonne, Meer und die Vespa als Stilikone verbindet man mit Bella Italia. Und genau der Motorroller hat einen prominenten Platz im hellen, lichtdurchfluteten und geradlinig eingerichteten "Hexenweiher Ristorante". Hier ist er in Knallrot ein ganz besonders toller Blickfang. In der geselligen und kommunikativen Atmosphäre des Restaurants kommen die abwechslungsreichen und unverfälschten Speisen von Chefkoch Paolo Costantini ganz besonders gut zur Geltung. Egal ob knusprige Pizza aus dem Steinofen, feine Fleisch- und Fischspezialitäten, Nudelgerichte oder knackige Salate – er nutzt erstklassige italienische Produkte, arbeitet handwerklich korrekt und sorgfältig und fängt ideenreich die vielfältigen Aromen des Südens ein. Im "Hexenweiher Ristorante" kann man in familiärer Runde – aufmerksam begleitet von Restaurantleiterin Anne Gröschler und Gastgeber Krzysztof Lichon – eine kleine mediterrane Auszeit nehmen.

Restaurant mit sehr guter Küche

Inbegriff der Assemblage in der Champagne
DIE KREATION
DES IDEALEN JAHRGANGS
N°23
CHAMPAGNE
Grand Siècle
Laurent-Perrier
GRANDE CUVÉE
98/100
JAMESSUCKLING.COM
95/100
WINE ADVOCATE
18,5/20
Entdecken Sie die Iteration N°23 unter www.grandsiecle.com
Fotograf Iris Velghe - Design LUMA

Hotel Die Burg

Bhf→6 km

78166 · OT Aasen · Burgring 6 · (0771) 17 51 00 50 · Restaurant "Die Burg", Bar, Biergarten, Café, Frühstück 9,- € p. Ps., Arrangements
2 km
VISA AE EC
info@burg-aasen.de · www.burg-aasen.de ·

5 **DZ** ab 80,00 €;
4 **EZ** ab 65,00 €;
3 **App.** ab 988,00 €

Im idyllischen Örtchen Aasen zwischen Schwarzwald und Schwäbischer Alb ist das Hotel "Die Burg" beheimatet und wird seinem Namen als schönes Refugium mehr als gerecht. Engagiert von den Brüdern Niklas und Jason Grom geleitet – und unterstützt von Frau Mama und einem sehr zuvorkommenden Team – ist das Hotel ideal, um unbeschwerte Urlaubstage zu verbringen oder in inspirierender Atmosphäre im technisch gut ausgestatteten Seminarraum zu tagen. Das geradlinige Interieur der barrierefreien Hotelzimmer bekommt durch schlichte Möbel aus heimischen Hölzern eine sehr individuelle und warme Atmosphäre. Egal, welchen privaten (oder geschäftlichen) Anlass man feiern möchte – hier wird jede Veranstaltung auf persönliche Wünsche abgestimmt, vorab geplant und aufmerksam begleitet. In einer sehr gediegenen Bar mit zurückhaltender Atmosphäre kann man in bequemen Fauteuils den Tag beschließen und aus der reichhaltigen Getränke- und Barfoodkarte wählen. Die Lage des Hauses auf der Baar, einer landschaftlich reizvollen Hochebene, ist wie geschaffen, um Wandertouren zu unternehmen oder die Region mit dem Rad zu erkunden.

Sehr gutes, komfortables Hotel

Die Burg

Bhf→6 km

78166 · OT Aasen · Burgring 6 · (0771) 17 51 00 50 · Regionale und Moderne Küche · **Geöffnet:** Mi.-Sa. 17:30-23 Uhr, So. zusätzl. 12-14:30 Uhr · **Ruhetag:** Mo./Di. · **Ferien:** 3 Wo. Fasnacht · **Tische:** 20/60 Plätze
VISA AE EC
info@burg-aasen.de · www.burg-aasen.de ·

Speisekarte: 5 Hauptgerichte von 19,00 bis 98,00 €; 2 Menüs von 50,00 bis 125,00 €

210 Weinpos.

Auch im Restaurant sind Jason und Niklas Grom Dreh- und Angelpunkt. Mit Leidenschaft haben die beiden ihren Beruf von der Pike auf gelernt und vervollkommnen ihn noch immer mit sehr viel Einsatz, Fleiß und Ehrgeiz. Jason Grom steht am Herd und bezieht die Zutaten für seine leichte, bodenständige und immer wieder raffinierte, moderne Küche am liebsten aus der Region. Denn die kurzen Wege sind zugleich Garant für Frische und entsprechende Topqualität. Er kocht aromensicher und aromenstark, wunderbar ehrlich und zugänglich, hält aber auch gerne die ein oder andere Überraschung bereit, z. B. exklusive Zubereitungen vom Fleisch des Sumpfohrener Schwarzrinds. Eins der zwei angebotenen Menüs ist stets vegetarisch. Niklas Grom leitet den liebenswürdigen Service mit Übersicht und kann zu den Speisen seines Bruders den perfekt abgestimmten Wein empfehlen. So beschaulich die Heimat des Restaurants in Aasen auch sein mag, hier entdeckt der Gast gastronomisches Kleinod, das sich über die regionalen Grenzen hinaus einen top Namen gemacht hat.

Donaustauf

Bhf→8 km

Forsters Posthotel

✉ 93093 · Maxstraße 43 · ☎ (0 94 03) 91 00 · Fax: 91 09 10
Restaurants "Zum Postillion" und „Poststüberl"
5 km
info@forsters-posthotel.de · www.forsters-posthotel.de

71 **DZ** von 144,00 bis 164,00 €;
als **EZ** von 99,00 bis 119,00 €;
2 **(Jui.-)Suiten** von 184,00 bis 224,00 €
Hier steht das Wohlbefinden der Gäste merklich an oberster Stelle. Das ansprechende Design, die moderne Ausstattung der Zimmer (Preise inkl. Schlemmerfrühstück) und der umfassende Service garantieren einen erholsamen Aufenthalt.

Dorsten

Bhf→1 km

Goldener Anker

✉ 46282 · OT Altstadt · Lippetor 4 · ☎ (0 23 62) 2 25 53
Crossover Küche · Küche: 18–22 Uhr · **Ruhetag:** Mo./Di. · **Tische:** 12/45 Plätze
info@bjoern-freitag.de · www.bjoern-freitag.de

Speisekarte: 2 Hauptgerichte von 26,00 bis 38,00 €; 2 Menüs von 78,00 bis 110,00 € 120 Weinpos.
Björn Freitag setzt im "Goldenen Anker" seine Philosophie einer geerdeten Küche mit Raffinesse um. Die leichten und modernen Speisen nehmen Anleihen in der Haute Cuisine, stehen aber ganz unverfälscht und selbstbewusst für sich selbst.

Bhf→250 m

Rosin

✉ 46286 · OT Wulfen · Hervester Straße 18 · ☎ (0 23 69) 43 22 · Fax: 68 35
Moderne Gourmetküche · Küche: 18–22 Uhr · **Ruhetag:** So./Mo. · **Ferien:** 2 Wo. Wint./ 3 Wo. Somm. · **Tische:** 16/40 Plätze
j.bauer@frankrosin.de · www.frankrosin.de

Speisekarte: Menü von 99,00 bis 165,00 (5-Gang, jeder weitere Gang 33,- € 800 Weinpos.
Seit nunmehr über drei Jahrzehnten ist das gleichnamige Restaurant von Frank Rosin in Dorsten eine feste kulinarische

Größe für den anspruchsvollen Gourmet. Chefkoch Oliver Engelke sorgt mit kreativen Speisen voller tiefgründiger Aromen dafür, dass das noch lange so bleibt.

Henschel OT Holsterhausen

Bhf→2 km

✉ 46284 · Borkener Straße 47 · ☎ (0 23 62) 6 26 70 · Fax: 79 46 33
Klassische und Neue Küche · **Geöffnet:** Geöffnet ab 18:30 Uhr · **Ruhetag:** So./Mo./Di. · **Tische:** 7/26 Plätze
info@restaurant-henschel.de · www.restaurant-henschel.de

Speisekarte: 7 Hauptgerichte von 24,50 bis 29,50 €; 2 Menüs von 75,00 bis 95,00 €
300 Weinpos.
Seit Jahrzehnten kann man sich auf die kreative und präzise Kochkunst von Leonore Henschel verlassen. Sie kocht international und setzt raffinierte französische Akzente.

Dortmund

der Schneider

Bhf→6 km

✉ 44143 · OT Wambel · Am Gottesacker 70 · ☎ (02 31) 4 77 37 70 · Fax: 47 73 77 10
kreative Crossover Küche, vegetarisches Menü · **Geöffnet:** 18–22 Uhr · **Ruhetag:** So./Mo. · **Tische:** 14/32 Plätze
info@derschneider-restaurant.com · www.derschneider-restaurant.com ·

Speisekarte: 3 Hauptgerichte von 19,00 bis 23,00 €; 2 Menüs von 74,00 bis 94,00 €
115 Weinpos.
Nicht weit von der bekannten B1 (A 40) entfernt, die als Hauptschlagader durch Dortmund führt, ist das Restaurant aus allen Richtungen gut erreichbar und nicht zuletzt wegen des lässigen, weltoffenen Ambientes ein Treffpunkt für unterschiedlichste Gäste, denen die Freude an erstklassigem kulinarischem Genuss gemein ist. Und hier kommt Patron und Chefkoch Phillip Schneider ins Spiel. Er lebt sein selbstgegebenes Label "#tailoredfood" und begeistert mit einer maßgeschneiderten Küche der tiefgründigen Aromen und Texturen. Sein Handwerkszeug sind nicht Nadel und Faden, sondern Töpfe und Messer. Beste regionale Zutaten und feinste Ingredienzen aus aller Herren Länder kombiniert er zu aromenstarken Gerichten, die sich an aktuellen Trends orientieren und denen er eine eigene Note verleiht. Frisch, saisonal und unverfälscht ist seine Küche, die dem Gast ausbalancierte, innovative Geschmackserlebnisse beschert. Ein gut aufgelegter Service begleitet den Restaurantbesuch und versucht, auch kleine Sonderwünsche zu erfüllen.

Bhf→8,9 km

Grammons Restaurant & Weinbar

✉ 44309 · Wieckesweg 29 · ☎ (02 31) 93 14 44 65
Moderne Klassische Küche · **Geöffnet:** Mi. ab 18 Uhr, Do. 12 + ab 18 Uhr, Fr./Sa. ab 18 Uhr · **Ruhetag:** So./Mo./Di.
info@grammons.de · www.grammons.de

Speisekarte: 2 Hauptgerichte von 38,00 bis 39,00 €; 1 Menü von 95,00 bis 119,00 €
150 Weinpos.

Zwischen der B 236 und der A 4, nahe der Galopprennbahn und dem Hauptfriedhof verkehrsgünstig gelegen, erwartet den Gast in einer ruhigen Wohnstraße das stilvolle Restaurant "Grammons". Das Interieur ist sehr geschmackvoll in dezenter Eleganz gestaltet und vermittelt eine angenehm private Atmosphäre. Patron Dirk Grammon setzt auf eine Produktküche, in der nur Zutaten von kompromisslos guter Qualität zum Einsatz kommen – egal ob die Forelle aus dem Sauerland, der Steinbutt und Hummer aus der Bretagne, die Jakobsmuschel aus Schottland und das Wild aus der Region stammen. Genommen wird nur, was erntefrisch ist, der aktuellen Jahreszeit entspricht und seinen hohen Ansprüchen genügt. Mit Präzision und Ideenreichtum kreiert er klassische Speisen mit grenzübergreifenden Einflüssen in moderner Interpretation. Die auch optisch großartigen Zusammenstellungen sind ausbalanciert, aromenstark, die Speisen unverfälscht und der Genuss ist groß. Ein liebenswürdiger und zugewandter Service begleitet den Restaurantbesuch. Zu korrespondierenden Weinen und Getränken berät Peter Jakob. In der angeschlossenen Weinbar mit großer Sonnenterrasse trifft man sich gerne in gesellig-lässiger Runde zum Nachmittagsgläschen, After-Work-Drink oder einfach, um einen entspannten Abend zu verbringen.

Bhf→8 km

Haus Überacker OT Höchsten

✉ 44267 · Wittbräucker Straße 504 · ☎ (0 23 04) 98 28 50 · Fax: 8 68 44
Gutbürgerliche und saisonale Küche · Küche: 11:30–22:30 Uhr · **Ruhetag:** Do. · **Tische:** 50/120 Plätze
info@haus-ueberacker.de · www.haus-ueberacker.de

Speisekarte: 22 Hauptgerichte von 9,80 bis 34,50 €; 7 Tagesgerichte von 11,50 bis 20,50 €; 5 Menüs von 11,50 bis 20,50 €

Hinter einer bildschönen Fachwerkfassade verbirgt sich "Haus Überacker", das seit über 300 Jahren in Familienbesitz ist. Am Rande des Niederhofener Waldes gelegen, sitzt man hier auf der Terrasse mitten im Grünen und lässt den Alltag außen vor. Es gibt verschiedene freundliche, elegante und gemütliche Räumlichkeiten, in denen man die ehrliche und vielseitige Küche von Patron und Chefkoch Wilhelm Überacker genießen kann. Er kauft vorzugsweise in der Region ein und hat sich ein gutes Netzwerk verlässlicher Händler und Erzeuger aufgebaut. Die Speisen sind in der Region verwurzelt, aromenstark und unverfälscht und werden mit saisonalen Spezialitäten wie Muschel- und Spargel-, Wild-, Pilz- und Gansgerichten ergänzt. Ehefrau Ute Überacker leitet charmant den Service, berät zu den Weinen und verweist auch gerne auf eines der behaglichen Zimmer (50,-/80,- €). Sehr beliebt ist an warmen Tagen auch ein Platz auf der üppig begrünten Terrasse. Für kompetent und sorgfältig geplante und betreute Festlichkeiten jeglicher Art gibt es schöne Räumlichkeiten für bis zu 90 Personen.

iuma by Dyllong & De Luca

Bhf→6,8 km

✉ 44229 · OT Kirchhörde · Hagener Straße 231 · ☎ (02 31) 95 00 99 42
Neue u. Japanische Fusionsküche · **Geöffnet:** Mi.-Sa. ab 19 Uhr · **Ruhetag:** So./Mo./Di. · **Ferien:** 14.-27.2.22 · **Tische:** 8/18 Plätze
contact@iuma-dortmund.com · www.iuma-dortmund.com

Speisekarte: 1 Menü von 75,00 bis 125,00 €

Das Interieur im "IUMA by Dyllong & De Luca" ist mit leichter Hand gestaltet und vermittelt ein angenehm weltoffenes Flair. Dunkle Tapeten mit floralem Muster, bequeme, sanft geschwungene Fauteuils und weiß eingedeckte Tische, die punktgenau illuminiert werden – dem weiteren Genuss steht nichts mehr im Wege. Das innovative Restaurantkonzept von Michael Dyllong und Ciro de Luca ist jung, bunt, ein bisschen wagemutig und spricht Gäste jeden Alters an. Die Produkte, die in die Showküche von Chefkoch Pierre Beckerling gelangen, sind von allererster Güte und werden von ihm mit handwerklicher Präzision zu facettenreichen Speisen einer kunstfertigen Fusionsküche, in der sich in präziser und kreativer Zubereitung japanische Elemente ebenso finden wie jahreszeitliche Bezüge. Die Präsentationen sind konzentriert ausgetüftelt und auch optisch wunderschön. Die Erläuterungen von Pierre Beckerling selber oder René Sampaio sind jedes Mal die perfekte Einstimmung. Letzterer leitet unaufdringlich und doch präsent durch den Abend und trägt nicht unerheblich zur entspannten Atmosphäre bei.

Die Küchenleistung dieses Restaurants ist hervorhebenswert in seiner Kategorie.

Zum armen Dorfwirt

Bhf→1 km

✉ 44287 · OT Aplerbeck · Schwerter Straße 306 · ☎ (02 31) 4 44 14 32
Regionale u. Internationale Küche · **Geöffnet:** 17-22 Uhr, Sa. auch 11-14:30 Uhr · **Ruhetag:** Mi. · **Ferien:** variabel, s. Aushang · **Tische:** 14/80 Plätze
info@zum-armen-dorfwirt.de · www.zum-armen-dorfwirt.de

Speisekarte: 11 Hauptgerichte von 9,50 bis 24,50 €; 2-3 Tagesgerichte von 5,00 bis 22,50 €

Es gibt sie noch, die Restaurants, in denen man sich in trauter Zweisamkeit oder geselliger Runde trifft, um eine grundehrliche Küche zu genießen. Der "Arme Dorfwirt" im Dortmunder Südwesten, nahe der B 236, ist genauso ein Restaurant "für jeden Tag". Nicole (Kolditz) und Tom (Gertler) führen es mit ganz viel Herzblut und haben es zu einem wirklich beliebten Treffpunkt für Jung und Alt gemacht. Tom steht alleine am Herd und präsentiert eine abwechslungsreiche Küche mit regionalen und grenzübergreifenden Speisen, die er sorgfältig zusammenstellt. Das Angebot wechselt häufig und wird mit westfälischen und vegetarischen Spezialitäten ergänzt. Er kocht unverfälscht und immer frisch. Besonders letzteres ist ihm so wichtig, dass man bei vollem Restaurant schon mal eine kurze Wartezeit in Kauf nehmen muss. Für kulinarisch begleitete Familienfeiern stehen passende Räumlichkeiten zur Verfügung. Nicole leitet den flinken und zugewandten Service und gibt auch Auskunft zum Partyservice und anstehenden Events.

Bhf→3 km

The Stage

✉ 44225 · OT Hombruch · Karlsbader Str. 1a · ☎ (02 31) 7 10 01 11
Neue Küche · **Geöffnet:** Di.-Sa. ab 18 Uhr · **Ruhetag:** So./Mo. VISA
contact@thestage-dortmund.com. · www.thestage-dortmund.com

Speisekarte: 2 von 75,00 bis 125,00 €

Hoch über den Dächern von Dortmund findet man im 7. Stock des Dula-Centers mit dem THE STAGE das neueste "Kind" von Michael Dyllong und Ciro De Luca. "Klinker" aus Holz verkleiden die Stirnwand des Interieurs, das mit schlichter, elegant-moderner Einrichtung gefällt, und geben dem Raum eine warme Atmosphäre. Die Dortmunder Skyline wird zur spektakulären Kulisse fürs kulinarische Geschehen, das von Chefkoch Michael Dyllong geprägt wird. Er kocht wie gewohnt mit leichter Hand, Tiefgang und einer Fülle kulinarischer Ideen. Die werden mit handverlesenen Zutaten, gerne im saisonalen Rhythmus, gerne aus der Region zu prägnanten, modernen Speisen, die – selbst wenn sie raffiniert ertüftelt und filigran sind – immer unverfälscht, geerdet und verständlich bleiben. Die kulinarische Klasse von Michael Dyllong am Herd beweist Ciro De Luca im Service, den er als zugewandter, liebenswürdiger und aufmerksamer Maître leitet. So hinreißend der Blick auf Dortmund sein mag – die Küche im THE STAGE ist beeindruckender.

La Cuisine Mario Kalweit

Bhf→10 km

44141 · OT Gartenstadt · Lübkestraße 21 · ☎ (02 31) 5 31 61 98 · Fax: 5 31 61 97
Klass., Reg. u. Neue Küche, Eigene Kreationen · Küche: 18–21:30 Uhr · **Ruhetag:** So./Mo./Di. · **Ferien:** 2 Wo. Jan./2 Wo. Sommer · **Tische:** 9/25 Plätze
restaurant@mariokalweit.de · www.mariokalweit.de

Speisekarte: 3 Hauptgerichte von 26,50 bis 42,00 €; 3 Menüs von 60,00 bis 74,00 €
175 Weinpos.

Im geschmackvoll eingerichteten Restaurant präsentiert Chefkoch Mario Kalweit eine frische und aromenstarke Produktküche, die sich an den wechselnden Jahreszeiten orientiert und in der Geschmacksverstärker, künstliche Aromen & Co. tabu sind.

Dreis

Waldhotel Sonnora

Bhf→3 km

54518 · Auf dem Eichelfeld 1 · ☎ (0 65 78) 9 82 20 · Fax: 14 02
Französische Küche · **Geöffnet:** Do. ab 19 Uhr, Fr./Sa./So. mittags ab 12 Uhr, abends ab 19 Uhrv · **Ruhetag:** Mo./Di./Mi. · **Tische:** 12/40 Plätze
info@hotel-sonnora.de · www.hotel-sonnora.de

Speisekarte: Hauptgerichte von 85,00 bis 105,00 €; 1 Menü zu 238,00 €
650 Weinpos.

Das Restaurant im Waldhotel Sonnora ist und bleibt ein Sehnsuchtsort für jeden Gourmet, weil er hier eine Küche kennen lernen darf, die in ihrer Exklusivität einfach herausragend ist. Das Interieur wurde mit leichter Hand neu gestaltet und vermittelt eine Atmosphäre entspannter Leichtigkeit. Deckenhohe Rundbogenfenster, weich fließende Stoffe, bequeme Fauteuils in abgetöntem Grau und in schlichter Eleganz eingedeckte Tische verbinden sich zu einem harmonischen Ganzen der Extraklasse. Was Chefkoch Clemens Rambichler gelingt, ist mehr als die perfekte Symbiose von Können und Kunst, viel mehr sogar, denn es scheint Magie im Spiel zu sein, angesichts der Speisen, die ihm mit einer Dichte und Leichtigkeit, einer Präzision und wie dahingetupften Lässigkeit gelingen, dass man aus dem Staunen nicht mehr herauskommt. Das ist produktorientierte Küche at its best. Das Können, alles, wirklich alles an Aromen und Eigengeschmack aus einer Zutat herauszukitzeln, beherrschen nicht viele Köche. Magdalene Brandstätter steht immer gerne für Fragen bereit und kann sich blind auf ihren Maître Maik Treis verlassen. Begleitende Weine gibt es in hinreißender Fülle, Sebastian Boucher berät mit Fachkenntnis und dem genau richtigen Gespür dafür, was seine Gäste wünschen.

Restaurant mit exzellenter Weinkarte

Bhf→3 km

Waldhotel Sonnora

✉ 54518 · Auf dem Eichelfeld 1 · ☎ (0 65 78) 9 82 20 · Fax: 14 02
Gourmet-Frühstück (im Zimmerpreis inkludiert), Aperitif-Terrasse
10 km
info@hotel-sonnora.de · www.hotel-sonnora.de

15 **DZ** von 220,00 bis 320,00 €;
als **EZ** von 100,00 bis 255,00 €

Inmitten der Eifel gelegen und von einem 20.000 m² großen Park umgeben, der mit seiner grünen Pracht Balsam für die Seele ist, ist das Waldhotel Sonnora ein exklusives Hideaway. Das Haus wurde 2020 komplett renoviert und ist mit hochwertigen und edlen Materialien in zurückhaltender Eleganz gestaltet. Die in dezentem Luxus eingerichtete Lounge und die individuell gestalteten Zimmer mit allen zeitgemäßen, technischen Annehmlichkeiten werden zu einem ganz persönlichen Rückzugsort, an dem man tiefenentspannen kann. Von den Gästezimmern genießt man den herrlichen Ausblick in den Garten mit seinem mediterranen Flair. Ein vorzüglicher, sehr liebenswürdiger Service und ein Komfort, der keine Wünsche offen lässt, sind hier selbstverständlich – vom appetitlichen Obstkorb bis hin zum kuscheligen Bademantel wird an jedes kleine Detail gedacht, um dem Gast den Aufenthalt zum reinen Vergnügen zu machen. Bleibt uns noch, das wirklich exzellente Gourmetfrühstück zu erwähnen, das allein schon den Besuch wert ist.

Dresden

Bhf→2 km

Alte Meister

✉ 01067 · OT Altstadt · Theaterplatz 1a · ☎ (03 51) 4 81 04 26 · Fax: 4 81 04 79
Moderne Küche · **Geöffnet:** Di./Mi.; 17-22, Do.-So.: 12-22 Uhr · **Tische:** 20/80 Plätze
info@altemeister.net · www.altemeister.net

Speisekarte: 5 Hauptgerichte von 16,00 bis 29,00 €; 2 Tagesgerichte von 15,00 bis 28,00 €; Wochenmenü zu 41,00 €
50 Weinpos.
Im bistroliken Restaurant kann man an einem geschichtsträchtigen Ort mit Blick auf Semperoper und Theaterplatz vom Lunch dank Chefkoch Robert Rettig eine abwechslungsreiche Frischeküche genießen.

Bhf→800 m

Bilderberg Bellevue Hotel Dresden

✉ 01097 · Große Meissner Straße 15 · ☎ (03 51) 80 50 · Fax: 8 05 16 09 · Café & Bar „Pöppelmann", Biergarten „Elbsegler", Personal Trainer, 20.000 m² Garten
13 km
welcome@bellevue-dresden.com · www.bilderberg-bellevue-dresden.de

319 **DZ** ab 89,00 €;
als **EZ** ab 89,00 €;
21 **Suiten** ab 179,00 €

Das zentral gelegene Hotel gegenüber der Semperoper mit schönem Blick auf die Dresdner Alstadtsilhouette ist luxuriös ausgestattet, verfügt über frisch renovierte Zimmer, erstklassige Tagungsmöglichkeiten und gastronomische Einrichtungen.

Elements

✉ 01099 · Königsbrücker Str. 96 · ☎ (03 51) 2 72 16 96
Reg. u. Intern. Küche, eig. Kreat. · **Geöffnet:** Do.-Sa. 18-22 Uhr · **Ruhetag:** So.-Mi. ·
Tische: 10/34 Plätze
lebensart@restaurant-elements.de · www.restaurant-elements.de ·

Speisekarte: Hauptgerichte von 35,00 bis 45,00 €; 1 Menü zu 85,00 €
200 Weinpos.
Deli, Lounge und das Gourmetrestaurant findet man im "Elements" unter einem Dach. Chefkoch Stephan Mießner sorgt mit "regionaler Küche mit Weltläufigkeit" für Speisen, die präzise und kreativ zubereitet werden und in ihrer Tiefgründigkeit in Erinnerung bleiben.

Bülow Palais - Caroussel Nouvelle

Bhf→4 km

✉ 01097 · Königstraße 14 · ☎ (03 51) 800 31 40 · Fax: 8 00 31 00
Internationale Küche mit klassischen Elementen · Küche: 12–14/18–22 Uhr ·
Tische: 12/50 Plätze
info.palais@buelow-hotels.de · www.buelow-palais.de ·

Speisekarte: 7 Hauptgerichte von 24,00 bis 40,00 €; 2 Menüs von 94,00 bis 110,00 €
500 Weinpos.
Im Bülow Palais wurde die lange Covid-Pause als Herausforderung gesehen, das gastronomische Konzept des Hauses grundsätzlich zu überdenken. Das Ergebnis ist ein Relaunch, der begeistert und sich zuallererst einmal im alten, neuen Namen – "Caroussel Nouvelle" – niederschlägt. Die Räume des neu etablierten Restaurants sind wie bisher der Wintergarten, hinzugekommen ist die „Galerie" des ehemaligen Bistros. Beide tragen die Handschrift des Schweizer Stardesigners Carlo Rampazzi und zeigen zeitgenössische Kunst. Mit Sven Vogel folgte ein neuer Chefkoch, der die Fusion aus dem einstigen "Caroussel" und „Bülows Bistro" von der Theorie in die Praxis umsetzt. Die Grenzen zwischen Haute Cuisine und Bistroküche werden aufgehoben, der Gast kann nach Gusto entscheiden, wie exklusiv der kulinarische Besuch werden soll. Elemente der klassischen französischen Küche bleiben unverkennbar, aber das Angebot wird insgesamt deutlich internationaler. Saisonales und Regionales wird mit traditionellen Rezepturen aus aller Herren Länder ergänzt und kombiniert, die Küche ist nicht mehr so kleinteilig, dafür fokussierter. Jana Schellenberg ist liebenswürdige Gastgeberin, die mit leichter Hand den Service leitet und gewohnt kompetent zur Wein- und Getränkeauswahl berät.

Bhf→4 km

♜ Relais & Châteaux Hotel Bülow Palais

✉ 01097 · Königstraße 14 · ☎ (03 51) 8 00 30 · Fax: 8 00 31 00
„Palais-Bar" m. Cigar-Lounge, exklusives Frühstück zu 30.- € p. P.
9 km VISA AE
info.palais@buelow-hotels.de · www.buelow-palais.de

42 **DZ** ab 135,00 €;
als **EZ** ab 133,00 €;
9 **Junior-Suiten** ab 195,00 €;
2 **Suiten** ab 385,00 €
Das Hotel Bülow Palais befindet sich mitten im schönsten und größten Barockviertel Deutschlands. Als luxuriöses, zur Relais & Châteaux-Kooperation gehörendes, kleines, feines Boutiquen-Hotel, lässt es in Bezug auf Eleganz, Flair, Individualität und Komfort keine Wünsche offen. Ein gekonnter und immer harmonischer Stilmix aus barocken, modernen und farbintensiven Elementen prägt das Interieur und macht das Hotel zu einem außergewöhnlichen Kleinod kosmopolitischer Hotelleriekultur. Über den Dächern Dresdens findet sich im Obergeschoss auf 400 m² ein exklusiver Wellnessbereich. Im neu etablierten „Carousel Nouvelle" wird man kulinarisch hochklassig verwöhnt. Einen stimmungsvollen Abschluss des Tages garantiert ein Besuch der eleganten „Palais Bar", die direkt mit dem Bistro verbunden ist.

Bhf→2 km

♜ Genuss-Atelier

✉ 01099 · Bautzner Straße 149 · ☎ (03 51) 25 02 83 37
Deutsche und regionale Küche · **Geöffnet:** Di.-Fr. 17-23 Uhr; Sa.12-15.30 und 17-23 Uhr · **Ruhetag:** So./Mo. · **Tische:** 15/42 Plätze VISA
info@genuss-atelier.net · www.genuss-atelier.net

Speisekarte: 7 Hauptgerichte von 17,50 bis 32,50 €; 1 Überraschungsmenü (4 - 8 Gänge) von 55,00 bis 95,00 €
In entspanntem Ambiente kommt der liebenswürdig umsorgte Gast dank Chefkoch Marcus Blonkowski in den Genuss einer leichten und modernen Küche, die auf ausgesuchten, erntefrischen Zutaten basiert und die man am besten mit dem Überraschungsmenü kennen lernt.

Bhf→2 km

♜ Hotel Taschenbergpalais Kempinski

✉ 01067 · Taschenberg 3 · ☎ (03 51) 4 91 20 · Fax: 4 91 28 12 · Fischrestaurant "Kastenmeiers", Karl May Bar, Café "Vestibül", Sushi und Oyster Bar, Terrasse
13,5 km VISA AE
reservations.taschenbergpalais@kempinski.com · www.kempinski.com/dresden

160 **DZ** von 159,00 bis 399,00 €;
22 **EZ** von 159,00 bis 399,00 €;
32 **Suiten** von 399,00 bis 9500,00 €
Hinter einer beeindruckenden Barockfassade vereint dieses geschichtsträchtige Grandhotel exklusives Ambiente mit modernem Komfort und luxuriöser Entspannung im Spa.

Hotels und Restaurants mit diesem Zeichen befinden sich in einem historischen Gebäude.

Kim Hotel Dresden

Bhf→7 km

01156 · Gompitzer Höhe 2 · ☎ (03 51) 4 10 20 · Fax: 4 10 21 60 · Zi.-Preise inkl. Frühstück, "KITZO ALPENSTÜBERL" mit Deutscher und Österreichischer Küche
12 km
reception@kim-hotel.de · www.kim-hotel.de

98 **DZ** ab 108,00 €;
EZ ab 80,00 €;
Fam.-Zimmer ab 197,00 €;
Dreibett-Zimmer ab 157,00 €

Das verkehrsgünstig gelegene 4-Sterne Hotel verfügt über 98 klimatisierte und freundlich eingerichtete Zimmer (die Preise verstehen sich inklusive Frühstück) sowie kostenfreie Parkplätze in unserem eigenen Parkdeck gegenüber vom Haus. Durch die mit modernster Technik ausgestatteten Tagungsräume und perfekten Service ist das Kim Hotel Dresden auch ein passender Partner für Veranstaltungen verschiedenster Art. Entspannung findet man im 800 m² großen Fitness- und Wellnessbereich „PK - Fit & Gesund – Ihr Fitness- und Gesundheitsstudio". Im Restaurant werden die Gäste mit deutscher und österreichischer Küche verwöhnt. Nur einen Kilometer entfernt, mitten in einem romantischen Schlosspark liegt das Kim Hotel im Park. Dieses Haus verfügt über 102 sehr komfortable Zimmer (75,-/93,- €).

Landhaus Lockwitzgrund OT Lockwitz

Bhf→4,5 km

01257 · Lockwitzgrund 100 · ☎ (03 51) 27 10 01-0 · Fax: 27 10 01-30
Restaurant mit gehobener Frischeküche, Zimmer-Preise inkl. Frühstück
9 km
tkaiser@landhaus-lockwitzgrund.de · www.landhaus-lockwitzgrund.de

9 **DZ** zu 79,00 €;
als **EZ** ab 59,00 €;
2 **EZ** zu 59,00 €;
1 **App.** von 69,00 (1 Ps.) bis 89,00 (2 Ps.) €

Im liebevoll restaurierten Stallgebäude, der so genannten "Makkaroni-Fabrik", entstand dieses komfortable, sehr ruhig im romantischen Lockwitztal gelegene Hotel mit individuell und behaglich eingerichteten Zimmern. Alle Räume im Hause sind mit kostenfreiem W-LAN versehen (Zimmerpreis inkl. Frühstück). Viele Accessoires und original erhaltene Details vermitteln den gediegenen Landhaus-Charakter des sehr persönlich geführten Hotels. Für Familienfeiern, Firmenjubiläen und auch Tagungen und geschäftliche Treffen stehen verschiedene Räumlichkeiten zur Verfügung, u. a. der lichtdurchflutete, elegant-freundliche Wintergarten für bis zu 38 Personen.

Landhaus Lockwitzgrund OT Lockwitz

Bhf→4,5 km

01257 · Lockwitzgrund 100 · ☎ (03 51) 2 71 00 10 · Fax: 2 71 00 130
Mediterrane u. Reg. Küche · Küche: 11:30–22 Uhr · **Ruhetag:** Mo. · **Ferien:** 2 Wo. Jan. · **Tische:** 22/80 Plätze
tkaiser@landhaus-lockwitzgrund.de · www.landhaus-lockwitzgrund.de

Speisekarte: 8 Hauptgerichte von 13,50 bis 20,90 €; 3 Menüs von 21,90 bis 29,90 €
107 Weinpos.

Im 14 Jahrhundert war hier eine Mühle, später eine Papierfabrik und anschließend wurden Teigwaren produziert, weshalb im Volksmund der Name "Makkaroni-Fabrik" hängenblieb. Das charmant im Landhausstil gestaltete Restaurant von Patron und Chefkoch Thomas Kaiser ist im einstigen Stallgebäude beheimatet. Dass man hier in entspannter Atmosphäre eine gute und ehrliche Küche genießen kann, hat sich nicht nur in der näheren Umgebung herumgesprochen. Thomas Kaiser bevorzugt für seine durchdachte Frischeküche Zutaten aus der Region und lässt sich auch gerne von den wechselnden Jahreszeiten inspirieren, um neue Speisen auf die hübsch eingedeckten Tische zu bringen. Die Zubereitungen sind präzise, ehrlich und handwerklich korrekt. Je nach Jahreszeit gibt es auch Zusatzkarten, z. B. mit Pfifferling-Gerichten. Für private und geschäftliche Veranstaltungen gibt es passende Räumlichkeiten. Die überdachte Terrasse mit Blick ins Grüne ist an warmen Tagen der perfekte Ort, um die Speisen in geselliger Runde oder romantischer Zweisamkeit genießen.

Bhf→7 km

Landhotel Dresden OT Kauscha

✉ 01239 · Fritz-Meinhardt-Str. 105 · ☎ (03 51) 2 80 30 · Fax: 2 80 31 30 · Rest. mit regionalen u. saisonalen Speisen, Sonnenterrasse, Kaminzimmer, Biergarten
8 km
info@landhotel-dresden.de · www.landhotel-dresden.de

24 **DZ** von 66,00 bis 86,00 €;
als **EZ** von 60,00 bis 80,00 €;
18 **EZ** von 50,00 bis 65,00 €
Hervorhebenswert im "Landhotel Dresden", einer echten Alternative zur quirligen City, sind der familiäre Service und die ruhige Lage auf einer Anhöhe mit herrlichem Blick über die Stadt. Die Zimmer sind freundlich eingerichtet und verfügen über zeitgemäßen Komfort.

Bhf→500 m

Petit Frank

✉ 01127 · OT Pieschen · Bürgerstr. 14 · ☎ (03 51) 8 21 19 00 · Fax: 8 21 19 01
Klassische Französische u. Neue Küche · **Geöffnet:** Mi.-Sa. ab 17 Uhr · **Ruhetag:** So./Mo./Di. · **Tische:** 9/25 Plätze
info@petit-frank.de · www.petit-frank.de

Speisekarte: 2 Menüs (inkl. Aperitif und Getränkebegleitung) zu 99,00 €
120 Weinpos.
Eine authentische, französische Küche kann man im "Petit Frank" genießen. Der alte Gewölbekeller mit seinem eleganten Ambiente bietet für die modernen, mit handwerklicher Präzision zubereiteten Kulinaria von Chef de Cuisine André Fröbel die ideale Kulisse. Im separaten „Weindepot" finden bis zu 14 Personen Platz für exklusive Veranstaltungen.

Bhf→4 km

Restaurant - Café & Bar Spizz OT Striesen

✉ 01309 · Augsburger Straße 49 · ☎ (03 51) 3 19 06 26 · Fax: 3 19 06 27
Internationale und Regionale Küche · **Geöffnet:** 12–23 Uhr · **Ruhetag:** So. (außer Feiertag) · **Tische:** 12/45 Plätze
info@restaurant-spizz.de · www.restaurant-spizz.de

Speisekarte: 10 Hauptgerichte von 18,50 bis 31,00 €; 4 Tagesgerichte von 13,00 bis 14,00 € 60 Weinpos.
Wo man früher die klassische Eckkneipe fand, ist heute das "Spizz", ein Restaurant, das mit seiner weltoffenen, kommunikativen Atmosphäre und abwechslungsreichem Speiseangebot gefällt.

Bhf→5 km

Restaurant Daniel

✉ 01309 · Gluckstraße 3 · ☎ (03 51) 81 19 75 75
Reg. u. „gute Bürgerküche" · **Geöffnet:** Di.-Sa. ab 17 Uhr · **Ruhetag:** So./Mo. · **Tische:** 22/50 Plätze
info@restaurant-daniel.de · www.restaurant-daniel.de

Speisekarte: 4 Hauptgerichte von 27,00 bis 29,00 €; 2 Menüs von 39,00 bis 65,00 €
40 Weinpos.
Das Restaurant mit überdachter Terrasse ist schlicht und schön eingerichtet. Patron Daniel Fischer kocht mit Leidenschaft. Seine stets frisch zubereiteten Speisen basieren auf ausgesuchten Zutaten, sind gut aufeinander abgestimmt, unverfälscht und ehrlich.

Suitess an der Frauenkirche OT Altstadt

Bhf→2,5 km

01067 · An der Frauenkirche 13 · ☎ (03 51) 41 72 70 · Fax: 41 72 71 60
Restaurant "Moritz", exquisites Frühstücksbuffet, zwei Dachterrassen, Lobbybar
10 km
info@suitess-hotel.com · www.suitess-hotel.com

9 **DZ** ab 95,00 €;
9 **Suiten** ab 200,00 €;
3 **Ju.-Suite** ab 150,00 €
Nur wenige Schritte von der Dresdner Frauenkirche entfernt findet sich dieses kosmopolitische Hotel. Hinter barocken Fassaden nach historischem Vorbild rekonstruiert, genießt der Gast alle Annehmlichkeiten der modernen Zeit kombiniert mit kunstsinniger Behaglichkeit.

Dudeldorf/Bitburg

Torschänke

Bhf→10 km

54647 · Philippsheimer Straße 1 · ☎ (0 65 65) 20 24
Klassische u. geh. Regionale Küche · **Geöffnet:** 17-21 Uhr · **Ruhetag:** So./Mo. ·
Ferien: je 2 W. Nov. und nach Karneval · **Tische:** 23/80 Plätze
info@torschaenke-dudeldorf.de · www.torschaenke-dudeldorf.de

Speisekarte: 819,00 Hauptgerichte von 28,00 bis 28,00 €; 3 Menüs von 34,00 bis 49,00 €

80 Weinpos.

Nur 3 km vom Freizeitpark Eifelpark Gondorf entfernt findet man mit der "Torschänke" ein ungemein behagliches Restaurant in einem schönen, historischen Gasthaus. Der Gastgeber Simon Berhard und sein Lebensgefährte Kilian Rau – beide gelernte Gastronomen – führen das Haus mit großem Engagement und ganz viel Herzlichkeit. Chefkoch Alexander Eltlinger sorgt für eine bodenständige Küche mit kulinarischen Ambitionen. Er kocht bevorzugt mit Produkten aus dem Umland, die es in der wald- und wasserreichen Eifel in großer Vielzahl und toller Qualität gibt, arbeitet handwerklich korrekt und verfeinert die Speisen mit kreativen Ideen. Die Torschänke mit ihren gemütlichen Stuben ist auch für Feierlichkeiten wie gemacht. Links vom Thekenbereich ist das Restaurant, im ersten Stock und im historischen Torzimmer sind Gesellschaftsräume.

Duisburg

Eurohof

Bhf→7 km

47199 · Elisenstraße 39 · ☎ (0 28 41) 36 87 00 · Fax: 36 87 04 00
Restaurant mit Internationaler und Regionaler Küche, Kaminzimmer
14 km
info@hotel-eurohof.de · www.hotel-eurohof.de

21 **DZ** ab 112,80 €;
als **EZ** ab 97,80 €;
6 **EZ** ab 93,80 €;
1 **Suite** ab 130,80 €
Idyllisch an einem ruhigen See und dennoch verkehrsgünstig gelegen, verfügt

dieses familienfreundliche Hotel über helle Zimmer im mediterranen Stil. Im gemütlichen Kaminzimmer kann man den Tag ausklingen lassen.

Bhf→1,9 km

Küppersmühle

✉ 47051 · Philosophenweg 49-51 · ☎ (02 03) 5 18 88 80
Internationale und Regionale Küche · **Geöffnet:** 12-14:30 Uhr, 17:30-20 Uhr, So.: 12-18 Uhr · **Ruhetag:** Mo./Di.
VISA
info@kueppersmuehle-restaurant.de · www.kueppersmuehle-restaurant.de

Speisekarte: 5 Hauptgerichte von 25,50 bis 38,50 €; 8 Tagesgerichte von 13,50 bis 30,50 €; 1 Menü zu 65,00 €
ca. 100 Weinpos.
Im Duisburger Innenhafen ist die Küppersmühle mit einem Museum für Moderne Kunst und dem gleichnamigen Restaurant ein echter Publikumsmagnet. In letzterem präsentiert Chefkoch Thomas Tramp ausbalancierte, unverfälschte, regionale Speisen und feine Fischspezialitäten.

[mod] by Sven Nöthel

✉ 47199 · Grafschafter Str. 197 · ☎ 0176 – 23 55 78 64
Neue, Nordische und Regionale Küche · **Geöffnet:** Di.-Sa. ab 17:30 Uhr, So.: 12-14 Uhr · **Ruhetag:** So.-Abd., Mo.
VISA
info@mod-dining.com · www.mod-dining.com

Speisekarte: 3 Hauptgerichte von 35,00 bis 38,00 €; 2 Menüs von 79,00 bis 115,00 €
Ein ausdruckstarker Dielenboden in breitem Fischgrätmuster, olivgrüne Wände, blanke Tische und moderne Polsterstühle verbinden sich im neuen Restaurant von Sven Nöthel zu einer Melange des guten Geschmacks. Dass an dieser Stelle des alten Renzi-Gehöfts einmal ein Kuhstall war, kann man wahrlich nicht mehr erkennen, so perfekt passen Interieur und Ambiente zum lebendigen, weltoffenen Duisburg. Die Region prägt die Küche des Patrons. Der Kontrast von harter Industriekultur und der malerischen Niederrhein-Landschaft ist eine Inspiration für die Speisen der facettenreichen Küche, die sich in keine kulinarische Schublade stecken lässt. Sven Nöthel bevorzugt regionale Produkte, die er handwerklich präzise unverfälscht und ehrlich zubereitet, innovativ kombiniert und auch optisch verheißungsvoll präsentiert. Im [mod] – übrigens das schwedische Wort für „Mut" – bleibt der Alltag für ein paar Stunden außen vor, steht alles im Zeichen von Genuss, Lebensfreude, Begegnung und Kommunikation. Gerade zu letzterem passt die offene Küche perfekt. Von den zwei angebotenen Menüs ist eines vegetarisch. Passende Weine und raffinierte, nichtalkoholische Getränke gibt es in feiner Auswahl und ein liebenswürdiger Service begleitet den Restaurantbesuch.

Die Küchenleistung dieses Restaurants ist hervorhebenswert in seiner Kategorie.

Dülmen

Große Teichsmühle

✉ 48249 · Borkenbergestraße 78 · ☎ (0 25 94) 9 43 50
Regionale Küche · **Geöffnet:** Mi./Do. 14-22, Fr. 14-23, Sa. 12-23, So. 12-21 Uhr · **Ruhetag:** Mo./Di.
grosse-teichsmuehle@t-online.de · www.grosse-teichsmuehle.de

Speisekarte: 10 Hauptgerichte von 18,00 bis 30,00 €; 1 Menü zu 45,00 € 30 Weinpos.

Am Rande des südlichen Münsterlandes findet sich dieses engagiert in 3. Generation geführte Restaurant (mit kleinem Hotel), in dem es raffiniert zubereitete saisonale und regionale Speisen gibt.

Durbach

Hotel Ritter Durbach

Bhf→16 km

✉ 77770 · Tal 1 · ☎ (07 81) 9 32 30 · Fax: 9 32 31 00 · Gourmetrestaurant, Hausgastrestaurant "Ritter Wiedergrün", Preise inkl. Gourmet-Frühstück
13 km
info@ritter-durbach.de · www.ritter-durbach.de

77 **DZ** von 140,00 bis 270,00 €;
als **EZ** von 100,00 bis 255,00 €;
9 **EZ** zu 100,00 €;
7 **Suiten** von 290,00 bis 490,00 €

Eingebettet zwischen Schwarzwald und Elsass, gelegen in den Durbacher Weinbergen, begeistert das Hotel mit komfortablen Zimmern und Suiten, facettenreicher Kulinarik, einem riesigen Ritter-SPA und einer eigenen Oldtimer Flotte.

[maki:'dan] im Ritter

Bhf→16 km

✉ 77770 · Tal 1 · ☎ (07 81) 9 32 30 · Fax: 9 32 31 00
Regionale Küche · **Geöffnet:** Mo.-So.: 19-22 Uhr · **Tische:** 13/60 Plätze
info@ritter-durbach.de · www.ritter-durbach.de

Speisekarte: 3 Hauptgerichte von 32,00 bis 42,00 €; 2 Menüs von 85,00 bis 128,00 € 850 Weinpos.

Im Restaurant [maki:'dan] ersetzt Küchenchef André Tienelt die klassische Menüfolge durch Gästewünsche. Sie bestimmen, wann welche der angebotenen Speisen auf den Tisch kommen. Die sind von konzentrierter Geradlinigkeit, innovativ und versprechen dank tiefgründiger Aromen ganz neue Geschmackserlebnisse.

Düsseldorf

1876 Daniel Dal-Ben

Bhf→3 km

✉ 40239 · OT Düsseltal · Grunerstraße 42a · ☎ (02 11) 1 71 73 61 · Fax: 1 71 73 61
Internationale Küche · **Geöffnet:** Mi.-Sa.: ab 18:30 Uhr · **Ruhetag:** So./Mo./Di. · **Tische:** 8/12 Plätze
info@1876.restaurant · www.1876restaurant.de

Speisekarte: 1 Menü zu 160,00 (Mi./Do. ab 130,00) €

Die Namensgebung des "1876 Daniel Dal-Ben" hat eine nachvollziehbare Geschichte: 1876 war das Eröffnungsjahr des Düsseldorfer Zoos, der sich bis 1943 im gegenüberliegenden Park befand und dem Düsseltal den umgangssprachlichen Namen Zooviertel gab. Das Restaurant wurde im vergangenen Jahr komplett renoviert und neu gestaltet: Holzfußboden, weiß eingedeckte Tische, dunkelblaues Mobiliar, Theke aus Holz und Stein vermitteln ein niveauvolles Ambiente und eine Atmosphäre, in der man ganz entspannt fernab vom hektischen Alltag schöne Stunden verleben kann. Dank Daniel Dal-Ben werden die von kulinarischen Überraschungen begleitet, die ein Wiederkommen gleichsam garantieren. Der Patron und Chefkoch präsentiert eine spannende Küche mit kreativen Zusammenstellungen, verschiedensten Zubereitungsformen und exotischen Würzungen. Dabei lässt er sich von Speisen aus aller Herren Länder inspirieren, hat dabei aber vor allem die Aromenfülle der väterlichen Heimat, Venetien, in seiner DNA. Ausgewählte, erstklassige Zutaten kombiniert er zu einem fulminanten Menü, dass dem Gast genussvolle, neue Geschmackswelten eröffnet. Als perfekter Gastgeber führt Enzo Caso durch den Abend und macht den Besuch in Daniel Dal-Bens Restaurant zu einem rundum harmonischen und perfekten Erlebnis.

Bhf→1 km

Agata's

✉ 40217 · Kirchfeldstraße 59 · ☎ (02 01) 20 03 06 16
Cross-Over Küche, eigene Kreationen · **Geöffnet:** Mi.-Sa. ab 18 Uhr · **Ruhetag:** So./Mo./Di. · **Tische:** 11/50 Plätze
info@agatas.de · www.agatas.de

Speisekarte: 1 Menü von 115,00 bis 145,00 €
300 Weinpos.
Braune und goldene Farbtöne dominieren das raffiniert getaltete Interieur im "Agata's" und geben ihm eine warme, lässige und weltoffene Note. Die Küche hier ist wahrlich nicht von der Stange: Chefkoch Philipp Lange, der viele Jahre auf Hawaii gelebt hat, entführt den Gast in faszinierend neue Geschmackswelten und überzeugt mit einer außergewöhnlichen europäisch-polynesischen Fusionsküche. Die Melange verschiedenster kulinarischer Elemente ist ungewöhnlich und harmonisch zugleich – eine Kunst, die nicht viele Köche beherrschen – und mündet in spannende Aromen und filigrane Zubereitungen. Die sind auch optisch mehr als einen Blick wert, müssen aber fürs Auge leider flüchtig bleiben, wohingegen der Gaumen sich genussvoll an die exklusiven Kompositionen erinnern wird. Patronin und Namensgeberin Agata Reul trägt als perfekte Gastgeberin ebenso zu dem besonderen Gasterlebnis bei, wie der unaufdringliche Service unter der aufmerksamen Leitung von Christian Schulte. Kochkurse für 6-10 Personen finden – nach individueller Terminvereinbarung – mit Philipp Lange persönlich statt und bringen auch passionierten Hobbyköchen neue kulinarische Erkenntnisse.

Berens am Kai OT Unterbilk/Hafen

Bhf→5 km

40221 · Kaistraße 16 · ☎ (02 11) 3 00 67 50 · Fax: 30 06 75 15
Mediterrane Küche · **Geöffnet:** Mo., Mi.-Fr. 13-24 Uhr, Sa.: 16-24 Uhr · **Ruhetag:** So. + Di. · **Tische:** 23/60 Plätze
info@berensamkai.de · www.berensamkai.de

Speisekarte: 5 Hauptgerichte von 32,00 bis 52,00 €; 1 Mittagsmenü ab 45,00 €; 1 Menü (4-5-6Gänge) von 79,00 bis 107,00 € 450 Weinpos. Das "Berens am Kai" ist das Top-Restaurant im modernen Medienhafen. Diesen Ruf hat Chefkoch Holger Berens mit Fleiß, handwerklichem Können und einer fulminanten Produktküche erworben, in der er mediterrane Elemente in einen ganz neuen, sehr innovativen Kontext setzt.

Brasserie Stadthaus

Bhf→2,2 km

40213 · Mühlenstraße 31 · ☎ (02 11) 16 09 28 15
Französische Küche · **Geöffnet:** Di. ab 18 Uhr, Mi.-Sa. ab 12 und ab 18 Uhr · **Ruhetag:** So./Mo. · **Tische:** 20/84 Plätze
info@brasserie-stadthaus.de · www.brasserie-stadthaus.de

Speisekarte: 7 Hauptgerichte von 25,00 bis 49,00 €; 1 Mittagsmenü von 19,90 bis 24,90 €
100 Weinpos.
Unter einer wunderschönen, historischen Kassettendecke stehen vor einer langen gepolsterten Bank aufgereiht edel eingedeckte Tische auf einem groß gewürfelten Marmorboden und fügen sich zum unaufgeregten, charmanten Interieur der "Brasserie Stadthaus". Liebhaber der französischen Küche werden hier immer etwas Passendes finden und können sich von den vielfältigen Speisen, die Chefkoch Florian Conzen präzise zubereitet, begeistern und verwöhnen lassen. Dieser kocht, was das saisonale Marktangebot hergibt und die französische Küche so verheißungsvoll macht: Von Escargots und Foie gras über Austern und Froschschenkel, Steak Tartar, Coq au vin und gerösteten Markknochen bis hin zur Mousse au Chocolat reicht das verführerische Angebot. Edle Weine begleiten die Speisen. Hier hilft Tobias Ludowigs mit großer Sachkenntnis weiter. An warmen Tagen ist es ein ganz besonderes Erlebnis, die Speisen im Innenhof des fast 400 Jahre alten Stadthauses zu genießen. Umgeben vom Luxushotel De Medici und der Andreaskirche sitzt man inmitten der Großstadt in einer Oase der Ruhe und des Genusses.

Breidenbacher Hof

Bhf→3 km

40212 · Königsallee 11 · ☎ (02 11) 16 09 00 · Fax: 16 09 01 11 · Restaurant "The Duchy" mit Regionaler Küche, Lobby Lounge, Bar & Smoker's Lounge
info@breidenbacherhof.com · www.breidenbacherhof.com/en

79 **DZ** von 295,00 bis 715,00 €;
16 **Sui.** von 770,00 bis 7000,00 €
Das an der Düsseldorfer Königsallee gelegene Grandhotel aus dem Jahr 1812 beeindruckt mit luxuriösen Zimmern, drei eleganten Veranstaltungssa-

lons und einem vielfältigen, exquisiten Gastronomieangebot. Im "Living Room" kümmern sich die Persönlichen Assistenten aufmerksam und individuell um jeden Wunsch des Gastes. Neu ist das Restaurant „The Duchy" - Europäische Brasserie mit lokaler Verbundenheit, Lobby Lounge, Bar & Smokers Lounge.

Bhf→2,2 km

Café de Bretagne

✉ 40213 · Benrather Straße 7 · ☎ (02 11) 56 94 07 75
Französ. Küche, Fisch- und Meerestiere · **Geöffnet:** Di.-Do. 11-22, Fr./Sa. 10-23, So. 12-21 Uhr · **Ruhetag:** Mo.
VISA EC
info@cafe-de-bretagne.de · www.cafe-de-bretagne.de

Speisekarte: 7 Hauptgerichte von 16,50 bis 45,00 €; 1 Mittagsmenü von 11,40 bis 14,90 €; 8 Spezialitäten von 20,50 bis 35,50 €

Schön zentral direkt am Carlsplatz findet man das "Café de Bretagne". Das unprätentiös eingerichtete Bistro ist ein Muss für jeden Liebhaber von Krustentieren und Meeresfrüchten. Die Ware kommt bevorzugt vom bedeutendsten Frischemarkt weltweit – dem Pariser Großmarkt Rungis – und aus Boulogne sur Mer, dem größten Fischereihafen Frankreichs. Nur wenige Stunden nach dem Einkauf stehen die Produkte zur Verfügung und werden von Chefköchin Claudia Schröter zu aromenstarken, grundehrlichen und unverfälschten Speisen zusammengestellt. Vieles dieser echten Produktküche kann man einfach mit den Fingern essen: Austern, Muscheln, Garnelen, Krebse, Hummer. Wer mag, kann die Meeresfrüchte auch kaufen oder sich dank des guten Caterings in verführerischen Zubereitungen ins Haus oder auf eine Feier liefern lassen. Gut kann man auch zum fair kalkulierten Mittagstisch einkehren, das Mittagsmenu mit drei Wahl-Hauptspeisen wechselt wöchentlich, das Spezialitäten-Angebot 2-3 Mal die Woche. Fischsuppe nach Art des Hauses, Muscheln mit Weißwein, Tomaten oder Roquefort, Meeresfrüchte in verschiedenen Zubereitungen und abschließend hausgemachte Desserts – wer Fisch & Co. liebt, kommt am "Café de Bretagne" nicht vorbei. Ein Besuch hier macht aber nicht nur wegen der hinreißenden bretonischen Küche Spaß, sondern auch, weil lässiges mediterranes savoir vivre zum lebendigen Treffpunkt gehört, denn wer mag, trinkt auch einfach nur einen Espresso oder ein Glas Wein.

Bhf→3,2 km

Byliny

✉ 40219 · OT Unterbilk · Konkordiastraße 85 · ☎ (02 11) 94 21 26 70
Moderne Deutsche Küche · **Geöffnet:** Di.-Fr. 12-14.30 + 17-22 Uhr, Sa. 17-22 Uhr, So. 12-21 Uhr · **Ruhetag:** Mo.
EC
mail@byliny.de · www.byliny.de

Speisekarte: 5 Hauptgerichte von 22,90 bis 32,90 €

Küchenchef Norman Metzing und Gastgeber Michal Caasmann lassen im "Byliny" (tschechisch für "Kräuter") ihre handwerkliche Kenntnis sowie gastronomische Leidenschaft einfließen und sorgen für eine ambitionierte, moderne, deutsche Küche, die frisch, finanzierbar und einfach lecker ist.

Essbar

✉ 40479 · Kaiserstraße 27 · ☎ (02 11) 91 19 39 05
Deutsche, Französische Küche · **Geöffnet:** Di.-Fr. 12-14, Di.-Sa.: 18:30-21:30 Uhr · **Ruhetag:** Sa.-Mittag, So./Mo. · **Tische:** 12/50 Plätze
info@hm-essbar.de · www.hm-essbar.de

Speisekarte: 9 Hauptgerichte von 15,50 bis 32,00 €; 9 Tagesgerichte von 9,50 bis 15,50 €; 1 Menü zu 42,00 €
Das Restaurant "Essbar" ist mit hübschem dunkelbraunem Mobiliar ausgestattet, warmes Licht, blanke Tische und eine Schiefertafel mit tagesaktuellen Speisen vermitteln eine charmante und lässige Bistroatmosphäre. Nachdem ihr erstes Restaurant an der Pionierstraße dank seiner Beliebtheit zu klein geworden war, haben Daniel Baur und Lebensgefährtin Olga Jorich – beide Gastronomen aus Leidenschaft – im Stadtteil Pempelfort, nahe Altstadt und Rhein seit drei Jahren ihr neues Domizil. Der Patron steht am Herd und lässt sich von verschiedensten Küchenrichtungen inspirieren, setzt aber vor allem auf deutsch-französische Speisen mit asiatischen Elementen. Wichtig sind ihm frische saisonale Zutaten, die bevorzugt aus der Region kommen. Die kombiniert er mit ausgeklügelten Ideen und kreiert Speisen, die herrlich unverfälscht und dennoch raffiniert sind. So gilt es, hier eine Küche zu entdecken, die einfach Spaß macht. Olga Jorich ist eine aufmerksame und entspannte Gastgeberin, die sich mit ihrem Team um kleine und große Gästewünsche kümmert. Vegetarische und vegane Gerichte ergänzen das wirklich gute und durchdachte Speiseangebot, das in den Sommermonaten auf einer kleinen, überdachten und beheizbaren Terrasse rückseitig vom Restaurant auch open air genossen werden kann.

Fischerhaus

Bhf→7 km

✉ 40547 · OT Lörick · Bonifatiusstr. 35 · ☎ (02 11) 59 79 79 · Fax: 5 97 97 59
Reichhaltiges Frühstücksbüfett (13,50 € p. P.), Bar, kostenfreie Parkplätze
5 km
reservierung@hotel-fischerhaus.info · www.fischerhaus-hotel.de

15 **DZ** ab 99,00 €;
als **EZ** ab 89,00 €;
25 **EZ** ab 79,00 €;
1 **App.** ab 89,00 €
Dieses idyllisch in der Nähe der Rheinaue gelegene Hotel offeriert seinen Gästen stilvoll und großzügig eingerichtete, komfortable Zimmer. Auch der Service überzeugt. Optimal für Städtereisende.

Sehr gutes, komfortables Hotel

Bhf→5,2 km

Fleher Hof

✉ 40223 · Fleher Straße 254 · ☎ (02 11) 31 19 57 11
Deutsche und Französische Küche · **Geöffnet:** Mi.-Sa. 17:30-23, So. 12-14:30 + 17:30-22 Uhr · **Ruhetag:** Mo. (außer Nov./Dez.)/Di.
info@fleherhof.de · www.fleherhof.de

Speisekarte: 7 Hauptgerichte von 15,50 bis 34,50 €

Einst ein Tanzpalast, ist der keine fünf Gehminuten vom Rhein entfernte "Fleher Hof" nicht nur bei alteingesessenen Flehern eine Düsseldorfer Institution. Nach einem kleinen Dornröschenschlaf von den leidenschaftlichen Gastronomen Melanie Lorbach und Dennis Schürmann wachgeküsst und mit viel Liebe zum Detail und zur Geschichte des Hauses renoviert und neu eröffnet, hat sich das Restaurant wieder einen guten Ruf erworben. Im charmant-nostalgischen Interieur verbinden sich Tradition und Moderne aufs Harmonischste. In entspannt-lässiger Atmosphäre sorgt Dennis Schürmann am Herd dafür, dass jeder Gast in den Genuss frisch zubereiteter, grundehrlicher Speisen kommt. Das Konzept ist so raffiniert wie gut: Deftige, rheinisch-westfälische Spezialitäten und finessenreiche Speisen französischer Brasserien des vergangenen Jahrhunderts finden wie von selbst zueinander. Zu Unrecht in Vergessenheit geratene Klassiker werden ganz neu und alltagstauglich interpretiert. Das ist eine Küche, die schmeckt und einfach Spaß macht. Melanie Lorbach – die Dame des Hauses – ist für jeden ihrer Gäste eine kompetente und charmante Ansprechpartnerin, leitet den Service mit Übersicht und berät zur gut und vielseitig sortierten Weinkarte. Bestens betreute Feierlichkeiten finden im Fleher Hof stets einen passenden Rahmen.

Bhf→2 km

Fritz's Frau Franzi

✉ 40215 · Adersstraße 8 · ☎ (02 11) 370 750
Moderne, Internationale Küche · **Geöffnet:** Di.-Sa. 19-23 Uhr · **Ruhetag:** So./Mo. · **Tische:** 15/60 Plätze
info@fritzsfraufranzi.de · www.fritzsfraufranzi.de

Speisekarte: 8 Hauptgerichte von 17,00 bis 25,00 €; 1 Menü von 107,00 bis 123,00 € ca. 100 Weinpos.
Kommunikativ, weltoffen und lässig präsentiert sich das Restaurant. Chefkoch Benjamin Kriegel geht keine Kompromisse ein, wenn es um die Topqualität und Frische der Zutaten geht, die er zu seiner "Weltküche mit experimentellem Touch" kombiniert.

Bhf→2,5 km

Hilton Düsseldorf OT Golzheim

✉ 40474 · Georg-Glock-Straße 20 · ☎ (02 11) 4 37 70 · Fax: 43 77 25 19
Rest. mit Neuer, Intern. und Regionaler Küche, Terrasse, Lobby, Lounge, Bar
5 km
info.duesseldorf@hilton.com · www.hilton.de/duesseldorf

366 **DZ** von 145,00 bis 555,00 €;
9 **Suiten** auf Anfrage

Mit 21 Tagungsräumen ist das Hilton Düsseldorf eines der größten Businesshotels der Region. Mediatechnik und Service begeistern genauso wie der gepflegte Wellnessbereich und die eleganten Zimmer.

Le Flair

Bhf→3 km

✉ 40477 · Marc-Chagall-Straße 108 · ☎ (02 11) 51 45 56 88
Klassische Küche · **Geöffnet:** Mi.-So.: 19-23 Uhr · Küche: 19–20:30 Uhr · **Ruhetag:** Mo./Di. · **Tische:** 7/25 Plätze
mail@restaurant-leflair.de · www.restaurant-leflair.de

Speisekarte: 1 Menü von 95,00 bis 130,00 €
Im stilvoll eingerichteten "Le Flair" kocht Chefkoch Dany Cerf mit kreativen Ideen und handwerklichem Geschick. Seine klassische französische Küche ist eine perfekte Melange aus Geradlinigkeit und Ideenreichtum.

Living Hotel de Medici

Bhf→1,6 km

✉ 40213 · OT Altstadt · Mühlenstraße 31 · ☎ (02 11) 1 60 92-0 · Fax: 1 60 92-900
Gratis E-Auto-Ladestation, Frühstücksbuffet, Art-Bar
medici@living-hotels.com · www.living-hotels.com

91 **DZ** von 180,00 bis 500,00 €;
als **EZ** von 180,00 bis 500,00 €;
19 **EZ** von 175,00 bis 400,00 €;
30 **Suiten** von 280,00 bis 3.500 €;
56 **App.** von 159,00 bis 269,00 €
Messe und Flughafen sind nur wenige Autominuten vom "Living Hotel de Medici" entfernt. Das Hotel internationalen Zuschnitts verfügt über moderne, klimatisierte Zimmer, technisch gut ausgestattete Tagungsräume und die Brasserie Stadthaus.

Nagaya

Bhf→1 km

✉ 40211 · OT Stadtmitte · Klosterstraße 42 · ☎ (02 11) 8 63 96 36
Japanische Küche · Küche: 12–14/19–22 Uhr · **Ruhetag:** So./Mo. · **Ferien:** Sommer/Winter · **Tische:** 12/48 Plätze
www.nagaya.de

Speisekarte: 2 Hauptgerichte zu 42,00 €; 1 Mittagsmenü zu 98,00 €; 1 Abendmenü von 179,00 bis 218,00 €
Moderne Eleganz und puristisches Design bieten den Rahmen für die exzellente japanische Küche von Patron und Küchenchef Yoshizumi Nagaya, der mit seinen präzise und innovativ zubereiteten Speisen, die auch Elemente der europäischen Haute Cuisine aufgreifen, restlos begeistert.

PHOENIX Restaurant & Bar

✉ 40211 · Dreischeibenhaus · ☎ (0211) 30 20 60 30
Moderne europäische Küche · **Geöffnet:** Di.-Fr. 12-15 + 18-23, Sa. nur 18-23 Uhr · **Ruhetag:** So./Mo. · **Tische:** 24/80 Plätze
info@phoenix-restaurant.de · www.phoenix-restaurant.de

Speisekarte: 3 Hauptgerichte von 52,00 bis 59,00 €; 4 Tagesgerichte von 26,00 bis 42,00 €; 1 Mittagsmenü zu 22,00 €; 2 Menüs von 68,00 bis 98,00 €
340 Weinpos.
Das PHOENIX Restaurant & Weinbar ist stilvoller Treffpunkt im legendären Düsseldorfer Dreischeibenhaus und besticht mit einem wunderbar extravagantem Ambiente. Küchenchef Philipp Wolter, dessen beruflicher Werdegang mit den Namen großer Restaurants beeindruckt, kocht moderne europäische Gerichte, die mindestens ebenso beeindrucken. Im PHOENIX fühlen sich die Gäste rundum wohl, was neben der überzeugenden Kulinarik auch am zuvorkommenden Service liegt.

Ein Restaurant mit anspruchsvoller Küche.

Reinhardt's OT Ludenberg

40629 · Am Gartenkamp 20 · ☎ (02 11) 30 33 77 47 · Regionale und Internationale Küche · **Geöffnet:** Mo./Do./Fr. 17:30-22 Uhr, Sa. 12-14:30 + 17:30-22, So. 12-14:30 + 17-21 Uhr · **Ruhetag:** Di./Mi. · **Tische:** 12/60 Plätze
info@reinhardts-restaurant.de · www.reinhardts-restaurant.de

Speisekarte: 4 Hauptgerichte von 24,00 bis 39,00 €; 1 Mittagsmenü zu 33,00 €

Mitten im Grünen, umgeben von alten Baumbeständen findet sich nur 22 Minuten von der City entfernt, am Rande Düsseldorfs Gut Moschenhof, das auch das Restaurant Reinhardt's beherbergt. Hier sorgt Chefkoch Michael Reinhardt für einen geerdeten und abwechslungsreichen Mix aus regionaler und frankophiler Küche. Er kocht aromenstark und bodenständig und lässt auch kreative und zeitgeistige Ideen in die sorgfältig zusammengestellten Speisen einfließen. Bevorzugt kommen die Zutaten für seine frische Produktküche in kompromisslos guter Qualität aus der Region und spiegeln die wechselnden Jahreszeiten wider. Heimische Spezialitäten ergänzt er mit grenzübergreifenden Speisen, da steht die Oldenburger Landente gleichberechtigt neben der französischen Perlhuhnbrust. Ein freundlicher Service begleitet den Restaurantbesuch, der an warmen Tagen eine Verlagerung auf die Hofterrasse erfahren kann. In der Event-Galerie mit elegantem Landhaus-Ambiente kann man stilvoll feiern, aber auch produktiv arbeiten. Individuelle Planung und kompetente Durchführung garantieren einen harmonischen Ablauf.

Bhf→6,6 km

Ristorante L'Arte in Cucina

40625 · Gerricusplatz 6 · ☎ (02 11) 52 03 95 90
Italienische und Toskanische Küche · **Geöffnet:** Di.-Sa.: 18-22:30 Uhr · **Ruhetag:** So./Mo.
info@arteincucina.de · www.arteincucina.de

Speisekarte: 5 Hauptgerichte von 28,50 bis 39,50 €; 2 Menüs von 49,00 bis 56,00 €

Direkt gegenüber der Basilika St. Margareta in Gerresheim findet sich das "Ristorante L'Arte in Cucina". Im rustikalen Landhausstil eingerichtet, genießt man authentische italienische Küche und Spezialitäten aus der toskanischen Heimat von Patron Gianluca Casini.

Rob's Kitchen

Bhf→3 km

✉ 40219 · OT Unterbilk · Lorettostraße 23 · ☎ (02 11) 54 35 74 28
Internationale und Regionale Küche · **Geöffnet:** Mo.-Fr.: 12-15 Uhr + 17-23:30 Uhr, Sa. 12-23 Uhr · **Ruhetag:** So.
rob@robs-kitchen.de · www.robs-kitchen.de

Speisekarte: 11 Hauptgerichte von 19,50 bis 28,50 €

Alles kann, nichts muss im unprätentiös eingerichteten Restaurant von Patron und Chefkoch Rob op den Kamp. Mit gastronomischer Leidenschaft hat er hier einen Ort etabliert, an dem man Menschen begegnet, die miteinander reden, lachen, genießen und sich einfach wohl fühlen. Rob op den Kamp hat in internationalen Küchen mit Renommee gekocht und setzt nun seine Philosophie um, erstklassige Zutaten – etliche Gemüsesorten baut er sogar selber an – mit handwerklichem Können zu kombinieren und in leichte und vielseitige Geschmackserlebnisse münden zu lassen. Seine frische, unverfälschte und kreative Produktküche wird von den wechselnden Jahreszeiten ebenso inspiriert wie vom Ideenreichtum des Patrons. Neben der Hauptkarte mit wechselnden Angeboten gibt es auch Gerichte für den kleinen Hunger zwischendurch. Er kocht regional und grenzüberschreitend und zeigt dabei neben Aromensicherheit auch ein feines Gespür für ausbalancierte Zusammenstellungen. Empfehlenswert ist auch sein durchdachtes Catering, das vom Dinner for Two über Seminar und Workshop bis zur privaten Feier reicht.

Rubens

✉ 40479 · OT Pempelfort · Kaiserstraße 5 · ☎ (02 11) 15 85 98 00
Österreichische und Neue Küche · **Geöffnet:** Di.-Sa. 17-23:30 Uhr · **Ruhetag:** So./Mo.
info@rubens-restaurant.de · www.rubens-restaurant.de

Speisekarte: 8 Hauptgerichte von 20,00 bis 33,00 €; 3 Menüs von 56,00 bis 70,00 €
100 Weinpos.

Ruben Baumgart und Cornelia Stolzer sind Gastgeber aus Leidenschaft und führen ihr Restaurant nahe dem schönen Hofgarten-Park sehr engagiert. Säulen, Rundbogen und blanke Tische – das Interieur ist charmant und behaglich. Hier trifft Österreich aufs Rheinland und zeigt, dass es auch jenseits vom Sauerbraten kulinarische Köstlichkeiten zu entdecken gibt. Der Patron steht am Herd und präsentiert gemeinsam mit seinem Team eine gut durchdachte Palette österreichischer Klassiker und landestypischer Speisen, die er mit Raffinesse dem Zeitgeist anpasst und in einen modernen Kontext setzt. Die Zutaten werden unter nachhaltigen Aspekten verarbeitet – "from nose to tail" gehört zur Küchenphilosophie, die Ruben Baumgart gut gelaunt umsetzt. Natürlich muss man im "Rubens" einmal ein echtes Wiener Schnitzel gegessen haben, um zu sehen, mit wie vielen Plagiaten man sich bisher zufrieden gegeben hat. Aber auch Tafelspitz, Kaiserschmarrn und das Backhendl gehören zum Angebot. Cornelia Stolzer leitet liebenswürdig den gut aufgelegten Service und berät mit Expertise zu den Weinen, von denen natürlich auch etliche aus Österreich stammen. Steirerstubn, Vinothek und auch das Restaurant stehen für Events zur Verfügung. Jede Feier wird individuell geplant und liebenswürdig und kompetent betreut.

Bhf→3,2 km

Sansibar by Breuninger

✉ 40212 · Königsallee 2 · ☎ (02 11) 5 66 41 46 50
Internationale Küche · **Geöffnet:** 12–23 Uhr · Küche: 12–21:30 Uhr · **Ruhetag:** So.
VISA
www.sansibarbybreuninger.de ·

Speisekarte: 10 Hauptgerichte von 19,00 bis 69,00 €; 7 Tagesgerichte von 10,50 bis 34,50 €; 1 Menü zu 48,00 €
350 Weinpos.
Düsseldorf und speziell die Kö sind weltbekannt. Bei letzterer denkt man sofort ans Shoppen. Was liegt da näher, als ambitionierte Gastronomie direkt in einen Einkaufstempel zu bringen? Und so findet man in der ersten Etage des Breuninger Department Stores das Restaurant "Sansibar by Breuninger". Hier treffen nordischer Charme und kulinarischer Genuss aufeinander und werden von einem spannenden Ausblick auf den Kö-Bogen ergänzt. Chefkoch Christian Schmidt sorgt mit einem attraktiven Angebot tagesfrischer Speisen, die von Vorspeisen über Vegetarisches bis hin zur Meeresfrüchte-Platte reichen, dafür, dass man den Shoppingtag unterbrechen und sich mit seiner variantenreichen Küche wieder stärken kann. Zusätzlich zur Tageskarte mit küstenfrischem Fisch, werden die Insel-Klassiker wie Sylter Austern, die legendäre Sansibar Currywurst und edle US Steaks angeboten. Am Abend kann man wählen: Austern oder doch lieber nur ein klassischer Burger – das Angebot ist facettenreich und durchdacht. Die Auswahl an sorgfältig und ausbalanciert zusammengestellten Speisen ist gut, die Qualität der Zutaten erstklassig. Ein umsichtiger Service unter der Leitung von Lorenz Morgenschweis begleitet den Restaurantbesuch.

Setzkasten

Bhf→1 km

✉ 40212 · Berliner Allee 52 · ☎ (02 11) 2 00 57 16
Internationale Küche, eigene Kreationen · Küche: 11:30–15/17:30–21 Uhr ·
Ruhetag: So. + Do.
setzkasten@zurheide-feine-kost.de · www.setzkasten-duesseldorf.de

Speisekarte: 2 Mittagsmenüs von 39,00 bis 59,00 €; 1 Menü zu 129,00 €
ca. 1.000 Weinpos.
Das Restaurantkonzept – im Supermarkt Zurheide Feine Kost im Crown gelegen – ist ungewöhnlich, die Küche um Chefkoch Anton Pahl ist außergewöhnlich. Er nutzt das ungemein frische und hochwertige Warenangebot vor Ort und zaubert daraus mit kulinarischem Wagemut unverfälschte, kreative Speisen voller Aromenvielfalt.

Staudi's

✉ 40476 · OT Derendorf · Münsterstraße 115 · ☎ (02 11) 15 87 50 65
Moderne Deutsche Küche
info@staudisrestaurant.de · www.staudisrestaurant.de

Speisekarte: 6 Hauptgerichte von 19,00 bis 36,00 €; 2 Menüs von 55,00 bis 69,00 €

Das "Staudi's" in der alten Derendorfer Metzgerei ist in einem charmanten Bistrostil eingerichtet. Dunkles Mobiliar, Wände mit halbhohen Fliesen, blanke Tische und eine lässige, einladende Atmosphäre sorgen gemeinsam mit einigen übernommenen historischen Elementen für einen hohen Wohlfühlfaktor mit nostalgischem Touch. Chefkoch Sebastian Staudinger kocht mit Leidenschaft. Er sorgt für marktfrische Zutaten, die immer auch dem saisonalen Angebot entsprechen, legt großen Wert auf Fleisch aus artgerechter Zucht, Fisch aus Wildfang und zieht die Kräuter sofort selbst. Mit handwerklichem Geschick und feinem Gespür für harmonische, aromenstarke Zusammenstellungen bereitet er zeitgemäße, leichte, deutsche Speisen zu. Die sind durchaus ambitioniert und überzeugen mit raffinierten Kombinationen wie z. B. beim gebratenen Seeteufel mit Kohlrabi, Blumenkohl und Birnen Beurre Blanc. Der Service ist angenehm locker und aufmerksam. Das "Staudi's" ist genau die Sorte Restaurant, das jeder gerne um die Ecke haben möchte, um zum Stammgast zu werden.

Steigenberger Parkhotel

Bhf→3 km

✉ 40212 · Königsallee 1a · ☎ (02 11) 1 38 10 · Fax: 1 38 15 92
Restaurant "Menuett", Steigenberger Eck mit Sommerterrasse, Cigar Lounge
duesseldorf@steigenberger.de · www.duesseldorf.steigenberger.de

65 **DZ** ab 229,50 €;
54 **EZ** ab 199,50 €;
11 **Suiten** ab 1025,00 €
Das elegante Hotel verspricht eine außergewöhnliche Symbiose aus vollendetem Luxus, herzlichem Service und überbordenden Komfort. Stilvoll eingerichtete Zimmer, Restaurants und Tagungsräume mit modernstem Equipment lassen keine Wünsche offen.

Bhf→1 km

Yoshi by Nagaya

✉ 40210 · Kreuzstr. 17 · ☎ (0211) 86 04 30 60 · Trad. japan. Küche, eig. Kreationen · Küche: 12:00–14:00/19:00–22:00 Uhr · **Ruhetag:** So./Mo./Feiertage Mittags · **Ferien:** Sommer+Winter · **Tische:** 14/34 Plätze
www.nagaya.de

Speisekarte: 1 Mittagsmenü zu 75,00 €; 1 Menü von 128,00 bis 148,00 €
Im "Yoshi by Nagaya" wird das kulinarische Konzept von Yoshizumi Nagaya präzise umgesetzt. Der Detailreichtum und die präzisen, geschmacklich überwältigenden Zubereitungen machen auch Zweifler zu Liebhabern der japanischen Küche, in der hier natürlich auch Sushi und Sahimi nicht fehlen.

Bhf→3,2 km

Zweierlei

✉ 40477 · OT Pempelfort · Schwerinstraße 40 · ☎ (02 11) 9 89 45 87
Neue, Regionale Küche · **Geöffnet:** Di.-Sa. ab 18 Uhr · **Ruhetag:** So./Mo. · **Tische:** 8/32 Plätze
kontakt@zweierlei-restaurant.de · www.zweierlei-restaurant.de

Speisekarte: 5 Hauptgerichte von 20,00 bis 26,00 €; 2 Menüs von 48,00 bis 62,00 €
Schlicht, geschmackvoll und lässig ist das Restaurant "Zweierlei" im Herzen Düsseldorfs gestaltet. Die langjährigen Freunde Hagen Wagner und Benjamin Arnswald stehen als Küchenchef und Gastgeber für eine gehobene, unkomplizierte Küche und eine lockere Atmosphäre. Im "Zweierlei" hat der Gast immer die Wahl zwischen modern interpretierten deutschen Klassikern (z. B. Rheinischer Sauerbraten mal anders) und regelmäßig wechselnden Themen-Menüs aus aller Welt, wie z. B. asiatische oder amerikanische Gerichte. Mit ihren kreativen Interpretationen nehmen sie uns mit auf eine kulinarische Entdeckungsreise in die Heimat und die weite Welt. Langeweile ausgeschlossen. Das gilt auch für Veranstaltungen im Restaurant, am besonderen Wunschort oder in den eigenen vier Wänden – kulinarische Begleitung und das Catering sind erstklassig und stehen ebenfalls unter dem treffenden, selbst gewählten Motto: "Zweierlei statt Einerlei".

Ebrach

Bhf→0 km

Historikhotel® Klosterbräu Landidyll

✉ 96157 · Marktplatz 4 · ☎ (0 95 53) 1 80 · Fax: 18 88
Rest. mit Regionaler und Internat. Küche, Wintergarten, Café, Bar, Terrasse
10 km
klosterbraeu@landidyll.com · www.klosterbraeu.info

32 **DZ** ab 105,00 €;
als **EZ** ab 79,00 €;
6 **EZ** ab 64,00 €;
(Jui.-)Suite ab 110,00 €
Inmitten eines Naturparks befindet sich das im 18. Jahrhundert erbaute Gasthaus und ist heute in Besitz von Familie Gries, die dieses mit viel Herzlichkeit führt. In den gemütlichen Zimmern fühlt man sich sofort wohl.

Edesheim

♜ Hotel Schloss Edesheim

Bhf→800 m

✉ 67483 · Luitpoldstr. 9 · ☎ (0 63 23) 9 42 40 · Fax: 94 24 11 · Schlossfestspiele Edesheim, Wittelsbachkeller, Schlossstube, Frühstücksbuffet im Zi.-Preis inkl.
6 km
info@schloss-edesheim.de · www.schloss-edesheim.de

21 **DZ** von 143,00 bis 176,00 €;
als **EZ** von 100,00 bis 127,00 €;
5 **EZ** ab 90,00 €;
14 **Suiten** von 194,00 bis 282,00 €

Fürstbischöfliches Logieren hat im "Schloss Edesheim" eine lange Tradition. Inmitten von Weinreben, Wasseranlagen und Parkidyll zeigt sich das historische Anwesen mit persönlichem Service als Oase der Ruhe und des Genusses. Gastgeber Andreas Lorenz ist stets ansprechbar für seine Gäste, die bereits bei der Ankunft herzlich von seiner Frau begrüßt werden. In der individuellen, großzügigen Suite mit Kamin oder dem behaglich eingerichteten Zimmer mit nostalgischem Charme genießt man zeitgemäßes Wohnen. Das Frühstücksbuffet ist im Preis inkludiert. Für den Geschäftsreisenden sind alle Voraussetzungen für erfolgreiches Tagen gegeben, private Feiern finden in stilvollen Räumlichkeiten, dem festlichen Ballsaal oder historischen Gewölbekeller einen passenden Rahmen. Preislich attraktive Arrangements aus den Bereichen "Genuss und Romantik", "Aktivurlaub" oder "Wohlfühlen" werden rund ums Jahr angeboten.

Bhf→1 km

Hotel Schloss Edesheim – Gourmetrestaurant

67483 · Luitpoldstr. 9 · (0 63 23) 9 42 40 · Fax: 94 24 11
Mediterrane Küche · Küche: 12–14/18–22 Uhr · **Ferien:** 22.12.-28.12. · **Tische:** 9/30 Plätze
info@schloss-edesheim.de · www.schloss-edesheim.de

Speisekarte: 5 Hauptgerichte von 26,00 bis 32,00 €; 3 Menüs von 38,00 bis 66,00 € 80 Weinpos.
Das Restaurant vermittelt ein wahrlich fürstliches Ambiente mit dem florentinischen Detailreichtum der Verkleidung des historischen, offenen Kamins, der Wandmalereien, edel bespannten Stühle und feinsten Teppiche. Chefkoch Sebastian Köhn nutzt die Produktvielfalt in der Region und arbeitet vorzugsweise mit heimischen und gerne auch saisonalen Zutaten. Die fügt er mit Sorgfalt und feinen Ideen zu mediterranen Speisen zusammen und stellt die charakteristischen Aromen in den Vordergrund. Das vielseitige und durchdachte Angebot wechselt monatlich. Im Sommer laden eine Terrasse und idyllische Plätzchen im ungemein romantischen Garten dazu ein, die Speisen umgeben von üppiger Natur zu genießen.

Edingen-Neckarhausen

Quinta da Luz

68535 · Hauptstraße 332 · (0 62 03) 93 66 03
Portugiesische Küche · **Geöffnet:** Di.-Do.: 18-23, Fr./Sa.: 18-24 Uhr · **Ruhetag:** So./Mo. · **Ferien:** Sept. · **Tische:** 18/60 Plätze
www.restaurant-quinta-da-luz.de

Speisekarte: 12 Hauptgerichte von 25,00 bis 34,00 € 50 Weinpos.
Die portugiesische Küche von Chefköchin Anette Bernardino ist gekonnt, leicht und herrlich aromenintensiv. In der kalten Jahreszeit verlagert sich das kulinarische Geschehen vom Sommerhaus ins Winterzimmer.

Efringen-Kirchen

Bhf→4 km

Gasthof Traube OT Blansingen

79588 · Alemannenstraße 19 · (0 76 28) 94 23-7 80 · Fax: 94 23-78 90
Gourmetrestaurant, Terrasse
3 km
info@traube-blansingen.de · www.traube-blansingen.de

8 **DZ** ab 150,00 €;
1 **Suite** ab 190,00 €
Das sehr geschmackvoll eingerichtete Boutique-Hotel im malerischen Markgräfler Land ist ideal, um abseits von großstädtischer Hektik zu entspannen, den kleinen SPA-Bereich zu nutzen und exklusiv zu speisen.

Gasthof Traube OT Blansingen

Bhf→4 km

79588 · Alemannenstr. 19 · (0 76 28) 94 23-7 80 · Fax: 94 23-78 90
Gehobene Regionale Küche · **Geöffnet:** Mi.-So. ab 18 Uhr · **Ruhetag:** Mo./Di. · **Ferien:** variabel · **Tische:** 10/35 Plätze
info@traube-blansingen.de · www.traube-blansingen.de

Speisekarte: 3 Hauptgerichte von 50,00 bis 58,00 €; 3 Menüs von 102,00 bis 139,00 €

ca. 200 Weinpos.

Brian Wawryk kocht mit Leidenschaft. Der Warenreichtum des Markgräferlandes und die wechselnden Jahreszeiten inspirieren ihn, um mit naturbelassenen Zutaten unverfälschte und dennoch sehr raffinierte Speisen zu kreieren.

Eggenstein-Leopoldshafen

Das garbo im Löwen

Bhf→15 km

76344 · OT Eggenstein · Hauptstr. 51 · (07 21) 78 00 70 · Fax: 7 80 07 99
Klass., Reg. Kü., eig. Kreat. · **Geöffnet:** 18–22 Uhr · **Ruhetag:** So./Mo. · **Ferien:** Anf.Aug. 3 Wo. · **Tische:** 20/45 Plätze
info@garbo-loewen.de · www.garbo-loewen.de

Speisekarte: 4 Hauptgerichte von 25,00 bis 39,00 €; 2 Menüs von 79,00 bis 109,00 €

300 Weinpos.

Rustikale Eleganz prägt das Restaurant, in dem Küchenchef Marcel Kazda mit kulinarischem Feingefühl frische Zutaten zu badischen und mediterranen Speisen kombiniert. Er bevorzugt hochwertige, saisonale Produkte aus der Region.

Ehningen

Landhaus Feckl

Bhf→1 km

71139 · OT Herdstelle · Keltenweg 1 · (0 70 34) 2 37 70 · Fax: 2 37 72 77
Klass., Neue u. Reg. Küche · Küche: 12–13:30/18–21 Uhr · **Ruhetag:** So./Mo./Feiertag · **Ferien:** 1 Wo. Jan. · **Tische:** 12/45 Plätze
info@landhausfeckl.de · www.landhausfeckl.de

Speisekarte: 5 Hauptgerichte von 25,00 bis 48,00 €; 1 Mittagsmenü zu 52,00 €; 2 Menüs von 74,00 bis 109,00 €

291 Weinpos.

Das kulinarische Reich von Familie Feckl ist in einem sehr charmanten und eleganten Landhausstil eingerichtet. Bodentiefe Fenster, helle Farben und Stühle in dunklem Holz im Wintergarten sowie hübsche Sitznischen und honigfarbenes Holz im Restaurant vermitteln eine angenehme entspannte und auch private Atmosphäre. Patron Fritz Feckl kauft bevorzugt im jahreszeitlichen Rhythmus bei bekannten Händlern und Erzeugern ein. Was er anschließend mit den ausgesuchten Zutaten macht, ist einfach nur genial und zeugt bei jeder Zubereitung von seinem Respekt für die Gaben der Natur. Mit großem Können kombiniert er sie zu Speisen, die in der Region verwurzelt sind, aber zusätzlich von einer weltläufigen Aromenwelt und raffinierten Ideen geprägt sind. Flirrendes Chichi ist seine Sache nicht, vielmehr müssen die einzelnen Zutaten für sich sprechen und werden zwar filigran, aber ungemein ehrlich und unverfälscht kombiniert und präsentiert. Von den zwei angebotenen Abendmenüs ist eins vegetarisch. Zu den Klassikern des Hauses gehören der Zwiebelrostbraten, Variationen vom Ochsenschwanz und das heiß geliebte Wiener Schnitzel. Ehefrau Manuela Feckl leitet mit großer Liebenswürdigkeit den zugewandten Service und berät gerne kompetent zu den passenden Weinen. Für Veranstaltungen verschiedenster Art stehen mit der behaglichen "Gewölbestube" und dem rustikal-eleganten Saal "Sonnenaue" sehr schöne Räumlichkeiten zur Verfügung.

Bhf→1 km

Landhaus Feckl & Feckl's Apart

71139 · OT Herdstelle · Keltenweg 1 · ☎ (0 70 34) 2 37 70 · Fax: 2 37 72 77
Wintergarten, Terrasse, reichhaltiges Frühstück 15,- €/Ps./Tag
15 km
info@landhausfeckl.de · www.landhausfeckl.de

41 **DZ** ab 134,00 €;
als **EZ** ab 124,00 €
Nahe dem Naturpark Schönbuch ländlich gelegen, beeindruckt die weiße Residenz, in der Manuela und Franz Feckl ihre Gäste empfangen, schon rein äußerlich. Die attraktive Architektur birgt ein gepflegtes Domizil mit einladend gestaltetem Ambiente. Die hellen und freundlich eingerichteten Zimmer sind ein gepflegtes und behagliches Zuhause auf Zeit. Außerdem gibt es Apartements in geschmackvoller Moderne mit allem zeitgemäßen Komfort. Der ins Mauerwerk integrierte Weinklimaschrank vis-à-vis der Rezeption signalisiert den kulinarischen Anspruch des Hauses. Schön ist der geschmackvoll gestaltete Wintergarten, für Feierlichkeiten und auch Geschäftstreffen stehen verschiedene stilvolle Räumlichkeiten zur Verfügung. Interessante und schön konzipierte Arrangements wie z. B. "Sternstunden" oder "Romantische Tage" sowie Kockurse beim Patron und Chefkoch Franz Feckl runden das Angebot im Hause ab.

Eisenach

Bhf→3 km

Romantik Hotel auf der Wartburg

99817 · Auf der Wartburg 2 · ☎ (0 36 91) 79 70 · Fax: 79 71 00 · Rest. „Landgrafenstube" mit reg. und moderner Küche, Terrasse, Frühstück 23,90 p.P.
15 km
info@wartburghotel.de · www.wartburghotel.de

22 **DZ** von 209,00 bis 399,00 €;
als **EZ** von 169,00 bis 359,00 €;
9 **EZ** von 129,00 bis 199,00 €;
6 **(Ju.-) Suiten** von 249,00 bis 449,00 €
Schon im Mittelalter war die Wartburg eine gastfreundliche Herberge. Diese Tradition ist geblieben, obschon die Zimmer heute um einiges komfortabler sind. Der Blick auf den Thüringer Wald hingegen ist spektakulär wie eh und je. Im Restaurant "Landgrafenstube" wartet eine gehobene Küche.

Bhf→300 m

Weinrestaurant Turmschänke

99817 · Karlsplatz 28 · ☎ (0 36 91) 21 35 33 · Fax: 88 88 12
Neue u. Regionale Küche · Küche: 18–22 Uhr · **Ruhetag:** So. · **Ferien:** 2 Wo. Febr. ·
Tische: 15/60-80 Plätze
info@turmschaenke-eisenach.de · www.turmschaenke-eisenach.de

Speisekarte: 11 Hauptgerichte von 19,00 bis 28,00 €; 1 Menü von 39,00 bis 47,00 € 140 Weinpos.
"Höchster Genuss in romantischer Atmo-

sphäre" - so lautet das Motto des 1912 erbauten Restaurants. Chef de Cuisine Ulrich Rösch präsentiert solide Handwerkskunst, indem er die frischen Produkte zu einer perfekten Melange aus Tradition und Moderne zubereitet. Kulinarische Themenabende runden das Angebot ab.

Elmau

Family

Schloss Elmau

Bhf→7 km

82493 · Schloss Elmau · ☎ (0 88 23) 1 80
6 SPAs, 9 Restaurants, Akustik-Konzertsaal, Halbpension im Zimmerpreis inkl.
15 km
info@schloss-elmau.de · www.schloss-elmau.de

20 **DZ** ab 400,00 €;
16 **EZ** ab 210,00 €;
39 **Suiten** ab 800,00 €;
87 **Ju.-Suiten** ab 500,00 €

Schloss Elmau ist ein Spitzenhotel von Weltklasse. Die Aussicht auf die imposante Bergwelt ist spektakulär, die Leistungen sind es auch. Die großzügig geschnittenen Zimmer mit unaufdringlichem Luxus und allen modernen Annehmlichkeiten sind ein hinreißendes Zuhause auf Zeit. Großer Wert wird auf ungestörte Erholung gelegt: Neben dem Nature Spa gibt es ein Badehaus und ein Hamam für Erwachsene. Kinder und Familien steht ein exklusives, eigenes Luxus-Spa offen. Gleich neun Restaurants (u. a. Live-Cooking-Buffet, Familien- und Spa-Restaurant, Gourmetrestaurant und ganz neu das Fidelio mit Thailändischer Küche und das Summit / Tutto Mondo mit italienischen Spezialitäten) decken das gesamte kulinarische Spektrum ab. Ergänzen möchten wir noch u. a. die 4 Terrassen, 4 Lounges und Bars, 3 Bibliotheken und 3 Golfplätze ganz in der Nähe sowie die Möglichkeit der Teilnahme am Kids & Teens- und Fit & Aktiv Programm. Einzigartig auch das kulturelle Angebot: In einem akustisch einmaligen Konzertsaal gibt es regelmäßige Veranstaltungen (Lesungen, Konzerte, Debatten u.v.m.), die den Gästen niveauvolle Unterhaltung bieten. Und dass all diese durchdachten Leistungen – inklusive einem fantastischen Frühstücksbüfett sowie Abendessen – im Zimmerpreis inbegriffen sind, macht Schloss Elmau zusätzlich so attraktiv.

Hervorhebenswert in seiner Kategorie

Bhf→7 km

♜ Schloss Elmau - Luce d'Oro

✉ 82493 · Schloss Elmau · ☎ (0 88 23) 1 80
Saisonale, Kosmopolitische Küche · Küche: 18:30–21:30 Uhr · **Ruhetag:** So./Mo./Di. · **Ferien:** variabel · **Tische:** 9/28 Plätze
VISA AE
info@schloss-elmau.de · www.schloss-elmau.de

Speisekarte: 1 Menü von 189,00 bis 229,00 € 650 Weinpos. Nicht nur, dass das Gourmetrestaurant "Luce d'Oro" ein gestalterisches Gesamtkunstwerk ist, auch der kulinarische Anspruch ist enorm und wird dank Chefkoch Christoph Rainer zur Freude der Gäste mehr als erfüllt. Im schlicht-eleganten Interieur wird mit viel Holz eines der charakteristischen Materialien des alpenländischen Raums aufgegriffen. Ausgefallene, goldfarbene (Wand-)Leuchten in Form verschiedener Himmelskörper geben den roten Wänden einen warmen Schimmer, dem Restaurant eine Atmosphäre sanfter Lässigkeit und nehmen unmittelbaren Bezug auf den Restaurantnamen, der das "goldene Licht" fast greifbar macht. Christoph Rainer und Executive Chef Anton Pozeg arbeiten eng zusammen, um ihre Vorstellung einer expressiven Produktküche zu verwirklichen. Klassische Haute Cuisine mit japanischen Elementen ist die Basis, von der aus sie die ausgesuchten Zutaten in überschaubarer Zahl immer wieder neu und anders kombinieren und mit Säure, Süße und Schärfe einen raffinierten Spannungsboden schlagen. Die tiefgründigen Speisen werden auch optisch ungemein raffiniert in Szene gesetzt. Und doch geht es nie überkandidelt im Restaurant zu, wird Fine-Dining mit angenehmer Lockerheit kombiniert. Was im übrigen auch an der liebenswürdigen und natürlichen Gastgeberin Marie-Helen Krebs liegt, die durch den Abend leitet und als versierte Sommelière auch Ansprechpartnerin in puncto Weinbegleitung ist.

Sehr gute Serviceleistung

Eltville

Jean

65343 · Wilhelmstraße 13 · (0 61 23) 90 40
Deutsche und Französische Küche · **Geöffnet:** Do., Fr., Sa. ab 18 Uhr, So. 12-14 + ab 18 Uhr · **Tische:** 12/40 Plätze
info@hotel-frankenbach.de · www.hotel-frankenbach.de

Speisekarte: 5 Hauptgerichte von 20,00 bis 40,00 €; 2 Menüs von 49,00 bis 99,00 € ca. 200 Weinpos.
Gehobene deutsche und französisch inspirierte Küche kommt im charmant eingerichteten Restaurant in handwerklicher Präzision auf die Tische. Küchenchef Johannes – "Jean" – Frankenbach legt größten Wert auf erstklassige Zutaten, bevorzugt aus der Region.

Kronenschlösschen

Bhf→300 m

65347 · OT Hattenheim · Rheinallee · (0 67 23) 6 40 · Fax: 76 63
Bistro mit Reg. + Rest. mit Franz. Küche, Bar, Kochschule, Terrasse, Park
20 km
info@kronenschloesschen.de · www.kronenschloesschen.de

19 **DZ** von 100,00 bis 180,00 €;
als **EZ** ab 100,00 €;
4 **Suiten** von 250,00 bis 390,00 €;
6 **App.** zu 225,00 €
In einer luxuriösen Gründerzeitvilla beheimatet, umgeben von einem prächtigen Park, ist das „Kronenschlösschen" mit edel eingerichteten Zimmern und top Tagungsmöglichkeiten die perfekte Logis für den anspruchsvollen Gast.

Restaurant Kronenschlösschen

Bhf→500 m

65347 · OT Hattenheim · Rheinallee · (0 67 23) 6 40 · Fax: 76 63
Klass. u. Regionale Küche · Küche: 18:30–21 Uhr · **Ruhetag:** So./Mo. · **Tische:** 14/38 Plätze
info@kronenschloesschen.de · www.kronenschloesschen.de

Speisekarte: 2 Hauptgerichte zu 52,00 €; 2 Tagesgerichte von 32,00 bis 44,00 €; 1 Menü von 96,00 bis 132,00 € ca. 2000 Weinpos.
Der moderne Küchenstil von Chefkoch Roland Gorgosilich ist europäisch geprägt und wird mit internationalen Nuancen gekonnt verfeinert. Regionale Produkte von kompromissloser Qualität werden präzise zubereitet und sind voller klarer Aromen und ausbalancierter Texturen.

Hotels und Restaurants mit diesem Zeichen befinden sich in einem historischen Gebäude.

Emmelshausen

Bhf→1 km

Feinheit

56281 · Rhein-Mosel-Straße 50 · (0 67 47) 9 50 00 85 · Klass., Neue u. gehobene Reg. Küche · Küche: 12–14/18–21 Uhr · **Ruhetag:** Sa.-Mittag/So./Mo. · **Ferien:** je 2 Wo. Aug. + Karneval · **Tische:** 17/42 Plätze
info@feinheit-emmelshausen.de · www.feinheit-emmelshausen.de

Speisekarte: 8 Hauptgerichte von 11,90 bis 27,00 €; 4 Tagesgerichte von 10,50 bis 16,50 €; 1 Menü von 44,00 bis 74,00 €
40 Weinpos.

Etienne Weber und seine Lebensgefährtin Kim Wagner führen ihr charmant eingerichtetes Restaurant mit ganz viel Herzblut und sehr gastzugewandt. Der fühlt sich in der locker-entspannten Atmosphäre sofort wohl und kann sich auf genussreiche Stunden freuen. Der Patron, unterstützt von Souschef Lukas Breder, steht am Herd und arbeitet konzentriert und unverfälscht. Er kauft bevorzugt erntefrische, saisonale Zutaten in der Region ein und bevorzugt Händler und Erzeuger, denen Tierwohl und Achtsamkeit ebenso wichtig sind wie ihm. Mit guten Ideen und handwerklich einwandfrei kombiniert er die Zutaten und kreiert Speisen, die in Aromen und Texturen fein aufeinander abgestimmt sind und auch optisch zu echten Hinguckern werden. Ehrlichkeit und bewusster Genuss gehen hier Hand in Hand, dazu passt, dass vieles selber hergestellt wird. Aromenintensiv war die Hummerschaumsuppe, gefolgt von einem rosa gebratenen Lammrücken an dunkler Portweinjus mit Kräuterpolenta und Gewürzpopcorn. Das hinreißende Dessert – hier kreiert Kim Wagner süßeste Sünden – war eine mit Callebaut Kuvertüre ummantelte, mit Espresso und Haselnuss aromatisierte Schokoladenmousse mit Toffeecreme, Süßkirschsorbet und dunklem Buttercrumble. Ein fair kalkulierter Mittagstisch mit zwei festen und einem täglich wechselnden Gericht ergänzt das Angebot. Kim Wagner als liebenswürdige Gastgeberin wird im umsichtigen Service kompetent von Lana Urban unterstützt.

Emsdetten

Lindenhof

Bhf→100 m

✉ 48282 · Alte Emsstraße 7 · ☎ (0 25 72) 92 60 · Fax: 92 62 00
Klassische und Regionale Küche · Küche: 18–21:30 Uhr · **Ruhetag:** So./Feiert./Mo. · **Ferien:** je 2 W. Juli + Weihnachten/Silvester · **Tische:** 25/80 Plätze
info@lindenhof-emsdetten.de · www.lindenhof-emsdetten.de

Speisekarte: 10 Hauptgerichte von 16,00 bis 29,00 €; 1 Menü von 37,00 bis 69,00 € 120 Weinpos.
Das Restaurant im "Lindenhof" ist mit viel Geschmack und Liebe zum Detail in schlichter Eleganz eingerichtet. Fein eingedeckte Tische, verschiedenste Accessoires und schöne Bilder verbinden sich zu einem heiter-entspannten Ambiente. Hier kehrt man ein, um ein paar Stunden abseits des Alltags zu verbringen und um eine grundehrliche Küche mit hohem Kreativfaktor zu genießen. Patron und (Eurotoques-)Chefkoch Udo Hankh sind Wohl und Wehe eines familiär geführten Gastronomiebetriebes wohl vertraut und er hat sein Handwerk von der Pike auf gelernt. Die Zutaten für seine ehrliche und unverfälschte Küche kauft er bevorzugt von bekannten Händlern. Die klassischen und raffiniert neu interpretierten regionalen Speisen werden durch jahreszeitliche Spezialitäten ergänzt. Ehefrau Christine Hankh leitet sehr liebenswürdig und natürlich den Service und berät zusätzlich mit Expertise zu den Weinen aus aller Herren Länder. Für private und auch geschäftliche Feierlichkeiten gibt es verschiedene, stilvoll ausgestattete Räumlichkeiten.

Ein Restaurant mit anspruchsvoller Küche.

Lindenhof

Family

Bhf→100 m

✉ 48282 · Alte Emsstraße 7 · ☎ (0 25 72) 92 60 · Fax: 92 62 00 · Restaurant, Bar, Ladestation f. E-Bikes, Biergarten, Arrangements, Frühstück im Zi.-Preis inklusive
10 km
info@lindenhof-emsdetten.de · www.lindenhof-emsdetten.de

41 **DZ** von 109,00 bis 119,00 €;
9 **EZ** von 85,00 bis 95,00 €;
2 **Suiten** von 105,00 bis 160,00 €

Im Herzen von Emsdetten findet sich dieses traditionsreiche Familienhotel, das seit 2021 mit dem Nachhaltigkeitssiegel GreenSign Level 4 zertifiziert ist und in dem die Gastfreundschaft noch von Herzen kommt. Eine gelungene Mischung aus Tradition und Moderne zieht sich durch's ganze Haus und zeigt, dass Uromas Standuhr auch neben einer modernen Designervitrine ihren Charme behält. Die komfortablen Zimmer in den vier historischen Wohnhäusern sind mal rustikal, mal modern eingerichtet. Außerdem gibt es auch noch ein neues

Gästehaus mit sechs Superior-Doppelzimmern. Das reichhaltige Frühstücksbuffet in einem separaten Raum ist bereits im Zimmerpreis enthalten. Der 40 m² große, technisch modern ausgestattete Tagungs- und Veranstaltungsraum ist ideal für vielseitige Events. Mit Seerosenteich und Ruhebänken ist der Garten eine Oase der Entspannung. Die umliegenden Partnergolfplätze gewähren eine Greenfee-Ermäßigung. Nahe am Ems-Radweg gelegen, ist man hier als "fahrradfreundliches Hotel" bestens auf Radfahrer eingestellt (u. a. kostenfreie Fahrradgaragen mit Lademöglichkeit für E-Bikes)

Endingen

Bhf→1 km

Merkles Restaurant

79346 · Hauptstr. 2 · ☎ (0 76 42) 79 00 · Fax: 92 47 97
Neue, reg. Küche, eig. Kreat. · **Geöffnet:** Do.-Sa.: 18-23 Uhr · **Ruhetag:** So./Mo./Di./Mi. · **Ferien:** 3 Wo. Aug., 3 Wo. Fastnacht · **Tische:** 6/24 Plätze VISA EC
info@merkles-restaurant.de · www.merkles-restaurant.de

Speisekarte: 2 Menüs von 85,00 (Donnerstag) bis 129,00 (Freitag + Samstag) €
342 Weinpos.
Im Gourmetrestaurant präsentiert Patron und Chefkoch Thomas Merkle in lässigem und charmantem Ambiente die Menüs "First Date" und "Merkles Légère", in denen Aromenstärke, handwerkliche Präzision und kreative Kunstfertigkeit Hand in Hand gehen.

Weinhotel Adler OT Königschaffhausen

79346 · Endinger Str. 35 · ☎ (0 76 42) 32 12 · Fax: 4 01 10
Restaurant, Showküche, Raucherlounge, Gewölbekeller
16 km VISA EC
info@adler-baptist.de · www.adler-baptist.de

29 **DZ** ab 120,00 €;
3 **EZ** ab 82,00 €;
2 **Studio-Zimmer** ab 162,00 €
Nach dem Motto "Erholen, entspannen, genießen!" lassen sich in dem herrlich gelegenen Hotel wunderschöne Tage verbringen. Moderner Komfort und zeitlose Eleganz erwarten den Gast in den komfortablen und freundlich eingerichteten Gästezimmern.

Enzklösterle

Bhf→15 km

Enztalhotel

75337 · Freudenstädter Straße 67 · ☎ (0 70 85) 1 80 · Fax: 18 18
Rest. mit Intern. und Reg.Küche, Café, Terrasse, Bar, Kaminzimmer
30 km EC
info@enztalhotel.de · www.enztalhotel.de

30 **DZ** ab 252,00 €;
6 **EZ** ab 127,00 €;
4 **Suiten** ab 286,00 €;
8 **App.** ab 222,00 €
Dieses erstklassige Hotel im nördlichen Schwarzwald bietet seinen Gästen jedweden Komfort. Die wunderbare und ruhige Lage garantiert Erholung pur. Die hellen Zimmer (Preise inkl. Verwöhnpension – Frühstück, Nachmittagsbuffet, Gourmet-Abendmenü) sind komfortabel und gemütlich eingerichtet. Die herrliche Wellness-Landschaft hält eine Vielzahl an Arrangements bereit.

Hotel mit anspruchsvollem Wellnessangebot

Erfurt

Clara Restaurant im Kaisersaal

Bhf→400 m

99084 · OT Altstadt · Futterstr.15-16 · (03 61) 5 68 82 07 · Fax: 5 68 81 81
Klass., Neue Kü. u. eig. Kreationen · **Geöffnet:** ab 18:30 Uhr · **Ruhetag:** So./Mo. ·
Ferien: je 3 Wochen im Jan. + Aug. · **Tische:** 9/22 Plätze
info@restaurant-clara.de · www.restaurant-clara.de

Speisekarte: 1 Menü von 88,00 bis 130,00 €

220 Weinpos.

Ein überdimensionales, modern interpretiertes Portrait von Clara Schumann ist ein Hingucker im geradlinig und geschmackvoll gestalteten Restaurant. Raffinierte Illuminationen setzen das Interieur zusätzlich in Szene. In der sehr entspannten, weltoffenen Atmosphäre kann man einen höchst genussvollen Abend verbringen. Neu am Herd ist Chefkoch Christopher Weigel. Er hat sein Handwerk von der Pike auf gelernt, während feiner Karrierestationen erweitert und präsentiert nun eine komplexe und detailverliebte Küche. Das handverlesene Produkt ist der Star und wird mit zu raffiniert komponierten Speisen. Inspirationen holt der Chef de Cuisine sich in der Region und auf der ganzen Welt, außerdem lässt er saisonale Elemente und eigene, innovative Ideen einfließen. Die beiden Gastgeberinnen Dorina Orlik und Barbara Rudloff sind im Service und der Weinberatung stets ansprechbar und führen zugewandt durch den Abend. In den informativen Kochkursen in der Kochschule im Kaisersaal zeigt Christopher Weigel höchst unterhaltsam, wie man dank kleiner Tricks und Tipps Kochen noch genussreicher gestalten kann.

ESTIMA by Catalana

Bhf→1,5 km

99084 · Allerheiligenstraße 3 · (03 61) 5 50 63 35
Moderne Mediterrane Küche · **Geöffnet:** ab 17:30 Uhr · **Ruhetag:** So.
info@estima-erfurt.de · www.estima-erfurt.de

Speisekarte: 1 Menü von 67,00 bis 97,00 €

Mediterrane Leichtigkeit prägt die Atmosphäre im Restaurant. Chefkoch Sebastian Ernst begeistert seine Gäste mit einer frischen Küche, in der spanisch-französische Speisen und modern interpretierte katalanische Rezepturen gekonnt in Szene gesetzt werden.

Bhf→500 m

Maria Ostzone in der Bachstelze

99094 · OT Bischleben · Hamburger Berg 5 · ☎ (03 61) 7 96 83 86
Moderne Deutsche Küche · **Geöffnet:** Mi.-Sa. ab 18:30 Uhr · Küche: 18–23 Uhr ·
Ruhetag: So./Mo./Di. · **Ferien:** 3 W. Feb.
info@bachstelze-erfurt.de · www.mariaostzone.de ·

Speisekarte: 10 Hauptgerichte von 8,50 bis 26,00 €; 1 Menü von 39,00 bis 90,00 €
300 Weinpos.

Es ist erfrischend, wie selbstironisch Maria Große in ihrem Restaurant bereits beim Namen mit Klischees spielt und sich seit der Übersiedlung nach Thüringen den Alias "Maria Ostzone" gegeben hat. Seit über 90 Jahren findet sich hier vor den Toren Erfurts eine beliebte Ausflugsgaststätte. Die gastliche Tradition setzen Maria Groß und Lebensgefährte Matthias Steube mit leidenschaftlichem Engagement fort. Hier wird das Motto "alles kann, nichts muss" gelebt. Mitten im Grünen, aber unweit von Erfurt, verbirgt sich hinter der Backsteinfassade ein liebevoll gestaltetes Restaurant mit nostalgischem Charme und lässigem Vintage-Charakter. Tischmanieren sind erwünscht, Frack und Fliege müssen nicht sein. Der große Speisetisch wird zum kommunikativen Mittelpunkt, die einsehbare Küche zum kulinarischen Hotspot. Tierwohl, Respekt vor den Zutaten, Nachhaltigkeit und Achtsamkeit im Umgang mit ihnen sowie ein Bezug mit kurzen Wegen gehören zur Philosophie des Hauses. Die handverlesenen Zutaten werden unter Marias Händen zu ausdrucksstarken, unverfälschten Speisen, die in der Region verwurzelt sind, aber raffinierte Neuinterpretationen erfahren. Brote kommen vom Bäcker "nebenan", im traumschönen Biergarten steht eine professionelle Grillstation mit Smoker und garantiert exzellent zubereitete Fleischspezialitäten. Das gemütliche "Wohnzimmer" im Obergeschoss eignet sich besonders gut für Events aller Art (auf Anfrage auch außerhalb der Öffnungszeiten) und die Grill- und Kochkurse erfreuen sich großer Beliebtheit. Eigentlich ist es gut, dass Restaurants wie die "Bachstelze" Seltenheitswert haben, denn so bleiben sie unvergesslich und das Besondere.

Restaurant mit gutem Genuss-/Preisverhältnis.

Restaurant mit sehr gutem Weinangebot

Erkelenz

TROYKA

Bhf→500 m

✉ 41812 · OT Neu-Immerath · Rurstraße 19 · ☎ (0 24 31) 9 45 53 55
Russische Crossover Küche · **Geöffnet:** Mi.-Sa. ab 18 Uhr, So. zusätzl. 12-14 Uhr · **Ruhetag:** Mo./Di. · **Tische:** 7/24 Plätze
info@troyka.de · www.troyka.de

Speisekarte: 1 Menü zu 135,00 €
650 Weinpos.

Es gibt Köche, die ihr ganzes Können und ihre Kreativität am besten im Team entfalten können, weil sie sich dort gegenseitig inspirieren. Zu dieser Kategorie gehören Alexander Wulf und Marcel Kokot, die gleichberechtigt am Herd ihres Restaurants stehen und dort eine Küche zelebrieren, die begeistert. Die geradlinige, fast puristische Gestaltung im Gourmetrestaurant "Troyka" leitet den Blick aufs Wesentliche – die fulminante Küche der beiden Freunde. Jeder bringt kulinarische Elemente seiner Heimat ein: bei Alexander Wulf sind das russische, bei Marcel Kokot slowenische. Kombiniert mit Details aus der klassischen französischen und asiatischen Küche entstehen so facettenreiche Speisen, die einem steten Wandel unterliegen und nicht nur von unbegrenzten Crossover-Möglichkeiten zeugen, sondern sie auch ausloten. Die Zusammenstellungen sind unverfälscht und bleiben dem Gast immer verständlich. Mit nicht weniger Leidenschaft als die zwei Chefköche arbeitet der dritte Gastgeber im kulinarischen Trio: Ronny Schreiber ist kenntnisreicher Sommelier und weiß genau, welche Weine die Speisen der Freunde vollenden. Er kann dabei aus einem Fundus von staunenswerter Bandbreite und Qualität schöpfen. Am Chef's Table beginnt der kulinarische Genuss um 19 Uhr – unmittelbarer kann man Küche und Köche nicht erleben.

Erkrath

Hopmanns Olive

✉ 40699 · Ziegeleiweg 1-3 · ☎ (0 21 04) 80 36 32
Regionale und Mediterrane Küche · **Geöffnet:** Mo./Do./Fr./Sa. 18-23, So. 12-15 + 18-22:30 Uhr · **Ruhetag:** Di./Mi. · **Tische:** 10/40 Plätze
info@hopmannsolive.de · www.hopmannsolive.de

Speisekarte: 9 Hauptgerichte von 22,00 bis 49,00 €; 1 Menü zu 68,00 €

Seit nunmehr fast zwanzig Jahren sind Petra und Ingo Hopmann in Hopmanns Olive Gastgeber aus Leidenschaft. Der Patron steht am Herd, kauft bevorzugt heimische Produkte ein und verarbeitet sie zu einer gehobenen regionalen Küche, die er mit leichten mediterranen Spezialitäten ergänzt. Ein exzellenter Catering-Service ergänzt das Angebot.

Erlensee

Bhf→500 m

Weinstuben am Fallbach

63526 · Eugen-Kaiser-Straße 22 · (0 61 83) 8 99 17 44
Deutsche Küche · **Geöffnet:** ab 18 Uhr, So. auch 11:30-14 Uhr · **Ruhetag:** Mo./Di. ·
Tische: 8/32 Plätze VISA
kontakt@weinstubenamfallbach.de · www.weinstubenamfallbach.de

Speisekarte: 10 Hauptgerichte von 14,50 bis 35,00 € 70 Weinpos. An jeder Ecke spürt man in den "Weinstuben am Fallbach" das große Engagement und die herzliche Gastfreundschaft, mit denen Karla und Michael Engelmann ihr Restaurant führen. Mit viel Holz gemütlich eingerichtet, ist die Atmosphäre sehr einladend, familiär und entspannt. Der Patron steht selber am Herd, kocht mit handwerklicher Sorgfalt, Können und abwechslungsreichen Ideen. Seine frische Produktküche basiert bevorzugt auf Zutaten aus der Region. Das Wild kommt von einem befreundeten Jagdpächter, alte Hausrassen wie das Mangalica-Schwein von einem Schwarzwälder Züchter. Bodenständig und ehrlich sind die Speisen, vieles – wie z. B. Brot, Klöße und Kroketten – wird selber gemacht. Karla Engelmann ist herzliche Ansprechpartnerin

im Service. Neben einer guten Weinauswahl gibt es Bier aus einer Privatbrauerei. Im Sommer ist der kleine Biergarten ein beliebter Treffpunkt. Der während des Lockdowns eingeführte und beliebte Mitnahme-Service nach telefonischer Vorbestellung wurde beibehalten.

Essen

Bhf→4 km

Mintrops Stadt Hotel Margarethenhöhe

45149 · OT Margarethenhöhe · Steile Str. 46 · (02 01) 4 38 60 · Fax: 4 38 61 00
Bankettträume, Frühstücksbuffet, 14-tägig M's Kochschule, Arrangements
5 km VISA AE
info@stadt.mm-hotels.de · www.mintrops.mm-hotels.de ·

29 **DZ** ab 71,00 €;
als **EZ** ab 52,00 €;
1 **Suite** ab 109,00 €
Einst das Gästehaus der Krupp'schen Werkangehörigen, findet man hier heute das perfekte Hotel mit gutem Restaurant für Geschäftsreisende und kulturbeflissene Ruhrgebietsbesucher. Die zeitgemäße Ausstattung zeichnet das gesamte Haus aus.

Bhf→2 km

Schloss Hugenpoet OT Kettwig

45219 · August-Thyssen-Straße 51 · (0 20 54) 1 20 40 · Fax: 12 04 50 · Gourmet-Frühstück (30,- € p. Hotelgast), Hotelbar "Baronie", Arrangements, herrliche Park-Terrasse
3 km VISA AE
info@hugenpoet.de · www.hugenpoet.de ·

16 **DZ** ab 147,00 €;
12 **EZ** ab 137,00 €;
8 **(Ju.-)Suiten** ab 285,00 €;
1 **Villa** ab 595,00 €
Inmitten des hoteleigenen Parks gelegen, ist das Schloss eine luxuriöse Logis mit historischem Charme und zeitgemäßem Komfort. Das charmante Restaurant HUGENpöttchen hat durchgehend geöffnet.

Bliss OT Rüttenscheid

Bhf→3 km

✉ 45131 · Rüttenscheider Str. 237 · ☎ (02 01) 95 98 55 95 · Fax: 95 98 55 97
Internationale u. Asiatische Küche · **Geöffnet:** Mo.-Sa.: 17:30-23 Uhr · **Ruhetag:** So.
info@bliss-essen.de · www.bliss-essen.de

Speisekarte: 2 Menüs von 40,00 bis 66,00 €

Sieben Jahre im Essener Girardethaus etabliert, hat das "Bliss" nun schon fast genauso lange seine Heimat auf der Rü. Die gelungene Verbindung von Restaurant und Bar, das moderne, stylishe Ambiente und die lässige, kosmopolitische Atmosphäre kommen bei den Gästen gut an. Hier sorgt Chefkoch Sascha Matic für einen facettenreichen Mix aus europäischer und asiatischer Küche, begleitet von Wein, Bier, Sake oder hausgemachten Limonaden. Er ist dem Slow Food-Gedanken verpflichtet, bevorzugt Lebensmittel aus lokalem und nachhaltigem Anbau, die er im jahreszeitlichen Wechsel einkauft, und ergänzt das vielseitige Speiseangebot mit kreativen vegetarischen und veganen Kombinationen. Die gut durchdachten Gerichte schmecken besonders gut im Freundeskreis oder familiärer Runde und bieten sich geradezu an, gemeinsam als Degustations-Menu oder nach eigenem Gusto als Sharing Plates genossen zu werden. Für letztere gibt es zur Zusammenstellung etwa 12-14 kleine Speisen (11,-/19,- €) und außerdem feines Sushi & Sashimi (8,-/28,- €). Eva Westhoff leitet charmant und mit Übersicht den liebenswürdigen Service und sorgt dafür, dass der Abend im „Bliss“ tatsächlich zur „Wonne“ wird.

Chefs & Butchers

Bhf→10km

✉ 45239 · OT Werden · Im Löwental 64 · ☎ (02 01) 40 87 00 00
Internationale Küche, eigene Kreationen · **Geöffnet:** Mi./Do.: 17:30-22, Fr./Sa.: 17:30-23, So.: 16:30-21:30 · **Ruhetag:** Mo./Di.
info@chefsandbutchers.de · www.chefsandbutchers.de

Speisekarte: 4 Hauptgerichte von 21,00 bis 36,00 €; 2 Menüs von 59,00 bis 75,00 €

Schwarze Wände mit raffiniert in Szene gesetzten, großformatigen Fotos, eine moderne Einrichtung mit blanken Tischen – dezentes Industrial Design und Loft-Charakter treffen im "Chefs & Butchers" aufeinander und vermitteln eine urbane und weltoffene Atmosphäre. Keimzelle des schicken Restaurants ist die Freundschaft zwischen Michael Scheil, der sein Kochhandwerk von der Pike auf gelernt hat, und Bettina Möller und Stefan Burchhardt, die in 4. Generation die alteingesessene Werdener Fleischerei Bremen führen. Die drei haben das Restaurant etabliert und verwirklichen hier ihre Vorstellung von kulinarischem Genuss, der bei den Gästen auch deshalb ankommt, weil allen die Liebe zu gutem Essen gemein ist. Die verwendeten Zutaten stammen bevorzugt aus der Region, dass auch das Fleisch von erstklassiger Qualität ist, versteht sich von selbst. Die Chefs Michael Scheil und Matthäus Brol kochen frisch und abwechslungsreich, aromenstark und unverfälscht und blicken kulinarisch gerne über den nationalen Tellerrand. Im Sommer gibt es den kulinarischen Genuss auf der Terrasse auch als open air Variante. Jede Art von Event findet im "Chefs & Butchers" einen passenden Rahmen und wird ebenso individuell geplant wie das erstklassige Catering.

Bhf→1 km

Hannappel OT Horst

✉ 45279 · Dahlhauser Straße 173 · ☎ (02 01) 53 45 06 · Fax: 8 60 78 35 · Neue Küche und eigene Kreationen · **Geöffnet:** 17:30-23 Uhr, So./Feiertag: 11:30-15 Uhr + 17:30-22 Uhr · **Ruhetag:** Mo./Di. · **Ferien:** 3 Wo. NRW-Schulferien, 4.-15.10.21 · **Tische:** 15/60 Plätze
info@restaurant-hannappel.de · www.restaurant-hannappel.de

Speisekarte: 5 Hauptgerichte von 33,00 bis 38,00 €; 4 Menüs von 53,00 bis 98,00 €
180 Weinpos.
Einst eine klassische Eckkneipe wie man sie im Ruhrgebiet bis in die 60er Jahre hinein "an jeder Ecke" antraf, hat Patron Knut Hannappel mit leidenschaftlichem Einsatz aus dem großelterlichen Gasthaus eine erstklassige Gourmetadresse gemacht, die nun in vierter Generation das Wohlergehen des Gastes im Fokus hat. In schlichter Eleganz eingerichtet, kann man hier genussvolle Stunden verbringen. Zum Gelingen des Abends trägt auch der ungemein aufmerksame und natürliche Service unter Leitung von Maître Steffen Schuster bei. Gleichberechtigt neben Knut Hannappel steht Tobias Weyers am Herd, der der Neuen Küche mit Dynamik und Leidenschaft frische Impulse gibt. Die beiden präsentieren facettenreiche Speisen, die auf erstklassigen Zutaten basieren, konzentriert zubereitet werden und zusätzlich mit verführerischer Optik überzeugen. Immer geht das Sein vor dem Schein, bleiben die ungemein kreativen Speisen unverfälscht und ehrlich und sind ein gekonntes Spiel mit verschiedenen, perfekt ausbalancierten Texturen. Das hochmotivierte Team Hannappel/Weyers sorgt Tag für Tag mit großem Einsatz für einen tadellosen Auftritt auf der Feinschmecker-Bühne.

La Grappa

Bhf→50 m

✉ 45128 · Rellinghauser Straße 4 · ☎ (02 01) 23 17 66 · Fax: 22 91 46
Italienische u. Mediter. Küche, eig. Kreationen · Küche: 11:30–14:30/17:30–23:30 Uhr · **Ruhetag:** Sa.-Mittag/So. · **Tische:** 12/58 Plätze
info@la-grappa.de · www.la-grappa.de

Speisekarte: 10 Hauptgerichte von 16,00 bis 48,00 €; 1 Mittagsmenü zu 49,00 €; 1 Menü ab 88,00 €
1000 Weinpos.
Das "La Grappa" von Patron Rino Frattesi gehört zu den besten italienischen Restaurants im Revier. Hier ist die italienische Küche wunderbar durchdacht, präzise und aromenstark und wird von einer fantastischen Weinauswahl ergänzt.

Rôtisserie du Sommelier

Bhf→10 km

✉ 45131 · Wegenerstraße 3 · ☎ (02 01) 9 59 69 30
Französ. u. Reg. Küche, eig. Kreat. · **Geöffnet:** ab 17 Uhr · **Ruhetag:** So./Mo. · **Ferien:** variabel · **Tische:** 12/25 Plätze
info@rotisserie-ruettenscheid.de · www.rotisserie-ruettenscheid.de

Speisekarte: 5-6 Hauptgerichte von 21,00 bis 34,00 €; 1 Menü zu 64,00 €
300 Weinpos.
Patron Thomas Friedrich und Chefkoch Andre Kauke stehen für eine bodenständige Küche mit Raffinesse. Westfälisches wird hier ebenso präzise zubereitet wie französische Spezialitäten.

Schote OT Rüttenscheid

Bhf→3 km

✉ 45130 · Rüttenscheider Straße 62 · ☎ (02 01) 78 01 07 · Fax: 74 74 96 79
Klass., Reg. u. Intern. Küche, eig. Kreat. · **Geöffnet:** 18–23 Uhr · **Ruhetag:** So./Mo. · **Ferien:** Juli/Aug. · **Tische:** 14/44 Plätze
schote@nelson-mueller.de · www.restaurant-schote.de

Speisekarte: 2 Menüs von 122,00 bis 189,00 €
58 Weinpos.
Das innovative Team rund um Sternekoch Nelson Müller kreiert in dem edlen Restaurant „Schote" kulinarische Köstlichkeiten aus klassischen, bodenständigen Zutaten, die ideenreich verarbeitet und dem anspruchsvollen Gast pointiert serviert werden.

Ettlingen

Erbprinz

Bhf→500 m

✉ 76275 · Rheinstraße 1 · ☎ (0 72 43) 32 20 · Fax: 32 23 22 · Weinstube „Sibylla" und Restaurant "Erbprinz", Frühstück im Preis inkl., Terrasse
5 km
info@erbprinz.de · www.erbprinz.de

47 **DZ** ab 167,00 €;
60 **EZ** ab 140,00 €;
10 **(Jui.-)Suiten** ab 248,00 €;
5 **App.** ab 275,00 €
Exklusiv und persönlich mit viel badischer Gastlichkeit von Familie Zepf geführt, präsentiert sich das Traditionshotel mit tadellosem Service, edlem Interieur und komfortablen Zimmern (Preise inkl. Frühstück).

Gourmetrestaurant Erbprinz

Bhf→500 m

✉ 76275 · Rheinstraße 1 · ☎ (0 72 43) 32 20 · Fax: 32 23 22
Modern interpr. klass. Küche, eig. Kreat. · **Geöffnet:** 18–22 Uhr · **Ruhetag:** So./Mo./Di. · **Tische:** 7/30 Plätze
info@erbprinz.de · www.erbprinz.de

Speisekarte: 4 Hauptgerichte von 55,00 bis 69,00 €; 1 Menü von 130,00 bis 170,00 € 519 Weinpos.
Dank Chefkoch Ralph Knebel gehört der "Erbprinz" wieder zu einer der kulinarischen Top-Adressen in Deutschland. Gemeinsam mit Peter Kubach setzt er auf eine durchdachte Produktküche, in der er die bevorzugt saisonalen Zutaten leicht, innovativ und vielseitig in Szene setzt. Ehefrau Jasmina ist für die verführerisch gute Pâtisserie verantwortlich.

Euskirchen

Bhf→8,1 km

Bembergs Häuschen

✉ 53881 · Burg Flamersheim · ☎ (0 22 55) 94 57 52 · Fax: 94 57 61
Klass., Reg. u. Intern. Küche · **Geöffnet:** 18-24 Uhr, So. auch 12-14 Uhr · **Ruhetag:** Mo./Di. · **Tische:** 7/26 Plätze
info@landlustburgflamersheim.de · www.burgflamersheim.de

Speisekarte: 1 Menü ab 103,25 €
250 Weinpos.
Burg Flamersheim ist die Heimat für das Gourmetrestaurant "Bemberg's Häuschen". Hier beweisen Patron Oliver Röder und Chefkoch Filip Czmok, dass Landlust- und Gourmetküche eine perfekte Symbiose eingehen können. Mit großem handwerklichem Können, raffinierten, sogar witzigen Ideen stellen sie die ausgesuchten Zutaten zu vielseitigen Speisen zusammen.

Faßberg

Bhf→15 km

Niemeyers Romantik Posthotel

✉ 29328 · OT Müden · Hauptstraße 7 · ☎ (0 50 53) 9 89 00 · Fax: 98 90 64
Rest. m. Klass. u. Reg. Küche, Terrasse, Bierstube, uriger Speicher mit Grill
info@niemeyers-posthotel.de · www.niemeyers-posthotel.de

21 **DZ** von 145,00 bis 185,00 €;
als **EZ** von 110,00 bis 140,00 €;
9 **EZ** von 90,00 bis 115,00 €;
4 **Suiten** von 200,00 bis 220,00 €;
1 **App.** zu 210,00 €
Das hübsche Romantikhotel besticht durch die herzliche Gastfreundschaft von Familie Niemeyer. Komfortable Zimmer und die gepflegte Wellnessoase sorgen für ganzheitliche Erholung. Pure Entspannung erlebt man im parkähnlichen Garten mit Gartenterrasse und Brunnen.

Bhf→15 km

Schäferstuben

✉ 29328 · OT Müden · Hauptstraße 7 · ☎ (0 50 53) 9 89 00 · Fax: 98 90 64
Neue u. Reg. Küche mit franz. Einfluss · **Geöffnet:** 16-23, Sa./So. 12-14 + 17-23 Uhr · **Ruhetag:** Mo. · **Ferien:** Januar · **Tische:** 14/55 Plätze
info@niemeyers-posthotel.de · www.niemeyers-posthotel.de

Speisekarte: 6 Hauptgerichte von 18,50 bis 44,00 €; 2 Tagesgerichte von 12,00 bis 30,00 €; 1 Menü von 42,00 bis 54,00 €
350 Weinpos.
Rustikale Eleganz prägt das Interieur der "Schäferstuben". Hier präsentiert Küchenchef Alexander Niemeyer eine unverfälschte, zeitgemäße deutsche Küche, die er mit mediterranen und regionalen Elementen bereichert.

Fehmarn

Bhf→10 km

Strandhotel Bene OT Fehmarn

✉ 23769 · Südstrandpromenade · ☎ (0 43 71) 86 53 · Fax: 37 65 · Rest. "Bene" mit regionaler Küche, Lounge "Bar Bene", Terrasse, Zi.-Preise inkl. Frühstück
5 km
kontakt@bene-fehmarn.de · www.bene-fehmarn.de

43 **DZ** von 140,00 bis 245,00 €;
als **EZ** von 130,00 bis 225,00 €
Direkt am feinsandigen Südstrand von Fehmarn gelegen, ist dieses First Class Privathotel mit komfortablen Zimmern und abwechslungsreicher Gastronomie ein herrliches Zuhause auf Zeit und "Erste Adresse" der Insel.

Hervorragendes Hotel mit außergewöhnlichem Komfort

Feldberger Seenlandschaft

♜ Alte Schule Fürstenhagen – Klassenzimmer

Bhf→35 km

✉ 17258 · Zur alten Schule 5 · ☎ (03 98 31) 2 20 23 · Fax: 2 20 31
Neue u. Regionale Küche · Küche: 18–21:30 Uhr · **Ruhetag:** Mo./Di. · **Ferien:** Jan./Feb. · **Tische:** 8/32 Plätze
hotelalteschule@googlemail.com · www.hotelalteschule.de

Speisekarte: 1 Menü von 110,00 bis 160,00 € 120 Weinpos.
Gemäß dem Motto "Alles hat seine Zeit" kocht Chefkoch Daniel Schmidthaler gerne saisonal und nutzt das reichhaltige regionale Warenangebot von bekannten Gärtnern, Bauern, Viehzüchtern und Jägern, um leichte und zeitgemäße Speisen im modernen Gewand zu kreieren.

Feldkirchen-Westerham

♜ Aschbacher Hof

Bhf→3 km

✉ 83620 · Aschbach 3 · ☎ (0 80 63) 80 66-0 · Fax: 80 66-20 · Restaurant, große Terrasse, Café, Veranstaltungsräume, Zi.-Preise inkl. Frühstück
3 km
info@aschbacher-hof.de · www.aschbacher-hof.de ·

20 **DZ** von 140,00 bis 160,00 €;
als **EZ** von 105,00 bis 125,00 €

In der malerischen bayerischen Voralpenlandschaft findet man dieses schöne Urlaubs- und Tagungshotel oberhalb des Mangfalltals. Landestypische Behaglichkeit prägt die Zimmer (Frühstück im Preis inkl.), die bis Februar 2021 alle komplett renoviert sind, mit individuell geschreinerten Naturholzmöbeln und zeitgemäßem Komfort. Hier kann man bei sehr liebenswürdigem Service unbeschwerte Urlaubstage verbringen, aber auch die sehr gut ausgestatteten Tagungsräume nutzen, um effektiv zu arbeiten. Eine fein abgestimmte Frischeküche gibt es im Restaurant, Kaffee und Kuchen aus der eigenen Konditorei im Café – und im Sommer auch auf der großen Terrasse mit Aussicht. Und immer wird der Aufenthalt von einem herrlichen Alpenpanorama und zahlreichen, attraktiven Freizeitmöglichkeiten begleitet.

Sehr gutes, komfortables Hotel

Bhf→3 km

Aschbacher Hof

✉ 83620 · Aschbach 3 · ☎ (0 80 63) 80 66-0 · Fax: 80 66-20
Regionale u. Internationale Küche · Küche: 12–21 Uhr · **Tische:** 23/80 (Terrasse + 36) Plätze
VISA AE
info@aschbacher-hof.de · www.aschbacher-hof.de

Speisekarte: 11 Hauptgerichte von 13,90 bis 29,90 €; 1 Tagesgericht zu 19,90 €; 2 Menüs von 24,50 bis 39,90 €
80 Weinpos.
Gäbe es den Aschbacher Hof nicht, man müsste ihn erfinden. Dieses Landgasthaus mit gewachsenen Strukturen ist ungemein liebevoll ausgestattet, was genau so auch für das Restaurant gilt. Mit viel Holz, Sprossenfenstern und kunstvollem Schnitzwerk stilvoll und detailreich gestaltet, lädt es Urlauber, Hotelgäste und Wanderer gleichermaßen zur Einkehr ein. Chefkoch Heiko Obermaier sorgt gemeinsam mit seinem engagierten Team ab 12 Uhr dafür, dass niemand wieder hungrig des Weges ziehen muss. Er kocht frisch, bodenständig und unverfälscht und kauft vorzugsweise Zutaten aus dem Umland, die von bekannten Händlern und Erzeugern angebaut und produziert werden. Die Jahreszeiten stehen bei der Zusammenstellung der Speisen Pate, ergänzt werden sie mit länderübergreifenden Spezialitäten, beliebten Klassikern und vegetarischen Gerichten. Zusätzlich gibt es einen Veranstaltungs-Kalender mit monatlichen kulinarischen Events. Ein ganz besonderer Sehnsuchtsort ist die Terrasse: Der Blick von hier über Wiesen und Wälder bis ins Alpenland reicht 200 km weit und ist so traumschön, dass man sich darin verlieren kann.

Fellbach

Bhf→10 km

Goldberg Restaurant

✉ 70734 · Guntram-Palm-Platz 1 · ☎ (07 11) 57 56 16 66 · Fax: 57 56 16 77 ·
Regionalität, saisonal und Bezug zur Moderne · Küche: 18–21 Uhr · **Ruhetag:** So./Mo./Feiertag · **Ferien:** 11.-17.4.22 + 15.8.-5.9.22 · **Tische:** 14/35 Plätze
VISA AE
info@goldberg-restaurant.de · www.goldberg-restaurant.de

Speisekarte: 5 Hauptgerichte von 29,00 bis 46,00 €; 2 Menüs von 139,00 bis 189,00 €
300 Weinpos.
„Im Hier und Jetzt…" ist die Überschrift der Weiterentwicklung des Küchenstils von Chefkoch Philipp Kovacs-Bürckert. Das Hier steht für mehr Regionalität der Produkte, aber auch für das, was Gäste des Goldberg Restaurants hier mögen und sich hier wünschen. Das Jetzt steht für die saisonale Komponente der Produkte, aber auch für die jetzige Zeit, also Aktualität, Moderne und Innovation.

Hervorragende Serviceleistung

Hirsch

Bhf→5 km

70736 · OT Schmiden · Kanalstraße 1-7 · (0711) 9 51 30 · Fax: 5 18 10 65
Weinstuben "Im Schnitzbiegel" Biergarten, Zimmerpreise inkl. Frühstück
25 km
VISA AE
info@hirsch-fellbach.de · www.hirsch-fellbach.de ·

24 **DZ** von 112,00 bis 126,00 €;
als **EZ** von 80,00 bis 97,00 €;
70 **EZ** von 78,00 bis 97,00 €;
6 **Suiten** ab 126,00 €
Seit über 100 Jahren hat sich Familie Oettinger auf die Fahnen geschrieben, ihren Gästen einen möglichst angenehmen Aufenthalt zu bereiten. Das zentral gelegene Haus ist besonders bei Businessgästen beliebt.

Hirsch - Oettinger's Restaurant

Bhf→5 km

70736 · OT Schmiden · Kanalstraße 1-7 · (0711) 95 130 · Fax: 5 18 10 65
Klass., Frz., Reg. Kü., eig. Kreat. · **Geöffnet:** Mi.-Sa. ab 18 Uhr · **Ruhetag:** So./Mo./Di. · **Tische:** 14/40 Plätze
VISA AE
info@hirsch-fellbach.de · www.hirsch-fellbach.de ·

Speisekarte: 5 Hauptgerichte von 28,00 bis 38,00 €; 3 Menüs von 78,00 bis 92,00 €
160 Weinpos.
Gediegen eingerichtet, genießt man in Michael Oettingers Restaurant eine sehr durchdachte, ausbalancierte Küche, die bevorzugt auf heimischen und saisonalen Zutaten basiert. Seine Neuinterpretationen klassischer Speisen wissen zu überzeugen.

Finsterwalde

Schreiber's Goldener Hahn

Bhf→200 m

03238 · Bahnhofstraße 3 · (0 35 31) 22 14 · Fax: 7 19 80 26
Reichhaltiges Frühstück (10,- € p. P.), Vinothek, Hofcafé
VISA AE
info@goldenerhahn.com · www.goldenerhahn.com ·

6 **DZ** zu 84,00 €;
als **EZ** zu 52,00 €;
6 **EZ** zu 52,00 €
Familiär und ungezwungen geht's in diesem seit 1939 in Familienbesitz befindlichen Hotel zu. Die Zimmer sind modern, spezielle Arrangements können genutzt werden.

Goldener Hahn

Bhf→200 m

03238 · Bahnhofstr. 3 · (0 35 31) 22 14 · Fax: 7 19 80 26
Neue, Reg. u. Neue Lausitzer Küche · **Geöffnet:** 17:30–22 Uhr · **Ruhetag:** So./Mo./Di. · **Tische:** 10/40 Plätze
VISA AE
info@goldenerhahn.com · www.goldenerhahn.com ·

Speisekarte: 8 Hauptgerichte von 22,00 bis 38,00 €; 3 Menüs von 41,00 bis 139,00 €
150 Weinpos.
Patron und Chefkoch Frank Schreiber ist fest in der Region verwurzelt, was sich auch in seiner Küche widerspiegelt. Die deutschen Speisen basieren auf ausgesuchten, gerne heimischen Zutaten und werden mit kreativen Ideen aus der traditionellen Lausitzer Küche abgerundet.

Fischen im Allgäu

Parkhotel Burgmühle

Bhf→100 m

87538 · Auf der Insel 2-4 · (0 83 26) 99 50 · Fax: 73 52 · Rest. (Hausgäste) mit Neuer und Regionaler Küche, Bar, Terrasse, Zi.-Preis inkl. Verwöhnpension
3 km
VISA
info@parkhotel-burgmuehle.de · www.parkhotel-burgmuehle.de ·

34 **DZ** ab 250,00 €;
7 **EZ** ab 145,00 €;
14 **(Jui-)Suiten** ab 324,00 €
Die schöne Lage in einem Naturpark trägt wie die top ausgestatteten und komfortablen Zimmer zu einem erhol-

samen Aufenthalt bei. Das Hotel weiß außerdem mit einem großzügigen Wellnessbereich und hervorragendem Service zu überzeugen.

Flensburg

Bhf→1,6 km

Alte Post

24937 · Rathausstraße 2 · (04 61) 8 07 08 10
Saisonale Arrangements
13 km
info@ap-hotel.de · www.ap-hotel.de

71 **DZ** ab 118,00 €;
als **EZ** von 98,00 bis 178,00 €;
4 **EZ** ab 88,00 €;
4 **Themenzimmer (EZ + DZ)** ab 128,00/148,00 €

Im historischen Gebäude der alten Post beheimatet, ist das Hotel in klarem, skandinavischem Design gestaltet und überzeugt mit Design- und Themenzimmern sowie Restaurant und Cocktailbar.

Föhr (Insel)

Alt Wyk

25938 · OT Wyk · Große Straße 4 · (0 46 81) 32 12 · Fax: 5 91 72
Regionale und Neue Küche · **Geöffnet:** Di.-Sa. 17:30-22:30, Do./Fr./Sa. auch 12:30-14:30 Uhr · **Ruhetag:** So./Mo.
info@alt-wyk.de · www.alt-wyk.de

Speisekarte: Hauptgerichte ab 23,00 €; Menüs von 87,00 bis 110,00 €

Patron und Chefkoch René Dittrich kocht wunderbar ehrlich und schnörkellos. Das Produkt ist der Star und er rückt es mit kreativen Ideen und handwerklicher Präzision in Form raffinierter regionaler und moderner Speisen sehr gekonnt ins Tellerrund.

Bhf→3 km

Rackmers Hof

25938 · OT Oevenum · Buurnstrat 1 · (0 46 81) 74 63 77 · Fax: 7 41 28 44
Hotel garni mit Frühstücksbuffet, kostenfreie Nutzung der Saunen
4 km
rackmers@online.de · www.rackmers.de

11 **(Jui.-)Suiten** ab 180,00 €
In einem historischen Anwesen mit individuellen Suiten lädt im Hotel Rackmers Hof eine gelungene Mischung von Tradition und Moderne den anspruchsvollen Gast ein, bei bestem Service erholsame Tage in der gesunden Meerluft zu verbringen (Preise inkl. Frühstück).

Forchheim

Bhf→2 km

Zöllner's Weinstube

91301 · OT Siegritzau · Siegritzau 1 · (0 91 91) 1 38 86
Int. Küche, mediterr.-modern interpretiert · **Geöffnet:** Mi.-Sa. ab 18 Uhr, So. ab 17:30 Uhr · **Ruhetag:** Mo./Di. · **Tische:** 16/60 Plätze
info@zoellners-weinstube.de · www.zoellners-weinstube.de

Speisekarte: 6 Hauptgerichte von 19,00 bis 30,00 €; 2 Menüs von 55,00 bis 85,00 €
220 Weinpos.

Es ist dank Patron und Chefkoch Johannes Zöllner die besondere Mischung aus Genuss und Wohlbefinden, aus moderner Küche und Esskultur gepaart mit edlen Weinen aus renommierten Weingütern, die den unverwechselbaren Charakter des Restaurants ausmacht.

Restaurant mit gehobener Küche

Frammersbach

Restaurant Schwarzkopf

Bhf→5 km

✉ 97833 · Lohrer Str. 80 · ☎ (0 93 55) 3 07
Reg., klass. Küche, eig. Kreat. · **Geöffnet:** Do.-Sa. 18-20:30, So. 12-14 Uhr · **Ruhetag:** Mo./Di./Mi. · **Tische:** 11/60 Plätze
info@schwarzkopf-spessart.de · www.schwarzkopf-spessart.de

Speisekarte: 10 Hauptgerichte von 15,90 bis 33,50 €; 3 Menüs von 36,50 bis 60,50 € 150 Weinpos.
Im Restaurant "Schwarzkopf" kommt man in den Genuss einer bodenständigen Küche, die bevorzugt auf regionalen und saisonalen Zutaten basiert. Chefkoch Stefan Pumm kocht aromenstark und ausbalanciert, Ehefrau Anja Pumm ist die Hüterin des Weinschatzes.

Frankenberg (Eder)

Philipp Soldan

Bhf→1 km

✉ 35066 · Marktplatz 2-4 · ☎ (0 64 51) 750-0 · Fax: 750-500
Klass., Int. u. Neue Küche · **Geöffnet:** Fr./Sa. ab 19 Uhr, So. ab 12 Uhr · **Ruhetag:** Mo.-Do. · **Ferien:** 5.1.-5.2. · **Tische:** 14/36-42 Plätze
info@sonne-frankenberg.de · www.sonne-frankenberg.de

Speisekarte: 2 Hauptgerichte von 22,00 bis 25,00 €; 2 Menüs von 85,00 bis 109,00 € 600 Weinpos.
Küchenchef Erik Arnecke bekennt sich zu den Produkten der Region. Die kombiniert er mit leichter Hand und macht daraus innovative und kunstfertige, aromenstarke Speisen mit leichter und eigener Note. Sonntagmittag gibt es exklusiv ein 3-Gang-Menü inkl. Aperitif (59,- €).

Frankfurt (Main)

Amadeus

✉ 60388 · OT Bergen-Enkheim · Röntgenstr. 5 · ☎ (0 61 09) 37 00 · Fax: 37 07 20
Restaurant mit Intern. und Reg. Küche, Wintergarten, Bar, Frühst. 14,50 € p.P.
10 km
info@hotel-amadeus-frankfurt.de · www.hotel-amadeus-frankfurt.de

96 **DZ** ab 114,00, Messe ab 256,00 €;
60 **EZ** ab 56,00, Messe ab 105,50 €
Sowohl für Städtereisende als auch für Businessgäste ist dieses Hotel mit technisch sehr gut ausgestatteten Tagungsräumen und modernen Zimmern ideal.

Carte blanche

Bhf→6 km

✉ 60316 · Egenolffstraße 39 · ☎ (069) 27 24 58 83
Klass. Reg. Küche, eig. Kreationen Fischspezialitäten · **Geöffnet:** Mi.-So. ab 18 Uhr · **Ruhetag:** Mo./Di. · **Ferien:** 3 Wo. im Sommer · **Tische:** 9/36 Plätze
restaurant@carteblanche-ffm.de · www.carteblanche-ffm.de

Speisekarte: 2 Menüs von 74,00 bis 92,00 €
153 Weinpos.
Im "Carte blanche" ist der Name Programm, denn Patron und Küchenchef Sebastian Ziese lässt sich vom aktuellen und erntefrischen Marktangebot zur Zusammenstellung seiner mehrgängigen Menüs inspirieren – Abwechslung und Überraschungseffekte inklusive.

Hotels und Restaurants mit diesem Zeichen befinden sich in einem historischen Gebäude.

AUreus

60325 · OT Westend · Kettenhofweg 27 · ☎ (0 69) 79 53 39 79
Klassische und Deutsche Küche · **Geöffnet:** Do.: 12-14 Uhr, Mi.-Sa. 18-0.00 Uhr · **Ruhetag:** So./Mo./Di. · **Tische:** 11/30 Plätze
office@aureusfrankfurt.de · www.aureus-restaurant-im-goldmuseum.de

Speisekarte: 1 Abendmenü von 139,00 bis 169,00 € 22 Weinpos.

Was die Küche betrifft, ist im "AUreus" tatsächlich alles Gold, was glänzt. Die Gestaltungselemente im Interieur der wunderschönen Gründerzeit-Stadtvilla sind nicht so sehr goldfarben, sondern eher petrol und grau und dennoch wurde der Name natürlich mit Bedacht gewählt, steht AUreus doch für Gold und verweist sowohl auf das wertvolle Element als auch auf Frankfurt, die Bankenmetropole, auf die Lage des Restaurants im Goldmuseum. Im Restaurant (mit Café und Tagesbar) gibt es neben dem Hauptraum einen kleinen Nebenraum, in dem die Wandgestaltung – die Darstellung opulenter Landschaften aus dem 18. Jh. – hinreißend schön ist. Patron und Chefkoch Christian Senff begeistert mit einer frischen Produktküche. Die Speisen bewegen sich in einem Spannungsfeld von Tradition und Moderne und gefallen mit ausgeklügelten Kombinationen, präzisen Zubereitungen und genussvollen Momenten. Mittags besteht auch zusätzlich zum Donnerstag die Möglichkeit, auf Anfrage für Geschäftspartner, Mitarbeiter oder Freunde ein Lunch zu buchen. Christian Senffs Lebensgefährtin Esther Gerber ist charmante Gastgeberin, außerdem ist sie Ansprechpartnerin für Fragen rund um exklusiv ausgerichtete Events: Hier werden maßgeschneiderte Konzepte im F&B Event-Bereich erstellt. Eine schön gestaltete Dachterrasse wird im Sommer zur open-air-Bühne des kulinarischen Genusses und kann auch Herzstück einer privaten Feier werden.

Bhf→2 km

Erno's Bistro

60323 · OT Westend · Liebigstr. 15 · ☎ (0 69) 72 19 97 · Fax: 17 38 38
Leichte Klass. u. Mediter. Küche · **Geöffnet:** 12–14/19–22 Uhr · **Ruhetag:** Sa./So. · **Ferien:** 3 W. Som.-F./2 W.Weihn. · **Tische:** 9/35 Plätze
info@ernosbistro.de · www.ernosbistro.de

Speisekarte: 4 Hauptgerichte von 65,00 bis 75,00 €; 1 Mittagsmenü von 55,00 bis 75,00 €; 1 Menü von 125,00 bis 159,00 € 630 Weinpos.

"Erno's Bistro" ist als kulinarische Topadresse aus Frankfurt nicht mehr wegzudenken, genießt man hier doch französische Lebensart und eine raffinierte klassische Küche mit Tiefgang, für die Chefkoch Valéry Mathis verantwortlich ist.

Gustav

✉ 60323 · OT Westend · Reuterweg 57 · ☎ (0 69) 74 74 52 52
Neue Küche · **Geöffnet:** Di.-Sa. 19-23 Uhr · **Ruhetag:** So./Mo./Feiertag · **Tische:** 10 /ca. 40 Plätze
kontakt@restaurant-gustav.de · www.restaurant-gustav.de

Speisekarte: 1 Menü von 130,00 bis 175,00 €

180 Weinpos.

Im "Gustav" erkundet Chefkoch Jochim Busch Heimat kulinarisch ganz neu und präsentiert eine Küche, die gleichermaßen geerdet und bodenständig wie feinsinnig und raffiniert ist. Ein Facettenreichtum, der von Können, Neugierde und Fantasie zeugt.

Main Tower Restaurant & Lounge

Bhf→2 km

✉ 60311 · Neue Mainzer Straße 52-58 · ☎ (0 69) 36 50 47 77 · Fax: 36 50-48 71
Klassische u. Asiatische Küche · Küche: 18–21 Uhr · **Ruhetag:** So./Mo. · **Ferien:** 2 W. Juli + 24.12.-15.1. · **Tische:** 16/40 Plätze
maintower.restaurant@contact · www.maintower-restaurant.de

Speisekarte: 4- bis 7-Gang-Menü von 98,00 bis 159,00 €

140 Weinpos.

Dem Himmel recht nah, kann man im MAIN TOWER Restaurant nicht nur den umwerfenden Ausblick auf Frankfurt genießen. Chefkoch Martin Weghofer stellt hier seine grenzübergreifenden Speisen vor, die nicht minder begeistern werden. Entlang der leicht geschwungenen Glaswand stehen die Tische im modern gestalteten Interieur, so dass sich jeder Gast häufig entscheiden muss, ob er den Blick knapp 200 Meter tiefer auf die Stadt lenkt oder doch lieber auf seinen Teller. Martin Weghofer arbeitet konzentriert, gekonnt und ambitioniert. Er kocht klassisch, lässt sich aber auch gerne von der asiatischen Küche inspirieren. Innerhalb eines Menükonzepts mit saisonal wechselnden Gerichten kann sich der Gast nach Gusto aus einem feststehenden Chef's Choice Signature Menu sein individuelles 4-7-Gang-Menu zusammenstellen. Der Service ist charmant und kompetent. Um einen Parkplatz in der quirligen Mainmetropole muss man sich vor dem Besuch keine Gedanken machen – die Parkhäuser Junghofstraße oder Goetheplatz sind nur etwa drei Fußminuten entfernt. Dem Restaurant vorgelagert ist ein kleine Lounge mit an den Fenstern platzierten Clubsesseln, hier kann man formidabel einen Aperitif genießen und sich auf einen beeindruckenden Abend einstimmen.

Bhf→3 km

Restaurant Lafleur

✉ 60325 · Palmengartenstraße 11 · ☎ (0 69) 9 00 29-100 · Fax: 9 00 29-155
Klassisch-Moderne, Neue, Vegetar. u. Vegane Küche · Küche: 18–21:30 Uhr ·
Ruhetag: So.-Do. · **Tische:** 14/bis 80 Plätze
info@restaurant-lafleur.de · www.restaurant-lafleur.de

Speisekarte: 2 Menüs von 178,00 bis 215,00 €

1.200 Weinpos.

Das Restaurant "Lafleur" findet sich im Anbau des Gesellschaftshauses Palmengarten und ermöglicht dank der bodentiefen Fenster einen schönen Blick auf das üppig grüne und je nach Jahreszeit hinreißend blühende Siesmeyer Blumenparterre. Zeitlose Moderne prägt das Interieur, in dem anthrazitfarbene Fauteuils und edel eingedeckte Tische in einem Halbrund platziert sind und sich zu einer angenehm unangestrengten und leichten Atmosphäre zusammenfügen. Die Küche von Chefkoch Andreas Krolik ist filigran und unverfälscht zugleich. Er kauft nur Zutaten von perfekter Qualität in optimalem Reifegrad. Als passionierter Angler setzt er diese Leidenschaft begeisternd um und beeindruckt mit punktgenauen Fischgerichten. Aber auch Fleisch, Obst und Gemüse werden mit virtuosem Können und staunenswerter Raffinesse kombiniert und zu klaren, klassischen Speisen, denen er eine innovative regionale und mediterrane Note gibt. Neben dem Degustationsmenü gibt es auch ein erstklassiges veganes Menü auf Gourmetniveau – der Ideenreichtum beim Miso-Blumenkohl, Grünem Spargel und Waldpilzravioli ist auch hier staunenswert – und das Mid Week Quick Gourmet, in dem sechs verschiedene Weine bereits im Menüpreis inkludiert sind. Boris Häbel und Miguel Martin sorgen mit ihrer Zugewandtheit und Liebenswürdigkeit im Umgang mit dem Team und den Gästen für einen harmonischen Restaurantbesuch. Miguel Martin und Alexandra Himmel, der als Rheingauer Winzertochter der Beruf der Sommelière wohl schon in die Wiege gelegt war, beraten mit Expertise und Sensibilität zur beeindruckend bestückten Weinkarte, auf der auch etliche Raritäten gelistet sind.

Bhf→3 km

Ristorante Carmelo Greco

✉ 60598 · Ziegelhüttenweg 1-3 · ☎ (0 69) 60 60 89 67 · Fax: 60 60 89 84
Neue u. Ital. Küche, eig. Kreat. · **Geöffnet:** 12-14 + 18:30-22 Uhr, Sa. 18:30-22 Uhr · Küche: 12–14/18:30–22 Uhr · **Ruhetag:** So. · **Tische:** 14/44 Plätze
info@carmelo-greco.de · www.carmelo-greco.de

Speisekarte: 4 Hauptgerichte von 42,00 bis 48,00 €; 1 Mittagsmenü zu 39,00 €; 1 Menü von 75,00 bis 95,00 €

150 Weinpos.

Das in schlichter Eleganz eingerichtete Restaurant "Carmelo Greco" ist eine stilvolle Bühne für die routinierte, unverfälschte italienische Küche von Carmelo Greco, der mit handwerklich präzisen Speisen zu überzeugen weiß.

Seven Swans

Bhf→2 km

✉ 60327 · Mainkai 4 · ☎ (0 69) 21 99 62 26
Vegane Küche · **Geöffnet:** ab 19 Uhr · **Ruhetag:** Mo.
service@sevenswans.de · www.sevenswans.de

Speisekarte: 1 Menü ab 129,00 €

Das "Seven Swans" musste sterben, um zu leben. Und wie es wieder lebt. Das weltweit erste vegane Sternerestaurant hat sich eine Auszeit genommen, um sich auf sich selbst zu besinnen und nicht externen Erwartungen hinterherzulaufen, um am Ende zu verkrusten. Mitinhaber und Chefkoch Ricky Saward beschäftigt sich intensiv mit den Produkten, die in seiner kompromisslosen Küche Einzug halten. Dabei ist es ihm egal, ob andere diese Küche vegan nennen, ihm geht es einzig und allein um die Qualität und den Geschmack der Speisen. Da gibt es für ihn keinen gütlichen Vergleich, sondern nur einen Weg, der ihn – seit er sich mit Gemüse, Wildkräutern, Beeren und Obst, ihren Anbaumethoden, Eigenheiten und ökologischen Prozessen beschäftigt – zur eigenen Permakultur, den Braumannswiesen im Taunus führt. Vom Samen bis zur Frucht, von der Wurzel bis zur Blüte setzt er ausschließlich auf eigens hergestellte, gepflückte und angebaute Produkte. Die werden zu frischen, ehrlichen und wahrhaft unverfälschten Speisen kombiniert, er spielt mit verschiedenen Garzuständen, Aromen und Zubereitungsformen, ohne den Spaß- und Genussfaktor aus den Augen zu verlieren. Zur Veranschaulichung, mit wieviel mehr Warenkunde und Neugierde die selbst auferlegten Beschränkungen in Vergessenheit geraten, sei exemplarisch die "Sauerbraten"sauce aus Kartoffelschalen und Zwiebeln angeführt. Genial! Wer eine wirklich innovative Küche abseits alteingetretener Pfade sucht, muss das "Seven Swans" besuchen. Ricky Saward, sein Souschef und eine Köchin interagieren mit den Gästen, bringen die Speisen, beraten zu den Weinen, kommen ins Gespräch und brechen auch hier klassische Strukturen auf – eine gastronomische Philosophie, die begeistert.

Die Küchenleistung dieses Restaurants ist hervorhebenswert in seiner Kategorie.

Bhf→850 m Steigenberger Frankfurter Hof

✉ 60311 · Kaiserplatz 1 · ☎ (0 69) 2 15 02 · Fax: 21 59 00 · Vier Restaurants, Bar, Sommerterrasse, Catering Select, Wellness
7 km VISA AE
reservierung@frankfurter-hof.steigenberger.de · www.frankfurter-hof.steigenberger.de ·

172 **DZ** von 249,00 bis 699,00 €;
als **EZ** von 249,00 bis 699,00 €;
89 **EZ** von 249,00 bis 699,00 €;
42 **Suiten** von 399,00 bis 13.500,00 €
Traditionsreiches Grandhotel mit Innenstadtlage, gelungene Symbiose aus Moderne und Tradition. Die komfortablen Gästezimmer sind allesamt in unterschiedlichsten Stilrichtungen möbliert und verfügen über jedweden Komfort.

Bhf→850 m Steigenberger Frankfurter Hof - Français

✉ 60311 · Am Kaiserplatz · ☎ (0 69) 21 51 18 · Fax: 21 51 19 · Franz. Küche · **Geöffnet:** Do.-Fr.: 12-14, Do.-Sa.: 18:30-21:30 Uhr · **Ruhetag:** So./Mo./Di./Mi. · **Ferien:** variabel · **Tische:** 15/40 Plätze VISA AE
gastronomiedirektion@frankfurter-hof.steigenberger.de · www.frankfurter-hof.steigenberger.de ·

Speisekarte: 2 Hauptgerichte von 48,00 bis 62,00 €; 1 Mittagsmenü von 49,00 bis 59,00 €; 1 Menü von 119,00 bis 162,00 € 500 Weinpos.
Sinnliches Rot und Gold sind die dominierenden Farbtöne im eleganten Restaurant "Français", in dem Chefkoch Patrick Bittner produkt- und aromenbetont kocht und klassische französische Küche gekonnt neu interpretiert.

Bhf→3 km Tiger-Gourmetgastronomie

✉ 60313 · Heiligkreuzgasse 16-20 · ☎ (0 69) 92 00 22 25 · Fax: 92 00 22 60
Moderne, weltoffene, vegetarische Küche · Küche: 17–21 Uhr · **Ruhetag:** Mo./Di. · **Ferien:** 11.04.-09.09.21 · **Tische:** 12/70 Plätze VISA AE
info@tigerpalast.de · www.tigerpalast.de ·

Speisekarte: 3 Menüs von 65,00 bis 72,50 € 1.000 Weinpos.
In der Tiger-Gourmetgastronomie bekommen die Gäste seit rund 32 Jahren eine außergewöhnliche und qualitative Gourmetküche geboten, stets auch mit vegetarischen und veganen kulinarischen Highlights. Die Räumlichkeiten bieten ein Ambiente zum Wohlfühlen, sind ein stimmungsvolles Arrangement zwischen Schick und Ungezwungenheit und ein Ort des spürbar guten Geschmacks. Die präzise ausgetüftelten kulinarischen Highlights von Chef de Cuisine Coskun Yurdakul sind ein Genuss für alle Sinne. Er kreiert feine Menüs und leichte Speisen aus einem klassischen Repertoire auf Basis frischer Produkte und ausgefeilter Rezepturen.

In der Tiger-Gourmetgastronomie kann man sich auf einen stimmungsvollen Abend in atmosphärischem Ambiente voller unvergesslicher Momente freuen.

Ein Restaurant mit anspruchsvoller Küche.

Villa Merton

Bhf→4 km

✉ 60487 · Am Leonhardsbrunnen 12 · ☎ (0 69 71) 91 57 35
Klassische u. Neue Küche · **Geöffnet:** Mo.-Fr. 12-14 + 18-22:30, Sa. 18-22:30 ·
Ruhetag: So. · **Tische:** 16 (Terrasse + 13)/70 (+ 40) Plätze
ag@restaurant-villa-merton.de · www.restaurant-villa-merton.de ·

Speisekarte: 1 Hauptgericht von 28,00 bis 33,00 €; 1 Mittagsmenü von 42,00 bis 49,00 €; 2 Menüs von 95,00 bis 135,00 € 182 Weinpos.
Der Fabrikant, Stifter und Politiker Richard Merton ließ das Haus im Frankfurter Diplomatenviertel 1927 erbauen und wurde Jahrzehnte später zum Namensgeber des Restaurants. Die Villa Merton im Union Club ist charmant im Neo-Barock eingerichtet und wird von einer behaglichen, weltoffenen Atmosphäre geprägt. Philippe Giar ist an seine alte Wirkungsstätte zurückgekehrt und leitet nun seit 2019 das engagierte Küchenteam als Chefkoch. Er bevorzugt regionale Waren, die er mit Sachkenntnis und raffinierten Ideen kombiniert. Seine Küche ist eine perfekte Mischung aus tradierten Rezepturen und innovativen, modernen Elementen. Handwerklich präzise verarbeitet er die ausgesuchten Zutaten und ertüftelt Kombinationen, die in ihrer Aromenvielfalt und Komplexität überzeugen. Markus Klug berät mit großer Expertise zu den Weinen, die es in feiner Auswahl und bester Qualität gibt. Er ist auch kompetenter und zugewandter Maître und mit seinem Serviceteam stets ansprechbar für den Gast. Im eleganten Bistro wird regional und bodenständig gekocht, ohne dass die Speisen Kreativität missen lassen.

Weinsinn

Bhf→1 km

✉ 60329 · Weserstraße 4 · ☎ (0 69) 56 99 80 80
Internationale Gourmetküche · **Geöffnet:** Di,-Sa. ab 18:30 Uhr · **Ruhetag:** So./Mo. · **Tische:** 10/24 Plätze
restaurant@weinsinn.de · www.weinsinn.de ·

Speisekarte: 1 Menü von 89,00 bis 119,00 €
Chefkoch Daniel Pletsch arbeitet am liebsten mit heimischen Produkten. Die kombiniert er mit handwerklichem Wissen, Kunstfertigkeit und großer Experimentierfreude zu grenzübergreifenden Speisen voller verführerischer Aromen.

Frasdorf

Bhf→20 km

Michael's Leitenberg

✉ 83112 · OT Leitenberg · Weiherweg 3 · ☎ (0 80 52) 22 24
Neue Küche · **Geöffnet:** 17:30-22 Uhr, So. auch 11:30-14 Uhr · **Ruhetag:** Mi./Do. ·
Tische: 20/80 Plätze
info@michaels-leitenberg.de · www.michaels-leitenberg.de

Speisekarte: 5 Hauptgerichte von 24,00 bis 42,00 €; 1 Menü von 95,00 bis 135,00 €
Küchenchef Michael Schlaipfer zelebriert einen modernen Küchenstil mit einer kreativ-handwerklichen Perfektion. Er kombiniert gekonnt eine heimatliche Frischeküche mit internationalen Akzenten und das auf Topniveau.

Frauenau

Bhf→300 m

St. Florian

✉ 94258 · Althüttenstraße 22 · ☎ (0 99 26) 95 20 · Fax: 82 66
Spa, Wintergarten, Kaminzimmer, Biergarten, Bar
3 km
info@st-florian.de · www.st-florian.de

19 **DZ** von 124,00 bis 168,00 €;
1 **EZ** von 66,00 bis 74,00 €;
6 **App.** von 148,00 bis 174,00 €;
5 **Suiten** von 158,00 bis 174,00 €
Das "St. Florian" wird mit familiärem Einsatz geführt und bietet neben der reizvollen Lage im Bayerischen Wald großzügig geschnittene Zimmer, einen Wellnessbereich, ein gutes Restaurant und attraktive Arrangements.

Freiburg (im Breisgau)

Bhf→3 km

Hotel Stadt Freiburg OT Mooswald

✉ 79110 · Breisacher Straße 84 · ☎ (07 61) 8 96 80 · Fax: 8 09 50 30 · E-Tankstelle;
Rest. m. Reg. u. Intern. Küche, Frühstücksbuffet im Zi.-Preis inkl., Lobbybar
6 km
info@hotel-stadt-freiburg.de · www.hotel-stadt-freiburg.de

100 **DZ** von 170,00 bis 190,00 €;
als **EZ** von 160,00 bis 180,00 €;
10 **(Jui.)Suiten** von 255,00 bis 500,00 €;
40 **DZ-Superior** von 190,00 bis 210,00 €
Weltoffen mit internationalem Flair und gastfreundlich präsentiert sich das Partnerhotel des Colombi mit einem hellen und einladenden Foyer, klaren Linien und heiterem Ambiente. Die freundlichen Zimmer und Suiten bieten gehobenen Wohnkomfort und die Annehmlichkeiten moderner Hotellerie. Die Preise enthalten das reichhaltige Frühstücksbuffet. Das feine à-la-carte-Restaurant, Bar, fünf Tagungsräume, Lobby und die Bibliothek sind klimatisiert. Alle Einrichtungen des Hauses sind barrierefrei erreichbar. Für Tagungsgäste sind sowohl die Lage – nur 1,5 km von der Neuen Messe und 300 m von der Uniklinik entfernt – als auch die gut organisierten Arrangements attraktiv. Freiburgs Altstadt ist bequem in wenigen Minuten mit der Straßenbahn erreichbar, die vor dem Hotel hält. Entspannung findet man in der Sauna und dem Dampfbad. Seit 2020 gibt es neben dem Hotel Stadt Freiburg noch ein Appartementhaus.

Colombi

Bhf→300 m

79098 · Am Colombi Park · ☎ (07 61) 2 10 60 · Fax: 2 10 66 20 · E-Tankstelle; Café "Graf Anton" mit Intern. Küche + Kaffee/Kuchen, Terrasse, Bar
5 km
VISA AE
info@colombi.de · www.colombi.de

33 **DZ** von 275,00 bis 299,00 €;
als **EZ** von 240,00 bis 265,00 €;
14 **EZ** von 189,00 bis 215,00 €;
65 **Suiten** ab 322,00 €

Täler, waldreiche Höhen und idyllische Weinberge prägen das Umland Freiburgs. In der historisch gewachsenen Stadt mit mediterranem Flair findet sich das "Colombi Hotel" – ein persönlich geführtes Privat- und Stadthotels der Luxusklasse. Was Roland Burtsche sowohl als Hotelier wie auch als Gastronom gemeinsam mit seiner Frau Waltraud über die Jahre kontinuierlich geschaffen hat, verdient Respekt und größte Bewunderung und wird nun in nächster Generation von den Töchtern weitergeführt. Sanfte Farben, edle Hölzer und stilvolle Accessoires geben den individuell und luxuriös eingerichteten Gästezimmern eine ganz besondere Wohnatmosphäre. Das raffinierte Frühstücksbuffet im großzügig verglasten Restaurant kostet 24,- € pro Person, das kontinentale Frühstück im Café "Graf Anton" 16,- €. Edle Salons sind die perfekte Kulisse für Feiern in unvergesslichem Rahmen. Moderne Technik und professionelle Atmophäre dominieren die medientechnisch perfekt ausgestatteten Tagungsräume, Entspannung und Vitalität tankt man in der vorbildlichen Fitness- und Beauty-Farm. Als Belohnung wartet süßer Genuss im Café mit hauseigener Konditorei und Confiserie, im Sommer auch auf der herrlichen Terrasse mit Entspannungs-Garantie.

Luxuriöses Hotel mit absolut perfektem Komfort

Bhf→300 m Colombi - Gourmetrestaurant Zirbelstube

✉ 79098 · Am Colombi Park · ☎ (07 61) 2 10 60 · Fax: 2 10 66 20
Klass., Neue u. Mediter. Küche · Küche: 19–21:15 Uhr · **Ruhetag:** So./Mo. · **Tische:** 14/35 Plätze
VISA AE EC
info@colombi.de · www.colombi.de

Speisekarte: 4 Hauptgerichte von 45,00 bis 50,00 €; 2 Menüs von 92,00 bis 135,00 €

600 Weinpos.

Das Interieur der komplett mit Holz vertäfelten "Zirbelstube" ist eine Demonstration des guten Geschmacks. Das traditionelle und wertige Zirbelholz wird von modernen, anthrazitfarbenen Sitzmöbeln kontrastiert – eine Gestaltung, die zeitlos schön ist und auf einen ganz besonderen Abend einstimmt. Der ist vor allem von den exzellenten Speisen von Chef de Cuisne Harald Derfuß geprägt. Basis seiner klassischen und innovativen Küche sind ausgewählte Zutaten in kompromisslos guter Qualität. Klassischen Speisen gibt er eine ganz eigene, filigrane Note. Die unverfälschten Zubereitungen geraten durch wohl dosierte Verspieltheit auch optisch zu kleinen Kunstwerken. Gerne setzt er aromenstarke, mediterrane Akzente. Zu den angebotenen Menüs gehört auch ein veganes mit einer ebenfalls sehr raffinierten Speisefolge. Ein top geschulter Service begleitet mit sehr viel Überblick durch den Abend. Ergänzt wird dieser in der Weinberatung von Gerd Mauerhan, der aus einem fulminanten Weinschatz schöpft und mit großer Expertise und Feingefühl berät.

Dieses Restaurant bietet Ihnen eine exzellente Küche.

Colombi - Hans Thoma Stube + Falkenstube

79098 · Am Colombi Park · ☎ (07 61) 2 10 60 · Fax: 2 10 66 20
Klassische und Regionale Küche · **Geöffnet:** 12 - 13.30 Uhr + 19 - 21:15 Uhr ·
Ruhetag: So./Mo. · **Tische:** 16/52 Plätze
info@colombi.de · www.colombi.de

Speisekarte: 7 Hauptgerichte von 16,50 bis 32,00 €; Mittagsmenüs von 38,00 bis 52,00 €; 3 Menüs von 58,00 bis 128,00 €
495 Weinpos.

Viel schönere Orte als die Hans-Thoma und Falkenstube findet man kaum, um eine feine Schwarzwälder Küche zu genießen. Die Hans-Thoma-Stube entstammt einer originalen Bauernstube aus dem Jahre 1776 und ist eine liebevolle Hommage an den berühmten Heimatdichter. Die Falkenstube mit dunkel gebeizten Wänden hat ihren Ursprung in einer alteingesessenen Freiburger Weinstube. Beide sind mit viel Holz, Kachelöfen, liebevoll platzierten Bildern und hübsch eingedeckten Tischen die perfekte Kulisse für die ungemein ehrliche Regionalküche von Chefkoch Harald Derfuß. Er kauft bei bekannten Händlern und Erzeugern in erntefrischer Qualität ein und kocht präzise und aromenstark. Wer den großen Küchenauftritt bevorzugt, kann auch hier aus der Gourmetkarte wählen. Der exzellente Service wird ebenso, wie in der Zirbelstube, von Gerhard Mauerhan unterstützt, der mit Expertise zu den Weinen berät. Im Café-Bistro "Graf Anton" kann man den kleinen Hunger stillen und die himmlische, hausgemachte Confiserie genießen. In der eleganten Piano-Bar klingt der Tag gesellig aus.

Drexlers Restaurant

Bhf→500 m

79098 · Rosastr. 9 · ☎ (07 61) 5 95 72 03 · Fax: 5 95 72 04
Klass., Reg. Küche; frz.-mediterr. · Küche: 11:30–14/18–22:30 Uhr · **Ruhetag:** So. u. Feiertage, Sa.-Mittag · **Ferien:** 3 Wo. im Aug. · **Tische:** 12/40 Plätze
info@drexlers-restaurant.de · www.drexlers-restaurant.de

Speisekarte: 4 Hauptgerichte von 38,00 bis 42,00 €; 2 Tagesgerichte von 14,50 bis 16,50 €; 2 Menüs von 69,00 bis 92,00 €
67 Weinpos.
Eine angenehme Atmosphäre und sehr gute, zeitgemäße Speisen, klassisch zubereitet von Küchenchef Mario Fuchs, bilden ein harmonisches Gesamtkonzept, das sich auch in der hervorragenden Weinauswahl widerspiegelt.

Panorama Hotel Mercure

Bhf→6 km

79104 · OT Herdern · Wintererstraße 89 · ☎ (07 61) 5 10 30 · Fax: 5 10 33 00
Restaurant "Chez Eric", Terrasse, kostenfr. Parkplätze direkt am Hotel
18 km
H1128@accor.com · www.mercure.com/1128 + www.chez-eric.de

86 **DZ** ab 110,00 €;
als **EZ** ab 90,00 €
Ruhig am Waldrand gelegen, gefällt dieses stilvolle Haus mit mediterranem Flair. Die klimatisierten Zimmer sind mit edlen Materialien gestaltet. Veranstaltungsräume, die Event-Terrasse, Restaurant und ein sehr abwechslungsreiches Freizeitangebot machen einen Aufenthalt zusätzlich attraktiv.

Schlossbergrestaurant Dattler

Bhf→2 km

79104 · Am Schlossberg 1 · ☎ (0761) 1 37 17 00 · Fax: 13 71 70 10
Klass., Reg. Küche · Küche: 12–13:45/18–20:30 Uhr · **Ruhetag:** Di · **Tische:** 20/120 Plätze
info@dattler.de · www.dattler.de

Speisekarte: 10 Hauptgerichte von 20,00 bis 36,00 €; 5 Mittagsmenüs von 26,00 bis 40,00 €; 3 Menüs von 49,00 bis 69,00 €
53 Weinpos.

Ein Erlebnis an sich ist schon die Fahrt zum Restaurant mit der Schlossberg-Bahn. Oben im "Dattler" angelangt, genießt man eine hervorragende badische Küche, die Chefkoch Norbert Bürger und sein Team den Gästen in stilvoller Atmosphäre serviert - spektakuläre Aussicht inklusive.

Bhf→4 km

Ristorante San Marino

79117 · Hansjakobstraße 110 · (07 61) 6 94 20 · Fax: 6 12 92 94
Italienische und Mediterrane Küche · Küche: 11–14:30/17:30–23 Uhr · **Ruhetag:** Mo. · **Tische:** 22 (Terrasse + 6)/90 (+ 24) Plätze
sanmarino-freiburg@t-online.de

Speisekarte: 11 Hauptgerichte von 21,00 bis 30,00 €; 12 Tagesgerichte von 12,00 bis 28,00 €
133 Weinpos.
Wer in Freiburg eine gute und herrlich authentische italienische Küche genießen möchte, ist im Ristorante San Marino genau richtig. Freundlich und behaglich eingerichtet, sitzt man in entspannter und geselliger Atmosphäre. Patron und Chefkoch Francesco Caridi kocht hier seit 35 Jahren mit großer Leidenschaft und viel Feingefühl. Er kauft gerne von heimischen Händlern und stellt aus den handverlesenen Zutaten italienische und mediterrane Speisen zusammen. Klar, aromenstark und unverfälscht bündeln sie die Aromen des Südens. Tagesgerichte werden in marktfrischer Qualität auf einer Tafel annonciert. Egal ob Antipasti, Salate, Pizza aus dem Steinofen und hausgemachte Pasta (die oft üppig gefüllt ist) – die Zubereitungen sind handwerklich korrekt und zeugen von bester Warenkunde. Zu den Spezialitäten des Hauses zählen exzellente Meeresfrüchte- und Fischgerichte. An warmen Tagen gibt es eine kleine Außengastronomie. Weine gibt es in großer Auswahl – hier berät Francesco Caridi gerne und gibt gute Tipps zum neuen Lieblingswein.

Restaurant mit sehr guter Küche

Bhf→10 km

Schloss Reinach

79112 · OT Munzingen · St.-Erentrudis-Str. 12 · (0 76 64) 40 70 · Fax: 40 71 55
"Regional" m. Regionaler u. "Cross-over" m. intern. Küche, Bar
1 km
info@schlossreinach.de · www.schlossreinach.de

75 **DZ** ab 135,00 €;
8 **EZ** ab 79,00 €;
7 **Ju.-Suite** ab 220,00 €;
8 **Suiten** ab 250,00 €
In diesem umgebauten Gutshof verbinden sich Historie und Moderne aufs Feinste. Die Zimmer (Preise inkl. Frühstück) sind sehr liebevoll eingerichtet, zwei Restaurants halten für jeden Geschmack das Richtige bereit.

Zum Schiff OT St. Georgen

Bhf→4 km

✉ 79111 · Basler Landstraße 35-37 · ☎ (07 61) 40 07 50 · Fax: 40 07 55 55 · Restaurant, Gartenterrasse, Bar, Weinkeller, Zimmerpreise inkl. Frühstücksbuffet
6 km
info@hotel-zumschiff.de · www.hotel-zumschiff.de

70 **DZ** von 125,00 bis 150,00 €;
10 **EZ** von 102,00 bis 135,00 €
Seit 1821 unter persönlicher Leitung von Familie Frey, erfährt man im traditionsreichen Hotel "Zum Schiff" individuelle Gastlichkeit und genießt eine heiter-freundliche Atmosphäre. Die modern-komfortabel eingerichteten und klimatisierten Zimmer mit schönem Blick auf die nahe gelegenen Weinberge sind ein geschmackvolles Zuhause auf Zeit (Preise inklusive warm/kaltem Frühstücksbuffet). Klimatisierte Tagungsräume mit modernster Kommunikationstechnik stehen für effektives Arbeiten in angenehmem Ambiente zur Verfügung. Die Sauna und der hübsche Garten dienen der Erholung. Badische und internationale Spezialitäten genießt man im Restaurant und gönnt sich anschließend einen edlen Tropfen aus dem eigenen Weinkeller oder der hauseigenen Brennerei. Im Sommer sitzt man ganz besonders idyllisch im gemütlichen Gartenrestaurant unter üppigen, alten Kastanien.

Zum Schiff

Bhf→4 km

✉ 79111 · Basler Landstraße 35-37 · ☎ (07 61) 40 07 50 · Fax: 40 07 55 55
Intern., Regionale u. Bürgerliche Küche · Küche: 12–14/18–21 Uhr · **Tische:** 13/75 Plätze
info@hotel-zumschiff.de · www.hotel-zumschiff.de

Speisekarte: 8 Hauptgerichte von 10,50 bis 25,50 €; Tagesgerichte von 12,00 bis 39,00 € 33 Weinpos.
Holzkassettendecken, schönes Mobiliar, warme Farben und fein eingedeckte Tische geben dem Restaurant "Zum Schiff" eine einladende und behagliche Note. Besonderer Hingucker ist der grün glasierte, glänzende Kachelofen. Die Zutaten für die abwechslungsreiche badische Küche kommen bevorzugt aus der Region, sind marktfrisch und spiegeln das jahreszeitliche Angebot wider. Die Speisen sind schnörkellos und aromenstark, Regionales wird geschickt verfeinert und mit internationalen und saisonalen Spezialitäten ergänzt. Ein Muss

im Schwarzwald ist immer die frische Forelle blau – hier gelingt sie auch bestens. Viele der Speisen kann man auch als kleine Portion bestellen. An warmen Abenden geht es im Kastaniengarten mit Biergartenbestuhlung besonders gemütlich und gesellig zu.

Freinsheim

Atable

✉ 67251 · Hauptstraße 29 · ☎ (0 63 53) 5 01
Klassische Küche · Küche: 12–14/18:30–21:30 Uhr · **Ruhetag:** So./Mo. · **Ferien:** 2 Wo. Februar · **Tische:** 12 (+ Terrasse 12)/35 (+ 35) Plätze
VISA
info@amtshaus-freinsheim.de · www.amtshaus-freinsheim.de

Speisekarte: 5 Hauptgerichte von 34,00 bis 40,00 €; 1 Mittagsmenü zu 34,00 €; 1 Menü von 56,00 bis 90,00 €
392 Weinpos.
Unter den mächtigen Säulen des Sandsteingewölbes der ehemaligen Stallungen beeindruckt das Restaurant mit unaufgeregter Schlichtheit, edel in Weiß eingedeckten Tischen und sanft geschwungenen Fauteuils in einem kontrastierenden, warmen Rotton. Patron und Chefkoch Swen Bultmann, der sein Handwerk an illustren Karrierestationen gelernt und verfeinert hat, präsentiert in diesem historischen Kleinod eine staunenswert facettenreiche Küche. Mit leichter Hand, Ideenreichtum und großem handwerklichem Können kreiert er Speisen, die bevorzugt auf regionalen Produkten basieren und in der klassischen Küche verwurzelt sind. Die wird von ihm neu, leicht und modern interpretiert und beschert dem Gast echte kulinarische Glücksmomente. Ehefrau Sybille Bultmann ist nicht nur charmante Gastgeberin, sondern auch fachkundige und ausgezeichnete Sommelière und gibt wertvolle Tipps rund um die fulminant sortierte Weinkarte. Zwei große Keller bieten optimale Bedingungen, um die zahlreichen Schätze angemessen zu lagern. An warmen Tagen kann man im hübschen Innenhof auch open air genießen. Rund ums Jahr gibt es mit verschiedensten Winzern interessante Weinverkostungen und -events.

Amtshaus

✉ 67251 · Hauptstraße 29 · ☎ (0 63 53) 5 01
Restaurant, Arrangements, Zimmerpreise inkl. Frühstück
VISA
info@amtshaus-freinsheim.de · www.amtshaus-freinsheim.de

18 **DZ** von 90,00 bis 140,00 €;
2 **EZ** zu 80,00 €
Das Amtshaus ist ein kleines, feines Boutique-Hotel im Herzen der historischen Altstadt von Freinsheim. Rund um einen Innenhof verteilt, begeistert das Gebäudeensemble aus dem Jahre 1706 mit einer außergewöhnlichen Architektur. Die 20 charmanten Zimmer befinden sich in den barockzeitlichen Gebäuden, die einst Sitz der Kurpfälzischen Amtsschreiber waren. Egal, welche Zimmerkategorie – Boudoir, Kabinett oder Salon – man wählt, die Zimmer (Preise inkl. Frühstück) sind geschmackvoll und individuell eingerichtet, integrieren historische Elemente und sind das perfekte Quartier für einen Kurzurlaub in der Pfalz. Der hoteleigene, parkartige Garten entlang der Stadtmauer ist mit seinem seltenen Baumbestand ein echtes Kleinod. Mit "Amtszimmer", "Teezimmer" und dem "Blauen Salon" mit Sandsteinkamin gibt es außergewöhnlich hübsche Räumlichkeiten für Veranstaltungen. Tagungen im kleineren Rahmen werden individu-

ell abgestimmt und finden in sorgfältig sanierten, historischen Räumlichkeiten statt. Neben Incentives für Teilnehmer gibt es auch noch zahlreiche Arrangements, um das Amtshaus und das hübsche Umland von Freinsheim kennen zu lernen. Ein feines Restaurant rundet das Angebot ab.

Von-Busch-Hof Restaurant & Weinkeller

67251 · Von-Busch-Hof 5 · ☎ (0 63 53) 77 05 · Gehobene Regionale Küche · **Geöffnet:** ab 18 Uhr, So./Feiert. zusätzl. 11:30-14 Uhr · **Ruhetag:** Mo./Di. · **Ferien:** Mi. Feb.-Mi. März · **Tische:** 7 + (Terrasse 5)/25 (20) Plätze
mail@von-busch-hof.de · www.von-busch-hof.de

Speisekarte: 8 Hauptgerichte von 17,50 bis 27,50 €
24 Weinpos.
Ursprünglich gehörte das heutige, im Herzen der Freinsheimer Altstadt gelegene „Von-Busch-Hof"-Ensemble zum Kloster Enkenbach aus dem 13. Jh. Nach wechselvoller Geschichte wurde das Anwesen der Stadt Freinsheim gestiftet und beherbergt nun in der ehemaligen Zehntscheune einen Bürgersaal, im früheren Stammhaus ein Hotel und im malerischen, einstigen Wohnhaus ist ein Restaurant. Das romantische Restaurant gefällt mit elegant-nostalgischem Flair und liebevoll platzierten Antiquitäten. Seit über 35 Jahren kümmert man sich hier um das leibliche Wohl der Gäste. Chefkoch Volker Gilcher kocht im jahreszeitlichen Rhythmus und nutzt bevorzugt das reichhaltige Warenangebot der Region. Gekonnt und mit kreativen Ideen stellt er die Zutaten zusammen und macht daraus gehobene regionale Speisen, die er mit mediterranen Elementen ergänzt. Ein liebenswürdiger Service begleitet den Restaurantbesuch und verweist an warmen Tagen gerne auf den Innenhof mit altem Baumbestand. Inmitten duftender Blumen und südländischer Atmosphäre kann man hier den Alltag einfach hinter sich lassen. Im „Von-Busch-Hof" finden regelmäßig interessante kulturelle Veranstaltungen statt und auch für individuell geplante Feierlichkeiten gibt es mit ausgefallenen Räumlichkeiten einen stilvollen Rahmen.

Freising

Hilton Munich Airport OT Flughafen

Bhf→200 m

85356 · Terminalstr./Mitte 20 · ☎ (0 89) 9 78 2-0 · Fax: 97 82 26-10
Doppelpass-Arrangement, Restaurant "Charles Lindbergh", "Nightflight" Bar
10 km
info.munichairport@hilton.com · www.munichairport.hilton.com

505 **DZ** von 143,00 bis 560,00 €;
als **EZ** von 180,00 bis 550,00 €;
46 **Suiten** von 343,00 bis 950,00 €
Ein Haus der Extraklasse ist dieses internationale First-Class-Hotel. Eingebettet in einen imposanten, sehr gepflegten Garten empfängt es seine anspruchsvollen Gäste in einem einzigartigen Ambiente legerer Eleganz, gepaart mit unaufdringlichem Luxus.

Freudenstadt

Bhf→200 m **Adler** ✪✪✪

✉ 72250 · Forststraße 15-17 · ☎ (0 74 41) 91 52-0 · Fax: 91 52-52
Restaurant, Kaminlounge, Arrangements, Zimmerpreise inkl. Frühstücksbuffet
VISA AE EC
info@adler-fds.de · www.adler-fds.de

19 **DZ** ab 114,00 €;
als **EZ** ab 79,00 €;
2 **Jun.-Suiten (DZ/EZ)** ab 146,00/ 105,00 €

Im heilklimatischen Kurort Freudenstadt findet sich direkt am größten Marktplatz Deutschlands das seit über 80 Jahren familiengeführte Hotel "Adler". Tradition und Gastfreundschaft werden hier besonders groß geschrieben. Die Zimmer verfügen über zeitgemäßen Komfort und sind individuell und behaglich eingerichtet. Die Preise verstehen sich inklusive des feinen Frühstücksbuffets. Neben dem Restaurant ist die gediegen-moderne Raucherlounge ein beliebter Treffpunkt. Ein technisch gut ausgestatteter Raum steht für geschäftliche Treffen zur Verfügung. Auch Wanderer, Rad- und Motorradfahrer sind herzlich willkommen. Ein großes Rad- und Wandernetz beginnt fast vor der Haustüre. Die Schwarzwaldhochstraße zählt zu einer der schönsten Motorradstrecken, da ist es perfekt, dass Garagenstellplätze fürs Motorrad vorhanden sind. Im Hotel "Adler" kann man tatsächlich zu jeder Jahreszeit und bei sehr persönlichem Service einen herrlichen Entspannungsurlaub verbringen, bei den verschiedenen Arrangements findet gewiss jeder das für ihn passende.

Bhf→200 m **Adler**

✉ 72250 · Forststraße 15-17 · ☎ (0 74 41) 91 52-0 · Fax: 91 52-52
Regionale Küche · Küche: 11:30–13:30/18–21:30 Uhr · **Ruhetag:** Mi. · **Ferien:** 20 Tage ab Mitte Nov. · **Tische:** 19/60 Plätze
VISA AE EC
info@adler-fds.de · www.adler-fds.de

Speisekarte: 12 Hauptgerichte von 12,00 bis 19,00 €; 9 Tagesgerichte von 9,00 bis 18,00 €; 2 Menüs von 22,00 bis 28,00 €

Der gediegene Landhausstil im Restaurant wird durch kontrastierende Elemente wie raffinierte Lampen und einen modernen Teil mit grauen Sesseln, dunklen Tischen und bodentiefen Fenstren zusätzlich aufgewertet und ist eine perfekte Kulisse für die abwechslungsreiche Küche des Hauses. Patron und Chefkoch Armin Gaiser kocht vielseitig, präsentiert regionale Speisen und bietet verschiedenste saisonale Spezialitäten wie Spargel-, Matjes-, Pfifferling- und Wildzubereitungen ebenso an wie kalte und warme Vespergerichte sowie knackige Salate. Er kauft entsprechend dem aktuellen Marktangebot vorzugsweise im Umland ein und kann sich auf ein gutes Netzwerk heimischer Händler verlassen. Ehefrau Beate Gaiser leitet charmant den freundlichen Service und berät zu den passenden Weinen. Für Familienfeste stehen passende Räumlichkeiten bereit. Das Restaurant ist behindertenfreundlich eingerichtet und für Rollstuhlfahrer*innen geeignet.

Fritz Lauterbad

Bhf→2 km

72250 · OT Lauterbad · Am Zollernblick 1 · ☎ (07441) 95 09 90 · Fax: 95 09 910
Restaurant "nice to feed you!", Bar, E-Bike-Ladestation, Arrangements
2 km
info@fritz-lauterbad.de · www.fritz-lauterbad.de

54 **DZ** von 140,00 bis 220,00 €;
als **EZ** von 98,00 bis 140,00 €;
4 **EZ** von 77,00 bis 88,00 €;
10 **Suiten** von 120,00 bis 140,00 €

Am Waldrand oberhalb von Lauterbad gelegen, gilt es, ein Hotel zu entdecken, dass mit einer dunkelsilbrig schimmernden Fassade aus kontrolliert abgebranntem Holz nicht nur optisch den üblichen Rahmen sprengt, sondern auch mit einem exklusiven Konzept zu überzeugen weiß. Erst war es nur eine Vision der Familien Heinzelmann und Schillinger, dann wurde es unter großem Einsatz zur Realität. Einer Realität in der der urbane Schick eines Smart Luxury Designhotels auf die traditionelle Ursprünglichkeit der Kulturlandschaft des Schwarzwalds trifft. Das traditionsreiche Stammhaus bekam eine architektonisch so ausgefallene Ergänzung, dass das Hotel mit dem German Design Award 2020 bedacht wurde. Luxus und Lifestyle verschmelzen abseits von jeglicher Hektik mit Ruhe und Rückbesinnung und münden in nachhaltige Erholung. Dank regionaler Produkte und heimischer Materialien kommen die erlesenen, hochwertigen Ausstattungselemente (Designer-Möbel, unverputzte Betondecken, Holzböden, bodentiefe Fenster) in den Zimmern und dem großzügigen Interieur des Hauses perfekt zur Geltung. Ein Wellnessbereich mit Saunen und Fitnessraum findet sein Outdoor-Gegenstück mit einem ganzjährig nutzbaren Infinity-Pool. Im Restaurant "#nice to feed you!" genießt man eine unverfälschte, ambitionierte und aromenstarke Regionalküche. Das "Fritz Lauterbad" zu beschreiben, ist das eine, es zu erleben, ist eine unbedingte Empfehlung.

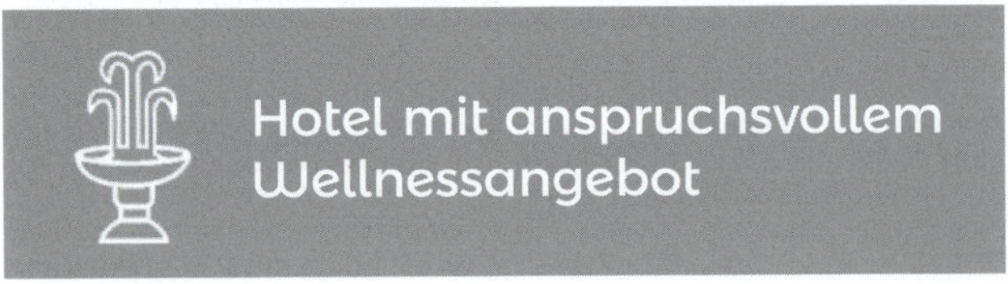

Lauterbad

Bhf→3 km

72250 · OT Lauterbad · Amselweg 5 · ☎ (0 74 41) 86 01 70 · Fax: 8 60 17 10
HP-Restaurant, Lounge, Wellness auf 1.800 m², Fitnesspark
1 km
info@lauterbad-wellnesshotel.de · www.lauterbad-wellnesshotel.de

33 **DZ** von 184,00 bis 274,00 €;
als **EZ** von 111,00 bis 165,00 €;
2 **EZ** von 92,00 bis 105,00 €;
6 **Suiten** von 242,00 bis 290,00 €

Erfreulich persönlich ist die Atmosphäre in diesem familiengeführten Urlaubshotel der Extraklasse. Der 1.800 m² große Wellnessbereich (s. a. Wellness-Special) mit der Lauterbad Therme im Hause, mit Saunawelt und Beautybereich ist eine Oase der nachhaltigen Erholung. Die großzügig geschnittenen Komfortzimmer (Preise inkl. Frühstück) sind geschmackvoll eingerichtet und ein harmonisches Zuhause auf Zeit. Das Hotel-Restaurant erinnert an ein Schiffsdeck, ruht vor der malerischen Waldkulisse und bietet feine Kulinaria im Wechsel der Jahreszeiten. Der Gast wird von einem sehr freundlichen Team umsorgt, das auch gerne bei der Freizeitgestaltung behilflich ist, wobei Gymnastik, Walking, Mountainbiking, Wandern und Golf nur einige der vielen reizvollen Möglichkeiten sind. Rund ums Jahr warten verschiedene attraktive Arrangements.

Bhf→3 km

Lauterbad - 'Stüble

✉ 72250 · OT Lauterbad · Amselweg 5 · ☎ (0 74 41) 86 01 70 · Fax: 8 60 17 10
Intern., Reg. u. Mediter. Küche · Küche: 12–14/18–21:30 Uhr · **Tische:** 10/38 Plätze
VISA AE
info@lauterbad-wellnesshotel.de · www.lauterbad-wellnesshotel.de

Speisekarte: 14 Hauptgerichte von 16,50 bis 262,00 €; 5 Tagesgerichte von 14,00 bis 28,00 €; 3 Menüs von 28,00 bis 36,00 € 95 Weinpos.
Rundum mit dem recycelten Holz einer alten badischen Kapelle ausgestattet, ist das „'Stüble" ungemein charmant und gemütlich. Das Interieur mit handgehobelten Wänden und Decken erinnert an eine alte Bauernstube aus dem vorigen Jahrhundert. Hier zu speisen, ist ein Genuss für alle Sinne. Das engagierte Team hält für jeden Geschmack etwas bereit. Es kocht mit frischen, bevorzugt regionalen und saisonalen Zutaten und präsentiert einen abwechslungsreichen Reigen sorgfältig zusammengestellter Speisen. Handwerklich korrekt und mit kreativen Akzenten, überzeugen die Gerichte mit sorgfältigen Zubereitungen und Aromenvielfalt. Markus Bach leitet den liebenswürdigen Service und gibt Tipps zu den passenden Weinen und der weiteren Getränkeauswahl.

Bhf→500 m

Warteck

✉ 72250 · Stuttgarter Straße 14 · ☎ (0 74 41) 9 19 20 · Fax: 91 92 93
Klass., Intern. u. Reg. Küche · Küche: 12–14/18–21 Uhr · **Ruhetag:** Di./Mi. · **Tische:** 12/36 Plätze
VISA
info@hotelwarteck.de · www.hotelwarteck.de

Speisekarte: 18 Hauptgerichte von 19,80 bis 42,00 €; 2 Menüs von 36,00 bis 55,00 €
214 Weinpos.
Chefkoch Oliver Gläßel führt sein Restaurant mit Leidenschaft und kocht mit ganz viel Schwung. Regionales wird mit pfiffigen Ideen geschickt verfeinert und mit mediterranen und internationalen Akzenten ergänzt.

Freyung

Die Perle Tirols

Bhf→500 m

✉ 94078 · Passauer Straße 7 · ☎ (0 85 51) 9 17 92 92 · Fax: 9 17 92 94
Österreichische Landküche · **Geöffnet:** 17-22 Uhr, Sa./So. auch 11:30-14 Uhr · **Ruhetag:** Di./Mi. · **Tische:** 8/48 Plätze
servus@dieperletirols.de · www.dieperletirols.de

Speisekarte: 13 Hauptgerichte von 10,50 bis 28,50 € 15 Weinpos.
Im Dreiländereck Bayerischer Wald, Tschechien und Österreich findet sich im niederbayerischen Freyung ein Gasthaus, das direkt aus Österreich importiert scheint und alles das widerspiegelt, was Tirol so einladend macht. Urgemütlich, entspannt und gesellig geht es in der "Perle Tirols" zu. Josef und Bernadette Habel haben ihre Heimat von Tirol nach Bayern verlegt und betreiben mit großer Leidenschaft und guter Laune ihr Restaurant. Holzboden, blanke Tische, karierte Stoffe, hübsche Bilder und das ein oder andere kleine Geweih verbinden sich zu einem wirklich schönen Ambiente. Der Patron steht selber am Herd und präsentiert eine richtig gute Landküche: ehrlich, bodenständig, aromenstark. Saisonale und Tiroler Spezialitäten ergänzen das Angebot ebenso wie herrlich dünne Wiener Schnitzel in knusprig-würziger Panade, Tafelspitz oder ein knackiger Backhendl-Salat mit edlem Kürbiskernöl. Ein perfektes Herbstgericht waren unsere Südtiroler Gnocchi mit Steinpilzsauce. Für die verführerisch guten Mehl- und Nachspeisen sollte man unbedingt noch etwas Platz lassen. Den liebenswürdigen Service leitet die Dame des Hauses, Bernadette Habel, mit ganz viel Herzlichkeit. Vor dem Haus fand noch ein kleiner Biergarten Platz, der in der Saison natürlich besonders gerne genutzt wird.

Landgasthaus Schuster OT Ort

Bhf→35 km

✉ 94078 · Ort 19 · ☎ (08551) 71 84 · Regionale Küche, eig. Kreationen · **Geöffnet:** mittags ab 11.30 Uhr, abends ab 18 Uhr · Küche: 12–13:30/18–20:30 Uhr · **Ruhetag:** Mo./Di./Mi./So.Abend · **Ferien:** variabel · **Tische:** 7/20-35 Plätze
info@landgasthaus-schuster.de · www.landgasthaus-schuster.de

Speisekarte: ca. 7 Hauptgerichte von 25,00 bis 38,00 €; 2 Menüs von 42,00 bis 90,00 €
220 Weinpos.
Chef de Cuisine Leopold Schuster verwöhnt seine Gäste in dem gemütlichen Landhaus mit abwechslungsreichen Speisen, die jahreszeitlich und regional abgestimmt sind und dank dem wohlsortierten Weinkeller von Bärbel Schuster immer einen passenden Wein als Begleiter finden.

Restaurant mit gutem Genuss-/Preisverhältnis.

Friedberg

Bhf→500 m

Bastian's Restaurant

✉ 61169 · OT Dorheim · Erbsengasse 16 · ☎ (0 60 31) 6 72 65 51
Deutsche und Französische Küche · **Geöffnet:** 18–22 Uhr · **Ruhetag:** So./Mo. ·
Ferien: 31.1.-13.2. + 1 W. Herbstfer. · **Tische:** 11/40 Plätze VISA EC
info@bastians-restaurant.de · www.bastians-restaurant.de

Speisekarte: 3 Hauptgerichte von 26,00 bis 35,00 €; 2 Menüs von 49,00 bis 95,00 €
20 Weinpos.

Die historische Dorheimer Hofreite ist eine schön gestaltete Kulisse für die ehrliche und kreative Küche von Patron und Chefkoch Chris Bastian Draisbach. Das Restaurant ist geschmackvoll und unprätentiös eingerichtet, an einer Wand aus Bruchstein steht schlicht der Name "Bastian", die Tische sind in Weiß eingedeckt. Chris Bastian Draisbach versteht sein Handwerk und legt großen Wert auf Zutaten in kompromisslos guter Qualität, gerne bezieht er sie bei bekannten Händlern und Erzeugern aus dem Umland. Mit großem Können, Sorgfalt und einer gehörigen Prise Kreativität stellt er sie geschmackssicher zusammen und präsentiert Speisen, in denen sich deutsche und französisch Elemente verbinden. Das ist eine jahreszeitlich inspirierte Küche, die Spaß macht. Wer in den erinnerungswürdigen Genuss kommen möchte, sollte rechtzeitig einen Tisch reservieren. Auf der Terrasse wurde das beheizte Zelt rechtzeitig herbstfest gemacht.

Friedland (Kreis Göttingen)

Bhf→500 m

Genießer Stube

✉ 37133 · Weghausstraße 20 · ☎ (0 55 04) 9 35 00 · Fax: 93 50 40
Klassische Küche · **Geöffnet:** 12 - 14:30 und 18 - 22 Uhr, Reservierung zwingend erforderlich! · **Ruhetag:** Sa.-Mittag/So./Mo. · **Tische:** 5/20 Plätze VISA AE EC
kontakt@geniesserstube.de · www.geniesserstube.de

Speisekarte: 3 Hauptgerichte zu 49,00 €; 1 Mittagsmenü zu 59,00 €; 1 Menü von 125,00 bis 150,00 €
260 Weinpos.

Daniel Raub setzt die kulinarische Familientradition in ihrer schönsten und genussvollsten Form fort: Er präsentiert eine durchdachte, gerne saisonale Produktküche mit innovativen, tiefgründigen Speisen.

♜ Schillingshof

Bhf→2 km

✉ 37133 · OT Groß Schneen · Lappstraße 14 · ☎ (0 55 04) 2 28 · Fax: 4 27 · Neue, Intern. u. Reg. Küche · **Geöffnet:** Mi.-Sa. 17:30 - 22 Uhr, So. 12-14 Uhr · **Ruhetag:** Mo./Di. · **Ferien:** je 3 W. Jan. + 3 W. Sommer · **Tische:** 15/45 Plätze
info@schillingshof.de · www.schillingshof.de ·

Speisekarte: 6 Hauptgerichte von 26,00 bis 45,00 €; 3 Menüs von 40,00 bis 125,00 € 170 Weinpos.
Über 350 Jahre lang ist die Geschichte des "Schillingshof": Vom Tante-Emma-Laden, der Pferdezucht und traditionellem Wirtshaus führte der Weg zum heutigen Gourmetrestaurant mit Hotel und der 13. Generation, die sich engagiert und fleißig einbringt. Das historische Fachwerk erinnert an die alten Zeiten und wird dank der zeitlos modernen Fauteuils und einer schlichten Einrichtung besonders augenfällig in Szene gesetzt. Patron und Chefkoch Stephan Schilling vertritt eine innovative Produktküche, die ganz im Hier und Jetzt verankert ist, ohne tradierte Rezepturen in Vergessenheit geraten zu lassen. Die werden in raffinierten Neuinterpretationen präsentiert. Allen gemein ist die Basis erstklassiger, saisonaler Zutaten, die bevorzugt von ausgewählten Händlern, Bauern und den Märkten der Region bezogen werden und überwiegend aus biologisch-kontrolliertem Anbau stammen. Die Speisen sind ehrlich und ausgeklügelt zugleich und unterstreichen die kulinarische Klasse im "Schillingshof". Familiären Zusammenhalt – auch im täglichen beruflichen Miteinander – demonstrieren Ehefrau Petra Erbeck-Schilling, die liebenswürdige Gastgeberin ist, und Sohn Felix Schilling, der als versierter Sommelier perfekte Tipps rund um die korrespondierenden Weine gibt. Mit Schillings-Saal und -Scheune gibt es schöne Räumlichkeiten für zuverlässig begleitete Veranstaltungen.

Restaurant mit gutem Genuss-/Preisverhältnis.

Friedrichshafen

Felders Restaurant

Bhf→200 m

✉ 88045 · Karlstraße 42 · ☎ (0 75 41) 39 19 55 · Regionale u. Internationale Küche · **Geöffnet:** Di./Do. 11-23, Fr. 11-24, Sa. 10-24, So. 9:30-17 – Mai.-Okt.: Mo.-Do. 11:30-24, Nov.-Apr.: Mo.-Do. 10-17 Uhr · **Ruhetag:** Mo. · **Ferien:** 1 Wo. April · **Tische:** 20/80 Plätze
info@felders-restaurant.de · www.felders-restaurant.de ·

Speisekarte: 4 Hauptgerichte von 17,50 bis 27,50 €; 4 Tagesgerichte von 10,50 bis 11,50 €; 1 Menü (Nov.-April) von 35,00 bis 39,00 € ca. 50 Weinpos.
"Felders Restaurant" findet sich direkt am Hafen, im Medienhaus k42. Das Restaurant mit Aussicht ist mit blanken Tischen, Spiegelflächen und raffinierter Illumination geradlinig, fast minimalistisch und modern gestaltet. Dank der Panoramafenster ist der Blick über den Bodensee bis hin zur Alpenkette der Schweiz und Österreich schlicht fantastisch. Patron und Chefkoch Ralf Felders präsentiert eine bodenständige, ehrliche und aromenstarke Küche. Die erntefrischen Zutaten kommen bevorzugt aus der Region, die dank des milden Klimas für Obst- und Gemüseanbau bekannt ist. Saisonal und unter nachhaltigen Aspekten erzeugt, schmeckt man, dass die Zutaten keine allzu langen Wege hinter sich haben. Die Zubereitungen spiegeln das jahreszeitliche Angebot wider und sind handwerklich korrekt. Das gut durchdachte Speiseangebot beginnt morgens mit einem Frühstücksangebot, gefolgt von einem Mittagstisch mit Wahl-Hauptspeisen (auch vegetarisch) und Kaffee und Kuchen am Nachmittag.

Abends kann man nach dem Essen im Loungebereich oder direkt am See auf der Terrasse bei einem frisch gemixten Cocktail den Tag entspannt ausklingen lassen. Das "Felders" ist übrigens auch bestens geeignet, um Geburtstage, Jubiläen oder Firmenveranstaltungen durchzuführen. Alternativ holt man sich das Team mit seinem Event-Cooking direkt in die eigenen vier Küchenwände.

Bhf→6 km

Krone Schnetzenhausen OT Schnetzenhausen

✉ 88045 · Untere Mühlbachstraße 1 · ☎ (0 75 41) 40 80 · Fax: 4 36 01
Restaurant mit Intern. und Reg. Küche, Piano-Bar, Wintergarten, Terrasse
30 km VISA AE
info@ringhotel-krone.de · www.ringhotel-krone.de

100 **DZ** von 160,00 bis 220,00 €;
30 **EZ** von 96,00 bis 130,00 €;
10 **Suiten** von 250,00 bis 300,00 €
Das traditionsreiche Ringhotel „Krone Schnetzenhausen " ist eine Sport- und Ferienanlage bester Güte. Die komfortablen Zimmer lassen keine Wünsche offen, auch die erstklassigen Tagungsräume sind modern eingerichtet. Ein Terrassenrestaurant und der herrliche Garten werden von einem vielseitigen Freizeitangebot ergänzt.

Bhf→5 km

Traube am See

✉ 88048 · OT Fischbach · Meersburger Straße 11 · ☎ (0 75 41) 95 80 · Fax: 95 88 88
„Rôtisserie" mit Intern. und Reg. Küche, Bar, Zi.-Preis inkl. Frühstück f. 1 Ps.
25 km VISA AE
traubeamsee@t-online.de · www.traubeamsee.de

81 **DZ** ab 82,00 €;
10 **EZ** ab 82,00 €;
3 **Suiten** ab 139,00 €
Nur 100 Meter vom Bodensee entfernt bietet das Hotel moderne und behagliche Komfortzimmer – oft mit Balkon und herrlichem Seeblick (für 1 Ps. Frühstücksbuffet im Preis inkl.). Die mediterran gestaltete Wellnesslandschaft lädt zum Entspannen ein.

Fulda

Bhf→1 km

Christian & Friends Tastekitchen

✉ 36037 · Nonnengasse 5 · ☎ (01 62) 4 13 95 88
Moderne und Französische Küche · Küche: 11:30–14/19–22 Uhr · **Ruhetag:** So./Mo.
VISA AE
kontakt@christianandfriends.de · www.christianandfriends.de

Speisekarte: Hauptgerichte von 25,00 bis 29,00 €; 1 Menü ab 75,00 €
250 Weinpos.
"Tastekitchen" gehört nicht umsonst zum Restaurantnamen: Chefkoch Christian Steska möchte, dass seine Gäste die wechselnden Menüs aus handverlesenen Zutaten mit allen Sinnen genießen und immer wieder neue, innovative, kulinarische Erfahrungen machen.

Romantik Hotel Goldener Karpfen

Bhf→800 m

36037 · Simpliziusbrunnen 1 · (06 61) 8 68 00 · Fax: 8 68 01 00
Reichhaltiges Frühstücksbuffet, Bar, Weinstube, Terrasse
15 km
goldener-karpfen@romantik.de · www.hotel-goldener-karpfen.de

40 **DZ** ab 175,00 €;
als **EZ** ab 135,00 €
In der Stadtmitte gelegen und dennoch schön ruhig. Das seit 1904 im Familienbesitz befindliche Hotel glänzt mit komfortablen Zimmern, die eine Mischung aus Tradition und neuzeitlichem Design präsentieren. Für Businessgäste stehen funktionale Tagungs- und Konferenzräume zur Verfügung.

Fürth

Werners Boutique Hotel

Bhf→500 m

90762 · Friedrichstraße 20/22 · (09 11) 7 40 56-0 · Fax: 7 40 56 30
Restaurant, Bar, Arrangements, Frühstück im Zi.-Preis inkl.
info@werners-hotel.de · www.werners-hotel.de

18 **DZ** ab 119,00 €;
als **EZ** ab 90,00 €;
15 **EZ** ab 72,50 €;
2 **Suiten** ab 170,00 €
Fußläufig vom schönen Stadtpark entfernt, findet sich dieses familiengeführte Boutique-Design-Hotel in zentraler Fürther Citylage (dank der Kooperation mit dem nahen Parkhaus, muss man sich um Parkplätze keine Gedanken machen). Hotelklassifizierungen zählen hier nicht, sondern einzig und allein das Wohlergehen des Gastes. Entsprechend persönlich, zugewandt, kompetent und zuvorkommend ist das Serviceteam, das bei kleinen und großen Wünschen bereitsteht. Die individuell und liebevoll eingerichteten Zimmer verfügen über zeitgemäßen Komfort und sind für jeden Besucher, egal ob Business- oder Städtereisender, ein schönes und behagliches Zuhause auf Zeit. In zwei modern ausgestatteten Räumen können aufmerksam betreute Tagungen stattfinden. Der Tag beginnt mit einem reichhaltigen Frühstückbuffet (im Zi.-Preis inkl.). So gestärkt kann man bestens effektiv arbeiten oder die Stadterkundung starten. Durch die enge Zusammenarbeit mit dem nur zwei Minuten zu Fuß entfernten, 1500 m² großen Fitnessstudio "Clever Fit" können die Hotelgäste dort alle Geräte kostenfrei nutzen. Abends kann man sich zum Essen in "Tim's Kitchen" treffen und danach den Tag in geselliger Runde an der Bar ausklingen lassen.

Sie finden diese Hotels und Restaurants auch bei facebook oder instagram.

Bhf→300 m

♜ Tim's Kitchen

✉ 90762 · Friedrichstraße 20/22 · ☎ (09 11) 7 40 56-0 · Fax: 7 40 56 30 · Regionale und Internationale Küche · **Geöffnet:** Mi.-Sa. 18-24 Uhr, Bestellannahme bis 21 Uhr · **Ruhetag:** So./Mo./Di. · **Ferien:** Ostern + 2 W. August · **Tische:** 10/35 Plätze
VISA AE EC
hallo@timskitchenfuerth.com · www.timskitchenfuerth.com · f

Speisekarte: 2 Menüs von 45,00 bis 105,00 € 50 Weinpos.
Das Interieur im "Tim's Kitchen" ist herrlich extravagant, urban und kosmopolitisch. Letzteres trifft im Grunde auch auf die Speisen von Chefkoch Tim Reinwald zu. Man sieht und schmeckt die Leidenschaft, mit der er kocht. Er kauft bevorzugt im Umland ein, bezieht die Ware wenn nötig aber auch grenzübergreifend. Wichtig ist die kompromisslos gute Qualität. Mit Verve und sehr viel Fantasie stellt er die Zutaten zusammen und kreiert Speisen von wohl dosierter Aromenvielfalt, die von Strömungen aus aller Welt inspiriert sind. Mutter Ilva-Maria Reinwald leitet charmant den Service und ist die ausgewiesene Weinkennerin im Hause. Es werden zwei Menüs – eines mit Fisch/Fleisch, eines vegetarisch – angeboten, bei denen man die Anzahl der Gänge (3-7 und 3-6) selber wählen kann. Zusätzlich gibt es ein wöchentlich wechselndes, edles Steakcut mit erstklassigen Beilagen. An warmen Tagen ist der romantische, üppig begrünte Garten der bevorzugte Platz, um Tim's Kitchen kennenzulernen.

Bhf→900 m

Kupferpfanne

✉ 90762 · Königstr. 85 · ☎ (09 11) 77 12 77 · Fax: 77 76 37
Klass. u. Neue Küche, eig. Kreat. · **Geöffnet:** ab 11:30 Uhr, abends ab 18 Uhr · **Ruhetag:** So./Feiert. · **Tische:** 10/30 Plätze
VISA AE
restaurant@ew-kupferpfanne.de · www.ew-kupferpfanne.de · f

Speisekarte: 4 Hauptgerichte von 28,00 bis 38,00 €; 1 Mittagsmenü zu 36,00 €; 1 Menü zu 75,00 € 250 Weinpos.
Unaufdringliche Eleganz prägt das in zeitloser Moderne eingerichtete Restaurant. Hier zeigt Chefkoch Erwin Weidenhiller die ganze Bandbreite seines Könnens, wenn er die ausgesuchten Zutaten mit viel Fantasie zu ausbalancierten Speisen zusammenstellt.

Fürstenfeldbruck

Fürstenfelder

✉ 82256 · Fürstenfeld 15 (Parken Navi: Zisterzienserweg) · ☎ (81 41) 88 87 54 10
Regionale und Saisonale Küche · **Tische:** 40/180 Plätze
VISA AE EC
restaurant@fuerstenfelder.com · wwwfuerstenfelder.com · f

Speisekarte: 14 Hauptgerichte von 13,50 bis 29,50 €; 2 Tagesgerichte von 14,50 bis 19,50 €
60 Weinpos.
Im bio-zertifizierten Fürstenfelder Restaurant stammen die erstklassigen Zutaten – ausgewählte Fleisch- und Fischprodukte, saisonales und regiona-

les Gemüse – aus artgerechter Haltung und werden schonend und mit feinem Gespür fürs richtige Aroma von Chefkoch Andreas Wagner zubereitet.

Füssen

Hartung's Hotel Dorf OT Hopfen am See

Bhf→7 km

✉ 87629 · Enzensbergstraße 20 · ☎ (0 83 62) 5 05 50 · Fax: 50 55 60 · Rest. m. Intern. u. Reg. Küche, Terrasse, Doppel- und Einzel-Zi.-Preise inkl. Frühstück
VISA EC
info@hartungs-hoteldorf.de · www.hartungs-hoteldorf.de

25 **DZ** ab 160,00 €;
15 **EZ** ab 80,00 €;
20 **App.** ab 190,00 €

In diesem beliebten Hotel sorgen behaglich eingerichtete Zimmer, ein herrliches Wellnessprogramm, u. a. mit Ayurveda-Massagen, professionellen Beautyanwendungen und Sauna, und der sehr aufmerksame Service für erholsame Urlaubstage.

Schlosskrone

Bhf→100 m

✉ 87629 · Prinzregentenplatz 2-4 · ☎ (0 83 62) 93 01 80 · Fax: 9 30 18 50
Rest. m. Intern. u. Reg. Küche, Weinkeller, Kurcafé, Konditorei
25 km
VISA EC
rezeption@schlosskrone.de · www.schlosskrone.de

58 **DZ** ab 99,00 €;
2 **EZ** ab 79,00 €;
4 **Suiten** ab 229,00 €

Hinter einer wunderschönen historischen Fassade findet sich dieses charmante 4-Sterne-Superior-Hotel. Die Liebe zum Detail und historische Elemente prägen jeden Raum und finden sich auch in den hübschen Zimmern mit Wohlfühlambiente wieder.

Römisches Bad

Beim römischen Bad durchläuft man nacheinander unterschiedlich temperierte Dampf- und Wasserbäder. Das Tepidarium ist mit einer Temperatur zwischen 37 und 39 °C ein kreislaufschonender, lauwarmer Raum und wird - zwischen Kalt- und Heißbad - als Regenerationsbad eingestuft. Das Caldarium wird auch als Dampfgrotte oder Aroma-Dampfbad bezeichnet und zeichnet sich durch eine sehr hohe Luftfeuchtigkeit und eine Strahlungswärme zwischen 42 und 50 °C aus, die gleichmäßig von gefliesten Wänden, Bänken und Decke abgestrahlt wird. Im Laconium kommt der Körper bei einer gleichbleibenden Temperatur von ca. 65 °C kräftig ins Schwitzen.

Das Frigidarium ist ein Kälteraum. Gerade der Wechsel von warmen zu kalten Räumen ist im römischen Bad besonders wichtig. Die langsam ansteigenden Temperaturen in den verschiedenen Räumen entlasten den Kreislauf, der feuchte Dampf fördert die Durchblutung der Atemwege.

Garmisch-Partenkirchen

Bhf→5 km

♜ Husar

✉ 82467 · Fürstenstr. 25 · ☎ (0 88 21) 9 67 79 22 · Fax: 9 67 79 21
Regionale u. Intern. Küche · **Geöffnet:** Mi.-So. ab 18 Uhr, So. auch 12-14 Uhr · **Ruhetag:** Mo. (Di. auf Anfrage) · **Tische:** 15/60 Plätze
info@restauranthusar.de · www.restauranthusar.de

Speisekarte: 12 Hauptgerichte von 25,00 bis 42,00 €
500 Weinpos.
Wunderschöne, landestypisch eingerichtete Stuben sind die charmante Kulisse für die präzise und aromenstarke deutsch-alpenländische Küche von Chefköchin Verena Merget.

Bhf→100 m

♜ Reindl's Restaurant

✉ 82467 · Bahnhofstr. 15 · ☎ (0 88 21) 94 38 70 · Fax: 94 38 72 50
Klass. u. Reg. Küche · **Geöffnet:** Mo.-Do.: 18-23 Uhr, Fr./Sa./So.: auch 12-14 Uhr · **Ferien:** Nov.-Mitte Dez. · **Tische:** 30/120 Plätze
info@reindls.de · www.reindls.de

Speisekarte: 6 Hauptgerichte von 23,00 bis 29,00 €; 1 Menü zu 45,00 €
340 Weinpos.
Im sehr behaglich eingerichteten Restaurant kombiniert Chefköchin Marianne Holzinger mit Freude, handwerklichem Können und pfiffigen Ideen die ausgesuchten, gerne saisonalen Zutaten und setzt damit die gastfreundliche Familientradition auch in der Küche fort.

Bhf→1 km

Zugspitze

✉ 82467 · OT Garmisch · Klammstraße 19 · ☎ (0 88 21) 90 10 · Fax: 90 13 33
Restaurant mit Regionaler Küche, Terrasse, Bar, Kaminzimmer
2 km
info@hotel-zugspitze.de · www.hotel-zugspitze.de

34 **DZ** ab 170,00 €;
7 **EZ** ab 85,00 €;
4 **Suiten** ab 390,00 €;
3 **Jun.-Sui.** ab 350,00 €
Im Hotel Zugspitze kann man zu jeder Jahreszeit tiefenentspannte Urlaubstage in einer einladenden und warmen Atmosphäre verbringen. Das Team ist immer ansprechbar und hilfsbereit, die Preise inkludieren viele Leistungen (Frühstück, Brotzeit, Nutzung d. Wellnessbereichs, diverse Kurse uvm.).

Gehrden

Bhf→5,3 km

♜ Berggasthaus Niedersachsen

✉ 30989 · Kötnerberg 4 · ☎ (0 51 08) 31 01 · Fax: 20 31
Reg., Mediterr. und Vegane Küche · **Geöffnet:** Do./Fr.: 15-22 Uhr, Sa./So. 12-22 Uhr · **Ruhetag:** Mo./Di./Mi. · **Tische:** 14/60 Plätze
info@berggasthaus-niedersachsen.de · www.berggasthaus-niedersachsen.de

Speisekarte: 4 Hauptgerichte von 18,00 bis 28,00 €; 2 Menüs von 37,00 bis 89,00 €
Das hübsche Fachwerkhaus liegt mitten im Grünen und ist auch deshalb für (Hochzeits-)Feiern perfekt. Ein weiterer Grund ist die auf erntefrischen Zutaten basierende, unverfälschte Produktküche von Patron und Chefkoch Oliver Gerasch.

♜ Hotels und Restaurants mit diesem Zeichen befinden sich in einem historischen Gebäude.

Geisenheim-Johannisberg

♜ Relais & Châteaux Hotel Burg Schwarzenstein

Bhf→5 km

✉ 65366 · Rosengasse 32 · ☎ (0 67 22) 9 95 00 · Fax: 99 50 99
Mediterraner Park, Burgrestaurant u. MÜLLERS auf der Burg, Arrangements
20 km
VISA AE EC
info@burg-schwarzenstein.de · www.burg-schwarzenstein.de

51 **DZ** von 295,00 bis 360,00 €;
als **EZ** von 160,00 bis 310,00 €;
2 **Suiten** von 620,00 bis 760,00 €;
10 **Junior-Suiten** zu 395,00 €

Eine Lage, wie man sie sich kaum erträumen mag: hoch droben über dem Johannisberg, umgeben von einer mediterran anmutenden Parkanlage mit einem hinreißenden Blick weit hinein ins Rheingau und auf endlose Rebenreihen – Burg Schwarzenstein, das zur renommierten Relais & Châteaux Gruppe gehört, ist ein Kleinod gehobener Hotelleriekultur. Hier zu tagen (s. a. Tagungs-Special), seine Urlaubstage zu verbringen oder ein Schlemmerwochenende zu genießen, ist keine Vorstellung mehr von Perfektion, sondern schlichte Realität. Die wunderschön und individuell eingerichteten Zimmer (Frühstück 25,- € p. Ps.) mit ausgesuchten Seidenstoffen und mediterranem Flair sind ein wahres Refugium der Gastfreundschaft. In der erweiterten Parkresidenz sind weitere Zimmer und Tagungsräume hinzugekommen. Mühelos kann man nette Kontake knüpfen: auf der von Riesling-

greben umrankten Sommerterrasse mit südländischem Flair, im lichtdurchfluteten Rheingau-Zimmer, dem gemütlichen Erkerzimmer oder in der Kaminbar. Im hübschen Burgrestaurant, das direkt im historischen Burgensemble liegt, werden ausgesuchte Rheingauer Köstlichkeiten angeboten und im großen Glas-Kubus wartet das Restaurant "Müllers auf der Burg" mit einer frischen und abwechslungsreichen Brasserie-Küche und weitem Blick ins Rheintal auf.

Bhf→5 km ♜ MÜLLERS auf der Burg - by Nelson Müller

✉ 65366 · Rosengasse 32 · ☎ (0 67 22) 9 95 00 · Fax: 99 50 99 · Klassische und Neue Küche · **Geöffnet:** mittags: 12-14:30 Uhr, abends: 17-19:30 + 20-22:30 UhrMi.-Sa. 18-22 Uhr, So./Feiertage 13-16:30 + 18-22 Uhr · **Ruhetag:** Mo./Di. · **Ferien:** 1.-18.1.21 · **Tische:** 16/40 Plätze
VISA AE
muellers@burg-schwarzenstein.de · www.burg-schwarzenstein.de ·

Speisekarte: 1 Hauptgericht von 16,00 bis 55,00 €
550 Weinpos.
Die Gastronomie im Relais & Châteaux Hotel Burg Schwarzenstein wurde ganz neu aufgestellt. Seit dem Sommer 2020 ist Nelson Müller hier Chefkoch und setzt ein frisches und lässiges kulinarisches Konzept und sein Leitmotiv um: "Essen soll vor allen Dingen eines: Dich glücklich machen.“ Die neue Brasserie im verglasten Pavillon mit weitläufigen Terrassen und hinreißendem Blick über die Weinberge ist ein stilvoll-eleganter und dennoch lässig-weltoffener Ort – hier trifft man sich in familiärem Kreis, der Runde mit Freunden oder romantisch zu zweit und kann eine Küche genießen, die eine gekonnte Bandbreite gehobener Regionalia und raffinierter Brasserie-Gerichte ist. Von Käsespätzle, Bratkartoffeln und Currywurst über Bouillabaisse, Kaviar und Hummer bis hin zu Klassikern wie Coq au Vin oder Ochsenbacke reicht das vielseitige Spektrum der frisch und präzise zubereiteten Speisen, die einfach nur gut schmecken und Spaß machen. Die Fruit de Mer-Bar aus poliertem Marmor mit edlen Schalentieren und Austern in der Auslage ist ein echter Eyecatcher. Wer geschäftlich oder familiär den ungestörteren Rahmen sucht, ist in MÜLLERS SALON bestens aufgehoben: Der in feinen Grautönen gehaltene Private Dining Room steht bis zu 20 Personen zur Verfügung – mit spektakulärem Blick ins Rheintal inklusive.

Gengenbach

♜ Die Reichsstadt

Bhf→800 m

77723 · Engelgasse 33 · ☎ (0 78 03) 9 66 30 · Fax: 96 63 10 · Romantische Gartenanlage, Terrasse, Bar, reichhaltiges Frühstücksbuffet im Zi.-Preis inkl. 10 km
VISA AE EC
Info@die-reichsstadt.de · www.die-reichsstadt.de

21 **DZ** ab 160,00 €;
als **EZ** ab 115,00 €;
5 **Suiten** ab 220,00 €

In einem sorgfältig sanierten historischen Gebäude im mittelalterlichen Gengenbach ist dieses kleine, aber feine Hotel beheimatet. Die in modernem Design eingerichteten Zimmer (Preise inkl. Frühstück) stehen in spannungsreichem Kontrast zur gelebten gastlichen Tradition und sind ein komfortables, helles und freundliches Zuhause auf Zeit. Die Betreuung durch das freundliche Hotel-Team könnte aufmerksamer nicht sein. Gerne trifft man sich auf der schick gestalteten Dachterrasse mit Sky-Lounge. Hervorhebenswert ist die wunderschöne romantische Gartenanlage. Hier kann man ganz unbeschwert entspannen und den Urlaub mit allen Sinnen genießen.

Hervorhebenswert in seiner Kategorie

♜ Die Reichsstadt

Bhf→800 m

77723 · Engelgasse 33 · ☎ (0 78 03) 9 66 30 · Fax: 96 63 10
Klass., Reg. u. Mediter. Küche · **Geöffnet:** ab 17 Uhr · **Ruhetag:** Mo. · **Tische:** 15/70 Plätze
VISA AE EC
info@die-reichsstadt.de · www.die-reichsstadt.de

Speisekarte: 10 Hauptgerichte von 21,00 bis 45,00 €; 6 Tagesgerichte von 14,00 bis 28,00 €; 2 Menüs von 39,00 bis 95,00 € 129 Weinpos. Holzdielenboden und Balkendecke, helle und erdige Farbtöne, weiße Sprossenfenster und fein eingedeckte Tische verbinden sich im Restaurant zu einem dezenten und sehr geschmackvollen Landhausstil. Das ländliche Ambiente wird durch moderne Fauteuils in einem schönen Grauton aufgehoben, so dass das Interieur eine gelungene Mischung aus Traditionellem und Zeitgeistigem ist. Man spürt in jedem Winkel das große Engagement von Familie Hummel, die hier einen Treffpunkt für anspruchsvolle Feinschmecker etabliert hat. Küchenchef Gerhard Hummel setzt auf eine durchdachte Küche, die in der Region verwurzelt ist, in der mediterrane Elemente ebenso ihren Platz haben wie moderne Zubereitungsformen, kreative Eigenschöpfungen und sogar Stippvisiten ins Molekulare. Handwerklich präzise, aromenbetont und ausbalanciert, ist jeder einzelne der angerichteten Teller auch optisch ein Hingucker. Im Sommer erfährt das Restaurant eine traumschöne open-air-Erweiterung: An einer Seite von der historischen Stadtmauer begrenzt, sitzt man zwischen prächtig blühenden weißen Hortensien, duftendem Lavendel, Zypressen und Olivenbäumchen und lässt den Alltag einfach vor der Tür.

Bhf→500 m

♜ Restaurant Pfeffermühle

✉ 77723 · Victor-Kretz-Str. 17 · ☎ (0 78 03) 9 33 50 · Fax: 66 28
Intern. u. Regionale Küche · **Geöffnet:** 10–24 Uhr · Küche: 11:45–14:15/17:30–21:30 Uhr · **Ruhetag:** Do. · **Tische:** 19/100 Plätze VISA
info@pfeffermuehle-gengenbach.de · www.pfeffermuehle-gengenbach.de

Speisekarte: 13 Hauptgerichte von 13,80 bis 36,00 €; 4 Tagesgerichte von 7,80 bis 20,00 €; 1 Menü von 48,00 bis 62,00 € 79 Weinpos.
Ein historisches Fachwerkhaus aus dem Jahre 1476 ist die wunderschöne Kulisse für das feine Restaurant "Pfeffermühle", das in einem rustikal-eleganten Landhausstil eingerichtet ist. Das mächtige Balkenwerk wurde harmonisch ins Interieur integriert und gibt dem Restaurant eine sehr ausgefallene und behagliche Note. Patron und Chefkoch Axel Armbruster steht selber am Herd, kauft täglich bei Lieferanten in und um Gengenbach ein und lässt sich von dem vielseitigen markt- und saisonfrischen Warenangebot inspirieren. In der Region verwurzelt, interpretiert er die Speisen neu und nutzt verschiedene Gar- und Würzmethoden, um ihnen eine ganz eigene Note zu geben. Mit mediterranen Elementen bereichert er das Angebot zusätzlich. Zu den beliebtesten Spezialitäten gehören die verschiedensten Zubereitungen fangfrischer Forellen, die u. a. von Steakgerichten ergänzt werden. Ehefrau Anja Armbruster leitet den Service mit großer Liebenswürdigkeit. Für Feierlichkeiten und geschäftliche Treffen ist das „Nachtwächter Stüble" ideal, außerdem gibt es noch weitere Räumlichkeiten sowie einen exzellenten Catering-Service, der nicht nur kulinarische Köstlichkeiten liefert, sondern sich um den gesamten Eventverlauf kümmert.

Stadthotel Pfeffermühle

Bhf→500 m

✉ 77723 · Oberdorfstraße 24 · ☎ (0 78 03) 9 33 50 · Fax: 66 28
Rest., ca. 350 m entfernt, m. badischer Küche, Frühstücksbuffet im Preis inkl.
7 km
info@pfeffermuehle-gengenbach.de · www.pfeffermuehle-gengenbach.de

20 **DZ** ab 92,00 €;
als **EZ** ab 69,00 €;
5 **EZ** ab 62,00 €;
1 **Ju.-Suite** ab 122,00 €

Dieses komfortable und engagiert geführte Hotel mit familiärer Atmosphäre liegt am Stadtrand, aber auch in unmittelbarer Nähe des malerischen Altstadtkerns von Gengenbach und ist mit komfortabel eingerichteten Zimmern ein niveauvolles Zuhause auf Zeit. Das reichhaltige Schwarzwälder Frühstücksbuffet ist im Zimmerpreis inbegriffen. Die Lage ist ideal, um von hier aus den Schwarzwald zu erkunden. Zum Hotel gehört das nur 350 Meter entfernte Restaurant "Pfeffermühle", das in einem historischen Fachwerkhaus aus dem Jahre 1476 beheimatet ist und eine hübsche Terrasse im Herzen der pittoresken Altstadt hat.

Ponyhof Stammhaus

Bhf→1,5 km

✉ 77723 · Mattenhofweg 6 · ☎ (0 78 03) 14 69 · Neue Küche · **Geöffnet:** Mi.-Fr. ab 17 Uhr, Sa.So./Feiertag auch 11:30-13:30 Uhr Sa., So., Feiertag von 11-21:30 Uhr · **Ruhetag:** Mo./Di. · **Ferien:** Faßnacht + je 1 Wo. im Juni + im Sommer · **Tische:** 20 /120 Plätze
info@ponyhof.co · www.ponyhof.co

Speisekarte: 14 Hauptgerichte von 22,50 bis 59,00 €; 1 Menü von 59,59 bis 79,79 € 372 Weinpos.
Die Brüder Tobias und Marco Wussler sowie Vater Alois Wussler bilden das perfekte Trio und Küchenteam im Feinschmeckerrestaurant „Ponyhof". Sie interpretieren ihre saisonal und regional ausgerichtete badische Wirtshausküche ganz neu und aufregend anders.

Gernsbach

♜ Schloss Eberstein

Bhf→2 km

✉ 76593 ·· ☎ (0 72 24) 99 59 50 · Fax: 9 95 95 50 · "Gotischer Raum", Schlossschenke, Bibliothek, Terrasse, Vinothek, Zimmerpreise inkl. Frühstück
12 km
info@schlosseberstein.com · www.schlosseberstein.com

9 **DZ** von 158,00 bis 175,00 €;
als **EZ** von 115,00 bis 135,00 €;
5 **(Jui.-)Suiten** von 198,00 bis 248,00 €

Grandios die Lage von Schloss Eberstein direkt am eigenen Weinberg. Die klimatisierten Hotelzimmer (Preise inkl. Frühstück) sind romantisch eingerichtet. Das Schlosshotel ist eine schöne Kulisse für Festivitäten, sogar standesamtliche Trauungen sind hier möglich.

♜ Schloss Eberstein - Werners Restaurant

Bhf→2 km

✉ 76593 ·· ☎ (0 72 24) 99 59 50 · Fax: 9 95 95 50
Klass. u. Neue Küche, eig. Kreat. · **Geöffnet:** Mi.-Sa. 18:30-22 Uhr, So.+ Feiertag auch 12 -14 Uhr · **Ruhetag:** Mo./Di., + 24.12. · **Tische:** 14/40 Plätze
info@schlosseberstein.com · www.schlosseberstein.com

Speisekarte: 3 Hauptgerichte von 41,00 bis 70,00 €; 1 Menü von 98,00 bis 120,00 € 450 Weinpos.
"Werners Restaurant" ist in unaufdringlicher Eleganz eingerichtet. Der herrliche Blick in die weite Landschaft wetteifert mit den durchdachten, exquisiten badisch-französischen Speisen, die die beiden Küchenchefs Bernd Werner und Andreas Laux mit bevorzugt regionalen Zutaten mit leichter Hand zusammenstellen und gekonnt zubereiten.

Hervorragende Serviceleistung

Glonn

Wirtshaus zum Schweinsbräu

85625 · Hermannsdorf 7 · ☎ (0 80 93) 90 94 45
Österreich. und Saisonale Küche · Küche: 12–15/18–22 Uhr · **Ruhetag:** Mo./Di.
info@biorestaurant-steirereck.de · www.biorestaurant-steirereck.de

Speisekarte: 5 Hauptgerichte von 28,00 bis 45,00 €; 2 Menüs von 46,00 bis 149,00 €

Im Restaurant mit hohem, offenem Giebel und Scheunencharakter wird dank Olimpia Cario eine unverfälschte, aromenstarke und grundehrliche Küche geboten. Die Zutaten in bester Bioqualität kommen aus naturnaher Lebensmittelerzeugung und spiegeln den jahreszeitlichen Rhythmus wider.

Glottertal

Bhf→8 km

Hirschen

79286 · Rathausweg 2 · ☎ (0 76 84) 8 10 · Fax: 17 13 · Terrasse, reichhaltiges Frühstücksbuffet (im Zi.-Preis inkl.), eig. Weinanbau, Restaurant
20 km
info@hirschen-glottertal.de · www.hirschen-glottertal.de

36 **DZ** von 162,00 bis 196,00 €;
13 **EZ** von 86,00 bis 105,00 €
Ein 15.000 m² großer Park umgibt dieses komfortable Hotel mit stilvollen Zimmern (Preise inkl. Frühst.), Tagungsräumen, Wellnessoase und Restaurant.

Glücksburg

Bhf→12 km

Strandhotel Glücksburg OT Sandwig

24960 · Kirstenstr. 6 · ☎ (0 46 31) 6 14 10 · Fax: 61 41 11 · Restaurant "Felix" mit gehobener Frischeküche, Sonnenterrasse; Zimmerpreise inkl. Frühstück.
3 km
info@strandhotel-gluecksburg.de · www.strandhotel-gluecksburg.de

25 **DZ** ab 159,00 €;
als **EZ** ab 129,00 €;
8 **EZ** ab 99,00 €;
3 **Suiten** ab 239,00 €;
9 **App.** ab 110,00 €
Dieses Hotel der Spitzenklasse empfängt den Gast mit top ausgestatteten und komfortablen Zimmern. Lichtdurchflutete Räume in skandinavischer Eleganz, mit köstlichen Überraschungen für Gaumen und Auge – "Das weiße Schloss am Meer" setzt besondere Akzente und gehört zweifelsohne zu den schönsten Häusern am Flensburger Fjord.

Bhf→8 km

Vitalhotel Alter Meierhof OT Meierwik

24960 · Uferstraße 1 · ☎ (0 46 31) 6 19 90 · Fax: 61 99 99 · Wintergarten, Pool-Bar, „Vitalbar“, Wellness-Terrasse, Außenpool, Zi.-Preise inkl. Frühst.
10 km
info@alter-meierhof.de · www.alter-meierhof.de

48 **DZ** von 210,00 bis 500,00 €;
als **EZ** von 140,00 bis 360,00 €;
6 **Suiten** von 360,00 bis 580,00 €
Das privat geführte Haus liegt direkt an der Flensburger Förde. Gäste genießen kulinarische Highlights in vier unterschiedlichen Restaurants und Bars. Großer SPA-Bereich mit Pool- und Saunalandschaft, Hamam & Rasul sowie Massage- und Beauty-Anwendungen.

Hervorhebenswert in seiner Kategorie

Restaurant Meierei Dirk Luther

Bhf→10 km

24960 · OT Meierwik · Uferstraße 1 · (0 46 31) 6 19 94 11 · Fax: 61 99 99 · Klass. Küche m. modernen Akzenten · **Geöffnet:** Mi.-Sa. ab 18:30 Uhr · **Ruhetag:** So./Mo./Di. · **Ferien:** 6.7.-13.8.22 + 12.-22.10.22 · **Tische:** 10/24 Plätze VISA AE
restaurant@alter-meierhof.de · www.alter-meierhof.de

Speisekarte: 1 Menü von 178,00 bis 198,00 €
500 Weinpos.
Der großartige Blick über die Flensburger Förde wird mühelos von dem überboten, was Chefkoch Dirk Luther seinen Gästen präsentiert. Er interpretiert mit genialen Ideen klassische französische Küche neu und setzt auf unverfälschte Speisen, die alle Sinne ansprechen.

Gmund am Tegernsee

Der Margarethenhof OT Marienstein

Bhf→5 km

83666 · Gut Steinberg · (0 80 22) 7 50 60 · Fax: 7 48 18 · Restaurant mit gehobener Reg. u. Intern. Küche, Terrasse, Zi.-Preise inkl. Frühstücksbuffet
+ Pool am Haus VISA AE EC
info@margarethenhof.com · www.margarethenhof.com

35 **Suiten** von 145,00 bis 630,00 €;
als EZ/DZ von 180,00 bis 630,00 €
Eingebettet in den Golfplatz liegt das Hotel des Margarethenhofs mit stilvoll eingerichteten Suiten, Wellnessoase und Tagungsräumen. Das Restaurant und diverse Stuben bieten für jede Mahlzeit den perfekten Rahmen.

Görlitz

♜ Romantik Hotel Tuchmacher

Bhf→2 km

02826 · Peterstraße 8 · (0 35 81) 4 73 10 · Fax: 4 73 11 11
Restaurant, reichhaltiges Frühstücksbuffet 12,- €/p. Ps., Innenhofterrasse, Bar
VISA AE EC
hotel@tuchmacher.de · www.tuchmacher.de

41 **DZ** von 117,00 bis 137,00 €;
12 **EZ** zu 95,00 €;
7 **(Jui.-)Suiten** von 157,00 bis 176,00 €
Das Romantikhotel ist eines der zwei von Familie Vits liebevoll restaurierten Renaissance-Patrizierhäuser. Elegante, stilvoll eingerichtete Komfortzimmer garantieren Ruhe und Erholung, der Wellnessbereich sorgt für Entspannung. Arrangements runden das Angebot ab.

Gotha

♜ Hotel am Schlosspark

Bhf→800 m

99867 · Lindenauallee 20 · (0 36 21) 44 20 · Fax: 44 24 52
Reichhaltiges Frühstücksbuffet (im Zimmerpreis inkludiert), Gartenterasse, Bar
15 km VISA AE EC
info@hotel-am-schlosspark.de · www.hotel-am-schlosspark.de

58 **DZ** ab 115,00 €;
als **EZ** ab 88,00 €;
16 **Ju.-Suiten** ab 140,00 €
In dem modernen Hotel nahe Schloss Friedenstein sind die komfortablen Zimmer in dezenter Eleganz eingerichtet. Erstklassig ausgestattet sind die Seminarräume und der Freizeitbereich.

♜ Hotels und Restaurants mit diesem Zeichen befinden sich in einem historischen Gebäude.

Göttingen

Bhf→6 km

Freizeit In OT Groß-Ellershausen

✉ 37079 · Dransfelder Straße 3 · ☎ (05 51) 9 00 10 · Fax: 9 00 11 00
Rest. mit Klassischer und Region. Küche, Bistro, Weinstube, Bars, Terrasse
25 km
info@freizeit-in.de · www.freizeit-in.de

137 **DZ** ab 146,00 €;
69 **EZ** ab 106,00 €;
2 **Suiten** ab 356,00 €;
4 **Ju.-Suite** ab 196,00 €
Nahe der A 7 findet sich dieses moderne Hotel mit besten Tagungsbedingungen, komfortablen Zimmern (Preise inkl. Frühstück), Wellnessbereich und vielseitigem gastronomischem Angebot mit Restaurants, Bars, Weinstube uvm.

Family

Grafenhausen-Staufen

Bhf→10 km

Jägers Gasthaus Hirschen

✉ 79865 · Johann-Anton-Morath-Weg 1 · ☎ (0 77 47) 2 25 · Regionale Küche · **Geöffnet:** 12-13:45 + 17:30-20:45, Mo. + Do. ab 17 Uhr · **Ruhetag:** Di./Mi. · **Ferien:** je 2 Wo. Frühj. + Herbst · **Tische:** 9 (+ Terrasse 6)/30 (+ 24) Plätze
info@hirschen-staufen.com · www.hirschen-staufen.com

Speisekarte: 4 Hauptgerichte von 16,00 bis 25,00 €; 1 Tagesgericht ab 15,00 €; 1 Menü von 35,00 bis 39,00 €
98 Weinpos.
Das Gasthaus, in dem Manuela und Helmut Jäger passionierte Gastgeber sind, liegt am Einstiegspunkt des Genießerpfades und Premiumwanderweg Rappenfelsensteig. Das 300 Jahre alte Anwesen wurde behutsam unter Einbeziehung historisch gewachsener Elemente modernisiert. Manuela Jäger steht am Herd und legt größten Wert auf die kompromisslose Frische der Zutaten. Die bezieht sie bevorzugt von bekannten Händlern und Erzeugern aus dem Umland. Im jahreszeitlichen Wechsel kommen sie in ihre Küche und werden dort mit Sorgfalt und Können zu grundehrlichen badischen Speisen, die aromenstark und genussreich präsentiert werden. Vieles wie Brot, Nudeln und Saucen wird selber hergestellt. In der hübschen Gaststube kann man im elegant-rustikalen Interieur den Alltag für ein paar Stunden vergessen. Ehemann Helmut Jäger leitet den Service und berät zur gut sortierten Weinkarte. Für Feierlichkeiten in stilvollem Rahmen stehen Räumlichkeiten zur Verfügung. Die schöne Außenterrasse ist besonders im Sommer ein echter Publikumsmagnet.

Dieses Restaurant bietet Ihnen ein gutes Genuss-/Preisverhältnis.

Grainau

Romantik Alpenhotel Waxenstein

Bhf→2 km

82491 · OT Untergrainau · Höhenrainweg 3 · ☎ (0 88 21) 98 40 · Fax: 84 01 · Rest. mit Klass. u. Alpenländ. Küche, Bar, Café-Terrasse, Zi.-Preise inkl. 3/4-Pension
20 km
info@waxenstein.de · www.waxenstein.de

36 **DZ** von 225,00 bis 315,00 €;
1 **EZ** von 140,00 bis 155,00 €;
4 **(Jui.-)Suiten** von 315,00 bis 415,00 €
Das an einem sonnigen Hügel am Fuße der bayerischen Alpen gelegene und umfangreich modernisierte Romantik Alpenhotel Waxenstein begeistert zu jeder Jahreszeit mit silvoll eingerichteten Zimmern, die einen fantastischen Blick auf Zugspitze, Waxenstein, Wank oder Kramer bieten und ein wunderschönes Zuhause auf Zeit sind. Die Preise verstehen sich inklusive Frühstück und der 3/4-Romantik-Verwöhnpension. Das Interieur des Hauses ist mit edlen Hölzern, dezenten Stoffen und zeitgenössischer Kunst sehr exkluisv gestaltet. Für Tagungen und auch stimmungsvolle Feiern in privatem Kreis stehen passende Räumlichkeiten zur Verfügung. Nahe Grainau und dem Hotel liegen der Eib- und Badersee, zahlreiche Wander- und Mountainbike-Routen, Golf-, Kletter- und Wassersport-Möglichkeiten sowie wunderschöne Skigebiete, so dass einer vielseitigen Freizeitplanung nichts im Wege steht. Außerdem gibt es mit dem "Vital Alpin Spa" einen wunderschön konzipierten Wellnessbereich mit einer Vielzahl entspannender Anwendungen.

Romantik Alpenhotel Waxenstein Henri Philippe

Bhf→2 km

82491 · OT Untergrainau · Höhenrainweg 3 · ☎ (0 88 21) 98 40 · Fax: 84 01
Neue, Klass. u. Regionale Küche · **Geöffnet:** ab 18 Uhr · **Tische:** 20/60 Plätze
info@waxenstein.de · www.waxenstein.de

Speisekarte: 4 Hauptgerichte von 16,00 bis 42,00 €; 4 Tagesgerichte von 8,50 bis 19,50 €; 1 Menü von 58,00 bis 128,00 €
135 Weinpos.
Eine sanft schimmernde Holz-Kassettendecke, umlaufende Bänke, hübsche, gepolsterte Stühle und edel eingedeckte Tische fügen sich im Gourmetrestaurant "Henri Philippe" zu einem harmonischen Ganzen. Die Gäste fühlen sich in dem unprätentiösen Ambiente sofort wohl und erfreuen sich zusätzlich an dem hinreißenden Blick auf die Zugspitze. Chefkoch Holger Rösch kauft die Zutaten für seine abwechslungsfreie Frischeküche vorzugsweise im Umland, das reich an marktfrischem Obst und Gemüse und nachhaltig betriebenen Höfen ist. Speisen der klassischen französischen Küche ergänzt er mit zeitgemäßen Zubereitungen und mediterranen Elementen. Das viergängige Verwöhn-Menü wird täglich neu zusammengestellt – spontaner kann man auf das aktuelle Marktangebot nicht eingehen. Erwähnenswert ist auch, wie wichtig die Wünsche kleiner Gäste genommen werden: Nach morgendlicher Absprache wird das Lieblingsessen der Feinschmecker in spe abends serviert. Ein

zuvorkommender Service unter kompetenter Leitung von Istvan Koutros begleitet den Restaurantbesuch, zu den passenden Weinen berät Thorsten Kuhne mit großem Fachwissen. An warmen Tagen sollte man einen Platz auf der Terrasse wählen – das umgebende Bergpanorama ist überwältigend.

Bhf→500 m

Alpenhof Grainau

82491 · Alpspitzstraße 34 · ☎ (0 88 21) 98 70 · Fax: 98 777 · Rest. mit gehobener reg. Küche, Gartenanlage, Zi.-Preise inkl. Genießer-Frühstück

VISA EC

info@alpenhof-grainau.de · www.alpenhof-grainau.de

30 **DZ** von 156,00 bis 202,00 €;
als **EZ** von 125,50 bis 151,00 €;
7 **EZ** von 65,00 bis 94,00 €;
1 **Ferienwohnung** zu 68,00 (1 Ps./Tag) €

Man spürt, dass Familie Rosenstock Gastgeber aus Leidenschaft ist. Die Zimmer (Preise inkl. Frühstück) sind in rustikaler Eleganz eingerichtet und bieten fantastische Ausblicke auf die grandiose Bergwelt. Eine Wellnesslandschaft mit Schwimmbad sowie ein Restaurant gehören zum vielseitigen Angebot.

Bhf→10 km

Eibsee-Hotel OT Eibsee

82491 · Am Eibsee 1-3 · ☎ (0 88 21) 9 88 10 · Fax: 8 25 85 · Restaurant m. intern. u. reg. Küche, „Taverne" mit Steak-Spez., Zi.-Preise inkl. Eibsee 3/4-Pension

VISA AE EC

info@eibsee-hotel.de · www.eibsee-hotel.de

91 **DZ** ab 196,00 €;
21 **EZ** ab 133,00 €;
8 **Suiten + Familienzi.** ab 266,00 €

Dort, wo der Eibsee am schönsten ist, findet man dieses imposante Haus mit einladenden Komfortzimmern, guten Tagungsräumen, Wellness- und Freizeitbereich und gleich zwei Restaurants. Die Zimmerpreise verstehen sich inklusive der Eibsee 3/4-Pension.

Grasellenbach

Bhf→26 km

Ringhotel Siegfriedbrunnen

64689 · Hammelbacher Straße 7 · ☎ (0 62 07) 60 80 · Fax: 15 77
Restaurant mit Intern. u. Reg. Küche, Bar, Terrasse, Zimmerpreis inkl. Frühstück

15 km VISA EC

reservierung@siegfriedbrunnen.com · www.siegfriedbrunnen.com

40 **DZ** zu 162,00 €;
als **EZ** von 96,50 bis 126,00 €;
18 **EZ** von 80,00 bis 137,00 €;
6 **App.** von 187,00 bis 242,00 €;
2 **Suiten** auf Anfrage

Im Odenwald, direkt am Nibelungensteig, liegt dieses prächtige Urlaubs- und Kurhotel (Ringhotel) mit behaglichen Zimmern, Veranstaltungsräumen, Wellnessoase und feiner Gastronomie.

Grassau

Das Achental Resort

Bhf→14 km

83224 · Mietenkamer Straße 65 · ☎ (0 86 41) 40 10 · Fax: 17 58
Restaurants, Bar, Golf Lounge, Kaminzimmer, Terrasse, Arrangements
am Haus VISA AE
info@das-achental.com · www.das-achental.com

135 **DZ** von 289,00 bis 488,00 €;
als **EZ** von 315,00 bis 439,00 €;
24 **EZ** von 290,00 bis 363,00 €;
36 **(Jui.-)Suiten** von 369,00 bis 1188,00 €

In den 1950er Jahren noch ein Reiterhof zwischen Chiemsee und Kampenwand, ist das Achental Resort heute ein luxuriöses Hotel, in dem man sich formidabel erholen kann. Das Ambiente ist edel und behaglich zugleich, die exklusiven Zimmer begeistern mit natürlichen Materialien wie Lärchenholz und Loden und kombinieren alpenländischen Chic mit modernsten Annehmlichkeiten (Flatscreen TVs, WLAN, Telefon, Bademäntel, Softgetränke aus der Minibar).
Zum Resort gehört ein wunderschön gestalteter 18-Loch-Golfplatz mit herrlichem Blick in die malerische Landschaft. Wer nicht ganz so aktiv werden möchte, lässt im 2.000 m² großen Wellnessareal mit Saunen, Pools, Garten, Fitnessraum und bei schmeichelnden Beauty- und Massageangeboten die Seele baumeln. Mit 15 klimatisierten, erstklassig ausgestatteten Tageslicht-Konferenzräumen von 40 m² bis 260 m² ist auch an Tagungsgäste gedacht, die die umfassende Betreuung und attraktive Incentives zu schätzen wissen. Ein sehr abwechslungsreiches gastronomisches Angebot mit verschiedenen Restaurants und Hütten gehört ebenso zum Achental Resort wie die Möglichkeit, besondere Festtage in einem besonderen Ambiente zu verleben – z. B. im Kaminzimmer, der Jagd- und Reiterstube oder der Hubertushütte mitten im Grünen mit eigenem Grillplatz.

Hervorragendes Hotel mit außergewöhnlichem Komfort

Das Achental Resort – ES:SENZ

Bhf→14 km

✉ 83224 · Mietenkamer Straße 65 · ☎ (0 86 41) 40 10
Klassische und Regionale Fine-Dining-Küche · Küche: 18:30–21 Uhr · **Ruhetag:** So./Mo. · **Tische:** 20/40 Plätze
VISA AE EC
essenz@das-achental.com · www.das-achental.com · f

Speisekarte: 2 Menüs von 150,00 bis 215,00 €

ca. 700 Weinpos.

Im Gourmetrestaurant ist der Name Programm – die Konzentration auf das Wesentliche prägt die Küche von Chef de Cuisine Edip Sigl. Gemäß dem Motto „Chiemgau Pur" verwendet er zum größten Teil regionale Produkte aus dem Chiemgau in bester und erntefrischer Bio-Qualität. Den hohen Anspruch und den großen Wert, den er auf einen nachhaltigen, respektvollen Umgang mit den Zutaten legt, haben auch die heimischen Produzenten und Erzeuger, mit denen er eng zusammenarbeitet und von denen er jeden einzelnen persönlich kennt. Im 300 m² großen Bauerngarten mit 60 m² großem Hochbeet werden viele Kräuter und Gemüse selber gezogen und geerntet. In der Küche kann sich Edip Sigl auf ein hochmotiviertes Team verlassen. Er tüftelt mit Leidenschaft, Können, Akribie und großem Ideenreichtum, um Speisen zu kreieren, die im Chiemgau zu Hause sind und doch immer wieder die Grenzen des Gewohnten sprengen. Jeder Teller erzählt seine eigene Geschichte und gerät auch optisch zu einem kleinen Kunstwerk. Simon Adam ist ein kompetenter Maître und leitet liebenswürdig durch den Abend. Iiro Lutter weiß als versierter Sommelier mit Fachkenntnis und Feingefühl zu den korrespondierenden Weinen und Getränken zu beraten.

Das Achental Resort – Weißer Hirsch

Bhf→14 km

✉ 83224 · Mietenkamer Straße 65 · ☎ (0 86 41) 40 10
Klassische und Regionale Küche · Küche: 18:30–21:30 Uhr · **Tische:** 37/105 Plätze
VISA AE EC
restaurant@das-achental.com · www.das-achental.com · f

Speisekarte: 8 Hauptgerichte von 24,00 bis 42,00 €; 3 Tagesgerichte von 11,00 bis 36,00 €; 1 Menü (abendl. wechselnd) von 55,50 bis 75,00 €

ca. 700 Weinpos.

Im Weißen Hirsch hängen unzählige Geweihe nicht an der Wand, sondern von der Holzbalken-Decke und treffen auf weiß eingedeckte Tische und Stühle mit weißen Hussen – so entsteht ein edel-rustikales Ambiente, das den lässigen Charakter des Restaurants unterstreicht. Chefkoch Gideon Huth sorgt für eine abwechslungsreiche Küche, die von klassischen Speisen, über gesunde Vitalkost vom Buffet bis zu regionalen Schmankerln reicht und als alpenländische Landküche zusammengefasst werden kann. Neben den Hauptspeisen werden Tagesempfehlungen und wechselnde Gerichte, gerne auch für zwei Personen wie das Rib Eye oder ein Wolfsbarsch in der Salzkruste angeboten. Bei schönem Wetter kann man auf der großen Terrasse sitzen und zusätzlich zu den feinen Speisen den großartigen Ausblick in die Chiemgauer Landschaft genießen. Carmen Büringer sorgt mit ihrem netten Team in- und outdoor für einen zugewandten Service.

Greetsiel

Hohes Haus

Bhf→20 km

26736 · Hohe Straße 1 · ☎ (0 49 26) 18 10 · Fax: 1 81 99
Restaurant "Upkammer" mit Regionaler und Deutscher Küche, Schenke
15 km
VISA AE EC
info@hoheshaus.de · www.hoheshaus.de

31 **DZ** ab 122,00 €;
2 **EZ** ab 75,50 €
Im historischen Ortskern von Greetsiel gelegen, findet man im 1696 erbauten, geschichtsträchtigen Hotel behagliche und mit ausgesuchten Antiquitäten eingerichtete Zimmer (Preise inkl. Frühstück) und ein gemütliches Restaurant.

Landhaus Steinfeld

Bhf→25 km

26736 · Kleinbahnstraße 16 · ☎ (0 49 26) 91 81-0 · Fax: 91 81 46
Gartenterrasse, hoteleigener Bootsanleger, Zi.-Preise inkl. Frühstück
20 km
VISA AE EC
hotel@landhaus-steinfeld.de · www.landhaus-steinfeld.de

23 **DZ** ab 145,00 €;
2 **EZ** ab 129,00 €
In einer idyllischen kleinen Parkanlage steht dieser 160 Jahre alte Gutshof und beherbergt heute ein kultiviertes Hotel. Spaß und Entspannung bieten Hallenbad und Sauna. Der umfassende Service rundet den guten Eindruck ab.

Greifswald

Büttner's Restaurant

17493 · OT Wieck · Am Hafen 1a · ☎ (0 38 34) 8 87 07 37 · Fax: 8 87 07 38
Regionale u. Int. Küche · **Geöffnet:** 10-18 Uhr, Fr./Sa. ab 18 Uhr Events u. Menüangebot · **Ruhetag:** Mo. · **Ferien:** Anf. Sept. · **Tische:** 10/35 Plätze
VISA EC
info@buettners-restaurant.de · www.buettners-restaurant.de

Speisekarte: 3 Hauptgerichte von 22,00 bis 45,00 €; 3 Menüs von 44,00 bis 90,00 €
50 Weinpos.
Am historischen Marktplatz mit Blick auf den Hafen gelegen und liebevoll in einem hellen Landhausstil eingerichtet, genießt man hier dank Chefköchin Ines Büttner eine moderne und saisonale Küche, die bevorzugt auf heimischen Zutaten basiert.

Grenzach-Wyhlen

Bhf→1 km ♜ **Eckert Hotel-Restaurant-Bar**

✉ 79639 · Basler Str. 20 · ☎ (0 76 24) 9 17 20
Intern. u. Reg. Küche, eigene Kreat. · **Geöffnet:** 12–14/18–22 Uhr · **Ruhetag:** Mo./Di. · **Tische:** 25/70 Plätze
info@hotel-eckert.de · www.hotel-eckert.de

Speisekarte: 5 Hauptgerichte von 28,00 bis 42,00 €; 2 Menüs von 78,00 bis 125,00 € 370 Weinpos. Schlicht und geschmackvoll eingerichtet, verbinden sich im Restaurant "Eckert" nicht nur im Interieur Tradition und Moderne. Auch die Küche von Patron Nicolai P. Wiedmer ist eine gelungene Melange aus neu interpretierten überlieferten Rezepturen und zeitgeistigen Elementen.

Bhf→2 km **Rührberger Hof**

✉ 79639 · Inzlinger Str. 1 · ☎ (76 24) 91 61 0
Restaurant, Cafe, E-Bike-Ladestation
10 km
info@ruehrbergerhof.com · www.ruehrbergerhof.com

12 **DZ** ab 120,00 €;
6 **EZ** ab 85,00 €;
1 **Suite** zu 180,00 €
Das zeitgemäße Hotel liegt in der Nähe von Basel und ist ein idealer Ausgangspunkt für Geschäftsreisende. Aber Familien werden das Hotel mit Blick auf die Weite des Dreiländerecks zu schätzen wissen. Im hervorragenden Restaurant verwöhnt Patron Christoph Düster seine Gäste mit einer durchdachten, heimatlichen Frischeküche.

Großräschen

Bhf→2 km ♜ **SeeHotel Großräschen**

✉ 01983 · Seestraße 88 · ☎ (03 57 53) 69 06 60 · Fax: (03 57 53) 69 06 69 · Rosengarten, Fahrradverleih, Grillplatz mit Weidenlaube, Frühstück 9,90 €/p. Ps.
info@seehotel-grossraeschen.de · www.seehotel-grossraeschen.de

50 **DZ** ab 129,00 €;
als **EZ** ab 99,00 €;
3 **Fam.-Zi.** ab 199,00 €;
4 **(Jui.-)Suiten** ab 149,00 €
Das SeeHotel Großräschen ist ein architektonisches Kleinod inmitten der Lausitzer Seenlandschaft. Die geschmackvoll eingerichteten Zimmer verfügen über alle zeitgemäßen Annehmlichkeiten, außerdem gibt es einen schönen Wellnessbereich und zahlreiche, attraktive Arrangements.

Grünstadt

Bhf→200 m **Benders Gasthaus**

✉ 67269 · Kirchheimer Straße 19 · ☎ (0 63 59) 9 46 42 95 · Spanisch-Mediterrane und Internationale Küche · **Geöffnet:** Mi.-Sa. 17:30-21:30, So. zusätzl. 11:30-14 · **Ruhetag:** Mo./Di. · **Ferien:** Februar · **Tische:** 26 + (+ 6 Terrasse)/60 + 40 Plätze
info@benders-gasthaus.de · www.benders-gasthaus.de

Speisekarte: 12 Hauptgerichte von 28,00 bis 30,00 € 120 Weinpos. Im behaglich eingerichteten Restaurant gelingt Jürgen Bender der Spagat, spanische Spezialitäten und Pfälzer Gerichte raffiniert zu kombinieren und so ganz neue Geschmackserlebnisse zu kreieren. Das Ergebnis der Tüfteleien sind aromenstarke Speisen, die das Können des Patrons unterstreichen.

Restaurant mit gehobener Küche

Villa Brenner

✉ 67269 · Poststr. 19 · ☎ (0 63 59) 93 70 60 · Fax: 9 37 06 10
Bistro, Biergarten, reichhaltiges Frühstücksbuffet im Zimmerpreis inklusive
3 km
info@villabrenner.com · www.villabrenner.com

9 **DZ** von 99,00 bis 129,00 €;
4 **EZ** von 69,00 bis 79,00 €
Im Zentrum von Grünstadt empfängt dieses Hotel seine Gäste hinter der beeindruckenden, nostalgischen Villenfassade mit stilvollen Zimmern und schönem Jugendstil-Ambiente. Gemütlich sitzt man im sonnigen Biergarten.

Grünwald

Bio Hotel Alter Wirt

Bhf→5 km

✉ 82031 · Marktplatz 1 · ☎ (0 89) 64 19 34-0
Restaurant, Frühstück im Zimmerpreis inkludiert, E-Ladestation
info@alterwirt.de · www.alterwirt.de

28 **DZ** ab 129,00 €;
20 **EZ** ab 99,00 €
Vor den Toren Münchens gelegen, ist der "Alte Wirt" ein traditionsreiches Gasthaus, in dem Gäste in charmanter Atmosphäre gastfreundlich empfangen werden und das breite Spektrum des Restaurants von Veranstaltungs-und Tagungsmöglichkeiten sowie bester Kulinarik nutzen können.

Bio Hotel Alter Wirt

Bhf→5 km

✉ 82031 · Marktplatz 1 · ☎ (0 89) 64 19 34-0
Gehobene Regionale Küche · Küche: 12–22 Uhr
info@alterwirt.de · www.alterwirt.de

Speisekarte: 9 Hauptgerichte von 10,50 bis 24,00 €; 6 Tagesgerichte von 14,50 bis 32,00 €

Chefkoch Michael Kaiser wählt die Zutaten für seine gehobene Landküche mit Bedacht aus: Nur frische Produkte aus biologischem Anbau direkt von kleinen, handwerklich arbeitenden Betrieben und Bauern aus der Region kommen zum Einsatz und sind Grundlage für die regionalen und saisonalen Speisen.

Gummersbach

♜ Die Mühlenhelle

Bhf→800 m

✉ 51645 · Hohler Str. 1 · ☎ (0 22 61) 29 00 00 · Fax: 2 90 00 20 · Klass., Neue, Intern. u. Reg. Küche · **Geöffnet:** Do.-So. ab 18 Uhr, So./Feiertag auch 12-14 Uhr · **Ruhetag:** Mo./Di./Mi. · **Ferien:** variabel · **Tische:** 6/30 Plätze
kontakt@muehlenhelle.de · www.muehlenhelle.de

Speisekarte: 6 Hauptgerichte von 26,00 bis 48,00 €; 2 Menüs von 52,00 bis 132,00 €
ca. 650 Weinpos.
"Die Mühlenhelle" begeistert dank Chefkoch Michael Quendler mit einer ausgeklügelten und finessenreichen europäischen Küche. Die Zutaten in erntefrischer Qualität werden mit Raffinesse und Präzision zu abwechslungsreichen Speisen und (auch veganen und vegetarischen) Menüs zusammengestellt.

Hotels und Restaurants mit diesem Zeichen befinden sich in einem historischen Gebäude.

Gschwend

Bhf→25 km

Herrengass

✉ 74417 · Welzheimer Straße 11 · ☎ (0 79 72) 91 25 20 · Fax: 91 25 27 · Regionale u. Mediterrane Küche · Küche: 11:30–13:30/17:30–21 Uhr · **Ruhetag:** Mo./Di. · **Ferien:** 2 W. Jan., 1 W. Ostern. 3 W. Fer. BaWü · **Tische:** 17/90 Plätze
info@herrengass-gschwend.de · www.herrengass-gschwend.de

Speisekarte: 7 Hauptgerichte von 19,50 bis 28,50 €; 2 Menüs von 38,50 bis 89,00 €
155 Weinpos.

Die unprätentiöse Einrichtung im ehemaligen Kolonialwarenladen und Kohlehandel von Gschwend mit blanken Tischen, frischen Farben und hübschen Korbmöbeln gefällt und vermittelt ein einladend-lässiges Ambiente. In der Küche geht es geerdet und raffiniert zugleich zu. Chefkoch Markus Elison legt großen Wert auf handverlesene Zutaten, die die Jahreszeiten widerspiegeln, von kompromissloser Frische sind und bevorzugt aus der Region stammen (wie z. B. Bärlauch, Waldmeister und Steinpilze aus den Wäldern rund um Gschwend, Wild aus dem schwäbisch-fränkischen Wald, Obst, Kräuter und Gemüse aus den Gärten der Tanten und Großmutter von Tanja Elison). Traditionelles interpretiert er neu und zeitgemäß und präsentiert schwäbisch-mediterrane Speisen, die sorgfältig und aromenstark zubereitet werden. Tanja Elison ist charmante Gastgeberin und kümmert sich mit ihrem engagierten Serviceteam um das Wohlergehen der Gäste. Events für bis zu 400 Personen werden gerne organisiert und ausgerichtet. Außerdem gibt es ein gutes Catering, eine Sonnenterrasse und das Bistro „Schublad". In der „Herrengass" ist man gastronomisch einfach ganz breit aufgestellt, ohne die hohen Ansprüche zu vergessen.

Gunzenhausen

Bhf→500 m

Parkhotel Altmühltal

✉ 91710 · Zum Schießwasen 15 · ☎ (0 98 31) 50 40 · Fax: 8 94 22
Rest. "Chicorée" mit reg. u. intern. Küche, Bar "La Luna", Arrangements
15 km
info@aktiv-parkhotel.de · www.aktiv-parkhotel.de

48 **DZ** von 150,00 bis 160,00 €;
als **EZ** von 94,00 bis 99,00 €;
19 **Jui.-Suiten** von 168,00 bis 178,00 €;
Suiten von 194,00 bis 216,00 €

Am Tor zum Naturpark Altmühltal gelegen, kann man in diesem gepflegten Hotel mit komfortablen, hellen und freundlich eingerichteten Zimmern (Preise inkl. Frühstück) unbeschwerte Urlaubstage bei individuellem Service verleben.

Hervorragendes Hotel mit außergewöhnlichem Komfort

Güstrow

Kurhaus am Inselsee

Bhf→4,5 km

✉ 18273 · OT Heidberg · Heidberg 1 · ☎ (0 38 43) 85 00 · Fax: 85 01 00
Rest. mit Internationaler und Regionaler Küche, Bar, Terrasse, Arrangements
32 km
VISA AE
info@kurhaus-guestrow.de · www.kurhaus-guestrow.de

Family

44 **DZ** ab 139,00 €;
4 **EZ** ab 89,00 €;
3 **Suiten** ab 209,00 €

Das Traditionshaus mit seiner großzügigen Architektur fügt sich harmonisch in die reizvolle Landschaft im Süden der Residenzstadt Güstrow ein. Die zeitlose Eleganz und der Komfort in den Zimmern, oftmals mit Seeblick, sind überzeugende Argumente für diese gastliche Adresse. Der Wellnessbereich mit überdachtem Schwimmbad, Dampfbad, Sauna, Ruheliegen und Massagemöglichkeiten ist ein Refugium der Entspannung. Ideal für eine Vielzahl von gut organisierten Veranstaltungen sind die stilvoll eingerichteten Festsäle. Die vielseitige Küche lässt sich im Sommer besonders schön auf der Terrasse mit Seeblick genießen und die gediegene Bar ist ein geselliger Treffpunkt, wo man gerne am Abend zusammensitzt. In der Freizeit kann kann man das Wegenetz durch die Güstrower Heidberge zum Wandern und Spazierengehen nutzen. Der Radfernweg Berlin-Kopenhagen führt am Haus vorbei. Fahrräder und Boote, mit denen man die idyllische Region zu Lande und Wasser erkunden kann, können direkt vor der Haustür gemietet werden.

Gütersloh

Hotel-Residence Klosterpforte

Bhf→10 km

✉ 33428 · OT Marienfeld · Klosterhof 2-3 · ☎ (0 52 47) 70 80 · Fax: 8 04 84
Restaurants mit Internationaler und Regionaler Küche
1,5 km
VISA AE
post@klosterpforte.de · www.klosterpforte.de

88 **DZ** von 115,00 bis 235,00 €;
58 **EZ** von 99,00 bis 219,00 €;
5 **Suiten** von 240,00 bis 475,00 €
Am Rande des Teutoburger Waldes gelegen, verbreitet die Hotel-Residence "Klosterpforte", auf 180.000 m² gastlich-familiären Charme mit 11 Häusern, Parks, Gärten und dem "Sporthotel 11", das Trainings- und Regenerationsmöglichkeiten auf Topniveau bietet.

Bhf→500 m

Parkhotel Gütersloh

✉ 33330 · Kirchstraße 27 · ☎ (0 52 41) 87 70 · Fax: 87 74 00 · "ParkRestaurant" u. "Bellini - Pasta e Vino", Lobby-Bar, herrliche Terrasse, Frühstück 19,- €/Ps.
8 km
VISA AE
business@parkhotel-gt.de · www.parkhotel-gt.de

99 **DZ** von 99,00 bis 214,00 €;
als **EZ** von 99,00 bis 179,00 €;
3 **Suiten** von 334,00 bis 414,00 €
Stilvoll und zentral liegt das luxuriöse First-Class-Hotel im Herzen von Gütersloh. Veranstaltungen für bis zu 200 Personen können in den acht, top ausgestatteten Tagungsräumen stattfinden. Zwei Restaurants verwöhnen mit abwechslungsreicher Küche.

Hagen

Elbers 800°

✉ 58095 · Frankfurter Str. 24 · ☎ (0 23 31) 3 49 02 90
Internationale Küche, Steak-Cuts · **Geöffnet:** Mi.-So. ab 17 Uhr, Küche 19-22:30 Uhr · **Ruhetag:** Mo./Di.
VISA
info@elbers800grad.de · www.elbers800grad.de

Speisekarte: 18 Hauptgerichte von 18,00 bis 107,00 €; 1 Überraschungsmenü zu 89,00 €

Ein unter Denkmalschutz stehendes Kesselhaus in Hagen wurde so detailreich restauriert, dass es zu einem ganz außergewöhnlichen Ort des guten Geschmacks geworden ist. Beeindruckt bereits das Äußere mit seiner Fassade aus rotem Backstein und edel glitzernden Elementen, gerät das Interieur zu einer staunenswerten Demonstration exklusiven Designs. Zu allererst fällt die schiere Höhe des Raumes auf, der von einer Art überdimensionalem, goldenem Käfig eingeschlossen wird. Rote Sitzbänke und elegante Art déco Elemente erinnern an das New York der 1920er/30er Jahre. Die imposanten Deckenleuchten und Jugendstil-Stehlampen lassen sich dimmen und farblich verändern, so dass der Raum auch bei Veranstaltungen eine ganz individuelle Note bekommt. Die offene Küche erlaubt den Blick aufs dynamische, kulinarische Geschehen. Der Namenszusatz 800° verweist auf den Ursprung als Steakhouse, dass dank des engagierten Küchenteams mit der Zubereitung von Fisch, Meeresfrüchten, Geflügel und auch Vegetarischem inzwischen aber deutlich mehr zu bieten hat. Unmittelbar neben dem Restaurantbereich, durch Fenster einsehbar und doch schalldicht voneinander getrennt, wartet mit der Grand Central Bar eine weitere Hommage an den Big Apple – hier kann man das Dinner mit einem Aperitif starten und nach dem umfassenden kulinarischen Genuss den Abend bei frischen Cocktails und Hochprozentigem ausklingen lassen.

Sehr gute Serviceleistung

Halle (Saale)

Speiseberg

Bhf→10 km

06120 · Kröllwitzer Str. 45 · (01 52) 56 03 93 06
Klass. Küche, eig. Kreat. · **Geöffnet:** Mi.-Sa. 18-24 Uhr, Sa./So. auch 12-14 Uhr · **Ruhetag:** So.Abends/Mo./Di. · **Tische:** 4/15 Plätze
speiseberg@googlemail.com · www.speiseberg.com

Speisekarte: 1 Menü (9-Gang) zu 100,00 € 40 Weinpos.
Inspiriert von traditionellen Rezepten, von Reisen in ferne Länder und von innovativen Küchenkonzepten, kreiert Chefkoch Konstantin Kuntzsch mit ganz eigenen Ideen im fine dining Restaurant "Speiseberg" spannende Gerichte, die sich stets an dem saisonalen Frischeangebot orientieren.

Haltern am See

Ratsstuben

45721 · Mühlenstraße 3-5 · (0 23 64) 34 65 · Fax: 1 61 17
Internationale Küche · **Geöffnet:** Di.-Sa. ab 18 Uhr · **Ruhetag:** So./Mo. · **Tische:** 8/21 Plätze
mail@hotel-haltern.de · www.hotel-haltern.de

Speisekarte: Grill-Klassiker - Hauptgerichte ab 29,00 €; 1 Menü von 79,00 bis 148,00 €
250 Weinpos.
Im alteingesessenen Ratshotel im Zentrum der schönen Kleinstadt Haltern beheimatet, ist das Restaurant "Ratsstuben" unter der Regie von Chefkoch Daniel Georgiev zu ganz neuen kulinarischen Ehren gelangt. In warmen Farben und zurückhaltender Eleganz eingerichtet, sitzt man in entspannter Atmosphäre und genießt eine Küche, die von Daniel Georgievs Leidenschaft für seinen Beruf zeugt. Er lässt sich von Küchen aus aller Herren Länder inspirieren, kombiniert die ausgesuchten, gerne regionalen und saisonalen Zutaten zu Speisen mit Tiefgang – Aromenvielfalt und kreative Ideen inklusive. Man kann das Menü mit drei Gängen beginnen und je nach Gusto auf bis zu acht Gänge erweitern. Er arbeitet sehr sorgfältig, handwerklich präzise und hat seinen ganz eigenen, detailreichen Stil entwickelt. Ein aufmerksamer und präsenter Service begleitet den Restaurantbesuch mit der nötigen Zurückhaltung.

Restaurant mit sehr gutem Weinangebot

Ein Restaurant mit anspruchsvoller Küche.

Halle (Westfalen)

Bhf→1,5 km

Court Hotel

33790 · Roger-Federer-Allee 6 · (0 52 01) 89 90 · Fax: 89 94 40
Court Brasserie, Court Lounge Bar, Seeterrasse
2 km
info@courthotel.de · www.courthotel.de

90 **DZ** von 120,00 bis 278,00 €;
6 **EZ** von 95,00 bis 198,00 €;
5 **Suiten** von 230,00 bis 398,00 €
Neben elegant eingerichteten Komfortzimmern kann man im Court Hotel den exklusiven Wellnessbereich nutzen, in der Brasserie und auf der Terrasse entspannen und den Alltag einfach hinter sich lassen. Es gibt eine Ladestation für E-Autos.

Hamburg

100/200

20539 · Brandshofer Deich 68 · (0 40) 30 92 51 91
Moderne Fine Dining Küche · **Geöffnet:** Mo.-Fr. 18-23 Uhr · **Ruhetag:** Sa./So.
mail@100200.kitchen · www.100200.kitchen

Speisekarte: 1 Menü von 95,00 bis 119,00 €
Der Kontakt zum Chefkoch Thomas Imbusch ist so unmittelbar, denn die Gäste sitzen rund um die offene Küche mit Molteni-Ofen, die Atmosphäre so kommunikativ und das kulinarische Angebot ist so innovativ, abwechslungsreich und kunstvoll, dass man im "100/200" garantiert zum Wiederholungstäter wird.

Bhf→500 m

Anna Sgroi

20148 · OT Rotherbaum · Milchstraße 7 · (0 40) 28 00 39 30
Italienische Küche, eig. Kreat. · **Geöffnet:** Di.-Fr. 12-14 Uhr + ab 19 Uhr, Sa nur ab 19 Uhr · **Ruhetag:** So./Mo. · **Tische:** 15/47 Plätze
anna@annasgroi.de · www.annasgroi.de

Speisekarte: 6 Hauptgerichte von 26,00 bis 34,00 €; 6 Tagesgerichte von 26,00 bis 34,00 €; 1 Menü von 77,00 bis 89,00 €
180 Weinpos.
Chefköchin Anna Sgroi hat sich als gebürtige Sizilianerin in ihrer Küche unverfälschten und aromenstarken italienischen Speisen verschrieben, die auf ausgesuchten Zutaten aus nachhaltiger und artgerechter Herkunft basieren.

Bhf→8,3 km

Best Western Premier Alsterkrug Hotel

22297 · Alsterkrugchaussee 277 · (0 40) 51 30 30 · Fax: 51 30 34 03
Restaurant mit Internation. und Regionaler Küche, Bar, Terrasse
6 km
rezeption@alsterkrug.de · www.alsterkrug-hotel.de

87 **DZ** ab 129,00 €;
als **EZ** ab 129,00 €;
2 **EZ** ab 129,00 €;
14 **Suiten** von 159,00 bis 219,00 €;
2 **App.** von 159,00 bis 219,00 €
Gastlichkeit und Individualität sind in diesem familiengeführten Hotel auch nach der Komplettrenovierung mehr als nur Worte. Das kulinarische Angebot ist sehr abwechslungsreich.

Bhf→2,8 km

bianc

20457 · OT Hafencity · Am Sandtorkai 50 · (040) 18 11 97 97
Internationale, mediterrane Küche · Küche: 18–24 Uhr · **Ruhetag:** So./Mo. · **Ferien:** 2 Wo. Jan. · **Tische:** 15/40 Plätze
office@bianc.de · www.bianc.de

Speisekarte: 2 Menüs zu 190,00 €
Warme Farben, fließende Formen und ein veritabler Olivenbaum im Restaurant geben dem Raum ein lässiges, weltoffenes Ambiente. Chefkoch Matteo Ferrantino kombiniert Topzutaten mit Können, Kreativität und Leidenschaft. Das denk-

würdige Ergebnis seiner Kunstfertigkeit (hervorhebenswert waren die Amuse Bouches) sind tiefgründige mediterrane Speisen, die in Erinnerung bleiben.

CARLS an der Elbphilharmonie OT HafenCity Bhf→3 km

20457 · Am Kaiserkai 69 · (0 40) 3 00 32 24 00 · Fax: 3 00 32 24 44
Norddeutsche Küche mit französischem Akzent · Küche: 12–16/17–22 Uhr ·
Tische: 43/120 Plätze
carls@carls-brasserie.de · www.carls-brasserie.de

Speisekarte: 8 Hauptgerichte von 26,00 bis 39,50 €; 10 Tagesgerichte von 13,00 bis 40,00 €; 1 Menü zu 49,50 €
60 Weinpos.
Im "CARLS an der Elbphilharmonie", vis-a-vis dem neuen Wahrzeichen präsentiert Chefkoch Michel Jasser mit einer modernen, abwechslungsreichen und saisonalen Küche mit vielen Brasserie-Gerichten, die gemäß dem Motto „Back to the Roots“ auf Produkten aus der Region basiert.

east Bhf→3 km

20359 · Simon-v.-Utrecht-Str. 31 · (0 40) 30 99 30 · Fax: 30 99 32 00
Restaurant mit euro-asiatischer Küche, Bars, Lounges
12 km
info@east-hamburg.de · www.east-hamburg.de

122 **DZ** von 160,00 bis 240,00 €;
als **EZ** von 150,00 bis 195,00 €;
3 **Suiten** von 380,00 bis 425,00 €
Aus einer ehemaligen Eisengießerei wurde das gastronomische Kunstwerk "east", ein "Member of Design Hotels". In außergewöhnlichem Ambiente logiert man in exklusiv gestalteten Zimmern.

Fairmont Hotel Vier Jahreszeiten Bhf→2 km

20354 · Neuer Jungfernstieg 9-14 · (040) 3 49 40 · Fax: (040) 34 94 26 00
Café „Condi“, Condi Lounge, Jahreszeiten-Bar, Terrasse mit Binnenalsterblick
hamburg@fairmont.com · www.fairmont-hvj.de

99 **DZ** von 315,00 bis 525,00 €;
27 **EZ** von 275,00 bis 425,00 €;
30 **Suiten** ab 665,00 €
Seit nahezu 125 Jahren begrüßt das Hotel Vier Jahreszeiten Hamburg seine Gäste aus aller Welt und ist bis heute Inbegriff europäischer Grandhotellerie. Einer großen Tradition verpflichtet, das Bild der Hansestadt Hamburg über Jahrzehnte prägend, hat das Hotel Vier Jahreszeiten in den vergangenen Jahren keinen Halt davor gemacht, das Haus stetig weiterzuentwickeln und eine einzigartige Verbindung aus Historie und Moderne geschaffen. Von der kulinarischen Vielfalt mit neun verschiedenen Restaurants und Bars über das umfangreiche Angebot im Vier Jahreszeiten Spa & und Fitness mit verschiedenen Behandlungen und hochwertigen Beautyprodukten bis hin zu Deutschlands außergewöhnlichstem Küchen-Eventbereich bleiben keine Wünsche offen, welche das als bestes Hotel Deutschlands ausgezeichnete Hotel Vier Jahreszeiten Hamburg nicht erfüllen könnte.

Fairmont Hotel Vier Jahreszeiten Restaurant Haerlin

✉ 20354 · Neuer Jungfernstieg 9-14 · ☎ (0 40) 34 94 33 10 · Fax: 34 94 26 08
Klass. u. Mediter. Küche · **Geöffnet:** 18:30–23 Uhr · Küche: 18:30–21:00 Uhr ·
Ruhetag: So./Mo. · **Tische:** 12/50 Plätze
gastronomie.hvj@fairmont.com · www.restaurant-haerlin.de

Speisekarte: 2 Menüs von 190,00 bis 220,00 €
1400 Weinpos.
Das Restaurant Haerlin gehört zu den Restaurants, welche man zu Recht als Gesamtkunstwerk bezeichnen kann. Benannt nach Hotelgründer Friedrich Haerlin ist das erste Restaurant des Hauses mit Küchenchef Christoph Rüffer mit zwei Michelin Sternen und diversen weiteren Auszeichnungen der Köche heute weit über Hamburgs Grenzen hinaus bekannt und bereitet mit raffiniert kombinierten Aromen und überraschenden Geschmackstexturen in den saisonal ausgerichteten Menüs ein wahres Feuerwerk für den Gaumen. Handbemalte, chinesische Seidentapeten und Goldprägungen, helle Creme- und Grüntöne, der maßgefertigte Weinschrank aus Glas und poliertem Messing mit Sommelier`s Table werden ergänzt von wertvoller Kunst in Form eines handgefertigten Lüsters mit über 20.000 funkelnden Kristallen, Werken zeitgenössischer Künstler und Nymphenburger Porzellan-Jahreszeiten-Putten aus dem Eröffnungsjahr des Restaurants 1919. Im Haerlin gehen feinsinnige Lebensart, Kultiviertheit und Weltoffenheit mit einer Prise nordischer Zurückhaltung die perfekte Verbindung ein. Da ist es nur folgerichtig, dass auch am Herd ein Mann mit allerbesten Referenzen steht. Seit beinahe zwei Jahrzehnten ist das Christoph Rüffer, der als Chef de Cuisine dafür sorgt, dass nur allerbeste Zutaten für seine finessenreiche Produktküche in die Töpfe und Pfannen gelangen. Passend zum traditionsreichen Hause sind seine prägendsten Inspirationen die vier Jahreszeiten. Er ersinnt mit verschiedensten, Aromen, Texturen und Würzungen, alten und neuen Techniken, bodenständigen und exotischen Zutaten immer wieder andere Kompositionen und kreiert so eine Küche der unbegrenzten Möglichkeiten, die dem Gast innovative Geschmackswelten eröffnen. Jeder einzelne Teller ist ein hinreißend schönes Unikat, dass durch eine ausgewählte Weinbegleitung noch wertvoller wird. Hier kommt Marius Jürke ins Spiel: Er berät mit Expertise und Feingefühl und leitet als umsichtiger Maître auch mit leichter Hand den zugewandten, klassischen Service.
Ein weiteres Highlight: Inmitten des neu gestalteten Küchen-Eventbereichs können bis zu acht Gäste am Chef's Table bei Champagneraperitif oder Gourmetdinner hinter den Kulissen des Hotel Vier Jahreszeiten Christoph Rüffer und seinem Team bei der Arbeit über die Schulter sehen. Das Besondere: Der Chef's Table steht nicht, wie sonst üblich, vor der Küche und am Eingang zum Restaurant, sondern befindet sich in einem eigenen Raum im Zentrum des Küchenbereiches.

Restaurant mit exzellenter Weinkarte

♜ Fairmont Hotel Vier Jahreszeiten Jahreszeiten Grill

Bhf→2 km

✉ 20354 · Neuer Jungfernstieg 9-14 · ☎ (040) 34 94 33 12 · Fax: (040) 34 94 26 08
Regionale und Internationale Küche · **Geöffnet:** Mo.-So.: 12-14.30 + 18-23 Uhr ·
Tische: 20/60 Plätze
gastronomie.hvj@fairmont.com · www.fairmont-hvj.de

Speisekarte: Hauptgerichte von 27,00 bis 71,00 €; 1 Mittagsmenü von 26,00 bis 33,00 €

150 Weinpos.

Hanseatische Klassiker in gediegener, kosmopolitischer Atmosphäre kann man wohl nirgendwo besser erleben und genießen als im "Jahreszeiten Grill" des Hotel Vier Jahreszeiten Hamburg. Der Grill ist seit 1926 bei Hamburgern und Hotelgästen gleichermaßen beliebt und die originale Art déco Einrichtung mit Holzintarsien, Messingelementen und Lampen der klassischen Moderne ist heute noch genauso faszinierend wie im Entstehungsjahr. Internationale Klasse prägt die Umsetzung des Grill-Konzepts, in dem man sich erstklassige Fisch- und Fleischspezialitäten wie Seewolf, Zander, Seezunge, Rinderfilet, Kalbfleisch mit Beilagen und Saucen ganz nach eigenem Gusto zusammenstellen kann. Viele der Zubereitungen finden direkt am Tisch des Gastes statt, der sich live von der erstklassigen Qualität der Zutaten überzeugen kann, die durch Luxusprodukte wie Austern, Hummer und Kaviar abgerundet werden. Maître Darius Wieczorek leitet den aufmerksamen Service und ist auch stets zur Stelle, wenn es um den einen oder anderen Sonderwunsch geht.

♜ Fairmont Hotel Vier Jahreszeiten NIKKEI NINE

Bhf→2 km

✉ 20354 · Neuer Jungfernstieg 9-14 · ☎ (040) 34 94 33 99 · Fax: (040) 34 94 26 08
Japanisch-peruanische Küche · **Geöffnet:** Dinner: Di-Mi.1Covid-Öffnungszeiten: Di.-Sa. 18-23 Uhr · **Tische:** 30/104 Plätze
gastronomie.hvj@fairmont.com · www.nikkei-nine.de

Speisekarte: Hauptgerichte von 36,00 bis 129,00 €; Menü von 79,00 bis 111,00 €

Fernost und Südamerika treffen sich im Hohen Norden – diese Kombination ist sogar in unserer globalisierten Welt noch etwas Besonderes. Ihren Ursprung hat die Nikkei-Cuisine, die japanisch-peruanische Küche, Ende des 19. Jahrhunderts, als viele Japaner zum Eisenbahnbau nach Südamerika auswanderten. Sie wollten ihre traditionellen Speisen nicht missen, mussten aber auf das dortige Warenangebot zurückgreifen und kreierten so eine ungemein spannende Fusionsküche. Mit Chefkoch Song R. Lee steht ein Meister seines Faches am japanischen Robata-Grill, der es versteht, klare und reduzierte japanische Techniken, Zubereitungsarten und Aromen mit der Farbigkeit und Opulenz der peruanischen Küche zu verbinden. Das Ergebnis sind neue und verblüffend geniale Speisen, die Appetit auf mehr machen. Ein Glossar erläutert die japanischen Fachbegriffe und erleichtert die Auswahl auf der schön zusammengestellten Karte. Wagyu Steaks gibt es in hinreißender Qualität, aber auch die anderen Signature dishes sind genial. Und wer noch genauer in diese neue kulinarische Welt eintauchen möchte, hat den Restaurantmanager Matthias Förster an der Seite, der mit Freude und Begeisterung der Gastgeber des Nikkei Nine ist.

Bhf→2 km

Gastwerk Hotel Hamburg

22761 · Beim Alten Gaswerk 3 · ☎ (0 40) 8 90 62-0 · Fax: 8 90 62-20
"Mangold - Das Restaurant im Gastwerk" m. Intern. Küche, Hotelbar
18 km
VISA AE
info@gastwerk.com · www.gastwerk.com

127 **DZ** ab 120,00 €;
als **EZ** ab 120,00 €;
14 **Suiten** ab 180,00 €
Historische Backsteinarchitektur geht im ehemaligen Gaswerk Hamburgs eine perfekte Symbiose mit hochmodernen Einrichtungselementen ein. Die großzügig geschnittenen Komfortzimmer, Suiten und Lofts sind lichte Räume mit luxuriösem Interieur.

Bhf→5 km

Haebel

22767 · OT St. Pauli · Paul-Roosen-Straße 31 · ☎ (040) 01517-2 423 046
Klassische Küche mit Nordischen Elementen · **Geöffnet:** Di.-Sa. ab 17 Uhr ·
Ruhetag: So./Mo. · **Tische:** 6/22 Plätze
eat@haebel.hamburg · www.haebel.hamburg

Speisekarte: 2 Menüs von 89,00 bis 104,00 € ca. 55 Weinpos.
Während Fabio Hæbel und sein Team handwerklich präzise Menüs – Flora und Fauna – zubereiten, die in der nordischen Küche verwurzelt sind, kann man ihnen dank der Showküche bei der konzentrierten Arbeit zuschauen.

Bhf→500 m

Hotel Atlantic Hamburg OT St. Georg

20099 · An der Alster 72-79 · ☎ (0 40) 2 88 80 · Fax: 2 88 88 52 · Atlantic Restaurant mit internationaler Küche; Atlantic Grill & Health mit regionaler Küche, Bar
12 km
VISA AE
atlantic-hamburg@brhhh.com · brhhh.com/atlantic-hamburg

188 **DZ** von 200,00 bis 590,00 €;
als **EZ** von 180,00 bis 570,00 €;
33 **Suiten** von 340,00 bis 3000,00 €
Das legendäre „Hotel Atlantic Hamburg" mit der außergewöhnlichen Architektur des frühen 20. Jhs. ist unbestreitbar eines der bekanntesten Hotels der Welt und überzeugt neben der Traumlage an der Alster mit klassischer Hotellerie auf höchstem Niveau. Allein 13 Veranstaltungsräume unterstreichen den kosmopolitischen Charakter des Hauses.

Hervorhebenswert in seiner Kategorie

Atlantic Grill & Health

Bhf→500 m

✉ 20099 · OT St. Georg · An der Alster 72-79 · ☎ (040) 2 88 83 00
Regionale Küche · **Geöffnet:** Di.-Sa. 17-20:30 Uhr · **Ruhetag:** So./Mo. · **Tische:** 25/54 Plätze
agh@atlantic-grillhealth.com · atlantic-grillhealth.com

Speisekarte: 10 Hauptgerichte von 19,00 bis 37,00 €

In der Küche setzt Chefkoch Christian Michel regionale und internationale Akzente. Klassische Grillspezialitäten (Fisch, Lamm, Rind) mit raffinierten Beilagen werden von erstklassigen vegetarischen und veganen Health & Soul Gerichten ergänzt

Jellyfish

Bhf→5 km

✉ 20357 · Weidenallee 12 · ☎ (0 40) 4 10 54 14 · Klassische, Intern. u. Regionale (Fisch-)Küche · **Geöffnet:** Mi. bis So. 18 - 21 Uhr; Sa. + So. 12-14 Uhr (Bistroküche) · **Ruhetag:** Mo./Di. · **Tische:** 16/46 Plätze
info@jellyfish-restaurant.de · www.jellyfish-restaurant.de

Speisekarte: 1 Menü von 80,00 bis 180,00 €

Fisch, frisch as Fisch can be – im Restaurant "Jellyfish" erwartet den Gast eine exzellente Fischküche, die selbst für Hamburger Verhältnisse außerordentlich gut ist. Blanke Tische, schlichtes Mobiliar und an der Wand der Namensgeber des Restaurants – eine Qualle in fließender Bewegung – verbinden sich zu einer lässig-lockeren und weltoffenen Atmosphäre. Für die Speisen zeichnet Patron und Chefkoch Stefan Fäth verantwortlich. Er konzipiert ein immer wieder neues 7-Gänge-Menü, in dem Fisch (ausschließlich aus Wildfang) und Meeresfrüchte die bestimmenden Elemente sind, und das in seiner Gesamtheit eine eigene Geschichte erzählt. Ein Gang baut auf dem anderen auf, so dass es mehr als schade wäre, würde man einen auslassen. Haben wir auch nicht. Hervorhebenswert neben den Amuse gueules (ein Canneloni mit Hummer und ein confiertes Ei mit Sommertrüffel) war schon der erste Gang, eine Gazpacho mit herrlich konzentriertem Tomatenaroma, großer Frische durch das Gurkensorbet und leicht kontrastierender Cremigkeit durch den Feta. Restaurantleiter Patrick Ufer berät kenntnisreich zu den Weinen, erläutert den Gästen gekonnt das raffinierte Menü und beantwortet gerne Fragen rund um die handverlesenen Zutaten und die konzentrierte Zubereitung.

Landhaus Flottbek

Bhf→9,7 km

✉ 22607 · OT Flottbek · Baron-Voght-Straße 179 · ☎ (0 40) 8 22 74 10
HYGGE Brasserie und Bar, Tagungsmöglichkeiten
8 km
info@landhaus-flottbek.de · www.landhaus-flottbek.de

21 **DZ** ab 119,00 €;
19 als **EZ** ab 104,00 €;
4 **EZ** ab 94,00 €;
1 **Suite** ab 169,00 €

Hinter den historischen Mauern eines Bauernhofes aus dem 18. Jh. verbirgt sich ein komfortables Boutique-Hotel mit individuell eingerichteten Zimmern und hohem Wohlfühl- und Entspannungsfaktor im ganzen Hause.

Landhaus Flottbek
HYGGE Brasserie und Bar

✉ 22607 · Baron-Voght-Straße 179 · ☎ (0 40) 82 27 41 60 · Fax: 82 27 41 51
Moderne Landhausküche · Küche: 15–22 Uhr
VISA AE EC
info@landhaus-flottbek.de · www.landhaus-flottbek.de ·

Speisekarte: 12-15 Hauptgerichte von 14,00 bis 43,00 €; 2 Tagesgerichte von 14,00 bis 38,00 €; 2 Menüs von 36,00 bis 65,00 €
60 Weinpos.
Chefkoch Thomas Nerlich sorgt für eine durchdachte saisonale und facettenreiche Küche mit französischem Schwerpunkt. Gerne werden die präzise zubereiteten Speisen zum "teilen" serviert, was die kommunikative Atmosphäre zusätzlich unterstützt. Das Restaurant mit historischem Holzständerwerk und modernem Interieur sowie einem schönen Garten ist die perfekte Kulisse für uneingeschränkten Genuss.

Bhf→1,5 km

Landhaus Scherrer OT Othmarschen

✉ 22763 · Elbchaussee 130 · ☎ (0 40) 88 30 700 30 · Fax: 88 30 700 20
Intern. u. Regionale Küche leichter Zubereitung · Küche: 12–14:30/18–21 Uhr ·
Ruhetag: So. · **Tische:** 20/80 Plätze
VISA AE EC
info@landhausscherrer.de · www.landhausscherrer.de

Speisekarte: 4 Hauptgerichte von 52,50 bis 58,50 €; 2 Menüs von 108,00 bis 142,00 €
ca. 600 Weinpos.
Biobauern aus der Region liefern die Waren für die fulminante Produktküche von Patron Heinz O. Wehmann. Der zeigt seit Jahrzehnten, wie man mit Können und Fantasie auf Topniveau faszinierend aromenstarke Speisen kreieren kann.

Le Méridien Hamburg

✉ 20099 · An der Alster 52-56 · ☎ (0 40) 2 10 00 · Fax: 21 00 11 11
Heritage Restaurant und Bar mit französisch inspirierter Küche
VISA AE EC
info.lrmh@lemeridien.com · www.hamburg.lemeridien.com ·

265 **DZ** ab 229,00 €;
als **EZ** ab 209,00 €;
19 **(Jui.-)Suiten** ab 359,00 €
Das "Le Méridien Hamburg" ist ein Luxushotel erster Klasse mit höchst eleganten, sehr komfortablen Zimmern, die im innovativen "Art + Tech"-Design gestaltet sind. Das Haus verfügt mit 15 funktionalen Seminarräumen über exzellente Tagungsmöglichkeiten.

Bhf→500 m

Lenz OT Duvenstedt

✉ 22397 · Poppenbütteler Chaussee 3 · ☎ (0 40) 60 55 88 87 · Reg. Küche u. Eig. Kreat. · **Geöffnet:** Mo./Do./Fr./Sa.: 12-14:45 Uhr + ab 17:30 Uhr, So. ab 12 Uhr durchgehend · Küche: 12–15/17:30–21 Uhr · **Ruhetag:** Di./Mi. · **Tische:** 34/120 Plätze
VISA AE EC
info@restaurant-lenz.de · www.restaurant-lenz.de ·

Speisekarte: 11 Hauptgerichte von 13,50 bis 36,50 €; 15 Tagesgerichte von 8,90 bis 26,50 €; Menüs ab 42,00 €
100 Weinpos.
Chefkoch Dennis Kerber versteht es, kreative Speisen mit bodenständig-regionalem Charakter wie den Saibling auf Grünkohl auf die Tische zu bringen. Das vielseitige Angebot wird mit erstklassigen Steak-Spezialitäten ergänzt.

Restaurant mit gutem Genuss-/Preisverhältnis.

Lindtner Hamburg OT Heimfeld

Bhf→5 km

21075 · Heimfelder Straße 123 · ☎ (0 40) 79 00 90 · Fax: 79 00 94 82
Restaurants "Lilium" und „Diele“, Bar, Terrasse, Garten
10 km
info@lindtner.com · www.lindtner.com

50 **DZ** ab 147,00 €;
69 **EZ** ab 112,00 €;
9 **Suiten** ab 399,00 €
In zentraler Lage inmitten eines herrlichen Gartens gelegen, bietet das moderne Hotel neben individuellem Service komfortable Zimmer und einen exklusiven Wellnessbereich.

Louis C. Jacob OT Nienstedten

Bhf→10 km

22609 Elbchaussee 401-403 ☎ (0 40) 82 25 50 Fax: 82 25 54 44
Weinwirtsch."Kleines Jacob", "Jacobs Bar", "Carls a. d. Elbphilharmonie"
10 km
jacob@hotel-jacob.de www.hotel-jacob.de

50 **DZ** ab 254,00 €;
16 **EZ** ab 189,00 €;
19 **(Jui.-)Suiten** ab 618,00 €
Das noble, hanseatisch geprägte Hotel begeistert mit sehr privatem Charme, exzellentem Service und einem traumhaften Ausblick auf die Elbe. Alle Gästezimmer sind mit hochwertigen Möbeln eingerichtet und verfügen über Natursteinbadezimmer.

Memory OT Sülldorf

Bhf→200 m

22589 · Sülldorfer Landstr. 222 · ☎ (0 40) 86 62 69 38 · Fax: 86 62 69 39
Klassische u. Regionale Küche · **Geöffnet:** 18–21:30 Uhr · **Ruhetag:** So./Mo. ·
Ferien: 3 W. Sommerfer. · **Tische:** 12/35 Plätze
hh@memory-hamburg.de · www.memory.metro.bar

Speisekarte: 3 Hauptgerichte von 21,00 bis 49,00 €; 1 Menü von 39,00 bis 49,00 €
60 Weinpos.
Chefkoch Heiko Hagemann verbindet im Restaurant "Memory" mit Können und Ideenreichtum Trends und Traditionen zu kulinarischen Köstlichkeiten. Das Menü kann man sich 2- oder 3-gängig aus verschiedenen Speisen selber zusammenstellen.

Morellino

20251 · Falkenried 54 · ☎ (0 40) 4 20 62 95
Mediterrane Küche mit nordischen Elementen · Küche: 19–23 Uhr · **Ruhetag:** So. /Mo. · **Tische:** 4/16 Plätze
info@morellino.hamburg · www.morellino.hamburg

Speisekarte: 3 Menüs von 87,50 bis 168,50 €
Chefköchin Silvia Theiss sorgt im unaufgeregt eingerichteten Restaurant für eine mediterran inspirierte Küche mit Einflüssen moderner Nordic Cuisine. Konzentriert, geradlinig, klar und unverfälscht sind die Speisen, die auf erstklassigen, saisonalen Zutaten basieren.

Bhf→4 km

New Living Home OT Lokstedt

✉ 22527 · Julius-Vosseler-Str. 40 · ☎ (0 40) 40 13 31 00 · Fax: 40 13 32 00
Restaurant, Bar, Preise inklusive Frühstück
VISA AE EC
info@new-living-home.de · www.new-living-home.de

28 **DZ** von 119,00 bis 143,00 €;
20 **EZ** von 99,00 bis 125,00 €
Das Hotel "New Living Home" mit komfortablen Zimmern ist charmant eingerichtet. Hinzu kommen elegant eingerichtete Appartements und exzellente Tagungsmöglichkeiten und ein vielseitiges gastronomisches Angebot.

Osteria Da Francesco

✉ 20148 · OT Pöseldorf · Milchstraße 3-4 · ☎ (0 40) 25 30 43 80
Italienische Küche · **Geöffnet:** 12-23 Uhr, So. 12-22 Uhr · **Tische:** 15/70 Plätze
VISA AE EC
info@da-francesco.de · www.osteria-da-francesco.de

Speisekarte: 15 Hauptgerichte von 16,00 bis 49,00 €
110 Weinpos.
In moderner Eleganz eingerichtet, kann der Gast in der Osteria Da Francesco dank Chefkoch Jochen Kempf eine unverfälschte italienische Küche genießen. Hier kommen Klassiker wie Antipasti, gegrillte Calamaretti, Spaghetti mit Garnelen, aber auch Rehrücken mit Pfeffersauce und Loup de Mer in der Salzkruste in erstklassiger Qualität auf den Tisch.

Bhf→4 km

Piment

✉ 20251 · OT Eppendorf · Lehmweg 29 · ☎ (0 40) 42 93 77 88 · Fax: 42 93 77 89
Klass., Int. Küche, eig. Kreationen · **Geöffnet:** ab 19 Uhr · **Ruhetag:** Mi./So. · **Tische:** 10/26 Plätze
VISA EC
info@restaurant-piment.de · www.restaurant-piment.de

Speisekarte: Hauptgerichte ab 45,00 €; 2 Menüs zu 155,00 € 100 Weinpos.
Patron und Chefkoch Wahabi Nouri kreiert Speisen, in denen sich das Beste aus Frankreichs und Nordafrikas Küchen miteinander verbindet. Fremde und vertraute Aromen und Zubereitungsformen münden in ganz neue, edle Geschmackswelten. Der Gast kann aus den Menüs auch Hauptspeisen wählen.

Bhf→5 km

Portomarín

✉ 22299 · Dorotheenstraße 180 · ☎ (0 40) 46 96 15 47 · Fax: 28 80 06 96
Span. Küche, eig. Kreat. · Küche: 18–22 Uhr · **Ruhetag:** So./Mo. · **Tische:** 10/40 Plätze
VISA AE EC
info@portomarin.de · www.portomarin.de

Speisekarte: 6 Hauptgerichte von 27,50 bis 35,00 €; 3 Tagesgerichte von 24,00 bis 28,00 €; 1 Menü zu 59,00 €
ca. 250 Weinpos.
Im "Portomarín" kommt man in den Genuss einer authentischen spanischen Küche, zusätzlich gibt es noch erstklassige Premium-Cuts. Edle Weine, Spirituosen und Delikatessen werden auch zum Außer-Haus-Verkauf angeboten.

Bhf→1 km

Restaurant Petit Amour

✉ 22765 · OT Ottensen · Spritzenplatz 11 · ☎ (040) 30 74 65 56
Klass. franz. Küche · **Geöffnet:** Mi.-Sa. 18-23 Uhr · **Ruhetag:** So./Mo./Di. · **Ferien:** 4 Wo. im Sommer · **Tische:** 12/24 Plätze
VISA EC
mail@petitamour-hh.com · www.petitamour-hh.com

Speisekarte: 1 Menü zu 169,00 €
Hier wird die feine französische Küche neu interpretiert. Der innovative Chefkoch und Patron Boris Kasprik kreiert auf lässige Art eine leichte, elegante und zeitgeistige Frischeküche. Die Gäste genießen die unaufgeregte Atmosphäre im Restaurant und einen jederzeit zuvorkommenden Service

Romantik Hotel Waldhaus Reinbek

Bhf→2 km

✉ 21465 · OT Reinbek · Loddenallee · ☎ (0 40) 72 75 20 · Fax: 72 75 21 00
Gourmetrestaurant, Lounge & Weinkeller, Frühstück 19,50 €/Ps.
3 km
waldhaus@waldhaus.de · www.waldhaus.de

15 **DZ** ab 119,00 €;
29 **EZ** ab 109,00 €;
6 **(Jui.-)Suiten** ab 154,00 €
Vom exklusiven Entree gelangt man in komfortable, edel eingerichtete Zimmer sowie in eine großzügige Restaurantlandschaft. Hervorhebenswert ist auch der Wellnessbereich.

Se7en Oceans

Bhf→1 km

✉ 20095 · OT Altstadt · Ballindamm 40 · ☎ (0 40) 32 50 79 44 · Fax: 32 50 74 86
Neue u. Internationale Küche · Küche: 12–14:30/18–21:30 Uhr · **Ruhetag:** So./Mo. · **Tische:** 20/45 Plätze
info@se7en-oceans.de · www.se7en-oceans.de

Speisekarte: 3 Hauptgerichte von 30,00 bis 39,00 €; 2 Mittagsmenüs von 42,00 bis 99,00 €; 1 Menü von 49,00 bis 94,00 €

Passend zu einer Hafenstadt liegt im "Se7en Oceans" der Schwerpunkt auf Fisch- und Seafood. Chefkoch Stefan Beiter präsentiert die feinen Speisen mit handwerklichem Geschick in vielseitigen, kreativen Zubereitungen.

SIDE

Bhf→1,5 km

✉ 20354 · Drehbahn 49 · ☎ (0 40) 30 99 90 · Fax: 30 99 93 99 · "[m]eatery bar + restaurant", Terrasse, Frühstücksbuffet (23,- € p. Ps.) So. bis 14 Uhr
info@side-hamburg.de · www.side-hamburg.de

168 **DZ** ab 207,00 €;
10 **Suiten** ab 400,00 €
Bei aller reizvollen Reduzierung aufs Wesentliche, vermitteln in den 178 Zimmern des stylischen "SIDE" zeitgenössische Designerelemente Wohlbefinden. [m]eatery Restaurat und Bar garantieren kulinarischen Genuss.

The Fontenay OT Rotherbaum

Bhf→2,5 km

✉ 20354 · Fontenay 10 · ☎ (040) 605 6 605-0 · Fax: 605 6 605-888
Restaurant, Bar, Atrium Lounge, Bibliothek, Smokers Room
info@thefontenay.de · www.thefontenay.de

113 **DZ** ab 355,00 €;
als **EZ** ab 320,00 €;
17 **Suiten** ab 700,00 €
Das internationale 5-Sterne-Hotel lässt keine Wünsche offen. Die individuell eingerichteten Zimmer und Suiten bieten jeglichen Luxus und überzeugen als erholsamer Rückzugsort. Der 1.000 m² große Spa-Bereich ist hoch über den Dächern von Hamburg.

Lakeside OT Rotherbaum

Bhf→2,5 km

✉ 20354 · Fontenay 10 · ☎ (040) 605 6 605-740 · Fax: 605 6 605-888
Intern. Küche, eigene Kreationen · **Geöffnet:** Di.-Sa. ab 19 Uhr · **Ruhetag:** So./Mo. · **Tische:** 10/40 Plätze
lakeside@thefontenay.de · www.lakesiderestaurant.de

Speisekarte: 1 Menü von 155,00 bis 175,00 €

Der herrliche Blick auf die Außenalster ist die Kulisse für die vorzüglichen Speisen von Chefkoch Julian Stowasser. Hervorhebenswert in Aromatik und Komplexität war das mit hauchdünner Roter Bete ummantelte Wagyu-Tatar mit Imperial Kaviar und Crème fraîche. Eine klassische Küche, die gefällt.

Bhf→1,6 km

The Table Kevin Fehling

✉ 20457 · OT Hafen-City · Shanghaiallee 15 · ☎ (0 40) 22 86 74 22 · Neue und Int. Küche, eig. Kreationen · **Geöffnet:** Di.-Sa. 19 und 20 Uhr · **Ruhetag:** So./Mo. · **Ferien:** 19.12.21-13.1.22/10.-18.4.22/3.-25.7.22 · **Tische:** 1/22 Plätze VISA
info@the-table-hamburg.de · www.the-table-hamburg.de

Speisekarte: 1 Menü zu 220,00 € 150 Weinpos.
Das Hauptthema im und am "The Table" ist mit Sicherheit die Küche von Kevin Fehling. Die gehört zu den besten und spannendsten in der ganzen Republik. Seine Interpretationen klassischer Speisen setzen sich über alle Grenzen hinweg und bleiben dennoch dem Gast immer verständlich.

Trüffelschwein

✉ 22303 · OT Winterhude · Mühlenkamp 54 · ☎ (0 40) 696 564 50 · Fax: 696 564 51 Internationale und Französische Küche · **Geöffnet:** Mi.-So.: 17-23 Uhr · **Ruhetag:** Mo./Di. · **Tische:** 11/32 Plätze
info@trueffelschwein-restaurant.de · www.trueffelschwein-restaurant.de

Speisekarte: 3 Hauptgerichte von 29,00 bis 33,00 €; 1 Menü von 179,00 bis 99,00 €
In zwangloser Atmosphäre kann man bei Patron und Chefkoch Kirill Kinfelt Speisen genießen, die einfach nur Spaß machen. Ehrlich, raffiniert und kreativ kombiniert er die edlen, gerne regionalen Zutaten zu klassischen und internationalen Gourmandisen.

Bhf→300 m

Tschebull

✉ 20095 · Mönckebergstr. 7 · ☎ (0 40) 32 96 47 96 · Fax: 32 96 47 97 Österreichische Küche · **Geöffnet:** 12–1 Uhr · **Geöffnet:** Di.-Sa. ab 12 Uhr · **Ruhetag:** So./Mo. · **Tische:** 55/160 Plätze VISA AE
restaurant@tschebull.de · www.tschebull.de

Speisekarte: 10 Hauptgerichte von 24,00 bis 37,00 €; 6 Tagesgerichte von 25,00 bis 34,00 €; 3 Menüs von 22,50 bis 96,00 € 100 Weinpos.
Österreich meets Hansestadt – im "Tschebull" ist das möglich, denn hier zeigt Patron Alexander Tschebull, wie geschickt man aus regionalen Zutaten Klassiker und Neuinterpretationen des Alpenstaates zubereiten kann.

Bhf→1 km

VLET in der Speicherstadt OT Speicherstadt

✉ 20457 · Am Sandtorkai 23 · ☎ (0 40) 3 34 75 37 50 · Fax: 33 47 53 75 12 Moderne Hamburger Küche · **Geöffnet:** 17–24 Uhr · **Geöffnet:** 11:30-21 Uhr., FR./Sa. bis 22 Uhr · **Ruhetag:** So. · **Tische:** 32/90 Plätze VISA AE
info@vlet.de · www.vlet.de

Speisekarte: 8 Hauptgerichte von 24,00 bis 38,00 €; 1 Tagesgericht zu 10,00 €; 1 Mittagsmenü zu 21,50 €; 1 Menü von 54,00 bis 89,00 € 160 Weinpos.
Ab 1883 erbaut, ist die Hamburger Speicherstadt der größte historische Lagerhauskomplex der Welt und zählt zu einem sehr beliebten Ankerpunkt des UNESCO-Weltkulturerbes. Direkt an einem der typischen Vlets (Kanäle) gelegenen Speicherhaus verbirgt sich hinter der klassischen roten Backsteinfassade ein modernes Restaurant. Der Blick auf die sorgfältig restaurierten Gebäude und das Interieur in zeitlosem Bistroschick sind ein spannender Gegensatz von Tradition und Moderne. Hafencity und Elbphilharmonie sind so nah, dass man hier einen zentralen Treffpunkt hat, der für

Businessgäste, Hamburgbesucher und Tagesreisende gleichermaßen attraktiv ist. Chefkoch Philip Rebelsky präsentiert eine frische und leichte Küche, in der nicht nur die beliebten Fischspezialitäten mit großer Sorgfalt zubereitet werden. Die handverlesenen Zutaten kommen bevorzugt von Kleinbetrieben aus dem Umland. Auf nachhaltige Erzeugung und achtsamen Umgang wird sehr viel Wert gelegt. Hamburger Rezepturen verfeinert er mit Geschick und guten Ideen und ergänzt sie mit saisonalen Gerichten. Fischsuppe, Rindertatar mit Gewürzgurke und Landei, Pannfisch und gebratene Scholle zählen zu den beliebten Klassikern. Der Service im VLET wird liebenswürdig von Katharina Wild geleitet und ist zuvorkommend und aufmerksam. Mittags gibt es ein fair kalkuliertes Businesslunch sowie ein sorgfältig zusammengestelltes Tagesgericht.

Zeik

Bhf→4 km

✉ 22299 · OT Winterhude · Sierichstraße 112 · ☎ (0 40) 46 65 35 31
Neue und Gehobene Regionale Küche · Küche: 18:30–20:30 Uhr · **Ruhetag:** So./Mo. · **Tische:** 15/30 Plätze
info@zeik.de · www.zeik.de

Speisekarte: 1 Menü zu 89,00 €
120 Weinpos.
Mit Thekenbereich, anthrazitfarbener, gepolsterter Bankreihe, modernen Bildern und weiß eingedeckten Tischen vermittelt das Interieur des "Zeik" – übrigens ein Anagramm von Kiez – ein Ambiente zwischen Bistro und feinem Restaurant. Die Atmosphäre ist entsprechend lässig und entspannt, der zuvorkommende Service trägt sein Übriges zum weltoffenen Flair bei. Chefkoch Maurizio Oster, der nach verschiedenen gastronomischen Stationen im "Zeik" andockte und es zu seinem Heimathafen machte, arbeitet mit großem Einsatz und echter Leidenschaft. Grundehrlich, kulinarisch der Region verbunden und geschickt im Umgang mit den handverlesenen Zutaten, kreiert er eine norddeutsche Küche voller raffinierter und länderübergreifender Ideen und gelungener Neuinterpretationen. Das Menü "Zeik-Mahl" kann man auch als vegetarische Variante wählen. Zu den korrespondierenden Weinen und Getränken berät Tobias Greve mit Sachverstand und viel Feingefühl.

Hannover

Crowne Plaza® Hotel Hannover Schweizerhof

Bhf→300 m

✉ 30175 · Hinüberstraße 6 · ☎ (05 11) 3 49 50 · Fax: 3 49 51 02
Bistro "Schweizer Hof", Lobbybar mit Terrassen
14 km
www.schweizerhof-hannover.de

161 **DZ** von 130,00 bis 600,00 €;
36 **EZ** von 110,00 bis 495,00 €;
4 **Suiten** von 180,00 bis 720,00 €
Erstklassiges Hotel in bester Lage mit viel Komfort und Stil. Für Tagungen stehen passende Räumlichkeiten mit perfektem Service zur Verfügung. Moderner Wellnessbereich.

JANTE

✉ 30171 · OT Südstadt · Marienstraße 116 · ☎ (05 11) 54 55 56 06
Regionale, Saisonale Küche · Küche: 18–22 Uhr · **Ruhetag:** So./Mo.
info@jante-restaurant.de · www.jante-restaurant.de

Speisekarte: 1 Menü von 145,00 (Di.-Do.) bis 160,00 (Fr./Sa.) €

Chefkoch Tony Hohlfeld präsentiert eine fulminante, kompromisslos gute Produktküche, die mit aromatischer Tiefgründigkeit und innovativen Kombinationen in den monatlich wechselnden Menüs immer wieder neue, denkwürdige Geschmackswelten eröffnet.

Bhf→2 km

Marie

✉ 30161 · OT List · Wedekindplatz 1 · ☎ (05 11) 65 39 90 74
Französische Küche · **Geöffnet:** Di.-Do. 17-22 Uhr, Fr./Sa. 17-23 Uhr · **Ruhetag:** So. /Mo.
info@restaurantmarie.de · www.restaurantmarie.de

Speisekarte: 5 Hauptgerichte von 18,90 bis 24,90 €; 1 Menü von 43,00 bis 53,00 €
Im charmant eingerichteten Restaurant kommt man dank Chefkoch Sven Holthaus in den Genuss einer frischen, hausgemachten französischen Küche, die mit aromenstarken authentisch zubereiteten Spezialitäten überzeugt.

Maritim Airport Hotel Hannover

✉ 30669 · OT Langenhagen · Flughafenstr. 5 · ☎ (05 11) 9 73 70 · Fax: 9 73 75 90
Rest. „Rôtisserie“ mit Internat. Küche, Bar „Night Flight“
3 km
info.hfl@maritim.de · www.maritim.de

432 **DZ** von 117,00 bis 332,00 €;
als **EZ** von 97,00 bis 312,00 €;
40 **Suiten** von 162,00 bis 472,00 €
Gegenüber dem Flughafen finden sich in diesem Hotel elegante Zimmer, Veranstaltungsräume, eine Club-Lounge mit eindrucksvollem Panoramablick und die schicke Bar "Night Flight".

Bhf→4 km

Sheraton Hannover Pelikan Hotel

✉ 30177 · OT List · Pelikanplatz 31 · ☎ (05 11) 9 09 30 · Fax: 9 09 35 55
Restaurant „5th Avenue“, Frühstückbuffet 25,- €/Ps.
www.sheratonpelikanhannover.com

94 **DZ** ab 104,00 €;
als **EZ** ab 104,00 €;
EZ ab 104,00 €;
16 **Suiten** ab 184,00 €
Wo einst die Firma "Pelikan" ihre Schreibgeräte herstellte, befindet sich heute in romantisch-ruhiger Lage, im Herzen der Landeshauptstadt Hannover, das mondäne Business- und Familienhotel, das durch komfortable Zimmer und den freundlichen und zuvorkommenden Service besticht.

Bhf→10 km

Titus

✉ 30519 · OT Döhren · Wiehbergstraße 98 · ☎ (05 11) 83 55 24 · Fax: 8 38 65 38
Moderne Klassische Küche · **Geöffnet:** Di.-Sa. ab 18 Uhr · **Ruhetag:** So./Mo. · **Ferien:** 1.1.-16.1. · **Tische:** 6/18 Plätze
restaurant-titus@t-online.de · www.restaurant-titus.com

Speisekarte: 4 Hauptgerichte zu 24,00 €; 2 Menüs von 70,00 bis 98,00 €
210 Weinpos.
Der aufmerksame Service im cahramant eingerichteten Restaurant sorgt dafür, dass der Gast sich rundum wohl fühlt. Chefkoch Dieter Grubert arbeitet präzise und kreativ, stets steht das Produkt im Mittelpunkt und spricht dank unverfälschter Zubereitungen für sich.

♜ Tropeano Di-Vino

Bhf→9 km

✉ 30559 · OT Kirchrode · Kleiner Hillen 4 · ☎ (05 11) 3 53 31 38 · Fax: 5 63 76 78
Neue Italienische Küche · Küche: 12–14:30/18–22:30 Uhr · **Ruhetag:** Mo. · **Tische:** 30/90 Plätze
VISA · EC
restaurant-tropeano@gmx.de · www.restaurant-tropeano.de

Speisekarte: 6 Hauptgerichte von 22,50 bis 34,50 €; 5-6 Tagesgerichte von 8,00 bis 24,00 €; 2 Menüs von 35,00 bis 78,00 €
400 Weinpos.

Chefkoch Kai Bachmann überzeugt im gediegen eingerichteten Restaurant mit durchdachten, authentischen und aromenstarken italienischen Speisen.

VOTUM

Bhf→1 km

✉ 30159 · Hannah-Arendt-Platz 1 · ☎ (05 11) 30 30 24 12 · Neue Küche, eig. Kreationen · **Geöffnet:** 18:30–23 Uhr · **Geöffnet:** Winter: Di.-Sa. ab 18:30, Sommer: Mo.-Fr. ab 18:30 · **Ruhetag:** Sa./So. (Sommer), So./Mo. (Winter) · **Tische:** 9/30 Plätze
VISA · EC
info@vo-tum.de · www.vo-tum.de

Speisekarte: 1 Menü von 130,00 bis 220,00 €

Nur einen Steinwurf vom Landtag in Hannover entfernt, kann man im VOTUM seine Stimme für eine der spannendsten Küchen des Bundeslandes abgeben. Schick, modern und stylish ist das Interieur gestaltet, hochlehnige, umlaufende Polsterbänke, blanke Tische und klare Linien fügen sich zu einer entspannten, kosmopolitischen Atmosphäre. Diese Weltoffenheit passt perfekt zur Küche von Chefkoch Benjamin Gallein. Seine berufliche Laufbahn – von der Skihütte bis zum Sternerestaurant – beweist, dass er keine Berührungsängste hat, sondern offen für alles und vor allem Neues ist. Das sieht und schmeckt man auch, wenn er die Speisen mit großem Ideenreichtum facettenreich zusammenstellt. Erstklassige Zutaten kombiniert er zu komplexen Speisen mit Aromentiefe, die den Gast durchaus herausfordern, aber nie überfordern, denn sie bleiben verständlich und scheinen in ihren Kompositionen einfach folgerichtig und nur genau so wie hier präsentiert, perfekt zu sein. In Anlehnung an die politischen Gepflogenheiten hat der Gast beim Menü sein eigenes Votum – die Erststimme ist für die Menüfolge, die Zweitstimme für den begleitenden Wein. Da ist Jonas Gohlke als kenntnisreicher Sommelier sehr gern behilflich. Hervorhebenswert sind die auch grandiose Patissierie von Nico Kuckenburg und der herzliche, unverkrampfte Service durch Laura Kuckenburg. Benjamin Gallein weiß offensichtlich: So geht Spitzenrestaurant heute!

Dieses Restaurant bietet Ihnen eine exzellente Küche.

Haren (Ems)

Bhf→5 km

Zur Ems

49733 · Emmelner Str. 2 · ☎ (0 59 32) 64 03 · Fax: 6 97 70 · Internationale und Regionale Küche · **Geöffnet:** Mi.-Sa.: 18-21:30 Uhr, So. 12-14 Uhr · **Ruhetag:** Mo./Di., So.-Abend · **Ferien:** je 10 Tage v. Ostern + Herbst · **Tische:** 11/56 Plätze
info@zur-ems.de · www.zur-ems.de

Speisekarte: 15 Hauptgerichte von 15,00 bis 40,00 €
1000 Weinpos.
Unmittelbar an der Ems gelegen, kann man im liebevoll eingerichteten Restaurant die Emsland-Radtour unterbrechen, ein Businesslunch genießen, private Feste feiern oder sich einfach mit frischen, sorgfältig zubereiteten abwechslungsreichen Speisen, die Silvia Held gerne im jahreszeitlichen Wechsel präsentiert, verwöhnen lassen.

Harsewinkel

Bhf→15 km

Poppenborg

33428 · Brockhäger Straße 9 · ☎ (0 52 47) 22 41 · Fax: 17 21
Klass. und Neue Küche, eig. Kreat. · **Geöffnet:** ab 18 Uhr. So. ab 12 Uhr · **Ruhetag:** Mi. · **Tische:** 8/24 Plätze
restaurant@poppenborg.com · www.poppenborg.com

Speisekarte: 5 Hauptgerichte von 27,00 bis 42,00 €; 2 Menüs von 69,00 bis 99,00 €
350 Weinpos.
Im Restaurant, das in schlichter Eleganz eingerichtet ist, kann man in entspannter Atmosphäre die von Heinz Poppenborg zubereiteten Speisen genießen. Er gibt den klassischen und modernen Gerichten seine ganz eigene Note. Ehefrau Anne leitet sehr charmant den Service.

Hartenstein

Bhf→1 km

Gästehaus Wolfsbrunn

08118 · OT Stein · Stein 8 · ☎ (03 76 05) 7 60 · Fax: 7 62 99
Schlosskeller, Bar, Schlosspark, Terrasse
8 km
www.gaestehaus-wolfsbrunn.de

15 **DZ** ab 120,00 €;
als **EZ** ab 90,00 €;
7 **EZ** ab 80,00 €;
2 **Suiten** ab 182,50 €
Das prachtvolle, in einem herrlichen Park gelegene Jugendstil-Schloss beeindruckt mit einer gelungenen Kombination von stilvoller Eleganz, modernem Hotelkomfort und sehr zuvorkommendem Service.

Bhf→1 km

Gästehaus Wolfsbrunn - Artichoke

08118 · OT Stein · Stein 8 · ☎ (03 76 05) 7 60 · Fax: 7 62 99
Internationale und Neue Küche · **Geöffnet:** Mo.-Do. ab 17 Uhr, Fr.-So. ab 12 Uhr · **Tische:** 15/40 Plätze
info@gaestehaus-wolfsbrunn.de · www.gaestehaus-wolfsbrunn.de

Speisekarte: 5 Hauptgerichte von 16,00 bis 32,0 €; 1 Menü zu 47,00 €
50 Weinpos.
Chefkoch Thomas Rauch arbeitet konzentriert und ideenreich. Zu den Spezialitäten des "Artichoke" gehören Dry-Aged-Steaks in variantenreichen Cuts, die auf den Wunschpunkt zubereitet werden und die innerhalb eines eigenen Menüs zusammengestellt werden können.

Die Küchenleistung dieses Restaurants ist hervorhebenswert in seiner Kategorie.

Hartheim-Feldkirch

Bohrerhof

Bhf→5 km

✉ 79258 · Bachstraße 6 · ☎ (0 76 33) 23 32-110 · Fax: 12 32-180
Regionale Küche · Küche: 12–21 Uhr · **Ferien:** Juli/Aug. + 18.12.-Mitte März ·
Tische: 50/200 (+ 70 Terrasse) Plätze
info@bohrerhof.de · www.bohrerhof.de

Speisekarte: 6 Hauptgerichte von 12,00 bis 18,50 €; 2 Menüs (nicht in der Spargelzeit) von 25,00 bis 34,00 €
53 Weinpos.
Dass im Bohrerhof größtes familiäres Engagement steckt, spürt man in jedem Winkel des schönen Anwesens. Ursprünglich ein rein landwirtschaftlich geprägter Betrieb mit Direktvermarktung, wurde der Bohrerhof mit den Jahren zu einem beliebten Ausflugsziel. Hier gibt es neben dem Restaurant noch einen mit erntefrischem Gemüse und hausgebackenem Brot und Kuchen toll bestückten Hofladen, der nicht nur zur Spargelzeit bestens besucht ist. Im vollverglasten, lichtdurchfluteten Restaurant schmeckt man, dass es hier frisch Geerntetes und Hausgemachtes aus dem Markgräflerland gibt. Natürlich kommen viele Zutaten, die in der Küche landen, vom eigenen Hofgut – der Spargel zum Beispiel ist sensationell gut, die variantenreichen Zubereitungen überzeugen restlos. Es gibt Flammkuchen mit verschiedensten Toppings, Suppen, Salate und weitere Kleinigkeiten. Petra und Bruno Bohrer leiten den liebenswürdigen und flinken Service sehr aufmerksam. Die umlaufende, überdachte Terrasse mit Blick auf den Garten bietet zusätzliche Sitzplätze im Freien und ist an warmen Tagen ein echter Publikumsmagnet. Der Bau eines Hotels ist weit fortgeschritten und wird das Ensemble im Frühjahr 2022 komplettieren.

Haselünne

Jagdhaus Wiedehage

Bhf→12 km

✉ 49740 · Steintorstraße 9 · ☎ (0 59 61) 79 22 · Fax: 41 41
Regionale Küche · **Geöffnet:** Di.-Sa. 17:30-23 Uhr, So. 11:30-22:30 Uhr · **Ruhetag:** Mo. · **Tische:** 17 + 13 (Terrasse)/75 + 50 Plätze
info@jagdhaus-wiedehage.de · www.jagdhaus-wiedehage.de

Speisekarte: 12 Hauptgerichte von 9,50 bis 32,90 € 51 Weinpos.
In ländlicher Romantik genießt der Gast dank des engagierten Küchenteams eine bodenständige, an den Jahreszeiten orientierte Küche, die von vegetarischen Speisen und ausgesuchten Steakspezialitäten ergänzt wird.

Restaurant mit sehr guter Küche

Haslach i. K.

Bhf→1 km **in-vino-veritas**

✉ 77716 · Steinacher Straße 9 · ☎ (0 78 32) 9 94 46 95
Restaurant, Frühstück im Zimmerpreis inklusive, Gourmet-Arrangements
15 km VISA
info@in-vino-haslach.de · www.in-vino-haslach.de ·

4 **DZ** ab 110,00 €;
als **EZ** ab 80,00 €;
4 **App./Suiten** ab 125,00 €;
1 **Ferienwohnung** ab 120,00 €

Haslach im Kinzigtal ist ein hübscher, kleiner Erholungsort, der von viel Natur umgeben ist. Nur wenige Schritte vom Stadtzentrum entfernt, aber dennoch sehr ruhig und mit Blick auf den nahen Tannenwald, liegt die ehemalige „Küferstube", die Inga und Ralf Müller 2012 gekauft und mit viel Liebe zum Detail renoviert haben. Die Zimmer und Appartements sind alle modern, zeitgemäß und geschmackvoll ausgestattet. Das Frühstück ist im Preis inbegriffen. In der Ferienwohnung ist die Endreinigung – das Frühstück nicht – im Preis inkludiert. Alle Zimmer verfügen über kostenloses WLAN und sind ein wirklich schönes Zuhause auf Zeit. Für kleine Gäste werden auf Wunsch Kinderstühle und Betten bereitgestellt. Hier kann man abseits von alltäglicher Hektik sehr gut entspannen und hat ein liebenswürdiges und aufmerksames Serviceteam als Ansprechpartner. In der Freizeit locken Wanderungen und ausgedehnte Streifzüge durch die stillen Seitentäler bis hinauf zu den Höhen des Mittleren Schwarzwaldes.

Bhf→1 km **in-vino-veritas**

✉ 77716 · Steinacher Straße 9 · ☎ (0 78 32) 9 94 46 95 · Neue und Regionale Küche · Küche: 12–13:30/17:30–21 Uhr · **Ruhetag:** Do./Sa.-Nachmittag · **Ferien:** 14 Tage Schulferien · **Tische:** 16 (Terrasse + 16)/70 (+ 90) Plätze VISA
info@in-vino-haslach.de · www.in-vino-haslach.de ·

Speisekarte: 16 Hauptgerichte von 16,00 bis 33,00 €; Tagesgerichte von 25,00 bis 35,00 €; 1 Mittagsmenü ab 14,80 € 45 Weinpos.

Das Restaurant ist mit blanken Tischen, Holzboden und warmen Farben freundlich und unprätentiös eingerichtet. Man fühlt sich sofort wohl und darf sich dank Chefkoch Ralf Müller auf eine abwechslungsreiche, frische Küche freuen. Der Patron hat sich ein Netzwerk verlässlicher, nachhaltig produzierender Händler und Erzeuger aufgebaut und kocht alles frisch und handwerklich präzise. Regionales interpretiert er raffiniert neu und gerne schaut er auch über den heimischen Tellerrand. Jede der sorgfältig zusammengestellten und auch optisch ansprechend präsentierten Speisen hat als eine Komponente à la minute zubereitetes Gemüse. Mittags gibt es unter der Woche ein fair kalkuliertes Lunchmenü. Die Tagesgerichte werden auf einer Tafel annonciert. Gerne werden Feiern geplant und begleitend ausgerichtet. An warmen Tagen ist der malerische Innenhof mit gemütlicher Weinlaube ein besonderer Publikumsmagnet. Den Service leitet Ehefrau Inga Müller mit Charme und Übersicht.

Hayingen-Ehestetten

BIO-Fine-Dining-Restaurant 1950

✉ 72534 · Aichelauer Straße 6 · ☎ (0 73 83) 9 49 80
Nachhaltige Gourmetküche · **Geöffnet:** Do.-So. ab 18 Uhr (So. auch ab 11:30 Uhr) · **Ruhetag:** Mo.- Mi. · **Ferien:** 2 Wo. Januar · **Tische:** 20/70 Plätze VISA AE
tisch@tress-gastronomie.de · www.biorestaurant-rose.de

Speisekarte: 1 Co2-Menü© zu 89,00 €
73 Weinpos.
Unprätentiös und modern eingerichtet, kann Chefkoch Simon Tress im Restaurant 1950 – dem weltweit ersten Demeter & Bioland Fine-Dining Restaurant – seiner Leidenschaft frönen: Exzellentes Essen im Einklang mit nachhaltiger Unternehmensphilosophie zu präsentieren. Mit sehr viel Herzblut und Dankbarkeit setzt er das Lebenswerk des Großvaters und Vaters fort. Bei jedem Gericht erfährt der Gast bis ins Kleinste sämtliche Zutaten (die bis aufs Salz alle in Demeter- und Bioland-Qualität sind), deren Herkunft, inklusive der Angabe zum CO2-Ausstoß und wie viele Kilometer sie vom Erzeuger bis ins Restaurant hinter sich gebracht haben.
Nach dem "Leaf-to-Root"- und "Nose-to-Tail"-Prinzip zu arbeiten, ist hier unabdingbarer Anspruch, der mit großem Einsatz in die Tat umgesetzt wird. Diese Mühe und Begeisterung fließt in jedes Element des angebotenen CO2-Menü© ein. Gerade die Ausführung dieses einmaligen Gourmetkonzeptes macht Lust auf mehr.

BIO Restaurant Rose

✉ 72534 · Aichelauer Straße 6 · ☎ (0 73 83) 9 49 80 · Regionale Frischeküche · **Geöffnet:** Mi.-Fr. 17:30-21 Uhr, Sa. 11:30-21 Uhr, So. 11:30-20 Uhr · **Ruhetag:** Mo./Di. · **Ferien:** 2 Wo. Januar · **Tische:** 20/70 Plätze VISA AE
tisch@tress-gastronomie.de · www.biorestaurant-rose.de

Speisekarte: 8 Hauptgerichte von 19,90 bis 34,90 €
73 Weinpos.
Geradlinig, schlicht und mit viel Geschmack eingerichtet, ist das Restaurant ideal, um sich zurückzulehnen, den Alltag vor der Tür zu lassen und sich kulinarisch verwöhnen zu lassen. An der Seite von Simon Tress stehen Pascal Martini und Omar Bondoc am Herd und teilen die Philosophie einer ehrlichen und frischen Küche, die auf Bio-Produkten basiert, welche bevorzugt von Demeter- und Bioland-Betrieben, aus der Region und dem eigenen Hausgarten kommen. Sie unterwerfen ihre Küche strengen Regeln: nachhaltiges Arbeiten, keine Zusatzstoffe und Geschmacksverstärker, nur natürliche Kräuter und Gewürze, es wird immer das ganze Tier verarbeitet. Hier kommt man in den Genuss kreativer Fleischspeisen und innovativer vegetarischer Gerichte. Tradierte

Restaurant mit gehobener Küche

und neue Küchentechniken und Zubereitungsformen werden zu einer aromentiefen und abwechslungsreichen Küche kombiniert.

Heidelberg

Bhf→1 km

959 Stadtgarten

✉ 69117 · Friedrich-Ebert-Anlage 2 · ☎ (0 62 21) 6 74 29 59
Neue Küche · **Geöffnet:** Di.-Sa. 12-23 Uhr · **Ruhetag:** So./Mo. · **Ferien:** Weihnachten · **Tische:** 35/80 Plätze
VISA AE
hello@959heidelberg.com · www.959heidelberg.com

Speisekarte: 6 Hauptgerichte von 24,00 bis 48,00 €; 7 Tagesgerichte von 16,00 bis 34,00 €; 1 Mittagsmenü zu 30,00 €
917 Weinpos.

Das "959 Stadtgarten" ist ein Restaurant, das mit einem urbanen, zeitgeistigen Schick gefällt. Illuminierte Regale, schwarze Tische und Fauteuils in kraftvollem Rot, raffiniert gestaltete Lampen in Schwarz und Gold und eine Vielzahl dekorativer Bilder geben dem Raum ein sehr exklusives, kommunikatives Ambiente. Die weltoffene und lässig-lockere Atmosphäre ist ideal, um das kulinarische Angebot in all seiner Vielfalt zu genießen. Mittags kommt man ab 12 Uhr in den Genuss der frisch zubereiteten Speisen, die es in kleiner Auswahl auch in einer Nachmittagskarte gibt. Ab 18 Uhr gilt die Abendkarte mit einer sehr durchdachten Produktküche. Ob klassisch oder modern interpretierte Rezepturen – die Zusammenstellungen sind ausbalanciert, die Ausführungen frisch, gekonnt und präzise. Eine kleine, aber feine Auswahl frisch gebackener Pizzen ergänzt das Angebot. Ein liebenswürdiger Service begleitet den Restaurantbesuch. Korrespondierende Weine gibt es in faszinierender Auswahl. In "Pino's Bar" kann man den Abend bei frisch gemixten Drinks und feinen Bränden gesellig ausklingen lassen.

♜ Chambao

Bhf→3 km

✉ 69117 · Dreikönigstraße 1-3 · ☎ (0 62 21) 7 25 82 71
Mediterrane und Crossover Küche · Küche: 18–22 Uhr · **Ruhetag:** So./Mo. (Feiertage Öffnungszeiten abweichend) · **Tische:** 12/60 Plätze
info@chambao-heidelberg.com · www.chambao-heidelberg.com

Speisekarte: Sharing-Gerichte ab 25,00 €
42 Weinpos.

In unmittelbarer Nähe der Alten Brücke über den Neckar findet sich auf der Altstadtseite das Restaurant "Chambao". Einige historische Elemente des Gebäudes aus dem 16 Jh. wurden beibehalten und harmonisch in den weltoffenen Gesamtauftritt des Restaurants integriert. Holzboden, rustikale Landhausstühle und eine Showküche tragen zur kommunikativen Atmosphäre bei, die noch durch das etwas andere Konzept des Hauses unterstützt wird.Chefkoch Daniel Heinzmann präsentiert eine mediterrane Küche mit Crossover-Elementen, die in ihrer Echtheit und Aromenkraft begeistert. Man kann nicht nur die klassische Hauptspeise bestellen, sondern vielmehr verschiedene raffinierte Kombinationen, die gerne in der Mitte des Tisches platziert werden, so dass sie im Fokus einer kommunikativen Runde stehen und zum Thema des lebhaften Austauschs werden. Es gibt täglich wechselnde Gerichte – 5 Teller 50 € pro Kopf (für 2 Ps.), 7 Teller 70 € pro Kopf (für 2 Ps.). Im "Chambao" lassen sich übrigens auch bestens betreute Feiern ausrichten. Es ist einfach schön, wie hier der Gedanke eines geselligen Miteinanders, kombiniert mit großartigen Speisen, gelebt wird. Das "Chambino" ist der kleine Bar & Bistro Ableger und lädt mit Kleingkeiten, Aperitifs und Cocktails zum lockeren Genuss.

♜ Der Europäische Hof Heidelberg

Bhf→1,5 km

✉ 69117 · Friedrich-Ebert-Anlage 1 · ☎ (0 62 21) 51 50 · Fax: 51 55 06 · Gourmet-Restautant "Kurfürstenstube", "Fritz", „Europa-Bar“, Terrasse, Frühstück 13,50 (Business)/32,- (Gourmet) € p. P.
20 km
welcome@europaeischerhof.com · www.europaeischerhof.com

60 **DZ** von 228,00 bis 384,00 €;
40 **EZ** von 189,00 bis 309,00 €;
14 **Junior-Suiten (50 m²)** zu 480,00 €;
3 **Suiten (64 m²)** zu 660,00 €

Seit über 100 Jahren ist das traditionsreiche Luxushotel in Familienbesitz. Die wunderschönen Zimmer sind mit allen modernen Annehmlichkeiten ausgestattet, der 600 m² große Panorama SPA bietet ein Vielzahl von Relax-Angeboten, Businessgäste wissen die guten Tagungsmöglichkeiten zu schätzen.

Der Europäische Hof Heidelberg Die Kurfürstenstube

69117 · Friedrich-Ebert-Anlage 1 · ☎ (0 62 21) 51 50 · Fax: 51 55 06
Klassische u. Neue Küche · **Geöffnet:** 12–23 Uhr · **Ferien:** 28.3.-2.10.22 (schließt in der Zeit für das Sommerrestaurant) · **Tische:** 15/55 Plätze
welcome@europaeischerhof.com · www.europaeischerhof.com

Speisekarte: 4 Hauptgerichte von 29,00 bis 42,00 €; 1 Menü von 82,00 bis 98,00 €
300 Weinpos.
Das elegante Interieur des Fine Dining Restaurants "Kurfürstenstube" ist die perfekte Kulisse für die feinsinnige Gourmetküche von Chefkoch Julien Schon. Klassisch Französisches ergänzt er mit modernen Speisen, die von konzentrierten Aromen getragen werden.

Bhf→1,8 km

Die Hirschgasse Heidelberg

69120 · OT Neuenheim · Hirschgasse 3 · ☎ (0 62 21) 45 40 · Fax: 45 41 11
Rest. „Mensurstube" mit Reg. Küche, Frühstück 29,- € p. P., Terrasse
10 km
info@hirschgasse.de · www.hirschgasse.de

2 **EZ** von 80,00 bis 195,00 €;
18 **Suiten** von 195,00 bis 385,00 €
Der weltberühmte Philosophenweg vor der Tür, ist in dem traditionsreichen Nostalgiehotel noch heute historisches Flair allgegenwärtig. Gehobene Kulinaria genießt man im Gourmetrestaurant "Le Gourmet".

Bhf→1,8 km

Die Hirschgasse - Le Gourmet

69120 · OT Neuenh. · Hirschgasse 3 · ☎ (0 62 21) 45 40 · Fax: 45 41 11
Klassische u. Neue Küche · Küche: 18–22 Uhr · **Ruhetag:** So./Mo. · **Ferien:** 2 W. Anf. Jan. + 2 W. im Aug. · **Tische:** 8/30 Plätze
info@hirschgasse.de · www.hirschgasse.de

Speisekarte: 1 Menü von 110,00 bis 160,00 €
180 Weinpos.
Wunderschön nostalgisch und edel eingerichtet, ist das "Le Gourmet" ein echtes kulinarisches Kleinod. Die klassische Küche von Chefkoch Mario Sauer wird von ihm mit innovativen Ideen und modernen Zubereitungsformen in einen ganz neuen, sehr spannenden Kontext gesetzt. Bester Beweis dafür war bereits der Gruß aus der Küche – Bachsaibling mit eigenem Kaviar auf einem Mungobohnenrisotto und Dashi-Beurre-BLanc.

Bhf→12 km

Restaurant OBEN

69117 · OT Kohlhof · Am Kohlhof 5 · ☎ (01 72) 9 17 17 44
Klassische, Regionale Küche, eigene Kreationen · Küche: 18–24 Uhr · **Ruhetag:** So./Mo./Di. · **Ferien:** 1 Wo. Sept. + 2 Wo. Febr. · **Tische:** 4/20 Plätze
info@restaurant-oben.de · www.restaurant-oben.de

Speisekarte: 1 Menü zu 130,00 €
76 Weinpos.
"OBEN" auf dem Königstuhl wird man nicht mehr mit "Ausflugsküche" abgespeist. Chefkoch Robert Rädel sorgt vielmehr für ambitionierte Speisen, die in der Region verwurzelt sind, aber dank seiner kreativen Ideen und sorgfältigen Arbeit weit darüber hinausgehen. Er arbeitet unter nachhaltigen Aspekten und mit Respekt vor den Produkten, die seine Küche so tiefgründig machen.

Dieses Restaurant bietet Ihnen eine exzellente Küche.

♜ "S"-Kastanie

Bhf→2 km

✉ 69117 · Elisabethenweg 1 · ☎ (0 62 21) 72 80-343 · Fax: 72 80-344
Internationale u. Regionale Küche · **Geöffnet:** Mi.-Fr. 18-23, Sa. 17-23, So. 11:30-21 Uhr · **Ruhetag:** Mo./Di. · **Ferien:** variabel · **Tische:** 20/bis 120 Plätze VISA EC
info@restaurant-s-kastanie.de · www.restaurant-s-kastanie.de · f

Speisekarte: 10 Hauptgerichte von 14,80 bis 34,50 €; Menüs von 26,00 bis 58,00 € 48 Weinpos.
Mitten im Grünen unter mächtigen, alten Bäumen und nur fünf Gehminuten vom Heidelberger Schloss entfernt, steht das historische Schützenhaus aus dem Jahre 1904. Hier ist das Restaurant "S"-Kastanie beheimatet. Das Interieur ist mit dunklem Holzboden, Sprossenfenstern – z. T. mit aufwändigen Bleiverglasungen – gediegen gestaltet. An der Decke hängen imposante, bebilderte Tafeln aus 400 Jahren Schützengeschichte und sind ein toller Blickfang. Patron und Küchenchef Sven Schönig präsentiert Gerichte, die in der Region zu Hause sind, und verfeinert sie mit handwerklichem Geschick und pfiffigen Ideen zu zeitgeistigen, gut aufeinander abgestimmten Speisen. Zu den Spezialitäten des Hauses gehören erstklassige Steakgerichte. Die Restaurantleitung ist jederzeit ansprechbar und zuvorkommend und hilft kompetent bei der Planung und Durchführung zahlreicher kulinarischer Events (z. B. Barbecue, Wildwochen etc.) und privater Feiern. Zusätzlich gibt es ein vielseitiges Catering mit Fingerfood und Buffets. Besonders für romantische Hochzeiten ist die "S"-Kastanie die perfekte Adresse.

Heilbronn

Rebstock la petite provence

Bhf→3 km

✉ 74080 · OT Böckingen · Eppinger Straße 43 · ☎ (0 71 31) 4 05 43 51
Provencalische Küche · **Geöffnet:** Do.-Sa. 18-23 Uhr · Küche: 18:30–20 Uhr · **Ruhetag:** So./Mo./Di./Mi. · **Ferien:** Zwei Wochen Januar · **Tische:** 8/20 Plätze EC
info@rebstock-provence.de · www.rebstock-provence.de

Speisekarte: 2 Hauptgerichte von 20,00 bis 35,00 €; 1 Menü von 44,00 bis 70,00 € 20 Weinpos.
Einladend und charmant ist das Restaurant "Rebstock la petite provence" im Herzen von Heilbronn-Böckingen eingerichtet. Weiße Wände mit einer hübschen Bordüre, helle, samtige Stühle, acht edel eingedeckte Tische und liebevoll platzierte Accessoires verbinden sich zu einem wirklich schönen Ambiente mit elegantem Landhauscharakter. Patron und Chefkoch Dominique Champroux kocht mit handwerklicher Präzision und leichter Hand. Seine mediterranen Speisen und provençalischen Spezialitäten sind voller Aromenfülle, ehrlich und unverfälscht. Erstklassige, erntefrische Zutaten sind die Basis für die ausgeklügelten und fantasiereichen Kombinationen. Selbst gesammelte, frische Wildkräutern und -blüten runden die harmonischen Zusammenstellungen geschmackssicher ab. Nach Vorbestellung wird gerne auch ein vegetarisches Menü zubereitet. Private Feiern werden individuell ausgerichtet oder man holt sich dank des sehr guten Caterings die exklusive Küche direkt ins eigene Haus. Ehefrau Beate Champroux

leitet liebenswürdig und herzlich den freundlichen Service und zeigt an warmen Tagen gerne einen Platz auf der Terrasse. Während der monatlich stattfindenden Kochkurse erfährt man bei Dominique Champroux viel über die provençalische Küche und Kräuter. Übrigens – es ist empfehlenswert, vorab einen Tisch im kleinen Restaurant zu reservieren.

Ein Restaurant mit anspruchsvoller Küche.

Heiligendamm

Bhf→2 km

Grand Hotel Heiligendamm

Family

✉ 18209 · Prof.-Dr.-Vogel-Str. 6 · ☎ (03 82 03) 7 40 76 76 · Fax: 7 40 74 74
Zwei Restaurants, Sushi-Bar, Salons, Davidoff-Lounge, Heiligendamm-SPA
5 km VISA
info@grandhotel-heiligendamm.de · www.grandhotel-heiligendamm.de

120 **DZ** von 205,00 bis 495,00 €;
als **EZ** von 195,00 bis 465,00 €;
61 **Suiten** von 295,00 bis 1435,00 €

Mit dem Grand Hotel Heiligendamm kann sich Heiligendamm, das erste Seebad Deutschlands, eines Hotelensembles rühmen, das den Stil, die Pracht, den Luxus und die exklusive Architektur des Fin de Siècle widerspiegelt. Die mit größter Sorgfalt, erlesenem Geschmack und edlen Materialien individuell gestalteten Zimmer bieten Wohnkomfort auf höchstem Niveau. Auf 3.000 m² präsentiert der gepflegte Heiligendamm SPA & SPORT, Pool, Saunen, Hamam und ein umfangreiches, gut durchdachtes Wellnessprogramm (s. a. Wellness-Special). In der Kindervilla des "Eisbären"-Kinderclubs werden die kleinen Gäste von 3-12 Jahren ab 9 Uhr liebevoll und kompetent betreut.

♜ Grand Hotel Heiligendamm - Friedrich Franz

✉ 18209 · Prof.-Dr.-Vogel-Str. 6 · ☎ (03 82 03) 7 40-0 · Fax: 7 40 74 74
Klassische Küche · Küche: 18–21:30 Uhr · **Ruhetag:** So./Mo./Di. · **Ferien:** variabel ·
Tische: 10/26 Plätze
info@grandhotel-heiligendamm.de · www.grandhotel-heiligendamm.de

Speisekarte: 6 Hauptgerichte von 40,00 bis 65,00 €; 2 Menüs von 139,00 bis 169,00 €

420 Weinpos.

Das historische Kurhaus ist die perfekte Kulisse für ein Restaurant, dass so exklusiv ist wie das "Friedrich Franz". Die Gestaltung ist ungemein geschmackvoll, elegant und die Farben spiegeln die der Landschaft vor der Tür und des changierenden Meeres wider: Handbemalte Seidentapeten mit floralen Mustern, weiß umrahmte Stuhlpolsterungen in gebrochenem Meerblau, weich fließende Stoffe in aquarellfarbenem Grünblau. Chefkoch Ronny Siewert ist aus der hiesigen Küche nicht mehr wegzudenken. Er hat seinen eigenen Stil entwickelt, kombiniert edle und regionale Zutaten immer wieder neu und anders und kreiert gekonnt Speisen mit hohem Kreativitätsfaktor, die trotz allen Finessenreichtums ein unverfälschter, grundehrlicher Genuss bleiben. Saisonale Elemente fließen ebenso ein wie ein ausgeklügeltes Spiel mit den verschiedensten Aromen. Hervorhebenswert ist das gekonnte Zusammenspiel von Süße und Säure in Verbindung mit Fisch und Krustentieren. Die Ideen münden in faszinierende Geschmackswelten und wunderschön gestaltete Teller. Norman Rex leitet den klassischen Service mit Übersicht und gibt zu den korrespondierenden Weinen wertvolle Tipps.

♜ Grand Hotel Heiligendamm - Kurhaus Restaurant

Bhf→2 km

✉ 18209 · Prof.-Dr.-Vogel-Str. 6 · ☎ (03 82 03) 7 40-0 · Fax: 7 40 74 74
Regionale Küche · **Geöffnet:** Im Sommer: 12-22:30 Uhr · Küche: 18–22 Uhr ·
Tische: 30/80 (150 Terrasse) Plätze
info@grandhotel-heiligendamm.de · www.grandhotel-heiligendamm.de

Speisekarte: 7 Hauptgerichte von 27,00 bis 54,00 €; 1 Menü ab 59,00 €

420 Weinpos.

Pastellfarbenes Meergrün, abgetöntes Weiß, fein eingedeckte Tische und ein imposanter Kristall-Leuchter erinnern an die Hochzeit der Salons des Fin de Siècle. Bei aller Eleganz ist die Atmosphäre doch schön entspannt, lässig und heiter. Morgens wird hier ein hinreißend vielfältiges und exklusives Frühstücksbuffet platziert, der Abend gehört dem gekonnten Küchenauftritt von Chefkoch Steffen Duckhorn und seinem Team. Das reichhaltige Warenangebot des Umlands ist seine Inspiration. Der Fisch kommt – frischer geht's nicht – direkt vom Ostseekutter, Krabben aus der benachbarten Nordsee, Lammfleisch vom Bio-Gut Vorder Bollhagen, Kartoffeln vom Mecklenburger Acker – die kurzen Wege garantieren kompromisslose Frische, der ökologische Anbau entspricht dem Gedanken bewussten und nachhaltigen Umgangs mit den Produkten. Seine Küche zeigt die Region mit ausgeklügelten Kombinationen und unverfälschten Zubereitungen von ihrer vielfältigen und genussvollsten Seite. An warmen Tagen ist die wunderschöne Kurhaus-Terrasse mit Meerblick ein unvergleichlicher Ort, um das Leben mit allen Sinnen zu genießen.

Bhf→250 m

Jagdhaus Heiligendamm

✉ 18209 · Seedeichstraße 18 · ☎ (03 82 03) 73 57 75
Neue u. Regionale Küche · **Geöffnet:** Mo.-Sa. ab 17 Uhr, So. ab 12 Uhr · **Ruhetag:** Di./Mi. · **Tische:** 12/40 Plätze
genuss@jagdhaus-heiligendamm.de · www.jagdhaus-heiligendamm.de

Speisekarte: 8 Hauptgerichte von 15,50 bis 36,00 €; 2 Menü2 von 49,00 bis 68,00 €
40 Weinpos.
Patron Alexander Ramm kocht bevorzugt mit nachhaltig erzeugten Produkten. Wild kommt aus den umliegenden Wäldern, Gemüse aus ökologischem Anbau. Er arbeitet präzise und gibt den exzellenten Speisen gerne mit frischen Kräutern den zusätzlichen Aromakick.

Herleshausen

Bhf→5 km

Hohenhaus OT Holzhausen

✉ 37293 · · ☎ (0 56 54) 98 70 · Fax: 13 03 · Bar, Terrasse, 1 Zimmer für Raucher, reichhaltiges Frühstücks-Landbuffet im Zi.-Preis inklusive, E-Ladestationen
20 km
info@hohenhaus.de · www.hohenhaus.de

27 **DZ** von 210,00 bis 280,00 €;
als **EZ** von 175,00 bis 190,00 €;
9 **EZ** von 135,00 bis 190,00 €

In herrlicher, waldreicher osthessischer Hügellandschaft findet man das exklusive First-Class-Domizil „Hohenhaus". Das stilvolle Relais & Châteaux Hotel ist eine perfekte Oase für Gourmets und Naturliebhaber, für Romantiker und Menschen, die das Besondere lieben. Eine großzügige Halle mit behaglichen Lesenischen und offenem Kamin dient der Entspannung, stilvoll eingerichtete Tagungs- und Bankettträume sowie die Event-Scheune stehen für anspruchsvolle Veranstaltungen bereit. Die Zimmer sind komfortabel, sehr liebevoll und individuell eingerichtet. Ein großes Schwimmbad, Massage- und Beautyräume ergänzen das Angebot. Persönliche Ansprache und attraktive Arrangements gehören hier zum Standard. Zusätzlich zum Gourmetrestaurant gibt es den "Hohenhaus Grill", wo Traditionelles und Regionales in moderner Interpretation zur Auswahl steht. Über das Jahr gehören verschiedenste interessante Veranstaltungen zum vielseitigen Angebot des Hotels. Kurzum: Aus dem einstigen Rittergut wurde ein romantisches Hideaway für anspruchsvolle Gäste. Hier präsentiert Patron Peter Niemann einen Eventkalender, der prall gefüllt ist mit Highlights wie Autorenlesungen, Jazzkonzerten, Verkostungen, Kochkursen und dem legendären Weihnachtsmarkt auf dem Gutsgelände. Wer mehr über das außergewöhnliche Konzept in Hohenhaus erfahren möchte, sollte auf der Webseite stöbern und Peter Niemanns Podcast "Regionalität leben, heißt nicht, bei der Metro um die Ecke einzukaufen" hören.

♜ Hohenhaus – La Vallée Verte

Bhf→5 km

✉ 37293 · OT Holzhausen · ☎ (0 56 54) 98 70 · Fax: 13 03
Klass., Neue u. Regionale Küche · Küche: 19–21 Uhr · **Ruhetag:** So./Mo./Di. ·
Ferien: 3 Wo. Jan. · **Tische:** 5/15-20 Plätze
info@hohenhaus.de · www.hohenhaus.de ·

Speisekarte: 2 Menüs von 109,00 bis 187,00 €

500 Weinpos.

Fraglos "Hohenhaus" ist eine Welt für sich – und zwar eine ganz zauberhafte. Das Ensemble ist Teil eines langen, grünen Tals, etwas abseits der üblichen Touristenpfade und lohnt nicht nur dank des Gourmetrestaurants mit dem telling name "La Vallée Verte" die Anreise durchs malerische Osthessen. Im kleinen, aber tatsächlich sehr feinen Restaurant fällt sofort ein exquisites, florales Gobelin ins Auge, überzeugt die unaufgeregte und private Atmosphäre. In der Küche arbeiten Denis Jahn, seit dem 1.2.2022 der neue Mann am Herd, und Peter Niemann Hand in Hand. Als Produkt-Fetischisten, ist ihnen nichts wichtiger als eine Zutat, die höchsten Qualitätsansprüchen genügt. Viele davon finden sich in der unmittelbaren Umgebung, wo Beeren und Pilze wachsen, auf dem weitläufigen Gut Hohenhaus Hühner und Schweine gehalten, und das Braune Bergschaf gezüchtet werden, Wild kommt natürlich aus dem hauseigenen Revier. Und was die Region nicht liefert, stammt aus der zweiten Heimat des Patrons, der Bretagne. Entsprechend dual präsentiert sich die Küche, sind die Speisen eine ungemein gekonnte und fantasiereiche Kombination aus heimischen Klassikern in raffinierter Verfeinerung und ehrlichen bretonischen Spezialitäten. Mit „Hohenhaus edelsauer“ und dem „Feinschmeckermenü à la breton“ werden zwei Menüs angeboten, die das Beste aus beiden Welten verbinden. Die Zubereitungen sind kraftstrotzend und doch feinsinnig, zurückhaltend und doch pointiert. Diese Kunst, aus vermeintlichen Gegensätzen ein ausbalanciertes Ganzes zu formen, dass den Gourmet herausfordert, aber nicht überfordert, gelingt den beiden samt den neuen Souschefs Marceau Wisskirch und Lars Pfister mit staunenswerter Perfektion. Zur Teamerweiterung gehört auch Patissier Andreas Lindner, der geniale Desserts und raffinierte Leckereien beisteuert. Der Service ist sehr zugewandt und zuvorkommend, passende Weine gibt es in verführerischer Fülle, hier steht dem Gast nun mit Vanessa Lieser eine IHK geprüfte Sommelière von internationaler Klasse zur Seite, die mit Sensibilität wertvolle Tipps gibt und erstklassige Empfehlungen ausspricht.

Bhf→5 km

Hohenhaus Grill

✉ 37293 · OT Holzhausen ·· ☎ (0 56 54) 98 70 · Fax: 13 03 · Regionale und Saisonale Küche · **Geöffnet:** Di.-Sa. ab 18:30 Uhr, So. 12-18 Uhr kleine Karte sowie Kaffee + Kuchen · **Ruhetag:** Mo. · **Tische:** 10/46 Plätze
info@hohenhaus.de · www.hohenhaus.de

Speisekarte: Hauptgerichte von 16,00 bis 35,00 €; Menü von 39,00 bis 84,00 €

Mit weitem Talblick als Kulisse, sorgen Peter Niemann und sein Team im Hohenhaus Grill für traditionelle, von der Region geprägte, modern interpretierte Speisen. Die Zutaten kommen überwiegend aus Eigenproduktion oder der unmittelbaren Umgebung.

Herne

Gute Stube

✉ 44623 · Schaeferstraße 109 · ☎ (0 23 23) 9 55-0
Internationale und Neue Küche · **Geöffnet:** Mi.-So. ab 18 Uhr · **Ruhetag:** Mo./Di.
rezeption@parkhotel-herne.de · www.parkhotel-herne.de

Speisekarte: 5 Hauptgerichte von 23,00 bis 42,00 €; 2 Menüs von 49,00 bis 110,00 €

Das ruhig und idyllisch inmitten des Herner Stadtgartens gelegene "Parkhotel Herne" beherbergt ein Restaurant, das durchaus mehr als einen Besuch wert ist. In schlichter Eleganz eingerichtet, geht der Blick über die Terrasse direkt in den Park, wird der Besuch zu einer kleinen Auszeit vom Alltag. Chefkoch Thorsten Brodal und sein engagiertes Team arbeiten handwerklich präzise, konzentriert und mit der nötigen Prise Kreativität, wenn sie die handverlesenen, gerne regionalen und saisonalen Zutaten zu ausbalancierten, unverfälschten Speisen zusammenstellen. Sie nehmen Anleihen aus aller Herren Länder, lassen aber auch die eigene Phantasie spielen. Nadine Briese leitet den aufmerksamen Service und berät zu den passenden Weinen, die den kulinarischen Genuss perfekt abrunden. Für Familienfeiern stehen passende Räume zur Verfügung. Im Sommer wartet neben der Terrasse ein großer Biergarten, der zu den schönsten in der Region zählt. Im "Stübchen" geht es mit mediterranen und westfälischen Spezialitäten etwas bodenständiger zu.

Die Küchenleistung dieses Restaurants ist hervorhebenswert in seiner Kategorie.

Heroldsberg

Restaurant Freihardt

Bhf→300 m

✉ 90562 · Hauptstraße 81 · ☎ (09 11) 5 18 08 05 · Fax: 5 18 15 90
Gehobene Regionalküche, eigene Kreationen · **Geöffnet:** mittags: Fr.-So. 11-14 Uhr, abends: Mi.-So. ab 17:30 · **Ruhetag:** Mo./Di. · **Tische:** 18/60 Plätze
info@freihardt.com · www.freihardt.com

Speisekarte: 7 Hauptgerichte von 15,80 bis 31,80 €; 6 (+ Steakkarte) Tagesgerichte ab 11,80 €; 1 3-Gang-Genießermenü zu 37,00 € 180 Weinpos. Am Anfang war das Fleisch – seit 1973 wird bei Freihardts in bester familiärer Tradition das Handwerk gepflegt, zählt die hauseigene Metzgerei wiederholt zu den besten im ganzen Land. Durch einen kleinen Gang gelangt man vom Ladengeschäft ins Restaurant, dass mit weißen, umlaufenden Bänken, passenden Stühlen und hübsch aufbereiteten, alten Tischen geradlinig eingerichtet ist. Lichtdurchflutet und nicht weniger gemütlich ist der sich anschließende Wintergarten. Patron Hans-Jürgen Freihardt kann seine große Warenkenntnis mit sorgfältig erlernter, kreativer Kochkunst verbinden und präsentiert eine ungemein frische Produktküche, in der regionale Speisen raffiniert verfeinert und mit saisonalen Spezialitäten und pfiffigen Eigenschöpfungen

ergänzt werden. In der Dry-Aged-Kammer hängt das Fleisch ab und reift bis zu acht Wochen. Anschließend wird es zu aromenstarken Steak-Spezialitäten (u. a. Rib Eye, Porterhouse, T-Bone), die stets auf den Wunschpunkt gebraten werden und in ihren konzentrierten Aromen für sich sprechen. Im Restaurant "Freihardt" weiß man, dass man ein perfektes gastronomisches Rundumerlebnis bekommt: Entspannte Atmosphäre, sehr gute, frische Speisen und einen liebenswürdigen Service, der kompetent den Besuch begleitet.

Herrenberg

Ringhotel Gasthof Hasen

Bhf→400 m

✉ 71083 · Hasenplatz 6 · ☎ (0 70 32) 20 40 · Fax: 20 41 00
Rest. mit Reg. u. Intern. Küche, Biergarten, Terrasse, Bar, Weinkeller
10 km
post@hasen.de · www.hasen.de

30 **DZ** ab 97,00 €;
als **EZ** ab 73,00 €;
24 **EZ** ab 69,00 €;
4 **Suiten** ab 125,00 €
Das traditionsreiche, familiengeführte Hotel ist mit seinen komfortablen Zimmern, dem hervorragendem Restaurant und modernen Tagungsmöglichkeiten ein herrliches Zuhause auf Zeit. Viele Arrangement- und Eventangebote.

Bhf→2 km

Römerhof

✉ 71083 · OT Gültstein · Rigipsstraße 1 · ☎ (0 70 32) 7 18 37 · Fax: 7 58 53 · Zwei Restaurants, kostenfreies W-LAN, Terrasse, Frühstück im Zimmerpreis inkl.
5 km
VISA AE EC
info@roemerhof-herrenberg.de · www.roemerhof-herrenberg.de

8 **DZ** ab 81,00 €;
25 **EZ** ab 65,00 €;
6 **Fam.-Zi.** ab 91,00 €

Mit viel Engagement und Liebe zum Detail haben Tina und Martin Weiss ihr modernes Hotel im Einzugsgebiet von Stuttgart etabliert. Das Haus ist für Businessgäste, Familien und Erholungsreisende gleichermaßen ideal. Die Auffahrt zur BAB 81 ist in wenigen Minuten erreichbar, der Schwarzwald und die Schwäbische Alb sind nah. Die Zimmer (teilweise mit Balkon, das Frühstück ist im Preis inklusive) verfügen über zeitgemäßen Komfort und sind ein schönes Zuhause auf Zeit. Für Veranstaltungen, Meetings und Tagungen steht ein lichtdurchfluteter Pavillon mit Blick ins Grüne zur Verfügung. Im Neubau, der sich an das Haupthaus anschließt, gibt es eine wunderschöne Terrasse – hier kann man nach einem Tagungstag neue Kraft schöpfen oder sich einfach nur in der schönen Umgebung erholen. Kulinarisch kann man zwischen dem Gourmetrestaurant "noVa" und dem "Römerhof" mit regionaler Küche wählen. Hier wird ebenso wie im gesamten Hause besonderer Wert auf einen individuellen Service und eine entspannte, familiäre Atmosphäre gelegt.

Bhf→2 km

Römerhof – noVa

✉ 71083 · OT Gültstein · Rigipsstraße 1 · ☎ (0 70 32) 7 18 37 · Fax: 7 58 53
Klassische und Neue Küche · **Geöffnet:** Do.-Sa.: 18-20 · **Ruhetag:** So./Mo./Di./Mi. ·
Tische: 5/18 Plätze
VISA AE EC
info@roemerhof-herrenberg.de · www.roemerhof-herrenberg.de

Speisekarte: 1 Menü von 95,00 bis 132,00 €

78 Weinpos.

Es ist nie ganz einfach, ein Gourmetrestaurant in ländlicher Umgebung zu etablieren. Umso bewunderungswürdiger, dass Tina und Martin Weiss mit dem "noVa" das Wagnis einfach angehen und einen Chefkoch haben, der den hohen kulinarischen Ansprüchen mehr als nur gerecht wird. Rechts von der Hotel-Lobby geht es ins "noVa", das Interieur ist schlicht, puristisch und zeugt von sehr viel Geschmack angesichts der edlen Materialien, weiß eingedeckten Tische und des unaufdringlichen Blumenschmucks. Hier kommt man in ei-

ner ruhigen und sehr entspannten Atmosphäre in den Genuss von durchdachten klassischen Speisen. Für die zeichnet David Höller verantwortlich. Er hat in Top-Restaurants in Berlin gearbeitet, bevor es ihn wieder in seine schwäbische Heimat gezogen hat. Im "noVa" kann er nun seine Vorstellung einer modernen Küche umsetzen, die auf erstklassigen Zutaten basiert und in der er mit den verschiedensten Aromen und Texturen spielt und immer wieder neue Geschmackswelten eröffnet. Das stetig wechselnde 4-7-gängige Menü ist Ausdruck seiner kulinarischen Klasse, überrascht mit sorgsam ausgetüftelten Kombinationen, die dem Gast anspruchsvolle Speisen näherbringen, ohne ihn jemals zu überfordern, denn über aller Innovation steht die unverfälschte und ehrliche Zubereitung der Zutaten. Paulo Ramalhosa leitet als aufmerksamer Maître durch den Abend und steht bei Fragen jederzeit unaufgeregt zur Verfügung. Räumlichkeiten für individuell geplante Events gehören zum Angebot. Bleibt das "noVa" dem ganz besonderen, abendlichen, kulinarischen Erlebnis vorbehalten, geht es im "Römerhof" mit täglich wechselndem Mittagstisch etwas bodenständiger zu.

Ein Restaurant mit anspruchsvoller Küche.

Herrsching am Ammersee

Chalet am Kiental

Bhf→600 m

82211 · Andechsstraße 4 · (0 81 52) 9 82 57-0 · Fax: 9 82 57-25
Neue u. Regionale Küche · Küche: 18–22 Uhr · **Ruhetag:** Mi. · **Tische:** 6/18 Plätze
VISA AE
info@chaletamkiental.de · www.chaletamkiental.de

Speisekarte: 4 Hauptgerichte von 24,00 bis 35,00 €; 2 Menüs von 53,00 bis 99,00 €
350 Weinpos.

Die Mischung macht's im Restaurant des "Chalet im Kiental" – und die zeugt hier von Freude und Geschmack an der Gestaltung. Holzdielenboden, Bruchsteinwände und nostalgische Accessoires werden mit modernem Mobiliar und ausdrucksstarken Bildern kombiniert. Das Ergebnis ist ein Interieur mit lässig-lockerer Atmosphäre, in dem man sich sofort wohlfühlt. Hyusein Feradov Hyuseinov steht am Herd und kauft entsprechend seiner durchdachten Vorstellung einer modernen und authentischen Landhausküche ein. Er bevorzugt ernte- und marktfrische Zutaten aus dem Umland und kreiert daraus Speisen, in denen traditionelle und zeitgeistige Elemente mit leichter Hand kombiniert werden. Aromenstark, fantasievoll und doch immer geerdet, entstehen Kombinationen, die auch optisch zu kleinen Kunstwerken geraten. Während das Kiental Menü der Region verbunden ist, blickt das Chalet Menü über den nationalen Tellerrand. Am besten, man probiert beide einmal. Ludwig Fiedler leitet den Service mit Übersicht, während die Dame des Hauses, Maria Lehn, sowie Lukas Loos mit großem Sachwissen und Sensibilität zu den korrespondierenden Weinen beraten, die mit feinem Gespür zur Begleitung der Speisen ausgesucht wurden.

♜ Romantik Boutique Hotel Chalet am Kiental

✉ 82211 · Andechsstraße 4 · ☎ (0 81 52) 9 82 57-0 · Fax: 9 82 57-25
Design-Hotel, Rest. mit gehobener Küche, Weinkeller, Tagungsmöglichkeit
9 km VISA AE
info@chaletamkiental.de · www.chaletamkiental.de

9 **DZ** von 165,00 bis 245,00 €;
als **EZ** von 145,00 bis 195,00 €

Tradition und Moderne gehen in diesem engagiert geführten Haus mit der landestypischen Fassade eine perfekte Symbiose ein. So unterschiedlich die Gäste, so individuell sind auch die Zimmer in ausgefallenem Design mit edlen Naturmaterialien und historisch belassenen Elementen gestaltet (Frühstück von 15,50 €-32,00 €). Hier und in den öffentlichen Bereichen findet man viele Bilder aus der Kunstsammlung des Gastgebers, Jürgen Lehn, die begeistern und inspirieren. Ein weiteres Plus dieses exklusiven Hideaways ist die ruhige, idyllische Lage im Fünf-Seen-Land. Sehr durchdachte Arrangements und eine exzellente Küche runden das niveauvolle Angebot ab.

Herxheim

Zur Krone OT Hayna

Bhf→6 km

76863 · Hauptstraße 62-64 · (0 72 76) 50 80 · Fax: 5 08 14 · Pfälzer Stube mit gehobener gutbürgerlicher Küche, Terrasse, exklusives Frühsücksbuffet
6 km
info@hotelkrone.de · www.hotelkrone.de ·

42 **DZ** ab 220,00 €;
als **EZ** ab 120,00 €;
17 **(Ju.-)Suite** ab 240,00 €
Mit traditioneller Pfälzer Gastlichkeit und gepflegter Hotelleriekultur, die auf über 200-jähriger Tradition beruht, wird der Gast im charmant eingerichten Hotel verwöhnt.

Zur Krone - Pfälzer Stube

Bhf→6 km

76863 · OT Hayna · Hauptstraße 62-64 · (0 72 76) 50 80 · Fax: 5 08 14
Regionale und Neue Küche · **Geöffnet:** Mo.-Fr.: 17:30-20:30, Sa. 15-21, So. 12-19 Uhr · **Tische:** 30/75 Plätze
info@hotelkrone.de · www.hotelkrone.de ·

Speisekarte: 13 Hauptgerichte von 15,90 bis 36,50 €
700 Weinpos.
In der "Pfälzer Stube" zeigt Patron und Chefkoch Fabio Daneluzzi als Nachfolger seines Schwiegervaters Karl-Emil Kuntz, dass er sein Handwerk gelernt hat und präsentiert eine raffinierte und doch bodenständige Pfälzer Küche mit kreativen Neuinterpretationen.

Herzlake

Romantik Hotel Aselager Mühle

Bhf→15 km

49770 · OT Aselage · Zur alten Mühle 12 · (0 59 62) 9 34 80 · Fax: 9 34 81 60
Rest. mit Reg. und Intern. Küche, Parkanlage, Zi.-Preise inkl. Frühstück
14 km
info@aselager-muehle.de · www.aselager-muehle.de ·

45 **DZ** von 146,00 bis 177,00 €;
als **EZ** von 94,00 bis 146,00 €;
5 **(Jui.-)Suiten** von 188,00 bis 199,00 €
Das idyllisch gelegene und stilvoll eingerichtete Romantik-Hotel Aselager Mühle mit Komfortzimmern eignet sich dank gut ausgestatteter Veranstaltungsräume auch für Businessreisende.

Hildesheim

Parkhotel Berghölzchen

Bhf→4 km

31139 · OT Moritzberg · Am Berghölzchen 1 · (0 51 21) 97 90 · Fax: 97 94 00
Rest. m. Reg. u. Intern. Küche, Sonnenterrasse, Arrangements
30 km
info@berghoelzchen.de · www.berghoelzchen.de ·

54 **DZ** ab 158,00 €;
78 **EZ** ab 79,00 €
Schon seit 1790 besteht das reizvoll gelegene Hotel. Heute beherbergt es sehr komfortable Zimmer, eine gepflegte Wellnessoase und top ausgestattete Konferenzräume. Verschiedene Arrangements werden angeboten.

Hilzhofen

Landgasthof Meier

Bhf→15 km

92367 · Hilzhofen 18 · (0 91 86) 2 37 · Fax: 90 88 00
Regionale Küche · Küche: 12–14/17–21 Uhr · **Ruhetag:** Mo./Di. · **Tische:** 13/80 Plätze
info@landgasthof-meier.de · www.landgasthof-meier.de ·

Speisekarte: 12 Hauptgerichte von 14,00 bis 48,00 €; 1 Menü von 50,00 bis 74,00 €
60 Weinpos.

Die hauseigene Metzgerei, das Gemüsefeld und der Kräutergarten direkt am Haus garantieren Zutaten in kompromissloser Frische und Topqualität. Michael Meier setzt daraus Pfälzer Spezialitäten gekonnt und raffiniert in Szene.

Hinterzarten

Bhf→5 km ♜ **WALDHOTEL Fehrenbach** OT Alpersbach

✉ 79856 · Alpersbach 9 · ☎ (0 76 52) 91 94-0 · Fax: 91 94 10 · Terrasse, Waldhotel-Scheune für Veranstaltungen, Arrangements, Zimmerpreise inkl. HP
5 km VISA EC
info@waldhotel-fehrenbach.de · www.waldhotel-fehrenbach.de

Family

10 **DZ** zu 208,00 €;
als **EZ** zu 148,00 €;
2 **EZ** zu 138,00 €;
2 **Junior-Suiten** zu 238,00 €

Im Naturpark Hochschwarzwald findet man auf 1000 Meter Höhe in Hinterzarten im Ortsteil Alpersbach mit dem WALDHOTEL Fehrenbach einen traditionsreichen, engagiert geführten Familienbetrieb. Seit über 100 Jahren kümmern sich die Fehrenbachs mit großem gastronomischen Engagement um ihre Gäste, die in dem behaglichen Haus fernab von alltäglicher Hektik wunderbar entspannen können. Dazu tragen natürlich auch die liebevoll eingerichteten, komfortablen Zimmer bei, die mit zeitgemäßem Komfort punkten (u. a. Flat-TV, kostenfreies W-LAN). Die Zimmerpreise beinhalten das reichhaltige Genießer-Frühstück sowie ein täglich wechselndes abendliches 4-Gang-Menü. In der separaten, komplett in Holz gestalteten WALDHOTEL Scheune kann man – liebenswürdig vom aufmerksamen Serviceteam begleitet – Familienfeiern ausrichten lassen oder in inspirierender Umgebung effektiv tagen. Die idyllische Lage des Hotels direkt am Waldrand ist ideal, um zu einer Wandertour auf den gut gekennzeichneten Wegen aufzubrechen. Verschiedene Aktionen wie Koch-, Wochenend-, 7-Tage-, Weihnachten & Silvester-Arrangements runden das facettenreiche Angebot ab.

WALDHOTEL Fehrenbach Restaurant Zur Esche

✉ 79856 · OT Alpersbach · Alpersbach 9 · ☎ (0 76 52) 91 94-0 · Fax: 91 94 10
Regionale und Neue Küche · **Geöffnet:** 12–14/18–21 Uhr · **Ruhetag:** Mo./Di. ·
Ferien: August · **Tische:** 24/80 Plätze VISA EC
info@waldhotel-fehrenbach.de · www.waldhotel-fehrenbach.de

Speisekarte: 3 Hauptgerichte von 23,00 bis 28,00 €; 6 Tagesgerichte von 9,00 bis 28,00 €; 2 Menüs von 48,00 bis 68,00 €
63 Weinpos.

Das Restaurant im WALDHOTEL Fehrenbach ist genauso, wie man sich ein schönes Landgasthaus vorstellt: Mit leichter Hand charmant eingerichtet, gefallen die edel eingedeckten Tische, der schöne Blumenschmuck und der hübsche Landhausstil. Mit Zirbel-, Wein- oder Sonnenstube stehen verschiedene Restauranträume zur Auswahl, um zu speisen oder auch bei einem (oder zwei) Glas Wein in geselliger Runde beisammen zu sitzen. Patron und Chefkoch Josef Fehrenbach arbeitet handwerklich präzise und konzentriert. Seine sorgfältig zusammengestellten Speisen basieren bevorzugt auf heimischen Produkten und sind ein köstlicher Querschnitt der kulinarischen Vielseitigkeit des Schwarzwaldes. Wild, Fisch, Obst und Gemüse kommen erntefrisch, vieles wird selber hergestellt und Kräuter sind das aromatische i-Tüpfelchen. Der Patissier verführt mit Kuchen- und Gebäckkreationen und backt köstliches, frisches Brot. Ein aufmerksamer Service, der auch kompetent Auskunft zu den Weinen gibt, begleitet den Restaurantbesuch. An warmen Tag sollte man unbedingt einen Terrassenplatz mit weitem Blick ins Grüne wählen. Die urige WALDHOTEL-Scheune bietet bis zu 150 Personen Platz – da wird jede Tagung und Familienfeier zu einer runden Sache.

Hirschberg an der Bergstraße

♜ fantasTisch

Bhf→600 m

✉ 69493 · Raiffeisenstraße 1a · ☎ (0 62 01) 8 76 81 61
Internationale und Regionale Küche · Küche: 18–22 Uhr · **Ruhetag:** So./Mo. ·
Ferien: 1 W. Jan., 2 W. Aug. · **Tische:** 9 + 10 (Terrasse)/25 + 35 Plätze VISA
kontakt@fan-tas-tisch.de · https://fan-tas-tisch.de ·

Speisekarte: 3 Hauptgerichte von 24,00 bis 36,00 €; 3 Menüs von 44,00 bis 49,00 €
48 Weinpos.

Eine Theke, eine offene Küche, Schiefertafeln mit annoncierten Speisen, dunkle Stühle, umlaufende Bänke und schlicht eingedeckte Tische – voilà – die Atmosphäre im "fantasTisch" ist herrlich locker, entspannt und weltoffen. Der junge Patron Achim Sagstetter steht persönlich am Herd und kocht, was gefällt und was der Markt an frischen Produkten hergibt. Seine Küche ist geerdet, ehrlich und aromenstark. Die Zutaten, möglichst in Bio-Qualität, kommen vorzugsweise aus der Region, der tägliche Großmarktbesuch ist fester Bestandteil des Einkaufs, heimische Jäger liefern das Wild. Die Küche spiegelt das vielseitige Angebot wider, sie ist nicht statisch, sondern nimmt Anleihen in aller Herren Länder, aber auch Regionales wird mit raffinierten Elementen erfrischend neu interpretiert. Die drei angebotenen Hauptspeisen und Menüs sind mit Fisch oder Fleisch oder vegan/vegetarisch. Gerne gibt die Ehefrau und charmante Gastgeberin Brunella Sagstetter detaillierte Auskunft, berät zu den Getränken und gibt auch Sonderwünsche weiter. An warmen Tagen wartet eine schöne Terrasse mit open air Genuss.

Höchst im Odenwald

Bhf→500 m

Krone OT Hetschbach

✉ 64739 · Rondellstr. 20 · ☎ (0 61 63) 93 10 00 · Fax: 8 15 72 · Reg. Küche, eig. Kreat. · **Geöffnet:** Di./Mi.: 17:30-21 Uhr, Fr./Sa. 11:30-13 + 17:30-21, So. 11:30-13 Uhr · **Ruhetag:** Mo./Do. · **Ferien:** 2 W. Som./1 W.Winter · **Tische:** 12/35 Plätze

info@krone-hetschbach.com · www.krone-hetschbach.de

Speisekarte: 6 Hauptgerichte von 32,00 bis 36,00 €; 2 Menüs von 55,00 bis 138,00 €

400 Weinpos.

Im modern eingerichteten Restaurant verbindet sich die ungezwungene Atmosphäre eines Familienbetriebs mit den präzise zubereiteten, kreativen und aromenbetonten Speisen von Chefkoch Karl-Ludwig Wölfelschneider.

Restaurant mit sehr gutem Weinangebot

Hofheim am Taunus

Bhf→4 km

Vital Hotel Frankfurt

✉ 65719 · Niederhofheimer Straße 67 · ☎ (0 61 92) 9 77 79-800 · Fax: 9 77 79-899

Rest. m. intern. Küche, Bistro, div. Bars, Therme, Frühstück im Zi.-Preis inkl.

info@vital-hotel-frankfurt.de · www.vital-hotel-frankfurt.de

90 **DZ** ab 149,00 €;
als **EZ** ab 99,00 €;
4 **Suiten** ab 209,00 €;
3 **Junior-Suiten** ab 169,00 €

Das Vital Hotel in Hofheim ist unter verschiedenen Aspekten top aufgestellt. Nicht weit von Frankfurt am Main entfernt und mit bester Flughafenanbindung ist es unter der Woche für Geschäftsleute ein perfektes Domizil. Für die stehen auch zwei Veranstaltungsräume mit neuester Technik bereit. Der Gast logiert in modernen, stilvollen Zimmern, die mit allen zeitgemäßen Annehmlichkeiten ausgestattet sind. Vor allem am Wochenende ist der Ankerpunkt im Hause die Verbindung zur Rhein-Main-Therme. Der Hotelbereich wurde nachträglich angebaut und so hat man per Lift direkten Zugang zur Therme (s. a. Wellness-Special), deren Nutzung für Hotelgäste zudem frei ist. Da steht der verdienten Auszeit vom Alltag bei einem Wellnesswochenende nichts mehr im Wege. Die Gäste schätzen dieses "zweigleisige" Konzept, fördert es doch die gerne zitierte "Work-Life-Balance". Im Restaurant wird gehobene Küche angeboten und bei den verschiedenen Bars und dem Bistro ist das Flaggschiff fraglos die schick gestaltete Panoramabar, die sich in einer Stunde einmal um ihre Achse dreht, und bei frisch gemixten Drinks einen hinreißenden Ausblick auf die Höhenzüge des Taunus und die Frankfurter Skyline bietet.

Vital Hotel Frankfurt – Auszeit

Bhf→4 km

65719 · Niederhofheimer Straße 67 · (0 61 92) 9 77 79-800 · Fax: 9 77 79-899
Internationale u. Mediterrane Küche · Küche: 12–22 Uhr · **Tische:** 38/112 Plätze
info@vital-hotel-frankfurt.de · www.vital-hotel-frankfurt.de

Speisekarte: 13 Hauptgerichte von 12,50 bis 27,50 €; 1 Menü ab 35,00 €
100 Weinpos.

Der Name des Restaurants "Auszeit" ist auch Programm, kann man hier doch eine entspannte Auszeit vom Alltag nehmen und sich mittags oder abends kulinarisch verwöhnen lassen. In zeitloser Moderne eingerichtet, ist die Atmosphäre lässig und weltoffen. Anlässe für einen Restaurantbesuch gibt es viele: ein mittägliches Businesstreffen, der perfekte Abschluss eines schönen Tages in der Therme, ein romantisches Dinner zu zweit ... Gekocht wird, was gefällt. Das Team lässt sich von Köstlichkeiten aus aller Herren Länder inspirieren, um konzentrierte und handwerklich präzise Speisen zu präsentieren und mit eigenen Ideen zusätzlich aufzupeppen. An Vegetarier wird mit einigen Speisen, u. a. einem Jack Fruit Burger gedacht. Passende Weine gibt es in feiner Auswahl. An warmen Tagen wird die Terrasse mit gut beschirmten, schattigen Plätzen zu einem besonders beliebten Treffpunkt.

Restaurant mit gutem Genuss-/Preisverhältnis.

Hohenkammer

Camers Schlossrestaurant

Bhf→6 km

85411 · Schlossstraße 20 · (0 81 37) 93 44 43 · Fax: 93 44 47
Neue und Intern. Küche · Küche: 18–20:30 Uhr · **Ruhetag:** So./Mo./Di. · **Ferien:** variabel · **Tische:** 13/30 Plätze
camers@schlosshohenkammer.de · www.camers.de

Speisekarte: 1 Menü (6 Gänge inkl. Wasser) zu 150,00 €
130 Weinpos.

Auch im Restaurant "Camers" unter einem mächtigen Kreuzgewölbe ist das einzigartige Ambiente des Schloss-Ensembles allgegenwärtig. Das niveauvolle Interieur setzt sich aus historischen und geradlinig-schlichten Gestaltungselementen zusammen. Raffiniert platzierte Wandleuchten betonen die reizvolle Gewölbe-Architektur. Zum geerdeten Ganzen passt nur eine grundehrliche und unverfälschte Küche. Für die sorgt Chefkoch Florian Vogel mit leichter Hand. Er präsentiert aber keinesfalls ideenlose Speisen "von der Stange", sondern Gerichte, die er zuvor mit Fantasie und großer Warenkenntnis in virtuoser Weise ertüftelt hat. Garant für seine ausgeklügelten Kreationen sind Zutaten von kompromisslos guter Qualität, von denen viele das jahreszeitliche Angebot spiegeln und fast alle vom nachbarlichen, zum Schloss gehörenden Gut Eichethof kommen. Zu den Grundpfeilern der Philosophie gehören bewusste Erzeugung, ökologischer Anbau, artgerechte Tierhaltung und Nachhaltigkeit. In diesem Sinne gelingen ihm aromenstarke und harmonisch aufeinander abgestimmte Menüfolgen, die auch optisch zu kleinen Kunstwerken werden. Andrea Schum ist liebenswürdige Gastgeberin und leitet den zugewandten Service mit leichter Hand. Im Schloss-Innenhof mit Säulengang ist dem Restaurant vorgelagert eine schöne Terrasse.

Sehr gute Serviceleistung

Bhf→6 km

Schloss Hohenkammer

85411 · Schlossstraße 20 · ☎ (0 81 37) 93 40 · Fax: 93 43 90
Gourmetrestaurant "Camers", "Alte Galerie" m. Frischeküche, Biergarten
15 km
VISA AE
mail@schlosshohenkammer.de · www.schlosshohenkammer.de

58 **DZ** von 91,00 bis 269,00 €;
110 **EZ** von 71,00 bis 249,00 €
Als Schloss Hohenkammer im Jahre 2003 restauriert wurde, gab es ein Konzept, das Historisches mit moderner Architektur verbinden sollte. Das Ergebnis ist die perfekte Symbiose aus Funktionalität, Stil und hohem ökologischem Anspruch. Entfernt vom täglichen Stress kann man hier einfach ein paar Urlaubstage verbringen oder Tagungen durchführen, die den Teilnehmern neben der Atmosphäre kraftvoller Gelassenheit effektives Arbeiten ermöglichen (s. a. Tagungsspecial). Stein, Holz und Verputz sind die bevorzugten Materialien in den edel gestalteten Zimmern. (Preise inkl. Frühstück) Der konsequent geradlinig konzipierte Wellnessbereich garantiert wohltuende Ruhe und Besinnung bei entspannenden Anwendungen. Die vielseitige Gastronomie bietet gehobene Küche im Sternerestaurant "Camers" mit schöner Terrasse, Regionales in historischen Räumen und klassische bayerische Schmankerl im Biergarten.

Hohnstein

Landgasthaus zum Schwarzbachtal

Bhf→12

01848 · Niederdorfstr. 3 · (03 59 75) 8 03 45 · Fax: 8 44 92
Bürgerl. Küche, eig. Kreat. · Küche: 17–21/Sa, So, Feiertag 11:30–14 Uhr · **Ruhetag:** Do. · **Ferien:** Jan./Feb. 2 Wo. Nov. · **Tische:** 10/50 Plätze
schwarzbachtal@freenet.de · www.schwarzbachtal.de

Speisekarte: 11 Hauptgerichte von 13,50 bis 20,00 €; 2 Menüs von 30,00 bis 49,00 € 40 Weinpos.
In dem engagiert geführten Landgasthaus mit hübscher Terrasse passt alles zusammen. Die sorgfältig von der Hausherrin Barbara Siebert zubereiteten regionalen Speisen, das liebevoll gestaltete Interieur und die einladende und gesellige Atmosphäre.

Homburg (Saar)

Schlossberg Hotel Homburg

Bhf→1 km

66424 · Schlossberg-Höhenstraße 1 · (0 68 41) 666-0 · Fax: 666 700
Restaurant, Bar, Ballsaal, Arrangements, Frühstück 12,50 € p. Ps.
6 km
info@schlossberghotelhomburg.de · www.schlossberghotelhomburg.de

39 **DZ** von 110,00 bis 165,00 €;
27 **EZ** von 85,00 bis 105,00 €;
4 **Junior-Suiten** von 179,00 bis 210,00 €

Das "Schlossberg Hotel Homburg" findet sich am Rande des Biosphärenreservats Bliesgau, nahe der Ruine Hohenburg, auf dem Gipfel des Schlossbergs. Nicht zuletzt wegen der tollen Lage und spektakulären Aussicht ins Tal und auf die Stadt reicht die gastronomische Geschichte auf dem Schlossberg bis ins Jahr 1845 zurück. Heute geht es natürlich ungleich komfortabler zu, logiert der Gast in frisch renovierten, individuell und geschmackvoll eingerichteten, klimatisierten Zimmern und erfreut sich am liebenswürdigen Service eines engagiert und familiengeführten Hauses. Für effektive Tagungen und unvergessliche Feste stehen erstklassige, mit moderner Technik ausgestattete Räumlichkeiten, eine große Dachterrasse und ein Ballsaal zur Verfügung – der hinreißende Blick auf Homburg immer inklusive. Alle Veranstaltungen werden nach persönlichen Wünschen gestaltet und kompetent betreut. An der schick gestylten Schlossberg-Hotelbar kann man mit frisch gemixten Cocktails den Tag entspannt und gesellig ausklingen lassen.

Bhf→1 km

Schlossberg Hotel Homburg

✉ 66424 · Schlossberg-Höhenstraße 1 · ☎ (0 68 41) 666-0 · Fax: 666 700
Klassische u. gehobene Regionalküche · **Geöffnet:** 18-22 Uhr, So. auch 12-14:30 Uhr · **Tische:** 20/80 Plätze
info@schlossberghotelhomburg.de · www.schlossberghotelhomburg.de

Speisekarte: 7 Hauptgerichte von 17,00 bis 31,00 €; 1 Tagesbrunch Tagesgerichte von 19,00 bis 23,00 €; 1 Menü von 64,00 bis 74,00 €

150 Weinpos.

Auch im modern gestalteten Restaurant ist der Panoramablick weit übers Land und auf Homburg spektakulär. An warmen Tagen kann man ihn neben den Speisen auch auf der schönen Dachterrasse genießen. Chefkoch Mirko Bunk – der etliche Jahre bei Klaus Erfort gekocht hat – setzt in seiner klassischen und gehobenen Regionalküche auf erstklassige Zutaten, die erntefrisch ins Haus gelangen und von denen viele in Bioqualität aus eigenem Gemüseanbau stammen. Entsprechend frisch und aromentief sind die Speisen, die Mirko Bunk kreiert und die er immer wieder neu zusammenstellt, so dass seine handwerklich korrekte, saisonale Küche spannend, kreativ und abwechslungsreich bleibt. Ab mittags gibt es eine kleine Karte mit regionalen Speisen, hausgemachten Snacks, Eis und Kuchen und abends steht der große à la Carte Küchenauftritt an. Den zuvorkommenden Service leitet David Schaumberg, der auch mit großer Expertise zu den passenden Weinen berät.

Hoppegarten

CLINTONs

✉ 15366 · OT Birkenstein · Neuer Hönower Weg 7 · ☎ (0 3 3 42) 3 06 61 02
Intern., Reg. u. Neue Küche · Küche: 17–22 Uhr · **Ruhetag:** So./Mo. · **Ferien:** 3 W. Schulferien Sommer · **Tische:** 15/60 Plätze
restaurant@clinton.de · www.clintons.de

Speisekarte: 14 Hauptgerichte von 19,00 bis 40,00 €; 3 Menüs von 45,00 bis 65,00 €

Das CLINTONs in Berlin-Hoppegarten ist mindestens so lässig und stylish eingerichtet wie jedes Szene-Restaurant in Mitte. Hier ist die Atmosphäre einladend, mitreißend und herrlich lässig. Die Küche von Stefan Lorenz ist nicht dogmatisch, sondern stets im Wandel und so facettenreich wie die Besucher des CLINTONs. Der Chefkoch legt allergrößten Wert auf erstklassige Produkte. Die bezieht er im Einklang mit den wechselnden Jahreszeiten von bekannten, unter nachhaltigen Aspekten arbeitenden Händlern und Erzeugern aus Brandenburg. Den Natursauerteig für die selbstgebackenen Brote setzt er selber an und dem Fleisch wird genug Reifezeit gegeben. Handwerklich präzise und mit dem nötigen Ideenreichtum, um neue Geschmackswelten zu kreieren, kombiniert er die Zutaten zu immer wieder neuen Speisen von großer Aromenvielfalt. Egal ob regional, modern oder grenzübergreifend – Qualität und Geschmack stimmen und überzeugen auch anspruchsvolle Gäste. Deve Devender und Markus Muswieck sorgen für einen entspannten, unverkrampften Service, während Anett Heinze zu den Weinen berät.

Horben bei Freiburg

Gasthaus zum Raben

Bhf→15 km

79289 · Dorfstr. 8 · (07 61) 55 65 20 · Fax: 5 56 52 29
Intern. u. Regionale Küche, eig. Kreationen · **Geöffnet:** Mi.-Sa. 17:30-23:30, So. 12-15 + 17:30-22 Uhr3:30 Uhr · **Ruhetag:** Mo./Di. · **Tische:** 15/50 Plätze
info@raben-horben.de · www.raben-horben.de

Speisekarte: 7 Hauptgerichte von 19,00 bis 46,00 €; 3 Menüs von 55,00 (4-Gang So.-Mittag) bis 140,00 (6-Gang Raben-Menü) € 400 Weinpos. Wunderschön ist der Ausblick über das Schwarzwaldtal, ungemein behaglich ist das traditionelle Gasthaus gestaltet und leidenschaftlich ist die Küche von Steffen Disch. Sie ist in der Region verwurzelt, wird mit Raffinesse neu interpretiert und mündet in innovative Geschmackserlebnisse.

Hornbach

Kloster Hornbach

Bhf→8 km

66500 · Im Klosterbezirk · (0 63 38) 91 01 00 · Fax: 9 10 10 99
Schänke, Kräutergarten, Terrasse, Genießertage, Arrangements
18 km
info@kloster-hornbach.de · www.kloster-hornbach.de

30 **DZ** von 129,00 bis 235,00 €;
4 **EZ** von 99,00 bis 139,00 €;
10 **Suiten** von 189,00 bis 260,00 €;
4 **Ju.-Suiten** bis 250,00 €

Das einstige Kloster wurde zum komfortablen First-Class-Hotel umgewandelt, das zusätzlich einen exklusiven Spa-Bereich und vielseitige Gastronomie bietet.

Lösch für Freunde

Bhf→8 km

66500 · Hauptstraße 19 · (0 63 38) 9 10 10 200 · Fax: 9 10 10 299
Restaurant für Hausgäste, Raucherlounge, begehbares Weinkabinett
18 km
info@loesch-fuer-freunde.de · www.loesch-fuer-freunde.de

4 **DZ** zu 235,00 €;
7 **(Jui.-)Suiten** von 260,00 bis 280,00 €

Nur zwei Minuten vom Kloster Hornbach entfernt, ist das "Lösch für Freunde" ein

Hotel mit individuell gestalteten Zimmern (Preise inkl. Frühstück), Wellnesoase und ganz besonderer Wohlfühl-Atmosphäre.

Bhf→8 km

Refugium

✉ 66500 · Im Klosterbezirk · ☎ (0 63 38) 91 01 00 · Fax: 9 10 10 99
Mod. Deutsche Küche, eig. Kreationen · Küche: 18:30–22 Uhr · **Ruhetag:** Mo./Di./Mi. · **Ferien:** Jan./ je 2 W. Mai + Okt./Nov. · **Tische:** 9/30 Plätze
info@kloster-hornbach.de · www.kloster-hornbach.de

Speisekarte: 4 Hauptgerichte von 25,00 bis 35,00 €; 2 Menüs von 62,00 bis 98,00 €
250 Weinpos.
Im geschmackvoll eingerichteten Restaurant unter der mächtigen Gewölbedecke präsentiert Chefkoch Martin Opitz durchdachte und harmonisch aufeinander abgestimmte Speisen, die gerne von den wechselnden Jahreszeiten inspiriert werden.

Ihringen

Bräutigam Weinstuben

✉ 79241 · Bahnhofstraße 1 · ☎ (0 76 68) 90 35-0 · Fax: 90 35 69
Regionale Küche · Küche: 12–14/18–20:30 Uhr · **Ruhetag:** Mo./Di. · **Tische:** 16/40 Plätze
info@braeutigam-hotel.de · www.braeutigam-hotel.de

Speisekarte: 8 Hauptgerichte von 25,00 bis 29,50 €; 1 Menü zu 39,00 €
200 Weinpos.
Patron und Chefkoch Mario Bräutigam lässt sich bei seinen unverfälschten Speisen vom reichhaltigen, heimischen und saisonalen Warenangebot inspirieren und stellt die Zutaten mit handwerklichem Geschick zusammen.

Bhf→1 km

Holzöfele

✉ 79241 · Bachenstr. 56 · ☎ (0 76 65) 67 12
Klass., Reg., Mediterr. Küche · Küche: 12–13:45/17:30–20:30 Uhr · **Ruhetag:** Mo./Di. · **Ferien:** Nov. + Mai je 10 Tage · **Tische:** 25 + 10/80 + 40 Plätze
info@holzoefele-ihringen.de · www.holzoefele-ihringen.de

Speisekarte: 9 Hauptgerichte von 22,90 bis 32,90 €; 1 Menü von 47,00 bis 54,00 €
142 Weinpos.
Mitten im schönen Kaiserstuhl gelegen, in dem Gebäude einer alten Backstube, meistert Chefkoch Thassilo Eyrainer den Spagat zwischen Tradition und Moderne. Typisch badische Gerichte werden durch mediterrane Einflüsse geschickt verfeinert und in familiärer Atmosphäre serviert. Basis dieser feinen Kulinarik sind tagesfrische Produkte aus der Region.

Ilbesheim

Hubertushof

✉ 76831 · Arzheimer Str. 5 · ☎ (0 63 41) 93 02 39 · Klass., Reg., eig. Kreationen · **Ruhetag:** So./Mo./Di. · **Ferien:** Weihn., Silv. u. eine Woche im Juli · **Tische:** 10 (+ 10 im Hof)/35-60 Plätze
info@restaurant-hubertushof-ilbesheim.de · www.restaurant-hubertushof-ilbesheim.de

Speisekarte: 4 Hauptgerichte von 28,00 bis 36,00 €; 1 Menü zu 65,00 €
120 Weinpos.
Obwohl in der Region verwurzelt, guckt Chefkoch Jochen Sitter auch über den regionalen Tellerrand und ergänzt seine pfälzischen Speisen mit raffinierten Gerichten aus aller Herren Länder.

Restaurant mit gehobener Küche

Illschwang

Landhotel Weißes Roß

Bhf→10 km

92278 · Am Kirchberg 1 · ☎ (0 96 66) 1 88 05-0 · Fax: 1 88 05-285 · à-la-carte Rest. "Weißes Roß" u. Gourmetrest. "Cheval Blanc", Bar-Lounge, Arrangements, Frühst. im Zi.-Preis inkl.
15 km
VISA EC
info@weisses-ross.de · www.weisses-ross.de

39 **DZ** von 180,00 bis 280,00 €;
3 **EZ** ab 94,00 €;
3 **Suiten** von 304,00 bis 430,00 €

Es sind nur 3 km bis zur A 6 und dennoch liegt das Landhotel Weißes Roß idyllisch inmitten der reizvollen Oberpfälzer Hügellandschaft. Dank der zuvorkommenden Gastfreundschaft von Susanne und Hans-Jürgen Nägerl bietet das Traditionshaus Ruhe und Erholung in familiärer, entspannter Atmosphäre. Mit Christian Fleischmann und Ehefrau Katharina, geborene Nägerl, ist es jetzt sogar schon die 7. Generation, die sich in die gastronomische familiäre Tradition einbringt. Die Gäste übernachten in komfortablen, modernen Zimmern (das Frühstück ist im Zimmerpreis inkludiert), relaxen im großzügig gestalteten Wellness- und Beautybereich "Hopfentherme" mit 5 Behandlungsräumen, Sauna, Ruhebereich sowie Innen- und Außenpool und können Räumlichkeiten für Tagungen oder Feierlichkeiten nutzen. In einem Anbau ist die Lobby mit angegliederter Hotelbar ein beliebter geselliger Treffpunkt. Kulinarisch hat der Gast die Qual der Wahl: Im à-la-carte Restaurant "Weißes Roß" (Di.-Do. 17:30-21, Fr.-So. 11:30-14 + 18-21 Uhr) und noch ambitionierter im Gourmetrestaurant "Cheval Blanc" (Mi.-Sa. ab 18:30 Uhr) kann man genussvoll speisen. Bei schönem Wetter lockt der lauschige Biergarten. Auf Naturliebhaber warten ein sehr ausgedehntes Wander- und Radwegenetz, der Nordic-Walking-Park, gleich fünf attraktive Golfplätze in der näheren Umgebung, Reitmöglichkeiten u.v.m.

Bhf→10 km

Landhotel Weißes Roß – Cheval Blanc

92278 · Am Kirchberg 1 · ☎ (0 96 66) 1 88 05-0 · Fax: 1 88 05-285
Klassische u. gehobene regionale Küche · Küche: 18–20 Uhr · **Ruhetag:** So./Mo./Di. · **Ferien:** je 1 W. Jan. + Sept. · **Tische:** 6/25 Plätze
info@weisses-ross.de · www.weisses-ross.de

Speisekarte: 5 Hauptgerichte von 28,00 bis 43,00 €; 2 Menüs von 81,00 bis 138,00 €

200 Weinpos.

Holz als wertiges Naturmaterial dominiert das Gourmetrestaurant, ist hier aber in modern-eleganter Form verbaut und gibt dem Raum zusammen mit Sitznischen mit silbrig schimmernden, gepolsterten Bänken ein nobles Ambiente. Eine Reservierung ist erforderlich. In bester Familientradition sind Katharina und Christian Fleischmann passionierte Gastgeber in diesem kulinarischen Kleinod. Katharina ist dank der Eltern Susanne und Hans-Jürgen Nägerl von klein auf mit gehobener Gastronomie vertraut und Christian hat den Schwiegervater, der für die Küchenabläufe verantwortlich ist, "beerbt" (die nächste Generation wächst bereits heran), steht am Herd und lässt sich von traditionellen Oberpfälzer Speisen ebenso inspirieren wie von klassischen Rezepturen. Der Warenreichtum der Region und die wechselnden Jahreszeiten bestimmen den Wareneinkauf, etliches kommt aus familieneigener Produktion, Küchenkräuter aus dem eigenen Garten. Die erntefrischen Topzutaten treffen auf echte und unverfälschte Kochkunst und münden in raffinierte und ausbalancierte Geschmackserlebnisse, die auch Vegetarier nicht vergessen. Katharina Fleischmann leitet charmant den Service und berät als kenntnisreiche Sommelière mit Expertise zu den Weinen. Gerne kann das "Cheval Blanc" auch für Familienfeiern genutzt werden oder man profitiert von den Kochkünsten des Teams und holt sich dank eines exzellenten Caterings die feine Küche in die eigenen vier Wände.

Dieses Restaurant bietet Ihnen eine exzellente Küche.

Ilsenburg

Landhaus Zu den Rothen Forellen

Bhf→1 km

38871 · Marktplatz 2 · ☎ (03 94 52) 93 93 · Fax: 93 99
Sommerterrasse, Bar, Restaurant, Frühstücksbuffet im Preis inkludiert
15 km
info@rotheforelle.de · www.rotheforelle.de

DZ von 220,00 bis 250,00 €;
als **EZ** von 130,00 bis 180,00 €;
EZ von 115,00 bis 130.00 €;
Suiten von 300,00 bis 350,00 €
Das geschmackvolle Interieur in diesem Landhotel prägt auch die komfortablen Zimmer und variablen Tagungs- und Bankettträume. Herrlich relaxen kann man in der gepflegten Wellness- und Badelandschaft.

Immenstaad

Heinzler am See

Bhf→7 km

88090 · Strandbadstr. 3 · ☎ (0 75 45) 9 31 90 · Fax: 32 61
Restaurant mit Intern. und Reg. Küche, Glaspavillon, Seeterrasse, Catering
20 km
info@heinzleramsee.de · www.heinzleramsee.de

20 **DZ** von 79,00 bis 144,00 €;
2 **EZ** von 89,00 bis 130,00 €;
6 **Suiten** von 98,00 bis 219,00 €;
2 **App.** von 106,00 bis 179,00 €
Direkt am Bodensee gelegen bietet das Hotel einen idealen Ausgangspunkt für Erkundungen in der Umgebung. Der Gast logiert in modernen, komfortablen Gästezimmern, die fast alle zur See- und Sonnenseite ausgerichtet sind. Im feinen Restaurant werden exquisite Speisen offeriert.

Seehof

Bhf→8 km

88090 · Am Yachthafen · ☎ (07545) 9360 · Fax: 936133
Klass. u. Reg. Küche · Küche: 12–14/18–21:15 Uhr · **Ruhetag:** Mo./Di. · **Tische:** 27/ 80 Plätze
seehof-immenstaad@t-online.de · www.seehof-hotel.de

Speisekarte: 8 Hauptgerichte von 26,00 bis 348,00 €; 1 Tagesgericht von 14,90 bis 15,50 €; 2 Menüs von 49,00 bis 64,00 €
117 Weinpos.
Unaufdringliche Eleganz prägt das Restaurant, in dem Chefkoch Jürgen Hallerbach für eine saisonal geprägte Produktküche sorgt. Er kauft gerne in der Region ein und überzeugt mit durchdachten, präzisen und vielseitigen Speisen.

Ingelheim

Sandhof - Gourmetrestaurant "Dirk Maus"

55262 · OT Heidesheim am Rhein, Sandhof 7 · ☎ (0 61 32) 43 68-333 · Fax: 43 68-334 · Klass., Neue u. Reg. Küche · Küche: 18–22 Uhr · **Ruhetag:** Mo./Di. · **Ferien:** 3 W. So.-Ferien Rhld.-Pf. · **Tische:** 4-6/10-14 Plätze
info@dirk-maus.de · www.dirk-maus.de

Speisekarte: 1 4-7-Gang-Abendmenü von 95,00 bis 140,00 €
100 Weinpos.
In der einstigen Mühle aus dem Jahre 1754 haben Dirk und Tina Maus mit großem Engagement und fantastischen Ideen ein wunderschönes Landgasthaus geschaffen, in dem sie und ihr tolles Team alles dafür tun, dass jeder Gast sich uneingeschränkt wohlfühlt. In der charmant gestalteten Scheune kann man – umgeben von weiten Wiesen und üppigen Bäumen – bezaubernde Hochzeiten und weitere Feste feiern. Regionale Küche genießt man in raffinierter Zubereitung im Restaurant. Das gefällt mit einer ausgefallenen Gestaltung: Unverputzter Sandstein, grob bearbeitete Holzbalken und eine zurückhaltende Farbgebung kontrastieren mit modernen Fauteuils und fein eingedeckten Tischen. Wenn man den ganz besonderen Genuss sucht, ist man im Bereich auf der Empore genau richtig. In angenehm

privater Atmosphäre lernt man hier die ganze Bandbreite des enormen Könnens von Dirk Maus und seiner rechten Hand Steve Hermann kennen. Die beiden setzen kulinarische Ideen mit präzise abgeschmeckten Speisen, verschiedensten Texturen und herrlich konzentrierten Saucen in eine begeisternde, unverfälschte Produktküche um – passend zur Aussage von Dirk Maus "Unsere Philosophie ist das Produkt". Ein Menü wird angeboten, ob man es mit vier oder bis zu sieben Gängen wählt, ist ganz dem Gast überlassen.

Fragen rund um die innovative Küche beantwortet Tina Maus gerne. Sie ist liebenswürdige Gastgeberin, berät zu den Weinen und ist sensible Mittlerin zwischen Küche und Gast. Erwähnenswert ist übrigens noch die weitläufige Außenanlage des Sandhofs, auf der Terrasse genießt man neben der exklusiven Küche auch noch den Blick in die herrliche Landschaft.

Hervorragende Serviceleistung

Inzlingen

Bhf→4 km

Inzlinger Wasserschloß

79594 · Riehenstraße 5 · ☎ (0 76 21) 4 70 57 · Fax: 1 35 55
Klass., Neue u. Mediter. Küche · Küche: 12–15/18–23 (So. bis 22) Uhr · **Ruhetag:** Mo./Di. · **Tische:** 13/46 Plätze
VISA EC
info@inzlinger-wasserschloss.de · www.inzlinger-wasserschloss.de

Speisekarte: 6 Hauptgerichte von 23,00 bis 42,00 €; 1 Mittagsmenü ab 54,00 €; 3 Menüs von 79,00 bis 138,00 €

136 Weinpos.

Chefköchin Simone Beha sorgt im mit historischen Elementen elegant gestalteten Restaurant für eine durchdachte Küche mit ausbalancierten Zusammenstellungen und tiefgründigen Aromen.

Iphofen

Augustiner am See

Bhf→7 km

97346 · Klostergasse 6 · ☎ (0 93 26) 97 89 50 · Fax: 97 89 60
Regionale und Neue Küche · Küche: 11–20 Uhr · **Ruhetag:** Mi./Do. · **Ferien:** je 2 Wo. Fasching/Aug. · **Tische:** 12/45 Plätze
info@augustiner-am-see.de · www.augustiner-am-see.de

Speisekarte: 10 Hauptgerichte von 12,80 bis 22,00 €; 1 Menü von 30,00 bis 40,00 €
Das "Augustiner am See" wird engagiert von Familie Schwab geführt, der Patron steht selber am Herd und kocht kreativ, frisch und saisonal. Er nutzt die Warenvielfalt Frankens und arbeitet mit harmonisch aufeinander abgestimmten Aromen, Kräutern und Texturen.

Romantik Hotel Zehntkeller

Bhf→1 km

97346 · Bahnhofstr. 12 · ☎ (0 93 23) 84 40 · Fax: 84 41 23
Restaurant mit gehobener Küche, Innenhofterrasse, Weinterrasse
12 km
zehntkeller@romantikhotels.com · www.zehntkeller.de

43 **DZ** von 141,00 bis 179,00 €;
11 **EZ** ab 98,00 €;
5 **Suiten** von 134,00 bis 219,00 €
Das familiär geführte, historische Haus inmitten eines fränkischen Weinortes ist charmant im Landhausstil eingerichtet und verfügt über komfortable Zimmer mit edlen Antiquitäten, Tagungsräume ein feines Restaurant und einen großzügigen Garten.

Iserlohn

Vier Jahreszeiten

Bhf→3 km

58636 · OT Seilersee · Seilerwaldstraße 10 · ☎ (0 23 71) 97 2-0 · Fax: 9 72 -111
Rest. Seeblick und Wintergarten, Hotelbar
info@vierjahreszeiten-iserlohn.de · www.vierjahreszeiten-iserlohn.de

DZ ab 158,00 €;
EZ ab 79,00 €
Für Tagungs- und Urlaubsgäste ist dieses Hotel am Seilersee ideal. Die Gästezimmer (Frühstücksbuffet 10,- € p. P.) sind stilvoll-elegant und verfügen über zeitgemäßen Komfort. Empfehlenswert sind auch die Restaurants.

Jena

SCALA

Bhf→300 m

07743 · Leutragraben 1 · ☎ (0 36 41) 35 66 66 · Fax: 35 66 72
Intern. u. Neue Küche, eig. Kreationen · Küche: 12–14/18–22 Uhr · **Tische:** 19/68 Plätze
post@scala-jena.de · www.scala-jena.de

Speisekarte: 5 Hauptgerichte von 22,00 bis 34,00 €; 1 Mittagsmenü von 29,00 bis 49,00 €; 1 Menü von 66,00 bis 109,00 € 90 Weinpos.
Schwer zu sagen, was beeindruckender ist: der weite Blick vom Intershop-Tower auf Jena oder die frische Produktküche von Chefkoch Christian Hempfe, der raffiniert, modern und gekonnt kocht. Am Ende haben wir haben uns doch für die Küche entschieden.

Ein Restaurant mit anspruchsvoller Küche.

Bhf→1 km

Schwarzer Bär

✉ 07743 · Lutherplatz 2 · ☎ (0 36 41) 40 60 · Fax: 40 61 13 · Rest. mit Intern. und Reg. Küche, Terrasse, Shuttle-Service, Zimmerpreise inkl. Frühstück
5 km
hotel@schwarzer-baer-jena.de · www.schwarzer-baer-jena.de

34 **DZ** von 75,00 bis 135,00 €;
als **EZ** von 85,00 bis 105,00 €;
36 **EZ** von 45,00 bis 105,00 €;
2 **Suiten** zu 160,00 €
Hinter den historischen Mauern dieses traditionsreichen Hotels finden sich nicht nur gemütliche Zimmer, sondern auch top ausgestattete Tagungsräume. Ein freundlicher Service begleitet durch den Tag.

Johannesberg

Bhf→10 km

Auberge de Temple

✉ 63867 · Hauptstraße 2 · ☎ (0 60 21) 4 54 83 00 · 2 Restaurants, Kochschule, Kunstgalerie, Weinproben, Parkanlage, Frühstück 10,- €/P.
5 km
info@auberge-de-temple.de · www.auberge-de-temple.de

6 **DZ** von 171,00 bis 211,00 €;
als **EZ** von 126,00 bis 166,00 €
Das kleine, aber umso feinere Hotel in erholsam ruhiger Lage bezaubert mit exklusiver Kunst und bietet neben sechs Suiten mit wunderschönem Interieur und zeitgemäßem Komfort moderne Räumlichkeiten für private Feiern sowie ein erstklassiges Restaurant mit hervorragender Küche.

Bhf→10 km

Auberge de Temple - Helbigs Gasthaus

✉ 63867 · Hauptstraße 2 · ☎ (0 60 21) 4 54 83 00
Int. Küche · Küche: 12–14/18–22 Uhr · **Ruhetag:** So./Mo. · **Tische:** 18/60 Plätze
info@auberge-de-temple.de · www.auberge-de-temple.de

Speisekarte: 5 Hauptgerichte von 26,90 bis 45,90 €; 3 Menüs von 47,60 bis 127,00 € 250 Weinpos.
Ob eine kulinarische Kleinigkeit oder das mehrgängige Menü – im sehr niveauvoll eingerichteten Restaurant sorgt Chefkoch Ludger Helbig für beides mit derselben Sorgfalt. Er kombiniert Klassisches mit Regionalem und kreiert aromentiefe, moderne Speisen.

Jork

Bhf→8 km

Die Mühle Jork

✉ 21635 · Elbdeich 1 · ☎ (0 41 62) 63 95 · Fax: 60 05 22 · Neue u. Intern. Küche, Terrasse · Küche: 12–14:30 (Sa.-+So.)/18–20:30 Uhr · **Ruhetag:** Mo./Di. (Feiertage geöffnet) · **Ferien:** Jan. · **Tische:** 10/24 Plätze
info@diemuehlejork.de · www.diemuehlejork.de

Speisekarte: 7 Hauptgerichte von 24,90 bis 31,50 €; 2 Menüs von 54,00 bis 104,00 € 167 Weinpos.
Das Ambiente in diesem historischen, 1856 erbauten Galerieholländer ist charmant und außergewöhnlich. Das gilt auch für die vielseitigen und handwerklich perfekten Speisen von Patron Danny Riewoldt, der mit einer frischen, saisonalen Produktküche überzeugt.

Jugenheim

Weedenhof

55270 · Mainzer Straße 6 · (0 61 30) 94 13 37 · Fax: 94 13 38 · Regionale u. Mediterrane Küche · **Geöffnet:** Mi.-So. ab 18 Uhr, So./Feiertag auch 12-15 Uhr · **Ruhetag:** Mo./Di. · **Ferien:** 2 W. Rhld.-Pfalz · **Tische:** 12/40 Plätze
info@weedenhof.de · www.weedenhof.de

Speisekarte: 5 Hauptgerichte von 21,00 bis 29,00 €; 3 Menüs von 32,00 bis 62,00 €
47 Weinpos.

Im Herzen Rheinhessens, im alten Weindorf Jugenheim, umgeben von Weinbergen und Obstwiesen findet man das Hotel und Restaurant Weedenhof. Traditionen werden hier großgeschrieben und sorgsam gepflegt. Fachwerk prägt das charmante Restaurant, das mit viel Geschmack in einem behaglichen Landhausstil eingerichtet ist. Kleine Sitzecken tragen zum gemütlichen Ambiente bei. Patron und Chefkoch Michael Knöll steht am Herd und sorgt für eine abwechslungsreiche Küche. Die ist vor allem in der Region verortet und kommt bodenständig und ehrlich daher. Er nutzt bevorzugt das heimische, marktfrische Warenangebot, arbeitet sorgfältig, aromenstark und setzt auch gerne den ein oder anderen mediterranen und saisonalen Akzent. Im Sommer wartet eine hübsche Garten-Terrasse. Hier wie dort leitet Christine Knöll liebenswürdig den Service und verweist auch gerne auf eines der sieben komfortablen Hotelzimmer (EZ/DZ 50,-/74,- €, Landfrühstück 8,50 € p. Ps.).

Juist (Insel)

Juister Hof

Bhf→300 m

26571 · Strandpromenade 2 · (0 49 35) 9 20 40 · Fax: 92 04 33
Restaurant mit Klassischer Küche, Gartenterrasse, Wintergarten, Bar
info@juister-hof.de · www.juister-hof.de

16 **App.** von 140,00 bis 285,00 €;
20 **Suiten** von 165,00 bis 350,00 €
Von der Nordsee nur durch die Dünen getrennt, steht das Appartement-Hotel "Juister Hof" mit fantastischem Meerblick. Hier kann man den Komfort eines 4-Sterne-Hotels mit der Unabhängigkeit einer Ferienwohnung kombinieren.

Family
Ein Hotel mit speziellen Angeboten für Urlaub mit der ganzen Familie.

Kahl am Main

Bhf→1 km

Zeller - Hotel + Restaurant -

✉ 63796 · Aschaffenburger Str. 2 · ☎ (0 61 88) 91 80 · Fax: 91 81 00 · "Emmas Weinbar", kleine Parkanlage, Gartenterrassen, 4 Tanksäulen für E-Autos, Zi.-Preise inkl. Frühst.
↘8 km
rezeption@hotel-zeller.de · www.hotel-zeller.de ·

23 **DZ** von 190,00 bis 250,00 €;
58 **EZ** von 104,00 bis 174,00 €;
4 **Suiten** von 174,00 bis 260,00 €

Das familiengeführte Hotel "Zeller" steht für moderne Hotellerie und gastliche Tradition zugleich. Dafür sorgen als hervorragende und liebenswürdige Gastgeberinnen mit großem Engagement Alexandra und Renate Schleunung. Die individuell mit viel Geschmack eingerichteten Zimmer sind ein sehr niveauvolles Zuhause auf Zeit (Preise inkl. Frühstück). Geschäftsreisende finden in den modern ausgestatteten Tagungsräumen mit aktueller Technik ideale Bedingungen vor. Entspannung bietet das Erkunden der seenreichen Umgebung und der Wellnessbereich mit vielfältigen Anwendungen (s. a. Wellness-Special). Einen angenehmen Abend in geselliger Atmosphäre verspricht die schick gestaltete offene Hotelbar mit Terrasse. Attraktive Arrangements werden rund ums Jahr angeboten. Hervorhebenswert ist das Engagement, immer auf modernstem Stand zu sein: So gibt es vier Tanksäulen, an denen man sein Elektro-Auto kostenfrei auftanken kann. Ganz neu ist "Emmas Weinbar" – ein in unmittelbarer Nähe gelegener, einstiger Krämerladen, der schick gestylt ein geselliger Treffpunkt ist und mit kleinem Speiseangebot und vielen Weinen aufwarten kann.

Bhf→1 km

Zeller - Hotel + Restaurant -

✉ 63796 · Aschaffenburger Str. 2 · ☎ (0 61 88) 91 80 · Fax: 91 81 00
Klass., Reg., Neue mediterr. Küche · Küche: 12–14/18–22 Uhr · **Ferien:** 23.12.-2.1. · **Tische:** 16/50 Plätze
rezeption@hotel-zeller.de · www.hotel-zeller.de ·

Speisekarte: 9 Hauptgerichte von 19,00 bis 33,00 €; 1 Mittagsmenü zu 22,00 €; 1 Abendmenü von 54,00 bis 64,00 €
150 Weinpos.

Im historischen Teil des "Zeller" findet sich das Restaurant mit charmantem Ambiente. Schmiedeeisernes, umlaufende Bänke mit behaglichen Sitznischen und viel Holz geben dem Interieur eine gediegene Landhausnote. Chefkoch Harald Wiedenhöft kocht frisch und abwechslungsreich. Gerne kauft er die Zutaten bei bekannten Händlern und Erzeugern aus der Region ein, lässt sich von den wechselnden Jahreszeiten inspirieren und präsentiert eine ehrliche und bodenständige Küche, in der sich auch Elemente aus aller Herren Länder finden. Raffinierte Würzungen und vor allem frische Kräuter geben den Speisen den letzten Aromakick. An Vegetarier wird ebenso gedacht wie an den Mittagsbesucher – unter der Woche gibt es ein fair kalkuliertes Lunch. Den aufmerksamen Service leitet Ehefrau Ute Wiedenhöft sehr liebenswürdig und gastfreundlich. Für Feierlichkeiten gibt es mit dem eleganten Rats- und modernen Terrassenzimmer sehr schön gestaltete Räumlichkeiten. Im Sommer lädt die Terrasse mit Lounge-Möbeln unter üppigen Bäumen zum Entspannen und Träumen ein. Zum "Zeller" gehört auch die nur wenige Schritte entfernte "Emmas Weinbar". Einst ein Krämerladen, ist sie nun ein Bistro mit kleiner Speise- und großer Weinkarte und lässig-lockerer, geselliger Atmosphäre (Mo.-Fr. ab 17 Uhr, Sa./So. ab 15 Uhr).

Kaikenried

Relais & Châteaux Landromantik Wellnesshotel Oswald

Bhf→5 km

✉ 94244 · Am Platzl 2 · ☎ (0 99 23) 8 41 00 · Fax: 84 10 10 · A-la-carte-Restaurant, Tagungen, Wintergarten, Preise inkl. Voll-Verwöhnpension
20 km
info@hotel-oswald.de · www.hotel-oswald.de ·

30 **DZ** ab 308,00 €;
2 **EZ** ab 129,00 €;
25 **Suiten** ab 368,00 €

Das "Landromantik Wellnesshotel Oswald" ist herrlich ruhig gelegen und wird sehr persönlich und familiär geführt. Hier kann man wunderbar ausspannen, die reizvolle Landschaft erkunden und im großen und gepflegten Wellnessbereich mit verschiedenen Saunen, Pools und Ruheräumen relaxen oder sich bei schmeichelnden Anwendungen verwöhnen lassen. Die Zimmer (Preise inkl. Voll-Verwöhnpension) gefallen mit großem Komfort und einer hübschen Einrichtung, in der viele Naturmaterialien sofort ins Auge fallen. Tagungsgäste finden mit medientechnisch gut ausgestatteten Räumen optimale Arbeitsbedingungen vor. Eine breite gastronomische Palette, u. a. mit Restaurant und Gastgarten rundet das vielseitige Angebot ab.

Oswald's Gourmetstube

Bhf→5 km

✉ 94244 · Am Platzl 2 · ☎ (0 99 23) 8 41 00 · Fax: 84 10 10
Klass. u Regionale Küche · **Geöffnet:** 18:30–23 Uhr · Küche: 18:30–20 Uhr ·
Ruhetag: So.-Di. · **Tische:** 6/16 Plätze
info@hotel-oswald.de · www.hotel-oswald.de ·

Speisekarte: 1 Menü von 68,00 bis 135,00 €

300 Weinpos.

Warme Braun- und Beigetöne dominieren das Farbbild in der Gourmetstube und werden von raffinierter Illumination mit goldenem Schimmer gekonnt in Szene gesetzt. Behagliche Fauteuils und edel eingedeckte Tische laden zum entspannten Genuss geradezu ein. Und der ist hier von ganz besonderer Klasse. Dafür sorgt Chefkoch Thomas Gerber mit großem handwerklichem Geschick und einem modernen Küchenkonzept. Die Speisen sind in der klassischen französischen Küche verwurzelt und werden behutsam mit ganz eigener Handschrift weiterentwickelt und neu interpretiert. Das Spiel mit Tradiertem und Zeitgeistigem, mit verschiedenen Aromen, Texturen und Garmethoden ist wohl überlegt und ausbalanciert. Das Ergebnis sind geschmacklich und optisch perfekte Unikate. Je nach Gusto kann man das ange botene Menü von drei bis auf acht Gänge erweitern. Den Service leitet Ulrich Illig mit leichter Hand. Passenden Wein gibt es in verführerischer Auswahl, auch hier ist er kenntnisreicher Ansprechpartner. Wer ein geschäftliches oder familiäres Essen in ganz besondere Atmosphäre genießen möchte, kann sich mit 6-12 Personen in der privaten Atmosphäre des gediegenen Weinkellers treffen.

Bhf→5km

Herrenstube/Galerie/Platzl

✉ 94244 · Am Platzl 2 · ☎ (0 99 23) 8 41 00 · Fax: 84 10 10
Klass. u Regionale Küche · **Geöffnet:** 18:30–22 Uhr · Küche: 18:30–19:30 Uhr ·
Tische: 30/140 Plätze VISA EC
info@hotel-oswald.de · www.hotel-oswald.de ·

Speisekarte: 7 Hauptgerichte von 19,00 bis 27,00 €; 1 Menü ab 58,00 €
300 Weinpos.
Das Restaurant im Wellnesshotel Oswald hat verschiedene, ungemein behaglich und charmant eingerichtete Stuben. Ob im modern gestalteten Wintergarten, der holzverkleideten Mariastube, der gediegenen Herrenstube und dem Platzl oder der zeitlos eleganten Galerie – Chefkoch Thomas Gerber und sein Souschef Andreas Oswald zeigen hier die große Bandbreite ihres Könnens. Die durchdachte Produktküche überzeugt den Feinschmecker und hält für jeden Geschmack etwas Passendes bereit. Die Zutaten für die innovative Küche mit Bodenhaftung kommen bevorzugt aus der Region, das Fleisch direkt aus der hauseigenen Metzgerei. Da sind Frische und Topqualität garantiert. Saisonales und beliebte Klassiker werden mit bayerischen Schmankerln ergänzt. Den zugewandten Service leitet Thomas Illig, er berät auch mit großem Fachwissen zu den passenden Weinen. Montags gibt es keine à-la-carte-Speisen, da findet der Bayerische Buffetabend mit einem verführerischen Dreigangmenü (29,- € p. Ps.) statt. Der gut beschirmte Gastagarten ist an warmen Tagen ein ganz besonderer Publikumsmagnet.

Kaiserslautern

Bhf→3 km

Barbarossahof

✉ 67657 · OT Eselsfürth · Eselsfürth 10 · ☎ (06 31) 4 14 40 · Fax: 4 14 42 00
Restaurant mit Intern. und Regionaler Küche, Terrasse, Biergarten, Sky-TV
10 km VISA AE EC
hotel@barbarossahof.com · www.barbarossahof.com ·

113 **DZ** von 112,00 bis 210,00 €;
als **EZ** von 89,00 bis 185,00 €;
Suiten von 185,00 bis 265,00 €
Neben einem sehr familiären Ambiente punktet der „Barbarossahof" mit behaglichen Komfortzimmern, Bankett- und Tagungsräume mit umfangreicher Technik, einem kleinen Fitnesscenter mit Sauna und Solarium. Das Restaurant mit Außenterrasse, ein Biergarten sowie die Hotelbar komplettieren das vielseitige Angebot.

Kamp-Bornhofen

Burg Sterrenberg

Bhf→8 km

56341 · Zu den Burgen 2 (Im Navi die 1. Burg!) · ☎ (0 26 27) 98 20 · Fax: 88 02
Regionale Küche · Küche: 12–21 Uhr · **Ruhetag:** Di./Mi./Do. · **Ferien:** Jan./Feb./März · **Tische:** 12/50 Plätze
info@zum-weissen-schwanen.de · www.burg-sterrenberg.com

Speisekarte: 10 Hauptgerichte von 8,50 bis 22,50 €; 1 Menü von 29,00 bis 37,50 €
60 Weinpos.

Jeder, der schon einmal am Rhein war, wird die beiden Burgen Sterrenberg und Liebenstein im UNESCO-Welterbe Oberes Mittelrheintal als die „Feindlichen Brüder" kennen. Nachdem Burg Sterrenberg in einen Dornröschenschlaf verfallen war, beschloss Karolin König-Kunz, auch Inhaberin des Weissen Schwanen im nahen Braubach, sie mit viel Einsatz daraus zu erwecken. In der Grafenstube genießt man eine bodenständige und regionale Küche, die Ritter und Edelfräulein gleichermaßen überzeugt. Als Ausflugsziel ist auch das Burg Café mit hausgemachten Kuchen und feiner Patisserie sehr beliebt. Dank des Standesamts hoch droben über dem Rhein kann man hier heiraten und anschließend eine Feier in unvergesslichem Rahmen mit Traumblick feiern. Tagungsgäste des Hotels "Zum Weissen Schwanen" werden mit einem Shuttleservice zur Burg gebracht und finden hier erstklassige Bedingungen vor: In unmittelbarer Nähe zur Natur (auch der Burghof kann z. B. für Präsentationen genutzt werden) gibt es ein erstklassiges Raumangebot, umsichtige Betreuung und kulinarische Begleitung. In den Pausen nutzt man die hinreißend schöne Umgebung, um den Kopf wieder freizubekommen. Zusätzliche Events wie Live-Konzerte, Einschulungsfeiern oder das beliebte "Chillen und Grillen" runden das Angebot ab.

Kallstadt

Intense

✉ 67169 · Weinstraße 80 ☎ (0 63 22) 9 59 11 50
Neue Deutsche Küche **Geöffnet:** ab 19 Uhr **Ruhetag:** So./Mo.
kontakt@restaurant-inten.se www.restaurant-inten.se

Speisekarte: 1 Menü zu 120,00 €
ca. 150 Weinpos.
Chefkoch Benjamin Peifer hat keine Scheu das Beste aus zwei kulinarischen Welten miteinander zu verbinden und kreiert mit regionalen Zutaten aus der Pfalz Speisen, die von der japanischen Küche inspiriert sind.

Bhf→3 km

Weinhaus Henninger

✉ 67169 Weinstr. 93 ☎ (06 3 22) 22 77 Fax: 6 28 61
Restaurant, Weinbar, Kaminzimmer, Hofgarten, Landfrühstücks-Buffett
5 km
info@weinhaus-henninger.de www.weinhaus-henninger.de

12 **DZ** ab 120,00 €;
als **EZ** ab 98,00 €;
2 **(Jui.-) Suiten** ab 130,00 €
In dem denkmalgeschützten Fachwerkhaus nächtigen die Gäste in modernsten Zimmern, die mit eleganter Leichtigkeit edle Rückzugsorte bilden und viel Freiraum für Erholung bieten. Zu jeder Jahreszeit werden genussreiche Arrangements angeboten.

Kandel

Bhf→1,5 km

Zum Riesen

✉ 76870 Rheinstr. 54 ☎ (0 72 75) 34 37 Fax: 6 13 95
Restaurant mit klassischer, regionaler Küche; schöne Hofterrasse
20 km
kontakt@hotelzumriesen.de www.hotelzumriesen.de

12 **DZ** von 60,00 bis 85,00 €;
als **EZ** ab 55,00 €;
3 **EZ** von 50,00 bis 60,00 €;
2 **App.** ab 70,00 €
1696 erstmals als Gasthaus erwähnt, kümmert sich heutzutage Familie Wenz um das Wohlergehen seiner Gäste. Alle Zimmer sind individuell eingerichtet und bieten zeitgemäßen Komfort in familiärer Atmosphäre.

Bhf→1,5 km

Zum Riesen

✉ 76870 Rheinstr. 54 ☎ (0 72 75) 34 37 Fax: 6 13 95
Klass. u. Neue Küche, eig. Kreat. Küche: 18–21:30 Uhr **Ruhetag:** So.-Mi.
Tische: 10/40 Plätze
kontakt@hotelzumriesen.de www.hotelzumriesen.de

Speisekarte: 5 Hauptgerichte von 20,00 bis 45,00 €; 2 Menüs von 37,00 bis 86,00 €
85 Weinpos.
In dem charmanten Restaurant kocht Hausherr Andreas Wenz persönlich. Er bietet seinen Gästen eine gehobene Crossover-Küche, die sich stets der Auswahl an frischen, regionalen Produkten und der Jahreszeit anpasst. Die rustikale Weinstube lädt zum Verweilen ein.

Kandern

Bhf→2,5 km

Jägerhaus

✉ 79400 OT Egerten Wollbacherstr. 28-30 ☎ (0 76 26) 87 15
Klass. u. Reg. Küche **Geöffnet:** ab 18:30 Uhr, So. ab 12 Uhr **Ruhetag:** Mo./Di./Mi. **Tische:** 9/20-30 Plätze
info@restaurant-jaegerhaus.de www.restaurant-jaegerhaus.de

Speisekarte: 5 Hauptgerichte von 26,50 bis 48,00 €; 1 Menü zu 61,00 €
60 Weinpos.
"Küche, Kunst, Natur ... ein Idyll für die Sinne" heißt es im Jägerhaus, das engagiert von Jolanda Wermuth und Melanie

Guttwein geführt wird. Letztere sorgt für die leichte und abwechslungsreiche Frischeküche, die man im Sommer am besten im traumschönen Garten genießt.

Kappelrodeck

Rebstock Waldulm

Bhf→2 km

77876 · OT Waldulm · Kutzendorf 1 · ☎ (0 78 42) 94 80 · Fax: 9 48 20
Reg. Küche, eig. Kreat. · Küche: 11:30–14 (Sa./So./Feiert.)/17:30–20:30 Uhr ·
Ruhetag: Di. · **Tische:** 16/50 Plätze VISA EC
info@rebstock-waldulm.de · www.rebstock-waldulm.de

Speisekarte: 8 Hauptgerichte von 24,00 bis 32,00 €; 2 Menüs von 38,00 bis 74/,00 € 500 Weinpos.
Im wunderschönen Fachwerkhaus ist eine großartige Frischeküche zu Hause. Chefkoch Oliver Vogel lässt sich vor allem von Baden und dem Elsass inspirieren, wenn es darum geht, die marktfrischen Zutaten mit leichter Hand zu feinen, aromenstarken Speisen zusammenzustellen. Die Weinkarte hält ein verführerisches Angebot bereit.

Karben

Neidharts Küche OT Kloppenheim

Bhf→300 m

61184 · Robert-Bosch-Straße 48 · ☎ (0 60 39) 93 44 43 · Fax: 93 44 46 · Reg. Küche modern interpretiert · Küche: 17–21:30/So. auch 11–15 Uhr · **Ruhetag:** Mo.+Di. · **Ferien:** 1 Wo. Jan.+Sommer 2 W. · **Tische:** 15/60 Plätze VISA AE EC
neidharts-kueche@t-online.de · www.neidharts-kueche.de

Speisekarte: 6 Hauptgerichte von 19,90 bis 29,90 €; 1 Menü von 59,90 bis 72,90 € 30 Weinpos.
In diesem engagiert geführten Restaurant sorgt Patron Reiner Neidhart zusammen mit Dagmar Neidhart für eine durchdachte Küche, die auf erstklassigen Zutaten basiert.

Karlsruhe

Das Scheibenhardt

Bhf→1,2 km

76135 · Scheibenhardt 1 · ☎ (07 21) 95 29 64 20
Deutsche und Regionale Küche · Küche: 12–21:00 Uhr · **Ruhetag:** Mo./Di. · **Tische:** 35/84 Plätze
info@das-scheibenhardt.de · www.das-scheibenhardt.de

Speisekarte: 12 Hauptgerichte von 21,00 bis 76,00 €; 5 Tagesgerichte von 9,90 bis 32,50 €
300 Weinpos.
Das Restaurant "Scheibenhardt" auf dem Areal eines Jagdschlosses aus dem 18. Jh., ist im einstigen Kuhstall beheimatet. Gastgeber und Chefkoch Leonhard Bader kocht frisch, abwechslungsreich und herrlich unverfälscht. Mit Steakspezialitäten ergänzt er das gut durchdachte Angebot.

Der Blaue Reiter

Bhf→1 km

76227 · Amalienbadstr. 16 · ☎ (0721) 94 26 60 · Fax: 9 42 66 42
Rest., Bar, Bistro, Cafe, Biergarten, Ladestation für PKW
5 km VISA AE EC
info@hotelderblauereiter.de · www.hotelderblauereiter.de

45 **DZ** von 129,00 bis 169,00 €;
als **EZ** von 119,00 bis 159,00 €;
22 **EZ** von 99,00 bis 149,00 €;
19 **Suiten** von 189,00 bis 289,00 €
Das Tagungs- und Designhotel verbindet die Ausdrucksstärke der Kunstvereinigung „Der Blaue Reiter" mit der Wohnkultur des 21. Jahrhunderts. Ruhig und dennoch zentral gelegen, bietet es dem Gast excellente Tagungs- und Eventflächen sowie stilvoll eingerichtete Zimmer mit kunstvollem Interieur.

EigenArt

Bhf→1,3 km

76133 · Hebelstraße 17 · (07 21) 5 70 34 43
Internationale u. Regionale Küche · Küche: 12–14:30/18–21 Uhr · **Ruhetag:** Mi./Sa./So.
kontakt@eigenart-karlsruhe.de · www.eigenart-karlsruhe.de

Speisekarte: 5 Hauptgerichte von 34,00 bis 41,00 €; 1 Menü von 93,00 bis 112,00 €
20 Weinpos.

Im biozertifizierten Restaurant wird sehr großer Wert auf Nachhaltigkeit gelegt und auch die Slow Food-Philosophie unterstützt. Entsprechend saisonal, marktfrisch und qualitativ hochwertig sind die Zutaten, entsprechend schonend und unverfälscht ist die Küche.

erasmus

Bhf→2 km

76199 · Nürnberger Straße 1 · (07 21) 40 24 23 91 · Italienische und Europäische Küche · **Geöffnet:** Di.-Sa. 18-23 Uhr, BIO- Feinkostladen Di.-Sa. 14-18 Uhr · **Ruhetag:** So./Mo. · **Tische:** 12 (+ 12 Terrasse)/28 + 40 Plätze
a.gallotti@erasmus-karlsruhe.de · www.erasmus-karlsruhe.de

Speisekarte: 4 Hauptgerichte von 28,00 bis 48,00 €; 1 Menü von 65,00 bis 190,00 €
372 Weinpos.

Im "erasmus" – beheimatet in einem 1928 unter der Regie von Walter Gropius entworfenen, denkmalgeschützten Gebäude mit Dach- und Gartenterrasse – stehen Nachhaltigkeit, Tierwohl, sorgsamer Umgang mit Ressourcen, echtes Handwerk und ökologisches Bewusstsein ganz obenan. Chefkoch Marcello Gallotti und seine Frau Andrea, mit einem Bachelor im Studium der Gastronomischen Wissenschaften, führen ihr Restaurant in dem Bewusstsein, dass ehrlicher Genuss und Verantwortung für die Umwelt einander ergänzen sollten. In der Küche wird mit arbeitsintensiven Techniken und Traditionen gewerkelt, immer mit dem Ziel, in der europäischen Gastronomiekultur verwurzelte Speisen mit unverfälschtem Geschmack zu kreieren. Zu einer richtigen Wertschätzung des Essens gehört Wissen um die verschiedenen Produkte, Koch- und Garmethoden, Wissen, dass hier gerne ohne moralischen Zeigefinger, aber mit umso mehr Leidenschaft vermittelt wird. Marcello Gallotti gehört der Gemeinschaft der Bio-Spitzenköche an, was er als Verpflichtung und Herausforderung sieht. Die beginnt beim Einkauf der ökologisch vorbildlich erzeugten Produkte und endet mit der Verarbeitung des ganzen Tieres. Die klassisch-italienische Küche bekam einen Grünen Stern für Nachhaltigkeit und wird als handwerklich präzises, raffiniert verfeinertes, auch optisch begeisterndes Gesamtkunstwerk präsentiert. Andrea Galotti ist liebenswürdige Gastgeberin und berät zu den Weinen, die aus den bekanntesten Weinbauregionen in Deutschland, Frankreich und Italien stammen. Übrigens: Das zum Essen servierte Karlsruher Trinkwasser ist gratis, weil Marcello und Andrea Gallotti den Handel mit Wasser unanständig finden. Allein das unterstreicht das sozial geschärfte Profil im "erasmus".

Il Teatro²

Bhf→600 m

✉ 76137 · Ettlinger Straße 2c · ☎ (07 21) 35 65 66
Italienische Küche · Küche: 12–14/18–22:30 Uhr · **Ruhetag:** Di. · **Tische:** 17 (Terrasse 17)/60 (+ 70) Plätze
reservieren@ilteatro.de · www.ilteatro.de

Speisekarte: 6 Hauptgerichte von 29,00 bis 40,00 €; 3 Tagesgerichte von 10,00 bis 14,00 €; 1 Menü ab 69,00 €

111 Weinpos.

Seit fast 40 Jahren ist das "Il Teatro²" am Kongresszentrum eine feste gastronomische Größe in Karlsruhe. Von Giovanni Di Sario 1984 eröffnet, steht mit Sohn Daniele nun schon die zweite Generation am Herd und arbeitet in allerbester Familientradition mit Leidenschaft und vor allem großem, kulinarischem Können. Seine ideenreichen, zeitgemäßen Speisen sind in der klassischen italienischen Küche verwurzelt, basieren auf erstklassigen, gerne auch saisonalen Zutaten und greifen auch internationale Elemente auf. Ob ausgeklügeltes Menü oder raffinierte Pasta – die Zubereitungen sind authentisch, präzise und aromenstark. Die Speisen werden mit ausgewählten, oft ausgefallenen italienischen Weiß- und Rotweinen ergänzt. Der herzliche Service wird aufmerksam von Marco Zatti geleitet. Das Restaurant ist in schlichter Eleganz und sehr charmant eingerichtet. Ob Mittagstisch oder feines Dinner – die Kombination aus bester Küche und entspannter Atmosphäre ist einfach perfekt.

Kesselhaus H3

Bhf→6,5 km

✉ 76185 · Griesbachstraße 10c · ☎ (07 21) 6 69 92 69
Moderne Küche · Küche: 12–14/18–21 Uhr · **Ruhetag:** So./Mo. · **Tische:** 28 (Terrasse + 25)/70 (+ 70) Plätze
info@kesselhaus-ka.de · www.kesselhaus-ka.de

Speisekarte: 8 Hauptgerichte von 20,00 bis 40,00 €; 1 Mittagsmenü zu 27,50 €; 1 Menü zu 78,00 €

225 Weinpos.

Den industriellen Charakter hat das ehemalige Kesselhaus behalten, im "Kesselhaus H3" (H3: die Brüder Sven und Chris Hemmann sowie Svens Ehefrau Lisa betreiben das Restaurant) kommen urbaner Schick und eine entspannte, modern-nostalgische Atmosphäre hinzu. Alles kann, nichts muss, könnte bei den Hemmanns eine Devise sein, denn ob man die raffinierte Küche von Sven Hemmann genießt, von der Tapas-Karte wählt, eine der abwechslungsreichen Veranstaltungen besucht (Kochkurse, Weinabende, Martinsgans-Essen uvm.) oder die exklusiven Räumlichkeiten für ein top betreutes Event nutzt – Qualität,

Geselligkeit und Spaßfaktor sind inbegriffen. Die Speisen von Sven Hemmann nehmen Anleihen aus Deutschland, Österreich und gehen auch über den europäischen Tellerrand hinaus, sind kreativ und avantgardistisch, bleiben aber immer verständlich und geerdet. Chris Hemmann leitet den Service entspannt und zuvorkommend, während Christophe Gamblin zu den Weinen berät, die es hier in stattlicher Auswahl gibt – viele davon im Offenausschank. Die stylish renovierte Weinlounge im Industrial Jungle Ambiente ist perfekt fürs Business-Meeting oder zum gemütlichen Treffen mit Freunden.

Bhf→8 km

Künstlerkneipe

✉ 76189 · OT Daxlanden · Pfarrstr. 18 · ☎ (0721) 16 08 99 57 · Fax: 16 08 99 58
Regionale Küche · Küche: 12–14/18–21 Uhr · **Ruhetag:** Mo./Di. · **Tische:** 13 (+ 20 Terrasse)/80 (+ 60) Plätze
info@kuenstlerkneipe.de · www.kuenstlerkneipe.de

Speisekarte: 6 Hauptgerichte von 22,00 bis 32,00 €; 1 Menü zu 79,00 €
124 Weinpos.
Hier trifft traditionelles Ambiente auf moderne Kochkunst. Küchenchef Bernd Wittmaack setzt auf eine regionale, gehobene Küche, die Dank frischesten Zutaten aus der Region unverfälscht, aber dennoch kunstvoll auf den Tisch kommt.

Bhf→9 km

Nagels Kranz

✉ 76149 · OT Neureut · Neureuter Hauptstraße 210 · ☎ (07 21) 70 57 42
Klass. u. Intern. Küche, eig. Kreationen · Küche: 12–14/18–23 Uhr · **Ruhetag:** So./Mo. · **Tische:** 10/35 Plätze
VISA AE
info@nagels-kranz.de · www.nagels-kranz.de

Speisekarte: 8 Hauptgerichte von 19,00 bis 36,00 €; 1 Menü von 69,00 bis 93,00 €
50 Weinpos.
Chefkoch Kevin Wilde bietet in seinem kleinen gemütlichen Gourmetrestaurant Á-la-carte-Küche und abwechslungsreiche Menüs. Es werden keine Fertigprodukte und Zusatzstoffe verwendet, nur frische, hochwertige Ware. Im Sommer ist der lauschige Innenhof eine Oase der Ruhe gepflegter Gastlichkeit.

Bhf→3,5 km

Oberländer Weinstube

✉ 76133 · Akademiestraße 7 · ☎ (07 21) 2 50 66
Reg. u. bürgerl. Küche, eig. Kreat. · Küche: 12–13:30/18–21:30 Uhr · **Ruhetag:** So./Mo. · **Tische:** 13/46 Plätze
VISA
kontakt@oberlaender-weinstube.de · www.oberlaender-weinstube.de

Speisekarte: 6 Hauptgerichte von 24,80 bis 30,80 €; 1 Menü von 59,00 bis 69,00 €
130 Weinpos.
Das traditionsreiche Restaurant ist nostalgisch-rustikal eingerichtet. Chefkoch Jörg Hammer kauft marktfrisch ein, arbeitet konzentriert und präsentiert vor allem gut durchdachte, ausbalancierte, regionale Speisen.

Schlosshotel Karlsruhe

Bhf→100 m

76137 · Bahnhofplatz 2 · (07 21) 3 83 20 · Fax: 3 83 23 33
Restaurant "Schwarzwaldstube", „Schlossbar"
5 km
info@schlosshotelkarlsruhe.de · www.schlosshotelkarlsruhe.de

42 **DZ** ab 94,00 €;
als **EZ** ab 84,00 €;
51 **EZ** ab 74,00 €;
3 **Suiten** ab 144,00 €

Zentral nahe dem Stadtgarten und Hauptbahnhof gelegen, überzeugt das „Schlosshotel Karlsruhe" mit traditioneller Hotelleriekultur, stilvollem Ambiente, freundlichem Service und zeitgemäßem Komfort.

Sein

Bhf→2,4 km

76135 · Scheffelstr. 57 · (0721) 40 24 47 76
Klassische Küche, eigene Kreationen · **Geöffnet:** 12-13:30 + 18:30-20:30, Sa./So. nur 18:30-20:30 · **Ruhetag:** Mo./Di. · **Tische:** 6
zugast@restaurant-sein.de · www.restaurant-sein.de

Speisekarte: 1 Mittagsmenü von 45,00 bis 50,00 €; 2 Menüs von 120,00 bis 130,00 €

126 Weinpos.

Das Restaurant ist in zeitloser Schlichtheit geschmackvoll eingerichtet. Thorsten Bender kombiniert marktfrische Zutaten mit leichter Hand und guten Ideen zu aromenstarken Speisen, die in der klassischen Küche verwurzelt sind.

Kassel

Voit

Bhf→3 km

34119 · Friedrich-Ebert-Straße 86 · (05 61) 50 37 66 12
Klassische und Neue Küche · Küche: 18–21 Uhr · **Ruhetag:** So./Mo. · **Tische:** 13/42 Plätze
post@voit-restaurant.de · www.voit-restaurant.de

Speisekarte: 1 Menü zu 110,00 €

145 Weinpos.

Die von allen Seiten einsehbare Küche ist Blickfang des geradlinig und modern eingerichteten Restaurants, in dem Patron und Chefkoch Sven Wolf mit ausgesuchten Zutaten frisch und gekonnt kocht und innovative Speisen mit asiatischen Elementen präsentiert.

Kehl am Rhein

Family

Konferenz- und Familienhotel Calamus

Bhf→4 km

77694 · Boschstraße 6 · (0 78 51) 64 30-100 · Restaurants, Pizzeria, Bar, Biergarten, eAuto und eBike-Ladestationen, Arrangements
5,7 km
info@hotel-calamus.de · www.hotel-calamus.de

93 **DZ** von 95,00 bis 115,00 €;
als **EZ** von 85,00 bis 115,00 €;
9 **Familienzimmer** von 165,00 bis 199,00 €;
6 **Suiten** von 145,00 bis 200,00 €

Das CALAMUS-AREAL in Kehl-Sundheim erstreckt sich auf 46.000 m² und wird kontinuierlich weiterentwickelt. In dem Business & Freizeit-Zentrum finden sich verschiedenste Einrichtungen, in denen Familie, Freunde, Paare und Hotelgäste einen spannenden Tag verbringen können. Restaurant, Seminare, Tagungsräume, Eventlocation, Elektro-Kartbahn, Autowaschanlage, Indoorspielplatz und American Sportsbar sind nur einige der angebotenen Möglichkeiten. Das HOTEL CALAMUS grenzt direkt an die natürliche Oase „Sundheimer Fort". Die modern eingerichteten first-class Gästezimmer sind ein komfortables Zuhause auf Zeit. In vier Seminar- und Tagungsräumen (24 bis 100 Personen) kann man effektiv tagen. Ein professioneller Tagungsservice plant und begleitet jede Veranstaltung. 2022 wird die Saunalandschaft "CalaSpa" mit Saunagarten und verschiedensten Saunen im Innen- und Außenbereich eröffnet. Dann steht nachhaltiger Erholung nichts mehr im Wege.

Die "Orangerie" ist eine ideale Eventlocation, in der jede Hochzeit und Feier ins rechte Licht gerückt und aufmerksam begleitet wird. Im "Chattanooga Grillrestaurant" sind nicht nur Hotelgäste willkommen.

Bhf→4 km

Calamus – Chattanooga Grillrestaurant

✉ 77694 · Boschstraße 6 · ☎ (0 78 51) 64 30-100
Regionale und Neue Küche, Plätze im Restaurant bis zu 180, im Biergarten bis 190 · **Geöffnet:** 18–24 Uhr · Küche: 18–22 Uhr
VISA AE EC
info@chattanooga-grillrestaurant.de · www.chattanooga-grillrestaurant.de

Speisekarte: 22 Hauptgerichte von 7,50 bis 45,00 €; 2 Tagesgerichte zu 16,00 €; 1 Menü von 33,00 bis 55,00 €
36 Weinpos.

Das Restaurant ist modern und behaglich eingerichtet. Korbstühle, blanke Tische mit roten Pendelleuchten darüber verbinden sich zu einer freundlichen Atmosphäre. Wie der Name "Chattanooga Grillrestaurant" schon ahnen lässt, dreht sich hier (fast) alles um frisch Gegrilltes. Dafür steht ein exklusiver Josper Holzkohlegrill zur Verfügung und in der Küche mit Bernhard Trittel ein Chefkoch, der genau weiß, wie er die Cuts auf den perfekten Wunschgarpunkt bekommt. Zu den verschiedenen Saucen gibt es hausgemachte Pommes Dauphine. Wer mag, wählt einen frisch gebauten Burger oder aus der Bürgerlichen Karte schwäbische Klassiker wie Wurstsalat oder Käsespätzle. Alles wird frisch und sorgfältig zubereitet. Ein aufmerksamer und flinker Service begleitet den abendlichen Restaurantbesuch. Im Sommer sitzen die Gäste natürlich besonders gerne im von großen Schirmen beschatteten Biergarten und wählen aus einer Extrakarte (u. a. mit knackigen Salaten, Flammkuchen und auch Fischgerichten). Verschiedene regelmäßig stattfindende Events – wie zum Beispiel die Afterwork Party ab 17 Uhr an jedem ersten Donnerstag im Monat – sind bei den Gästen sehr beliebt.

Kenzingen

♜ Scheidels Restaurant zum Kranz

Bhf→1 km

✉ 79341 · Offenburger Str. 18 · ☎ (0 76 44) 68 55 · Fax: 93 10 77
Klass., mediter. u. Reg. Küche · Küche: 11:30–14/17.30–22 Uhr · **Ruhetag:** Mo./Di. · **Tische:** 10/50 Plätze
VISA AE EC
info@scheidels-kranz.de · www.scheidels-kranz.de

Speisekarte: 10 Hauptgerichte von 16,50 bis 31,00 €; 3 Menüs von 36,00 bis 62,00 € 200 Weinpos. Küchenchef Franz Scheidel pflegt im nostalgisch eingerichteten Restaurant eine fein komponierte Küche mit klassischen, regionalen und mediterranen Einflüssen, die er mit viel Kreativität und handwerklichen Geschick aufzupeppen versteht.

Kernen im Remstal

Restaurant Malathounis

Bhf→5 km

✉ 71394 · OT Stetten · Gartenstraße 5 · ☎ (0 71 51) 4 52 52 · Fax: 4 33 80
Neue + Griech. Küche, eig. Kreationen · Küche: 18–23:00 Uhr · **Ruhetag:** So./Mo. · **Tische:** 7/26 Plätze
EC
info@malathounis.de · www.malathounis.de · f

Speisekarte: 4 Hauptgerichte von 19,00 bis 39,00 €; 2 Menüs von 39,00 bis 79,00 € 400 Weinpos. Patron Joannis Malathounis verbindet traditionelle griechische Rezepturen mit modernen Kochtechniken und lässt den "klassischen Griechen" dank der exzellenten Speisen sofort vergessen.

Kerpen

♜ Schloss Loersfeld

Bhf→3 km

✉ 50171 · Schloss Loersfeld · ☎ (0 22 73) 5 77 55 · Fax: 5 74 66
Klass. u. Neue Küche · Küche: 12–14/19–21 Uhr · **Ruhetag:** So./Mo. · **Tische:** 9/30 Plätze
VISA AE EC
info@schlossloersfeld.de · www.schlossloersfeld.de · f

Speisekarte: 1 Mittagsmenü von 44,00 bis 54,00 €; 1 Menüs von 99,00 bis 145,00 € 300 Weinpos. Das elegante Interieur ist die perfekte Kulisse für die feine klassische Küche von Chefkoch Paul Spiesberger. Er ergänzt die ausdrucksstarken Speisen mit innovativ zubereiteten Spezialitäten aus seiner österreichischen Heimat.

Die Küchenleistung dieses Restaurants ist hervorhebenswert in seiner Kategorie.

Ketsch

Seehotel – Die Ente

Bhf→5 km

✉ 68775 · Kreuzwiesenweg 5 · ☎ (0 62 02) 697-0 · Fax: 697-199
Neue Küche, eigene Kreationen · **Geöffnet:** Sa. nur abends · Küche: 12–14/18–22 Uhr · **Ruhetag:** So.
VISA AE EC
info@seehotel.de · www.seehotel.de · f

Speisekarte: 7 Hauptgerichte von 25,00 bis 38,00 €; 1 Menü von 63,00 bis 79,00 € Restaurant mit Aussicht – der Blick auf den See ist wunderschön, die Küche von Chefkoch Christian Kesselring unprätentiös, aromenstark und durchdacht. Neben modernen Speisen präsentiert er gelungene Zusammenstellungen aus der Kreativabteilung.

Kiedrich

Weinschänke Schloss Groenesteyn

Bhf→4 km

65399 · Oberstraße 36/37 · ☎ (0 61 23) 15 33
Deutsche und Klassische Küche · **Geöffnet:** 17-22 Uhr, So. bereits ab 12 Uhr · **Ruhetag:** Di./Mi. · **Tische:** 10/60 Plätze
info@groenesteyn.net · www.groenesteyn.net

Speisekarte: 5 Hauptgerichte von 36,00 bis 40,00 €; 1 Menü von 80,00 bis 125,00 €

In der Weinschänke Schloss Groenesteyn passt alles zusammen: die entspannte Atmosphäre, Geselligkeit und dank Chefkoch Dirk Schröer kommt eine tiefgründige, konzentrierte Küche mit Speisen dazu, die ungemein ehrlich und unverfälscht sind.

Kirchdorf bei Haag

Christians Restaurant OT Haag-Mühldorf

Bhf→15 km

83527 · Dorfstraße 1 (Navi: Alte Schulstr. 2) · ☎ (0 80 72) 85 10 · Fax: 33 04 · Klassische und Neue Küche · **Geöffnet:** Do./Fr. 18-21 Uhr, Sa. 12-21 Uhr, So. 12-19 Uhr · **Ruhetag:** Mo./Di./Mi. · **Ferien:** variabel · **Tische:** 7/30 Plätze
info@christians-restaurant.de · www.christians-restaurant.de

Speisekarte: 1 Menü von 65,00 bis 125,00 €
1200 Weinpos.

Das oberbayerische Kirchdorf bei Haag – östlich von München und nördlich von Wasserburg am Inn gelegen – ist mehr als nur einen Besuch wert, denn dort ist eines der besten Restaurants weit und breit. Das behagliche Gasthaus mit historischem Flair ist die perfekte Kulisse für das gastronomische Rundumerlebnis, an dem Christian und Ehefrau Christiane Grainer maßgeblich beteiligt sind. Christiane Grainer ist liebenswürdige Gastgeberin und die Seele des Hauses, mit natürlicher Herzlichkeit kümmert sie sich um jeden Gast und ist bei kleinen und großen Wünschen stets ansprechbar. Zusätzlich berät sie als umsichtige Sommelière kompetent zu den begleitenden Weinen. Ihre Aufmerksamkeit und Zugewandheit trug ihr unsere Auszeichnung zur Gastgeberin des Jahres ein. Bei allem Lob wollen wir ihren Mann Christian nicht vernachlässigen, arbeitet er doch mit ebenso viel Leidenschaft und Herzblut. Gemeinsam mit dem Österreicher Dominik Schürz steht er am Herd. Die beiden garantieren außergewöhnliche kulinarische Erlebnisse. Sie kreieren Speisen, in denen regionale und zeitgeistige Elemente scheinbar mühelos zu einer Einheit verschmelzen.

Eine absolute Empfehlung ist das Überraschungsmenü, das dem Gast zwei Freiheitsgrade lässt: Zum einen hat er die Wahl zwischen Meeresfrüchten und einer Suppe und zum anderen zwischen Käse und einer süßen Nachspeise. Wer einmal bei Grainers war, wird zukünftig auch Umwege in Kauf nehmen, um erneut dort einzukehren und diese einzigartige Melange aus alpenländischem Traditionsbewusstsein und moderner Gastronomie zu erleben.

Kiel

Romantik Hotel Kieler Kaufmann
Bhf→3 km

24105 · Niemannsweg 102 · ☎ (04 31) 8 81 10 · Fax: 8 81 11 35
Restaurants „Ahlmanns“ und „Kaufmannsladen"; Bar, Lounge, Terrasse
11 km
VISA AE EC
info@kieler-kaufmann.de · www.kieler-kaufmann.de

39 **DZ** von 135,00 bis 195,00 €;
17 **EZ** von 107,00 bis 167,00 €;
2 **Suiten** von 145,00 bis 205,00 €
Einst eine Privatvilla, wurde aus dem wunderschönen Haus im Laufe der Jahrzehnte ein feines, nordisches Hotel mit eleganten Zimmern und einem zeitgemäßen Komfort.

Romantik Hotel Kieler Kaufmann – Ahlmanns
Bhf→3 km

24105 · Niemannsweg 102 · ☎ (04 31) 8 81 10 · Fax: 8 81 11 35
Klassische und Neue Küche · Küche: 18:30–22:30 Uhr · **Ruhetag:** So./Mo./Di. ·
Tische: 7/24 Plätze
VISA AE EC
info@kieler-kaufmann.de · www.kieler-kaufmann.de

Speisekarte: 5 Hauptgerichte von 23,00 bis 29,00 €; 1 Menü von 99,00 bis 139,00 €
165 Weinpos.
In elegant-gediegenem Ambiente präsentiert Chefkoch Arne Linke eine frische und facettenreiche Produktküche mit konzentrierten und weltoffenen, gerne auch saisonalen Speisen.

Kirchdorf bei Memmingen

Landgasthof Löwen
Bhf→10 km

88457 · OT Oberopfingen · Kirchdorfer Straße 8 · ☎ (0 83 95) 6 67 · Fax: 91 17 28
Terrasse, informative Kochkurse, Festsaal, Stüble
12 km
VISA AE EC
info@loewen-oberopfingen.de · www.loewen-oberopfingen.de

4 **DZ** von 89,00 bis 110,00 €;
6 **EZ** von 65,00 bis 79,00 €
Im Landgasthof Löwen gefallen besonders die entspannte Atmosphäre und der liebenswürdige und individuelle Service. Jahrzehntelanger gastlicher Tradition verpflichtet, sorgen Alexander Ruhland und Lebensgefährtin Simone Striegel mit ihrem engagierten Team für das Wohlbefinden jedes Gastes. Die zeitlos schönen Gästezimmer sind ein behagliches Zuhause auf Zeit und ein perfekter Ausgangspunkt, um das malerische Allgäu mit seiner Vielzahl an Sehenswürdigkeiten und Veranstaltungen zu entdecken. Für Events verschiedenster Art gibt es passende, schön gestaltete Räumlichkeiten. Besonderes Highlight ist natürlich ein Besuch im Restaurant mit der exzellenten Küche von Alexander Ruhland oder die Teilnahme an einem seiner beliebten und informativen Kochkurse.

Bhf→10 km

Landgasthof Löwen

✉ 88457 · OT Oberopfingen · Kirchdorfer Straße 8 · ☎ (0 83 95) 6 67 · Fax: 91 17 28
Klass., Neue u. Mediter. Küche · **Geöffnet:** 18-21:30 Uhr, So. auch 11:30-13:30 ·
Ruhetag: Mo./Di./Mi. · **Ferien:** variabel · **Tische:** 9/40 Plätze VISA
info@loewen-oberopfingen.de · www.loewen-oberopfingen.de ·

Speisekarte: 11 Hauptgerichte von 14,00 bis 39,00 €; 2 Menüs von 72,90 bis 94,90 €

100 Weinpos.

Der "Landgasthof" Löwen ist unprätentiös und sehr geschmackvoll in einem gefälligen Landhausstil eingerichtet und gefällt sofort mit seiner gediegenen Eleganz. Hier kann man einkehren und sich in entspannter Atmosphäre kulinarisch verwöhnen lassen. Alexander Ruhland führt mit großem Einsatz als Chefkoch die gastfreundliche Familientradition fort. Er vertritt die vierte Generation und das ist für ihn sowohl Verpflichtung als auch Herausforderung zugleich, der er sich gerne und ambitioniert stellt. Er hat sein Handwerk bei Topköchen von der Pike auf gelernt, ist aktives Mitglied bei den Jeunes Restaurateurs und gibt sich nie mit dem status quo zufrieden. Vielmehr tüftelt er immer wieder mit den ausgesuchten Zutaten – die er gerne aus dem Umland bezieht –, um sie mit raffinierten Ideen zu neuen Speisen zusammenzusetzen. Klassisches und Regionales bekommt eine zeitgeistige Note und wird mit mediterranen Elementen ergänzt. Seine Küche spiegelt auch gerne das jahreszeitliche Warenangebot wider und überzeugt grundsätzlich mit Ehrlichkeit und Aromentiefe. Zusätzlich zu den zwei angebotenen Menüs (eines davon vegetarisch) wird für Genießer unter 30 das Twenü angeboten: In diesem Rahmen gibt es pro Person Aperitif, Amuse bouche, 3-Gang-Menü, 2 Gläser Wein, Tafelwasser 0,5 l, Kaffee oder Espresso für 75,- €. Lebensgefährtin Simone Striegel leitet charmant und herzlich den zuvorkommenden Service und berät mit viel Sachkenntnis zu den passenden Weinen. Besonders beliebt – und gerne auch als Geschenk genommen – sind die rechtzeitig zu reservierenden Kurse in der Kochschule beim Meister persönlich.

Kirchheim

Schwarz Gourmet & à la Carte

✉ 67281 · Weinstraße Süd 1 · ☎ (0 63 59) 9 24 17 02 · Klassische und Neue Küche · **Geöffnet:** Gourmet: 17:30-21 Uhr, à la Carte Do.-So.: 17-21, nur So. auch 12-14 · **Ruhetag:** Mo./Di./Mi. (Gourmet), Di./Mi. (à la Carte) · **Ferien:** Jan. variabel, Ende Okt. · **Tische:** 4 (Gourmet)/10 (à la carte)/12/40 Plätze
info@schwarz-restaurant.de · www.schwarz-restaurant.de

Speisekarte: 2-5 Gänge nur à la Carte Hauptgerichte von 52,00 bis 79,00 €; 1 Gourmetmenü von 120,00 bis 159,00 €
200 Weinpos.

Was Angelika und Manfred Schwarz aus einem kleinen, verklinkerten, historischen Haus am Anfang der Deutschen Weinstraße gemacht haben, ist nicht nur aller Ehren wert, sondern geriet besonders im Interieur zu einem echten Hingucker. Weiß ist der dominante Farbton, schlicht und geradlinig die Einrichtung mit grauen Sitzmöbeln, Teppichen im Vintage-Design und einer wunderschön gestalteten Wand, die mit fein ziselierten Bäumen an einen Schwarzweiß-Kupferstich aus dem 18. Jh. erinnert. So viel Geschmack in das Design des Restaurants gelegt wurde, so viel Klasse verspricht auch die Küche des Patrons. Manfred Schwarz – unterstützt von seinem Souschef David Hermanski – verleugnet nie die pfälzischen Wurzeln seiner Speisen, passt sie aber behutsam und ideenreich dem Zeitgeist an und ergänzt sie mit klassischen französischen und italienischen Elementen. Er steckt alle Leidenschaft, jahrzehntelanges Können und staunenswerten Ideenreichtum in eine Küche der unbegrenzten Möglichkeiten, die den Gast immer wieder auf neue kulinarische Reisen mitnimmt. Angelika Schwarz ist charmante Gastgeberin und wird von Rafaella Spangenmacher ergänzt, die mit großer Liebenswürdigkeit den Service leitet und zu den exzellenten Weinen berät. Das à-la-Carte-Restaurant mit 40 Plätzen ist nur Sonntag-Mittag geöffnet, auch hier sind die durchdachten Gerichte tadellos, allenfalls etwas bodenständiger. An warmen Tagen wartet die romantische Terrasse. Eine Reservierung ist grundsätzlich anzuraten.

Restaurant mit gutem Genuss-/Preisverhältnis.

Kirchheimbolanden

Bhf→1 km

Parkhotel Schillerhain

✉ 67292 · Schillerhain 1 · ☎ (0 63 52) 71 20 · Fax: 4 76 55 · Rest. m. Reg. u. Intern. Küche, EventGarten, Sonnenter., Biergarten, Natur SPA, Zi.-Preis inkl. Frühst.
10 km VISA AE
info@schillerhain.de · www.schillerhain.de

68 **DZ** ab 129,00 €;
10 **EZ** ab 84,00 €
Eingebettet in einen weitläufigen Park ist dieses feine Parkhotel dank stilvoller Zimmer und seiner sehr gut ausgestatteten Konferenzräume der ideale Ort zum Tagen. Im Restaurant werden hervorragende kulinarische Menüs serviert. Viele schöne Arrangements - auch für Privatreisende.

Kirchzarten-Zarten

Bhf→1,2 km

♜ Landgasthof Bären

✉ 79199 · Bundesstraße 21 · ☎ (0 76 61) 68 20 · Restaurant, Bar, Biergarten, Ladestation für E-Autos, Arrangements, Zimmerpreise inkl. Frühstück
1 km VISA
info@baeren-zarten.de · www.baeren-zarten.de

11 **DZ** ab 122,00 €;
1 **EZ** ab 66,00 €;
3 **Junior-Suiten** ab 122,00 €
Der im malerischen Dreisamtal gelegene "Landgasthof Bären" ist seit mehr als 400 Jahren ununterbrochen in Besitz der Gastwirtsfamilie Steinhart, wird entsprechend engagiert geführt und ist mit seinen freundlich eingerichteten Zimmer ein behagliches Zuhause auf Zeit.

Klink

Bhf→10 km

♜ Schlosshotel Klink

✉ 17192 · Schlossstraße 6 · ☎ (0 39 91) 74 70 · Fax: 74 72 99
35.000 m² Parkanlage, See-Terrasse, Schloss-Bar, Frühst. im Zi.-Preis inkl.
5 km VISA AE
reservierung@schlosshotel-klink.de · www.schlosshotel-klink.de

97 **DZ** von 99,00 bis 169,00 €;
als **EZ** von 69,00 bis 139,00 €;
10 **Suiten** von 159,00 bis 299,00 €;
7 **App.** von 110,00 bis 180,00 €
Inmitten einer romantischen Parkanlage steht dieses Schlosshotel mit Bankettsaal, Wellnessoase und feinem kulinarischem Angebot.

Knittelsheim

Bhf→3 km

♜ Steverding's Isenhof

✉ 76879 · Hauptstraße 15 a · ☎ (0 63 48) 57 00 · Fax: 59 17
Klass. u. Neue Küche, eig. Kreat. · Küche: ab 18:30 (So. ab 12)– Uhr · **Ruhetag:** Mo./Di./Mi. · **Tische:** 9/30-40 Plätze
info@isenhof.de · www.isenhof.de

Speisekarte: 1 Menü zu 105,00 €
253 Weinpos.
Fest in Familienhand, geht es im Restaurant grundehrlich und unverfälscht zu. Patron und Chefkoch Peter Steverding kocht abwechslungsreich und überzeugt seine Gäste mit traditionellen und zeitgeistigen Rezepturen.

Koblenz

Hotel Stein

Bhf→1 km

✉ 56070 · Mayener Straße 126 · ☎ (02 61) 9 63 53-0 · Fax: 9 63 53-10
Restaurant, Bar, Garten, Innenhof, Arrangements
11 km
VISA AE EC
info@hotel-stein.de · www.hotel-stein.de

24 **DZ** von 120,00 bis 145,00 €;
6 **EZ** von 89,00 bis 109,00 €
In nunmehr dritter Generation wird im Hotel Stein und dem dazugehörigen Restaurant Schiller Gastfreundschaft großgeschrieben. Das Hotel ist ein schönes Kleinod etwas abseits vom quirligen Koblenz und bezaubert mit einer Lage nur wenige Gehminuten vom Moselufer entfernt. Die Zimmer sind in zeitloser Eleganz eingerichtet und verfügen über zeitgemäßen Komfort. Der Morgen beginnt mit einem wirklich aufwändigen Frühstücksbuffet (im Zimmerpreis inkludiert). Die verschiedenen, hausgemachten Marmeladen, Müsli, Kaffeespezialitäten, frisch zubereiteten Ei-Gerichte uvm. sind wie geschaffen, um den Tag energiegeladen zu beginnen. Für Tagungen und Veranstaltungen stehen feine Räumlichkeiten mit dem nötigen technischen Equipment bereit. Besonders Hochzeitsfeiern profitieren von den Möglichkeiten, den Innenhof und den exklusiven Fachwerk-Saal zu nutzen und werden natürlich individuell vorbereitet und betreut. Zum Hotel gehört noch das Boardinghouse mit acht Ferienwohnungen im Stadtzentrum. Unbedingt gönnen sollte man sich im Übrigen am Abend einen Besuch des sternegekrönten "Schiller´s Restaurant".

Ein Restaurant mit anspruchsvoller Küche.

Schiller's Manufaktur

Bhf→3 km

✉ 56070 · Mayener Straße 126 · ☎ (02 61) 96 35 30 · Fax: 9 63 53 30
Handwerkskunst, regionale Produkte, eigene Kreationen · Küche: 18–21:30 Uhr ·
Ruhetag: So. · **Ferien:** 4 x im Jahr je 1 Woche · **Tische:** 8/24 Plätze
VISA AE EC
info@hotel-stein.de · www.hotel-stein.de

Speisekarte: 6 Hauptgerichte von 39,00 bis 69,00 €; 2 Menüs von 99,00 bis 185,00 € 126 Weinpos.
Das Restaurant ist stilsicher, geschmackvoll und in schlichter Eleganz eingerichtet. Weiß und Dunkelbraun ergänzen einander harmonisch und tragen zur angenehm entspannten Atmosphäre bei. Liebenswürdige und erfrischend natürliche Gastgeberin ist Melanie Stein-Schiller, ihr Mann Mike Schiller ist Patron und Chefkoch in Personalunion. Er stellt den Gästen persönlich sein ausgeklügelt zusammengestelltes Menü vor und beantwortet gerne Fragen dazu. Auf Vorbestellung kommt man auch in den Genuss einer vegetarischen oder veganen Speisefolge. In der Küche wird größter Wert auf die kompromisslos gute Qualität der verwendeten Zutaten gelegt, die wenn mög-

lich aus dem Umland kommen. Mike Schiller arbeitet konzentriert, gekonnt und gibt den Speisen eine ganz individuelle Note, egal ob er klassisch Französisches oder Regionales präsentiert. Auf Vorbestellung gibt es Specials wie eine ganze, gebratene Seezunge oder auch ein saisonales Menü, z. B. rund um die Gans. Zu den passenden Weinen gibt Melanie-Stein-Schiller ebenso kenntnisreiche Auskunft wie zur Menübegleitung mit alkoholfreien Getränken und – besonders exklusiv – verschiedensten edlen Teesorten.

Verbene

✉ 56068 · Königsplatz 1 · ☎ (02 61) 10 04 62 21
Moderne Küche · Küche: 18–22 Uhr · **Ruhetag:** So./Mo. · **Ferien:** 24.12.--6.1. · **Tische:** 8/22 Plätze
VISA
info@restaurant-verbene.de · www.restaurant-verbene.de · f

Speisekarte: 1 Menü von 74,00 bis 119,00 €
40 Weinpos.
Wandverkleidungen aus dunklem Holz, gewürfelter Fliesen- und Dielenboden und eine warme, einladende und weltoffene Atmosphäre prägen das Restaurant "Verbene". Der Name der dauerblühenden und farbenfrohen Pflanze ist bewusst gewählt, verweisen diese Eigenschaften doch auf Vielseitigkeit und Konstanz. Patron und Chefkoch David Weigang schaute schon seiner Oma gerne beim Kochen zu und wusste früh, Qualität und Geschmack von Lebensmitteln zu schätzen. Heute kennt er jeden Lieferanten – bevorzugt aus dem Umland – persönlich und kauft im jahreszeitlichen Rhythmus und mit hohem Qualitätsstandard ein. Die Zutaten werden zu harmonisch aufeinander abgestimmten, zeitgeistigen Speisen mit kreativen Elementen und machen aus jedem angreichtetn Teller ein kunstvolles Unikat. Lukas Schneyer leitet den Service mit Übersicht, während Verena Schimmel zu den Weinen berät. Für Feiern stehen Räumlichkeiten bereit, ein feines Catering kann man auch für die eigenen vier Wände buchen.

Da Vinci

Bhf→1 km

56068 · Deinhardplatz 3 · ☎ (02 61) 9 21 54 44
Klassische und Neue Küche · Küche: 17:30–21:30 Uhr · **Ruhetag:** So./Mo./Di. ·
Tische: 8/25 Plätze
info@davinci-koblenz.de · www.davinci-koblenz.de

Speisekarte: 1 Menü von 129,00 bis 158,00 € 500 Weinpos. Das moderne Restaurant "Da Vinci" ist im historischen Vorderhaus der ehemaligen Sektkellerei Deinhard beheimatet. Chefkoch Daniel Pape steht für eine erstklassige Produktküche, die in der klassischen Haute Cuisine verwurzelt ist und von ihm mit leichter Hand neu interpretiert wird.

Diehl's Hotel OT Ehrenbreitstein

Bhf→1,5 km

56077 · Rheinsteigufer 1 (Emser Str. 1) · ☎ (02 61) 970 70 · Fax: 970 7213
Rest. "Esszimmer" mit Intern. und Reg. Küche, Terrasse, Cuvée Lounge
10 km
info@diehls-hotel.de · www.diehls-hotel.de

55 **DZ** von 89,00 bis 214,00 €;
10 **EZ** von 69,00 bis 155,00 €;
2 **Suiten** von 205,00 bis 305,00 €
Seit Generationen in Familienbesitz, erwarten den Gast in Diehl's Hotel ein harmonisches Ambiente, stilvolle Zimmer, der Wellnessbereich und ein Restaurant mit gehobener Küche.

Kollnburg

Burggasthof Hauptmann

Bhf→5 km

94262 · Burgstraße 11 · ☎ (0 99 42) 9 43 50 · Fax: 71 46 · Rest. mit geh. regionaler Küche, Salzladen, Motorradfahrer willkommen, Zi.-Preise inkl. Frühstück
35 km
info@burggasthof-hauptmann.de · www.burggasthof-hauptmann.de

13 **DZ** von 79,00 bis 115,00 €;
als **EZ** ab 47,50 €;
3 **EZ** von 44,50 bis 54,50 €;
4 **Dreibett-Zimmer** auf Anfrage
Inmitten der ursprünglichen Natur des Bayerischen Waldes findet man im idyllischen Kollnburg mit dem Burggasthof Kollnburg eine nicht alltägliche Logis. Fünf individuell gestaltete, ausgefallene Themenzimmer – wie die Ritter- oder Kornblumenstube – alle mit zeitgemäßen Annehmlichkeiten (Flatscreen, Fön, Safe) und Panoramablick erwarten den Gast. In der "BurgWellness" gibt es neben Sauna und Tepidarium noch eine Alphaliege, Hydro-Jet-Massage sowie eine Salzoase. Hier entsprechen nur 50 Minuten Aufenthalt drei Erholungs-Tagen am Meer. Das vielseitige Angebot im Hause wird mit liebevoller Gastlichkeit und bayerischer Behaglichkeit kombiniert und mündet in einen wirklich erholsamen Aufenthalt. Das liegt auch an den behaglich eingerichteten Zimmern (Preise inkl. Frühstück). Für nur 16,50 € zusätzlich p. P. kann man die Halbpension buchen.

Sehr gutes, komfortables Hotel

Bhf→5 km

Burggasthof Hauptmann

✉ 94262 · Burgstraße 11 · ☎ (0 99 42) 9 43 50 · Fax: 71 46 · Regionale u. Internationale Küche · **Geöffnet:** Mo.-Fr. ab 16:30 Uhr, Sa./So./Feiert. ab 11 Uhr · **Ruhetag:** außerhalb der Saison: Di. o. Mi. · **Ferien:** Mi. Nov.-Anf. Dez.
info@burggasthof-hauptmann.de · www.burggasthof-hauptmann.de

Speisekarte: 20 Hauptgerichte von 9,00 bis 25,00 €; 10 Tagesgerichte von 9,00 bis 15,00 €; 5 Menüs von 20,00 bis 35,00 €
20 Weinpos.

Im "Burggasthof Hauptmann" hat man verschiedene Räumlichkeiten zur Auswahl, um die frisch von Juniorchef Peter Hauptmann zubereiteten Speisen zu genießen. Der Speiseraum mit Kamin ist mit frischen Farben gestaltet, die Gaststube gefällt mit uriger Einrichtung und an warmen Tagen wartet noch die hübsche Sonnenterrasse. Die Küche ist bodenständig, ehrlich und aromenstark. Die Zutaten kommen aus dem Umland und das Fleisch direkt aus der hauseigenen Metzgerei. Das vielseitige Angebot reicht von altbayerischen Speisen über knackige Salate, Vegetarisches und Fischgerichte bis zu sehr empfehlenswerten Fleischspezialitäten aus dem hauseigenen Dry Aged Reifeschrank. Außerdem gibt es eine täglich wechselnde Tageskarte. Ehefrau Cornelia Hauptmann leitet liebenswürdig den freundlichen Service. Auf der Terrasse kann man nachmittags auch ganz klassisch Kaffee und Kuchen genießen. Ein Saal mit Galerie und Tanzfläche bietet sich für private Feiern an, die liebenswürdig und kompetent betreut werden.

Restaurant mit sehr guter Küche

Köln

Bhf→600 m

Alfredo

✉ 50667 · Tunisstr. 3 · ☎ (02 21) 2 57 73 80
Innovative Ital. Küche · Küche: 12–13:30/18–20:30 Uhr · **Ruhetag:** Sa./So. + Feiertage · **Ferien:** 3 Wo. NRW-Sommerf. · **Tische:** 13/40 Plätze
info@ristorante-alfredo.com · www.ristorante-alfredo.com

Speisekarte: 7 Hauptgerichte von 23,50 bis 44,00 €; 1 Menü von 90,00 bis 100,00 €
120 Weinpos.
Patron und Chefkoch Roberto lässt sich von kulinarischen Strömungen seiner Heimat – vom Piemont bis nach Sizilien – inspirieren und kreiert gekonnt zubereitete Speisen, die herrlich unverfälscht und ehrlich das Beste aus den Regionen Italiens präsentieren.

Bhf→1,8 km

astrein

✉ 50670 · Krefelder Straße 37 · ☎ (02 21) 95 62 39 90
Klassische u. Internationale Küche · Küche: 18– Uhr · **Ruhetag:** So./Mo. · **Tische:** 10/40 Plätze
koeln@astrein-restaurant.com · www.astrein-restaurant.de

Speisekarte: 5 Hauptgerichte von 39,00 bis 70,00 €; 1 (Viergang) Mittagsmenüs zu 29,00 €; 2 Menüs von 99,00 bis 129,00 €
Corona kann den rasanten Aufstieg von Eric Werners Restaurant "astrein" vielleicht aufhalten, aber keinesfalls stoppen. Es ist eine Freude zu sehen und zu schmecken, mit wie viel Können und Ideenreichtum er die handverlesenen Zutaten zu innovativen, aromenintensiven Speisen zusammenstellt.

La Cuisine Rademacher

51069 · OT Dellbrück · Dellbrücker Hauptstraße 176 ☎ (02 21) 96 89 88 98
Klassische und Neue Küche **Geöffnet:** Mi.-So.: 18-22 Uhr **Ruhetag:** Mo./Di.
info@la-cuisine-koeln.de www.la-cuisine-koeln.de

Speisekarte: 2 Menüs von 90,00 bis 115,00 €

Unprätentiös und charmant ist das Restaurant eingerichtet. Schwellenangst ist hier ein Fremdwort. Dafür sorgen der unaufdringliche, aber präsente Service und Patron und Chefkoch Marlon Rademacher, wenn er selber mit seinen Gästen spricht. Er hat sein Handwerk von der Pike auf gelernt und an illustren Adressen im In- und Ausland verfeinert. Das half ihm, einen ganz eigenen Stil zu entwickeln, der in keine vorgefertigte Schublade passt, vielmehr vom Marktangebot und Fantasie geprägt wird. Seine Küche basiert auf erstklassigen, bevorzugt regionalen Zutaten, Respekt vor den Lebensmitteln und artgerechte Tierhaltung gehören zu Marlon Rademachers Weltanschauung. Mit leichter Hand kombiniert er die Ingredienzien, interpretiert Klassisches neu und aufregend anders, lässt französische Elemente ebenso in die Kompositionen einfließen wie deutsche oder regionale. Am Ende kommt der Gast in den Genuss einer ideenreichen Küche, die ihn glücklich und zufrieden macht und zu einer bleibenden Erinnerung wird.

La Société

Bhf→500 m

50674 · Kyffhäuserstraße 53 ☎ (02 21) 23 24 64 Fax: 21 04 51
Moderne und Klassische Küche Küche: 18:30–22 Uhr **Ruhetag:** Di.+Mi. **Ferien:** 2 Wo. Sommer **Tische:** 9/32 Plätze
info@restaurant-lasociete.de www.restaurant-lasociete.de

Speisekarte: 4 Hauptgerichte von 36,00 bis 42,00 €; 3 Menüs von 55,00 bis 109,00 € 400 Weinpos.

Frisch renoviert, hat das Restaurant im quirligen "Kwartier Latäng" auch gleich einen neuen Chefkoch bekommen. Leon Hofmockel – bisher Souschef im Aqua – setzt hier seine aromenstarke, klassische Küche raffiniert und innovativ in Szene.

Le Moissonnier

Bhf→900 m

50670 · Krefelder Str. 25 ☎ (02 21) 72 94 79 Fax: 7 32 54 61
Französische Küche Küche: 12–13:00/18:30–20:30 Uhr **Ruhetag:** So./Mo.
Tische: 20/40 Plätze
www.lemoissonnier.de

Speisekarte: 7 Hauptgerichte von 48,00 bis 62,00 €; 2 Menüs von 115,00 bis 169,00 € 100 Weinpos.

Eric Menchons "Le Moissonnier" ist eine kulinarische Instanz in Köln, an der man sich messen lassen muss. Der Patron und Chefkoch "macht sein Ding", kocht, zu was ihn das aktuelle Marktangebot inspiriert und setzt ganz auf sein virtuoses Können und seine grenzenlose Fantasie.

Bhf→6,5 km

Luis Dias

✉ 50996 · Wilhelmstraße 35a · ☎ (02 21) 9 35 23 23
Moderne Aromaküche
info@luis-dias.com · www.luis-dias.com

Speisekarte: 9 Hauptgerichte von 18,00 bis 34,00 €; Menü 1 ab 59,00 €

Chefkoch Luis Dias steht für eine unverfälschte Küche der klaren Aromen. Er lässt sich kulinarisch in kein Schema pressen, präsentiert Saisonales, neu interpretierte Klassiker und raffinierte regionale Speisen.

Bhf→4 km

Maître - im Landhaus Kuckuck

✉ 50933 · OT Müngersdorf · Olympiaweg 2 · ☎ (02 21) 4 85 36-0 · Fax: 4 85 36 36
Klass. Küche m. mediterr. Einfluss · Küche: 18–21 Uhr · **Ruhetag:** Mo./Di. · **Ferien:** 2 W. Ostern/4 W. Som. · **Tische:** 4/20 Plätze
info@landhaus-kuckuck.de · www.landhaus-kuckuck.de

Speisekarte: 2 Hauptgerichte zu 39,00 €; 2 Menüs von 109,00 bis 129,00 €
240 Weinpos.

Im Westen Kölns, nahe der Deutschen Sporthochschule und inmitten der idyllischen Natur des Stadtwalds hat das Gourmetrestaurant "Maître" seinen Platz im gediegen-eleganten Landhaus Kuckuck. Edel eingedeckte Tische, dezenter Blumenschmuck, sanft fallende Stoffe und schwarze Fauteuils in zeitloser Moderne fügen sich im Gourmetrestaurant zu einem stimmigen Gesamtbild von stilistischer Klasse und Niveau. Gastgeber Erhard Schäfer präsentiert Speisen, die in der französischen Haute Cuisine verwurzelt sind. Klassisches bewahrt er mit handwerklicher Präzision, setzt aber stets eigene, innovative Akzente. Die erstklassigen und erntefrischen Zutaten werden zu sehr durchdachten Speisen mit mediterranen Elementen und einem interessanten Wechselspiel verschiedenster, fein austarierter Aromen und Texturen. Ivan Dilber leitet den Service mit Aufmerksamkeit und der genau nötigen Zurückhaltung. Besonders Hochzeiten (es gibt u. a. ein elegantes Trauzimmer) werden in diesem Ambiente – nicht zuletzt dank der Küche und des Service – zu einem unvergesslichen Ereignis. Gehobene Landküche wird im "Restaurant Landhaus Kuckuck" serviert. Ein traumschöner Ort ist hier die malerische Terrasse, die unter Sonnensegeln und mächtigen Bäumen zu einer Oase der Ruhe wird.

Bhf→500 m

maiBeck

✉ 50667 · Am Frankenturm 5 · ☎ (02 21) 96 26 73 00
Regionale u. Klassische Küche, eigene Kreationen · **Geöffnet:** Di.-Sa.:12-13:30 + 18-22:30, So. 12-21 Uhr · **Ruhetag:** Mo. · **Tische:** 25/60 Plätze
fuerdich@maibeck.de · www.maibeck.de

Speisekarte: 9 Hauptgerichte von 23,00 bis 32,00 €; 1 Menü ab 55,00 €
210 Weinpos.

Die Küche im "maiBeck" – Namensgeber des Restaurants sind Jan C. Maier und Tobias Becker – ist fulminant. In kosmopolitischer Atmosphäre präsentieren sie ihre raffiniert neu interpretierten klassischen Speisen in einem spannenden Wechselspiel verschiedenster Aromen.

maximilian lorenz

Bhf→100 m

✉ 50668 · Johannisstraße 64 · ☎ (02 21) 37 99 91 92
Moderne Deutsche Küche · Küche: 18–22 Uhr · **Ruhetag:** So./Mo. · **Tische:** 16/40 Plätze
www.maximilianlorenz.de

Speisekarte: 3 Hauptgerichte von 40,00 bis 60,00 €; 2 Menüs von 115,00 bis 170,00 €

Maximilian Lorenz setzt im schlicht, modern und geradlinig eingerichteten Restaurant seine Idee einer Neuen Deutschen Küche mit handwerklicher Präzision, Leidenschaft und Kreativität um. Die aromenprononcierten Speisen sind bei aller Raffinesse immer verständlich.

NeoBiota

Bhf→2,5 km

✉ 50672 · Ehrenstraße 43c · ☎ (02 21) 27 08 89 08 · Fax: 27 24 08 31
Neue Küche, eigene Kreationen · Küche: 10–14:30/18:00–22 Uhr · **Ruhetag:** So./Mo. · **Tische:** 12/35 Plätze
info@restaurant-neobiota.de · www.restaurant-neobiota.de

Speisekarte: 2 Menüs von 110,00 bis 220,00 €

Im "NeoBiota" erinnert nichts an steife Esskultur, vielmehr beginnt der Tag mit einem lustvollen Frühstück und endet mit einem großartigen Menü. Sonja Baumann und Erik Scheffler kochen frech und gekonnt. Ihre weltoffenen, gerne saisonalen Speisen können zu rasanten Höhenflügen ansetzen, ohne die Bodenhaftung zu verlieren.

Ox & Klee

Bhf→3 km

✉ 50678 · Kranhaus 1 (Mittleres Kranhaus) Im Zollhafen 18 · ☎ (02 21) 16 95 66 03 · Innovative Küche, eigene Kreationen · Küche: 19–00 Uhr · **Ruhetag:** So./Mo. · **Tische:** 10/46 Plätze
reservierung@oxundklee.de · www.oxundklee.de

Speisekarte: 2 Menüs von 115,00 bis 175,00 €

Die Qualität im "Ox & Klee" beginnt mit dem Einkauf – Fleisch aus artgerechter Haltung, Fisch und Meeresfrüchte aus kontrolliertem Fang – und geht mit der fulminanten Küchenleistung von Daniel Gottschlich weiter. Er kocht, was gefällt, und bereichert jeden Gang mit faszinierend kreativen Ideen.

Pottkind

✉ 50678 · OT Südstadt · Darmstädter Straße 9 · ☎ (02 21) 42 31 80 30
Moderne Küche · **Geöffnet:** Di.-Sa. ab 18 Uhr · **Ruhetag:** So./Mo.
info@restaurant-pottkind.de · www.restaurant-pottkind.de

Speisekarte: 1 Überraschungsmenü von 75,00 bis 90,00 €

So lässig wie es im Restaurant zugeht, so undogmatisch ist die raffinierte Küche von Enrico Sablotny. Der Gast kann (u. a.) an der beliebten Chefstheke ein Menü genießen, dass das Marktangebot und die frechen Ideen des Chefkochs spiegelt – interessante Kommunikation inklusive.

Bhf→5 km

Rays

✉ 50939 · OT Sülz · Gottesweg 135 · ☎ (02 21) 44 69 75
Moderne Gourmetküche · **Geöffnet:** 18–1 Uhr · Küche: 18–21 Uhr · **Ruhetag:** So./Mo.
VISA · EC
reservierung@raysrestaurant.de · www.raysrestaurant.de · f

Speisekarte: 2 Menüs von 66,00 bis 89,00 €

Das "rays" passt perfekt in die kosmopolitische Rheinmetropole. Modern in urbanem Schick gestaltet, verbinden sich hier eine gemütliche Atmosphäre und lässiges Großstadtflair. Erik Schmitz und Maksim Kusnezow bilden ein top eingespieltes Doppelgespann am Herd und bringen den Gästen eine moderne und facettenreiche Küche nah, die sich in keine kulinarische Schublade packen lässt, sondern vielmehr mit raffinierten Zubereitungen und Neuinterpretationen von vermeintlich Bekanntem überzeugt. Ein spannendes Spiel mit verschiedensten Aromen mündet in moderne Speisen, die den Gast fordern, aber ihn nicht überfordern. Sie bleiben auch deshalb immer verständlich, weil es darum geht, das Produkt bestmöglich zu präsentieren und nicht um die Selbstverwirklichung der Köche. Die zwei angebotenen Menüs Flora und Fauna – ersteres ist rein vegetarisch – sind von den wechselnden Jahreszeiten inspiriert und werden wahlweise von erlesenen Weinen oder auch alkoholfreien Getränken begleitet. Hier kommt gerne auch Barmeister Michael Elter ins Spiel, der gekonnt mixt, schüttelt und rührt. Manager Dylan Stuka und Servicechef Robbie Jung begleiten die Gäste zugewandt und aufmerksam durch einen Abend mit hohem Erinnerungswert.

Die Küchenleistung dieses Restaurants ist hervorhebenswert in seiner Kategorie.

Bhf→1 km

Zur Tant

✉ 51143 · OT Porz-Langel · Rheinbergstraße 49 · ☎ (0 22 03) 8 18 83
Klass., Reg. u. Bürgerl. Kü., eig. Kreat. · Küche: 12–14/18–21 Uhr · **Ruhetag:** Mi./Do. · **Tische:** 15/60 Plätze
VISA · EC
info@zurtant.de · www.zurtant.de · f

Speisekarte: 5 Hauptgerichte von 33,00 bis 38,00 €; 1 Menü von 75,00 bis 95,00 €
150 Weinpos.

Seit über 40 Jahren ist das Restaurant "Zur Tant" mit schönem Rheinblick bei Feinschmeckern eine bekannte Adresse. Chefkoch Thomas Lösche lässt Fantasie und Können spielen, wenn er die ausgesuchten Zutaten zu klassischen und regionalen Speisen verarbeitet.

Königsbronn

Widmann's Löwen OT Zang

Bhf→8 km

✉ 89551 · Struthstraße 17 · ☎ (0 73 28) 96 27-0 · Fax: 96 27 10 · Restaurants, behaglicher Biergarten, geführte Wanderungen, Elektrorad Akkuladestation
VISA EC
info@loewen-zang.de · www.loewen-zang.de

Family

20 **DZ** von 116,00 bis 158,00 €;
2 **EZ** von 59,00 bis 109,00 €;
2 **Chalets** von 314,00 bis 369,00 €;
3 **Albstyle Wagen** ab 96,00 €

Am Ostrand der Schwäbischen Alb, der Ostalb, gelegen, ist das "Widmann's Löwen" ein familiär geführtes, gastronomisches Refugium. Die liebevoll eingerichteten Zimmer gibt es in verschiedenen Kategorien: vom klassischen Hotelzimmer (Komfort und Exquisit), über die behaglichen Landhauszimmer bis hin zu den besonders großzügig geschnittenen ALB.style-Wohnräumen, in denen die Naturmaterialien edel in Szene gesetzt werden (das frische, reichhaltige Frühstück ist im Preis inklusive). Allen Räumen gemein ist die zeitgemäße Ausstattung. Umgeben von üppiger Natur gibt es noch zwei historische Chalets, in denen traditionelle Handwerkskunst auf moderne Ausstattungselemente trifft. Für Konferenzen stehen zwei Räume mit der nötigen Tagungstechnik bereit. Die Lage des Hotels ist die perfekte Ausgangsbasis, um die landschaftlich reizvolle Umgebung zu erkunden. Nordic Walking Strecken, Wander- und Jogging-wege, im Winter gespurte Langlaufloipen, gut beschilderte Radtouren sowie geführte Wanderungen mit Alb-Guide stehen ebenso zur Auswahl wie vielseitige Ausflufsziele (u. a. Felsenmeer Wental, historische Altstädte Nördlingen, Rothenburg und Dinkelsbühl, Kloster Neresheim). Abgerundet wird das Angebot von einer vielseitigen Gastronomie.

ursprung – das restaurant

Bhf→8 km

✉ 89551 · OT Zang · Struthstraße 17 · ☎ (0 73 28) 96 27-0 · Fax: 96 27 10
Kreative Gourmetküche · Küche: 18–21 Uhr · **Ruhetag:** Mo./Di./Mi. VISA EC
info@widmanns-albleben.de · www.widmanns-albleben.de

Speisekarte: 1 x 5-/6-Gang-Menü von 108,00 bis 135,00 €
An Stelle der einstigen Keimzelle des Hauses – der bäuerlichen Metzgerei – ist mit dem Gourmetrestaurant "ursprung" heute das kulinarische Prunkstück zu finden. Raffiniert geformte, samtig bezogene Fauteuils in gedeckten Farben und in zeitloser Eleganz treffen auf einen rustikalen Eichenschrank mit Schnitzwerk und Elemente eines klassischen Kachelofens. Im Interieur treffen sich ebenso wie in der Küche von Patron und Chefkoch Andreas Widmann Tradition und Moderne. Er setzt sein Konzept "fine & wein auf schwäbisch" mit großer Leidenschaft, Wucht und Ideenreichtum in die Tat um und präsentiert Speisen, die bevorzugt auf dem reichhaltigen Warenangebot der Region basieren. Mit leichter Hand kombiniert er die verschiedensten Zutaten, spielt mit schwäbischen Rezepturen, erweitert sie mit Fantasie und handwerklichem Können und kreiert eine fulminante, unverfälschte deutsche Küche, die seine ganz eigene Hand-

schrift trägt. Kräuter und Gemüse werden selbst angebaut und liefern den finalen Aromakick. Jeder Teller ist ein individuelles kleines Kunstwerk, das auch optisch überzeugt. Ehefrau Anna-Maria Widmann ergänzt ihren Mann als charmante Gastgeberin, die umsichtig den zugewandten Service leitet. Gerne berät sie als versierte Sommelière zu den passenden Weinen, die man im begehbaren Weinkeller auch in entspannter Runde verkosten kann.

Königsfeld im Schwarzwald

Bhf→7 km

♜ Restaurant Café Rapp

✉ 78126 · OT Buchenberg · Dörfle 22 · ☎ (0 77 25) 91 51-0
Deutsche und zeitgemäße Regionale Küche · Küche: 12–13:30/18–20:30 Uhr
VISA EC
info@cafe-rapp.de · www.cafe-rapp.de

Speisekarte: 8 Hauptgerichte von 19,00 bis 37,00 €; 4-6 (Mi.-Fr.) Tagesgerichte von 11,00 bis 16,00 €; 1 Mittagsmenü zu 50,00 €; 1 Menü von 49,00 bis 65,00 €

93 Weinpos.

Das traditionsreiche Café Restaurant Rapp ist in einem hübschen Fachwerkhaus beheimatet und gefällt auch damit, dass der Charme des Hauses bewahrt wurde. Holzkassettendecke, ein schöner Orientteppich und eine Mischung aus klassischen und modernen Stilelementen ergeben in Summe ein harmonisches und einladendes Ambiente. Chefkoch Alexander Rapp legt größten Wert auf erstklassige Zutaten, Geschmacksverstärker sind in seiner Küche tabu. Er hat sich ein Netzwerk verlässlicher Händler und Erzeuger aufgebaut, zu denen er engen Kontakt hält. Beim Einkauf orientiert er sich immer auch am jahreszeitlichen Angebot und lässt saisonale Speisen in sein Angebot gehobener regionaler Spezialitäten einfließen. Klassiker wie Rinderroulade und Tafelspitz ergänzt er mit erstklassigen Fischzubereitungen. Man schmeckt, mit wie viel handwerklicher Präzision und Freude er kocht. Den Service leitet Alexander Pfaff sehr umsichtig. Zum Haus gehören noch sechs charmant eingerichtete Zimmer(98,-/118,- € inkl. Frühstück).

Königswinter

Maritim Königswinter

Bhf→1 km

✉ 53639 · Rheinallee 3 · ☎ (0 22 23) 70 70 · Fax: 70 78 11
„Rheinterrassen" mit Intern. Küche, Piano Bar, Terrasse
16 km
info.kwi@maritim.de · www.maritim.de

180 **DZ** von 107,00 bis 172,00 €;
als **EZ** von 107,00 bis 172,00 €;
38 **EZ** von 97,00 bis 162,00 €;
32 **Suiten** von 137,00 bis 212,00 €
Direkt an der schönen Rheinpromenade gelegen, bietet dieses Hotel einen herrliche Ausblick auf den Schiffsverkehr und die grüne Bergwelt. Die großzügig geschnittenen Zimmer sind ein komfortables Zuhause auf Zeit.

Steigenberger Grandhotel Petersberg

Bhf→5 km

✉ 53639 · Petersberg · ☎ (0 22 23) 7 40 · Fax: 7 44 43
Weinrestaurant, Grillrestaurant, Bistro-Cafe, Biergarten, Bar
25 km
www.grandhotel-petersberg.steigenberger.de

103 **DZ** von 179,00 bis 400,00 €;
als **EZ** von 159,00 bis 400,00 €;
9 **Suiten** von 599,00 bis 3000,00 €
Getreu der Philosophie „Hotelkultur aus Leidenschaft" kommt man in diesem frisch renovierten Luxushotel in den Genuss eines zeitlos eleganten Ambientes. Die stilvoll eingerichteten Zimmer, die kulinarische Vielfalt sowie der imposante Wellnessbereich garantieren ganzheitliche Erholung.

Konstanz

Riva

Bhf→2,5 km

✉ 78464 · Seestraße 25 · ☎ (0 75 31) 36 30 90 · Fax: 3 63 09 99
Dachterrasse, Pooldeck, Hotelbar und Lounge "Riva" mit offenem Kamin
10 km
welcome@hotel-riva.de · www.hotel-riva.de

40 **DZ** ab 200,00 €;
5 **EZ** ab 110,00 €;
5 **Suiten** ab 320,00 €
Direkt am Ufer des Bodensees ist das Boutiquehotel RIVA ein Domizil für den gehobenen Geschmack. Hinreißend der Swimmingpool auf der Dachterrasse mit imposantem Bodenseepanorama.

Riva – Ophelia

Bhf→2,5 km

✉ 78464 · Seestr. 25 · ☎ (0 75 31) 36 30 90 · Fax: 3 63 09 99
Klass. u. Neue Küche, eig. Kreat. · **Geöffnet:** Do.-Mo. ab 19 Uhr, So. ab 12 Uhr · **Ruhetag:** Di./Mi. · **Tische:** 12/30 Plätze
welcome@hotel-riva.de · www.hotel-riva.de

Speisekarte: 3 Menüs von 165,00 bis 205,00 €
354 Weinpos.
Das Restaurant mit traumschönem Seeblick ist ein gestalterisches Gesamtkunstwerk. Dem steht die Küche von Chefkoch Dirk Hoberg in nichts nach. Obwohl er klassisch kocht, lassen sich seine Speisen in kein festes Raster pressen, weil er seine eigene, individuelle und innovative Linie nie aus den Augen verliert.

San Martino

Bhf→1 km

✉ 78462 · Bruderturmgasse 3, · ☎ (0 75 31) 2 84 56 78
Moderne Kreativküche · **Geöffnet:** Mi.-Sa. 18-22 Uhr · **Ruhetag:** So./Mo./Di. · **Tische:** 4/16 Plätze
kontakt@san-martino.net · www.san-martino.net

Speisekarte: 1 Menü von 146,00 bis 186,00 €
Das Restaurant ist in seiner Gestaltung

und in Kombination mit der raffinierten Küche von Chefkoch Jochen Fecht ein Gesamtkunstwerk. Er kombiniert mit großem Fachwissen und kreativer Leichtigkeit erstklassige Ingredienzen zu exklusiven Menüfolgen.

Steigenberger Inselhotel

Bhf→500 m

✉ 78462 · Auf der Insel 1 · ☎ (0 75 31) 12 50 · Fax: 2 64 02
„Seerestaurant“ mit Internat. Küche, „Dominikanerstube“ mit Region. Küche
9 km
konstanz@steigenberger.de · www.konstanz.steigenberger.de

72 **DZ** ab 232,00 €;
als **EZ** ab 232,00 €;
2 **Suiten** ab 335,00 €
Die Zimmer (Preise inkl. Frühstück) des einstigen Dominikanerklosters sind erlesen eingerichtet; funktional ausgestattete Tagungsräume erlauben effektives Arbeiten.

Kraiburg (am Inn)

Hardthaus

Bhf→4,5 km

✉ 84559 · Marktplatz 31 · ☎ (0 86 38) 7 30 67 · Fax: 7 30 68
Neue u. Int. Küche, eig. Kreat. · Küche: 12–15 (nur So.)/18–21:30 Uhr · **Ruhetag:** Mo./Di./Mi. · **Tische:** 12/42 Plätze
mail@hardthaus.de · www.hardthaus.de

Speisekarte: 5 Hauptgerichte von 21,00 bis 34,00 €; 3 als Menü Tagesgerichte von 32,00 bis 98,00 €; 3 Menüs von 39,00 bis 85,00 €
120 Weinpos.
Patron und Chefkoch Marc Vermetten kocht im ungemein charmant eingerichteten Restaurant, das einst ein Kolonialwarenladen war, mit handwerklichem Geschick, Präzision und guten Ideen.

Krakow am See

Ich weiß ein Haus am See

Bhf→20 km

✉ 18292 · OT Seegrube · Paradiesweg 3 · ☎ (03 84 57) 2 32 73 · Fax: 2 32 74
Rest. mit Reg. und Klass. Frischeküche, Terrasse, Frühstück 20,- € p./Ps.
3 km
einhausamsee@t-online.de · www.hausamsee.de

10 **DZ** von 90,00 bis 130,00 €;
als **EZ** von 70,00 bis 110,00 €;
1 **Sommerhaus ab 3 Tage** ab 160,00 €
Wir wissen ein Haus am See ... das befindet sich in herrlicher Seelage, umgeben von üppig-grüner Natur und verfügt über Bootsanleger, Strand und eine schöne Liegewiese.

Sehr gutes, komfortables Hotel

Ich weiß ein Haus am See

Bhf→20 km

✉ 18292 · OT Seegrube · Paradiesweg 3 · ☎ (03 84 57) 2 32 73 · Fax: 2 32 74
Klass. u. Reg. Küche, eig. Kreat. · **Geöffnet:** ab 18:30 Uhr · **Ruhetag:** So./Mo. · **Tische:** 12/40 Plätze
einhausamsee@t-online.de · www.hausamsee.de

Speisekarte: 4 Hauptgerichte von 28,00 bis 36,00 €; 1 Menü zu 110,00 €
350 Weinpos.
Nicht nur Urlauber gehören zu den Gästen im liebevoll eingerichteten Restaurant. Chefkoch Raik Zeigner kocht mit kulinarischem Schwung und hat ein Faible für regionale Speisen, die er mit fantasievollen Ideen immer wieder neu interpretiert.

Krefeld

Mercure Parkhotel Krefelder Hof

Bhf→1,5 km

47800 · Uerdinger Straße 245 · (0 21 51) 58 40 · Fax: 5 84 35
Restaurant mit Mediterraner Küche, Derby Bar
2 km
www.mercure.com

44 **DZ** von 97,00 bis 318,00 €;
99 **EZ** von 80,00 bis 304,00 €;
10 **Suiten** auf Anfrage
Das Hotel bietet großen Komfort und behagliche Atmosphäre. Das Restaurant ist einer original französischen Brasserie bis ins Detail nachempfunden. Derby-Bar in englischem Ambiente.

PUR Essen und Trinken

47799 · OT Cacau · Roonstr. 1 · (0 21 51) 6 22 34 15
Neue Küche, eigene Kreationen · Küche: 12 (So.-Do. ab 16)– Uhr · **Ruhetag:** Mo. · **Tische:** 7+14/39 Plätze
info@pur-krefeld.de · www.pur-krefeld.de

Speisekarte: 4 Hauptgerichte von 17,50 bis 26,50 €; Menü von 36,00 bis 59,00 €
Der puristische Küchenstil von Küchenchef Torsten Bernt ist authentisch und unverfälscht. Mit viel Feingefühl und Kreativität kombiniert er erlesene Zutaten aus der Region zu aromenstarken Gerichten, die jedes Feinschmeckerherz höher schlagen lassen.

Kronberg (im Taunus)

Schlosshotel Kronberg

Bhf→1,5 km

61476 · Hainstraße 25 · (0 61 73) 7 01 01 · Fax: 70 12 67
Schlossrestaurant m. gehobener Küche, Viktoria-Lounge, English Afternoon Tea
10 m
info@schlosshotel-kronberg.de · www.schlosshotel-kronberg.de

30 **DZ** von 325,00 bis 455,00 €;
24 **EZ** von 235,00 bis 285,00 €;
9 **Suiten** von 645,00 bis 1545,00 €
Um 1889 von Kaiserin Victoria erbaut, blieb die einmalige Atmosphäre dieses Schlosses inmitten eines malerischen Parks bis heute erhalten. Die großen Zimmer sind erlesen eingerichtet, auch das luxuriös gestaltete Restaurant ist einen Besuch wert.

Krumbach (Schwaben)

Hotel Diem

Bhf→500 m

86381 · Kirchenstraße 3-5 · (08282) 8 88 20 · Fax: 88 82 50
Rest. mit Regionaler Küche, Biergarten, eigene Metzgerei
15 km
info@gasthof-diem.de · www.gasthof-diem.de

15 **DZ** von 90,00 bis 105,00 €;
als **EZ** von 69,00 bis 85,00 €;
10 **EZ** von 60,00 bis 79,00 €;
4 **App.** zu 135,00 €;
2 **Suiten** von 90,00 bis 120,00 €
Im Schwäbischen Barockwinkel findet man dieses sehr persönlich in achter Generation familiengeführte Hotel im Zentrum Krumbachs. Freundlich eingerichtete Zimmer (Preise inkl. Frühstück) und eine abwechslungsreiche Frischeküche gehören zum Angebot.

Krün

Das Alpenglühn

✉ 82494 · Kranzbachstraße 10 · ☎ (0 88 25) 23 74
Klassische, Moderne u. Regionale Küche · **Geöffnet:** Di.-Fr.: 17-21 Uhr, Sa./So. zusätzl. 12-14 · **Ruhetag:** Mo. · **Ferien:** variabel · **Tische:** 9/28 Plätze
katja@das-alpengluehn.de · www.das-alpengluehn.de

Speisekarte: 9 Hauptgerichte von 18,90 bis 34,90 €; 1 Menü (6-Gang) zu 85,00 €
50 Weinpos.

Die beeindruckende Bergwelt des Werdenfelser Landes ist eine perfekte Kulisse für das Restaurant "Das Alpenglühn". Hier kann man ganz hervorragend speisen, was vor allem am großen familiären Engagement von Familie Kriner liegt. Hinter der landestypisch mit umlaufendem Holzbalkon und Fensterläden gestalteten Fassade verbirgt sich ein Restaurant, das in seiner Geradlinigkeit im ersten Moment verblüfft. Im zweiten fühlt man sich sofort wohl, denn die Atmosphäre ist gediegen und weltoffen zugleich, der Service unter Leitung von Katja Kriner freundlich und natürlich. Ehemann Dimitrij Kriner steht am Herd und nutzt gerne das vielseitige, heimische Warenangebot. Er arbeitet konzentriert, kocht aromenstark und lässt sich gerne zusätzlich von den wechselnden Jahreszeiten inspirieren. Für Vegetarier gibt es ebenfalls sorgfältig zusammengestellte Speisen mit Kreativfaktor. Das Hotel (21 EZ/DZ ab 35,- €/76,- inkl. Frühstück) ist der ideale Ausgangspunkt, um die reizvolle Landschaft zu erkunden.

Kuchelmiß

Bhf→8 km

Martinus OT Serrahn

✉ 18929 · Dobbiner Weg 24 · ☎ (03 84 56) 6 69 22 55 · Fax: 6 69 22 00 · Neue Küche, eigene Kreationen, Cross Over · Küche: 15–21/12–21 (Sa.) Uhr · **Ruhetag:** So./Mo. · **Tische:** 18/60 Plätze
managementserrahn@vandervalk .de · www.serrahn.vandervalk.de/restaurant ·

Speisekarte: 8 Hauptgerichte von 13,00 bis 25,00 €; 1 Menü von 30,00 bis 50,00 €
Das Restaurant „Martinus" bietet eine deutsche Crossover-Küche mit internationalen Akzenten. Neu interpretierte klassische Gerichte finden hier genauso Platz, wie kreative Eigenkompositionen. Das kulinarische Angebot richtet sich dabei nach saisonalen Produkten von regionalen Lieferanten und Erzeugern.

Die Küchenleistung dieses Restaurants ist hervorhebenswert in seiner Kategorie.

Kuhlen-Wendorf

Schlosshotel Wendorf

Bhf→20 km

19412 · Hauptstraße 9 · (03 84 86) 33 66-0 · Fax: 33 66-10 · Restaurant, Orangerie, Frühstücksraum (Frühst. im Zimmerpreis inkl.), Rauchersalon, Bar
8 km
info@schlosshotel-wendorf.de · www.schlosshotel-wendorf.de

6 **DZ** zu 180,00 €;
Suiten von 250,00 bis 610,00 €
Aus der einstigen Ritterburg wurde ein Luxushotel wie aus dem Märchenbuch mit traumhaftem Park. Hier kann man Hotelleriekultur auf höchstem Niveau erleben und im Restaurant "Cheval Blanc" feiern oder genussvoll speisen.

Kühlungsborn

Aquamarin

Bhf→500 m

18225 · Hermannstraße 33 · (03 82 93) 40 20 · Fax: 4 02 77
Terrasse, Irish Pub, Bar, Wellness-Arrangements, Zi.-Preise inkl. Frühstück
5 km
reservierung@hotel-aquamarin.de · www.hotel-aquamarin.de

99 **DZ** von 100,00 bis 185,00 €;
als **EZ** von 70,00 bis 155,00 €
Die Lage direkt am Meer, der hohe Wohnkomfort, tadelloser Service und die freundliche Atmosphäre machen das „Aquamarin" zu einem herrlichen Urlaubshotel mit komfortablen Zimmer (Preise inkl. Frühstück).

Neptun Hotel

Bhf→300 m

18225 · Strandstr. 37 · (03 82 93) 6 30 · Fax: 6 32 99
Bistro
4 km
info@neptun-hotel.de · www.neptun-hotel.de

31 **DZ** von 95,00 bis 170,00 €;
als **EZ** von 85,00 bis 160,00 €;
4 **EZ** von 80,00 bis 110,00 €;
4 **Juniorsuiten** von 145,00 bis 200,00 €;
1 **Suite** von 175,00 bis 230,00 €
In diesem modern eingerichteten Hotel hinter historischer Fassade verbindet sich zeitgemäßer Komfort mit traditioneller Gastlichkeit. Auch der gute Service überzeugt.

Ringhotel Strandblick

Bhf→800 m

18225 · Ostseeallee 6 · (03 82 93) 6 33 · Fax: 6 35 00 · Zi.-Preise inkl. Frühstück, Hotelbar, Gartenterrasse, Leihfahrräder, Vermittlung von Ausflugsfahrten
4 km
kuehlungsborn@ringhotels.de · www.ringhotel-strandblick.de

Family

46 **DZ** von 140,00 bis 195,00 €;
als **EZ** von 125,00 bis 180,00 €;
1 **EZ** von 125,00 bis 140,00 €;
5 **Suiten** von 170,00 bis 235,00 €
Komplett renoviert, ist dieses denkmalgeschützte Haus mit der schönen Jugendstilfassade heute ein Hotel mit dem empfehlenswerten Restaurant "Strandauster". Der Gast logiert in Zimmern (tw. mit Balkon, die Preise verstehen sich inklusive Frühstücksbuffet) mit maßangefertigten Schränken und viel Komfort. Für Tagungen gibt es einen technisch gut ausgestatteten Raum; kostenfreies Internet gibt es im gesamten Haus. In der Freizeit warten Wanderwege in un-

mittelbarer Nähe vom Hotel sowie die sonnige Gartenterrasse. Mit Leihfahrrädern und Pedelecs lässt sich die reizvolle Umgebung erkunden oder man schnürt sein "persönliches Freizeit-Paket". Nachhaltige Erholung findet man im wunderschön gestalteten, zweigeschossigen Wellness- und SPA-Bereich mit einer Vielzahl von Anwendungen (s. a. Wellness-Special).

Bhf→800 m

Ringhotel Strandblick - Strandauster

18225 · Ostseeallee 6 · ☎ (03 82 93) 6 33 · Fax: 6 35 00
Regionale Frischeküche · **Geöffnet:** 8–12/14–23:30 Uhr · Küche: 18–22 Uhr · **Tische:** 30/90 Plätze
kuehlungsborn@ringhotels.de · www.ringhotel-strandblick.de

Speisekarte: 14 Hauptgerichte von 18,00 bis 29,00 €; 2 Menüs von 29,00 bis 46,00 €

46 Weinpos.

Das Restaurant "Strandauster" ist mit leichter Hand eingerichtet, die bodentiefen Fenster geben dem Raum ein luftiges-transparentes Atmosphäre und werden nur durch die Glastür zur Terrasse unterbrochen. Der Blick geht ins Grüne hinaus und sorgt dafür, dass sich eine entspannte Urlaubs-Leichtigkeit einstellt. Damit die besonders genussvoll ausfällt, zeigt Chefkoch Enrico Scherz in seiner Küche, was er so kann und kocht nach dem Motto: "Frisch, regional und saisonal". Seine regionalen Speisen beginnen mit einem konzentrierten Einkauf erstklassiger, frischer Zutaten. Mit Feingefühl, peppigen Ideen und handwerklichem Können kombiniert er sie geschickt und lässt sie in aromenstarke, ehrliche Zubereitungen münden. Fischgerichte, jahreszeitlich geprägte Spezialitäten, Vegetarisches und Köstlichkeiten aus dem Räucherofen bereichern das gute Angebot zusätzlich. Ein besonders schöner Ort, um die feine Küche oder einfach nur einen Kaffee zu genießen, ist an warmen Tagen die schöne Gartenterrasse mit herrlichem Blick ins Grüne.

Bhf→1 km

Tillmann Hahns Gasthaus

18225 · Ostseeallee 2 · ☎ (03 82 93) 41 02 14 · Fax: 41 02 15
Regionale u. Klassische Küche · **Geöffnet:** ab 18 Uhr · **Ruhetag:** Mo./Di. · **Tische:** 18/60 Plätze
gastronomie@villa-astoria.de · www.villa-astoria.de

Speisekarte: 10 Hauptgerichte von 10,50 bis 29,00 €; 3 Tagesgerichte von 6,00 bis 22,00 €; 1 Menü von 25,00 bis 35,00 €

In klarem, skandinavischem Landhausstil ist das Restaurant gestaltet, ehrlich, fair kalkuliert und bodenständig ist die präzise Frischeküche von Chefkoch Tillmann Hahn.

Restaurant mit sehr guter Küche

Kulmbach

Bhf→3 km

Flair Hotel Dobrachtal OT Höferänger

95326 · Höferänger 10 · ☎ (0 92 21) 94 20 · Fax: 94 23 55 · Rest. mit Klass. u. Reg. Küche, Terrasse, Biergarten, Frühstücksbuffet ist im Zimmerpreis inkl.
14 km
info@dobrachtal.de · www.hotel-dobrachtal.de

27 **DZ** von 78,00 bis 118,00 €;
als **EZ** ab 48,00 €;
29 **EZ** von 48,00 bis 76,00 €

Nur 20 km von Bayreuth entfernt liegt das moderne Familienhotel mit zahlreichen Wander- und Radwegen vor der Tür. Die Zimmer sind freundlich und komfortabel eingerichtet. Tagungsräume, Pool, Sauna, Biergarten und Restaurant gehören zum Angebot.

Künzelsau

Hotel-Restaurant Anne-Sophie
Bhf→17 km

74653 · Hauptstraße 22-28 · (0 79 40) 9 34 60 · Fax: 93 46 77
2 Restaurants, 2 Hotelbars, Ladengeschäft, Frühstücksbuffet (Preis inkl.)
17 km
info@hotel-anne-sophie.de · www.hotel-anne-sophie.de

47 **DZ** von 130,00 bis 170,00 €;
2 **EZ** von 89,00 bis 140,00 €
Im inklusiv geführten Hotel "Anne-Sophie" mit individuell eingerichteten Zimmern arbeiten Menschen mit und ohne Handicap miteinander, um dem Gast einen schönen Aufenthalt zu garantieren. Bibliothek, Veranstaltungs- und Tagungsräume, Wohlfühlbereich, Restaurant und Bar gehören zum Angebot.

Kuppenheim

Raubs Landgasthof
Bhf→5 km

76456 · OT Oberndorf · Hauptstraße 41 · (0 72 25) 7 56 23 · Fax: 7 93 78
Int. u. Reg. Küche, eig. Kreationen · Küche: 12–13:30 (nur Do.)/18–20 Uhr ·
Ruhetag: So./Mo./Di. · **Tische:** 9/16 Plätze
info@raubs-landgasthof.de · www.raubs-landgasthof.de

Speisekarte: 6 Hauptgerichte von 28,00 bis 46,00 €; 2 Tagesgerichte von 19,00 bis 29,00 €; 1 Mittagsmenü von 25,00 bis 46,00 €; 3 Menüs von 78,00 bis 142,00 €
883 Weinpos.
Patron und Chefkoch Wolfgang Raub kocht mit großer Konstanz auf kulinarischem Top-Niveau, wenn er Internationales und Regionales mit virtuosen Ideen neu interpretiert. Traumschön ist die romantische Gartenterrasse mit üppiger Blütenpracht.

Lahr (Schwarzwald)

Adler OT Reichenbach
Bhf→8,5 km

77933 · Reichenb. Hauptstr. 18 · (0 78 21) 90 63 90 · Fax: 9 06 39 33
Frühstück im Zi.-Preis inklusive, Restaurant, Garten
2,5 km
adler@adler-lahr.de · www.adler-lahr.de

15 **DZ** von 140,00 bis 185,00 €;
5 **EZ** von 90,00 bis 115,00 €
Warme Hölzer, moderne Farben und eine hochwertige Ausstattung laden den Gast zum Wohlfühlen ein. Golfbegeisterte Gäste erwarten drei 18-Loch-Golfplätze im Umkreis von 20 km.

Adler OT Reichenbach
Bhf→8,5 km

77933 · Reichenb. Hauptstr. 18 · (0 78 21) 90 63 90 · Fax: 9 06 39 33
Reg., eig. Kreationen · **Geöffnet:** Mi.-So. 18:30 bis 21:30; So.+Feiertags 12:00-14:00 · **Ruhetag:** Mo./Di. · **Tische:** 9/30 Plätze
adler@adler-lahr.de · www.adler-lahr.de

Speisekarte: 7 Hauptgerichte zu 48,00 €; 1 Menü von 84,00 bis 179,00 €
440 Weinpos.
Der Küchenstil von Chefkoch Daniel Fehrenbacher lässt sich als weltoffen und mit französischen Wurzeln beschreiben. Im modernen Landhausstil eingerichtet, wird hier in bester Familientradition Gastfreundschaft und Genuss groß geschrieben.

Die Küchenleistung dieses Restaurants ist hervorhebenswert in seiner Kategorie.

Landau in der Pfalz

Bhf→500 m

Parkhotel Landau

✉ 76829 · Mahlastr. 1 · ☎ (0 63 41) 14 50 · Fax: 14 54 44
Rest. mit Intern. und Reg. Küche, Hotelbar, Terrasse, 5 km
VISA EC
info@parkhotel-landau.de · www.parkhotel-landau.de

73 **DZ** ab 109,00 €;
als **EZ** ab 79,00 €;
1 **Junior-Suite** ab 298,00 €

Erholung von den Sorgen und der Hektik des Alltags findet der anspruchsvolle Gast in diesem idyllisch gelegenen Hotel. Neben den überaus komfortablen, elegant eingerichteten Zimmern sorgt auch der exklusive Wellnessbereich für Entspannung.

Landshut

Bhf→2 km

Bellini

✉ 84034 · Papiererstraße 12 · ☎ (08 71) 63 03 03 · Fax: 9 66 28 37
Neue u. Italienische Küche · Küche: 11:30–14:30/18–23 Uhr · **Ruhetag:** Sa.-Mittag · **Tische:** 20/75 Plätze
VISA EC
info@bellini-landshut.de · www.bellini-landshut.de

Speisekarte: 11 Hauptgerichte von 18,50 bis 26,90 €; 2 Mittagsmenüs ab 13,90 €; 2 Menüs von 49,90 bis 59,90 €
270 Weinpos.

Warme Farben, liebevoll eingedeckte Tische, schöne Bilder an den Wänden und eine lässig-entspannte Atmosphäre machen das "Bellini" zu einem Restaurant, wo man den Alltag vor der Tür lässt und sich mittags und abends gleichermaßen wohlfühlt. Dass Petra und Maurizio Ritacco ihr Restaurant mit ganz viel Leidenschaft führen, ist an jeder Ecke spürbar. Der namensgebende Komponist Bellini war für den akustischen Genuss verantwortlich, der Patron kümmert sich um den kulinarischen. Seine sorgfältig zusammengestellten, handwerklich präzise zubereiteten italienischen Speisen basieren auf erstklassigen Zutaten (Trüffel aus Umbrien und Alba gehören zu den Spezialitäten), sind unverfälscht, kreativ und spiegeln auch das saisonale Marktangebot wider. Ehrlichkeit und Genuss stehen ganz obenan. Ein kleines Pizza-Angebot in Top-Qualität sowie frische Pastagerichte ergänzen die Auswahl. An warmen Tagen ist die üppig begrünte Terrasse besonders malerisch.

Restaurant mit gehobener Küche

Sehr gute Serviceleistung

Fürstenhof - Fürstenzimmer

Bhf→1 km

84034 · OT Nikola · Stethaimerstr. 3 · (08 71) 9 25 50 · Fax: 92 55 44
Neue, Reg., Klass. Kü. u. Eig. Kreat. · Küche: 18:30–21:30 Uhr · **Ruhetag:** So./Mo. · **Ferien:** je 2 Wo. Jan./Aug. · **Tische:** 19/60 Plätze
info@fuerstenhof.la · www.fuerstenhof.la

Speisekarte: 4 Hauptgerichte von 38,00 bis 42,00 €; 1 Menü von 62,00 bis 93,00 € 190 Weinpos.
Mit leichter Hand stellt Chef de Cuisine André Greul handverlesene und marktfrische Zutaten zu gesunden und dennoch immer raffinierten Speisen zusammen. Sehr beliebt sind die engagiert geleitete Koch- und Grillschule und der romantische Garten.

Stegfellner

Bhf→3 km

84028 · Altstadt 71 · (08 71) 2 8015
Internationale Küche, eig. Kreationen · **Geöffnet:** Mo.-Sa. 9-15 Uhr, Mi.-Sa. ab 18 Uhr · **Ruhetag:** So. · **Tische:** 20/60 Plätze
info@stegfellner-landshut.de · www.stegfellner-landshut.de

Speisekarte: 10 Hauptgerichte von 13,00 bis 25,00 €; 1 Menü von 35,00 bis 45,00 € 50 Weinpos.
Bereits in 5. Generation dreht sich im "Stegfellner" alles um den Genuss. Aus der 1877 gegründeten Metzgerei wurde ein veritables Feinkosthaus, in dem es weit mehr als nur erstklassiges Fleisch zu kaufen gibt. Ein sehr gutes Catering sowie ein Imbiss, in dem man von 9-15 Uhr täglich wechselnde, frisch zubereitete Speisen erwerben kann – übrigens auch Vegetarisches – gehören ebenfalls dazu. Prunkstück ist inzwischen das engagiert geführte Restaurant. In schwesterlicher Eintracht sorgen Eva-Maria und Veronika Stegfellner hier für ein grundehrliches, kulinarisches Angebot, dass in der Region verwurzelt ist, aber dank peppiger Ideen eine moderne Interpretation erfährt. Das Fleisch – natürlich aus der hauseigenen Metzgerei – ist aus regionalen Betrieben, die für respektvollen Umgang mit den Tieren stehen. Sogar Wagyu-Rinder kommen von einem nahe gelegenen Züchter, das Wild wird von bekannten Jägern geliefert und Fisch gibt es in bayerischen Gewässern ebenfalls

in großer Auswahl. Frühstück, Mittagstisch sowie Kaffee und Kuchen begleiten den Tag. Mittwochs bis samstags kann man dann ab 18 Uhr die raffinierteren Zusammenstellungen genießen – im Sommer auch gerne open air im Herzen der historischen Landshuter Altstadt. Das Angebot wechselt täglich und wird auf handgeschriebenen Karten annonciert. Unterstützung bekommen die Damen am Herd von ihrem Bruder Johannes, der das Restaurant und den Service kompetent und zuvorkommend leitet.

Langenargen

SEO Küchenhandwerk

Bhf→11 km

88085 · Marktplatz 1 · (0 75 43) 9 33 80
Weltoffene Gourmetküche · Küche: 18–22 Uhr · **Ruhetag:** So./Mo./Di. · **Tische:** 5/20 Plätze
info@seevital.de · www.seevital.de

Speisekarte: 1 Menü ab 144,00 €
Chefkoch Roland Pieber kocht ohne Allüren mit großer Begeisterung und einem feinen Gespür für ausbalancierte Zutaten und Aromen. Letztere liefern häufig auch die eigens auf dem hauseigenen Dachgarten angepflanzten Kräuter. Seine Küche ist klar und unverfälscht.

Langenburg

Bhf→12 km

Mawell Resort

✉ 74595 · Roseneck 5 · ☎ (0 79 05) 9 41 40 · Fax: 9 41 41 00
Restaurants, verschiedenste Events (Whiskytasting, Stressmanagement uvm.)
25 km
info@mawell-resort.de · www.mawell-resort.de

55 **DZ** von 218,00 bis 278,00 €;
als **EZ** von 129,00 bis 159,00 €;
Suiten von 418,00 bis 438,00 €
Hoch über dem Jagsttal gelegen, überzeugt das Mawell Resort mit einem nachhaltigen Konzept, Zimmern in edlen Naturmaterialien, einem Spa-Bereich der Extraklasse, Veranstaltungsräumen und einem breit gefächerten gastronomischen Angebot.

Langenzenn

Bhf→3 km

Keidenzeller Hof OT Keidenzell

✉ 90579 · Fürther Straße 11 · ☎ (0 91 01) 90 12 26 · Fax: 90 12 27 · Neue und Int. Küche, eig. Kreat. · **Geöffnet:** Do.-So. ab 18:30-19:30, Sa./So. auch 12-13:30 Uhr · Küche: 18:30–21:30 Uhr · **Ruhetag:** Mo./Di./Mi. · **Tische:** 8/25 Plätze
info@keidenzeller-hof.de · www.keidenzeller-hof.de

Speisekarte: 1 Menü zu 110,00 €
Bei aller Fantasie und Vielseitigkeit verliert sich Chefkoch Martin Grimmer in seiner Küche nie in Nichtigkeiten. Seine Speisen basieren auf marktfrischen nachhaltig erzeugten Produkten und werden mit offenem Blick für alle Stilrichtungen mit Können, Präzision und Aromentiefe zusammengestellt.

Langeoog (Insel)

Bhf→200 m

Logierhus

✉ 26465 · Mittelstr. 10 · ☎ (0 49 72) 91 19 30 · Fax: 91 19 10 · Restaurant "Anno 1828" mit Regionaler Bio-Küche, Café-Bar, Frühst. im Zimmerpreis inkl.
1 km
anfrage@logierhus-langeoog.de · www.logierhus-langeoog.de

26 **DZ** von 166,00 bis 258,00 €;
6 **(Jui.-)Suiten** von 216,00 bis 451,00 €
Entspannte Urlaubstage kann man im freundlichen "Logierhus" genießen – und das dank nachhaltiger Konzeption auch noch mit einem guten ökologischen Gewissen. Das Frühstück ist im Zimmerpreis inkludiert.

Laudenbach (Main)

Bhf→300 m

Goldner Engel

✉ 63925 · Miltenberger Str. 5 · ☎ (0 93 72) 9 99 30 · Fax: 99 93 40
Klass. u. Reg. Küche, Mediterran · Küche: 12–13:45/18–20:45 Uhr · **Ruhetag:** Mi. + Di. Abend · **Tische:** 18/80 Plätze
goldner-engel@t-online.de · www.goldner-engel.de

Speisekarte: 20 Hauptgerichte von 11,00 bis 35,00 €; 6 Tagesgerichte von 11,00 bis 35,00 €; 3 Menüs von 35,00 bis 95,00 € 275 Weinpos.
Dieses 1596 erbaute Haus erstrahlt nach umfassenden Renovierungsarbeiten heute in neuem Glanz. Patron und Küchenchef Udo Meisenzahl kocht ausgezeichnete Regionalia und mediterran nuancierte Speisen.

Restaurant mit gutem Genuss-/Preisverhältnis.

Lauingen

Genusswerkstatt Lodner

Bhf→1,5 km

✉ 89415 · Imhofstraße 6 · ☎ (0 90 72) 95 89-0
Neue und Regionale Küche · Küche: 18–21 Uhr · **Ruhetag:** Mo./Di. · **Tische:** 10/30 Plätze
info@hotel-lodner.de · www.hotel-lodner.de

Speisekarte: 5 Hauptgerichte von 29,00 bis 36,00 €; 2 Menüs von 56,00 bis 109,00 €
Küchenchef Tobias Eisele setzt in seiner Küche die Philosophie des Hauses „Genuss mit regionaler Identität“ perfekt um. Er bevorzugt heimische Produkte, besinnt sich auf alte Gemüsesorten, arbeitet nachhaltig, stellt vieles selber her, kocht modern und aromenstark und lässt regionale Elemente in die Speisen mit einfließen.

Lautenbach (Ortenaukreis)

Sonnenhof

Bhf→300 m

✉ 77794 · Hauptstraße 51 · ☎ (0 78 02) 70 40 90 · Restaurant, Bar, Bistro, Cafe, Biergarten, Vinothek, Ladestation für PKW, Kamin, Arrangements
11 km
info@sonnenhof-lautenbach.de · www.sonnenhof-lautenbach.de

48 **DZ** von 119,00 bis 179,00 €
Entspannung für alle Sinne findet man im wunderschön gestalteten "Sonnenhof". Die Zimmer (Frühstück im Preis inkl.) mit üppig begrünten Balkonen sind mit Stil individuell eingerichtet. Die persönlichen Wünsche des Gastes und sein Wohlergehen stehen stets an oberster Stelle beim engagierten und herzlichen Hotelteam.Das Hotel ist die Außenstelle von Lautenbach für Trauungen.

Sonnenhof

Bhf→300 m

✉ 77794 · Hauptstraße 51 · ☎ (0 78 02) 70 40 90 · Fax: 7 04 09 29
Klassisch-regional, eigene Kreationen · Küche: 12–21 Uhr · **Tische:** 17 + 16/60 + 60 Plätze
info@sonnenhof-lautenbach.de · www.sonnenhof-lautenbach.de

Speisekarte: 7 Hauptgerichte von 20,00 bis 39,00 €; 1 Menü von 52,00 bis 59,00 €
212 Weinpos.
Chefkoch Sven Kürschner überzeugt mit einer modernen Küche, bei der die traditionellen, badischen Elemente nicht zu kurz kommen. Heimische, saisonale Zutaten von regionalen Anbietern und Erzeugern werden hier gekonnt zu kulinarischen Highlights verarbeitet. Bei schönem Wetter lädt die Hofterrasse zum Genießen ein.

Lauterbach

Romantik Hotel Schubert

Bhf→1 km

✉ 36341 · Kanalstraße 12 · ☎ (0 66 41) 9 60 70 · Fax: 51 71 · Rest. mit gehobener Küche, Weinstube, Tagungen, Specials, Firmenevents, Zi.-Preise inkl. Frühstück
info@hotel-schubert.de · www.hotel-schubert.de

22 **DZ** ab 130,00 €;
11 **EZ** ab 70,00 €;
3 **Suiten** ab 160,00 €
Im Herzen Lauterbachs findet man mit dem Hotel Schubert ein inhabergeführtes Haus mit Charakter, in dem liebevoll eingerichtete Zimmer, bester Service, ein gutes Restaurant und warmherzige Gastfreundschaft die Basis für eine gehobene Gastronomie sind. Geschäftliche und private Veranstaltungen werden aufmerksam betreut.

Leimen

Bhf→6,5 km

Landgut Lingental

✉ 69181 · Lingentaler Hof 2-10 · ☎ (0 62 24) 7 66 44 66
Regionale und Internationale Küche · **Geöffnet:** Mo.-Fr. 15-22, Sa-So. 12-22 Uhr · Küche: 12–22 Uhr · **Tische:** 70 + 40/250 + 150 Plätze
anne.zentsch@z-event-catering.de · www.landgut-lingental.de

Speisekarte: 13 Hauptgerichte von 14,50 bis 33,00 €; 2 Tagesgerichte zu 7,90 €; 1 Mittagsmenü zu 25,00 €; 2 Menüs von 30,00 bis 55,00 €
203 Weinpos.

Das nur 15 Autominuten von der Heidelberger Altstadt entfernte Landgut Lingental hat eine wechselvolle Geschichte hinter sich. Auf 300 m Höhe angrenzend an Kraichgau und Odenwald liegend, geht das 1312 erstmals erwähnte historische Gebäudeensemble vermutlich auf eine römische Siedlung zurück und wird nun von der Z Event & Catering betrieben. Die Firma hat größtes Renommee als Caterer für private, öffentliche und geschäftliche Veranstaltungen und nutzt die jahrzehntelange Erfahrung exklusiver Veranstaltungs-Begleitung nun auch für zahlreiche eigene Events im Landgut Lingental. Ob 50 oder 500 Gäste: Hier finden sich für jeden Anlass zauberhafte Räumlichkeiten, die alle den historischen Charme des Landgutes widerspiegeln. Einen ersten Eindruck, mit wie viel Sorgfalt hier kulinarisch gearbeitet wird, bekommt man im Restaurant. Chefkoch Patrick Rumor bietet eine abwechslungsreiche Palette sorgfältig zubereiteter Gerichte – regional, kreativ, frisch und aromenstark. Abgerundet wird das Angebot mit Klassikern, Wochen- und Wochenendkarten. Das Motto der Z Event & Catering "Qualität ist das beste Rezept" erfährt im Landgut Lingental die perfekte Umsetzung. Besonders schöne Plätze bietet die Seeterrasse mit schweren Holz-Garnituren, Olivenbäumchen und herrlichem Ausblick.

Bhf→8 km

Parkhotel Leimen

✉ 69181 · Peter-Disegna-Weg 5a · ☎ (0 62 24) 7 67 98 91 · Fax: 7 67 98 92
Hotel garni, reichhaltiges Frühstücksbuffet (10,- € p./P.)
12 km
info@parkhotel-leimen.de · www.parkhotel-leimen.de

27 **DZ** von 85,00 bis 95,00 €;
als **EZ** von 75,00 bis 89,00 €;
5 **Ju.-Suiten** zu 119,00 €;
5 **Fa.-Zi.** ab 99,00 €

Dank der individuell und gemütlich eingerichteten Zimmer dieses modernen Hotels fühlt man sich sofort wie zu Hause. Das liegt auch an dem freundlichen Personal, das bei jeglichen Fragen sofort zur Stelle ist.

Hervorragendes Hotel mit außergewöhnlichem Komfort

Leinsweiler

Leinsweiler Hof

Bhf→8 km

✉ 76829 · Leinsweiler Hof · ☎ (06345) 409 0 · Fax: 36 14
Restaurant, Bar, Biergarten, Gartenterrasse m.toskanischem Flair
8 km
VISA AE
info@leinsweilerhof.de · www.leinsweilerhof.de

46 **DZ** von 118,00 bis 138,00 €;
als **EZ** ab 132,50 €;
7 **Suiten** zu 138,00 €
Am Fuße der imposanten Madenburg und mitten im Rebenmeer gelegen, bietet das traditionsreiche Hotel alles, was man zum Wohlfühlen braucht. Die Zimmer sind liebevoll und behaglich eingerichtet und bieten teilweise einen atemberaubenden Blick auf die Südpfalz (Preise inkl. Frühstück).

Leipzig

Campus Restaurant & Bistro

Bhf→3 km

✉ 04155 · Schlösschenweg 2 · ☎ (03 41) 56 29 67 50
Crossover Küche · **Geöffnet:** 12–22 Uhr · **Geöffnet:** Di./Mi. 12-17, Do./Fr. 12-22, Sa. 17-22 · **Ruhetag:** So./Mo. · **Ferien:** a. Anfr. · **Tische:** 10/30 Plätze
VISA AE
campus@michaelis-leipzig.de · www.michaelis-leipzig.de

Speisekarte: 6 Hauptgerichte von 12,00 bis 25,00 €; 1 Mittagsmenü zu 13,00 €

Der "Mediencampus Villa Ida" in Leipzig-Gohlis ist ein architektonisches Ensemble, in dem mit der historischen Villa Ida und den modernen Gebäuden für Veranstaltungen und Standort der "Leipzig School of Media" Altes mit Neuem verbunden sind. Hier findet man auch das "Campus Restaurant & Bistro", das so ist wie es seine Besucher sind: weltoffen, dynamisch und urban. Man trifft sich als Individualgast, Kurs- oder Tagungsteilnehmer, Gohliser und Leipziger in entspannter und kommunikativer Atmosphäre und genießt eine frische, abwechslungsreiche und sehr kreative Küche. Von 12-18 Uhr wird ein täglich wechselndes, sehr fair kalkuliertes Lunch angeboten. Abends lässt man sich von den unverfälschten, handwerklich korrekt zubereiteten Speisen überzeugen, die in aller Welt zu Hause sind. Ein aufmerksamer und flinker Service begleitet den Restaurantbesuch, den man im Sommer auch gerne auf die vorgelagerte Terrasse ausweiten kann. Das individuelle Michaelis-Catering begleitet jede Veranstaltung, ein kompetentes Team plant und begleitet die Events.

Restaurant mit gehobener Küche

Bhf→300 m

FALCO

04105 · Gerberstraße 15 · ☎ (03 41) 9 88 27 27 · Fax: 9 88 27 28
Fine Dining · **Geöffnet:** ab 17 Uhr, Sa. ab 14 Uhr · **Ruhetag:** So./Mo. · **Ferien:** variabel · **Tische:** 13/45 Plätze
info@falco-leipzig.de · www.falco-leipzig.de

Speisekarte: 4 Hauptgerichte von 130,00 bis 180,00 €; 2 Menüs ab 99,00 € 1000 Weinpos.
Nicht nur der Ausblick im "Falco" ist sensationell, die "cuisine passion légère©" von Chefkoch Peter Maria Schnurr ist es nicht minder. Experimentell, exklusiv und in stetem Wandel, tragen die virtuosen Zusammenstellungen seine persönliche, leichte und moderne Handschrift.

Bhf→2,5 km

Frieda

04155 · OT Gohlis · Menckestraße 48-50 · ☎ (03 41) 56 10 86 48
Moderne Küche · **Geöffnet:** Di.-Sa. ab 18 Uhr · **Ruhetag:** Mo./Di. · **Tische:** 10/30 Plätze
post@frieda-restaurant.de · www.frieda-restaurant.de

Speisekarte: 1 Menü von 62,00 bis 109,00 €
Mit Herzblut führen Lisa Angermann und Andreas Reinke ihr Restaurant. Letzterer steht am Herd und präsentiert innovative Speisen, die auf handwerklicher Präzision basieren und Tradition mit Zeitgeist verbinden.

Bhf→2 km

La Mirabelle

04105 · Gohliser Straße 11 · ☎ (03 41) 5 90 29 81 · Fax: 5 90 29 81
Französische Küche · Küche: 11:30–14:30/17:30–21:30 Uhr · **Ruhetag:** So./Mo.-Abd. · **Ferien:** a. Anfr. · **Tische:** 18/45-50 Plätze
info@la-mirabelle.de · www.la-mirabelle.de

Speisekarte: ca. 10 Hauptgerichte von 14,90 bis 23,90 €; ca. 15 Tagesgerichte von 8,70 bis 13,70 € 80 Weinpos.
Ein imposantes Gründerzeithaus an der Kreuzung Trufanow-/Gohliser Straße lässt das Flair einer klassischen Eckkneipe vermuten. Und tatsächlich ist das Interieur im "La Mirabelle" ungemein lässig, weltoffen und gemütlich gestaltet: Dunkles Bistromobiliar, schwarzweiß gewürfelter Fliesenboden, warmes Licht, Wände in abgetöntem Gelb, eine Bar und Bilder über Bilder fügen sich zu einem wunderbar stimmigen Ambiente. Sachsen trifft Frankreich – und das passt. Wer es nicht glauben mag, sollte unbedingt im "La Mirabelle" einkehren und die frankophile Küche von Patron und Chefkoch Joachim Scharf kennen lernen. Er überzeugt mit einer gelungenen, grundehrlichen und kraftvollen französischen Landküche. Alle bekannten Spezialitäten wie Zwiebelsuppe, Weinbergschnecken, Coq au Vin, Boeuf Bourguignon, Foie gras oder gebratene Entenbrust finden sich auf der Karte und spezielle Markt- und Tagesangebote werden zusätzlich auf Schiefertafeln annonciert. Wein gibt es in guter Auswahl, französische Gewächse sind natürlich in der Überzahl. Gerne gibt Joachim Scharf gute Insidertipps. An warmen Tagen kann man Speisen und Pastis auch vor dem Haus unter Bäumen genießen.

Leipzig Marriott

Bhf→350 m

04109 · Am Hallischen Tor 1 · ☎ (03 41) 9 65 30 · Fax: 9 65 39 99
Restaurant, Champions American Sportsbar
10 km
leipzig.marriott@marriotthotels.com · www.mariott.com

219 **DZ** ab 109,00 €;
als **EZ** ab 109,00 €;
10 **Studios** ab 129,00 €

In herrlicher Lage bezaubert dieses charmante Hotel seine Gäste mit überbordenden Komfort auf den Zimmern, einem kleinen Wellnessbereich und kompetenten Service.

Max Enk

Bhf→700 m

04109 · Neumarkt 9 · ☎ (03 41) 99 99 76 38
Internationale u. Regionale Küche · **Geöffnet:** warme Küche: Mo.-Do. 12-21 Uhr, Fr./Sa. bis 22 Uhr · **Ruhetag:** So. · **Tische:** 20/64 Plätze
reservierung@max-enk.de · www.max-enk.de

Speisekarte: 8 Hauptgerichte von 22,00 bis 58,00 €; 3 Tagesgerichte zu 14,50 €; 1 Mittagsmenü von 19,00 bis 24,00 €; 2 Menüs von 58,00 bis 75,00 €
120 Weinpos.

Das Restaurant MAX ENK ist an einem historischen Ort im Herzen Leipzigs beheimatet. Hier war Ende des 15. Jh. das Gewandhaus der Tuchhändler und später vermutlich das erste Mustermessehaus weltweit. In einem der zwei beeindruckenden Lichthöfe kann man nun ins Restaurant einkehren. Das integriert in seiner geradlinigen, modernen Gestaltung historische Elemente – genau dieser Mix gefällt mit einer entspannten, urbanen und weltoffenen Atmosphäre. Die Küche von Chefkoch Torsten Hempel ist unverfälscht, bodenständig und ehrlich, lässt aber raffinierte Elemente nicht missen. Er stellt die ausgesuchten, bevorzugt heimischen Zutaten zu bodenständigen, ausbalancierten Speisen zusammen. Ob mittags zum Lunch oder zur Shopping-Pause und abends in geselliger Runde – das kulinarische Angebot ist abwechslungsreich und wird durch vegetarische Gerichte und exzellente Steak-Zubereitungen ergänzt. Ein zuvorkommender Service begleitet den Restaurantbesuch. Ob Präsentationen oder exklusive private Veranstaltungen – der Lichthof kann prächtig illuminiert werden und ist ein ausgefallener Rahmen für jedes Event.

Bhf→500 m

Stadtpfeiffer

✉ 04109 · OT Zentrum · Augustusplatz 8 · ☎ (03 41) 2 17 89 20 · Fax: 1 49 44 70
Neue u. Klassische Küche · Küche: 18–21 Uhr · **Ruhetag:** So./Mo. · **Ferien:** Weihn./ Juli/Aug. · **Tische:** 13/28 Plätze
info@stadtpfeiffer.de · www.stadtpfeiffer.de

Speisekarte: 6 Hauptgerichte von 40,00 bis 58,00 €; 2 Menüs von 118,00 bis 138,00 € 300 Weinpos.
Es gibt nicht viele Gastgeber, die ihren Gästen mit so viel natürlicher und einladender Herzlichkeit begegnen wie Detlef und Petra Schlegel. Sie lieben und leben ihren Beruf – wir danken es ihnen. Im 1981 eingeweihten Gewandhaus, direkt am Augustusplatz mit dem opulenten Mendebrunnen und in Sichtweite der Universität, ist mit dem "Stadtpfeiffer" seit über zwei Jahrzehnten ein Restaurant beheimatet, dass man während eines Leipzigbesuches unbedingt kennenlernen sollte. Benannt ist es nach den drei Stadtpfeiffern, die 1479 der Grundstock des städtischen Orchesters waren, das wiederum im ersten Gewandhaus in der heutigen Kupfergasse seine Heimat fand. Ein Besuch im "Stadtpfeiffer" ist nicht zuletzt deshalb empfehlenswert, weil man dort abseits vom hektischen Alltag wunderschöne, entspannte Stunden verbringen und außergewöhnliche Speisen genießen kann. Dafür sorgen die Schlegels, die schon zu DDR-Zeiten ein Paar waren, dem es einfach Freude macht, Gästen mit Natürlichkeit zu begegnen und ihnen eine Küche mit hohem Erinnerungswert zu präsentieren. Der Patron steht selber am Herd – unterstützt von einem fleißigen und engagierten Team – kocht mit bewundernswerter Präzision und kombiniert mit großem Ideenreichtum. Die Speisen sind in der klassischen Küche verortet, werden aber immer wieder neu interpretiert und bekommen so eine ganz eigene Note. Man kann aus den zwei angebotenen Menüs auch à la Carte wählen, eine Freiheit, die nicht mehr überall selbstverständlich ist. Petra Schlegel hat immer einen Blick aufs Geschehen und auch stets ein offenes Ohr, wenn es um einen Sonderwunsch geht. Gemeinsam mit dem zugewandten Serviceteam sorgt sie für einen perfekten Abend. Neben der Kochschule, Raum für Feierlichkeiten und der Möglichkeit, die Gourmetküche ins eigene Haus zu bringen, kann man wunderbar durchdachte Menüs zusammen mit Konzertkarten für Aufführungen im Gewandhaus oder der Thomaskirche reservieren.

Hervorragende Serviceleistung

Victor's Residenz-Hotel Leipzig

Bhf→100 m

04103 · Georgiring 13 · (03 41) 6 86 60 · Fax: 6 86 68 99
Sommerterrasse, Bar, Arrangements
10 km
info.leipzig@victors.de · www.victors.de

47 **DZ** von 121,00 bis 306,00 €;
44 **EZ** von 111,00 bis 296,00 €;
10 **Junior-Suiten** von 181,00 bis 346,00 €
Neben erlesen und geschmackvoll eingerichteten Komfortzimmern bietet dieses First-Class-Hotel auch bestens ausgestattete Tagungs- und Eventräumlichkeiten.

Lemförde

Tiemann's Hotel

Bhf→1 km

49448 · OT Stemshorn · Vor der Brücke 9 · (0 54 43) 99 90 · Fax: 9 99 50
Tiemann's Restaurant, Gaststube, Bar, Terrasse, Arrangements
10 km
info@tiemanns-hotel.de · www.tiemanns.net

19 **DZ** von 109,00 bis 149,00 €;
9 **EZ** von 60,00 bis 79,00 €;
2 **Suiten** von 139,00 bis 184,00 €
Das schön gelegene „Tiemann's Hotel" mit hübschem Restaurant ist fraglos ein Kleinod traditioneller Hotellerie. Die Zimmer sind komfortabel und liebevoll im Landhausstil eingerichtet (Preise inkl. Frühstücksbuffet). Ein moderner Tagungsbereich ermöglicht konzentriertes Arbeiten.

Leverkusen

Lindner Hotel BayArena

Bhf→1,5 km

51373 · Bismarckstraße 118 · (02 14) 8 66 30 · Fax: 8 66 38 66
Rest. "Winners' Place" mit Intern. und Frische-Küche, Atrium-Hotellobby
5 km
info.bayarena@lindner.de · www.lindner.de

109 **DZ** ab 129,00 €;
als **EZ** ab 109,00 €;
12 **Suiten** auf Anfrage
Stadionhotel, unmittelbar an die Leverkusener BayArena angeschlossen, überzeugt mit raffiniertem Komfort, umfassendem Service und vielen Arrangements. Seminarräume (mit Blick ins Stadion) mit moderner Kommunikationstechnik eingerichtet.

Lichtenberg

Harmonie

95192 · Schlossberg 2 · (0 92 88) 2 46 · Fax: 92 45 41
Moderne und Mediterrane Küche · **Geöffnet:** 17-22 Uhr, So. 11:30-15 Uhr ·
Ruhetag: Mo./Di. · **Tische:** 12/60 Plätze
info@harmonie-lichtenberg.com · www.harmonie-lichtenberg.com

Speisekarte: 5 Hauptgerichte von 15,00 bis 37,00 €; 2 Menüs von 36,00 bis 52,00 €

Im Restaurant mit wunderschönem Kachelofen präsentiert Chefköchin Iris Mayer aromendichte Speisen, die sie mit innovativen und mediterranen Elementen bereichert. Die Zutaten der stets frisch zubereiteten Gerichte kommen im saisonalen Wechsel aus der Region.

Lich

Bhf→6 km ♜ **Alte Klostermühle** OT Kloster Arnsburg

✉ 35423 · Klostermühle 1 · ☎ (0 64 04) 6 96 70 82 · Fax: 6 96 70 86 · Gehobene Regionalküche und Gourmetküche · **Geöffnet:** 12–23 Uhr · **Geöffnet:** Mi.-Sa. 12-22 Uhr, So. 12-21 Uhr · **Ruhetag:** Mo./Di. · **Ferien:** Jan. · **Tische:** 28/110 Plätze
VISA
info@alte-klostermuehle-arnsburg.de · www.alte-klostermuehle-arnsburg.de ·

Speisekarte: 10 Hauptgerichte von 14,90 bis 29,90 €; 8 Tagesgerichte von 18,90 bis 28,50 €; 1 Menü ab 39,00 €
60 Weinpos.

Man spürt, mit wie viel Herzblut Patron und Chefkoch Marcus Geist in der "Alten Klostermühle" werkelt. Ganz obenan steht die Zufriedenheit des Gastes. Der hat die Auswahl zwischen verschiedensten Räumlichkeiten, wenn er die gut durchdachte Küche genießen möchte oder einen schönen Rahmen für eine Veranstaltung sucht. Im "Brauhaus" mit Garten (für größere Events), zünftigem Biergarten , Pop Up Eiswiese und großem Smoker gibt es Kulinarisches vom Grillbuffet bis zum Menü. Das hell und modern gestaltete "Esszimmer" ist das Restaurant mit gehobener Regionalküche, kann aber auch gebucht werden. Der "Wald(t)raum" ist für den kleineren, privateren Kreis gedacht, selbiges gilt für den "Salon". Die "Stube" ist mit viel Holz im romantischen Landhausstil eingerichtet und bietet Platz für 36 Personen. Die Küche in der "Alten Klostermühle" ist frisch, bunt und vielseitig. Marcus Geist arbeitet handwerklich korrekt, kauft bevorzugt in der Region ein und legt großen Wert darauf – egal ob Gemüse oder Rind, Schwein, Geflügel – alles komplett zu verarbeiten. Respekt vor den Gaben der Natur ist ihm enorm wichtig. Mit peppigen Ideen verfeinert er tradierte Rezepturen und ergänzt sie mit ausgeklügelten Kombinationen einer zeitgemäßen Küche. Ein internationales Spirituosenangebot (u. a. mit 50 Whisk(e)y-Sorten) rundet das Angebot ab. Annika Grammozis leitet liebenswürdig den zugewandten Service und hilft wenn möglich bei Sonderwünschen gerne weiter.

Ein Restaurant mit anspruchsvoller Küche.

Lichtenstein

Schönburger Palais

Bhf→2 km

✉ 09350 · Schlossberg 19 · ☎ (03 72 04) 60 10 10
Neue Küche, eigene Kreationen · **Geöffnet:** 17-22 Uhr, So. 12-22 Uhr · **Ruhetag:** Mo. · **Tische:** 12/44 Plätze
info@schoenburger-palais.de · www.schoenburger-palais.de

Speisekarte: 8 Hauptgerichte von 15,00 bis 22,00 €; 1 Menü von 32,00 bis 38,00 €
75 Weinpos.
Das etwa 1706/07 erbaute Schönburger Palais liegt unterhalb der um 1200 entstandenen Schlossanlage und ist mit ihr durch unterirdische Gänge verbunden. In denen nahe am Restaurant werden die ausgesuchten Weine gelagert. Das Restaurant ist zweigeteilt: Direkt hinter der historischen Eingangstür ist das Kreuzgewölbe mit edel eingedeckten Tischen. Dielenboden, umlaufende Bänke in dunklem Holz und Sprossenfenster fügen sich im unprätentiös eingerichteten zweiten Raum zu einem harmonischen Ganzen. In der angrenzenden Rauchfangküche geht es noch privater zu, weil in dem liebevoll sanierten Raum vor der Esse nur ein Tisch Platz findet. Patron und Chefkoch Christian Weidt kocht mit großem Einsatz, Leidenschaft und handwerklichem Können. Er arbeitet mit Fachkenntnis, kombiniert aber gerne spontan und stellt die Zutaten nach Marktangebot zusammen. Stilistisch lässt er sich in keine Schublade stecken, denn er lässt sich von Elementen aus den Küchen der Welt inspirieren, bleibt aber der Region – vor allem beim Einkauf der Zutaten – besonders verbunden. Das Angebot wechselt alle paar Wochen. Für größere Veranstaltungen steht die Kulturfabrik in Lichtenstein mit modernem Industrie-Chic zur Verfügung. Das erstklassige Catering von Christian Weidt garantiert nach detaillierter Absprache dort und in den eigenen vier Wänden eine kulinarische Begleitung mit hohem Kreativitätsfaktor.

Lieser

Schlosshotel Lieser

✉ 54470 · Moselstraße 33 · ☎ (65 31) 98 69 90
Restaurant, Bar, Schlossgarten-Terrasse, Arrangements
40 km
info@schlosslieser.de · www.schlosslieser.de

38 **DZ** von 149,00 bis 329,00 €;
3 **Jun.Suiten** von 350,00 bis 500,00 €;
4 **Suiten** von 600,00 bis 1200,00 €
Das wunderschön restaurierte Schloss und die spektakuläre Aussicht auf die Mosel versprechen einen luxuriösen Aufenthalt ganz besonderer Güte. Ein hervorragendes gastronomisches Angebot und ein großzügiger Spa & Wellness-Bereich, machen dieses außergewöhnliche Hotel zu einem perfekten Ort für anspruchsvolle Erholungssuchende.

Limburg a. d. Lahn

Bhf→50 m

Restaurant 360°

✉ 65549 · Bahnhofsplatz 1a · ☎ (0 64 31) 2 11 33 60 · Fax: 2 11 33 61
Neue Küche · Küche: 12–13:30/18:30–21 Uhr · **Ruhetag:** So./Mo./Di. · **Ferien:** 2 Wochen Januar · **Tische:** 8/30 Plätze
info@restaurant360grad.de · www.restaurant360grad.de

Speisekarte: 2 Hauptgerichte von 23,00 bis 25,00 €; 1 Mittagsmenü zu 36,00 €; 1 Menü von 95,00 bis 160,00 €
150 Weinpos.

Alexander Hohlwein führt sein Restaurant 360° im Zentrum Limburgs gemeinsam mit seiner Partnerin Rebekka Weickert mit viel Leidenschaft und großem Einsatz. Das Interieur ist schlicht, modern und geradlinig, Fenster erlauben einen Blick in die Küche mit ihrem emsigen, aber konzentrierten und bestens aufeinander abgestimmten Treiben. Alexander Hohlwein steht selber am Herd und weckt mit seiner konzentrierten Arbeit große Begeisterung. Er nennt sie "weltoffene Home-Küche“ und bringt damit auf den Punkt, dass er grenzübergreifende Elemente ebenso in seine ausgeklügelten Speisen einfließen lässt wie regionale Elemente, die er mit handwerklichem Geschick und subtilem Aromenspiel in einen neuen Kontext setzt und dadurch eine Küche der unbegrenzten Möglichkeiten kreiert. Die Speisen tragen seine kreative Handschrift, sind niemals dogmatisch, sondern vielmehr offen für alle Strömungen wie der Wolfsbarsch mit geröstetem Kohl, Datteln und Chat Masala. Raffinierte Würzungen prägen die innovativen Kompositionen. Korrespondierende Weine gibt es in erlesener Auswahl, hier ist Rebekka Weichert die richtige, weil kenntnisreiche Ansprechpartnerin. Sie ist auch liebenswürdige Gastgeberin und hilft bei Fragen gerne weiter. An warmen Tagen sitzen die Gäste gerne auf der wunderschön gestalteten Dachterrasse mit Gartenlounge und genießen zusätzlich zur exklusiven Küche den tollen Blick auf die Stadt und ihren bekannten Dom.

Bhf→300 m

DOM Hotel LIMBURG

✉ 65549 · Grabenstraße 57 · ☎ (0 64 31) 90 10 · Fax: 68 56
Restaurant mit Frischeküche
25 km
info@domhotellimburg.de · www.domhotellimburg.de

15 **DZ** ab 115,00 €;
als **EZ** ab 115,00 €;
27 **EZ** ab 95,00 €
Das 1832 errichtete, traditionsreiche Ho-

tel, direkt am historischen Kornmarkt gelegen, wartet mit einer Atmosphäre stilvoller Eleganz auf. Die schönen Zimmer verfügen über außergewöhnliches Ambiente, allen zeitgemäßen Komfort und liebevolle Details.

Lindau (Bodensee)

Schachener Hof OT Bad Schachen

Bhf→2,5 km

88131 · Schachener Straße 76 · ☎ (0 83 82) 31 16 · Fax: 54 95
Neue u. Reg. Küche, eig. Kreat. · Küche: 18–21:30/So./Feiert. auch 12–14 Uhr ·
Ruhetag: Di./Mi. · **Tische:** 11/60 Plätze
info@schachenerhof-lindau.de · www.schachenerhof-lindau.de

Speisekarte: 8 Hauptgerichte von 16,90 bis 34,90 €
91 Weinpos.
Mit viel Elan führen Brigitte und Thomas Kraus ihr kleines Hotel mit dem guten Restaurant. Serviert werden frische, saisonal geprägte Speisen. Die lichtdurchfluteten Räumlichkeiten und die schöne Außenterrasse mit wunderschönem Gartenblick sind dafür die perfekte Kulisse.

VILLINO

Bhf→3 km

88131 · OT Bodolz · Mittenbuch 6 · ☎ (0 83 82) 9 34 50 · Fax: 93 45 12
Rest. mit Mediter.-Asiat. Kü., Terrassen, Wintergarten; Preise inkl. Frühstück
4 km
info@villino.de · www.villino.de

7 **DZ** von 190,00 bis 280,00 €;
als **EZ** von 110,00 bis 280,00 €;
6 **Suiten** von 340,00 bis 450,00 €;
7 **Ju.-Sui.** von 260,00 bis 360,00 €

In südländisch-heiterem Ambiente sind das Interieur und die eleganten Zimmer sowie die Wellnessoase dieses Hotels gestaltet.

VILLINO

Bhf→3 km

88131 · OT Bodolz · Mittenbuch 6 · ☎ (0 83 82) 9 34 50 · Fax: 93 45 12
Italo-Asiat. Kü., eig. Kreat. · Küche: 18–22 Uhr · **Ruhetag:** So./Mo. · **Tische:** 18/50 Plätze
info@villino.de · www.villino.de

Speisekarte: 4 Hauptgerichte von 48,00 bis 58,00 €; 3 Menüs von 118,00 bis 162,00 € 724 Weinpos.
Ungemein stilvoll und elegant ist das Interieur gestaltet. Hier präsentiert Chefkoch Toni Neumann Speisen, in denen sich Aromen und Zubereitungsformen in experimenteller und doch unverfälschter Form aus der italienischen und asiatischen Küche wiederfinden.

Restaurant mit exzellenter Weinkarte

Lübeck

Radisson Blu Senator Hotel

Bhf→800 m

23554 · Willy-Brandt-Allee 6 · ☎ (04 51) 14 20 · Fax: 1 42 22 22
Restaurants mit Intern. Küche, Bier- & Weinstube, Café/Bar
18 km
info.luebeck@radissonblu.com · www.senatorhotel.de

221 **DZ** ab 133,00 €;
als **EZ** ab 133,00 €;
3 **Jui.-)Suiten** ab 450,00 €

Stilvoll und komfortabel übernachten - das und mehr kann man im luxuriösen Senator Hotel, das allein schon durch seine etemberaubende Lage besticht. Perfekt ausgestattete Tagngsmöglichkeiten sowie ein herrlicher Wellnessbereich komplettieren das Angebot.

Bhf→800 m ♜ Roy Petermann Restaurant Wullenwever

✉ 23552 · Beckergrube 71 · ☎ (04 51) 70 43 33 · Fax: 7 06 36 07
Neue Küche · **Geöffnet:** ab 19 Uhr · **Ruhetag:** So./Mo./Di. · **Tische:** 12/60 Plätze
VISA AE
restaurant@wullenwever.de · www.wullenwever.de

Speisekarte: 1 Menü von 85,00 bis 230,00 € 650 Weinpos.
Das "Wullenwever" ist dank Patron und Chefkoch Roy Petermann eine kulinarische Institution in der Lübecker Altstadt. Ein Kaufmannshaus aus dem Jahre 1585 ist die Bühne für einen gekonnten Küchenauftritt, in dem Mediterranes mit nordischen Elementen eine faszinierende Einheit bildet.

Lüchow

Bhf→12 km Field

✉ 29439 · Bergstraße 6 · ☎ (0 58 41) 97 76-0 · Fax: 97 76-60
Neue Küche, eigene Kreationen · Küche: 18–20 Uhr · **Ruhetag:** So./Mo./Di. ·
Tische: 8/24 Plätze
VISA AE EC
mail@hotel-katerberg.de · www.hotel-katerberg.de

Speisekarte: 1 Menü von 110,00 bis 145,00 €

Es ist schön, dass es mit dem Restaurant "Field" auch im Wendland, das nicht zwingend für seine Dichte exklusiver Restaurants bekannt ist, eine Küche gibt, die jeden anspruchsvollen Feinschmecker begeistern wird. Das Restaurant ist in zeitloser Moderne eingerichtet und eine niveauvolle Bühne für die ambitionierte Küche von Patron und Küchenchef Salvatore Fontanazza. Er ist Koch aus Leidenschaft, für den die Zufriedenheit seiner Gäste stets an erster Stelle steht. Seit nunmehr dreißig Jahren ertüftelt er Speisen, die er auch selber gerne isst und präsentiert eine ungemein vielseitige, intuitive Küche, in der Erinnerungen an traditionelle Gerichte seiner Kindheit, ihre Zutaten und Aromen mit modernen Kochtechniken, Würzungen und Garmethoden kombiniert werden und in kreative und facettenreiche mediterrane Speisen münden. Nur erstklassige Zutaten kommen in die Töpfe und Pfannen, die wechselnden Jahreszeiten sind zusätzliche Ideengeber, so dass das angebotene Degustations-Menü alle drei Monate neu zusammengestellt wird. Den Service leitet Sebastian Harenberg mit viel Übersicht; als gelernter Sommelier berät er auch mit großer Expertise zu den Weinen.

Restaurant mit sehr gutem Weinangebot

Luckenwalde

♜ Vierseithof

Bhf→1,5 km

✉ 14943 · Am Herrenhaus 1 u. Haag 20 · ☎ (0 33 71) 6 26 80 · Fax: 62 68 68
Restaurant, Bar, Terrasse, Innenhof, Zi.-Preise inkl. Frühstück
35 km
info@hotel-vierseithof-luckenwalde.de · www.hotel-vierseithof-luckenwalde.de

32 **DZ** ab 99,00 €;
als **EZ** ab 85,00 €;
9 **EZ** ab 69,00 €
Vor den Toren Berlins bietet die denkmalgeschützte Hotelanlage mit herrlichem Innenhof und komfortablen Gästezimmern (Zimmerpreise inkl. Frühstück) einen erholsamen Aufenthalt.

Ludwigsburg

DANZA

✉ 71638 · Stuttgarter Straße 33 · ☎ (0 71 41) 9 77 97 07
Neue und Internationale Küche · Küche: 17–21 Uhr · **Ruhetag:** So./Mo. · **Tische:** 15/50 Plätze
danza@better-taste.de · www.danza-restaurant.de

Speisekarte: 7 Hauptgerichte von 28,00 bis 54,00 €; 1 Menü von 69,00 bis 109,00 €
80 Weinpos.
Das zur "better taste", einem exklusiven Catering-Unternehmen gehörende DANZA ist ein Restaurant mit Weinbar und einer wunderschönen Terrasse am Park mit Blick ins Grüne. Außerdem ist es ein Treffpunkt für alle, die leicht und entspannt genießen, sich in kommunikativer Runde treffen und eine kleine Auszeit gönnen möchten. Bodentiefe Fenster, die sich an warmen Tagen zur Terrasse hin öffnen lassen, blanke Tische und Sitzmöbel in Blau, Senfgelb und Braun fügen sich zu einem lässigen, frechen Ambiente. Ebenso modern und weltoffen ist auch die Küche von Chefkoch Björn Bergmann. Ganz ohne Chichi kocht er frisch und saisonal. Immer stehen die Produkte und ihr Geschmack im Vordergrund und obgleich manchmal überraschend unkonventionell zusammengestellt, nehmen sie den Gast mit

auf eine Genussreise. Ob international, raffiniert neu interpretierte Regionalia, ob Klassiker, Lieblingsgericht oder exklusives Menü, ob Dinner oder After-Work Schorle, Familienfeier oder Sunday BBQ – im DANZA ist alles möglich. Den zuvorkommenden und professionellen Service leitet André Steiger, während Michael Pfeifer zu den Weinen berät..

Bhf→7 km

Dein Schützenhaus

✉ 71642 · Gschnait 1 · ☎ (0 71 41) 564 47 44
Reg. Küche · Küche: 17–21/Mi.-Fr. auch 11:30–14:30 Uhr · **Ruhetag:** Mo./Di. ·
Tische: 9/40 Plätze
info@dein-schuetzenhaus.com · www.dein-schuetzenhaus.com

Speisekarte: 13 Hauptgerichte von 12,50 bis 29,50 €; 2 Menüs von 36,50 bis 39,50 €
296 Weinpos.
Dem einstigen Jägerheim wurde ein neues, modernes Gesamtkonzept gegeben und ist nun - dank seinem außergewöhnlichen Standort inmitten der Natur - ein Ort der Entspannung und des Genusses. Die Küche knüpft an die traditionelle, schwäbische Küche an und überzeugt mit „einfach guten Gerichten".

Bhf→5 km

Schlosshotel Monrepos

✉ 71634 · Domäne Monrepos 22 · ☎ (0 71 41) 30 20 · Fax: 30 22 00
Rest. „Gutsschenke" mit Int. und Regionaler Küche, Terrasse, Bar
200 m
info@schlosshotel-monrepos.de · www.schlosshotel-monrepos.de

65 **DZ** ab 89,00 €;
Suiten ab 170,00 €
Das Ambiente stilvoller Eleganz im Interieur und den geschmackvoll eingerichteten, komfortablen Gästezimmern bezaubert den Gast im Schloßhotel Monrepos, das inmitten eines herrlichen Parks an einem verträumten See liegt.

Bhf→5 km

Schlosshotel Monrepos - Gutsschenke

✉ 71634 · Domäne Monrepos 22 · ☎ (0 71 41) 30 20 · Fax: 30 22 00
Gehobene Regionale Küche · Küche: 12–15/18–23 Uhr · **Ruhetag:** So./Mo. ·
Tische: 12/20 Plätze
info@schlosshotel-monrepos.de · www.gutsschenke-ludwigsburg.de

Speisekarte: 5 Hauptgerichte von 14,00 bis 34,00 €; 1 Menü von 76,00 bis 99,00 €
300 Weinpos.
Hell und freundlich eingerichtet, kommt der Gast in der "Gutsschenke" dank eines bestens aufgelegten Küchenteams in den Genuss einer frischen, abwechslungsreichen und unverfälschten Küche, in der regionale Speisen und saisonale Spezialitäten obenan stehen.

Ludwigshafen

Bhf→3 km

René Bohn OT Friesenheim

✉ 67063 · René-Bohn-Str. 4 · ☎ (06 21) 6 09 91 00 · Fax: 6 09 92 00
Restaurant, Bar, Wochenendarrangements, Zimmerpreise inkl. Frühstück
20 km
rene-bohn@basf.com · www.renebohn.basf.de

72 **DZ** von 99,00 bis 230,00 €;
als **EZ** von 99,00 bis 200,00 €;
72 **EZ** von 89,00 bis 200,00 €;
8 **Suiten** von 169,00 bis 470,00 €;
11 **App.** von 169,00 bis 305,00 €
Ein exklusives Hotelensemble u. a. mit Feierabendhaus, Weinkeller, Restaurant und Vinothek. Die Zimmer sind geschmackvoll eingerichtet. Ideal auch für Businessgäste.

Bhf→7 km

Seehotel Villa Linde

✉ 78351 · Kaiserpfalzstraße 50 · ☎ (0 77 73) 9 59 93-0 · Restaurant, E-Bike-Vermietung, geführte Wanderungen, Zimmerpreise inkl. Frühstück
5 km
rezeption@seehotelvillalinde.de · www.seehotelvillalinde.de

12 **DZ** ab 215,00 €;
3 **Suiten** ab 475,00 €
Einst eine Posthalterei, entstand hier in den 1920er Jahren das Hotel Linde. Aufwändig modernisiert und 2019 neu eröffnet, bietet es hochwertig ausgestattete Komfortzimmer, ein feines Restaurant und als ständigen Begleiter einen herrlichen Blick auf den Bodensee.

Seehotel Villa Linde – s'Äpfle

Bhf→7 km

78351 · Kaiserpfalzstraße 50 · (0 77 73) 9 59 93-0
Regionale Küche · Küche: 18:30–21 Uhr · **Ruhetag:** So./Mo. · **Ferien:** variabel ·
Tische: 8/24 Plätze
rezeption@seehotelvillalinde.de · www.seehotelvillalinde.de

Speisekarte: 3 Hauptgerichte von 42,00 bis 58,00 €; 1 Menü von 109,00 bis 169,00 € 112 Weinpos.
Im charmant und unprätentiös eingerichteten Restaurant mit herrlichem Seeblick schaut Chefkoch Kevin Leitner auch über den regionalen Tellerrand und verarbeitet erstklassige Zutaten zu virtuosen Speisen mit aromatischem Tiefgang.

Ludwigslust

Erbprinz

Bhf→1 km

19288 · Schweriner Straße 38 · (0 38 74) 2 50 40 · Fax: 2 91 60
Restaurant "Prinzenstube", preisgünstige Arrangements
reservierung@erbprinz-ludwigslust.de · www.erbprinz-ludwigslust.de

34 **DZ** von 85,00 bis 95,00 €;
4 **EZ** von 65,00 bis 75,00 €;
2 **App.** von 115,00 bis 140,00 €
Ein Haus mit Stil und Charme. Bereits in der einladenden Lobby sowie auch im Restaurantbereich spiegelt sich der wunderbare Barockstil des eleganten Hauses wider. Die Zimmer sind hell und freundlich eingerichtet und bieten allen Komfort modernen Wohnens.

Hotel de Weimar

Bhf→2 km

19288 · Schloßstraße 15 · (0 38 74) 41 80 · Fax: 41 81 90
Restaurant mit Neuer und Region. Küche, Bar, Terrasse, Biergarten
info@hotel-de-weimar.de · www.hotel-de-weimar.de

42 **DZ** von 88,00 bis 180,00 €;
4 **EZ** von 84,00 bis 105,00 €
Einst nächtigten hier die Herzöge von Mecklenburg-Schwerin. Dieses familiengeführte Hotel bezaubert mit historischem Ambiente, behaglichen Zimmern, festlichen Bankettsaal, moderne Tagungsräume und einem großen Schlosspark, der 2016 zum zweitschönsten „Garten in Europa" ausgezeichnet wurde.

Lunden

Lindenhof 1887

25774 · Friedrichstraße 39 · (0 48 82) 4 07
Klassische und Regionale Küche · Küche: 18–21 Uhr · **Ruhetag:** Di. · **Tische:** 12/40 Plätze
info@lindenhof1887.de · www.lindenhof1887.de

Speisekarte: 10 Hauptgerichte von 20,00 bis 40,00 €; 1 Menü von 45,00 bis 90,00 €

Schlichte Eleganz prägt das Restaurant, Aromenstärke und Kreativität die Speisen von Chefkoch Tjark-Peter Maaß. Er bevorzugt regionale Zutaten, um sie mit Hingabe, Raffinesse und Können zu ausbalancierten Speisen zu kombinieren.

Die Küchenleistung dieses Restaurants ist hervorhebenswert in seiner Kategorie.

Maikammer

Bhf→1,5 km

Hotel Residenz Immenhof

✉ 67487 · Immengartenstr. 26 · ☎ (0 63 21) 95 50 · Fax: 95 52 00 · Restaurant m. Intern. u. Reg. Küche, Wintergarten, mediter. Garten, Preise inkl. Frühstück
10 km
VISA AE
info@hotel-immenhof.de · www.hotel-immenhof.de

54 **DZ** von 140,00 bis 186,00 €;
als **EZ** von 84,00 bis 98,00 €;
4 **EZ** von 82,00 bis 84,00 €
Am Fuß der Kalmit gelegen, bietet dieses familiäre Hotel Entspannung und Erholung. Ein großer Wellnessbereich mit mehreren Saunen lädt ein, sich verwöhnen zu lassen.

Maintal-Dörnigheim

Bhf→1 km

Fleur de Sel

✉ 63477 · Florscheidstraße 19 · ☎ (0 61 81) 9 68 33 85 · Französische und Mediterrane Küche · **Geöffnet:** 17:30-22 Uhr, So. auch von 12-14 Uhr · **Ruhetag:** Di · **Ferien:** 1,+2. Wo. Jan., 2 Wo. Sommerferien Hessen · **Tische:** 13 (Terrasse + 7)/50 (+ 25) Plätze
VISA
info@restaurant-fleurdesel.de · www.restaurant-fleurdesel.de

Speisekarte: 8 Hauptgerichte von 21,00 bis 29,00 €; 3 Menüs von 39,50 bis 49,50 €
32 Weinpos.

Das Restaurant mit Sprossenfenstern, weiß verputzten Wänden und Decken, hübsch eingedeckten Tischen, raffinierten Trompe L'œul Elementen und nostalgischen Accessoires gefällt mit einem charmanten Interieur und einer entspannten Atmosphäre. Seit über einem Jahrzehnt kommt man hier in den Genuss einer unverfälschten mediterranen Küche mit französischem Schwerpunkt. Chefkoch Patrick Theumer bezieht marktfrische Produkte aus Frankreich und der Region und kombiniert sie mit Können, handwerklichem Geschick und kreativen Ideen. Die Speisekarte wechselt monatlich und orientiert sich immer auch am saisonalen Angebot. Dank der offenen Küche kann man Patrick Theumer und dem Team bei der Arbeit zuschauen und sich vielleicht schon mit einem Glas Bordeaux auf die Gaumenfreuden einstimmen. Horst Theumer berät mit Sachkenntnis zu den Weinen, während Christina Morbitzer den liebenswürdigen Service leitet. Übrigens – im „Fleur de Sel-Shop" kann man während der Restaurantöffnungszeiten einige hausgemachte Produkte wie z.B. diverse Gewürzsalzmischungen käuflich erwerben.

Restaurant mit sehr guter Küche

Mainz

Atrium Hotel Mainz OT Finthen

Bhf→6 km

✉ 55126 · Flugplatzstraße 44 · ☎ (0 61 31) 49 10 · Fax: 49 11 28 · Gourmetrestaurant "GenussWerkstatt", à-la-carte Rest. "Adagio", Bar & Lounge, Atrium Sommergarten

10 km

info@atrium-mainz.de · www.atrium-mainz.de

85 **DZ** ab 99,00 €;
31 **EZ** ab 99,00 €;
31 **App.** von 60,00 bis 135,00 €;
3 **Suiten** von 299,00 bis 619,00 €

Drei Jahrzehnte konsequenter Einsatz für die Hotellerie haben dem Atrium Hotel Mainz den ausgezeichneten Ruf des größten Privathotels in Mainz und eines der erfolgreichsten im Land beschert. Mit zehn Gebäuden auf 15.000 m^2 und dank seiner exquisiten Gästezimmer, dem einladenden Sommergarten und der Bade- und Saunalandschaft ist es ein Hotel, in dem heitere Gastlichkeit, Ruhe und Harmonie zu Hause sind. Moderne Eleganz gepaart mit gehobenem Komfort dominiert die Zimmer (Frühstück 15,- €/P./Tag). Dank durchdachter Verbesserungen (Umbau der Gastronomie, Neugestaltung der Lobby und Hotelbar, Neubau einer Lounge mit 40 Plätzen, kostenfreies W-LAN für die Gäste) wird der top Standard stetig verbessert. Langzeitgäste werden die klimatisierte "Residenz" mit ihren wohnlichen Appartements als individuelle Alternative zum Hotelzimmer begrüßen. Das ACC 3 – Atrium Congress Center – umfasst über 2.000 m^2 Konferenz-, Event- und Tagungsfläche mit großzügigem Foyer und Gartenanlage (s. a. Tagungs-Special). Das gastronomische Angebot ist vielfältig und gastorientiert.

Atrium Hotel Mainz – Genusswerkstatt

Bhf→6 km

✉ 55126 · OT Finthen · Flugplatzstraße 44 · ☎ (0 61 31) 49 10 · Fax: 49 11 28
Gourmetküche · **Geöffnet:** Do.-Sa. ab 19 Uhr · **Ruhetag:** So./Mo./Di./Mi. · **Tische:** 5/20 Plätze
info@atrium-mainz.de · www.atrium-mainz.de

Speisekarte: 1 Menü zu 90,00 €
200 Weinpos.

Die "Genusswerkstatt" ist in warmen Farben gehalten, unprätentiös und behaglich eingerichtet und bietet das, was der Name bereits vorwegnimmt: echten, handwerklichen Genuss. Hier kocht Carl Grünewald in einer Einfachheit, die nicht simpel, sondern vielmehr unverfälscht ist. Die Basis seiner Gourmetküche sind erstklassige Zutaten von Händlern und Erzeugern, die nachhaltig arbeiten und für die Tierwohl zur Selbstverständlichkeit gehört. Die Zutaten sind von allererster Güte, spiegeln häufig das jahreszeitliche Marktangebot und werden vom Chefkoch und seinem Team gekonnt und mit faszinierendem Ideenreichtum zusammengestellt. Die Speisen sind klar und verständlich, die Aromen harmonisch aufeinander abgestimmt. Der Gast kann aus einem sehr fair kalkulierten, regional und saisonal geprägten Menü bis zu zehn Genuss-Abfolgen wählen. Jede der auf handgemachtem Steingut präsentierten Speisen ist auch optisch ein kleines Kunstwerk. Auf spezielle Wünsche wie vegetarische Speisen wird nach vorheriger Absprache gerne Rücksicht genommen. Der zuvorkommende Service agiert mit viel Übersicht und berät auch zu den korrespondierenden Weinen. Da in den abendlichen Genuss maximal 20 Gäste kommen, sollte man einen Tisch vorab reservieren oder eines der Übernachtungsspecials buchen.

Atrium Hotel Mainz - Adagio - Restaurant und Weinbar

✉ 55126 · OT Finthen · Flugplatzstr. 44 · ☎ (0 61 31) 49 10 · Fax: 49 11 28
Moderne, regionale Frischeküche · Küche: 18–22 Uhr · **Ruhetag:** Mo. + Di.. ·
Ferien: 19.12.21 - 9.1.22 u. 21.12.22 - 8.1.23 · **Tische:** 20/60 Plätze VISA AE
info@atrium-mainz.de · www.atrium-mainz.de ·

Speisekarte: 7 Hauptgerichte von 13,00 bis 30,00 €; 2 Menüs von 33,00 bis 73,00 €
200 Weinpos.

Ein modernes Raumkonzept, dass durch verspielte Accessoires durchbrochen wird, prägt das Interieur des "Adagio". Braun und Petrol sind die dominanten Farbtöne, Holzboden und eine raffinierte Illumination sorgen für den Wohlfühlfaktor. Das Ambiente ist entspannt-lässig und weltoffen. Chefkoch Carl Grünewald setzt seinen Grundsatz "aus der Region für die Region" bereits beim Einkauf der vorwiegend heimischen Zutaten in die Tat um. Er präsentiert eine zeitgeistige Heimatküche, in der regionale und auch internationale Spezialitäten mit Raffinesse zubereitet werden. Von den zwei angebotenen Menüs ist eines vegetarisch. Klassiker wie Flammkuchen und Burger runden das Angebot ab. Kathrin Hurstjes berät mit Expertise zu den passenden Weinen, die es in Top-Qualität gibt, und leitet gewohnt umsichtig den zuvorkommenden Service. Im Sommer ist ein Platz unterm roten Sonnensegel inmitten üppig blühender Pflanzen im Atrium-Sommergarten mit dem Grill-Haus sehr begehrt.

FAVORITE restaurant

Bhf→2 km

✉ 55131 · Karl-Weiser-Str. 1 · ☎ (0 61 31) 80 15-0 · Fax: 80 15-420
Gehobene Weltküche · **Geöffnet:** Di. nur abends · Küche: 12–14/19–21 Uhr ·
Ruhetag: So./Mo. · **Tische:** 13/45 Plätze
gastronomie@favorite-mainz.de · www.favorite-mainz.de

Speisekarte: 1 Mittagsmenü von 55,00 bis 70,00 €; 3 Menüs von 95,00 bis 150,00 €

Mit Tobias Schmitt steht im Gourmetrestaurant ein Chefkoch am Herd, der das Einfache zum Besonderen macht. Mir ausgesuchten Zutaten stellt er raffinierte und moderne Speisen kreativ und gekonnt zusammen.

Mandelbachtal

Gräfinthaler Hof

Bhf→8 km

✉ 66399 · Gräfinthal 6 · ☎ (0 68 04) 9 11 00 · Fax: 9 11 01
Klassische und Neue Küche · Küche: 12–14/18–21 Uhr · **Ruhetag:** Sonntagabend, Mo.& Di. · **Ferien:** Feb./Okt./variab. · **Tische:** 22/70 Plätze
info@graefinthaler-hof.de · graefinthaler-hof.de

Speisekarte: 8 Hauptgerichte von 19,50 bis 36,00 €; 2 Menüs von 39,00 bis 55,00 €

150 Weinpos.

Einst stand zwischen Lothringen und der Südspitze des Saarlandes an der Stelle, wo heute der "Gräfinthaler Hof" beheimatet ist, ein Wilhelmitenkloster mit Wirtschaftsgebäuden. Heute sind hier ein bekanntes und sehr beliebtes Wanderareal und Wallfahrtsziel des Saarlandes. Mit nimmermüdem Einsatz kümmert sich Familie Künzer mit drei Generationen um ihr Restaurant mit der wunderschönen, von viel Grün umrahmten Terrasse. Das Interieur des "Gräfinthaler Hof" ist dank bodentiefer Fenster hell und freundlich, beigefarbene Lederbänke und -stühle tragen zum lässigen und charmanten Ambiente bei. Der Patron steht selber am Herd und weiß aus den handverlesenen Zutaten, von denen viele aus der Region kommen, mit guten Ideen und handwerklichem Können exzellente Speisen zuzubereiten. Die sind aromenstark, grundehrlich und werden optisch verführerisch präsentiert. Perfekt glasig gebraten war die Seezunge mit feiner Champagnersauce und Blattspinat. Eines der angebotenen Menüs ist ein vegetarisches. Tochter Maureen Künzer leitet sehr liebenswürdig und mit viel Übersicht den zuvorkommenden Service und steht auch bei Fragen zu Weinen und Getränken jederzeit zur Verfügung.

Dieses Restaurant bietet Ihnen ein gutes Genuss-/Preisverhältnis.

Mannheim

Bhf→1 km

Dobler's Restaurant

✉ 68159 · Seckenheimer Straße 20 · ☎ (06 21) 1 43 97 · Fax: 2 05 13
Neue u. Reg. Küche · Küche: 12–15/18:30–20:30 Uhr · **Ruhetag:** So.+Mo. · **Ferien:** 2 Wo. im Juni · **Tische:** 11/55 Plätze
n.dobler@doblers.de · www.doblers.de

Speisekarte: 5 Hauptgerichte von 41,50 bis 48,00 €; Menüs von 48,50 bis 98,00 €
220 Weinpos.
Französische Lebensart vermittelt das elegante "Dobler's Restaurant" seit Jahrzehnten. Chef de Cuisine Norbert Dobler kocht mit großer Konstanz auf kulinarischem Topniveau klassische, aromenbetonte Speisen mit innovativen Elementen.

Bhf→1 km

Le Corange

✉ 68161 · OT Mitte · O5, 9-12 · ☎ (06 21) 1 67 11 99
Neue u. Klass. Kü., eig. Kreationen · Küche: 12–15/18–23 Uhr · **Ruhetag:** So./Mo. · **Ferien:** je 3 W. Feb. + Aug. · **Tische:** 25/55 Plätze
gastro@engelhorn.de · www.corange-restaurant.de

Speisekarte: 5 Hauptgerichte von 35,00 bis 59,00 €; 5 Tagesgerichte von 35,00 bis 59,00 €; 1 Mittagsmenü von 59,00 bis 125,00 €; 1 Menü von 59,00 bis 125,00 €
350 Weinpos.
Das "le Corange" ist ebenfalls in der 6. Etage bei engelhorn Mode im Quadrat und bietet einen herrlich weiten Blick über die Stadt bis in den Odenwald. Hier von einem "Zweitrestaurant" zu sprechen, wäre arg despektierlich, so groß ist die individuelle Klasse des sternegekrönten Restaurants. Chefkoch Igor Yakushchenko kam als Jugendlicher aus der Ukraine nach Deutschland und hat seinen Beruf von der Pike auf gelernt. Der Schwerpunkt seiner fantasievollen Küche liegt bei Fisch- & Meeresfrüchtezubereitungen: regional und klassisch modern sind seine Kreationen. Er beherrscht spielerisch die Kunst, originell und doch unverfälscht zu kochen. Die gebratene Seezunge war von himmlischer

Qualität und wurde dank Tomaten-Beurre-blanc, zartem Baby-Blattspinat und La Ratte Kartoffeln zu einer vordergründig schlichten, aber in seiner Ausführung aromenstarken Verführung. Bei Fragen kann sich der Gast jederzeit an die liebenswürdige und kompetente Restaurantleiterin Johanna Brandl wenden.

Maritim Hotel

Bhf→650 m

68165 · Friedrichsplatz 2 · ☎ (06 21) 1 58 80 · Fax: 1 58 88 00
„Parkrestaurant“ mit Internat. Küche, Pianobar
10 km
info.man@maritim.de · www.maritim.de

81 **DZ** von 78,00 bis 292,00 €;
83 **EZ** von 78,00 bis 254,00 €;
3 **Suiten** von 173,00 bis 382,00 €;
6 **Fam.-Zimmer** von 93,00 bis 365,00 €
Das im Renaissance-Stil erbaute Hotel liegt zentral am Friedrichsplatz. Sowohl Privat- als auch Geschäftsreisende kommen dank der imposanten Wellness-Landschaft und den modernen Tagungsräumen voll auf ihre Kosten.

Marly

Bhf→1,1 km

68159 · Rheinvorlandstraße 7 · ☎ (06 21) 86 24 21 21
Mediterrane Küche · Küche: 12–13:30/19–21:30 Uhr · **Ruhetag:** So./Mo. · **Ferien:** Juli · **Tische:** 12/40 Plätze
info@restaurant-marly.com · www.restaurant-marly.com

Speisekarte: 1 Mittagsmenü von 49,00 bis 59,00 €; 2 Menüs von 89,00 bis 125,00 € 236 Weinpos.
Es ist nicht eben selbstverständlich, in einem ehemaligen Getreidespeicher ein Restaurant zu finden. Das "Marly" nutzt den Speicher, der seit den frühen 1980er Jahren leer stand und mit großem Aufwand in glas- und verchromtem Industriedesign saniert wurde. Zwischen Waldpark und Containerhafen an der Hauptanlegestelle der Flusskreuzfahrtschiffe direkt am Rheinufer gelegen, hat man den Fluss jederzeit im Blick, und an warmen Tagen auf der Terrasse auch noch in Hörweite. Klare Linien, lässige und moderne Eleganz dominieren das Interieur und geben ihm eine urbane, kosmopolitische Atmosphäre. Gregor Ruppenthal und Maia Valente führen ihr Restaurant mit hohen gastronomischen Ansprüchen, was sowohl den Service – unter liebenswürdiger Leitung von Maia Valente – als auch die exklusive Küche von Gregor Ruppenthal betrifft. Seine Speisen sind in der Haute Cuisine verwurzelt, bekommen jedoch dank seines Könnens und Ideenreichtums eine ganz eigene, innovative Note. Die handverlesenen Zutaten kombiniert er immer wieder neu, setzt sie in spannungsvolle Kontraste verschiedener Aromen und Texturen und überzeugt am Ende mit ausbalancierten Speisen, die gleichermaßen modern wie vertraut ist. Mittags wird ein 3- bis 4-gängiges, leichtes Menü angeboten, das nicht nur bei Businessgäste sehr beliebt ist.

Dieses Restaurant bietet Ihnen eine exzellente Küche.

Bhf→1 km

OPUS V

✉ 68161 · 05, 9-12 · ☎ (06 21) 1 67 11 55 · Fax: 1 67 11 59 · Klass. u. Neue Küche, eig. Kreationen · **Geöffnet:** Mi.-Sa. 18-22 Uhr, Fr./Sa. 12-15 Uhr + 18-23 Uhr · **Ruhetag:** So./Mo./Di. · **Ferien:** je 3 Wo. Feb. + Aug. · **Tische:** 12/40 Plätze
VISA AE

info@restaurant-opus-v.de · www.restaurant-opus-v.de ·

Speisekarte: 1 Menü von 199,00 bis 230,00 € 350 Weinpos.

Im sechsten Stock des engelhorn Modehauses hat sich das "Opus V." einen kulinarischen Namen gemacht, der über die Landesgrenzen hinausgeht. Das Interieur ist skandinavisch reduziert, die vorgelagerte Terrasse wird an warmen Tagen einfach zur Verlängerung des Restaurants und erlaubt zusätzlich einen weiten Blick über Mannheim. Die offene Küche ist das Herzstück des Restaurants und der "Hot Spot" für Chefkoch Dominik Paul, den ehemaligen Executive Sous-Chef und Creative Director. Der gebürtige Schwabe ist dem Hause seit vielen Jahren verbunden und überzeugt mit einem durchdachten kulinarischen Konzept. Das außergewöhnliche Zusammenspiel zwischen dem Gast, der Küche und dem Serviceteam (Adrian Dastig ist umsichtiger Maître, Jo Wessels vielfach ausgezeichneter Sommelier, der mit sensiblem Gespür die passenden Weine empfiehlt) machen das "Opus V." zu einem Ort zum Verweilen und Genießen der innovativen und zeitgemäßen Urban-Nature-Cuisine – einer modernen Küche, die die Ordnung und Geradlinigkeit der Stadt widerspiegelt, die wilde Schönheit und Gelassenheit der Natur aufnimmt und dabei kulinarisch neue Wege geht. Nachhaltigkeit und Moderne bilden eine Symbiose – sowohl auf dem Teller als auch im avantgardistischen Restaurant. Das Handwerk dient dem Produkt, um es in seiner Klarheit und seiner Vollkommenheit auf den Teller zu bringen. Diese Leidenschaft fordert Respekt vor der Natur, entsprechend setzt die Küche auf saisonale und regionale Erzeugnisse, bevorzugt aus der nahen Umgebung. Casual Fine Dining in entspannter Atmosphäre prägt das "Opus V.", in dem sich mittags auch gerne Businessgäste zur kleinen Auszeit treffen.

Exzellente Serviceleistung

Maria Laach

♜ Maria Laach Seehotel

Bhf→15 km

✉ 56653 · Maria Laach 3 - L 113 · ☎ (0 26 52) 5 84-5 00 · Fax: 5 84-5 22
Rest. mit Intern. u. Reg. Küche, Terrasse, Frühstück im Zi.-Preis inkl.
25 km
seehotel@maria-laach.de · www.seehotel-maria-laach.de

37 **DZ** ab 129,00 €;
als **EZ** ab 125,00 €;
32 **EZ** ab 80,00 €
Inmitten herrlicher Eifellandschaft bietet dieses prächtige Urlaubshotel individuellen Service und hohen Wohnkomfort. Veranstaltungen finden in 16 Räumen stets einen passenden Rahmen.

Markt Berolzheim

Gaststätte Meyer

Bhf→8 km

✉ 91801 · Schlossanger 4 · ☎ (0 91 46) 2 28
Internationale und Regionale Küche · **Geöffnet:** Mo./Do./Fr.: 17:30-21:30, Sa. + So.: 11:30-14 + 17:30-21:30 · **Ruhetag:** Di./Mi. · **Tische:** 13/80 Plätze
info@gaststaette-meyer.de · www.gaststaette-meyer.de

Speisekarte: 7 Tagesgerichte von 5,00 bis 21,00 €; 2 Menüs von 49,00 bis 74,00 €
40 Weinpos.
Die Gaststätte Meyer ist mit umlaufenden Bänken, flächendeckender Wandmalerei mit bäuerlichem Motiv und einem grün glasierten Kachelofen sehr behaglich eingerichtet. Mit herzlicher Gastfreundschaft begrüßt und umsorgt, kann man hier bei einer ehrlichen und abwechslungsreichen Küche entspannte Stunden verbringen. Patron Jörg Meyer hat sein Handwerk von der Pike auf gelernt und ist stets bemüht, seinen Gästen sorgfältig zubereite Speisen zu präsentieren, die dem jahreszeitlichen Marktangebot entsprechen und die von ihm mit dem richtigen Gespür fürs ausbalancierte Aroma regional und international auf die Teller kommen. Samstagabend findet der beliebte Menüabend (bitte zuvor reservieren) statt. Ehefrau Silke Meyer kümmert sich liebevoll und aufmerksam um die Gäste und ist auch Ansprechpartnerin, wenn es um die Ausrichtung von Feiern geht, für die passende Räumlichkeiten zur Verfügung stehen.

Marktbreit

♜ Michels Stern

Bhf→300 m

✉ 97340 · Bahnhofstr. 9 · ☎ (0 93 32) 13 16 · Fax: 13 99
Klass. u. Reg. Küche · Küche: Fr.-Sa. 12–13:45/Fr.-Di. 18–21 Uhr · **Ruhetag:** Mi./Do. · **Ferien:** variabel · **Tische:** 9/30 Plätze
post@michelsstern.de · www.michelsstern.de

Speisekarte: 7 Hauptgerichte von 16,90 bis 21,50 €; 1-2 Tagesgerichte von 14,00 bis 25,00 €; 1 Menü von 35,00 bis 44,00 €
200 Weinpos.

Rustikale Eleganz prägt das Interieur in "Michels Stern", das seit über 100 Jahren in Familienbesitz ist. Das erkennt man auch an dem großen Engagement von Chefkoch Wolfgang Michel, der unverfälschte regionale Speisen präsentiert, die er geschickt mit mediterranen Elementen bereichert.

Marktheidenfeld (Main)

Hotel & Weinhaus Anker

Bhf→18 km

97828 · Kolpingstraße 7 · ☎ (0 93 91) 6 00 40 · Fax: 60 04 77
Holzfasskeller (Kleinkunst- u. Weinevents), Innenhof, Franken-Weingut
4 km
VISA AE EC
info@hotel-anker.de · www.hotel-anker.de

22 **DZ** von 108,00 bis 130,00 €;
als **EZ** zu 97,00 €;
13 **EZ** von 78,00 bis 98,00 €;
4 **Suiten** von 182,00 bis 210,00 €
Historisches und Modernes gehen im "Weinhaus Anker" eine schöne Verbindung ein. Komfortable Zimmer (Preise inkl. Frühstück), Veranstaltungsräume, Restaurant und das Weinkeller-Lokal "Schöpple" machen das Hotel zu einem perfekten Domizil für Urlauber und Geschäftsreisende.

Weinhaus Anker

Bhf→18 km

97828 · Obertorstraße 13 · ☎ (0 93 91) 6 00 48 01 · Fax: 60 04 77
Intern. u. Regionale Küche · Küche: 12–14/18–22 Uhr · **Ruhetag:** Mo.Mittag · **Tische:** 15/70 Plätze
VISA AE EC
info@hotel-anker.de · www.hotel-anker.de

Speisekarte: 11 Hauptgerichte von 11,50 bis 29,00 €; 3 Menüs von 39,00 bis 105,00 €
250 Weinpos.
Die "Alte Weinstube" im "Weinhaus Anker" ist mit ihren historischen Details ein malerisches, kulinarisches Kleinod. Chefkoch Bernhard Lermann kocht aromenstark und unverfälscht. Heimische Zutaten bevorzugt er und kombiniert sie zu regionalen, weltoffenen und saisonalen Speisen.

Meerbusch

Anthony's Kitchen

40667 · Moerser Str. 81 · ☎ (0 21 32) 9 85 14 25
Crossover Küche · **Geöffnet:** Do.-So. 17-23 Uhr · **Ruhetag:** Mo./Di./Mi.
info@anthonys.kitchen · www.anthonys.kitchen

Speisekarte: 1 Menü von 150,00 bis 185,00 €
In "Anthony's Kitchen" wird weit über den Tellerrand geschaut. Gemeinsam mit seinem internationalen Team lässt sich Chefkoch Anthony Sarpong in seinem modern gestalteten Restaurant von Spezialitäten, Würzungen und Garmethoden aus der französischen, arabischen und afrikanischen Küche inspirieren und kreiert spannende Speisen mit ganz eigener Handschrift.

Meersburg

Residenz am See - Casala

Bhf→17 km

88709 · Uferpromenade 11 · ☎ (0 75 32) 8 00 40 · Fax: 80 04 70
Neue u. Int. Küche · Küche: 18:30–20:30/So.+Feiert. auch 12–13:45 Uhr · **Ruhetag:** Di./Mi. · **Tische:** 5/14 Plätze
VISA AE EC
info@hotel-residenz-meersburg.com · www.hotel-residenz-meersburg.com

Speisekarte: 3 Menüs von 45,00 bis 89,00 €
über 400 Weinpos.
Ein ausgezeichnetes Gourmetrestaurant, in dem Chefkoch Markus Philippi eine klassisch-französische Küche mit mediterranen Einflüssen kreativ kombiniert. Die Weinempfehlungen von Sommelier und die feine Pâtisserie runden das Angebot ab.

Meisenheim

Meisenheimer Hof OT Altstadt

Bhf→10 km

Family

55590 · Obergasse 33 (Rezeption Obergasse 27) · ☎ (0 67 53) 123 77 80 · Fax: 123 77 849 · umfangreicher Weinkeller in historischem Gewölbekeller, Weinproben m. Weinen des Weingutes Disibodenberg im angegliederten Adelshof Boos von Waldeck

20 km

VISA AE

mail@meisenheimer-hof.de · www.meisenheimer-hof.de ·

18 **DZ** von 149,00 bis 169,00 €;
als **EZ** von 98,00 bis 109,00 €;
4 **Suiten** ab 199,00 €;
1 **Ferienwohnung 2-6 Ps.** ab 199,00 €

Aufwändig und mit großer Liebe zum Detail restauriert, wurde der Meisenheimer Hof im nordpfälzischen Meisenheim wieder zu einem echten gastronomischen Kleinod. Drei historische Gebäude wurden in perfekter Harmonie mit einem Neubau verbunden. Die Mischung aus neuer und alter Bausubstanz ist hinreißend, integriert sie z. B. einen antiken Brunnen, der durch gläserne Bodenplatten zum Hingucker wird. Die individuell eingerichteten Zimmer (das Frühstücksbuffet ist im Preis inklusive) sind sehr großzügig geschnitten, bieten zeitgemäßen Komfort und bezaubern mit einem Stilmix aus Antiqitäten und modernen Gestaltungselementen. Für Tagungen und private Feiern stehen perfekt ausgestattete Räumlichkeiten zur Verfügung. Eine Freilichtbühne findet man in den alten Mauern eines Festsaals aus dem 19. Jahrhundert. Dach-, Ruheterrasse und der duftende Kräutergarten sind Orte der Entspannung und Inspiration, der schattige Innenhof mit abschließender Stadtmauer lädt an warmen Tagen ein, das herrliche Weinangebot der Region zu genießen. Die Umgebung bietet vielfältige und attraktive Freizeitmöglichkeiten, die schon mit einem Picknick in der malerischen Landschaft beginnen können – das engagierte Hotelteam ist hier sehr zuvorkommend, hilfsbereit und wirklich ideenreich.

Bhf→10 km

♜ Meisenheimer Hof

✉ 55590 · OT Altstadt · Obergasse 33 · ☎ (0 67 53) 123 77 80 · Fax: 123 77 849
Klass., Neue u. Reg. Küche · **Geöffnet:** Di.-Sa. 18-22 Uhr, So. 12:30-20:30 Uhr ·
Ruhetag: Mo. · **Ferien:** 4.1.-21.1.21 · **Tische:** 22/48 Plätze VISA AE EC
mail@meisenheimer-hof.de · www.meisenheimer-hof.de

Speisekarte: 8 Hauptgerichte von 22,00 bis 36,00 €; 2 Tagesgerichte von 20,00 bis 40,00 €; 3 Menüs von 37,00 bis 99,00 €
180 Weinpos.

Das barocke Erscheinungsbild des "Meisenheimer Hof" ist ein perfekter erster Eindruck und wunderschöner Blickfang für jeden Gast. Die verschiedenen Räumlichkeiten wurden mit sehr viel Geschmack und unter Einbeziehung antiker Elemente zu zauberhaften gastronomischen Schmuckstücken. Historische Vertäfelungen, Blumenbordüre, Holzfelderboden und Wandschrank prägen das Interieur der Stube "Zur Blume". In der "Brunnenstube" ist der mit einer Glasplatte abgedeckte historische Quellbrunnen mitten im Raum Namensgeber und Hingucker zugleich. Die Glaswand zum Innenhof direkt an der Stadtmauer wird an warmen Tagen geöffnet – ein außergewöhnlich reizvolles Ambiente. Mit waidmännischem Zierrat ist das "Jägerzimmer" (auch Stammtisch der heimischen Jäger) geschmückt. Markus und Clarissa Pape führen auch das Restaurant mit nimmermüdem Einsatz und sehr viel Herzblut. Der Patron steht am Herd und verbindet Regionales mit Grenzübergreifendem, Traditionelles mit Innovativem – und greift dabei auf handverlesen, gerne heimische und saisonale Zutaten zurück. Er kocht mit Schwung, raffinierten Ideen und herrlich unverfälscht. So sprechen die ehrlichen und aromenstarken Speisen für sich und zeugen von der Kreativität des Chefkochs, der übrigens auch Mitglied bei den Jeunes Restaurateurs ist. Clarissa Pape ist formvollendete und herzliche Gastgeberin des Hauses. Andreas Held berät mit Sachkenntnis zur feinen Weinauswahl und verweist auch gerne auf die schicke Weinbar. Zwischen Innenhof und der Weinbar gibt es noch den Grotto – hier lassen sich unter der Gewölbedecke in schlichtem Ambiente gesellige Feste feiern und Weine verkosten.

Die Küchenleistung dieses Restaurants ist hervorhebenswert in seiner Kategorie.

Meschede

Landhotel Donner OT Remblinghausen

Bhf→5 km

✉ 59872 · Zur alten Schmiede 4 · ☎ (02 91) 95 27 00 · Fax: 9 52 70 10 · Rest. mit geh. reg. Küche u. eig. Kreat. v. 7-1 Uhr, Gartenterrasse, Preise inkl. Frühst.
19 km
info@landhotel-donner.de · www.landhotel-donner.de

114 **DZ** von 110,00 bis 140,00 €;
als **EZ** von 78,00 bis 82,00 €;
3 **EZ** von 78,00 bis 82,00 €

Familiär geführt und mit stilvollem Ambiente, ist das "Landhotel Donner" im idyllischen Remblinghausen nahe dem Stausee ein Landhotel der harmonischen Art mit marktfrischer Küche im Restaurant. Die warme Atmosphäre im Interieur mit viel honigfarbenem Holz setzt sich auch in den mit viel Geschmack und individuell eingerichteten Zimmern fort (Preise inkl. Frühstück, HP zzgl. 28.- € p. P.). Tagungen und Feiern werden aufmerksam und professionell betreut. In der Idylle des Sauerlandes – der Hennesee, Fort Fun, Wildgehege und Burgen sind ganz in der Nähe – locken Wiesen, Wälder, zahlreiche Wanderwege und verschiedene Golfplätze fast vor der Haustür. Entspannung findet man auch auf der Gartenterrasse bei Kaffee und hausgebackenem Kuchen. Attraktive Arrangements (z. B. Wanderpauschalen, "Schlemmerwochenende", "Landhotel-Bonbon", "Sauerländisch auftanken") können rund ums Jahr gebucht werden.

Landhotel Restaurant Donner

Bhf→6 km

✉ 59872 · Zur alten Schmiede 4 · ☎ (02 91) 95 27 00 · Fax: 9 52 70 10
Klass., Reg. Küche u. eigene Kreationen · Küche: 12–14/18–21:30 Uhr · **Ruhetag:** Mo.-Mittag/Mi. · **Ferien:** 07.-24.1.19 · **Tische:** 21/100 Plätze
info@landhotel-donner.de · www.landhotel-donner.de

Speisekarte: 12 Hauptgerichte von 14,80 bis 34,00 €; 1-2 Tagesgerichte von 19,00 bis 25,00 €; 2 Menüs von 38,00 bis 48,00 €

45 Weinpos.

Das Restaurant im Landhotel Donner ist genauso, wie man sich ein behagliches Gasthaus vorstellt. Warmes, honigfarbenes Holz, hübsche, weich fallende Stoffe, umlaufende Bänke, Balkendecken, Sprossenfenster und fein eingedeckte Tische verbinden sich zu einem charmanten Landhausstil. In der entspannten Atmosphäre fühlt man sich sofort wohl. Patron und Chefkoch Georg Donner kocht, was die Natur hergibt und den Gästen schmeckt. Das Speiseangebot wechselt häufig und spiegelt immer auch den Wechsel der Jahreszeiten wider. Er kocht handwerklich korrekt, mit Sorgfalt und einem feinen Gefühl für harmonische Zusammenstellungen. Unter den regionalen Speisen und modernen, leichten Zubereitungen findet sich für jeden Geschmack das Richtige. Ausgesuchte Weine und Getränke stehen als Speisebegleitung zur Auswahl. Den zuvorkommenden Service leitet Manuela Meier kompetent und liebenswürdig. An warmen Tagen sollte man sich einen Platz auf der beschirmten Terrasse suchen und sich vielleicht zusätzlich noch ein Stück hausgebackenen Kuchen gönnen – so schön kann eine Auszeit sein.

Mettlach

Bhf→6 km

Landhotel Saarschleife OT Orscholz

66693 · Hotel zur Saarschleife GmbH, Cloefstraße 44 · ☎ (0 68 65) 17 90 · Fax: 1 79 30 · Attraktive Arrangements, Ferienhäuser ab 99,- € pro Tag, individuelle Tagespreise auf der Homepage
18 km
info@hotel-saarschleife.de · www.hotel-saarschleife.de

Family

32 **DZ** ab 139,00 €;
4 **(Jui.-)Suiten** zu 210,00 €;
2 **Appartements** ab 169,00 €

In zehn Minuten am Naturdenkmal Saarschleife – mitten im romantischen Saarland liegt das vier Sterne Landidyll "Landhotel Saarschleife", in dem der Gast mit traditioneller Gastfreundschaft von Familie Buchna willkommen geheißen wird. Es warten ländlich-moderne Wohlfühlzimmer (Preise inklusive Frühstück), eine 500 m² große moderne Spa- und Wellnessanlage, in der man neue Kraft und Energie tanken kann. Eine Hotelbar mit regionalen Getränken und eine vielseits gelobte Landküche gehören zum gastronomischen Angebot. Ein professionelles und sehr liebenswürdiges Mitarbeiterteam umsorgt die Gäste umsichtig und hat auch für individuelle Wünsche ein offenes Ohr. Eine Fülle attraktiver Arrangements steht rund ums Jahr zur Auswahl.

Bhf→6 km

Landhotel Saarschleife - Kaminzimmer

66693 · Hotel zur Saarschleife GmbH, Cloefstraße 44 · ☎ (0 68 65) 17 90 · Fax: 1 79 30
Feines Essen · Küche: 12–20:30 Uhr · **Tische:** 9/24 Plätze
info@hotel-saarschleife.de · www.hotel-saarschleife.de

Speisekarte: 5 Hauptgerichte von 20,00 bis 25,00 €; 1 Menü von 56,00 bis 85,00 €

Das Interieur des "Kaminzimmer" gefällt mit einem hübschen Landhausstil in unaufdringlicher Eleganz und ist von einer gesellig-entspannten Atmosphäre geprägt. Zu dieser Unaufgeregtheit passt die Küche von Patron und Chefkoch Christian Münch-Buchna ganz hervorragend. Am Herd unterstützt von Celine Weisse und einem engagierten Team, setzen sie ihre Philosophie einer kreativen und frischen Küche mit feinem Essen um. Die Zutaten kommen vorzugsweise aus dem Umland, entsprechen den Jahreszeiten und werden ökologisch und ökonomisch sinnvoll verarbeitet, Regionalität und Nachhaltigkeit sind unabdingbar. Die frisch zubereiteten Speisen sind grundehrlich und wunderbar unverfälscht. Trotz aller Bodenständigkeit bleibt die Fantasie nicht auf der Strecke, bekommen die präzise zubereiteten Gerichte durch ausgewählte Gewürze und Kräuter den letzten Aromakick. Erwähnenswert ist übrigens, dass die Hauptspeisen auch als kleine Portion bestellt werden können. Bei Fragen oder auch Sonderwünschen steht Pierre Näke als umsichtiger Restaurantleiter stets zur Verfügung. Bodenständiger geht es in der "Dorfküche" zu, hier gibt es von 12-22 Uhr eine durchgehende Küche (20 Tische/50 Plätze) und das tagesfrisch zusammengestellte Dorfküchenmenü für 28,- €.

Mettmann

Land Gut Höhne

Bhf→2 km

✉ 40822 · Düsseldorfer Straße 253 · ☎ (0 21 04) 77 80 · Fax: 77 87 78 · Zwei Rest. mit Intern. und Wellness-Küche; hauseigenes Bier, Zi.-Preise inkl. Frühst.
10 m
VISA AE
info@guthoehne.de · www.guthoehne.de

98 **DZ** von 185,00 bis 280,00 €;
als **EZ** von 130,00 bis 145,00 €;
30 **EZ** von 99,00 bis 180,00 €;
4 **Suiten** von 360,00 bis 450,00 €;
3 **App.** von 230,00 bis 350,00 €

Das Hotel "Land Gut Höhne" vereint Geschäftsleben mit Entspannung. Neben zahlreichen Wellnessangeboten stehen den Gästen 16 top ausgestattete Tagungsräume zu Verfügung.

Mittenwald

Das Marktrestaurant

Bhf→1 km

✉ 82481 · Dekan-Karl-Platz 21 · ☎ (0 88 23) 9 26 95 95 · Fax: 9 26 96 07
Neue u. Regionale Küche · **Geöffnet:** Mi.-Sa. 12-14 Uhr, Di.-Sa. 18:30-23 Uhr · **Ruhetag:** So./Mo. · **Tische:** 16/42 Plätze
VISA AE
info@das-marktrestaurant.de · www.das-marktrestaurant.de

Speisekarte: 7 Hauptgerichte von 22,90 bis 42,00 €; 1 Menü von 86,00 bis 110,00 €
80 Weinpos.

Grobe Holzdielen unter einer Gewölbedecke mit Bruchstein, Bänke, feine Stühle und blanke Tische fügen sich im "Marktrestaurant" zu einem ungemein behaglichen Ambiente. Herrgottswinkel und üppiges Schnitzwerk sucht man vergebens, vielmehr wird hier die umgebende Bergwelt in klarer und unverfälschter Gestaltung aufgegriffen. Nancy und Andreas Hillejan führen ihr Restaurant mit ganz viel Leidenschaft und sind für ihre Gäste immer ansprechbar. Der Patron steht am Herd und experimentiert mit den erlesenen Zutaten, um Speisen zu kreieren, die in der Region verwurzelt sind und seiner Vorstellung einer leichten, modernen und zeitgemäßen Küche entsprechen. So entstand seine "Karwendelküche", in der er bevorzugt Elemente rund um Zugspitze und Wetterstein aufgreift, Tradiertes mit Innovativem kombiniert, mit Aromen und Texturen spielt, mit verschiedenen Garmethoden tüftelt und sich gleichzeitig vom jahreszeitlich wechselnden Warenangebot inspirieren lässt, um saisonalen Spezialitäten ein neues Gewand zu geben. Wenn man der exklusiven Gourmetküche einmal etwas entgegensetzen möchte: Die erstklassige Qualität gilt auch für die genialen bayerischen Brotzeiten. Die Dame des Hauses leitet charmant den zugewandten Service. Für private Feiern stehen wunderschöne Räumlichkeiten – u. a. der historische Gewölbekeller – zur Verfügung. Die Innenhofterrasse mit herrlichem Karwendel-Blick garantiert eine perfekte Auszeit vom Alltag. Zum umfangreichen Angebot gehören auch noch ein exklusives Catering und rund ums Jahr verschiedenste kulinarische Events.

Mitterskirchen

Bhf→6 km

Freilinger Wirt

84335 · Hofmarkstraße 5 · (0 87 25) 2 00 · Fax: 74 77
Regionale Küche · **Geöffnet:** Mi./Do./Sa.: 17-23 – Fr. 11:30-23, So. 11-23 UhrUhr · **Ruhetag:** Mo./Di. · **Tische:** 16/90 Plätze
info@freilinger-wirt.de · www.freilinger-wirt.de

Speisekarte: 10 Hauptgerichte von 9,50 bis 20,00 €; 2 Tagesgerichte von 14,50 bis 20,00 €; 1 Menü von 25,00 bis 50,00 €
20 Weinpos.

Wenn wir ehrlich sind: Die Gasthäuser mit langer Familientradition sind uns oft die liebsten, weil die Leidenschaft, mit der sie betrieben werden, allgegenwärtig ist. Nicht anders geht es mit dem "Freilinger Wirt", der seit 1870 ein Gasthaus ist und schon immer zum Mittelpunkt des Ortes gehörte. Mit ganz viel Holz ausgestattet, wird das traditionelle Material hier nicht in klassischer bayerischer Rustikalität präsentiert, sondern in einer modernen Formgebung mit geradlinigen Tischen, mit senkrecht und waagerecht gelagerten Holzstämmen als schönes Gestaltungselement. Junior Michael Freilinger hat sein Handwerk von der Pike auf gelernt und bereichert den elterlichen Betrieb seit 2015 mit seinen Ideen einer neu interpretierten Regionalküche. Die Zutaten dafür kommen von bekannten Händlern, Erzeugern und Höfen aus dem Umland und genügen einem hohen Qualitätsstandard (Fleisch- und Wurstwaren sind aus der eigenen Metzgerei). Da die Karte oft häufiger als monatlich wechselt, finden sich auch immer saisonale Spezialitäten, die übrigens von klassischen bayerischen Schmankerln und feinen Fischgerichten ergänzt werden. Geschmacksverstärker und Fertigsaucen gibt es nicht, stattdessen eine gehörige Portion Freude am Kochen mit der genau richtigen Prise Kreativität. Die Zubereitungen sind gekonnt, grundehrlich und werden mit Kräutern aus dem eigenen Kräutergarten geschickt und aromenstark abgerundet. Bei Fragen steht der Mann am Herd gerne selbst zur Verfügung, stets ansprechbar ist Vater Ludwig Freilinger, der den Service leitet. Verschiedene Räumlichkeiten für Feierlichkeiten und ein sehr gemütlicher, windgeschützter und teilüberdachter Biergarten runden das Angebot perfekt ab.

Moers

Bhf→3 km

Kurlbaum

47441 · OT Altstadt · Burgstraße 7 · (0 28 41) 2 72 00 · Fax: 2 23 55
Neue Küche, eig. Kreat. · Küche: 18–21:30 Uhr · **Ruhetag:** Mo./Di. · **Tische:** 10/50 Plätze
kontakt@restaurant-kurlbaum.de · www.restaurant-kurlbaum.de

Speisekarte: 5 Hauptgerichte von 30,00 bis 35,00 €; 2 Menüs von 52,00 bis 72,00 €
180 Weinpos.

Das in der Altstadt gelegene, traditionsreiche Restaurant ist zeitlos modern eingerichtet. Chefkoch Detlev Hufschmidt arbeitet präzise und mit kreativer Freude bei der Zubereitung aromensicherer und harmonischer Speisen. Auch der Service überzeugt.

Wellings Hotel zur Linde

Bhf→4 km

47445 · OT Repelen · An der Linde 2 · ☎ (0 28 41) 97 60 · Fax: 9 76 66
Rest. mit Mediterraner Frischeküche, Fahrradverleih
10 km
info@hotel-zur-linde.de · www.hotel-zur-linde.de

40 **DZ** von 104,50 bis 218,00 €;
10 **EZ** von 84,50 bis 198,00 €;
6 **Suiten** von 124,50 bis 230,00 €;
4 **App.** von 89,50 bis 230,00 €

In diesem freundlichen Hotel kann sich der Gast ganz wie zu Hause fühlen. Arrangements ermöglichen einen individuellen Aufenthalt.

Moos

restaurant [KOOK] 36

94554 · Thundorferstr. 36 · ☎ (0 99 38) 9 19 66 36
Innovative Küche · **Geöffnet:** Mi.-So.: 18:30-22 Uhr · **Ruhetag:** Mo./Di. · **Tische:** 9/30 Plätze
daniel.klein@kook36.de · www.kook36.de

Speisekarte: 5 Hauptgerichte von 18,00 bis 38,00 €; 1 Menü von 46,00 bis 81,00 €

Das Besondere im [KOOK] 36 beginnt beim Namen, aber hört dort noch längst nicht auf. Phonetisch hört man das englische "cook" heraus, im Deutschen ist es die Aufforderung, doch mal beim Koch vorbeizu"kuck"en. Und das macht man am besten vorne in der Nummer 36, denn dort ist das Restaurant, hinten wohnen der Koch Daniel Klein und seine Lebensgefährtin Josefine Noke. Mit wie viel Schwung und Liebe zum Detail sie ihr Restaurant führen, spürt man schon beim Eintreten. Eingerichtet ist es nach eigenen Plänen, herrlich unprätentiös mit blanken Tischen, behaglichen Sitzecken und locker-lässigem, urbanem Bistro-Ambiente. Der Patron begeistert mit einer fulminanten Küche, erstklassigen Zutaten, verschiedensten Aromen und Texturen, Kräutern aus dem eigenen Garten und einer Menge kulinarischer Ideen. Seine Speisen sind frech und ungewöhnlich in der Kombination, bleiben in der Ausführung aber immer geerdet und verständlich. Das angebotene Menü ist gut durchdacht und innovativ, und kann von drei Gängen auf bis zu sieben erweitert werden. Den Service leitet Josefine Noke mit großer Herzlichkeit, sie hat bei Sonderwünschen ein offenes Ohr und ist auch Ansprechpartnerin, wenn es um engagiert betreute Veranstaltungen geht.

Ein Restaurant mit anspruchsvoller Küche.

Moosbach

Bhf→25 km

Landhotel Goldenes Kreuz

Family

✉ 92709 · Saubersrieth 12 · ☎ (0 96 56) 3 04 · Fax: 17 28 · Rest. mit gehobener regionaler Küche, Biergarten, Catering, Zimmerpreise inkl. Frühstücksbuffet
20 km VISA
info@landhotel-goldenes-kreuz.de · www.landhotel-goldenes-kreuz.de

26 **DZ** von 65,00 (bis 2 Nächte) bis 130,00 €;
als **EZ** von 45,00 (bis 2 Nächte) bis 90,00 €;
1 **Suite** von 100,00 bis 110,00 €
Das Landhotel „Goldenes Kreuz" wird mit viel Herzblut engagiert von Familie Schieder geführt, ist im regionalen Landhausstil eingerichtet und mit den individuell gestalteten, komfortablen Zimmern ein behagliches Zuhause auf Zeit. Ruhig gelegen, kann man hier herrlich entspannen. Das Haus ist ein idealer Ausgangspunkt für Biker-, Radfahrer und Wanderer, die die vielen ausgesuchten und gut ausgeschilderten Routen durch das herrliche Naturparkland Oberpfälzer Wald zu jeder Jahreszeit nutzen können. Auch kulinarisch ist man mit der gehobenen regionalen Küche im behaglichen Restaurant bestens auf die Gäste eingestellt.

Sehr gutes, komfortables Hotel

Bhf→25 km

Landhotel Goldenes Kreuz

✉ 92709 · Saubersrieth 12 · ☎ (0 96 56) 3 04 · Fax: 17 28
Regionale Küche · **Geöffnet:** 18-20:30 Uhr, So. auch 11:30-13:30 Uhr · **Ruhetag:** Mo. (nicht f. Hotelgäste) · **Ferien:** 2.-21.1 · **Tische:** 25/84 Plätze VISA
info@landhotel-goldenes-kreuz.de · www.landhotel-goldenes-kreuz.de

Speisekarte: 15 Hauptgerichte von 12,00 bis 28,00 €; 1 Menü von 30,00 bis 45,00 € 30 Weinpos.
Zum Landhotel "Goldenes Kreuz" gehört auch ein entsprechender Landgasthof, der mit seiner behaglichen Einrichtung und dem kulinarischen Angebot Urlaubs- und Tagungsgäste gleichermaßen anspricht. Auch im Restaurant fällt das große Engagement von Sonja und Michael Schieder auf. Die beiden haben ihr Handwerk von der Pike auf gelernt und arbeiten mit hohem Eigenanspruch und dem stets zugrunde liegenden Wunsch, jedem Gast einen schönen Aufenthalt und perfekten Genuss zu ermöglichen. Michael Schieder steht am Herd und greift am liebsten auf das reiche Warenangebot der Region zurück. Bekannte Händler und Erzeuger liefern Produkte, die erntefrisch und einwandfrei sind. Die kombiniert er mit guten Ideen und in handwerklicher Perfektion zu grundehrlichen, regionalen Speisen mit unverfälschtem Aromenreichtum. Die traditionelle Küchenlinie ergänzt er mit modernen Elementen und kreativen Ideen. Schmankerlmenü, eine Sonntagskarte und verschiedene kulinarische Specials sorgen rund ums Jahr für zusätzliche Abwechslung. Sonja Schieder leitet sehr liebenswürdig den herzlichen Service und verweist an warmen Tagen gerne auf einen Terrassen- oder Biergartenplatz mit schönem Ausblick auf die malerische Umgebung.

Mulfingen

Landgasthof Jagstmühle OT Heimhausen

Bhf→15 km

74673 · Jagstmühlenweg 10 · (0 79 38) 9 03 00 · Fax: 9 03 03 36 · Restaurant, Bar, Bibliothek, Wintergarten, Terrasse, Event-Scheune, Frühstücksbuffet (im Zi.-Preis inkl.)
20 km
rezeption@jagstmuehle.de · www.jagstmuehle.de ·

28 **DZ** von 150,00 bis 220,00 €;
als **EZ** von 135,00 bis 195,00 €;
1 **Garten-Suite (60 m²)** ab 230,00 €

Im Hohenloher Land, im Herzen des Jagsttals, liegt das liebevoll und mit Bedacht restaurierte Hotel Jagstmühle mit Haupt- und Gästehaus. Hier kann man inmitten einer wunderschönen Naturlandschaft den Alltag hinter sich lassen, dem Plätschern der Jagst und dem Zwitschern der Vögel lauschen, auf der kleinen Insel den Tag verträumen. Die sympathischen Gastgeber Nadine & Steffen Mezger führen seit Mitte Oktober 2021 den Landgasthof Jagstmühle. Begleitet von einem sehr liebenswürdigen und familiären Service steht nachhaltiger Erholung nichts im Wege. Die großzügig geschnittenen Zimmer (Preise inkl. Frühstück) sind sehr charmant gestaltet, natürliche Materialien wie Holz und Stein prägen die Einrichtung und fügen sich zu einem eleganten Landhausstil. Fast alle Zimmer im Gästehaus haben eine eigene Terrasse mit Fluss-Blick. Die umsichtig ausgestatteten Tagungs- und Veranstaltungsräume ermöglichen effektives Arbeitern und unbeschwertes Feiern in einer inspirierenden Umgebung. Vielfältige Freizeitmöglichkeiten rund um die Jagstmühle warten – gerne hilft das Hotelteam mit Tipps und Unterstützung weiter. Wandern und Radeln, Angeln, Kanu fahren, Reiten, Freilichtspiele in Jagsthausen, Konzerte, malerische Städtchen wie Rothenburg ob der Tauber sowie Burgen und romantische Schlösser sind nur einige der Möglichkeiten, den Tag zu gestalten. Die Scheune "Heimatliebe" steht für individuell betreute Events aller Art bereit. Innerhalb attraktiver Arrangements sollte man die Jagstmühle am besten bald einmal selber kennenlernen.

Hervorragendes Hotel mit außergewöhnlichem Komfort

Landgasthof Jagstmühle OT Heimhausen

Bhf→15 km

✉ 74673 · Jagstmühlenweg 10 · ☎ (0 79 38) 9 03 00 · Fax: 9 03 03 36
Neue u. gehobene Regionale Küche · Küche: 18–20:30 Uhr · **Ruhetag:** Mo./Di. · **Ferien:** variabel · **Tische:** 10/50 Plätze
VISA AE EC
rezeption@jagstmuehle.de · www.jagstmuehle.de

Speisekarte: 2 Menüs von 55,00 bis 145,00 € 200 Weinpos. Das Restaurant ist in freundlichen Naturtönen elegant-rustikal gestaltet: Holzverkleidete Wände, ein gediegener Holzboden, Kachelofen und Stuhlhussen fügen sich zu einem eleganten Landhausstil und einladenden Ambiente. Patron und Chefkoch Steffen Mezger legt großen Wert auf hochwertige Produkte. So wie im Hotel gehören auch im Restaurant Aspekte der Nachhaltigkeit zur DNA des Hauses. Präzise Arbeit ist die Basis für seine kreativen und ideenreichen Speisen. Inspirationen liefern die wechselnden Jahreszeiten ebenso wie tradierte Rezepturen, die der raffinierten Landhausküche ihren einzigartigen Charakter geben wie beim Zweierlei von der Gänseleber oder dem Steinbutt mit Roter Beete und Pommery. Besonders raffiniert war beim Tristan Lobster die Kombination von Curry und Eisenkraut.

Man schmeckt einfach, dass Steffen Mezger mit echter Leidenschaft und Freude kocht. Mittags wird eine kleine Speisekarte mit regionalen Klassikern angeboten. Der Service ist kompetent, souverän und sehr liebenswürdig. In der Event-Scheune findet sonntags von 10-14 Uhr der Mühlen-Brunch statt.

München

Acquarello OT Bogenhausen

Bhf→5 km

✉ 81677 · Mühlbaurstraße 36 · ☎ (0 89) 4 70 48 48 · Fax: 47 64 64
Ital.-Mediter. Küche, eig. Kreationen · Küche: Di.-Fr.12–14/Di.-So. 18–23 Uhr · **Ruhetag:** Mo. · **Ferien:** variabel · **Tische:** 18/70 Plätze
VISA EC
info@acquarello.com · www.acquarello.com

Speisekarte: 4 Hauptgerichte von 28,00 bis 49,00 €; 3 Tagesgerichte von 24,00 bis 48,00 €; 2 Menüs von 59,00 bis 130,00 € 200 Weinpos. Patron und Chefkoch Mario Gamba hat seinen Beruf auf der ganzen Welt ausgeübt und sich so stets Offenheit und Neugierde bewahrt. Das kommt seiner "Cucina del Sole" zugute. Ungemein präzise, aromentief und sensibel interpretiert er italienische Speisen neu und macht sie zu einzigartigen Genusserlebnissen.

Bauer OT Feldkirchen

Bhf→8 km

✉ 85622 · Münchner Straße 6 · ☎ (0 89) 9 09 80 · Fax: 9 09 84 14 · Restaurant mit Regionaler und Intern. Küche, Café, Terrasse, Preise inkl. Frühstück
3 km
info@bauerhotel.de · www.bauerhotel.de ·

56 **DZ** ab 128,00 €;
als **EZ** ab 106,00 €;
44 **EZ** ab 86,00 €;
Junior-Suite ab 146,00 €

Dezenter bayerischer Landhausstil empfängt den Gast bereits im liebevoll gestalteten Entree des Hotel Bauer. Lange gastliche Tradition und eine familiäre Atmosphäre prägen das vor den Toren Münchens gelegene Haus. Jedes der individuell mit edlen Stoffen in warmen Farben ausgestatteten Gästezimmer (Preise inkl. Frühstück) ist ein komfortabler Wohlfühlort. Ob ein Workshop im kleinsten Kreise oder eine große Konferenz – mit dem Businesscenter ist man im Hotel Bauer auf jede Veranstaltung perfekt vorbereitet. Nachhaltige Entspannung findet man im lichtdurchfluteten Hallenbad mit seinen verschiedenen Wellnesseinrichtungen. Der Abend klingt gern in geselliger Runde in der Hotelbar (Sky-Sport) mit einem frisch Gezapften aus.

Hervorhebenswert in seiner Kategorie

Bauer

Bhf→8 km

✉ 85622 · OT Feldkirchen · Münchner Straße 6 · ☎ (0 89) 9 09 80 · Fax: 9 09 84 14
Intern. u. Regionale Küche · **Geöffnet:** 6–1 Uhr · Küche: 11:30–14/17:30–22 Uhr · **Ferien:** 23.12.-4.1. · **Tische:** 40/200 Plätze
info@bauerhotel.de · www.bauerhotel.de ·

Speisekarte: 14 Hauptgerichte von 14,80 bis 32,00 €
140 Weinpos.
Nicht nur die Nähe zur bayerischen Metropole München macht das östlich gelegene Hotel und Restaurant Bauer so interessant. Hier steht seit drei Generationen alles im Zeichen familiärer Gastlichkeit, und gilt es, in gediegenem Ambiente eine ehrliche Landhausküche zu genießen. Die verschiedenen Stuben sind mit viel Holz in unterschiedlichen Stilrichtungen ungemein charmant und einladend eingerichtet. Die Zirbel-, Kamin- und Jagdstube können auch für Feierlichkeiten oder anderweitige Veranstaltungen genutzt werden. Herrlich lichtdurchflutet ist der Wintergarten. Chefkoch Rainer Unglaub sorgt gemeinsam mit seinem Team für eine abwechslungsreiche Küche, nutzt das heimische Warenangebot und lässt sich auch gerne von den wechselnden Jahreszeiten inspirieren. Er arbeitet konzentriert, ge-

konnt und kocht wunderbar ehrlich und unverfälscht. Die bodenständige Küche ist ein toller Querschnitt durch das bayerische Speiseangebot und wird mit deftigen Schmankerln, Brotzeiten und auch vegetarischen Gerichten ergänzt. Von 14 bis 17:30 Uhr kann man aus einer kleinen Karte wählen.

Bhf→10 km

Bavarie

✉ 80809 · Am Olympiapark 1 · ☎ (0 89) 3 58 99 18 18 · Fax: 3 58 99 18 25
Neue Küche · Küche: 12–15/18–21 Uhr · **Ruhetag:** So. · **Ferien:** 3 W. Aug. · **Tische:** 20/80 Plätze
VISA AE
bavarie.bmw-welt@feinkost-kaefer.de · www.bavarie-muenchen.de · f

Speisekarte: 5 Hauptgerichte von 23,00 bis 28,00 €; 1 Mittagsmenü zu 33,00 €
40 Weinpos.

In der zweiten Etage der BMW-Welt kann man jedes Mal nach einem Besuch des Showrooms oder einem Besuch des Olympiaparks einkehren und auswählen, ob man im lichtdurchfluteten, modern eingerichteten Restaurant mehr französische Brasserie oder bayerische Gasthaus-Kultur erkennt. Möglich ist beides, denn die Küche von Chefkoch Dominik ist ein gelungener Mix aus traditionellen, regionalen Rezepturen und aromenprononcierten Bistro-Klassikern. Erntefrische, heimische Zutaten nutzt er, um das Beste aus beiden Welten in fein aufeinander abgestimmte Speisen fließen zu lassen. Ob kleine Gerichte, Suppen, Salate oder im Sommer frisch Gegrilltes auf einer der schönsten Restaurant-Terrassen in München, Frankophiles wie Bouillabaisse und Spargeltarte oder Bayerisch-Österreichisches wie das Wiener-Schnitzel – hier findet sich für jeden Geschmack zu jeder Zeit etwas Passendes. Freitags gibt es von 18-22 Uhr Spezialitäten-BBQs aus aller Herren Länder. Ein engagiertes Serviceteam kümmert sich zuvorkommend um die Gäste aus aller Welt.

Sehr gute Serviceleistung

Bayerischer Hof – Garden

Bhf→800 m

80333 · Promenadeplatz 2-6 · (0 89) 21 20 993 · Fax: 2 12 09 06
Gehobene Regionale Küche · Küche: 12–14:30/18–22:30 Uhr · **Tische:** 13/47 Plätze
info@bayerischerhof.de · www.bayerischerhof.de

Speisekarte: 17 Hauptgerichte von 18,50 bis 59,00 €; 1 Mittagsmenü zu 43,00 €; 1 Abendmenü von 74,00 bis 89,00 € 450 Weinpos. Das Restaurant "Garden" ist im Erdgeschoss des Haupthauses zu finden und gefällt mit einem Interieur von Transparenz und Leichtigkeit. Es wurde ebenfalls von Axel Vervoordt gestaltet, zeigt sich in einem dezenten Industrial-Style und erinnert an ein Künstleratelier. Dank der zu öffnenden bodentiefen Fenster sind die Grenzen zur Terrasse hin fließend, speist man an schönen Tagen unter freiem Himmel. In der kalten Jahreszeit flackert ein Feuer im Kamin, der das Restaurant vom privateren Garden-Salon trennt. Am Herd des "Garden" steht Chefkoch Philipp Pfisterer. Er setzt mit leichten, saisonalen Speisen das Konzept "Garden Goes Green" um und präsentiert zusätzlich eine handwerklich präzise und vielseitige Brasserie-Küche mit Rôtisserie-Spezialitäten und beliebten Klassikern wie Kalbsleber, Schnitzel und Seezunge. Nicht nur Businessgäste wissen das Lunchmenü und verschiedene Tagesgerichte zu schätzen. Hier kann man in der lässigen Atmosphäre eine perfekte Pause einlegen, um den Shopping- oder Sightseeing-Tag in München genussvoll zu unterbrechen.

Bayerischer Hof - Atelier

Bhf→800 m

80333 · Promenadeplatz 2-6 · (0 89) 2 12 09 93 · Fax: 2 12 09 06
Klassische u. Neue Küche, eig. Kreationen · **Geöffnet:** 17:30–22 Uhr · **Ruhetag:** So./Mo. · **Tische:** 10/37 Plätze
info@bayerischerhof.de · www.bayerischerhof.de

Speisekarte: 1 Menü von 205,00 bis 235,00 €
300 Weinpos.
Das Gourmetrestaurant "Atelier" ist ein außergewöhnliches gestalterisches Kleinod. Hier ist die Wechselwirkung von Kulinarik und Kunst augenfällig und unterstreicht einmal mehr, dass es im "Bayerischen Hof" keine Eindimensionalität gibt. Axel Vervoordt, ein Kunsthändler mit internationalem Renommee, hat das Interior Design, das in ein kosmopolitisches Ambiente von gehobener Klasse mündet, exklusiv entworfen. Handgefertigte Möbel in greifbarer Ursprünglichkeit, dunkle Naturtöne und eine indirekte Illumination, die dem

Restaurant eine goldschimmernde Patina geben, fügen sich zu einer urbanen

Kulisse. Geschäftliche oder familiäre Ereignisse privater Natur finden im hinter einer mobilen Wand verborgenen, behaglichen Privé den richtigen Rahmen. Mit dem neuen Chef de Cuisine, Anton Gschwendtner, bleibt der hohe kulinarische Anspruch erhalten, ist er doch ein Koch, der seine Fähigkeiten in Top-Häusern erworben und verfeinert hat. Vor dem Hintergrund präzisen Handwerks entwickelt er eine ganz eigene, sehr elegante und puristische Küchenlinie. Immer steht das Produkt – bevorzugt unter nachhaltigem Aspekt regional und saisonal eingekauft – im Vordergrund und wird von ihm gemeinsam mit Souschef Thies Henkel und dem Team zu klassischen Speisen zusammengestellt. Die französische Küche wird mit asiatischen Aromen und Zutaten akzentuiert und ist von scheinbar spielerischer Leichtigkeit. Exemplarisch sei hier nur der Rehrücken mit roter Shiso, Topinambur, Buchenpilzen, Essig Jus und Kampot Pfeffer genannt. Daniela Heizmann leitet den top geschulten Service mit Übersicht und großer Liebenswürdigkeit. Die fulminante Weinauswahl bringt Shazad Talukder dem Gast mit sehr viel Sachkenntnis und Sensibilität näher.

Bhf→800 m

Bayerischer Hof

80333 · Promenadeplatz 2-6 · (0 89) 2 12 00 · Fax: 2 12 09 06
Restaurants, Frühstücksbuffet 44,- € p. P., Cinema-Lounge, Dachterrasse
5 km
info@bayerischerhof.de · www.bayerischerhof.de

263 **Einzel- & Doppelzimmer** von 330,00 bis 620,00 €;
74 **Suiten** von 790,00 bis 15000,00 €
Unter den großen Hotels der Welt besticht das Hotel Bayerischer Hof – seit 1897 im Besitz der Familie Volkhardt – im Herzen der Isar-Metropole durch seinen vornehmen Luxus in Verbindung mit legerer Weltläufigkeit. Stilistisch reicht die Vielfalt bei Zimmern und Suiten von Kolonial- und Cosmopolitan-Atmosphäre über Grand Hotel-Grandezza hin zur Reihe in Perlgrau- und Champagnertönen. Weitere exklusive Zimmer finden sich im erlesen von Axel Vervoordt designten Süd- und Nordflügel, hier ist die 350 m² große Penthouse Garden Suite mit einer Terrasse, die sich über drei Seiten erstreckt und einen atemberaubenden Ausblick über München gewährt, unumstrittenes Highlight. Gemeinsam ist allen Zimmern stets der

unvergleichliche Komfort. Im von Andrée Putman gestalteten Blue Spa, einem luxuriösen Wellnessbereich in der 7. Etage, entspannt man über den Dächern Münchens mit Blick auf die Frauenkirche. Elegant-lebhafte Treffpunkte sind das Atrium, „falk´s Bar“ und der Night Club mit Live-Jazz-Programm. Insgesamt punktet das Haus mit sechs Bars und fünf Restaurants. Für Konferenzen und mondäne Feiern stehen 40 Tagungsräume sowie Ballsäle zur Verfügung. Das Premiumkino astor@Cinema Lounge mit modernster Technik kann auch für Präsentationen gemietet und genutzt werden. Ein weiteres Glanzlicht des Hauses ist der von Jouin Manju gestaltete Dachgarten, der das Frühstück mehr als gekonnt in Szene setzt: Zweigeteilt, mit bodentiefen Fenstern und Dachterrasse kann man vor der Münchner Skyline vom klassischen Buffet oder aus nicht weniger als sieben (!) verschiedenen à-la-carte- Frühstücken wählen.

♜ Blauer Bock

Bhf→3 km

✉ 80331 · Sebastiansplatz 9 · ☎ (0 89) 45 22 23 33 · Fax: 23 17 82 00
Regionale Küche · Küche: 12–14:30/18:00–20:30 Uhr · **Tische:** 20/70 Plätze AE EC
mail@restaurant-blauerbock.de · www.restaurant-blauerbock.de ·

Speisekarte: 7 Hauptgerichte von 32,00 bis 42,00 €; 1 Mittagsmenü von 26,00 bis 42,00 €; 1 Menü von 65,00 bis 79,00 €
150 Weinpos.
In einem fröhlichen Farbmix gestaltet, ist das Restaurant auch ein beliebter kommunikativer Treffpunkt. Patron und Chefkoch Hans-Jörg Bachmeier kocht mit handverlesenen Zutaten und kulinarischem Schwung raffiniert aufgepeppte regionale Speisen.

♜ Bogenhauser Hof OT Bogenhausen

Bhf→2 km

✉ 81675 · Ismaninger Straße 85 · ☎ (0 89) 98 55 86 · Fax: 9 81 02 21
Regionale u. Intern. Küche · Küche: 12–14:30/18–22:30 Uhr · **Ruhetag:** So. und Feiertag · **Tische:** 32/140 Plätze VISA AE EC
info@bogenhauser-hof.de · www.bogenhauser-hof.de

Speisekarte: 9 Hauptgerichte von 34,00 bis 46,00 €; 1 Menü von 49,00 bis 89,00 €
270 Weinpos.
Patron Gerhard Gleinser kocht gerne im jahreszeitlichen Rhythmus und bietet abwechslungsreiche Speisen, die er mit handwerklicher Präzision und großer Aromensicherheit zubereitet. Sehr schön ist die Gartenterrasse mit üppig blühenden Hortensien.

♜ Hotels und Restaurants mit diesem Zeichen befinden sich in einem historischen Gebäude.

Bhf→400 m

Dallmayr – Restaurant Alois

80331 · Dienerstr. 14-15 · (0 89) 21 35-100 · Fax: 21 35-441 · produktorientierte Spitzenküche · **Geöffnet:** Mi ab 18:30 Uhr, Do-Sa.: 12-15 und ab 18:30 Uhr · **Ruhetag:** So./Mo./Di. · **Ferien:** variabel · **Tische:** 13/30 Plätze alois@dallmayr.de · www.dallmayr.com/alois ·

Speisekarte: 1 Mittagsmenü von 69,00 bis 89,00 €; 1 Abendmenü von 155,00 bis 195,00 €

800 Weinpos.

Nicht ohne Grund wird der Name "Dallmayr" mit erlesenen Produkten assoziiert und ist weit über die bayerischen und deutschen Landesgrenzen hinaus bekannt. Das gilt auch und ganz besonders für das Gourmetrestaurant "Alois". Das moderne Ambiente des Interieurs bekommt u. a. durch Chinoiserie-Elemente aus der Kolonialzeit einen besonderen Wohlfühlcharakter. Der Gastraum mit zwei ineinanderfließenden Räumen wird zum Salon, der sich mit gestalterischer Klasse in die Räumlichkeiten des Delikatessenhauses integriert. Chef de Cuisine Christoph Kunz lernte sein Handwerk von der Pike auf und verfeinerte es bei einigen der namhaftesten europäischen Köche. Auf der Basis dieses erworbenen Könnens begann er, seinen ganz eigenen Stil zu ertüfteln. Unabdingbare Voraussetzung für seine leichte, produktorientierte Küche sind Zutaten von makelloser Topqualität. Die kombiniert er mit einer scheinbar spielerischen Leichtigkeit, ohne dass das Ergebnis verspielt wäre. Seine Küche ist geradlinig, konzentriert, herrlich unverfälscht und bleibt auch in ihrer Tiefgründigkeit immer verständlich. Eine Kunst, die nicht jeder Koch beherrscht. Der Gast kann sich das Abendmenü ganz nach Gusto zusammenstellen – mit vier Gängen sollte man sich nur besser nicht begnügen, weil man ohne die weiteren sechs eine Menge verpassen würde. Umsichtiger und liebenswürdiger Maître ist Julien Morlat. Er lässt dank seiner natürlichen Herzlichkeit keinerlei Schwellenängste aufkommen und steht auch zur Weinberatung mit großer Expertise bereit. Exklusiv für U30-Gäste gibt es nach Vorbestellung zu einem attraktiven Festpreis ein Vier-Gang-Menü inklusive Aperitif, Weinbegleitung, Tafelwasser und Kaffee.

Exzellente Serviceleistung

ESSENCE

Bhf→100 m

✉ 81245 · Gottfried-Keller-Str. 35 · ☎ (0 89) 80 04 00 25
Klassische, Neue u. Internationale Küche · Küche: 12–14:30/18–21:30 Uhr
info@essence-restaurant.de · www.essence-restaurant.de ·

Speisekarte: 2 Menüs von 75,00 bis 98,00 €

120 Weinpos.

Direkt in Pasing findet man mit dem Restaurant "ESSENCE" eine der besten kulinarischen Adressen im Münchner Westen. Patron Daniel Roch und Ehefrau Daniela führen das Restaurant mit leichter Hand, sie setzen auf junge Mitarbeiter und flache Hierarchien. Blanke Tische, umlaufende Bänke und Stühle in hellem Mokka und Creme und eine historisch anmutende Wandgestaltung in einem raffinierten Vintagestil prägen das Interieur mit seiner lebendigen und weltoffenen Atmosphäre. Der Chefkoch Sascha Bulander und Souschef Sven Gerlach machen dem Restaurantnamen alle Ehre und präsentieren die Essenz von allem: Nur beste Zutaten, bevorzugt aus dem Umland, werden unter nachhaltigen Aspekten eingekauft und verarbeitet. Die französisch inspirierten Speisen ergänzen sie mit mediterranen und asiatischen Elementen. Die beiden Köchen haben genug Freiraum, ihren eigenen Stil zu entwickeln und immer wieder neue kulinarische Ideen, diese auch optisch großartig in Szene zu setzen. Es werden zwei Menüs sowie ein vegetarisches angeboten, aus denen der Gast sein eigenes Menü zusammenstellen kann. Die Kombination Beef Stroganoff mit Roter Beete, Gurke, Egerlingen und Pommery Senf verband feinsinnige Aromen mit kraftvollem Geschmack. Christiane Asadur leitet den zuvorkommenden Service mit großer Liebenswürdigkeit und Leidenschaft. Mittags gibt es ein gekonntes MittagsMenü und eine Bistrokarte mit schmackhaften Gerichten. Und im Sommer wartet eine wunderschöne, große Terrasse, die zum Verweilen und Genießen einlädt.

Bhf→10 km

EssZimmer

80809 · Am Olympiapark 1 · ☎ (0 89) 3 58 99 18 14 · Fax: 3 58 99 18 25
Klassische u. Neue Küche · Küche: 19–21 Uhr · **Ruhetag:** So./Mo. · **Ferien:** 2 W. Jan./Aug. kpl. · **Tische:** 14/40 Plätze
esszimmer.bmw-welt@feinkost-kaefer.de · www.esszimmer-muenchen.de

Speisekarte: 1 Menü von 170,00 bis 215,00 €
550 Weinpos.

Eine erlesene Küche mit Tiefgang, kombiniert mit weltläufiger Lässigkeit im Restaurant sucht jeder Feinschmecker. Im "EssZimmer by Käfer" wird er fündig. Im dritten Stock der BMW Welt beheimatet, passen hier Küche, Service und Interior-Design zusammen. Die edel eingedeckten Tische sind an der bodentiefen Fensterfront platziert und bieten Einblicke in den Hightech-BMW-Showroom. Gegenüber flackert es in einem in die Wand integrierten Kamin – puristische Holzregale mit interessanten Objekten und klassische Eames-Loungechairs verbinden sich zu einer niveauvollen und doch entspannten Atmosphäre. In diesem Ambiente wird casual fine dining zu einer lustvollen Angelegenheit. Dafür sorgt natürlich vor allem Chefkoch Bobby Bräuer, der sich auf ein hochengagiertes Team verlassen kann. Nur Zutaten von erster Güte gelangen in seine Küche, wo sie mit einer schier grenzenlosen Fülle an Ideen zu immer wieder anderen Kompositionen werden. In der klassischen Haute Cuisine verwurzelt, hat Bobby Bräuer seine ganz eigene Handschrift gefunden – kreativ, aromenbetont, unverfälscht und verständlich sind die Speisen und stellen nie die Selbstverwirklichung des Kochs in den Fokus, sondern einzig und allein das unvergessliche Geschmackserlebnis des Gastes. Zum perfekten gastronomischen Rundumerlebnis gehört ein guter Service. Im "EssZimmer by Käfer" ist er hervorragend. Domenico Durante leitet sein Team mit leichter Hand, ist zugewandter Ansprechpartner und berät mit Fachwissen zu den korrespondierenden Weinen und Getränken.

Bhf→5 km

Gabelspiel

81539 · OT Giesing · Zehentbauernstraße 20 · ☎ (0 89) 12 25 39 40
Klassische Küche · **Geöffnet:** Di.-Sa. 18:30-24 Uhr · **Ruhetag:** So./Mo. · **Tische:** 6/20 Plätze
info@restaurant-gabelspiel.de · www.restaurant-gabelspiel.de

Speisekarte: 1 Menü von 145,00 bis 155,00 €

Chefkoch Florian Berger kocht auf der Basis klassischer französischer Küche und spielt gekonnt mit Würzungen, Aromen und Texturen, um aus den bevorzugt regionalen Zutaten virtuose Neuschöpfungen zu kreieren.

George Prime Steak & Raw Bar

Bhf→1 km

✉ 80333 · Maximilianplatz 9 · ☎ (0 89) 2 15 36 77 77
Steak-Spezialitäten, Nikkei-Style-Food · **Geöffnet:** 18-22:30 Uhr · **Ruhetag:** So./Mo. · **Tische:** 35/140 Plätze
munich@georgeprimesteak.com · www.georgeprimesteak.com

Speisekarte: 12 Hauptgerichte von 49,00 bis 61,00 €
450 Weinpos.
In der "Prime Steak & Raw Bar", neben Prag der zweiten auf europäischem Boden, muss man nichts verstecken, hier steht man unmittelbar nach dem Eintreten vor über drei Meter hohen Reifeschränken, in denen erstklassige Steaks hängen und lagern, um in aller Ruhe den perfekten Reifegrad zu erlangen. Das über 1000 m² große Restaurant ist in Brauntönen gestaltet und wird von raffinierten Lichtquellen edel in Szene gesetzt. Mit einem Steakhouse teilt es nur den Namen, denn hier erwarten den Gast keine an die Wand gehefteten Bullenhörner, vielmehr ein sehr niveauvolles, luxuriöses Ambiente. Zusätzlich zum eigentlichen Restaurant gibt es noch drei Private Dining Rooms für bis zu 30 Personen. Da ausschließlich amerikanisches Prime-Beef-Fleisch aus den USA verarbeitet wird, reden wir hier von dem Besten, was der Markt zu bieten hat. Die edlen Cuts finden dank Chefkoch Michael Böhnke ihre Vollendung. Jedes ausgewählte Stück wird auf den Wunschpunkt genau zubereitet. Zusätzlich finden sich noch feinste Delikatessen wie Austern, Hummer oder Kaviar auf der Karte. Die werden – auf einem großen Bett von gecrushtem Eis gelagert – auch optisch zu einem echten Hingucker. Passende Weine kommen vor allem aus Kalifornien. Hier berät Andrej Grunert mit Expertise. Er leitet auch umsichtig den zuvorkommenden, gut geschulten Service. Die integrierte Raw Bar mit einer Fülle bester Spirituosen ist der ideale Treffpunkt für den Aperitif oder Digestif in entspannter Atmosphäre.

Hotel Neumayr - Restaurant Johannas

Bhf→250 m

✉ 81377 · Heiglhofstraße 18 · ☎ (0 89) 7 41 14 40 · Fax: 7 19 33 76
Klassische und Neue Küche · **Geöffnet:** Di.-Do. 18-22 Uhr, Fr.-So. & Feiert. 12-14 u. 18-22 Uhr · **Ruhetag:** Montag · **Tische:** 15/62 Plätze
info@restaurant-johannas.de · www.restaurant-johannas..de

Speisekarte: 7 Hauptgerichte von 30,00 bis 40,00 €; 1 Mittagsmenü von 25,00 bis 30,00 €; 1 Abendmenü von 65,00 bis 125,00 € 1500 Weinpos.
In zeitloser Eleganz ohne Chichi eingerichtet (in 2020 wurde das Restaurant zudem komplett modernisiert), ist der Wohlfühlfaktor im Restaurant "Johannas" besonders groß. Es ist einfach schön, hier einzukehren und sich – nicht zuletzt wegen des liebevollen Service unter Leitung von Gina Hegele – an diesem Ort der Gastlichkeit sofort wohlzufühlen. Chefkoch Andreas (Andi) Neumayr trägt mit seinem Können in der Küche zum einnehmenden Gesamtauftritt wesentlich bei. Er kocht klassisch, setzt gerne mediterrane Akzente und präsentiert Speisen, die von den Jahreszeiten ebenso geprägt sind wie von der Produktvielfalt der Region mit ihren unzähligen Höfen, Wiesen und Wäldern. Er stellt die Ingredienzen mit einem feinen Gespür für sorgsam ausba-

lancierte Aromen zusammen und setzt immer wieder kreative Akzente. Unverfälschtheit und Ehrlichkeit charakterisieren seine Küche und machen den Genuss so perfekt. Das Fleisch aus der eigenen Jagd mündet in exzellente, aromenstarke Wildzubereitungen. "Nose to tail", also bewusste Ganztiernutzung, gehört zur Philosophie in Andi Neumayrs Küche und ganz klassisch werden die Fleisch- und Fischgerichte vor den Augen des Gastes tranchiert oder filetiert. Weine gibt es in schier unglaublicher Fülle und bester Qualität. Davon kann man sich auch bei einem Besuch im Weinkeller überzeugen. Hier hilft das zuvorkommende Serviceteam mit großem Fachwissen gerne weiter.

Bhf→250 m

Hotel Neumayr OT Großhadern

81377 · Heiglhofstraße 18 · (0 89) 7 41 14 40 · Fax: 7 19 33 76
Rest. mit intern. u. regionaler Küche, Restaurantgarten, Terrasse, Tagungen
VISA AE
info@restaurant-johannas.de · www.restaurant-johannas.de

26 **DZ** von 105,00 bis 230,00 €;
18 **EZ** von 85,00 bis 175,00 €;
1 **Suite** von 170,00 bis 295,00 €

In engagierter Hand von Familie Neumayr wird das freundlich eingerichtete Hotel sehr persönlich geführt. Die Zimmer (tw. mit Balkon o. Terrasse, das reichhaltige Frühstück ist im Preis enthalten) sind ein behagliches Zuhause auf Zeit, zwei der Suiten sind behindertengerecht gestaltet. 60% der Hotelzimmer wurden in 2020 komplett modernisiert. Hotelgäste wissen sowohl die technisch gut ausgestatteten Räume, die individuell erstellten Angebote, die gute Verkehrsanbindung als auch die ruhige Umgebung südwestlich vor den Toren Münchens zu schätzen. Die feine Küche des Patrons genießt man im Sommer im idyllischen Restaurantgarten und auch für aufmerksam und liebenswürdig betreute Feiern gibt es passende Räumlichkeiten.

Bhf→3 km

Hotel Vier Jahreszeiten Kempinski München

80539 · Maximilianstraße 17 · (0 89) 2 12 50 · Fax: 21 25 20 00 · Rest. "Schwarzreiter", Jahreszeiten Bar und Lobby, Frühstück 42,- € p. P.
15 km VISA AE
reservations.vierjahreszeiten@kempinski.com · www.kempinski.com/vierjahreszeiten

232 **DZ** von 360,00 bis 1200,00 €;
als **EZ** von 300,00 bis 1170,00 €;
12 **EZ** von 330,00 bis 800,00 €;
60 **Sui.** von 790,00 bis 20000,00 €

Das 1858 erbaute Grandhotel verbindet Trend und Tradition mit Münchner Herzlichkeit und dezentem Luxus. Hier logiert man zwischen Galerien, Theatern, der Staatsoper und den feinsten Adressen der bayerischen Metropole.

Schwarzreiter

Bhf→3 km

✉ 80539 · Maximilianstraße 17 · ☎ (0 89) 21 25-21 25 · Fax: 21 25 20 00
Young Bavarian Cuisine · Küche: 18:30–21:30 Uhr · **Ruhetag:** So./Mo. · **Tische:** 12/44 Plätze
info@schwarzreiter.com · www.schwarzreiter.com

Speisekarte: 4 Hauptgerichte von 32,00 bis 45,00 €; 2 Menüs von 110,00 bis 160,00 €
300 Weinpos.

Chefköchin Maike Menzel und ihr motiviertes Team sorgen für eine "young bavarian cuisine", die zwar viele Anleihen in der regionalen kulinarischen Tradition nimmt, aber ganz anders und raffiniert neu interpretiert wird.

Les Deux Brasserie by Kieffer OT Zentrum

Bhf→800 m

✉ 80333 · Maffeistraße 3a · ☎ (0 89) 7 10 40 73 73 · Fax: 7 10 40 73 74
Neue u. Mediterrane Küche · Küche: 12–21 Uhr · **Ruhetag:** So./Feiertag · **Ferien:** 2 Wo. Aug. · **Tische:** 15/45 Plätze
info@lesdeux-muc.de · www.lesdeux-muc.de

Speisekarte: 4 Hauptgerichte von 26,00 bis 35,00 €; 1 Tagesgericht zu 29,00 €
750 Weinpos.

Die Brasserie ist der ideale Treffpunkt für ein Geschäftsessen oder um den Shoppingtag in der City auf angenehmste Art zu unterbrechen. Anthrazit, Beige und petrolfarben sind die samtigen Fauteuils, lässig urban ist das Interieur gestaltet und angenehm entspannt ist die Atmosphäre. An warmen Tagen sitzt man besonders gut auf der großen Außenterrasse und kann dem lebendigen Treiben zuschauen. Auch in der Brasserie kümmern sich Gregor Goncharov und Nathalie Leblond um das kulinarische Geschehen. Die moderne Küche überzeugt mit sorgfältig und gekonnt zubereiteten Klassikern wie Beef Tartar, Wolfsbarsch, Austern, aber auch hausgemachten Spaghetti und Flammkuchen. Es gibt also für jeden Geschmack und Appetit die richtige Speise. Frisch gemixte Cocktails und eine große Auswahl an offenen Weinen – zu denen Vincent Leblond berät – runden das flüssige Angebot ab. Lisa Heidenreich leitet natürlich und gut aufgelegt den liebenswürdigen Sevice.

Bhf→800 m

Les Deux by Kieffer OT Zentrum

✉ 80333 · Maffeistraße 3a · ☎ (0 89) 7 10 40 73 73 · Fax: 7 10 40 73 74
Klassische u. Neue Küche · Küche: 18:30–21 Uhr · **Ruhetag:** Sa./So./Feiertag ·
Ferien: 2 Wo. Aug. · **Tische:** 20/55 Plätze
info@lesdeux-muc.de · www.lesdeux-muc.de

Speisekarte: 4 Hauptgerichte von 49,00 bis 89,00 €; 2 Mittagsmenüs von 59,00 bis 115,00 €; 1 Abendmenü ab 185,00 €
750 Weinpos.

Im Herzen Münchens, nur wenige Schritte von der Frauenkirche entfernt, gehört das Restaurant "Les Deux" zu einer der feinsten kulinarischen Adressen in der bayerischen Metropole. Sanft geschwungene Fauteuils in Braun- und Beigetönen und edel eingedeckte Tische verbinden sich zu einem Interior-Design von Stil und Niveau. Fabrice und Katrin Kieffer sind Gastgeber aus Leidenschaft. Es ist allgegenwärtig, dass ihnen das Wohlergehen der Gäste das Wichtigste überhaupt ist. Das hängt in einem Restaurant dieser Klasse natürlich auch von der Küche ab und so gibt es mit Gregor Goncharov und Nathalie Leblond eine Doppelspitze am Herd, die nicht nur perfekt eingespielt ist, sondern sich auch noch mit kreativen Ideen gegenseitig befeuert. Ausgewählte, saisonfrische Zutaten werden mit handwerklicher Präzision zu Speisen, die im Klassischen verwurzelt sind und in denen moderne französische Elemente und verschiedene Stile verschmelzen. Das Ergebnis sind tiefgründige Geschmackserlebnisse jenseits gängiger kulinarischer Klischees. Als kompetenter und sensibler Maître leitet Vincent Leblond den perfekt geschulten, sympathischen Service. Er berät auch mit großer Sachkenntnis und Einfühlungsvermögen zu den passenden Weinen.

Bhf→1 km

Le Stollberg Nouveau

✉ 80539 · Stollbergstr. 2 · ☎ (0 89) 24 24 34 50 · Fax: 24 24 34 51
Reg. u. Intern. Küche · **Geöffnet:** 11:30-14:30, 18-22 Uhr, Sa. 12-23 Uhr · **Ruhetag:** So./Mo. · **Tische:** 12/32 Plätze
mail@lestollberg.de · www.lestollberg.de

Speisekarte: 6 Hauptgerichte von 25,00 bis 34,00 €; 1 Mittagsmenü zu 21,50 €; 1 Menü von 63,00 bis 79,00 €
60 Weinpos.

Frankreich mit seiner verführerischen Küche der tiefgründigen Aromen steht Pate bei den Speisen, die Chefköchin Anette Huber konzentriert und präzise zubereitet. Ihre Fisch-, Meeresfrüchte- und Krustentierzubereitungen sind von allererster Güte.

Ludwig 8

Bhf→2,3 km

⊠ 80539 · OT Maxvorstadt · Ludwigstraße 8 · ☎ (0 89) 21 56 61 00
Neue und Internationale Küche · **Geöffnet:** 8:30–20 Uhr · **Ruhetag:** So.
info@ludwig8.de · www.ludwig8.de

Speisekarte: Hauptgerichte von 10,00 bis 35,00 €

Chefkoch Jakob Stüttgen kreiert Speisen, die vor Aromen und Farben sprühen. Die länderübergreifenden Speisen sind konzentriert und unverfälscht. Das Restaurantkonzept bietet vom morgendlichen Frühstück bis zum Dinner einen bunten kulinarischen Reigen.

Mandarin Oriental, Munich

Bhf→3 km

⊠ 80331 · OT Altstadt · Neuturmstraße 1 · ☎ (0 89) 29 09 80 · Fax: 22 25 39
Matsuhisa Munich, Bar, Dachterrasse mit Panoramablick
15 km
momuc-reservations@mohg.com · www.mandarinoriental.com/munich

48 **DZ** von 625,00 bis 1025,00 €;
als **EZ** von 625,00 bis 1025,00 €;
25 **Sui.** von 1055,00 bis 17000,00 €

Das Mandarin Oriental, Munich liegt zentral und ist doch ein ruhiger Rückzugsort inmitten der Münchner City. Einst als Ballhaus errichtet, begeistert das Hotel heute mit kosmopolitischer Atmosphäre, eleganten Zimmern mit asiatischen Akzenten und exklusiven Veranstaltungsräumen.

Mural

Bhf→1,5 km

⊠ 80331 · OT Altstadt · Hotterstr. 12 · ☎ (089) 23 02 31 86
Intern., Reg. u. Neue Küche, eig. Kreationen · **Geöffnet:** ab 18:00 Uhr · **Ruhetag:** So./Mo.
contact@muralrestaurant.de · www.muralrestaurant.de

Speisekarte: 1 Mittagsmenü von 48,00 bis 72,00 €; 1 Menü zu 155,00 €

Das ehemalige Umspannwerk der Stadtwerke München liefert den Hintergrund für das stylishe Industriedesign im "Mural", der Küchenchef Joshua Leise sorgt für eine konzentrierte, unverfälschte und sehr innovative, moderne Küche.

Pageou

Bhf→1 km

⊠ 80333 · Kardinal-Faulhaber-Str. 10 · ☎ (0 89) 24 23 13 10
Eigene Kreationen, Mediterr. u.Orient. Küche · Küche: Fr.+Sa. 12–14:00/Di.-Sa. 18:00–23 Uhr · **Ruhetag:** So./Mo./Feiertage · **Tische:** 20/ca. 70 Plätze
info@pageou.de · www.pageou.de

Speisekarte: 4 Mittagsmenüs von 26,00 bis 36,00 €; 2 Menüs von 89,00 bis 129,00 €

300 Weinpos.

Der Geburtsort von Ali Güngörmüs ist zugleich Namensgeber für sein Restaurant "Pageou", in dem er mit feinem Gespür mediterrane und orientalische Elemente ausbalanciert zusammenfügt und eine ideenreiche Küche kreiert.

Showroom

Bhf→3 km

⊠ 81669 · Lilienstraße 6 · ☎ (0 89) 44 42 90 82 · Fax: 44 14 01 31
Neue Küche · Küche: 18–1 Uhr · **Ruhetag:** Sa./So./Feiertags · **Tische:** 11/28 Plätze
dominik@showroom-restaurant.de · www.showroom-restaurant.de

Speisekarte: 1 Menü von 130,00 bis 160,00 €

Alle 14 Tage wechselt Chefkoch Dominik Käppeler sein Menü und präsentiert eine neue, innovative Gangfolge, in der nichts berechenbar, aber alles virtuos zubereitet ist und auf erstklassigen, nachhaltig erzeugten Zutaten basiert.

Schuhbecks in den Südtiroler Stuben

Bhf→2,5 km

✉ 80331 · Platzl 6+8 · ☎ (0 89) 2 16 69 00 · Fax: 21 66 90 25
Klassische und Regionale Küche · Küche: 12–14:30/18–22 Uhr · **Ruhetag:** So. ·
Tische: 46/100 Plätze VISA AE EC
info@schuhbeck.de · www.schuhbeck.de

Speisekarte: 6 Hauptgerichte von 28,00 bis 42,00 €; 1 Menü von 48,00 bis 96,00 €
600 Weinpos.
Wer in die gastronomische Welt von Alfons Schuhbeck eintauchen möchte, kommt an den "Südtiroler Stuben" nicht vorbei, wobei die zentrale Lage zwischen Viktualienmarkt und Maximilianstraße das Unterfangen ungemein erleichtert. Das Interieur punktet mit einer gelungenen Mischung aus Eleganz, Opulenz und weltoffener Gediegenheit. Patron Alfons Schuhbeck setzt in seinem Restaurant auf eine klassische und regionale Küchenlinie, die von Küchenchef Pascal Dyck handwerklich präzise umgesetzt wird. Er kocht ideenreich und kann sich auf ein großes Repertoire erstklassiger Waren – vorzugsweise aus dem Umland – verlassen. Die Speisen sind gut durchdacht, authentisch und werden gerne mit mediterranen Elementen bereichert. Die verschiedensten, raffinierten Würzmischungen des Patrons kommen immer wieder zum Einsatz und geben den Gerichten eine ganz besonders peppige Note. Knusprig und perfekt glasig gebraten war das Doradenfilet auf

tomatisiertem Bohnengemüse. Der Service unter aufmerksamer Leitung von Wolfgang Hirn ist sehr zuvorkommend, fachkundige Tipps rund um die fulminant sortierte Weinkarte geben Daniele Giordano und Harry Stolker. Je nach Anlass kann man auch die Münchner Kindl Stube, Barockstube, das Spiegelpalais oder die Löwenstube für Feierlichkeiten nutzen und sich alternativ vom exklusiven, alles umfassenden Catering am besonderen Ort oder in den eigenen vier Wänden verwöhnen lassen.

Sofitel Munich Bayerpost

Bhf→50 m

✉ 80335 · Bayerstraße 12 · ☎ (0 89) 59 94 80 · Fax: 5 99 48 10 00
Rest. "Schwarz & Weiz", "Délice la Brasserie", "Isarbar" (beide mit Terrasse)
7 km VISA AE EC
h5413@sofitel.com · www.sofitel.com

339 **DZ** ab 240,00 €;
als **EZ** ab 240,00 €;
57 **Suiten** von 320,00 bis 5500 €
Dieses Luxus-Hotel übertrifft höchste Erwartungen: Die Zimmer (Frühstück zu 38,- € p. P.) sind mit jedweden Komfort ausgestattet, zwanzig Tagungsräume stehen Geschäftsreisenden und eine Wellnessoase für Entspannungssuchende zur Verfügung.

Sparkling Bistro

Bhf→2 km

✉ 80799 · OT Maxvorstadt · Amalienstraße 89 · ☎ (0 89) 46 13 82 67
Eigene Kreationen mit österreichischem Fokus · **Geöffnet:** 18:30–23 Uhr · **Ruhetag:** So./Mo.
info@sparklingbistro.de · www.sparklingbistro.de

Speisekarte: 1 Menü von 135,00 bis 155,00 € 110 Weinpos.

Das Restaurant in der Amalienpassage ist – nomen et omen – tatsächlich lässig-locker wie ein Bistro eingerichtet, kräftige Farben, blanke Tische, raffinierte Accessoires und wunderschöner, unaufdringlicher Blumenschmuck fügen sich zu einem gelungenen Gesamteindruck. Chefkoch Jürgen Wolfsgruber ist fast eine One-Man-Show: Er kommt zum Tisch des Gastes und erklärt, welches Menü es heute im Angebot gibt. Denn abgesehen von dem ein oder anderen Klassiker aus seiner österreichischen Heimat wie Wiener Schnitzel oder Tafelspitz gibt es keine feste Karte, sondern wird gemeinsam mit Johannes Maria Kneip nach Markt-Inspiration gekocht. Die Zutaten sind von kleinen Betrieben und bekannten Händlern, die Qualität ist kompromisslos gut. Mit ganz viel Können, Geschick und vor allem Hingabe zaubert Jürgen Wolfsgruber daraus Speisen, die einerseits grundehrlich und unverfälscht, andererseits herrlich filigran und ausgeklügelt sind. Das Spiel mit Aromen und Texturen mündet in fein aufeinander abgestimmte Geschmackserlebnisse und macht einfach Freude. Das Schöne ist, dass sich die Speisefolge bei den Besuchen nicht wiederholt, sondern dass einfach nach Lust und Laune gekocht wird. Ab 2022 können Gäste in diesen Genuss noch exklusiver kommen – entweder am Chef's Table im Restaurant und der Showküche oder direkt in den eigenen vier Wänden. Wobei letzteres sicher auch ein großartiges Geburtstagsgeschenk ist.

Vecchia Lanterna

Bhf→500 m

✉ 80538 · Sankt-Anna-Str. 31 · ☎ (0 89) 81 89 20 96 · Fax: 81 89 20 98
Moderne italienische Küche · Küche: 18:30–21:30 Uhr · **Ruhetag:** So./Mo. · **Tische:** 10/35 Plätze
info@vecchia-lanterna.de · www.vecchia-lanterna.de

Speisekarte: 6 Hauptgerichte von 29,50 bis 40,50 €; 1 Menü von 50,50 bis 98,50 € 270 Weinpos.

Das Restaurant "Vecchia Lanterna" ist so unprätentiös und schlicht-elegant eingerichtet, dass die niveauvolle Atmosphäre allgegenwärtig ist. Besonderer Hingucker sind eine Spiegelwand mit unzähligen, liegenden Weinflaschen sowie Küchenutensilien, die als applizierte Silhouetten auf der Glaswand zur Showküche erscheinen. Dank dieser einsehbaren Küche kann man Patron und Chefkoch Antonino Denami und seinem flinken Team bei der Arbeit zusehen. Die fantasievoll komponierten Speisen mit mediterranem Schwerpunkt sind von großer Klarheit und Aromendichte. Er interpretiert traditionelle italienische Gerichte immer wieder anders und zeitgemäß – eine kreative Produktküche, die einfach Spaß macht. Der Fisch ist aus Wildfang und das Angebot wechselt wöchentlich. Ehefrau Mirka Otta ist charmante Gastgeberin, leitet den zugewandten Service mit leichter Hand und berät mit großer Fachkenntnis zu den korrespondierenden Weinen, die nicht ausschließlich aus Italien kommen.

Bhf→100 m

Torbräu

✉ 80331 · Tal 41 · ☎ (0 89) 24 23 40 · Fax: 24 23 42 35 · Hotel-Restaurant mit gehobener Küche mit mediterranem Schwerpunkt, Klimt-Bar, Café
VISA AE
info@torbraeu.de · www.torbraeu.de

56 **DZ** ab 215,00 €;
als **EZ** ab 195,00 €;
23 **EZ** ab 165,00 €;
3 **Junior-Suiten** ab 325,00 €;
3 **Suiten** ab 425,00 €

Das "Torbräu", inmitten der historischen Altstadt, kann auf 525 Jahre gastronomische Tradition zurückblicken und ist damit das älteste Hotel Münchens. In Familienbesitz ist es auch schon seit über 114 Jahren. Diese imposanten Zahlen sind für die vierte Generation Familie Kirchlechner Verpflichtung und Ansporn zugleich und so erwartet den Gast ein Haus, in dem sich Tradition und Moderne perfekt ergänzen und das mit niveauvoller Atmosphäre, persönlicher Zuwendung und dem gewissen Extra im Service punktet. Die klimatisierten Zimmer sind mit Geschmack individuell eingerichtet und mit zeitgemäßer Sicherheits- und Kommunikationstechnik ausgestattet. Für Tagungen stehen drei Tagungsräume mit Tageslicht und modernster Infrastruktur zur Verfügung. Ein besonderes Ambiente verspricht eine Veranstaltung im historischen Weinkeller. Neben dem hervorhebenswerten, engagierten Service ist die hinreißend zentrale Lage ein weiterer Pluspunkt des Hauses: Oper, Hofbräuhaus und Viktualienmarkt sind praktisch um die Ecke und fußläufig erreichbar.

Bhf→2,8 km

Tian

✉ 80469 · Frauenstraße 4 · ☎ (0 89) 8 85 65 67 12
Vegetarische Küche · **Geöffnet:** Do.-Sa. 18-21:30 Uhr · **Ruhetag:** So./Mo./Di./Mi.
VISA AE
muenchen@taste-tian.com · www.tian-restaurant.com

Speisekarte: 1 Menü zu 122,00 €

Chefkoch Viktor Gerhardinger verbindet biologische, fair erzeugte Produkte mit Handwerkskunst und überbordender Kreativität. Seine vegetarische Küche demonstriert, wie auch aus vergessenen Gemüse-, Obst- und Getreidesorten unvergessliche Geschmackserlebnisse werden können.

Weinhaus Neuner

Bhf→800 m

80331 · Herzogspitalstraße 8 · ☎ (0 89) 2 60 39 54
Gehobene Bayerische und Österreichische Küche · Küche: 12–14/18–22 Uhr ·
Ferien: Sommer variabel · **Tische:** 40/140 Plätze
office@weinhaus-neuner.de · www.weinhaus-neuner.de ·

Speisekarte: 9 Hauptgerichte von 24,00 bis 39,00 €; 1 Tagesgericht zu 19,00 €; 1 Menü zu 89,00 €

550 Weinpos.

Fraglos – das "Weinhaus Neuner" ist eine Münchner Institution und ein Gasthaus, wie man es sich nur wünschen kann. Seit 1892 ist das denkmalgeschützte Stadthaus aus dem 15. Jh. in Familienbesitz und seitdem das älteste Weinhaus der Stadt. Dank Fabrice Kieffer und Moritz Haake wurde es detailgetreu restauriert: Dunkle Wandtäfelung, aufwendige Schnitzereien und Wandbilder mit Szenen vergangenen Münchner Stadtlebens geben dem Interieur ein wunderschönes, nostalgisches Ambiente. Auch Stüberl und Schwemme, die das Raumangebot ergänzen, haben sich ihren historischen Charme erhalten. Am Herd steht Benjamin Kunz und setzt ausschließlich auf heimische Zutaten, von denen es auf den Wiesen und Weiden und in den Gärten und Seen des Voralpenlandes genügend in erstklassiger Qualität gibt. Mit Konzentration, Leidenschaft und vielseitigen Ideen macht er aus den Ingredienzen genussreiche bayerische und österreichische Speisen, die mit Aromenkraft, Unverfälschtheit und kreativem Twist überzeugen. Das Angebot geht klar über (geniale) Wiener Schnitzel, geschmorte Ochsenwangen oder Tatar vom bayerischen Jungbullen hinaus. Den aufmerksamen und zugewandten Service leitet Frank Glüer, der ein Gastgeber aus Leidenschaft ist, und der auch zu den Weinen – die es in stattlicher Zahl und Topqualität gibt – mit großem Wissen und Feingefühl berät.

Restaurant mit exzellenter Weinkarte

Restaurant mit gehobener Küche

Bhf→3 km

♜ Werneckhof Sigi Schelling

✉ 80802 · OT Alt Schwabing · Werneckstr. 11 · ☎ (0 89) 2 44 18 91 90
Produktbezogene, saisonale Küche · **Geöffnet:** 12–16/18:30–24 Uhr · **Ruhetag:** So./Mo./Di. · **Ferien:** 10.-25.4.22 + 28.8.-12.9.22 · **Tische:** 14/40 Plätze VISA AE EC
info@werneckhof-schelling.de · www.werneckhof-schelling.de · f

Speisekarte: 1 Mittagsmenü von 75,00 bis 100,00 €; 1 Menü zu 160,00 €
250 Weinpos.
14 Jahre war Sigi Schelling Souschefin bei Hans Haas im Tantris, jetzt hat sie den Schritt in die Selbstständigkeit gewagt und füllt den traditionsreichen Werneckhof in Schwabing wieder mit neuem Leben. Das Interieur ist mit viel Geschmack gestaltet: Dunkler Holzboden, umlaufende und halbhohe, dunkle Wandpaneele wirken eher klassisch und kontrastieren reizvoll mit den in schlichtem Weiß eingedeckten Tischen. Echter Hingucker ist die Kunst an den Wänden, hier haben die Künstler-Schwestern Mercedes und Franziska Welte außergewöhnliche Objekte aus verschiedenen Materialien geschaffen, die dem Restaurant eine avantgardistische Note geben. Sigi Schelling, die gebürtige Österreicherin aus dem Bregenzer Wald, bleibt dem Küchenstil, den sie jahrzehntelang gepflegt hat, treu: Das Produkt ist der Star, die Küche ist klassisch, leicht und saisonal geprägt. Handwerklich ungemein präzise und voller raffinierter Aromen, lernt der Gast neue Geschmackswelten kennen. Während in der Küche ein eingespieltes Team werkelt, engagiert sich im Restaurant ein gastorientierter, dynamischer und herzlicher Service unter Leitung von Giampaolo Lovato. Zu den korrespondierenden Weinen und Getränken berät Xavier Didier mit Expertise.

Waldgasthof Buchenhain OT Baierbrunn

Family

Bhf→12 km

82065 · Am Klettergarten 7 · ☎ (0 89) 7 44 88 40 · Fax: 7 93 87 01 · Rest. m. gehobener reg. Küche, Biergarten, Hüpfburg, Kinderkino, Preise inkl. Frühst.
10 km
VISA AE
info@hotelbuchenhain.de · www.hotelbuchenhain.de

20 **DZ** ab 109,00 €;
als **EZ** ab 99,00 €;
20 **EZ** ab 79,00 €;
1 **Apartm.** ab 180,00 (2 Ps.) €;
3 **Fam.-Zi.** ab 139,00 €

Vor den südlichen Toren Münchens findet man dieses in vierter Generation engagiert und familiär geführte Hotel. Am Isarhochufer gelegen und von Wäldern umgeben, kann man hier in ländlicher Idylle herrlich entspannen und eine Auszeit vom Alltag nehmen. Dazu tragen die landestypisch und behaglich eingerichteten, komfortablen Zimmer nicht unerheblich bei (Preise inkl. reichhaltigem Frühstücksbuffet). Ob Geschäftsreisender, Familien mit Kindern, die hier mit offenen Armen empfangen werden, oder Tagesgast auf einer privaten Feier – der Service ist sehr zuvorkommend, individuell und liebenswürdig. Da Stefan Kastner, der Inhaber des Hauses, ein Faible für Antiquitäten hat, begegnet man im Hotel (und Kastners Antikladen) alter Handwerkskunst und wunderschönen antiken Möbeln, die man auch fast immer käuflich erwerben kann.

Sehr gutes, komfortables Hotel

Waldgasthof Buchenhain OT Baierbrunn

Bhf→12 km

82065 · Am Klettergarten 7 · ☎ (0 89) 7 44 88 40 · Fax: 7 93 87 01
Regionale Küche · Küche: 12–21 Uhr · **Ferien:** 1.-8.1. · **Tische:** 40/230 (Biergarten 800) Plätze
VISA AE
info@hotelbuchenhain.de · www.hotelbuchenhain.de

Speisekarte: 14 Hauptgerichte von 12,50 bis 23,00 €; 6 Tagesgerichte von 17,00 bis 26,00 €; 1 Mittagsmenü von 16,00 bis 20,00 €; 1 Tagesmenü zu 16,00 €
150 Weinpos.
Das Restaurant "Buchenhain" bringt alles mit, was man sich von einem Landgasthof wünscht. Das Interieur mit viel Holz, umlaufenden Bänken, rustikalen Stühlen, liebevoll platzierten Accessoires und fein eingedeckten Tischen gefällt mit traditioneller Behaglichkeit, die Atmosphäre ist ungemein charmant und gastfreundlich. Es macht einfach Spaß, hier einzukehren und sich von der regionalen Küche verwöhnen zu lassen. Fleiß und Sorgfalt prägen die Arbeit von Chefkoch Carsten Wiedecke. Das beginnt beim Einkauf der erntefrischen Zutaten. Sie kommen vorwiegend von bekannten, heimischen Händlern und Höfen. Artgerechte Tierhaltung, kurze Wege und nachhaltige Erzeugungen sind ihm wichtig. Mit Können, guten Ideen und handwerklicher Präzision stellt er die Zutaten zu aromenstarken Speisen zusammen, die in der Region verwurzelt sind, und peppt sie durch zeitgeistige Elemente auf. Die Standardkarte wechselt monatlich und wird von einer Tageskarte ergänzt, außerdem gibt es rund ums Jahr köstliche Eventmenüs z. B. zum Valentins- oder Muttertag. Deftige Brotzeit, die mit Weißwürstln ab 3,50 € beginnen, geht immer, aber schmeckt im hauseigenen Biergarten unter mäch-

tigen, alten Kastanienbäumen am besten. Den zuvorkommenden und flinken Service leitet Stefan Kastner mit Übersicht. Für Feierlichkeiten stehen übrigens wunderschöne, landestypisch eingerichtete Stuben zur Verfügung.

Münster

Cœur D'Artichaut

✉ 48143 · Alter Fischmarkt 11a · ☎ (02 51) 39 58 28 23
Bretonische, Intern. u. Regionale Küche · **Geöffnet:** 18:30-20:30 Uhr, So. 12-13:30 Uhr · **Ruhetag:** Mo./Di.
restaurant@coeur-dartichaut.de · www.coeur-dartichaut.de

Speisekarte: 1 Menü von 100,00 bis 180,00 €
ca. 150 Weinpos.
Die Mutter aus der Bretagne, der Vater aus L'Ile de la Réunion, verbindet der gebürtige Bretone Frédéric Morel das Beste aus den kulinarischen Welten seiner Eltern und gibt eine Prise westfälische Regionalität hinzu. Das Ergebnis sind – vor allem bei Fisch- und Meeresfrüchten – erstklassige, fein ausbalancierte Speisen voller Aromendichte.

Bhf→1,5 km

Giverny

✉ 48143 · Spiekerhof 25 · ☎ (02 51) 51 14 35 · Fax: 51 17 52
Franz. Küche, eig. Kreat. · Küche: 12–14/18–22 Uhr · **Ruhetag:** So./Mo. · **Tische:** 18/70 Plätze
info@restaurant-giverny.de · www.restaurant-giverny.de

Speisekarte: 3 Hauptgerichte von 31,00 bis 43,00 €; 3 Tagesgerichte von 18,50 bis 36,50 €; 2 Menüs von 65,00 bis 131,50 €
60 Weinpos.
Eine Frischeküche nach regionalen französischen Rezepturen, innovative Kreationen, Edelprodukte von den französischen Märkten. Chef am Herd Cyril Courtin verantwortet engagiert diese schmackhafte Küche.

Bhf→7 km

Hof zur Linde

✉ 48157 · OT Handorf · Handorfer Werseufer 1 · ☎ (02 51) 3 27 50 · Fax: 32 75 13
Bar, Terrasse; Elektroboot für bis zu 8 Personen
12 km
info@hof-zur-linde.de · www.hof-zur-linde.de

39 **DZ** von 132,00 bis 180,00 €;
als **EZ** von 100,00 bis 142,00 €;
8 **(Jui.-)Suiten** von 162,00 bis 326,00 €
In diesem schönen „Romantik"-Landhotel erlebt der Gast eine perfekte Mischung aus zeitgemäßem Komfort, historischem Ambiente und westfälischer Tradition. Die Zimmer sind sehr komfortabel und mit viel Geschmack individuell eingerichtet.

Il Cucchiaio d'argento

Bhf→2 km

✉ 48159 · Dorpatweg 10 · ☎ (02 51) 39 20 45
Klass.ital. Kü., eig. Kreat. · Küche: 11:30–14/17:30–22:30 Uhr · **Ruhetag:** Mo. ·
Tische: 24/90 Plätze
info@der-silberne-loeffel.de · www.der-silberne-loeffel.de

Speisekarte: 6 Hauptgerichte von 18,50 bis 29,50 €; 3 Tagesgerichte von 12,00 bis 25,00 €; 1 Menü zu 39,00 €

Inmitten der malerischen Altstadt von Münster, im Kuhviertel gelegen, genießt man in Giacomo und Rocco Rinaudos "Il Cucchiao d'argento" eine grundehrliche italienische Küche, die die Aromen des Südens ins Westfälische holt.

Kaiserhof

Bhf→100 m

✉ 48143 · Bahnhofstraße 14 · ☎ (02 51) 4 17 80 · Fax: 4 17 86 66 · Restaurant, Kaminzimmer, Hotelbar, Arrangements, Frühstücksbuffet 19,50 €/Hausgast
6 km
hotel@kaiserhof-muenster.de · www.kaiserhof-muenster.de

39 **DZ** ab 114,00 €;
als **EZ** ab 114,00 €;
56 **EZ** ab 99,00 €;
5 **Suiten** ab 209,00 €
Der Kaiserhof verknüpft den kultivierten Stil glanzvoller Epochen mit modernem Hotelleriekomfort. Die komfortablen Zimmer und die gepflegte Wellnesoase lassen den Gast wahrhaftig wie einen Kaiser logieren.

Parkhotel Wienburg

Bhf→3 km

Family

✉ 48147 · Kanalstraße 237 · ☎ (02 51) 2 01 28 00 · Fax: 2 01 28 15 · Rest. m. Reg. Küche, Kaffeehaus, Biergarten, Fahrradverleih, Zi.-Preise inkl. Frühstück
info@hotel-wienburg.de · www.hotel-wienburg.de

12 **DZ** zu 118,00 €;
als **EZ** zu 80,00 €
Am Stadtrand von Münster inmitten dem Wienburgpark gelegen, kümmert man sich im Haus Wienburg schon seit über 225 Jahren um das Wohl seiner Gäste und ist auch auf Kinder bestens eingestellt. Die Zimmer sind individuell und stilvoll eingerichtet und bieten modernen Wohnkomfort (Preise inkl. Frühstück). Besonders vielseitig ist das gastronomische Angebot: Neben dem Restaurant gibt es einen überdachten Biergarten, einen Schwarzwald-Biergarten und elegante Festräume für kleine und große Gesellschaften sowie einen wunderschönen, lichtdurchfluteten Wintergarten. Zwei gute Tagungsräume mit Basisausstattung stehen Seminarteilnehmern zur Verfügung.

Hervorhebenswert in seiner Kategorie

Bhf→3 km

Parkhotel Wienburg

✉ 48147 · Kanalstraße 237 · ☎ (02 51) 2 01 28 00 · Fax: 2 01 28 15
Neue, Intern. u. Regionale Küche · **Geöffnet:** Mi.-Sa. 17-22 Uhr, So./Feiertag 12-22 Uhr · **Ruhetag:** Mo./Di. · **Tische:** 22/150 Plätze
info@hotel-wienburg.de · www.hotel-wienburg.de

Speisekarte: 8 Hauptgerichte von 12,90 bis 23,90 €; 1 Menü von 32,00 bis 68,00 €

Bereits 1826 übernahm Familie Holtmann die Wienburg, die einige Jahrzehnte zuvor zu einem Kaffeehaus geworden war. Traditionelle Gastfreundschaft wird hier inzwischen in der 7. Generation großgeschrieben und sie bestimmt auch die ungezwungene Atmosphäre im Restaurant. Egal, ob Münsteraner, Ausflugs- oder Hotelgäste hier einkehren – die vielseitige Speisekarte hält für jeden etwas bereit. Chefkoch Lutz Holtmann kauft bevorzugt im Münsterland bei bekannten Händlern und Erzeugern die Produkte für seine gelungene Küche ein und verarbeitet die Ingredienzen zu durchdachten, frischen und aromenbetonten Speisen, die sowohl international als auch heimatverbunden sind. Neben Klassikern und den WienBurgern gibt es auch feine saisonale Spezialitäten. Ein zuvorkommender Service begleitet den Gast. An warmen Tagen warten auf der Terrasse mit Blick ins Grüne Kaffee und köstliche hausgebackene Kuchen. Außerdem gibt es schöne Räumlichkeiten für bestens geplante und betreute Familienfeiern.

Münster-Roxel

Ackermann – Ferment -Fine Dining

✉ 48161 · Roxeler Straße 522 · ☎ (0 25 34) 10 76
Neue Küche · Küche: 18–21:30 Uhr · **Ruhetag:** Mo./Di. · **Tische:** 6 (+ 6 Terrasse)/22 + 22 Plätze
info@restaurant-ackermann.de · www.restaurant-ackermann.de

Speisekarte: 1 Menü von 99,00 bis 129,00 €
207 Weinpos.

Die Küche im Restaurant ist dank Chefkoch Laurin Kux fein und exklusiv. Er setzt im Hinblick auf Erzeugung und Einkauf der Zutaten auf Nachhaltigkeit und bevorzugt regionale Lieferanten. Mit leichter Hand und kreativer Vielseitigkeit komponiert er zeitgeistige Speisen mit hohem Erinnerungswert und voller Raffinesse.

Münstertal

Bhf→5 km

Romantik Hotel Spielweg

✉ 79244 · OT Obermünstertal · Spielweg 61 · ☎ (0 76 36) 70 90 · Fax: 7 09 66
Drei versch. Stuben m. Reg., Klass. u. Neuer Küche, Frühstücksbüfett
25 km
fuchs@spielweg.com · www.spielweg.com

32 **DZ** ab 155,00 €;
2 **EZ** ab 125,00 €;
3 **(Jui.-)Suiten** ab 253,00 €

In malerischer Landschaft gelegen, bezaubert das traditionsreiche Romantikhotel "Spielweg" mit behaglichen Zimmern (Frühstück im Zi.-Preis inkl.), Wellnessbereich und Restaurantstuben.

Bhf→5 km

Romantik Hotel Spielweg

✉ 79244 · OT Obermünstertal · Spielweg 61 · ☎ (0 76 36) 70 90 · Fax: 7 09 66
Kreative Regionalküche · Küche: 12–16/17:30–21 Uhr
fuchs@spielweg.com · www.spielweg.com

Speisekarte: 11 Hauptgerichte von 23,50 bis 39,00 €; 6 Tagesgerichte von 26,50 bis 37,00 €; 1 Mittagsmenü von 69,00 bis 82,00 €; 3 Menüs von 53,00 bis 94,00 €

Produkte aus dem Naturpark Südschwarzwald sind die Hauptzutaten in der sehr innovativen und unverfälschten Küche von Viki Fuchs und Johannes Schneider. Die sehr kreativen, saisonalen Speisen ergänzen sie gerne mit asiatischen Elementen.

Murnau am Staffelsee

Alpenhof Murnau

Bhf→2 km

82418 · Ramsachstraße 8 · (0 88 41) 49 10 · Fax: 49 11 00
Restaurant, Bar, Terrasse, Frühstücksbuffet
18 km
info@alpenhof-murnau.com · www.alpenhof-murnau.com

80 **DZ** von 179,00 bis 329,00 €;
als **EZ** von 159,00 bis 279,00 €;
6 **EZ** von 149,00 bis 259,00 €;
18 **Suiten** von 219,00 bis 599,00 €;
Sui. als Einz.-Zim. von 189,00 bis 399,00 €

Dieses Wohlfühlhotel ist im alpenländischen Stil eingerichtet, vermittelt heitere, bayerische Lebensart und verfügt über zeitgemäße Komfortzimmer, Tagungs- und Bankettträume sowie eine Wellnessoase.

Alpenhof Murnau

Bhf→2 km

82418 · Ramsachstraße 8 · (0 88 41) 49 10 · Fax: 49 11 00
Int. und Reg. Küche · Küche: 12–21 Uhr · **Tische:** 100/250 Plätze
info@alpenhof-murnau.com · www.alpenhof-murnau.com

Speisekarte: 5 Hauptgerichte von 29,00 bis 48,00 €; 2 Menüs von 48,00 bis 134,00 €
900 Weinpos.
Chefkoch Claus Gromotka kombiniert Bodenständiges aus der Region Oberbayern mit internationalen Elementen und kreiert eine frische und zeitgemäße Küche, die saisonal, abwechslungsreich und herrlich unverfälscht ist.

Mutterstadt

Roma

Bhf→3 km

67112 · Neustadter Straße 11 · (0 62 34) 36 50 + 92 94 59 · Fax: 30 53 96
Klassische Italienische Küche · Küche: 11:30–14/17:30–20:30 Uhr · **Ferien:** 24.12. · **Tische:** 20/60 Plätze
www.ristorante-roma-rosario.de

Speisekarte: 26 Hauptgerichte von 22,50 bis 39,50 €; 1 Menü zu 79,00 €
820 Weinpos.
Sehr einladend präsentiert sich das terracottafarbene Haus, in dem das Ristorante Roma beheimatet ist. Behaglich eingerichtet, kann man hier feinste italienische Lebensart erleben und eine herrlich authentische, mediterrane Küche genießen. Für die sorgen Patron Rosario Peduto und Vincenzo Peduto. Die beiden kochen mit echter Leidenschaft. Das sieht man den schön angerichteten Speisen an und vor allem schmeckt man es. Sie nutzen die große Bandbreite mediterraner Aromenfülle und stellen die handverlesenen, erstklassigen Zutaten zu beliebten italienischen Klassikern und raffiniert neu interpretierten, verfeinerten Speisen zusammen. Stets bleiben die abwechslungsreichen Speisen leicht, schmackhaft und sind schön ausbalanciert. Das gilt für die feinen Fisch-Spezialitäten, die fraglos zum Aushängeschild des Restaurants gehören, ebenso

wie für die sorgsam abgestimmten Pastagerichte. Eine kleine, aber sehr feine Auswahl an Pizzen ergänzt das vielseitige Angebot. Die Weinkarte ist hinreißend sortiert, Fokus liegt auf italienischen (und regionalen) Gewächsen. Hier ist Gianfranco Melideo eine unschätzbare Hilfe. Der herzliche Service zeigt an warmen Tagen auch gerne einen Platz auf der hübschen Terrasse.

Nassenfels

Gasthaus Stark

85128 · OT Wolkertshofen · Dorfstraße 17 · ☎ (0 84 24) 4 85 · Fax: 88 46 10
Regionale Küche · **Geöffnet:** 18-21 Uhr, Fr.-So. auch 11.30-13:30 Uhr · **Ruhetag:** So.-Abd./Mo. · **Tische:** 26/120 Plätze
info@gasthaus-stark.de · www.gasthaus-stark.de

Speisekarte: 10 Hauptgerichte von 14,00 bis 28,00 €; 2 Menüs von 38,00 bis 68,00 €
40 Weinpos.
Patron und Chefkoch Josef Stark präsentiert im behaglichen Gasthaus mit über 100-jähriger Familientradition eine frische Regionalküche, die herrlich unverfälscht ist und mit schonenden Zubereitungen überzeugt.

Naumburg

Bhf→2 km

Gasthof Zufriedenheit

06618 · Steinweg 26 · ☎ (0 34 45) 7 91 20 51 · Weinstube, Hofgarten, Kulinarische Veranstaltungen, Zimmerpreise inkl. Frühstück
welcome@gasthof-zufriedenheit.de · www.gasthof-zufriedenheit.de

12 **DZ** von 150,00 bis 225,00 €;
als **EZ** von 105,00 bis 150,00 €;
2 **Suiten** von 240,00 bis 315,00 €;
3 **Deluxe-DZ** von 195,00 bis 270,00 €
"Gasthof Zufriedenheit" – hier ist der Name tatsächlich Programm. Das Boutiquehotel in der Naumburger Altstadt versprüht gastlichen Charme in einem stilvollen und heiter-entspannten Ambiente. Das liebenswürdige Service-Team steht jederzeit mit Rat und Tat zur Seite.

Bhf→2 km

Gasthof Zufriedenheit

06618 · Steinweg 26 · ☎ (0 34 45) 7 91 20 51
Gehobene Regionale Küche · Küche: 11:30–13:30/18–21 Uhr · **Ruhetag:** Mo. · **Tische:** 10/40 Plätze
welcome@gasthof-zufriedenheit.de · www.gasthof-zufriedenheit.de

Speisekarte: 7 Hauptgerichte von 14,00 bis 38,00 €; 2 Tagesgerichte von 17,00 bis 32,00 €; 2 Menüs (Gourmet) von 38,00 bis 78,00 €
50 Weinpos.
Unprätentiös und geradlinig in moderner Eleganz eingerichtet, kann man sich im Restaurant auf eine richtig gute Küche freuen. Für die sorgt Küchenchef Alexander Frömel mit großem Einsatz und mindestens ebenso viel Können und kulinarischem Geschick.

Naurath (Wald)

Bhf→25 km

Rüssels Landhaus OT Büdlicherbrück

54426 · Büdlicherbrück 1 · ☎ (0 65 09) 9 14 00 · Fax: 91 40 40
Sommerterrasse, ausgezeichnetes Landartfrühstück
18 km
info@ruessels-landhaus.de · www.ruessels-landhaus.de

11 **DZ** ab 170,00 €;
als **EZ** ab 110,00 €;
3 **Suiten** ab 210,00 €
Das reizvoll gelegene Hotel empfängt seine Gäste mit herzlicher Gastfreundschaft und in einem freundlichen Ambiente. Die individuell gestalteten Zimmer sind allesamt im gehobenen Landhausstil eingerichtet und verfügen über allen zeitgemäßen Komfort.

Sehr gutes, komfortables Hotel

Rüssels Landhaus OT Büdlicherbrück

Bhf→25 km

✉ 54426 · Büdlicherbrück 1 · ☎ (0 65 09) 9 14 00 · Fax: 91 40 40
Reg. Kü., eig. Kreat. · **Geöffnet:** Mo., Do. + Fr. 18:30-22 Uhr, Sa./So. auch 12-14 Uhr · **Ruhetag:** Di./Mi. · **Tische:** 11/35 Plätze
info@ruessels-landhaus.de · www.ruessels-landhaus.de

Speisekarte: 4 Hauptgerichte von 26,00 bis 38,00 €; 3 Tagesgerichte von 39,00 bis 48,00 €; 2 Menüs von 135,00 bis 165,00 € 360 Weinpos. Sternekoch Harald Rüssel kauft so regional wie möglich ein und nimmt die eigene Jagd als Lieferant für erstklassiges Wild. Die Speisen sind in der klassischen Küche verwurzelt und werden mit Geschick und innovativen Ideen neu interpretiert. Rustikaler geht es im Restaurant "Hasenpfeffer" zu.

Neckargemünd

CHRISTIANs

Bhf→500 m

✉ 69151 · Neckarstraße 40 · ☎ (0 62 23) 9 73 73 23
Klassische u. Regionale Küche · **Geöffnet:** ab 18 Uhr, Sa.+So. auch 12-13:30 Uhr · **Ruhetag:** Mo./Di./Mi. · **Tische:** 25/110 Plätze
info@restaurant-christian.de · www.restaurant-christian.de

Speisekarte: 10 Hauptgerichte von 25,00 bis 35,00 €; 1 Menü von 75,00 bis 95,00 € 200 Weinpos. Der schöne Landhausstil des Restaurants ist die passende Kulisse für die moderne Küche von Christian Heß. Ob deftig regional, fein klassisch oder faszinierend anders aus Südafrika, Kalifornien und Florida – die Speisen sind vielseitig und ausbalanciert.

Netphen

Gasthaus Klein

Bhf→20 km

✉ 57250 · OT Deuz · Marburger Str. 7 · ☎ (0 27 37) 5 93 30 · Fax: 59 33 11 · Regionale und Westfälische Küche · Küche: 12–14:30/18–21:30 Uhr · **Ruhetag:** Mo. · **Ferien:** 1 Wo. Sommerf. · **Tische:** 16/70, Gartenrest. 50 Sitzplätze Plätze
gasthaus-klein@gmx.de · www.gasthaus-klein-deuz.de

Speisekarte: 7 Hauptgerichte von 12,50 bis 29,50 €; 2 Menüs von 34,80 bis 50,20 € 100 Weinpos. Es gibt nicht viele Restaurants, die in so einem wunderschönen historischen Fachwerkhaus beheimatet sind wie das Gasthaus Klein. Und es gibt noch weniger, die seit mehr als 300 Jahren in Familienbesitz sind. In diesem Falle in dem der Familie Klein. Diese Tradition ist für Corinna und Christian Klein-Wagner Verpflichtung, Herausforderung und Herzensangelegenheit zugleich. Das Interieur ist sehr liebevoll gestaltet – ob Gaststube, das neu gestaltete Kaminzimmer oder Jagdstube – nostalgische Accessoires und hübsch eingedeckte Tische geben den Räumen eine persönliche und einladende Note. Christian Klein-Wagner ist der verantwortliche Mann am Herd und ist immer bemüht, seinen Gästen eine abwechslungsreiche und handwerklich präzise Frischeküche zu präsentieren. Er kauft die Zutaten bevorzugt von Händlern aus dem Umland, nutzt das saisonale Marktangebot und rundet die Speisen mit Kräutern und Blüten aus dem eigenen Kräutergarten gekonnt ab. Westfälische Spezialitäten stehen obenan, werden aber raffiniert leicht und neu interpretiert und von grenzübergreifenden und vegetarischen Speisen ergänzt. Die Dame des Hauses berät zu den passenden Weinen, die in bester Auswahl im historischen Weinkeller lagern und hilft auch gerne weiter, wenn es um die Durchführung von Festlichkei-

ten geht. Die finden u. a. im Graf-Johann-Zimmer einen stilvollen Rahmen. Der malerische Garten zwischen alten Buchenhecken, duftenden Edelrosen und Kräutern ist bei schönem Wetter geöffnet und wunderbar romantisch.

Neualbenreuth

Bhf→30 km

Altmugler Sonne "Genießer-Restaurant"

✉ 95698 · Altmugl 20 · ☎ (0 96 38) 2 48
Klass. u. Regionale Küche, Slow Food · **Geöffnet:** ab 17 Uhr, last order 20 Uhr · **Ruhetag:** Mo. · **Tische:** 5/max. 20 Plätze
VISA AE EC
hotel@altmuglersonne.de · www.altmuglersonne.de

Speisekarte: 1 Menü von 59,00 bis 84,00 €
60 Weinpos.

Johann und Silvia Lemberger führen ihr Restaurant mit nimmermüdem Einsatz und sorgen für eine angenehm familiäre Atmosphäre. Große Fenster, fein eingedeckte Tische und liebevoll platzierte Accessoires fügen sich zu einem stimmigen Ganzen. Der Patron steht selber am Herd und bietet eine abwechslungsreiche, den Jahreszeiten angepasste Regionalküche, die er mit raffinierten Ideen aufpeppt. Die schonend unter Slow Food Aspekten zubereiteten Speisen kommen herrlich unverfälscht auf den Tisch. Beliebte, traditionelle, bayerische Schmankerl fehlen natürlich nicht. Ein täglich wechselndes Menü garantiert kulinarische Abwechslung. Gutbürgerliche Speisen – sonntags auch mittags (3-Gang-Menü zu 25,- € p. P.) – genießt man im Wirtshaus. Außerdem finden rund ums Jahr verschiedene kulinarische Events statt und es gibt schöne Räumlichkeiten für Veranstaltungen. Silvia Lemberger ist liebenswürdige Gastgeberin, leitet den Service und berät zu den bestens betreuten Feiern in und außer Haus. Von der Terrasse aus hat man einen traumhaft weiten Blick über die malerische Oberpfälzer Landschaft.

Restaurant mit gehobener Küche

Dieses Restaurant bietet Ihnen ein gutes Genuss-/Preisverhältnis.

Bhf→30 km

Altmugler Sonne

✉ 95698 · Altmugl 20 · ☎ (0 96 38) 2 48 · Fax: 93 97 13 · Genießer-Restaurant, Wirtshaus m. gutbürgerlicher Küche, Terrasse, Frühst. im Zimmerpreis inkl.
4 km
VISA AE EC
hotel@altmuglersonne.de · www.altmuglersonne.de

9 **DZ** bis 78,00 €;
EZ bis 59,00 €

Ruhig und ländlich gelegen, lassen sich im kleinen Hotel "Altmugler Sonne" schöne Urlaubstage oder auch ein Gourmetwochenende in entspannter und familiärer Atmosphäre verbringen. Die großzügig geschnittenen Zimmer sind individuell und behaglich eingerichtet. Der Tag beginnt mit einem reichhaltigen Frühstück vom Buffet, das im Zimmerpreis inkludiert ist. In der Freizeit kann man das Heilbad im 4 km entfernten Sibyllenbad nutzen oder direkt vom Haus aus joggen, Nordic walken oder zu einer Wanderung starten. Der 18-Loch-Platz des Golfclubs Stiftland ist nur 4 km entfernt, verschiedenste Sehenswürdigkeiten in der Umgebung kann man der Webseite entnehmen.

des Golfclubs Stiftland ist nur 4 km entfernt, verschiedenste Sehenswürdigkeiten in der Umgebung kann man der Webseite entnehmen.

Neubeuern

Auers Schlosswirtschaft

Bhf→1 km

✉ 83115 · Rosenheimer Straße 8 · ☎ (0 80 35) 26 69 · Fax: 35 34
Regionale und Saisonale Küche · Küche: 18:30–21:30 Uhr · **Ruhetag:** So./Mo. · **Tische:** 10/40 Plätze
kontakt@auers-schlosswirtschaft.de · www.auers-schlosswirtschaft.de ·

Speisekarte: Hauptgerichte ab 18,00 €

Im schlicht und sehr behaglich eingerichteten Restaurant sorgt Chefköchin Astrid Hilse für eine grundehrliche und unkonventionelle, frische Fleisch-, Fisch- und Gemüseküche, die die wechselnden Jahreszeiten widerspiegelt.

Neubrandenburg

Bornmühle

Bhf→15 km

✉ 17094 · Gr.-Nemerow, Bornmühle 35 · ☎ (03 96 05) 6 00 · Fax: 6 03 99 · Seeterrasse, Lobby, Bar,Live-Cooking, reichhaltiges Frühstücksbuffet (im Zi.-Preis inkl.)
500 m
info@bornmuehle.com · www.bornmuehle.com ·

74 **DZ** von 130,00 bis 230,00 €;
als **EZ** von 110,00 bis 210,00 €;
13 **EZ** ab 90,00 €;
10 **Suiten** von 160,00 bis 320,00 €

Nicht umsonst kann das Hotel Bornmühle mit dem Slogan "Natürlich. Authentisch. Individuell. Gesund" werben. Inmitten einer weithin unberührten mecklenburgischen Parklandschaft in Groß-Nemerow am Ufer des Tollensesees gelegen, schweift der Blick auf grüne Weiden mit Pferden aus eigener Zucht. Die geschmackvoll eingerichteten, komplett neu gestalteten und mit exklusiven Schlafsystemen ausgestatteten Zimmer sind ein echtes Refugium. Sehr großzügig konzipiert ist der Bereich für Beauty- und Wellnessanwendungen (s. a. Wellness-Special) mit Salzwasserhallenbad, Außensaunalandschaft, Yoga, Qi-Gong, Kung Fu, Rückenschule, Kletterwand, Fitnessraum, schöner Liegewiese und Nordic Walking Angeboten. Mit Leihfahrrädern sollte man die malerische Umgebung mit großem Wegenetz erkunden. Dank eines neuen Anbaus stehen mehr Zimmer zur Auswahl, ohne dass die Exklusivität des Hauses und der individuelle Service verloren gehen. In der "Bornmühle" kann man eine erholsame Auszeit vom Alltag nehmen und sich rundum verwöhnen lassen.

Bhf→15 km

Bornmühle – Räthro

17094 · Bornmühle 35 · ☎ (03 96 05) 6 00 · Fax: 6 03 99
Neue u. Regionale Küche · Küche: 18–22 Uhr · **Ruhetag:** So.-Mi. · **Tische:** 12/30 Plätze
VISA AE EC
info@bornmuehle.com · www.bornmuehle.com

Speisekarte: 1 Menü (4-8 Gänge) von 75,00 bis 129,00 € 50 Weinpos. Seit über 25 Jahren ist Chefkoch Torsten Räth der "Bornmühle" verbunden. Einerseits nimmt das "Räthro" mit blanken, schlicht und edel eingedeckten Tischen Bezug auf seinen Namen, andererseits erinnert es phonetisch daran, dass hier nicht nur kulinarische Moderne zelebriert wird, sondern auch der Blick für Traditionen nicht verloren geht, das Konzept "zurück zum Ursprung" verfolgt wird. Sehr geschmackvoll eingerichtet mit raffinierter Illumination und warmen Bronze- und Olivtönen gestaltet, geht der Blick durch die bodentiefen Fenster auf den See und die Pferdekoppel. Die Küche von Torsten Räth ist ländlich-fein, bodenständig, grundehrlich und doch auch zeitgemäß, modern und kreativ. Er bevorzugt Bio-Produkte und Waren aus dem Umland – die unter dem Motto "Nature's Finest" stehen – und verarbeitet sie gemeinsam mit seinem kompetenten und engagierten Team zu ausbalancierten Speisen, in denen die Zutaten der Star sind und so schonend wie möglich zubereitet werden. Der Gast kann aus einem Menü vier bis acht Gänge wählen. Zur Begrüßung gibt es ein Glas Champagner und zu jedem Gang die passende Weinbegleitung. Sami Fathallah begleitet als stets ansprechbarer Maître durch den Abend.

Neuburg am Inn

Bhf→12 km

Hoftaferne Neuburg

94127 · Am Burgberg 5 · ☎ (0 85 07) 92 31 20 · Fax: 92 31 21 20
Restaurant, Schlosshof, Tagungen, Hochzeiten, Feierlichkeiten aller Art
VISA AE EC
info@hoftaferne-neunburg.de · www.hoftaferne-neuburg.de

24 **DZ** ab 98,00 €;
EZ ab 74,00 €
Hoch über der malerischen Kulturlandschaft der weitläufigen Inn-Auen thront das historische Schloss Neuburg. Im barocken Schloss-Ensemble kann man in wunderschönen Räumlichkeiten tagen, feiern, speisen und selbstverständlich in den komfortablen und mit zurückhaltender Eleganz eingerichteten Gästezimmern wohnen (Preise inkl. Frühstück, W-Lan, Minibar).

Hoftaferne Neuburg

Bhf→12 km

94127 · Am Burgberg 5 · (0 85 07) 92 31 20 · Fax: 92 31 21 20
Regionale Küche · Küche: 17:30–21/Sa.+So. auch 11:30–14 Uhr · **Ruhetag:** Mo./Di./Mi. · **Tische:** 55/30-35, insg. 250 Plätze
info@hoftaferne-neuburg.de · www.hoftaferne-neuburg.de

Speisekarte: 6 Hauptgerichte von 16,00 bis 31,00 €; 1 Menü von 45,00 bis 84,00 €
70 Weinpos.
Bei Chefkoch Klaus Eglseder bekommen traditionelle Gerichte ein neues, gerne auch grenzübergreifendes Gewand und dank seines Ideenreichtums kann der Gast immer wieder neue Kombinationen probieren und sich von der aromenstarken Küche begeistern lassen.

Neuenstein (Hessen)

Landgasthof Hotel Hess

Bhf→15 km

36286 · OT Aua · Geistalstraße 8 · (0 66 77) 9 20 80 · Fax: 13 22 · Rest. "Hess" mit Reg. u. Bürgerl. Küche, sehr reichh. Frühstücksbuffet (im Zi.-Preis inkl.)
18 km
info@landgasthof-hess.de · www.landgasthof-hess.de

39 **DZ** von 85,00 bis 115,00 €;
9 **EZ** von 59,00 bis 85,00 €;
Mehrbettzimmer von 110,00 bis 155,00 €
Nur 500 m von der A7 entfernt, dominiert in diesem sehr persönlich von Familie Hess geführten Haus dennoch Vogelgezwitscher den Autolärm. Das Fachwerkhaus aus dem Jahre 1859 wurde behutsam erweitert und überzeugt mit Zimmern (Preise inkl. reichhaltigem Frühstücksbuffet) mit herrlichem Gartenblick. Helle Tagungsräume mit moderner Technik garantieren ruhiges und effektives Arbeiten, der Internetzugang ist kostenfrei. Im Restaurant wird man von Karsten Hess persönlich mit leckeren Speisen der saisonalen Frischeküche verwöhnt. In der Freizeit warten eine Sauna, Wanderwege, die vor der Haustür beginnen, und reizvolle Touren für Motorradtouristen – das engagierte Hotelteam hilft gerne mit Tipps für Groß und Klein weiter.

Neuhausen

Alte Baiz

Bhf→200 m

75242 · Hauptstr. 2 · (0 72 34) 9 47 38 99
Klass. u. Int. Küche, eig. Kreat. · **Geöffnet:** Freitag und Samstag ab 19 Uhr · **Ruhetag:** So.-Do. · **Tische:** 9/22 Plätze
info@gruenerwald.de · www.gruenerwald.de

Speisekarte: 1 Menü von 112,00 bis 152,00 €
119 Weinpos.
Sternekoch Claudio Urru kocht im modernen Gourmetrestaurant „Alte Baiz" ausschließlich mit Zutaten aller höchster Güte und eröffnet dem anspruchsvollen Gast virtuose Aromenwelten, die in exklusiver Atmosphäre stilvoll diniert werden können.

Neuhütten

Bhf→20 km

le temple du gourmet

✉ 54422 · Saarstraße 2 · ☎ (0 65 03) 76 69 · Fax: 98 05 53
Neue Küche · **Geöffnet:** So. u. Feiertage auch 12-14 · Küche: 18–21 Uhr · **Ruhetag:** Mi. · **Tische:** 6/24 Plätze
le.temple@t-online.de · www.le-temple.de

Speisekarte: 2 Menüs von 120,00 bis 160,00 €
270 Weinpos.
Oliver Schäfer und Christiane Detemple-Schäfer führen ihr Restaurant mit Leidenschaft. Das "Le temple du gourmet" ist ein niveauvolles, kulinarisches Kleinod – hier wird klassische französische Küche in einem neuen, sehr innovativen Gewand präsentiert.

Die Küchenleistung dieses Restaurants ist hervorhebenswert in seiner Kategorie.

Neu-Isenburg

Bhf→3 km

Ristorante Da Luigi

✉ 63263 · OT Altstadt · Kronengasse 8 · ☎ (0 61 02) 37 73 37 · Italienische und Saisonale Küche · Küche: 11:30–14:30/18–22:30 Uhr · **Ruhetag:** Mo. · **Ferien:** 3 Wo. Sommer · **Tische:** 20 (Terrasse + 20)/60 (+ 40) Plätze
info@ristorante-da-luigi.de · www.ristorante-da-luigi.de

Speisekarte: 32,00 Hauptgerichte von 24,00 bis 38,00 €; 4 Menüs von 59,00 bis 80,00 €
108 Weinpos.
Das Restaurant ist unprätentiös und behaglich eingerichtet, eine große, verspiegelte Buffet-Bar ist integriert. Luigi steht am Herd und überzeugt die Gäste – viele von ihnen sind überzeugte Wiederholungstäter – mit einer ungemein aromenstarken, unverfälschten und ehrlichen italienischen Küche. Das Angebot beinhaltet genau die Speisen, die wir in Italien so lieben: Vitello tonnato, Rucolasalat mit Parmesan, Tortelloni mit Trüffeln, Spaghetti mit Scampi, Rinderfilet, Kalbsleber, exzellente Fischspezialitäten (z. B. gegrillter Lachs, Calamari oder Dorade), Panna Cotta, Tiramisu ... Die Zutaten für die frisch zubereiteten Speisen kommen in marktfrischer Qualität von bekannten Lieferanten bevorzugt aus dem Umland. Die Weinkarte listet viele italienische Weine, die perfekt zum Essen passen. Für Feierlichkeiten steht ein kleiner Saal zur Verfügung. Der liebenswürdige und zuvorkommende Service trägt zum gelungenen Besuch bei.

Neunburg vorm Wald

Der Birkenhof - Obendorfers Eisvogel

Bhf→20 km

✉ 92431 · Hofenstetten 55 · ☎ (0 94 39) 95 00 · Fax: 95 01 50 · Klass., Neue u. Intern. Küche · **Geöffnet:** Di.-Sa. ab 18:30 Uhr, jed. 1. Di. i. Mon. geschl. · **Ruhetag:** So./Mo. · **Ferien:** 30.7.-21.8.19 · **Tische:** 6/24 Plätze
info@der-birkenhof.de · www.der-birkenhof.de ·

Speisekarte: 1 5-9 gängiges Auswahl-Menü von 120,00 bis 192,00 €
300 Weinpos.

Das Restaurant Eisvogel bietet nicht nur erstklassigen kulinarischen Genuss, sondern auch optischen. Man kann den Blick durch die fast bodentiefen Panoramafenster über die Oberpfälzer Seenlandschaft gleiten lassen oder man nimmt das ungemein schön gestaltete Interieur mit dem raffinierten Weinschrank auf. Letzterer ist der ovale Mittelpunkt des Raums, wird von einem wunderschön gestalteten, verschiedenfarbig illuminierten Objekt überwölbt und beherbergt unzählige Bouteillen edler Weine. Patron Hubert Obendorfer muss nicht mehr jeden Tag am Herd stehen, weil Sohn Sebastian in seine kulinarischen Fußstapfen getreten ist und dafür sorgt, dass die Speisen so grandios bleiben, wie es die Gäste im Eisvogel gewohnt sind. Die Waren für die innovative Produktküche werden eingekauft, wenn ihre Zeit reif ist, und die wechselnden Jahreszeiten werden zu zusätzlichen Ideengebern. Die Speisen lassen sich in kein festes Schema pressen, sind vielmehr Ausdruck präziser Handarbeit, enormen Könnens und experimentierfreudiger Kompositionen. Das angebotene Menü lässt sich von fünf auf neun Gänge erweitern und zeugt von überbordender Fantasie und einer weltläufigen Aromenwelt. Besonders raffiniert war das Aromenspiel beim bretonischen Hummer: Hier changierte die Tomate mit geeisten Holunderblütenkugeln von leicht süß zu dezenter Säure. Perfekt! Ergänzt wird das Gourmetrestaurant von "Obendorfers Genuss Atelier", in dem der Meister persönlich abwechslungsreiche Kochkurse anbietet.

Spa&Genuss Resort – Der Birkenhof

Bhf→20 km

✉ 92431 · Hofenstetten 55 · ☎ (0 94 39) 95 00 · Fax: 95 01 50 · Rest. m. reg. Küche "Turmstube", HP-Restaurant "Landart", Bar, Zi.-Preise inkl. Genießer-HP
5 km
info@der-birkenhof.de · www.der-birkenhof.de ·

53 **DZ** ab 278,00 €;
als **EZ** ab 154,00 €;
6 **EZ** ab 154,00 €;
24 **Suiten** ab 324,00 €

Inmitten herrlicher weitläufiger Wiesen findet sich an einer Anhöhe im hübschen Dörfchen Hofenstetten dieses niveauvolle und sehr persönlich von Familie Obendorfer und einem engagierten Team geführte Hotel auf 5-Sterne-Niveau. Jedes der individuell gestalteten Zimmer bietet gehobenen Komfort und ist ein behagliches Refugium (Preise inkl. Genießerhalbpension). Im "Landhotel Birkenhof" kann man in ruhiger Abgeschiedenheit ausspannen, die vielseitigen Wellness- und Freizeitangebote (s. a. Golf-Special), wie z. B. den Nordic Fitness Sports Park, Badeteich, den herrlichen Außenpool und die großzügige Gartenanlage nutzen und sich auch kulinarisch rundum verwöhnen lassen. Dank top ausgestatteter Veranstaltungsräume und einem umfassenden Service finden in anregender Atmosphäre effektive Tagungen statt. Events, Outdoor-Trainings und eine komplette Blockhütte können ebenfalls gebucht werden. Im Hoteltrakt mit Blick über das Oberpfälzer Seenland gibt es hochwertige bis zu 70 m² große Suiten, edle Terrassen- und Bäderanlagen, einen 800 m² großen, sehr gepflegten Fitness- und Beautybereich, eine Tiefgarage sowie ein umweltschonendes Blockheizkraftwerk für die gesamte Hotelanlage.

Hotel mit anspruchsvollem Wellnessangebot

Neukirch / Goppertsweiler

Bhf→11 km

Gasthof zum Hirsch

✉ 88099 · Argenstraße 29 · ☎ (0 75 28) 17 65 · Fax: 17 06
Regionale u. Mediter. Küche · **Geöffnet:** 17:30-22, Sa./So./Feiert. auch 11:30-14 · **Ruhetag:** Mo./Di. · **Tische:** 14/55 Plätze
VISA
hirschrenz@web.de · www.gasthof-zum-hirsch.com

Speisekarte: 5 Hauptgerichte von 24,00 bis 29,00 €; 2 Menüs von 48,00 bis 64,00 €
90 Weinpos.
Patron und Chefkoch Artur Renz verwöhnt seine Gäste in den hübschen Gaststuben mit Speisen, die der Slow Food Philosophie verbunden sind. Er kocht eine saisonale, schonende und unverfälschte Feinschmeckerküche mit Bodenhaftung.

Neuleiningen

Bhf→3 km

Alte Pfarrey

✉ 67271 · Untergasse 54 · ☎ (0 63 59) 8 60 66 · Fax: 8 60 60
Neue Küche · **Geöffnet:** Di.-Sa. 18:30-20:30 Uhr, Fr.+Sa. 12-13:30 Uhr1:30 Uhr, So. 12-14 Uhr · **Ruhetag:** So./Mo. · **Ferien:** variabel · **Tische:** 10/40 Plätze
VISA
info@altepfarrey.de · www.altepfarrey.de

Speisekarte: 2 Menüs von 85,00 bis 137,00 €
280 Weinpos.
In der Küche von Chefkoch Silvio Lange geht es nie langweilig zu. Er lässt sich von marktfrischen Zutaten ebenso inspirieren wie von den wechselnden Jahreszeiten, wenn er seine aromentiefen, ausbalancierten Speisen in verführerischer Optik präsentiert.

Neupotz

Zur Krone

Bhf→15 km

✉ 76777 · Hauptstr. 25 · ☎ (0 72 72) 9 33 78 45
Klassisch, französisch, modern, mit internationaler Gewürzkultur · **Geöffnet:** ab 18:30 Uhr · **Ruhetag:** Mo./Di. · **Tische:** 6/20 Plätze
info@zurkroneneupotz.de · www.zurkroneneupotz.de

Speisekarte: 1 Menü zu 120,00 €
106 Weinpos.
Die marokkanischen Wurzeln von Patron und Chefkoch Faycal Bettioui finden sich auch in seiner aromenprononcierten Küche wieder. Er verbindet kulinarische Kindheitserinnerungen, den Orient und Okzident zu meisterlichen Speisen.

Neustadt (Holstein)

Fien tu Huus Pelzerhaken

Bhf→6 km

✉ 23730 · OT Pelzerhaken · Strandallee 14 · ☎ (0 45 61) 5 59 89 96
Internationale und Regionale Küche · Küche: 12–21 Uhr · **Ruhetag:** Mo./Di. · **Tische:** 20 (+ 20 Terrasse)/40 (+ 40) Plätze
info@fientuhuus.de · www.fientuhuus.de

Speisekarte: 16 Hauptgerichte von 18,50 bis 36,00 €; 5 Tagesgerichte von 18,00 bis 28,00 €
Ehrlich geht es zu bei Mario Büsch und seinem Team. Man findet ihn an der Westseite der Lübecker Bucht, an der Seebrücke von Pelzerhaken, einem hübschen, kleinen Badeort. Dort hat er ein Restaurant etabliert, dass ungemein gemütlich eingerichtet ist: Warmes Holz und bodentiefe Fenster, die viel Licht geben und sich an warmen Tagen zur Terrasse hin öffnen lassen. Das "Fien tu Huus" gehört zum lokalen Netzwerk "Feinheimisch" mit seinen Grundsätzen, verantwortungsvoll mit den Produkten, die aus der Umgebung kommen, umzugehen und unter nachhaltigen Aspekten zu arbeiten. Entsprechend frisch sind die Zutaten; zu jeder einzelnen kann Mario Büsch den lokalen Händler nennen. Diese Transparenz zahlt sich nicht zuletzt in der Qualität aus. Kombiniert mit dem Können des Patrons kommen so durchdachte, unverfälschte und aromenstarke Speisen auf den Tisch, in der auch jede Jahreszeit ihr eigenes, schön zusammengestelltes Menü erhält. Der Service ist natürlich, liebenswürdig und aufmerksam.

Restaurant mit gehobener Küche

Neustadt an der Weinstraße

Das Esszimmer

Bhf→2 km

67433 · Hintergasse 38 · ☎ (06 32 21) 35 49 96
Italienisch-mediterran, regional · Küche: 17–23 Uhr · **Ruhetag:** So./Mo./Di./Mi. ·
Tische: 11/30 Plätze
info@esszimmer-neustadt.de · www.esszimmer-neustadt.de

Speisekarte: 1 Menü von 44,00 bis 69,00 €
142 Weinpos.
Küchenchef Thomas Manthey kreiert in seinem modernen „Esszimmer" italienische Speisen mit internationalen Einflüssen, die sich stets der Auswahl an frischen, regionalen Produkten und der Jahreszeit anpassen. Der freundliche Service und die entspannte Atmosphäre sorgen für Genussmomente, die einfach nur glücklich machen.

Urgestein

Bhf→5 Min.

67433 · Rathausstr. 6 · ☎ (06 32 1) 48 90 60 · Fax: 48 90 70
Neue Küche, Eig. Kreationen · Küche: 18:30–open end · **Ruhetag:** So./Mo. ·
Tische: 5/20 Plätze
info@restaurant-urgestein.de · www.restaurant-urgestein.de

Speisekarte: 1 Menüs von 120,00 bis 140,00 €
350 Weinpos.
Im ehemaligen Marstall eines gotischen Giebelhauses aus dem 13 Jh. findet sich unter einem mächtigen Kreuzgewölbe das Gourmet-Restaurant "Urgestein". Historie und Moderne verbinden sich im Interieur, Tradition und Zeitgeist in den Menüs, die Chefköchin Hedi Rink ideenreich ertüftelt und gekonnt ins Tellerrund platziert.

Neu-Ulm

Stephans Stuben

Bhf→1 km

89231 · Bahnhofstraße 65 · ☎ (07 31) 72 38 72
Moderne französische Küche · **Geöffnet:** Mi.-Fr. 11-14 + 17-23 Uhr, Sa. 17-23 Uhr, So. 11-15 Uhr · **Ruhetag:** So.-Abd, Mo., Di. · **Tische:** 9/35 Plätze
info@stephans-stuben.de · www.stephans-stuben.de

Speisekarte: 8 Hauptgerichte von 18,00 bis 32,00 €; 4 Menüs von 78,00 bis 115,00 € 163 Weinpos.
Im geschmackvoll eingerichteten Restaurant sorgt Chefkoch Siegfried Pfnür für eine ambitionierte Küche, die bodenständig und zeitgeistig daherkommt. Erstklassige Saucen sowie Variationen von Fisch, Muscheln und Krustentieren gehören zu den Spezialitäten.

Neuweiler

Gasthaus Krone

Bhf→10 km

75389 · Hauptstraße 1 · ☎ (0 70 55) 73 75
Gutbürgerliche Küche · Küche: 11:30–13:30/17:30–21 Uhr · **Tische:** 25/120 Plätze
katja-hennefarth@web.de

Speisekarte: 14 Hauptgerichte von 11,00 bis 18,50 €; 1 Tagesgericht zu 8,00 €; 1 Menü von 16,00 bis 25,00 €
21 Weinpos.

Die "Krone" im idyllischen Breitenberg, im Naturpark Schwarzwald Mitte/Nord ist ein Gasthaus, wie es im Buche steht. Behaglich eingerichtet, kann man hier in entspannter und geselliger Atmosphäre eine gutbürgerliche Küche genießen. Für die ist Patron und Chefkoch Udo Hennefarth verantwortlich. Er kocht aromenstark, nutzt das heimische Warenangebot und präsentiert auch gerne Speisen, die den wechselnden Jahreszeiten entsprechen. Verschiedene Menüwochen runden das kulinarische Angebot ab. Für Feierlichkeiten gibt es passende Räumlichkeiten wie z. B. das Bistro. Guten Zuspruch findet der Party-Service, geselliger Treffpunkt ist die Kegelbahn.

Landhotel Talblick

Bhf→10 km

✉ 75389 · OT Oberkollwangen · Breitenberger Straße 15 · ☎ (0 70 55) 9 28 80
Restaurant, Kaminstube, Terrasse, Lounge, Frühstück im Zi.-Preis inklusive
28 km
info@landhotel-talblick.de · www.landhotel-talblick.de

18 **DZ** von 124,00 bis 198,00 €;
als **EZ** von 82,00 bis 119,00 €;
3 **EZ** ab 79,00 €

Umgeben von Wiesen und Feldern liegt das "Landhotel Talblick" auf der Hochebene des Oberen Teinachtals. Die Komfortzimmer sind liebevoll eingerichtet, der exklusive Wellness- und Spa-Bereich steht ganz im Zeichen nachhaltiger Erholung. Im Restaurant gibt es eine abwechslungsreiche und jahreszeitlich geprägte Frischeküche.

Neuzelle

Landhaushotel Prinz Albrecht

Bhf→1 km

✉ 15898 · Frankfurter Straße 34 · ☎ (03 36 52) 8 13 22 · Fax: 8 13 25
Regionale Küche · **Geöffnet:** 11:30–22 Uhr · Küche: 11:30–21 Uhr · **Tische:** 16/80 Plätze
info@hotel-prinz-albrecht.de · www.hotel-prinz-albrecht.de

Speisekarte: 16 Hauptgerichte von 9,50 bis 23,50 € 45 Weinpos.

Das Hotel-Restaurant ist geschmackvoll und freundlich eingerichtet und wird ebenso engagiert wie das Hotel geführt. Ob in geselliger Runde oder bei einem romantischen Candle-Light-Dinner – Chefkoch Daniel Kühn weiß eine abwechslungsreiche Küche anzubieten. Er bevorzugt Zutaten von heimischen Händlern, die er im jahreszeitlichen Rhythmus mit Sorgfalt und feinem kulinarischem Gespür kombiniert. Regionales verfeinert er mit Geschick und Kreativität. Schwerpunkt der Küche sind präzise zubereitete Wild- und Fischspezialitäten, die er mit einheimischen Lieblingsgerichten ergänzt. Auf Wunsch kann man die

Speisen auch als kleinere Portion bestellen! Für Feierlichkeiten gibt es passende Räumlichkeiten oder man greift auf den sehr guten Catering-Service zurück, der die Speisen in die eigenen vier Wände bringt. Die Terrasse mit herrlichem Blick auf die Klosteranlage ist der perfekte Ort, um den Alltag hinter sich zu lassen.

Landhaushotel & Residenz Prinz Albrecht

Bhf→1 km

✉ 15898 · Frankfurter Straße 34 · ☎ (03 36 52) 8 13 22 · Fax: 8 13 25
Nichtraucherhotel, Rest. m. Regionaler Küche, Frühstück im Zi.-Preis inkl.
info@hotel-prinz-albrecht.de · www.hotel-prinz-albrecht.de

30 **DZ** ab 79,00 €;
3 **EZ** ab 59,00 €;
1 **Familienzimmer** ab 119,00 €

Das heutige "Landhaushotel Prinz Albrecht" wurde nach wechselvoller Geschichte dem Vorbild aus dem 17. Jh. entsprechend exakt wiederaufgebaut. Die geschmackvoll im Landhausstil eingerichteten Zimmer (die Preise verstehen sich inklusive Frühstück) des Nichtraucher-Hauses bieten einen schönen Ausblick auf die Klosteranlage mit der Stiftskirche St. Martin. Hinzugekommen sind die "Residenz Prinz Albrecht" mit

großzügig geschnittenen Zimmern und schicken Bädern sowie die "Radlerherberge Neuzelle" (9 DZ, 3 EZ, Dusche, WC, TV) mit einem Gemeinschaftsraum mit Panorama-TV und Küchenzeile. Vom

Haus aus führen herrliche Rad- und Wandertouren (der Oder-Neiße-Radweg ist nur 5 km entfernt) in die wald- und seenreiche Umgebung des reizvollen Naturparks Schlaubetal. Auf Gästewunsch hin organisiert das Hotelteam gerne eine Besichtigung der Klosteranlage, -brauerei und Brennerei.

Nideggen

Brockel Schlimbach – Burg Nideggen

✉ 52385 · Kirchgasse 10 · ☎ (0 24 27) 9 09 10 66
Klassische und Moderne Küche · **Geöffnet:** Fr./Sa. ab 18 Uhr, So. ab 12 Uhr · **Ruhetag:** Mo.-Do. · **Tische:** 5/12 Plätze
info@burgrestaurant-nideggen.de · www.burgrestaurant-nideggen.de

Speisekarte: 1 Menü von 110,00 bis 125,00 €

Die Chefköche Herbert Brockel und Tobias Schlimbach geben dem Restaurant viel mehr als nur den Namen: Sie bieten eine unverfälschte, moderne und naturnahe Küche, die voller fantasievoller Ideen steckt und für innovative Geschmackserlebnisse sorgt.

Rosenflora

Bhf→3 km

✉ 52385 · Kirchstraße 2 · ☎ (0 24 27) 9 40 40 · Fax: 94 04 23
Klass. Küche · Küche: 18–21 Uhr · **Ruhetag:** Di. · **Tische:** 9/30 Plätze
info@rosenflora.de · www.rosenflora.de

Speisekarte: 10 Hauptgerichte von 19,90 bis 32,90 €; 2-3 Menüs von 49,50 bis 69,00 € 80 Weinpos.

Das liebevoll eingerichtete Restaurant bietet eine klassische französische Küche, die auf frischesten Zutaten basiert. Auch 9 Gästezimmer stehen zur Verfügung.

Restaurant mit sehr guter Küche

Niederkassel

Clostermanns Le Gourmet

✉ 53859 · OT Uckendorf · Heerstraße 2a · ☎ (0 22 08) 9 48 00 · Fax: 9 48 01 00
Moderne Küche · Küche: 19–21 Uhr · **Ruhetag:** So./Mo./Di. · **Tische:** 6/34 Plätze
info@clostermannshof.de · www.clostermannshof.de

Speisekarte: 6 Hauptgerichte von 19,00 bis 32,00 €; 1 Menü ab 89,00 € 290 Weinpos.

Chefkoch Thomas Gilles sorgt im niveauvoll eingerichteten Restaurant mit Blick in den wunderschön gestalteten Garten für exklusives Fine Dining, das vorzugsweise auf regionalen Zutaten basiert und mit fein ausgeklügelten, aromenintensiven Speisen punktet.

Niedernberg

Seehotel Niedernberg - Das Dorf am See

Bhf→15 km

✉ 63843 · Leerweg · ☎ (0 60 28) 99 90 · Fax: 9 99-22 22 · Rest. ELIES m. gehobener Frischeküche, Arrangements, Frühstück 22,50 € p. Pers.
2,5 km
mail@seehotel-niedernberg.de · www.seehotel-niedernberg.de

86 **DZ** ab 160,00 €;
11 **EZ** ab 125,00 €;
10 **Suiten** ab 235,00 €

Idyllisch am Seeufer liegt das hübsche gastronomische Dorf "Seehotel Niedernberg" zwischen Aschaffenburg und Miltenberg. Ein Ort der Ruhe und Erholung, der Sinne und Körper verwöhnt und den Alltag für einige Zeit vergessen lässt. Im Restaurant oder auf der großen Seeterrasse genießt man heitere Gastlichkeit mit Blick über den See. Bestens besucht ist "Hannes" – das Café und die Bar am See: nachmittags gibt es hausgemachte Törtchen und abends frisch gemixte Cocktails. Dem Paradies so nah ist man in der vitalOase (s. a. Wellness-Special) u. a. mit Massagen, Ritualen und Tagesarrangements und Badeinsel mit Beachclub. Für Tagungen ist das Areal des Seehotels wie geschaffen: Die zwölf 30-120 m² großen Tagungsräume sind medientechnisch top ausgestattet und ermöglichen in inspirierendem Ambiente effektives Arbeiten. Individuelle Planung, Betreuung und attraktive Rahmenprogramme sind im "Seehotel Niedernberg" selbstverständlich. Und natürlich kann man in der idyllischen Dorfanlage auch bestens feiern und Geburtstage, Hochzeiten und Jubiläen zu einem festlichen und unvergesslichen Ereignis machen.

Bhf→15 km

Seehotel Niedernberg – Das Dorf am See ELIES - Restaurant am See

✉ 63843 · Leerweg 1 · ☎ (0 60 28) 99 90 · Fax: 99 92 22
Neue und Mediterrane Küche · **Geöffnet:** 12-14 / 18-21 Uhr · **Tische:** 45/80 Plätze
info@seehotel-niedernberg.de · www.seehotel-niedernberg.de

Speisekarte: 11 Hauptgerichte von 18,00 bis 39,00 €; 4 Tagesgerichte von 16,50 bis 26,50 €; 1 Menü ab 49,00 €
105 Weinpos.

Im Interieur des ELIES erwarten den Gast in einem raffinierten Stilmix weiche Sofas, bequeme Polstermöbel und Stühle sowie blanke Eichenholztische. Raffinierte Gestaltungselemente geben dem Raum eine besondere Note und tragen zum lässig-entspannten Ambiente bei. Die bodentiefen Fenster lassen ganz viel Licht herein, gehen auf die Terrasse hinaus und ermöglichen einen großartigen Blick auf den Koi-Teich und ins Grüne. Da beginnt der Genuss schon, bevor die Speisen von Miguel Wagner die Küche verlassen. Er präsentiert eine gut durchdachte Vitalküche, die gesund und komplex zugleich ist. Die frischen Zutaten kommen bevorzugt aus der Region und werden schonend und konzentriert zubereitet. Traditionelle Rezepturen erscheinen in einem neuen Gewand, moderne Garmethoden und raffinierte Würzungen verbinden sich zu einem ausbalancierten Ganzen. Auch Vegetarier werden bei der angebotenen Auswahl fündig. Der Service ist sehr aufmerksam, zuvorkommend und liebenswürdig.

Niederwinkling

Bhf→8 km

Restaurant Buchner

✉ 94559 · OT Welchenberg · Freymannstraße 15 · ☎ (0 99 62) 7 30 · Klass., Reg. u. Intern. Küche · **Geöffnet:** 18-22 Uhr, Sa.+So. auch 12-14 Uhr · Küche: 11:30–14/ 18–22 Uhr · **Ruhetag:** Mo./Di. · **Ferien:** variabel · **Tische:** 12/40 Plätze
www.buchner-welchenberg.de

Speisekarte: 7 Hauptgerichte von 14,50 bis 39,00 €; 1 Menü von 69,00 bis 148,00 €
200 Weinpos.

In der 4. Generation wird der behagliche Gutshof engagiert von Familie Achatz geführt. Nicht nur der Mix aus Alt und Neu macht einen Besuch so lohnenswert, sondern vor allem die präzise und frische Gourmetküche von Chefkoch Mathias Achatz. Ausgewählte Weine runden die Speisen ab.

Niederweis

Schloss Niederweis

Bhf→7 km

54668 · Hauptstraße 9 · (0 65 68) 9 69 64 50 · Fax: 9 69 64 59
Klassische, Neue Küche · Küche: 12–14/18–20 Uhr · **Ruhetag:** Mo./Di. · **Ferien:** je 2 W. Frühj. + Herbst · **Tische:** 25/50 Plätze
kontakt@schloss-niederweis.de · www.schloss-niederweis.de

Speisekarte: 8 Hauptgerichte von 18,00 bis 33,00 €; 4 Menüs von 41,00 bis 65,00 €
250 Weinpos.

Die Geschichte von "Schloss Niederweis" lässt sich nicht mehr ganz konkret nachvollziehen, Fakt jedoch ist die aufwändige Restaurierung in den Jahren 1984 und 2005, in dessen Folge das Gebäudeensemble wieder in barockem Glanz erstrahlt. Im Südflügel mit teilweise kreuzgewölbten Räumen sind auch heute noch die Küche mit der offenen Feuerstelle und der Backofen, in der Schlosstaverne im historischen Gewölbekeller finden Weinproben statt, die Tenne mit eindrucksvoller Holzbalkendecke und funkelnden Kristallleuchtern bietet sich für private Feiern an. Da ist es natürlich perfekt, dass ein Standesamt mit wunderschönem Barockzimmer ebenfalls in Schloss Niederweis zu finden ist. Das Restaurant selber gefällt mit einer kontrastierenden Mischung aus traditionellen Materialien wie Dielenboden und historischem Holzbalkenwerk und fein eingedeckten Tischen. Familie Poss ist liebenswürdig und mit großem Engagement um das Wohlergehen ihrer Gäste bemüht. Patron Sebastian Poss sorgt für den kulinarischen Genuss. Das macht er mit handwerklichem Geschick, pfiffigen Ideen und erstklassigen Zutaten. Die kommen bevorzugt aus der Region und werden unter seinen Händen zu unverfälschten modernen und klassischen Speisen mit Tiefgang. Mediterrane Elemente bereichern die ausgeklügelten Speisefolgen. Sandra Poss ist charmante Gastgeberin, leitet den zuvorkommenden Service, berät kompetent zu den Weinen und ist auch erste Ansprechpartnerin, wenn es darum geht, das Schloss als exklusiven Rahmen für unvergessliche Feierlichkeiten zu wählen.

Hervorragende Serviceleistung

Restaurant mit gutem Genuss-/Preisverhältnis.

Nohfelden

Bhf→5 km **Seezeitlodge Hotel & Spa** OT Gonnesweiler

✉ 66625 · Am Bostalsee 1 · ☎ (0 68 52) 80 98-0 · Fax: 80 98-3 33 · Jahresprogramm mit Kursangeboten, Zimmerpreis inkl. 3/4 Pension Seezeit Kulinarik
VISA
mail@seezeitlodge.de · www.seezeitlodge.de ·

84 **DZ** von 368,00 bis 428,00 €;
als **EZ** von 224,00 bis 254,00 €;
14 **Suiten** von 456,00 bis 556,00 €

In einer der schönsten Regionen des Saarlands liegt die Seezeitlodge direkt am Bostalsee. Sie ist der perfekte Ort für den Rückzug von Hektik und Stress, hier wird die viel zitierte "Entschleunigung" zu nachhaltiger Erholung. Das liegt nicht nur an der warmen, entspannten und heiteren Atmosphäre, sondern natürlich auch an den wirklich geschmackvoll eingerichteten und durchdacht konzipierten Zimmern, die über allen zeitgemäßen Komfort und das gewisse Mehr an Wohlfühl-Ambiente verfügen. Die Preise enthalten die 3/4 Seezeit-Kulinarik, u. a. mit Kuchen, Torten, Kaffee und Tee am Nachmittag und Nutzung der Smoothie Bar. Ein besonderes Highlight ist fraglos das Seezeit Spa (s. a. Wellness-Special). Auf 2.700 m^2 wird hier alles geboten, was Wellness so verlockend macht. Verwurzeltes, oft vergessenes Wissen aus der Heilkunst der Kelten macht das Spa zu einem Kraftort der außergewöhnlichen Art. Im Restaurant "LUMI" – natürlich mit schönem Seeblick – kommt auch der kulinarische Genuss nicht zu kurz: Frisch, leicht, unverfälscht und im Rhythmus der Jahreszeiten gelangen die Speisen auf den Tisch. Ausgewogen, bio und regional trifft auch schon morgens auf das verführerische Frühstücksbuffet zu. Bei den vielseitigen Angeboten in der Seezeitlodge selber (u. a. Walking-, Yoga- und Meditationskurse) warten zusätzlich die Freizeitmöglichkeiten in der Umgebung. Da bleibt es nur, den Abend in der Bar NOX mit frisch gemixten Cocktails und Getränken zu beschließen und dank der Lage auf der Equinox-Achse die Tag- und Nachtgleiche unmittelbar zu verfolgen.

Nonnenhorn

Haus am See

Bhf→1 km

88149 · Uferstraße 23 · ☎ (0 83 82) 9 88 51-0 · Fax: 9 88 51 75 · Restaurant mit gehobener Küche, Wellness-Angebote, Café, Frühstücksbuffet im Zi.-Preis inkl.
VISA EC
mail@hausamsee-nonnenhorn.de · www.hausamsee-nonnenhorn.de

21 **DZ** von 119,00 bis 209,00 €;
2 **EZ** von 75,00 bis 124,00 €;
3 **Suiten** von 164,00 bis 257,00 €;
1 **Appartement** auf Anfrage

In Top-Lage direkt am Bodensee findet sich dieses familiär geführte, charmante Hotel mit eigenem Strand und Liegewiese. Viele der Zimmer wurden unter Feng Shui Aspekten eingerichtet und sind ein bezauberndes Zuhause auf Zeit.

Haus am See

Bhf→1 km

88149 · Uferstraße 23 · ☎ (0 83 82) 9 88 51-0 · Fax: 9 88 51 75
Regionale Küche · Küche: 18–21:30 Uhr · **Ruhetag:** Di/Mi. · **Ferien:** a. Anfrage ·
Tische: 15/65 Plätze
VISA EC
mail@hausamsee-nonnenhorn.de · www.hausamsee-nonnenhorn.de

Speisekarte: 4 Hauptgerichte von 20,50 bis 34,00 €; 2 Menüs von 40,00 bis 45,00 €
60 Weinpos.

Die bodentiefen Fenster und die vorgelagerte Terrasse gewähren einen traumschönen Blick über den Bodensee, der zu einer perfekten Kulisse für den Küchenauftritt von Chefkoch Valentin Knörle wird. Der steht in bester Familientradition am Herd und präsentiert eine Küche, die ihre Wurzeln in der Region hat.

Norden

Familotel Deichkrone

Bhf→4 km

26506 · OT Norddeich · Flüthörn 2a · ☎ (0 49 31) 9 28 28 28 · Fax: 9 28 28 88
Rest. mit Intern. und Reg. Kü., Kinderspielplatz, Kinder- u. Babybetreuung
7 km
VISA AE EC
reservierung@hotel-deichkrone.de · www.hotel-deichkrone.de

41 **Doppel- u. Familien-Zimmer** ab 170,00 €

Modernes und sehr kinderfreundliches Hotel, das zentral, aber ruhig gelegen, nur 10 Fußminuten vom Strand entfernt ist. Komfortable Doppel- oder Familienzimmer mit Balkon oder Terrasse. Ein besonderer Service ist die liebevolle Kinder- und Babybetreuung. Alle Preise sind premium all inclusive Tagespreise.

Family — Ein Hotel mit speziellen Angeboten für Urlaub mit der ganzen Familie.

Hotel Regina Maris

Bhf→500 m

26506 · Badestraße 7 c · ☎ (0 49 31) 1 89 30 · Fax: 18 93 75 · Café-Rest. "Regina Maris" mit Deutscher Küche, Arrangements, Zi.-Preise inkl. Frühstücksbuffet
5 km
VISA AE EC
rezeption@hotelreginamaris.de · www.hotelreginamaris.de

40 **DZ** ab 154,00 €;
12 **EZ** ab 93,00 €;
7 **(Jui.-)Suiten** ab 202,00 €

Das „Regina Maris" liegt direkt an der Kurpromenade und ist ideal für einen unbeschwerten Nordseeaufenthalt. Komfortabel ausgestattete Zimmer garantieren erholsame Nächte. Dank der großen Wellnesswelt kann man hier auch einen verregneten Tag entspannt genießen.

Norderney (Insel)

Tide

✉ 26548 · Bülowallee 5-6 · ☎ (0 49 32) 88 33 33
Regionale Küche · Küche: 17:30–21:30 Uhr · **Ruhetag:** So./Mo. · **Tische:** 27/65 Plätze
VISA · EC
info@restaurant-tide.de · www.michelshotels.de/restaurant/tide

Speisekarte: 10 Hauptgerichte von 17,50 bis 28,00 €

Es macht einfach Spaß, im Restaurant "Tide" einzukehren. Holzboden, blanke Tische, integrierte Bar, schöne Bilder an den Wänden und eine einsehbare Küche fügen sich zu einem modernen Ambiente und vermitteln eine weltoffene und kommunikative Atmosphäre. Das engagierte Küchenteam arbeitet bevorzugt mit Zutaten aus der Region und bereitet regionale und bodenständige Speisen mit Pfiff zu. Natürlich bekommen ausgesuchten Fischspezialitäten viel Raum, gefolgt von erstklassigen Fleischzubereitungen. Mit Leidenschaft wird hier das Motto „friesisch.echt.anders." in die kulinarische Tat umgesetzt. Passend zu den Gerichten werden begleitende Weine gereicht. Die schöne Sonnenterrasse mit 95 Außenplätzen ist an warmen Tagen ein beliebter Treffpunkt.

Seesteg

✉ 26548 · Damenpfad 36A · ☎ (0 49 32) 89 36 00 · Fax: 89 36 66 · Restaurant mit gehobener Küche, Private-SPA auf dem Dach, Preise inkl. à la carte Frühstück
VISA · AE · EC
empfang@seesteg-norderney.de · www.seesteg-norderney.de

7 **DZ** ab 290,00 €;
9 **Suiten** ab 350,00 €

Vor über 110 Jahren als Lagerhalle für den damaligen Norderneyer Seesteg erbaut, findet sich hier nun ein exklusives, großzügig gestaltetes Designhotel mit hauseigenem Gourmetrestaurant. Das auf dem Dach des Gebäudes befindliche Private-Spa bietet Entspannung in ausgefallenem Ambiente.

Seesteg

✉ 26548 · Damenpfad 36a · ☎ (0 49 32) 89 36 00 · Fax: 89 36 30
Klass. u. Neue Küche, eig. Kreat. · **Geöffnet:** 12-22 Uhr, Abendkarte ab 18 Uhr · **Tische:** 33/60 Plätze
VISA · AE · EC
empfang@seesteg-norderney.de · www.seesteg-norderney.de

Speisekarte: 8 Hauptgerichte von 29,00 bis 58,00 €; 2 Menüs von 59,00 bis 98,00 €
55 Weinpos.

Der Blick aufs Meer ist hinreißend schön, der in die offene Küche ungemein interessant, denn hier kann man Chefkoch Markus Kebschull dabei zuschauen, wie er aus handverlesenen Zutaten klassische Speisen mit modernen Elementen kreiert, die unverfälscht und ehrlich im Geschmack und verführerisch schön in der Optik sind.

♜ Strandhotel Georgshöhe

Bhf→7 km

26548 · Kaiserstraße 24 · ☎ (0 49 32) 89 80 · Fax: 89 82 00 · Gourmetrestaurant mit Meerblick, Bar-Lounge, See-Terrasse, Zi.-Preise inkl. Frühstück
5 km
info@georgshoehe.de · www.georgshoehe.de

68 **DZ** von 135,00 bis 285,00 €;
39 **EZ** von 71,00 bis 150,00 €;
25 **Suiten** von 184,00 bis 406,00 €
Gehobene Urlaubsfreuden erlebt man im direkt am Meer gelegenen und doch stadtnahen "Strandhotel Georgshöhe", wo man in komfortablen Zimmern wohnt und im Restaurant feine regionale und mediterrane Speisen genießen kann.

Nordkirchen

♜ SchlossRestaurant - Venus

Bhf→8 km

59394 · Schloss 1 · ☎ (0 25 96) 97 24 72 · Fax: 97 24 71
Neue Küche, eig. Kreationen · **Geöffnet:** ab 12 Uhr · **Ruhetag:** Mo./Di./Mi. · **Tische:** 10/34 Plätze
info@lauter-nordkirchen.de · www.lauter-nordkirchen.de

Speisekarte: 5 Hauptgerichte von 14,50 bis 34,00 €; 3 Menüs von 47,50 bis 120,00 € 300 Weinpos.
Die Chefköche Norbert Parzych und Markus Klapper setzen die frische und bunte Küchen-Philosophie von Patron Franz L. Lauter in die kulinarische Tat um und kochen bevorzugt mit regionalen und saisonalen Bio-Zutaten auch unter ayurvedischen Aspekten.

Nördlingen

Restaurant Meyers Keller Jockl Kaiser

Bhf→1,5 km

86720 · Marienhöhe 8 · ☎ (0 90 81) 44 93 · Fax: 2 49 31
Neue Küche · **Geöffnet:** 12–14/18–22 Uhr · **Ruhetag:** Mo./Di. · **Tische:** 8/40 Plätze
restaurant@meyerskeller.de · www.jockl-kaiser.de

Speisekarte: 7 Hauptgerichte von 21,50 bis 44,50 €; 2 Menüs von 75,00 bis 168,00 €
Patron und Chefkoch Jockl Kaiser liebt und lebt seinen Beruf. Das fühlt man, sobald man das Restaurant betritt und schmeckt man, wenn man seine ausbalancierten, feinsinnigen und unverfälschten Speisen kennen lernt.

Nörten-Hardenberg

♜ Hardenberg Burg Hotel Relais & Châteaux

Bhf→1 km

37176 · Hinterhaus 11 A · ☎ (0 55 03) 98 10 · Fax: 98 16 66
Rest. "Novalis", Terrassen, Wintergarten
5 km
info@hardenberg-burghotel.de · www.hardenberg-burghotel.de

Family

35 **DZ** ab 129,00 €;
7 **Suiten** ab 299,00 €
Erleben, genießen, entspannen - dies scheint nirgendwo leichter zu sein als in diesem charmanten Hotel mit seinen romantisch gestalteten, komfortablen Zimmern, Tagungsräumen und herrlicher Wellnessoase.

♜ Hotels und Restaurants mit diesem Zeichen befinden sich in einem historischen Gebäude.

Nürnberg

Bhf→0,5 km

1515 RHINOCERVS

✉ 90419 · Rohledererstraße 1 · ☎ (09 11) 30 72 85 42
Brasilianische Küche · **Geöffnet:** Do.-Sa. 18-22 Uhr, für exklusive Anlässe auf Anfrage auch So-Mi möglich
VISA
table@1515rhinocerus.de · www.1515rhinocerus.de ·

Speisekarte: 1 Degustationsmenü von 95,00 bis 120,00 €
40 Weinpos.
Im Restaurant "Rhinocervs", dass Viviane und Bettina Zabold mit sehr viel Herzblut führen, treffen zwei Welten aufeinander: fränkische Bodenständigkeit und brasilianisches Temperament. Beheimatet in einem Gründerzeit-Eckhaus, dass mit bodentiefen Fenstern sofort an die klassische Eckkneipe erinnert, verbirgt sich hinter der Fassade ein sehr charmantes Interieur. Stylish eingerichtet – mit taubenblau gepolsterten Bänken und Stühlen, einer Wand, in der partiell das Ziegelwerk erscheint und blanken Tischen mit schicker Eindeckung – ist die Atmosphäre hier herrlich entspannt, lässig und kosmopolitisch. Genau das trifft auch auf die Küche der aus Rio de Janeiro stammenden Viviane Zabold zu. Sie schafft es, tradierte Techniken des alten Kontinents mit brasilianischer Intensität und südamerikanischen Zutaten (die bevorzugt von ausgewählten Händlern in der Region stammen) zu verbinden und so spannendes, kulinarisches Neuland zu betreten. Das ist eine Küche zum Entdecken und Schwelgen. Die konzentrierte Karte wechselt alle 6-8 Wochen, so dass man immer wieder neue Speisen kennen lernen kann. Den Service leitet Bettina Zabold mit großer Liebenswürdigkeit, gerne erklärt sie die verschiedenen Zutaten und Zusammenstellungen genauer.

Bhf→400 m

Einzimmer Küche Bar

✉ 90403 · Schustergasse 10 · ☎ (09 11) 66 46 38 75
Neue Küche · **Geöffnet:** Do.-Sa.: 12-14 Uhr, Di.-Sa. 18-22 Uhr · **Ruhetag:** So./Mo. · **Tische:** 7/24 Plätze
VISA AE
hej@einzimmerkuechebar.de · www.einzimmerkuechebar.de ·

Speisekarte: 2 Hauptgerichte von 20,00 bis 28,00 €; 2 Tagesgerichte von 12,50 bis 16,50 €; 2 Menüs von 55,00 bis 85,00 €
30 Weinpos.
Die Küche von Patron Tim Kohler ist unverfälscht, ehrlich und raffiniert – eine Kombination, die immer wieder neue, sehr kreative Geschmacksbilder zeichnet. Die Zutaten sind von kompromisslos guter Qualität.

Sehr gute Serviceleistung

♜ Essigbrätlein

Bhf→1 km

✉ 90403 · OT Sebald · Weinmarkt 3 · ☎ (09 11) 22 51 31 · Fax: 3 36 98 85
Eigene Kreationen · Küche: 12–13:30/19–21:30 Uhr · **Ruhetag:** So./Mo. · **Tische:** 10/30 Plätze
www.essigbraetlein.de

Speisekarte: 1 Mittagsmenü von 100,00 bis 110,00 €; 1 Menü von 150,00 bis 180,00 €
900 Weinpos.
Die Jahreszeiten sind der Taktgeber im "Essigbrätlein". Yves Ollech und Andree Köthe setzten Gemüse schon in den Fokus ihrer kreativen, herrlich expressiven Speisen, als es andernorts noch als vernachlässigtes Beiwerk galt. Sie interpretieren die erntefrischen Zutaten immer wieder neu und ideenreich.

Goldener Pudel

Bhf→2 km

✉ 90402 · Grasersgasse 15 · ☎ (09 11) 24 27 86 50
Internationale Küche, Steaks & Seafood · **Geöffnet:** 18-22:30 Uhr, Fr.-Sa. 18-23:30 Uhr · **Ruhetag:** So.
pudel@goldenerpudel.com · www.goldenerpudel.com

Speisekarte: 11 Hauptgerichte von 22,00 bis 49,00 €
200 Weinpos.
Inmitten der Nürnberger Altstadt zentral gelegen (ein Parkhaus ist in unmittelbarer Nähe), ist das Restaurant "Goldener Pudel" nicht nur für Steak-Liebhaber ein durchaus beliebter Treffpunkt. Der Zusatz unterm Restaurantnamen "Finest Steaks and Seafood" zeigt, wo der Fokus der Küche liegt. Erstklassige Cuts in top Qualität – vorwiegend aus den USA, Schleswig-Holstein und Australien – werden zu genialen Steakspezialitäten gebraten. Das bedarf nicht nur in der Küche einiges Könnens, sondern erfordert auch ein bisschen Geduld: Nach dem Grillen ruht das Fleisch mindestens 15 Minuten, damit es den optimalen Entspannungs- und Reifezustand erreicht. Neben knackigen Salaten gibt es auch fleischlose Alternativen im Angebot. Im geradlinig eingerichteten Restaurant mit raffiniertem Lichtkonzept ist eine illuminierte Bar integriert, eine entspannt-gesellige und weltoffene Atmosphäre inklusive. Das Restaurant kann auch für Veranstaltungen gebucht werden. Jens Maassen leitet den Service kompetent und ist für die Gäste stets gegenwärtig. Gerne gibt er auch kompetente Tipps rund um die fein sortierte Weinkarte.

♜ Hotel Victoria

Bhf→100 m

✉ 90402 · Königstraße 80 · ☎ (09 11) 2 40 50 · Fax: 22 74 32
Hotel garni, Terrasse, reichhaltiges Frühstücksbüffet, Tiefgarage
book@hotelvictoria.de · www.hotelvictoria.de

52 **DZ** ab 98,00 €;
11 **EZ** ab 82,00 €;
2 **Junior-Suiten** ab 198,00 €
Das Hotel zwischen Tradition und Moderne liegt in einzigartiger Innenstadtlage. 65 modern ausgestattete Zimmer sind ganz auf Freizeit- und Geschäftsaktivitäten ausgerichtet.

Bhf→5 km

Restaurant Entenstuben

✉ 90489 · Schranke 9 · ☎ (0 91 11) 5 20 91 28 · Fax: 5 20 91 64
Klass., Int. u. Neue Küche · **Ruhetag:** So./Mo. · **Ferien:** 1 Wo. Jan. + 2 W. Aug. ·
Tische: 12/30 Plätze
info@entenstuben.de · www.entenstuben.de ·

Speisekarte: 4 Hauptgerichte von 28,00 bis 38,00 €; 2 Menüs von 139,00 bis 199,00 €

400 Weinpos.

Zwischen Cramer-Klett-Park und Wöhrdersee, nahe dem Rathaus ruhig gelegen, ist das Restaurant "Entenstuben" ideal, um einen Shoppingtag zu beschließen, sich zum feinen Dinner zu treffen oder gar die Hochzeits- oder sonstige Feier hier zu veranstalten. Dank Patron und Chefkoch Fabian Denninger ist das kulinarische Angebot einfach großartig. In schlichter Eleganz eingerichtet und in warmen Farben gestaltet, vermittelt das Interieur eine unaufgeregte, entspannte Atmosphäre. Fabian Denninger lässt sich gerne von den wechselnden Jahreszeiten inspirieren und präsentiert auch in hinreißend schöner Optik das Beste, was bevorzugt die Region in erntefrischer Qualität zu bieten hat. Mit Feingefühl, Können und innovativen Ideen kombiniert er die handverlesenen Zutaten. Basis ist die klassische französische Küche, die er gekonnt weiterentwickelt und mit zeitgeistigen Elementen bereichert. Es macht einfach Spaß, die verschiedenen Aromen und Texturen zu erschmecken und mit passenden Weinen zu vollenden. Hauptgerichte lassen sich individuell aus den Menüs (eines ist vegetarisch) wählen und auch Sonderwünschen begegnen Fabian Denninger und der zuvorkommende Service mit einem offenen Ohr.

Imperial by Alexander Herrmann

✉ 90402 · OT Altstadt · Königstraße 70 · ☎ (09 11) 24 02 99 55
Fränkische und Moderne Küche · **Geöffnet:** ab 18 Uhr · **Ruhetag:** So./Mo.
info@ah-imperial.de · www.ah-imperial.de ·

Speisekarte: 6 Hauptgerichte von 30,00 bis 45,00 €; 3 Menüs von 115,00 bis 167,00 €

Im "Imperial by Alexander Herrmann" gefällt die kosmopolitische Atmosphäre. Sie ist die perfekte Kulisse für in der Heimat verwurzelte Speisen, die eine moderne Erweiterung erfahren und behutsam dem Zeitgeist angepasst werden.

Bhf→ca. 2 km

Koch + Kellner

✉ 90429 · OT Gostenhof · Obere Seitenstraße 4 · ☎ (09 11) 26 61 66 · Fax: 26 67 66
Klass. Reg. Kü., Eigene Kreat. · Küche: 18–21 Uhr · **Ruhetag:** So. · **Tische:** 13/50 Plätze
www.kochundkellner.de ·

Speisekarte: Hauptgerichte von 26,00 bis 52,00 €; 1 Menü von 70,00 bis 130,00 €

400 Weinpos.

Während der "Koch" Gerald Hoffmann

moderne Kulinaria aus marktfrischen Zutaten auf den Teller bringt, ist „Kellner“ Frank Mackert stets freundlich und gut gelaunt im Einsatz.

Weinklang

✉90419 · Johannisstraße 130 · ☎ (09 11) 91 94 74 80
Eigene Kreationen, mediterrane Elemente · **Geöffnet:** 17–23 Uhr · Küche: 17–22 Uhr · **Ruhetag:** So./Mo. · **Tische:** 18/50 Plätze
contact@weinklangristorantino.com · www.weinklangristorantino.com

Speisekarte: 4-5 Hauptgerichte von 18,00 bis 35,00 €; Menü (4 Gänge) ab 40,00 €
30 Weinpos.
Das Restaurant "Weinklang" hat ein umfangreiches Facelifting (und eine größere Küche) bekommen und gefällt mit einem stimmigen, urbanen Ambiente. Anthrazitfarben marmorierte Wände, blanke Tische, offene Regale und als Hingucker Stühle in Knallrot fügen sich zu einem jungen und lebendigen Ganzen und geben dem Interieur eine herrlich entspannte, lässige und weltoffene Atmosphäre. Dazu passt die ungemein frische und abwechslungsreiche Küche von Patron und Chefkoch Tomas Spanu. Er legt allergrößten Wert auf erstklassige Zutaten. Frisch und unverfälscht wird alles zubereitet und was alles selber gemacht wird – Pasta, Brote, Saucen, Pesto, Eis und Dessert – zeugt von der Leidenschaft, mit der hier gearbeitet wird. Die Speisen lassen sich in kein festes Schema pressen, nehmen sie doch Anleihen in aller Herren Länder, im mediterranen Raum und auch im Frankenland. Das verspricht nicht nur Abwechslung, sondern auch spannende neue Geschmackserlebnisse. Die Karte wechselt jeden Dienstag und listet neben den Hauptspeisen auch vier bis fünf Vorspeisen, zwei Desserts und einen Käseteller. Ein liebenswürdiger Service begleitet den bestimmt nicht letzten Besuch im "Weinklang".

Die Küchenleistung dieses Restaurants ist hervorhebenswert in seiner Kategorie.

Würzhaus

Bhf→3 km

✉90419 · Kirchenweg 3a · ☎ (09 11) 9 37 34 55
Regionale und Intern. Küche · **Geöffnet:** Di.-Fr. auch 11:30-14 Uhr · Küche: 18–22 Uhr · **Ruhetag:** So./Mo. · **Tische:** 14/50 Plätze
info@wuerzhaus.info · www.wuerzhaus.info

Speisekarte: 3 Hauptgerichte von 26,50 bis 31,50 €; 4 Tagesgerichte zu 13,90 €; 1 Mittagsmenü zu 25,00 €; 1 Menü von 69,00 bis 97,00 € 100 Weinpos.
Chefköchin Diana Burkel versteht es, Speisen ihrer fränkischen Heimat mit modernen Elementen zu verbinden und eine raffinierte Feinschmeckerküche zu präsentieren. Mittags geht es etwas bodenständiger zu.

Bhf→7 km

Zirbelstube OT Worzeldorf

✉ 90455 · Friedrich-Overbeck-Str. 1 · ☎ (09 11) 99 88 20 · Fax: 9 98 82 20
Reg. und Int. Küche · Küche: 18–21 Uhr · **Ruhetag:** So./Mo. · **Tische:** 10/30 Plätze
VISA EC
genuss@zirbelstube.com · www.zirbelstube.com

Speisekarte: 5 Hauptgerichte von 18,00 bis 26,00 €; 2 Menüs von 60,00 bis 84,00 €
60 Weinpos.
Ob im Restaurant, im Gewölbe oder auf der Gartenterrasse – die Speisen von Patron und Chefkoch Sebastian Kunkel schmecken überall. Das liegt an der Auswahl erstklassiger Zutaten und vor allem an den gekonnten Zubereitungen.

Bhf→100 m

ZweiSinn Meiers I Bistro I Fine Dining

✉ 90491 · Äußere Sulzbacher Straße 118 · ☎ (09 11) 92 30 08 23
Innovative Gourmetküche · **Geöffnet:** Bistro: 12-14 + 18-22 / Fine Dining: 18-22 Uhr · **Ruhetag:** So./Mo. · **Tische:** 30/80 Plätze
VISA AE EC
reservierung@meierszweisinn.de · www.meierszweisinn.de

Speisekarte: 5 Hauptgerichte von 18,00 bis 38,00 €; 1 Menü von 120,00 bis 135,00 €
180 Weinpos.
Das Interieur im Industrial Design ist eine niveauvolle Kulisse für die bunte und freche Küche von Chefkoch Stefan Meier. Vor dem Hintergrund klassischer Haute Cuisine spielt er mit den Zutaten, setzt sie in einen neuen, modernen Kontext und begeistert mit aromentiefen, innovativen Speisen.

Nuthetal

Bhf→2 km

Philippsthal

✉ 14558 · OT Philippsthal · Philippsthaler Dorfstr. 35 · ☎ (03 32 00) 52 44 32
Klassische, Reg. Küche, eig. Kreationen · Küche: 12–21 Uhr · **Ruhetag:** Mo./Di. EC
info@restaurant-philippsthal.de · www.restaurant-philippsthal.de

Speisekarte: 4 Hauptgerichte von 26,50 bis 28,50 €; 1 Menü von 56,50 bis 66,50 €
Unprätentiös und behaglich eingerichtet, kann man im Restaurant "Philippsthal" in entspannter Atmosphäre eine frische und leichte, saisonale Produktküche genießen. Je nach Marktangebot wechselt das Angebot mehrmals wöchentlich.

Oberammergau

Bhf→1,5 km

Maximilian

✉ 82487 · Ettaler Straße 5 · ☎ (0 88 22) 94 87 40 · Fax: 9 48 74 49
Restaurant "Maxbräu" mit Brauerei u. Biergarten, Terrasse, Spielplatz
18 km
VISA AE EC
hotel@maximilian-oberammergau.de · www.maximilian-oberammergau.de

18 **DZ** von 195,00 bis 345,00 €;
als **EZ** von 145,00 bis 255,00 €;
2 **Suiten** von 345,00 bis 475,00 €
Moderne Zimmer, ein edel gestaltetes Wellnessareal sowie ein top ausgestatteter Tagungsraum und das Restaurant "Maxbräu" mit Brauerei zeichnen das privat geführte, alpine Designhotel aus.

Oberhausen

Bhf→1 km

Hackbarth's Restaurant

✉ 46047 · Im Lipperfeld 44 · ☎ (02 08) 2 21 88 · Fax: 8 59 84 19
Int. u. Reg. Crossoverküche · Küche: 12–14:30/18–21:30 Uhr · **Ruhetag:** So.+Sa.Mittag+Mo. · **Tische:** 20/80 Plätze
VISA EC
info@hackbarths.de · www.hackbarths.de

Speisekarte: 12 Hauptgerichte von 16,00 bis 38,00 €; 1 Tagesgericht von 8,00 bis 17,00 €; 2 Menüs von 32,00 bis 62,00 €
250 Weinpos.

Die Küche von Chefkoch Stefan Kutzner ist sehr geschmackssicher und verwendet ausnahmslos frische, regionale Produkte. Das Mittagstisch-Angebot ist sehr mannigfaltig und insbesondere die Crossover-Tapas sind ein guter Grund für einen Besuch des stilvoll-eleganten Restaurants.

Oberotterbach

Schlössl

Bhf→5 km

76889 · Weinstraße 6 · ☎ (0 63 42) 92 32 30 · Fax: 92 32 31 · Gewölbekeller, Weinkeller, eigene Brennerei, Restaurant "Gudd Gess", Gourmet Restaurant 20 km VISA EC
info@schloessl-suedpfalz.de · www.schloessl-suedpfalz.de ·

6 **DZ** ab 130,00 €;
als **EZ** ab 100,00 €;
1 **EZ** ab 70,00 €;
1 **Jun.-Suite** ab 160,00 €
Preise gestaffelt nach Anzahl der Nächte.

Das prächtige kleine Schlössl – im Jahre 1740 als Sommerresidenz eines Adelsgeschlechts aus Zweibrücken erbaut – wurde mit viel Herzblut und Detailliebe komplett saniert wie auch fachgerecht restauriert und verbindet nun den historischen Charme der längst vergangenen Tage mit den Annehmlichkeiten der Neuzeit. Hier wurde Alt mit Neu sehr sorgfältig mit architektonischem Können wunderbar kombiniert. Gastgeberin Margarete Düppre sorgt gemeinsam mit ihrer Schwester Inge Fischer für eine sehr freundliche Atmosphäre, welche die Gäste sehr zu schätzen wissen, und in dessen Folge sich mittlerweile ein großes Stammkundenklientel etabliert hat. Die stilvollen acht Zimmer sind ein gemütliches Zuhause im Hotel und lassen keine Wünsche offen. Der Gewölbekeller bietet für Feierlichkeiten einen einzigartigen Rahmen für unvergessene Feste aller Art.
Das Schlössl verwöhnt seine Gäste in zwei Restaurants – dem Gourmet Restaurant für Liebhaber des Besonderen und dem GUDD GESS für gute deutsche und mediterrane Küche. Hervorzuheben sind die Arrangements im ganzen Jahr sowie interessante Veranstaltungen wie Hoffeste oder Kunstausstellungen – auch im Barockgarten. Das Schlössl gilt als absolutes Kleinod im äußersten Süden der Weinregion Pfalz und hat sich mittlerweile einen Namen unter "Liebhabern des guten Geschmacks" gemacht. Reservierungen sind unbedingt erforderlich.

Gourmet Restaurant Schlössl

Bhf→5 km

76889 · Weinstraße 6 · ☎ (0 63 42) 92 32 30 · Fax: 92 32 31 · **Geöffnet:** Freitag und Samstag ab 18 Uhr und nach Vereinbarung · **Ferien:** Jan. · **Tische:** 8/40 Plätze VISA EC
info@schloessl-suedpfalz.de · www.schloessl-suedpfalz.de ·

Speisekarte: 2 Hauptgerichte von 36,00 bis 39,00 €; 1 Menü zu 85,00 €
250 Weinpos.
Im Herzen der Südpfalz gelegen, ist das Gourmet Restaurant Schlössl ein beliebtes Ziel für jeden Liebhaber einer ambitionierten, gehobenen Küche. Im Interieur werden historische Details mit

modernen Elementen zu einem harmonischen Ganzen verbunden und vermitteln eine angenehm ungezwungene Atmosphäre. Bei fein ausgeklügelten Speisen kann man genießen und den Alltag einfach vor der Tür lassen. Chefkoch Christian Oberhofer nutzt besonders gerne das vielseitige Warenangebot der Region, um Speisen mit Tiefgang zu kreieren, die dennoch immer authentisch sind, von seinem Können und Ideenreichtum zeugen und mit asiatischen Elementen zusätzlich bereichert werden. Die klassischen und modernen Gerichte werden wunderschön arrangiert und von edlen Tropfen begleitet (hier steht die Südpfalz im Vordergrund). Simone Lehmann, die auch zu den Weinen berät, leitet liebenswürdig den aufmerksamen Service und erläutert gerne die gewählten Speisefolgen. Ein echtes Highlight ist es, an warmen Tagen einen Platz auf der Terrasse zu wählen. Zu ihren Füßen breitet sich ein traumhaft schöner Barockgarten mit Blumenrabatten und Springbrunnen aus.

Oberstaufen

Bhf→1,5 km

Allgäu Sonne

87534 · Stießberg 1 · ☎ (0 83 86) 70 20 · Fax: 7 02 78 26 · Rest. mit Intern. und Reg. Küche, Bar, Café-Terrasse, Zimmerpreis inkl. Frühstücksbuffet
5 km VISA AE
info@allgaeu-sonne.de · www.allgaeu-sonne.de

38 **DZ** ab 230,00 €;
65 **EZ** ab 102,00 €;
12 **Suiten** ab 401,00 €;
34 **App.** ab 330,00 €
Hier genießt man einen einzigartigen Panoramablick vom sonnigen Südhang über das Allgäu. Eine Wellness- und Fitnesswelt (235qm!) bietet täglich bis zu 10 versch. Sportkurse. Außerdem: geführte Wanderungen, Schrothkuren, Metabolic Balance® und jeden Abend Live-Musik & Tanz im Stießbergstüble.

Bhf→1 km

Concordia Wellnesshotel & SPA

87534 · In Pfalzen 8 · ☎ (0 83 86) 48 40 · Fax: 48 41 30 · Restaurant mit Intern. und Reg. Küche, Zi.-Preise inkl. Frühstück, Hotelbar, Terrasse
1,5 km VISA AE
info@concordia-hotel.de · www.concordia-hotel.de

42 **DZ** von 148,00 bis 192,00 €;
als **EZ** von 94,00 bis 133,00 €;
8 **EZ** von 79,00 bis 103,00 €;
3 **(Jui.-)Suiten** von 178,00 bis 212,00 €
Dieses erstklassige Wellnesshotel ist das perfekte Wohlfühldomizil für Erholungssuchende. Neben den stilvollen Gästezimmern findet der Gast dank der vielfältigen Anwendungen Ruhe und Auszeit vom Alltag.

Hervorhebenswert in seiner Kategorie

Oberstdorf

Löwen u. Strauss Alpin Lifestyle Hotel

Bhf→500 m

87561 · Kirchstraße 1 · (0 83 22) 80 00 80 · Fax: 80 00 81
"Löwenwirtschaft" m. Reg. u. Intern. Küche, Terrasse, Alpin Lounge
3 km VISA AE EC
willkommen@loewen-strauss.de · www.loewen-strauss.de

15 **DZ** von 140,00 bis 180,00 €;
als **EZ** ab 70,00 €;
EZ von 70,00 bis 130,00 €;
8 **Suiten** von 140,00 bis 280,00 €

Im "Löwen u. Strauss Alpin Lifestyle Hotel" verbinden sich regionales Flair, Tradition und Moderne aufs Feinste. Das Haus ist mit leichter Hand und viel Geschmack jenseits gängiger alpenländischer Klischees gestaltet. Individuell eingerichtete Zimmer (Alpin-Frühstück im Preis inkludiert) in modernem, alpinem Design mit zeitgemäßem Komfort sowie wertvolle Stoffe und edle Teppiche geben dem Haus eine niveauvolle Note. In der urigen "Löwenwirtschaft" genießt man regionale Speisen und bayerische Schmankerl in frischer Zubereitung. In der Freizeit warten die Aromasauna, Tepidarium und eine Dachterrasse mit Bergpanorama. Außerdem bietet das Umland herrliche Outdoor-Aktivitäten wie (Berg-)Wandern, Rafting, Mountainbiking, Klettern, Golf etc. Das engagierte Hotelteam ist gerne bei der Gestaltung eines individuellen Freizeitprogramms behilflich und gibt wertvolle Tipps. Ganz im Sinne familiärer Tradition stieß auch Sohn Sebastian zum Team, er ist herzlicher Gastgeber und begrüßt die Gäste mit bayerischem Charme. Außerdem ist er für die Gin-Manufaktur verantwortlich, die er seit anderthalb Jahren mit Freund Stefan betreibt, die den "Großen Wilden", einen edlen Allgäuer Dry Gin produziert. Wer bei einem Aufenthalt im "Löwen u. Strauss Alpin Lifestyle Hotel" nicht das Gourmetrestaurant besucht, hat eindeutig ein großes kulinarisches Erlebnis verpasst.

Anti-Aging

Unter Anti-Aging versteht man Maßnahmen (wie z.B. Bewegungs- und Ernährungsprogramme, mentale Techniken und Hormontherapien), die das biologische Altern verlangsamen.
Neben der frühen Erkennung und Vorbeugung bemüht sich die Anti-Aging Medizin um einen positiven Einfluss auf den Lebensstil und somit eine bessere Lebensqualität und eine verlängerte Lebenserwartung.

Bhf→500 m

Ess Atelier Strauss

✉ 87561 · Kirchstraße 1 (Bachstr. 12) · ☎ (0 83 22) 80 00 80 · Fax: 80 00 81
Klassische u. Neue Küche · Küche: 19–21 Uhr · **Ruhetag:** Mo./Di./Mi. · **Ferien:** Nov. /3 W. nach Ostern · **Tische:** 7/22 Plätze
willkommen@loewen-strauss.de · www.loewen-strauss.de

Speisekarte: 2 Hauptgerichte von 34,00 bis 50,00 €; 1 Menü von 98,00 bis 180,00 €
600 Weinpos.

Im "Ess Atelier Strauss" gönnt man sich genussvolle Stunden in niveauvollem Ambiente. Das Interieur ist sehr geschmackvoll gestaltet: Maßangefertigte Altholzmöbel, warme beige-braune Farbtöne, ausgefallene Fauteuils und edle Stoffe, Deckenstrahler, die stilisierte Edelweißblüten raffiniert beleuchten und den alpinen Bezug gleich mitliefern, ergeben ein wunderbar stimmiges Gesamtbild. In einer Spiegelwand eingelassene Fenster ermöglichen es, Patron und Chefkoch Peter Armin Strauss und seiner kongenialen Souschefin Swantje Schauss bei der Arbeit zuzuschauen. So sieht man, mit wie viel handwerklicher Präzision, Raffinesse und Ideenreichtum sie die handverlesenen Zutaten kombinieren. Zutaten, die von bekannten Lieferanten und Erzeugern kommen, nur kurze Wege hinter sich haben und von kompromissloser, erntefrischer Qualität sind. Mit ausgeklügelten Würzungen, Zubereitungsformen und Garmethoden werden sie zu klassischen Speisen im modernen Gewand, zu der Strauss'schen "Gourmet Cuisine Alpine". Zu einer perfekten Auszeit vom Alltag gehört auch ein liebenswürdiger Service. Für den sorgt Mutter Sieglinde Strauss, sie steht bei Fragen bereit und sorgt mit natürlicher Herzlichkeit für einen rundum schönen Besuch. Zu den Weinen berät Doris Aldinger mit Expertise und Feingefühl.

Bhf→1 km

Alpenhof Best Western Plus

✉ 87561 · Fellhornstraße 36 · ☎ (0 83 22) 9 60 20 · Fax: 96 02 18 · Rest. mit Intern. und Reg. Küche, Bar, Kaminzimmer, Wintergarten, Zi.-Preise inkl. Frühstück
3 km
info@alpenhof-oberstdorf.de · www.alpenhof-oberstdorf.de

53 **DZ** ab 184,00 €;
13 **EZ** ab 125,00 €;
8 **Suiten** ab 268,00 €

Elegantes Ambiente im Landhausstil vermittelt im charmanten "Alpenhof" eine Atmosphäre heimeliger Gemütlichkeit. Entspannung pur ist im großzügigen Wellnessbereich angesagt, die 2000 m² große Liegewiese lädt im Sommer zum Sonnenbaden und Relaxen ein.

♜ Königliches Jagdhaus

Bhf→800 m

✉ 87561 · Ludwigstraße 13 · ☎ (0 83 22) 98 73 80
Regionale Küche · Küche: 12–22 Uhr · **Ruhetag:** Mi./Do. · **Tische:** 40/120 Plätze
www.das-jagdhaus.de

Speisekarte: 10 Hauptgerichte von 15,80 bis 32,80 €; 1 Tagesgericht von 9,00 bis 12,00 €; Menü 1 von 39,80 bis 52,80 € 43 Weinpos.

Im urig-gemütlich eingerichteten Restaurant setzt Chefkoch Ludger Fetz auf eine aromenstarke, bodenständige Frischeküche mit Zutaten, die konsequent und ausschließlich aus der Region stammen. Im Sommer lädt ein schöner Biergarten mit altem Baumbestand zum Verweilen ein.

Parkhotel Frank

Bhf→800 m

✉ 87561 · Sachsenweg 11 · ☎ (0 83 22) 70 60 · Fax: 70 62 86
Rest. mit Intern. und Reg. Küche, Bar, Terrasse, Preise inkl. Frühstück
3 km
info@parkhotel-frank.de · www.parkhotel-frank.de

81 **DZ** von 252,00 bis 444,00 €;
8 **EZ** von 121,00 bis 213,00 €;
12 **Suiten** von 364,00 bis 882,00 €

Exklusiv, aber nicht abgehoben präsentiert sich das "Parkhotel Frank" als familiäres Familienhotel, mit 1800m^2 großer Wellnesslandschaft und kulinarischen Highlights vor grandioser Bergkulisse. Spezielle Tagungsarrangements für Firmenkunden.

Romantik Hotel Freiberg - Maximilians Rest.

Bhf→900 m

✉ 87561 · Freibergstraße 21 · ☎ (0 83 22) 9 67 80 · Fax: 96 78 43
Klass., Neue Küche, eig. Kreationen · Küche: 18–0:00 Uhr · **Ruhetag:** So./Mo. ·
Tische: 8/24 Plätze
info@das-maximilians.de · www.das-maximilians.de

Speisekarte: 4 Hauptgerichte von 35,00 bis 47,00 €; 1 Menü zu 139,00 € 215 Weinpos.

So entspannt wie die Atmosphäre im charmant eingerichteten Restaurant ist, so lässig, locker und leicht ist die unverfälschte und leidenschaftliche Küche von Chefkoch Tobias Eisele. Im Sommer lädt ein idyllischer Garten zum draußen sitzen ein.

Oberthal

Zum Blauen Fuchs

Bhf→5 km

✉ 66649 · OT Steinberg · Walhausener Straße 1 · ☎ (0 68 52) 67 40 · Fax: 8 13 03
Neue Küche, eig. Kreationen · Küche: 18:30–20:30/So. + Feiert. auch 12–14 Uhr ·
Ruhetag: Mo.-Do. · **Ferien:** variabel · **Tische:** 8/30 Plätze
info@zumblauenfuchs.de · www.zumblauenfuchs.de

Speisekarte: 2 Menüs von 58,00 bis 94,00 € 150 Weinpos.

Unaufgeregt und entspannt ist die Atmosphäre im stilvoll eingerichteten Restaurant. Herrlich kreativ und aromenbetont ist die zeitgeistige Küche von Chefkoch Olaf Bank. Seine Frau leitet mit viel Liebe den freundlichen Service. Wöchentlich wechselnde Karte.

Oberursel

♜ Kraftwerk

Bhf→1,9 km

✉ 61440 · Zimmersmühlenweg 2 · ☎ (0 61 71) 92 99 82
Neue u. Int. Küche, eig. Kreat. · **Geöffnet:** 18:30-0.00, Sa. 18-0.00, So. 18-24 Uhr ·
Ruhetag: Mo./Di. · **Tische:** 18/40 Plätze
willkommen@kraftwerkrestaurant.de · www.kraftwerkrestaurant.de

Speisekarte: 4 Hauptgerichte von 21,00 bis 30,00 €; 4 Menüs von 60,00 bis 109,00 € 160 Weinpos.

Chefkoch Bertl Seebacher beherrscht

die Kunst, aus Altbekanntem mit raffinierten Ideen ganz neue Speisen zu kreieren, die aromenstark, ausbalanciert und dank verschiedenster kulinarischer Strömungen und Zubereitungsformen durchaus spannend sind.

Oberwesel am Rhein

Bhf→1,5 km

Burghotel Auf Schönburg

55430 · Auf Schönburg · ☎ (0 67 44) 9 39 30 · Fax: 16 13
Restaurant, Rhein-Terrasse, Zimmerpreise inkl. Frühstück
4 km
huettl@hotel-schoenburg.com · www.hotel-schoenburg.com

18 **DZ** von 220,00 bis 360,00 €;
2 **EZ** von 120,00 bis 170,00 €;
5 **Suiten** von 340,00 bis 420,00 €
Dieses schöne Hotel schreibt Gastfreundschaft groß: Der Service ist stets sehr aufmerksam und freundlich. Von den komfortablen Zimmern (Frühstück und 4-Gänge-Abendmenü inbegriffen) aus hat man einen wundervollen Blick auf den Rhein.

Oberwiesenthal

Bhf→4 km

Relaxhotel Sachsenbaude

09484 · Fichtelbergstraße 4 · ☎ (03 73 48) 13 90 · Fax: 13 91 40
Rest. „Loipenklause" mit Reg. u. Intern. Küche, Wintergarten
35 km
info@sachsenbaude.de · www.sachsenbaude.de

14 **DZ** von 78,40 bis 218,40 €;
als **EZ** von 63,20 bis 177,20 €;
17 **Suiten** von 112,40 bis 278,40 €
Dieses Urlaubshotel im Naturpark Erzgebirge vereint allen zeitgemäßen Komfort, einen freundlichen Service und einen gepflegten Wellnessbereich. Die hellen Zimmer und Suiten sind geschmackvoll eingerichtet und ideal für die ganze Familie.

Odenthal

Bhf→6 km

Zur Post

51519 · Altenberger-Dom-Str. 23 · ☎ (0 22 02) 97 77 80 · Fax: 9 77 78 49
Rest. mit gehob. Reg. Küche, rustikale "Poststube", Terrasse, Bar
15 km
hotel@zurpost.eu · www.zurpost.eu

16 **DZ** ab 129,00 €;
EZ ab 89,00 €
Im 300 Jahre alten, historischen Fachwerkhaus im Herzen von Odenthal kommt man in den Genuss gehobener Hotelleriekultur. Moderne und Tradition verbinden sich hier zu einem stilvollen Ambiente. Die gemütlich eingerichteten Komfortzimmer und das feine Restaurant komplettieren den Aufenthalt.

Bhf→6 km

Zur Post

51519 · Altenberger-Dom-Straße 23 · ☎ (0 22 02) 97 77 80 · Fax: 9 77 78 49
Klass., Reg. Küche, eig. Kreat. · Küche: 18–22/Sa. + So. auch 12–14 Uhr · **Ruhetag:** Mo./Di. · **Tische:** 15/40 Plätze
hotel@zurpost.eu · www.zurpost.eu

Speisekarte: 2 Menüs von 95,00 bis 145,00 €
Kreativität, Leidenschaft und das richtige Gespür für feine Aromen zeichnen die Kochkunst der beiden Brüder Alejandro und Christopher Wilbrand aus. Mit viel Enthusiasmus kreieren sie aus frischen Produkten aus der Region wunderbarer Kulinarika.

Restaurant mit sehr gutem Weinangebot

Offenburg

♜ Liberty

Bhf→1,5 km

⊠ 77652 · Grabenallee 8 · ☎ (07 81) 28 95 30 00
Restaurant, E-Ladestation, Park am Haus, Arrangements
10 km
info@hotel-liberty.de · www.hotel-liberty.de

38 **DZ** ab 170,00 €;
1 **Suite** ab 595,00 €;
4 **Junior-Suiten** ab 345,00 €

"Liberty" – Freiheit hätten sich die badischen Revolutionäre und weiteren Insassen, die in der ab 1840 erbauten Justizvollzugsanstalt in Offenburg ihre Strafen absitzen mussten, auch gewünscht. Der Luxus, der die Gäste heute hier erwartet, hätte mit Sicherheit ihre Vorstellungskraft gesprengt. Behutsam und mit Respekt vor der Geschichte dieses alten Hauses wurde es liebevoll umgestaltet. Mit Blick und Begeisterung fürs Detail blieben viele der massiven Mauern erhalten, einige wichen, um mehr Raum zu schaffen und am Ende erwartet den Gast, der kommen und gehen kann, wie es ihm beliebt, ein außergewöhnliches Hotel. Alt und Neu gehen eine faszinierende Symbiose ein. Die Zimmer – jedes ein echtes Unikat – integrieren die historischen Ziegelsteine, Mehrfachgewölbe, manches Holzständerwerk und wurden mit neuen, wertigen Materialien wie Parkett, versteckten Lichtleisten und edlen Badezimmern ausgestattet. Für Tagungen und Events gibt es exklusive Räumlichkeiten wie den schwebenden Bankett-Raum, verschiedenste Arrangements werden rund ums Jahr angeboten. Das durchdacht gestaltete Gesamtensemble des einstigen Gefängnisses mit großem Park direkt am Haus ist einfach nur beeindruckend und bleibt jedem Gast in bleibender Erinnerung.

♜ Liberty

Bhf→1,5 km

⊠ 77652 · Grabenallee 8 · ☎ (07 81) 28 95 30 00
Regionale und Saisonale Küche · **Geöffnet:** 17:30-22 Uhr, Mo.-Fr. auch 12-14 Uhr · **Tische:** 20 (+ 10 Terrasse)/70 (+ 40) Plätze
info@hotel-liberty.de · www.hotel-liberty.de

Speisekarte: 12 Hauptgerichte von 25,00 bis 38,00 €; 3 Mittagsmenüs ab 29,00 €; 1 Menü ab 56,00 €
46 Weinpos.

Zwei freistehende Zellengebäude wurden durch einen Glaskubus verbunden, der sich über den ehemaligen Gefängnishof spannt und nun Lounge, Restaurant, offenen Grill und Bar vereint. Was natürlich auch das Restaurant "Wasser & Brot" in außergewöhnlichem Design erscheinen lässt. Die hohen, historischen Sandsteinmauern kombiniert mit der neuen Glasfassade werden der langen Geschichte des einstigen Gefängnisses gerecht und sind eine einzigartige Kombination aus Gemütlichkeit und ausgefallenem Design. Herzstück des Interieurs ist die offene Küche mit dem großen Grill, die das Restaurant von der Bar trennt. Hier kann man Chefkoch Jan Maxheim und das international zusammengesetzte Team bestaunen, während sie mit den kupfernen Töpfen und Pfannen hantieren. Die Ortenau mit ihrem Warenreichtum ist der Hauptlieferant für die heimischen Produkte, die mit handwerklichem Geschick und Ideenreichtum zu regionalen und saisonalen Speisen mit mediterranen Elementen kombiniert werden. Zu den Spezialitäten des Restaurants gehören erstklassige Fleisch Cuts, die auf den Wunschpunkt grilliert werden. Kompetente Ansprechpartnerin im Service ist Amanda Soulas, die ihr freundliches Team mit Übersicht leitet.

Ofterschwang

Bhf→2,5 km

freistil

87527 · Schweineberg 20 · ☎ (0 83 21) 35 09
Restaurant, Arrangements, Zimmerpreise inklusive Frühstück
VISA
post@kiehnes-freistil.de · www.kiehnes-freistil.de

DZ ab 90,00 €;
EZ ab 80,00 €;
4 **(Jui.-)Suiten** ab 95,00 €
Das Boutiquehotel mit charmant und individuell eingerichteten Zimmern mit Balkon ist das perfekte Refugium, um sich inmitten der reizvollen Allgäuer Landschaft nachhaltig zu erholen oder dank der guten Tagungsmöglichkeiten effektiv zu arbeiten.

Bhf→2,5 km

freistil

87527 · Schweineberg 20 · ☎ (0 83 21) 35 09
Regionale und Neue Küche · Küche: 12–14/18–21 Uhr
VISA
post@kiehnes-freistil.de · www.kiehnes-freistil.de

Speisekarte: 9 Hauptgerichte von 8,00 bis 34,00 €
Mit überwiegend regionalen und saisonalen Produkten kreiert Constantin Kiehne gut durchdachte, handwerklich präzise Speisen, die so abwechslungsreich sind wie die Gäste. Das feine à-la-Carte Angebot wird morgens durch Frühstück sowie nachmittags durch Kaffe und Kuchen ergänzt.

Bhf→6 km

Sonnenalp - Silberdistel

87527 · Sonnenalp 1 · ☎ (0 83 21) 27 29 00 · Fax: 27 22 42
Klass., Neue u. Regionale Küche · Küche: 18:30–21:30 Uhr · **Ruhetag:** Sa.-Mi. ·
Tische: 19/42 Plätze
VISA
info@sonnenalp.de · www.sonnenalp.de

Speisekarte: 3 Hauptgerichte von 59,00 bis 75,00 €; 1 Menü von 110,00 bis 158,00 € 450 Weinpos.
Der Ausblick in die Allgäuer Bergwelt wird von kulinarischem Genuss begleitet. Kai Schneller und Carsten Müller präsentieren aromentiefe, ehrliche und ungemein kreative Speisen, die bevorzugt auf regionalen Produkten basieren, und in eine virtuose Alpinküche münden.

Ohmden

♜ Landgasthof am Königsweg

Bhf→8 km

✉ 73275 · Hauptstraße 58 · ☎ (0 70 23) 9 42 29 29 · Fax: 82 66 · Klassische u. Mediterrane Küche · **Geöffnet:** Di., Mi., Fr. 17-22 Uhr. So. 11:30-14 + 17-21 Uhr · **Ruhetag:** Mo.+Do. · **Ferien:** Februar · **Tische:** 19 + 10 (Terrasse)/36 + 36 Plätze
VISA EC
info@landgasthof-koenigsweg.de · www.landgasthof-koenigsweg.de

Speisekarte: 6 Hauptgerichte von 19,00 bis 48,00 €; 1 Mittagsmenü zu 35,00 €; 1 Menü von 54,00 bis 99,00 €
235 Weinpos.
Fachwerk und Bruchstein verbinden sich im Landgasthaus am Königsweg mit malerischem Außenbereich zu einem wunderschönen historischen Gestaltungsbild. Im Sommer von blühenden Rosen umrankt, wähnt man sich fast in einem kleinen Märchenschloss. Im Inneren präsentiert sich das Restaurant in geradliniger, geschmackvoller Schlichtheit. Schwarze Stühle, schwarzer Steinboden und in edlem Weiß eingedeckte Tische schlagen die Brücke von Tradition zur Moderne. Gleiches gilt auch für die Küche von Patron und Chefkoch Sascha Grampp. Die meisten der erstklassigen, gerne saisonalen Produkte bezieht er aus dem Umland, das Wild liefern befreundete Jäger. Regionales interpretiert er mit verschiedensten zeitgemäßen Garmethoden und raffinierten Würzungen neu und lässt seiner Kreativität freien Lauf. Ehefrau Jennifer Grampp ist liebenswürdige Gastgeberin und leitet den zuvorkommenden Service.

Öhningen

♜ Falconera

Bhf→13 km

✉ 78337 · OT Schienen · Zum Mühlental 1 · ☎ (0 77 35) 23 40 · Fax: 23 50 Klass., mediter. Küche · Küche: 18–23/Do. - Sa. auch 12–14 Uhr · **Ruhetag:** So./ Mo./Di. · **Tische:** 18/75 Plätze
VISA AE EC
info@restaurant-falconera.de · www.restaurant-falconera.de

Speisekarte: 4 Hauptgerichte von 52,00 bis 55,00 €; 2 Menüs von 79,00 bis 120,00 €
275 Weinpos.
Patron Johannes Wuhrer kreiert mit viel Enthusiasmus kulinarische Köstlichkeiten, die sich stets an Jahreszeit und Frischeangebot orientieren. Rustikale Eleganz prägt das Interieur des traditionsreichen Restaurants.

Dieses Restaurant bietet Ihnen eine exzellente Küche.

Oldenburg (Oldenburg)

Bhf→1,5 km

Alexander ✪✪✪

✉ 26121 · Alexanderstraße 107 · ☎ (04 41) 9 80 20 · Fax: 9 80 21 00
Hotel garni, reichhaltiges Frühstücksbuffet (im Zi.-Preis inkl.)
8 km
VISA AE
info@alexander-hotel.info · www.alexander-hotel.info

61 **DZ** ab 74,00 €;
als **EZ** ab 54,00 €
Der persönliche Charme eines familiengeführten Hotels, freundlich eingerichtete Komfortzimmer (Frühstücksbuffet im Preis inkl.), ein erstklassiger und technisch optimal ausgestatteter Tagungsraum und eine stilvolle Bar machen den Aufenthalt im Hotel "Alexander" sehr angenehm.

Oppenweiler

Bhf→1 km

Einhorn ✪✪✪

✉ 71570 · Hauptstraße 55 · ☎ (0 71 91) 34 02 80
Restaurant, Weinkeller für Veranstaltungen
18 km
VISA AE
info@restaurant-einhorn.de · www.restaurant-einhorn.de

19 **DZ** von 139,00 bis 159,00 €;
als **EZ** von 119,00 bis 129,00 €;
1 **Fam.-Zi.** von 145,00 bis 169,00 €

Im Juni 2021 haben die Familien Munz und Decker das Restaurant-Hotel "Einhorn" übernommen und führen es mit viel Engagement und Leidenschaft. Mit warmen Farben und hellen Hölzern gemütlich und ansprechend eingerichtet, lädt es zu einem entspannten Aufenthalt ein. Das malerische Oppenweiler im Rems-Murr-Kreis bietet viele Möglichkeiten, den Alltag zu vergessen. Die Zimmer des Hauses, das komplett klimatisiert ist, sind sehr geschmackvoll gestaltet und verfügen über alle zeitgemäßen Annehmlichkeiten. Kostenfreies WLAN in allen Bereichen sowie kostenlose Parkplätze gehören ebenso dazu wie ein kleiner Fitnessraum mit modernen Geräten und eine schöne Außenterrasse. Das üppig bestückte Frühstück wird im separaten Frühstücksraum angeboten. Sehr gerne richtet man im Hause auch Veranstaltungen aller Art aus: Egal ob Tagungen, Seminare und private Feiern – allen voran Hochzeiten, Geburtstage und Jubiläen – jedes Event wird individuell geplant und kompetent begleitet. Einen (besser mehrere) Besuch(e) im Restaurant sollte man unbedingt einplanen.

✪✪✪ Sehr gutes, komfortables Hotel

Einhorn

Bhf→1 km

✉ 71570 · Hauptstraße 55 · ☎ (0 71 91) 34 02 80
Neue u. gehobene Regionale Küche · **Geöffnet:** 12-13:30, 17:30-21, Sa./So. 17-21:30 · **Ruhetag:** Sa./So./Feiertag, Mi.
info@restaurant-einhorn.de · www.restaurant-einhorn.de

Speisekarte: 6 Hauptgerichte von 16,00 bis 28,00 €; 2 Menüs von 36,00 bis 64,00 €
90 Weinpos.
In einem wunderschönen, historischen Fachwerkhaus, anno 1806 beheimatet, ist das Restaurant in zwei Räumlichkeiten aufgeteilt, die in dezenter Moderne geradlinig und sehr charmant eingerichtet sind. Die angenehm entspannte Atmosphäre ist eine ideale Kulisse für die unprätentiöse und ehrliche Küche von Alexander Munz und Jan Decker. Sie arbeiten ausschließlich mit qualitativ hochwertigen, frischen Zutaten und nutzen das wechselnde jahreszeitliche Angebot, um marktfrisch einzukaufen und aus den handverlesenen Produkten ausbalanciert zusammengestellte, aromenstarke und unverfälschte Speisen zu kreieren. Ihre Küche ist leicht und zeitgemäß und wird mit geschickt verfeinerten regionalen Gerichten ergänzt. Das Steak war auf den Wunschpunkt gebraten, das Risotto mit Weißen Trüffeln sehr gut. Ehefrau Ute Wagner-Munz ist Konditormeisterin und präsentiert Desserts – wie ein Brombeer-Pistazienclafouti mit Joghurteisparfait und Pistazienmousse –, die mehr als eine kleine Sünde wert sind. Sie leitet auch den zuvorkommenden Service und berät zu passenden Weinen und Getränken.

Osnabrück

Best Western Hotel Hohenzollern Osnabrück

Bhf→50 m

✉ 49074 · Theodor-Heuss-Platz 5 · ☎ (05 41) 3 31 70 · Fax: 3 31 73 51
Restaurant mit Int., Reg. u. Mediter. Küche, Bistro-Café, Bar, Terrasse
13 km
www.bestwestern.com

47 **DZ** von 105,00 bis 140,00 €;
als **EZ** von 99,00 bis 125,00 €;
54 **EZ** von 72,00 bis 105,00 €;
6 **Suiten** von 155,00 bis 195,00 €
Vis-à-vis dem Hauptbahnhof und nur wenige Gehminuten vom historischen Zentrum entfernt, steht dieses feine Hotel mit geschmackvollen Komfortzimmern und technisch perfekt ausgestatteten Tagungsräumen.

IKO

Bhf→6 km

✉ 49086 · Stadtweg 38a · ☎ (05 41) 440 180 30
Crossover Küche · **Geöffnet:** Mi.-Sa. ab 18 Uhr · **Ruhetag:** So./Mo./Di. · **Tische:** 8/ca. 40 Plätze
info@iko-restaurant.de · www.iko-restaurant.de

Speisekarte: 1 Menü zu 95,00 €

Stylish, modern und puristisch eingerichtet, ist das Restaurant der perfekte

Ort, um den Speisen von Chefkoch Tom Elstermeyer die nötige Aufmerksamkeit zu schenken. Seine präzise, moderne Produktküche bereichert er mit japanischen Elementen und präsentiert Teller von hinreißend schöner Optik.

Bhf→1,3 km

Kesselhaus

✉ 49084 · Neulandstraße 12 · ☎ (05 41) 97 00 00 72
Neue Küche · **Geöffnet:** 18:30-23 Uhr, Sa. bereits ab 12 Uhr · **Ruhetag:** So./Mo.
info@kesselhaus-osnabrueck.de · www.kesselhaus-os.de

Speisekarte: Menüs von 78,00 bis 115,00 €
Das frische und bunte Interieur mit Industriecharme ist eine perfekte Kulisse für die junge und weltoffene Küche von Randy De Jong. Der tüftelt mit Leidenschaft und kreiert Speisen abseits des kulinarischen Mainstreams.

Bhf→2,7 km

Steigenberger Hotel Remarque

✉ 49076 · Natruper-Tor-Wall 1 · ☎ (05 41) 6 09 60 · Fax: 6 09 66 00 · Weinwirtschaft, Enoteca Weinhandel, Haarlem Bar, Terrasse, Lounge, Specials
10 km
osnabrueck@steigenberger.de · www.steigenberger.com/hotels/alle-hotels/deutschland/osnabrueck/steigenberger-hotel-remarque

139 **DZ** von 90,00 bis 210,00 €;
als **EZ** von 70,00 bis 190,00 €;
17 **Suiten** von 140,00 bis 370,00 €
Im Steigenberger Hotel Remarque sind die komfortablen Zimmer u. a. mit moderner Kommunikationstechnik ausgestattet. Selbiges gilt natürlich auch für die modernen Tagungsräume. Das Restaurant "Weinwirtschaft" bietet eine frische und zeitgemäße Küche.

Bhf→1,2 km

Westermann

✉ 49080 · Koksche Straße 1 · ☎ (05 41) 98 11 40 · Fax: 9 81 14 66 · Westermann's Restaurant ab 17:00 Uhr, Hotelbar, Frühstücksbuffet im Zimmerpreis inkl.
15 km
info@westermann-hotel.de · www.westermann-hotel.de

40 **DZ** zu 94,00 €;
12 **EZ** zu 71,50 €
Das "Westermann" nahe der Osnabrücker City (kostenloses Parken ist auf drei Stellflächen in Hotelnähe möglich) ist ein modernes Stadthotel mit sehr persönlichem und zuvorkommendem Service. Man fühlt sich in den komfortablen und geschmackvoll eingerichteten Zimmern sehr wohl. Morgens wird ein reichhaltiges Frühstücksbuffet angeboten, das im Zimmerpreis bereits inkludiert ist, und am Abend trifft man sich an der Bar auf einen Schlummertrunk. Gerne ist das Hotelteam auch bei der Organisation von Radtouren in die reizvolle Umgebung, bei Stadtführungen oder anderen Unternehmungen behilflich. Im Hotel-Restaurant kann man ab 17 Uhr à la carte speisen, es stehen vielfältige Gerichte zur Auswahl. Hier können auch individuell abgesprochene, aufmerksam betreute Veranstaltungen durchgeführt werden.

Osterholz-Scharmbeck

Zum alten Torfkahn

Bhf→2 km

✉ 27711 · Am Deich 9 · ☎ (0 47 91) 76 08 · Fax: 5 96 06
Restaurant mit moderner Frischeküche, Gartenterrasse
9 km
restaurant@hotel-zum-alten-torfkahn.de · www.hotel-zum-alten-torfkahn.de

10 **DZ** von 75,00 bis 89,00 €;
als **EZ** ab 80,00 €;
10 **EZ** von 49,00 bis 68,00 €;
1 **Suite** bis 120,00 €
Im 18 Jh. erbaut, strahlt dieses kleine aber feine Hotel mit seinen hübschen Bauernmöbeln und historischen Gerätschaften gediegene Behaglichkeit aus. Für Festivitäten gibt es passende Räumlichkeiten und einen zuvorkommenden Service. Auch für Tagungen ist man gut gerüstet.

Ostheim vor der Rhön

Landhotel Rhönblick

Bhf→12 km

✉ 97645 · Kleiner Burgweg 10 · ☎ (0 97 77) 35 77 60 · Fax: 35 77 61 99
Restaurant mit überwiegend reg. Küche, Terrasse, Biergarten
26 km
VISA EC
info@landhotel-ostheim.de · www.landhotel-rhoenblick-ostheim.de ·

44 **DZ** von 99,00 bis 115,00 €;
6 **EZ** von 69,00 bis 79,00 €
Dieses architektonisch reizvolle Landhotel in herrlicher Lage im Luftkurort Ostheim bietet komfortable Zimmer (Preise inkl. Frühstücksbuffet), einen persönlichen, zuvorkommenden Service und eine Vielzahl an Freizeitangeboten.

Osthofen

Landhaus Dubs

✉ 67574 · Am Mühlpfad 10 · ☎ (0 62 42) 9 12 52 05 · Fax: 9 12 52 06
Klass. u. Regionale Küche · Küche: 12–14/18–22 Uhr · **Ruhetag:** Di./Sa.Mittag ·
Tische: 12/60 Plätze
VISA EC
landhaus@dubs.de · www.dubs.de

Speisekarte: 5 Hauptgerichte von 25,00 bis 32,00 €; 1 Tagesgericht von 14,50 bis 16,50 €; 1 Menü von 58,00 bis 68,00 €

Mitten in den Weinbergen liegt das modern eingerichtete Landhaus, in dem Küchenchef Jose Monteiro sein Können zeigt. Serviert werden typisch rheinhessische und saisonale Gerichte, die jeden Feinschmecker begeistern werden.

Ostrach

Landhotel Gasthof zum Hirsch

Bhf→15 km

✉ 88356 · Hauptstraße 27 · ☎ (0 75 85) 92 49-0 · Fax: 92 49 49
Restaurant, kostenloses W-LAN
6 km
VISA EC
ermler@landhotel-hirsch.de · www.landhotel-hirsch.de

12 **DZ** ab 108,00 €;
3 **EZ** ab 85,00 €
Der Gasthof zum Hirsch ist ein engagiert und nunmehr in fünfter Generation von Familie Ermler geführtes Landhotel. Hier sind die geschmackvoll eingerichteten, sehr komfortablen Zimmer ein schönes Zuhause auf Zeit (Preise inklusive Frühstück). Ein sehr persönlicher Service begleitet den Aufenthalt und steht bei Fragen jederzeit zur Verfügung. Private Feiern finden in der renovierten Storchenstube oder der traditionellen Gaststube einen hübschen Rahmen. Für Tagungen stehen das kleinere Stüble oder der mit moderner Tagungstechnik ausgestattete Seminarraum zur Verfügung. In der Freizeit zahlt sich die gute Lage des Hotels aus, denn am südöstlichen Ortsrand von Ostrach beginnt das zweitgrößte Moorgebiet Südwestdeutschlands. Die faszinierende Moor-

landschaft und der größte Bannwald Baden-Württembergs versprechen 440 ha unberührte Natur. Das nahe gelegene Pfrunger-Burgweiler Ried lädt zu Wanderungen und abwechslungsreichen Radtouren ein.

Bhf→15 km

Landhotel Gasthof zum Hirsch

✉ 88356 · Hauptstraße 27 · ☎ (0 75 85) 9 24 90 · Fax: 92 49 49
Regionale Küche · **Geöffnet:** 7–24 Uhr · Küche: 11:30–13:30/18–20:30 Uhr ·
Ferien: 28.12.-12.01. · **Tische:** 20 (+ 7 Terrasse)/60 (+ 25) Plätze VISA EC
ermler@landhotel-hirsch.de · www.landhotel-hirsch.de ·

Speisekarte: 8 Hauptgerichte von 16,00 bis 27,00 €; 1 Tagesgericht zu 12,00 €; 2 Menüs von 28,00 bis 37,00 €
77 Weinpos.
Die Holztäfelung in der hübschen Gaststube trägt mit der genau richtigen Patina zum hohen Wohlfühlfaktor bei, die aus altem Leinen gearbeiteten Gardinen und frische Wiesenblumen komplettieren den behaglichen Gesamteindruck. Patron und Chefkoch Johannes Ermler kocht konzentriert und man spürt, dass es ihm wichtig ist, seinen Gästen eine ehrliche, frische und auf die Jahreszeiten abgestimmte Küche zu präsentieren. Sie basiert auf ausgesuchten Zutaten, die zu 90% aus Baden-Württemberg stammen und die er zu bodenständigen Speisen mit internationalen Elementen verarbeitet. Als Auftakt werden Baguette und Schmalz gereicht, neben leichten und grenzübergreifenden Speisen gibt es beliebte badische Klassiker. Maultaschen, Zwiebelrostbraten, handgeschabte Spätzle und Linseneintopf stehen ebenso zur Auswahl wie der Wurstsalat mit Bauernbrot und die Vesperplatte. Johannes Ermler berät auch mit Sachkenntnis zu den passenden Weinen. In den Sommermonaten sollte man sich den feinen Genuss auf der wunderschönen, malerischen Gartenterrasse inmitten üppig blühender Pflanzen gönnen. Wer eine Feier zu Hause ausrichten möchte, kann den exzellenten und vielseitigen Cateringservice beauftragen.

Otterndorf

Bhf→1 km

Hotel am MedemUfer

✉ 21762 · Goethestraße 15 · ☎ (0 47 51) 9 99 90 · Fax: 99 99 44
Rest. "LeuchtFeuer", Sommerterrasse, Zimmerpreise inkl. Frühstücksbuffet
20 km VISA AE EC
info@hotel-am-medemufer.de · www.hotel-am-medemufer.de ·

27 **DZ** von 99,00 bis 149,00 €;
2 **EZ** von 79,00 bis 109,00 €;
6 **Suiten** von 149,00 bis 209,00 €
Im wunderschön gestalteten Urlaubshotel "Am MedemUfer" bieten die lichtdurchfluteten Zimmer, zum Teil mit Blick auf das Medem-Flüsschen und mit Balkon, gehobene Wohnkultur.

Oy-Mittelberg

Parkhotel Tannenhof OT Oy

Bhf→5 Min.

✉ 87466 · Tannenhofstraße 19 · ☎ (0 83 66) 98 84 40 · Fax: 98 84 49 · Restaurant mit Neuer und Regionaler Küche, Panorama-Terrasse, Bar, Preise inkl. Frühst., E-Tankstelle
15 km
VISA
info@tannenhof-allgaeu.com · www.tannenhof-allgaeu.com ·

22 **DZ** ab 158,00 €;
6 **EZ** ab 86,00 €;
8 **(Jui.-)Suiten** ab 164,00 €
Im Primavera bedufteten "Parkhotel Tannenhof" mit charmanten Zimmern (Frühstück im Preis inkl.), Wohlfühloase und gediegenem Restaurant kann man zu jeder Jahreszeit einen Urlaub mit allen Sinnen genießen.

Paderborn

Balthasar

Bhf→3 km

✉ 33098 · Warburger Straße 28 · ☎ (0 52 51) 2 44 48
Klassisch, Reg. u. Neue Küche · **Geöffnet:** ab 19 Uhr · **Ruhetag:** So./Mo. · **Tische:** 15/45 Plätze
VISA AE
schlotzig@restaurant-balthasar.de · www.restaurant-balthasar.de ·

Speisekarte: 5 Hauptgerichte von 29,00 bis 42,00 €; 2 Menüs von 99,00 bis 155,00 €
350 Weinpos.
In zurückhaltender Eleganz eingerichtet, ist das "Balthasar" dank Patron und Chefkoch Elmar Simon der perfekte Ort, um sorgfältig zubereitete Speisen zu genießen, die in ihrer Vielfalt und Aromentiefe begeistern.

Panker

Forsthaus Hessenstein

✉ 24321 · Am Turm 1 · ☎ (0 43 81) 94 16
Gehobene regionale Küche · **Geöffnet:** Mi.-Sa. 17:30-22 Uhr, So./Feiert. 12-22 Uhr · **Ruhetag:** Mo.
·

Speisekarte: 7 Hauptgerichte von 17,00 bis 28,00 €; 1 Menü von 43,00 bis 53,00 €
Das zum Gut Panker gehörende Forsthaus Hessenstein mit Ostseeblick liegt auf dem 135 m hohen Pilsberg. Hier sorgt Chefkoch Werner Kohut für eine ländlich-regionale Küche mit modernen Elementen. Im Sommer wartet eine bezaubernde Terrasse und auch für Feierlichkeiten ist das charmante Ensemble perfekt.

Ole Liese

Bhf→25 km

✉ 24321 · Gut Panker · ☎ (0 43 81) 9 06 90 · Fax: 9 06 92 00
Rest. "Ole Liese" und "1797", Terrasse, Gestüt, Zimmerpreis inkl. Frühstück
7 km
VISA
info@ole-liese.de · www.ole-liese.de ·

20 **DZ** von 119,00 bis 175,00 €;
als **EZ** ab 99,00 €;
3 **Suiten** ab 205,00 €
Ein romantisches Refugium wie aus dem Bilderbuch ist dieses idyllisch gelegene Landgut mit liebevoll gestalteten Zimmern (Landhaus-Frühstück im Zimmerpreis inklusive) und einem kleinen aber feinen Wellnessbereich. Zum Haus gehört auch ein eigenes Trakehner-Gestüt.

Perasdorf

Bhf→25 km

♜ Gasthaus Jakob

✉ 94366 · Haigrub 19 · ☎ (0 99 65) 8 00 14
Klassische, Moderne Küche · **Geöffnet:** 18-21 Uhr, Sonntag auch 12-14 Uhr · **Ruhetag:** Mo.Di. · **Ferien:** variabel · **Tische:** 10/37 Plätze
info@genuss-jakob.de · www.genuss-jakob.de

Speisekarte: 2 Hauptgerichte von 39,00 bis 35,00 €; 2 Menüs von 69,00 bis 95,00 €
150 Weinpos.

Das südlich von St. Englmar, etwa 25 km von Straubing entfernt liegende, von üppigen Wiesen und Wäldern umgebene historische "Gasthaus Jakob" ist ein echtes kulinarisches Kleinod. Das Interieur ist charmant gestaltet: Kachelofen, blanke Holztische und nostalgische Elemente bekommen durch Leder-Fauteuils und edel eingedeckte Tische eine zeitgeistige Note. Michael Ammon steht gemeinsam mit Matthias Grimm am Herd. Neugierde ist eine der Triebfedern für die in der klassischen Küche verwurzelten Speisen. Können, Ideenreichtum und sensibles Gespür für ausbalancierte Zusammenstellungen kommen hinzu. So erscheinen auch tradierte Rezepturen in einem neuen und modernen Gewand. Allen gemein sind die herrliche Unverfälschtheit, geschmacklicher Tiefgang und eine hinreißende Optik. Lebensgefährtin Mona Haka ist die gute Seele des Hauses, begrüßt die Gäste mit natürlicher Herzlichkeit und sorgt mit dem Serviceteam für einen harmonischen Ablauf. Andreas Ammon ergänzt mit einer kenntnisreichen und feinfühligen Weinberatung die Speisen seines Bruders. Bei schönem Wetter kann auch die kleine Terrasse zum Open-Air-Genuss genutzt werden. Drei Chalets mit eigener Sauna sind in der Planung, so dass das "Gasthaus Jakob" ein noch lohnenswerteres Ziel wird, als es ohnehin schon ist.

Perl

Bhf→200 m

Traube Nennig

✉ 66706 · OT Nennig · Bübinger Straße 22 · ☎ (0 68 66) 3 49 · Fax: 15 00 18
Restaurant mit Regionaler Küche, Sonnenterrasse, Zimmerpreis inkl. Frühstück
16 km
info@traube-nennig.de · www.traube-nennig.de

DZ von 95,00 bis 139,00 €;
EZ ab 69,00 €;

21 Gästezimmer ab 130,00 €
Die liebevoll eingerichteten Zimmer

(Frühstück im Zimmerpreis inkl.) in diesem charmanten Hotel mit schön renoviertem Stammhaus sind ein gepflegtes Zuhause auf Zeit. Für private und geschäftliche Veranstaltungen gibt es passende Räumlichkeiten.

Traube Nennig

Bhf→200 m

✉ 66706 · OT Nennig · Bübinger Straße 22 · ☎ (0 68 66) 3 49 · Fax: 15 00 18
Reg. Küche · Küche: 11:30–14/17:30–21 Uhr · **Ruhetag:** Sa. · **Tische:** 15/45 Plätze
info@traube-nennig.de · www.traube-nennig.de

Speisekarte: 7 Hauptgerichte von 15,90 bis 23,90 €; Tagesgerichte von 14,50 bis 16,90 €; 1 Menü von 19,90 bis 49,00 €
40 Weinpos.
Im freundlich eingerichteten Restaurant fühlt man sich sofort wohl. Die Speisen von Patron und Chefkoch Carlo Boesen sind in der Region zu verorten, er arbeitet konzentriert und mit der nötigen Prise Kreativität.

Victor's Fine Dining by Christian Bau

Bhf→2 km

✉ 66706 · OT Nennig · Schlossstr. 27-29 · ☎ (0 68 66) 7 91 18 · Fax: 7 94 58
Frz. u. Jap. Küche, eig. Kreat. · Küche: 19–21/So. auch 12–16 Uhr · **Ruhetag:** Mo.-Mi. · **Tische:** 9/28 Plätze
info@victors-fine-dining.de · www.victors-fine-dining.de

Speisekarte: 2 Menüs von 225,00 bis 268,00 €
750 Weinpos.
Trotz aller Erfolge verliert Christian Bau nicht die Lust, sein enormes kulinarisches Können immer wieder unter Beweis zu stellen. Er präsentiert eine virtuose, grenzüberschreitende Küche, in der klassische Elemente ebenso ihren Platz haben wie filigrane japanische.

Victor's Residenz-Hotel Schloss Berg

Bhf→1 km

✉ 66706 · OT Nennig · Schlossstr. 27-29 · ☎ (0 68 66) 7 90 · Fax: 7 91 00 · Gourmet-Restaurant "Victor's Fine Dining by Christian Bau", Schlosshof-Terrasse
13 km
info.nennig@victors.de · www.victors.de

105 **DZ** von 162,00 bis 262,00 €;
als **EZ** von 132,00 bis 232,00 €;
28 **Suiten als DZ** von 302,00 bis 482,00 €;
Suiten als EZ von 272,00 bis 492,00 €
Reizvoll und ruhig inmitten idyllischer Weinberge liegt dieses aus einer mediterranen Villa und einem Renaissance-Schloss bestehende Hotelensemble. Hier verbindet sich luxuriöses Ambiente mit allem zeitgemäßen Komfort.

Pfaffenweiler

Histor. Gasthaus - Zehner's Stube

Bhf→10 km

✉ 79292 · Weinstraße 39 · ☎ (0 76 64) 62 25 · Fax: 6 16 25
Neue Küche, eig. Kreat. · Küche: 18–22/Mi.-So. auch 12–14:30 Uhr · **Ruhetag:** Mo. · **Tische:** 11/40 Plätze
info@zehnersstube.de · www.zehnersstube.de

Speisekarte: 10 Hauptgerichte von 29,00 bis 59,00 €; 3 Menüs von 89,00 bis 135,00 €
182 Weinpos.
Die erstklassige Produktküche von Patron und Chefkoch Friedrich Zehner schenkt dem Gast aromenstarke Geschmackserlebnisse, die in der Haute Cuisine ihren Ursprung haben und besonders durch exzellente Saucen seine ganz eigene Handschrift bekommen.

Ein Restaurant mit anspruchsvoller Küche.

Pfronten

Bhf→5 km **Berghotel Schloßanger Alp** OT Obermeilingen

✉ 87459 · Am Schlossanger 1 · ☎ (0 83 63) 45 50 · Fax: 45 55 55
Neue, Intern. u. Reg. Küche · Küche: 12–14/18:30–21 Uhr · **Tische:** 30/120 Plätze
info@schlossanger.de · www.schlossanger.de

Speisekarte: 13 Hauptgerichte von 21,00 bis 36,00 €; 4 Tagesgerichte von 21,00 bis 25,00 €; 1 Mittagsmenü von 25,00 bis 32,00 €; 2 Abendmenüs von 39,00 bis 70,00 € 318 Weinpos. Landestypische Behaglichkeit prägt das Restaurant und Ausdruckskraft und Aromenvielfalt die Küche von Chefköchin Barbara Schlachter-Ebert. Sie bevorzugt in ihrer Küche heimische Zutaten und kreiert daraus unverfälschte und saisonal geprägte Speisen.

Bhf→5 km **Berghotel Schloßanger-Alp** OT Obermeilingen

✉ 87459 · Am Schlossanger 1 · ☎ (0 83 63) 45 50 · Fax: 45 55 55
Versch. Gasträume, Kaminzimmer, Weinkeller, Terrasse, Bar
30 km
ebert@schlossanger.de · www.schlossanger.de

Family

28 **DZ** von 209,00 bis 267,00 €;
als **EZ** von 117,00 bis 166,00 €;
5 **Suiten** von 291,00 bis 434,00 €
Am Fuße des Falkensteins empfängt dieses freundliche Familienhotel seine Gäste mit eleganten Zimmern, schönem Wellnessbereich und ausgezeichneter Gastronomie.

Bhf→7 km **Das Burghotel Falkenstein** OT Meilingen

✉ 87459 · Auf dem Falkenstein 1 · ☎ (0 83 63) 91 45 40 · Fax: 9 14 54 44
Restaurant, Panorama-Terrasse, Bar, Tesla-Ladestation, Wellness-Tempel
30 km
info@burghotel-falkenstein.de · www.burghotel-falkenstein.de

16 **DZ** von 205 bis 315 €;
als **EZ** ab 125,00 €;
3 **Suiten** von 295,00 bis 325,00 €
Auf 1.277 ist der Blick ins Vilstal und auf die Alpen traumhaft schön, aber mit liebevoll gestalteten Themenzimmern, einer herrlichen Wellnessoase, vielseitiger Gastronomie und Veranstaltungsmöglichkeiten hat das Burghotel Falkenstein noch einiges mehr zu bieten.

Bhf→4 km **Das Burghotel Falkenstein – Pavo**

✉ 87459 · Auf dem Falkenstein 1 · ☎ (0 83 63) 91 45 40 · Fax: 9 14 54 44
Klass. u. Neue Küche, eig. Kreat. · Küche: 11:30–14/17:30–21 Uhr · **Tische:** 4/10 Plätze
info@burghotel-falkenstein.de · www.burghotel-falkenstein.de

Speisekarte: 8 Hauptgerichte von 26,00 bis 37,00 €; 1 Menü von 120,00 bis 140,00 €
120 Weinpos.
In bester Familientradition steht Chefkoch Simon Schlachter für eine exklusive Allgäuer Küche. Seine Küchenlinie nutzt das heimische Frischeangebot, die er mit innovativen Elementen pointiert bereichert.

Piesport

schanz.hotel.

Bhf→18 km

✉ 54498 · Bahnhofstraße 8 a · ☎ (0 65 07) 9 25 20 · Fax: 92 52 52
Gourmet-Restaurant, Terrasse, Zimmerpreise inkl. Frühstück
16 km
info@schanz-hotel.de · www.schanz-hotel.de

12 **DZ** von 149,00 bis 165,00 €;
als **EZ** von 117,00 bis 130,00 €;
3 **App.** von 189,00 bis 205,00 €

Die gesamte Familie Schanz und ihr engagiertes Team kümmern sich im "schanz.hotel" individuell und persönlich um jeden Gast und vermitteln ein selten gewordenes Gefühl von echter Aufmerksamkeit und Zuwendung. Hier fühlt man sich einfach sofort wohl und kann in dem schönen Winzerhotel Erholung und die Leidenschaft für gutes Essen aufs Feinste kombinieren. Mit leichter Hand und großem Aufwand wurde das Haus mit viel Geschmack renoviert, die weiße Fassade und weißen Balkone mit schlammfarbenem Holz gestaltet und behutsam ans Restaurant angepasst. Die freundlichen Zimmer (Preise inkl. Frühstück, die Appartements können von drei Personen genutzt werden) sind mit modernen Annehmlichkeiten in exklusivem Interior-Design ausgestattet. Die Terrasse ist eine mediterrane Oase der Entspannung. Hauseigene Weine kann man in der gemütlichen Weinstube probieren. Verschiedene Arrangements (z. B. "bin-mal-kurz-weg" und "Genießer-Arrangement") stehen zur Auswahl, hervorhebenswert ist das Gourmet-Arrangement mit 2 x Ü/F, ab 18.30 Uhr, ein 3-Gang-Menü mit 9 ausgesuchten Weinen des Hauses, am 2. Tag ein exklusives 7-Gang-Menü von Thomas Schanz. (ab 464,- € p./P.). Das "schanz" ist einfach der perfekte Ort, um sich in landschaftlich reizvoller Umgebung eine wohlverdiente Auszeit vom Alltag zu gönnen. Dazu trägt nicht unerheblich das vielseitige und große Freizeitangebot bei, in dem Rad- und Wanderwege, Wein- und Straßenfeste, Musik- und Kultur-Festivals uvm. warten.

Hervorragendes Hotel mit außergewöhnlichem Komfort

Bhf→18 km

schanz.restaurant.

✉ 54498 · Bahnhofstr. 8 a · ☎ (0 65 07) 9 25 20 · Fax: 92 52 52 · Klass. u. Neue Küche · **Geöffnet:** 18:30-21 Uhr, Fr. + So. auch von 12-14 Uhr · **Ruhetag:** Mo./Di. · **Ferien:** 3 W. Ja.-Feb, letzte Juli- u. erste Aug.-Woche · **Tische:** 10/30 Plätze
VISA AE EC
info@schanz-restaurant.de · www.schanz-restaurant.de

Speisekarte: 4 Hauptgerichte von 54,00 bis 64,00 €; 1 Menü (3-6 Gang) von 115,00 bis 178,00 €
400 Weinpos.

Nachdem Thomas Schanz in den elterlichen Betrieb eingestiegen war, hat er mit den Jahren daraus ein schillerndes gastronomisches Kleinod gemacht, dass inzwischen weit über die Region hinaus bekannt ist. Seine Küche gehört zu den besten der Republik und beweist einmal mehr, dass geerdet und visionär zu sein, kein Widerspruch sein muss. Mit Moselschiefer, edlem Eichenholz und Naturstein werden heimische Materialien dank raffinierter Lichtkompositionen effektvoll in Szene gesetzt und schaffen ein ungemein entspanntes Raumgefühl. In schlichter, angenehmer Privatheit kommt man hier in den Genuss einer Küche, in der nicht der Schein prägend ist, sondern eine ungeheure Authentizität. Zutaten allererster Güte verbindet Thomas Schanz zu komplexen Speisen, in denen die verschiedensten Aromen und Texturen in ausgeklügelte und intensive Kompositionen münden. Über das Trüffel-Ei – Sahne, Ei und Trüffel in lockerer Fluffigkeit und Signature-Dish von Thomas Schanz – muss man keine großen Worte verlieren, es spricht und vor allem schmeckt für sich selber. Trotz aller Gegensätzlichkeiten, münden die Speisen in ein fein aufeinander abgestimmtes Ganzes und zeugen von einer großartigen Warenkenntnis, grandiosem Können und Sensibilität. Als formvollendete Gastgeberin leitet Soumiya Khattabi zugewandt und herzlich den aufmerksamen Service, während Aleksandar Petrovic mit großer Sachkenntnis und Feingefühl zu den passenden Weinen und Getränken berät.

Exzellente Serviceleistung

Restaurant mit gutem Genuss-/Preisverhältnis.

Pinneberg

♜ Rolin

Bhf→1 km

25421 · Fahltskamp 48 · ☎ (0 41 01) 53 30 · Fax: 53 31 90
Klass., Intern. u. Reg. Küche · **Geöffnet:** ab 18 Uhr, So. auch 12-14 Uhr · **Ruhetag:** Mo.-Mi. · **Tische:** 16/60 Plätze
info@cap-polonio.de · www.cap-polonio.de

Speisekarte: 6 Hauptgerichte von 23,00 bis 34,00 €; 2 Menüs von 39,00 bis 62,00 €
200 Weinpos.
Im Hotel Cap Polonia gibt es ein elegantes Restaurant, in dem Chefkoch Marc Ostermann vielseitige Speisen in erstklassiger Qualität und raffinierten Zubereitungen ins Tellerrund platziert.

Pirmasens

♜ Die Brasserie

Bhf→1 km

66953 · Landauer Straße 103-105 · ☎ (0 63 31) 7 25 55 44 · Klassische und Neue Küche · **Geöffnet:** 18-23, Do.-Sa. auch 12-14:30 Uhr · **Ruhetag:** So./Mo./Di.+ Mi.-Mittag · **Ferien:** 2 W. Dez. + 3 W. Sommerfer. · **Tische:** 15/40 Plätze
info@diebrasserie-ps.de · www.diebrasserie-ps.de

Speisekarte: 4 Hauptgerichte von 44,00 bis 55,00 €; 1 Mittagsmenü ab 36,00 €; 1 Menü von 89,00 bis 109,00 €
120 Weinpos.
Vjekoslav Pavic und Ehefrau Lena führen ihr Restaurant "Brasserie" mit ganz viel Herzblut und sind Gastgeber aus Leidenschaft. Dieses Engagement ist an jeder Ecke allgegenwärtig. Das einstige "Waldschlöß'l" war schon Ende des 19. Jh. ein beliebtes Ausflugsziel und ist immer noch von Bäumen, Grün und Waldflächen umgeben. Die Lage ist herrlich idyllisch und perfekt, um bei erstklassigem Essen eine erholsame Auszeit vom Alltag zu nehmen. Vjekoslav Pavic und sein Chefkoch Sándor Kálmán sorgen mit hohem Aufwand dafür, dass alles, was in die Küche gelangt, erntefrisch und von kompromisslos guter Qualität ist. Obst und Gemüse sind bevorzugt aus der Region, der Fisch ist aus nachhaltigem Fang und das Fleisch aus artgerechter Haltung. Bei der Zusammenstellung der klassischen und modernen Speisen steht immer das Produkt in seiner unverfälschten Zubereitung im Fokus, werden fantasievolle, ausbalancierte, aromenstarke Kombinationen mit ganz eigener Note kreiert. Lena Pavic leitet sehr charmant den zugewandten Service und wird mit kompetenter Weinberatung von Zsolt Pall unterstützt. An warmen Tagen werden die bodentiefen Fenster im Restaurant zu einem wunderschönen, kleinen Gastgarten hin geöffnet – dem Rundumgenuss steht nichts mehr im Wege.

Hervorragende Serviceleistung

Bhf→3,5 km

Emils Hotel

✉ 66954 · Luitpoldstraße 2 · ☎ (0 63 31) 8 75 70
Bar, Bistro, E-Bike-Ladestation, Arrangements
20 km VISA AE EC
info@emilshotel.de · www.emilshotel.de

38 **DZ** von 80,00 bis 100,00 €;
2 **Junior-Suiten** von 120,00 bis 140,00 €
Direkt gegenüber vom Stammhaus Kunz gibt es mit "Emils Hotel" einen formidablen "Ableger". Catharina Kunz vertritt die vierte Familiengeneration und führt dieses moderne Business-Hotel – in dem sich auch Urlaubsgäste wohlfühlen werden – sehr engagiert. Die Zimmer sind freundlich eingerichtet und verfügen über viele Annehmlichkeiten wie z. B. die digitale Gästemappe, eine Walk-in-Dusche, Boxsping-Betten sowie einen 49" Ultra-HD TV. Der Tag beginnt mit einem Frühstücksbuffet (10,- € p./Ps.). Für effektives Arbeiten in inspirierender Atmosphäre stehen Tagungsräume mit neuesten Technologien zur Verfügung, u. a. höhenverstellbare, knapp 100" große Ultra HD Touch-Screens, fortschrittliches Video Conferencing, zentrale Medientechnik-Steuerung über Tablets. Jede Veranstaltung wird auf die individuellen Bedürfnisse abgestimmt. Nach getaner Arbeit kann man im Fitness-Studio mit einer umfangreichen Auswahl an ERGOFIT Premium Fitness Geräten den Kopf freibekommen, sich am gemütlichen Bierzapftisch für 4-10 Personen treffen oder im Gamer Saloon an neuesten Konsolen seine Reaktionsschnelligkeit testen. Das Bistro ist von 17-22 Uhr geöffnet und sorgt mit einer kleinen Karte für kulinarische Abwechslung. Emil beamt die Hotellerie konsequent ins Zeitalter der Digital Natives - und zwar perfekt!

Bhf→3,5 km

Hotel Kunz

✉ 66954 · OT Winzeln · Bottenbacher Straße 74 · ☎ (0 63 31) 87 50 · Fax: 87 51 25
Grill-Restaurant, Gartenlokal, Bar, Terrasse, Biergarten
20 km VISA AE EC
info@hotel-kunz.de · www.hotel-kunz.de

36 **DZ** von 125,00 bis 185,00 €;
7 **EZ** von 95,00 bis 150,00 €;
2 **Suiten** von 150,00 bis 185,00 €;
7 **Junior-Suiten** von 130,00 bis 165,00 €

Seit über sieben Jahrzehnten und in nunmehr vierter Generation, hat sich Familie Kunz verpflichtet, ihr Hotel zu einem Ort der Begegnungen und liebenswürdiger Gastlichkeit zu machen. Im nur 2 km vom Ortskern entfernten Hotel trifft man in harmonischer Atmosphäre heute mit Eric und Cordula Kunz auf Gastgeber aus Leidenschaft. Individuell eingerichtete, komfortable Zimmer (Preise inklusive reichhaltigem Frühstücksbuffet) und die vielseitige Gastronomie machen den Aufenthalt sehr angenehm. Exklusiv ist der Wellness- und Spa-Bereich, empfehlenswert sind die vielseitigen Arrangements zu attraktiven Preisen. Gediegen eingerichtet, ist "Emil's Bar" – benannt nach dem Großvater des Patrons – ein sehr beliebter abendlicher Treffpunkt, u. a. mit einer Auswahl exklusiver Whiskys. "Emils Burgerei" – eine zeitgemäße Erweiterung des Kunz'schen gastronomischen Reichs – bietet in der City von Pirmasens frisch zubereitete Burger.

Kunz OT Winzeln

Bhf→3,5 km

✉ 66954 · Bottenbacher Straße 74 · ☎ (0 63 31) 87 50 · Fax: 87 51 25 · Intern. und gehobene Reg. Küche · **Geöffnet:** Mo.-So.: 18-22 Uhr, Mo.-Do.: 12-14 Uhr · Küche: 12–14/18–22 Uhr · **Ruhetag:** Sa.-Mittag · **Ferien:** 23.12.-6.1. · **Tische:** 21/90 Plätze

info@hotel-kunz.de · www.hotel-kunz.de

Speisekarte: 13 Hauptgerichte von 18,50 bis 32,50 €; 6 Tagesgerichte von 18,50 bis 26,50 €; 1 Mittagsmenü zu 29,50 €; 4 Menüs von 36,50 bis 69,00 €

450 Weinpos.

Eric und Cordula Kunz sind Gastgeber aus Leidenschaft, ihr Engagement ist auch im Restaurant allgegenwärtig. Es ist in rustikaler Eleganz eingerichtet und hat mit großflächigen, holzgeschnitzten, bäuerlichen Szenen an der Stirnwand echte Hingucker. Hier kehrt man ein, fühlt sich wohl und lässt sich von den sorgfältig von Chefkoch Moritz Sommer zubereiteten Speisen verwöhnen. Unterstützt von einem tatkräftigen Team kocht er, was gefällt, aber vor allem, was die Jahreszeiten bieten. Die Küche ist weltoffenen und regional, von Ideenreichtum und handwerklicher Präzision gekennzeichnet. Die Zutaten bezieht er bevorzugt – natürlich nur in erstklassiger Qualität und Marktfrische – im saisonalen Wechsel in der Region. Vegetarische Speisen gehören ebenso zum Angebot wie verschiedene Wildspezialitäten. In der Serviceleitung ist Heike Ziegelmeier gewohnt liebenswürdige Ansprechpartnerin, unterstützt wird sie mit einer kenntnisreichen Weinberatung durch Stefan Knecht. Nicht nur anlässlich von Feiern, sondern auch im Kreise von Freunden (8-12 Ps.) ist der Grilltisch ein echtes Highlight: Zum gemeinsamen Grillen stehen verschiedenste Fleischspezialitäten mit feinen, frisch zubereiteten Saucen bereit.

Plau am See

Parkhotel Klüschenberg

Bhf→8 km

✉ 19395 · Klüschenberg 14 · ☎ (03 87 35) 49 21-0 · Fax: 49 21 21 90
Rest. m. frischer Saisonküche aus. reg. Produkten, Terrasse, Fahrradverleih
20 km
info@klueschenberg.de · www.klueschenberg.de

61 **DZ** von 99,00 bis 119,00 €;
als **EZ** von 75,00 bis 85,00 €;
7 **EZ** von 69,00 bis 79,00 €;
5 **Suiten** von 119,00 bis 159,00 €;
3 **App.** von 129,00 bis 175,00 €

Die idyllische Lage des "Parkhotel Klüschenberg" im ehrwürdigen Kurpark und ein herzlicher, liebevoller Service versprechen einen angenehmen und erholsamen Aufenthalt. Nur wenige Gehminuten vom historischen Altstadtkern mit Promenade entfernt.

Pleinfeld

Bhf→5 km

Landgasthof Zur Linde

✉ 91785 · OT Stirn · Spalter Straße 2 · ☎ (0 91 44) 2 54 · Fax: 9 30 03
Regionale Küche · Küche: 11–13:30/17:30–20:30 Uhr · **Ruhetag:** Mo. · **Ferien:** je 2 Wo. Jan./Juni/Nov. · **Tische:** 27/160 Plätze
info@zur-linde-stirn.de · www.zur-linde-stirn.de

Speisekarte: 10 Hauptgerichte von 14,00 bis 21,00 €; 2 Tagesgerichte von 10,00 bis 14,00 €; 1 Menü von 28,00 bis 36,00 € 20 Weinpos.
In vier verschiedenen, behaglichen Stuben kann man sich in entspannter Atmosphäre von der Küche von Chefkoch Stefan Maurer verwöhnen lassen. Die unverfälschten Speisen spiegeln das jahreszeitliche Angebot wider.

Pleiskirchen

Bhf→10 km

Gasthof Huberwirt

✉ 84568 · Hofmark 3 · ☎ (0 86 35) 2 01 · Fax: 8 63
Reg. u. Neue Küche, eig. Kreat. · Küche: 12–13/18–19 Uhr · **Ruhetag:** Mo./Di. · **Ferien:** 1 Wo. Jan.u. Juni/2 Wo. Aug. · **Tische:** 23/65-68 Plätze
landgasthof@huber-wirt.de · www.huber-wirt.de

Speisekarte: 4 Hauptgerichte von 14,00 bis 42,00 €; 1 Mittagsmenü von 27,00 bis 70,00 €; 3 Menüs von 69,00 bis 125,00 € 220 Weinpos.
Chefkoch Alexander Huber gelingt der Spagat zwischen traditioneller bayerischer Küche minus aller Derbheit und moderner Küche plus kreativer Ideen. Die Zutaten sind handverlesen und spiegeln regelmäßig die Jahreszeiten wider.

Pleisweiler-Oberhofen

Bhf→3 km

Landhotel Hauer

✉ 76889 · Hauptstraße 31 · ☎ (0 63 43) 700 700 · Fax: 700 707
Restaurant, Vinothek, Arrangements, Zi.-Preise inkl. Frühstück
17 km
info@landhotel-hauer.de · www.landhotel-hauer.de

22 **DZ** von 103,00 bis 135,00 €;
als **EZ** von 77,00 bis 95,00 €;
1 von 152,00 bis 180,00 €
Das Landhotel Hauer entstand aus einem historischen Bauernhof, wird mit familiärem Engagement geführt und ist dank der behaglichen Zimmer (Preise inkl. Frühstück) einer gepflegten Wellnessoase und des Restaurants ein perfektes Domizil für nachhaltige Erholung.

Pliezhausen

Bhf→6 km

Landgasthaus Zur Linde

✉ 72124 · OT Dörnach · Schönbuchstr. 8 · ☎ (0 71 27) 89 00 66
Klass., Reg., Mediterr. Kü. · Küche: 18–20:15/So. auch 12–13:15 Uhr · **Ruhetag:** Di.+Mi. · **Tische:** 12/45 Plätze
info@linde-doernach.de · www.linde-doernach.de

Speisekarte: 3 Menü von 85,00 bis 93,00 €
340 Weinpos.
In entspannter Landhaus-Atmosphäre kann man sich dank Chefkoch Andreas Goldbach auf eine erstklassige Küche freuen. Er arbeitet konzentriert, ideenreich und nutzt für seine bevorzugt mediterranen Speisen nur Produkte von kompromisslos guter Qualität.

Sehr gute Serviceleistung

Plochingen

Cervus

Bhf→400 m

✉ 73207 · Bergstraße 1 · ☎ (0 71 53) 55 88 69
Regionale und Saisonale Küche · **Geöffnet:** 12-14 und Di.-Sa. ab 18 Uhr · **Ruhetag:** So./Mo./Feiertage · **Tische:** 11/38 Plätze
mail@gasthaus-cervus.de · www.gasthaus-cervus.de

Speisekarte: 4 Hauptgerichte von 21,00 bis 26,00 €; 2 Tagesgerichte zu 16,50 €; 1 Überraschungs-Menü zu 64,00 €
82 Weinpos.

Das "Cervus" ist ein gemütlich eingerichtetes Restaurant mit rustikaler Möblierung, bei der die historischen Schränke harmonisch mit dem alten Fachwerk kombiniert wurden. Eine Vielzahl verschiedenformatiger Bilder ziert die Wände und wird zu einer formidablen Gemäldegalerie. Die Atmosphäre ist so gesellig und einladend, wie man es sich von einem zünftigen Gasthaus erwartet. Bevor Johannes Füller Inhaber im "Cervus" wurde, hat er bei renommierten gastronomischen Adressen gearbeitet und sich das Rüstzeug für seine durchdachte und authentische Küche geholt. Er arbeitet sorgfältig, bietet abwechslungsreiche Speisen an, die sich immer auch an den wechselnden Jahreszeiten orientieren, und setzt ausschließlich auf Frischeprodukte. Die Abendkarte wird täglich dem Marktangebot angepasst, was zusätzliche Abwechslung verspricht. Zu den passenden Weinen berät der Patron mit großer Fachkenntnis gerne selber, den Service leitet Ehefrau Monika Füller ungemein liebenswürdig und herzlich. Veranstaltungsräume und vor allem die wunderschöne Sommerterrasse unter Weinlaub mit mediterranem Flair ergänzen das vielseitige Angebot.

Stumpenhof

Bhf→3 km

✉ 73207 · Stumpenhof 1 · ☎ (0 71 53) 2 24 25 · Fax: 7 63 75
Klass., Reg. Küche · Küche: 18–21/Do.-So. auch 11:30–13:30 Uhr · **Ruhetag:** Mo. + Di. · **Tische:** 30+12/100+40 Plätze
restaurant@stumpenhof.de · www.stumpenhof.de

Speisekarte: 20 Hauptgerichte von 16,00 bis 32,00 €; 1 Mittagsmenü ab 22,00 €; 4-Gang Menü ab 68,00 €
73 Weinpos.
Mit einem wunderschönen Ausblick auf den Neckar genießt man hier eine heimische Küche, die Chefkoch Uli Wägerle auf seine ganz eigene Art und Weise aus regionalen Frischeprodukten höchster Güte zu köstlicher Kulinarik verwandelt.

Restaurant mit gehobener Küche

Ponholz

Bhf→5 km

Kandlbinder Küche

✉ 93142 · Postplatz 1 · ☎ (0 94 71) 6 05 06 46
Crossover Küche · Küche: 17:30–21:30/So. nur 11:30–17:30 Uhr · **Ruhetag:** Di./Mi. · **Tische:** 18/55 Plätze
hallo@kandlbinderkueche.de · www.kandlbinderkueche.de

Speisekarte: 8 Hauptgerichte von 15,90 bis 39,00 €; 2 Menüs von 37,00 bis 79,00 € 70 Weinpos.
Patron Martin Kandlbinder kocht geradlinig und unverfälscht, setzt aber gerne auch kreative Akzente und rundet das feine Angebot mit saisonalen Spezialitäten ab. Seine Mischung aus leichter Brasserieküche, französischer Hochküche ist gekonnt und verführerisch zugleich.

Potsdam

Bhf→1 km

Hotel Brandenburger Tor Potsdam

✉ 14467 · Brandenburger Str. 1 · ☎ (03 31) 87 70 00 00 · Fax: 23 60 75 55
Verwöhnfrühstück, Arrangements, "Voltaire"-Bar
VISA AE EC
info@hotel-brandenburger-tor.de · www.hotel-brandenburger-tor.de

36 **DZ** von 138,00 bis 203,00 €;
1 **Dreibett** ab 215,00 €;
2 **Ju.-Sui.** ab 152,00 €
Das Hotel im historischen Stadtkern Potsdams ist ein komfortables Zuhause auf Zeit und liegt ganz in der Nähe des Hauptportals des Schlossparks von Sanssouci.

Bhf→3 km

INSELHOTEL Potsdam

✉ 14473 · Halbinsel Hermannswerder · ☎ (03 31) 2 32 00 · Fax: 2 32 01 00
"See-Restaurant" mit Internat. und Regionaler Küche, Café, See-Terrasse, Bar
11 km VISA AE EC
info@inselhotel-potsdam.de · www.inselhotel-potsdam.de

80 **DZ** von 135,00 bis 205,00 €;
als **EZ** von 105,00 bis 145,00 €;
8 **Suiten** von 205,00 bis 275,00 €
Am Ufer des Templiner Sees gelegen, offeriert dieses Privathotel seinen Gästen stilvoll eingerichtete, komfortable Zimmern und herrliche Entspannungsmomente im gepflegten SPA-Bereich. Im Restaurant genießt man internationale und regionale Speisen.

Bhf→1 km

Restaurant kochZIMMER

✉ 14467 · Am Neuen Markt 10 · ☎ (03 31) 20 09 06 66
Neue preußische Küche, eig, Kreat. · Küche: 18–21 Uhr · **Ruhetag:** So./Mo.
VISA AE EC
info@restaurant-kochzimmer.de · www.restaurant-kochzimmer.de

Speisekarte: 1 Menü von 115,00 bis 155,00 € 70 Weinpos.
Silbergrau und Korallenrot sind die dominanten Farbtöne im puristisch gestalteten Restaurant. Hier konzentriert man sich auf das Wesentliche: die "Neue Preußische Küche" von Chefkoch David Schubert. Altbekanntes setzt er mit Können und Kreativität in einen neuen, modernen Kontext.

Bhf→6 km

Villa Kellermann

✉ 14467 · Mangerst. 34 · ☎ (03 31) 20 04 65 40 · Klass., Reg. Küche, eig. Kreat. · **Geöffnet:** Mi.-So. ab 18 Uhr, Sa.+So. auch 12-14 Uhr und ab 18 Uhr · **Ruhetag:** Mo./Di. · **Tische:** 25+25/55+80 Plätze
VISA AE EC
info@villakellermann.de · www.villakellermann.de

Speisekarte: 10 Hauptgerichte von 23,00 bis 34,00 €; 1 Menü zu 66,00 € 121 Weinpos.
Die historische Villa Kellermann mit ihrem charmanten und elegant-nostalgischen Ambiente bietet Sternekoch Tim Raue eine fantastische Bühne für eine Genuss-Kultur auf höchstem Ni-

veau. Eine bodenständige Deutsche Küche - modern interpretiert - verwandelt sich zu einem rauschenden Fest für die Sinne.

Prerow (Darß)

Best Western Plus Ostseehotel Waldschlösschen

Bhf→35 km

Family

18375 · OT Prerow · Bernsteinweg 9 · ☎ (03 82 33) 61 70 · Fax: 61 74 03 · Rest. mit Reg. u. Intern. Küche, begehbares Weinlager, Zi.-Preise inkl. Verwöhn-HP
40 km VISA EC
info@waldschloesschen-prerow.de · www.waldschloesschen-prerow.de

16 **DZ** von 204,00 bis 248,00 €;
als **EZ** von 152,00 bis 183,00 €;
6 **(Jui-)Suiten** von 242,00 bis 354,00 €

Das vor gut 100 Jahren im englischen Landhausstil erbaute Anwesen, stilsicher mit einem Neubau erweitert, bezaubert mit seiner herrlichen Fachwerkfassade und der idyllischen Waldrandlage. Nur drei Gehminuten vom Nordstrand entfernt, ist das „Waldschlösschen" ein Hotel für jede Jahreszeit. Freundliche, individuell, geschmackvoll und komfortabel eingerichtete Zimmer (Preise inkl. Verwöhn-HP) und der großzügige Wellnessbereich Wald SPA mit Saunen, Innen- und beheiztem Außenpool sowie Fitnessraum tragen zum Rundum-Wohlgefühl bei. Im Restaurant verwöhnt Michael Jahncke mit kreativer Frischeküche. Das Restaurant CP1 überzeugt mit hochwertiger Spitzenküche, Chef's Table und Showküche. Zahlreiche attarktive Arrangements stehen rund ums Jahr zur Auswahl.

Best Western Plus Ostseehotel Waldschlösschen - CP1

Bhf→40 km

18375 · Bernsteinweg 9 · ☎ (03 82 33) 61 70-0 · Fax: 61 74 03
Regionale und Internationale Küche · **Geöffnet:** Mi.-So. ab 17:30 Uhr · **Ruhetag:** Mo./Di.
VISA EC
info@waldschloesschen-prerow.de · www.waldschloesschen-prerow.de

Speisekarte: 4 Hauptgerichte von 17,00 bis 19,00 €
500 Weinpos.

Das „CP1", dessen Name sich aus den Initialen der Kinder Clara und Paul von Patron Michael Jahnke zusammensetzt, ist eine gelungene Mischung aus Bistro, Gourmetrestaurant, Begegnungsort mit Showküche und Probierladen. Tagsüber können Radler und Wanderer eine kleine Bistro-Mahlzeit einnehmen, im Probierladen kann man regionale Produkte aus Mecklenburg-Vorpommern verkosten und käuflich erwerben und ab 17:30 trifft man sich zum entspannten Dinner. Bei der Zubereitung kann man Michael Jahnke die ganze Zeit über die Schulter blicken und auch gerne in den Dialog mit dem Chefkoch treten. Er kocht regional und frisch und legt großen Wert auf erstklassige Zutaten. Ebenso wie feine Fischgerichte gehören hausgemachte Pasta und auf den Wunschpunkt gebratene Steaks zu den Spezialitäten. Das Restaurant "Titania" mit frischer Regionalküche (Donnerstag Ruhetag) ist nicht nur den Hausgästen im Rahmen ihrer Verwöhnpension vorbehalten. Die Terrasse ist an warmen Tagen ein bevorzugter Treffpunkt.

Restaurant mit sehr gutem Weinangebot

Presseck

♜ Der Berghof Restaurant + Wirtshaus Ursprung

✉ 95355 · Wartenfels 85 · ☎ (0 92 23) 2 29 · Fax: 94 56 47
Neue Küche, Int. und Reg. · **Geöffnet:** ab 11 Uhr · **Ruhetag:** Mo./Di. · **Tische:** 15/50 Plätze
VISA EC
mail@berghof-wartenfels.de · www.berghof-wartenfels.de

Speisekarte: 8 Hauptgerichte von 18,00 bis 45,00 €; 2 Menüs von 39,00 bis 73,00 € 60 Weinpos.
Die Kombination aus stylischem Ambiente und gelebter Tradition macht dieses Restaurant zu etwas ganz Besonderem. Die authentische Küche von Chefkoch Alexander Schütz basiert auf Zutaten höchster Qualität, die sich je nach Saison und regionalem Angebot in einer offenen Showküche zu kreativen Köstlichkeiten fügen.

Prichsenstadt

Bhf→20 km

♜ Freihof

✉ 97357 · Freihofgasse 3 · ☎ (0 93 83) 9 02 03 40 · Fax: 90 20 34 88
Restaurant, Eventscheune für Veranstaltungen und Hochzeiten, Kellerbar
VISA AE EC
info@freihof-prichsenstadt.de · www.freihof-prichsenstadt.de

39 **DZ** ab 130,00 €;
4 **EZ** ab 100,00 €
Im charmanten Boutiquehotel verbinden sich Historisches mit Tagungsmöglichkeiten, Wellness und exklusivem Genuss. Der vor mehreren Jahrhunderten erbaute imposante Freihof ist der perfekte Ausgangspunkt, um auf unzähligen (Rad-)Wanderrouten die Region zu erkunden.

Bhf→20 km

♜ Freihof – Prichs

✉ 97357 · Freihofgasse 3 · ☎ (0 93 83) 9 02 03 40 · Fax: 90 20 34 88
Moderne Fränkische Küche · **Geöffnet:** Di.-FR. 17:30-22 Uhr, Sa. 12-22 Uhr · **Ruhetag:** So./Mo. · **Tische:** 10/60 Plätze
VISA AE EC
info@freihof-prichsenstadt.de · www.freihof-prichsenstadt.de

Speisekarte: 6 Hauptgerichte von 14,00 bis 22,00 €; 4 Tagesgerichte von 16,50 bis 22,00 €; 1 saisonales Menü von 37,00 bis 57,00 € 110 Weinpos.
Chefkoch Marcel Meining kocht im Rhythmus der Jahreszeiten und lässt sich von den vielfältigen Produkten der Region zu einer ungemein kreativen, leichten und unverfälschten Küche inspirieren.

Hotels und Restaurants mit diesem Zeichen befinden sich in einem historischen Gebäude.

Prien am Chiemsee

Garden Hotel & Restaurant Reinhart

Bhf→2 km

⊠ 83209 · Erlenweg 16 · ☎ (0 80 51) 69 40
Restaurant, Bar, Bistro, Café, Kaminzimmer, Fahrradverleih
8 km
VISA BC
info@reinhart-hotel.de · www.reinhart-hotel.de

24 **DZ** von 100,00 bis 200,00 €;
13 **EZ** von 65,00 bis 130,00 €;
8 **Ju.-Suiten** von 160,00 bis 250,00 €

Es gibt Orte, da lässt man sich verzaubern und vergisst den stressigen Alltag sofort. Genau so ein Ort ist das "Garden Hotel & Restaurant Reinhart". Im schönen Chiemgau gelegen, nur 200 Meter vom Ufer des Chiemsees entfernt, ist das in dritter Generation von den Reinharts familiengeführte Hotel ein echtes gastronomisches Kleinod. Hier beginnt der Urlaub bereits vor der Tür, denn der große Hotelgarten ist in all seiner blühenden Pracht traumschön und wird bzu einer echten Kraftquelle der Erholung. Das Haus und seine komfortablen Zimmer (alle mit Balkon und im Zimmerpreis integriertem Frühstück) sind im traditionellen, bayerischen Landhausstil eingerichtet und ein bildhübsches Zuhause auf Zeit. Ein sehr engagiertes Hotelteam bemüht sich um das Wohlergehen der Gäste, denen kostenfreies W-Lan, das Schwimmbad sowie Saunen und Dampfbad zur Verfügung stehen. Tagungen können in einem 70 m² großen Raum mit Wunsch-Bestuhlung sowie kleinen Besprechungsräumen stattfinden. Die Freizeit wartet direkt vor der Tür: Wassersport oder (E-)Bike-Touren (Räder können im Hause gemietet werden), geführte Wanderungen oder zünftige Hüttenabende – im "Garden Hotel & Restaurant Reinhart" hat man die Auswahl zwischen einem abwechlungreichen Aktiv- oder erholsamen Verwöhnurlaub.

Hervorhebenswert in seiner Kategorie

Hervorragendes Hotel mit außergewöhnlichem Komfort

Bhf→2 km

Garden Hotel & Restaurant Reinhart

✉ 83209 · Erlenweg 16 · ☎ (0 80 51) 69 40
Gehobene Landhausküche · Küche: 18–21 Uhr · **Tische:** 15/50 Plätze
info@reinhart-hotel.de · www.restaurant-reinhart.de

Speisekarte: 8 Hauptgerichte von 17,00 bis 36,00 €; 3 Tagesgerichte von 12,00 bis 36,00 €; 1 Menü zu 34,00 €

30 Weinpos.

Im Restaurant Reinhart kann der Gast in verschiedenen Stuben speisen. Mal im modernen Landhausstil gestaltet, mal mit aufwendiger Vertäfelung aus Meraner Holz, ist es egal, wo man Platz nimmt, Fabian Eiben sorgt als umsichtiger Serviceleiter mit einem freundlichen und aufmerksamen Team dafür, dass sich jeder Gast rundum willkommen und wohlfühlt. Mit Christian Amtmann steht ein Mann am Herd, der seinen Beruf von der Pike auf gelernt hat und dem es sichtlich Freude macht, seine gut durchdachte und gehobene Landhausküche mit bayrisch-mediterraner Note zu präsentieren. Zutaten in erntefrischer Topqualität sind für ihn unabdingbar, bevorzugt kommen sie von Höfen und Erzeugern aus der Region und spiegeln immer auch die wechselnden Jahreszeiten wider. Mit handwerklicher Präzision und raffinierten Ideen kombiniert er sie zu klaren, aromenstarken und ehrlichen Speisen. Tagesempfehlungen ergänzen je nach Marktangebot die Karte und werden auf einer Schiefertafel annonciert. An warmen Tagen wartet eine hübsche, üppig begrünte Terrasse und lädt neben dem kulinarischen Genuss zur Entspannung ein.

Pulheim

Bhf→2 km

Gut Lärchenhof

✉ 50259 · OT Stommeln · Hahnenstraße · ☎ (0 22 38) 92 31 00 · Fax: 9 23 10 30
Neue Küche, reg., franz., japan. · **Geöffnet:** 18-21 Uhr, Sa./So. auch 12-13:30 Uhr · **Ruhetag:** Mo./Di. · **Tische:** 12/50 Plätze
www.restaurant-gutlaerchenhof.de

Speisekarte: 5 Hauptgerichte von 49,00 bis 79,00 €; 2 Menüs von 79,00 bis 199,00 €

1000 Weinpos.

Chefkoch Torben Schuster kocht mit Leidenschaft und ertüftelt mit den erntefrischen Zutaten immer wieder neue, ausgefallene Speisen, die in einer klassischen und modernen französischen Küche ihren Ursprung haben.

Quedlinburg

Best Western Hotel Schlossmühle

Bhf→1,5 km

06484 · Kaiser-Otto-Straße 28 · (0 39 46) 78 70 · Fax: 78 74 19
Restaurant mit Regionaler Küche, historisches Kellergewölbe, Terrasse
18 km
info@schlossmuehle.de · www.schlossmuehle.de

84 **DZ** ab 109,00 €;
6 **EZ** ab 89,00 €;
6 **App.** ab 119,00 €;
6 **Suiten** ab 139,00 €
Am Fuße des Quedlinburger Schlosses liegt dieses komfortable Hotel mit harmonischer Einrichtung, erlesen gestalteten Zimmern (die Preise beinhalten das Frühstück), behaglichem Kaminzimmer mit Bibliothek und feinem Restaurant.

Radebeul

Radisson BLU Parkhotel Dresden Radebeul

Bhf→2 km

01445 · Nizzastraße 55 · (03 51) 8 32 10 · Fax: 8 32 14 55 · Salon „Lößnitz" m. Sommerterrasse, Abendrestaurant "Nizza", Hotelgarten mit Café
10 km
info@parkhotel-dresden.com · www.parkhotel-dresden.com

352 **DZ** von 80,00 bis 100,00 €;
42 **EZ** von 90,00 bis 180,00 €;
85 **Studios** von 90,00 bis 140,00 €;
13 **Suiten** auf Anfrage
Mediterran gestaltete Villen setzen sich zu diesem First-Class-Hotelensemble mit stilvoll eingerichteten Zimmern zusammen.

Rammingen

Romantik Hotel Landgasthof Adler

Bhf→2 km

89192 · Riegestraße 15 · (0 73 45) 9 64 10 · Fax: 96 41 10 · Neue, Intern. u. Reg. Küche · **Geöffnet:** Di.-Do. 18-22 Uhr, Fr.-So. zusätzl. 12-14 Uhr · Küche: 18–22/Fr.+So. auch 12-14 Uhr– Uhr · **Ruhetag:** Mo. · **Tische:** 12/45 Plätze
info@adlerlandgasthof.de · www.adlerlandgasthof.de

Speisekarte: 4 Hauptgerichte von 22,50 bis 32,00 €; 2 Menüs von 59,00 bis 125,00 € 483 Weinpos.
Im traditionsreichen Landgasthof "Adler" einzukehren ist perfekt, um sich eine kleine Auszeit vom Alltag zu nehmen. Die bodenständige Küche mit Anspruch wird von ausgezeichneten Weinen begleitet. Zu denen gibt Patron Jan Bimboes kenntnisreich Auskunft.

Rauenberg

Ringhotel Winzerhof

Bhf→5 km

69231 · Bahnhofstraße 4-8 · (0 62 22) 95 20 · Fax: 95 23 50 · „Winzerhof" mit Region. Spezialitätenkü., Weine v. eig. Weingut, Zimmerpreise inkl. Frühstück
5 km
winzerhof@ringhotels.de · www.winzerhof.net

Family

40 **DZ** ab 145,00 €;
35 **EZ** ab 89,00 €
Bereits in der 4. Generation wird dieses Hotel engagiert geleitet. Die liebevoll eingerichteten Komfortzimmer (Preise inkl. Frühst.) bieten ebenso hohen Erholungswert wie die mediterrane Gartenanlage und das große Freizeitangebot.

Rauhenebrach

Bhf→10 km

Gasthaus Hofmann

✉ 96181 · OT Schindelsee · Schindelsee 1 · ☎ (0 95 49) 9 87 60 · Fax: 98 76 27
Reg. u. Neue Küche, eig. Kreationen · **Geöffnet:** ab 17:30 Uhr, So.+Feiert. 11:30-14 Uhr · **Ruhetag:** Mo./Di. · **Tische:** 20/70 Plätze
info@schindelsee.de · www.schindelsee.de

Speisekarte: 3 Hauptgerichte von 15,00 bis 18,00 €; 1 Tagesgericht von 10,00 bis 30,00 €; 3 Menüs von 40,00 bis 72,00 €
150 Weinpos.
Die Dame des Hauses, Bettina Hofmann, steht am Herd und legt großen Wert auf nachhaltig erzeugte, erstklassige und erntefrische Produkte. Die kombiniert sie mit raffinierten Ideen zu einer genussvollen, modernen Regionalküche.

Regensburg

Bhf→1 km

Aska

✉ 93047 · OT Altstadt · Watmarkt 5 · ☎ (09 41) 59 99 30 00
Japanische Küche · **Geöffnet:** Di.-Sa. 18:30-24 Uhr, Sa. Mittag 12-16 Uhr · **Ruhetag:** So./Mo. · **Ferien:** Erste Jan.-Woche · **Tische:** 4/10 Plätze
mail@aska.restaurant · www.aska.restaurant

Speisekarte: 1 Menü von 95,00 bis 120,00 €
300 Weinpos.
Links geht's ins "storstad" und rechts ins "Aska", – was aus dem Schwedischen übersetzt "Asche" heißt – deren Farbtöne im schwarz gestalteten Interieur der exklusiven Sushi Bar aufgegriffen werden. Patron Anton Schmaus hat mit Atsushi Sugimoto einen wahren Meister seiner (Sushi-)Klasse gewonnen. Er steht in der Showküche, lässt sich bei seiner konzentrierten Arbeit zuschauen und steigert die Hochachtung vor seiner filigranen Kochkunst, in der die Zubereitung von Sushi kunstvoll und rituell ist und zu einer wahren Zeremonie wird. Entsprechend klassisch und authentisch sind die japanischen Speisen, in denen zum Teil regionaler Fisch und Reis eine tragende Rolle einnehmen. In einem Acht- oder Zehn-Gang-Menü findet Atsushi Sugimoto zu seinen Wurzeln zurück und präsentiert traditionelle japanische Speisen in kompromissloser Reduktion auf das Wesentliche. Eine Kunst, die nicht viele Köche beherrschen und die hier in der Oberpfalz umso höher zu bewerten ist. Jeder Handgriff sitzt, ist unerlässlich und fügt für den Gast Speisen zusammen, die in ihrem schlichten Tiefsinn einzigartig sind. Durch den Abend führt Roman Baumgarten als zuvorkommender Gastgeber, gerne und kompetent beantwortet er auch Fragen zu japanischen Begrifflichkeiten. Anna Rupprecht ist Ansprechpartnerin, wenn es um Weine und Getränke geht.

Restaurant mit exzellenter Weinkarte

Inbegriff der Assemblage in der Champagne
DIE KREATION
DES IDEALEN JAHRGANGS
N°23
CHAMPAGNE
Grand Siècle
Laurent-Perrier
GRANDE CUVÉE
98/100
JAMESSUCKLING.COM
95/100
WINE ADVOCATE
18,5/20
Entdecken Sie die Iteration N°23 unter www.grandsiecle.com

Bhf→3 km

♜ Roter Hahn by Maximilian Schmidt

✉ 93047 · Rote-Hahnen-Gasse 10 · ☎ (09 41) 59 50 90 · Fax: 59 50 945 · Neue Küche mit euro-asiatischen Elementen · **Geöffnet:** Di.-Do. 18-22 Uhr; Fr. u. Sa. 12-14 u. 18-22 Uhr · **Ruhetag:** So./Mo. · **Ferien:** 4.1.-18.1.+ 23.8.-7.9.22 · **Tische:** 18 /60 Plätze
VISA AE
hotel@roter-hahn.com · www.roter-hahn.com ·

Speisekarte: 2 Hauptgerichte von 35,00 bis 45,00 €; 1 Tagesgericht zu 15,00 €; 1 Menü (5-8 Gang) von 130,00 bis 170,00 €
200 Weinpos.

In nunmehr dritter Generation werden das Hotel "Roter Hahn" (31 DZ 80,-/160,- € inkl. Frühstück) inmitten der Regensburger Altstadt und das Restaurant mit familiärem Einsatz geführt. Umlaufende, gepolsterte Bänke, teils unverputzte Natursteinwände, modernes Mobiliar sowie Wandgemälde und mehrere skulpturale Arbeiten von bekannten Künstlern im Foyer und im Restaurant selber verbinden sich zu einem Interieur mit elegantem Bistro-Charakter und lässig-entspanntem Ambiente. Dazu trägt auch der herzliche und natürliche Service unter Leitung von Laura Maria Schmidt bei. Das durchdachte Küchenkonzept hält für jedem Geschmack etwas bereit. Mittags sorgt Rainer Lorber (die rechte Hand Maimilian Schmidts)) für geerdete, heimische Speisen und abends steht Küchenchef Maximilian Schmidt am Herd und überzeugt mit einem gehobenen Küchenauftritt. Nach illustren Karrierestationen kam er ins Elternhaus zurück und setzt hier sein Motto "Finesse" mit erstklassigen, erntefrischen Zutaten, großem handwerklichem Können und ganz viel Fantasie in die kulinarische Tat um. Bayerisches peppt er mit kreativen Ideen auf, vergisst nie, auch über den nationalen Tellerrand zu blicken und lässt sich besonders gerne von asiatischen Elementen inspirieren. Die Kombinationen sind faszinierend vielfältig, sein Spiel mit verschiedenen Säuren und Texturen ist großartig. Die 18 Stunden sous vide gegarten BBQ Short Ribs mit Ingwer, Zwiebelmus und Reisessig waren butterzart, der aus Sauerteig bestehende, mit Parmesan gefüllte French Toast, der als Fingerfood mit altem Balsamico und Sommertrüffel gereicht wird, avancierte inzwischen zum Signature Dish. Der Südtiroler Danny Fliri gibt als kompetenter Sommelier wertvolle Tipps zur gut sortierten Weinkarte.

Die Küchenleistung dieses Restaurants ist hervorhebenswert in seiner Kategorie.

♜ Leerer Beutel

Bhf→1,5 km

✉ 93047 · Bertoldstraße 9 · ☎ (09 41) 5 89 97 · Fax: 56 57 34
Slow Food · Küche: 11:30–14/17:30–22 Uhr · **Ruhetag:** So./Mo.-Mtg. · **Tische:** 22/90 Plätze
info@leerer-beutel.de · www.leerer-beutel.de

Speisekarte: Hauptgerichte ab 13,90 €; Menüs ab 31,00 €

60 Weinpos.

Im Spätmittelalter ein Getreidespeicher, ist hier heute die Städtische Galerie beheimatet, außerdem beherbergt das imposante, denkmalgeschützte Gebäude das Restaurant "Leerer Beutel". Das bietet weit mehr als nur ein kulinarisches Angebot, denn Patron Winfried Freisleben sorgt mit seinem gut durchdachten Konzept für eine gelungene kulturelle Erweiterung. Seit über drei Jahrzehnten gibt es hier „Genuss für Auge, Ohr und Gaumen“. Zusätzlich zu den wechselnden Kunstausstellungen warten noch ein Kino und der Jazz-Keller. Im Restaurant kann man sich beinahe rund um die Uhr stärken: Mittags wird ein sehr fair kalkuliertes, zweigängiges Auswahlmenü angeboten und abends steht die abwechslungsreiche Speisekarte bereit. Küchenchefin Iliana Ilieva und ihr Team präsentieren eine abwechslungsreiche und durchdachte Küche, die auf ausgesuchten regionalen Zutaten basiert und saisonal wechselt. Unter "Slow Food"-Aspekten wird alles frisch und sehr sorgfältig zubereitet. Entsprechend aromenstark und unverfälscht sind die Speisen. Für bestens betreute Feste (Hochzeiten, Firmenjubiläen, Kommunion, Weihnachtsfeiern) stehen das Restaurant (90 Plätze) und der historische Festsaal (180 Plätze) zur Verfügung (Personenzahl unter Vorbehalt gem. aktuell gültigem Hygienekonzept).

♜ storstad OT Altstadt

Bhf→1 km

✉ 93047 · Watmarkt 5 · ☎ (09 41) 59 99 30 00 · Neue Küche m. asiatischen Elementen · **Geöffnet:** Lunch: Do. - Sa. 12 - 16 Uhr; Dinner: Di.- Sa.18.30 - 1 Uhr · **Ruhetag:** So./Mo. · **Ferien:** Erste Jan.-Woche · **Tische:** 13/48 Plätze
info@storstad.de · www.storstad.de

Speisekarte: 2 Mittagsmenüs von 49,00 bis 59,00 €; 2 Abendmenüs von 130,00 bis 150,00 €

300 Weinpos.

In der Regensburger Altstadt gehört das architektonisch ausgefallene frühgotische Goliathhaus zum Stadtbild. Gar nicht mittelalterlich geht es im "storstad" zu, das in der in der fünften Etage beheimatet ist. Der Gast fährt mit einem Aufzug direkt ins Restaurant und kommt in ein Interieur von minimalistischer Schlichtheit mit skandinavischer Anmutung. Die Atmosphäre ist herrlich weltoffen, entspannt und urban. Wobei letzteres gut zum Restaurantnamen passt, der aus dem Schwedischen übersetzt "Großstadt" heißt. Die Art und Weise, wie Patron Anton Schmaus und sein Küchenchef Joseph Weig ihr durchdachtes Konzept einer modernen, einem steten Wandel unterliegenden Küche umsetzen, ist staunenswert. Sie nutzen die unbegrenzten Möglichkeiten, mit denen sich asiatische und zeitgemäße, deutsche und skandinavische Elemente kombinieren lassen und setzen Fernöstliches in einen neuen, europäischen Kontext. Das ist so einfallsreich wie spannend, so gekonnt wie verführerisch anders. Vegetarische und vegane Zusammenstellungen sind nicht weniger innovativ. Scott Brown leitet den Service mit Übersicht, leichter Hand und großer Natürlichkeit, so dass sich jeder Gast wohlfühlt. Beim Thema Getränke und korrespondierender Wein ist Anna Rupprecht anerkannte und sensible Fachfrau.

Dieses Restaurant bietet Ihnen eine exzellente Küche.

Reichelsheim

Bhf→18 km

Treuschs Schwanen

✉ 64385 · Rathausplatz 2 · ☎ (0 61 64) 22 26 · Fax: 8 09 · Neue u. Reg. Küche · **Geöffnet:** mittags ab 11:30 Uhr, abends ab 18 Uhr · **Ruhetag:** Mi. + Do. · **Ferien:** 1 W. Fer. Hessen, 1 W. Fasnacht · **Tische:** 12/40 Plätze
info@treuschs-schwanen.com · www.treuschs-schwanen.com

Speisekarte: 7 Hauptgerichte von 19,50 bis 31,00 €; Tagesgerichte ab 8,90 €; 3 Menüs von 49,00 bis 104,00 €

273 Weinpos.

In Treusch's Schwanen ist man seit mehr als drei Jahrzehnten sowohl den regionalen Traditionen des Odenwaldes verbunden als auch den Wünschen der Gäste und ihrem Wohlbehagen verpflichtet. Elke und Armin Treusch haben Sohn Thomas vorgelebt, was es heißt, engagierte Gastronomen zu sein. Heute ist es auch sein Anspruch, die Erwartungen zu erfüllen und dabei doch seine ganz eigene Linie zu haben. Dank großem Engagement gelingt ihm das aufs Feinste. In seine Küche kommen bevorzugt von Händlern und Produzenten aus der Region Produkte, die er dann einsetzt, wenn ihr Reifegrad perfekt ist. Entsprechend jahreszeitlich sind die Zutaten und auch viele der sorgsam zusammengestellten Speisen. Er kocht mit großem Fachwissen, Sensibilität und Ideenreichtum grundehrliche Gerichte. Eines der angebotenen, harmonisch zusammengestellten Menüs ist immer vegetarisch. Armin Treusch berät mit großem Fachwissen zur toll sortierten Weinkarte und Mutter Elke leitet mit ganz viel Herzlichkeit den aufmerksamen Service. Bei so viel familiärer Zuwendung in Treusch's Schwanen fühlt man sich einfach wohl.

Reil / Mosel

Boutique Hotel Villa Melsheimer

Bhf→900 m

✉ 56861 · Moselstraße 5 · ☎ (0 65 42) 9 00 34 · Fax: 9 01 90 07 · Restaurant und Gourmetrestaurant, Bar, Terrasse, eigenes Weingut, Kräutergarten
9 km
VISA AE
hotel@melsheimer.de · www.melsheimer.de

24 **DZ** von 90,00 bis 130,00 €;
als **EZ** von 65,00 bis 95,00 €;
3 **Suiten** zu 245,00 €

Zwischen Zell und Traben-Trarbach gelegen, gehört Reil zu den schönsten Moselgemeinden. Hier findet sich das Areal der historischen Villen Melsheimer. Es umfasst drei Gebäudeteile – das Stammhaus, die „Villa" und das „Müllehaus" – die durch kleine Grünanlagen alle miteinander verbunden sind. Direkt am Fluss stehend, bieten sie aber noch deutlich mehr als nur eine großartige Aussicht. Das liegt zuerst einmal am Gastgeberehepaar Britta und Dirk Melsheimer, die ihr Hotel und Restaurant gemeinsam mit einem engagierten Team mit ganz viel Herzblut und privatem Einsatz führen. Erst vor einigen Jahren aufwändig renoviert, ist das Interieur mit hochwertigen Materialien charmant in zeitloser Moderne gestaltet. Die geschmackvoll eingerichteten und fair kalkulierten Zimmer sind ein wunderschönes Zuhause auf Zeit und verfügen über zeitgemäße Annehmlichkeiten (das Frühstück ist im Preis inbegriffen). Das bestens aufgestellte Gastronomieangebot umfasst zwei Restaurants, eine traumschöne Terrasse mit Blick auf den Fluss und die Weinberge, den hübsch angelegten Steingarten und ein Kaminzimmer mit Bar. Am besten, man bucht direkt eines der verschiedenen Arrangements, die rund ums Jahr angeboten werden, und lernt zusätzlich zur romantischen Mosellandschaft die liebenswürdige Gastfreundschaft in der Villa Melsheimer selber kennen.

Bhf→900 m

Wine&Dine by Villa Melsheimer

56861 · Moselstraße 5 · (0 65 42) 9 00 34 · Fax: 9 01 90 07
Neue und Internationale Küche · **Geöffnet:** Do./Fr. 18-21 Uhr, Sa./So. 12-21 Uhr · **Ruhetag:** Mo./Di./Mi. · **Ferien:** 03.-31.01 · **Tische:** 14/40 Plätze VISA AE
hotel@melsheimer.de · www.melsheimer.de

Speisekarte: 5 Hauptgerichte von 18,00 bis 32,00 €; 3 Menüs von 36,00 bis 124,00 €

140 Weinpos.

In der Villa Melsheimer findet man im Restaurant drei miteinander verbundene Räumlichkeiten, die alle direkt zur Mosel ausgerichtet sind. Im Restaurant Villa Klassik wird die Woche über von 12-21 Uhr eine sehr gute, gehobene und saisonale Regionalküche angeboten, das "Wine & Dine" ist dem großen Küchenauftritt vorbehalten. Den bestreiten Dirk Melsheimer und seine rechte Hand Alessandro Riemer mit erstklassigen Produkten und raffinierten Ideen. Ihre feine, zeitgemäße Küche verliert nie die Bodenhaftung, punktet aber dennoch mit ausgeklügelten Kombinationen und einem finessenreichen Aromenspiel. Es ist die perfekte Balance zwischen Tradition und Innovation, die den Speisen eine eigene Note gibt. Unverkennbar ist der jahreszeitliche Bezug des Angebots, virtuos und pointiert werden die Zutaten zusammengestellt und in kunstvoller Optik präsentiert. Von den angebotenen Menüs ist eines immer vegetarisch und aus den Menüs kann man je nach Gusto auch einfach nur eine Hauptspeise wählen. Ein gut aufgelegter Service unter liebenswürdiger Leitung von Katharina Ehelik begleitet den Restaurantbesuch. Die mediterran blühende Panoramaterrasse unmittelbar an der Mosel ist traumhaft schön und bietet einen herrlichen Blick auf die Weinberge.

Bhf→800 m

Reiler Hof

56861 · Moselstraße 27 · (0 65 42) 26 29 · Fax: 14 90 · Restaurant mit Feinschmeckerküche, Terrasse, Zimmerpreise inklusive Frühstück
25 km VISA
info@reiler-hof.de · www.reiler-hof.de

24 **DZ** von 93,00 bis 185,00 €;
2 **Jui.-Suiten** von 165,00 bis 225,00 €
Unmittelbar an der Mosel gelegen, kann man im familiengeführten Reiler Hof formidabel Urlaub machen. Die Zimmer (Preise inkl. Frühstück) sind sehr geschmackvoll und individuell eingerichtet. In der Freizeit wartet ein großes Outdoor-Angebot, das zuvorkommende Hotelteam gibt gerne wertvolle Tipps..

Reit im Winkl

Relais & Châteaux Gut Steinbach

Bhf→25 km

83242 · Steinbachweg 10 · ☎ (0 86 40) 80 70 · Fax: 80 71 00
Hotel, Restaurant, Wellness, attraktive Arrangements
2 km
info@gutsteinbach.de · www.gutsteinbach.de ·

38 **DZ** ab 120,00,00 €;
4 **EZ** ab 112,00 €;
16 **Suiten** ab 200,00 €;
7 **Chalets** ab 332,00 (jede weit. Ps. 96) €
Ein Heimatrefugium in den Bergen: dieses traumhafte von der Familie Graf von Moltke eigentümergeführte Relais & Châteaux Gut Steinbach mit seinem Hotel, seinen Höfen und Chalets liegt auf einem sonnigen Hochplateau mit viel Ruhe auf 51 ha in wunderschöner Alpenlandschaft. Das Forsthaus beherbergt die Rezeption und die MOLTKE Wein-Lounge. Im Stammhaus befinden sich neben den regionaltypischen und gleichwie zeitgeistigen 55 Zimmern und Suiten auch moderne Tagungs- und Veranstaltungsräume. Kulinarisch besticht die Küche durch Regionalität und Nachhaltigkeit sowie typische Gerichte, die zuweilen an die eigene Kindheit erinnern, im Restaurant HEIMAT und in den gemütlichen Stuben. Sieben hochwertigst ausgestattete Chalets rund um einen Naturweiher, jeweils zwischen 150 und 185 qm und je mehreren Schafzimmern inkl. eigenen Bädern und integriertem Saunabereich ergänzen das Angebot, natürlich

mit direkter Angliederung an das Hotel und Nutzung aller Services. Im 2.000 m^2 großen Wellnessbereich, der komplett neu gestaltet wurde, und dem 18 m Pool kann man bei vielfältigen Anwendungen entspannen. Bereits im Ruheraum mit traumhaftem Panoramablick in die Berge lässt man den Alltag einfach hinter sich. Arrangements rund ums ganze Jahr ergänzen das alpine Angebot und das Erleben von „Bayern in seiner schönsten Form“. (Die Zimmerpreise verstehen sich pro Person!)

Sie finden diese Hotels und Restaurants auch bei facebook oder instagram.

Bhf→25 km

Relais & Châteaux Gut Steinbach Restaurant HEIMAT

✉ 83242 · Steinbachweg 10 · ☎ (0 86 40) 80 70 · Fax: 80 71 00
Bayerisch Alpenländische Küche · Küche: 12–14/18–21:30 Uhr · **Tische:** 25/90 Plätze
VISA AE
info@gutsteinbach.de · www.gutsteinbach.de

Speisekarte: 8 Hauptgerichte von 19,00 bis 49,00 €; 1 Menü ab 42,00 €
110 Weinpos.

Die "HEIMAT" ist das Restaurant im "Gut Steinbach" und findet sich in vier wunderschön eingerichteten Stuben wieder. Eine Stube – die früher oft als einziger beheizter Raum der Lebensmittelpunkt der Familie war – ist schöner als die andere eingerichtet: Kachelofen und waidmännischer Zierrat in der Auerhahn Stuben, helleres Holz, viel Tageslicht und schöne Vertäfelungen prägen die Bayern Stuben und dunkleres Holz, üppige Schnitzereien und freundliche Stoffe geben den Tiroler Stuben ihr behagliches Ambiente. Aber egal, wo man speist, Chefkoch Achim Hack sorgt für eine wunderbar kraftvolle, ehrliche und unverfälschte alpenländische Küche, die auf ausgesuchten Zutaten basiert. Die kommen bevorzugt aus der nächsten Umgebung, sind von bekannten Händlern und Erzeugern, spiegeln das saisonale Marktangebot wider und sind im Einklang mit der Bewahrung traditioneller Werte beim Anbau und Tierwohl. Der Meister am Herd arbeitet sorgfältig und lässt auch kreative Ideen in seine Speisen mit einfließen. Das junge Serviceteam berät zu den Weinen und ist bei kleinen und großen Fragen kompetenter Ansprechpartner. Auf der Sonnenterrasse und dem neuen Salettl mit Loungecharakter kann man an warmen Tagen nicht nur die feine Küche, sondern auch den weiten Blick in die Chiemgauer Alpen genießen.

Remscheid

Bhf→4 km

♜ Heldmann & Herzhaft

✉ 42853 · Brüderstraße 56 · ☎ (0 21 91) 29 19 41 · Fax: 2 19 15
Klass. u. Reg. Küche · **Geöffnet:** Mi.-Fr.-Mittag 12-13:30, Mi.-Sa.-Abd. 18-20:30 · **Ruhetag:** Sa.-Mittag/So./Mo./Di. · **Tische:** 5/20 Plätze
VISA AE
info@heldmanns-restaurant.de · www.heldmanns-restaurant.de

Speisekarte: 4 Hauptgerichte von 18,00 bis 38,00 €; Menüs ab 69,00 €
300 Weinpos.

Eine historische Villa ist seit über 25 Jahren das Zuhause des elegant eingerichteten Restaurants. Patron Ulrich Heldmann kocht, was gefällt und die Jahreszeiten versprechen. Er arbeitet konzentriert und präsentiert unverfälschte, aromenstarke Speisen.

Rheda-Wiedenbrück

Reuter

Bhf→500 m

✉ 33378 · OT Rheda · Bleichstraße 3 · ☎ (0 52 42) 94 52 0 · Fax: 94 52 44
Crossover Küche · **Geöffnet:** ab 19 Uhr · **Ruhetag:** So./Mo./Di. · **Ferien:** Sommerferien NRW · **Tische:** 6/30 Plätze
info@hotelreuter.de · www.hotelreuter.de

Speisekarte: 5 Hauptgerichte von 17,00 bis 36,00 €; 1 Menü ab 99,00 €
250 Weinpos.
Im Ostwestfälischen ist die ganze Welt zu Hause, denn Chefköchin Iris Bettinger kocht grenzübergreifend. Mit Raffinesse kombiniert sie die bevorzugt regionalen Zutaten zu aromenstarken Speisen.

Rheine

Hotel- und Restaurant Borcharding

Bhf→500 m

✉ 48432 · OT Mensum · Alte Bahnhofstr. 13 · ☎ (0 59 75) 12 70 · Fax: 35 07
Restaurant mit sieben verschiedenen Gasträumen, Terrasse
1,8 km
info@borcharding.de · www.borcharding.de

9 **DZ** von 67,00 bis 93,00 €;
als **EZ** von 47,00 bis 69,00 €
Das Traditionshaus ist bereits seit über 300 Jahren im Familienbesitz, wird nunmehr in dreizehnter (!) Generation geführt und ist auch in puncto Kulinarik eine Institution in Westfalen. Die individuell eingerichteten Zimmer sind überaus gemütlich. Ob Golfen Radfahren, Münster erkunden – das Freizeitangebot ist sehr vielseitig un ddas freundliche Hotelteam gerne bei der Planung behilflich.

Hotel- und Restaurant Borcharding

Bhf→500 m

✉ 48432 · OT Mesum · Alte Bahnhofstr. 13 · ☎ (0 59 75) 12 70 · Fax: 35 07
Regionale u. moderne Frischeküche · **Geöffnet:** Mo.-Mi.: 12-14/ab 18, Do.-Sa.: ab 18 Uhr · **Ruhetag:** So. · **Tische:** 20/80 Plätze
info@borcharding.de · www.borcharding.de

Speisekarte: 16 Hauptgerichte von 15,00 bis 32,50 €
500 Weinpos.
Westfälische Behaglichkeit mit Butzenscheiben, Kamin, historischen Kacheln und vielen nostalgischen Details fügen sich in den Räumlichkeiten des Restaurants zu einem ungemein charmanten Ambiente. Hier lässt man den Alltag ganz einfach vor der Tür und lässt sich ganz auf den Genuss der geradlinigen und ehrlichen Küche von Chefkoch Tobias Borchading ein. Der setzt die gastronomische Familientradition mit Leidenschaft, Können und Fleiß um. Die Zutaten bezieht er am liebsten von heimischen Händlern, saisonale Produkte wie Spargel, Pfifferlinge, Matjes und Wild kommen in seine Küche, wenn ihre Zeit reif

ist und werden zu gelungenen Spezialitäten, die er mit italienischen und asiatischen Elementen aufpeppt. Dienstag und Freitag gibt es ein Dinner for two mit Sektcocktail, Amuse bouche und drei Überraschungsgängen für mehr als faire 39,- € p. Ps. Der Service ist sehr zuvorkommend und die tolle Weinauswahl alles andere als westfälisch genügsam.

Restaurant mit gutem Genuss-/Preisverhältnis.

Rheinstetten-Mörsch

Da Gino

76287 · Rheinaustraße 53 · (0 72 42) 95 38 400
Italienische Küche · **Geöffnet:** 11:30-14 + 17-22:30, Sa. 17-22:30, So. 11:30-14 + 17- 21:30 · **Ruhetag:** Mo. · **Ferien:** 2 W. August
kontakt@dagino.de · www.dagino.de

Speisekarte: 21 Hauptgerichte von 11,00 bis 26,00 €; 2 Tagesgerichte ab 7,00 €

16 Weinpos.

2018 übernahm Giovanni Scarafile das Restaurant "Da Gino" von seinem Onkel Luigi und sorgt dank einer umsichtigen Küchenleitung für ungebrochene Beliebtheit bei den Gästen. Große Fenster und der rustikale Landhausstil geben dem Interieur eine lichte und freundliche Atmosphäre. Hier kann man in geselliger Runde oder romantischer Zweisamkeit eine bodenständige und herrlich authentische italienische Küche genießen. Steak- und Fischgerichte werden ebenso unverfälscht zubereitet wie die verschiedenen Pizzen. Das Pasta-Angebot ist so vielseitig, dass es unterteilt wird in verschiedene Nudelsorten wie Penne, Tagliatelle oder Rigatonian unterteilt wird. Aktuelle Tagesgerichte, die auf einer Schiefertafel annonciert werden, bereichern das Angebot zusätzlich. Alles wird sorgfältig und frisch zubereitet und im Sommer auch auf der Außenterrasse unter schattigen Bäumen serviert. Vaida Scarafile leitet gut gelaunt und aufmerksam den Service und hat auch bei Sonderwünschen immer ein offenes Ohr.

Riedenburg

Bhf→15 km

Forst's Landhaus

93339 · Mühlstraße 37b · (0 94 42) 9 91 93 99 · Fax: 9 91 93 97 · Restaurant mit gehobener Küche, idyllisch gelegene Terrasse, Frühstück im Zi.-Preis inkl.
25 km
info@forsts-landhaus.de · www.forsts-landhaus.de

10 **DZ** von 78,00 bis 88,00 €;
1 **EZ** von 52,00 bis 65,00 €

"Forst's Landhaus" ist ideal für eine kleine Auszeit vom Alltag. Die liebevoll eingerichteten Zimmer – einige mit Balkon – sind ein schönes Zuhause auf Zeit (Frühstück im Zi.-Preis inkl.), die Küche im Restaurant ist viel versprechend.

Bhf→15 km

Forst's Landhaus

93339 · Mühlstraße 37b · (0 94 42) 9 91 93 99 · Fax: 9 91 93 97
Klassische u. Neue Küche · Küche: 11:30–14/18–21:30 Uhr · **Ruhetag:** Mo./Di. · **Ferien:** 2 W. Karneval/1 W. Aug. · **Tische:** 9/35 Plätze
info@forsts-landhaus.de · www.forsts-landhaus.de

Speisekarte: 7 Hauptgerichte von 16,90 bis 32,90 €; 1 Mittagsmenü von 24,00 bis 35,00 €; 1 Menü von 55,00 bis 75,00 €

200 Weinpos.

Im charmant eingerichteten Restaurant steht Patron Rüdiger Forst am Herd. Er kennt alle Lieferanten und Erzeuger der verwendeten Zutaten genau. Mit handwerklichem Können kombiniert er sie zu grundehrlichen, regionalen Speisen.

Rimbach

Ulrichshof Baby & Kinder Bio-Resort

Bhf→8 km

✉ 93485 · OT Zettisch · Zettisch 42 · ☎ (0 99 77) 95 00 · Fax: 95 04 70 · A-la-carte-Restaurant, Bar, Streichelzoo, Verwöhnpension "organic dine around"
10 km
info@ulrichshof.com · www.ulrichshof.com

Family

72 **Suiten + Luxussuiten** ab 123,00 €;
29 **Fa.-App.** ab 111,00 €
Inmitten des Bayerischen Waldes gelegen, kann man in diesem Hotel mit faszinierend vielseitigem Freizeit-Angebot zu jeder Jahreszeit unvergesslich schöne Urlaubstage mit der ganzen Familie verbringen. Die angegebenen Preise enthalten eine Vollpension.

Rinteln

Schaumburger Ritter

Bhf→10 km

✉ 31737 · OT Schaumburg · Burgstraße 2-4 · ☎ (0 51 52) 94 74 60 · Fax: 94 74 61
Rest. m. Intern. u. Reg. Küche, Ritterstube, Saal, Biergarten
kontakt@schaumburger-ritter.com · www.schaumburger-ritter.com

23 **DZ** ab 92,00 €;
als **EZ** ab 72,00 €;
2 **EZ** ab 62,00 €;
2 **Suiten** ab 129,00 €;
2 **Ferienwhg.** ab 140,00 €

Umgeben von der reizvollen Landschaft des Weserberglandes, ist das privat geführte Hotel mit behaglichen Zimmern und feinem Restaurant ein ideales Domizil für unbeschwerte Urlaubstage.

Römerberg

Morgenstern

✉ 67354 · Germersheimer Str. 2b · ☎ (06232) 6 85 00
Restaurant, Zimmerpreise inklusive Frühstücksbuffet
10 km
info@hotel-morgenstern.de · www.hotel-morgenstern.de

16 **DZ** ab 97,00 €;
4 **EZ** ab 66,00 €;
Fam.Zi. ab 129,00 €
In der Nähe der schönen Kaiserdomstadt Speyer liegt das freundliche Haus der Familie Morgenstern. Wohnliche Zimmer mit hellem Mobiliar laden zum Verweilen ein. Das beliebte Restaurant (barrierefrei) verwöhnt mit einer regionalen Küche und bietet seinen Gästen auch kulinarische Weinproben an.

Rohrbach

Gasthaus Goldener Stern

Bhf→8 km

✉ 86316 · Dorfstraße 1 · ☎ (0 82 08) 4 07 · Fax: 95 90 89
Regionale und Saisonale Küche · **Geöffnet:** Mi.-Sa. 17-20, So. auch 11-14
mail@gasthaus-goldenerstern.de · www.gasthaus-goldenerstern.de

Speisekarte: 11 Hauptgerichte von 12,90 bis 26,90 €; 1 Menü von 45,00 bis 59,00 €

Patron und Chefkoch Stefan Fuss setzt im charmant eingerichteten Restaurant auf ein Netzwerk verlässlicher, nachhaltig arbeitender Produzenten und nutzt das reichhaltige Warenangebot für seine ehrliche, aromenstarke und abwechslungsreiche Landküche, der er mit frischen Kräutern den letzten Schliff gibt.

Rohrdorf

Bhf→10 km

Hotel zur Post

83101 · Dorfplatz 14 · ☎ (0 80 32) 18 30 · Fax: 58 44 · Gaststuben, Festsaal für bis zu 270 Pers., eig. Metzgerei, Fahrradverleih, Frühst. im Zi.-Pr. inklusive
20 km
VISA AE EC
hotel@post-rohrdorf.de · www.post-rohrdorf.de

Family

113 **Gästezimmer** von 59,00 bis 135,00 €
Wunderschön ist die Lage des "Hotel zur Post" inmitten der Chiemgauer Alpen, das seit dem Jahr 1803 von der Gastgeber-Familie Albrecht-Stocker mit Herzblut geführt wird. Entsprechend individuell werden die Gäste hier von den Mitarbeitern begrüßt, sind auch Kinder stets willkommen. Die gemütlichen, im hellen Landhausstil eingerichteten Zimmer – die Preise verstehen sich inklusive reichhaltigem Frühstück – lassen keinen Komfort missen. Weitere, über 30 m² große Zimmer mit edlen Hölzern, Balkon oder Terrasse und modernem Klimakonzept gibt es direkt gegenüber im "Poststadl". Für Tagungen und Feiern – die kompetent begleitet werden – stehen passende Räumlichkeiten zur Verfügung. In den rustikalen Gaststuben sorgen Fleisch- und Wurstwaren aus eigener Produktion dafür, dass stets eine sehr gute, frische Küche mit vielen regionalen Schmankerln auf den Tisch kommt. Eine deftige Brotzeit genießt man im Sommer am besten im urigen Biergarten. In der Metzgerei gibt es ein kleines Bistro mit regionalen Speisen für den eiligen Gast. Ob wandernd oder radelnd (Fahrradverleih-, Werkstatt- und Garage gibt es im Hause) – eine Erkundung der schönen Hochries-Landschaft in der Chiemsee-Alpenland-Region lohnt immer und ist einfach wunderbar erholsam.

Sehr gutes, komfortables Hotel

Hervorhebenswert in seiner Kategorie

Rossbach

Biorestaurant Land.Luft Leberfing

Bhf→30

94439 · Leberfing 1 · ☎ (0 87 23) 9 79 50 60 · Regionale, gehobene Bio-Küche · **Geöffnet:** Mi.-Fr. 11-17 (verkl. Karte), Mi.-Fr. ab 17, Sa. ab 11 komplette Karte, So. 11-16 · **Ruhetag:** Mo./Di. · **Ferien:** Ende Dez./Anf. Jan. · **Tische:** 12/80 Plätze

VISA EC

restaurant@landluft.bio · www.landluft.bio

Speisekarte: 8 Hauptgerichte von 11,90 bis 21,90 €; 2 Tagesgerichte von 10,90 bis 19,90 €

35 Weinpos.

Nördlich von Bad Birnbach findet man auf einem 45 ha großen Areal das "Biorestaurant Land.Luft Leberfing". Eingebettet in eine Hofanlage mit weiten Wiesen und Feldern, kann man im Gewölberestaurant Speisen genießen, die das Label "Bio" aus gutem Grund tragen: Die gesamte Hofbewirtschaftung geschieht unter regionalen und nachhaltigen Aspekten. Ganzjahres-Freihaltung der Tiere ist hier ebenso selbstverständlich wie der eigene Futteranbau, Zucht und Mast im jahreszeitlichen Zyklus. Die Schlachtung erfolgt ohne Tiertransporte vor Ort. Chefkoch Andreas Ecker arbeitet konsequent unter dem nose-to-tail-Aspekt und verarbeitet mit handwerklichem Können und guten Ideen tatsächlich nahezu alles vom Schwein, Rind oder Huhn. Erntefrische Bio-Lebensmittel, bayerisches Kochhandwerk und moderne kulinarische Elemente treffen aufeinander und münden in unverfälschte, ehrliche und aromenstarke Speisen. Die Qualität ist überragend und lässt den Gast gerne wiederkommen. Michaela Girisch leitet liebenswürdig den Service. Im Hofladen (Mi.-Sa. 11-20 Uhr) und der hauseigenen Metzgerei kann man viele Produkte kaufen. Der gemütliche Biergarten lädt an warmen Tagen zu Open-Air-Genuss und -Entspannung ein.

Rostock

Am Leuchtturm

Bhf→500 m

18119 · OT Warnemünde · Am Leuchtturm 16 · ☎ (03 81) 5 43 70 · Fax: 54 85 10
Gemütliche Bar, Terrasse, reichhaltiges Frühstücksbuffet im Zi.-Preis inkl.
5 km

VISA AE EC

info@hotel-am-leuchtturm.de · www.hotel-am-leuchtturm.de

28 **DZ** ab 155,00 €;
2 **EZ** ab 99,00 €;
4 **App. (exkl. Frühstück)** ab 115,00 €

In traumhafter Lage, nur einen Steinwurf vom feinen Sandstrand der Ostsee entfernt, wartet dieses Privathotel mit individuell und geschmackvoll eingerichteten Zimmern und Apartments auf. Rundum der perfekte Ort, um dem Alltag zu entfliehen.

Bhf→1 km KurparkHotel Warnemünde

18119 · Kurhausstr. 4 · ☎ (03 81) 4 40 29 90 · Fax: 4 40 29 99 · Abendrestaurant mit Internationaler Küche, Hotelbar, Zimmerpreise inkl. Frühstück
VISA
info@kur-park-hotel.de · www.kurparkhotel-warnemuende.de

12 **DZ** ab 120,00 €;
als **EZ** ab 84,00 €;
5 **Suiten** ab 184,00 €;
1 **App.** ab 184,00 €

Traditionelle Gastlichkeit in sehr gepflegtem Ambiente erwartet den Besucher in diesem schön gestalteten Hotel in Strandnähe. Zi.-Preise inkl. Frühstück.

Bhf→3 km Ringhotel Warnemünder Hof OT Diedrichshagen

18119 · Stolteraer Weg 8 · ☎ (03 81) 5 43 00 · Fax: 5 43 04 44
Rest. mit Internationaler und Regionaler Küche, Wintergarten, Terrasse, Bar
1 km VISA AE
info@warnemuender-hof.de · www.warnemuender-hof.de

106 **DZ** von 94,00 bis 239,00 €;
2 **EZ** von 74,00 bis 159,00 €;
7 **Landhauszimmer** ab 139,00 €

Nur wenige Gehminuten sind es vom reetgedeckten Hotel bis zum Strand. Die komfortablen Zimmer sind geschmackvoll eingerichtet. Wellnessoase, Tagungsräume, hauseigener Fahrradverleih uvm. gehören zum Angebot.

Bhf→1,5 km Steigenberger Hotel Sonne

18055 · Neuer Markt 2 · ☎ (03 81) 4 97 30 · Fax: 4 97 33 51
Havanna Bar & Lounge, Weinwirtschaft
15 km VISA AE
rostock@steigenberger.de · www.rostock.steigenberger.de

111 **DZ** ab 109,00 €;
als **EZ** ab 109,00 €;
8 **(Jui.-)Suiten** ab 136,00 €

Zentral im Herzen der Hansestadt liegt das traditionsreiche Hotel. Die 119 Zimmer und Suiten bestechen durch Großzügigkeit, hohen Wohnkomfort und hanseatisches Ambiente.

Bhf→1 km Yachthafenresidenz Hohe Düne OT Warnemünde

18119 · Am Yachthafen 1 · ☎ (03 81) 5 04 00 · Fax: 50 40 60 99
Restaurants, Bars, Boutiquen, exklusives Spa, Terrasse, Kinderclub, Hafen
7 km VISA AE
info@yhd.de · www.hohe-duene.de

342 **DZ** von 210,00 bis 355,00 €;
als **EZ** von 170,00 bis 295,00 €;
26 **Suiten** von 315,00 bis 995,00 €

Diese Hotelanlage der Extraklasse erwartet ihre Gäste mit 368 liebevoll maritim eingerichteten Zimmern und Suiten, exklusivem SPA und einem breit aufgestellten gastronomischen Konzept mit Gourmet- und zahlreichen Spezialitätenrestaurants.

Bhf→1 km Yachthafenresidenz Hohe Düne - Der Butt

18119 · Am Yachthafen 1 · ☎ (03 81) 5 04 00 · Fax: 50 40 60 99
Klassische u. Regionale Küche · **Geöffnet:** ab 18 Uhr · **Ruhetag:** So./Mo. · **Ferien:** 29.1.-05.3.18 · **Tische:** 6/16 Plätze VISA AE
info@yhd.de · www.hohe-duene.de

Speisekarte: 2 Menüs von 119,00 bis 149,00 € 550 Weinpos. Gediegen ist das Restaurant eingerichtet, wunderschön der Blick auf den Yachthafen. Aber noch verheißungsvoller ist die Küche von Chefkoch André Münch. Die erstklassigen, mit leichter Hand, sehr kreativ zubereiteten Speisen ergänzt er mit raffiniert ausgearbeiteten nordischen und asiatischen Elementen.

Rotenburg (Wümme)

Landhaus Wachtelhof Boutique Hotel & SPA Bhf→1 km

✉ 27356 · Gerberstraße 6 · ☎ (0 42 61) 85 30 · Fax: 85 32 00 · Bar, Wintergarten, Terrasse, reichhaltiges Frühstücksbuffet im Zimmerpreis inkl., Weinkeller
7 km VISA AE EC
info@wachtelhof.de · www.wachtelhof.de

33 **DZ** ab 198,00 €;
als **EZ** ab 170,00 €;
3 **EZ** ab 150,00 €;
2 **(Jui.)-Suiten** ab 350,00 €

In herrlicher Lage – der prachtvolle Garten geht unmerklich in ein Naturschutzgebiet über – präsentiert sich dieses aufwändig renovierte, familiengeführte Privathotel mit freundlicher Atmosphäre und unaufdringlicher Eleganz. Die Zimmer sind mit erlesenem Mobiliar, edlen Materialien und zeitgemäßen Annehmlichkeiten ausgestattet, die Preise verstehen sich inklusive dem reichhaltigen Frühstück. Mit modernster Technik bestückte Tagungsräume ermöglichen kreatives Arbeiten in stilvollem Ambiente. Die Wachtelhof-Therme verwöhnt auf über 1.000 m² mit Massagen, Erlebnissauna, Sternenhimmel-Dampfbad uvm. sowie Kosmetikanwendungen u. a. mit Produkten von Clarins und Mary Cohr. Das Haus bietet zahlreiche Arrangements, die vom Weinliebhaber bis zum passionierten Golfer jeden Gast begeistern werden. Das selbst gesetzte Motto "Erleben, Entspannen und Genießen" wird vom engagierten und herzlichen Hotelteam jederzeit erfüllt.

Landhaus Wachtelhof - Die Wachtelei Bhf→1 km

✉ 27356 · Gerberstraße 6 · ☎ (0 42 61) 85 30 · Fax: 85 32 00
Mediterrane und Regionale Küche · Küche: 12–14/18:30–22:30 Uhr · **Tische:** 22/70 Plätze VISA AE EC
info@wachtelhof.de · www.wachtelhof.de

Speisekarte: 7 Hauptgerichte von 23,00 bis 32,00 €; 4 Tagesgerichte von 23,00 bis 32,00 €; 2 Menüs von 45,00 bis 55,00 €
260 Weinpos.

In zurückhaltender Eleganz eingerichtet, vermittelt das Interieur in der "Wachtelei" eine lässig-entspannte Atmosphäre und hat einen angenehm privaten Charakter. Chefkoch Daniel Rundholz ist von Anfang an dabei und kann hier seine Vorstellung einer gut durchdachten und verantwortungsvollen Küche verwirklichen. Respektvoll gegenüber den Gaben der Natur und immer das Tierwohl im Auge, hat er sich ein Netzwerk verlässlicher Händler und Bauern aufgebaut, die sein kompromissloses Bekenntnis zu diesen Werten und zur Region teilen. Entsprechend erstklassig und frisch sind die handverlesenen Zutaten, die in der Küche zu aromenstarken und raffinierten regionalen Speisen zusammengestellt werden. In Vergessenheit geratene Urgemüse und Kräuter – viele aus dem eigenen Landhaus-Garten – kommen wieder zum Einsatz und bereichern das vielseitige Angebot ebenso wie verschiedene mediterrane Spezialitäten. Eins der angebotenen Menüs ist vegetarisch. Mittags und auch nachmittags wird eine Extrakarte gereicht. Maître Jens Lünsmann leitet den klassischen Service mit Übersicht und kann auch zu den passenden

Rothenburg ob der Tauber

Bhf→1 km

Villa Mittermeier

✉ 91541 · Vorm Würzburger Tor 9 · ☎ (0 98 61) 9 45 40 · Fax: 94 54 94
Reichhaltiges Frühstücksbüfett, Terrasse, Restaurant
18 km
VISA AE EC
vm@mittermeiershospitality.com · www.villamittermeier.de

12 **DZ** von 89,00 bis 194,00 €;
als **EZ** von 85,00 bis 150,00 €;
6 **EZ** von 55,00 bis 140,00 €;
6 **Sup.-Zim.** von 109,00 bis 214,00 €;
4 **Exkl.-Suiten** von 129,00 bis 234,00 €

In einer alten Stadtvilla aus dem Jahre 1892 ist dieses edle Hotel beheimatet. Die stilvoll eingerichteten Zimmer (Frühstück 19,00 € p.P.) sind mit jedweden Komfort eingerichtet.

Rottach-Egern

Bhf→3,5 km

Haubentaucher

✉ 83700 · Seestraße 30 · ☎ (0 80 22) 6 61 57 04
Internationale und Regionale Küche · **Geöffnet:** 11-14 und ab 18 Uhr · **Ruhetag:** So./Mo.
EC
info@haubentaucher-tegernsee.de · www.haubentaucher-tegernsee.de

Speisekarte: 1 Menü ab 80,00 €
Unmittelbar am Tegernsee gelegen, kommt man im "Haubentaucher" dank Chefkoch Alois Neuschmid ab mittags in den Genuss einer unverfälschten, zeitgemäßen und ungemein kreativen Küche. Wechselnde Tagesgerichte, nachmittags Kuchen und Gebäck und abends ein fulminantes Gourmetmenü sind mehr als einen Besuch wert.

Bhf→4 km

Seehotel Überfahrt

✉ 83700 · Überfahrtstraße 10 · ☎ (0 80 22) 66 90 · Fax: 6 69 10 00
Restaurants, Bar, Zi.-Preise inkl. Frühst.
6 km
VISA AE EC
info@seehotel-ueberfahrt.com · www.seehotel-ueberfahrt.com

123 **DZ** von 295,00 bis 495,00 €;
als **EZ** von 260,00 bis 460,00 €;
53 **Suiten** von 455,00 bis 4500,00 €
Direkt am Tegernsee gelegen, ist das exklusive „Seehotel Überfahrt" eine herrliche Hotelanlage. Ein fantastischer Panoramablick auf den See und die umliegende Landschaft ist inklusive.

Bhf→4 km

Restaurant Überfahrt

✉ 83700 · Überfahrtstr. 10 · ☎ (0 80 22) 6 69 25 50 · Fax: 6 69 25 53
Klass., Int. u. Neue Küche · **Geöffnet:** Mi.-Sa. ab 18 Uhr, So. ab 13 Uhr · **Ruhetag:** Mo./Di. · **Tische:** 35/40 Plätze
VISA AE EC
www.seehotel-ueberfahrt.com

Speisekarte: 2 Menüs von 146,00 bis 269,00 €
700 Weinpos.
Das virtuose Können, mit dem Chef de Cuisine Christian Jürgens die auserlesenen Zutaten kombiniert ist staunenswert. Seine Symbiose von tradierten Rezepturen und innovativen Ideen gehört zum Besten, was es kulinarisch im Lande zu genießen gibt, und ist mehr als einen Besuch im edel eingerichteten Restaurant wert.

Parkhotel Egerner Höfe

Bhf→6 km

✉ 83700 · Aribostr. 19-26 · ☎ (0 80 22) 66 60 · Fax: 66 62 00 · Kaminrestaurant, Stubn "Alois und Anton" mit Heimatküche, Wintergarten mit Bar, Terrasse, Café
5 km
VISA AE
info@egerner-hoefe.de · www.egerner-hoefe.de

69 **DZ** von 280,00 bis 580,00 €;
als **EZ** von 240,00 bis 540,00 €;
39 **Suiten** von 470,00 bis 770,00 €

Das Parkhotel Egerner Höfe befindet sich am wunderschönen, von Bergen umrahmten Tegernsee. Hier findet der Gast in unmittelbarer Seenähe und doch abseits vom Tourismus-Trubel noch ein Stück ursprüngliches Bayern. Die Not der langen Zeit des Lockdowns geriet zur Tugend und von November 2020 bis August 2021 wurde das Hotel runderneuert. 108 Zimmer und Suiten wurden neu gestaltet, spiegeln dank wertiger Naturmaterialien und heimischer Hölzer die umgebende bayerische Voralpenlandschaft. Außen- und Innenbereiche des Hotels gehen oft fließend ineinander über und ergänzen sich zu einem harmonischen Gesamtkonzept. Große durchgängige Fensterfronten holen den weitläufigen Hotelpark und den Hausberg, den imposanten Wallberg, in den Blick der Gäste. Das "Mangfall Spa" bietet auf 1.500 m² mit verschiedenen Saunen, Eis Lounge und Ruheräumen nachhaltige Entspannung. Tagungsteilnehmern stehen charmant und technisch top ausgestattete Räumlichkeiten zur Verfügung. In der KostBar gibt es ab 17 Uhr kleine Speisen, die auch auf der Restaurantterrasse mit Panoramablick eingenommen werden können. Für die besonderen Momente des Lebens gibt es ein exzellentes Angebot mit wunderschönen Räumlichkeiten und kompetenter Begleitung jeder Feier. Auf dem großzügigen Areal findet sich auch noch die Egerner Alm, die mit viel Altholz und landestypischen Details Bergromantik pur versprüht. Das neue, nachhaltige Hotelkonzept der Egerner Höfe hebt besonders die regionale Identität des Hauses hervor und lässt Tradition und Moderne aufs Feinste verschmelzen.

Bhf→6 km

Parkhotel Egerner Höfe Gourmetrestaurant Dichter

✉83700 · Aribostraße 19-26 · ☎ (0 80 22) 5 68
Intern. u. Regionale Gourmetküche · Küche: 18:30–22:30 Uhr · **Ruhetag:** So./Mo./ Di. · **Tische:** 12/46 Plätze VISA EC
dichter@egerner-hoefe.de · www.gourmetrestaurant-dichter.de ·

Speisekarte: 1 Menü von 148,00 bis 208,00 € 450 Weinpos.

Das Gourmetrestaurant ist wieder ins Haupthaus gezogen und wurde komplett neu gestaltet. Das Interieur ist modern, klar strukturiert und wird von großen, gläsernen Kuben dominiert, in dem indirekt illuminierte Eiben den Bezug zur umgebenden Natur herstellen. Große Glasfronten erlauben einen herrlichen Blick auf die Berge und in den malerischen Park, die offene Küche ermöglicht den Blick in den Kraftraum des Restaurants. Hier kann man Thomas Kellermann und seinem engagierten und hochkonzentrierten Team bei der Arbeit zuschauen und erkennen, mit wie viel Akribie, Können und Leidenschaft gekocht wird. Der Chefkoch nutzt die heimische Landschaft mit ihrem Produktreichtum und bezieht die meisten der Zutaten aus dem Tegernseer Tal von bekannten Höfen und Erzeugern. Regionalität und Nachhaltigkeit gehören zum Verständnis seiner Küche und so ertüftelt er aus den handverlesenen, saisonalen Ingredienzen immer wieder neue Kombinationen, die ein virtuoses Spiel mit Aromen, Texturen, Gewürzen und Kräutern sind. Aus dem vermeintlich Einfachen das Besondere zu machen, prägt seine Speisen. Marianne Wiedemann leitet sehr liebenswürdig den zugewandten und kompetenten Service. Kompetenter Ansprechpartner in puncto korrespondierender Weine ist Tobias Blaha, der mit viel Sachkenntnis berät.

Rottweil

Bhf→1,5 km

Ringhotel Johanniterbad

✉78628 · Johannsergasse 12 · ☎ (07 41) 53 07 00 · Fax: 4 12 73
Bed + Bike zertifiziert, Fahrradkeller, Arrangements
VISA EC
johanniterbad@ringhotels.de · www.johanniterbad.de ·

DZ von 132,00 bis 148,00 €;
EZ von 85,00 bis 105,00 €;
von 228,00 bis 264,00 €

Seit 1929 in Familienbesitz, wird das Hotel an der Schnittstelle von Schwäbischer Alb, Schwarzwald und Bodenseeregion sehr persönlich geführt. Die individuell eingerichteten Zimmer sind ein perfektes Zuhause auf Zeit (Preise inkl. Frühstück).

Ringhotel Johanniterbad

Bhf→1,5 km

✉ 78628 · Johannsergasse 12 · ☎ (07 41) 53 07 00 · Fax: 4 12 73
Mediterrane und Regionale Küche
johanniterbad@ringhotels.de · www.johanniterbad.de

Speisekarte: 10 Hauptgerichte von 16,00 bis 33,00 €; 1 Menü von 35,00 bis 63,00 €

40 Weinpos.

Im unprätentiös und behaglich eingerichteten Restaurant mit Gastgarten setzt Chefkoch Tobias Maier auf regionale Zutaten, um damit eine gehobene Regionalküche zu zaubern und aromenstarke, mediterrane Speisen zu kreieren.

Rötz

Die Wutzschleife

Bhf→15 km

✉ 92444 · OT Hillstett · Hillstett 40 · ☎ (0 99 76) 1 80 · Fax: 1 81 80
Restaurant "Gregor's Fine Dining" , Bars, Biergarten
100 m
info@wutzschleife.com · www.wutzschleife.com

50 **DZ** ab 111,00 €;
als **EZ** ab 136,00 €;
5 **EZ** von 79,00 bis 146,00 €;
4 **Suiten** ab 179,00 €

Die Wutzschleife ist ein privat geführtes First-Class-Hotel im Naturpark Oberer Bayerischer Wald und bietet eiinen zuvorkommenden Service, feine Komfortzimmer (Preise inkl. Frühstück), einen hinreißenden Wellnessbereich und ein sehr gutes Gourmetrestaurant.

Die Wutzschleife - Gregor's Fine Dining

Bhf→20 km

✉ 92444 · Hillstett 40 · ☎ (0 99 76) 1 80 · Fax: 1 81 80
Klass., Neue u. Reg. Küche · **Geöffnet:** Mi. - Sa. ab 19 Uhr · **Ruhetag:** So./Mo./Di. · **Ferien:** bayer. Sommerfer. · **Tische:** 7/14 Plätze
info@wutzschleife.com · www.wutzschleife.com

Speisekarte: Menü von 119,00 bis 148,00 €

300 Weinpos.

Das Gourmetrestaurant ist mit nostalgischem Charme eingerichtet. Chefköchin Angela Deml kocht intuitiv und mit raffinierten Ideen, sie setzt in ihrer "Emotionalen Küche" auf erlesene Zutaten, die sie zu ausbalancierten, aromenprononcierten Speisen kombiniert.

Rüdesheim am Rhein

Jagdschloss Niederwald

Bhf→3 km

✉ 65385 · Jagdschloss Niederwald 1 · ☎ (0 67 22) 7 10 60 · Fax: 7 10 66 66
Reichhaltiges Frühstücksbuffet, idyllische Gartenterrasse, Bar
25 km
jagdschloss@niederwald.de · www.niederwald.de

45 **DZ** von 149,00 bis 169,00 €;
5 **Suiten** von 210,00 bis 236,00 €

Das "Jagdschloss Niederwald" ist ein niveauvolles Hotel hoch über dem Rhein. Hier kann man in edel eingerichteten Zimmern (Preise inkl. Frühstück) zu jeder Jahreszeit den Alltag vor der Tür lassen, im Wellnessbereich relaxen und im Gourmetrestaurant feine Kulinaria genießen.

Hervorragendes Hotel mit außergewöhnlichem Komfort

Rügen

Bhf→10 km

Panorama Hotel Lohme OT Lohme

18551 · An der Steilküste 8 · ☎ (03 83 02) 91 10 · Fax: 91 11 32 · Seeterrasse, reichhaltiges Frühstücksbuffet (im Zimmerpreis inkl.), attraktive Arrangements
2 km
info@panorama-hotel-lohme.de · www.panorama-hotel-lohme.de

30 **DZ** von 69,00 bis 179,00 €;
3 **EZ** von 59,00 bis 69,00 €;
2 **Suiten** von 139,00 bis 189,00 €;
3 **App.** von 99,00 bis 189,00 €

Spektakulär ist die Lage dieses traditionsreichen Hotels auf dem Vorsprung eines 60 Meter hohen Kreidefelsens. Ungehindert kann der Blick übers Meer bis hin zum Kap Arkona wandern – mithin ein echter Logenplatz für Romantiker – denn wenn die Sonne auf- und untergeht, bieten sich unvergessliche Impressionen. Das Haus ist ein stilvolles Ensemble aus mehreren Gebäuden. Ob im Haupthaus oder dem Gästehaus Greys, Harzendorf oder der Villa Joksch, die Zimmer (Preise inkl. reichhaltigem Frühstücksbuffet) sind geschmackvoll eingerichtet und viele haben einen herrlichen Seeblick. Matthias Ogilvie führt das Hotel gemeinsam mit seinem engagierten Team sehr persönlich und individuelle Wünsche werden gerne berücksichtigt.

Panorama Hotel Lohme - Panorama-Restaurant

18551 · OT Lohme · An der Steilküste 8 · ☎ (03 83 02) 91 10 · Fax: 92 34
Regionale Küche · Küche: 12–22 Uhr · **Tische:** 25/60 Plätze
info@panorama-hotel-lohme.de · www.panorama-hotel-lohme.de

Speisekarte: 17 Hauptgerichte von 10,90 bis 22,90 €; 3 Menüs von 27,00 bis 45,00 €
120 Weinpos.

Das Restaurant ist zweigeteilt: Der Hauptraum gefällt mit einer mediterran inspirierten Einrichtung, Stuhlhussen in Rot-, Orange- und Olivtönen, einem großen Flügel, der sogar bespielt werden darf, Parkettboden und umlaufenden Fenstern. Daran schließt sich eine Wintergarten-Veranda an, die einen der schönsten Rügen-Blicke bis hin nach Kap Arkona bietet. Das Umland ist reich an Höfen, Gütern und verlässlichen Händlern, so dass die Zutaten für die abwechslungsreichen Speisen von Chefkoch Michael Jordan im saisonalen Wechsel in erstklassiger, frischer Qualität in die Küche kommen. Dort werden sie zu leichten, raffiniert verfeinerten regionalen Speisen, die mit großer Aromenfülle punkten. Neben Pasta, Fleisch und Vegetarischem gibt es natürlich noch präzise zubereitete Fischspezialitäten. Patron Matthias Ogilvie berät kompetent zu den passenden Weinen, die es in feiner Auswahl und Qualität gibt, und ist auch bei kleinen Sonderwünschen ein zuvorkommender Ansprechpartner für die Gäste. Die dem Wintergarten vorgelagerte Veranda ist an warmen Tagen der perfekte Ort, um den Alltag hinter sich zu lassen und sich in dem weiten Meerblick zu verlieren.

Cliff Hotel Rügen

Bhf→15 km

✉ 18586 · OT Sellin · Cliff am Meer 1 · ☎ (03 83 03) 80 · Fax: 84 90
Rest. "Seeterrassen", "Hanse-Stube", "Casa Blanca", „Cliff-Bar", "Strandidyll"
25 km
info@cliff-hotel.de · www.cliff-hotel.de

131 **DZ** von 118,00 bis 245,00 €;
52 **EZ** von 80,00 bis 130,00 €;
27 **App.** von 118,00 bis 250,00 €;
36 **Suiten** von 180,00 bis 320,00 €
26 Meter über dem Meer gelegen, verfügt dieses privat geführte Resorthotel u. a. über Parkanlagen, einen sehr gepflegten 2.000 m² großen Spa- und Wellnessbereich sowie einen hauseigenen Strand mit Strandcafé.

freustil

Bhf→1,5 km

✉ 18609 · OT Binz · Zeppelinstraße 8 · ☎ (03 83 93) 5 04 44 · Fax: 5 04 31
Neue und Regionale Küche · Küche: 12–15/18–21 Uhr · **Ruhetag:** Mo./Di. · **Tische:** 12/32 Plätze
info@freustil.de · www.freustil.de

Speisekarte: 4 Hauptgerichte von 25,00 bis 35,00 €; 1 (Zweigang) Mittagsmenüs zu 19,00 €; 1 Menüs von 66,00 bis 106,00 € 85 Weinpos.
Man findet das peppig eingerichtete "freustil" im Hotel Vier Jahreszeiten und kommt in den Genuss einer regionalen Küche, die Chefkoch Rolf Haug mit einer Fülle kreativer Ideen in einen neuen, modernen Kontext setzt. Der natürliche Service trägt ungemein zur lässigen Atmosphäre bei.

Grand Hotel Binz

Bhf→1,4 km

✉ 18609 · OT Binz · Strandpromenade 7 · ☎ (03 83 93) 1 50 · Fax: 1 55 55 · Rest. "Ruiani" mit moderner Küche, Bar "Shaker's", Kaminzimmer, Medical Wellness
25 km
info@grandhotelbinz.com · www.grandhotelbinz.de

123 **DZ** von 160,00 bis 278,00 €;
als **EZ** von 100,00 bis 20400 €;
4 **Suiten** von 280,00 bis 674,00 €
Luxus pur genießt der Gast in diesem Grand Hotel (Preise inkl. Frühst.) am ruhigsten und exklusivsten Teil der Strandpromenade. Erlesenes Interieur dominiert in den komfortablen Zimmern, die alle über eine Terrasse oder einen Balkon zur Meer- oder Sonnenseite verfügen. Beste Erholung erlebt man in der gepflegten und großen Wellnessoase.

Romantik ROEWERS Privathotel OT Sellin

Bhf→25 km

✉ 18586 · Wilhelmstraße 34 · ☎ (03 83 03) 12 20 · Fax: 12 21 22 · 2 Rest. m. Intern. u. Reg. Küche, Brasserie, Bar, Kaminlounge, Bibliothek, Zi.-Preise inkl. Frühstücksbuffet
25 km
info@roewers.de · www.roewers.de

29 **DZ** von 179,00 bis 289,00 €;
als **EZ** von 159,00 bis 239,00 €;
23 **Suiten** von 239,00 bis 369,00 €
In einer großzügigen Parkanlage eingebettet, befindet sich das stilvolle Villenensemble. In liebevoll sanierten historischen Bauten, im Stil der wilhelminischen Bäderarchitektur, wird bester Service und ausgezeichneter Komfort geboten.

Romantik ROEWERS Privathotel – Ambiance

✉ 18586 · OT Sellin · Wilhelmstraße 34 · ☎ (03 83 03) 12 20 · Fax: 12 21 22
Klass. u. Regionale Küche · Küche: 18–21:30 Uhr · **Tische:** 8/32 Plätze
info@roewers.de · www.roewers.de

Speisekarte: 4 Hauptgerichte von 24,00 bis 36,00 €; 5 Tagesgerichte von 11,00 bis 36,00 €; 2 Menüs von 39,00 bis 79,00 € 200 Weinpos.
Das Team rund um Chefkoch Dirk Bretschneider kocht mit viel Leiden-

schaft eine abwechslungsreiche und zeitgeistige Küche mit frischen, regionalen Produkten und internationalen Einflüssen.

Bhf→18 km

Vju Hotel Rügen OT Göhren

18586 · Nordperdstraße 2 · (03 83 08) 5 15 · Fax: 5 16 00 · Restaurant "Strandläufer", Drinks, Kaffee & Kuchen im "Lounge Wohnzimmer", Terrasse
25 km
info@vju-ruegen.de · www.vju-ruegen.de

83 **DZ** ab 99,00 €;
15 **EZ** ab 63,00 €;
5 **Suiten** ab 179,00 €
Mitten im Biosphärenreservat in Göhren steht das Haus am höchsten Punkt einer ins Meer ragenden Landzunge. Die exquisit und individuell eingerichteten Zimmer mit eingebauter Pantry sind ein komfortables Zuhause auf Zeit und bieten viel Raum zum Entspannen.

Ruhpolding

Bhf→3 km

Wohlfühlhotel Ortnerhof

83324 · Ort 6 · (0 86 63) 88 23-0 · Fax: 88 23-3 33 · Div. Arrangements, vielfältg. Freizeitmöglk., Sky Sportsbar, Sky-Atlantic + Sports News im Zimmer
500 m
hotel@ortnerhof.de · www.ortnerhof.de

31 **DZ** ab 120,00 €;
11 **Ju.-Suite** ab 222,00 €
Malerische Natur umgibt dieses erstklassige Urlaubsdomizil mit liebevoll im alpenländischen Stil eingerichteten Zimmern (Preise inkl. Frühstück) und vielseitigem Wellnessangebot.

Ruhstorf a.d. Rott

Bhf→300 m

Antoniushof

94099 · Ernst-Hatz-Straße 2 · (0 85 31) 9 34 90 · Fax: 9 34 92 10
Restaurant mit Internationaler und Regionaler Küche, E-Auto-Ladestation
12 km
info@antoniushof.de · www.antoniushof.de

20 **DZ** von 115,00 bis 176,00 €;
14 **EZ** von 85,00 bis 125,00 €;
2 **Suite** von 210,00 bis 310,00 €
Liebevoller Service und harmonische Atmosphäre erwarten den Gast in diesem schönen Hotel im Herzen des niederbayerischen Rottals. Die komfortablen Zimmer sind allesamt individuell eingerichtet und werden von vielseitiger Gastronomie ergänzt.

Rust (Baden)

Bhf→5 km

Ammolite – The Lighthouse Restaurant

77977 · Peter-Thumb-Straße 6 · (0 78 22) 77 66 99
Neue Küche · **Geöffnet:** ab 19 Uhr · **Ruhetag:** Mo./Di. · **Ferien:** variabel · **Tische:** 10/36 Plätze
info@ammolite-restaurant.de · www.ammolite-restaurant.de

Speisekarte: 5 Hauptgerichte von 33,00 bis 52,00 €; 2 Menüs von 109,00 bis 163,00 € 350 Weinpos.
Dass das "Ammolite – The Lighthouse Restaurant" in einem Freizeitpark zu finden ist, mag verblüffen, zeigt aber einmal mehr die Unkonventionalität, mit der hier auch gehobener Gourmetküche begegnet wird. Der Name "Ammolite" wurde mit Bedacht gewählt und findet im niveauvollen Interieur eine großartige und augenfällige Umsetzung: Der sehr seltene Ammolit ist aus den fossilen Überresten eines Ammoniten entstanden und die spiralförmige Deckengestaltung mit perlmuttschimmernder Illumination greift den opaleszierenden Glanz eines Ammoliten auf und ist der Form eines Ammoniten nachempfunden. Auberginefarbene Fauteuils und silbern-transparente Stoffe tragen ihr Übriges zur stilsicheren und niveauvollen Präsentation

bei. Maître Marco Gerlach führt den Besucher mit seinem top geschulten Team durch einen Abend der überraschenden kulinarischen Genüsse und ist kompetenter Mittler zwischen Küche und Gast. Chef de Cuisine Peter Hagen-Wiest setzt im "Ammolite" sein Konzept einer Küche der unbegrenzten Möglichkeiten um. Er lässt sich von regionalen und grenzübergreifenden Strömungen inspirieren und kombiniert die ausgewählten Zutaten mit großem Wissen um ihre charakteristischen Eigenschaften, mit Experimentierfreude, Ideenreichtum und Wagemut. Jeder Teller ist ein kleines Kunstwerk, dass in seiner optischen Aussagekraft fast so fasziniert wie in seiner geschmacklichen. Der Gast kann zwischen zwei Menüs – "Around the World" und "Black Forest" – wählen und bekommt von Marco Gerlach auf Wunsch korrespondierende Weine empfohlen.

Family

Europa-Park Erlebnishotel Colosseo

Bhf→5 km

77977 · Europa-Park-Str. 4+6 · ☎ (0 78 22) 860-0 · Fax: 860-57 47
Themenzimmer, Wohlfühlwochen, Aktionsraten
12 km
VISA AE EC
hotel@europapark.de · www.europapark.de/hotels ·

324 **DZ** von 121,00 bis 215,00 €;
EZ von 86,00 bis 166,50 €;
22 **Suiten** von 246,00 bis 996,50 €

Glaubt so manch einer unserer geneigten Leser, schon alle Hotels und Hotelkonzepte in Europa zu kennen, so wird er im Europa-Park Erlebnishotel "Colosseo" sicherlich eines Besseren belehrt. Hier – und in weiteren Erlebnishotels – können die Besucher des Europa-Park in Rust, Deutschlands größtem Freizeitpark un deinem der beliebtesten weltweit, mehr als nur übernachten. Die Häuser an sich sind schon die Reise wert. Im "Colosseo" wird das Alte Rom wieder lebendig: Im Stil der historischen Weltmetropole erbaut, warten Zimmer mit italienisch-römischem Flair und zeitgemäßem Komfort (Frühstücksbuffet im Preis inkludiert). Ob Schwimmen im Außenpool, der unter dem beeindruckenden Kolosseumbogen hindurch in die Wohlfühloase (u. a. mit Venusdampfbad, Sauna, Laconium, Massagen, Packungen, Bädern) führt oder schmeichelnde Beautybehandlungen – nicht nur Cleopatra wäre begeistert gewesen. Genuss anderer Art wartet im Restaurant "Antica Roma" mit rustikalem, mediterranem Flair und einer authentischen, italienischen Küche. Heiter-beschwingt wie in der gleichnamigen italienischen Volkskomödie geht es im Café „Commedia dell'Arte“ mit Cafékultur alla italiana an der belebten Piazza zu. Für kleine Gäste hält das Hotel ebenfalls Besonderes bereit: Morgens begrüßt Ed Euromaus die Kinder, tagsüber treffen sie sich gerne in der Lobby in der mehrstöckigen Kletterwelt. Kurzum: Das "Colosseo" garntiert jedem Familienmitglied einen unvergesslichen Aufenthalt.

Hervorhebenswert in seiner Kategorie

Bhf→5 km

Europa-Park Erlebnishotel - Restaurant TRE KRØNEN

✉ 77977 · Europa-Park-Str. 4+6 · ☎ (0 78 22) 860-0 · Fax: 860-57 47
Skandinavische, Neue u. Regionale Küche · Küche: 18–22 Uhr · **Ruhetag:** So.
guestrelations.resort@europapark.de · www.europapark.de

Speisekarte: 12 Hauptgerichte von 18,00 bis 42,50 €; 1 Menü von 79,00 bis 105,00 €

Das zum "KRØNÅSAR - The Museum-Hotel" gehörende Restaurant TRE KRØNEN ist in zurückhaltender Eleganz geradlinig eingerichtet. Hier kann man abends in angenehm entspannter, weltoffener Atmosphäre eine gehobene skandinavische Küche genießen. Für die sorgt Chefkoch Julian Scheibel mit seinem motivierten Team mit sehr viel Können, Schwung und frischen Ideen. Laut Statistik leben in den nordischen Ländern die glücklichsten Europäer. Warum nicht ein Stück vom Glück probieren? Fleisch- und Fischspezialitäten, traditionelle Schmorgerichte und viele Speisen der saisonalen und bodenständigen „Nordic Cuisine" stehen auf der Karte und warten darauf, in ihrer Klarheit und Aromentiefe entdeckt zu werden. Wenn man mit Freunden oder der Familie ein ganz besonderes kulinarisches Highlight erleben möchte, sollte man den „Chef's Table" (max. 20 Personen) buchen. In einem liebevoll gestalteten Raum mit wunderschönen blauweißen Kacheln mit maritimen Szenen hat man einen freien Blick in die offene Küche und kann sehen, mit wie viel Konzentration und Hingabe dort gearbeitet wird.

Bhf→5 km

Europa-Park Rust – Medici

✉ 77977 · Europa-Park-Str. 4+6 · ☎ (0 78 22) 860-59 22 · Fax: 860-55 45
Italienische Küche · **Geöffnet:** Fr.-So. 12-14 Uhr, Mo.-So. 18-22 Uhr/Feiertag auch 12-14 Uhr · **Tische:** 63/200 Plätze
guestrelations.resort@europapark.de · www.europapark.de/hotels

Speisekarte: 8 Hauptgerichte von 19,50 bis 45,00 €; 3 Tagesgerichte von 14,00 bis 29,00 €; 1 Menü von 69,00 bis 104,00 €
430 Weinpos.

Das im Hotel Colosseo beheimatete Restaurant "Medici" liegt direkt an der "Piazza Roma" und versetzt den Gast dank der opulenten Wandbilder zurück in das Florenz des 15. und 16. Jahrhunderts. Hohe Decken, funkelnde Kronleuchter, Kerzenschein und edle Tischkultur – in diesem Ambiente schmeckt die authentische, italienische Küche nochmal so gut. Das Team arbeitet sorgfältig und handwerklich korrekt, wenn es Antipasti und Salate, aromenstarke Pastagerichte, Fisch- und Meeresfrüchtezubereitungen, Risotto & Co. präsentiert. Traditionelle Süßspeisen runden das Speiseangebot ab. Der Service ist sehr aufmerksam und zuvorkommend. Mit Vincenzo De Biase gibt ein kenntnisreicher Sommelier echte Expertentipps rund um die fantastisch sortierte Weinkarte.

Sehr gute Serviceleistung

Saarbrücken

♜ Boutique Hotel ESPLANADE

Bhf→2 km

✉ 66111 · Nauwieser Straße 5 · ☎ (06 81) 84 49 91 20
Gourmet-Restaurant, Hotelbar, (Terrassen-) Lounge, Bar, Bistro
30 km
hotel@esplanade-sb.de · www.esplanade-sb.de ·

16 **DZ** von 280,00 bis 310,00 €;
als **EZ** von 260,00 bis 290,00 €

Lebenszeit ist der größte Luxus – nach dieser Philosophie bietet das Team um Hotelmanager Martin Schmitt seinen Gästen alles für einen rundum entspannten, genussreichen und unvergesslichen Aufenthalt in Saarbrücken. Umsäumt von Platanen liegt das Boutique Hotel ESPLANADE direkt am Max-Ophüls-Platz, am Eingang des sympathischen Nauwieser Viertels. In nur wenigen Gehminuten erreicht man die quirlige Altstadt im typischen Stengel-Barock oder kann durch die Innenstadt mit ihren zahlreichen Einkaufsmöglichkeiten flanieren. Auch die Museumsmeile, mehrere Galerien, das Saarländische Staatstheater sowie die Saarpromenade sind fußläufig erreichbar und laden zu einem Besuch oder ausgedehnten Spaziergängen ein. Das denkmalgeschützte Gebäude aus der Gründerzeit wurde respektvoll und mit viel Liebe zum Detail renoviert und modernisiert. Heute verbinden sich Außen und Innen, die klassizistische Architektur und das modern-elegante Interieur, zu einem harmonischen Gesamtkunstwerk mit mondänem Flair. Die 16 lichtdurchfluteten Zimmer – nach Lichteinfall in die Kategorien Chambre Cosy und Chambre Lumière unterteilt – zeichnen sich durch ein hochwertiges und zugleich formreduziertes Interieur in zeitlosem Design aus. Hier bilden Mid-Century-Designklassiker wie der Diamond Chair von Harry Bertoia mit dem passend dazu angefertigten Mobiliar eine harmonische Einheit. Alle Farben, Stoffe und Materialien sind genauestens aufeinander abgestimmt und geben jedem der Zimmer eine ganz eigene, unverkennbare Note. So greifen auch die handgefertigten, eigens für das Hotel gestalteten 3D-Fliesen die jeweilige Farbe des Zimmers auf. Abgerundet wird das stringente Raumbild jeweils durch einen originalen Aquatinta-Druck aus der Serie Unité von Le Corbusier.

Bhf→2 km

♜ ESPLANADE

✉ 66111 · Nauwieserstraße 5 · ☎ (06 81) 84 49 91 25
Klassische und Neue Küche · Küche: 12–13:30/18:30–21 Uhr · **Ruhetag:** So.-Abd./Mo./Di. · **Ferien:** variabel · **Tische:** 10/30 Plätze VISA
restaurant@esplanade-sb.de · www.esplanade-sb.de ·

Speisekarte: 6 Hauptgerichte von 42,00 bis 60,00 €; 3 Mittagsmenüs von 48,00 bis 149,00 €; 2 Abendmenüs von 85,00 bis 149,00 €

330 Weinpos.

Das "Esplanade" ist in einer wunderschönen, aufwändig restaurierten Gründerzeitvilla im Herzen Saarbrückens beheimatet. Das Interieur mit sanft geschwungenen Fauteuils in flaschengrünem, olivfarbenem und dunklem korallenrotem Samt und schlicht eingedeckten Tischen ist sehr geschmackvoll eingerichtet. Hier lässt man den Alltag vor der Tür und kann sich mit allen Sinnen auf ein außergewöhnliches, gastronomisches Erlebnis einlassen. Zur wirklich entspannten und weltoffenen Atmosphäre trägt Maître Jérôme Pourchère mit großer Natürlichkeit und einem top geschulten Serviceteam bei. Chef de Cuisine Silio Del Fabro steht für eine elegante klassische Küche, die er modern und individuell interpretiert, in der er die handverlesenen Hauptzutaten in den Fokus rückt und mit Fachwissen und Ideenreichtum zu Speisen voller Tiefgang gekonnt kombiniert. Perfekte Handwerkskunst und höchste ästhetische Ansprüche kennzeichnen seine Speisen der modernen Klassik, die er mit mediterranen Elementen feinsinnig ergänzt. Die zwei Menüs Découverte und Signature können von 3 bzw. 4 Gängen auf bis zu 8 erweitert werden – dann bündeln sie das große und facettenreiche kulinarische Spektrum von Silio Del Fabro. Zu den begleitenden Weinen berät Jérôme Pourchère mit viel Sachverstand und sensiblem Gespür für den Gästewunsch. Mittags ist das Restaurant nicht nur für Businessgäste ein beliebter Anziehungspunkt, u. a. wird eine zweigängige Plat du jour mit Amuse Bouche und abschließenden Petit Fours für 48,- € angeboten.

Restaurant mit einer der besten Küchen des Landes.

GästeHaus Klaus Erfort

Bhf→3 km

66121 · OT St. Johann · Mainzer Str. 95 · (06 81) 9 58 26 82 · Fax: 9 58 26 84
Klass. u. Neue Küche · Küche: 12–13:30/19–21:30 Uhr · **Ruhetag:** Sa./So./Feiert. ·
Ferien: variabel · **Tische:** 8/35 Plätze
kontakt@gaestehaus-erfort.de · www.gaestehaus-erfort.de

Speisekarte: 4 Hauptgerichte von 58 bis 75 €; 1 Menü von 147 bis 210 €

620 Weinpos.

So bemerkenswert die Küche im Gästehaus Klaus Erfort ist, so bemerkenswert ist auch der Umstand, dass sie das ganz ohne den doppelten Boden eines dazugehörigen Hotels oder Mäzens ist. Ein Umstand, der durchaus hervorgehoben werden darf, zeigt er doch, was in der absoluten Top-Gastronomie immer noch möglich ist. Um dieses extraordinäre Level zu halten, investiert Klaus Erfort aber auch unendlich viel Zeit, Arbeit und Leidenschaft. Die Front der schönen Gründerzeit-Villa geht auf die geschäftige Mainzer Straße hinaus, die Rückseite grenzt an einen stilvollen englischen Privatpark, in den die bodentiefen Fenster weiten Einblick gönnen. Das Interieur überzeugt mit edlen Naturmaterialien, weiß eingedeckten Tischen und Violett als kontrastierendem Farbton. Alles harmoniert miteinander und ist ein perfekter Ausdruck unaufdringlicher Klasse. Das trifft genauso auch auf die Küche des Patrons zu. Jeder Teller ist ein Kunstwerk für sich, die Gestaltung erinnert an den individuellen Pinselstrich und die exakt durchdachte Farbgebung eines großen Malers.
Der Chef de Cuisine arbeitet mit edlen Ingredienzen wie Hummer, Kaviar oder Wagyu Rind, bietet aber auch dem vermeintlich "Einfachen" eine Bühne: So wird aus den Agnolotti vom Ochsenschwanz dank schwarzer Trüffel eine kleine Kostbarkeit. Es ist eben nicht nur die enorme Warenkenntnis, die jeder Komposition zu Grunde liegt, sondern es ist vor allem das Können, daraus individuelle, immer wieder neue Kombinationen zu kreieren, die Klaus Erforts Speisen so einzigartig und unvergesslich machen. Christian Heilemann berät kompetent zu den Weinen und leitet als umsichtiger Maître ein zugewandtes und liebenswürdiges Serviceteam.

Bhf→5 km

Schlachthof Brasserie by Klaus Erfort

✉ 66121 · Straße des 13. Januar 35 · ☎ (06 81) 6 85 33 32 · Fax: 6 85 35 71
Klass. u. Neue Küche, eig. Kreat. · Küche: 12–14/18–22 Uhr · **Ruhetag:** Sa./So. ·
Tische: 24/60 Plätze
mail@schlachthof-brasserie.de · www.schlachthof-brasserie.de

Speisekarte: 10 Hauptgerichte von 18,00 bis 38,00 €; 2 Tagesgerichte von 15,00 bis 18,00 €; 1 Mittagsmenü von 13,00 bis 18,00 €; 1 Menü zu 39,00 €
160 Weinpos.
So lässig, wie die Schlachthof-Brasserie eingerichtet ist, stellt man sich eine französische Brasserie vor. Die ist auch Vorbild für das vielseitige Speiseangebot (Bouillabaisse, Steak tartare etc.), dass Chefkoch Björn Zapp mit bestens abgehangenen Fleischspezialitäten ergänzt. Mit marktfrischen Zutaten kocht er handwerklich präzise und ideenreich.

Saarlouis

Bhf→1,2 km

LA MAISON hotel

✉ 66740 · Prälat-Subtil-Ring 22 · ☎ (0 68 31) 89 44 04 40 · Fax: 89 44 04 44
Park, Park-Terrasse, Hotelbar, Private-Dining-Salon, Zi.-Preise inkl. Frühstück
9,6 km
reservierung@lamaison-hotel.de · www.lamaison-hotel.de

43 **DZ** von 195,00 bis 230,00 €;
als **EZ** von 124,00 bis 145,00 €;
5 **Suiten** von 320,00 bis 380,00 €;
2 **Villen-Zimmer** ab 250,00 €

Am Rande einer waldähnlichen Parkanlage findet sich mit dem von Gastgeber Günter Wagner kompetent geführten "La MAISON hotel" ein Domizil der Extraklasse. Das ehemalige Oberverwaltungsgericht wurde kernsaniert und umfasst zusätzlich das einstige Hausmeisterhaus und einen minimalistischen Neubau. Das Hotel lebt von Gegensätzen, die trotz allem Spannungsreichtum zu einer harmonischen Einheit verschmelzen. Tradition und Moderne, Alt und Neu, Regionalität und Weltoffenheit werden zu einer Symbiose. Das Interieur des Hauses ist mit feinem Gespür für Licht, Farben und edle Materialien gestaltet. Die geschmackvolle Einrichtung setzt sich in den Zimmern fort, die mit zeitgemäßem Komfort wie kostenfreiem W-LAN und Nespresso-Kaffeemaschine punkten (Preise inkl. Frühstück). Räumlichkeiten für geschäftliche und private Events sind ebenso vorhanden wie ein mit Techno-Gym-Geräten ausgestatteter Fitnessraum. Zwei exklusive Restaurants ergänzen diesen Sehnsuchtsort gehobener Gastronomie mit einem vielseitigen und gehobenen Angebot.

LA MAISON – LOUIS restaurant

Bhf→1,2 km

✉ 66740 · Prälat-Subtil-Ring 22 · ☎ (0 68 31) 89 44 04 40 · Fax: 89 44 04 44 ·
Klassische und neue Küche · **Geöffnet:** ab 18:30 Uhr, So. 12-14 Uhr · **Ruhetag:** So.-Abd./Mo./Di./Mi. · **Ferien:** 4 W. Schulferien Saarland · **Tische:** 5/20 Plätze
reservierung@lamaison-hotel.de · www.lamaison-hotel.de ·

Speisekarte: 1 Menü von 104,00 bis 176,00 €

220 Weinpos.

Früher ging es in der historischen Villa, in der auch das "LOUIS restaurant" beheimatet ist, nicht ganz so entspannt und vor allem genussvoll zu wie heute, denn das Restaurant findet sich im einstigen Gerichtssaal. Umso schöner, dass die strengen und förmlichen Zeiten vorbei sind und man hier nun in elegantem, aber jederzeit lässigem Ambiente fein speisen kann. Fischgrät-Parkettboden, schimmerndes Oliv als sominanter Farbton der Fauteuils und Vorhänge und bodentiefe Fenster werden zu einer stimmungsvollen Kulisse für die exquisite Küche von Chefkoch Martin Stopp. Tatkräftig begleitet von seinen Souschefs Nicolas Mialet und Alexander Paulus, kocht er gekonnt, konzentriert und mit großem Ideenreichtum. Dabei gelingt ihm die große Kunst, aus wenigen – natürlich erstklassigen Zutaten – ideenreiche und doch stets geerdete Speisen zu kreieren. Heimisches wird weltoffenen, Traditionelles innovativ, gegensätzliche Aromen und Texturen lösen sich in den ausbalancierten Zusammenstellungen auf und lassen sie in ein perfekt abgestimmtes, harmonisches Ganzes münden. Den zugewandten Service leitet Robert Jankowski kompetent und mit leichter Hand, seinen Weinempfehlungen kann man blind vertrauen.

Bhf→1,2 km

LA MAISON – PASTIS bistro

✉ 66740 · Prälat-Subtil-Ring 22 · ☎ (0 68 31) 89 44 04 40 · Fax: 89 44 04 44 · Neue und gehobene Regionale Küche · **Geöffnet:** 12-14 Uhr, abends aktuell nur für Hausgäste · **Ruhetag:** So./Mo. · **Ferien:** variabel · **Tische:** 22/74 Plätze
reservierung@lamaison-hotel.de · www.lamaison-hotel.de

Speisekarte: 6 Hauptgerichte von 17,50 bis 36,00 €; 1 Mittagsmenü von 32,00 bis 36,00 € ca. 100 Weinpos.

In Saarlouis und dort vor allem im im "PASTIS bistro" lässt sich die Nähe zu Frankreich nicht leugnen. Ein bisschen Lounge-, ein bisschen Wohnzimmer- und ganz viel Bistro-Atmosphäre prägen das Interieur mit charmanter Wandgestaltung und einer Decke, die voller Töpfe und Pfannen hängt. Lebendig, lässig und tiefenentspannt geht es zu. Hier passt das Motto "alles kann, nichts muss", denn ob man nur auf ein Glas Wein (oder Pastis), das Business-Lunch, plat du jour oder das abendliche Dinner vorbeikommt (aktuell ist das nur für Hotelgäste möglich) – der Service ist immer herzlich und kompetent und die Küche auf gleichbleibendem, hohem Niveau. Als Showküche konzipiert, kann man Chefkoch Martin Stopp, seinem Souschef und dem Team zuschauen, mit wie viel Ideenfreude, Konzentration und Sorgfalt sie die Speisen frisch zubereiten. Da wechseln sich französische Klassiker wie ein Salade Niçoise oder Bœuf Bourguignon mit französischen Fish'n Chips. Der angrenzende Wintergarten schwebt gleichsam über dem Park und wenn die großen Glasflügel geöffnet werden fühlt man sich mitten im Grünen.

Sailauf

Bhf→8 km

Schlosshotel Weyberhöfe OT Weyberhöfe

✉ 63877 · Weyberhöfe 9-15 · ☎ (0 60 93) 99 33 20 · Fax: 99 33 22 23 · Restaurant, Bar, Terrasse, Park, das Frühstück ist im Zimmerpreis inkludiert
3 km
rezeption@schlosshotel-weyberhoefe.com · www.schlosshotel-weyberhoefe.com

26 **DZ** von 144,00 bis 219,00 €;
8 **EZ** von 94,00 bis 149,00 €;
2 **Suiten** von 194,00 bis 289,00 €;
4 **Ju.-Suiten** von 169,00 bis 249,00 €

Direkt vor den Toren Aschaffenburgs befindet sich dieses exklusive Schlosshotel. Umgeben von einem 100 ha großen Naturpark sind Entspannung und Genuss auf höchstem Niveau gewährleistet und die außergewöhnlich stilvoll eingerichteten Zimmer und Suiten laden zum Träumen ein.

Saulheim

Bhf→1 km

mundart Restaurant

✉ 55291 · Weedengasse 8 · ☎ (0 67 32) 9 32 29 66
Klass., Reg. u. Neue Küche · Küche: 17:30–22 Uhr · **Ruhetag:** Mi./Do. · **Ferien:** 3 W. So.-Fer. Rhld.-Pfalz · **Tische:** 13/40 Plätze
markus.hebestreit@t-online.de · www.mundart-restaurant.de

Speisekarte: 9 Hauptgerichte von 16,00 bis 33,00 €; 2 Menüs von 37,00 bis 60,00 € 65 Weinpos.

Gemeinsam mit Frau Beatrix führt Markus Hebestreit passioniert das Restaurant im historischen Fachwerkensemble. Er kocht grundehrlich, unverfälscht und nutzt bevorzugt das saisonale, heimische Warenanagebot, um vielseitige Speisen zusammenzustellen.

Salach

Burghotel Staufeneck

Bhf→2 km

✉ 73084 · Burg Staufeneck · ☎ (0 71 62) 93 34 40 · Fax: 9 33 44 55 · Lobby-Bar mit Kamin, Panoramablick, exquisites Frühstücksbuffet (im Zi.-Preis inklusive)
3 km
VISA AE EC
info@burg-staufeneck.de · www.burg-staufeneck.de

Family

30 **DZ** ab 230,00 €;
als **EZ** ab 150,00 €;
4 **EZ** ab 130,00 €;
4 **App.** ab 250,00 €;
5 **(Jun.-)Suiten** ab 290,00 €

Auf der Alb, dem Himmel ganz nah, haben die Inhaber Klaus Schurr und Rolf Straubinger aus der historischen Burganlage Staufeneck ein echtes gastronomisches Kleinod gemacht. Ruhe, Entspannung und Genuss sind hier gleichsam garantiert. Dafür sorgen der hinreißende Blick ins Filstal, die lichtdurchfluteten, individuell eingerichteten Zimmer, die höchsten Wohnkomfort bieten, und ein exklusiver Wellnessbereich. Hier warten der beheizte Panorama-Außenpool, Fitnessraum mit modernsten Geräten, Blockhaus-Sauna, Sole-Stollen, Aromagrotte, Laconium, Tepidarium, der Eisbrunnen und zahlreiche Anwendungen auf Erholung suchende Gäste. Für Feiern und Tagungen stehen exklusive Räumlichkeiten und ein kompetenter Service bereit. Beliebt sind auch die Arrangements wie die Gourmet- oder Schlemmer-Wochenenden mit Mehrgang-Menüs. Im Burghotel Staufeneck darf man nicht nur das Besondere erwarten – man bekommt es auch.

Gourmetrestaurant "fine dining RS"

✉ 73084 · Burg Staufeneck · ☎ (0 71 62) 93 34 40 · Fax: 9 33 44 55
Neue, Intern. u. Reg. Küche · **Geöffnet:** Do.-So./Feiertag 18:30-21:30 Uhr · **Ruhetag:** Mo./Di./Mi. · **Tische:** 15/40 Plätze
VISA AE EC
info@burg-staufeneck.de · www.burg-staufeneck.de

Speisekarte: 2 Menüs von 108,00 bis 158,00 € 992 Weinpos. Das Interieur des Gourmetrestaurants vermittelt eine angenehm entspannte und dank der runden Tische auch gesellige (und dennoch private) Atmosphäre. Weinrot- und petrolfarbene, samtene Fauteuils geben der Gestaltung eine warme Note. Die Panoramafenster erlauben einen weiten Blick über das malerische Filstal – hier kann man sich glatt verlieren, wären da nicht die exzellenten Speisen von Patron und Chefkoch Rolf Straubinger und seiner rechten Hand Markus Waibel. Verantwortungsvolle Küche beginnt für sie beim Einkauf, der immer unter Aspekten des Respekts vor den Produkten, Nachhaltigkeit und Tierwohl steht und bevorzugt in der Region stattfindet. Traditionelle und moderne Techniken werden ebenso kombiniert wie verschiedenste Stilrichtungen. So lassen sich die konzentrierten und durchdachten Speisen in keine Schublade stecken, ihre Vorgabe sind ehrliche Zubereitung und unverfälschter Geschmack. Feine Gewürze und Kräuter geben den Kompositionen eine individuelle Note und den zusätzlichen Aromakick. Eines der angebotenen Menüs ist ein vegetarisches. Ulrike Karrer leitet den zugewandten Service mit leichter Hand, während Markus Canestrini als kenntnisreicher Sommelier zu den Weinen wertvolle Tipps gibt. Schwäbische Spezialitäten und beliebte Klassiker warten im Burgrestaurant "oifach andersch".

Schalkenmehren

Bhf→25 km

Michels Restaurant

✉ 54552 · St.-Martin-Straße 9 · ☎ (0 65 92) 92 80 · Fax: 92 81 60
Klassische und Regionale Küche · **Geöffnet:** 7–24 Uhr · Küche: 12–21 Uhr · **Tische:** 58/150 Plätze
VISA
info@michels-wohlfuehlhotel.de · www.michels-wohlfuehlhotel.de

Speisekarte: 25 Hauptgerichte von 14,00 bis 34,00 €; 5 Tagesgerichte von 12,00 bis 18,00 €; 1 Menü von 30,00 bis 70,00 € 200 Weinpos. Das "Wohlfühl" im Hotelnamen des "Michels" bezieht auch das Restaurant mit ein. Es ist mit sehr viel Detailliebe eingerichtet und hat einen urgemütlichen Landhauscharakter, der sich durch umlaufende, mit hübschen Stoffen bespannte Polster-Bänke, viel Holz und schlichten Blumenschmuck ausdrückt. Die Atmosphäre ist entspannt-heiter, sowohl Hotelgäste als auch Besucher aus der ferneren und weiteren Region wissen die gute Küche zu schätzen. Das engagierte Team arbeitet mit handwerklichem Können, Sorgfalt und guten Ideen. Die Zutaten stammen von einem Netzwerk bekannter Händler, kommen in erntefrischer Qualität zum Einsatz und werden zu regionalen und saisonalen Speisen kombiniert, die mit internationalen Elementen bereichert werden. Das Halbpensionsmenü kann man sich aus einer feinen Auswahl individuell zusammenstellen, außerdem gibt es ein ganz besonderes Candlelight-Menü. Sonntagmittag gibt es eine separate, verkleinerte Speisekarte. Patron Hubert Drayer berät kenntnisreich zu den passenden Weinen, kann aber auch ein würziges Eifeler Landbier empfehlen. Im Sommer wartet ein überdachter Außenbereich mit Wasserspiel und Gartenblick. Für Familienfeiern und Firmenevents stehen passende Räumlichkeiten zur Verfügung.

MICHELS - Wohlfühlhotel

Bhf→25 km

54552 · St.-Martin-Straße 9 · ☎ (0 65 92) 92 80 · Fax: 92 81 60
Rest. mit Intern. und Regionaler Küche, Terrasse, vielfältige Arrangements
20 km
info@michels-wohlfuehlhotel.de · www.michels-wohlfuehlhotel.de

Family

51 **DZ** von 166,00 bis 252,00 €;
7 **EZ** von 105,00 bis 129,00 €;
5 **App.** von 196,00 bis 278,00 €;
1 **Suite** von 236,00 bis 254,00 €

Das "Michels-Wohlfühlhotel", nahe drei reizvollen Eifeler Maaren gelegen, ist ein sehr empfehlenswertes und von Familie Drayer und ihrem Team engagiert und persönlich geführtes Haus. Gehobener Komfort erwartet den Gast in den behaglichen Zimmern (die Preise verstehen sich inklusive einem reichhaltigen Eifeler Frühstücksbuffet) und im Restaurant, das im eleganten Landhausstil gestaltet ist und mit abwechslungsreichen Speisen überzeugt. Erstklassig ist der 2000 m² große Wellnessbereich, u. a. mit Pool, Außenpool, Saunen, Dampfbad, Beautybehandlungen. Ob Wellnesswochenende, -urlaub, TagesSpa oder Freundinnen-Wellness-Zeit – hier kann man nicht zuletzt dank des geschulten Teams eine gelungene Auszeit vom Alltag nehmen. Außerdem gibt es preisgünstige Arrangements wie z. B. "Naturerlebnis Vulkaneifel", "Michels Traumstunden" oder "Maar Urlaubswoche" zu entdecken.

Scharbeutz

Gran BelVeder

Bhf→2 km

23683 · Strandallee 146 · ☎ (0 45 03) 3 52 66 00 · Fax: 3 52 66 99 · Frühstück im Zi.-Preis inkl., Rest. "DiVa" mit ausgezeichneter Küche, Davidoff Lounge
2 km
info@belveder.de · www.belveder.de

Family

60 **DZ** von 170,00 bis 330,00 €;
als **EZ** von 120,00 bis 240,00 €;
23 **Suiten** von 320,00 bis 430,00 €

Das "Gran BelVeder" in Traumlage direkt am Timmendorfer Strand ist ein Domizil der Extraklasse für den gehobenen Geschmack. Mit viel Liebe zum Detail in warmen Farben, hell, freundlich und heiter-mediterran gestaltet, sind die exklusiven Zimmer mit windgeschützter Loggia oder Balkon und tollem Blick auf die Lübecker Bucht ein schönes Zuhause auf Zeit. Nachhaltige Entspannung findet man im Beauty Spa (s. a. Wellness-Special) oder man nutzt den Anschluss an die 14.000 m² große Ostsee Therme sowie die Fitnesswelt des Fitness- und Healthclubs Vita-Spa. Für kleine Gäste gibt es ein buntes, gut durchdachtes Ferienprogramm, für große das Gourmetrestaurant DiVa und die Hotelbar CaVa's mit einer exquisiten Auswahl an Whiskys und Cocktails.

Bhf→2 km

Gran BelVeder - DiVa

✉ 23683 · Strandallee 146 · ☎ (0 45 03) 3 52 66 00 · Fax: 3 52 66 99
Neue und Regionale Küche · Küche: 18–21 Uhr · **Ruhetag:** So./Mo./Di. · **Tische:** 8/22 Plätze
VISA AE
info@belveder.de · www.belveder.de

Speisekarte: 1 Menü von 85,00 bis 122,00 € 150 Weinpos.
Bei einem Aufenthalt im Gran BelVeder sollte man sich unbedingt auch einen Besuch im "DiVa", dem feinen Gourmetrestaurant des Hauses, gönnen. Mit leichter Hand in warmen Farben eingerichtet, ist die Atmosphäre lässig, entspannt und weltoffen. Diese Attribute treffen durchaus auch auf die Küche von Chef de Cuisine Gunter Ehinger zu, lassen sich aber noch erweitern auf frisch, spannend und kreativ. Der Ideenreichtum, mit dem Gunter Ehinger die handverlesenen Zutaten kombiniert, ist bewundernswert und großes kulinarisches Kino. Er versteht es, moderne Strömungen und tradierte, regionale Elemente so geschickt zu verbinden, dass am Ende virtuos zubereitete, höchst individuelle Speisen stehen, die sich in den angebotenen Menüs wiederfinden. Als umsichtiger Maître hilft Martin Hummel gerne weiter, erklärt die grandios zusammengestellten Gourmandisen und berät kompetent zu Weinen und Getränken.

Scheer

Bhf→5 km

Brunnenstube

✉ 72516 · Mengener Straße 4 · ☎ (0 57 72) 36 92 · Regionale und Französische Küche · **Geöffnet:** Mi.-Sa. ab 18 Uhr, So. zusätzl. 11:30-14 Uhr · **Ruhetag:** Mo./Di. · **Ferien:** 3 Wo. Aug. · **Tische:** 6 + 7 (Nebenraum)/28 + 35 Plätze
VISA
info@brunnenstube-scheer.de · www.brunnenstube-scheer.de

Speisekarte: 6 Hauptgerichte von 19,00 bis 30,00 €; 3 Tagesgerichte von 12,90 bis 18,90 €; 1 Menü von 42,90 bis 57,90 € 128 Weinpos.

Die Leidenschaft und das Engagement, mit dem Fabrice und Rita Coquelin ihre "Brunnenstube" nebst exzellentem Catering-Service führen, ist allgegenwärtig und sorgt dafür, dass man sich in der familiären und entspannten Atmosphäre sofort wohlfühlt. Das Interieur ist mit halbhohen Kassettenwänden, Teppich und vielen Bildern liebevoll gestaltet. Der Patron steht selber am Herd und wird von einem eingespielten Team formidabel unterstützt. Er legt großen Wert auf die Auswahl der saisonfrischen Zutaten und arbeitet mit Respekt vor den Gaben der Natur. Das Fleisch und Backwaren stammen aus der Region, das Wild aus heimischen Wäldern, Gemüse aus ausgesuchtem Anbau. Terrinen, Saucen und Beilagen werden ohne vorgefertigte Produkte hausgemacht – was man bei den zubereiteten regionalen Speisen und französischen Spezialitäten einfach schmeckt. Verschiedene Menüs, Buffets und ein gutes Catering runden das vielseitige Angebot ab. Rita Coquelin leitet charmant den Service und berät zu den Weinen aus den besten Lagen in Deutschland, Frankreich und Italien. Rund ums Jahr gibt es verschiedenste kulinarische Events. Wenn irgend möglich, wird den kleinen Gästen und Feinschmeckern von morgen übrigens ihr Wunschgericht individuell zubereitet.

Schirgiswalde-Kirschau

Gourmetrestaurant JUWEL mit Fine Dining Room

Bhf→3 km

02681 · OT Kirschau · Bautzener Straße 74 · ☎ (0 35 92) 52 00 · Fax: 52 05 99
Gourmetküche · Küche: 19–22 Uhr · **Ruhetag:** So. - Mi. · **Ferien:** 7.-13.2.22 / 15.8.-11.9.22 / 31.10.-6.11.22 · **Tische:** 9/32 Plätze
info@bei-schumann.de · www.bei-schumann.de

Speisekarte: 1 Menü von 130,00 bis 184,00 € 495 Weinpos.
Nicht ohne Grund heißt das Gourmetrestaurant im BEI SCHUMANN "Juwel", denn es ist fraglos etwas ganz besonderes, ein echtes Schmuckstück, das mit einem auf jedem der edel eingedeckten Tische liegenden Amethystkristall eine funkelnde Entsprechung findet. Dunkle Farbtöne werden von einem kräftigen Lilaton kontrastiert und geben dem Raum zusammen mit der weichen Beleuchtung einen sehr privaten und eleganten Charakter. Der neue Küchenchef Robert Hauptvogel versteht es, den Speisen eine ganz eigene, innovative Note zu geben. Das Zusammenspiel von erlesenen Zutaten – bevorzugt aus der Region –, unverfälschten Zubereitungen, prononcierten Aromen und ausbalancierten, einander ergänzenden Texturen ist sehr gelungen und vor allem gekonnt. Jeder Teller wird zu einem kleinen, individuellen Kunstwerk. Maître Patrick Grunewald leitet einen professionellen und persönlichen Service und gibt gerne sensible und kenntnisreiche Tipps zur top sortierten Weinkarte. Ganz besonders exklusiv ist es, die Speisen im erlesen eingerichteten, raffiniert illuminierten Fine Dining Room mit maximal acht Personen einzunehmen. Der Séparée-Charakter kommt jedem geschäftlichen Treffen zu Gute und macht die private Feier oder Zusammenkunft zu einem ganz besonderen Ereignis.

Bhf→3 km

HOTEL BEI SCHUMANN OT Kirschau

02681 · Bautzener Str. 74 · (0 35 92) 52 00 · Fax: 52 05 99 · SPA, Rest. Weberstube, Al Forno, Kirschlaube, Hippo Bar, Raucherlounge, Frühst. im Zi.-Pr. inkl.
28 km VISA AE EC
info@bei-schumann.de · www.bei-schumann.de

23 **DZ** ab 232,00 €;
40 **Suiten** ab 346,00 €

Im HOTEL BEI SCHUMANN mit kosmopolitischem und doch familiärem Flair stehen alle Zeichen auf Entspannung. Da sind zum einen die schönen Zimmer, die mit ihren warmen Farben und weichen Betten und individueller Einrichtung zum Träumen einladen (die Preise verstehen sich inklusive Frühstück). Von den 63 Zimmern sind 19 Junior-Suiten im Neubau SEEFLÜGEL, der im minimalistischen „slow living"-Design nicht nur ausreichend Raum bietet, sondern zudem Naturpanoramablick, luxuriöse Badezimmer und ganztägige Sonnenterrassen, im Winter sogar mit Terrassen-Infrarotbeheizung. Deutschlands erster Flying-Pool ist DAS Highlight im SEEFLÜGEL. Gleichzeitig mit dem Pool stehen im Spa 2.0 auf 1300 m² drei verschiedene Saunen – Panorama, Finnisch und Infrarot – zur Verfügung. Auf dem privaten Sonnendeck bieten ein Kneippbecken sowie die „Schneesauna" die Möglichkeit zur Abkühlung. Neben dem luxuriösen Wellnessbereich des SEEFLÜGELS dient der 4.700 m² große, einzigartige römische SPA-TEMPEL Erholung und Entspannung: Bestehend aus einer Saunawelt mit neun verschiedenen Saunen, darunter ein Biosanarium, ein Sudatorium und eine Heusauna, einem beheizten und großzügigen Innen- und Außenpool, einem Whirlpool, einem Eisbrunnen sowie einem modernen Fitnessraum.

In der grünen Oase befinden sich neben dem PORTICUS Garten und dem SEEWUNDERBAR viele verschiedene Rückzugsorte zum Entspannen. Abgerundet werden die Tage im Hotel von der ausgezeichneten Küche in verschiedenen Restaurants und dem Gourmetrestaurant JUWEL mit Fine Dining Room. Stets ansprechbar und um die Erfüllung der Gästewünsche bemüht ist das top geschulte, freundliche Hotelteam. Das HOTEL BEI SCHUMANN ist ein 30.000 m² großes, exklusives und originelles Wellness- und Genussresort, welches für Entspannung Suchende, Verliebte, Gourmets und anspruchsvolle Individualisten geschaffen wurde. Liebhaber des guten Geschmacks kommen hier voll auf ihre Kosten.

Hotel mit anspruchsvollem Wellnessangebot

Schleching

Rait'ner Wirt

Bhf→12 km

83259 · OT Raiten · Achentalstraße 8 · (0 86 41) 5 91 11 70
Gehobene Regionale Küche · **Geöffnet:** 17:30-22, So. zusätzl. 11:30-14 Uhr · **Ruhetag:** Mo./Di. · **Ferien:** variabel · **Tische:** 20/80 Plätze
info@raitenerwirt.de · www.raitenerwirt.de

Speisekarte: 12 Hauptgerichte von 14,80 bis 35,00 €

60 Weinpos.

In einer der schönsten deutschen Landschaften, im malerischen Chiemgauer Achental, nahe dem Chiemsee und am Fuße der Alpen findet sich der "Rait'ner Wirt". Er wird in langer gastlicher Tradition geführt, wurden hier doch bereits 1864, damals noch unter dem Namen Gasthof zur Post, Gäste bewirtet. Heute ist das gediegene Restaurant ein beliebter Treffpunkt für Wanderer, Bergsteiger, Mountainbiker, Skifahrer, Einheimische, Gäste, Jung und Alt. Die große Beliebtheit ist schnell erklärt: Hier kann man im charmant im Landhausstil eingerichteten Stuben dank Chefkoch Martin Rehmann eine abwechslungsreiche, frische und gehobene Regionalküche genießen. Mit Können und Freude setzt er sein Motto "Aus der Region für die Region" um und bezieht die Zutaten vorzugsweise von Höfen und Erzeugern aus dem Umland. Neben klassischen Schmankerln wie Zwiebelrostbraten, Kasspatz'n oder Schweinsbraten bietet er auch raffiniert neu interpretierte heimische Spezialitäten an. Seine Lebensgefährtin Nadine Günther leitet liebenswürdig den flinken Service, während Patron Martin Heindl kompetent zu den Weinen berät. Im Sommer geht's im hübschen Biergarten natürlich besonders zünftig zu. Die sehr geschmackvoll mit viel Holz eingerichteten 14 Gästezimmer (98,-/172,- f. 2 Ps. inkl. Frühstück) mit Balkon sind für den Chiemgau-Urlaub das perfekte, behagliche Zuhause auf Zeit.

Schlier

Krone Schlier

88281 · Eibeschstraße 2 · (0 75 29) 4 87 97 60
Klassische, Euroasiatische Küche · Küche: 18–21 Uhr · **Ruhetag:** Mi. + So. · **Ferien:** 2 W. Sommerfer. + 23.12.-5.1. · **Tische:** 8/25 Plätze
info@krone-schlier.de · www.krone-schlier.de

Speisekarte: 5 Hauptgerichte von 21,00 bis 36,50 €; 1 Menü von 37,00 bis 42,50 € 55 Weinpos.

Nahe den Städten Ravensburg und Weingarten, zwischen Bodensee und Allgäu gelegen, ist das Restaurant Krone Schlier ein bezaubernder Ort zum Einkehren und Genießen. 2020 behutsam von der Gastronomenfamilie Geßler modernisiert, blieb das historische Ambiente erhalten und fügt sich mit zeitgemäßen, edlen Gestaltungselementen zu einer harmonischen Einheit. Die wunderschönen alten Eichenböden, edlen Kirschtäfelungen und die liebevolle Dekoration schaffen eine herzliche, warme und weltoffene Atmosphäre. Chefkoch Benedikt Geßler legt besonderen Wert auf Nachhaltigkeit – so sind der Einkauf von Bio- oder Demeter Produkten maßgeblicher Bestandteil seines hohen Qualitätsanspruchs. Er verbindet die Zutaten gekonnt und mit leichter Hand, setzt kreative, aromenstarke Akzente und kreiert Speisen, die nicht dogmatisch einer Stilrichtung zuzuordnen sind, sondern vielmehr dem Besten der klassischen, europäischen und asiatischen Küche Raum lassen. Ehefrau Andrea Geßler ist liebenswürdige Gastgeberin, leitet mit ihrem zuvorkommenden Serviceteam durch den Abend, berät zu den Weinen und verweist im Sommer gerne auf einen Platz auf der Sonnenterrasse. Sobald die Covid-Lage es erlaubt, wird Benedikt Geßler auch wieder seine beliebten Kochkurse anbieten.

Schluchsee

Bhf→1 km

Mühle am Schluchsee

79859 · Unterer Mühlenweg 13 · (0 76 56) 2 09
Klassische Küche
info@muehle-schluchsee.de · www.muehle-schluchsee.de

Speisekarte: 1 Menü von 89,00 bis 109,00 €
Chefkoch Niclas Nussbaumer arbeitet bevorzugt mit Zutaten aus dem Umland und kreiert daraus konzentrierte, produktorientierte klassische Speisen, die er herrlich unverfälscht zubereitet und mit großartigen Saucen abrundet.

Schmallenberg

Waldhaus Ohlenbach

Bhf→8 km

Family

✉ 57392 · OT Ohlenbach · Ohlenbach 10 · ☎ (0 29 75) 8 40 · Fax: 84 48
Terrasse, reichhaltiges Frühstücksbuffet (22,- € p./P.) vielseitige Arrangements
8 km
info@waldhaus-ohlenbach.de · www.waldhaus-ohlenbach.de

44 **DZ** von 250,00 bis 300,00 €;
als **EZ** von 145,00 bis 170,00 €;
3 **Suiten** von 330,00 bis 450,00 €

Am Fuße des Kahlen Astens entstand aus einem bescheidenen Haus am Waldesrand dieses eindrucksvolle Hotel. Allein die ruhige Lage inmitten des Hochsauerlandes ist ein Grund, hier eines der mit viel Geschmack eingerichteten, komfortablen Zimmer oder eine der exklusiven Suiten zu buchen (Preise inkl. Halbpension). Bei schönem Wetter kann das reichhaltige Frühstück auch auf der Terrasse mit herrlichem Panoramablick eingenommen werden. Liebevoll platzierte Details geben dem Interieur des Hauses eine sehr warme und kultivierte Atmosphäre, die durch den persönlichen Service zusätzlich unterstützt wird. Entspannung bieten u. a. der tolle Wellnessbereich (s. a. Wellness-Special), Hallenbad, der wirklich schöne 6 x 12 m große Panorama-Außenpool, Sauna und Solarium. Wandern, Golf spielen (zwei Plätze in der näheren Umgebung) und Ski fahren im Winter sind nur einige der vielfältigen Möglichkeiten, die Freizeit zu gestalten. Neben dem Gourmetrestaurant gibt es noch das Restaurant für die Hausgäste, hier wechselt die Halbpensions-Menükarte (u. a. mit fünf Hauptgerichten) täglich.

Die Küchenleistung dieses Restaurants ist hervorhebenswert in seiner Kategorie.

Waldhaus Ohlenbach - Schneiderstube

Bhf→8 km

✉ 57392 · Ohlenbach 10 · ☎ (0 29 75) 8 40 · Fax: 84 48
Neue u. Regionale Küche · Küche: 18:30–21 Uhr · **Ruhetag:** Mi./Do. · **Ferien:** 22.-25.11. · **Tische:** 9/30 Plätze
info@waldhaus-ohlenbach.de · www.waldhaus-ohlenbach.de

Speisekarte: 3 Hauptgerichte zu 40,00 €;
1 Menü zu 90,00 €
400 Weinpos.

Rustikale Eleganz prägt das Interieur in der "Schneiderstube", dem à la Carte Restaurant. Die Holzvertäfelungen, Teppiche und fein eingedeckten Tische fügen sich zu einem harmonischen Ganzen und vermitteln einen entspannten Wohnzimmer-Charakter. Patron und Chefkoch Stefan Schneider gibt dem Restaurant nicht nur seinen Namen, sondern prägt dort die Küche mit seiner eigenen kulinarischen Linie. Die Zutaten kauft er mit Bedacht bei ausgewählten Händlern und Erzeugern – Nachhaltigkeit und Tierwohl sind wesentliche Aspekte der Küchen-Philosophie. Das reiche Warenangebot des waldreichen

Sauerlands wird vor allem im Herbst durch vielfältiges Wildbret ergänzt. Die Zubereitungen der Speisen sind durchdacht und unverfälscht. Regionales wird gerne neu interpretiert, klassische Gerichte präzise zubereitet. Ein Aufenthalt im Waldhaus Ohlenbach sollte wenigstens einen Abend im Gourmetrestaurant beinhalten. Mit Cemal Karakorkmaz findet der Gast einen zuvorkommenden Maître, der das Serviceteam mit leichter Hand leitet, während Eric Namyslo kenntnisreiche und gute Tipps zur passenden Weinbegleitung gibt.

Bhf→17 km

Deimann

57392 · OT Winkhausen · Winkhausen 5 · ☎ (0 29 75) 8 10 · Fax: 8 12 89
Restaurants, Bierstube, Terrasse, attraktive Arrangements
500 m
info@deimann.de · www.deimann.de

89 **DZ** ab 135,00 €;
EZ ab 160,00 €;
10 **App.** ab 285,00 €;
3 **Suiten** ab 200,00 €

In der von einem schönen Park umgebenen, luxuriösen Hotelanlage mit der persönlichen Atmosphäre eines familiengeführten Hauses kann man erholsame Tage verbringen. Ein vielseitiges gastronomisches soiwe Freizeitangebot erwartet die Gäste.

Bhf→17 km

Deimann - Hofstube

57392 · OT Winkhausen · Winkhausen 5 · ☎ (0 29 75) 8 10 · Fax: 8 12 89
Klass. und franz. Küche, puristisch modern · **Geöffnet:** Mi.-Sa. ab 19 Uhr · **Ruhetag:** So./Mo./Di. · **Tische:** 5/30 Plätze
info@deimann.de · www.deimann.de

Speisekarte: 1 Menü von 119,00 bis 139,00 €

600 Weinpos.

Auch im ländlichen Sauerland kann man sich mit Gourmetküche verwöhnen lassen. Das Fine Dining Restaurant "Hofstube" im Hotel Deimann ist stilvoll eingerichtet und hat mit Felix Weber einen Chefkoch, der eine wunderbar stimmige, klassische französische Küche präsentiert, die er mit kreativen Neuinterpretationen zusätzlich verfeinert.

Schorndorf

✪✪✪ ♜ Boutique Hotel Pfauen

Bhf→500 m

✉ 73614 · Höllgasse 9 · ☎ (0 71 81) 6 69 90 10
Rest. "Pfauen" mit frischer Regionalküche, Bar, Zigarrenlounge
5 km
rezeption@pfauen-schorndorf.de · www.pfauen-schorndorf.de

6 **DZ** zu 125,00 €;
1 **EZ** zu 100,00 €;
1 **Suite** zu 155,00 €

Im Herzen der historischen Schorndorfer Altstadt mit ihren malerischen Fachwerkhäusern findet sich direkt an der Fußgängerzone (nur 100 Meter entfernt gibt es ein Parkhaus) das liebevoll restaurierte Boutique Hotel Pfauen. Hier kann man Wand an Wand zum Geburtshaus von Gottlieb Daimler übernachten. Die individuell und mit sehr viel Geschmack und zeitgemäßen Annehmlichkeiten eingerichteten Zimmer sind alle nach einer bekannten Persönlichkeit aus der Automobil-Geschichte eingerichtet. Ob im "Wilhelm Maybach", "Carl Benz" oder "Rudolf Diesel" Zimmer – die Räume sind mit edlen Materialien ausgestattet, begeistern mit einer sehr geschmackvollen Farbgestaltung und ausgewählten Accessoires. Hier kann man – am besten kombiniert mit einem Besuch des Gourmetrestaurants – eine perfekte Auszeit vom Alltag nehmen. Im ersten Stock ist das niveauvolle Restaurant "Pfauen" mit gehobener regionaler Küche. Den Abend kann man in der schicken Hotelbar oder der gediegenen Zigarren-Lounge ausklingen lassen. Liebenswürdige und bestens geschulte Mitarbeiter helfen bei Fragen, Buchungen, Reservierungen etc. gerne weiter.

♜ **Hotels und Restaurants mit diesem Zeichen befinden sich in einem historischen Gebäude.**

Bhf→500 m

Gourmetrestaurant Nico Burkhardt

73614 · Höllgasse 9 · (0 71 81) 6 69 90 10
Klassische u. Neue Küche · Küche: 18:30–20 Uhr · **Ruhetag:** So./Mo./Di. · **Ferien:** Aug. variabel · **Tische:** 4/10 Plätze
rezeption@pfauen-schorndorf.de · www.pfauen-schorndorf.de

Speisekarte: 1 Menü von 114,00 bis 156,00 € 140 Weinpos.
Das "Gourmetrestaurant Nico Burkhardt" im historischen Gebäude aus dem Jahr 1710 ist sehr geschmackvoll eingerichtet. Der rustikal anmutende Werkstoff Holz wird durch eine klare und moderne Linienführung aufgebrochen, erdige Farbtöne, Fauteuils in kontrastreichem Petrol und sanft schimmernde Beleuchtung fügen sich zu einem Interieur von gestalterischer Klasse und mit hohem Wohlfühlfaktor. Das Restaurant ist wirklich klein, aber sehr fein und hat nur eine eng begrenzte Zahl an Sitzplätzen, so dass man unbedingt rechtzeitig reservieren sollte. Nico Burkhardt kocht mit Einsatz und großer Leidenschaft. Experimentierfreude und ein sorgfältiger Einkauf von erstklassigen Produkten gehen Hand in Hand. Handwerkliches Können und Warenkunde fügt er zusammen und ertüftelt Speisen voller Aromentiefe, in denen die Zutaten harmonisch aufeinander abgestimmt sind und in innovative Geschmackswelten münden.

Korrespondierende Weine gibt es in bester Auswahl, die bezaubernde Bianca Burkhardt leitet durch den Abend. Nach vorheriger Absprache kann man auch ein Private Dinner im Restaurant buchen oder alternativ die Kochkünste von Nico Burkhardt live in den eigenen vier Wänden genießen. Das Restaurant "Pfauen" im Galeriegeschoss ist mit bodenständiger Saison- und Regionalküche die perfekte Alternative "für jeden Tag".

Dieses Restaurant bietet Ihnen eine exzellente Küche.

Die Küchenleistung dieses Restaurants ist hervorhebenswert in seiner Kategorie.

Schwabenheim an der Selz

Zum alten Weinkeller

Bhf→6 km

✉ 55270 · Schulstraße 6-10 · ☎ (0 61 30) 94 18 00 · Fax: 9 41 80 80 · Vinothek-Bistro, Weinseminare, Innenhofterrasse, Landgasthof Engel, Zi.-Preis inkl. Frühstück
15 km
VISA AE EC
info@immerheiser-wein.de · www.immerheiser-wein.de

14 **DZ** von 99,00 bis 125,00 €;
als **EZ** von 74,00 bis 99,00 €;
1 **Suite** von 134,00 (EZ) bis 159,00 (DZ) €

Die Immerheisers sind umtriebige Gastronomen, für die ihr Beruf Leidenschaft und Herausforderung zugleich ist. 1989 erwarben sie das historische Haus aus dem Jahre 1614 und machten daraus einen wunderschönen Landgasthof mit besonderem Flair. Persönlicher Service, komfortable, liebevoll im Landhausstil gestaltete Zimmer und die ausgezeichnete Küche sprechen für sich. Das gesunde Frühstück ist bereits im Zimmerpreis enthalten. Sohn Dennis Immerheiser ist erfolgreicher Winzer und versorgt das Vinothek-Bistro mit edlen Tropfen aus eigenem Anbau. Besonders beliebt sind die geselligen Weinproben und kenntnisreichen Weinseminare sowie verschiedenste Veranstaltungen rund ums Jahr. Mit dem Landgasthof Engel und dem Alten Weinkeller steht ein facettenreiches kulinarisches Angebot zur Verfügung.

Zum alten Weinkeller

Bhf→6 km

✉ 55270 · Schulstraße 6-10 · ☎ (0 61 30) 94 18 00 · Fax: 9 41 80 80
Neue und Regionale Küche · Küche: 18–22 Uhr · **Ruhetag:** Mo./Di. · **Tische:** 16/50 Plätze
VISA AE EC
info@immerheiser-wein.de · www.immerheiser-wein.de

Speisekarte: 2 Hauptgerichte von 29,00 bis 35,00 €; 1 Menü von 36,00 bis 75,00 €
500 Weinpos.

Sandfarbene Bruchsteinwände, hübsche, naturfarben lackierte Korbstühle, kleinteilige Steinfliesen und altes Holzständerwerk geben dem Restaurant "Zum alten Weinkeller" ein ganz besonders charmantes Landhaus-Flair. Die Dame des Hauses, Barbara Immerheiser, ist liebenswürdige Gastgeberin und sorgt dafür, dass sich die Besucher sofort rundum wohlfühlen. Dieses Wohlgefühl wird dank Chefkoch Daniel Immerheiser noch um den Faktor kulinarischer Genuss erweitert. Sein Küchenkonzept VINUM sieht vor, dass es Speisen zum Wein gibt – was natürlich auch umgekehrt geht –, die gerne auch als kleine Portion das vielseitige Spektrum abdecken. Sohn Daniel kocht frisch und achtsam. Die Zutaten – vorzugsweise aus der Region – entsprechen den Jahreszeiten, werden von ihm mit feinem Gespür für ausbalancierte Aromen kombiniert und herrlich unverfälscht zubereitet. Ob regional oder zeitgeistig modern – die ehrlichen Speisen schmecken einfach. Vater Georg Immerheiser ist für die Weinberatung zuständig. Er empfiehlt die passenden Tropfen mit so viel Sachverstand wie Leidenschaft und verweist auch gerne auf das eigene Weingut, wo man die Tropfen in interessanten Verkostungen kennen lernen kann. Romantisch gestaltet, ist der üppig begrünte Terracotta-Garten an warmen Tagen ein beliebter Treffpunkt. Etwas bodenständiger mit einer geradlinigen Regionalküche geht es im "Landgasthof Engel" am historischen Marktplatz zu.

Schwäbisch Hall

Bhf→5 km

Reber's Pflug OT Weckrieden

✉ 74523 · Weckriedener Straße 2 · ☎ (07 91) 93 12 30 · Fax: 9 31 23 45 · Vital-Frühstücksbuffet (im Preis inkl.), historischer Weinkeller, Terrasse, Sommergarten
10 km
VISA AE
info@rebers-pflug.de · www.rebers-pflug.de

25 **DZ** von 119,00 bis 179,00 €;
als **EZ** von 89,00 bis 119,00 €;
2 **Suiten** von 179,00 bis 388,00 €
Das denkmalgeschützte Haus aus dem Jahre 1805 vermittelt eine freundliche und einladende Atmosphäre. Modern, gemütlich und mit viel Liebe zum Detail eingerichtet, garantieren die Zimmer (teilw. mit Balkon u. Terrasse) und ein Konferenzraum beste Entspannung und erfolgreiches Tagen. Das Frühstück ist im Zimmerpreis inkludiert.

Bhf→10 km

Reber's Pflug OT Weckrieden

✉ 74523 · Weckriedener Str. 2 · ☎ (07 91) 93 12 30 · Fax: 9 31 23 45
Neue u. Reg. Küche, eig. Kreat. · Küche: 17–20:30 Uhr · **Ruhetag:** So./Mo. · **Tische:** 20/50 Plätze
VISA AE
info@rebers-pflug.de · www.rebers-pflug.de

Speisekarte: 8 Hauptgerichte von 28,00 bis 48,00 €; 2 Menüs von 70,00 bis 120,00 € 320 Weinpos.
"Reber's Pflug" hat sich seine traditionellen Wurzeln bewahrt: Im modernen Interieur mit integriertem Fachwerk, in der Küche mit Speisen, in denen Harald Reber Bekanntes in einem neuen, zeitgemäßen und detailreichen Gewand präsentiert.

Bhf→1 km

Ringhotel Hohenlohe

✉ 74523 · Weilertor 14 · ☎ (07 91) 7 58 70 · Fax: 75 87 84 · Rest. mit Intern. und Reg. Küche, Bistro, Bar, Lounge, Dachterrasse, Zimmerpreise inkl. Frühstück
8 km
VISA AE
info@hotel-hohenlohe.de · www.hotel-hohenlohe.de

87 **DZ** von 160,00 bis 232,00 €;
als **EZ** ab 148,00 €;
21 **EZ** von 122,00 bis 132,00 €;
8 **Suiten** von 268,00 bis 404,00 €
Zentral gelegen, begeistert dieses von Familie Dürr geleitete Hotel mit komfortabel und stilvoll eingerichteten Zimmern, einem herrlichen Wellnessbereich und modern ausgestatteten Tagungsräumen.

Wolf - Eisenbahn
Bhf→400 m

74523 · OT Hessental · Karl-Kurz-Straße 2 · (07 91) 93 06 60 · Fax: 93 06 61 10
Klass., Reg. u. Franz. Küche · Küche: 18–21:30 Uhr · **Ruhetag:** So./Mo./ Di. ·
Tische: 9/30 Plätze
info@landhauswolf.eu · www.landhauswolf.eu

Speisekarte: 4 Hauptgerichte von 40,00 bis 48,00 €; 1 Menü von 75,00 bis 148,00 €
450 Weinpos.
Im niveauvoll eingerichteten Restaurant präsentieren Josef und Sohn Thomas Wolf in familiärer Eintracht eine klassische Küche mit eigener Linie. Sie arbeiten konzentriert, präzise, gekonnt und ungemein kreativ. Der Weinkeller ist üppig und erlesen bestückt.

Schwalbach

Landhaus Thea
Bhf→5 km

66773 · OT Sprengen · Köllner Straße 3 · (0 68 34) 5 47 75 · Fax: 5 59 52
Klass., Neue u. Reg. Küche · Küche: 12–14/18–22 Uhr · **Ruhetag:** Sa.-Mittag/Mo./ Di. · **Ferien:** je 1 W. Jan. + Juli · **Tische:** 10/45 Plätze
landhaus.thea@t-online.de · www.landhaus-thea.de

Speisekarte: 7 Hauptgerichte von 18,50 bis 34,50 €; 1 Menü zu 74,50 €
300 Weinpos.
Das "Landhaus Thea" mit hübscher Terrasse ist geschmackvoll und sehr freundlich in zeitloser Moderne eingerichtet. Patron und Chefkoch Uwe Kern steht selber am Herd und arbeitet mit handwerklichem Können, Präzision und Ideenreichtum und überzeugt mit einerm vielseitigen Speiseangebot.

Schwangau

Das Rübezahl
Bhf→3 km

87645 · OT Horn · Am Ehberg 31 · (0 83 62) 88 88 · Fax: 8 17 01
3 Restaurants mit Int. u. Reg. Küche, Café, Wintergarten, Bar, attr. Arrangements
20 km
info@hotelruebezahl.de · www.hotelruebezahl.de

35 **DZ** von 245,00 bis 350,00 €;
als **EZ** von 170,00 bis 190,00 €;
19 **Suiten** von 316,00 bis 560,00 €
Herzstück des schmucken Hotels ist die weitläufige Lobby, die das Stamm- mit dem Landhaus verbindet. Die eleganten Zimmer garantieren höchsten Komfort, die imposante Wellness-Landschaft verwöhnt die Sinne.

Schwarmstedt

Gästehaus Schloss Bothmer
Bhf→3 km

Family

29690 · OT Bothmer · Alte Dorfstr. 15 · (0 50 71) 30 37 · Restaurant mit Deutscher Küche, Bar, Reitanlage, Zi.-Preise inkl. Frühstücksbuffet
25 km
info@schlossbothmer.de · www.schlossbothmer.de

6 **DZ** von 130,00 bis 150,00 €;
als **EZ** ab 95,00 €;
1 **App.** zu 200,00 €
Ein märchenhafter Schlosspark mit herrlichem altem Baumbestand bildet die romantische Kulisse für dieses elegante, familienfreundliche Hotel mit liebevoll und stets mit einem individuellen Touch eingerichteten Zimmern, die keine Wünsche offen lassen.

Hervorragendes Hotel mit außergewöhnlichem Komfort

Schwarzenfeld

esskunst

✉ 92521 · Hauptstraße 24 · ☎ (0 94 35) 6 99 96 10
Neue Küche · **Geöffnet:** 17:30-22, So.-Mittag 12-14 Uhr · Küche: 17:30–21:30 Uhr · **Ruhetag:** Mo./Di. · **Ferien:** 2. Jan.-Hälfte · **Tische:** 12/30 Plätze
info@restaurant-esskunst.de · www.restaurant-esskunst.de

Speisekarte: 4 Hauptgerichte von 15,50 bis 23,00 €; 48,00 2 von 50,00 €
25 Weinpos.

Das Restaurant "esskunst" ist in geradlinig in schlichter Moderne sehr unprätentiös eingerichtet. Jedes Detail harmoniert miteinander und so vermittelt das Interieur eine angenehm offene und ungezwungene Atmosphäre. Christian Bernholz und seine Lebensgefährtin Tamara Fäller verwirklichen hier ihre Vorstellung einer ehrlichen, wertigen und nachhaltigen Küche. Die klassischen Speisen interpretiert er raffiniert neu, sie sind in ihren ausbalancierten Zusammenstellungen von Aromen und Texturen sehr ambitioniert, aber überfordern den Gast nie. Vielmehr ist und bleibt das Wichtigste der ehrliche und gute Geschmack. Entsprechend frisch und ausgewählt sind die Zutaten. Bis hin zum Brot wird alles selber hergestellt und in zwei extrem fair kalkulierten Menüs – "Land" und "Wasser" – präsentiert. Klassiker werden raffiniert neu interpretiert und mit Speisen aus verschiedensten Landesküchen ergänzt. Die Menüs kann man nach Gusto kombinieren und sie werden zusätzlich von einer 6-wöchig wechselnden Karte mit "Alternativen" ergänzt, so dass garantiert jeder etwas Passendes findet. Tamara Fäller ist herzliche und zugewandte Gastgeberin, die gerne Weinempfehlungen ausspricht und die Speisen näher erläutert. Für Gruppen ab 7 Personen wird eine individuelle Auswahlkarte vorbereitet.

Schweinfurt

Bhf→1,9 km

Kings & Queens

✉ 97421 · Bauerngasse 101 · ☎ (0 97 21) 53 32 42
Klass., Reg., Int. u. Neue Küche · Küche: 18–21 Uhr · **Ruhetag:** So./Mo. · **Tische:** 8/24 Plätze
VISA AE EC
info@kingsqueens.eu · www.kingsqueens.eu

Speisekarte: 3 Menüs von 42,00 bis 85,00 €
120 Weinpos.
Chefkoch Marc Wiederer bietet im sehr behaglichen Restaurant gut durchdachte, handwerklich präzise zubereitete Menüs an, in denen Fränkisches einen innovativenn Anstrich bekommt. Gerne kann man aus den Menüs auch einzelne Hauptspeisen wählen.

Restaurant mit gehobener Küche

Kugelmühle

Bhf→500 m

✉ 97421 · Georg-Schäfer-Straße 30 · ☎ (0 97 21) 91 47 02 · Fax: 91 47 14
Französische, Intern. u. Regionale Küche · Küche: 12–14/18–20:30 Uhr · **Ruhetag:** Sa./So. · **Tische:** 8/30 Plätze
info@restaurant-kugelmuehle.de · www.restaurant-kugelmuehle.de

Speisekarte: 5 Hauptgerichte von 19,00 bis 30,00 €; 3 Menüs von 49,00 bis 85,00 €
130 Weinpos.

Die Schaeffler Gruppe ist eine der weltweit führenden Firmen von Präzisionswälzlagern und kann mit der "Kugelmühle" ein Restaurant ihr eigen nennen, dass sich ebenfalls durch besondere Klasse – wenn auch auf anderem Gebiet – auszeichnet. Das in sachlicher Moderne geradlinig eingerichtete Interieur vermittelt eine angenehm zurückhaltende, weltoffene Atmosphäre. Chefkoch Max Matreux legt größten Wert auf Zutaten in kompromisslos guter Qualität, die er erntefrisch, vorzugsweise in der Region einkauft. Seine Zubereitungen sind klar, verständlich und unverfälscht. Er versteht es, verschiedenste Stile so harmonisch miteinander zu kombinieren, dass luftig-leichte Texturen und kraftvolle Aromen kein Widerspruch, sondern präzise aufeinander abgestimmt sind. Ob bei einem Businesstreffen oder in romantischer Zweisamkeit – er nimmt seine Gäste auf eine kulinarische Entdeckungsreise mit. Ein zuvorkommende Serviceteam begleitet den Restaurantbesuch. Im Hause gibt es zusätzlich ein durchdachtes Konferenzkonzept, dass vom vielseitigen gastronomischen Angebot profitiert. Auch private Feierlichkeiten finden hier einen attraktiven und stilvollen Rahmen. Erwähnenswert ist die Kochakademie von Max Matreux: Hier werden informative Kurse rund um verschiedene Spezialitäten (Krustentiere, Fisch, Steaks, thailändische Küche) angeboten.

Schwerin

Weinhaus Uhle

Bhf→0,8 km

✉ 19055 · Schusterstraße 13-15 · ☎ (03 85) 48 93 94 30 · Fax: 48 93 94 59
Gourmetrestuarant, Weinbistro, Bar, historischer Rittersaal
20 km
mail@weinhaus-uhle.de · www.weinhaus-uhle.de

16 **DZ** ab 145,00 €;
als **EZ** ab 135,00 €
1751 gegründet, ist das Weinhaus Uhle das älteste gastliche Haus Schwerins. Die historischen Räumlichkeiten – auch ideal für Veranstaltungen – werden von charmanten Zimmern und zeitgemäßem Komfort ergänzt.

Weinhaus Uhle – Gourmetrestaurant OT Innenstadt

✉ 19055 · Schusterstraße 13-15 · ☎ (03 85) 48 93 94 30 · Fax: 48 93 94 59
Klassische und Regionale Küche · Küche: 17:30–22 Uhr · **Tische:** 10/40 Plätze
mail@weinhaus-uhle.de · www.weinhaus-uhle.de

Speisekarte: 4 Hauptgerichte von 28,00 bis 39,00 €; 1 Menü von 60,00 bis 125,00 €
250 Weinpos.
Tradition und Moderne gehen dank der Chefköche Ronny Bell und Holger Mootz eine virtuose Verbindung ein. Die beiden kochen mit handverlesenen, erstklassigen Zutaten frisch, gekonnt und ungemein kreativ.

Schwerte

Bhf→1 km

Rohrmeisterei

✉ 58239 · Ruhrstraße 20 · ☎ (0 23 04) 2 01 30 01 · Fax: 2 01 30 02
Neue und Regionale Küche · **Geöffnet:** Di.-Fr. ab 17 Uhr, Sa., So. + Feiert. auch ab 10 Uhr · **Ruhetag:** Mo. · **Tische:** 60/120 Plätze
info@rohrmeisterei-schwerte.de · www.rohrmeisterei-schwerte.de ·

Speisekarte: 10 Hauptgerichte von 18,90 bis 34,90 €; 1 Menü von 36,90 bis 49,90 €

80 Weinpos.

Ein Restaurant, dass es in dieser Form kein zweites Mal in Deutschland gibt. Die "Rohrmeisterei" ist ein Veranstaltungszentrum, in dem man von der Lesung über Kabarett und feiner Gastronomie alles finden kann. Die feine Küche von Stephan Solbach und Axel Pferdekämper bietet eine Kombination aus verschiedensten Küchenstilen, Aromen, Garmethoden und Texturen.

Seegebiet Mansfelder Land

Bhf→3 km

Orangerie Seeburg

✉ 06317 · OT Seeburg · Schloss Straße 18 · ☎ (03 47 74) 70 17 80
Neue und Internationale Küche · **Geöffnet:** Mo./Di./Fr./Sa. 17-22 Uhr, So./Feiert. auch 12-14:30 Uhr · **Ruhetag:** Mi./Do. · **Tische:** 9/30 Plätze
info@orangerie-seeburg.de · www.orangerie-seeburg.de ·

Speisekarte: 5 Hauptgerichte von 22,00 bis 45,00 €; 5 Menüs von 44,00 bis 72,00 €

30 Weinpos.

Wenn man es nicht besser weiß, wähnt man sich am Bodensee. Tatsächlich aber findet sich das Restaurant "Orangerie Seeburg" in Sachsen-Anhalt, im Mansfelder Land, begrenzt von den Mauern des über 1000 Jahre alten Schloss Seeburg, direkt am Süßen See. Hier haben Christian Zerban und Alexander Mönch mit großem Einsatz ein kulinarisches Kleinod geschaffen. In zeitloser Moderne, geradlinig eingerichtet, öffnen sich bodentiefe Panoramafenster zur Terrasse hin, die einen ungehinderten, weiten Blick auf den See erlaubt und den Alltag sofort in weite Ferne rücken lässt. Alexander Mönch steht am Herd und kocht mit Leidenschaft. Das spürt man, vielleicht auch, weil er nur das – im Übrigen handwerklich präzise und gekonnt – zubereitet, was ihm selber schmeckt. Er hat sich ein verlässliches Netzwerk sehr guter Lieferanten und Erzeuger aufgebaut, die bevorzugt aus der Region kommen, aber er schaut auch bewusst über den nationalen Tellerrand, wenn seine Ideen es erfordern. Die Karte wechselt etwa alle acht Wochen und hält exzellente Steak- und Surf & Turf Spezialitäten sowie kreative zeitgeistige Speisen in genussreichen Ausführungen bereit. Umsichtiger und liebenswürdiger Serviceleiter ist Christian Zerban. Rund ums Jahr finden kurzweilige Champagner Dinner- und Kochabende statt.

Seeheim-Jugenheim

Gasthaus Landgraf OT Balkhausen

Bhf→4 km

✉ 64342 · Felsbergstraße 49 · ☎ (0 62 57) 5 05 17 95 · Fax: 5 06 28 58
Klass., Neue u. Mediter. Küche · **Geöffnet:** ab 17:30. So./Feiertag auch von 12-14 Uhr · **Ruhetag:** Di./Mi. · **Ferien:** variabel · **Tische:** 8/30 Plätze
info@gasthaus-landgraf.de · www.gasthaus-landgraf.de

Speisekarte: 7 Hauptgerichte von 21,00 bis 32,00 € 170 Weinpos. Das "Gasthaus Landgraf" ist ungemein gemütlich in einem charmanten Landhausstil eingerichtet. Deckenbalken, ein warmer Holzdielenboden, stoffbezogene Holzbänke, frisches Rot als dominante Farbe, hübsch eingedeckte Tische, viele alte Fotos, und glänzende Messinglampen mit warmem Schein verbinden sich zu einem Interieur mit sehr behaglicher Note und gesellig-entspannter Atmosphäre. Volker Salm und Daniel McCabe führen ihr Restaurant mit Herzblut, Leidenschaft und großem Arbeitseinsatz. Daniel McCabe steht auch am Herd. Er kauft die Ware vorzugsweise im Umland ein. Die Speisekarte wechselt alle vier Wochen und beinhaltet auch immer saisonale Spezialitäten. Im Winter sind die Zusammenstellungen etwas deftiger und im Sommer leichter, bunter und mit mediterranen Elementen. Mit ausgesuchten Steakspezialitäten wird das Angebot abgerundet. Im angeschlossenen "Esszimmer" werden Veranstaltungen und Feiern ausgerichtet. Volker Salm begrüßt die Gäste persönlich, leitet den Service und berät zur gut sortierten Weinkarte, außerdem ist er Ansprechpartner bei Festivitäten und verweist im Sommer gerne auf die hübsche, üppig begrünte Terrasse. Die Wine & Dine Abende mit eingeladenen Winzern, begleitenden Weinen von deren Gütern sowie einem Sechs-Gang-Menü (cpl. 95,- € p- Ps.) sind sehr beliebt und schnell ausgebucht.

Selzen

Kaupers Restaurant

Bhf→14 km

✉ 55278 · Kapellenstr. 18a/Kirschgartenstr. 13 · ☎ (0 67 37) 83 25 · Fax: 76 07 57
Neue u. Regionale Küche · Küche: 19–21/So. auch ab 14 Uhr– Uhr · **Ruhetag:** Mo.-Do. · **Tische:** 4-5/16 Plätze
info@kaupers-kapellenhof.de · www.kaupers-kapellenhof.de

Speisekarte: 1 Menü von 110,00 bis 125,00 € 300 Weinpos. Ehrlich, unverfälscht und geradlinig. So präsentiert sich die Küche von Chefkoch Sebastian Kauper, die pointiert auf das Wesentliche aus besten und frischesten Zutaten aus der Region feinsinnig komponiert wird.

Ein Restaurant mit anspruchsvoller Küche.

Sommerhausen

Bhf→2 km

Philipp

97286 · Hauptstraße 12 · ☎ (0 93 33) 14 06 · Fax: 90 22 50
Klass. u. Neue Küche · **Geöffnet:** Fr./Sa./So.-Abd. ab 18:30 Uhr, Sa./So.-Mittag ab 12 Uhr · **Ruhetag:** Mo./Di. · **Tische:** 9/26 Plätze
info@restaurant-philipp.de · www.restaurant-philipp.de

Speisekarte: 4 Hauptgerichte von 35,00 bis 65,00 €; 2 Menüs von 69,00 bis 155,00 € 120 Weinpos.
Im Maintal, umgeben von Weinbergen und nur 15 km südlich von Würzburg gelegen, gehört der kleine Ort Sommerhausen zu einem idyllischen Marktflecken. In einem über 400 Jahre alten Fachwerk-Renaissance-Palais, findet sich das Restaurant "Philipp". Das Fachwerk und die halbhohen Kassettenwände sind in edlem Grau gestrichen, die Wände weiß getüncht und an den edel eingedeckten Tischen stehen gepolsterte Stühle in gediegenem Braun. Das Interieur ist eine Demonstration des guten Geschmacks und vermittelt eine sehr einladende, unaufgeregte Atmosphäre. Die Küche von Patron und Chefkoch Michael Philipp ist ambitioniert, ideenreich und gleichzeitig ungemein ehrlich und unverfälscht. Die ausgesuchten, erntefrischen Zutaten stellt er zu handwerklich präzisen Speisen zusammen, die in der klassischen französischen Küche verwurzelt sind. In seiner durchdachten Produktküche überzeugen die raffiniert verfeinerten regionalen Elemente ebenso wie eine pointierte und weltläufige Aromenwelt. Stets aufmerksame und sehr liebenswürdige Gastgeberin ist Ehefrau Heike Philipp, die den zugewandten Service leitet und als diplomierte Sommelière wertvolle Tipps zu den korrespondierenden Weinen gibt. Zusätzlich zum Menü "Classique" gibt es (außer Freitag- und Samstagabend) das 4-6-gängige Überraschungsmenü "Carte Blanche". Kleine Gesellschaften ab 10 Personen sind auch außerhalb der Öffnungszeiten möglich. Für Übernachtungen stehen ein Doppelzimmer (180,- €), eine wunderschöne Barock- und eine Renaissance-Suite (225,- €) inkl. Verwöhn-Frühstück zur Verfügung, für Veranstaltungen gibt es passende Räumlichkeiten. Am Kochabend (rechtzeitig reservieren, die Termine sind schnell ausgebucht!) kann man dem Chef und seinem Team nicht nur über die Schulter schauen, sondern selber den Kochlöffel schwingen.

Hervorragende Serviceleistung

Dieses Restaurant bietet Ihnen eine exzellente Küche.

Simonswald

Hugenhof

Bhf→7 km

✉ 79263 · Am Neuenberg 14 · ☎ (0 76 83) 93 00 66 · Fax: 90 92 58
Französische-Mediterrane Küche · Küche: 18:30–21:30 Uhr · **Ruhetag:** Mo./Di. · **Tische:** 7/24 Plätze
info@hugenhof.de · www.hugenhof.de

Speisekarte: 1 Menü zu 58,00 €
200 Weinpos.
Patron Klaus Ditz sagt im wunderschönen, ländlich-eleganten Hugenhof das Menü am Tisch an und überzeugt mit einer aromenstarken, mediterranen Küche. Bei rechtzeitiger Anmeldung kocht er auch spezielle Speisen für Allergiker.

Sonnenbühl

Hirsch - Gourmetrestaurant

Bhf→22 km

✉ 72820 · OT Erpfingen · Im Dorf 12 · ☎ (0 71 28) 9 29 10 · Fax: 31 21
Neue u. Reg. Küche, eigene Kreationen · Küche: 18–20:30/Fr.-So. auch 12–13:30 Uhr · **Ruhetag:** Mo./Di./Mi. · **Tische:** 9/30 Plätze
info@restaurant-hotel-hirsch.de · www.restaurant-hotel-hirsch.de ·

Speisekarte: 5 Hauptgerichte von 36,00 bis 48,00 €; 4 Menüs von 58,00 bis 125,00 €
250 Weinpos.
Der elegante Landhausstil im Restaurant ist genauso individuell und feinsinnig wie die Küche von Patron und Chefkoch Gerd Windhösel. Der nutzt das erntefrische, saisonale Marktangebot der Region, um ehrliche, raffinierte und aromenstarke traditionelle und innovative Speisen zu kreieren.

Romantikhotel Hirsch

Bhf→22 km

✉ 72820 · OT Erpfingen · Im Dorf 12 · ☎ (0 71 28) 9 29 10 · Fax: 31 21
Dorfstube m. Reg. Küche, Wintergarten, Kinderspielzimmer
5 km
info@restaurant-hotel-hirsch.de · www.restaurant-hotel-hirsch.de ·

13 **DZ** von 142,00 bis 184,00 €;
EZ zu 99,00 €;
(Ju.)Suiten von 121,00 bis 267,00 €
Dieses charmante Hotel empfängt seine Gäste mit einer romantischen Atmosphäre. Die liebevoll eingerichteten Zimmer (Preise inkl. Frühstück) verfügen über jedweden Komfort, die herrliche Sauna mit Altholzvertäfelung garantiert Entspannung.

Spalt

Gasthof Blumenthal

✉ 91174 · Stiegelmühle 42 · ☎ (0 98 73) 3 32
Regionale und Saisonale Küche · **Geöffnet:** 11:30-14 + 17-21, So. 11-14 + 17-20 Uhr · **Ruhetag:** Mo./Di.
info@gasthof-blumenthal.de · www.gasthof-blumenthal.de ·

Speisekarte: Hauptgerichte ab 20,00 €

Bereits in 5. Generation wird das traditionsreiche Gasthaus geführt. Chefkoch Lukas Strobel kocht umsichtig, präzise und ideenreich. Die Zutaten für die aromenstarke Küche kommen bevorzugt aus dem nahen Umland und werden zu regionalen und saisonalen Speisen verarbeitet.

Spiesen-Elversberg

Bhf→14 km

LEO'S KITCHEN & BAR

✉ 66583 · Lindenstraße 5 · ☎ (0 68 21) 5 90 74 55
Neue Küche · Küche: 11:30–14:30/18–22 Uhr · **Ruhetag:** Mo./Di./Sa.-Mittag ·
Ferien: variabel · **Tische:** 23/80 Plätze
info@leos-kitchen-bar.de · www.leos-kitchen-bar.de ·

Speisekarte: 9 Hauptgerichte von 16,00 bis 64,00 €
100 Weinpos.
Im modern eingerichteten Restaurant steht fast alles im Zeichen sorgfältig zubereiteter Fleisch-Spezialitäten. Patron und Chefkoch Benedikt Dorscheid verfügt über einen topmodernen Dry-Age-Schrank, was beste Produktqualität gewährleistet.

Starnberg b. München

Bhf→1 km

Hotel Vier Jahreszeiten Starnberg

✉ 82319 · Münchner Straße 17 · ☎ (0 81 51) 4 47 00 · Fax: 4470-161
Gourmetrestaurant Aubergine und Restaurant Oliv's, Hemingway Bar
5 km
info@vier-jahreszeiten-starnberg.de · www.vier-jahreszeiten-starnberg.de ·

117 **DZ** von 169,00 bis 249,00 €;
als **EZ** von 149,00 bis 209,00 €;
9 **Suiten** von 209,00 bis 349,00 €
Das vor den Toren Münchens gelegene Vier Sterne Superior Hotel überzeugt durch sein gelungenes Gesamtkonzept. Der größte Tagungsbereich der Region, eine ausgezeichnete Kulinarik und die perfekte Lage nur 5 Gehminuten vom Starnberger See entfernt, mache den Aufenthalt zu einem besonderen Erlebnis.

Bhf→500 m

Gourmetrestaurant Aubergine

✉ 82319 · Münchner Straße 17 · ☎ (0 81 51) 4 47 0 -290 · Fax: 4470-161
Gourmetküche · Küche: 18–22 Uhr · **Ruhetag:** So./Mo. · **Tische:** 10/44 Plätze
aubergine@vier-jahreszeiten-starnberg.de · www.aubergine-starnberg.de ·

Speisekarte: 2 Hauptgerichte von 28,00 bis 32,00 €; 2 Menüs von 69,00 bis 89,00 €
125 Weinpos.
Chefkoch Maximilian Moser kreiert unverfälschte und optisch verführerische Menüs, die alle vier bis sechs Wochen wechseln, in einzelnen Gangfolgen die Jahreszeiten spiegeln und in denen stets das handverlesene Produkt der Star ist.

Steinenbronn

Bhf→1 km

Krone

✉ 71144 · Stuttgarter Straße 45-47 · ☎ (0 71 57) 73 30
Restaurant, Bar, Bistro, Kamin, Arrangements
7 km
info@krone-steinenbronn.de · www.krone-steinenbronn.de ·

8 **DZ** ab 120,00 €;
36 **EZ** ab 85,00 €
Seit 100 Jahren in Familienbesitz, erwartet den Besucher in diesem engagiert geführten Hotel "Gastlichkeit aus Tradition". Im hübschen Restaurant genießt man regionale Kulinaria und Weine der Region von ausgesuchten Händlern und Erzeugern. Zur Neuen Messe Stuttgart sind es nur wenige Kilometer.

Sehr gutes, komfortables Hotel

St. Englmar

♜ Alte Mühle

Bhf→35 km

✉ 94379 · Alte Mühle 1 · ☎ 0172 - 66 94 690
Gehobene Regionale und Bürgerliche Küche · **Geöffnet:** Sommer: 11:30-19, So.11:30-17 Uhr, Winter: 11:30-17, So. 11:30-16 Uhr · **Ruhetag:** Mo./Di.
info@genuss-altemuehle.de · www.genuss-altemuehle.de

Speisekarte: 4 Hauptgerichte von 15,00 bis 19,00 €; 1 Tagesgericht von 15,00 bis 20,00 €

Ab mittags kann man in der Alten Mühle unterhalb von St. Englmar einkehren, das urige Ambiente auf sich wirken lassen und das gastronomische Angebot genießen. Besonders Wanderer, Radler und Familien mit Kindern (ganz in der Nähe ist noch ein riesengroßer Spielplatz) wissen das zünftige Schmankerl-Angebot zu schätzen. Ob Brotzeit (ab 8,90 €), Salate, Suppe, Backhendl oder Bayerische Fish & Chips – alles wird sorgfältig von René Kober und seinem Team zubereitet und schmeckt in der urigen, kleinen Mühlenstube und dem wunderschönen Biergarten inmitten des Kurparks Sankt Englmar besonders gut. Im angeschlossenen Hofladen kann man Produkte von regionalen und kleinen Betrieben kaufen. Das Stöbern macht bereits Spaß. Wer es süßer mag, greift auf das Kaffee- und Kuchen-Angebot im Café zurück. Das flinke Serviceteam leitet Raluca Funera mit Herzlichkeit und Übersicht.

Angerhof - Panoramarestaurant

Bhf→35 km

✉ 94379 · Am Anger 38 · ☎ (0 99 65) 18 60 · Fax: 1 86 19
Neue, Mediter. u. gehobene Reg. Küche · Küche: 12–14/18:30–21 Uhr · **Tische:** 25 /100 Plätze
hotel@angerhof.de · www.angerhof.de

Speisekarte: 8 Hauptgerichte von 16,90 bis 28,50 €; 2 Menüs von 37,00 bis 52,00 €
120 Weinpos.

Das Panoramarestaurant gefällt mit einem niveauvollen, edlen Interieur. Sanft geschwungene, anthrazitfarben gepolsterte Fauteuils an schön eingedeckten Tischen verbinden sich zu einem lässigen Ambiente moderner Eleganz. Immer wieder begeisternd ist der weite Blick durch die bodentiefen Fenster über die Wiesen und Wälder ins Donautal, da begleitet der optische Genuss den kulinarischen. Für den sorgt Chefkoch Stephan Schott mit handwerklichem Geschick und Freude am Tun. Er arbeitet bevorzugt mit Produkten aus dem Biogarten vor der Tür und von bekannten Händlern und Erzeugern aus der Region. Mit guten Ideen und feinem Gespür fürs ausbalancierte Aroma zu stellt er die Zutaten zu gehobener Regionalia, mediterranen Spezialitäten und deftigen bayerischen Schmankerln zusammen. Den zuvorkommenden Service leitet Dieter Mayr mit Übersicht, er gibt auch kompetente Tipps rund um die Weinauswahl. Für Feiern stehen verschiedene, liebevoll eingerichtete Stuben bereit. An warmen Tagen ist die überdachte Sonnenterrasse mit Traumblick in die Landschaft ein besonderer Anziehungspunkt, den Abend kann man in der gediegenen Hotelbar ausklingen lassen.

Bhf→35 km

Angerhof Sport- & Wellnesshotel

✉ 94379 · Am Anger 38 · ☎ (0 99 65) 18 60 · Fax: 1 86 19 · Panoramarest. m. Reg. u. Intern. Küche, "Kachelofenstube", Bar, Café, Zi.-Preise inkl. 3/4-Verwöhnpension
30 km VISA AE
hotel@angerhof.de · www.angerhof.de

50 **DZ** von 260,00 bis 320,00 €;
10 **EZ** von 135,00 bis 165,00 €;
10 **(Jui.-)Suiten** von 330,00 bis 430,00 €

Die Gastfreundschaft und Herzlichkeit, für die Franz und Maria Wagnermayr und ihre Nichte Lisa Krammel stehen und mit der jeder Besucher im Angerhof Sport- und Wellnesshotel umsorgt wird, ist unbedingt erwähnenswert. Man spürt, dass das in schönster naturnaher Südhanglage auf 900 m Höhe gelegene Anwesen in St. Englmar im Bayerischen Wald ein persönlich und inhabergeführtes Haus ist. Die Zimmer sind individuell, komfortabel und mit Geschmack eingerichtet (Die Preise verstehen sich inkl. der feinen 3/4-Verwöhnpension – Frühstücks-/ Nachmittagsbuffet und Abendessen) Für Ausflüge in die Natur locken in unmittelbarer Nähe endlose Wanderwege, Nordicwalking-Strecken und Langlaufloipen. Die mehrfach ausgezeichnete Spa- und Wellnesslandschaft bietet auf faszinierenden 6.500 m² Wellness pur für Körper, Geist und Seele (s. a. Wellness-Special). Auf 30.000 m² Hotelgelände warten ein einzigartiger Entschleunigungsparcours mit 500 m Barfußweg für alle Sinne, Naturlehrpfad und Outdoor-Fitnessstationen. Zusätzlich zu diesen zahlreichen Entspannungs- und Freizeitmöglichkeiten begeistert der Angerhof mit einer gesunden, abwechslungsreichen Gourmetküche. Veranstaltungen können für bis zu 150 Personen in stilvollem Rahmen ausgerichtet werden. Das "Panoramarestaurant" und die urige "Kachelofenstube" bieten kulinarische Gaumenfreuden, die Whisky- und Zigarrenlounge wird auch gerne als geselliger Treffpunkt genutzt. Ferien im Angerhof – so viel nachhaltige Erholung und Luxus sollte man sich einfach gönnen.

St. Goar

Bhf→500 m

Romantik Hotel Schloss Rheinfels

✉ 56329 · Schloßberg 47 · ☎ (0 67 41) 80 20 · Fax: 80 28 02 · Rest. „Auf Scharffeneck“, Burgschänke „Der Landgraf“, Kneipe "Der Backes", Zi.-Pr. inkl. Frühstück
12 km
info@schloss-rheinfels.de · www.schloss-rheinfels.de

55 **DZ** von 145,00 bis 325,00 €;
als **EZ** von 115,00 bis 225,00 €;
8 **EZ** von 80,00 bis 110,00 €;
4 **App.** von 145,00 bis 245,00 €;
4 **Suiten** von 150,00 bis 325,00 €

Durch die exponierte Lage auf den Rheinhöhen über St. Goar und die Integration in Teile der historischen Burg Rheinfels zählt das 4-Sterne-Superior-Hotel zu einer der ersten Adressen in der Region des "UNESCO Welterbe Oberes Mittelrheintal". Die komplette Hotelanlage, zu der das Schloss, die Villa Rheinfels und die Appartementhäuser auf Gut Rheinfels gehören, wurde mit viel Liebe zum Detail restauriert und zeitgemäß ausgestattet. Die Zimmer sind stilvoll und individuell eingerichtet, die Preise verstehen sich inklusive des reichhaltigen Frühstücks. Für Feierlichkeiten gibt es Veranstaltungsräume und für große Events den größten Gewölbekeller Deutschlands, hinzu kommt ein moderner Tagungsbereich. Im Wellnessbereich "Auszeit" findet man auf 500 m² Ruhe und Entspannung. Fürs leibliche Wohl wird in zwei kulinarisch unterschiedlichen Restaurants gesorgt. Und für gesellige Treffen ist die urige Kneipe "De Backes" wie gemacht.

Bhf→3 km

Weinhotel Landsknecht

✉ 56329 · Aussiedlung Landsknecht 4-6 · ☎ (0 67 41) 20 11 · Fax: 74 99
Restaurant, Vinothek, Wein-Shop, Weinwanderungen
17 km
info@hotel-landsknecht · www.hotel-landsknecht.de

15 **DZ** von 90,00 bis 180,00 €;
3 **EZ** von 65,00 bis 99,00 €;
3 **Suiten** von 170,00 bis 230,00 €

Das komfortable Hotel im malerischen Loreley-Tal verfügt über stilvoll eingerichtete Zimmer (Frühstück im Preis inkl.), ein feines Restaurant, Rheinterrasse und ein angeschlossenes Weingut.

St. Martin

Arens Hotel 327 NN

Bhf→2 km

67487 · Oberst-Barrett-Straße 1 · ☎ (0 63 23) 94 50 · Fax: 8 11 11
Restaurant, Bar, Terrasse, E-Ladestation, Frühstück im Zi.-Preis inklusive
8 km
VISA EC
info@arens327.de · www.arens327.de ·

48 **DZ** von 92,00 bis 116,00 €;
8 **EZ** von 48,00 bis 64,00 €;
2 **Rollstuhl-Zi.** von 92,00 bis 102,00 €;
7 **Suiten** von 124,00 bis 198,00 €

Die Lage des Hotels in St. Martin an der Südlichen Weinstraße ist perfekt, um in einen erholsamen Urlaub zu starten. Schon mit dem Panoramablick über die Rheinebene und die Rebenhänge beginnt die Entschleunigung. Im "Arens 327m NN" hat man die Wahl: Einfach mal entspannen, das Wellnessangebot mit verschiedenen Saunen und Dampfbad genießen, aktiv werden und die zahlreichen Wander- und Radwege direkt vor der Haustür nutzen oder eine Kombination von beidem zu wählen. Der Gast logiert in geradlinigen, zeitgemäß eingerichteten Zimmern mit Aussicht: auf den angrenzenden Pfälzer Wald oder die üppigen Weinberge. Tagungs- und Banketträume stehen zur Verfügung, um effektiv zu arbeiten oder der Familienfeier einen schönen Rahmen zu geben. Das Fine Dining Restaurant ""Arens Restaurant" ist Freitag, Samstag und Sonntag ab 18 Uhr geöffnet, hier werden durchdacht komponierte Menüs mit Schwerpunkt auf die deutsch-französische Küche serviert. Die behagliche "Sichtbar" und die schöne Panorama-Terrasse runden das Angebot des Hauses ab, das nur halb so wertvoll wäre, gäbe es nicht noch das ungemein liebenswürdige Mitarbeiterteam, das versucht, alle kleinen und großen Wünsche zu erfüllen.

Arens Restaurant

Bhf→2 km

67487 · Oberst-Barrett-Straße 1 · ☎ (0 63 23) 94 50 · Fax: 8 11 11
Moderne Küche · Küche: 18–20 Uhr · **Ruhetag:** Mo.-Do. · **Tische:** 5/20 Plätze
VISA EC
info@arens327.de · www.arens327.de ·

Speisekarte: 1 Menü von 95,00 bis 115,00 €

310 Weinpos.

Wunderschöne Blautöne dominieren die Farbgebung im Gourmetrestaurant, abgetöntes Blaugrau an den Wänden, himmelblaue, samtbezogene Fauteuils und schlicht-elegant eingedeckte Tische verbinden sich zu einem sehr charmanten Interieur mit individueller Note. Angesichts der begrenzten Plätze, ist eine Reservierung unbedingt anzuraten. Seit dem Herbst 2021 präsentiert Chefkoch Philipp Arens gemeinsam mit Stefanie Lozano hier eine raffiniert ausgetüftelte Gourmetküche. Nur erntefrische Zutaten aus der Region und Frischfisch aus Straßburg gelangen in die Küche und werden in handwerklicher Perfektion mit Ideenreichtum zu modernen, leichten Speisen mit hohem Kreativitätsfaktor. Von Butter, über Saucen und Brot bis hin zu Pralinen wird alles selber gemacht. Man schmeckt förmlich die Leidenschaft für eine gute, fantasievolle Küche, mit der hier gearbeitet wird. Korrespondierende Weine gibt es in einer sorgfältig zusammengestellten Auswahl – Annika Arens berät und empfiehlt mit Wissen und Sensibilität. Den zuvorkommenden Service leitet Nicole Neumann mit Übersicht.

Bhf→2 km

Restaurant 327

✉ 67487 · Oberst-Barrett-Straße 1 · ☎ (0 63 23) 94 50 · Fax: 8 11 11
Internationale und Regionale Küche · Küche: 12–21 Uhr · **Tische:** 30 + (20, Terrasse)/100 + (65) Plätze
VISA EC
info@arens327.de · www.arens327.de

Speisekarte: 11 Hauptgerichte von 13,00 bis 32,00 €; 1 Menü von 45,00 bis 62,00 €

310 Weinpos.

Das Restaurant ist in zeitloser Moderne geschmackvoll und freundlich eingerichtet. Große Fensterfronten ermöglichen einen schönen Panoramablick in die Rheinebene hinein. Noch schöner ist die Sicht natürlich auf der Terrasse, weshalb sie an warmen Tagen, überspannt von großen Sonnenschirmen, ein echter Publikumsmagnet ist. In bester Familientradition präsentiert Patron und Chefkoch Philipp Arens eine durchdachte Frischeküche. Er weiß das große Warenangebot der Region zu schätzen und kauft vorzugsweise im jahreszeitlichen Wechsel marktfrisch ein. Seine Küche ist grundehrlich, unverfälscht und zeigt, wie raffiniert man tradierte Pfälzer Spezialitäten neu interpretieren kann. Gerne setzt er auch aromenstarke mediterrane Akzente. Das abwechslungsreiche Angebot wird von exzellenten Dry Aged Steaks vom Holzkohlegrill ergänzt. Cordula Karadensky leitet liebenswürdig den zugewandten Service. Rund ums Jahr gibt es verschiedenste kulinarische Events (Hummerwochen, Küchenschlacht etc.), die genussvollen Spaß machen. Egal ob Hochzeitsfeier, Taufe oder zünftiges Grillfest – passende Räumlichkeiten gibt es in großer Auswahl – und die Pfälzer Weinorte liegen den Gästen gleichsam zu Füßen.

Stolpe (bei Anklam)

Gutshaus Stolpe

Bhf→10 km

17391 · Peenstraße 33 · (03 97 21) 55 00 · Fax: 5 50 99
Frühstück à la carte, Park, eigener Badesteg, führerscheinfreies Motorboot
50 km
info@gutshaus-stolpe.de · www.gutshaus-stolpe.de ·

28 **DZ** von 145,00 bis 330,00 €;
4 **EZ** von 99,00 bis 180,00 €;
4 **Suiten** von 350,00 bis 420,00 €;
2 **App.** von 200,00 bis 300,00 €
Das herrschaftliche Haus inmitten des Naturparks Peenetal mit individuell und edel eingerichteten Zimmern und Wellness-Lounge ist ein Hideaway mit Stil und Niveau und exklusiver Gastronomie. Hunde sind herzlich willkommen.

Gutshaus Stolpe - Gourmetrestaurant

Bhf→15 km

17391 · Peenstraße 33 · (03 97 21) 55 00 · Fax: 5 50 99
Klassische Küche · Küche: 18:30–21:30 Uhr · **Ruhetag:** So./Mo. · **Ferien:** Jan. ·
Tische: 11/26 Plätze
info@gutshaus-stolpe.de · www.gutshaus-stolpe.de ·

Speisekarte: 1 Menü von 85,00 bis 149,00 € 400 Weinpos.
Der neue Chefkoch Kai Weigand bringt das Rüstzeug mit, aus handverlesenen Zutaten facettenreiche Speisen zu kreieren, die in der klassischen Küche verwurzelt und dank seiner Kreativität raffinierte Neuinterpretationen sind.

St. Oswald

Biohotel Pausnhof

94568 · Goldener Steig 7 · (0 85 52) 40 88 60
Naturschwimmteich, Bio-Restaurant, Wintergarten, Zi.-Preise inkl. Halbpension
3 km
info@pausnhof.de · www.pausnhof.de

25 **DZ** von 280,00 bis 330,00 €
Inmitten des Bayerischen Waldes war der "Pausnhof" das erste bio-zertifizierte Hotel Deutschlands. Mit hochwertigen, regionaltypischen Materialien wurden inspirierende (Lebens-)Räume abseits der täglichen Hektik geschaffen. Reduzierung auf das Wesentliche, Ausgeglichenheit und Entschleunigung sind die Basis dieses familiär geführten Hauses mit einem Restaurant, das sich der Natürlichkeit verschrieben hat.

Hervorragendes Hotel mit außergewöhnlichem Komfort

St. Peter

Zur Sonne

Bhf→14 km

79271 · Zähringer Str. 2 · (0 76 60) 9 40 10
Reg. u. Badische, Bio-Zertif. Küche · Küche: 12–14/18–21 Uhr · **Ruhetag:** Mo. ·
Tische: 17/50 Plätze
sonne-st.peter@t-online.de · www.sonne-schwarzwald.de ·

Speisekarte: 5 Hauptgerichte von 17,50 bis 29,00 €; 4 Menüs von 49,00 bis 63,00 € 141 Weinpos.
Chefkoch Hanspeter Rombach setzt auf biologische Produkte und raffinierte und bodenständige Rezepte. Der Bio-Philosophie folgend ist die Wohlfühl-Atmosphäre inklusive.

St. Peter-Ording

Bhf→1,5 km

Landhaus an de Dün

25826 · OT Bad · Im Bad 63 · ☎ (0 48 63) 9 60 60 · Fax: 96 06 60
Hotel garni, Café, Terrasse, Zimmerpreise inkl. Frühstücksbuffet
2 km
www.Hotel-Landhaus.de

9 **DZ** von 148,50 bis 255,00 €;
als **EZ** von 103,50 bis 230,00 €;
6 **Suiten** von 180,00 bis 280,00 €
Das Hotel "Landhaus an de Dün" steht für Gastlichkeit, Komfort und Service - First Class an der Nordsee! Es bietet großzügige Zimmer in harmonischen Farben und ausgesuchten Materialien. Entspannungssuchende werden diese in der Wellnessoase finden.

Stralsund

Bhf→2 km

Romantik Hotel Scheelehof

18439 · Fährstraße 23-25 · ☎ (0 38 31) 28 33 00 · Fax: 28 33 488
Restaurant "Zum Scheele", Kellerkneipe, hauseigene Rösterei
VISA AE EC
info@scheelehof.de · www.scheelehof.de

DZ ab 125,00 €;
als **EZ** ab 99,00 €;
Suiten ab 180,00 €
Die historische Bausubstanz hanseatischer Giebelhäuser wurde hier erhalten, aufwändig restauriert und harmonisch mit modernem Hotel-Komfort verbunden. Ein Wellnessbereich, Restaurant, Kaffeerösterei und urige Kellerkneipe komplettieren das Angebot.

Straßkirchen

Bhf→400 m

Jedermann

94342 · Irlbacher Straße 1 · ☎ (0 94 24) 9 48 04 37
Regionale Küche · Küche: 16:30–23/So. auch 11:30–23 Uhr · **Ruhetag:** Mo./Di. ·
Tische: 12/40 Plätze
VISA AE EC
info@jedermann-strasskirchen.de · www.jedermann-strasskirchen.de

Speisekarte: 5 Hauptgerichte von 16,00 bis 22,00 €; 2 Menü von 34,00 bis 72,00 €
40 Weinpos.
Patron und Chefkoch Sebastian Völkl kauft die Zutaten bevorzugt im Umland und im saisonalen Wechsel. Mit handwerklichem Geschick, Können und Ideenreichtum stellt er sie zu regionalen Speisen zusammen, die leicht und zeitgemäß zubereitet werden.

Straubing

Bhf→500 m

Genusshotel by Wenisch

94315 · Innere Passauer Straße 59 · ☎ (0 94 21) 99 31-0 · Fax: 99 31 80
Restaurant, Bar, Biergarten, Arrangements, kleiner Spa-Bereich
VISA AE EC
info@genusshotel-wenisch.de · www.genusshotel-wenisch.de

58 **DZ** ab 99,00 €;
8 **EZ** ab 69,00 €
Familiäres Engagement, bayerische Gastlichkeit und eine entspannte Atmosphäre zeichnen das Genusshotel Wenisch aus, das seit 1961 in zentraler Lage in Straubing zu finden ist. Hier werden traditionelle Werte noch gelebt, bemüht sich das gesamte, liebenswürdige Team, dem Gast einen angenehmen Aufenthalt zu bereiten. Die Zimmer sind individuell eingerichtet, verfügen über zeitgemäßen Komfort (LCD-TV, Radio, Minibar, kostenloses W-LAN etc.) und sind ein wirklich schönes Zuhause auf Zeit. Hier ist die Turmsuite mit eigener Whirlpoolwanne unter einem stimmungsvollen Sternenhimmel hervorzuheben. Der Tag beginnt mit einem reichhaltigen Frühstückbuffet, wobei die Wurstwaren aus eigener Herstellung sind. Das Genusshotel Wenisch ist immer auch ein

Ort der Begegnungen, nicht nur beim traditionellen Gäubodenvolksfest trifft man sich in geselliger Runde. Ein kleiner Spa-Bereich mit Finnischer und Infrarot-Sauna und Schwalldusche steht zur zusätzlichen Entspannung bereit. Kulinarischen Genuss erwartet den Gast im Restaurant mit feiner Regionalküche.

TONI's by Wenisch

Bhf→500 m

✉ 94315 · Innere Passauer Straße 59 · ☎ (0 94 21) 99 31-0 · Fax: 99 31 80
Regionale Küche, Steakgerichte · Küche: 11:30–14/17:30–21 Uhr · **Ruhetag:** So. ·
Tische: 60/240 Plätze
info@genusshotel-wenisch.de · www.genusshotel-wenisch.de

Speisekarte: 18 Hauptgerichte von 13,90 bis 29,90 €; 2 Tagesgerichte zu 9,90 €; Dinner for Two zu 79,00 €
120 Weinpos.
Sehr viel Holz, das statt in traditioneller bayerischer Art in geradliniger Form und moderner Ausführung zum dominanten Raumelement wird, fügt sich mit den blanken Tischen und der einsehbaren Küche im Restaurant "TONI's by Wenisch" zu einer locker-lässigen Wohlfühlatmosphäre. Hier geht es einfach herrlich lebendig und kommunikativ zu. Chefköchin Marina Amann arbeitet mit echter Leidenschaft für ihren Beruf und legt großen Wert auf erstklassige Zutaten und eine ehrliche und unverfälschte Zubereitung. Die nachhaltige Küche ist ambitioniert, fest in der Region verwurzelt und wird mit zeitgemäßen Garmethoden, Würzungen und geschickten Kombinationen zu einer gehobenen Wirtshausküche. Das Motto des Hauses – from farm to table – wird beherzt umgesetzt. Familie Wenisch züchtet auf dem Muggenthaler Hof eigene Ochsen; Fleisch und Wurstwaren werden in der hauseigenen Metzgerei veredelt und bereichern in Form von Steakspezialitäten das gelungene Speiseangebot. Neben bayerischen Schmankerln gibt es Burger, BBQ, Flammkuchen und verschiedenste knackige Salate. Mittags werden zwei Tagesgerichte – eines vegetarisch, sonntags ein so vielseitiger Brunch angeboten, dass die Auswahl schwerfällt. Ein flinker Service – der auch mühelos große Gesellschaften betreut – begleitet den Restaurantbesuch und sieht auch im Biergarten nach dem Rechten.

Strausberg

The Lakeside Burghotel zu Strausberg

Bhf→2 km

✉ 15344 · Gielsdorfer Chaussee 6 · ☎ (0 33 41) 3 46 90 · Fax: 34 69 15 · Restaurant mit Intern. und Reg. Küche, Biergarten, Zi.-Preise inkl. Frühstücksbuffet
2 km
reception@burghotel-strausberg.de · www.burghotel-strausberg.de

47 **DZ** ab 149,00 €;
1 **EZ** ab 111,00 €;
(Ju.-)Suiten ab 189,00 €;
3 **Fam-Zi. (3 Ps.)** zu 179,00 €
Dieses direkt am Stausee gelegene, im englischen Landhausstil erbaute Hotel mit stilvollen Zimmern, Tagungs- und Bankettträumen, und Wellnessbereich macht jeden Aufenthalt zu einem unvergesslichen Erlebnis.

Stromberg

Bhf→15 km

Land & Golf Hotel Stromberg

✉ 55442 · Buchenring 6 · ☎ (0 67 24) 60 00 · Fax: 60 04 33
Garten-Restaurant, Buffet-Restaurant, BirdieBar. Zi.-Preis inkl. Frühstückbuffet
50 m
info@golfhotel-stromberg.de · www.golfhotel-stromberg.de

158 **DZ** ab 115,00 €;
als **EZ** ab 115,00 €;
13 **(Jui.-)Suiten** ab 155,00 €
Die Zimmer sind edel eingerichtet, das Creativ-Center mit modernsten Tagungsräumen ermöglicht effektives Arbeiten. Ein großes Freizeitangebot und die Wellnesslandschaft ergänzen das Angebot.

Bhf→15 km

Land & Golf Hotel Stromberg – Le Délice

✉ 55442 · Buchenring 6 · ☎ (0 67 24) 60 00 · Fax: 60 04 33
Gehobene Frischeküche · **Geöffnet:** Mi.-Sa. ab 19 Uhr · **Ruhetag:** So./Mo./Di.
info@golfhotel-stromberg.de · www.golfhotel-stromberg.de

Speisekarte: 1 Menü von 92,00 bis 124,00 €

Chefkoch Michael Stortz kocht mit handwerklicher Präzision klassische, mediterrane und regionale Speisen und setzt dabei bevorzugt auf heimische Produkte, die er mit viel Fantasie kombiniert.

Stuhr

Bhf→12 km

Kreuz Meyer

✉ 28816 · Hauptstraße 2 · ☎ (0421) 89 85 50 · Fax: 8 98 55 44 · Rest. mit Regionaler Küche, Wintergarten, Sonnenterrasse, Frühstücksbuffet im Zi.-Preis inkl.
12 km
info@hotel-kreuzmeyer.de · www.hotel-kreuzmeyer.de

10 **DZ** von 110,00 bis 125,00 €;
5 **EZ** von 66,00 bis 100,00 €;
3 **Mehrbettzi.** von 140,00 bis 165,00 €
Vor den Toren Bremens gelegen, ist dieses familiengeführte Hotel mit Restaurant sehr einladend. Egal, ob als Hotelgast, Besucher des Restaurants oder Teilnehmer an einer der zahlreichen hier durchgeführten Festivitäten – man fühlt sich stets herzlich willkommen und wird von einem persönlichen Service individuell betreut. Im Zimmerpreis ist das reichhaltige Frühstücksbuffet bereits inbegriffen. Das Restaurant bietet frisch zubereitete norddeutsche Spezialitäten die je nach dem jahreszeitlichen Angebot – z. B. Grünkohl, Spargel, Matjes, Pfifferlinge, Gans, Wild – variieren.

LIMONI CAVIALE 100% ITALIANI

PERLA DI GIOVE

Jupiters Perle. Der Zitronenkaviar.

Göttliche Perlen für Ihre kulinarischen Ideen.

Ein Anwendungsbeispiel von Küchenchef Salvatore Fontanazza
im Field Restaurant in Lüchow.

Perla di Giove di Gabriella Donnarumma - Via Migliara 58 – I-04019 Terracina Italien – info@perladigiove.it

Stuttgart

Bhf→500 m

5 Gourmetrestaurant

✉ 70173 · Bolzstr. 8 · ☎ (07 11) 65 55 70 11 · Fax: 46 92 89 94
Moderne Crossover Küche · Küche: 18–20 Uhr · **Ruhetag:** Mo./Di. · **Ferien:** 1 W. Jan. + 6 W. Sommerferien · **Tische:** 14/34 Plätze
5@5.fo · www.5.fo

Speisekarte: 3-7 Gang-Menü von 95,00 bis 194,00 €

150 Weinpos.

Im Gourmetrestaurant "5" werden alle fünf Sinne so rasant angesprochen, dass scheinbar alle Synapsen gleichzeitig feuern. Die Lounge-Bar im Erdgeschoss lässt man über eine Treppe hinter sich und gelangt so ins Gourmetrestaurant. Die historischen Eisenträger des alten Stuttgarter Bahnhofs vermitteln ein an Steampunk erinnerndes Industrie-Design und werden mit gediegenem Kolonialstil und angesichts des psychedelischen Wandbildes mit ein bisschen fantastischer fünfter Dimension kombiniert – das Interieur im "5" ist großartig, denkwürdig, lässig-locker und herrlich kosmopolitisch. Ähnlich vielseitig und individuell zeigt sich die von Chefkoch Alexander Dinter genannte "Passion"-Küche. Hier sind nicht nur alle fünf Sinne gefragt, sondern es werden auch gleich alle fünf Kontinente zu Ideengebern für Speisekombinationen und -folgen, die man so kein zweites Mal findet. Sein Spiel mit verschiedensten Aromen, Texturen und Garzuständen ist virtuos, leidenschaftlich und ungemein raffiniert, ohne dass Können und handwerkliche Präzision auf der Strecke bleiben. Hervorhebenswert ist auch das angebotene vegetarische Menü, welches mit drei Gängen für 70,- € beginnt und auf bis zu sechs Gänge für 133,- € erweitert werden kann. Gewohnt zuverlässig leitet Maître Dirk Romann mit seinem professionellem Serviceteam, unter Restaurantleiterin Sara Lembke, durch den Abend und berät mit großer Expertise zu den perfekt begleitenden Weinen und weiteren Getränken.

Dieses Restaurant bietet Ihnen eine exzellente Küche.

Christophorus im Porsche Museum

Bhf→3 km

Klassische Küche, Steak-Spezialitäten · Küche: 12–13:30/18–21:30 Uhr · **Ruhetag:** So./Mo. · **Ferien:** 2 Wo. im August · **Tische:** 18/65 Plätze
restaurant-christophorus@porsche.de · https://www.porsche.com

Speisekarte: 8 Hauptgerichte von 25,00 bis 70,00 €; 1 Mittagsmenü zu 42,00 €; 1 Menü von 98,00 bis 110,00 €

500 Weinpos.

In der dritten Etage des Porsche-Museums befindet sich das modern gestaltete Restaurant „Christophorus", das einen faszinierenden Blick auf das Porsche-Gelände und die Museumsfahrzeuge erlaubt und einen anderen in die Showküche. Hier steht Chefkoch Thomas Heilmann mit seinem Team und überzeugt die Gäste aus aller Herren Länder mit einer durchdachten Frischeküche. Klassische, auf Topzutaten basierende Speisen werden von einem außergewöhnlichen Angebot edler Steakcuts ergänzt. Das Fleisch (US Prime Beef, das seinen vollen Geschmack im hauseigenen Reifekeller erhält) wird dem Gast im Rohzustand präsentiert und anschließend im beeindruckenden, bis zu 800° heiß werdenden Grill auf den Wunschpunkt gegart. Beilagen (u. a. hausgemachte Pommes, Ofenkartoffeln mit Sauerrahm, Olivenbramata, Salat und Marktgemüse) kann man nach Gusto wählen. Weine gibt es in faszinierender Fülle und erstklassiger Qualität – hier berät Holger Schramm, der auch den sehr zuvorkommenden, aufmerksamen Service leitet, mit Expertise und viel Feingefühl.

Délice Gastrosophie & Weinkultur

Bhf→4

Intern. Küche, eig. Kreat. · Küche: 19–21:15 Uhr · **Ruhetag:** Sa./So. · **Tische:** 6/24 Plätze
www.restaurant-delice.de

Speisekarte: 1 Menü zu 115,00 €

824 Weinpos.

Chefkoch Andreas Hettingers lässt sich gerne vom Marktangebot und den Jahreszeiten inspirieren, um zeitgeistige Speisen mit klassisch-mediterranen Elementen zusammenzustellen, die finessenreich und aussagekräftig sind.

Der Zauberlehrling OT Bohnenviertel

Bhf→2 km

Neue Küche · Küche: 18:30–21 Uhr · **Ruhetag:** So./Feiertag · **Ferien:** je 2 W. Jan. + Aug. · **Tische:** 10/24 Plätze
kontakt@zauberlehrling.de · www.zauberlehrling.de

Speisekarte: 1 Menü von 113,00 bis 150,00 €

350 Weinpos.

Unverfälscht, modern, raffiniert und elegant - so lassen sich die Speisen, die Chefkoch Fabian Heldmann zubereitet, beschreiben. Dabei nutzt er die ganze Bandbreite traditioneller und moderner Garmethoden und Zubereitungsformen, spielt mit verschiedensten Kräutern und Gewürzen und kreiert Speisen, die sich in keine Schublade packen lassen.

Bhf→4 km

Fässle

70597 · OT Degerloch · Löwenstraße 51 · ☎ (07 11) 76 01 00 · Fax: 76 44 32
Franz., Klass., und Int. Küche · Küche: 12–13:30/18:30–21 Uhr · **Ruhetag:** So./Mo. · **Tische:** 25/70 Plätze
info@restaurant-faessle.de · www.restaurant-faessle.de

Speisekarte: 5 Hauptgerichte von 29,50 bis 34,00 €; 5 Tagesgerichte von 14,90 bis 23,00 €; 3 Menüs von 31,00 bis 80,00 € 180 Weinpos.
Die feine, französische Küche von Chefkoch Patrick Giboin zeichnet sich durch ihre Liebe zum Detail aus und mundet in einer hervorragenden Melange aus klassischer und innovativer Küchenkunst. Eine schöne Speiseterrasse und ein privater, eleganter Salon für kleine Gesellschaften stehen zur Verfügung.

Bhf→1,6 km

Hegel Eins

70174 · Hegelplatz 1 · ☎ (07 11) 6 74 43 60
Moderne, Neue und Internationale Küche · Küche: 18:30–21 Uhr · **Ruhetag:** So./Mo. · **Ferien:** 1.8.-9.9. · **Tische:** 10/30 Plätze
info@hegeleins.de · www.hegeleins.de

Speisekarte: 2 Menüs von 116,00 bis 168,00 €
Das Linden-Museum in einem beeindruckenden, neoklassizistischen Bau beherbergt das Völkerkunde-Museum und außerdem das Restaurant "Hegel Eins". Das Interieur ist die perfekte Mischung aus Modernität und Gemütlichkeit. Natürliche Materialien wie klar designte Holzschindeln, olivgrüne Wände, mächtige Kronleuchter, Kamin, blanke Holztische und eine Bar an der Stirnseite des Raums fügen sich zu einem harmonischen Ganzen. Die Küche von Chefkoch Daniel Mästling gehört in keine Schublade, vielmehr ist sie frisch, bunt und abwechslungsreich und so facettenreich wie die Gäste, die den legeren und unprätentiösen Genuss zu schätzen wissen. Inspiration und Überraschung prägen die angebotenen Menüs. Vegetarische Zusammenstellungen benötigen einen siebentägigen Vorlauf, werden aber mit ebenso großem handwerklichem Können und Ideenreichtum ausgeklügelt wie das eigentliche angebotene Menü, das sich auch immer am saisonalen Marktangebot orientiert. Der zuvorkommende Service wird von einem gut aufgelegten Jan Tomasic geleitet, der auch gerne Tipps zu den begleitenden Getränken gibt.

Hotel und Schlösschen "Zur Weinsteige" Bhf→3 km

70184 · Hohenheimer Str. 28-30 · ☎ (07 11) 2 36 70 00 · Fax: 2 36 70 07 · Innenhof-Terrasse, Rebgarten, Weinhandel, reichh. Frühstücksbuffet (12,- € p. P.)
12 km VISA AE
info@zur-weinsteige.de · www.zur-weinsteige.de

14 **DZ** von 120,00 bis 240,00 €;
10 **EZ** von 99,00 bis 210,00 €;
3 **Suiten** von 240,00 bis 450,00 €;
2 **App.** von 195,00 bis 310,00 €

Im Hotel und Schlösschen "Zur Weinsteige" spürt man sofort, dass das Haus engagiert von der Inhaberfamilie Scherle geführt wird. Hier erwartet den Gast das Unerwartete: Persönlich durch die liebenswürdige und sympathische Birgit Scherle begrüßt, geht es entweder in das traditionsreiche Haupthaus mit komfortablen Zimmern im elegant-rustikalen Stil oder – quasi im "Hinterhof" – ins Schlösschen mit klimatisierten, exklusiven, top ausgestatteten Doppelzimmern, luxuriösen Junior-Suiten und der Louis XVI. Suite. Einige verfügen über Jacuzzi-Wannen und alle bieten vom Balkon oder der Terrasse aus einen Blick auf den großen Koi-Karpfenteich und bezaubern mit einer heiter-mediterranen Atmosphäre. Für das außergewöhnliche Außenambiente sorgen duftende Rosen, pittoreske Marmorsäulen, eine große Gastronomieterrasse sowie der idyllische Garten. Beliebter und geselliger Treffpunkt ist die sehr hübsch gestaltete Raucher-Hotelbar.

Restaurant "Zur Weinsteige" Bhf→3 km

70184 · Hohenheimer Str. 28-30 · ☎ (07 11) 2 36 70 00 · Fax: 2 36 70 07 · Klassische, Mediter. u. Reg. Küche · Küche: 18–23 Uhr · **Ruhetag:** So./ Mo./Feiertag (außer 25./26.12) · **Ferien:** je 3 Wo. Jan. + Aug. · **Tische:** 12/50 Plätze VISA AE
info@zur-weinsteige.de · www.zur-weinsteige.de

Speisekarte: 8 Hauptgerichte von 24,00 bis 48,00 €; 2 Menüs von 52,00 bis 110,00 €
1.500 Weinpos.

Das Gourmetrestaurant ist sehr edel eingerichtet und eine gelungene Symbiose aus traditionellen Elementen und modernen Accessoires. Die Holzkassettendecken und der in dunklem Holz gehaltene Thekenbereich erfahren eine federleichte, elegante Kontrastierung durch den sanften Schimmer, goldfarbener, elipsenförmiger Lampen, erlesener Stoffe und in Weiß eingedeckter Tische. Andreas Scherle und sein Bruder Jörg sind der Motor des Restaurants, das sie mit großem Engagement führen, immer mit dem Ziel vor Augen, jedem Gast einen schönen und genussvollen Abend abseits vom Alltag zu bescheren. Jörg Scherle sorgt dabei mit einer aromenbetonten, sorgsam durchdachten und frischen Produktküche für das leibliche Wohl. Klassische und geschickt verfeinerte regionale Speisen stellt er mit Können und Geschick zusammen, gibt ihnen eine eigene Handschrift und setzt gerne raffinierte, mediterrane Akzente. Zum hohen Wohlfühlfaktor in der Weinsteige trägt Andreas Scherle wesentlich bei. Er ist herzlicher und nahbarer Gastgeber und leitet als aufmerksamer Maître ein zuvorkommendes Serviceteam. Außerdem berät er mit sehr viel Sachkenntnis zur großartig bestückten Weinkarte – mit über 1000 Tropfen allein aus Deutschland und Riesling, Spätburgunder und Lemberger als Mittelpunkt – die ihm 2021 Platz 1 des "Traubenadler Sommelier" eingebracht hat. Hinterm Restaurant ist der romantische, kleine Rebgarten, der an warmen Tagen ein besonders schöner Ort ist, um das vielseitige Angebot zu genießen. Eine größere Runde mit bis zu 60 Personen kann auch die schöne Sommerterrasse nutzen.

Bhf→330 m

Hupperts

✉ 70199 · Gebelsbergstraße 97 · ☎ (07 11) 6 40 64 67 · Fax: 65 83 79 75
Klassische und Int. Küche · Küche: 18:30–21:30 Uhr · **Ruhetag:** So./Mo. · **Tische:** 10/28 Plätze
VISA EC
info@hupperts-restaurant.de · www.hupperts-restaurant.de

Speisekarte: 1 Menü von 109,00 bis 119,00 €

107 Weinpos.

"Reiner Geschmack aus der Region" ist das Motto von Chefkoch Michael Huppert, das er mit viel Können, kulinarischem Feingefühl und kreativen Ideen in die Tat umgesetzt wird. Die zeitgeistigen Speisen stellt er täglich mit marktfrischen Speisen ideenreich zusammen.

Bhf→1,5 km

Maritim Stuttgart

✉ 70174 · Seidenstraße 34 · ☎ (07 11) 94 20 · Fax: 9 42 10 00 · Restaurant „Rôtisserie“ (Frühst. 19,- € p. P.), Bistro "Reuchlin", Café „Espresso“, Pianobar
14 km VISA AE EC
info.stu@maritim.de · www.maritim.de

431 **DZ** ab 165,00 €;
31 **EZ** ab 165,00 €;
78 **(Jui.-)Suiten** ab 212,00 €

Zeigemäßen Komfort versprechen die eleganten Zimmer in dem exklusiven Hotel. Das angrenzende Kultur- und Kongresszentrum für bis zu 2200 Personen wird von Tagungsräumen ergänzt.

Bhf→11 km

Meister Lampe

✉ 70499 · OT Weilimdorf · Solitudestr. 261 · ☎ (07 11) 98 98 98 0 · Fax: 98 98 98 16
Klass., Neue u. Reg. Küche · **Geöffnet:** ab 18 Uhr, So. auch ab 12 Uhr · **Ruhetag:** Mo. · **Ferien:** variabel · **Tische:** 9/50 Plätze
VISA EC
info@restaurant-meisterlampe.de · www.restaurant-meisterlampe.de

Speisekarte: 6 Hauptgerichte von 24,90 bis 35,90 €; 1 Menü von 55,90 bis 79,90 €

152 Weinpos.

Chefkoch Daniel Stübler sorgt in seiner expressiven Küche für einen Wechsel von Bodenständigem und grenzübergreifenden Speisen. Außerdem lässt er sich bei ausgesuchten Spezialitäten gerne von den verschiedenen Jahreszeiten inspirieren.

Speisemeisterei OT Hohenheim

Bhf→8 km

70599 · Am Schloß Hohenheim · (07 11) 34 21 79 79 · Fax: 34 21 79 78
Klass., Neue u. Reg. Küche, eig. Kreat. · **Geöffnet:** ab 18:30 Uhr · **Ruhetag:** Di./Mi. · **Tische:** 40/70 Plätze
info@speisemeisterei.de · www.speisemeisterei.de

Speisekarte: 1 Menü von 149,00 bis 189,00 € 411 Weinpos.
Einst Sommerresidenz des Herzogs Carl Eugen von Württemberg, ist die "Speisemeisterei" in Schloss Hohenheim ein besonders exklusiver Ort, um genuss- und lustvoll zu speisen. Für außergewöhnliche Geschmackserlebnisse sorgt Stefan Gschwender mit seiner unverfälschten, aromenstarken Produktküche.

Wielandshöhe OT Degerloch

Bhf→3 km

70597 · Alte Weinsteige 71 · (07 11) 6 40 88 48 · Fax: 6 40 94 08
Klass., Neue u. Reg. Küche, eig. Kreat. · Küche: 12–13:30/18–20:30 Uhr · **Ruhetag:** So./Mo. · **Tische:** 18/60 Plätze
restaurant@wielanshoehe.de · www.wielandshoehe.de

Speisekarte: 8 Hauptgerichte von 38,00 bis 52,00 €; 1 Mittagsmenü zu 78,00 €; 2 Abendmenüs von 88,00 bis 120,00 € 356 Weinpos.
Nicht nur bei seinen erlesenen, aromentiefen Speisen bringt Patron Vincent Klink es auf den Genusspunkt. Das gelingt ihm auch mit prägnanten Worten, denn das Multitalent kann kochen, dichten und künstlerisch gestalten und manchmal sind die Grenzen dabei sogar fließend.

St. Wendel

Kunz

Bhf→5 km

66606 · OT Bliesen · Kirchstraße 22 · (0 68 54) 81 45 · Fax: 72 54
Klass. u. Mediterr. Küche · Küche: 18–21/So. 12–14 Uhr · **Ruhetag:** Mo./Di./Mi. · **Ferien:** variabel · **Tische:** 12/45 Plätze
service@restaurant-kunz.de · www.restaurant-kunz.de

Speisekarte: 1 Menü von 79,00 bis 115,00 € 320 Weinpos.
Die Ideen, mit denen Patron und Chefkoch Alexander Kunz seinen klassischen Speisen eine ganz eigene Linie gibt, sind vielfältig, wunderbar durchdacht und münden in exklusive, unvergessliche Geschmackserlebnisse.

Sulzemoos

Hotel Hainzinger OT Einsbach

Bhf→7 km

85254 · Dachauer Straße 1 · (0 81 35) 9 91 87 18 · Fax: 9 91 87 19
Restaurant mit Regionaler Küche, reichhaltiges Frühstück (im Zi.-Preis inkl.)
7 km
info@hotel-hainzinger.de · www.hotel-hainzinger-einsbach.de

19 **DZ** von 85,00 bis 185,00 €;
als **EZ** von 65,00 bis 145,00 €;
10 **EZ** von 55,00 bis 125,00 €;
2 **App.** von 100,00 bis 150,00 €

Etwa 30 km nördlich von München gelegen und nur 1 km von der Autobahnausfahrt Sulzemoos an der A8 zwischen München und Augsburg entfernt (und damit perfekt für Reisen in alle Himmelsrichtungen positioniert), ist das im bayerischen Landhausstil gestaltete Hotel im Zentrum von Einsbach dennoch ruhig gelegen. Barbara Hainzinger leitet es mit großem Engagement und einem liebenswürdigen Mitarbeiterteam. Die hellen und freundlichen Zimmer – im Nebengebäude entstanden Ende 2019 zwei neue, Komfort-Apartments – sind geschmackvoll in stilvoller Moderne mit viel Holz ausgestattet, verfügen über zeitgemäßen Komfort, einladendes Ambiente und sind für Urlaubs- oder Übernachtungsgäste von im Haus stattfindenden Familienfeiern ein schönes Zuhause auf Zeit. Der Tag beginnt mit einem reichhaltigen Frühstück (im Zimmerpreis enthalten), abends kann man sich im Restaurant kulinarisch verwöhnen lassen. Besonders gerne trifft man sich in den Sommermonaten im gemütlichen Biergarten.

Bhf→7 km

Gasthof Hainzinger OT Einsbach

✉ 85254 · Dachauer Straße 1 · ☎ (0 81 35) 9 91 87 18 · Fax: 9 91 87 19
Gehobene Regionale und Neue Küche · Küche: 17–21:30 Uhr · **Ruhetag:** Mi./Do. · **Ferien:** 3 Wo. Aug. · **Tische:** 20/95 Plätze
info@hotel-hainzinger-einsbach.de · www.hotel-hainzinger-einsbach.de

Speisekarte: 5 Hauptgerichte von 12,80 bis 25,00 €; 1 Tagesgericht von 8,50 bis 25,00 € 12 Weinpos.
Gesellig, gemütlich und bodenständig geht es im "Gasthof Hainzinger" zu. In einem schlichten und geradlinigen Landhausstil eingerichtet, ist der historische, grün glasierte große Kachelofen Wärmespender im Winter und optischer Mittelpunkt das ganze Jahr über. Am Stammtisch treffen sich die Sulzemoser wie in alten Zeiten. Chefköchin Barbara Hainzinger sorgt für eine abwechslungsreiche Frischeküche, in der es Brotzeit und bayerische Schmankerl ebenso gibt wie leicht zubereitete, gehobene regionale Speisen. Die Zutaten kommen bevorzugt von bekannten Lieferanten aus der Region und werden von ihr mit handwerklichem Können, guten Ideen und Aromensicherheit im jahreszeitlichen Rhythmus zubereitet. Rosi-Maric

Kalmbach leitet gewohnt kompetent den herzlichen Service. Mit bayerischem Charme und großer Herzlichkeit ist sie eine geborene Gastgeberin. Auch Feierlichkeiten finden im "Hainzinger" einen schönen Rahmen und liebenswürdige Betreuung.

Sulzburg

Bhf→5 km

Hirschen

✉ 79295 · Hauptstraße 69 · ☎ (0 76 34) 82 08 · Fax: 67 17
Klassische Küche · **Geöffnet:** ab 18 Uhr · **Ruhetag:** So./Mo./Di. · **Tische:** 14/45 Plätze
hirschen-sulzburg@t-online.de · www.hirschen-sulzburg.de

Speisekarte: 2 Menüs von 203,00 bis 295,00 €
586 Weinpos.
Chefköchin Douce Steiner kocht mit Hingabe, Leidenschaft und einem staunenswerten Können klassische Haute Cuisine. Sie ist erst zufrieden, wenn ihre Speisen die Gäste auf einer Ebene berühren, die über die klassische Gaumenfreude hinausgeht.

Sylt

A-ROSA Sylt

Bhf→17 km

✉ 25992 · OT List · Listlandstraße 11 · ☎ (0 46 51) 9 67 50-0 · Fax: 9 67 50-7 99
Buffet-Restaurant und THE FISH CLUB, Terrassen, Raucherlounge, Ballsaal
17 km
sylt@a-rosa.de · www.a-rosa.de

Family

143 **DZ** von 208,00 bis 428,00 €;
als **EZ** von 208,00 bis 428,00 €;
4 **EZ** von 148,00 bis 458,00 €;
30 **Suiten** von 388,00 bis 628,00 €

Sylt – ein Name der Lifestyle und Erholung verbindet. Hier findet sich mit dem "A-ROSA Sylt" in List das nördlichste Urlaubsdomizil Deutschlands, zweifach als "Hotel des Jahres" ausgezeichnet. Inspiriert vom klassischen Bäderarchitekturstil ist es ein Rückzugsort der Extraklasse, umgeben von wilden Dünen und feinem Sandstrand. Jedes der geschmackvoll gestalteten Zimmer bietet einen beeindruckenden Ausblick in Richtung Sylter Landschaft oder Wattenmeer. Für Erholung pur steht das 3.500 m² große prämierte SPA-ROSA (World's Best Spa, Traveller's World Award) mit der ganzjährig beheizten Poollandschaft, 6 Themensaunen und Anwendungsräumen. Auf Tagungsgäste warten komfortable Veranstaltungsräume für Meetings. Die zwei Restaurants bereichern mit ihrer großen Vielfalt und Qualität die kulinarische Spitzenklasse Sylts. Kleine Gäste haben im ROSINIS unter der Aufsicht pädagogisch geschulter Mitarbeiter Abwechslung und ganz viel Spaß und die schön gestaltete Teens Lounge ist bei den größeren Kindern sehr beliebt. Auch das Freizeitangebot außerhalb des Resorts (u. a. vier Golfplätze) bietet alles, was zu einem außergewöhnlichen und unvergesslichen Urlaub gehört.

Dünenrestaurant + THE FISH CLUB

Bhf→17 km

✉ 25992 · OT List · Listlandstraße 11 · ☎ (0 46 51) 9 67 50-7 00 · Fax: 9 67 50-7 99
Interationale u. Regionale Küche · Küche: 18:30–21:30 Uhr · **Tische:** 90/226 Plätze
empfang.sylt@a-rosa.de · www.a-rosa-resorts.de

Speisekarte: täglich wechselndes A-ROSA-Buffet zu 45,00 p. P. €
270 Weinpos.

Das Dünenrestaurant macht seinem Namen alle Ehre, gewähren die bodentiefen Fenster doch einen herrlichen Blick auf die Lister Dünenlandschaft. Das Interieur ist mit viel naturbelassenem Holz ausgestattet, Sand- und Beigetönen spiegeln die vor der Tür liegende Landschaft wider. Das Restaurantkonzept ist ganz einfach, die Speisen hingegen sind wunderbar vielseitig, denn es werden täglich wechselnde Themenbuffets aus aller Welt angeboten. An der Live-Cooking-Station blickt man dem rührigen Team über die Schulter und kann u. a. Kurzgebratenes und feine Fischspezialitäten in Empfang nehmen und sich von der großen Auswahl jeden Tag aufs Neue verlocken lassen. Vegetarisches und Veganes, Vorspeisen und diverse Specials vom Sushi bis zur Bowl und zum Abschluss verführerisch zusammengestellte Desserts sind eine

kulinarische Verlockung für jeden Geschmack. Wer die Speisen open air genießen möchte, nimmt auf der großen Dünen-Terrasse Platz.
Lässig und weltoffen geht es im THE FISH CLUB zu (Di.-Sa. 18-21:30 Uhr) – die perfekte Mischung aus Restaurant, Bar und Lounge. Hier lässt sich Dirk Seiger von den Küchen der Meere inspirieren und erweitert das Repertoire mit gelungener Regionalia. Vom Fisch-Taco über Jacobsmuschel bis Ceviche gibt es genussreiche maritime Kreationen und dank Sushi-Meister Mr. Lee auch noch facettenreiche Varianten aus der japanischen Sushi-Küche. Gerade die vielen kleinen Köstlichkeiten laden zum Teilen in geselliger Runde ein.

Bhf→500 m **Benen-Diken-Hof** OT Keitum

✉ 25980 · Keitumer Süderstr. 3-5 · ☎ (0 46 51) 93 83 -0 · Fax: 93 83 -183 · Bar, Terrasse, Kaffee- und Teestunde, Kinderspielzi., Frühstücksbuffet im Preis inkl. 5 km
info@benen-diken-hof.de · www.benen-diken-hof.de

20 **DZ** von 150,00 bis 368,00 €;
4 **EZ** von 128,00 bis 243,00 €;
9 **Suiten** von 238,00 bis 999,00 €;
17 **App.** von 278,00 bis 540,00 €
Das reetgedeckte Hotel-Ensemble lädt mit seinem frisischen Charme zum Verweilen ein. In den gemütlich eingerichteten Zimmer kann man den Alltag hinter sich lassen.

Bhf→18 km **Budersand Hotel - Golf & Spa - Sylt**

✉ 25997 · OT Hörnum · Am Kai 3 · ☎ (0 46 51) 4 60 70 · Fax: 4 60 74 50
Restaurants, Außenterrassen, Bibliothek, Spa, Preise inkl. Frühstück
100 m
hotel@budersand.de · www.budersand.de

48 **DZ** ab 290,00 €;
8 **EZ** ab 240,00 €;
6 **Suiten** ab 620,00 €;
17 **Ju.-Suite** ab 420,00 €
Im Süden der Insel, direkt am Meer gelegen, fügen sich vier über Brücken verbundene Häuser sanft in die ursprüngliche Sylter Landschaft ein und bieten dem anspruchsvollen Gast Wohnkomfort auf unglaublich hohem Niveau.

Bhf→18 km **Budersand Hotel - Golf & Spa - Sylt - KAI3**

✉ 25997 · OT Hörnum · Am Kai 3 · ☎ (0 46 51) 4 60 70 · Fax: 4 60 74 50
Saisonale Nordische Küche m. Nutzung regionaler Produkte · **Geöffnet:** 18:30-21:30 Uhr– Uhr · **Ruhetag:** Mi./Do. · **Tische:** 13/45 Plätze
hotel@budersand.de · www.budersand.de

Speisekarte: 2 Hauptgerichte zu 39,00 €;
2 Menüs von 118,00 bis 218,00 €
500 Weinpos.
Scheinbar Gegensätzliches mündet unter den Händen von Chefkoch Felix Gabel in ausbalancierte, perfekt aufeinander abgestimmte Speisen. Seine aromenstarke "Nordic Fusion" basiert vor allem auf norddeutschen und skandinavischen Produkten.

Dorint Söl'ring Hof

Bhf→10 km

✉ 25980 · OT Rantum · Am Sandwall 1 · ☎ (0 46 51) 83 62 00 · Fax: 8 36 20 20
Kaminbar, Terrasse, November bis April Winterarrangements auf Anfrage
15 km
info.soelringhof@dorint.com · www.soelring-hof.de

13 **DZ** ab 495,00 €;
2 **Suiten** ab 790,00 €
Das reetgedeckte Friesenhaus ist eine kleine, aber hochexklusive Luxusherberge mit erlesen eingerichteten Zimmern und traumhaftem Blick auf Meer und Strand.

Dorint Söl'ring Hof

Bhf→10 km

✉ 25980 · OT Rantum · Am Sandwall 1 · ☎ (0 46 51) 83 62 00 · Fax: 8 36 20 20
Neue Küche · Küche: 18:30–22 Uhr · **Ruhetag:** Nov.-März: So/Mo. · **Ferien:** 10.1.-3.2.22 · **Tische:** 14/40 Plätze
info.soelringhof@dorint.com · www.soelring-hof.de

Speisekarte: 1 Menü von 239,00 bis 269,00 €
800 Weinpos.
Seit 2018 ist Chefkoch Jan-Philipp Berner verantwortlicher Mann am Herd und leitet das Restaurant gemeinsam mit Sommelière Bärbel Ring. Er kennt die Abläufe aus seiner früheren Tätigkeit hier und setzt auf eine authentische norddeutsche Küche, die auf regionalen Zutaten basiert und mit innovativen, facettenreichen Speisen überzeugt.

Restaurant mit exzellenter Weinkarte

Hotel Duene

Family

Bhf→7 km

✉ 25980 · OT Rantum · Stiindeelke 1 · ☎ (0 46 51) 16 60 · Fax: 2 10 96
Garten, Terrasse, Restaurant mit Regionaler und Internationaler Küche
10 km
info@hotel-duene.de · www.hotel-duene.de

11 **DZ** ab 120,00 €;
5 **Suiten** ab 200,00 €;
13 **App.** ab 85,00 €
Das charmante, reetgedeckte Hotel beherbegt geschmackvoll ausgestattete Zimmer und Suiten (Preise inkl. Frühstück) , die für Familien und Individual-Reisende gleichermaßen ein Refugium der Erholung darstellen.

Hotel & Restaurant Jörg Müller

Bhf→500 m

✉ 25980 · OT Westerland · Süderstraße 8 · ☎ (0 46 51) 2 77 88 · Fax: 20 14 71
Restaurant, Bistro-Bar, Terrasse
1,8 km
info@jmsylt.de · www.jmsylt.de

18 **DZ** ab 200,00 €;
als **EZ** ab 155,00 €;
4 **Suiten** ab 280,00 €
Das Hotel Jörg Müller ist ein wunderschönes, kultiviertes Urlaubsdomizil mit angenehm unaufgeregter Atmosphäre, eleganten Zimmern, Wellnessoase und dem Restaurant "JM", eine ungemein gemütliche Friesenstube mit feiner Küche, sowie der gediegenen Bistro-Bar.

Bhf→4,5 km

LANDHAUS STRICKER OT Tinnum

25980 · Boy-Nielsen-Str. 10 · (0 46 51) 8 89 90 · Fax: 8 89 94 99 · Terrasse, Verwöhnfrühstück (im Zimmerpreis inkl.), Wintergarten, Bar, Arrangements
3 km
VISA AE
info@landhaus-stricker.de · www.landhaus-stricker.de

Family

10 **DZ** von 240,00 bis 420,00 €;
als **EZ** von 240,00 bis 420,00 €;
7 **EZ** von 160,00 bis 260,00 €;
21 **Suiten** von 290,00 bis 850,00 €

Mit unglaublich viel Einsatz und Detailliebe führen Holger und Kerstin Bodendorf ihr kleines, sehr privates Hotel, das inmitten eines großzügig angelegten Parks mit Teich und Bach, Ruhe und Abgeschiedenheit in niveauvoller Atmosphäre garantiert. Die luxuriös und individuell eingerichteten Zimmer mit mediterranem Flair, viele mit Balkon oder Terrasse, alle mit neuen internetfähigen Smart-TV-Geräten und zeitgemäßem Komfort repräsentieren – wie auch das gesamte Haus – eine perfekte Symbiose aus traditionellen Werten und moderner Gastronomie. Ein hinreißendes, 700 m² großes, 2017 renoviertes Private Spa bietet neben diversen Saunen, Pools und Fitnessbereich auch eine Fülle von exquisiten Wellness-Anwendungen. Im reetgedeckten, historischen Stammhaus aus dem Jahre 1784 sind zwei Restaurants mit unterschiedlicher Küchenausrichtung sowie eine schick gestylte Bar. Mit dem Kinderspielplatz und Zubehör im Hause wie Babybett, Babyphone, Fläschchenwärmer etc. wurde auch an die kleinen und ganz kleinen Gäste gedacht. Wer Sylt gemeinsam mit seinem Vierbeiner erleben möchte: Wohlerzogene Hunde sind willkommen.

Luxuriöses Hotel mit absolut perfektem Komfort

Hotel mit anspruchsvollem Wellnessangebot

Landhaus Stricker - BODENDORF'S

Bhf→4,5 km

25980 · Boy-Nielsen-Straße 10 · ☎ (0 46 51) 8 89 90 · Fax: 8 89 94 99
Südfrz.-Mediterrane Küche · Küche: 19–22 Uhr · **Ruhetag:** So./Mo. · **Ferien:** Nov. ca. 6 W., Feb., März · **Tische:** 6/22 Plätze
VISA AE
info@landhaus-stricker.de · www.landhaus-stricker.de

Speisekarte: 2 Menüs von 178,00 bis 218,00 € 850 Weinpos.

Das Restaurant ist licht, modern und doch ungemein behaglich gestaltet. Graue Wände mit farbigen Akzenten, moderne und bequeme Designer-Stühle von Vitra, ein anthrazitfarbener Steinboden und edle, lederbezogene Tische fügen sich zu einem harmonischen Ganzen. Echte Hingucker sind die großformatigen, plakativen Bildcollagen von Devin Miles, die mit Schauspielern wie Romy Schneider oder James Dean die große Zeit des Kinos aufleben lassen. Hier kehrt man ganz ohne Schwellenangst ein, was natürlich auch am herzlichen Service unter achtsamer Leitung von Thomas Schreiber liegt. Patron Holger Bodendorf wird von Küchenchef Denis Brühl am Herd unterstützt, auf dessen Fähigkeiten auch in Abwesenheit des Chefs unbedingt Verlass ist. Die Speisen im "BODENDORF'S" sind intensiv und subtil zugleich. Geprägt von mediterraner Aromenfülle überzeugt die progressive Produktküche mit Zubereitungen, die von echter Handwerkskunst und überbordender Fantasie künden und bei denen die Zutaten (gerne Fisch und Lamm) mit verführerischer Leichtigkeit innovativ kombiniert werden. Zu den korrespondierenden Weinen berät Marc Kiefer. Er ist angesichts der fulminanten Auswahl mit seinem Fachwissen eine echte Hilfe.

Landhaus Stricker - SIEBZEHN84

Bhf→4,5 km

25980 · Boy-Nielsen-Straße 10 · ☎ (0 46 51) 8 89 90 · Fax: 8 89 94 99
Moderne, internationale Küche · Küche: 17–22 Uhr · **Tische:** 20/75 Plätze
VISA AE
info@landhaus-stricker.de · www.landhaus-stricker.de

Speisekarte: 8 Hauptgerichte von 24,00 bis 42,00 €; 2 Menüs von 79,00 bis 94,00 € 850 Weinpos.

Der Name "SIEBZEHN84" ist ein Verweis auf das Baujahr des Landhauses im Jahre 1784, auch, wenn man das angesichts des bistroliken, zeitgeistigen Interieurs mit modernen Fauteuils und großformatigen Bildern kaum glauben mag. Kamin und die Holzbalkendecken erinnern dann aber doch noch an vergangene Zeiten. Ganz im Hier und Jetzt ist die Frischeküche von Holger Bodendorf und Denis Brühl. Fischspezialitäten stehen auf der Karte obenan, klassische Tranchiergerichte fehlen nicht und Speisen aus aller Herren Länder werden in ebenso erstklassiger Qualität präsentiert. Wer ein Restaurant "für jeden Tag" sucht, ist im "SIEBZEHN84" genau richtig. Auch hier hat Thomas Schreiber einen aufmerksamen Blick aufs Restaurantgeschehen und berät mit großer Expertise zu den Weinen von der fantastisch bestückten Karte.

LANDHAUS STRICKER – MILES BAR

Bhf→4,5 km

25980 · OT Tinnum · Boy-Nielsen-Str. 10 · ☎ (0 46 51) 8 89 90 · Fax: 8 89 94 99
Ganzjährig, täglich bis weit nach Mitternacht geöffnet
VISA AE
info@landhaus-stricker.de · www.landhaus-stricker.de

Gastronomisch ist das Landhaus Stricker einfach perfekt aufgestellt. Es fehlt an nichts, auch nicht an einer exklusiven Bar – der MILES BAR. Hier erlebt man die perfekte Melange von Kunst,

Kultur, Küche, Wein und mehr. Der renommierte Künstler Devin Miles gibt dem modernen Interieur mit seinen herausragenden Kunstwerken eine besonders kosmopolitische Note. Er hat die Großen Hollywoods in seinen Contemporary Pop Art Bildern verewigt und zu echten Hinguckern werden lassen.
Unter dem sinnlichen Blick von Romy Schneider oder Steve McQueen in Le Mans sitzt man in einer wunderbar entspannten Atmosphäre und kann sich von einer speziellen kulinarischen Barkarte und der umfangreichen Getränkeauswahl inspirieren lassen: 80 Champagner Sorten, 40 Whisk(e)ys, 20 Gin Varianten, mehr als 700 Flaschen Wein und natürlich frisch gemixte Cocktails machen die Entscheidung nicht einfach. Im lässigen und unbeschwerten Ambiente werden in diesem "place to be" die verführerischen Cocktails, Tropicals, Sours und Longdrinks nicht nur geschüttelt und gerührt, sondern auch elegant präsentiert. An lauen Sommerabenden wird die Bar noch um eine Terrasse erweitert, auf der ein "Golden Dream" fast noch verheißungsvoller schmeckt.

Tegernsee

Bhf→1 km

Leeberghof

✉ 83684 · Ellingerstraße 10 · ☎ (0 80 22) 1 88 09-0 · Fax: 1 88 09-99
Restaurant, Panoramaterrasse, Zimmerpreise inkl. Frühstück
VISA AE
info@leeberghof.de · www.leeberghof.de

6 **DZ** von 185,00 bis 275,00 €;
2 **EZ** von 85,00 bis 115,00 €;
4 **Suiten** von 315,00 bis 365,00 €;
3 **Junior-Suiten** von 275,00 bis 335,00 €
Inschriften und Malereien zeugen noch heute von der langen Geschichte des historischen Leeberghofs hoch über dem Tegernsee. Landestypisch eingerichtete Zimmer (Preise inkl. Frühstück), Veranstaltungsräume, ein Restaurant mit feiner Frischeküche und die Panorama-Terrasse gehören zum vielseitigen Angebot.

Maiwerts Hütte

Bhf→4,5 km

83684 · Ledererweg 9 · (0 80 22) 9 53 79
Klassische und gehobene Regionale Küche · Küche: 12–20:30 Uhr · **Ruhetag:** April-Okt.: Mo. / Nov.-März: Mo.+Di. · **Ferien:** variabel · **Tische:** 8/24 Plätze
info@maiwerts.de · www.maiwerts.de ·

Speisekarte: 12 Hauptgerichte von 12,00 bis 38,00 €; 1 Menü zu 65,00 €
60 Weinpos.

Unmittelbar am Tegernseer Birdie 6-Loch-Golfplatz gelegen, kann man in "Maiwerts Hütte" den Alltag für ein paar Stunden vergessen, denn die Lage in einer Sackgasse ohne Durchgangsverkehr ist herrlich ruhig, der Ausblick auf den Golfplatz und den nahen Wallberg unverbaut und entspannend schön. Das Restaurant ist charmant im alpenländischen Stil eingerichtet, hier setzt Patron Dieter Maiwert seine Vorstellung einer guten und genussreichen Küche mit Können und Leidenschaft um. Ob Urlauber, Einheimische, Golfspieler oder Wanderer – der Mittagstisch spricht jeden an und schmeckt natürlich besonders gut an den rustikalen Biergartentischen vorm Haus. Alpenländische Spezialitäten werden mit mediterranen Speisen ergänzt, abends bereichert auch das eine oder andere Gericht aus der klassischen Küche das facettenreiche Angebot. Lucie Kindsmüller leitet sehr herzlich den aufmerksamen Service. Einen Tegernsee-Aufenthalt sollte man unbedingt mit einem Besuch von „Maiwerts Hütte" kombinieren.

Teisendorf

WellnessNaturResort Gut Edermann

Bhf→5 km

83317 · Holzhausen 2 · (0 86 66) 9 27 30 · Fax: 9 27 31 99
Arrangements, Bar, Wintergarten, Zimmerpreise inkl. Halbpension
10 km
VISA AE EC
info@gut-edermann.de · www.gut-edermann.de ·

38 **DZ** von 326,00 bis 376,00 €;
8 **EZ** von 163,00 bis 173,00 €;
3 **Suiten** von 396,00 bis 430,00 €

Wunderschön ist die Aussicht im Gut Edermann auf die malerische Voralpenlandschaft. Mit den Jahren wurde das Gut mit viel Aufwand zu einem einzigartigen Wellness-, Aktiv- und Genusshotel umgebaut, in dem größter Wert auf Umweltfreundlichkeit und Nachhaltigkeit gelegt wird. Die Zimmer (Preise inkl. Halbpension) – fast alle haben einen Balkon – verfügen über zeitgemäßen Komfort und sind individuell und sehr wertig eingerichtet. Highlight ist fraglos der großzügig gestaltete Wellness- und Beautybereich, der harmonisch der Landschaft angepasst wurde. Hier kann man bei zahlreichen Anwendungen, Massagen, Schönheitsbehandlungen oder einem erfrischenden Bad im Naturbadeteich nachhaltig entspannen. Für Gesellschaften und Feiern stehen im Hotel die passenden Räumlichkeiten zur Verfügung.

Mit der Bauernstube und dem Design Restaurant "MundArt2015" ist das Haus auch kulinarisch bestens aufgestellt. In der Freizeit begeistern vielseitige Ausflusgziele, unzählige Wanderwege, Angelgewässer und Möglichkeiten für sportliche Aktivitäten.

Bhf→5 km

MundArt2015

83317 · Holzhausen 2 · (0 86 66) 9 27 30 · Fax: 9 27 31 99
Moderne Produktküche · **Geöffnet:** 18-21 Uhr · **Ruhetag:** Mo./Di./Mi. · **Tische:** 12/30 Plätze
VISA AE
info@gut-edermann.de · www.gut-edermann.de

Speisekarte: 1 Menü (5-Gang) zu 72,00 €
40 Weinpos.

Die Mischung aus zeitgemäßer Moderne und traditionellen Gestaltungselementen wie alten Dielen und einem historischen Hoftor im Gourmetrestaurant "MundArt2015" ist sehr gelungen und eine perfekte Kulisse für das ambitionierte Küchenteam von Gut Edermann. Die Zutaten für die gut durchdachten Speisen kommen bevorzugt auf kurzen Wegen von kleineren Erzeugern aus der nahen Region. Die moderne Produktküche ist kräuterbetont (hier sind umliegende Wiesen und der eigene Kräutergarten Lieferanten) und naturbelassen. Der Gast kann aus dem angebotenen Menü auch einen einzelnen Gang als Hauptspeise wählen. Die Terrasse mit weitem Blick bis in die Berge bleibt an warmen Tagen ein echter Sehnsuchtsort für den Open-Air-Genuss.

Teistungen

Bhf→8 km

Victor's Residenz Hotel

37339 · Klosterweg 6-7 · (03 60 71) 8 40 · Fax: 8 44 44 · „Victor's Restaurant“ m. Int. Küche, Cocktail-Lounge, Biergarten, Grillhütte, E-Auto-Ladestation
15 km
VISA AE
info.teistungen@victors.de · www.victors.de

29 **DZ** von 135,00 bis 155,00 €;
62 **EZ** von 99,00 bis 150,00 €;
6 **Suiten** auf Anfrage

Das moderne Hotel inmitten wurde auf den Grundmauern eines einstigen Zisterzienserklosters erbaut, und überzeugt mit stilvollen Zimmern, tadellosem Service, technisch optimal ausgestatteten Tagungsräumen nebst Kongresshalle und Wellnessoase.

Templin

Hotel Döllnsee-Schorfheide OT Groß Dölln

Bhf→10 km

✉ 17268 · Döllnkrug 2 · ☎ (03 98 82) 6 30 · Fax: 6 34 02 · Restaurant mit Intern. und Regionaler Küche, Fahrrad- und Bootsverleih, Beachvolleyballplatz, Badestelle, Stand-up-paddeln
25 km
info@doellnsee.de · www.doellnsee.de

68 **DZ** von 68,00 bis 289,00 €;
56 **EZ** von 50,00 bis 120,00 €;
4 **Suiten** von 128,00 bis 264,00 €
Das Hotel liegt im Biosphären-Reservat Schorfheide/Chorin, nur eine Stunde von Berlin entfernt und bietet Komfortzimmer und einen Wellness- und Beautybereich. Das Restaurant bietet u.a. jeden Sonntag ein umfangreiches Brunch-Buffet.

Thaleischweiler

Family

Landhotel Weihermühle

Bhf→15 km

✉ 66987 · Weihermühle 1 · ☎ (0 63 34) 55 84
Restaurant, Biergarten, Spielplatz, Zimmerpreise inkl. Frühstück
10 km
info@landhotel-weihermuehle.de · www.landhotel-weihermuehle.de

116 **DZ** von 110,00 bis 150,00 €;
als **EZ** von 85,00 bis 125,00 €;
2 **EZ** zu 75,00 €;
2 **Jui.-Suiten** zu 190,00 €;
1 **Familiensuite f. 4 Ps.** zu 340,00 €
Die Weihermühle wurde erstmals 1450 erwähnt und wird seit 2012 mit herzlicher Gastfreundschaft von Familie Cronauer geführt. Zwischen Weißenmühler Berg und Horschelkopf im malerischen Odenbachtal gelegen, kann man hier abseits von alltäglicher Hektik unbeschwerte Urlaubstage mit der ganzen Familie verbringen. In einem Tagungsraum können Businessgäste die ruhige Lage des Landhotels mit effektiver Arbeit verbinden. Auch private Veranstaltungen finden in der Weihermühle einen schönen Rahmen. Die Zimmer sind mit Geschmack eingerichtet (das Frühstück ist im Preis inkludiert), ein kleiner Wellnessbereich sorgt für zusätzliche Entspannung. Kinder werden den Spielplatz lieben, die Erwachsenen den gemütlichen Biergarten. Und für alle warten ausgedehnte Wanderwege direkt vor der Haustür. Gerne hilft das zuvorkommende Hotelteam bei der Freizeitgestaltung.

Sehr gutes, komfortables Hotel

Bhf→15 km

♜ Landhotel Weihermühle

✉ 66987 · Weihermühle 1 · ☎ (0 63 34) 55 84
Regionale Landhausküche · **Geöffnet:** Mo. 18-22, Di.-Fr.: 12-14 + 18-22, Sa./So. 12-22 Uhr · **Ruhetag:** Mo.-Mittag · **Tische:** 13/60 Plätze
info@landhotel-weihermuehle.de · www.landhotel-weihermuehle.de

Speisekarte: 12 Hauptgerichte von 12,00 bis 25,00 €; 1 Tagesgericht von 10,00 bis 20,00 €; 2 Menüs von 35,00 bis 40,00 € 40 Weinpos.
Von der idyllischen Lage des Hauses mitten im Grünen profitiert natürlich auch das Restaurant und besonders die Terrasse. Bei gutem Wetter ist das Gelände am Weiher ein wunderschöner, malerischer Hintergrund, um die Küche von Chefkoch Daniel Sander zu genießen. Die zwei liebevoll eingerichteten Restaurantstuben bieten einen tollen Blick auf die Buntsandsteinfelsen des Pfälzer Waldes. In der Küche geht es bodenständig und ehrlich zu. Daniel Sander kauft bevorzugt bei heimischen Erzeugern ein, das Fleisch der Rinder kommt aus eigener Zucht. Er kocht handwerklich korrekt, aromenstark und unverfälscht. Die Speisen der Pfälzer und modernen Küche werden von saisonalen Spezialitäten ergänzt. Sebastian Cronauer leitet als gastfreundlicher Patron umsichtig den Service und ist auch kompetenter Ansprechpartner, wenn es um die bestens betreute Durchführung einer privaten oder geschäftlichen Veranstaltung geht, für die passende Räumlichkeiten zur Verfügung stehen. An mehreren Terminen im Jahr finden die beliebten Krimi- und Comedy-Dinner (41,-/69,- € inkl. Show) statt.

Bhf→15 km

Die kleine Mühle

✉ 66987 · Weihermühle 2 · ☎ (0 63 34) 98 36 66
Deutsche Küche · **Geöffnet:** 12-21 Uhr, Freitag 15-21 Uhr · **Ruhetag:** Mo.-Do. · **Ferien:** Februar · **Tische:** 30/70 Plätze
diekleinemuehle@weihermühle.de · www.die-kleine-mühle.de

Speisekarte: 14 Hauptgerichte von 9,90 bis 30,90 € 40 Weinpos.
Im Restaurant "Die kleine Mühle" – ein beliebtes Ausflugsziel auf der Sickinger Höhe – genießt man neben dem herrlichen Blick ins Grüne eine ehrliche, bodenständige Küche, die dem saisonalen Marktangebot entspricht. Für Festlichkeiten stehen passende Räumlichkeiten zur Verfügung.

Tiefenbronn

Bhf→15 km

♜ Ochsen Post

✉ 75233 · Franz-Josef-Gall-Str.13 · ☎ (0 72 34) 9 54 52 00 · Fax: 9 54 51 45
Reg. Küche, eig. Kreat. · Küche: 12–13:45/18–21:45 Uhr · **Ruhetag:** So./Mo.-Mittag · **Tische:** 15/60 Plätze
info@ochsen-post.de · www.ochsen-post.de

Speisekarte: 20 Hauptgerichte von 14,80 bis 54,00 €; 2 Menüs zu 128,00 € 250 Weinpos.
Außergewöhnliche Genusserlebnisse bietet das Restaurant, in dem sich Theo und Peter Jost am Herd perfekt ergänzen und eine abwechslungsreiche, regionale Küche der prononcierten Aromen zelebrieren. Fleisch aus eigener Reifung.

Timmendorfer Strand

Balthazar

23669 · Strandstraße 94 · (0 45 03) 3 56 00 81
Mediterrane u. Klass. Küche · Küche: 18–23 Uhr · **Ruhetag:** So./Mo. · **Tische:** 5/20 Plätze
info@estaurantbalthazar.de · www.restaurantbalthazar.de

Speisekarte: 1 Menü von 139,00 bis 179,00 €

Das neu eingerichtete Restaurant im Hotel Yachtclub in Timmendorfer Strand/ Niendorf ist nun die stilvolle Bühne für den kulinarischen Auftritt von Chefkoch Oliver Pfahler. Vor dem Hintergrund klassisch französischer Küche tüftelt er mit handverlesenen Zutaten und stellt sie zu einem modernen und aromenstarken Menü zusammen.

Maritim Seehotel

Bhf→2 km

Family

23669 · Strandallee 73 · (0 45 03) 60 50 · Fax: 6 05 24 50
Gourmetrest. "Orangerie" u. „Seeterrasse“ mit Intern. und Reg. Küche, Bar
7 km
info.tim@maritim.de · www.maritim.de

200 **DZ** von 135,00 bis 390,00 €;
34 **EZ** von 75,00 bis 390,00 €;
7 **Suiten** von 500,00 bis 800,00 €

Von der Ostsee nur durch den breiten Sandstrand getrennt, beeindruckt das Maritim Seehotel als Urlaubsparadies für anspruchsvolle Gäste. Schon allein der einzigartige Blick auf die Lübecker Bucht sucht seinesgleichen. Bemerkenswert großzügig geschnitten und komfortabel eingerichtet, verfügen die Zimmer und Suiten über hohen Komfort. Das exzellente Frühstück ist im Preis inkludiert. Zum repräsentativen Tagungs- und Veranstaltungsbereich gehören passende Räume für den kleinen Workshop oder die große Tagung. Der sehr gepflegte Wellnessbereich ist mit 3.000 m² mehr als großzügig bemessen. Auf drei Ebenen locken ausgeklügelte Relax- und Verwöhnprogramme. Zahlreiche gut durchdachte Arrangements (Gourmet, Golf , Wellness uvm.) werden ebenso angeboten wie abwechslungsreiche Gästeprogramme und runden das hinreißende Angebot perfekt ab.

Bhf→2 km

Maritim Seehotel - Orangerie

✉ 23669 · Strandallee 73 · ☎ (0 45 03) 6 05 24 24 · Fax: 6 05 24 50
Klassische Küche · Küche: 18–22 Uhr · **Ruhetag:** So./Mo./Di. · **Ferien:** Feb. + 14 Tage im Nov. · **Tische:** 19/60 Plätze
VISA AE
info.tim@maritim.de · www.orangerie-timmendorfer-strand.de

Speisekarte: 7 Hauptgerichte von 32,00 bis 54,00 €; 3 Menüs von 89,00 bis 125,00 € 400 Weinpos. Das Interieur der "Orangerie" ist sehr elegant, aber nicht abgehoben gestaltet: Stoffe mit einem einfachen, aber kontrastreichen Muster in floraler Ornamentik, Beige-, Gold- und Schwarztöne, funkelnde Kristalllüster und abgetrennte Sitznischen verbinden sich zu einer privaten Atmosphäre. Chefkoch Lutz Niemann ist dem Restaurant seit Jahrzehnten verbunden und mit seiner kulinarischen Kunst dort nicht mehr wegzudenken. Er kocht klassisch, tüftelt jedoch immer wieder aufs Neue mit den verschiedensten Zutaten, kombiniert, verwirft, testet unterschiedliche Garpunkte, Konsistenzen, Würzungen und Aromen. Am Ende kreiert er Speisen mit klarem und unverfälschtem Geschmacksbild, in denen auch das eine oder andere regionale Element auftaucht. Dank der von allen Seiten einsehbaren Küche kann man ihm und seinem Team bei der Zubereitung über die Schulter sehen und doch ist jeder Teller in seiner wunderschönen Optik am Ende eine fulminante Überraschung auf kulinarischem Topniveau. Rolf Brönner ist seit über 25 Jahren umsichtiger und zugewandter Maître des Restaurants. Er geht auf Gästewünsche ein, leitet sein perfekt geschultes, herzliches Team mit leichter Hand und berät darüber hinaus mit enormem Fachwissen zur fulminanten Weinauswahl.

Bhf→1,5 km

Landhaus Carstens

✉ 23669 · Strandallee 73 · ☎ (0 45 03) 60 80 · Fax: 6 08 60 · Rest. mit Intern. u. Reg. Küche, Sky-Sportbar im "Alten Brauhaus", Terrasse, Zi.-Preise inkl. Frühstück
7 km
VISA AE
info@landhauscarstens.de · www.landhauscarstens.de

29 **DZ** von 145,00 bis 255,00 €;
als **EZ** von 95,00 bis 215,00 €;
2 **Ju.-Suite** von 220,00 bis 280,00 €;
1 **Suite** von 330,00 bis 355,00 €
Das Landhaus Carstens mit seinem Wellnessbereich und seiner Dependance liegt nur einen Steinwurf vom weißen Timmendorfer Strand entfernt und überzeugt mit sehr komfortablen und edel eingerichteten Zimmern.

Titisee-Neustadt

♜ Sonne-Post

Bhf→10 km

✉ 79822 · Landstraße 13 · ☎ (0 76 69) 91 02-0 · Fax: 91 02 99
Café, Biergarten, Vinothek, Kaminzimmer, Zi.-Preise inkl. Frühstücksbuffet
13 km VISA
info@sonne-post.de · www.sonne-post.de

14 **DZ** von 133,00 bis 156,00 €;
2 **EZ** von 81,50 bis 84,50 €;
3 **App.** von 153,00 bis 183,00 €

Im Zentrum des Naturparks Südschwarzwald, im idyllischen Bergdorf Waldau gelegen, beginnt die Geschichte der "Sonne-Post" bereits im Jahre 1870: Das Gasthaus „Zur Sonne" wird eröffnet und ist gleichzeitig die Posthaltestation der Großherzoglich Badischen Post. Auch Jahrhunderte später begeistern hier das Engagement und die große Gastfreundschaft eines traditionsreichen Schwarzwälder Familienbetriebs mit viel Charme, Herz und Gemütlichkeit. Hier kann man abseits vom Alltag Ruhe und Erholung finden. Dazu tragen die komfortablen, geschmackvoll eingerichteten Zimmer (Preise inkl. Frühstück und Kurtaxe) ebenso bei wie der persönliche und liebenswürdige Service sowie der neue Schwimmbad- und Saunabereich. Für Familienfeiern in festlichem Ambiente und betriebliche Zusammenkünfte stehen passende Räumlichkeiten bereit. Im Poststüble finden z. B. 15 Personen Platz, Beamer, Hellraumprojektor und Flip Chart sind vorhanden. Der Naturpark Südschwarzwald bietet eine Fülle von Freizeitmöglichkeiten: Wandern, Radeln, Nordic Walking, Golf, Ski (-Langlauf), Freizeitparks, verschiedene Naturschönheiten und Städtetouren sind nur einige der zahlreichen Angebote für Unternehmungen, Aktivitäten und Ausflüge.

♜ Sonne-Post

Bhf→10 km

✉ 79822 · Landstraße 13 · ☎ (0 76 69) 91 02-0 · Fax: 91 02 99
Regionale Küche · Küche: 11:30–14/17:30–20:30 Uhr · **Ruhetag:** Mo. · **Tische:** 27/80 Plätze VISA
info@sonne-post.de · www.sonne-post.de

Speisekarte: 15 Hauptgerichte von 14,00 bis 26,00 €; 10 Tagesgerichte von 14,00 bis 24,00 €; 1 Mittagsmenü zu 22,50 €; 1 Menü von 34,00 bis 45,00 €
103 Weinpos.

Das Restaurant der Sonne-Post ist wunderschön behaglich in einem eleganten Landhausstil eingerichtet mit einem harmonischen, sehr einladenden Ambiente, das wie geschaffen ist, um hier entspannte Stunden in geselliger Atmosphäre zu verbringen. Patron und Chefkoch Gerhard Wehrle kocht grundehrlich und aromenstark. Er nutzt den Produktreichtum der Region, nur erntefrisches Gemüse, Obst sowie erstklassiges Geflügel, Fleisch und Fisch kommen in seine Küche, das Wild stammt aus heimischer Jagd. Die Speisen werden harmonisch zusammengestellt und handwerklich präzise zubereitet. Er verfeinert traditionelle Rezepturen und passt sie behutsam dem Zeitgeist an. Schwarzwälder Bauern-Spezialitäten wie die Bauernvesper oder hausgemachte Bratwürste, die früher die Postkutschenreisenden stärkten, stehen in beliebter, abgespeckter Version auf der Karte. Rund um die Uhr wartet ein vielseitiges Angebot, das nachmittags auch Kaffee und Kuchen umfasst. Serviceleitung und Weinberatung obliegen Elvira Schmidt, die stets ansprechbar ist. Gerne trifft man sich auch auf der Sonnenterrasse mit hinreißend schönem Blick ins Grüne.

Bhf→300 m

Trescher's Schwarzwaldhotel am See

✉ 79822 · Seestraße 10 · ☎ (0 76 51) 80 50 · Fax: 81 16 · Rest. mit Regionaler, Intern. und Bürgerl. Küche, Bar, Café, Terrasse, Zi.-Preise inkl. Frühstück
500 m VISA EC
info@schwarzwaldhotel-trescher.de · www.schwarzwaldhotel-trescher.de

57 **DZ** von 210,00 bis 320,00 €;
EZ von 150,00 bis 168,00 €;
13 **Ju.-Suite** von 280,00 bis 330,00 €
Inmitten einer Bilderbuchlandschaft direkt am Ufer des Titisees liegt dieses komfortable Hotel mit persönlichem Service, Außenpool mit Sonnenterrasse und Seeblick sowie einem behaglichen Restaurant. Zimmerpreise inkl. Vital-Frühstücksbuffet.

Todtnau

Bhf→50 m

derWaldfrieden

✉ 79674 · Dorfstraße 8 · ☎ (0 76 74) 9 20 93-0 · Fax: 9 20 93-90 · Restaurant, Bar, Café, Biergarten, E-Bike-Ladestation, Zimmerpreise inkl. Frühstück
15 km VISA EC
info@derwaldfrieden.de · www.derwaldfrieden.de

11 **DZ** von 130,00 bis 170,00 €;
als **EZ** zu 85,00 €;
6 **Jui.-Suiten** von 210,00 bis 230,00 €;
3 **Suiten** zu 270,00 €
Auf einem Hochplateau im Südschwarzwald steht seit 1889 das Bauernhaus "derWaldfrieden". Verwurzelt in der Region, eng verbunden mit Traditionen und doch eine Begegnungsstätte für Menschen von heute, ist dieses seit drei Generationen engagiert von Familie Hupfer geführte Haus ein echtes gastronomisches Kleinod. Aus dem einstigen Dorfgasthaus wurde dieses architektonisch raffinierte Naturparkhotel mit warmer Atmosphäre, in dem Besinnung auf Ursprünglichkeit, Entschleunigung und Ruhe – Handyempfang gibt es nicht – inmitten herrlicher Natur ganz obenan stehen. Die Zimmer (Preise inkl. Frühstück) sind mit hochwertigen Naturmaterialien gestaltet, zeitgemäß eingerichtet und jedes hat seinen ganz individuellen Charme. Ein Ort besonders nachhaltiger Entspannung ist das spaHaus:

Hier warten die badeStube mit Saunen, Pool, Ruheräumen, Wellnessanwendungen sowie aktivProgramme – und immer setzt die traumschöne Schwarzwaldlandschaft direkt vor der Tür Akzente. Im "derWaldfrieden" ist es dem ganzen Hotelteam ein Bedürfnis, jedem Gast nachhaltige Erholung zu vermitteln und den Aufenthalt zur ganz persönlichen Erdung werden zu lassen.

derWaldfrieden

Bhf→50 m

79674 · Dorfstraße 8 · (0 76 74) 9 20 93-0 · Fax: 9 20 93-90
Klassische und Regionale Küche · Küche: 12–14/18–21 Uhr · **Ruhetag:** Mo./Di. · **Ferien:** Mi. Nov.-Mi. Dez. · **Tische:** 20/90 Plätze
info@derwaldfrieden.de · www.derwaldfrieden.de

Speisekarte: 12 Hauptgerichte von 16,00 bis 32,00 €; 1 Menü von 36,00 bis 58,00 € 61 Weinpos.
Grundehrlich geht es auch im Restaurant zu. Im landestypischen Stil mit viel Holz eingerichtet, ist das Ambiente behaglich und schön entspannt. Patron und Chefkoch Volker Hupfer kocht, was gefällt – Hauptsache frisch und abwechslungsreich. Man spürt seine Liebe zur Natur – bewusster Umgang bei Anbau und Tierhaltung sind ihm wichtig – und die Achtung vor den Zutaten, die mit Leidenschaft und Können zubereitet werden. Gerne lässt er sich bei den traditionellen, regionalen und ideenreichen Speisen auch von den wechselnden Jahreszeiten inspirieren und arbeitet mit dem richtigen Gespür für feine Würzungen und ausbalancierte Aromen. Man kann auch

eine klassische Schwarzwälder Vesper oder nachmittags selbst gebackenen Kuchen genießen. In der Serviceleitung ist Irmgard Hupfer sehr zuvorkommende und zugewandte Ansprechpartnerin.

Traben-Trarbach

Jugendstilhotel Bellevue

Bhf→900 m

56841 · OT Traben · An der Mosel 11 · (0 65 41) 70 30 · Fax: 70 34 00
Restaurant "Belle Epoque", Bar, Mosel-Terrasse
18 km
info@bellevue-hotel.de · www.bellevue-hotel.de

26 **DZ** von 140,00 bis 220,00 €;
als **EZ** von 105,00 bis 185,00 €;
35 **Suiten** von 210,00 bis 415,00 €
Wer einmal in der opulenten Pracht des Fin de Siècle schwelgen und dabei in einem Haus der Extraklasse logieren möchte, bekommt in diesem Hotel höchste Ansprüche erfüllt.

Moseltor

Bhf→800 m

56841 · OT Trarbach · Moselstraße 1 · (0 65 41) 65 51 · Fax: 49 22
Restaurant, Weinstube, Terrasse, Ladestation für E-Autos
17 km
urlaub@moseltor.de · www.moseltor.de

9 **DZ** von 120,00 bis 180,00 €;
als **EZ** von 105,00 bis 115,00 €;
5 **Suiten** von 180,00 bis 225,00 €
Seit Generationen in Familienbesitz verzaubert das kleine Hotel seine Gäste mit seinen komfortablen Zimmern (inkl. Frühst.), dem feinen Restaurant und einer gemütlichen Weinstube.

Bhf→800 m

Moseltor - Bauer's Restaurant

56841 · OT Trarbach · Moselstraße 1 · (0 65 41) 65 51 · Fax: 49 22
Klass. u. Reg. Küche, eig. Kreat. · Küche: 18–20 Uhr · **Ruhetag:** Mo./Di. · **Tische:** 8/20 Plätze
eat@moseltor.de · www.moseltor.de

Speisekarte: 8 Hauptgerichte von 19,90 bis 24,90 €

Familie Bauer verwöhnt die Gäste mit herzlicher Gastfreundschaft im stilvollen Restaurant. Die klassische Küche mit regionalen Spezialitäten überzeugt mit Aromensicherheit und Geradlinigkeit. Die besten Mosellagen gedeihen praktisch vor der Hoteltür.

Traunstein

Bhf→500 m

Parkhotel Traunstein

83278 · Bahnhofstr. 11 · (08 61) 98 88 20
Restaurant, Terrasse, Bar, Frühstück im Zimmerpreis inklusive
10 km
info@parkhotel-traunstein.de · www.parkhotel-traunstein.de

16 **DZ** ab 120,00 €;
35 **EZ** ab 75,00 €;
2 **Suiten** ab 155,00 €

Das wunderschöne Parkhotel Traunstein ist erstes Haus am Platz und begrüßt seine Gäste mit der weltbekannten bayerischen Gastlichkeit. 53 geschmackvoll eingerichtete Zimmer und Suiten, die über zeitgemäßen Komfort verfügen, stehen auf drei Etagen zur Verfügung.

Travemünde

Bhf→400 m

A-ROSA Travemünde

23570 · Außenallee 10 · (0 45 02) 3 07 00 · Fax: 3 07 07 00
Drei Restaurants, Kinderclub, Terrasse, Bar, Arrangements
2 km
travemuende@a-rosa.de · www.a-rosa-resorts.de

145 **DZ** von 198,00 bis 338,00 €;
7 **EZ** von 158,00 bis 268,00 €;
39 **Suiten** von 278,00 bis 488,00 €

Die Jahrhundertwende-Architektur des Hauses, die modern eingerichteten Zimmer, ein 4.500 m² großer Wellnessbereich, die gute Küche im Wintergartenrestaurant und der Weinwirtschaft sowie ein individueller Service setzen Maßstäbe für ein exklusives Urlaubsgefühl.

Bhf→50 m

Bellavista

23570 · Kaiserallee 1 · (0 45 02) 7 13 23 · Fax: 88 09 79
Italienische Küche · Küche: 12–22:30 Uhr · **Tische:** 56/240 Plätze
info@bellavista-travemuende.de · www.bellavista-travemuende.de

Speisekarte: 30 Hauptgerichte von 8,50 bis 27,00 €; 2 Tagesgerichte von 8,00 bis 12,00 €; 1 Jahreszeiten-Menü ab 37,50 €
50 Weinpos.

Im gemütlich gestalteten "Bellavista" trifft mediterrane Aromenküche auf den Hohen Norden. Chefkoch Massimo Costa kocht mit viel Leidenschaft authentische italienische Speisen und abwechslungsreiche Fischspezialitäten.

Bhf→300 m

Maritim Strandhotel

23570 · Trelleborgallee 2 · (0 45 02) 8 90 · Fax: 89 20 20
Café u. Restaurant, Terrasse, Bierstube, Bar
6 km
info.TRV@maritim.de · www.maritim.de

220 **DZ** von 135,00 bis 300,00 €;
10 **EZ** von 90,00 bis 255,00 €;
10 **Suiten** von 255,00 bis 350,00 €

Direkt am Ostseestrand gelegen und mit eigenem Zugang zum Meer, bezaubert dieses Hotel nicht nur durch seine Lage:

Elegant eingerichtete und komfortable Zimmer (inkl. Frühstück), sowie modern ausgestattete Tagungsräume komplettieren das Angebot.

Trier

BECKER'S

Bhf→3 km

✉ 54295 · OT Olewig · Olewiger Str. 206 · ☎ (06 51) 93 80 80 · Fax: 9 38 08 88
Eigene Kreationen · **Geöffnet:** 19–23 Uhr · **Ruhetag:** So.-Mi. · **Ferien:** 3 Wo Jan./Feb./2 Wo Juli/Aug. · **Tische:** 8/32 Plätze
info@beckers-trier.de · www.beckers-trier.de

Speisekarte: 1 Menü von 105,00 bis 150,00 €
250 Weinpos.
Wertige Naturmaterialien, eine raffinierte Wandgestaltung mit Schiefer-Riemchen in unterschiedlicher Tiefe, deren Anthrazit durch eine schmale, ausgesparte Reihe mit dezent farbigen Akzenten durchbrochen wird, weiße Fauteuils und ausgeklügelte Beleuchtung – das Interieur im "BECKER'S" ist minimalistisch, ausgefallen zugleich und ein spannender Kontrast zur Umgebung mit ihren weich geschwungenen, idyllischen Weinbergen. Patron und Chefkoch Wolfgang Becker legt Wert auf Wahrhaftigkeit: Unverfälscht und ehrlich sollen die Speisen sein und sind es auch. Um nur erstklassige Produkte in seiner Küche zu verarbeiten, setzt er auf ein Netzwerk bekannter und verlässlicher Händler. Er kreiert Zusammenstellungen von innovativem Aromenspiel, tüftelt mit Würzungen und Texturen und überzeugt am Ende mit Speisen, die trotz gewollter Spannungsbögen in Summe harmonisch sind. Jeder Teller ist als Unikat angerichtet und begeistert mit einer wunderschönen Optik. Wer zu einem besonderen Anlass das Außergewöhnliche sucht: Der "Chefstable" mit unverstelltem Küchenblick und Erläuterungen von Wolfgang Becker persönlich ist die perfekte Wahl. Ehefrau Christine Becker hat einen aufmerksamen Blick aufs Servicegeschehen, leitet ein liebenswürdiges Team und berät mit großer Expertise zu den korrespondierenden Weinen. Bodenständiger geht es in der rustikalen Weinstube mit Gewölbekeller zu – hier gibt es eine Landhausküche auf hohem, zeitgemäßem Niveau.

Becker's Hotel

Bhf→3 km

✉ 54295 · OT Olewig · Olewiger Str. 206 · ☎ (06 51) 93 80 80 · Fax: 9 38 08 88
"Weinhaus" mit gehobener Landhausküche, Weinbar, Arrangements
25 km
info@beckers-trier.de · www.beckers-trier.de

25 **DZ** ab 150,00 €;
als **EZ** ab 85,00 €;
3 **Suiten** von 180,00 bis 240,00 €
Das Hotel begeistert mit einem ebenso ausgefallenen Interieur wie das Gourmetrestaurant. Ein gelungener Mix aus historischen und modernen Elementen bestimmt das Ambiente. Auch die mit allen modernen Annehmlichkeiten ausgestatteten Zimmer sind sehr geschmackvoll eingerichtet und voller überraschender Gestaltungselemente. Das reichhaltige

Frühstückbuffet ist im Preis inkludiert. In der Weinbar kann man edle Tropfen und kleine Speisen genießen, sie ist beliebter geselliger Treffpunkt.

Bhf→4 km

Eurener Hof

54294 · OT Euren · Eurener Str. 171 · ☎ (06 51) 8 24 00 · Fax: 80 09 00
Restaurant, Brasserie, Grillstube, attraktive, vielseitige Arrangements
21 km
VISA AE EC
info@eurener-hof.de · www.eurener-hof.de

55 **DZ** ab 120,00 €;
als **EZ** ab 89,00 €;
11 **EZ** ab 70,00 €;
3 **Suiten** zu 200,00 €
In den Zimmern (Preise inkl. Frühstück) dieses traditionsreichen Hotels dominieren natürliche Materialien, die sich mit historischen Elementen und erlesenen Antiquitäten zu einem niveauvollen und harmonischen Ganzen fügen.

Bhf→1 km

Schlemmereule

54290 · Domfreihof 16 · ☎ (06 51) 7 36 16 · Fax: 9 94 50 01
Neue u. gehobene regionale Küche · Küche: 12–14:30/18–21:30 Uhr · **Ruhetag:** So./Mo. · **Ferien:** Fastnacht · **Tische:** 30/60 Plätze
VISA AE EC
info@schlemmereule.de · www.schlemmereule.com

Speisekarte: 10 Hauptgerichte von 26,00 bis 42,00 €; 5 Tagesgerichte ab 25,50 €; 1 Mittagsmenü von 25,50 bis 33,50 €; 1 Menü zu 65,00 €
200 Weinpos.

Man findet die "Schlemmereule" im Palais Walderdorff mit schönem, spätbarockem Erscheinungsbild, das durch eine architektonisch reizvolle und moderne Gestaltung reizvoll kontrastiert wird. Anthrazit, braun und dunkle Rottöne verbinden sich zu einem Ambiente des guten Geschmacks. Die zurückhaltende Eleganz ist die perfekte Kulisse für die ambitionierte Küche des Restaurants. Das engagierte Team lässt sich nicht nur von kulinarischen Strömungen des angrenzenden Frankreich und Luxemburg, sondern aus ganz Europa inspirieren. Erstklassige Zutaten werden mit Rafffinesse und Können zu einer frischen und ausdrucksstarken Produktküche kombiniert, Regionales mit innovativen Elementen und pfiffigen Ideen verfeinert. Den liebenswürdigen Service leitet Katharina Dany sehr zugewandt und herzlich. Philippe Orthaus ist Ansprechpartner, wenn es um die begleitenden Weine geht. An warmen Tagen ist die begrünte Hof-Terrasse ein beliebter Ort, um Speisen und historisches Ensemble auf sich wirken zu lassen. In der neu gestalteten Winter-Lounge (Oktober-März) gestattet die großzügige Glasfront auch einen exklusiven Ausblick auf das Palais Walderdorff. Ein exklusives Catering rundet das Angebot ebenso ab wie die Organisation und Begleitung stimmungsvoller privater Feiern.

Restaurant mit gehobener Küche

Bhf→1,5 km

Villa Hügel

54295 · OT Heiligkreuz · Bernhardstraße 14 · ☎ (06 51) 3 30 66 · Fax: 3 79 58
Hotel garni, reichhaltiges Frühstücksbuffet im Zimmerpreis inklusive
30 km
VISA AE EC
info@hotel-villa-huegel.de · www.hotel-villa-huegel.de

26 **DZ** ab 163,00 €;
als **EZ** ab 118,00 €
Die weiße Villa im Grünen lädt mit angenehmem Ambiente und freundlichem Service zum Verweilen ein. Entspannung bietet die Saunalandschaft.

Trittenheim

Wein- und Tafelhaus

Bhf→18 km

✉ 54349 · Moselpromenade 4 · ☎ (0 65 07) 70 28 03 · Fax: 70 28 04
Klass., Reg. u. Neue Küche · Küche: 18:30–20 Uhr · **Ruhetag:** So./Mo. · **Tische:** 10/45 Plätze
VISA
info@wein-tafelhaus.de · www.wein-tafelhaus.de

Speisekarte: 3 Hauptgerichte von 20,00 bis 50,00 €; 10 Tagesgerichte von 19,00 bis 35,00 €; 1 Menü von 125,00 bis 155,00 €

400 Weinpos.

Patron und Chefkoch Alexander Oos kocht mit viel Kreativität und Präzision im ländlich gestalteten Restaurant harmonisch zusammengestellte Speisen, die gerne auch auf regionalen und saisonalen Zutaten basieren und von erstklassigen Weinen abgerundet werden.

Tuttlingen

Anima

Bhf→200 m

✉ 78532 · In Wöhrden 5 · ☎ (0 74 61) 7 80 30 20
Moderne und Saisonale Küche · Küche: 18–21:30 Uhr · **Ruhetag:** So./Mo. · **Ferien:** je 2 W. Feb. + Aug. · **Tische:** 14/26 Plätze
VISA
info@restaurant-anima.de · www.restaurant-anima.de

Speisekarte: 2 Tagesgerichte von 38,00 bis 49,00 €; 1 Menü (5-8 Gänge) von 105,00 bis 135,00 €

160 Weinpos.

Schlicht und geradlinig eingerichtet, sind die Sitzmöbel im "Anima" sanft geschwungen, ist der Blick in die Küche – und mithin aufs Wesentliche – unverstellt. Der Restaurantname „Anima" (Geist, Seele, das Innere) nimmt die Philosophie von Patron und Chefkoch Heiko Lacher bereits vorweg, geht es ihm mit seinen raffiniert ausgeklügelten Speisen nämlich um Ehrlichkeit als Kern der Zubereitungen. Er arbeitet mit Zutaten in kompromisslos guter Qualität, die dann in seine Küche kommen, wenn ihre Zeit auch wirklich reif ist. Inspirationen holt sich Heiko Lacher aus aller Welt, aber vor allem aus der Natur, die ihn in ihrer Vielseitigkeit immer wieder antreibt, neue Kombinationen zu wagen, die mit innovativen Geschmackserlebnissen verblüffen und doch immer aufrichtig und unverfälscht bleiben. Allen gemeinsam ist die Abwesenheit vordergründiger Effekthascherei. Den Speisen liegt die Konzentration aufs Wesentliche zugrunde, jeder Gang des Menüs spricht für sich. Janice Lacher trägt nicht unwesentlich zu einem völlig entspannten Besuch im "Anima" bei. Sie berät mit Liebenswürdigkeit und leitet den Service mit Charme und natürlicher Herzlichkeit.

Ein Restaurant mit anspruchsvoller Küche.

Tübingen

Bhf→250 m

Domizil

✉ 72072 · Wöhrdstr. 5-9 · ☎ (0 70 71) 13 90 · Fax: 13 92 50
Zi.-Preise inkl. Frühstücksbuffet
8 km
info@hotel-domizil.de · www.hotel-domizil.de

35 **DZ** von 149,00 bis 159,00 €;
38 **EZ** zu 119,00 €
Dieses gepflegte Hotel im Herzen der Stadt besteht aus drei Gebäuden. Die beeindruckende Architektur setzt sich auch im modernen Ambiente des Hauses fort, ohne dass dabei auf Komfort verzichtet wird.

Bhf→10 km

Schranners Waldhorn

✉ 72074 · OT Bebenhausen · Schönbuchstr. 49 · ☎ (0 70 71) 6 12 70 · Fax: 61 05 81
Klass., Neue, Intern. u. Reg. Küche · Küche: 12–14/18–21:30 Uhr · **Ruhetag:** Mo./Di. · **Ferien:** variabel · **Tische:** 15/45 Plätze
info@schranners-waldhorn.de · www.schranners-waldhorn.de

Speisekarte: 5 Hauptgerichte von 21,00 bis 38,00 €; 1 Mittagsmenü von 29,00 bis 34,00 €; 2 Menüs von 55,00 bis 89,00 €
127 Weinpos.
Gutbürgerliches und Innovatives, das dem saisonalen Marktangebot und dem Zeitgeist entspricht, wird von Chefkoch Maximilian Schranner in "Schranners Waldhorn" in handwerklich präziser Form und raffinierter Optik präsentiert.

Twist-Bült

Bhf→20 km

Landgasthof Backers

✉ 49767 · Kirchstr. 25 · ☎ (0 59 36) 90 47 70 · Fax: 9 047 79
Klass. u. Reg. Küche · Küche: 17–23/So. auch 11:30–14:30 Uhr · **Ruhetag:** Mo./Di. · **Tische:** 9/35 Plätze
info@gasthof-backers.de · www.gasthof-backers.de

Speisekarte: 6 Hauptgerichte von 15,80 bis 30,00 €; 1 Menü zu 49,00 €
63 Weinpos.
Die ausgezeichnete Küche von Chefkoch Helmut Backers ist regional und kreativ und überzeugt seit Jahren mit moderner Kochkunst aus einer heimischen Produktauswahl.

Überherrn

Bhf→10 km

Linslerhof

✉ 66802 · Linslerhof · ☎ (0 68 36) 80 70 · Fax: 8 07 17
Restaurant "Linslerstube" m. bürgerl. Küche, Grillhütte, Biergarten, Terrasse
12 km
info@linslerhof.de · www.linslerhof.de

48 **DZ** von 119,00 bis 188,00 €;
15 **EZ** von 80,00 bis 156,00 €;
2 **Ju.-Suite** ab 188,00 €
Liebevoll ausgesuchte Details, edle Stoffe, altes Holz und Terrakotta in den Räumlichkeiten des historischen Gutshofs im englischen Landhausstil schaffen ein harmonisches Ambiente. Die komfortablen Zimmer sind ein wunderschönes Zuhause voller Charme.

Überlingen

Ristorante Arena in der Greth

Bhf→1 km

88662 · Landungsplatz 14 · (0 75 51) 91 63 26 · Fax: 91 63 27
Italienische und Mediterrane Küche · **Geöffnet:** 12–14:30/18–22 Uhr · **Ruhetag:** Mo. · **Tische:** 20/60 Plätze
info@arena-ristorante.de · www.arena-ristorante.de

Speisekarte: 9 Hauptgerichte von 9,90 bis 24,90 €; 7 Tagesgerichte von 7,50 bis 9,90 €; Menü zu 39,00 €

155 Weinpos.

Direkt an der Seepromenade und dem Bootsanleger ist die „Greth“ – das ehemalige Lager- und Handelshaus der Reichsstadt Überlingen. Das imposante Gebäude aus dem Jahre 1539 wurde 1788 umgebaut und erweitert und 1997 /98 umfangreich saniert. Heute sind hier u. a. ein Kino und das "Ristorante Arena" beheimatet. Besonders abends, wenn es schön illuminiert wird, erstrahlt das Gebäude in seiner ganzen klassizistischen Pracht. Das Restaurant ist in zeitloser Moderne eingerichtet, hat sich jedoch mit Gewölbe, Holzbalkendecken und Wandmalereien einen nostalgischen Charme bewahrt. Ganz im Sinne italienischer Lebensart und lebhafter Geselligkeit gibt es zwischen Weinregal und Flügel noch einen "Grande Tavola", eine Tafel, an der bis zu 24 Personen Platz finden, die sich gemeinsam von der Küche begeistern lassen. Die basiert bevorzugt auf heimischen Produkten in der an Gemüse und Obst reichen Bodenseeregion, ist herrlich kraftvoll, aromenstark und unverfälscht und präsentiert das kulinarische Italien in verführerischer Form. Mediterrane und saisonale Spezialitäten ergänzen das Angebot ebenso wie frisch zubereitete Pasta und knusprige Pizzen. Patron Giuseppe Arena leitet den Service und berät kompetent zu den passenden Weinen, die es in bester Qualität und einer sehr feinen Auswahl gibt.

Parkhotel St. Leonhard

Bhf→2 km

88662 · Obere St.-Leonhard-Str. 71 · (0 75 51) 80 81 00 · Fax: 80 85 31
Rest. mit Regionaler und Internationaler Küche, Weinstube, Bar, Terrasse
2 km
info@parkhotel-sankt-leonhard.de · www.parkhotel-sankt-leonhard.de

124 **DZ** ab 160,00 €;
27 **EZ** ab 90,00 €;
16 **Suiten** ab 290,00 €

In einer schönen Parkanlage mit Wildgehege gelegen, verwöhnen in dem erstklassigen Hotel neben dem herrlichen Blick auf Bodensee, Insel Mainau und Alpen ein attraktives Freizeitangebot, elegante Zimmer und moderne Tagungsräume.

Hervorragendes Hotel mit außergewöhnlichem Komfort

Bhf→3 km

Johanniter-Kreuz OT Andelshofen

88662 · Johanniterweg 11 · (0 75 51) 93 70 60 · Fax: 93 70 61 90
Klass., Neue, Intern. u. Reg. Küche · Küche: 12–14/18–21:30 Uhr · **Ruhetag:** Mo./ Di.-Mittag · **Tische:** 25/70 Plätze
VISA AE EC
info@johanniter-kreuz.de · www.johanniter-kreuz.de

Speisekarte: 6 Hauptgerichte von 26,50 bis 29,00 €; 2 Menüs von 39,00 bis 65,00 €
127 Weinpos.
Elegant-gemütlich in der Kaminstube am offenen Fenster und heiter-modern im Wintergarten kommt das Restaurant "Johanniter-Kreuz" daher. Serviert wird ein gelungener Mix aus bodenständigem Regionalem und kulinarischen Elementen der Weltküche.

Uhingen

Bhf→2,5 km

Schloss Filseck

73066 · Filseck 1 · (0 71 61) 2 83 80 · Fax: 2 88 40 · Regionale, Mediter. u. Intern. Küche · Küche: 11:30–14/17:30–21:30 Uhr · **Ruhetag:** So./Mo. · **Tische:** 9/ 30 Plätze
VISA AE EC
info@restaurant-auf-schloss-filseck.de · www.restaurant-auf-schloss-filseck.de ·

Speisekarte: 2 Hauptgerichte von 35,00 bis 40,00 €; 1 Mittagsmenü von 19,00 bis 30,00 €; 2 Menüs von 60,00 bis 160,00 €
200 Weinpos.

Bis etwa 1230 in die Stauferzeit lassen sich die Ursprünge von Schloss Filseck zurückverfolgen. Zwischen Uhingen und Göppingen thront die Anlage hoch oben über dem Filstal und ermöglicht einen exklusiven Weitblick in die Landschaft. Das Interieur des Gourmetrestaurants mit historischen Bruchsteinwänden und modernen Gestaltungselementen in dezenter Moderne zeugt von Niveau und viel Geschmack. Patron Milos Vujicic und Küchendirektor Daniele Corona ergänzen einander perfekt, wenn sie die kulinarische Linie planen und in die Tat umsetzen. Für Letzteres ist Daniele Corona verantwortlich. Mit überbordender Fantasie stellt er Speisen zusammen, die in puncto Raffinesse, perfektem Handwerk und Kreativität keine Wünsche mehr offen lassen. Mit kulinarischem Feingefühl spielt er mit den handverlesenen Zutaten, setzt sie in immer wieder neuen Kontext und präsentiert moderne mediterrane Kreationen, die er mit grenzübergreifenden Elementen geschickt erweitert und bereichert wie bei unserem Südtiroler Wagyu-Short-Rib mit Kaktusfeige, Piemonter Haselnüssen und Chiogga Beete. Eines der zwei angebotenen Menüs ist für Vegetarier ertüftelt worden. Passende Weine gibt es in feiner Auswahl. Nicht nur Geschäftsleute wissen das frische und leichte Businesslunch zu schätzen. Feierlichkeiten finden auf Schloss Filseck übrigens einen besonders exklusiven Rahmen. Erwähnenswert ist auch der Shuttle-Service, der nach vorheriger Reservierung (2 Tage zuvor) max. 4 Personen Di.-Fr. von 17-23 im Umkreis von 20 km kostenlos zu Hause abholt und zurückbringt.

Uhldingen-Mühlhofen

♜ Restaurant Jägerhof

Bhf→2 km

✉ 88690 · Gebhardsweiler 1 · ☎ (0 75 56) 9 28 36 20 · Fax: 9 28 36 27
Regionale Küche · Küche: 11:30–21 Uhr · **Ruhetag:** Okt.-Apr. Mo. · **Ferien:** 7.1.-Mitte Feb. · **Tische:** 40/200 Plätze
kontakt@jaegerhof-restaurant.de · www.jaegerhof-restaurant.de

Speisekarte: 14 Hauptgerichte von 11,50 bis 24,20 €; 6 Tagesgerichte von 10,00 bis 17,00 €
46 Weinpos.
Einst ein traditioneller, nur wenige Minuten von Meersburg entfernter Bauernhof, findet sich hier nun das Jägerhof-Restaurant in unmittelbarer Nähe vom "Auto & Traktor Museum". Das Restaurant hat sich mit rustikaler Balkendecke, Holzständerwerk und bäuerlichem Zierrat seinen nostalgischen Charme erhalten und gefällt mit urigem Ambiente. Aber nicht nur Kulinarik hat hier ihren Platz. Es gibt auch Seminarräume und einen tollen Eventsaal, in dem man in idyllischer Umgebung rauschende Feste feiern kann. Mit Stephan Rupprecht und Thomas Bredenkamp stehen gleich zwei verantwortliche Köche am Herd. Sie arbeiten konzentriert und nutzen die Produktvielfalt der Bodenseeregion mit sonnenreifem Gemüse und Obst. Die Zutaten kommen von bekannten Händlern und Erzeugern und werden zu frischen, geradlinigen und bodenständigen Speisen voller Aromenkraft kombiniert, bei denen auch an Vegetarier gedacht wird. Ein kulinarischer Kalender, z. B. mit Matjes-, Spargel-, Steak-, Eintopf-, Gans- und Wildwochen uvm., hält immer wieder andere Spezialitäten bereit. Von 14-17:30 Uhr kann man von einer kleinen Vesperkarte wählen. Die schöne, sonnenschirmbeschattete Terrasse ist an warmen Tagen ein Muss, denn allein der hinreißende Blick auf den Bodensee ist bereits den Besuch wert.

Seehalde

Bhf→3 km

✉ 88690 · OT Maurach · Maurach 1 · ☎ (0 75 56) 9 22 10 · Fax: 65 22
Badestrand mit Liegewiese, Bootshafen, Seeterrasse
7 km
info@seehalde.de · www.seehalde.de

18 **DZ** von 152,00 bis 214,00 €;
3 **EZ** von 83,00 bis 93,00 €
Ruhig gelegen und mit direkter Seelage begeistert dieses engagiert geführte Hotel mit gemütlich eingerichteten Komfortzimmern und einem sehr zuvorkommenden Service. Fahrrad- und Wanderwege finden sich direkt vor dem Haus.

Sehr gutes, komfortables Hotel

Bhf→3 km

Seehalde

✉ 88690 · OT Maurach · Maurach 1 · ☎ (0 75 56) 9 22 10 · Fax: 65 22
Regionale Küche · Küche: 12–14/18–21 Uhr · **Ruhetag:** Di./Mi. · **Tische:** 21/60 Plätze
info@seehalde.de · www.seehalde.de

Speisekarte: 5 Hauptgerichte von 27,00 bis 36,00 €; 2 Menüs von 48,00 bis 78,00 € 156 Weinpos.
Optischen Genuss bietet der herrliche Seeblick, für kulinarischen sorgt Chefkoch Markus Gruler mit einer durchdachten Frischeküche, in der traditionelle und heimische Speisen und Bodenseefisch kreativ zubereitet werden.

Ulm

Bhf→2 km

bibraud

✉ 89073 · Büchsengasse 20 · ☎ (07 31) 1 53 75 12
Moderne, saisonale Küche · **Geöffnet:** 17:30–23 Uhr · **Ruhetag:** So./Mo. · **Ferien:** variabel · **Tische:** 8/30 Plätze
info@bibraud.com · www.bibraud.com

Speisekarte: 2 Menüs von 55,00 bis 85,00 € 150 Weinpos.
Der Restaurantname ist das phonetische Pendant zum Nachnamen der Patronne und Chefköchin Alina Bebrout. Die Leidenschaft, mit der sie ihr kleines Restaurant führt, ist allgegenwärtig. Ursprünglich eine Metzgerei, blieben die alten Wandfliesen und das unter Denkmalschutz stehende Deckenfresko mit Kuhköpfen glücklicherweise erhalten, tragen sie doch zum individuellen und lässigen Charme des Interieurs bei. In ihrer Küche wirbelt Alina Bebrout mit Können, Leidenschaft und einer Fülle großartiger kulinarischer Ideen. Ihre Menüs stellt sie nach regionalem Marktangebot zusammen, das erfordert Spontaneität, Fantasie und Können und garantiert frische Zutaten, die sie immer wieder mit verschiedensten Kräutern zusätzlich bereichert. Das Produkt ist der

Star und wird mit handwerklicher Präzision und innovativen Ideen zu modernen und leichten Speisen kombiniert, die einfach Spaß machen und mit ihrer Aromenfülle begeistern. Im Sommer ermöglicht die kleine, mediterrane Terrasse entspannten open-air-Genuss.

Restaurant mit gutem Genuss-/Preisverhältnis.

LAGO hotel & restaurant am see

Bhf→3 km

89073 · Friedrichsau 50 · (07 31) 2 06 40 00 · Fax: 2 06 40 01 21 · Lounge-Bar, Seeterrasse, Badesee, reichhaltiges Frühstücksbuffet (17,- p.P.), 24-h-Rezeption, Fahrrad-/E-Bike-Verleih
5 km
hotel@lago-ulm.de · www.hotel-lago.de

60 **DZ** von 99,00 bis 157,00 €;
als **EZ** von 88,00 bis 139,00 €

Zentral und in bester Lage findet sich das familiengeführte Design Hotel LAGO inmitten der grünen Ulmer Friedrichsau, direkt neben einem wunderschönen Natursee. Sanftes Licht, helle Farben, edle und wertige Material prägen die Zimmer, von denen in der ersten Etage 11 Zimmer mit extragroßen Betten (2,20 x 2,00 m) ausgestattet sind. Das GreenCare zertifizierte Hotel wirtschaftet nachhaltig und nutzt erneuerbare Energien. Durch die direkte Anbindung an das städtische Straßenbahnnetz ist man in nur 10 Minuten in der Ulmer Innenstadt. Für Tagungen, Workshops oder Präsentationen stehen mehrere Räume von 50m² bis 2.800 m² zur Verfügung. Im Wellness-Bereich geht es deutlich erholsamer zu, gut geschulte Mitarbeiter verwöhnen Körper und Geist in angenehm ruhigem Ambiente. In der Freizeit steht ein facettenreiches Angebot zur Verfügung: Ob ein ausgedehnter Spaziergang durch die Friedrichsau und entlang der Donau, ein Stadtbesuch, Legoland, der Tier- oder Botanische Garten, das Steiff Museum, Ballonfahrten, Yoga-Workshops oder Touren mit dem Fahrrad und E-Bike (der Verleih im Hause ist kostenfrei!) – das liebenswürdige Hotelteam hilft gerne bei der Planung und gibt praktische Tipps. Eine vielseitige Gastronomie rundet das Angebot perfekt ab.

Hervorragendes Hotel mit außergewöhnlichem Komfort

Bhf→3 km

LAGO – Seestern

✉ 89073 · Friedrichsau 50 · ☎ (07 31) 2 06 40 00 · Fax: 2 06 40 01 21 · Klass., Regionale und Neue Küche, eigene Kreationen · Küche: 18:30–21 Uhr · **Ruhetag:** So./Mo. · **Ferien:** je 2 W. Anf. Jan. + Aug./Sept. · **Tische:** 6/24 Plätze VISA AE
hotel@lago-ulm.de · www.hotel-lago.de

Speisekarte: 3 Hauptgerichte von 28,00 bis 42,00 €; 2 Menüs von 85,00 bis 169,00 € 240 Weinpos.
Nordisch-schlicht und dennoch sehr gemütlich, prägt lässiges Bootshausambiente das Fine Dining Restaurant direkt an einem schönen Natursee. Im Sommer gefällt das mediterrane Flair entspannter Leichtigkeit, im Winter sorgt ein prasselndes Kaminfeuer für ein kuscheliges Ambiente. Chefkoch Klaus Buderath, der schon mit der Liebe zur Küche groß wurde, sorgt gemeinsam mit seinem Souschef Andreas Czepiczka und dem engagierten Team für Speisen, die ungemein kreativ sind und von der Leidenschaft ihrer Macher künden. Sie tüfteln, verwerfen, befinden für gut und bewegen sich auf dem Boden klassischer französischer Küche, um von dort zu kulinarischen Höhenflügen anzusetzen. Immer ist das Produkt der Star, erfährt es große Wertschätzung und wird gekonnt und unverfälscht kombiniert, um Speisen zu schaffen, die zwar das Grundbedürfnis des Gastes – satt zu werden – erfüllen, in ihrer Genialität aber weit darüber hinausgehen und in eine raffinierte Genusswelt entführen. Maître Philipp Bieringer leitet umsichtig und zugewandt mit seinem Serviceteam durch den Abend und berät kenntnisreich zu den korrespondierenden Weinen und Getränken.

LAGO – Treibgut

Bhf→3 km

✉ 89073 · Friedrichsau 50 · ☎ (07 31) 2 06 40 00 · Fax: 2 06 40 01 21
Gehobene Regionale Küche, eig. Kreationen · Küche: 17–22 Uhr
hotel@lago-ulm.de · www.hotel-lago.de

Speisekarte: 8 Hauptgerichte von 12,80 bis 29,20 €; 3 Tagesgerichte von 15,80 bis 24,90 €

240 Weinpos.

Im "Treibgut", dem skandinavisch gestalteten "Restaurant für jeden Tag", ist alles ein bisschen anders. Es stützt sich auf die „LAGO Genusswerkstatt", die persönlichen Kontakt mit den Erzeugern hält und in der viele Produkte sofort selbst hergestellt werden. In der Metzgerei, Bäckerei, Patisserie und Brauerei entstehen unverfälschte Lebensmittel ohne Zusatzstoffe. Auf dem Dach des Restaurants LAGO leben 15 Bienenvölker, die emsig für leckerstem Honig. Alle tagesfrischen Leckereien gibt es so nicht im Handel, sondern nur hier im Haus. Chefkoch Ole-Leon Lückstädt und Souschef Nico Körner sorgen für eine ideenreiche, saisonale Landküche, die mit ihrer Aromenvielfalt und ihren ehrlichen Zubereitungen begeistert. Die Speisen spiegeln die Region und die wechselnden Jahreszeiten wider und sollten an warmen Tagen auf der wunderschönen Terrasse unmittelbar am See genossen werden. Anna Jansa leitet den Service und ist liebenswürdige Ansprechpartnerin.

Best Western plus Atrium Hotel

Bhf→6 km

✉ 89075 · Eberhard-Finckh-Straße 17 · ☎ (07 31) 92 71-0 · Fax: 92 71-672
Restaurant, Arrangement, Zi.-Preise inkl. Frühstück
4 km
info@bestwesternulm.de · www.bestwesternulm.de

64 **DZ** von 90,00 bis 130,00 €;
8 **EZ** von 80,00 bis 100,00 €

Das moderne Hotel wird wegen der sehr guten Seminarbedingungen von Tagungsgästen geschätzt. Freundliche Komfortzimmer, zwei Restaurants und ein kleiner Wellnessbereich machen es aber auch für Ulm-Besucher attraktiv.

Hervorhebenswert in seiner Kategorie

Best Western plus Atrium Hotel – Siedepunkt

89075 · Eberhard-Finckh-Straße 17 · (07 31) 92 71-0 · Fax: 92 71-200
Klassische Küche, eigene Kreationen · Küche: 18–21 Uhr · **Ruhetag:** So./Mo./Di. ·
Tische: 9 (Terrasse 9)/25 + 25 Plätze
info@bestwesternulm.de · www.bestwesternulm.de

Speisekarte: 1 Menü von 65,00 bis 125,00 € 153 Weinpos.
Minimalistische Eleganz prägt das Interieur des Restaurants und sorgfältigste, präzise und kreative Zubereitungen kennzeichnen Benedikt Witteks klassische und moderne Küche, die in sein Menü "KunstHandwerk" mündet.

Bhf→2 km

Maritim Ulm

89073 · Basteistraße 40 · (07 31) 92 30 · Fax: 9 23 10 00
Rest. „Ulmer Gulden", Pianobar
18 km
info.ulm@maritim.de · www.maritim.de

276 **DZ** von 118,00 bis 150,00 €;
als **EZ** von 103,00 bis 135,00 €;
11 **Suiten** von 211,00 bis 750,00 €
Direkt am grünen Donauufer gelegen, besticht das Hotel durch seine außergewöhnliche Architektur und sein stilvolles Ambiente. Die elegant eingerichteten Zimmer sind ebenso wie die individuellen Tagungs- und Konferenzräume modern ausgestattet.

Unterammergau

Bhf→500 m

Dorfwirt & Friends

82497 · Pürschlingstraße 2 · (0 88 22) 9 49 69 49 · Eigene Kreationen ·
Geöffnet: Do.-Sa. 17 - 22 Uhr; So. + Feiertag 11:45 - 20 Uhr · **Ruhetag:** Mo./Di./Mi.
· **Ferien:** 2 W. Nov. · **Tische:** Reservierung erforderlich 7/35 Plätze
info@dorfwirt.bayern · www.dorfwirt.bayern

Speisekarte: 1 x 4- oder 5-Gang-Menü von 79,00 bis 149,00 €
300 Weinpos.
Lüftlmalerei, bepflanzte Balkonkästen und grüne Fensterläden – der erste Eindruck des "Dorfwirt" ist genauso wie der Name es vermuten lässt und verspricht landestypische Gemütlichkeit. Gemütlich geht es im Restaurant tatsächlich zu, aber hier werden die alpenländischen Klischees durch Hinzugabe moderner Gestaltungselemente zu einem lustvollen Spiel. Wollweiße, eng anliegende Stuhlhussen mit dickem Zopfmuster, Bilder mit zuckerbäckersüßen Motiven im Wechsel mit modernen: Die Mischung gefällt und erhöht den Wohlfühlfaktor um ein Vielfaches. Patron und Chefkoch Thomas Zwink kocht mit genialen kulinarischen Ideen, die mal in akribische Tüfteleien münden und mal wie ein vom Marktangebot inspirierter Geniestreich daherkommen: Stets gemein ist seinen Kombinationen, dass sie von kompromissloser Frische sind, auf erstklassigen Zutaten basieren, die Tiere artgerecht gehalten werden und es eine "nose to tail"-Verarbeitung gibt. Und in eine kulinarische Schublade lassen sie sich schon gar nicht stecken, deshalb gibt es keine feste Karte, sondern ein Überraschungsmenü, dass – wie der Name verspricht – überrascht: mit verschiedensten Kombinationen, Aromen und abgestimmten Texturen. Das Menü kann 3, 4, oder 5 Gänge haben und weil nicht wenige Menschen Überraschungen lieben, sollte man unbedingt zuvor einen Tisch reservieren. Ehefrau Brigitte Zwink steht ihrem Mann in puncto Leidenschaft und Gastfreundschaft in nichts nach: Sie kümmert sich liebevoll um die Gäste und berät auch mit Freude

und sehr viel Sachkenntnis zu den Weinen. Ein Steckenpferd, das gepflegt sein möchte, u. a. mit gern besuchten, interessanten Winzerpräsentationen.

Unterhaching

Holiday Inn München-Unterhaching

Bhf→800 m

82008 · Inselkammerstr. 7-9 · ☎ (0 89) 66 69 10 · Fax: 66 69 16 00
Restaurant "Leonardo", Bistro-Bar "Alex", Biergarten
info@holiday-inn-muenchen.de · www.holiday-inn-muenchen.de

163 **DZ** von 119,00 bis 359,00 €;
92 **EZ** von 109,00 bis 299,00 €;
2 **Suiten** von 159,00 bis 399,00 €
Verkehrsgünstig im Südosten von München gelegen, bietet das Hotel stilvoll eingerichtete Komfortzimmer in verschiedenen Kategorien und variable, medientechnisch bestens ausgestattete Tagungs- und Konferenzräume für bis zu 500 Personen.

Untermünkheim

Landhotel Steigenhaus

Bhf→10 km

74547 · Steigenhaus 1 · ☎ (07 91) 83 01 · Fax: 8 46 99
Restaurant, Veranstaltungsräume, kostenfreie Parkplätze am Haus
15 km
info@steigenhaus.de · www.steigenhaus.de

19 **DZ** von 108,00 bis 138,00 €;
als **EZ** von 88,00 bis 108,00 €;
2 **EZ** zu 88,00 €
Seit über 180 Jahren werden im Steigenhaus Gäste bewirtet. Dieser Tradition ist man immer noch verbunden, auch wenn heute alles viel komfortabler ist. Die Zimmer (Preise inkl. Frühst.) sind individuell eingerichtet. Veranstaltungsräume für Tagungen und Feiern stehen bereit.

Landhotel Steigenhaus

Bhf→10 km

74547 · Steigenhaus 1 · ☎ (07 91) 83 01 · Fax: 8 46 99 · Klassische, Neue und Regionale Küche · **Geöffnet:** 11-13:30/17:30-21 Uhr, Sonntag 11-13:30 Uhr · **Ruhetag:** Mo. · **Ferien:** variabel · **Tische:** 15/70 Plätze
info@steigenhaus.de · www.steigenhaus.de

Speisekarte: 15 Hauptgerichte von 18,50 bis 24,50 € 40 Weinpos.
In charmanter Landhaus-Atmosphäre präsentierten Patron Horst Wendt und Sohn Daniel eine marktfrische Küche. Die Speisen werden sorgfältig zubereitet, sind unverfälscht und punkten mit kreativen und mediterranen Elementen.

Usedom

Kaiserhof Heringsdorf

Bhf→1 km

17424 · OT Heringsdorf · Strandpromenade · ☎ (03 83 78) 6 50 · Fax: 6 58 00
Restaurant und Café, Winter- und Sommergarten (saisonal), Piano-Bar
6 km
info@kaiserhof-usedom.de · www.kaiserhof-usedom.de

124 **DZ** von 99,00 bis 349,00 €;
8 **EZ** von 68,00 bis 318,00 €;
11 **Suiten** von 198,00 bis 579,00 €
143 geschmackvolle Zimmer und Suiten, ein exklusiver Wellnessbereich auf 1.700 qm mit Schwimmbad, Saunen, Dampfbad und Meeresklimakabine machen dieses Hotel zu einem perfekten Ort der Erholung. Fitnessraum, Kosmetik u. Massage sowie Außenpool (saisonal) mit großer Liegefläche und Blick auf die Ostsee runden das Angebot ab.

Bhf→5 Gehminuten

DAS AHLBECK HOTEL & SPA

17419 · Dünenstr. 48 · (03 83 78) 49 94-800 · Fax: (03 83 78) 49 94-9 99
Rest. mit Showküche, Lobby, Hotelbar, Terrasse, Kaminzimmer, Hotelbäckerei
3 + 15 km VISA AE EC
info@das-ahlbeck.de · www.das-ahlbeck.de

18 **DZ** ab 159,00 €;
als **EZ** ab 113,00 €;
31 **App.** ab 216,00 €
An das ehemalige FDGB-Gebäude erinnert in diesem wunderschön renovierten Hotel unmittelbar an der Ahlbecker Strandpromenade wirklich gar nichts mehr. Die Kombination klassischer und moderner Architektur ist Hintergrund für die exklusiv eingerichteten Nichtraucher-Zimmer (Preise pro Zimmer inkl. Frühstück). Edle Materialien, klare Linien und moderner Komfort finden sich auch in den individuell gestalteten Appartements. Top gepflegt ist der exklusive Wellnessbereich (s. a. Wellness-Special). Im lichtdurchfluteten Restaurant kann man dank der Showküche die Zubereitung der Speisen beobachten. Die eigene Bäckerei "Der Ahlbäcker" liefert frische Backwaren, die gerne am Abreisetag auch mit nach Hause genommen werden. Ein Zuckerl für Hotelgäste ist der Hotelausweis, der zu kostenfreien Fahrten mit Bus und Zug der Usedomer Bäderbahn berechtigt. Abends trifft man sich gerne in der Hotelbar und lässt den Tag gemütlich ausklingen.

Bhf→1,5 km

KAISER SPA HOTEL ZUR POST

17429 · OT Bansin · Seestraße 5 · (03 83 78) 5 60 · Fax: 5 62 20
Drei Restaurants, zwei Bars, Lounge, Zimmerpreise inkl. Frühstück
15 km VISA AE EC
info@hzp-usedom.de · www.hzp-usedom.de

110 **DZ** ab 150,00 €;
als **EZ** ab 125,00 €;
60 **Suiten** ab 210,00 €
Weniger als 100 m vom Strand entfernt, gefällt das aufwändig rekonstruierte Haus in klassischer Seebäderarchitektur mit schönen Zimmern und 1.200 m² großem Wellness-Kaiser-Spa-Bereich.

Bhf→3 km

Romantik Hotel Esplanade

17424 · OT Heringsdorf · Seestraße 5 · (03 83 78) 7 00 · Fax: 7 04 00
Bistro/Café, Bar, Terrasse, 30%ige Greenfee-Ermäßigung a. d. Golfplatz
6 km VISA AE EC
esplanade@seetel.de · www.seetel.de

44 **DZ** ab 110,00 €;
als **EZ** ab 98,00 €;
4 **EZ** ab 82,00 €
Nur wenige Meter vom Strand entfernt, erwartet das geschmackvoll restaurierte „Esplanade“ aus dem Jahre 1897 seine Gäste mit imposanter Fassade und eleganten Gästezimmern. In der gegenüber liegenden Ostseeresidenz befindet sich der eindrucksvolle Wellnessbereich.

Steigenberger Grandhotel &Spa

Bhf→500 m

✉ 17424 · OT Heringsdorf · Liehrstraße 11 · ☎ (03 83 78) 49 50 · Fax: 49 5-999
Verschiedene Restaurants, Bars, Weinsalon, Sonnen terrasse
7 km
heringsdorf@steigenberger.de · www.heringsdorf.steigenberger.de

114 **DZ** von 185,00 bis 430,00 €;
als **EZ** von 155,00 bis 430,00 €;
55 **Suiten** von 275,00 bis 1010,00 €
Auf Deutschlands schönster Sonneninsel Usedom kann man seinen ganz persönlichen Traumurlaub erleben. Direkt an der Strandpromenade gelegen, empfängt das Steigenberger Resorthotel (ein Betrieb der Resort Kaiserbad GmbH & Co. KG) mit Grand Palais, zwei Residenzen, zwei historischen Villen sowie fünf Restaurants und Bars seine Gäste. Das Resorthotel umfasst sieben Gebäude mit insgesamt 169 luxuriösen Zimmern und Suiten im eleganten, maritimen Flair. Die Preise inkludieren immer das Frühstück. Der Krabbenclub sorgt für jede Menge Spaß bei den Kindern und der Teens Club ist für die Jugendlichen geöffnet. Eine kleine Auszeit kann man am 42 km langen feinen Sandstrand genießen, der sich unmittelbar vor dem Hause befindet. Bei der Planung einer Tagung, Veranstaltung oder privaten Feier, kümmert sich das qualifizierte Team um die Organisation und Ausführung. Schallisolierte, klimatisierte Veranstaltungsräume und verschiedene andere abwechslungsreiche Locations stehen zur Verfügung. Im großzügigen „Baltic Sea Grand Spa Usedom" kann man sich auf 2.000 m² Wohlfühlfläche den ganzen Tag aufhalten. Die Wellnessoase bietet alles rund um Erholung, Sport sowie Entspannungs- und Schönheitsbehandlungen. Mit den Restaurants "Lilienthal Usedom", "Seaside" (Thai Cuisine), der Bistro & Bar "Waterfront" und der Bar & Lounge "Delbrück" sowie der Spa Lounge "Hiiumaa" und dem Weinsalon ist das gastronomische Angebot sehr breit gefächert.

Strandhotel Seerose OT Kölpinsee

Bhf→1 km

✉ 17459 · Strandstraße 1 · ☎ (03 83 75) 5 40 · Fax: 5 41 99 · Rest. mit Intern. Küche, Bibliothek, Bar, Raucherlounge, Meerterrasse, 2 Bowlingbahnen, Wellness
20 km
info@strandhotel-seerose.de · www.strandhotel-seerose.de

82 **DZ** ab 106,00 €;
21 **EZ** ab 59,00 €;
6 **Suiten/App.** ab 190,00 €
Schon in den 1920/30er Jahren wussten berühmte UFA-Stars wie Willy Fritsch, Zarah Leander, Lilian Harvey, Hans Söhnker uvm. die herrliche Lage und den Komfort der „Seerose" zu schätzen. Versteckt hinter hohen Bäumen steht das 1997 wieder seiner alten Bestimmung zugeführte Urlaubshotel direkt am Meer

und bietet stilvoll eingerichtete, komfortable Zimmer (die Preise sind inklusive reichhaltigem Frühstück), gut ausgestattete Tagungsräume, zwei Bowlingbahnen, einen gepflegten Wellnessbereich und ein feines Restaurant mit delikater und abwechslungsreicher Frischeküche. Stetig wird das Hotelangebot erweitert und so gibt es neben einer behaglichen Bibliothek die Vinetabar mit Raucherlounge und das maritime Strandbistro. Die kleinen Gäste sind bestens im hüb-

Bhf→1 km

Strandhotel Seerose - Restaurant Alexander

✉ 17459 · OT Kölpinsee · Strandstraße 1 · ☎ (03 83 75) 5 40 · Fax: 5 41 99
Klass., Intern., Reg. u. Neue Küche · **Geöffnet:** 7–22 Uhr · Küche: 17:30–21:30 Uhr · **Tische:** 40/150 Plätze
VISA EC
info@strandhotel-seerose.de · www.strandhotel-seerose.de

Speisekarte: 18 Hauptgerichte von 14,50 bis 32,50 €; 2 Menüs von 43,00 bis 45,00 €

Im Restaurant "Alexander" sitzen, die feinen Speisen und den Blick aufs Meer genießen, ist Urlaub pur. Das Interieur ist mit leichter Hand stilvoll und charmant gestaltet und gewährt dank der bodentiefen Panoramafenster eine wunderschöne Aussicht. Chefkoch Claus Preuß nutzt das reichhaltige Warenangebot der Region, um frische und saisonale Zutaten für seine unverfälschte und aromenstarke Küche im Umland zu kaufen. Er arbeitet geradlinig, klar und peppt die zeitgemäßen Speisen mit pfiffigen Ideen auf. Fischspezialitäten stehen obenan und werden u. a. von beliebten Klassikern und einer sehr guten Auswahl an Vegetarischem ergänzt. Im Sommer gibt es eine leichte Vitalküche mit einer Extrakarte. Der Service ist aufmerksam und freundlich und wird kompetent von Frank Profe geleitet. An warmen Tagen verlagert sich das kulinarische Geschehen auch gerne auf die vorgelagerte Terrasse mit herrlichem Ostseeblick.

Bhf→1,5 km

Strandhotel Ostseeblick

✉ 17424 · OT Heringsdorf · Kulmstraße 28 · ☎ (03 83 78) 5 40 · Fax: 5 42 99
Rest. "Bernstein" und „Alt Heringsdorf“, Bar, Terrasse
7 km
AE EC
info@strandhotel-ostseeblick.de · www.strandhotel-ostseeblick.de

56 **DZ** von 130,00 bis 245,00 €;
als **EZ** von 110,00 bis 215,00 €;
1 **EZ** von 90,00 bis 160.00 €;
3 **Suiten** von 215,00 bis 550,00 €

Der Erholung suchende Gast findet individuell und elegant eingerichtete Zimmer, das MEERness Spa sowie das Panorama-Restaurant "Bernstein" vor.

Bhf→1,5 km

Strandhotel Ostseeblick - Bernstein

✉ 17424 · OT Heringsdorf · Kulmstraße 28 · ☎ (03 83 78) 5 40 · Fax: 5 42 99
Neue und Regionale Küche · **Geöffnet:** Frühst. 7.30-11 Uhr, Lunch 12-14 Uhr, Dinner 18-22 Uhr · **Tische:** 40/100 Plätze
AE EC
info@strandhotel-ostseeblick.de · www.strandhotel-ostseeblick.de

Speisekarte: 6 Hauptgerichte zu 33,00 €; 1 Menü von 69,00 bis 89,00 €

Vor dem spektakulären Ostseepanorama die Speisen von Chefkoch Arjan Mansies zu genießen, gehört zu unvergesslichen Eindrücken, die man genau so nur im Gourmetrestaurant "Bernstein" erleben kann. Arjan Mansies arbeitet konzentriert, gekonnt und mit vielen kreativen Ideen, um seine modernen Speisen bestmöglich zu präsentieren.

Sehr gute Serviceleistung

The O'ROOM

✉ 17424 · OT Heringsdorf · Kulmstraße 33 · ☎ (03 83 78) 18 39 12 · Fax: 18 39 11
Kreative Reg. u. Intern. Küche · **Geöffnet:** Mi.-Sa. ab 18 oder 19 Uhr · **Ruhetag:** Mo./Di. · **Ferien:** variabel · **Tische:** 7/18 Plätze
info@strandcasino-marc-o-polo.com · www.strandcasino-marc-o-polo.com

Speisekarte: 1 Menü zu 150,00 €
180 Weinpos.
Im ersten Concept-Store des Modelabels Marc O'Polo kann man nicht nur bestens shoppen, sondern auch formidabel speisen. Dafür sorgt Chefkoch André Kähler mit einer grenzübergreifenden Küche, die auf erstklassigen Zutaten basiert und der er mit raffinierten Ideen eine ganz eigene Note gibt.

Travel Charme Strandidyll Heringsdorf

Bhf→500 m

✉ 17424 · OT Heringsdorf · Delbrückstr. 10 · ☎ (03 83 78) 47 60 · Fax: 47 65 55 · 2 Restaurants mit regionaler Küche, parkähnlicher Garten, Preise inkl. Frühstück
6 km
strandidyll@travelcharme.com · www.travelcharme.com/strandidyll

136 **DZ** ab 148,00 €;
EZ ab 109,00 €;
7 **Suiten** ab 180,00 €
"Bleiben und zur Ruhe kommen" ist das Credo in diesem eleganten Hotel - und das ist dank luxuriöser Zimmer, guter Gastronomie und schönem Wellnessbereich ganz einfach.

Travel Charme Strandidyll Heringsdorf – Belvedere

Bhf→500 m

✉ 17424 · Delbrückstr. 10 · ☎ (03 83 78) 4 76-5 47 · Fax: 4 76-5 55 · Neue und Regionale Küche · Küche: 18:30–21:30 Uhr · **Ruhetag:** So./Mo.
strandidyll-belvedere@travelcharme.com · www.travelcharme.com/hotels/strandidyll-heringsdorf

Speisekarte: 4 Hauptgerichte von 35,00 bis 49,00 €; 1 Menü von 75,00 bis 115,00 €
Unter der Glaskuppel des Hotels sitzend, begeistert neben dem herrlichen Ostseeblick natürlich die durchdachte Küche von Chefkoch Christian Somann, der nach dem Motto "denke global, kaufe regional" abwechslungsreiche, zeitgemäße Speisen kreiert.

Usedom PALACE

Bhf→1 km

✉ 17454 · OT Zinnowitz · Dünenstraße 8 · ☎ (03 83 77) 39 60 · Fax: 3 96 99 · Restaurant mit Klassischer Küche, Terrasse, Zimmerpreise inkl. Frühstücksbuffet
25 km
empfang@usedom-palace.de · www.usedom-palace.de

40 **DZ** ab 120,00 €;
als **EZ** ab 110,00 €;
2 **EZ** ab 80,00 €;
2 **Suiten** ab 220,00 €
Wie in guten alten Zeiten erhebt sich auch heute wieder direkt an der Zinnowitzer Strandpromenade ein luxuriöses Hotel. In seiner prachtvollen Architektur im Stil der Kaiserbäder lässt es die Eleganz und den Charme einer vergangenen Epoche aufleben. Durch die Panoramafenster der stilvoll eingerichteten Zimmer reicht der Blick bis nach Rügen. Die kultivierte Wohnlichkeit im ganzen Haus beherrscht das Ambiente. Klassisch geschulter Service verwöhnt rund um die Uhr, besinnliche Stunden beschert das exklusiv eingerichtete Ka-

minzimmer und eine weitläufige, luxuriöse Wellnessoase mit neuem Beautybereich bietet jegliche Wohltat für Körper und Geist. Ob Workshop oder große Tagung – klimatisierte Bankettträume stehen zur Verfügung und garantieren einen reibungslosen Ablauf.

Bhf→1 km Usedom PALACE - Schwabe's Restaurant

✉ 17454 · OT Zinnowitz · Dünenstr. 8 · ☎ (03 83 77) 39 60 · Fax: 3 96 99
Klass., Intern. u. Regionale Küche · **Geöffnet:** (Haupts.)Mo.-So. 12-21 Uhr, (Nebens.) Mo.-Fr. 18-21, Sa./So. MittagstischUhr, · **Tische:** 18/65 Plätze VISA AE EC
empfang@usedom-palace.de · www.usedom-palace.de

Speisekarte: 6 Hauptgerichte von 26,00 bis 28,00 €; 1 Menü von 44,00 bis 58,00 € 55 Weinpos.
Kirschbaum-Stilmöbel und ein Teppichboden in royalem Blau prägen das Interieur von "Schwabe's Restaurant", das in unaufdringlicher Eleganz gestaltet ist. Die bodentiefen Panoramafenster lassen sich zur Terrasse hin öffnen, die an warmen Tagen zu einem besonderen Publikumsmagneten wird und einen schönen Blick ins Grüne gewährt. In der Küche wird handwerklich korrekt gearbeitet, die Zutaten kommen bevorzugt aus dem Umland und entsprechen dem saisonalen Marktangebot. Regionales und internationale Klassiker werden geschickt verfeinert, Fischspezialitäten schmecken hier an der Ostsee natürlich ganz besonders gut. Ein liebenswürdiges Serviceteam begleitet den Restaurantbesuch und betreut auch Veranstaltungen, für die es passende Räumlichkeiten gibt. Ein gelungener Urlaubs (und auch Geschäfts-) tag klingt besonders entspannt beim Lieblingsgetränk in der gediegenen Vineta-Bar aus.

Usingen

Bhf→2 km Uwe & Uli – Zuhause bei uns

✉ 61250 · Marktplatz 21 · ☎ (0 60 81) 5 76 37 60 · Fax: 5 76 37 66
Klass., Int., Reg. Küche; Eig. Kreationen · Küche: 12–14/18–21 Uhr · **Ruhetag:** Mo.+Sa.-Mittag. EC
usi@uwe-uli.de · www.uwe-uli.de

Speisekarte: 3 Hauptgerichte von 22,50 bis 38,00 €; 1 Menü von 89,00 bis 109,00 € 60 Weinpos.
Das historische Fachwerk des über 315 Jahre alten "Liefrink"-Hauses am Marktplatz wurde harmonisch ins schlicht-niveauvolle Interieur integriert. Patron Uwe Weber arbeitet bevorzugt mit heimischen Zutaten, die er mit einem Blick in die Küchen der Welt raffiniert und ausbalanciert kombiniert.

Vaihingen an der Enz

Bhf→3 km Lamm Rosswag

✉ 71665 · OT Rosswag · Rathausstr. 4 · ☎ (0 70 42) 2 14 13 · Fax: 2 61 89
Reg. u. Int. Küche; eig. Kreationen · Küche: 18–23/Sa. auch 12–14 Uhr · **Ruhetag:** So./Mo./Di. · **Tische:** 13/40 Plätze VISA EC
info@lamm-rosswag.de · www.lamm-rosswag.de

Speisekarte: 4 Hauptgerichte von 26,00 bis 40,00 €; 1 Tagesgericht von 42,00 bis 58,00 €; 2 Menüs von 70,00 bis 130,00 € ca. 450 Weinpos.
Eleganter Landhausstil prägt die entspannte Atmosphäre im Restaurant. Hier überzeugt Patron und Chefkoch Steffen Ruggaber auch anspruchsvolle Feinschmecker mit seiner leichten und innovativen Küche, in der Traditionelles und Zeitgeistiges eine kreative Einheit bilden.

Vallendar

♜ Die Traube

Bhf→1 km

✉ 56179 · Rathausplatz 12 · ☎ (02 61) 6 11 62 · Fax: 6 79 94 08
Klass. u. Reg. Küche · Küche: 12–13:45/17:30–21 Uhr · **Ruhetag:** So./Mo. · **Tische:** 17/60 Plätze
dietraube@t-online.de · www.dietraube-vallendar.de

Speisekarte: 8 Hauptgerichte von 19,50 bis 37,50 €; 1 Tagesgericht von 11,50 bis 14,00 €

Die historische Fachwerkfassade aus dem Jahre 1647 ist eine stimmige Kulisse für die ehrliche, aromenstarke und ideenreiche Küche von Stefan Schleier.

Velbert

♜ Haus Stemberg OT Neviges

Bhf→3 km

✉ 42553 · Kuhlendahler Str. 295 · ☎ (0 20 53) 56 49 · Fax: 4 07 85 · Klass., Neue u. Reg. Küche; eig. Kreationen · **Geöffnet:** Mo.-Mi.: 17:30-23 Uhr, Sa./So.: 12-15 + 18-23 Uhrr, Sa.+So. auch 12-14 Uhr · **Ruhetag:** Do./Fr. · **Tische:** 14/50 Plätze
stemmi@tv-stemberg.de · www.haus-stemberg.de

Speisekarte: 7 Hauptgerichte von 23,00 bis 59,00 €; 1 Menü von 80,00 bis 105,00 €

450 Weinpos.

1864 waren hier noch die Stemberg'sche Schmiede und ein Fuhrmannsgasthof. Gut 80 Jahre später etablierte Walter Stemberg Senior eine reine Gastwirtschaft. Knapp 30 Jahre danach machte Walter Stemberg Junior gemeinsam mit Ehefrau Petra daraus das heute weit über das Bergische Land hinaus bekannte Restaurant mit einer Küchenlinie, in der neben Gutbürgerlichem auch ambitionierte Gourmetküche zu ihrem Recht kommt. Solcherart familiäre Traditionen sind Verlockung und Verpflichtung zugleich – in fünfter Generation übernahm Sohn Sascha Stemberg den kulinarischen Staffelstab bereits vor Jahren. Auch ihm gelingt der Spagat zwischen einer ambitionierten Landküche und gehobenen Genüssen. Dank seiner Leidenschaft fürs Kochen gibt es keinen Stillstand, vielmehr ist seine stetige Neugier eine der Triebfedern für sein Tun. Die Speisen sind häufig in der Region verwurzelt, gehen jedoch dank seines Könnens und seiner vielen Ideen weit darüber hinaus. Ausgesuchte Zutaten werden in vordergründiger Schlichtheit kombiniert, demonstrieren aber eine enorme Geschmackstiefe mit subtilem Aromenspiel. Der einstige Junior, Walter Stemberg, ist heute Seniorchef im besten Sinne, denn er sorgt für den reibungslosen Ablauf eines harmonischen Abends, indem er aufmerksam den Service leitet, zu den Weinen berät und jedem Gast ein kompetenter Ansprechpartner ist.

Restaurant mit sehr gutem Weinangebot

Verden (Aller)

Bhf→1 km

Pades Restaurant

✉ 27283 · Grüne Straße 15 · ☎ (0 42 31) 30 60 · Fax: 8 10 43
Neue u. Reg. Küche, eig. Kreat. · Küche: 17:45–20:15/So. auch ab 12– Uhr ·
Tische: 20/90 Plätze
Padesrestaurant@t-online.de · www.pades.de

Speisekarte: 6 Hauptgerichte von 16,00 bis 34,00 €; 1 Menü von 36,00 bis 66,00 €
400 Weinpos.
Im zeitlos-elegant eingerichteten Restaurant kocht Patron und Chefkoch Wolfgang Pade aromenstark und abwechslungsreich. Er kauft gerne regionale, marktfrische Zutaten ein und nutzt verschiedene Garmethoden für seine kreativen Zubereitungen. Der Genuss wird von einem in allen Belangen hervorragenden Service begleitet.

Die Küchenleistung dieses Restaurants ist hervorhebenswert in seiner Kategorie.

Villingen-Schwenningen

Bhf→1 km

Gasthaus Löwen

✉ 78050 · Obere Straße 10 · ☎ (0 77 21) 9 93 11 44
Regionale und Saisonale Küche · **Geöffnet:** Di.-Fr.: 12-21 Uhr, Fr./Sa. 12-21:30 Uhr · **Ruhetag:** So./Mo. · **Ferien:** 1. + 2. Wo. Nov. · **Tische:** 14 (+ Terrasse
info@loewen-villingen.de · www.loewen-villingen.de

Speisekarte: 10 Hauptgerichte von 14,00 bis 26,00 €; 4-6 Tagesgerichte von 11,00 bis 16,00 €; 2 Menüs von 26,00 bis 54,00 €
24 Weinpos.
Unprätentiös eingerichtet, ist die Atmosphäre im Gasthaus Löwen herrlich einladend und unkompliziert. Dafür sorgt nicht zuletzt Antonio Garofalo im Service, den er – zumal als gelernter Koch – mit Fachwissen und guter Laune, zurückhaltend und sehr kompetent versieht. Sein Bruder Marco Garofalo ist der verantwortliche Mann am Herd. Er hat in der Sternegastronomie gelernt und die hohen Ansprüche übernommen, alles selber zu machen und Convenience Produkte und Geschmacksverstärker erst gar nicht in sein Reich zu lassen. Schwerpunkt seiner ambitionierten Küche sind regionale und saisonale Speisen. Die bereitet er handwerklich präzise, konzentriert und ungemein gekonnt zu. Alles, was auf den Teller kommt, wurde in der Küche produziert. Und das schmeckt man; nicht nur bei seinem berühmten Ochsenschwanzgugglhupf, sondern auch bei Maultaschen, Käsespätzle, hausgemachten Rinderrouladen oder geschmorten Bäckchen vom Iberico-Schwein. Es sind genau diese Restaurants "für jeden Tag", in denen mit Eifer und Freude gekocht wird, die niemals aussterben dürfen.

Romantik Hotel Rindenmühle

Bhf→4 km

✉ 78052 · OT Villingen · Am Kneipp-Bad 9 · ☎ (0 77 21) 8 86 80 · Fax: 88 68 13
Innenhof-Terrasse, Frühstücksbuffet im Zi.-Preis inkl., Weinkeller, Garten
10 km
mail@rindenmuehle.de · www.rindenmuehle.de

13 **DZ** ab 138,00 €;
10 **EZ** ab 108,00 €
Direkt am Villinger Kurgarten gelegen, findet man das familienfreundliche Hotel mit komfortablen Zimmern (frühstück im Preis inkl.), eigenem Tagungsgebäude und entspannenden Wellness-Angeboten.

Romantik Hotel Rindenmühle - Rindenmühle

Bhf→4 km

✉ 78052 · OT Villingen · Am Kneippbad 9 · ☎ (0 77 21) 8 86 80 · Fax: 88 68 13
Regionale Küche mit mediterranen Elementen · Küche: 12–13:30/18–21:30 Uhr · **Ruhetag:** So./Mo. · **Ferien:** variabel · **Tische:** 15/50 Plätze
mail@rindenmuehle.de · www.rindenmuehle.de

Speisekarte: 6 Hauptgerichte von 25,00 bis 37,00 €; 1 Menü von 48,00 bis 84,00 €
224 Weinpos.
Patron Martin Weißer und Küchenchef Gregor Schlüter stehen gemeinsam am Herd und lassen sich immer wieder neu vom saisonalen Marktangebot inspirieren, um gehobene regionale Speisen, die ganz ohne Geschmacksverstärker auskommen, sorgfältig zuzubereiten.

Vogtsburg

Schwarzer Adler

Bhf→2 km

✉ 79235 · OT Oberbergen · Badbergstr. 23 · ☎ (0 76 62) 93 30 10 · Fax: 93 30 46
Klass. u. Neue Küche, eig. Kreationen · Küche: 18:30–23/Sa.+So. auch 12–15 Uhr Uhr · **Ruhetag:** Mi./Do. · **Tische:** 20/80 Plätze
reservation@franz-keller.de · www.franz-keller.de

Speisekarte: 2 Hauptgerichte von 45,00 bis 46,00 €; 2 Menü von 104,00 bis 135,00 €
2700 Weinpos.
Im "Schwarzen Adler" wird dank Chefkoch Christian Baur eine wunderbar leichte badisch-französische Küche gepflegt. Mit erlesenen Zutaten stellt er ausgeklügelte Speisen mit fein aufeinander abgestimmten Aromen zusammen.

Volkach/Main

Romantik Hotel Zur Schwane

Bhf→30 km

✉ 97332 · Hauptstr. 12 · ☎ (+49) (0) 93 81 - 8 06 60 · Restaurant, hauseigene Weine/Sekte, eigene Obstbrände, E-Ladestation (Tesla und kompatibel)
10 km
info@schwane.de · www.schwane.de

36 **DZ** von 159,00 bis 239,00 €;
als **EZ** von 105,00 bis 135,00 €;
4 **EZ** zu 95,00 €;
4 **Suiten** von 249,00 bis 319,00 €
Bereits 1404 wurde der damalige Gasthof im malerischen Volkach von der Familie Schwan gegründet und bezaubert heute mit einer gelungenen Mischung aus nostalgischem Flair, modernen Elementen und zeitgemäßen Annehmlichkeiten. Romantik und Gemütlichkeit dominieren auch die individuell gestalteten, komfortablen Gästezimmer. Tagungen und private Feierlichkeiten finden mit verschiedenen Stuben einen auch technisch perfekten Rahmen. Ein eigenes VDP-Weingut und die Brennerei mit edlen Obstbränden gehören zur traditionsreichen Herberge ebenso wie die familiäre Atmosphäre und ein zuvorkommender Service, der fränkische Gastfreundschaft auf angenehmste Weise vermittelt. Nicht zu vergessen sind das Gourmetrestaurant

"Weinstock", die gediegene, historische Weinstube "Schwane 1404" mit gehobener Heimatküche und ein malerischer, begrünter Innenhof, die jeden Gast stets aufs Neue dem Alltag entrücken. Die reizvolle Landschaft kann man auf zahlreichen Wanderwegen oder mit Leihfahrrädern aus dem Hotel erkunden.

Bhf→30 km

♜ Gourmetrestaurant Weinstock

✉ 97332 · Hauptstraße 12 · ☎ (+49) (0) 93 81 - 8 06 60
Innovative Gourmetküche · **Geöffnet:** Fr.-Di. ab 17:30 Uhr · **Ruhetag:** Mi./Do. ·
Tische: 7/16 Plätze
VISA
info@schwane.de · www.schwane.de ·

Speisekarte: 2 Hauptgerichte von 32,00 bis 34,00 €; 1 Menü ab 80,00 €
200 Weinpos.
Das Gourmetrestaurant – eine Mischung aus historischer Bausubstanz, gediegenem Holzbohlenboden und modernen Elementen wie blanken Ledertischen, raffiniert geschwungenen, bequemen Fauteuils und stylishen Pendelleuchten – ist mit großer Klasse schlicht und edel gestaltet. Hier kann Chefköchin Cornelia Fischer, die ihr Können an illustren Karrierestationen verfeinert hat, ihre Kunstfertigkeit perfekt in Szene setzen. Die moderne Küche ist in der kulinarischen Klassik verwurzelt und basiert bevorzugt auf regionalen Produkten, die sie mit handwerklicher Präzision und hohem Kreativitätsfaktor kombiniert. Die Speisen wie das Kalbsbries mit Spargel und Bärlauch oder das Schäufele vom Taubertal-Wagyu mit Grünen Bohnen kommen ohne großes Chichi, aber mit umso mehr geschmacklicher Vielfalt daher. Zum eingespielten Team außerhalb der Küche gehören Franziska Weickert, die charmant den zugewandten Service leitet, sowie Sommelier Jan Pislcajt, der nicht nur Weine aus Franken und vom hauseigenen Weingut empfiehlt.

Hervorragende Serviceleistung

Wachenheim

Izakaya

✉ 67157 · Weinstraße 36 · ☎ (0 63 22) 9 59 37 29
Innovative Fusions-Küche · **Geöffnet:** Do.-Mo. 18:30-22 Uhr · **Ruhetag:** Di./Mi. ·
Tische: 7/20 Plätze
VISA EC
kontakt@the-izakaya.com · www.the-izakaya.com

Speisekarte: 1 Menü ab 70,00 €
ca. 150 Weinpos.
Die kulinarische Mischung im "The Izakaya" ist bemerkenswert: Chefkoch Benjamin Peifer kreiert aus heimischen Produkten Speisen mit japanischen und Pfälzer Elementen, die in ein Omakase-Menü mit hohem Genussfaktor münden.

Restaurant mit gehobener Küche

Waiblingen

bachofer boutique hotel

Bhf→2 km

✉ 71332 · Marktplatz 6 · ☎ (0 71 51) 97 64 30 · Fax: 97 64 31 · Terrasse, Arrangements, Events, Kochkurse, Weinproben, Zimmerpreise inkl. Frühstück
15 km
VISA AE EC
mail@bachofer.info · www.bachofer.info

5 **DZ** von 150,00 bis 160,00 €;
2 **EZ** von 98,00 bis 110,00 €;
1 **Suite** von 175,00 bis 185,00 €

Das denkmalgeschützte, zweitälteste Haus Waiblingens, direkt am Markplatz, lässt in den Zimmern (Preise inkl. Frühstück) zwar keine geraden Wände zu, dafür versprühen diese umso mehr Charme, ist doch jeder Raum individuell und mit viel Geschmack eingerichtet. Zimmernummern gibt es nicht, vielmehr Gewürznamen wie Kardamom, Honig, Ingwer, Safran, in deren Farbe eine Zimmerwand gestrichen ist. Die Holzbalkendecken dort und die sichtbaren Bruchsteinwände am Treppenaufgang vermitteln historisches Flair, die Ausstattungsmerkmale wie Kaffeemaschine, Wasser, Obst und Müsli zeitgemäße Annehmlichkeiten. Sogar für geschäftliche Treffen gibt es einen passenden Raum. Auf der Terrasse am Marktplatz kann man dem bunten Treiben zuschauen, im Restaurant die exklusive Küche von Bernd Bachofer genießen.

Bhf→2 km

bachofer restaurant OT Zentrum

✉ 71332 · Marktplatz 6 · ☎ (0 71 51) 97 64 30 · Fax: 97 64 31 · Neue u. Asiat. Küche, eig. Kreat. · **Geöffnet:** 18:30-22:30, Di.-Sa. 18:30-24 Uhr, Do. auch 12-15 Uhr · **Ruhetag:** So./Mo./Feiert. · **Ferien:** 1. Jan.-Wo. + 2 W. Pfingsten · **Tische:** 12/40 Plätze
VISA AE EC
mail@bachofer.info · www.bachofer.info ·

Speisekarte: 7 Hauptgerichte von 28,00 bis 46,00 €; 1 Mittagsmenü von 32,00 bis 41,00 €; 3 Menüs von 78,00 bis 149,00 €
260 Weinpos.

1647 noch eine Apotheke, sind heute im zweitältesten Gebäude Waiblingens das Hotel und Restaurant "bachofer" beheimatet. Das moderne Interieur des "bachofer restaurant" wurde in die historische Bausubstanz integriert, so dass ein faszinierender Kontrast entsteht. Blanke, edel eingedeckte Tische stehen in gerader Reihe an der Wand und werden von der gegenüberliegenden ESS-Bar ergänzt, an der man sich entweder zum feinen Dinner oder zum exklusiven Drink niederlässt. Was immer man genießt, wird von einem ungehinderten Blick in die vollverglaste Showküche begleitet. Chefkoch Bernd Bachofer und sein Team begeistern mit einer jungen und unkonventionellen Küche. Hier wird gekocht, was gefällt, was der Markt hergibt und was dem Chef – nicht zuletzt aus zahlreichen Auslandsaufenthalten in Südostasien, Japan und China –zur Inspiration wird. Können, Präzision, Neugierde, Fleiß und Disziplin sind die Kardinaltugenden und Motor für seine Küche der feinsinnigen Zusammenstellungen und großen Aromen. Moderne Gartechniken werden nicht um der Methode willen eingesetzt, sondern nur dann, wenn es der Speise wirklich zu Gute kommt und sie von sehr gut zu überragend werden lässt. Offen für alles, geraten die Kombinationen zu innovativen Geschmackserlebnissen, die in Erinnerung bleiben. Der Gast kann sein Menü in kleiner Form mit drei Gängen bestellen oder nach Belieben auf bis zu 9 Gängen aufstocken. Den zugewandten Service leitet Gabriela Predatsch sehr liebenswürdig, als kompetente Sommelière berät sie auch sensibel zu den Weinen, die in top Qualität im historischen Keller lagern. Catering, Kochkurse und Weinproben gehören ebenso zum Angebot wie der Private Dining Room „Pranger11“ im ersten Stock.

Dieses Restaurant bietet Ihnen eine exzellente Küche.

Brunnenstuben

71334 · Quellenstraße 14 · (0 71 51) 9 44 12 27 · Regionale und Mediterrane Küche · **Geöffnet:** Mi.-Sa.: 17-23, So. 11:45-14:30 + 16-21 Uhr · **Ruhetag:** Mo./Di. · **Ferien:** 2 W. Jan. + 3 W. Fer. BaWü. · **Tische:** 14/50 Plätze
info@brunnenstuben.de · www.brunnenstuben.de

Speisekarte: 8 Hauptgerichte von 18,00 bis 40,00 €; 1 Menü von 35,00 bis 80,00 €
356 Weinpos.

Im Herzen des Remstals gelegen, lohnt es sich, die Brunnenstuben häufiger im Jahr zu besuchen. Das Restaurant ist in rustikaler Eleganz so behaglich eingerichtet, dass man sich sofort wohlfühlt und entspannen kann. Die Dame des Hauses, Petra Beyer, steht gemeinsam mit Manuel Kersting am Herd und präsentiert eine gut durchdachte Küche mit Speisen, die monatlich wechseln, immer auch das regionale, saisonale Warenangebot spiegeln und mit mediterranen Elementen bereichert werden. Die Küche ist handwerklich präzise, schön unverfälscht und aromenbetont. Passende Weine gibt es in stattlicher Auswahl und bester Qualität, hier berät Thorsten Beyer mit ganz viel Fachwissen. Auch das Ausrichten von privaten und geschäftlichen Veranstaltungen ist in der Brunnenstube in besten Händen, es gibt drei Räume für bis zu 80 Personen. Jedes Event wird individuell geplant und aufmerksam betreut.

Waldbronn

Schwitzer's Hotel im Park

Bhf→500 m

76337 · Etzenroter Straße 4 · (0 72 43) 35 48 50 · Fax: 35 48 585
Restaurant, Brasserie, Cigar Lounge, Zimmerpreise inkl. Frühstück
5 km
info@schwitzers-hotel-am-park.com · www.schwitzers-hotel-am-park.com

18 **DZ** von 130,00 bis 340,00 €;
130,00 als **EZ** von 340,00 €;
2 **Suiten** von 365,00 bis 400,00 €

Im malerischen nördlichen Schwarzwald am Rande des Waldbronner Kurparks von gelegen, ist ein Aufenthalt im komfortablen "Schwitzer's Hotel am Park" ideal, um den Alltag hinter sich zu lassen und in reizvoller Umgebung mit Blick auf den Park und das Albtal nachhaltig zu entspannen. Dazu trägt der liebenswürdige und familiäre Service im Hotel ganz wesentlich bei. Man kann sich jederzeit an die zuvorkommenden Mitarbeiter wenden, die bei kleinen und großen Bitten gerne behilflich sind. Die individuell, in zeitloser Moderne elegant eingerichteten Zimmer bieten viel Tageslicht, sind mit wertigen Materialien ausgestattet und ein wunderschönes Zuhause auf Zeit. Der Tag beginnt mit einem hinreißenden Frühstück (im Zimmerpreis inkludiert). Der Wellnessbereich ist klein, fein und exklusiv. Mit u. a. Dampfbad, Sauna und dem Klangraum kann man hier losgelöst von Hektik und

Stress wunderbar entspannen. Und natürlich wartet vor dem Haus das vielfältige Freizeitangebot der Region, wo unzählige Wanderwege nur ein Teil des Angebotes sind. In der Brasserie mit schöner Sommerterrasse gibt es eine unkomplizierte Frischeküche. Den Tag kann man bei anregenden Gesprächen, begleitet von Cocktails oder frisch gezapftem Bier harmonisch in der Bar (mit kleiner Snackkarte) oder Cigar-Lounge ausklingen lassen.

Schwitzer's Hotel im Park - Cédric Schwitzer's Sternerestaurant

✉ 76337 · Etzenroter Straße 4 · ☎ (0 72 43) 35 48 50 · Fax: 35 48 585
Klassische Küche · Küche: 18–19:30 Uhr · **Ruhetag:** So./Mo. · **Tische:** 10/40 Plätze
VISA AE
info@schwitzers-hotel-am-park.com · www.schwitzers-hotel-am-park.com

Speisekarte: 1 Menü von 99,00 bis 189,00 € 653 Weinpos.

Bodentiefe Fenster bilden eine leicht geschwungene Begrenzung des Restaurants und gehen zu einer großen Terrasse hinaus, die einen ungehinderten Blick ins Grüne bis zum nahen Tannenwald erlaubt. In sanften Blau-, Grau- und Silbertönen gestreifte Fauteuils stehen an den elegant eingedeckten, runden Tischen und geben dem Interieur des Gourmetrestaurants gemeinsam mit raffinierten Beleuchtungskörpern ein sehr niveauvolles und kultiviertes Ambiente, das dennoch zu keiner Zeit Schwellenängste aufkommen lässt. Patron und Chef de Cuisine Cedric Schwitzer präsentiert eine Produktküche, die ihre Wurzeln in der französischen Haute Cuisine hat, jedoch behutsam dem Zeitgeist angepasst wurde. Alles Schwere wird vergessen, vielmehr kombiniert er die auserwählten Zutaten mit handwerklicher Klasse und sehr viel Fantasie. Das Spiel mit den verschiedensten

Aromen und Texturen ist gekonnt und mündet in immer neuen und faszinierenden Geschmackswelten. Ehefrau Stephanie Schwitzer ist charmante Gastgeberin und steht gemeinsam mit Maître Felix Daferner auch bei Fragen gerne zur Verfügung. Bei der Auswahl korrespondierender Weine – die es in großer Fülle und erlesener Qualität gibt – hilft Dominik Trick als geschulter Sommelier gerne kompetent und sensibel weiter.

Restaurant mit exzellenter Weinkarte

L'ÉQUILIBRE
PARFAIT
LA CUVÉE
CHAMPAGNE
Laurent-Perrier
MAISON FONDÉE
1812
BRUT
Laurent-Perrier
LA CUVÉE
CHAMPAGNE
Laurent-Perrier
MAISON FONDÉE
1812
BRUT
photographe Iris Velghe

Waldenbuch

Bhf→5 Min.

Gasthof Krone

✉ 71111 · Nürtinger Straße 14 · ☎ (0 71 57) 40 88 49 · Fax: 40 88 54
Klass. Int. u. Neue Küche · Küche: 18–23/Fr.+So. auch 12–14 Uhr · **Ruhetag:** Mo./Di. · **Tische:** 12/40 Plätze
info@krone-waldenbuch.de · www.krone-waldenbuch.de ·

Speisekarte: 6 Hauptgerichte von 32,00 bis 41,00 €; 2 Tagesgerichte zu 14,00 €; 2 Menüs von 68,00 bis 108,00 €

450 Weinpos.

Liebhaber der klassischen, französischen Küche werden sich hier wohlfühlen. Chefkoch Erik Metzger arbeitet präzise und mit handwerklichem Sachverstand und weiß seine anspruchsvollen Gäste mit kreativen und authentischen Geschmackserlebenissen zu überraschen.

Waldkirchen

Bhf→25 km

Johanns

✉ 94065 · Marktplatz 24 · ☎ (0 85 81) 2 08-20 00
Regionale Küche, eig. Kreationen · Küche: 12–14:30/18–23 Uhr · **Ruhetag:** So./Feiert. · **Tische:** 18/50 Plätze
info@restaurant-johanns.de · www.restaurant-johanns.de ·

Speisekarte: 8 Hauptgerichte von 15,00 bis 32,00 €; 1 Mittagsmenü von 29,00 bis 45,00 €; 1 Menü von 62,00 bis 82,00 €

300 Weinpos.

Im Dreiländereck von Deutschland, Tschechien und Österreich findet sich im Modehaus Garhammer in der obersten Etage ein Restaurant, das mit seiner Strahlkraft weit über Waldkirchen und die Region hinausgeht. Sehr modern eingerichtet, ist die Atmosphäre weltoffen, lässig-entspannt und der weite Blick auf den Bayerischen Wald durch die bodentiefen Fenster ist hinreißend schön. Der kulinarische Genuss im "Johanns" beeindruckt nicht weniger. Für den sorgt Chefkoch Michael Reis mit seinem hochengagierten Team mit sehr viel Leidenschaft. Er bevorzugt Waren aus der Region und stellt sie mit raffinierten Ideen immer wieder neu und anders zusammen. Die Speisen sind unverfälscht, charakteristische Eigenschaften der Zutaten werden hervorgehoben und münden mit vielseitigen Aromen und Texturen in verschiedenste Geschmacksbilder. Mittags kommt man in den Genuss eines legeren, einfacheren Konzepts, das qualitativ dennoch eine Klasse für sich ist. Ein liebenswürdiger und zugewandter Service unter aufmerksamer Leitung von Felix Raitner begleitet den Restaurantbesuch, der an warmen Tagen dank der Terrasse auch eine open-air-Erweiterung erfährt. Die angebotenen Veranstaltungen wie Kochkurse oder Raritätenverkostungen sind so beliebt, dass sie möglichst schnell reserviert werden sollten.

Restaurant mit sehr gutem Weinangebot

Wallerfangen

Landwerk

Bhf→5 km

✉ 66798 · Estherstraße 1 · ☎ (0 68 31) 6 26 22 · Fax: 6 26 23
Zimmer-Preise inkl. à la Carte Frühstück, Lobby-Bar, Restaurant
6 km
VISA
info@land-werk.de · www.land-werk.de

8 **DZ** von 115,00 bis 145,00 €

Nur 2 Kilometer von der BAB 620 und 3 von der BAB 8 entfernt, findet sich dieses familiengeführte und zentral gelegene Hotel in einem ruhigen Wohnviertel Wallerfangens. Dem historischen Hauptgebäude wurde zu jeder Seite ein innovativer Anbau hinzugefügt. Modern und geradlinig eingerichtet, geben edle Naturmaterialien wie Stein und warmes Holz dem Interieur eine elegante Note von urbaner Lässigkeit. Die Gästezimmer (mit Kaffeemaschinen und Getränken) sind edel und funktional gestaltet und gefallen mit einem unaufdringlichen Luxus. Morgens kann man in der Lounge ein exquisites à la Carte Frühstück genießen (im Zi.-Preis inkludiert). Links von der großzügigen Lobby geht es in die Bistrolounge mit Terrasse. Von 12-14 und 8-22:30 wird hier eine Karte mit kleinen Bistrogerichten gereicht. Rechts von der Bistrolounge ist das Fine Dining Restaurant. Neben den vielseitigen gastronomischen Annehmlichkeiten gefällt im Hotel "LandWerk" der engagierte Einsatz der Gastgeber Ingo und Sohn Dave Stotzem, die gemeinsam mit dem gesamten Team eine Atmosphäre persönlicher und einladender Gastfreundschaft schaffen. Das Landwerk ist nicht nur für Geschäftsreisende eine gute Adresse, auch Urlaubsgäste wissen die entspannte Atmosphäre zu schätzen.

★★★ Sehr gutes, komfortables Hotel

Bhf→5 km

Landwerk

✉ 66798 · Estherstraße 1 · ☎ (0 68 31) 6 26 22 · Fax: 6 26 23
Klassische und Neue Küche · Küche: 12–14/18:30–22 Uhr · **Ruhetag:** Mo./Di. u. Mi.-Mittag · **Ferien:** 2 W. Jan. + 3 W. So.-Fer. Saarl. · **Tische:** 15/38 Plätze VISA EC
info@land-werk.de · www.land-werk.de

Speisekarte: 4 Hauptgerichte von 29,00 bis 43,00 €; 1 Menü von 69,00 bis 130,00 €
200 Weinpos.

Im Restaurant geht es nicht um den schönen Schein, sondern unverfälschtes Sein. Entsprechend klar und geradlinig ist das Interieur gestaltet. Mit leichter Hand verbinden sich blanke Tische, umlaufende Bänke und Stühle in Anthrazit und als Eyecatcher vereinzelt in Lime zu einer lässigen und weltoffenen Bistro-Atmosphäre. Der unprätentiöse Stil gefällt ebenso wie die fulminante Küche, in der es auch um Klarheit und Authentizität geht.
Chefkoch Marc Pink hat mit den Gastgebern Ingo und dessen Sohn Dave Stotzem zusätzliche fachliche Kompetenz an der Seite. Allen gemein ist die Leidenschaft, mit der sie ihren Beruf ausüben und ihn als Berufung verstehen. Marc Pink liebt das Detail, überfrachtet aber keine seiner Speisen mit überflüssigem Chichi, sondern konzentriert sich auf eine einwandfreie Zubereitung des Grundproduktes, dass er mit wenigen zusätzlichen Ingredienzen verfeinert. Er kocht modern und traditionell zugleich und kann hier seinen ganz eigenen Stil immer weiter entwickeln und so eine charakteristische Handschrift finden. Jeder Gang des Menüs – eines wird vegetarisch angeboten – war perfekt zubereitet und ungemein raffiniert wie z. B. der Hummer mit Blumenkohl und dem duftig-sanften Aroma von Vanille. Den Service leitet Judith Weller, die bei Fragen liebenswürdige Ansprechpartnerin ist und kompetent zu den Weinen berät.

Bhf→10 km

Hotel-Scheidberg

✉ 66798 · OT Kerlingen · St. Vallier Str. 1 · ☎ (0 68 37) 7 50 · Fax: 75 30
Rest. m. regionaler und intern. Küche, Park, Wintergarten
1,3 km VISA EC
info@hotel-scheidberg.de · www.hotel-scheidberg.de

40 **DZ** von 100,00 bis 110,00 €;
22 **EZ** ab 78,00 €
Umgeben von einem großen Park findet sich dieses elegante Hotel mit hellen und freundlichen Zimmern. Das Restaurant mit Wintergarten und die Gartenterrasse in idyllischer Natur laden zum Verweilen ein.

Walldorf (Baden)

Vorfelder

Bhf→1,5 km

69190 · Bahnhofstr. 28 · ☎ (06227) 69 90 · Fax: 69 93 05 41
Restaurant, Cafe, Gartenterrasse
9 km
info@hotel-vorfelder.de · www.hotel-vorfelder.de

49 **DZ** von 95,00 bis 150,00 €;
13 **EZ** von 70,00 bis 125,00 €;
3 **Suiten** von 100,00 bis 165,00 €
Familiär geführtes Wohlfühl-Hotel mitten in der Metropolregion Rhein-Neckar mit stilvoll eingerichteten Zimmern und hervorragender Tagungstechnik. "Das Kaminrestaurant" bietet eine raffinierte Frischeküche mit kreativen und saisonal wechselnden Gerichten.

Waltrop

Gasthaus Stromberg

Bhf→2 km

45731 · Dortmunder Straße 5 · ☎ (0 23 09) 42 28 · Fax: 92 03 17
Klass., Neue u. Regionale Küche · **Geöffnet:** Di.-Fr. 17:30-23, Sa. auch 11-15 Uhr · **Ruhetag:** So./Mo. · **Tische:** 21/85 Plätze
info@gasthaus-stromberg.de · www.gasthaus-stromberg.de

Speisekarte: 9 Hauptgerichte von 18,00 bis 29,00 € 80 Weinpos.
Stefan Manier kocht unverfälschte und geerdete Speisen, die in der Region verwurzelt sind. Für Events in außergewöhnlichem Ambiente steht die ehemalige Elektrowerkstatt der einstigen Zeche Waltrop zur Verfügung.

Wangen im Allgäu

Alte Post

Bhf→1 km

88239 · Postplatz 2 · ☎ (0 75 22) 9 75 60 · Fax: 2 26 04
Rest. mit Regionaler und Neuer Küche, Zimmerpreise inkl. Frühstücksbuffet
7 km
altepost@t-online.de · www.hotel-alte-post-wangen.de

12 **DZ** ab 120,00 €;
6 **EZ** ab 75,00 €;
1 **Suite** zu 130,00 €
Dieses Haus ist ein Kleinod im Voralpengebiet des württembergischen Allgäus. Es liegt zentral im Herzen der prächtigen Altstadt. Komfortable Zimmer und ein aufmerksamer Service begleiten den Aufenthalt.

Hotels und Restaurants mit diesem Zeichen befinden sich in einem historischen Gebäude.

Landgasthaus Adler

Bhf→5 km

88239 · OT Deuchelried · Obere Dorfstr. 4 · ☎ (0 75 22) 70 74 77 · Fax: 70 74 78
Regionale Küche · **Geöffnet:** ab 17:30 Uhr, Sa.,So.+Feiert. auch von 11:30 Uhr - 13:30 Uhr · **Ruhetag:** Mo./Di.+Mi. · **Tische:** 11/45 Plätze
www.adler-deuchelried.de

Speisekarte: 10 Hauptgerichte bis 26,00 €; 2 Menüs von 42,00 bis 56,00 €
Chef de Cuisine Uwe Zöller richtet seine Speisen am jahreszeitlichen Warenangebot aus und stellt die Zutaten mit feinem kulinarischem Gespür sehr harmonisch zusammen.

Warendorf

Bhf→400 m

Im Engel

✉ 48231 · Brünebrede 33-37 · ☎ (0 25 81) 9 30 20 · Fax: 6 27 26
Weinstube, Weinhandel, reichhaltiges Frühstücksbuffet
10 km
VISA EC
info@hotel-im-engel.de · www.hotel-im-engel.de

31 **DZ** von 110,00 bis 175,00 €;
als **EZ** von 79,00 bis 99,00 €;
5 **EZ** ab 79,00 €;
2 **App.** von 165,00 bis 215,00 €;
1 **Suite** zu 250,00 €
Bereits seit dem Jahre 1545 steht der in der Altstadt gelegene „Engel" stellvertretend für gehobene und gelebte Gastlichkeit. Die komfortablen, liebevoll eingerichteten Zimmer und die kleine, aber feine Wellnessoase versprechen dem Gast Wohlbefinden und Erholung pur.

Waren (Müritz)

Bhf→2,5 km

Kleines Meer

✉ 17192 · Alter Markt 7 · ☎ (0 39 91) 64 80 · Fax: 64 82 22
Restaurant mit regionaler Küche, Bar, Terrasse, Zi.-Preise inkl. Frühstücksbuffet
VISA AE EC
info@kleinesmeer.com · www.kleinesmeer.com

23 **DZ** ab 145,00 €;
3 **EZ** ab 88,00 €;
3 **Studios** ab 145,00 €
Die komfortablen Zimmer dieses sehr persönlich geführten Hotels sindkomfortabel, individuell und sehr geschmackvoll eingerichtet.

Wartenberg-Rohrbach

Bhf→5 km

Mühle Am Schlossberg

✉ 67681 · Schlossberg 16 · ☎ (0 63 02) 9 23 40 · Fax: 92 34 34 · Vinothek, Kaminzimmer, Gartenterrasse, Frühstücksbuffet (im Zimmerpreis inklusive)
6 km
VISA AE EC
kontakt@muehle-schlossberg.de · www.muehle-schlossberg.de

16 **DZ** von 75,00 bis 134,00 €;
als **EZ** von 61,50 bis 91,50 €;
1 **Suite** zu 185,00 €;
1 **App.** zu 165,00 €
Im schönen, nordpfälzischen Donnersbergkreis findet sich dieses top geführte Hotel, in dem sich im Interieur und den komfortablen Zimmern modernes Design und historische Elemente harmonisch ergänzen. Die Zimmer sind zugleich die Bühne für interessante Kunstobjekte namhafter Künstler der Region.

Mühle Am Schlossberg - Mühlenrestaurant

✉ 67681 · Schlossberg 16 · ☎ (0 63 02) 9 23 40 · Fax: 92 34 34
Neue u. Regionale Küche · Küche: 12–14/18–21 Uhr · **Tische:** 11/35 Plätze
VISA AE EC
kontakt@.muehle-schlossberg.de · www.muehle-schlossberg.de

Speisekarte: 6 Hauptgerichte von 16,60 bis 40,00 €; 5 Tagesgerichte von 16,50 bis 40,00 €; 3 Menüs von 32,00 bis 75,00 €
500 Weinpos.
Mächtige Sandsteinsäulen tragen das historische Kreuzgewölbe, in dem das Mühlenrestaurant beheimatet ist. Chefkoch Michael Krennrich interpretiert traditionelle Spezialitäten neu und passt sie mit kleineren Fleisch- und Fischportionen, viel frischem Gemüse und Obst dem Zeitgeist an.

Restaurant mit exzellenter Weinkarte

Wartmannsroth

Bhf→5 km Neumühle Resort & Spa

✉ 97797 · Neumühle 54 · ☎ (0 97 32) 80 30 · Fax: 8 03 79
Gourmetrestaurant „Stube", „Ofenzimmer", Restaurant "Scheune"
15 km
VISA AE EC
dressler@romantikhotel-ne.de · www.neumuehle-resort.de

14 **DZ** von 190,00 bis 230,00 €;
als **EZ** von 140,00 bis 195,00 €;
6 **EZ** von 125,00 bis 135,00 €;
Suiten von 250,00 bis 330,00 €

Die historische Mühlanlage nahe der Weinstadt Hammelburg am Ufer der Saale wurde zum ungemein charmanten Neumühle Resort & SPA verwandelt. Abseits von großstädtischer Hektik fällt sofort die herrliche Ruhe inmitten der malerischen fränkischen Landschaft auf. Die Zimmer sind individuell eingerichtet, verfügen über zeitgemäßen Komfort und sind ein behagliches Zuhause auf Zeit. Im Resort findet man eine Fülle von Angeboten, um den Urlaub mit allen Sinnen zu genießen: Ob Day- oder Private Spa, Indoorpool, Sauna, Fitnessraum oder Wellnessanwendungen – hier kann man nachhaltig entspannen. Ein sympathisches und sehr zuvorkommendes Mitarbeiterteam hilft bei kleinen und großen Wünschen weiter und gibt gerne Tipps rund um das vielseitige Freizeitangebot. Radfahren, Wandern, Rudern, Golfen oder das Erkunden von Bad Kissingen, Würzburg und Fulda sind nur einige der Möglichkeiten, einen aktiven und erlebnisreichen Tag in Unterfranken zu gestalten.

Bhf→5 km Neumühle Resort & Spa – Stube –

✉ 97797 · Neumühle 54 · ☎ (0 97 32) 8 03 80 · Fax: 8 03 79
Gehobene fränkische Küche · Küche: 18–22 Uhr · **Tische:** 16/50 Plätze
VISA AE EC
dressler@romantikhotel-ne.de · www.neumuehle-resort.de

Speisekarte: 6 Hauptgerichte von 24,00 bis 34,00 €; 1 Menü zu 64,00 €

Die "Stube" ist der Gourmetableger im Neumühle Resort. Das barocke Interieur ist einfach bezaubernd. Vollholzverkleidet, finden sich zahlreiche wertvolle Gemälde eines Schülers des weltbekannten Malers Peter Paul Rubens an den Wänden und tragen zum außergewöhnlichen, sehr behaglichen Ambiente bei. Nicht weniger eindrucksvoll ist die ausgeklügelte Küche von Chefkoch Dirk Abel, der tradierte Rezepturen mit erstklassigen, erntefrischen Zutaten aus der Region in neuem Gewand präsentiert. Fränkische Speisen kombiniert er mit dezenten, asiatischen Elementen und kreiert so ganz neue, innovative Kombinationen, die auch im täglich wechselnden Viergang-Abendmenü präsentiert werden. Vegetarier werden auf der gut sortierten Karte ebenfalls fündig. Den zuvorkommenden Service leitet Ilona Kiesel mit Übersicht, währen Ylea Reich als kenntnisreiche Sommelière zu den Weinen aus den Hammelburger Weinbergen berät. Im großzügigen, gemütlichen à la carte Restaurant Scheune mit offenem Giebel kann man sich auch schon mittags von Dirk Abels feinen Kochkünsten überzeugen.

Weigenheim

♜ "Amtshaus" auf Schloss Frankenberg

Bhf→6 km

✉ 97215 · Schloß Frankenberg 1 · ☎ (0 93 39) 97 14-5 71 · Fax: 97 14-1 17
Gehobene Regionale Küche · **Geöffnet:** Do./Fr.: 15-21 Uhr, Sa./So.: 11-21 Uhr · **Ruhetag:** Mo./Di. · **Ferien:** variabel · **Tische:** 15/90 Plätze
gastro@schloss-frankenberg.com · www.schloss-frankenberg.com

Speisekarte: 6 Hauptgerichte von 11,00 bis 24,00 €; 4 Tagesgerichte von 7,00 bis 18,00 €

Das "Amtshaus" auf Schloss Frankenberg ist dem bodenständigen Genuss vorbehalten. Rustikal mit Holzbänken und mächtigen, blanken Tischen eingerichtet, ist die Atmosphäre urig, gesellig und völlig uneitel. Kulturelles Erbe und bodenständiger Genuss gehen hier die perfekte Verbindung ein. Auch hier ist Steffen Szabo mit seinem Souchef Michael Huber für die Küchenlinie verantwortlich. Das Angebot mit herzhafter fränkischer Küche spricht Einheimische und Tagesausflügler gleichermaßen an. Mit tradierten Rezepturen wie Bratwurst mit Kraut, Presssack mit Musik oder Mettigel geht es hier eher deftig und passend zum mittelalterlichen Ambiente zu. Auf der großen Außenterrasse finden bis zu 40 Gäste Platz, denen zusätzlich zum kulinarischen Genuss ein hinreißend schöner Ausblick auf die Weinberge und die Schlossanlage geboten wird. Sandra Tober leitet das flinke und liebenswürdige Serviceteam mit viel Übersicht. Übrigens kann man im Amtshaus auch die eigenen Weine aus der Schlossabfüllung sowie weitere Spezialitäten verkosten und kaufen.

Restaurant mit sehr guter Küche

Hotels und Restaurants mit diesem Zeichen befinden sich in einem historischen Gebäude.

Bhf→6 km

Le Frankenberg "Fine Dining" OT Reusch

✉ 97215 · Schloß Frankenberg 1 · ☎ (0 93 39) 97 14-5 71 · Fax: 97 14-1 17
Klassische und Neue Küche · **Geöffnet:** 17:30–21 Uhr · **Ruhetag:** Mi./Do. + So. ·
Ferien: variabel · **Tische:** 10/20 Plätze
gastro@schloss-frankenberg.com · www.schloss-frankenberg.com

Speisekarte: 1 Menü von 96,00 bis 159,00 € 120 Weinpos.

Südwestlich des Steigerwalds erhebt sich über einer weiten, sanft geschwungenen Hügellandschaft Schloss Frankenberg. Umrahmt von steilen Weinbergen, trutzen die dicken Mauern und mittelalterlichen Türme seit Jahrhunderten der Geschichte. Seit vielen Jahren in einen Dornröschenschlaf gefallen, wurde es samt dem dazugehörigen Weingut dank dem neuen Besitzer, Unternehmer Prof. Dr. Dr. Peter Löw, innerhalb des von ihm initiierten European Heritage Project aufwendig restauriert. Gastronomie, Weinbau und nachhaltige Landwirtschaft gehen hier eine einzigartige Verbindung mit Tradition und Kultur ein. Steffen Szabo konnte für den Aufbau des gastronomischen Angebots gewonnen werden. Im Fine-Dining-Restaurant – Parkett, schwere Vorhänge, Kristalllüster, samtbezogene Stühle, edel eingedeckte Tische fügen sich zu einem eleganten Interieur – präsentiert er gemeinsam mit Souschef Michael Huber und dem engagierten Team in den repräsentativen Schlosssälen eine klassische französische Küche mit deutsch-fränkischen Aktzenten. Mit edlen Zutaten in kompromisslos guter Qualität stellt er Speisen zusammen, die sein Können unterstreichen und dem Gast immer wieder neue, exklusive Geschmackswelten eröffnen. Die hauseigenen, historisch sehr wertvollen Weinberge werden nachhaltig bewirtschaftet und sind vornehmlich mit Riesling und Weißburgunder bepflanzt.

Weikersheim

Bhf→1 km

Laurentius Gewölberestaurant

✉ 97990 · Marktplatz 5 · ☎ (0 79 34) 9 10 80 · Fax: 91 08 18
Reg. Küche · Küche: 18:30–19:30/So. auch 12–19:30 Uhr · **Ruhetag:** Mo./Di. ·
Ferien: Februar · **Tische:** 12/50 Plätze
info@hotel-laurentius.de · www.hotel-laurentius.de

Speisekarte: 5 Hauptgerichte von 26,80 bis 39,00 €; 1 Menü von 79,00 bis 129,00 € 207 Weinpos.

Die geradlinige Einrichtung steht in spannendem Kontrast zum historischen Gewölbekeller. Hier präsentiert Jürgen

Koch eine durchdachte, gerne regionale Frischeküche, die bei aller Raffinesse immer schnörkellos und verständlich bleibt.

Weilburg

Lahnschleife

Bhf→500 m

35781 · Hainallee 2 · ☎ (0 64 71) 4 92 10 · Fax: 4 92 17 77
Restaurant "Caprice", Café "Haintor", Wellness & Beauty Center
VISA AE
info@hotel-lahnschleife.de · www.hotel-lahnschleife.de

60 **DZ** ab 119,00 €;
EZ ab 89,00 €;
3 **Juniorsuiten** ab 165,00 €
Direkt an der Lahnschleife gelegen, gehört das Hotel zu den bevorzugten Destinationen im historischen Weilburg. Komfortable Zimmer (Preise inklusive Frühstück) werden von Tagungsräumen, einem Restaurant und einer Wellnessoase vortrefflich ergänzt.

Weiler-Simmerberg

Tannenhof Sport & SPA GmbH &Co KG

Bhf→7 km

88171 · Lindenberger Straße 33 · ☎ (0 83 87) 12 35 · Fax: 16 26 · Restaurant mit Neuer, Intern. und Reg. Küche, Bar, Terrasse, Preise inkl. 3/4-Pension
7 km VISA AE
hotel@tannenhof.net · www.tannenhof.net

58 **DZ** ab 260,00 €;
18 **EZ** ab 200,00 €;
auf Anfrage
Das Haus mit behaglichen Zimmern (Preise inkl. 3/4-Pension), Restaurant, Café, Kaminbar zwei Gartenterrassen sowie umfangreichem Wellness- und Sportangebot garantiert einen erholsamen Aufenthalt.

Weimar (Thüringen)

Elephant Weimar

Bhf→2 km

99423 · Markt 19 · ☎ (0 36 43) 80 20 · Fax: 80 26 10 · Im Erdgeschoss: Wohnhalle, Bar, Weinkost mit Thüringer "Street Food", Terrasse
20 km VISA AE
elephantweimar@luxurycollection.com · www.hotelelephantweimar.com

64 **DZ** von 130,00 bis 270,00 €;
18 **EZ** von 115,00 bis 195,00 €;
6 **Suiten** von 290,00 bis 599,00 €;
11 **Ju.-Sui.** von 220,00 bis 300,00 €
Nach umfangreichen Renovierungsarbeiten hat das legendäre „Elephant Weimar" seine Tore für Gäste aus aller Welt wieder ganz weit geöffnet. Die Eleganz und das hohe gastronomische Niveau blieben natürlich erhalten und wurden durch ein Mehr an Komfort und Luxus noch aufgewertet.

Elephant Weimar - AnnA

Bhf→2 km

99423 · Markt 19 · ☎ (0 36 43) 80 20 · Fax: 80 26 10
Klass. u. Intern. Küche, eig. Kreat. · Küche: 18–21 Uhr · **Ruhetag:** So./Mo./Di. · **Tische:** 16/40 Plätze VISA AE
elephantweimar@luxurycollection.com · www.hotelelephantweimar.com

Speisekarte: 4 Hauptgerichte von 28,00 bis 42,00 €; 1 Menü von 75,00 bis 98,00 €
350 Weinpos.
In lässig-urbaner Atmosphäre im Stil der 1920er und 30er Jahre eingerichtet, genießt man im Restaurant dank Chefkoch Johannes Wallner eine unkomplizierte und aromenstarke Küche, die bevorzugt auf regionalen Produkten basiert und die wechselnden Jahreszeiten widerspiegelt.

Bhf→1,8 km

Grand Hotel Russischer Hof

✉ 99423 · Goetheplatz 2 · ☎ (0 36 43) 77 40 · Fax: 77 48 40
Rest. "Franz", Wiener Kaffeehaus, Bar, Terrasse, Kulturarrangements
18 km
reservierung@russischerhof.com · www.russischerhof.com

112 **DZ** ab 130,00 €;
7 **EZ** ab 105,00 €;
7 **Suiten** ab 174,00 €
Das Grand Hotel Russischer Hof im historischen Zentrum Weimars gehört mit seinen eleganten Zimmern und dem Wiener Kaffeehaus zu einer der gastronomischen Top-Adressen.

Bhf→2 km

Restaurant Andreas Scholz

✉ 99423 · Prellerstraße 2 · ☎ (0 36 43) 86 19 22
Neue Deutsche Küche mit klassischen Wurzeln · Küche: 18–21:30 Uhr · **Ruhetag:** Mo./Di.
info@restaurant-andreas-scholz.de · www.restaurant-andreas-scholz.de

Speisekarte: 5 Hauptgerichte von 22,00 bis 35,00 €; 1 Menü von 46,00 bis 106,00 €
40 Weinpos.

Viele gerahmte, alte Schwarzweiß-Aufnahmen zieren die originalen Holzpaneelwände aus dem Jahr 1909 im gediegenen Interieur des Restaurants „Andreas Scholz", das sich den nostalgischen und historischen Charme vergangener Zeiten bewahrt hat und in dem namhafte Künstler ein und aus gingen. Im Hotel Alt-Weimar beheimatet, können Andreas und Stefanie Scholz hier ihre Vorstellung einer ambitionierten Küche verwirklichen. Die Zutaten kommen bevorzugt aus der Region und entsprechen dem saisonalen Marktangebot. Mit Können und Feinsinn kombiniert Andreas Scholz sie zu Speisen der Neuen Deutschen Küche, die in der klassischen verwurzelt ist, von ihm aber mit großem Ideenreichtum und feinem Gespür für ausbalancierte Aromen in zeitgeistige, leichte und genussvolle Kreationen münden. Die Zubereitungen sind präzise, wunderbar aromenstark und herrlich unverfälscht. Das Menü kann ab drei Gängen bis zu neun frei gewählt werden. Ehefrau Stefanie Scholz ist die gute Seele im Restaurant. Sie hat ein Auge auf den zuvorkommenden Service und ist liebenswürdige Ansprechpartnerin für die Gäste.

Bhf→2,5 km

Romantik Hotel Dorotheenhof Weimar

✉ 99427 · Dorotheenhof 1 · ☎ (0 36 43) 45 90 · Fax: 45 92 00
Resztaurant m. Reg. u. Intern. Kü., Küchenwerkstatt m. Chef's Table
24 km
info@dorotheenhof.com · www.dorotheenhof.com

30 **DZ** ab 95,00 €;
22 **EZ** ab 75,00 €;
14 **(Jui.-)Suiten** ab 95,00 €
Das in einem herrlichen Park liegende einstige Anwesen eines Rittmeisters ist der perfekte Ort für Erholung, Sightseeing, Tagungen und private Feierlichkeiten in niveauvoller Atmosphäre. Abends kann man im Restaurant die feine Frischeküche genießen.

Weinbar Weimar

Bhf→2 km

99423 · OT Altstadt · Humboldtstr. 2 · (0 36 43) 4 69 95 33 · Fax: 4 69 95 34
Europ., Medit., Itali. Küche · **Geöffnet:** ab 18 Uhr · **Ruhetag:** So./Mo. · **Tische:** 17/70 Plätze
VISA AE
info@weinbar-weimar.de · www.weinbar-weimar.de

Speisekarte: 4 Hauptgerichte von 13,00 bis 24,00 € 300 Weinpos.
Hier ist der Name Programm. Mehr als 100 offene Weine stehen dem Gast als Begleiter zum tagesaktuellen Menü von Küchenchef Marcello Fabbri zur Auswahl. Seine Speisen beweisen mediterrane Lebensfreude und schaffen es ohne viel Effekthascherei mit einer wunderbaren Aromenvielfalt zu überzeugen.

Weingarten

KOSTBAR by Marco Akuzun

Bhf→5 km

88250 · Ravensburger Straße 56 · (07 51) 56 16 37 14
Euroasiatische Küche · Küche: 11:45–13:30/18–21:30 Uhr · **Ruhetag:** So./Mo. · **Ferien:** je 3 W. Jan. + Herbst · **Tische:** 12/34 Plätze
VISA
info@syrlin-speisewelt.de · www.syrlin-speisewelt.de

Speisekarte: 8 Hauptgerichte von 22,00 bis 48,00 €; 1 Tagesgericht zu 18,00 €; 2 Mittagsmenüs von 49,00 bis 99,00 € 120 Weinpos.

Eine Küche – zwei Restaurants – in denen Marco Akuzun verantwortlicher Chefkoch ist. Hier im KOSTBAR geht es nicht minder qualitätsbewusst zu als im Gourmetrestaurant, aber hier gibt es auch eine Mittagszeit mit à-la-carte-Gerichten und Lunchmenüs, hier kann man jeden Tag einkehren und wird doch immer wieder neue Speisen erleben, die in ihrer Ausgewogenheit und Unverfälschtheit begeistern. Kamin und integrierte Bar gehören zu den gestalterischen Elementen im unprätentiös eingerichteten Restaurant. Marco Akuzun und sein Team kochen frisch und saisonal. Er lässt sich gerne vom Warenangebot der Region inspirieren und überzeugt mit einer sehr ehrlichen und klaren, aromentiefen Küche. Auch hier ist Nadine Akuzun charmante Gastgeberin und steht bereit, wenn es Fragen oder kleine Sonderwünsche gibt. Armin Schneider berät zu den Weinen. Im Sommer kann man den Essgenuss noch auf die schöne Terrasse hin erweitern.

Bhf→5 km

MARKOS

✉ 88250 · Ravensburger Straße 56 · ☎ (07 51) 56 16 37 14
Euroasiatische Küche · Küche: 19–21:30 Uhr · **Ruhetag:** So./Mo. · **Ferien:** je 3 W. Jan. + Herbst · **Tische:** 8/24 Plätze
info@syrlin-speisewelt.de · www.syrlin-speisewelt.de

Speisekarte: 1 Menü von 110,00 bis 180,00 € 120 Weinpos.
Der Koch ist ein altbekannter, das Restaurant eine neue Welt für sich: Marco Akuzun (Sternekoch aus dem top air) hat in Weingarten die Syrlin-Speisewelt geschaffen und seine Ideen einer lustvollen Gastronomie verwirklicht. Im vorderen Bereich ist das Restaurant KOSTBAR, im hinteren das MARKOS. Zu allererst fällt dem Besucher in der Mitte des Raums ein die Decke "sprengender", aus dicken Holzscheiben designter Lebensbaum auf. Helles Holz auch in den Sitznischen und an den umlaufenden Bänken wird von anthrazitfarbenem Velour kontrastiert. Das Interieur des Restaurants ist faszinierend gestaltet, bleibt aber jederzeit zugänglich und vermittelt eine ungemein lässige und weltoffene Atmosphäre. Hier zeigt Marco Akuzun, was seine durchdachte Kreativküche ausmacht: Balance und Echtheit. Er verbindet die ausgesuchten Zutaten mit leichter Hand und feinem Gespür für ihre Aromenkraft, präsentiert sie in ausgetüftelten, unverfälschten Kombinationen. Dem Grundsatz nach international, lässt er gekonnt französische und asiatische Elemente einfließen und macht aus scheinbar Bekanntem ganz neue Geschmackserlebnisse, die alle Sinne ansprechen. Nadine Akuzun ist liebenswürdige Gastgeberin, leitet ein zugewandtes Serviceteam und ist bei Fragen immer ansprechbar. Unterstützt wird sie von Armin Schneider, der mit Expertise und Feingefühl zu den passenden Weinen und Getränken berät.

Weingarten (Baden)

Bhf→3 km

Zeit I geist

✉ 76356 · Marktplatz 7 · ☎ (0 72 44) 7 03 70 · Fax: 70 37 40
Intern. Küche., eig. Kreationen · Küche: 18–22 Uhr · **Ruhetag:** So./Mo. · **Tische:** 12 /40 Plätze
info@walksches-haus.de · www.walksches-haus.de

Speisekarte: 6 Hauptgerichte von 21,00 bis 38,00 €; 1 Menü von 69,00 bis 99,00 € 202 Weinpos.
Zeitgeist prägt das modern eingerichtete Restaurant und Zeitgeist bestimmt auch die virtuose Küche von Chefkoch

Sebastian Syrbe und Junior-Küchenchef Michael Leimeister. Die beiden kreieren Speisen für lustvollen Genuss ganz ohne kulinarisches Dogma.

Weinheim (Bergstraße)

bistronauten

Bhf→250 m

69469 · Kopernikusstr. 43 · ☎ (0 62 01) 8 46 18 56
Klass. Küche, eig. Kreationen · Küche: Di.-Sa. ab 18– Uhr · **Ruhetag:** So./Mo. · **Tische:** 15/60 Plätze
info@bistronauten.de · www.bistronauten.de

Speisekarte: 3 Hauptgerichte ab 28,00 €; 1 Menü von 39,00 bis 45,00 €
41 Weinpos.
Im urig-modernen Ambiente eines alten Bahnhofsgebäudes genießt hier der Gast eine junge, moderne Küche, in der auch klassische Elemente nicht zu kurz kommen. Alle Produkte stammen von persönlich bekannten Händlern und Erzeugern aus der Region und garantieren somit eine saisonale Frischeküche ohne Chichi, aber mit viel Geschmack.

Weinsberg

Rappenhof

Family

Bhf→2 km

74189 · Rappenhofweg 1 · ☎ (0 71 34) 51 90 · Fax: 5 19 55
Restaurant, Terrasse, Wintergarten, Zimmerpreise inkl. Frühstücksbuffet
15 km
rezeption@rappenhof.de · www.rappenhof.de

18 **DZ** ab 122,00 €;
20 **EZ** ab 101,00 €;
1 **Familienzimmer** ab 132,00 €
Das auf einer Anhöhe liegende und sehr persönlich geführte Landhotel ist in einem ehemaligen Bauernhof beheimatet und bietet eine wunderbare Aussicht auf das Weinsberger Tal, die Weinberge und Wiesen der „Schwäbischen Toskana". Trotz aller landschaftlichen Idylle ist Heilbronn keine 10 Kilometer entfernt und das Autobahnkreuz A6/A81 in wenigen Minuten erreichbar. Was für Tagungsgäste besonders attraktiv ist. Für sie gibt es mit moderner Technik, Rundumbetreuung und Rahmenprogrammen optimale Bedingungen, um effektiv zu arbeiten. Urlaubsgäste fühlen sich in den behaglichen Zimmern (zum großen Teil mit Balkon oder Terrasse, Frühstück im Preis inklusive) mit zeitgemäßem Komfort wie zu Hause und finden nachhaltige Erholung. Der Rappenhof ist ein idealer Ausgangspunkt für Weinverkostungen sowie Wanderungen und Radtouren im reizvollen Umland. Im biozertifizierten Restaurant gilt es, beste schwäbische Küche zu genießen.

Sehr gutes, komfortables Hotel

Bhf→2 km

Rappenhof

74189 · Rappenhofweg 1 · ☎ (0 71 34) 51 90 · Fax: 5 19 55
Gehobene Regionale u. Internationale Küche · Küche: 11:30–14/18–21:30 Uhr · **Ferien:** 18.12.-6.1. · **Tische:** 85 (+ 40 Terrasse)
rezeption@rappenhof.de · www.rappenhof.de

Speisekarte: 11 Hauptgerichte von 16,90 bis 28,50 €; 2 Menüs von 39,00 bis 48,00 €

136 Weinpos.

Das Restaurant im Rappenhof ist bio-zertifiziert. Dass man allergrößten Wert auf erstklassige, nachhaltig erzeugte Zutaten (Angusrinder von der Weide, Freilandgeflügel und Lamm vom Weinsberger Wanderschäfer sind nur einige Beispiele für den hohen Anspruch) legt, lässt sich auch an der angegbenen, detaillierten Liste von heimischen Bauern und Händlern ablesen. Sehr freundlich mit Korbstühlen und weiß eingedeckten Tischen gestaltet, ist die Atmosphäre entspannt und der Ausblick aus dem Panorama-Wintergarten schlicht hinreißend, geht er doch auf Weinberge, Wiesen und Felder, auf Weinsberg und bis zur Burg Weibertreu. Für den kulinarischen Genuss sorgt Chefkoch Robert Marzahn, er kocht unverfälscht und ehrlich. Regionales verfeinert er geschickt und ergänzt es mit internationalen und saisonalen Spezialitäten sowie kleinen Vespergerichten. Mit verschiedenen fleischlosen Speisen und einem eigenen Menü wird auch an Vegetarier gedacht. Passende Weine gibt es in bester Auswahl. Ein liebenswürdiger Service begleitet den Restaurantbesuch und auch private Feiern, für die es hier einen schönen Rahmen gibt.

Weisenheim am Berg

Bhf→7 km

Admiral

67273 · Leistadter Straße 6 · ☎ (0 63 53) 41 75
Klassische und Neue Küche · **Geöffnet:** 18-22 Uhr, Sa./So. auch 12-14 Uhr · **Ruhetag:** Mo./Di. · **Tische:** 8/40 Plätze
info@admiral-weisenheim.de · www.admiral-weisenheim.de

Speisekarte: Menüs von 76,00 bis 130,00 €

ca. 200 Weinpos.

Holzständerwerk im Restaurant, ein romantischer Gastgarten davor – das Ambiente im "Admiral" ist zauberhaft, die Küche von Holger Stehr schlicht großartig. Mit Leidenschaft tüftelt er mit ausgesuchten Zutaten und kreiert aromenstarke, unverfälschte Speisen.

Ein Restaurant mit anspruchsvoller Küche.

Weissenhaus

WEISSENHAUS Grand Village Resort & SPA am Meer

Bhf→10 km

23758 · Parkallee 1 · ☎ (0 43 82) 9 26 20 · Fax: 92 62 17 04 · Restaurants, Terrasse, Frühstücksrestaurant Kavaliershaus, Schlosstherme, Saunalandschaft
15 km
info@weissenhaus.de · www.weissenhaus.de

35 **DZ** von 430,00 bis 715,00 €;
als **EZ** von 390,00 bis 675,00 €;
25 **Suiten** von 630,00 bis 1840,00 €

Ein 75 ha großer, ehemaliger Herrensitz ca. eine Stunde nördlich von Hamburg, dessen Geschichte bis ins 16. Jh. zurückreicht, wurde zu einem hinreißend luxuriösen Resort mit Dorfcharakter ausgebaut. Dabei wurden das Schloss und über 40 historische Gebäude in das Konzept dieses Traumresorts integriert, in dem Tradition und Moderne zu einem harmonischen Ganzen für den anspruchsvollen Gast werden. Ob ein Haus mit Freunden, der Familie oder mit anderen Gästen oder ein Häuschen ganz für sich, näher am Leben des WEISSENHAUS Grand Village und dem Dorfplatz oder zurückgezogen, ganz privat – hier gibt es die perfekte Lösung für jeden Geschmack und das in exklusiver, wohnlicher und hochwertiger Gestaltung. (Die Preise verstehen sich inklusive Frühstück) Der 3 km lange Naturstrand ist in wenigen Minuten erreichbar. In der SCHLOSSTHERME, dem 2.500 m² großen SPA, mit verschiedenen Saunen, eigenem Solebecken und einem 20 m langen Innen- und Außenpool wird die Auszeit vom Alltag bei Anwendungen mit erlesenen Produkten zu nachhaltiger Entspannung. So individuell wie die Gäste des Resorts, so vielfältig ist mit der Gourmetküche im Restaurant COURTIER, regionaler und maritimer Küche im direkt am Wasser gelegenen BOOTSHAUS, der SUSHIBAR im Schloss und der VITALBAR im SPA auch das gastronomische Angebot. Kulturelle Veranstaltungen und Freizeitangebote der Extraklasse sind ebenso selbstverständlich wie optimale Tagungsmöglichkeiten im einstigen Pferdestall und der Veranstaltungsscheune mit moderner Technik und historischem Charme.

Luxuriöses Hotel mit absolut perfektem Komfort

Hervorhebenswert in seiner Kategorie

Bhf→10 km

♜ COURTIER

✉ 23758 · Parkallee 1 · ☎ (0 43 82) 92 62 21 00 · Fax: 92 62 17 04
Französische Küche · **Geöffnet:** ab 18:30 Uhr · **Ruhetag:** So./Mo. · **Tische:** 10/28 Plätze
courtier@weissenhaus.de · www.weissenhaus.de

Speisekarte: 2 Menüs von 189,00 bis 219,00 € 500 Weinpos.

Das Schloss ist Herzstück des weitläufigen Weissenhaus Ensembles und begrüßt seine Gäste im Gourmetrestaurant mit aller erwartbaren Pracht: Honigfarbener Parkettboden unter funkelnden Lüstern, samtene Fauteuils und aufwändige Stuckierungen fügen sich zu einem Bild der niveauvollen Gestaltung. Raum- oder besser wandgreifend sind die maritimen Bilder mit imposanten Seeschlachten-Szenen von Jacques Courtier, dem Namensgeber des Restaurants. Der ungehinderte Blick durch den Garten- und Bildersaal über sattgrüne Wiesen bis hin zum Meer ist exklusiv und verführt zum Träumen, die Speisen von Chefkoch Christian Scharrer zum Genießen. Der hat sein Handwerk mit Bedacht und Neugierde gelernt und mit den Jahren so verfeinert, dass er zu den Spitzenköchen des Landes gehört. Nicht ohne Grund, gelingt ihm doch eine klassische Küche mit regionalem Bezug, die die handverlesenen Produkte in den Mittelpunkt stellt. Die Zutaten werden mit gezügelter Verspieltheit verarbeitet, kombiniert und zu Speisen von subtiler Aromenfülle und innovativem Geschmacksbild, fast immer begleitet von konzentrierten, virtuos gezogenen Saucen. Eines der angebotenen Menüs ist vegetarisch. Herzliche Gastgeberin ist Nathalie Scharrer, sie hat ein Auge auf den klassischen Service, ist kompetente Mittlerin der Speisen ihres Mannes und erläutert gerne seine kreativen Kompositionen. Sommelière Anne Tenschert hilft mit großer Fachkenntnis weiter, wenn es um die Auswahl der passenden Weine geht. Dem Restaurant vorgelagert ist eine malerische Terrasse, die an warmen Tagen mit ihrer idyllischen Lage und der Traumaussicht den Aufenthalt zu einem wahrhaft exklusiven Erlebnis werden lässt.

Bhf→10 km

♜ BOOTSHAUS Weissenhaus

✉ 23758 · Strandstraße 4 · ☎ (0 43 82) 92 62 35 00
Italienische Küche · **Geöffnet:** 12-17 Uhr, 18-20 Uhr, 20:30-22:30 Uhr
bootshaus@weissenhaus.de · www.weissenhaus.de

Speisekarte: 13 Hauptgerichte von 23,00 bis 45,00 €; 9 Tagesgerichte von 16,00 bis 35,00 € 100 Weinpos.
In den Dünen, direkt am Strand gelegen, erlauben die bodentiefen Panoramafenster im BOOTSHAUS einen Blick auf die Ostsee, der in seiner Intensität seinesgleichen sucht. Das kulinarische Konzept im "Bootshaus" ist ganz auf die herrliche Strandlage abgestimmt. Mittags gibt es eine leichte, mediterrane Küche mit feinen Pasta-Spezialitäten und knusprigen Pizzen aus dem holzbefeuerten, 350°C heißen Steinofen und abends wird der Küchenauftritt Italien pur. Chefkoch Matthias Becher fängt mit seinen frischen und raffiniert zusammengestellten Kombinationen die kraftvollen Aro-

men des Südens ein. Die Zutaten kommen bevorzugt von Erzeugern aus dem Umland, das mit seinen weiten Wiesen und dem Meer vielfältige, nachhaltig erzeugte Produkte bereithält. Er arbeitet konzentriert, gekonnt und handwerklich präzise. An warmen Tagen werden die Fenster zur weiten Terrasse hin geöffnet oder man trifft sich in der 400 m^2 großen Außen-Lounge mit Sitzkissen, Strandkörben und Feuerstellen – welchen Platz auch immer man wählt, schön ist er! Ein flinker und zugewandter Service begleitet den Restaurantbesuch und berät auch kompetent zu den rein italienischen Weinen.

Weißenstadt

♜ Gasthaus Egertal

Bhf→14 km

✉ 95163 · Wunsiedler Straße 49 · ☎ (0 92 53) 2 37 · Fax: 5 00
Klass. u. Neue Küche, eig. Kreationen · Küche: 17:30–22/So. auch 12–14 Uhr ·
Ruhetag: Di./Mi. · **Tische:** 7/28 Plätze
info@gasthaus-egertal.de · www.gasthaus-egertal.de

Speisekarte: 8 Hauptgerichte von 13,80 bis 35,20 €; 1 Menü ab 37,50 €
120 Weinpos.
Theodor Werner Rupprecht präsentiert in dem behaglich gestalteten Restaurant eine frische und innovative Küche der prononcierten Aromen. Dabei lässt sich der Chefkoch von den Jahreszeiten inspirieren und setzt die verschiedenen Gerichte kreativ in Szene.

Weisweil

♜ Landgasthof Baumgärtner

Bhf→8 km

✉ 79367 · Sternenstraße 2 · ☎ (0 76 46) 3 47 · Fax: 13 47
Intern. u. Regionale Küche · **Geöffnet:** 17:30-21 Uhr, So. auch 11:30-14 Uhr ·
Ruhetag: Mo./Di. · **Tische:** 9/14/40/70 Plätze
landgasthof-baumgaertner@t-online.de · www.baumgaertner-weisweil.de

Speisekarte: 6 Hauptgerichte von 18,50 bis 32,50 €; 2 Menüs von 39,00 bis 45,00 €
40 Weinpos.
Patron Bernhard Mössinger und Sohn Philipp bieten dem Gast in bester Familientradition eine vielseitige und grundehrliche Küche. Bevorzugt richtet sich das Angebot nach den wechselnden Jahreszeiten. Eine Vesperkarte gibt es mit Angeboten gegen den kleinen Hunger.

♜ Hotels und Restaurants mit diesem Zeichen befinden sich in einem historischen Gebäude.

Wernberg-Köblitz

Bhf→2 km

Alter Pfarrhof

✉ 92533 · Schlossbergweg 3 · ☎ (0 96 04) 9 32 71 40 · Fax: 9 32 71 41
Neue u. Reg. Küche · **Geöffnet:** 17-21:30, So. auch 11:30-14 Uhr · **Ruhetag:** Mo. · **Tische:** 15/60 Plätze
VISA EC
a.wagmann@alterpfarrhof.de · www.alterpfarrhof.de

Speisekarte: 8 Hauptgerichte von 9,80 bis 16,50 €; Menüs auf Anfrage €
30 Weinpos.
Im Restaurant "Alter Pfarrhof" kauft Alexander Wagmann die marktfrischen Zutaten ein, steht am Herd und bietet eine sehr abwechslungsreche und bodenständige Küche.

Bhf→2,5 km

Hotel Landgasthof Burkhard

✉ 92533 · Marktplatz 10 · ☎ (0 96 04) 9 21 80 · Fax: 92 18 50 · Rest. mit Regionaler und Internationaler Küche, Biergarten, Frühstück im Zi.-Preis inkl.
10 km
VISA AE EC
hotel.burkhard@t-online.de · www.hotel-burkhard.de

25 **DZ** von 108,00 bis 125,00 €;
als **EZ** von 72,00 bis 84,00 €;
9 **EZ** von 66,00 bis 72,00 €;
1 von 125,00 bis 175,00 €
Familie Burkhard führt den feinen Landgasthof mit großem Engagement. In familiärer Atmosphäre fühlt man sich hier einfach nur wohl – nicht zuletzt dank des engagierten Serviceteams und der komfortablen Ausstattung der Zimmer.

Wernigerode

Bhf→2 km

Pietsch

✉ 38855 · Breite Straße 53a · ☎ (0 39 43) 6 94 78 34
Klassische Küche m. reg. und asiat. Einflüssen · **Geöffnet:** ab 19 Uhr · **Ruhetag:** So./Mo./Di. · **Ferien:** variabel
VISA AE EC
info@restaurantpietsch.de · https://robin-pietsch.de

Speisekarte: Menü zu 120,00 €
20 Weinpos.
Maximal 14 Personen sitzen an einem langen Tresen gegenüber der einsehbaren Küche und dürfen gespannt sein, was Robin Pietsch an kulinarischen Überraschungen präsentiert. Es wird jedenfalls ein gekonnter Stilmix aus Regionalem und grenzübergreifenden Spezialitäten sein.

Bhf→1,5 km

Ringhotel Weißer Hirsch

✉ 38855 · Marktplatz 5 · ☎ (0 39 43) 2 67 11-0 · Fax: 2 67 11-1 99 · Restaurant mit intern. u. reg. Küche, Terrasse, Arrangements a. A, Frühstück im Preis inkl.
15 km
VISA AE EC
info@hotel-weisser-hirsch.de · www.hotel-weisser-hirsch.de

52 **DZ** ab 115,00 €;
als **EZ** ab 85,00 €;
3 **EZ** ab 84,00 €;
2 **Suiten** ab 222,00 €;
4 **Deluxe-Zimmer** ab 182,00 €
Inmitten der historischen Altstadt steht mit dem Hotel der „Weiße Hirsch" das älteste erhaltene Hotel Sachsen-Anhalts. Das familiengeführte Haus verfügt u. a. über komfortable Zimmer (Preise inkl. Frühstück), einen großen Bankettbereich und ein schickes Restaurant

Bhf→2 km

Travel Charme Gothisches Haus

✉ 38855 · Marktplatz 2 · ☎ (0 39 43) 67 50 · Fax: 67 55 55 · Restaurant "Gaststuben Gothisches Haus" mit Mittagstisch, Sommerterrasse, Kaminbar
15 km
VISA AE EC
gothisches-haus@travelcharme.com · www.travelcharme.com

99 **DZ** von 124,00 bis 308,00 €;
7 **EZ** von 90,00 bis 189,00 €;
3 **Suiten** von 252,00 bis 446,00 €;
7 **Ju.-Suite** von 232,00 bis 412,00 €
Am historischen Marktplatz findet man das Hotel mit wunderschöner Fachwerk-

fassade, hinter der sich stilvolle Zimmer (Preise inkl. Frühstück), vielseitige Veranstaltungsräume, Restaurants und eine Wellnessoase verbergen.

Zeitwerk

Bhf→3 km

38855 · Große Bergstraße 2a · ☎ (0 39 43) 6 94 78 84
Regionale Küche, eigene Kreationen · **Geöffnet:** ab 19:30 Uhr · **Ruhetag:** So./Mo./Di. · **Ferien:** variabel · **Tische:** 9/26 Plätze
info@dein-zeitwerk.de · https://robin-pietsch.de

Speisekarte: 1 Menü zu 115,00 €
40 Weinpos.
Historisches Fachwerk wurde harmonisch ins Interieur des Restaurants integriert. Chefkoch Robin Pietsch pflegt eine regionale Produktküche, die ihn mit verschiedensten, innovativen Kombinationen zu immer wieder neuen Geschmackserlebnissen inspiriert.

Wesel

ART

Bhf→5 km

46487 · OT Flüren · Reeser Landstr. 188 · ☎ (02 81) 9 75 75 · Fax: 9 75 77
Reg. u. Neue Küche · Küche: 12–22 Uhr · **Ruhetag:** Mo. · **Tische:** 20/80 Plätze
restaurantart@t-online.de · www.restaurant-art.de

Speisekarte: 15 Hauptgerichte von 16,50 bis 32,00 € 137 Weinpos.
Das hübsch eingerichtete Restaurant empfängt den Gast mit den fantasievoll wie harmonisch komponierten, stets aus Bio-Produkten zubereiteten Speisen von Uwe Lemke. Besonders schön ist die herrliche Sommerterrasse.

Waldhotel Tannenhäuschen

Bhf→5 km

46487 · OT Feldmark · Am Tannenhäuschen 7 · ☎ (02 81) 9 66 90 · Fax: 96 69 99
Restaurant mit Neuer und Regionaler Küche, Bar, Park-Terrasse
10 km
info@tannenhaeuschen.de · www.tannenhaeuschen.de

80 **DZ** ab 158,00 €;
als **EZ** ab 128,00 €;
8 **(Jui.-)Suiten** ab 220,00 €;
6 **App.** ab 198,00 €
Inmitten einer hoteleigenen Park- und Waldanlage gelegen, ist das "Waldhotel Tannenhäuschen" eine echte Oase der Ruhe und Erholung. Komfortzimmer, Veranstaltungsräume, ein Restaurant und vor allem der gepflegte Wellnessbereich "Aqua Silva Spa" garantieren eine Auszeit vom Alltag.

Wesenberg

Familotel Borchard's Rookhus am See

Bhf→4 km

Family

17255 · Am Labus 12 · ☎ (03 98 32) 5 00 · Fax: 5 01 00
hoteleigener Sandstrand u. Bootssteg
40 km
info@rookhus.de · www.rookhus.de

10 **DZ** von 200,00 bis 280,00 €;
2 **EZ** von 210,00 bis 270,00 €;
28 **App.** von 220,00 bis 290,00 €
Die herrliche Lage am Ufer des Großen Labussees verspricht viel Spaß und Erholung für Groß und Klein. Alle Preise inkl. "All In Premium" - nur buchbar für Familien mit Kindern (selbstverständlich auch für Großeltern mit Enkel). Kinderbetreuung an 6 Tagen in der Woche.

Westerheim

Bhf→5 km

Brauerei-Gasthof-Hotel Laupheimer

Family

✉ 87784 · OT Günz · Dorfstraße 19 · ☎ (0 83 36) 76 63 · Fax: 76 93 · Rest. mit Regionaler Küche, Biergarten, Festsaal, Catering, Zi.-Preise inkl. Frühstück
10 km
VISA AE
info@laupheimer.de · www.laupheimer.de

6 **DZ** von 98,00 bis 110,00 €;
als **EZ** von 76,00 bis 79,00 €;
3 **EZ** zu 69,00 €

Regionale und familiäre Traditionen werden seit über 130 Jahren im "Brauerei-Gasthof Laupheimer" in vierter Generation im Einklang mit persönlicher Zuwendung gepflegt und machen das Haus zu einem behaglichen gastronomischen Mittelpunkt. Die Zimmer sind ein komfortables Zuhause auf Zeit und in modernem Landhausstil eingerichtet (Die Preise verstehen sich inklusive einem reichhaltigen Frühstücksbuffet). Für Tagungen stehen zeitgemäß ausgestattete Räumlichkeiten zur Verfügung und auch private Feiern finden im "Laupheimer" in verschiedenen Stuben einen stilvollen Rahmen. Mächtige Kastanien beschatten den urigen Biergarten, der an warmen Tagen ein geselliger Treffpunkt ist. Ob Ulm, Neuschwanstein, Ottobeuren oder der Bodensee – Ausflugsziele gibt es in großer Fülle.

Family – Ein Hotel mit speziellen Angeboten für Urlaub mit der ganzen Familie.

Bhf→5 km

Brauerei-Gasthof-Hotel Laupheimer

✉ 87784 · OT Günz · Dorfstraße 19 · ☎ (0 83 36) 76 63 · Fax: 76 93
Regionale Küche · Küche: 11:30–14/17:30–21:30 Uhr · **Tische:** 60/350 Plätze
VISA AE
info@laupheimer.de · www.laupheimer.de

Speisekarte: 17 Hauptgerichte von 13,80 bis 29,50 €; Menüs von 23,00 bis 80,00 € 50 Weinpos.

Auch im Restaurant geht es bodenständig und behaglich zu. Die traditionelle, landestypische und rustikale Einrichtung wird zur perfekten Kulisse für die Küche von Patron und Chefkoch Martin Laupheimer. Er kocht gerne im jahreszeitlichen Rhythmus, präsentiert eine gut durchdachte und ehrliche Landküche und setzt bevorzugt auf Zutaten aus der Region. Besonders beliebt sind Schwäbische Schmankerl und Wildspezialitäten. Viele Speisen werden nach der schonenden Garung aromensicher direkt in Gläser abgefüllt, so hat man z. B. Rehragout, Böfflamott, Fischsuppe, vegane Bolognese oder Maultaschen immer zu Hause. Ein echter Publikumsmagnet ist der Biergarten unter alten Kastanien – bei schönem Wetter wird er am 1. Mai eröffnet und bietet zum frisch Gezapften auch eine zünftige Brotzeit. Für Feierlichkeiten stehen verschiedene, urige Stuben zur Verfügung. Ein guter und vielseitiger Cateringservice ergänzt das gastronomische Angebot.

Westhofen

GUT LEBEN am Morstein

Bhf→5 km

67593 · Mainzer Straße 8-10 · ☎ (09 19) 86 60
Restaurant, Arrangements, Zimmerpreise inkl. Frühstück
15 km
gutleben@am-morstein.de · www.am-morstein.de

16 **DZ** von 139,00 bis 159,00 €;
4 **EZ** ab 89,00 €;
1 **Suite** ab 179,00 €

GUT LEBEN am Morstein ist in einer wunderschönen Villa mit Gartenterrasse beheimatet und vereint Restaurant, Hotel, Tagungshaus, Event-Location und Kochschule. Gastronomisch so breit aufgestellt, findet hier jeder Gast passend zum Anlass des Besuches beste Betreuung.

Wetzlar

Landhotel Naunheimer Mühle

Bhf→3,5 km

35584 · Mühle 2 · ☎ (0 64 41) 9 35 30 · Fax: 93 53 93
Restaurant mit Regionaler Küche, Terrasse, Zimmerpreise inkl. Frühstück
info@naunheimer-muehle.de · www.naunheimer-muehle.de

27 **DZ** von 123,00 bis 169,00 €;
13 **EZ** von 85,50 bis 114,00 €

Dieses herzlich geführte Hotel bietet seinen Gästen ein gemütliches Zuhause auf Zeit. Die komfortablen Zimmer und die schöne, idyllische Lage direkt an der Lahn bieten ein nachhaltiges und komplettes Erholungserlebnis.

Wieck a. Darß

Haferland

Bhf→30 km

18375 · OT Wieck · Bauernreihe 5 a · ☎ (03 82 33) 6 80 · Fax: 6 82 20 · Restaurant "Gute Stube", Hofgarten, Terrasse, Zimmerpreise inkl. Frühstücksbuffet
info@hotelhaferland.de · www.hotelhaferland.de

32 **DZ** von 155,00 bis 185,00 €;
als **EZ** ab 170,00 €;
14 **App.** von 177,00 bis 197,00 €

Abseits der Bäderstraße grüßen die drei reetgedeckten Häuser mit anheimelnder Atmosphäre, behaglich eingerichteten Gästezimmern und ausgefallener Gesundheitsscheune.

Wiesbaden

Citta Trüffel

Bhf→1,5 km

65183 · Webergasse 6-8 · ☎ (06 11) 990 55-0 · Fax: 9 90 55-11
Restaurant "Martino Kitchen", Terrasse, Feinkostgeschäft
4 km
hotel@citta-hotel.de · www.citta-hotel.de

29 **DZ** ab 99,00 €;
2 **EZ** von 115,00 bis 145,00 €;
2 **Suiten** von 235,00 bis 465,00 €

Dieses elegante Stadthotel, unweit der Wiesbadener City gelegen, verfügt über 33 komfortable und moderne Zimmer, die eine private und angenehme Atmosphäre vermitteln. Das feine Restaurant „Martino Kitchen" offeriert hochwertige mediterrane Speisen.

Hervorragendes Hotel mit außergewöhnlichem Komfort

Bhf→6 km

DAS GOLDSTEIN by Gollner's

65207 · Goldsteintal 50 · (06 11) 54 11 87 · Fax: 2 05 52 97
Internationale und Neue Küche · Küche: 12–14/18–22 Uhr · **Ruhetag:** Mo./Di. ·
Tische: 30/120 Plätze
das-goldstein@gollners.de · www.gollners.de ·

Speisekarte: 12-14 Hauptgerichte von 21,00 bis 48,00 €; 1 Menü von 58,00 bis 85,00 € 750 Weinpos.
Mit Türmchen, kleinen Dachgauben und Fachwerk macht das 1911 erbaute, ehemalige Schützenhaus im Naturschutzgebiet Goldsteintal auf den ersten Blick einen verwunschenen Eindruck. Auf den zweiten ist es schlicht bezaubernd. Das Interieur wurde mit großem Aufwand zu einem wahren Schmuckstück und einer Demonstration raffinierter Gestaltungsideen gepaart mit gutem Geschmack. Unterschiedlichste Elemente – hochgepolsterte Sitzbänke, Tische aus dickem Holz, elegante Wandleuchten mit ausgeklügelter Illumination, Deckenlampen aus Geweihen – machen die Einrichtung stimmig und einzigartig. In nur sechs Minuten erreicht man von der Wiesbadener City aus das gastronomische Kleinod und kann es sich gut gehen lassen. Dafür sorgt das gesamte engagierte Team, allen voran Chefkoch Michael Hofmann, der eine fulminante Küche präsentiert: kraftvoll, kernig und raffiniert zugleich, vielseitig, durchdacht, handwerklich sauber und innovativ. Alpenländisches, Internationales und Regionales kommt in vielseitigen Neuinterpretationen auf die Tische. Alexander Gollner hat ein Auge auf den privaten und professionellen Service, während Patron Günter Gollner die kenntnisreiche Weinberatung übernimmt. Sollte er zu viel empfohlen haben (die Auswahl ist facettenreich) – es gibt schöne Zimmer mit Aussicht ins Grüne. Unbedingt erwähnenswert ist der Private Dining Bereich – egal ob geschäftliche oder private Events – individuelle Planung, kompromissloser Qualitätsanspruch und kompetente, zugewandte Mitarbeiter kümmern sich um den reibungslosen Ablauf.

Sehr gute Serviceleistung

Bhf→3 km

Nassauer Hof

65183 · Kaiser-Friedrich-Platz 3-4 · (06 11) 13 30 · Fax: 13 36 32
Rest. "Ente", Rest. "Orangerie", „Nassauer Hof Bar", Terrasse
5 km
info@nassauer-hof.de · www.nassauer-hof.de ·

81 **DZ** ab 205,00 €;
54 **EZ** ab 185,00 €;
24 **Suiten** ab 270,00 €
Nahe dem Kurhaus und Spielcasino gelegen, beeindrucken die wilhelminische Barockfassade und die perfekte Symbiose des Charmes vergangener Epochen mit dem Luxus der Moderne.

Nassauer Hof - Ente

Bhf→3 km

65183 · Kaiser-Friedrich-Platz 3-4 · (06 11) 13 36 66 · Fax: 13 36 32
Int. Küche, eig. Kreat. · Küche: 18:30–22 Uhr · **Ruhetag:** So./Mo./Di. · **Ferien:** auf Anfrage · **Tische:** 20/80 Plätze
info@nassauer-hof.de · www.nassauer-hof.de

Speisekarte: 1 Menü zu 139,00 €
800 Weinpos.
Chefkoch Michael Kammermeier nimmt die Gäste im eleganten Restaurant auf eine ausgedehnte, kulinarische Weltreise mit. Er lässt sich von Aromen und Gewürzen aus aller Herren Länder inspirieren, um seinen raffiniert ausgeklügelten Speisen eine ganz individuelle Note zu geben.

Wiesenbronn

RotHweinHotel

Family

Bhf→10 km

97355 · Büttnergasse 8 · (0 93 25) 97 94 08-0 · Fax: 97 94 08-40
Weingut, reichhaltiges Frühstücksbuffet, kostenfreies W-Lan, Veranstaltungen
10 km
info@rothweinhotel.de · www.rothweinhotel.de

27 **DZ** von 95,00 bis 130,00 €;
als **EZ** von 59,00 bis 89,00 €;
1 **Fe.-Wo. (Frühstückservice zubuchbar)** zu 95,00 €
Zum VDP-Weingut Roth am Fuße des Steigerwaldes gehört mit dem direkt daneben liegenden "RotHweinHotel" ein sehr liebevoll eingerichtetes und engagiert geführtes Hotel garni, dass sowohl für Urlauber als auch Tagungs- und Veranstaltungsgäste geschmackvoll eingerichtete Zimmer mit zeitgemäßem Komfort (u. a. Flatscreen, viele mit W-Lan und tw. mit Balkon) bereithält. Das reichhaltige Frühstück mit regionalen Bio-Produkten, selbstgemachten Marmeladen und Säften ist im Zimmerpreis bereits inkludiert. Nach ökologischen Standards ausgestattet, wurden bei den von Schreinern gefertigten Möbeln nur natürliche Materialien verwendet, so dass auch Allergiker hier ein optimales Klima erwartet. Im gepflegten und schön gestalteten Wellnessbereich kann man u. a. bei verschiedenen Massagen tiefenentspannen. Der idyllische Weinort Wiesenbronn und die malerische Umgebung bieten für Wanderer, Sportler und Kulturinteressierte tolle Möglichkeiten zur Freizeitgestaltung. Außerdem bietet das Haus attraktive Veranstaltungen an wie z. B. "Auf Schusters Rappen", "Der Rot(h)wein ist los - unser Sommerfest", "Von der Dämmerung in die Nacht" uvm.

Wiesenttal

Bhf→9 km **Feiler** OT Muggendorf

✉ 91346 · Oberer Markt 4 · ☎ (0 91 96) 9 29 50 · Fax: 3 62 · Herrliche Innenhof-Terrasse, Bar, Café, reichhaltiges Frühstücksbuffet im Zimmerpreis inkl.
4 km
info@hotel-feiler.de · www.hotel-feiler.de

DZ ab 90,00 €;
als **EZ** von 55,00 bis 65,00 €;
EZ von 55,00 bis 65,00 €;
Suiten zu 155,00 €;
App. zu 115,00 €
Das seit 1895 von Famile Feiler geführte Haus begrüßt seine Gäste mit einladender Herzlichkeit. Die Zimmer sind individuell und romantisch eingerichtet. Tagungen (nebst Rahmenprogrammen) werden vom engagierten Hotelteam professionell betreut.

Wildberg

Bhf→300 m **Talblick-Gourmetrestaurant**

✉ 72218 · Bahnhofsträßle 6 · ☎ (0 70 54) 52 47 · Fax: 52 99
Klass. u. Reg. Küche, eig. Kreat., frz.-mediterran · Küche: 18–22 Uhr · **Ruhetag:** Di. /So. + Feiertag · **Tische:** 6/20 Plätze
willkommen@talblick-wildberg.de · www.talblick-wildberg.de

Speisekarte: 20 Hauptgerichte von 15,00 bis 33,00 €; 1 Tagesgericht zu 10,00 €; 1 Menü zu 99,00 €
152 Weinpos.
Im Gourmetrestaurant genießt man die feine französische Küche von Chef de Cuisine Claus Weitbrecht. Regionale Zutaten werden mit mediterranen Elementen geschickt verfeinert und resultieren zu kulinarischen Köstlichkeiten, die in gediegener Atmosphäre stilvoll serviert werden.

Wildemann

Ratsstube

✉ 38709 · Bohlweg 37 · ☎ (0 53 23) 62 61
Regionale und Neue Küche · Küche: 11:30–14/17–20:30 Uhr · **Ruhetag:** Mo.Mittag /Do. · **Tische:** 12/30-40 Plätze
info@hotel-rathaus-wildemann.de · www.hotel-rathaus-wildemann.de

Speisekarte: 10 Hauptgerichte von 22,50 bis 39,80 €
Grundehrlich geht es im behaglich eingerichteten Restaurant zu. Chefkoch Sven Vodran bevorzugt Zutaten aus der Region und kombiniert sie zu heimischen Spezialitäten und zeitgemäßen Speisen. Kräuter für den finalen Aromakick werden selber angebaut und Nachhaltigkeit ist hier kein Schlagwort, sondern gelebte Realität.

Wilhelmshaven

Bhf→2 km **Artischocke**

✉ 26388 · Peterstraße 19 · ☎ (0 44 21) 3 43 05 · Fax: 7 78 19 42
Französische Küche · **Geöffnet:** Di.-Sa. 12-14 Uhr; nach Reservierung ab 18 Uhr Abendmenü · **Ruhetag:** So./Mo.
info@artischocke-whv.de · www.artischocke-whv.de

Speisekarte: 3 Hauptgerichte von 19,50 bis 20,50 €; 3 Tagesgerichte von 9,00 bis 11,00 €; 1 Menü ab 35,00 €
Im Stadttheater beheimatet, kann man im Artischocke Kunst und Kulinarik verbinden. Für letztere ist Chefkoch Klaus Schweiß verantwortlich, der mit handwerklicher Präzision und erstklassigen, saisonalen Zutaten unverfälschte französische Spezialitäten präsentiert.

ATLANTIC Hotel Wilhelmshaven

Bhf→1 km

26382 · Jadeallee 50 · ☎ (0 44 21) 7 73 38 0 · Fax: 7 73 38 11 · Restaurant "Harbour View", Casablanca Smoker's Lounge, Bar, Zi.-Preise inkl. Vital-Frühstücksbuffet
10 km
VISA AE EC
wilhelmshaven@atlantic-hotels.de · www.atlantic-hotels.de

120 **DZ** ab 119,00 €;
als **EZ** ab 119,00 €;
25 **Suiten** ab 119,00 €
Nur wenige Schritte vom UNESCO Weltnaturerbe Wattenmeer entfernt, findet sich dieses exklusive Hotel mit breit gefächerter Gastronomie, Komfortzimmern (Preise inkl. Vital-Frühstücksbuffet), optimalen Tagungsmöglichkeiten und gepflegter Wellnessoase.

Willich

Lepsy's

Bhf→500 m

47877 · Bahnstraße 62 · ☎ (0 21 54) 9 53 51 51
Fischspezialitäten, Internationale Küche · **Geöffnet:** Mo.-Sa. 17-22 Uhr · **Ruhetag:** So. · **Tische:** 9/30 Plätze
EC
info@lepsys.de · www.lepsys.de

Speisekarte: 10 Hauptgerichte von 14,50 bis 36,00 €; 2 Menüs von 59,00 bis 89,00 €

Im niederrheinischen Willich gelegen, findet man mit dem "Lepsy's" ein formidables Fischrestaurant. Das Interieur ist hell und freundlich gestaltet, weißes Mobiliar bekommt durch Polster und Accessoires in warmem Rot eine freundliche und einladende Note. Martina und Peter Lepsy betreiben ihr Restaurant mit ganz viel Herzblut. Schmecken soll es den Gästen, wohlfühlen sollen sie sich. Für ersteres sorgt die Dame des Hauses in ihrer kleinen Küche, in der sie mit exzellenten und kreativen Fisch- und Meeresfrüchtezubereitungen ganz groß auftrumpft. Die Basis sind frische und erstklassige Produkte, auf Geschmacksverstärker sowie auszeichnungspflichtige Zusatzstoffe wird bewusst verzichtet, denn der selbst gesetzte hohe Anspruch ist stets, die Speisen unverfälscht und ehrlich zuzubereiten. Edelfisch-Bouillabaisse, Hummerschaumsuppe mit Rosé-Champagner, Ceviche vom Wolfsbarsch, auf der Haut gebratenes Zanderfilet, delikate Riesen-Garnelen – das Angebot ist vielseitig und wird mit mediterranen Aromen bereichert. Neben Fisch gibt es aber auch Fleischgerichte (allerdings kein Schwein) saisonale und vegetarische Speisen, so dass jeder Gast etwas Passendes finden wird. Das Angebot wechselt monatlich. Peter Lepsy ist bestens aufgelegter Gastgeber, berät zu den Weinen und Getränken und gibt gerne Tipps rund um die exzellente Fischküche seiner Frau.

Willingen

Bhf→0,5 km

Sauerland Stern Hotel

✉ 34508 · Kneippweg 1 · ☎ (0 56 32) 40 40 · Fax: 61 19 · Restaurants, Bar, Terrasse, Indoor-Erlebniswelt für Kinder (Zeiten vor Ort ausgeschrieben)
15 km VISA AE
info@sauerland-stern-hotel.de · www.sauerland-stern-hotel.de

488 **DZ** ab 150,00 €;
36 **Suiten** ab 300,00 €
Im Herzen Deutschlands gelegen, ist das "Sauerland Stern Hotel" von allen Himmelsrichtungen aus bestens erreichbar. Aber egal ob Urlauber oder Tagungsbesucher – hier findet man sowohl traditionelle Sauerländer Gastlichkeit als auch zukunftsweisende Congress- und Tagungsbedingungen und ein vielseitiges kulinarisches Angebot.

Wilthen

Bhf→2-5 km

Landidyll Hotel Erbgericht Tautewalde

✉ 02681 · OT Tautewalde Nr. 61 · ☎ (0 35 92) 3 83 00 · Fax: 38 32 99 · „Oberlausitzer Stube“, Innenhof, Terrasse, Bar, Weinkeller, Fahrradverleih, Motorrad- und Familien-Arrangements, Zimmerpreise inkl. Frühstücksbuffet
30 km VISA AE
erbgericht@tautewalde.de · www.tautewalde.de

27 **DZ** von 109,00 bis 117,00 €;
EZ zu 78,00 €;
2 **Atelierzimmer** zu 130,00 €
Die gastliche Tradition dieses exklusiven Landhotels mit persönlichem Service reicht bis ins Jahr 1842 zurück. Die komfortablen Zimmer sind zeitlos-modern eingerichtet (Preise inkl. Frühstücksbuffet), für Veranstaltungen stehen schöne Räumlichkeiten bereit.

Hotel mit anspruchsvollem Wellnessangebot

Bhf→5 km

Restaurant Erbgericht Tautewalde

✉ 02681 · OT Tautewalde Nr. 61 · ☎ (0 35 92) 3 83 00 · Fax: 38 32 99
Intern. u. Regionale Küche · **Geöffnet:** Mo.-Do. 17-20 Uhr, Fr./Sa. auch 11:30-14 Uhr · **Ruhetag:** So. · **Tische:** 12/15/50/55 Plätze VISA AE
erbgericht@tautewalde.de · www.tautewalde.de

Speisekarte: 7 Hauptgerichte von 18,00 bis 26,00 €; 2 Menüs von 25,00 bis 55,00 €
125 Weinpos.
Es ist ein Vergnügen und interessant zugleich, Chefkoch Enrico Schulz dabei zuzusehen, wie er in seiner offenen Küche werkelt und die regionalen und mediterranen Speisen mit Leidenschaft, Können und pfiffigen Ideen zubereitet.

Die Küchenleistung dieses Restaurants ist hervorhebenswert in seiner Kategorie.

Wingst

Hotel Peters
Bhf→100 m

21789 · Bahnhofstraße 1 · (0 47 78) 2 79 · Fax: 74 74
Kochkurse, Terrasse, reichhaltiges Frühstücksbuffet (im Zimmerpreis inkl.), Bar
20 km
VISA AE
info@peters-wingst.de · www.peters-wingst.de

26 **DZ** von 76,00 bis 99,00 €;
als **EZ** von 58,00 bis 65,00 €;
3 **EZ** zu 58,00 €

Seit 1898 prägt Tradition in Verbindung mit Komfort die Atmosphäre dieses sympathischen Familienbetriebes, der bereits in der vierten Generation engagiert geführt wird. Gastfreundliche Gemütlichkeit findet der Besucher in den hellen Zimmern, alle sind mit Terrasse bzw. Balkon ausgestattet. Vier Zimmer befinden sich in der Dependance "Apfeltenne", deren Ausstattung rollstuhlgerecht konzipiert wurde. (Das Frühstück ist im Preis inkludiert). Im "Peter" gibt es zusätzlich zum feinen Restaurant als geselligen Treffpunkt eine sehr schöne, im Jugendtil eingerichtete Bar mit selbstspielendem Klavier, kleiner Bistrokarte, frisch Gezapftem und einem sehr guten Whisky-Angebot.

Hotel Peters - Oehlschläger-Stube
Bhf→100 m

21789 · Bahnhofstraße 1 · (0 47 78) 2 79 · Fax: 74 74
Euro-Asiat. u. Regionale Küche · **Geöffnet:** 18-22 Uhr. So./Feiert. auch 12-14 Uhr · **Ruhetag:** Mo./Di./Mi. · **Ferien:** Jan./Feb. · **Tische:** 8/28 Plätze
VISA AE
info@peters-wingst.de · www.peters-wingst.de

Speisekarte: 10 Hauptgerichte von 14,90 bis 26,90 €; 2 Menüs von 35,00 bis 44,90 €

Nostalgische Eleganz gepaart mit gefälligem Landhausstil werden in der "Oehlschläger-Stube" zu einem zauberhaften Interieur, in dem alte Bilder an den Wänden ebensolche Hingucker sind wie der Blick ins Grüne. Benannt nach dem Heimatmaler Mario Oehlschläger, kann man hier in einer herrlich entspannten und unaufgeregten Atmosphäre die abwechslungsreiche Frischeküche von Patron Claus Peter genießen. Nur Zutaten in kompromisslos guter Qualität werden verarbeitet: der fangfrische Fisch ist aus Nord- und Ostsee, alte Tierrassen sind aus nachhaltiger Zucht und das Gemüse ist erntefrisch und saisonal. Die gehobenen regionalen Speisen ergänzt er mit Elementen aus dem Fernen Osten, und übezeugt mit ungemein ideenreichen Zubereitungen. Von den zwei angebotenen Menüs ist eines für Vegetarier. Sven Fitzel leitet als umsichtigerr Maître den zugewandten und herzlichen Service.

Winterberg

Landhotel Grimmeblick OT Elkeringhausen
Bhf→3 km

Family

59955 · Am langen Acker 5 · (0 29 81) 9 26 60 · Fax: 92 66 10 · Rest. "Musica" u. "La Cabeza" mit Intern. und Mexikanischer Küche, Bar, Café-Terrasse
8 km
info@grimmeblick.de · www.grimmeblick.de

11 **DZ** von 128,00 bis 198,00 €;
2 **EZ** von 68,00 bis 98,00 €;
2 **App.** von 58,00 bis 98,00 €

"Das etwas andere Erlebnis-Hotel" ist zu Recht das Leitmotiv des Hotels "Grimmeblick". Hier findet man beste Voraussetzungen für einen schönen Urlaub mit der ganzen Familie.

Bhf→800 m

Hotel Liebesglück - Genießen zu zweit

✉ 59955 · Nuhnestraße 5 · ☎ (0 29 81) 9 22 30 · Fax: 9 22 35 · Gourmetrestaurant, Steakhaus, Terrasse, Frühst. im Zimmerpreis inkl., Hotel nur f. Erwachsene
3 km
VISA AE EC
info@hotel-liebesglueck.de · www.hotel-liebesglueck.de

14 **DZ** von 96,00 bis 160,00 €;
4 **EZ** von 48,00 bis 80,00 €;
5 **Suiten** von 132,00 bis 220 b,00 €
Im Ortskern von Winterberg gelegen, fühlt man sich im "Hotel Liebesglück" sofort wohl. Um mannigfache Verwechslungen mit diversen anderen "Asten...Hotels" zu vermeiden, wurde aus dem "Astenblick" das "Liebesglück" mit herrlichen romantischen Arrangements. Komfortabel, behaglich und mit edlen Naturmaterialien sind die Zimmer eingerichtet. Zwei Zimmer sind für Rollstuhlfahrer geeignet, barrierefrei ist das ganze Haus. Eine exklusive Wellnessoase, u. a. mit separat geführter Beautyfarm, bietet Entspannung. Tagungsräume, gemütliche Bibliothek und eine vielseitige Gastronomie runden das Angebot ab. Die reizvolle Landschaft des Sauerlandes bietet eine große Fülle an Freizeitmöglichkeiten. Der liebenswürdige Service geht gerne auf individuelle Wünsche ein und ist stets ansprechbar.

Bhf→500 m

Restaurant Astenblick - die feine Küche

✉ 59955 · Nuhnestr. 5 · ☎ (0 29 81) 9 22 30 · Fax: 9 22 35
Neue u. Regionale Küche · Küche: 18–21:30 Uhr · **Ruhetag:** Mo.-Mi. · **Tische:** 4/16 Plätze
VISA AE EC
info@hotel-liebesglueck.de · www.hotel-liebesglueck.de

Speisekarte: 1 Menü zu 65,00 €
40 Weinpos.
Im "Restaurant Astenblick - die feine Küche" sitzt man ganz entspannt in heiter-geselliger Atmosphäre. Das Interieur ist in einem gelungenen Stilmix gestaltet, ein bisschen nostalgisch, ein bisschen modern und mit einem Flügel als Hingucker. Hier wird grundehrlich und abwechslungsreich gekocht. Patron und Chefkoch Dirk "Pascha" Engemann steht mit großem Eifer, Neugier und nie versiegendem Ideenreichtum am Herd. Er hat ein 10-Punkte-Küchen-Konzept aufgestellt, dass ein Leitfaden für seine Arbeit ist. Bio- und wild wachsende Produkte werden bevorzugt, Transportwege kurz gehalten, Tiere werden im Ganzen vom Bauern gekauft, gekocht wird auf Feuer ... Über allem stehen die unverfälschte Zubereitung der Speisen und dass sie dem Gast schmecken. Um das zu erreichen, gibt es bei Pascha Engelmann keine Stagnation, vielmehr setzt er bei seinen klassischen deutschen Speisen immer wieder neue, innovative Akzente. Der liebenswürdige Service wird mit Herzlichkeit von Anke Dörr geleitet. Zünftiger geht es im Steakhaus zu (Freitag bis Montag von 16:00 Uhr bis 21:30 Uhr), hier werden feine Cuts auf den Wunschpunkt genau gebraten.

Romantik Berghotel Astenkrone
Bhf→4 km

✉ 59955 · OT Altastenberg · Astenstraße 24 · ☎ (0 29 81) 80 90 · Fax: 80 91 98
Restaurant mit Intern. und Region. Küche, Bar
6 km
berghotel@astenkrone.de · www.astenkrone.de

27 **DZ** von 104,00 bis 276,00 €;
8 **EZ** von 85,00 bis 105,00 €;
6 **Suiten** von 186,00 bis 302,00 €
Am Fuße des Kahlen Astens präsentiert sich dieses Hotel mit legerem Luxus, Wellnesslandschaft und feinem Restaurant. Die eleganten Zimmer bieten höchsten Wohnkomfort.

Wirsberg

Herrmann's Romantik Posthotel
Bhf→3 km

✉ 95339 · Marktplatz 11 · ☎ (0 92 27) 20 80 · Fax: 58 60 · "Restaurant Alexander Herrmann by Tobias Bätz" "AH - das Bistro", Bar, Terrasse
20 km
posthotel@romantikhotels.com · www.herrmanns-posthotel.de

20 **DZ** ab 195,00 €;
2 **EZ** von 98,00 bis 114,00 €;
8 **Suiten** ab 288,00 €;
9 **DZ XL** ab 238,00 €
Ankommen und sich wohlfühlen. Das traditionsreiche Hotel mitten in Franken überzeugt mit einer Vielzahl von Arrangements (insbesondere für Liebhaber der feinen Küche) und bietet seinen Gästen sehr geschmackvoll eingerichtete Zimmer (Preise inkl. Feinschmeckerfrühst.) zum Entspannen & Genießen.

Restaurant Alexander Herrmann by Tobias Bätz
Bhf→3 km

✉ 95339 · Marktplatz 11 · ☎ (0 92 27) 20 80 · Fax: 58 60
Eigene Kreationen · Küche: 18–21 Uhr · **Ruhetag:** So./Mo./Di.
posthotel@romantikhotels.com · www.herrmanns-posthotel.de

Speisekarte: Menü von 189,00 bis 219,00 € 250 Weinpos.
Sternekoch Tobias Bätz und sein Team zelebrieren voller Leidenschaft, aber ohne jegliche Allüren, eine Event- und Foodentertainment-Küche der ganz besonderen Art. Für den Gourmet höchst spannende Geschmackskombinationen, die trotz aller Raffinesse geerdet und unverfälscht bleiben, munden hier stilvoll zu feinster Kulinarika, die ihresgleichen sucht.

Dieses Restaurant bietet Ihnen eine exzellente Küche.

Wismar

Wonnemar Resort Hotel Wismar
Bhf→3,5 km

✉ 23966 · Bürgermeister-Haupt-Str. 38 · ☎ (0 38 41) 3 74 20
Restaurant "Tafelhuus", Bar, Wasserpark, Beauty & Spa, Biergarten
info@wonnemar-resorts.de · www.wonnemar-resorts.de

Family

75 **DZ** ab 99,00 €;
15 **Familienzimmer** ab 183,00 €
Direkt in der Wismarer Altstadt gelegen bietet dieses familienfreundliche Resort-Hotel Spaß und Entspannung im großen Stil. Alle 90 Zimmer sind komfortabel und modern ausgestattet. Eine Vielzahl an Arrangements und das angeschlossene Erlebnisbad machen den Aufenthalt zu einem „wonnigen" Abenteuer.

Witten

Picasso im Ruhrblick

✉ 58456 · In der Lake 19 · ☎ (0 23 02) 1 79 78 72 · Fax: 1 79 78 72
Spanisch-mediterrane Küche · **Geöffnet:** April-Okt. 12-22:30 · Küche: 17–22:30 Uhr · **Ruhetag:** Mo. · **Tische:** 11/40 Plätze
info@picassoimruhrblick.de · www.picassoimruhrblick.de

Speisekarte: 9 Hauptgerichte von 19,90 bis 59,00 €; 2 Tagesgerichte von 29,90 bis 47,90 €; 1 Menü zu 49,00 €
80 Weinpos.

Am Ufer der Ruhr findet sich ein Restaurant, dass man nicht zwingend mit dem Ruhrgebiet verbindet, kann man hier nämlich eine spanische Landküche genießen, wie man sie nicht so schnell ein zweites Mal findet. Patron und Chefkoch Luis Alvarez hat sein kulinarisches Handwerk von der Pike auf gelernt und konnte direkt im elterlichen Restaurant an der spanischen Nordküste beginnen. Er kauft bevorzugt in der Region ein und legt großen Wert auf erstklassige Qualität, Frische und nachhaltige Erzeugung (z. B. kommt das Fleisch nur von freilaufenden Tieren). Die Zutaten werden mit großem handwerklichem Geschick und sensiblem Gespür für die richtigen Aromen zusammengestellt. Die spanischen und mediterranen Speisen begeistern mit ihrer Unverfälschtheit und Ursprünglichkeit. Zartrosa war das mit einer würzigen Pinienkruste überbackene Filet vom Iberico Schwein. Zu den Klassikern des Hauses gehören auch erlesene Krustentierzubereitungen, die Fischsuppe ist ebenfalls uneingeschränkt zu empfehlen. Ehefrau Carmen Alvarez leitet liebenswürdig den aufmerksamen Service.

Wittingen

Bhf→2 km

Wittinger Tor

✉ 29378 · Salzwedeler Str. 4 · ☎ (0 58 31) 2 53 00 · Fax: 25 30 10
Restaurant mit Regionaler und Internationaler Küche, Bar
info@wittinger-tor.de · www.wittinger-tor.de

10 **DZ** zu 105,00 €;
3 **EZ** zu 75,00 €
Das liebevoll renovierte Bürgerhaus aus dem Jahre 1904 beherbergt heute dieses hübsche Hotel. Die Zimmer sind mit jedweden Komfort ausgestattet und bestechen durch ihr geschmackvolles Interieur, welches aus der Jahrhundertwende stammt.

Wolfach

Adler

Bhf→13 km

✉ 77709 · OT St. Roman · St. Roman 14 · ☎ (0 78 36) 9 37 80 · Fax: 74 34
Terrassen, Raucher-Lounge, Arrangements und Packages, Medical Therapie
25 km VISA
rezeption@naturparkhotel-adler.de · www.naturparkhotel-adler.de

Family

34 **DZ** von 170,00 bis 244,00 €;
als **EZ** von 105,00 bis 142,00 €;
1 **EZ** von 96,00 bis 112,00 €;
15 **Suiten** von 228,00 bis 296,00 €;
5 **App.** von 228,00 bis 322,00 €

Aus dem einstigen von üppigen Wiesen und Wäldern umgebenen „Wirtshof" entstand ein zeitgemäßes Hotelensemble mit dem traditionellen Charme Schwarzwälder Gastlichkeit. Familie Haas und ihr freundliches Team schaffen mit sehr persönlicher Gästeansprache und individuell gestalteten Zimmern (Preise = inkl. Frühstück) ein äußerst behagliches Zuhause auf Zeit. Nachhaltige Entspannung findet man im Wellnessbereich mit Saunalandschaft, beheiztem Freibad, Massage- und Beautyanwendungen, Fitness- und Gymnastikraum sowie Ruheräumen mit herrlichem Panoramablick, Kinderbereich und Bistro. Mit modern ausgestatteten Tagungsräumen finden geschäftliche Treffen einen professionellen Rahmen. W-LAN ist im gesamten Haus kostenfrei. Neben dem Restaurant gibt es die hauseigene Konditorei, in der mehr als nur die berühmte Schwarzwälder Kirschtorte eine Sünde wert ist. Besonders Wanderer und Mountainbiker wissen die paradiesische Lage im Naturpark Schwarzwald Mitte/Nord zu schätzen.

Adler

Bhf→13 km

✉ 77709 · OT St. Roman · St. Roman 14 · ☎ (0 78 36) 9 37 80 · Fax: 74 34
Regionale und Saisonale Küche · Küche: 12–14/18–21 Uhr · **Tische:** 53/170 Plätze
VISA
rezeption@naturparkhotel-adler.de · www.naturparkhotel-adler.de

Speisekarte: 18 Hauptgerichte von 12,50 bis 30,50 €; 1 Dreigang-Menü zu 31,00 € 142 Weinpos.
Im Restaurant "Adler" kann man zwischen verschiedenen Stuben wählen, um die handwerklich präzise Küche zu genießen. Im Bereich "Kirchblick" ist das Interieur eine gelungene Mischung aus viel Holz, aber ohne Schnitzwerk und in moderner Anmutung, kombiniert mit modernem Mobiliar und edel eingedeckten Tischen. Die Anton- und Rosa-Stube sind landestypisch eingerichtet mit viel Holz, blanken Tischen und in zeitlosschöner Anmutung. In der Küche wird großer Wert auf Zutaten gelegt, die im jahreszeitlichen Rhythmus geerntet werden. Man nutzt das reichhaltige Warenangebot der Region, die Forellen kommen aus eigener Zucht, das Wildbret aus

eigener Jagd und verarbeitet die Produkte mit pfiffigen Ideen und kreativen Elementen zu Schwarzwälder Köstlichkeiten und internationalen Spezialitäten. Angenehmes Extra ist die Möglichkeit, auch kleine Portionen zu bestellen. Der Weinkeller ist bestens bestückt und hält eine große Palette verschiedener Tropfen bereit. Und an warmen Tagen kann man die Speise auch auf der schön gestalteten Terrasse mit herrlicher Aussicht genießen.

Wolfsburg

Bhf→5 km

An der Wasserburg

38446 · OT Neuhaus · An der Wasserburg 2 · ☎ (0 53 63) 94 00 · Fax: 7 15 74
Restaurants, Bar, Lounge, Terrasse, Arrangements
20 km
info@an-der-wasserburg.de · www.an-der-wasserburg.de

23 **DZ** von 100,00 bis 165,00 €;
105,00 als **EZ** von 155,00 €;
17 **EZ** von 85,00 bis 155,00 €;
7 **Suiten** von 125,00 bis 265,00 €;
12 **Ju.-Sui.** von 165,00 bis 235,00 €
Das familiengeführte Wellness- und Seminarhotel "An der Wasserburg" innerhalb der ehemaligen Burgdomäne der Wasserburg Neuhaus aus dem Jahre 1370 besticht durch ein vielseitiges Angebot und persönlichen Service. Besucher des Volkswagenwerkes wissen zu schätzen, dass sie in fünf Minuten dort sind, um ihr Wunschauto abzuholen oder die Autostadt zu besichtigen. Businessgäste finden 14 (!) komfortable mit High-Tech-Equipment versehene Tagungsräume vor. Man kann unter verschiedenen Zimmertypen wählen – allen sind eine stilvolle Einrichtung und Top-Ausstattung gemein (u. a. Schreibtisch, Hosenbügler Teekocher mit Teesorten, Musikanlage). Nachhaltige Entspannung bietet der gepflegte Wellnessbereich, u. a. mit Saunen, Massagen und Beautybehandlungen. Eine breite gastronomische Palette rundet das vielseitige Angebot ab.

The Ritz-Carlton, Wolfsburg

Bhf→2,5 km

38440 · Parkstraße 1 · (0 53 61) 60 70 00 · Fax: 60 80 00
„The Lobby Lounge", „Newman's" (Smoker's Bar), Terrasse
13 km
wolfsburg.reservation@ritzcarlton.com · www.ritzcarlton.com/Wolfsburg

147 **DZ** von 405,00 bis 580,00 €;
als **EZ** von 365,00 bis 550,00 €;
23 **Suit.** von 475,00 bis 3000,00 €

Das The Ritz-Carlton, Wolfsburg am historischen Hafenbecken gelegen, bietet einen einzigartigen Ausblick auf die vier mächtigen Schornsteine des denkmalgeschützten Volkswagen Kraftwerkes. Der ringförmige Bau aus Glas und Naturstein im Westen der Autostadt beherbergt 147 luxuriöse Zimmer und 23 Suiten. Der außergewöhnliche The Ritz-Carlton Spa bietet Wellness und Entspannung und wartet mit dem schwimmenden Außenpool auf. Die Lobby Lounge lädt zum Verweilen ein, das mehrfach ausgezeichnete Gourmetrestaurant Aqua mit Chefkoch Sven Elverfeld, das Restaurant Terra, die Newman's Bar und das DELI für ein leichtes Frühstück oder einen kleinen Imbiss am Mittag vervollständigen das Angebot dieses Luxushotels in Niedersachsen. Für Veranstaltungen bietet The Ritz-Carlton, Wolfsburg hochwertig ausgestattete Tagungs- und Clubräume an.

Sie finden diese Hotels und Restaurants auch bei facebook oder instagram.

Hotel mit anspruchsvollem Wellnessangebot

Bhf→2,5 km

The Ritz-Carlton, Wolfsburg - Aqua

38440 · Parkstraße 1 · (0 53 61) 60 60 56 · Fax: 60 80 00
Modern-europäische Küche, eigene Kreationen · Küche: 18–20 Uhr · **Ruhetag:** So./Mo./Di. · **Ferien:** variabel · **Tische:** 11/36 Plätze
VISA AE
info@restaurant-aqua.com · www.restaurant-aqua.com

Speisekarte: 2 Menüs von 195,00 bis 225,00 €
900 Weinpos.

Das "aqua" ist in niveauvoller Schlichtheit gestaltet. Es ist genau diese dezente Geradlinigkeit, die dem Raum eine besonders edle Note verleiht. Der Blick auf die Autostadt versinkt im Laufe des Abends in der Dämmerung und ist als weich gezeichnete Kulisse wahrnehmbar. Die Vorfreude auf ein ganz besonderes kulinarisches Erlebnis steigt und wird von Maître Marcel Runge und seinem top geschulten Team in entspannte Bahnen gelenkt. Sven Elverfeld kocht mit einer Klasse, die nachhaltig beeindruckt. Dass ihm die Ideen für immer neue Kombinationen nicht ausgehen, liegt an seiner Neugierde und Offenheit für kulinarische Strömungen aus jedem Winkel der Erde. Er beherrscht die Kunst, das vermeintlich Einfache so zu präsentieren, dass es in nie wahrgenommener Tiefgründigkeit erscheint und unvergesslich wird. Auch deshalb, weil er Geschmackwelten eröffnet, die mit ihner eigenen Vielfalt von Aromen und Texturen punkten und seine chrakteristische Handschrift tragen. Zwei Menüs werden angeboten – "Meine Verbundenheit" und "Neues Entdecken" – beide sind eine Demonstration außergewöhnlicher Kompositionen, die sich eher schlicht lesen, aber in ihrer fulminanten Ausführung Grenzen sprengen. Marcel Runge ist gegenwärtiger und zugewandter Gastgeber. Außerdem weiß er als Sommelier gemeinsam mit seiner Fachkollegin Anna Helene Herpers mit überwältigendem Fachwissen den Wein zu empfehlen, der sowohl die einzelnen Gänge zusätzlich adelt als auch den Genuss des Gastes perfektioniert.

Bhf→2,5 km

The Ritz-Carlton, Wolfsburg - Terra

38440 · Parkstraße 1 · (0 53 61) 60 70 91 · Fax: 60 61 58
Regionale, Intern. u. Saisonale Küche · Küche: 18:30–21 Uhr · **Ruhetag:** So./Mo.
VISA AE
ccr.wolfsburg@ritzcarlton.com · www.ritzcarlton.com/wolfsburg ·

Speisekarte: 9 Hauptgerichte von 22,00 bis 40,00 €; 1 Menü von 100,00 bis 135,00 €
900 Weinpos.

Das Restaurant "Terra" bietet dank der bodentiefen Panoramafenster einen spektakulären Blick auf die fraglos beeindruckende Architektur der Autostadt, die zu einer industriell geprägten Kulisse wird. Sie tritt umso mehr in den Hintergrund als man sich im schlicht gestalteten Interieur zurückziehen kann, um die Speisen von Chefkoch Oskar Majewski zu genießen. Nachhaltigkeit als Aspekt unter dem eingekauft wird und unter dem die Zutaten zubereitet werden, gehören zur Philosophie seiner Küche. Die kommt unverfälscht, ehrlich und saisonal geprägt daher und verspricht dank seiner präzisen Arbeit und seines Ideenreichtums gehobenen kulinarischen Genuss. Das Repertoire reicht von Fisch- und Fleischspeisen zu raffinierten vegetarischen und veganen Gerichten sowie Steakzubereitungen. Der "Chef's table" erlaubt einen unmittelbaren Blick aufs kulinarische Geschehen und wird damit zu einem Logenplatz. Zu den korrespondierenden Weinen gibt Marcel Runge als versierter Sommelier kenntnisreiche und detaillierte Auskunft.

Ludwig im Park

Bhf→7 km

✉ 38442 · OT Fallersleben · Gifhorner Straße 25 · ☎ (0 53 62) 94 00 · Fax: 94 04 00
Restaurant, Bar, Terrasse, reichhaltiges Frühstücksbuffet
10 km
info@ludwig-im-park.de · www.ludwigimpark.de

28 **DZ** von 90,00 bis 180,00 €;
18 **EZ** von 70,00 bis 140,00 €;
4 **Suiten** von 120,00 bis 220,00 €
Geradlinige Eleganz sowie moderner Komfort prägen dieses hübsche Hotel. Die Gästezimmer sind geschmackvoll eingerichtet und garantieren erholsame Nächte. Im Restaurant genießt man eine exquisite französische Küche.

Ludwig im Park - La Fontaine

Bhf→5 km

✉ 38442 · OT Fallersleben · Gifhorner Straße 25 · ☎ (0 53 62) 94 00 · Fax: 94 04 00
Klass. und Reg. Küche · Küche: 18– Uhr · **Ruhetag:** So./Mo./Di. · **Tische:** 10/40 + 60 Sommerterrassen- Plätze
info@ludwig-im-park.de · www.ludwigimpark.de

Speisekarte: 2 Menüs von 80,00 bis 120,00 €
152 Weinpos.
Die Konstanz, mit der Chef de Cuisine Hartmut Leimeister seit Jahrzehnten auf kulinarischem Topniveau kocht ist ebenso bewunderswert wie die Qualität seiner ausbalancierten, klassischen Speisen, denen er mit viel Kreativität seine ganz eigene Note gibt.

Die Küchenleistung dieses Restaurants ist hervorhebenswert in seiner Kategorie.

Worms

Dom-Hotel

Bhf→200 m

✉ 67547 · Obermarkt 10 · ☎ (0 62 41) 90 70 · Fax: 2 35 15
Parkplätze direkt am Haus und eigene Tiefgarage
5 km
VISA AE EC
info@dom-hotel.de · www.dom-hotel.de

24 **DZ** von 99,00 bis 125,00 €;
26 **EZ** von 79,00 bis 90,00 €;
2 **App.** von 125,00 bis 150,00 €
In bester Innenstadtlage präsentiert sich das „Dom-Hotel“ mit stilvollen, komfortablen Zimmern (Preise inklusive Frühstücksbuffet) und funktionalen Tagungsräumen. Der Aufenthalt wird von einem freundlichen und aufmerksamen Service begleitet.

Wuppertal

Shiraz

✉ 42279 · Wittener Straße 288 · ☎ (02 02) 26 53 37 79
Internationale Küche · **Geöffnet:** Mi.-Sa. 18-23 Uhr · **Ruhetag:** So./Mo./Di. ·
Tische: 7/20 Plätze
VISA EC
info@restaurant-shiraz.com · www.restaurant-shiraz.com

Speisekarte: 2 Hauptgerichte von 38,00 bis 43,00 €; 1 Menü zu 112,00 €
Schlicht und geschmackvoll eingerichtet, setzen gläserne Flaschenkühler von Aqua Morelli auf den in edlem Weiß eingedeckten Tische kräftige blaulilafarbene Akzente. Altes Holzständerwerk unterteilt den Raum und fügt sich harmonisch in die geradlinige Gestaltung des Interieurs. Chefkoch Alexander Hoppe geht beim Einkauf der Zutaten keine Kompromisse ein, er orientiert sich an den wechselnden Jahreszeiten und bevorzugt regionale Lieferanten. Beim Käse aber wählt er mit Bernard Antony einen der wohl bekanntesten Käse-Affineurs und bezieht die Ware jeden Mittwoch frisch aus Frankreich. Die Speisen sind aromenprononciert, unverfälscht und zeugen von großem Ideenreichtum, konzentrierter und präziser Arbeit. Auch vegetarische Gerichte werden in bester Qualität angeboten. Weinberatung und Serviceleitung obliegen Serkan Akgün, der als aufmerksamer Maître für seine Gäste stets ansprechbar ist. Im "Shiraz" können individuell geplante Veranstaltungen in schönem Rahmen stattfinden, die nicht zuletzt dank der exklusiven Küche zu einer runden Sache werden.

Ein Restaurant mit anspruchsvoller Küche.

Würzburg

Rebstock zu Würzburg

Bhf→2,5 km

97070 · Neubaustr. 7 · ☎ (09 31) 3 09 30 · Fax: 3 09 31 00
Restaurant KUNO 1408, Shuttle- und Park-Service, Salon
5 km
rebstock@rebstock.com · www.rebstock.com

Family

90 **DZ** von 210,00 bis 244,00 €;
als **EZ** von 149,00 bis 167,00 €;
28 **EZ** von 126,00 bis 149,00 €;
8 **First-Class-Zi.** von 280,000 bis 398,00 €
Urkundlich erwähnt und auch bereits als Gasthaus genutzt wurde das historische Haus schon 1408. Im Mittelalter befand es sich im Besitz der Patrizierfamilie von Rebstock. Die eleganten Zimmer mit zeitgemäßem Komfort sind ein schönes Zuhause auf Zeit (Frühstück 18,- € p. P.). Für Festivitäten bildet der "Rebstock" einen noblen Rahmen, beispielsweise im sehr schönen Salon mit Glaskuppel. Seit dem Sommer 2019 gibt es auf dem Nachbargrundstrück neue Gästezimmer, Suiten, einen multifunktionalen Konferenzbereich für bis zu 180 Gäste und eine Tiefgarage. Liebevoller Service wie Kissenwahl, Wärmflasche oder Milch mit Honig für Schäfchenzähler macht die Atmosphäre im Hause so behaglich. Das Feinschmeckerkrestaurant "KUNO 1408" und der"Salon" mit dem reichhaltigen Frühstücksbuffet, feinen Speisen und Cocktails an der Bar runden die Verwöhnkur ab.

Rebstock zu Würzburg - KUNO 1408

Bhf→2 km

97070 · Neubaustr. 7 · ☎ (09 31) 30 93 14 08 · Fax: 3 09 31 00
Neue u. Regionale Küche · **Geöffnet:** Mi.-Sa. ab 18 Uhr · **Ruhetag:** So./Mo./Di. ·
Tische: 8/26 Plätze
info@restaurant-kuno.de · www.restaurant-kuno.de

Speisekarte: 1 Menü von 99,00 bis 149,00 € 140 Weinpos.
Kuno vom Rebstock wurde in einer Urkunde aus dem Jahr 1408 als einer der ersten Besitzer des Hofes zum Rebstock erwähnt und ist nun Namensgeber des feinen Gourmetrestaurants, in dem traditionelle Gastlichkeit fortgeführt wird. Das Interieur ist mit sehr viel Geschmack geradlinig und in zeitloser Moderne gestaltet: Gedeckte Farbtöne – beige, braun, anthrazit – gepolsterte Bänke und behagliche Fauteuils fügen sich zu einem eindrucksvollen Ganzen, raffinierte Lichtinszenierungen setzen die edel eingedeckten Tische gekonnt in Szene. Chefkoch Daniel Schröder hat sein Handwerk von der Pike auf gelernt und an namhaften Karrierestationen verfeinert. Seine Küche ist in der französischen Haute Cuisine verwurzelt, zeigt aber seinen ganz eigenen Stil, den er hier im Kuno behutsam weiterentwickeln kann. So werden die handverlesenen Ingredienzen zu innovativen Speisen mit fränkischen und grenzübergreifenden Elementen und komplexem Geschmacksbild. Tanja Mieskes leitet charmant und kompetent den zuvorkommenden Service.

REISERS am Stein

Bhf→1,4 km

97080 · Mittlerer Steinbergweg 5 · ☎ (09 31) 28 69 01 · Fax: 2 00 86 99
Reg. Küche, eig. Kreat. · **Geöffnet:** ab 17 Uhr · **Ruhetag:** So. · **Ferien:** 23.12.-26.12. · **Tische:** 14/60 Plätze
mail@der-reiser.de · www.der-reiser.de

Speisekarte: 3 Hauptgerichte von 44,00 bis 52,00 €; 2 Menüs von 120,00 bis 135,00 € 39 Weinpos.
Patron Bernhard Reiser und seine rechte Hand Domenico Allegretta kombinie-

ren handverlesene Zutaten mit Können, Kreativität und nie versiegender Neugierde, so dass ihre ausgefallenen Ideen in raffinierte Neuinterpretationen fränkischer Küche und vielseitige Speisen aus aller Welt münden.

Zell-Pfaffenberg

Bhf→5 km

Berggasthof Schlüssel

79669 · Pfaffenberg 2 · ☎ (0 76 25) 3 75 · Gehobene Regionale Küche · Küche: 11–14:30/17:30–21:30 Uhr · **Ruhetag:** Mo./Di.-Mittag · **Ferien:** 3 Wo. Fasching, 10 Tage im Sommer · **Tische:** 15 (Terrasse + 14)/50 (+ 50) Plätze VISA EC
info@berggasthof-schluessel.de · www.berggasthof-schluessel.de

Speisekarte: 14 Hauptgerichte von 16,00 bis 28,00 €; ca. 3 Tagesgerichte von 12,00 bis 20,00 €; 1 Mittagsmenü zu 26,00 €; 1 Abendmenü von 54,00 bis 68,00 € 32 Weinpos.
Mitten im Zeller Bergland, im idyllischen Pfaffenberg findet man auf 700 Meter Höhe den kleinen, ungemein behaglichen Berggasthof Schlüssel, der auf eine inzwischen fast 130-jährige Geschichte zurückblicken kann. Jakob Brasch und Sunhild Städter haben das Gasthaus 2015 übernommen und verwirklichen hier ihre Vorstellung familiärer Gastlichkeit. Ihr Handwerk haben sie von der Pike auf gelernt und bewirten nun mit großer Leidenschaft und Herzlichkeit die zahlreichen Gäste. Das Restaurant ist gemütlich und charmant eingerichtet und hat noch eine hübsche Terrasse, die einen hinreißenden Ausblick auf das Wiesental bietet. Jakob Brasch steht am Herd und überzeugt mit einer raffinierten regionalen Küche, in die er auch kreative Ideen einfließen lässt. Die Zutaten kommen bevorzugt aus dem Umland und werden handwerklich präzise verarbeitet. Egal ob Speisen von der Vesperkarte, traditionelle Gerichte oder exklusive Mehrgangmenüs – die Qualität ist sehr gut, der Geschmack verführerisch. Nachmittags kann man sich mit hausgebackenem Kuchen verwöhnen lassen. Sunhild Städter ist als gute und liebenswürdige Seele des Hauses immer ansprechbar. Am besten mietet man ein paar Tage eines der hübsch eingerichteten Gästezimmer (ab 45,50 €/pro Person) und gönnt sich eine kleine Auszeit vom Alltag.

Xanten

Bhf→15 km

Landhaus Köpp

46509 · OT Obermörmter · Husenweg 147 · ☎ (0 28 04) 16 26 · Fax: 91 01 87
Neue Küche, eig. Kreationen · Küche: 18–21:30/So.,Di.-Fr. auch 12–14:30 Uhr · **Ruhetag:** Mo. · **Tische:** 9/27 Plätze AE EC
kontakt@landhauskoepp.de · www.landhauskoepp.de

Speisekarte: 7 Hauptgerichte von 29,50 bis 35,50 €; 2 Menüs von 69,50 bis 98,50 € 300 Weinpos.
In schöner niederrheinischer Landschaft findet sich das "Landhaus Köpp", das in zurückhaltender Eleganz eingerichtet ist, und in dem Patron Jürgen Köpp selber am Herd steht. Er kocht fulminant

und kombiniert vor dem Hintergrund klassischer Küche ausgesuchte Zutaten zu neuen, innovativen und raffinierten Geschmackserlebnissen.

Zeltingen-Rachtig

Weinhotel St. Stephanus OT Zeltingen

Bhf→9 km

54492 · Uferallee 9 · ☎ (0 65 32) 6 80 · Fax: 6 84 20 · Rest. mit Klass.u. Regionaler Küche, Gewölbe-Braukeller, Terrasse, Zimmerpreise inkl. Frühstück
30 km
VISA EC
info@hotel-stephanus.de · www.hotel-stephanus.de

42 **DZ** von 100,00 bis 170,00 €;
als **EZ** von 75,00 bis 105,00 €;
EZ von 75,00 bis 105,00 €;
1 **Suite** von 180,00 bis 230,00 €

Inmitten der sonnigen Bilderbuchlandschaft der Mittelmosel findet man das Weinhotel St. Stephanus unmittelbar an der Uferpromenade. Einerseits klassizistisches Herrenhaus, andererseits moderner Anbau – Nostalgie trifft modernen Komfort. Die wohnlichen Gästezimmer (Preise inkl. Frühstück) verfügen über zeitgemäße technische Ausstattung. Überall finden sich herzliche Gastlichkeit und gastronomische Vielfalt. Im urgemütlichen Braukeller – der auch für Weinproben und Veranstaltungen geeignet ist – kann man neben einer Vielfalt an Weinen auch regional gebrautes Klosterbier, Helles sowie Weizenbier vom Fass genießen. Das Fitness-und Erholungsangebot mit separatem Saunabereich (Finnischer und Bio-Sauna) sowie Hallenbad und gepflegter Beautyfarm, in der u. a. Massagen, Schönheitsanwendungen und Ayurveda angeboten werden, ist wirklich sehr beeindruckend. Zusätzlich gibt es attraktive Arrangements (u. a. "Schlemmer", "Romantik an der Mosel", "Raus aus dem Alltagsstress", "Super-Spar-Angebot 5=4").

Bhf→9 km

Saxler's Restaurant

✉ 54492 · OT Zeltingen · Uferallee 9 · ☎ (0 65 32) 6 80 · Fax: 6 84 20
Neue Küche · **Geöffnet:** 18-21 Uhr, sonntags auch 12-14 Uhr · **Tische:** 17/70 Plätze
info@hotel-stephanus.de · www.hotel-stephanus.de

Speisekarte: 10 Hauptgerichte von 19,00 bis 48,00 €; 1 Menü von 69,00 bis 100,00 € 150 Weinpos.
"Saxler's Restaurant" ist mit den Jahren zu einer Institution an der Mosel geworden. In zurückhaltender Eleganz mit viel Geschmack eingerichtet und in hellen Farben heiter gestaltet, ist die Atmosphäre ungezwungen und weltoffen. Das liegt nicht zuletzt am gastzugewandten und liebenswürdigen Service unter Leitung von Margret Siegmund, die auch zu den Weinen berät, die übrigens nicht ausschließlich von Moseler Winzern kommen. Patron Hermann Saxler steht selber am Herd und lässt sich vom Warenreichtum der Region und den wechselnden Jahreszeiten inspirieren. Er kocht konzentriert, durchdacht und mit feinem Gespür für ausbalancierte Zusammenstellungen. Regionales interpretiert er gerne neu, Zeitgeistiges und Klassisches geht auf schön gestalteten Tellern über den Pass. Der historische

Braukeller unter einem schweren Tonnengewölbe ist täglich ab 15 Uhr geöffnet und bietet neben regional gebrautem Klosterbier und Moselwein eine rustikale und regionale Speisekarte. Die Restaurant-Terrasse ist ein traumhaft schöner Ort, um während des kulinarischen Genusses den Blick auf die Mosel zu genießen und den Alltag zu vergessen.

Zeuthen

Bhf→1,7 km km

Leutloff's am See

✉ 15738 · Schulzendorfer Straße 5-6 · ☎ (03 37 62) 7 23 66 · Fax: 7 25 61
Regionale und feine, moderne Küche · Küche: 12–22 Uhr · **Ruhetag:** Mo./Di./Mi. · **Tische:** 13/50 Plätze
h.leutloff@wirtshaus-zeuthen.de · www.wirtshaus-zeuthen.de

Speisekarte: 10 Hauptgerichte von 19,50 bis 43,00 €; 1 Menü von 56,00 bis 85,00 €
320 Weinpos.
Das Landgasthaus vor den Toren Berlins ist mit viel Geschmack liebevoll gestaltet und wurde mit den Jahren zu einem echten Geheimtipp für Feinschmecker. Küchenchef Andrew Boyle bezieht viele saisonale Zutaten aus dem Umland, um seine gehobene regionale Küche stets abwechslungsreich zu gestalten.

Zingst / Darß

Bhf→12 km

Strandhotel Zingst Darß

✉ 18374 · OT Zingst · Seestraße 60 · ☎ (03 82 32) 84 21 00 · Fax: 8 42-1 11
Restaurant "Travel Charme Bernstein Prerow"
strandhotel-zingst@steigenberger.de · www.steigenberger.com

117 **DZ** von 130,00 bis 300,00 €;
als **EZ** von 105,00 bis 215,00 €;
6 **Suiten** von 290,00 bis 490,00 €
Klare Linien im Interieur und mediterrane Heiterkeit der Atmosphäre müssen kein Widerspruch sein. Das beweist dieses elegante Strandhotel mit dem herrlichen, 1.400 m² großen Wellnesspavillon, der eine Vielzahl entspannender Anwendungen bereithält.

Zusmarshausen

♜ Alte Posthalterei

Bhf→8 km

✉ 86441 · Augsburger Straße 2 · ☎ (0 82 91) 85 82 20 · Fax: 85 82 22 22
Restaurant, Bar, Bistro, Biergarten, Zimmerpreise inkl. Frühstück
15 km
reservierung@posthalterei.com · www.posthalterei.com

DZ von 120,00 bis 185,00 €;
als **EZ** von 89,00 bis 169,00 €;
1 **App.** von 143,00 bis 193,00 €;
2 **Ju.-Suiten** von 143,00 bis 183,00 €
"Tradition trifft Moderne" ist ein gerne bemühter Satz. Aber wenn er irgendwo seine hundertprozentige Berechtigung hat, dann im Hotel "Alte Posthalterei". Bis ins Jahr 1648 reicht die Geschichte des Hauses zurück, das heute im Naturpark Westliche Wälder zu finden ist und im 18./19. Jh. an der einzigen Poststrecke von Wien nach Paris lag. Entsprechend kehrte mit den Jahrzehnten eine illustre Gästeschar ein, die von der Erzherzogin Marie Antoinette bis zu Napoleon reichte.

Das Romantik-Hotel wurde komplett restauriert und mit unglaublich viel Geschmack und Niveau in dezenter Moderne gestaltet, ohne dass die lange Historie unberücksichtigt blieb. Sie findet sich in liebevoll platzierten, nostalgischen Details in den edlen Komfortzimmern (Preise inklusive Frühstück) wieder und wird so zu einem prägenden Element der exklusiven Atmosphäre. Die Gastgeber Manuela und Marc Schumacher sorgen gemeinsam mit ihrem engagierten Team dafür, dass jeder Gast liebevoll umsorgt wird und jederzeit einen Ansprechpartner hat. Auch Veranstaltungen finden hier einen besonderen Rahmen. Tagungen, Familienfeiern und natürlich Hochzeiten werden individuell zugeschnitten und professionell rundum betreut. Weitere Highlights sind verschiedenste Events wie Thrillerabende, Kabarett und Kleinkunst. Es gibt nicht viele Hotels, die so charmant sind, dass man den Alltag komplett vergisst.

♜ Hotels und Restaurants mit diesem Zeichen befinden sich in einem historischen Gebäude.

Bhf→8 km

dahoim in der Alten Posthalterei

86441 · Augsburger Straße 2 · (0 82 91) 85 82 20 · Fax: 85 82 22 22
Gehobene Landhausküche · **Geöffnet:** Mo.-Sa. 11:30-22 Uhr, So. nur Frühstück ·
Tische: 30/145 Plätze
reservierung@posthalterei.com · www.posthalterei.com

Speisekarte: 13 Hauptgerichte von 12,00 bis 28,00 €; 2 Menüs von 59,00 bis 79,00 € 220 Weinpos.
Das Restaurant dahoim in der Alten Posthalterei verteilt sich auf drei Ebenen und gefällt mit einer elegant-rustikalen Einrichtung im Landhausstil. Besonders urig geht es im historischen Gewölbekeller zu. Aber egal, wo man einen Platz wählt, die Küche der jungen Chefköchin Sandra Hofer ist schon da und überzeugt mit unverfälschter Ehrlichkeit. Die beginnt bereits beim Einkauf der Waren, die im jahreszeitlichen Wechsel und unter Aspekten der Nachhaltigkeit von bekannten Höfen und Erzeugern bezogen werden – Bio-Zertifizierung inklusive. Convenience-Produkte gibt es hier nicht, Nudeln und Eis werden selber gemacht und gerade dieser Einsatz zeugt von Sandra Hofers großer Leidenschaft und Freude am Beruf. Sie kocht bayerisch mit alpinen Elementen und unternimmt kulinarische Stippvisiten in die Nachbarländer Schweiz, Italien und Österreich. Die Kombinationen sind ausbalanciert, Vegetarisches und Veganes – auch als Menü – stehen ebenso zur

Auswahl wie feine Desserts. Das ist eine Küche, die schmeckt und schlicht Spaß macht. Manuela und Marc Schumacher sind nicht nur herzliche Gastgeber, sondern auch engagierte Arbeitgeber. Als Wertschätzung für ihr tatkräftiges Mitarbeiterteam ist das Restaurant deshalb am Sonntag nur noch zum Frühstück geöffnet. Sebastian Peiker-Höhne leitet den herzlichen und flinken Service und berät zu den Weinen. Den Abend kann man noch in entspannter Atmosphäre in der behaglichen Bar ausklingen lassen.

Zweibrücken

Bhf→3 km

Landschloss Fasanerie

66482 · Fasanerie 1 · (0 63 32) 97 30 · Fax: 97 31 11
Rest. "ESSlibris" m. gehobener Küche, Terrasse
15 km
info@landschloss-fasanerie.de · www.landschloss-fasanerie.de

37 **DZ** ab 119,00 €;
EZ ab 99,00 €;
13 **Suiten** ab 179,00 €

Das Romantikhotel heißt seine Gäste in edel eingerichteten Komfortzimmern herzlich willkommen. Entspannungssuchende werden in der gepflegten Wellness-Landschaft fündig, Businessgäste in den technisch optimal ausgestatteten Tagungsräumen.

Zweiflingen

Wald & Schlosshotel Friedrichsruhe

Bhf→5 km

74639 · OT Friedrichsruhe · · ☎ (0 79 41) 60 87-0 · Fax: 60 87-8 88
Gourmet-Restaurant "Le Cerf", "Jägerstube" u. "Waldschänke", Bar, Terrasse
100 m VISA
hotel@schlosshotel-friedrichsruhe.de · www.schlosshotel-friedrichsruhe.de ·

33 **DZ** von 360,00 bis 440,00 €;
als **EZ** von 270,00 bis 350,00 €;
4 **EZ** von 190,00 bis 290,00 €;
29 **Sui.** von 470,00 bis 1600,00 €

Umgeben von einer 4,4 Hektar großen Parklandschaft bietet das Resort insgesamt 66 stilvolle Zimmer und Suiten in fünf verschiedenen Gebäuden (Preise inkl. erstklassigem Frühstücksbuffet). Im historischen Jagdschloss, Haupthaus, Spa-Haus, Torhaus und im Gartenhaus ist für jeden Geschmack das Passende dabei – ob englischer Landhausstil, fürstliche Eleganz oder klassische Moderne. Die Tagungsremise mit 6 modern ausgestatteten Tagungsräumen bietet Platz für bis zu 100 Personen. Sehr gediegen sind die Bibliothek mit offenem Kamin – ein wunderschönes Refugium der besonderen Art – und die Hotelbar. Mit einem 27-Loch-Golfplatz (3 x 9 Loch) und der Golf-Akademie vor der Tür sowie einer gepflegten Spa- und Bäderwelt (s. a. Wellness-Special) bleiben keine Wellness-Wünsche offen. Dank Zigarrenlounge, Terrassen, Weinkeller und den Möglichkeiten, die das Hohenloher Land bietet, kommt die Freizeitgestaltung nicht zu kurz. Ein variantenreiches kulinarisches Angebot erwartet den Gast: Das elegante Gourmetrestaurant "Le Cerf" bietet klassische französische Küche auf Topniveau, das Restaurant „Jägerstube" verwöhnt mit kreativer regionaler Küche, im Spa Bistro warten gesunde, leichte Speisen und in der "Waldschänke" gibt es abwechslungsreiche Hohenloher Gerichte von der guten Vesperkarte.

Luxuriöses Hotel mit absolut perfektem Komfort

♜ Wald & Schlosshotel Friedrichsruhe – Le Cerf

✉ 74639 · Kärcherstraße 11 · ☎ (0 79 41) 60 87-0 · Fax: 60 87-8 88 · Klassische und Neue Küche · Küche: 18:30–20:30 Uhr · **Ruhetag:** Sa./So./Mo./Di. · **Ferien:** 26.01.bis 15.02.sowie 24.08. bis 06.09.2022. · **Tische:** 12/25 Plätze
VISA AE
hotel@schlosshotel-friedrichsruhe.de · www.schlosshotel-friedrichsruhe.de ·

Speisekarte: 3 Hauptgerichte von 42,00 bis 58,00 €; 2 Menüs von 116,00 bis 184,00 €
400 Weinpos.
Gleich vier verschiedene Restaurants gibt es im Wald & Schlosshotel Friedrichsruhe, alle unter kulinarischer Leitung von Boris Rommel. Primus inter pares ist fraglos das Gourmetrestaurant "Le Cerf". Gold- und Brauntöne, dezente Stuckrosetten an den Decken mit funkelnden Kristalllüstern, sanft schimmernde Ornamentik-Tapeten, kannelierte Säulen und edel eingedeckte Tische fügen sich zu einem harmonischen und sehr eleganten Gesamtbild. Hier kommt die exklusive Küche des Chefkochs perfekt zur Geltung. Er kocht klassisch französisch, lässt sich aber auch von regionalen Rezepturen, die er faszinierend neu interpretiert, inspirieren. Er beherrscht die Kunst, verschiedene Stile harmonisch miteinander zu verbinden, gerne mit so viel Raffinesse und ausgeklügelten Kombinationen, dass die Speisen das Beste aus beiden kulinarischen Welten präsentieren. Die Produktauswahl erfolgt mit allergrößter Sorgfalt und höchstem Anspruch. Etliche Zutaten kommen aus der Region und die

Wildkräuter aus dem hoteleigenen Bauerngarten sorgen für den finalen Aromakick. Statt einer Wachtelbrust, gab es in unserem Menü eine perfekt zubereitete ganze Wachtel, begleitet von Pastinakenpüree, Pfifferlingen, Mirabellen und einer süffig-würzigen Sauce ein sehr harmonischer Gang. Formvollendeter und liebenswürdiger Gastgeber ist der stellvertretende Direktor Dominique Metzger, der mit Übersicht den zuvorkommenden Service leitet. Mit großer Expertise berät Oliver Adler zu den passenden Weinen, mit erkennbarem Fokus auf österreichischen Gewächsen.

Restaurant mit einer der besten Küchen des Landes.

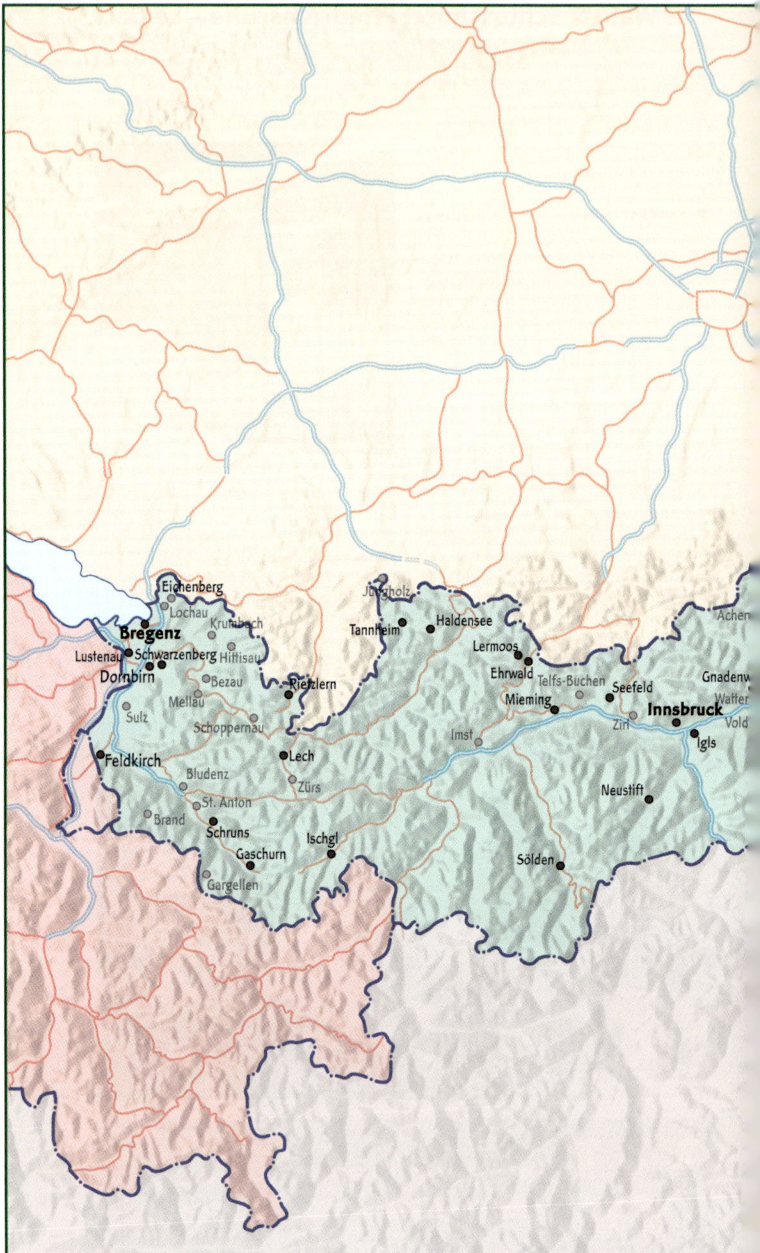
Eichenberg
Lochau
Krumbach
Bregenz
Lustenau
Schwarzenberg
Hittisau
Dornbirn
Bezau
Mellau
Sulz
Schoppernau
Feldkirch
Bludenz
St. Anton
Brand
Schruns
Gaschurn
Gargellen
Rietzlern
Lech
Zürs
Ischgl
Jungholz
Tannheim
Haldensee
Lermoos
Ehrwald
Telfs-Buchen
Seefeld
Mieming
Imst
Zirl
Innsbruck
Igls
Neustift
Sölden
Achen
Gnadenw
Watter
Vold

Österreich

Aigen
Schärding
Andrichsfurt
Grieskirchen
Alkoven
Gurten
Gaspoltshofen
Neuhofen
Eggelsberg
Mattsee
Köstendorf
Seewalchen
Neumarkt
Schörfling
Gmunden
Hallwang
Grünau
Bergheim
Mondsee
Salzburg
Hof
Anif
St. Gilgen
St. Wolfgang
Bad Ischl
Altaussee
Bad Vigaun
Niederndorf
Kössen
Golling
Kufstein
Lofer
St. Johann
Annaberg
Irdning
Bad Häring
Söll
Ellmau
Kirchberg
Filzmoos
Niederau
Leogang
Werfen
Brixlegg
Kitzbühel
Saalfelden
St. Johann i. P.
Schladming
Aurach
Alpbach
Saalbach
St. Veit
Zell a. See
Kaprun
Dorfgastein
Zell a. Ziller
Rauris
Mayrhofen
Bad Hofgastein
Maurach
Mauterdorf
Badgastein
Matrei
St. Jakob
Murau
Bad Kleinkirchheim
Lienz
Innervillgraten
Anras
Feld a. See
Kötschach-Mauthen
Bad Bleiberg
Villach
Pörtschach
Velden

Österreich

Aigen
Schärding
Linz
Andrichsfurt
Grieskirchen
Alkoven
Gurten
Kronstorf
Gaspoltshofen
Neuhofen
Haag
Eggelsberg
Steyr
Mattsee
Köstendorf
Seewalchen
Neumarkt
Schörfling
Gmunden
Hallwang
Grünau
Bergheim
Mondsee
Salzburg
Hof
St. Wolfgang
Anif
St. Gilgen
Bad Ischl
Bad Vigaun
Altaussee
Kössen
Golling
Lofer
Annaberg
Irdning
St.Johann
Ellmau
Filzmoos
Kirchberg
Werfen
Leogang
Kitzbühel
Saalfelden
St. Johann i. P.
Schladming
Aurach
Saalbach
St. Veit
Zell a.See
Fohns
Kaprun
Dorfgastein
Rauris
St. Georgen
Bad Hofgastein
Maurach
Mauterdorf
Badgastein
Matrei
St. Jakob
Murau
Bad Kleinkirchheim
Lienz
St. Veit
Innervillgraten
Glanegg
Anras
Feld a. See
Klagenfurt
Kötschach-Mauthen
Pörtschach
Bad Bleiberg
Ebental
Villach
Velden
Krumpendorf

Österreich

Raabs/Thaya
tra
Langenlois
Feuersbrunn
Nöhhagen
Krems
Kirchberg
Loiben
Grafenegg
Dürnstein
Mautern
Traismauer
Tulln
Langenlebarn
Wösendorf
Tulbingerkobel
Mitterndorf
WIEN
Emmersdorf
Mauerbach
Groß Enzersdorf
Maria Taferl
Melk
Perchtoldsdorf
Hinterbrühl
Guntramsdorf
stetten
Mayerling
Baden
Ebreichsdorf
Weiden a. See
Schützen
Gösing
St. Aegyd
Winzendorf
Wiener Neustadt
Rust
Pöttsching
Göstling
St. Sebastian
Semmering
Bromberg
Ritzling
Neuberg
Turnau
Ratten
Etmißl
Fischbach
Bruck
mmern
Pöllau
Fladnitz
Frohnleiten
Bad Waltersdorf
Weiz
Knittelfeld
Bad Blumau
Bärnbach
Graz
ia Lankowitz
Ligist
Lieboch
Grambach
St.Leonhard
St.Stefan
Kitzeck
Loipersdorf
Gamlitz

Andere nennen es Sommer.

Wir nennen es Glück.

Koch 2022

Toni Mörwald

Gourmet Toni M. - Feuersbrunn

Beruflicher Erfolg von Köchen ist so manchem suspekt. Wer sich gar ein "Imperium" aufgebaut hat, der muss seine handwerklichen Wurzeln zwangsläufig verlassen haben, ist hier das Denkmuster.
Dabei ist das Gegenteil der Fall: Toni Mörwald ist ein sehr erfolgreicher Koch, der eben nicht vor lauter Selbstverwirklichung sein Handwerk, den Geschmack und die Erwartungen seiner Gäste vergisst und davor und vor seinen Leistungen verbeugen wir uns tief.

Aufsteiger 2022

Hermann Poll

Kaiserterrassen - St. Wolfgang

Auch, wenn im Weissen Rössl Traditionen bewahrt werden, ist das gastronomische Konzept schon lange in der Gegenwart angekommen. Dafür sorgt nicht zuletzt Chefkoch Hermann Poll. Neben österreichischen Schmankerln und Spezialitäten aus der hoteleigenen Fischzucht präsentiert er eine Küche, die keine kulinarischen Grenzen kennt, in der er seine Kreativität ausleben und sein großes Talent weiter verfeinern kann.

Sommelière 2022

Lara Bail

YSCLA - STÜVA - Ischgl

Der YSCLA'sche Weinkeller ist so überwältigend sortiert, dass sich ein Laie angesichts der Fülle verlieren würde. Zum Glück gibt es mit Lara Bail eine Fachfrau, die sachkundig den Weg weist. Sensibel und gekonnt empfiehlt sie passende Tropfen aus dem erstklassigen Angebot und adelt mit ihren Vorschlägen die genialen Speisen von Benjamin Parth zusätzlich. Dem Gast werden ihre Liebenswürdigkeit und ihre großartigen Empfehlungen gleichermaßen in Erinnerung bleiben.

PÂTISSIER 2022

MARKUS WALDER

Gourmetrest. Hubert Wallner - Maria Wörth

Ein feines Dessert sollte der Abschluss eines jeden edlen Essens sein und macht den denkwürdigen Genuss erst komplett. Mit Markus Walder kümmert sich ein Meister seines Faches um die süßen, fruchtigen, cremigen, crunchigen, eisigen und sahnigen Verführungen. Sein Ideenreichtum ist schier grenzenlos, wenn er auch ungewöhnlichste Zutaten scheinbar spielerisch dahintupft und nicht nur den Gaumen, sondern auch die Augen Tango tanzen lässt.

Restaurant 2022

Gourmetrestaurant Hubert Wallner

Maria Wörth

Das Gourmetrestaurant von und mit Hubert Wallner hat alle Zutaten, die zu einem außergewöhnlichen Besuch gehören: eine hinreißende Lage – direkt am Wörthersee – mit traumhaftem Ausblick, eine entspannte, weltoffene Atmosphäre, einen liebenswürdigen und kompetenten Service, rassige Weine und vor allem eine elegante Küche zum Niederknien. Dass sich all diese Elemente aufs Feinste miteinander verbinden, ist in jeder Hinsicht eine Auszeichnung wert.

KAISERHOF

Ellmau

Ein Sonnenplateau hoch über Ellmau mit
spektakulärem Blick auf den Wilden Kaiser
ist die Heimat des Hotel Kaiserhof.
Das alpine Ambiente und die Tiroler Gastfreundschaft
von Familie Lampert und ihrem Team werden
zusammen mit ausgesuchten Gaumenfreuden und
Wellness-Schmankerln sommers wie winters
zum Hintergrund von lässigem Luxus
und grenzenlosem Urlaubsgenuss.

Kompliment!

UNSERE BESTEN KÖCHE UND KÜCHEN IN ÖSTERREICH

Ischgl · STÜVA (Benjamin Parth)
Mautern · Landhaus Bacher (Thomas Dorfer)
Maria Wörth · Gourmetrestaurant Hubert Wallner (Hubert Wallner)
Salzburg · Ikarus (Martin Klein, wechselnde Gastköche aus aller Welt)
Salzburg · Pfefferschiff zu Söllheim (Jürgen Vigné)
Salzburg · SENNS.Restaurant (Andreas Senn)
Werfen · Obauer (Karl und Rudolf Obauer)
Wien · Amador (Juan Amador)
Wien · Silvio Nickol Gourmet Restaurant (Silvio Nickol)
Wien · Steirereck im Stadtpark (Heinz Reitbauer)
Zell am See · Schloss Prielau - Mayer's Restaurant (Andreas Mayer)

DIE HERVORRAGENDEN KÜCHEN IN ÖSTERREICH

Feuersbrunn · Gourmetrest. Toni M. (Toni Mörwald, Philip Hagenauer)
Fügenberg · Restaurant Alexander (Alexander Fankhauser)
Golling · Döllerer's Genießerrestaurant (Andreas Döllerer)
Grieskirchen · Waldschänke (Elisabeth Grabmer)
Ischgl · Paznauner Stube (Martin Sieberer)
Ischgl · Stiar (Gunther Döberl)
Kirchberg (Tirol) · Simon Taxacher (Simon Taxacher)
Kleinwalsertal/Hirschegg · Kilian Stuba (Sascha Kemmerer)
Lech am Arlberg · Aurelio's Gourmet (Chr. Rescher, M. Niederwanger)
Lech am Arlberg · Griggeler Stuba (Matthias Schütz)
Salzburg · Esszimmer (Andreas Kaiblinger)
Salzburg · Schloss Mönchstein - The Glass Garden (Markus Mayr)
Schützen (a. Gebirge) · Taubenkobel (Alain Weissgerber)
Velden am Wörthersee · Caramé - Velden (Thomas Guggenberger)
Wien · Konstantin Filippou (Konstantin Filippou)
Wien · Mraz und Sohn (Markus und Lukas Mraz)

Aigen im Ennstal

Bhf→5 km

Schloß Pichlarn

8943 · Zur Linde 1 · (0 36 82) 24 44 00 · Fax: 24 44 06 · Preise inkl. HP, Restaurant, Cigar-Lounge, Wintergarten, Bar, Terrasse, hist. Weinkeller
20 m
reservierung@pichlarn.at · www.pichlarn.at ·

42 **DZ** ab 145,00 €;
10 **EZ** ab 135,00 €;
63 **Suiten** ab 210,00 €
Dieses wunderschöne, historische Schlosshotel liegt auf einer Anhöhe und ist dank zahlreicher Freizeit- und Wellnessangebote ein Ort der Entspannung und des Wohlfühlens.

Annaberg

Winterstellgut

5524 · Braunötzhof 4 · (0 64 63) 6 00 78 · Fax: 6 00 78 10
Regionale Küche · **Geöffnet:** 9–24 Uhr · **Geöffnet:** Do.-So. 9-23 Uhr, Mi. 12-23 Uhr · **Ruhetag:** Mo./Di. · **Ferien:** Apr./Nov. · **Tische:** 10/60 Plätze
willkommen@winterstellgut.at · www.winterstellgut.at

Speisekarte: 6 Hauptgerichte von 19,30 bis 27,30 €; 1 Tagesgericht zu 19,50 €; 1 Menü zu 45,00 €
Patron und Chefkoch Erwin Werlberger nutzt bevorzugt das heimische Warenangebot für seine durchdachte und ehrliche Frischeküche, in der sich viele regionale und saisonale Spezialitäten finden.

Bad Häring

Bhf→6 km

Wellness Schloss Panorama Royal

6323 · Panoramastraße 2 · (0 53 32) 7 71 17 · Fax: 7 71 17 77
Rest. mit Intern. und Reg. Küche, Hotelbar, Panoramaterrasse
15 km
office@panorama-royal.at · www.panorama-royal.at ·

45 **DZ** von 148,00 bis 231,00 €;
als **EZ** von 83,00 bis 228,00 €;
31 **Suiten** von 198,00 bis 860,00 €
Wunderschön ist das romantische Flair dieses exklusiven Hauses mit modernem Komfort in den stilvoll-eleganten Zimmern und vielfältiger Entspannung in der exklusiven Wellnessoase.

Bad Kleinkirchheim

Bhf→30 km

Thermenhotel Ronacher

9546 · Thermenstraße 3 · (0 42 40) 2 82 · Fax: 28 26 06
Restaurant mit gehobener Küche, Stuben, Wintergarten, Zi.-Preise inkl. HP
3 km
thermenhotel@ronacher.com · www.ronacher.com ·

44 **DZ** ab 328,00 €;
12 **EZ** ab 174,00 €;
41 **(Jui.-)Suiten** ab 328,00 €
Seit 1908 in Familienbesitz, wird das Thermenhotel Ronacher mit 4.000 m² großer Wellnessoase persönlich geführt. Die komfortablen Zimmer (die Preise verstehen sich inklusive Halbpension) sind mit edlen Materialien wunderschön gestaltet.

Bad St. Leonhard

Trippolt's "Zum Bären"

Bhf→500 m

9462 · Hauptplatz 7 · ☎ (0 43 50) 22 57
Regionale Küche, eig. Kreat. · Küche: 11–14/18–21 Uhr · **Ruhetag:** So./Mo. ·
Ferien: variabel · **Tische:** 14/50 Plätze
office@zumbaeren.at · www.zumbaeren.at

Speisekarte: 5 Hauptgerichte von 26,50 bis 37,50 €; 1 Menü von 85,00 bis 95,00 €

in Trippolt's "Zum Bären" wird mit Anspruch und Leidenschaft gekocht. Patron und Chefkoch Josef Trippolt pflegt eine aromenstarke Alpe-Adria-Naturküche, in der erstklassige Zutaten die Basis für seine zeitgemäßen und ideenreichen Zubereitungen sind.

Bad Vigaun

Kellerbauer OT St. Margarethen

Bhf→5 km

5424 · Kellerbauerweg 41 · ☎ (0 62 45) 8 34 74 · Fax: 8 34 74 15
Klass., Neue u. Österr./Mediterrane Küche · Küche: Fr./Sa./So. 12–21:00/Do. 17–21:00 Uhr · **Ruhetag:** Mo./Di./Mi. · **Tische:** 16/60 Plätze
info@kellerbauer.at · www.kellerbauer.at

Speisekarte: 9 Hauptgerichte von 22,00 bis 33,00 €; 2 Menüs von 42,00 bis 78,00 €
300 Weinpos.

Urgemütlich eingerichtet, genießt man hier saisonal und regional abgestimmte Speisen, die Chefkoch Alexander Rettenbacher variantenreich zubereitet. Traditionell österreichische Küche wird dabei gern modern interpretiert oder erhält mediterrane Akzente.

Bad Waltersdorf

Thermenhof Paierl

Bhf→1 km

8271 · Wagerberg 120 · ☎ (0 33 33) 2 80 10 · Fax: 2 80 14 00
Restaurant, Zimmerpreise inkl. Gourmet-Vollpension, Bar, Café, Terrasse
2 km
paierl@thermenhof.at · www.thermenhof.at

67 **DZ** ab 254,00 €;
als **EZ** ab 127,00 €

In diesem wunderschön gestalteten Wellnesshotel mit freundlich eingerichteten Zimmern (Preise = VP) steht dank der hinreißenden Therme und zahlreicher Wellnessangebote alles im Zeichen von Entspannung und Wohlbefinden. Im stilvollen Restaurant verwöhnt die kreative Vitalküche.

Dürnstein

Loibnerhof

Bhf→5 km

✉ 3601 · OT Unterloiben · Unterloiben 7 · ☎ (0 27 32) 8 28 90 · Fax: 82 89 03
Reg. u. Bürgerl. Küche · Küche: 11:30–20:30 Uhr · **Ruhetag:** Mo./Di. · **Ferien:** Jan. ·
Tische: 50/160 Plätze
www.loibnerhof.at

Speisekarte: 22 Hauptgerichte von 14,00 bis 27,00 €; 1 Menü von 35,00 bis 52,00 € 170 Weinpos.
Im über 400 Jahre alten Gasthaus mit romantischem Gastgarten präsentiert Patron und Chefkoch Josef Knoll traditionelle österreichische Speisen und typische Waldviertler Gerichte, die er mit Sorgfalt und schön aromenstark zubereitet.

Ebreichsdorf

Rosenbauchs

Bhf→50 m

✉ 2483 · Rechte Bahnzeile 9 · ☎ (0 22 54) 7 23 38 · Fax: 7 23 38
Regionale u. Saisonale Küche · **Geöffnet:** 11-15 und 17:30-24 Uhr, So./Feiert. durchg. · **Ruhetag:** Mo./Di. · **Tische:** 20/80 Plätze
office@rosenbauchs.at · www.rosenbauchs.at

Speisekarte: 10 Hauptgerichte von 19,90 bis 35,90 €; 1 Überraschungsmenü von 78,00 bis 94,00 €
300 Weinpos.
Glückwunsch – das "Rosenbauchs" hat die 100 Jahre voll. Im einstigen Stadl präsentieren die Zwillinge Franz und Karl Rosenbauch zeitgemäße, authentische Speisen, regionale Klassiker und dazu passende, exzellente Weine.

Ehrwald

Alpen Residence

Bhf→2 km

✉ 6632 · Florentin-Wehner-Weg 37 · ☎ (0 56 73) 2 25 50 · Fax: 22 55 55
Rest. mit Regionaler und Internationaler Küche, Bar, Terrasse
2 km
hotel@alpenresidence.at · www.alpenresidence.at

36 **DZ** von 134,00 bis 306,00 €;
als **EZ** von 97,00 bis 170,00 €;
33 **(Jui.-)Suiten** von 132,00 bis 354,00 €
Die gemütlichen Zimmer (Preise = HP) dieses Hotels, die Alpen-Therme, das Restaurant, die Bar und die gepflegte Terrasse versprechen Abwechslung und ganzheitliche Erholung.

Eichenberg

Schönblick

Bhf→8 km

✉ 6911 · Dorf 6 · ☎ (0 55 74) 4 59 65 · Fax: 45 96 57
Restaurant, Wein- und Käse-Keller, Panoramaterrasse, Käsewanderweg
10 km
hotel.schoenblick@schoenblick.at · www.schoenblick.at

15 **DZ** von 180,00 bis 240,00 €;
als **EZ** von 108,00 bis 216,00 €;
3 **Suiten** von 224,00 bis 282,00 €;
14 **App.** von 196,00 bis 256,00 €
Hoch über dem Bodensee kann man in diesem freundlichen Hotel dank der komfortablen Gästezimmer (inkl. Frühstück) und dem herrlichen SPA unbeschwerte Urlaubstage in einer vielseitigen Landschaft verbringen.

Hervorragendes Hotel mit außergewöhnlichem Komfort

Ellmau

Der Bär

Bhf→20 km

6352 · Kirchbichl 9 · ☎ (0 53 58) 23 95 · Fax: 23 95 56
Halbpensions- & à la carte-Rest., Bar, Terrasse, reichhaltiges Frühstücksbuffet
0,5 km
info@hotelbaer.com · www.hotelbaer.com

32 **DZ** von 270,00 bis 512,00 €;
EZ von 155,00 bis 265,00 €;
30 **(Jui.-)Suiten** von 350,00 bis 792,00 €

Der Bär in Ellmau in Tirol, am Fuße des Wilden Kaisers ist ein besonderes Hotel. In dem von Familie Windisch sehr sorgsam und herzlich geführten, weitläufigen Urlaubsdomizil kann man die perfekte Auszeit vom Alltag nehmen, lässt sich das Leben genießen, kann man zu jeder Jahreszeit gehobene Hotelleriekultur erleben. Die Zimmer (die angegebenen Preise verstehen sich inkl. Gourmet-HP Sommer- bis Wintersaison) und Kaminsuiten sind im modernen Landhausstil gestaltet und verfügen über Balkon oder Terrasse. Auch die edel und mit allem zeitgemäßen Komfort eingerichteten Zimmer im Haupthaus begeistern mit einem großartigen Blick aufs Alpenpanorama. Nach getaner Arbeit gibt es bei einer Fülle von Anwendungen Entspannung pur im hinreißenden Gesundheits- und Wellnessbereich mit Beautyabteilung und Fitnessraum, während sich die kleinen Gäste im Bären-Miniclub vergnügen. Der 20 m lange, ganzjährig mit 31° C beheizte Infinity-Pool verspricht grenzenlose Erholung – ist aber „nur" ein Highlight von vielen! Denn das gesamte Badehaus mit Hallenbad, neuer Saunalandschaft und Ruheraum mit grandiosen Panoramafenstern begeistert. Ob drinnen oder draußen – hier wird man immer mit einem einmaligen Ausblick auf den Wilden Kaiser belohnt. Nicht nur, aber auch für Golfer gibt es attraktive Pauschalen wie z. B. Golf Unlimited (s. a. Golf-Special). In den wunderschönen Restauranträumen genießt man eine leichte, bodenständige und raffinierte Gourmetküche.

Hotel mit anspruchsvollem Wellnessangebot

Bhf→20 km

Der Bär

✉ 6352 · Kirchbichl 9 · ☎ (0 53 58) 23 95 · Fax: 23 95 56
Neue, Reg. u. Intern. Küche · **Geöffnet:** Mi. Mai-Anf. Nov. + Mi. Dez.-Ende März: 19-21 Uhr · **Tische:** 60/170 Plätze
info@hotelbaer.com · www.hotelbaer.com

Speisekarte: 5 Hauptgerichte von 15,00 bis 35,00 €; Menüs von 46,00 bis 75,00 €
170 Weinpos.

Wenn es um kulinarischen Genuss geht, hat man im Hotel "Der Bär" die Qual der Wahl. Mit der traditionellen Bauernstube, dem Kronenstüberl für gesellige Fondue-Abende, dem stilvollen Kaminrestaurant, dem Gartenrestaurant und dem großen Showcooking-Bereich ist die Auswahl so vielfältig wie es die Gäste des Hauses sind. Aber egal, welche Wahl man trifft – mit dem Ergebnis wird man zufrieden sein. Der junge, amitionierte Küchenchef Markus Feyersinger kocht sehr facettenreich, leicht und verführerisch gut. Viele der Zutaten kommen aus dem Umland und werden zu regionalen Speisen mit Alpe-Adria-Elementen kombiniert, die mit internationalen Spezialitäten eine feine Ergänzung finden. Robert Lechner ist allgegenwärtiger und souveräner Maître, der als Hüter des großen Weinschatzes auch eine unerlässliche Hilfe bei Fragen rund um den Rebensaft ist. Die Hotelbar ist ideal, um den Tag bei Drinks und frisch gemixten Cocktails gesellig oder romantisch ausklingen zu lassen. Ein weiterer Höhepunkt des Gastrobereiches ist die große Sonnenterrasse mit einem traumschönen Blick aufs großartige Alpen-Panorama und den Wilden Kaiser.

Sehr gute Serviceleistung

Kaiserhof

Bhf→10 km

6352 · Harmstätt 8 · ☎ (0 53 58) 20 22 · Fax: 2 02 26 00 · HP-Restaurant, Panoramaterrasse, Skybar, Outdoor-Spielplatz, Unlimited Mountain Pool, 24-h-Rezeption
5 km
info@kaiserhof-ellmau.at · www.kaiserhof-ellmau.at

52 **Zimmer und Suiten** von 390,00 bis 710,00 €
Man kann sich gar nicht entscheiden, was beim Kaiserhof am besten ist: die fantastische Lage auf einem Sonnenplateau oberhalb von Ellmau mit herrlichem Blick auf den Wilden Kaiser, der individuelle Stil und der persönliche Service im Hause oder die komfortabel in moderner Eleganz eingerichteten Zimmer (Preise inkl. Gourmetpension), von denen viele erst kürzlich noch vergrößert und mit großen Panoramfenstern versehen wurden. Egal, wie die Antwort ausfällt – immer ist es wunderschön im Kaiserhof und die Zeit dort Balsam für die Seele. Das liegt sicherlich auch am exzellenten Spa- und Wellnessbereich, der 2020 noch zusätzlich erweitert wurde, u. a. mit einem Unlimited Mountain-Pool. Finnische Sauna, Biosauna, Soledampfbad, Infrarotkabine, Wärmebank, Erlebnisduschen, Freiluftzone, großzügige Ruheräume, biologischer Naturbadeteich, eine Vielzahl von Anwendungen (s. a. Wellness-Special) und nicht zuletzt die tollen Freizeitmöglichkeiten (u. a. Golf, Wandern, Skilaufen) gehören zum vielseitigen Angebot. An kleine Gäste wurde mit einem Spielzimmer und Outdoor-Spielplatz mit Trampolin (Sommer) gedacht.

Kaiserhof

Bhf→10 km

6352 · Harmstätt 8 · ☎ (0 53 58) 20 22 · Fax: 2 02 26 00 · Intern., Österreichische u. Reg. Küche · Küche: 17:30–21:30 Uhr · **Ruhetag:** So./Mo./Di. · **Ferien:** Mi. Apr.-Mi. Mai/Mi. Nov.-Mi. Dez. · **Tische:** 8/26 Plätze
info@kaiserhof-ellmau.at · www.kaiserhof-ellmau.at

Speisekarte: 10 Hauptgerichte von 26,00 bis 42,00 €; 2 Menüs von 56,50 bis 87,50 € 400 Weinpos.
Die exzellente Gourmetküche von Chefkoch Günter Lampert und Verena Fiegl kann man in verschiedenen Räumlichkeiten genießen. Das ändert nichts an den hervorragenden Speisen, wohl aber am Ambiente, in dem man sie genießt. Ein Raum ist schöner als der andere: Behaglich die Kaminstube, gemütlich die Tirolstube, rustikal-schön die Zirbenstube, elegant das neue Restaurant "Novelli" und in zeitloser Moderne gefällt das "Kulinarium". Braun- und Grautöne, die das Farbspektrum der Alpenlandschaft vor den Panoramafenstern spiegeln, kunstvolle, deckenhohe Dekorationselemente und Holz in zeitgeistiger Gestaltung werden hier zur Bühne des großen Küchenauftritts. Das Duo am Herd setzt seine Philosophie einer frischen, gesunden und höchst kreativen Küche mit handwerklicher Präzision, Geschick und sehr viel Fantasie in die Tat um. Bevorzugt nutzen sie saisonale und heimische Zutaten aus biologischem Anbau und kombinieren sie mit leichter Hand und raffinierten Ideen. So erscheint Tradiertes in einem neuen, modernen Gewand und begeistert den Gaumen mit immer wieder anderen Ge-

schmackserlebnissen. Den liebenswürdigen Service leitet Karl Rotheneder mit leichter Hand. Bei Tipps rund um die top sortierte Weinkarte sollte man dem diplomierten Sommelier unbedingt Glauben schenken. Seine Beratung ist ungemein gekonnt und sensibel. Ein weiteres Highlight der gastronomischen Palette im "Kaiserhof" ist die wunderschöne Sonnenterrasse mit spektakulärem Ausblick auf die hochalpine Landschaft und den "Wilden Kaiser".

Fügenberg

Bhf→15 km **Restaurant Alexander - Hotel Lamark**

✉ 6264 · Hochfügen 34 · ☎ (0 52 80) 2 25 · Fax: 2 27 · Klass., Intern., Österr. Kü., eig. Kreat. · **Geöffnet:** Winter: Do.-So. ab 18:30, im Sommer geschl. · **Ruhetag:** Mo./Di./Mi. (Winter, Sommer geschl.) · **Tische:** 10/35 Plätze VISA
info@lamark.at · www.lamark.at

Speisekarte: Hauptgerichte von 19,00 bis 55,00 €; Tagesgerichte von 19,00 bis 55,00 €; Menüs von 65,00 bis 150,00 € 450 Weinpos.
Die Konstanz, mit der Chefkoch Alexander Fankhauser aus erstklassigen Zutaten auf kulinarischem Topniveau ausbalancierte und innovative Speisen kreiert, begeistert auch anspruchsvolle Gourmets und ist wirklich staunenswert.

Feuersbrunn

Bhf→1 km **Mörwald Villa Katharina**

✉ 3483 · Kleine Zeile 10 · ☎ (0 27 38) 2 29 80 · Fax: 22 98 60
Rest. "Zur Traube" u. "Toni M.", Vinothek, eigener Weinanbau
10 km VISA AE
rezeption@moerwald.at · www.moerwald.at

8 **DZ** von 120,00 bis 180,00 €;
als **EZ** von 90,00 bis 135,00 €
Ein hübsches Refugium ist das kleine, aber feine Hotel von Toni Mörwald, das feinen Biedermeierstil mit einem modernen Anbau harmonisch vereint und mit geschmackvoll eingerichteten Zimmern punktet.

MÖRWALD Relais & Chateaux Hotel am Wagram

✉ 3483 · Kleine Zeile 13-17 · ☎ (0 27 38) 22 98-0
Gourmetrestaurant, SPA, Penthouse-Suite, Zimmerpreise inkl. Frühstück
8 km
office@moerwald.at · www.moerwald.at

12 **DZ** zu 125,00 €;
1 **Penthouse** zu 350,00 €;
6 **(Jui.-) Suiten** von 180,00 bis 250,00 €
Das "MÖRWALD Relais & Chateaux Hotel am Wagram" wurde in die "Mörwald-Zeile" integriert und ist seit 2016 ein luxuriöses Refugium für den anspruchsvollen Gast. Die mit hochwertigen Holzböden, einem behaglichen Sitzbereich, W-LAN, Klimaanlage sowie teilweise mit Balkon und begehbarem Ankleideraum ausgestatteten Zimmer sind ein wunderschönes und niveauvolles Zuhause auf Zeit. Das sehr durchdacht konzipierte Wagram SPA garantiert die perfekte Auszeit vom Alltag und setzt auf nachhaltige Erholung. Neben einem Dampfbad, Sauna, Ruhebereich und der Außenterrasse gibt es unterschiedlichste Wellness-Treatments. Für Hotelgäste ist die Nutzung des SPA-Bereichs im Zimmerpreis inkludiert. Massagen- und Kosmetikbehandlungen können zusätzlich gebucht werden, so dass man sich sein ganz individuelles Wohlfühlpaket zusammenstellen kann. Den Tag dann mit einem Besuch des Gourmetrestaurants und dem Genuss von Toni Mörwalds Küche zu beschließen, ist das komplette Verwöhnprogramm für alle Sinne.

MÖRWALD Relais & Chateaux Gourmet TONI M.

✉ 3483 · Kleine Zeile 15 · ☎ (0 27 38) 2 29 80 · Fax: 22 98 60
Klassische, Neue und Regionale Küche · Küche: 18–21:30 Uhr · **Ruhetag:** So./Mo. · **Tische:** 8/32 Plätze
toni@moerwald.at · www.moerwald.at

Speisekarte: 2 Hauptgerichte von 38,00 bis 46,00 €; 1 Menü von 100,00 bis 150,00 € 1.200 Weinpos.
Das Gourmetrestaurant "TONI M." ist quasi die Keimzelle des gastronomischen Mörwald-Imperiums, das mit dem Restaurant „Zur Traube", der „Kochbar im Wirtshaus", dem „Restaurant Schloss Grafenegg" und dem "Le Ciel by Toni Mörwald" gastronomisch breit aufgestellt ist. Braun- und Beigetöne, elegant eingedeckte Tische und eine gelungene Melange aus Retrochique und Avantgarde prägen das geschmackvoll gestaltete Interieur. Toni Mörwald und Philip Hagenauer zelebrieren eine Küche der vielfältigen Möglichkeiten, großen Aromen und fein aufeinander abgestimmten Texturen. In der österreichischen Tradition verwurzelt, kreieren sie eine Fusionsküche, die über den nationalen Tellerrand lugt und mit innovativen Kombinationen begeistert, die von großer Fantasie und Können zeugen. Die Speisen sind unverfälscht und klar, und unterliegen doch einem steten Wandel, der viel Freiraum für geniale Neuinterpretationen lässt. Daniel Ebner leitet den klassischen und zugewandten Service mit leichter Hand und berät mit Sachkennt-

nis zu den Weinen, die es in schier unendlicher Fülle und Top-Qualität gibt. Private Dining und die Kochschule mit Kursen im privaten oder geschäftlichen Rahmen runden das durchdachte kulinarische Konzept ab.

Restaurant mit exzellenter Weinkarte

Geinberg

Bhf→2 km

Geinberg5 PRIVATE SPA VILLAS

✉ 4943 · Thermenstraße 13 · ☎ (0 77 23) 8501-55 55 · Fax: 8501-9 99 · Private Bungalow-Suiten mit Terrasse und eig. Badesteg, SPA, Concierge-Service
15 km
office@geinberg5.com · www.geinberg5.com

20 **Private SPA Sui.** ab 610,00 €;
1 **Private SPA Villa** ab 1510,00 €

Im malerischen Innviertel in Oberösterreich findet sich auf dem großen Areal des "SPA Resort Therme Geinberg " neben dem exklusiven Wellness- und Vitalhotel mit vielseitigem Angebot seit 2012 das Ensemble der GEINBERG5 PRIVATE SPA VILLAS. (Für Neugierige: Die hochgestellte 5 steht für Urlaub auf 5* Superior-Niveau). In traumhafter, ruhiger Lage direkt an einem großzügigen Naturbadeteich stehen die Villen in Größen von 114 m² bis 300 m². (s. a. Wellness-Special) Alle sind hinreißend schön ausgestattet: Das Interieur und die Möbel sind mit edlen Naturmaterialien gestaltet, es gibt einen offenen Kamin, Sauna, eine frei stehende Wanne und Dusche mit integriertem Dampfbad, eine Terrasse, den eigenen Badesteg zum Naturbadeteich, der einen Übergang zum 36°C warmen, beheizten Außenpool hat. Natürlich kann der Gast auch auf das exklusive SPA mit orientalischer Wellnesswelt zurückgreifen, den privaten Butler-Service nutzen und sich vom kulinarischen Angebot dieses exklusiven Hideaways von Rang verwöhnen lassen.

Gourmetrestaurant AQARIUM

Bhf→2 km

4943 · Thermenstraße 13 · ☎ (0 77 23) 8501-55 55 · Fax: 8501-9 99
Regionale und Internationale Küche · **Geöffnet:** 7:30–24 Uhr · **Geöffnet:** Warme Küche bis 22 Uhr. · **Tische:** 18/60 Plätze
aqarium@geinberg5.com · www.geinberg5.com

Speisekarte: 7 Hauptgerichte von 16,00 bis 45,00 €; 6 Tagesgerichte von 11,00 bis 35,00 €; 3 Menüs von 57,00 bis 85,00 €
300 Weinpos.
Das Gourmetrestaurant AQARIUM ist in zeitloser Moderne geradlinig eingerichtet. Samtige Fauteuils in Taubenblau stehen an weiß eingedeckten Tischen, Kamin, Aquarium und die Showküche sind echte Eyecatcher. In letzterer steht Chefkoch Peter Reithmayr mit seinem engagierten Team und setzt seine Vorstellung einer gehobenen Gastronomie gekonnt in die Tat um. Gerne bezieht er die Waren für seine durchdachte Produktküche in der Innviertler Region, wichtig sind ihm kompromisslose Frische und Saisonalität. Er arbeitet handwerklich präzise, verfeinert Regionales mit raffinierten Ideen und ergänzt die Speisepalette mit internationalen Spezialitäten, die seine eigene, innovative Handschrift tragen. ES gibt verschiedene, harmonicsh zusammengestellte Menüs und exklusive Steak-Spezialitäten in top dry-aged Qualität, die das vorzügliche, etwa alle sechs Wochen wechselnde Angebot abrunden. Den zuvorkommenden Service leitet Jürgen Huber. Zu den korrespondierenden Weinen, die es in feiner Auswahl gibt, berät mit Kevin Baumgartner ein Sommelier mit großer Expertise und Feingefühl. Wer einen Abend in romantischer Zweisamkeit vorzieht, kann die eigene Suite zur fine dining Location umfunktionieren und die Speisen dort servieren lassen. Oder man nutzt an warmen Tagen einen ganz besonderen Logenplatz auf der Terrasse direkt am malerischen Seerosenteich.

Gmunden

Landhotel Grünberg am See

Bhf→3 km

4810 · Traunsteinstraße 109 · ☎ (0 76 12) 7 77 00 · Fax: 7 77 00 33
Rest. mit Reg. u. Bürgerl. Kü., Weinstube, Seeter., Frühstück im Zi.-Preis inkl.
10 km
hotel@gruenberg.at · www.gruenberg.at ·

30 **DZ** von 120,00 bis 180,00 €;
als **EZ** von 73,00 bis 100,00 €;
10 **EZ** von 68,00 bis 88,00 €;
2 **App.** von 150,00 bis 250,00 €
Die Lage dieses eindrucksvollen Anwesens mit herrlicher Seeterrasse am Traunsee-Ostufer ist genauso schön wie die familiäre Atmosphäre, die komfortablen Zimmer und das tolle Freizeitangebot (u. a. mit eigenem Badestrand).

Sehr gutes, komfortables Hotel

Goldegg

Bhf→5 km

Hecht!

✉ 5622 · Hofmark 8 · ☎ (0 64 15) 8 13 70 · Fax: 82 76
Reg. Küche, eig. Kreat. · Küche: 12–14/18–22 Uhr · **Ferien:** April/November ·
Tische: 30/70 Plätze
office@derseehof.at · www.derseehof.at

Speisekarte: 4 Hauptgerichte von 16,00 bis 26,00 €; 1 Menü ab 58,00 €
120 Weinpos.
"Hecht!" fasst die Philosophie beim Wareneinkauf zusammen: Nichts überschreitet einen Radius von 120 km. Entsprechend frisch und hochwertig sind die Zutaten, die Patron Sepp Schellhorn und Rudi Pichler zu ausbalancierten, aromenbetonten Speisen zusammenstellen.

Golling

Bhf→500 m

Genießerhotel Döllerer

✉ 5440 · Markt 56 · ☎ (0043-6244) 4 22 00 · Fax: 62 44 69 12 42
Restaurants, Enoteca, Weinhandel, Feinkost, Zi.-Preise inkl. Frühstück
15 km
office@doellerer.at · www.doellerer.at

2 **Suiten** ab 330,00 €;
23 **Studios** ab 160,00 €

Nur wenige Kilometer von der Mozartstadt Salzburg entfernt, findet man im Zentrum von Golling das traditionsreiche "Genießerhotel Döllerer". Was sich hier in allerbester Familientradition alles unter einem Dach finden lässt, ist wirklich staunenswert. Und überall trifft man auf Mitglieder der Familie Döllerer. Ob im Wirtshaus, in Döllerers Feine Kost, im Restaurant, in der Enoteca und im Weinhaus – jeder hat eine Aufgabe, ein besonderes Talent und jeder packt mit an. Drei Generationen sorgen für herzliche Gastlichkeit und bieten neben einer formidablen Logis noch so viel mehr. Hinter der historischen Fassade versteckt sich ein moderner Kern: Die 25 Studios und Suiten (einige mit Balkon oder Terrasse, das Frühstück ist im Preis inkludiert) sind mit dezenten alpenländischen Akzenten gestaltet, sehr behaglich und werden von zeitgemäßen Annehmlichkeiten geprägt. Der Blick geht entweder auf die Burg Golling und das Göllmassiv oder auf Döllerers Essbaren Garten mit dem Weingarten hinaus. Im kleinen Wellnessbereich gibt es Saunen und die Infrarotkabine (eine Wellnestasche mit Bademantel und Badetüchern steht in jedem Zimmer bereit). In der Umgebung warten Kulturschätze ebenso wie zahlreiche (Rad-) Wanderwege und eine Vielzahl weiterer Freizeitangebote. Und wer gerne im Hause bleiben möchte, kann sich die Zeit mit Weinverkostungen, kulinarischen Schmankerln, Stöbern in der Enoteca oder einem Besuch im lauschigen Gastgarten vertreiben.

♜ Döllerers Restaurant

Bhf→500 m

✉ 5440 · Markt 56 · ☎ (0043-6244) 4 22 00 · Fax: 62 44 69 12 42
Neue und Regionale Küche · **Geöffnet:** 18-21:30 Uhr, Sa 12-21:30 Uhr · **Ruhetag:** So./Mo. · **Ferien:** variabel · **Tische:** 14/60 Plätze
VISA AE
office@doellerer.at · www.doellerer.at

Speisekarte: 3 Hauptgerichte von 49,00 bis 69,00 €; 2 Menüs von 159,00 bis 189,00 € 3.000 Weinpos.

Wahrlich – "Döllerers Restaurant" ist ein gastronomisches Gesamtkunstwerk. Die unprätentiöse, fast schlichte Einrichtung zeugt mit sanft geschwungenen Fauteuils in Braun- und Beigetönen an den edel eingedeckten Tischen von gestalterischem Niveau. Die Atmosphäre ist weltoffen und privat zugleich, ein zuvorkommender, klassisch geschulter Service begleitet den Besuch und ist auch bei Fragen jederzeit zur Stelle. Die Küche von Chefkoch Andreas Döllerer ist, wie keine zweite auf diesem hohen kulinarischen Niveau, in der Region verortet. Der Alpenraum ist für ihn Heimat, Kraft- und Inspirationsquelle zugleich. Seine enorme Kenntnis der alpinen Flora und Fauna ist der Ausgangspunkt für genial ausgeklügelte Speisen. Mit großer Neugierde, Experimentierfreude und handwerklicher Präzision setzt er Altbewährtes und traditionelle Rezepturen in einen neuen Kontext und kreiert Geschmackswelten, die Vergessenes wieder Gegenwärtig machen. Wieder entdeckte Kulturpflanzen und Wildkräuter, Pflanzen, Wild und Milchprodukte von auf den Almen grasenden Kühen sind die Basis seiner innovativen Cuisine Alpine. Er nimmt die Gäste auf zwei kulinarische Wanderungen mit – die Göllüberquerung mit sieben Gängen und das Menü Oberjoch mit fünf Gängen – und vermittelt ihnen so ganz genussvoll sein Können. Die perfekte Vollendung erfahren die Speisen mit korrespondierenden Weinen. Die lagern in staunenswerter Auswahl und Qualität im historischen Gewölbekeller, werden von Master Sommelier Alexander Koblinger und Diplom-Sommelière Kathi Gnigler gehegt und gepflegt. Ihre önolgischen Tipps sind fundiert und sensibel zugleich.

♜ Döllerers Wirtshaus

Bhf→500 m

✉ 5440 · Markt 56 · ☎ (0043-6244) 4 22 00 · Fax: 62 44 69 12 42 · Gehobene Regionale Küche · **Geöffnet:** Di.: 17-22, Mi.-Sa.: 11:30-22 Uhr · Küche: 11:30–22 Uhr · **Ruhetag:** So./Mo. + Di.-Mittag · **Ferien:** variabel · **Tische:** 18/80 Plätze
VISA AE
office@doellerer.at · www.doellerer.at

Speisekarte: 15 Hauptgerichte von 24,00 bis 35,00 €; 2 Menüs von 59,00 bis 79,00 €
3.000 Weinpos.
Imposante, weiße Gewölbedecken, rustikale Holzmöbel, grüner Kachelofen, umlaufende Bänke, große Rundbogenfenster – alles ist da, um "Döllerers Wirtshaus" zu einer Einkehr wie aus dem Bilderbuch zu machen. Aber es bleibt nicht nur bei dem schönen Schein, sondern auch hier ist der hohe Anspruch, Gäste mit Qualität zu überzeugen, allgegenwärtig. Schon seit 1909 treffen sich Einheimische, Touristen, Hotelgäste, hungrige Wanderer und Durchreisende, um die gut durchdachte, ehrliche und aromenstarke Regionalküche zu genießen. Das vielfältige heimische Warenangebot wird zur Basis für die authentischen Zubereitungen, die auch immer wieder die wechselnden Jahreszeiten aufgreifen. Klassische Schmankerl wie Schlutzkrapfen, kraftvolles Gulasch oder Wiener Schnitzel fehlen natürlich nicht. Ob man à la carte isst, das 3 Gänge-Wirtshausmenü oder das 6 Gänge-Überraschungsmenü wählt – alles wird mit Sorgfalt frisch zubereitet und ist obendrein auch noch sehr fair kalkuliert.

Grieskirchen

Bhf→3 km

Waldschänke

4710 · Kickendorf 15 · ☎ (0 72 48) 6 23 08 · Fax: 6 66 44
Klass. u. Regionale Küche · **Geöffnet:** Di.-Fr. 11:30-14 Uhr, Mi.-Sa. 18-23, Sa. ab 11:30, So. 11:30-16 Uhr · **Ruhetag:** Mo./Di. · **Tische:** 15/60 Plätze VISA AE
waldschaenke@utanet.at · www.waldschaenke.at

Speisekarte: 8 Hauptgerichte von 15,50 bis 29,50 €; 1 Mittagsmenü von 16,50 bis 18,50 €; 1 Menü von 59,00 bis 85,00 €
ca. 1000 Weinpos.

Umgeben von Wiesen und Wäldern findet sich etwa einen Kilometer nordöstlich von Grieskirchen in idyllischer Lage die "Waldschänke". Die einstige Gaststätte und Jausenstation wurde mit den Jahrzehnten und unter engagierter Leitung von Heinz und Elisabeth Grabmer zu einem schönen Landgasthaus mit Stil. Unprätentiös, sehr behaglich und geschmackvoll eingerichtet, kommt man hier in den Genuss einer exklusiven Küche, der erstklassige, bevorzugt regionale Zutaten zu Grunde liegen. Wie schön, dass Sohn Clemens die Familientradition fortführt, gemeinsam mit Elisabeth Grabmer am Herd steht und Speisen präsentiert, die in der Heimat verwurzelt sind, aber in ihren Neuinterpretationen weit darüber hinaus gehen. Lieb gewordene Klassiker finden sich ebenso auf der Karte wie sorgfältig zusammengestellte zeitgeistige Gerichte, die mit ausbalancierten Aromen und Texturen begeistern. Das sehr fair kalkulierte Mittagslunch wird nicht nur von Businessgästen geschätzt und kann als Zwei- oder Dreigang-Menü bestellt werden. Auch beim abendlichen Menüangebot wird an Vegetarier gedacht. Die Weinkarte mit fulminantem Angebot bietet eine hinreißende Auswahl mit Österreich, Frankreich Bordeaux, Italien, Spanien, Kalifornien und Chile als Schwerpunkt. Verkostungen und Präsentationen finden regelmäßig statt. "Kellermeister" ist Heinz Grabmer – sein önologisches Wissen ist mindestens so groß wie sein Feingefühl bei der Beratung. Ein exklusives Catering bringt die kulinarischen Köstlichkeiten der Grabmer'schen Küche an (fast) jeden Wunschort.

Graz

Bhf→5 km

Gruber's Kehlberghof

8054 · OT Strassgang · Kehlbergstraße 83 · ☎ (03 16) 28 41 25 · Fax: 28 41 25 89
Reg. Küche, eig. Kreat. · Küche: 11:30–14/18–21 Uhr · **Ruhetag:** So/Mo/Feiertag · **Ferien:** 2 W. Weihn./Karwoche/3 W. ab 15.8. · **Tische:** 14/60 Plätze VISA AE
restaurant@kehlberghof.at · www.kehlberghof.at

Speisekarte: 12 Hauptgerichte von 8,50 bis 39,50 €; 4 Tagesgerichte von 7,00 bis 29,50 €; 2 Menüs von 15,00 bis 69,00 €
272 Weinpos.

Im Kehlberghof macht's die Mischung: Küchenchef Vinzenz Gruber präsentiert einen gekonnten Mix aus regionalen und grenzübergreifenden Speisen, die auf erstklassigen, jahreszeitlich geprägten Zutaten basieren.

Hinterglemm

Wiesergut

Bhf→14 km

✉ 5754 · OT Wiesern · Wiesern 48 · ☎ ((0043) 65 41) 63 08 · Fax: 63 08-38 · Restaurant, Bar, Piazza m. kleinen Gerichten, Wanderwege vor der Suite beginnend
20 km VISA
info@wiesergut.com · www.wiesergut.com

24 **Suiten** ab 333,00-Sommer/473,00-Winter €;
Suiten zur Einzelnutzung ab 285,00-Sommer/317,00-Winter €

Das "Wiesergut" – in Hinterglemm Richtung Talende gelegen – ist ein Hideaway der Extraklasse. Das wird bereits beim ersten Anblick augenfällig, denn der spannende architektonische Kontrast von Tradition und Innovation macht den enormen Reiz des Gesamtkomplexes aus, bei dem die Grenzen von Außen und Innen fließend sind. Rechteckig angeordnet, umgeben die einzelnen Gebäude einen großzügigen Innenhof mit Obstbäumen, üppiger Blumenpracht und offenen Feuerstellen – alles wie gemacht für einen Ort der Begegnung und Entschleunigung. Das Hauptgebäude mit Fensterläden aus Holz, die schon seit Urzeiten in Gebrauch sind, wird mit den anderen Gebäudeteilen durch gläserne Gänge verbunden, die umgebende Hügellandschaft und die Bergwelt sind die majestätische Kulisse. Die Atmosphäre ist skandinavisch reduziert und sorgt ebenso wie die geradlinig eingerichteten Suiten dafür, dass sich ein nachhaltiges Urlaubsgefühl wie von selbst einstellt. In familiärer Tradition verwurzelt, war es die junge Generation mit Martina und Josef Kröll, die aus dem Vierseithof ein exklusives Resort mit (Garten-)Suiten – alle mit Terrasse oder Balkon –, Restaurant und einem SPA-Bereich machte. Eichen- und Walnussholz, Naturstein, Granit, Glas und Sichtbeton prägen das äußere Erscheinungsbild, warme Farbtöne, edle Leinen- und Lodenstoffe sowie wettergegerbtes Leder das Interieur. Treatments und Beauty-Anwendungen gehören zum Angebot, den Urlaub in der Natur individuell zu gestalten, den Alltag hinter sich zu lassen und das Motto des Wieserguts – „wir nennen es Glück“ – zu fühlen.

Bhf→14 km

Wiesergut

✉ 5754 · OT Wiesern · Wiesern 48 · ☎ ((0043) 65 41) 63 08 · Fax: 63 08-38
Klass., Neue Mediterrane u. gehobene Regionale Küche · Küche: 18:30–21 Uhr ·
Ferien: Nov. + 4 W. Frühj. variabel · **Tische:** 5/20 Plätze
info@wiesergut.com · www.wiesergut.com ·

Speisekarte: 5 Hauptgerichte von 25,00 bis 48,00 €; 8 Tagesgerichte von 14,50 bis 48,00 €; 1 Menü (7-Gang) von 59,80 bis 89,80 €

120 Weinpos.

Naturmaterialien wie Holz und Stein sind die prägenden Gestaltungselemente des modern eingerichteten Restaurants und nehmen Bezug auf die Pinzgauer Alpenlandschaft. Überhaupt ist es gerade diese raue und ehrliche Umgebung, die zum Hintergrund für die klare und unverfälschte Küche von Chefkoch Andreas Hollin wird. Er setzt im Restaurant Wiesergut eine Philosophie des bewussten und konzentrierten Genusses um. Es geht nicht um die schnelle Nahrungsaufnahme, sondern darum, die Gaben der Natur wertzuschätzen. So kocht Andreas Hollin im saisonalen Rhythmus und bezieht die Zutaten fast ausschließlich aus der Region, handgepflückt aus dem eigenen Gemüse- und Kräutergarten, aus der eigenen Landwirtschaft und Jagd. Das traditionelle Wiesernbrot wird nach alter Rezeptur im Holzofen gebacken, feinste Eissorten und spritziges Sorbet werden selber hergestellt. Nachhaltigkeit, Tierwohl und Respekt vor der Natur sind die Eckpfeiler, die das gesamte Küchenkonzept tragen. Der Chefkoch arbeitet konzentriert, präzise, interpretiert Traditionelles neu und lässt auch kreative Elemente in die vielseitige Küche einfließen. Patron Sepp Kröll lässt es sich nicht nehmen, die Gäste persönlich zu begrüßen, während Franziska – Franzi – Ehgartner mit ihrem liebenswürdigen Serviceteam für einen reibungslosen Ablauf des Abends sorgt und zu den passenden Weinen berät.

Restaurant mit gutem Genuss-/Preisverhältnis.

Die Küchenleistung dieses Restaurants ist hervorhebenswert in seiner Kategorie.

Ischgl

Sport- und Genusshotel Silvretta

Bhf→30 km

✉ 6561 · Dorfstraße 74 · ☎ (0 54 44) 52 23 · Fax: 52 23 45 · Rest. "Bärafalla", "Wiartshaus", Gourmetrest. "Stiar", eig. Landwirtschaft, Preise = inkl. Frühst. u. Abendmenü

VISA AE

info@sporthotel-silvretta.at · www.sporthotel-silvretta.at

26 **DZ** von 179,00 bis 333,00 €;
3 **EZ** von 189,00 bis 309,00 €;
15 **Suiten** von 420,00 bis 2256,00 €

Mitten im pulsierenden Ischgl, nur 50 Meter von der Silvrettaseilbahn entfernt, liegt das größte zusammenhängende Skigebiet Tirols mit 239 Pistenkilometern dem „Sport- und Genusshotel Silvretta“ gleichsam zu Füßen. Seit 1929 in Familienbesitz, erfährt man hier als Gast im Winter sowie im Sommer herzliche Zuwendung und echte Tiroler Gastfreundschaft. Mit dem Konzept „Sport und Genuss“ hat jeder Besucher die Möglichkeit, den Schwerpunkt für seinen Urlaub selbst zu bestimmen und das vielfältige Programm des Hauses zu nutzen. Die Zimmer und Suiten des Hotels (Preise inkl. HP) überzeugen durch eine geschmackvolle Einrichtung mit viel Holz und zeitgemäßem Wohnkomfort, sodass keine Wünsche offen bleiben. Der 1200 m² große Wellness- und Spabereich erstreckt sich über drei Ebenen und punktet mit einem Indoor- und Outdoorpool, diversen Saunen, Dampfbädern und zahlreichen Beauty- und

Körpertreatments. Neben dem exklusiven Gourmet „Stiar“ gibt es mit dem „Wiartshaus“ und dem Restaurant „Bärafalla“ noch zwei weitere Restaurants, in denen Qualitätsprodukte aus der hauseigenen Landwirtschaft und Metzgerei zum Einsatz kommen. Alle Spezialitäten und Eigenkreationen wie beispielsweise Speck, Bündnerfleisch, Kaminwurzen, Wildsalami, Wildschüblig, Käse uvm. können direkt vor Ort erworben werden.

Bhf→30 km

Sport- und Genusshotel Silvretta – Stiar

✉ 6561 · Persuttweg 24 · ☎ (0 54 44) 52 23 · Fax: 52 23 45
Innovative Alpine Küche · Küche: 19–21 Uhr · **Ruhetag:** Mo./Di. · **Ferien:** Mai-Ende November · **Tische:** 7/20 Plätze
VISA AE
reservierung@stiar.at · www.stiar.at · f

Speisekarte: 2 Menüs (kleines + großes) von 109,00 bis 159,00 €
1.000 Weinpos.

Mit dem "Stiar" kann das traditionsreiche Sport- und Genusshotel "Silvretta" auf ein Gourmetrestaurant verweisen, dass dem Haus wirklich zur Ehre gereicht. Rundum verglast, unterstreicht der moderne Anbau mit einem weithin sichtbaren kunstvollen, roten Stier auf dem Dach, die Exklusivität des "Stiar". Die Gestaltung des Interieurs mit Braun- und Grautönen, Altholz und Granit ist eine Hommage an die umgebende, alpine Naturlandschaft, ein Wandausschnitt gewährt Einblicke ins emsige Küchengeschehen. Hier wirkt Chefkoch Gunther Döberl mit seinem Team und setzt sein Motto "feel good, dine fine" in die Tat um. Inspiration holt er sich immer wieder aufs Neue aus der Natur und ihren wechselnden Jahreszeiten. Alpenländisches findet den Weg auf die Teller in modernen Interpretationen, die dem Gast verständlich bleiben und dennoch mit innovativen Ideen und wagemutigen Kombinationen verblüffen. Die Zutaten kommen in erntefrischer Qualität in seine Küche, viele sind aus dem Umland oder vom hauseigenen Maashof, von bekannten Manufakturen und das Wild bringt Hausherr Peter Zangerl von der Jagd mit. Der zugewandte, bestens geschulter Service ist stets ansprechbar. Die Sommeliers beraten mit Kompetenz zu den Weinen, die es in schier unendlicher Fülle gibt. Österreichische Winzer werden von Tropfen aus allen bekannten, internationalen Weinbauregionen ergänzt.

Bhf→25 km

Tirol

Family

✉ 6561 · Dorfstraße 77 · ☎ (0 54 44) 52 16 · Fax: 5 21 66 · Rest. mit Intern. und Regionaler Küche, Bar, Terrasse, Kinderspielzimmer, Zi.-Preise inkl. Halbpension
VISA
hotel@tirol-ischgl.at · www.tirol-ischgl.at · f

35 **DZ** ab 190,00 €;
6 **EZ** ab 105,00 €;
12 **Suiten** ab 220,00 €

In wunderschöner Lage im Paznaun-Tal direkt neben der Silvretta Seilbahn steht dieses prachtvolle Anwesen mit sehr individuellem Service. Zu jeder Jahreszeit wird es als Freizeitparadies und First-Class-Domizil zugleich von anspruchsvollen Gästen geschätzt. Im rustikal-eleganten Ambiente des Hauses prägt warmes Holz das Interieur und setzt natürlich auch innenarchitektonische Akzente in den komfortablen Zimmern (Preise = HP). Keine Wünsche offen lässt der sehr gepflegte Alpin Spa mit Pool und Whirlattraktionen, zwei Saunen, Infrarot, Dampfbad, Nebelgrotte, Panorama-Fitnessraum uvm. In den stilvollen Speiseräumen wird eine gehobene Frischeküche geboten. Attraktive Pauschalwochen für Skifahrer und Mountainbiker runden das vielseitige Angebot perfekt ab.

Family

YSCLA

Bhf→30 km

6561 · Dorfstraße 73 · (0 54 44) 52 75 · Fax: 5 27 54 · Gourmetrestaurant "Stüva", Halbpensions-Restaurant, Terrasse, Cocktailbar, Frühstücksbüfett
35 km VISA AE
info@yscla.at · www.yscla.at

18 **DZ** ab 280,00 €;
als **EZ** von 180,00 bis 470,00 €;
6 **EZ** ab 150,00 €;
4 **Suiten** ab 380,00 €

1927 erbaut, war das Hotel "YSCLA" – rätoromanisch für Ischgl – mit seiner Fassade mit wunderschönen Engadiner Fresken das erste Haus an der Straße nach Galtür und punktet heute u. a. mit seiner zentralen Lage an der Fußgängerzone und der Silvrettaseilbahn. Nach wiederholten Umstrukturierungen ist es in seiner jetzigen Form ein komfortables Urlaubshotel mit persönlichem Service. Die behaglich mit alpinem Charme eingerichteten Zimmer verfügen über zeitgemäßen Komfort (Preise inkl. Halbpension) und sind schallisoliert. Nach einem erlebnisreichen Ski- oder Wandertag, kann man sich in der gepflegten, von Tageslicht durchfluteten Yscla-Vital-Therme mit direktem Zugang ins Freie erholen. Bio- oder Finnische Sauna, Dampfbad und das Aquaviva – Relaxen bei Wald- und Naturgeräuschen – gehören u. a. zu den vielseitigen Angeboten. Obendrein wird mit Beginn der Wintersaison 19/20 den Gästen auch ein Fitnessraum zur Verfügung stehen.

Bhf→30 km

YSCLA - Stüva

6561 · Dorfstraße 73 · (0 54 44) 52 75 · Fax: 5 27 54
Klassische u. Neue Küche · Küche: 19–20:30 Uhr · **Ruhetag:** flexibel · **Ferien:** A. Septi-E. Nov/A. Mai.-A. Juli · **Tische:** 11/30 Plätze
info@yscla.at · www.yscla.at

Speisekarte: 4 Hauptgerichte zu 39,00 €;
1 Menü von 91,00 bis 154,00 €
800 Weinpos.

Abseits von Party machen gibt es einen gewichtigen und genussvollen Grund, nach Ischgl zu fahren: Hier findet man nämlich mit dem "Stüva" – auch Mitglied der Vereinigung „Les Grandes Tables du Monde“ – eines der besten österreichischen Restaurants. Es ist mit sehr viel Geschmack dezent und zurückhaltend eingerichtet. Das Farbspektrum umfasst Steingrau und Brauntöne und spiegelt mit fast naturbelassenen Hölzern an Decke und Wänden, Dielenboden und blanken Tischen die umgebende Bergwelt ebenso wider wie die Ursprünglichkeit der alpinen Landschaft. Unbestrittener Meister am Herd ist Benjamin Parth, der in der Familie mit traditionellen Werten erzogen wurde und trotz aller rasanten Erfolge immer geerdet blieb. Unbändiger Wille, Verzicht, Fleiß, Neugierde und Leidenschaft sind die Hauptzutaten seines Berufes, der längst zur Berufung für ihn geworden ist. Ohne Disziplin und den Ehrgeiz, zu den besten seiner Zunft zu gehören, wäre seine überbordende Kreativität verloren. So aber ist es genau diese Mischung an Attributen, die ihn zu einem Ausnahmekünstler am Herd macht. Er erschafft Geschmackswelten, die in der Region ihren Ursprung haben, aber dank dem Spiel mit Aromen, Texturen und verschiedensten Aggregatzuständen weit darüber hinaus gehen. Nicht mehr als drei Hauptkomponenten charakterisieren seine ausbalancierten und bisweilen frechen Kompositionen. In allerbester Erinnerung bleibt der Restaurantbesuch aber auch, weil Sarah Parth liebenswürdige Gastgeberin ist und die Speisen ihres Mannes gekonnt zu erläutern weiß. Lara Bail empfiehlt als kenntnisreiche Sommelière die korrespondierenden Weine mit sensiblem Gespür für den Gästegeschmack.

Hervorragende Serviceleistung

Bhf→30 km

Trofana Royal

6561 · Dorfstraße 95 · (0 54 44) 6 00 · Fax: 6 00 90
„Barock- u. Renaissancesaal“, Bar, Zimmerpreise inkl. Gourmet-HP
32 km
office@trofana.at · www.trofana.at

54 **DZ** ab 310,00 €;
30 **EZ** ab 180,00 €;
28 **(Ju.-)Suiten** ab 1.050,00 €
Am Ortsrand an der Silvretta-Bahn gelegen, erwartet den Gast ein weltoffenes Hotel mit komfortablen Zimmern in zeitloser Eleganz. Die Tagungsräume überzeugen mit modernster Technik, hinreißend ist die 2.500 m² große Wellness- und Vitallandschaft.

Trofana Royal - Paznauner Stube

Bhf→30 km

6561 · Dorfstr. 95 · ☎ (0 54 44) 6 00 · Fax: 6 00 90
Regionale u. Intern. Küche · **Geöffnet:** ab 12 und ab 19 Uhr · **Ferien:** 1.5.-25.11. · **Tische:** 12/35 Plätze
office@trofana.at · www.trofana.at

Speisekarte: 10 Hauptgerichte von 22,00 bis 50,00 €; 4 Menüs von 65,00 bis 140,00 € 500 Weinpos. Die Paznauner Stube ist mit alpin-rustikalem Interieur und historischer Holzvertäfelung ein echtes Kleinod. Chefkoch Martin Sieberer arbeitet virtuos und stellt mit großartigem Können und staunenswerter Kreativität die handverlesenen Zutaten zu einer aromentiefen Gourmetküche mit traditionellen und innovativen Elementen zusammen.

Jochberg

Kempinski Hotel Das Tirol

Bhf→7 km

6373 · Kitzbühelerstr. 48 · ☎ (0 53 55) 5 01 00 · Fax: 50 10 01 00
HP-Rest. "Steinberg", "Sra Bua", Bar und Café, Terrassen
3 km
info.tirol@kempinski.com · www.kempinski.com/tirol

118 **DZ** von 280,00 bis 800,00 €;
als **EZ** von 230,00 bis 740,00 €;
38 **Suiten** von 380,00 bis 11500,00 €
Egal zu welcher Jahreszeit, in diesem luxuriösen Hotel ist der Aufenthalt jede Minute ein Genuss – dafür sorgen die komfortablen Gästezimmer und die exquisite Spa-Oase auf 3.600 m².

Kirchberg (Tirol)

Relais & Châteaux Rosengarten

Bhf→2 km

6365 · OT Süd · Aschauer Straße 46 · ☎ (0 53 57) 42 01 · Fax: 42 01 50
Restaurant m. Franz. u. Mediterr. Küche, Lounge Bar, Terrasse
5 km
welcome@rosengarten-taxacher.com · www.rosengarten-taxacher.com

18 **DZ** von 180,00 bis 380,00 €;
8 **Suiten** von 230,00 bis 670,00 €
Der "Rosengarten" setzt hohe Maßstäbe in der Hotellerie. Mit einer perfekten Symbiose aus kulinarischer Höchstleistung, Individualität und herrlichem Komfort bietet das Haus den idealen Rahmen für anspruchsvollste Gäste.

Simon Taxacher

Bhf→2 km

6365 · OT Süd · Aschauer Str. 46 · ☎ (0 53 57) 42 01 · Fax: 42 01 50
Int. u. Reg. Küche · Küche: 19–20:30 Uhr · **Ruhetag:** So./Di./Mi. · **Tische:** 12/35 Plätze
welcome@rosengarten-taxacher.com · www.rosengarten-taxacher.com

Speisekarte: 7 Hauptgerichte von 49,00 bis 69,00 €; 2 Menüs von 180,00 bis 235,00 € 457 Weinpos. Unstrittig – Simon Taxacher gehört zu den besten Köchen seiner Zunft. Die Fantasie und Akribie, mit der er die edlen Viktualien in Szene setzt, scheinen manchmal nicht von dieser Welt und sind für den Genießer doch immer verständlich und nachvollziehbar.

Dieses Restaurant bietet Ihnen eine exzellente Küche.

Kitzbühel

Bhf→500 m

Hotel Zur Tenne

6370 · Vorderstadt 8-10 · ☎ ((00 43) 53 56) 64 44 40 · Fax: 64 80-3 56 · Rest., Kaminstube und Wintergarten, Lobby-Bar, Tenne mit Bar, Terrasse, Winter Lounge, Zimmerpreise inkl. Frühstück
500 m VISA AE
info@hotelzurtenne.com · www.hotelzurtenne.com

27 **DZ** ab 249,00 €;
als **EZ** ab 159,00 €;
24 **Suiten** ab 355,00 €

Kitzbühel ist fraglos einer der schönsten und mondänsten Orte der Tiroler Alpen. Hier lässt sich die Geschichte der „Tenne" bis ins Jahr 1543 zurückverfolgen. Die Lage in der Fußgängerzone mit ihren exklusiven Einkaufsmöglichkeiten und in Laufnähe zu den Talstationen der Bergbahnen zum Hahnenkamm und zum Kitzbüheler Horn ist herrlich zentral. Schon beim Betreten der Lobby spürt man die Atmosphäre eines sehr persönlich geführten Traditionshauses. Die Zimmer und Suiten sind mit Altholz und edlen Stoffen gestaltet, verfügen über allen zeitgemäßen Komfort und sind ein stilvolles Zuhause auf Zeit. Ob im Sommer oder Winter – in der Wellnessoase kann man nachhaltig entspannen. Hochzeiten, Geburtstage und Jubiläen finden einen ebenso passenden Rahmen wie Tagungen und Seminare. Modernstes technischen Equipment und individuelle Betreuung sind selbstverständlich. Ein abwechslungsreicher Eventkalender listet Veranstaltungen im Ort und im Hause auf. Ob Silvestergala, Kinderfasching, Kulinarische Wochen, Alpenrallye, Polo on Snow, Hahnenkammrennen uvm. sind immer wieder echte Hightlights.

Hotel Zur Tenne

Bhf→500 m

6370 · Vorderstadt 8-10 · ((00 43) 53 56) 64 44 40 · Fax: 64 80-3 56
Österreichische Küche · Küche: 12–14/18:30–21:30 Uhr · **Tische:** 17/80 Plätze
info@hotelzurtenne.com · www.hotelzurtenne.com

Speisekarte: 8 Hauptgerichte und Tagesempfehlungen von 21,50 bis 52,00 €
150 Weinpos.

In der Kaminstube und im Wintergarten mit angrenzender Terrasse findet man alpenländische Behaglichkeit. Die Räumlichkeiten sind ungemein liebevoll im Landhausstil gestaltet. Massive Holztische, handgeschnitzte Wand- und Deckenvertäfelungen, wertvolle Geweihe verbinden sich zu einem Ambiente, in dem man sich einfach nur wohlfühlt. Küchenchef Jörg Behrend und sein Team präsentieren eine unkomplizierte, authentische und klare Heimatküche. Es werden frische und erstklassige Lebensmittel von Erzeugern und Produzenten aus der Region verwendet, um Österreichische Küche in ein neues Licht zu rücken und unvergessliche Genussmomente zu schaffen. Mit profundem Fachwissen wird zu den Weinen beraten, bemüht sich der Service um die Gäste.

A-ROSA Kitzbühel

Bhf→2 km

6370 · Ried Kaps 7 · (43(0 53 56)) 6 56 60-9 80 · Fax: 6 56 60-8 19 · À la carte Restaurant, Steakhouse "Kaps", Sushi-Lounge, Terrasse, Bar, Kinderclub
am Resort
kitzbuehel@a-rosa.de · www.a-rosa-resorts.de

115 **DZ** von 358,00 bis 578,00 €;
als **EZ** von 278,00 bis 498,00 €;
36 **Suiten** von 568,00 bis 788,00 €
Vor einmaligem Alpenpanorama präsentiert sich das "A-ROSA Kitzbühel" seinen Gästen als ein Luxushotel internationalen Zuschnitts. Die komfortablen Zimmer und Suiten (Preise inkl. Frühstück) verbinden geschickt das Moderne mit dem Traditionellen.

Grand Tirolia Kitzbühel

Bhf→5 km

6370 · Eichenheim 8-9 · (0 53 56) 66 61 55 55 · Fax: 66 61 55 59
Restaurant "Eichenheim", Golf Bistro, Bibliothek, Lounge + Bar
am Hotel
info@grand-tirolia.com · www.grand-tirolia.com

64 **DZ** von 130,00 bis 720,00 €;
17 **Suiten** von 350,00 bis 6400,00 €
Im Grand Tirolia Kitzbühel findet der anspruchsvolle Gast alles, was zu einem Urlaub der Extraklasse gehört: luxuriöses Ambiente, Top-Kulinarik, exklusives Spa und einen 18-Loch-Golfplatz direkt vor der Tür.

Klagenfurt

Dolce Vita

Bhf→1,5 km

9020 · Heuplatz 2 · ☎ (04 63) 5 54 99 · Fax: 55 49 94
Mediterrane Küche · Küche: 12–14/18–21:30 Uhr · **Ruhetag:** Sa./So. · **Ferien:** variabel · **Tische:** 8/24 Plätze
www.dolce-vita.at

Speisekarte: 6 Hauptgerichte von 16,00 bis 32,00 €; 6 Tagesgerichte von 9,50 bis 16,00 €; 2 Menüs von 39,00 bis 110,00 €
400 Weinpos.
„Kochen ist Herzenssache" - das ist die Philosophie von Patron und Chefkoch Stephan Vadnjal. Größter Wert wird dabei auf frischeste Qualität und dem respektvollen Umgang mit den Lebensmitteln gelegt. Seine Spezialität sind Meeresfrüchte und Fisch, der ausschließlich dem Wildfang entstammt.

Kleinwalsertal

Travel Charme Ifen Hotel Kleinwalsertal - Kilian Stuba

Bhf→12 km

6992 · OT Hirschegg · Oberseitestraße 6 · ☎ (0 55 17) 60 85 41 · Fax: 60 85 55
Klass. u. Intern. Küche, eig. Kreat. · Küche: 18:30–21 Uhr · **Ruhetag:** So./Mo. · **Tische:** 6/14 Plätze
ifen@travelcharme.com · www.travelcharme.com

Speisekarte: 3 Hauptgerichte von 49,00 bis 59,00 €; 1 Menü von 100,00 bis 140,00 €
412 Weinpos.
In einem authentisch-edlen, alpinen Ambiente genießt hier der Gast die sternegekrönte Küche von Chef de Cuisine Sascha Kemmerer. Sein Stil ist weltoffen und ein wenig frankophil und verspricht eine virtuose Aromenwelt, die pointiert und ohne viel Schnörkel formvollendet serviert wird.

Langenlebarn

Gastwirtschaft Floh

Bhf→1 km

3425 · Tullnerstraße 1 · ☎ (0 22 72) 6 28 09 · Fax: 62 80 94
Reg. Bio-Küche, eig. Kreat. · Küche: 9–14/17:30–21 Uhr · **Ruhetag:** Di./Mi. · **Ferien:** variabel · **Tische:** 16/80 Plätze
floh@derfloh.at · www.derfloh.at

Speisekarte: 8 Hauptgerichte von 13,70 bis 28,70 €; 6 Tagesgerichte von 11,80 bis 19,20 €; 1 Menü zu 66,00 €
1980 Weinpos.
Bei Patron und Chefkoch Josef Floh geht es so unaufgeregt und lässig wie immer zu. Nachhaltigkeit beim Anbau und artgerechte Tierhaltung sind für ihn unabdingbar. Mit Können und pfiffigen Ideen stellt er die bevorzugt regionalen Zutaten zu Speisen zusammen, die raffiniert und geerdet zugleich sind.

Lech am Arlberg

Aurelio's Gourmet Restaurant

Bhf→14 km

6764 · Tannberg 130 · ☎ (0 55 83) 22 14 · Fax: 34 56
Regionale Küche, eig Kreat. · Küche: 18:30–21 Uhr · **Tische:** 10/45 Plätze
office@aureliolech.com · www.aureliolech.com

Speisekarte: 6 Hauptgerichte von 22,00 bis 36,00 €; 1 Menü ab 75,00 €
480 Weinpos.
In zurückhaltender Eleganz eingerichtet, können Christian Rescher und Markus Niederwanger im Gourmetrestaurant die große Bandbreite ihres kulinarischen Könnens zeigen. Dank ihrer kreativen und präzisen Arbeit werden erstklassige Zutaten zu einer unverfälschten "Natural Art Cuisine" mit regionalem und grenzübergreifendem Bezug.

Burg Vital Resort

Bhf→17 km

6764 · OT Oberlech · Oberlech 568 · ☎ (0 55 83) 31 40 · Fax: 31 40 16
Restaurants mit Klass. und Regionaler Küche, Bar, Teebar, Terrasse, Indoor-Golf
2 km VISA AE
office@burgvitalresort.com · www.burgvitalresort.com

Family

31 **DZ** von 380,00 bis 890,00 €;
als **EZ** von 276,00 bis 680,00 €;
6 **EZ** von 227,00 bis 452,00 €;
9 **App. (3-4 Ps.)** von 607,00 bis 1670,00 €;
20 **(Ju.-)Sui.** von 425,00 bis 5849,00 €

Das Burg Vital Resort ist ein ruhig gelegenes, exklusives Chalet-Hotel am Arlberg mit sehr persönlichem Service und betont entspannter und heiterer Atmosphäre, die vor allem von Familien sehr geschätzt wird. Die Zimmer sind großzügig geschnitten und lassen keinen Komfort missen (Die Preise verstehen sich inkl. Frühstück, zzgl. Ortstaxe). Im großzügigen Spa- und Wellnessbereich mit einem mehr als vielseitigen Angebot (s. a. Wellness-Special) bleibt der Alltag außen vor, steht Entspannung an erster Stelle. Auch für Tagungsgäste ist das Hotel mit verschiedenen, technisch top ausgestatteten Räumen ideal, um in inspirierender Atmosphäre effektiv zu arbeiten. Die Gründerfamilie Lucian legt in ihren Restaurants besonderen Wert auf eine gesunde, saisonfrische und kräuterbetonte Gourmet- und Vitalküche.

Burg Vital Resort – Griggeler Stuba

Bhf→17 km

6764 · Oberlech 568 · ☎ (0 55 83) 31 40 · Fax: 31 40-16 · Gourmet-Küche auf regionaler-saisonaler Basis · Küche: 19–21:30 Uhr · **Ruhetag:** Wint.: Sa./Som.: So. /Mo./Di. · **Ferien:** variabel, bitte nachfragen · **Tische:** 5/22 Plätze VISA AE
office@burgvitalresort.com · www.burgvitalresort.com

Speisekarte: 1 Überraschungsmenü in 7 Gängen zu 186,00 €
3000 Weinpos.

Die "Griggeler Stuba" ist ein gastronomisches Gesamtkunstwerk mit alpinem Charakter, aber ohne verspieltes Schnitzwerk und landestypische Opulenz. Vielmehr ist das Interieur mit viel Holz und wertigen Naturmaterialien in zurückhaltender Eleganz geradlinig und klar gestaltet. In ungezwungener, weltoffener Atmosphäre lässt man den Alltag hinter sich und gibt sich ganz dem Genuss einer außergewöhnlichen Küche hin. Chefkoch Matthias Schütz sorgt hier mit nicht versiegenden Ideen für Speisen, die ausgetretene Pfade verlassen und dennoch immer geerdet und verständlich bleiben. Das liegt auch am konzentrierten Einsatz von Zutaten mit dem Etikett "100% aus Österreich". Die Speisen selber sind eine fantasievolle Hommage an die Region und zeichnen sich durch große Klarheit, Aromentiefe und Raffinesse aus. Die innovativen Zusammenstellungen werden durch den sensiblen Einsatz verschiedenster Kräuter zu echten Unikaten, die auch in ihrer bildschönen Optik zu begeistern wissen. Abend für Abend wird ein neues 7-Gang-Menü zusammengestellt und angeboten, dem das aktuelle Marktangebot und der Ideenreichtum von Matthias Schütz zugrunde liegen. Wie ernst der Anspruch an Nachhaltigkeit ist, erkennt man auch daran, dass in den Frühlings- und Sommermonaten Obst, Gemüse und Kräuter konserviert werden, die in den Wintermonaten zum Einsatz kommen. Holger Streck leitet den zugewandten und natürlichen Service und Michael Bauer weiß mit sensiblem Gespür die passenden Weine zu empfehlen, die in ihrer Auswahl jede Vorstellung sprengen.

Bhf→17 km

Burg Vital Resort – Picea

✉ 6764 · OT Oberlech · Oberlech 568 · ☎ (0 55 83) 31 40 · Fax: 31 40 16
Regionale Küche · Küche: 12–14:30/18:30–21:30 Uhr · **Ferien:** variabel, bitte nachfragen · **Tische:** 55/140 Plätze
office@burgvitalresort.com · www.burgvitalresort.com

Speisekarte: 4 Hauptgerichte von 30,00 bis 50,00 €; 4 Tagesgerichte von 20,00 bis 40,00 €; 2-3 Menüs von 60,00 bis 110,00 €
3000 Weinpos.
Das Restaurant "Picea" als "Zweitrestaurant" zu bezeichnen, wird seiner Qualität nicht gerecht, denn auch hier kommt der Gast in den Genuss einer erstklassigen, handwerklich präzisen Küche, die auf regionalen, saisonalen und vitalen Aspekten basiert. Das schlichte und behagliche Interieur spiegelt die alpine Naturwelt wider: Viel Holz und erdige Naturtöne sind dominante Gestaltungsmerkmale. IM "Picea" beginnt der Tag mit einem hinreißenden Frühstück (7:30-10:30 Uhr), gefolgt von einem Mittags- und Nachmittags- (14:30-17 Uhr) sowie Abend-Angebot. Executive Küchenchef Manuel Hofmarcher weiß das nachhaltige Konzept sehr zu schätzen: Familie Lucian arbeitet bevorzugt mit verschiedenen Höfen zusammen, die noch mit kleinbäuerlicher Struktur nach althergebrachten Regeln geführt werden, produzieren und anbauen. Das sind mehr als 40 Kleinstlieferanten, die eigens Hühner, Lämmer, Kälber, Rinder oder Enten züchten. Die Wertschätzung der Gaben der Natur und ihre schonende Verarbeitung sind hier selbstverständlich und prägen die Speisen, die sich durch Frische, Klarheit und Aromenvielfalt auszeichnen. Die frischen Kräuter, die der neu interpretierten österreichischen und regionalen Küche das i-Tüpfelchen aufsetzen, wachsen direkt im Garten der Seniorchefin Helga Lucian. Passende Weine gibt es in erster Güte und unendlicher Fülle, hier berät Michael Bauer. An warmen Tagen trifft man sich auf der Sonnenterrasse mit hinreißendem Blick in die Bergwelt.

Post Lech Arlberg

Bhf→14 km

6764 · Dorf 11 · (0 55 83) 2 20 60 · Fax: 22 06 23 · Regionale Küche in der "Kutscherstube", Terrasse, Café, Bar, Preise inkl. Frühstück
3 km
hotel@postlech.com · www.postlech.com

37 **DZ** von 280,00 bis 1.060,00 €;
1 **EZ** von 180,00 bis 660,00 €;
10 **Suiten** von 510,00 bis 3.080,00 €
Dieses edle "Relais & Châteaux-Hotel" bietet alles, was man sich an Luxus vorstellen kann. Stilvoll eingerichtete Komfortzimmer mit Blick auf die eindrucksvolle Bergwelt sowie ein herrliches Wellnessrefugium bieten ganzheitliche Entspannung und Erholung.

Panoramarestaurant Postblick

Bhf→14 km

6764 · Dorf 11 · (0 55 83) 2 20 60 · Fax: 22 06 23
Klassische Küche, eigene Kreationen · Küche: 12–14/18–21 Uhr · **Ferien:** 24.4.-17.6. + 25.9.-4.12. · **Tische:** 30 (+ 35 Terrasse)/80 (+ 100) Plätze
info@postlech.com · www.postlech.com

Speisekarte: 18 Hauptgerichte von 28,00 bis 40,00 €; 2 Menüs von 97,00 bis 137,00 €
463 Weinpos.
Im Panoramarestaurant „Postblick" verwöhnt Küchenchef David Wagger seine Gäste mit einer ausgeklügelten Küche, die gekonnt Tradition mit Moderne verbindet. Saisonal und regional abgestimmt, sind seine raffinierten Gerichte authentisch und zugleich kosmopolitisch inspiriert.

Romantik Hotel "Die Krone von Lech"

Bhf→10 km

Family

6764 · Dorf 13 · (0 55 83) 25 51 · Fax: 25 51 81
Restaurants, Café-Terrasse, Eisbar, Bar, Zigarren-Lounge, Preise inkl. Frühstück
3 km
email@kronelech.at · www.kronelech.at

29 **DZ** ab 440,00 €;
14 **EZ** ab 140,00 €;
14 **(Jui.-)Suiten** ab 720,00 €

Individualisten, die traditionellen Charme lieben und modernen Komfort genießen wollen, sind in der Krone von Lech goldrichtig. Bereits 1741 als ältestes Gasthaus am Ort erwähnt, wird sie in fünfter Generation engagiert von Familie Pfefferkorn geleitet, kann man hier unbeschwerte Urlaubstage inmitten der herrlichen Alpenlandschaft verbringen. In der Wellness- und Beautyabteilung u. a. mit Panorama-Schwimmbad, Hamam und Wüstensanarium entspannt man bei sanften Massagen, herrlichen Anwendungen und duftenden Bädern. Im Winter werden die Skifans aktiv und nutzen die unzähligen Pisten rund um Lech. Mit Gourmetrestaurant, gemütlichen Bauernstuben, dem Panorama-Restaurant (für Hotelgäste), dem à-la-carte Restaurant "Der runde Saal", Bar und Caf´-Terrasse ist das gastronomische Angebot sehr vielfältig und niveauvoll.

Bhf→10 km

♜ Krone-Stuben

✉ 6764 · Dorf 13 · ☎ (0 55 83) 22 02
Klass.ische u. Regionale Küche · Küche: 12–22 Uhr · **Ferien:** Mai-Mi. Juni, 10.10-Anf. Dez. · **Tische:** 9/28 Plätze
info@kronelech.at · www.kronelech.at

Speisekarte: 8 Hauptgerichte von 31,00 bis 45,00 €; 1 Mittagsmenü zu 35,00 €; 1 Menü von 85,00 bis 95,00 €
1.300 Weinpos.

Rundum-Holzvertäfelungen, original aus dem 17. Jh., Kerzenlicht, der mächtige Holzboden, edles Leinen und sanft schimmernde Kerzen auf den Tischen geben der Krone-Stube die genau richtige Patina, um sich als landestypisch eingerichtetes, kulinarisches Kleinod mit alpinem Charme zu präsentieren. In dieser gemütlich-romantischen Atmosphäre wird das Essen zum sinnlichen Erlebnis, treffen sich auch Einheimische abends gerne auf ein Gläschen Wein. Und davon gibt es hier viele – zu denen neben Johannes Pfefferkorn noch drei weitere Sommeliers mit großer Expertise beraten. Hier die sorgfältig von Chefkoch Thorsten Kissau zubereiteten Speisen zu genießen, ist ein ganz besonderes kulinarisches Erlebnis. Er kocht unverfälscht, konzentriert und aromenbetont, setzt viele frische Kräuter ein und bevorzugt Zutaten aus dem Umland, die er im jahreszeitlichen Rhythmus bezieht und verarbeitet. Klassische Speisen ergänzt er mit raffiniert verfeinerten regionalen Spezialitäten und internationalen Spezialitäten. Den zugewandten und liebenswürdigen Service leitet Steffi Kühl mit Übersicht und guter Laune.

Bhf→14 km

La Fenice Volante

✉ 6764 · Tannberg 187 · ☎ (0 55 83) 21 34-0 · Fax: 21 34 25
Mediterrane Küche · **Geöffnet:** Nur während der Wintersaison · Küche: 12–14/19–21 Uhr · **Ruhetag:** So./Mo. · **Tische:** 10/40 Plätze
info@arlberghotel.at · www.arlberghotel.at

Speisekarte: 1 Menü zu 145,00 €
247 Weinpos.
Im "La Fenice Volante" kocht Chef de Cuisine Patrick Tober mit handwerklicher Klasse. Seine saisonal geprägte Küche ist die perfekte alpin-mediterrane Mischung, ist aromenstark, ausbalanciert und herrlich unverfälscht.

Leogang

Bhf→1 km

ESS:ENZ Fine Dining

✉ 5771 · Rain 9 · ☎ (00 43) 65 83 82 75
Klassische, Neue und gehobene Regionale Küche · Küche: 18:30–20:30 Uhr · **Ruhetag:** Mo./Di. · **Tische:** 8/30 Plätze
info@puradies.com · www.puradies.com

Speisekarte: 3 Hauptgerichte von 14,00 bis 35,00 €; 1 Menü zu 48,00 €
250 Weinpos.

Ohne Schwellenängste kann man im Gourmetrestaurant ESS:ENZ die exzellenten Speisen von Chefkoch Albert

Dschulnigg genießen. Er kocht mit sorgfältig ausgewählten, bevorzugt heimischen Zutaten, arbeitet gekonnt und mit großem Ideenreichtum und lässt sich in seiner Showküche bei der konzentrierten Arbeit zuschauen.

Jedermann Das junge Wirtshaus

Bhf→1,5 km

✉ 5771 · Dorf 62 · ☎ ((0 65 83)) 2 04 12
Gehobene Regionale, Neue und Mediterrane Küche · Küche: 16–21 Uhr · **Ruhetag:** Mi./Do. · **Ferien:** je 2 Wo. Mai + Sept. · **Tische:** 6/32 Plätze
info@jedermann-leogang.at · www.jedermann-leogang.at

Speisekarte: 8 Hauptgerichte von 18,00 bis 36,00 €; 2 Menüs von 32,00 bis 38,00 €
60 Weinpos.
Sogar Köche können sich in ein Restaurant vergucken, in dem sie gar nicht selber kochen. Genau das ist André Stahl passiert. Seinen Beruf von der Pike auf gelernt, an illustren Karrierestationen verfeinert und viele Auszeichnungen eingeheimst, kehrte er mit seiner Frau ins Wirtshaus Beisl-Jedermann in Leogang ein und wusste sofort, dass er genau so ein Restaurant einmal selber haben wollte. Im Juni 2020 wurde der Traum Wirklichkeit und seitdem schaffen André und Angelika Stahl – die das liebenswerte Serviceteam leitet – mit ganz viel Herzblut in ihrem kleinen kulinarischen Kleinod. Mit vielen Naturmaterialien urig und ungemein behaglich eingerichtet, kehrt man hier gerne ein und kann aus einem bunten Reigen verführerischer Speisen wählen. Klassiker, Schmankerl der österreichischen Küche, Steaks, Pizza und Pasta, innovative regionale Speisen und aromenstarke mediterrane Spezialitäten stehen in handwerklich präziser Ausführung zur Auswahl und werden durchaus auch schon mal mit einem exzellenten Fine Dining Menü ergänzt – André Stahl ist immer gesprächsbereit. Er arbeitet vorzugsweise mit Produkten aus der Region und lässt auch gerne raffinierte Ideen und Elemente in die Speisen einfließen. Auf der schönen, kleinen Terrasse kann man an warmen Tagen in der familiären Atmosphäre auch outdoor genießen.

Dieses Restaurant bietet Ihnen ein gutes Genuss-/Preisverhältnis.

Naturhotel Forsthofgut

Bhf→5 km

✉ 5771 · Hütten 2 · ☎ + 43 (6583) 8561 · Fax: + 43 (6583) 8561-77 · ForsthofgutKüche, Wildgehege, waldSPA, weinWAld, Fine-Dining Restaurant uvm.
12 km
info@forsthofgut.at · www.forsthofgut.at

30 **DZ** von 330,00 bis 650,00 €;
43 **Fam.-Sui.** von 420,00 bis 740,00 €;
29 **Suiten** von 440,00 bis 4800,00 €
Umgeben von Wiesen und hauseigenen Wäldern, umfasst allein die herrliche Gartenanlage des "Forsthofgut" 30.000 m². Einst ein Forstwirtschaftsbetrieb, gibt es hier nun wunderschöne Zimmer in alpiner Gestaltung, vielseitige Gastronomie sowie u. a. einen Kinderbauernhof, Erlebnis-Spielplatz und das exklusive waldSPA©.

Linz

Bhf→2,5 km

Zum kleinen Griechen

✉ 4020 · OT Altstadt · Hofberg 8 · ☎ (07 32) 78 24 67 · Fax: 94 40 96
Neue u. Internationale Küche · Küche: 11:30–14/18–23:30 Uhr · **Ruhetag:** So. ·
Ferien: variabel · **Tische:** 11/42 Plätze
info@zumkleinengriechen.at · www.zumkleinengriechen.at

Speisekarte: 12 Hauptgerichte von 22,90 bis 49,00 €; 4 Tagesgerichte von 9,00 bis 18,90 €; 2 Menüs von 49,00 bis 69,00 € 350 Weinpos.

Das Haus aus dem Anfang des 15. Jh., in dem das Restaurant "Zum kleinen Griechen" (Reservierung erforderlich), beheimatet ist, liegt inmitten der Linzer Altstadt nahe dem Salzamt und der Donau. Ursprünglich eine Stallung für Pferdegespanne, war es bis Mitte des 19. Jhs. eine Greißlerei und wurde nach umfangreichen Renovierungen 1982 von Renatà und Andreas Mair zu einem kulinarischen Kleinod. Die beiden führen ihr Restaurant mit echter Leidenschaft und großem Einsatz und feiern 2022 tatsächlich das 40-jährige (!) Jubiläum – eine Bestätigung, wie engagiert und nahe am Gast sie in all den vier Jahrzehnten immer waren. Das historische Gewölbe und die behagliche Einrichtung sind die Kulisse für den fulminanten Küchenauftritt von Renatà Mair. Ihr Steckenpferd sind exzellente Fischzubereitungen, aber auch alle anderen Speisen – bevorzugt internationale und raffinierte eigene Kreationen – sind von erster Güte und basieren auf handverlesenen Produkten. Sie arbeitet mit Wertschätzung der Zutaten, kocht präzise und setzt hinreißende, aromenprononcierte mediterrane Akzente. Egal ob Lamm, Rinderfilet, Iberico-Schwein, Edelfische, Scampi & Co. – alles wird frisch und durchdacht zubereitet. Ein saisonales Menü steht immer zur Auswahl, Vegetariern wird gerne eine fleischlose Speisefolge zusammengestellt. Zu Fragen rund um die sehr gute Weinauswahl gibt Andreas Mair kenntnisreich Auskunft. 2018 wurde ihm der Titel des Weinwirts Oberösterreich verliehen. Zusätzlich zum Restaurant gibt es eine kleine Außengastronomie. Inmitten der schönen Altstadt genießt man beides: erlesene Speisen und historisches Linzer Flair.

Ein Restaurant mit anspruchsvoller Küche.

Lochau

Mangold

Bhf→10 Min.

✉ 6911 · Pfänderstraße 3 · ☎ (0 55 74) 4 24 31 · Fax: 42 43 19
Regionale Küche · Küche: 12–14/18–22 Uhr · **Ruhetag:** Mo./Di. · **Tische:** 30/100 Plätze
office@restaurant-mangold.at · www.restaurant-mangold.at

Speisekarte: 8 Hauptgerichte von 27,00 bis 35,00 €; 1 Menü bis 95,00 €
300 Weinpos.
Die Küche von Patron und Chefkoch Michael Schwarzenbacher ist jung und modern, lässt aber traditionelle Elemente nicht in Vergessenheit geraten. Mit erntefrischen Zutaten kocht er intuitiv unverfälschte regionale und mediterrane Speisen.

Restaurant mit sehr gutem Weinangebot

Maria Wörth

Bistro Südsee by Hubert Wallner

Bhf→25 km

✉ 9082 · OT Dellach · Süduferstraße 258 · ☎ +43 (0) 6 64 4 18 14 00
Crossover Küche · Küche: 12–16/18–21 Uhr · **Ruhetag:** Mai-Sept.: Mo. · **Ferien:** Okt.-April · **Tische:** 14/40 Plätze
office@sued-see.at · www.sued-see.at

Speisekarte: 6 Hauptgerichte von 24,00 bis 42,00 €; 1 Mittagsmenü zu 39,00 €; 2 Menüs von 55,00 bis 75,00 €
4.120,00 Weinpos.
Wie es sich für einen Besuch der Südsee – auch wenn sie nicht im Pazifik zu verorten ist – gehört, bleibt im "Bistro Südsee by Hubert Wallner" der Alltag vor der Tür. Weiße Möbel und ein schick gestyltes Interieur in dezentem Industrial Design tragen zur lockeren Atmosphäre ebenso bei wie der herzliche Empfang von Gastgeberin Kerstin Wallner, die gemeinsam mit ihrem zuvorkommenden Team für einen reibungslosen Ablauf des Restaurantbesuchs sorgt. Hubert Wallner kann sich als umsichtiger Küchenchef auf seinen Chefkoch Wolfgang Mager verlassen. Der nutzt das vielfältige Angebot der Region, kauft saison- und erntefrisch ein und kombiniert die Zutaten zu einer vielseitigen Frischeküche, in die Strömungen aus aller Welt einfließen und in der es den fangfrischen Wörtherseefisch in verschiedensten, tollen Variationen gibt. Ob Miesmuscheln, Tafelspitz, Reinanken oder ein Caesar's Salad – die Küche ist unverfälscht, ehrlich und bietet wirklich für jeden Geschmack etwas Passendes. Wein gibt es in ehrfurchtgebietender Zahl, wie gut, dass hier mit Monika Pichler eine versierte Sommelière jederzeit weiterhelfen kann. Eine Sonnenterrasse mit Lounge, die im Bedarfsfall auch überdacht werden kann, fehlt natürlich auch nicht, um das perfekte "Sommer-Sonne-See"-Gefühl zu erleben. Das Bistro Südsee bietet sich auch für Hochzeiten, Partys und Businessevents in exklusiver Traumlage an.

Bhf→25 km

Gourmetrestaurant Hubert Wallner

✉ 9082 · OT Dellach · Seeplatz Nr. 6 · ☎ +43 (0) 66 4 4 01 27 30
Klassische u. Neue Küche, eig. Kreationen · **Geöffnet:** siehe Textende! · **Ferien:** 3 Wo. Feb. · **Tische:** 12/32 Plätze
office@hubertwallner.com · www.hubertwallner.com

Speisekarte: 4 Hauptgerichte zu 65,00 €; 2 Menüs von 155,00 bis 185,00 €
4.120 Weinpos.

Hubert und Kerstin Wallner führen ihr kulinarisches Reich direkt am südlichen Ufer des Wörthersees mit ungemein viel Engagement. Der hinreißende Seeblick ist bereits einen Besuch wert. Dank der fulminanten Küchenleistung von Hubert Wallner und seiner rechten Hand, Oliver Drug, kann Kärnten weiter mit einem Top-Restaurant für Freunde gehobener Esskultur auftrumpfen. Im "Gourmetrestaurant Hubert Wallner" findet der anspruchsvolle Besucher alles, was das Feinschmeckerherz höherschlagen lässt. Das beginnt mit der fulminanten Alpe-Adria Küche, die der Chefkoch mit all ihren Elementen und Nuancen in handwerklicher Perfektion präsentiert. Klassisches interpretiert er raffiniert neu und gibt den Speisen seine Handschrift. Markus Walder sorgt mit exklusiver Patisserie für die ein oder andere süße Sünde. Eines der Highlights im Restaurant ist der begehbare Weinkeller, in dem nicht nur eine staunenswerte Menge an Weinen lagert, vielmehr sind dieselben auch von erstklassiger Qualität. Andreas Katona wird hier mit seinen Tipps und Empfehlungen zu einer unschätzbaren Hilfe. Weinproben, -Seminare und Kochkurse bringen dem Besucher die Hochgastronomie näher. Der Chef's Table in der Küche sorgt für das unmittelbare kulinarische Erlebnis. Der Gast wird durch Kerstin Wallner herzlich begrüßt und kann sich dank dem liebenswürdigen Service unter Leitung von Daniela Zuzek sofort wohlfühlen. Wenn man die Speisen an warmen Sommertagen auf der Seeterrasse genießt, wird der Besuch endgültig zu einem unvergesslichen Erlebnis. Hervorhebenswert ist, dass eine Tischreservierung sowohl einen In- als auch Outdoor-Platz umfasst, so wird dem Gast die größtmögliche Freiheit gewährt. Das Gourmetrestaurant steht auch für Festlichkeiten und Seminare zur Verfügung und kann ab 50 Personen bei rechtzeitiger Voranmeldung sogar exklusiv reserviert werden.

März bis Mai und September bis Januar: Mittwoch bis Freitag, Küche von 18 bis 21 Uhr; Samstag, durchgehend geöffnet; Küche von 13 bis 15 Uhr und 18 bis 21 Uhr; Ruhetage: So, Mo, Di

Juni – Juli – August: Montag bis Freitag, Küche von 18 bis 21 Uhr; Samstag, durchgehend geöffnet; Küche von 13 bis 15 Uhr und 18 bis 21 Uhr; Ruhetag: So

Mauerbach (bei Wien)

Berghotel Tulbingerkogel

Bhf→15 km

3001 · Tulbingerkogel 1 · (0 22 73) 73 91 · Fax: 73 91 73
Kaminstüberl, Terrasse, Bar, Shuttle-Service, Weinkeller
25 km
hotel@tulbingerkogel.at · www.tulbingerkogel.at

22 **DZ** ab 160,00 €;
15 **EZ** ab 120,00 €
Inmitten des Wienerwaldes steht dieses einladende Hotel mit geschmackvollen Zimmern (Preise inklusive Frühstücksbuffet). Ein eleganter Wellnessbereich und ein Garten mit Liegewiese bieten Entspannung. Das Restaurant und der Weinkeller bieten allerfeinste Speisen und edle Tropfen.

Mautern

Landhaus Bacher

Bhf→3 km

3512 · Südtiroler Platz 2 · (0 27 32) 8 29 37 · Fax: 7 43 37
Neue Küche, Eigene Kreationen · **Geöffnet:** 12-14 + 18-21 Uhr, So. 11:30-20 Uhr · **Ruhetag:** Mo./Di. · **Tische:** 17/60 Plätze
info@landhaus-bacher.at · www.landhaus-bacher.at

Speisekarte: 2 Hauptgerichte von 36,00 bis 58,00 €; 2 Tagesgerichte von 28,00 bis 30,00 €; 1 Mittagsmenü zu 49,00 €; 3 Menüs von 135,00 bis 165,00 €
753 Weinpos.
Klassische Küche ist die Basis der von Thomas Dorfer fantasievoll kreierten Speisen. Regionales ergänzt er mit Modernem, traditionelle Garmethoden und Zubereitungsformen mit zeitgeistigen. Am Ende steht eine individuelle Küche voller Leichtigkeit und Aromentiefe.

Mondsee

Iris Porsche

5310 · Marktplatz 1-3 · (62 32) 2 23 70 · Fax: 22 37 22
Restaurant, Hotelbar "Sixty 7", Gastgarten, Zimmerpreise inkl. Frühstück
2 km
hotel@irisporsche.at · www.irisporsche.at

13 **DZ** von 186,00 bis 376,00 €;
als **EZ** von 120,00 bis 206,00 €;
1 **Suite** von 276,00 bis 412,00 €
Nahe dem Mondsee gelegen, ist das "Iris Porsche Hotel & Restaurant" ein luxuriöses Hideaway mit eleganten Zimmern (Preise inkl. Frühst.), zeitgemäßem Komfort und sehr liebenswürdigem Service.

Iris Porsche

Bhf→25 km

5310 · Marktplatz 1-3 · (62 32) 2 23 70 · Fax: 22 37 22
Neue u. Regionale Küche · Küche: 18–22 Uhr · **Ferien:** Jan.-März · **Tische:** 15/32 Plätze
hotel@irisporsche.at · www.irisporsche.at

Speisekarte: 7 Hauptgerichte von 17,90 bis 58,00 €; 1 Menü zu 79,00 €
160 Weinpos.
Ehrlich, aromenstark und von Elementen aus aller Herren Länder inspiriert, präsentieren Stefan Friedl und Philipp Dobler ihre kulinarische Philosophie im modern gestalteten Restaurant.

Nauders

Bhf→48 km

Suites by Mein Almhof

6543 · Doktor-Tschiggfrey-Str. 50 · ☎ (0 54 73) 8 73 13 79 90 · Fax: 8 76 44 · Restaurant, Bar, Auto- und E-Bike-Ladestation, Frühstück im Zimmerpreis inklusive

VISA EC

info@meinalmhof.at · www.suites-nauders.at ·

21 **Suiten** ab 300,00 €

Die "Suites by Mein Almhof" am Reschenpass sind ein exklusiver Rückzugsort für einen Urlaub der etwas anderen Art. Holz als traditionelles Material des Alpenraums wird hier zum modernen Gestaltungselement und fügt sich harmonisch ins niveauvolle Interieur des Hauses und der Suiten. Die sind für 2-6 Personen zugeschnitten, verfügen über zwei Bäder, haben eine Küchenzeile, einen Wohnraum und Balkone mit teils sensationellem Panorama. Bei aller Individualität muss der Gast nicht auf den klassischen Zimmerservice verzichten. Das gesamte Hotel ist barrierefrei, Fitnessraum, Sanarium und Soledampfbad sowie ein Sky-Pool stehen zur Entspannung zur Verfügung. Das "Mein Almhof Wohlfühlkonzept" spricht Familien, Gruppen und Sportbegeisterte gleichermaßen an und vermittelt einen lässigen und ganz entspannten Lebensstil, der auch durch eine Fülle attraktiver Inklusivleistungen (u. a. Tiefgarage mit Elektro-Tankstelle, Verwöhnfrühstück, kostenlose Tiefgaragen-Stellplätze) noch zusätzlich betont wird. Das Konzept der Inhaberfamilie Kröll – kulinarischen Genuss, Wellness, aktiven Sport und Entspannung – zu einem unverfälschten Erlebnis zu machen, wird hier vom gesamten, sehr engagierten und zugewandten Hotelteam in die Tat umgesetzt.

Bhf→48 km

Restaurant, Pizzeria, Bar Luis

6543 · Doktor-Tschiggfrey-Str. 50 · ☎ (0 54 73) 8 73 13 79 00 · Fax: 8 76 44
Internationale Küche, eigene Kreationen · Küche: 11–21:30 Uhr · **Tische:** 40/140 Plätze

VISA EC

info@luis-nauders.at · www.luis-nauders.at ·

Speisekarte: 12 Hauptgerichte von 20,00 bis 80,00 €

80 Weinpos.

Eingerichtet ist das Restaurant "Luis" einfach nur gemütlich. Edle Naturmaterialien sind geschmackvoll verbaut und finden sich auch in den schlichten Holztischen wieder. Hier wird kulinarisch das Beste aus drei Ländern auf den gemeinsamen Nenner gebracht, Spitzenqualität, Regionalität und Saisonalität – von einem hochmotivierten Team - Tag für Tag in die köstliche Tat umsetzt. Die durchdachte Natur- und Produktküche lebt von ihrer Vielfalt und den präzisen und sorgfältigen Zubereitungen. Zusätzlich zu den Hauptgerichten gibt es eine Steak,- Pizza-, Pasta- und Burgerkarte sowie immer wieder andere Specials. Alle Zutaten sind von kompromisslos guter Qualität, das Fleisch gibt es in verschiedenen, edlen Cuts und es wird auf dem Beefer bei 800° Celsius perfekt auf den Wunschpunkt gegart. Das zeitgemäße Speiseangebot erfährt mit exzellenten, sehr individuellen Gerichten aus der Kreativabteilung eine geniale Ergänzung. Ein zuvorkommender Service begleitet den Restaurantbesuch und trägt mit Kompetenz und guter Laune zur entspannten Stimmung bei.

Salzburg

Esszimmer

Bhf→2 km

5020 · Müllner Hauptstraße 33 · ☎ (06 62) 87 08 99
Neue Küche u. eig. Kreat. · Küche: 12–14/18–22 Uhr · **Ruhetag:** So./Mo. · **Ferien:** variabel · **Tische:** 14/50 Plätze
office@esszimmer.com · www.esszimmer.com

Speisekarte: 1 Mittagsmenü zu 45,00 €; 3 Menüs von 83,00 bis 135,00 €
300 Weinpos.
Warme Farbtöne prägen das Restaurant, erstklassige Zutaten die Küche von Patron Andreas Kaiblinger. Er arbeitet in seiner Showküche mit Können, Hingabe und kulinarischem Feingefühl. Seine Speisen sind das perfekte Beispiel für österreichische Esskultur at its best. Zur Festspielzeit ist das "Esszimmer" auch montags geöffnet.

Gasthof Schloss Aigen

Bhf→1 km

5026 · Schwarzenbergpromenade 37 · ☎ (06 62) 62 12 84
Regionale Küche · Küche: 11:30–21 Uhr · **Ruhetag:** Mo./Di./Mi./Do.-Mittag · **Tische:** 21/90 Plätze
office@schloss-aigen.at · www.schloss-aigen.at

Speisekarte: 11 Hauptgerichte von 15,80 bis 39,50 €; Menü 1 zu 66,00 €
220 Weinpos.
Das Restaurant ist ungemein gemütlich im Landhausstil eingerichtet. Chefkoch Kurt Berger Junior präsentiert grundehrliche österreichische Speisen, die gerne das jahreszeitliche Warenangebot spiegeln und die er mit exzellenten Rindfleischzubereitungen (mit eigener Karte) ergänzt. Im Sommer wartet ein romantischer Biergarten.

Paradoxon

Bhf→3 km

5020 · Zugallistraße 7 · ☎ ((00 43 6 64)) 1 61 61 91
Landes- und Weltküche · **Geöffnet:** Di.-Sa. 18-21:30 Uhr, Sa./So. (Brunch) auch 10-14 Uhr · **Ruhetag:** Mo.
restaurant.paradoxon@gmx.at · www.restaurant-paradoxon.com

Speisekarte: 5 Hauptgerichte von 16,00 bis 34,00 €

Beständig im "Paradoxon" ist die Unbeständigkeit: Chefkoch Martin Kilga kocht, was der Markt und seine Inspirationen hergeben. Die Mischung aus modernem Design, Gourmetküche und lässigem Miteinander in diesem Restaurant ist erfrischend anders.

Bhf→5 km

♜ Pfefferschiff zu Söllheim OT Söllheim

✉ 5300 · Söllheim 3 · ☎ (06 62) 66 12 42 · Neue u. Regionale Küche · **Geöffnet:** Di.-Fr. ab 18 Uhr, Sa. 12-14 Uhr + ab 18 Uhr · Küche: 18–21:30 Uhr · **Ruhetag:** So./Mo. außer Festspielz. · **Ferien:** variabel · **Tische:** 14/40-60 Plätze
restaurant@pfefferschiff.at · www.pfefferschiff.at

Speisekarte: 2 Hauptgerichte von 42,00 bis 44,00 €; 3 Menüs von 118,00 bis 158,00 €

800 Weinpos.

Die Geschichte des Hauses, in dem das "Pfefferschiff zu Söllheim" beheimatet ist, und die Ableitung des Namens ist so schön, dass sie immer wieder erzählt werden kann: Ein Salzburger Handelsgeselle kaufte von seinen gesamten Ersparnissen ein verschollenes Schiff und hoffte, es möge unversehrt wieder auftauchen. Seine Hoffnung (und Gebete) erfüllten sich, das mit wertvollen Spezereien und dem seinerzeit immens teuren Pfeffer beladene Schiff tauchte wieder auf und Johann Anton Kaufmann war ein reicher Mann. Zum Dank baute er in Söllheim eine kleine Kirche, deren Pfarrhaus später zum Wirtshaus wurde, das wiederum zu einem gastronomischen Kleinod avancierte. Dafür sorgten und sorgen mit großer Leidenschaft Jürgen und Iris Vigne. Jürgen Vigne steht für ein modernes Küchenkonzept, dem er seinen ganz eigenen kulinarischen Stempel aufgedrückt hat. Er kauft vorzugsweise in der Region ein und verwendet Produkte – teils aus dem eigenen Garten oder von einheimischen Produzenten –, die dem Jahreskreislauf entsprechen. Er kocht schnörkellos und doch filigran, mit großem Tiefgang und faszinierender Aromenfülle. Frankophile Elemente geben den ausgeklügelt zusammengestellten Speisen eine besonders luftig-leichte Note. Hausgemachte Rehbratwürste, eigens hergestellter Senf, hauseigene Chutneys, Gelee und Honig gehören zu den Spezialitäten des Restaurants, die Hechtnockerl sind das Signature Dish. Exklusive Weine runden die Speisen ab. Hier ist Mark Kiss kompetenter und feinfühliger Ansprechpartner. Iris Vigne ist nicht nur herzliche Restaurantleiterin, sie begrüßt die Gäste persönlich und sorgt dafür, dass man sich im "Pfefferschiff zu Söllheim" unbeschwert und wohl fühlt. Ein traumschöner Gastgarten gehört zum Haus und wird im Sommer zu einem Treffpunkt für den open-air-Genuss. Die Zeit der Salzburger Festspiele bringt besondere Öffnungszeiten mit sich: Dann ist das Restaurant an sieben Tagen in der Woche und auch mittags geöffnet!

Exzellente Serviceleistung

Restaurant Ikarus im Red Bull Hangar-7 Bhf→5 km

✉ 5020 · Wilhelm-Spazier-Str. 7a · ☎ (06 62) 21 97 77 · Fax: 21 97 37 86
Welt- u. Europ. Küche · **Geöffnet:** 12–14/19–22 Uhr · **Ruhetag:** Jeden 1. des Monats mittags · **Tische:** 12/40 Plätze
ikarus@hangar-7.com · www.hangar-7.com

Speisekarte: 2 Menüs von 140,00 bis 210,00 €
450 Weinpos.
Executive Chef Martin Klein und Patron Eckart Witzigmann sorgen im "Ikarus" immer noch dafür, dass Topköche aus aller Welt sich im stylischen Restaurant ein Stelldichein geben und für Menüfolgen sorgen, die so virtuos und innovativ wie eingängig sind.

Schloss Mönchstein – The Glass Garden Bhf→1,5 km

✉ 5020 · Mönchsberg Park 26 · ☎ (06 62) 84 85 55-0 · Fax: 84 85 59
Regionale u. Internationale Küche · Küche: 12–13:30/18–21:30 Uhr · **Ruhetag:** Di. · **Ferien:** Feb./März/Nov. · **Tische:** 12/40 Plätze
salzburg@monchstein.at · www.monchstein.at

Speisekarte: 6 Hauptgerichte von 27,00 bis 41,00 €; 4 Menüs von 63,00 bis 163,00 €
250 Weinpos.
Der Blick auf Salzburg hinunter ist vom „Glass Garden" aus schlicht hinreißend. Über dem Restaurant wölbt sich eine mächtige, fast futuristisch anmutende Glaskuppel, die in spannungsreichem Kontrast zum mittelalterlichen Schloss Mönchstein mit seinem Turm, Türmchen und Treppengiebeln steht. An warmen Tagen werden die Panoramafenster geöffnet und setzen dem Restaurantbesuch ein zusätzliches Glanzlicht auf. Gestalterischer Hingucker im Interieur von zeitloser Moderne ist die exklusiv gefertigte, mundgeblasene Glasskulptur "Chrysolite Aqua Tower" des amerikanischen Künstlers Dale Chihuly. Dem außergewöhnlichen Interior-Design steht die Küche von Chefkoch Markus Mayr in nichts nach. Die handverlesenen Zutaten kombiniert er mit Fachwissen und Fantasie gleichermaßen und tüftelt so lange an den verschiedensten Kompositionen, bis das Ergebnis nicht weniger als perfekt ist, Aromen und Texturen ein harmonisches Ganzes bilden und dennoch eine kulinarische Herausforderung sind. Etwa alle sechs Wochen ersinnt er neue Speisefolgen mit traditionellen wie auch zeitgeistigen Elementen. Der Gast kann zwischen einem 3- und 5-Gang-Menü oder dem 8-Gang-Degustationsmenü wählen! Zur Auswahl stehen neben Klassikern Steak-Spezialitäten vom Holzkohlegrill und ein 4-gängiges, veganes Menü. Mit Josef Baumann und Erik Prossegger gibt es im Service zwei sehr kompetente und zuvorkommende Ansprechpartner.

Restaurant mit gutem Genuss-/Preisverhältnis.

Bhf→1,5 km

Schloss Mönchstein

✉ 5020 · Mönchsberg Park 26 · ☎ (06 62) 84 85 55-0 · Fax: 84 85 59 · Gourmetrestaurant, SPA, Schlosspark, Bar, Terrasse, E-Auto-Ladestation, Hochzeits-Location

salzburg@monchstein.at · www.monchstein.at

10 **DZ** ab 490,00 €;
14 **Suiten** ab 880,00 €

1350 erstmals urkundlich als "Tetelheimer Turm" erwähnt, findet sich hier nach wechselvoller Geschichte mit dem "Schloss Mönchstein" ein Luxushotel internationalen Zuschnitts mit spektakulärem Blick auf die Mozartstadt. Die Altstadt ist in nur sieben Minuten über einen romantischen Fußweg oder alternativ mit dem Mönchsbergaufzug erreichbar. Die gelungene Mischung aus Tradition und Trends gibt dem Hause eine ganz besondere Atmosphäre. Alle der erst 2017 aufwändig renovierten Zimmer sind individuell eingerichtet. Kostbare Antiquitäten und antike Möbel spiegeln den unvergleichlichen und edlen Charakter des Schlosses wider und bilden eine harmonische Symbiose mit modernen Austattungsdetails. Mit nur 24 Zimmern sind eine persönliche Atmosphäre und individueller Service garantiert. Der hinreißende Blick auf die Stadt oder den malerischen, 14.000 m² großen Schlosspark trägt zum erlesenen Ambiente bei. Für Tagungen stehen ebenso passende Räumlichkeiten zur Verfügung wie für private Veranstaltungen. Erwähnenswert ist der historische "Gotische Salon", ein echtes Kleinod für Trauungen in unvergesslichem Ambiente. Ein exklusives Spa mit Fitnessbereich und dem Außen-Infinity-Pool nebst Blick über Salzburg macht die Freizeit zu einer erholsamen Angelegenheit. Nicht nur nach einem Besuch des Gourmetrestaurants "Glass Garden" wird die Apollo-Bar mit ihrer stylischen Stahl- und Glaskonstruktion und gediegenem, britischem Innendesign zu einem außergewöhnlichen Treffpunkt.

Hotels und Restaurants mit diesem Zeichen befinden sich in einem historischen Gebäude.

Caldarium

Das Caldarium ist mit einer Raumtemperatur von 40° bis 48° C eine milde Variante des Saunabades. Die geringe Strahlungswärme und hohe Luftfeuchtigkeit in diesem Dampf- und Inhalationsbad hilft beim Stressabbau, lindert Gelenk- und Gliederschmerzen, löst Muskelverspannungen und bereitet den Körper auf heißere Saunavarianten vor. Durch die Anreicherung des Regenerationsbades mit ätherischen Kräutern und Essenzen werden Haut und Atemwege gereinigt und Erkältungen wird vorgebeugt. Das Caldarium zählt zu den Baderäumen des traditionellen römischen Bades.

SENNS.Restaurant

Bhf→4 km

5020 · Söllheimer Str. 16, Objekt 6 · ☎ (06 64) 4 54 02 32 · Moderne, kreative Küche · **Geöffnet:** 18:30-21:30 Uhr, zur Festspielzeit kein Ruhetag · **Ruhetag:** So./Mo. · **Ferien:** 1.1.-12.1.21 · **Tische:** 10/39 Plätze
info@senns.restaurant · www.senns.restaurant

Speisekarte: 4 Hauptgerichte von 28,00 bis 54,00 €; 1 Menü zu 205,00 €
200 Weinpos.

Vor über 100 Jahren eine Glockengießerei (ein besonders gelungenes Exponat ist hoch droben im Giebel des Restaurants zu bewundern), blieb die Backsteinarchitektur mit unverputzten, dunklen Ziegelsteinwänden erhalten. Werkbänke, eine alte Feuerwehrpumpe, Stahltreppe und -tische sowie ein Förderband sind markante, ins Interieur integrierte Gestaltungselemente, werden von modernen, geschwungenen Sitzmöbeln kontrastiert und lenken dennoch nicht von der eigentlichen Kraftquelle ab – der mittig im Restaurant platzierten Küche. Das Gesamtbild ist eine perfekte Symbiose mit avantgardistischem Touch – "SENNS.Restaurant" ist in seinem Erscheinungsbild faszinierend anders und wahrlich exklusiv. Attribute, die auch auf die Speisen des Patrons zutreffen. Denn auch sie sind ein ungemein raffinierter und gekonnter Stilmix, leben Traditionen und kombinieren sie mit modernen Strömungen. So steht Andreas Senn für eine Küche der unbegrenzten Möglichkeiten, die in stetem Wandel ist, ohne flüchtig zu sein. Die Speisen sind verständlich, unverfälscht und strotzen dennoch vor Ideenreichtum. Umsichtiger, kompetenter und sensibler Maître ist Christian Magner, der für die Gäste immer ansprechbar ist und auch zur exzellent sortierten Weinkarte wertvolle Tipps gibt.

Schärding

Lukas Restaurant

Bhf→1 km

A-4780 · Unterer Stadtplatz 7 · ☎ (06 64) 3 41 32 85
Innovative Gourmetküche · Küche: 18–22 Uhr · **Ruhetag:** So./Mo./Di. · **Tische:** 10/24 + 12 Plätze
lukas@lukas-restaurant.at · www.lukas-restaurant.at

Speisekarte: 1 Menü von 85,00 bis 109,00 €
260 Weinpos.

Das Interieur im "Lukas Restaurant" ist eine Welt der Kontraste. Das mächtige, alte Kreuzgewölbe wird mit modernen Gestaltungselementen – schlichten Tischen, umlaufenden Bänken, schnurgeraden Eisenträgern mit raffinierter Illumination – kontrastiert. Die Wirkung ist beeindruckend und umfasst auch die beiden Stirnwände des Restaurants: An einer ist ein bodentiefes Sprossenfenster, an der anderen die offene Küche. So ist man jederzeit mitten im Geschehen. Die Küche von Chefkoch Lukas Kienbauer ist nicht dogmatisch, sondern unterliegt einem steten Wandel. Inspiration sind ihm die Natur und die wechselnden Jahreszeiten, das regionale Marktangebot und auch grenzüberschreitende Zutaten. Auch aus Respekt den Produkten gegenüber, werden Tiere im Ganzen und Pflanzen von der Wurzel bis zum Blatt verarbeitet. Die Speisen wechseln häufig und spiegeln sowohl das Können als auch die überbordende Fantasie des Patrons wider. Um sich nicht unnötig einzuengen, gibt es keine feste Karte, vielmehr geht er wenn möglich auf Wünsche ein, fragt nach Unverträglichkeiten und lässt seiner Fantasie freien Lauf. Es gibt ein Überraschungsmenü mit kompletter oder verkürzter Speisefolge. Die Getränkebegleitung kann man alkoholisch oder nichtalkoholisch wählen und bestellen. Serviceleitung und kompetente Weinberatung obliegen dem bestens aufgelegten Timo Weisheidinger. Es ist gerade das Lockere und Ungezwungene, kombiniert mit der ambitionierten Küche, dass einen Besuch im "Lukas" so empfehlenswert macht.

Bhf→1 km

Lukas Steak

✉ A-4780 · Oberer Stadtplatz 21 · ☎ (06 64) 8 25 78 88
Innovative Steak-Spezialitäten · Küche: 12–14/18–22 Uhr · **Ruhetag:** So./Mo./Di. ·
Tische: 8/23 Plätze VISA EC
lukas@lukas-steak.at · www.lukas-steak.at ·

Speisekarte: 17 Hauptgerichte von 25,00 bis 60,00 €; 4 Tagesgerichte von 17,00 bis 19,00 €
60 Weinpos.
Im "Lukas Steak" dreht sich vieles, aber nicht alles um Fleisch, werden doch die erstklassigen Cuts von raffinierten Vorspeisen, Fisch, Beilagen und Edelprodukten wie Bayerischer Garnele, Gänseleber, Hummer oder Kaviar ergänzt. Vom Cult Beef (Kalbin, jung und sehr zart) über X. O. Beef (dry aged, sehr geschmacksintensiv), Bison und japanisches Wagyu kommen nur die besten Stücke auf den Teller. Chefkoch Alexander Hofer sorgt fürs feine Angebot und dafür, dass jeder sein Steak auf den Wunschpunkt gebraten bekommt. Der eigens für das stylishe Interieur geplante Holzkohlegrill ist das Herzstück des Restaurants. Den Service leitet Maria Weisheidinger mit Charme, während Timo Weisheidinger zu den Weinen und Getränken Auskunft gibt. Verschiedene Events wie Grill Workshops oder Kochpartys werden zusätzlich angeboten.

Sehr gute Serviceleistung

Restaurant mit gehobener Küche

Schörfling am Attersee

Langostinos

4861 · Bahnhofstraße 4 · (0 76 62) 2 90 50
Neue u. Reg. Küche, Eigene Kreationen · Küche: 11:30–14/18–22 Uhr · **Ruhetag:** Mi./Do. · **Tische:** 12/50 Plätze
VISA
office@langostinos.at · www.langostinos.at

Speisekarte: 6 Hauptgerichte von 19,00 bis 37,00 €; 1 Menü von 39,00 bis 49,00 €
500 Weinpos.
Chefkoch Christian Rutschetschin sorgt im "Langostinos", das direkt an der Marina in Kammer am Ammersee liegt für eine präzise, auf Topzutaten basierende Frischeküche mit mediterranen Akzenten, in der fangfrischer Fisch weit oben auf der Karte steht.

Schruns

Löwen

Bhf→500 m

6780 · Silvrettastraße 8 · (0 55 56) 71 41 · Fax: 7 35 53 · „Barga“ mit Reg. u. Öster. Küche, Gourmetrestaurant "Löwen Stube", Zi.-Preise inkl Frühstück
3 km
VISA AE
info@loewen-hotel.com · www.loewen-hotel.com

77 **DZ** von 175,00 bis 335,00 €;
als **EZ** von 189,00 bis 315,00 €;
2 **EZ** von 161,00 bis 275,00 €;
10 **Suiten** von 568,00 bis 1.300,00 €
Das Traditionshotel und erste Haus am Platze in Schruns präsentiert sich mit einer gelungenen Mischung aus alpenländischem Stil und modernen Elementen. Ein 3.000 m² großer Wellnessbereich, vielseitige Freizeit- und Sportmöglichkeiten sowie das breite kulinarische Angebot sprechen für sich.

Schützen (am Gebirge)

Taubenkobel

Bhf→3 km

7081 · Hauptstraße 33 · (0 26 84) 22 97
Reg. Küche, eig. Kreationen · **Geöffnet:** Mi./Do. ab 17; Fr.12-14:30 + ab 17; Sa./So. 12-22 · **Ruhetag:** Mo./Di. · **Ferien:** Jan.
VISA AE
restaurant@taubenkobel.at · www.taubenkobel.at

Speisekarte: 1 Mittagsmenü zu 68,00 €; 2 Menüs zu 199,00 €
1200 Weinpos.
Im "Taubenkobel" vernachlässigt Alain Weissgerber Traditionelles nicht, lässt es aber in einem neuen Gewand auftreten, dass zwar dem Zeitgeist entspricht, aber immer seine persönliche Note trägt. Unabdingbar für sein Tun sind Achtsamkeit und Respekt vor den Gaben der Natur, mit denen er seine Küche zu etwas ganz besonderem macht.

Restaurant mit sehr gutem Weinangebot

Seefeld

Residenz Hochland

Bhf→1 km

6100 · Wettersteinstraße 184 · (0 52 12) 22 11 · Fax: 22 11 15 · Restaurant mit Intern. u. Reg. Küche, Bar, Terrasse, Zimmerpreise inkl. Frühstück
1,5 km
VISA
seefeld@hotel-hochland.com · www.hotel-hochland.com

52 **DZ** von 174,00 bis 440,00 €;
als **EZ** von 140,00 bis 352,00 €;
11 **EZ** von 87,00 bis 219,00 €;
7 **Suiten** von 204,00 bis 610,00 €
In traumhafter Lage steht die einladende „Residenz“, die ihre Gäste mit Komfortzimmern, einem großen Sport- und Freizeitangebot sowie einer herrlichen Badelandschaft mit Pool, Sauna und Kinderbecken begeistert.

Sölden

Bhf→35 km

Das Central - Alpine . Luxury . Life

6450 · Hof 418 · (0 52 54) 2 26 00 · Fax: 2 26 05 11
Gourmetrestaurant "Ötztaler Stube", herrliche Terrasse, Zimmerpreise = HP
VISA AE
info@central-soelden.com · www.central-soelden.com

77 **DZ** ab 340,00 €;
26 **EZ** ab 220,00 €;
18 **(Jui.-) Suiten** ab 470,00 €
Das Hotel im Herzen des Ötztals auf 1377 m Höhe ist eine Top-Adresse für Gäste, die eine offene und ungezwungene Atmosphäre, aber auch Luxus und feine Kulinarik schätzen.

St. Aegyd am Neuwald

Bhf→25 km

Zum Blumentritt

3193 · Markt 20 · (0 27 68) 22 77 · Fax: 2 27 71
Klass., Bürgerl. u. Reg. Küche · Küche: 11:30–13:30/17:30–20:00 Uhr · **Ruhetag:** So.-Abd./Di./Mi. · **Ferien:** variabel · **Tische:** 10/40 Plätze
VISA
office@zumblumentritt.at · www.zumblumentritt.at

Speisekarte: 10 Hauptgerichte von 10,00 bis 25,00 €; 4 Tagesgerichte von 8,50 bis 15,00 €; 2 Menüs von 41,00 bis 55,00 € 400 Weinpos.
In diesem bildhübschen Landhaus (Zi. 47,-/50,- € p.P./Nacht) kommt jeder Gast kulinarisch auf seine Kosten. Dies ist der Verdienst von Ulli Hollerer-Reichl, die gekonnt klassische Speisen und regionale Spezialitäten kombiniert.

Steyr

Bhf→50 m

Hotel Restaurant Minichmayr

4400 · Haratzmüllerstraße 1-3 · (0 72 52) 5 34 10 · Fax: 4 82 02
Panoramarest. u. „Flößerstube“ mit Intern. und Region. Küche, Terrasse, Bar
15 km VISA AE
office@hotel-minichmayr.at · www.hotel-minichmayr.at

20 **DZ** von 128,00 bis 148,00 €;
20 **EZ** von 86,00 bis 96,00 €;
5 **Studios** von 155,00 bis 175,00 €
Direkt am Zusammenfluss von „Enns" und „Steyr" liegt dieses traditionsreiche Hotel. Es wartet mit familiärer Gastfreundschaft, komfortablen und geschmackvoll eingerichteten Zimmern (Preise inkl. Frühstücksbuffet) und einer herrlichen Wellness-Oase auf.

Hervorhebenswert in seiner Kategorie

St. Veit (Glan)

Bhf→1 km

La Torre

9300 · Grabenstraße 39 · (0 42 12) 3 92 50
Mediterrane Küche · Küche: 12–14/ab 18– Uhr · **Ruhetag:** So./Mo./Feiert. · **Ferien:** variabel · **Tische:** 8/25 Plätze
VISA AE
latorre@aon.at · www.latorre.at

Speisekarte: 4-7 Hauptgerichte von 15,50 bis 31,80 €; 1 Mittagsmenü von 18,00 bis 23,00 €; 1 Menü von 60,00 bis 80,00 €
400 Weinpos.
Nomen est omen – das Restaurant ist in einem Wehrturm beheimatet und die historische Kulisse für den aromenstarken Bühnenauftritt von Küchenchefin Rosemarie Trabelsi. In ihrer kreativen mediterranen Küche stehen exzellente Fischzubereitungen an erster Stelle.

St. Wolfgang

Kaiserterrasse by Hermann Poll

Bhf→20 km

5360 · Markt 74 · ☎ (+43) 6138 23 06 66
Moderne und Regionale Küche · Küche: 18:30–21 Uhr · **Ruhetag:** Mo./Di. · **Ferien:** 6.3.-8.4.22 · **Tische:** 11/32 Plätze
restaurant@weissesroessl.at · www.weissesroessl.at

Speisekarte: 4-5 Hauptgerichte zu 35,00 €; 2 Menüs zu 98,00 €
400 Weinpos.

Zu einem Traditionshotel gehört auch ein schönes Restaurant. Den Anspruch erfüllt das Restaurant "Kaiserterrasse" mühelos, nicht zuletzt auch dank des hinreißenden Blicks auf den Wolfgangsee. Durch einen Torbogen rechts in einer kleinen Gasse ist der Eingang für externe Gäste. Im vorderen Bereich findet sich eine Lounge, in der man sich auf einen kleinen Aperitif treffen kann, um sich in entspannter Atmosphäre auf einen schönen Abend einzustimmen. In zurückhaltender Eleganz eingerichtet, gefällt das geschmackvolle Interieur, in dem an den Wänden Bilder von Kaiser Franz und Sissi nicht fehlen. Chefkoch Hermann Poll ist seit 13 Jahren im Weissen Rössl und ruht sich nicht auf seinen zahlreichen Lorbeeren aus, sondern kreiert immer wieder neue Speisen, mit denen er das klassische und gehoben-regionale Angebot bereichert. Er setzt auf handverlesene Zutaten, arbeitet konzentriert und handwerklich korrekt und steht für eine moderne und aromenpronocierte Küche. Ein liebenswürdiger Service begleitet den Restaurantbesuch. Die Weinkarte ist fulminant bestückt – hier hilft Zoran Babic mit großer Sachkenntnis und Feingefühl gerne weiter.

Restaurant mit exzellenter Weinkarte

♜ Romantik Hotel Im Weissen Rössl am Wolfgangsee

✉ 5360 · Markt 74 · ☎ (+43) 6138 2306 0
Restaurants, Café, Kaminzimmer, Bistro, Bar, Café; Ferien 6.3. – 8.4.2022
15 km
welcome@weissesroessl.at · www.weissesroessl.at

56 **DZ** von 210,00 bis 550,00 €;
8 **EZ** von 160,00 bis 225,00 €;
26 **Suiten** von 390,00 bis 750,00 €

Vor fast 100 Jahren schrieb Ralph Benatzky seine Operette vom Weissen Rössl und vor über 60 Jahren sang Peter Alexander das bekannte Lied im Film. So legendär und in aller Munde das aus mehreren historischen, miteinander verbundenen Häusern bestehende Weisse Rössl immer war, so wenig rückwärtsgewandt ist man heute. Zwar wird der Tradition Raum gegeben, blieben originale Elemente erhalten, aber sie sind in einem zeitgemäß-stilvollen Setting integriert. Jedes der geschmackvoll und charmant eingerichteten Zimmer und Suiten ist ein Unikat. Eine auf drei Ebenen verteilte Wellnessoase bietet alles, was man zur Erholung braucht: Massagen und Beautybehandlungen verwöhnen den Besucher, man kann das Sool-Dampfbad oder die Sauna mit Seeblick besuchen und im ganzjährig beheizten Seebad oder im schwimmenden Rösslpool die Seele baumeln lassen.

Für Tagungen stehen 2 Räume zur Verfügung. Die Mitarbeiter planen und unterstützen bei der Abwicklung der Veranstaltung. Dasselbe gilt natürlich und vor allem für private Events, die hier einen außergewöhnlichen Rahmen finden. Romantischer kann eine Hochzeit kaum sein als im Weissen Rössl mit dem kristallklaren Wolfgangsee als Traumkulisse. Auch das gastronomische Angebot ist hinreißend: Seerestaurant, Felsenkeller, Fischhütte, Gourmetrestaurant – der Gast hat die Auswahl und kann auch die zahlreichen Freizeitangebote in der malerischen Umgebung nutzen, denn das Salzkammergut ist zu jeder Jahreszeit ein ganz besonderes landschaftliches Kleinod.

L'ÉQUILIBRE
PARFAIT
LA CUVÉE
CHAMPAGNE
Laurent-Perrier
MAISON FONDÉE
1812
BRUT
Laurent-Perrier
LA CUVÉE
CHAMPAGNE
Laurent-Perrier
MAISON FONDÉE
1812
BRUT
photographe Iris Velghe

Tainach

Bhf→4,5 km

Fischrestaurant Sicher

9121 · Mühlenweg 2 · ☎ (0 42 39) 26 38 · Fax: 2 63 82
Int. Küche, eig. Kreat. · Küche: 11:30–14/18–21:30 Uhr · **Ruhetag:** So./Mo./Di. · **Ferien:** Dez.-April · **Tische:** 15/50 Plätze
office@sicherrestaurant.at · www.sicherrestaurant.at

Speisekarte: 5 Hauptgerichte von 20,00 bis 34,00 €; 10 Tagesgerichte von 19,00 bis 29,00 €; 2 Menüs von 49,00 bis 125,00 €
Chefkoch Michael Sicher verwendet ausschließlich saisonale Produkte aus der eigenen Landwirtschaft und von regionalen Anbietern. Seine authentische Heimatküche und die erstklassigen Fischspezialitäten sind ausbalanciert und aromenreich. Sein Bruder Wolfgang ist Meister des fulminanten Weinschatzes.

Tannheim

Bhf→15 km

Landhotel Hohenfels

6675 · OT Tannheimer Tal · Kreuzgasse 8 · ☎ (0 56 75) 62 86 · Fax: 51 24
Restaurant für Hausgäste, Bar, Arrangements, Reitkurse
40 km
info@hohenfels.at · www.hohenfels.at

25 **DZ** ab 200,00 €;
als **EZ** ab 115,00 €;
7 **Suiten** ab 230,00 €;
3 **App.** ab 250,00 €
In diesem exklusiven Boutiquehotel in landschaftlich reizvoller Lage warten schöne Zimmer (Preise inkl. Frühst.), ein gepflegter Wellnessbereich, erstklassige Küche und ein liebenswürdiger, individueller Service.

Bhf→24 km

Landhotel Hohenfels - Tannheimer Stube

6675 · OT Tannheimer Tal · Kreuzgasse 8 · ☎ (0 56 75) 62 86 · Fax: 51 24
Intern. u. Reg. Küche, eig. Kreat. · Küche: 19–22 Uhr · **Ruhetag:** Mo./Di. · **Ferien:** Nov. · **Tische:** 4/16 Plätze
info@hohenfels.at · www.hohenfels.at

Speisekarte: 2 Menüs von 89,00 bis 120,00 €
274 Weinpos.
Regionale Händler und Erzeuger liefern die Waren, mit denen Chefkoch Markus Pichler Speisen zusammenstellt, die den jahreszeitlichen Wechsel ebenso widerspiegeln wie traditionelle österreichische Küche, der er aber seinen ganz eigenen Stempel aufdrückt.

Techelsberg am Wörthersee

Bhf→2,5 km

Hotel Schloss Seefels

9212 · Töschling 1 · ☎ (0 42 72) 23 77 · Fax: 37 04
See-Rest. "porto bello", "Orangerie", Bar, Kinderparadies "Käpt'n Hook"
5 km
office@seefels.at · www.seefels.com

27 **DZ** von 288,00 bis 536,00 €;
als **EZ** von 164,00 bis 394,00 €;
14 **EZ** von 144,00 bis 238,00 €;
30 **Suiten** von 356,00 bis 1188,00 €
Außen historisch und märchenhaft, innen stilvoll und klassisch. So präsentiert sich das direkt am Wörthersee gelegene Luxus-Domizil. Die zeitlos elegant eingerichteten Gästezimmer (inkl. Frühstück) garantieren jedweden Komfort.

Hervorhebenswert in seiner Kategorie

Turnau

Wirtshaus Steirereck am Pogusch

Bhf→6 km

8625 · Pogusch 21 · (0 38 63) 51 51 + 20 00 · Fax: 51 51 51
Moderne steirische Küche, eig. Kreat. · Küche: 11:30–21:30 Uhr · **Ruhetag:** Mo./Di./Mi. · **Ferien:** Januar · **Tische:** 35/100 Plätze
pogusch@steirereck.at · www.steirereck.at/pogusch

Speisekarte: 12 Hauptgerichte von 10,00 bis 35,00 €; 1 Menü bis 53,50 €
523 Weinpos.
So wie das "Steirereck am Pogusch" stellt man sich einen Landgasthof mit einladendem Charme vor. Chefkoch Jürgen Schneider präsentiert hier in handwerklicher Präzision das Beste, was die österreichische Küche zu bieten hat und rundet das Angebot mit aromenstarken steirischen Spezialitäten und attraktiven Thementagen ab.

Tux

Alpenhof

Bhf→20 km

6293 · OT Hintertux · Hintertux 750 · (0 52 87) 85 50 · Restaurant, Bar, Terrasse, Arrangements, Kinderspielzimmer, Sporthalle, Alpengarten
35 km
info@alpenhof.at · www.alpenhof.at

6 **EZ** ab 153,00 €;
16 **Suiten** ab 170,00 €;
41 **Junior-Suiten** ab 155,00 €
Am Ende des Zillertals findet sich in ruhiger Lage und mit überwältigendem Blick auf den Hintertuxer Gletscher mit dem "Alpenhof" das einzige Vier Sterne Superior Hotel in Hintertux. Seit über vier Generationen macht Familie Dengg alles, um ihren Gästen unvergessliche, entspannte Tage in der Tiroler Bergwelt zu ermöglichen. Aus der einfachen Pension im Jahre 1934 wurde mit den Jahrzehnten und einem kompletten Neubau des Hauses im Jahre 2006 ein formidables Hotel, das alles bietet, was man sich von einem erholsamen Urlaub verspricht. Die Zimmer sind komfortabel und mit ihrer landestypischen Einrichtung ein wunderschönes Zuhause auf Zeit. Neben dem 2.800 m² großen VITALIS SPA mit Saunen, Dampfbädern, Indoor-Schwimmbad, Beauty- und Massageanwendungen gibt es den ALPENGARTEN mit XXL-Außen-Whirlpool, Sonnenterrasse, Liegen und Ruhebereich sowie zahlreiche Angebote wie Rodel- und Fondueabende, Schneeschuh-Fun-Biathlon und geführte Wanderungen, Verleih von Mountain- und E-Bikes, Sonnenaufgangstouren, Bergjausen und vieles, vieles mehr, um in jeder Jahreszeit die richtige Balance von passiver und aktiver Erholung zu genießen. Und gerade, weil die tradierten Werte wie Bodenständigkeit und Menschlichkeit im Hotel "Alpenhof" kein Lippenbekenntnis, sondern allgegenwärtig sind und vom ganzen Team gelebt werden, fühlt man sich hier jederzeit willkommen und rundum wohl.

Alpenhof

6293 · OT Hintertux · Hintertux 750 · (0 52 87) 85 50
Regionale Küche, eigene Kreationen · Küche: 18:45–20:45 Uhr · **Ruhetag:** So./Mo./Di. · **Ferien:** Mai, Juni, 2 W. okt., 3 W. Jahreswechsel · **Tische:** 4/16 Plätze
info@alpenhof.at · www.alpenhof.at

Speisekarte: 1 Menü von 85,00 bis 115,00 €

Schon das Hotel-Restaurant im "Alpenhof" profitiert vom engagierten Chefkoch Maximilian Stock und seinem hochmotivierten Team. Zu kulinarischer Höchstform kann er allerdings vor allem in der kleinen "Genießerstube" auflaufen. Vollholzverkleidet ist sie ein echtes Kleinod mit charmantem alpinem Charakter. Maximilian Stock kocht unter der Prämisse „Ich will mein Urlaubsziel nicht nur entdecken, sondern auch ‚erschmecken'". Dieses Vorhaben beginnt bei ihm mit einem sorgfältigen Einkauf der Zutaten. Er kennt alle Händler und Lieferanten persönlich und teilt mit ihnen die Philosophie einer Arbeit unter nachhaltigen Aspekten. Fleischprodukte kommen vom eigenen Bauernhof in Obsteig, die Milchprodukte liefern Hintertuxer Bauern. Dieses Bekenntnis zur Regionalität findet sich auch in seiner Küche wieder. Tradierte Rezepturen sind die Basis der raffiniert ausgeklügelten Speisefolgen. Mit Ideenreichtum, Raffinesse, präziser Handwerkskunst und einem feinen Gespür für ausbalancierte Aromen und Texturen entwickelt er Bekanntes weiter, interpretiert es neu und bringt die Zubereitungen auf echtes Gourmetniveau. Den herzlichen und natürlichen Service leitet Daniel Poms mit Übersicht. Zu den passenden Weinen, die zu 80% aus Österreich stammen, berät Patron Klaus Dengg mit formidablem Wissen und Sensibilität.

Restaurant mit gehobener Küche

Velden am Wörthersee

Falkensteiner Schlosshotel Velden - Schlossstern

9220 · Schlosspark 1 · ((0043) 42 74) 52 00 00 · Fax: 5 20 00 50 37
Reg. Küche, eig. Kreat., Slow Food · Küche: 11:30–14/18–21 Uhr · **Ruhetag:** So./Mo. · **Tische:** max. 35/max. 80 Plätze
schlossstern.schlossvelden@falkensteiner.com · www.falkensteiner.com

Speisekarte: 20 Hauptgerichte von 10,00 bis 20,00 €; 3 Menüs von 75,00 bis 129,00 €

Unmittelbar am Wörthersee gelegen, kommt zum traumhaften Blick über den See im eleganten Gourmetrestaurant noch die erstklassige Küche von Chefkoch Thomas Gruber hinzu. Er kocht mit handverlesenen Zutaten unverfälscht und ungemein kreativ.

♜ Restaurant Caramé - Velden

Bhf→700 m

9220 · Am Corso 10 · ☎ (+43) 42 74 - 30 00
Neue u. Mediter. Küche · Küche: 18–22 Uhr · **Ruhetag:** Okt.-Apr.: Mo / Apr.-Sep.: So./Mo. · **Ferien:** Feb./März · **Tische:** 15/30 Plätze
3000@carame.at · www.carame.at

Speisekarte: 5 Hauptgerichte von 32,00 bis 48,00 €; 1 Menü von 85,00 bis 159,00 €
550 Weinpos.
Dunkles, fast schwarzes Holz, großformatige Bilder, blanke, eckige Tische, die durch gläserne, runde ergänzt werden und bequeme Fauteuils in einem frischen Lime-Ton und vereinzelte in Korallenrot fügen sich zu einem niveauvoll gestalteten, unprätentiösen und sehr charmanten Interieur. Hier kann man in angenehm privater Atmosphäre ein paar Stunden Auszeit vom Alltag nehmen und dabei die exzellente Küche von Chefkoch Thomas Guggenberger genießen. Er kauft bevorzugt im Umland ein, weiß die Zutaten aber auch durch internationale Ingredienzen abzurunden, ganz so, wie es seine ertüftelten Speisen und Menüfolgen erfordern. Er arbeitet konzentriert, präzise und setzt auf eine Küche, die in stetem Wandel ist, die von Strömungen aus aller Herren Länder inspiriert wird und der er seinen ganz eigenen Stempel aufdrückt. Er kocht modern, wunderbar leicht, lässt gerne aromenstarke mediterrane Elemente in die ausgeklügelten Kombinationen einfließen und spricht auch vegetarische Empfehlungen aus. Patron Günter Faderl berät mit großer Sachkenntnis zu den korrespondierenden Weinen, die es in exzellenter Auswahl und Top-Qualität gibt. Im Service sorgt ein perfekt eingespieltes Team, das mit Übersicht von ihm und Sabine Streit umsichtig geleitet wird, für einen harmonischenn Ablauf des Abends. Wer mag, kann an warmen Tagen den Restaurantbesuch auf der Terrasse zu einem genussvollen Freilufterlebnis werden lassen.

Bhf→600 m

Seehotel Hubertushof

9220 · Europaplatz 1 · ☎ (0 42 74) 2 67 60 · Fax: 26 57 60
Bistro, Terrasse, eig. Badestrand, Weinlounge, Zi.-Preise inkl. Frühstücksbuffet
7 km VISA EC
office@seehotelhubertushof.com · www.seehotelhubertushof.com

36 **DZ** von 180,00 bis 340,00 €;
2 **EZ** von 117,00 bis 184,00 €;
5 **Suiten** von 220,00 bis 470,00 €
Das luxuriöse Hotel am Wörthersee hält alles bereit, was zu einem unvergesslichen Aufenthalt gehört: Komfortable Gästezimmer, eine herrliche Wellnesoase und optimal ausgestattete Tagungsräume. Komplettiert wird all das von einem zuvorkommenden Service.

Wals-Siezenheim

Bhf→15 km

Gasthaus Saalachstubn

5071 · Käferheimstraße 152 · ☎ (06 64) 1 77 91 77 · Regionale und Saisonale Küche · **Geöffnet:** 17-21:30 Uhr, So. 10-14:30 + 17:30-22 Uhr · **Ruhetag:** Mo./Di. · **Ferien:** E. Mai.-Mi. Aug., E. Dez. · **Tische:** 10/80 Plätze VISA EC
saalachstubn@hotmail.com · www.saalachstubn.at

Speisekarte: 10 Hauptgerichte von 12,00 bis 40,00 €; 5 Tagesgerichte von 10,00 bis 30,00 € 50 Weinpos.
Familiär, bodenständig und traditionell ist es im Gasthaus Saalachstubn, das dank Familie Fuchs dennoch mit der Zeit geht. Ob Einheimische, Stamm- und Urlaubsgäste, Vereine oder Radler und Wanderer vom nahen Rad- und Wanderweg an der Saalach – alle sind herzlich willkommen und können je nach Gusto eine kleine genussvolle Pause einlegen oder sich zu einem opulenten Mahl treffen. Die Gaststube mit blanken Tischen und umlaufenden Bänken gefällt ebenso wie der etwas modernere Wintergarten. In letzterem und in der Bauernstube kann man auch bestens betreute Feiern ausrichten. Mit Stefan Fuchs steht die dritte Generation am Herd. Der Chefkoch arbeitet konzentriert und präsentiert grundehrliche Speisen, die in der Heimat verwurzelt sind, aber immer wieder neu interpretiert werden. Als Mitglied bei den Eurotoqes-Köchen legt er großen Wert auf erntefrische Zutaten (vieles holt er persönlich bei den Bauern und Erzeugern ab oder baut es sofort selber an). Neben den klassischen Wirtshaus-Gerichten sowie hausgemachten Mehlspeisen und Strudeln kann man auch exzellente Wildspezialitäten und eine moderne Regionalküche genießen. Und wie es sich für ein ordentliches Landgasthaus gehört – es gibt auch einen gut beschirmten Gastgarten, der an warmen Tagen zum Treffpunkt wird.

Restaurant mit gehobener Küche

Werfen

Obauer

Bhf→500 m

✉ 5450 · Markt 46 · ☎ (0 64 68) 52 12 · Fax: 52 12 12
Reg. Küche, eig. Kreationen · Küche: 12–14/19–21:30 Uhr · **Ruhetag:** variabel ·
Ferien: variabel · **Tische:** 21/65 Plätze
ok@obauer.com · www.obauer.com

Speisekarte: 3 Hauptgerichte von 45,00 bis 59,00 €; 4 Tagesgerichte von 25,00 bis 38,00 €; 1 Mittagsmenü von 42,00 bis 50,00 €; 2 Menüs von 55,00 bis 158,00 €
650 Weinpos.
Was die Brüder Karl und Rudolf Obauer in ihrem charmanten Restaurant präsentieren, gehört zum Besten, dass es in Österreichs Küchen zu entdecken gibt. Immer nah an der Natur und ihren reichen Gaben, kreieren sie Speisen voller kulinarischer Überraschungsmomente und begeistern mit aromentiefen, ausbalancierten Menüs.

Wien

Amador

✉ 1190 · Grinzinger Str. 86 · ☎ (01) 06 60 9 07 05 00
Eigene Kreationen · Küche: 12–13:30/19–21:30 Uhr · **Ruhetag:** So./Mo./Di. ·
Tische: 12/90 Plätze
info@restaurant-amador.com · www.restaurant-amador.com

Speisekarte: 2 Mittagsmenüs von 89,00 bis 109,00 €; 2 Menüs zu 245,00 €
1.100 Weinpos.
Klassisch in Weiß eingedeckte, elegante Tische unter einem mächtigen Tonnengewölbe sind die spannungsvolle Kulisse für die Küche von Juan Amador, der hier mit der ganzen Bandbreite virtuos zusammengestellte Speisen präsentiert, die trotz aller Reduktion eine kulinarische Herausforderung mit Bodenhaftung sind.

Bhf→5 km

ænd

✉ 1060 · Mollardgasse 76 · ☎ ((00 43) 1) 5 95 34 16
Klassische, Moderne Küche · Küche: 12–13/19–20:30 Uhr · **Ruhetag:** Sa./So. ·
Tische: 5/34 Plätze
hello@aend.at · www.aend.at

Speisekarte: 1 Mittagsmenü zu 55,00 €; 1 Menü von 122,00 bis 144,00 €

Die offene Küche ist nicht nur Hingucker, sondern auch der Mittelpunkt des Geschehens im "ænd". Hier kocht Chefkoch Fabian Günzel konzentriert und leidenschaftlich. Die Speisen sind authentisch, klar und bleiben bei aller Raffinesse immer verständlich.

Bhf→2 km

Ambassador

✉ 1010 · OT 1. Bezirk · Kärntner Straße 22 · ☎ (01) 96 16 10 · Fax: 5 13 29 99
Restaurant, Atriumbar, Concierge- und Limousinenservice
office@ambassador.at · www.ambassador.at

85 **DZ** ab 150,00 €;
4 **App.** ab 300,00 €;
Junior-Suiten ab 263,00 €

Klassische Eleganz trifft in diesem renommierten Hotel im Herzen Wiens auf zeitgemäße Moderne und überbordenen Komfort in den stilvoll eingerichteten Gästezimmern. Tagungen und Bankette werden von einem umfassenden Service begleitet.

Bhf→1 km

Bauer

✉ 1010 · OT 1. Bezirk · Sonnenfelsgasse 17 · ☎ (01) 5 12 98 71 · Fax: 5 12 98 71
Internationale Küche · Küche: 12–14/18–22 Uhr · **Ruhetag:** Sa./ So./Mo.-Mitt. ·
Ferien: 4 Wo. Sommer · **Tische:** 12/35 Plätze

Speisekarte: 6 Hauptgerichte von 26,00 bis 34,00 €; 2 Tagesgerichte von 26,00 bis 34,00 €; 1 Menü zu 68,00 €

658 Weinpos.

Das "Bauer" gehört zu den besten kulinarischen Adressen in Wien. Chefkoch Mike Feierabend arbeitet mit Feingefühl und faszinierendem Ideenreichtum, wenn es darum geht, aus "alltäglichen" Zutaten das Besondere zu machen.

Bhf→1 km

DAS TRIEST

✉ 1040 · Wiedner Hauptstr. 12 · ☎ (01) 58 91 80 · Fax: 5 89 18 18
Bistro "Porto", Innenhof, Bar
office@dastriest.at · www.dastriest.at

56 **DZ** ab 149,00 €;
6 **Suiten** ab 329,00 €;
10 **Ju.-Suiten** ab 189,00 €

Einst beherbergten die Kreuzgewölbe Pferdestallungen. Heute sind diese zu großzügigen Salons, komfortablen Suiten und bestens ausgestatteten Seminarräumen umgestaltet worden. Das Interieur strahlt Wärme aus - ebenso wie das freundliche Personal.

Bhf→5 km

Eckel

✉ 1190 · OT Döbling · Sieveringer Str. 46 · ☎ (01) 3 20 32 18 · Fax: 3 20 66 60
Klassische u. Wiener Küche · Küche: 11:30–14:30/18–22 Uhr · **Ruhetag:** So./Mo. ·
Tische: 35/130 Plätze
www.restauranteckel.at

Speisekarte: 20 Hauptgerichte von 15,00 bis 39,00 €; 55 Tagesgerichte von 5,10 bis 39,00 €

400 Weinpos.

In dritter Kochgeneration sorgt Maria Zarl-Eckel im behaglichen Restaurant für eine vielseitige Küche, die sehr bodenständig, authentisch und aromenstark ist und hält die Tradition österreichischer Esskultur hoch.

Gourmet Gasthaus Freyenstein

Bhf→200 m

1180 · Thimiggasse 11 · ☎ (01) 664 43 90 837
Regionale Küche · Küche: 18–22 Uhr · **Ruhetag:** Mo. · **Tische:** 15/60 Plätze
info@freyenstein.at · www.freyenstein.at

Speisekarte: 1 (Sonntag) Mittagsmenüs zu 38,00 €; 2 Menüs von 55,00 bis 62,00 € 150 Weinpos.
Frisch, unverfälscht und gekonnt präsentiert Chefkoch Jakob Kaineder seine auf regionalen Zutaten basierende Wiener Küche, die er raffiniert mit französischen Elementen kombiniert.

Grace

Bhf→1,5 km

1040 · Danhausergasse 3 · ☎ ((00 43) 1) 5 03 10 22
Saisonale Küche · **Geöffnet:** Di.-Fr. ab 18:30 Uhr, Sa. auch 12-15 Uhr
office@grace-restaurant.at · www.grace-restaurant.at

Speisekarte: 2 Hauptgerichte von 30,00 bis 31,00 €; 1 Menü von 55,00 bis 92,00 €
Im Restaurant "Grace" werden Lebensmittel als Gabe der Natur verstanden und sehr wertgeschätzt. Entsprechend klar und ehrlich stellt Chefkoch Oliver Lucas die Zutaten zu abwechslungsreichen, gerne saisonal geprägten Speisen zusammen.

Grand Hotel Wien

Bhf→2 km

1010 · OT 1. Bezirk · Kärntner Ring 9 · ☎ (01) 51 58 00 · Fax: 5 15 13 13
Rest. "Unkai" mit Japan. Küche, Grand Brasserie, Schanigarten, "Kavalierbar"
10 km
reservation@grandhotelwien.com · www.grandhotelwien.com

175 **DZ** ab 447,00 €;
als **EZ** ab 380,00 €;
30 **(Jui.-)Suiten** ab 852,00 €
Im Grand Hotel Wien spürt man den Atem der Geschichte, besonders in der imperialen Halle im Stil der Belle Époque. Den Zimmern und Suiten geben wertvolle Stoffe und ausgesuchte Antiquitäten individuelle Eleganz und glanzvolle Klasse.

K + K Hotel Maria Theresia

Bhf→1,5 km

1070 · OT 7. Bezirk · Kirchberggasse 6-8 · ☎ (01) 5 21 23 · Fax: 5 21 23 70
Bistro (für Hausgäste) mit Internationaler Küche, Bar
12 km
frontoffice.mth@kkhotels.com · www.kkhotels.com

125 **DZ** von 120,00 bis 260,00 €;
3 **EZ** von 120,00 bis 260,00 €;
4 **Suiten** von 180,00 bis 360,00 €
Das Haus nahe der Hofburg besitzt viel Charme. Die großzügigen Zimmer sind modern-elegant eingerichtet. Bestens ausgestattete Tagungsräume erlauben professionelles Arbeiten auf Topniveau.

Konstantin Filippou

Bhf→2 km

1010 · Dominikanerbastei 17 · ☎ (01) 5 12 22 29
Int. Küche, Eig. Kreationen · Küche: 12–14/18:00–22:00 Uhr · **Ruhetag:** So. · **Tische:** 13/45 Plätze
reservation@konstantinfilippou.com · www.konstantinfilippou.com

Speisekarte: 1 Mittagsmenü von 47,00 bis 59,00 €; 1 Menü von 145,00 bis 165,00 € 350 Weinpos.
Patron und Chefkoch Konstantin Filippou kocht faszinierend vielseitig und präsentiert besonders exzellente Fisch- und Meeresfrüchtespezialitäten. Man erkennt an den ideenreich zusammengestellten Speisen seine halb österreichisch, halb griechischen Wurzeln, wenn er das Beste aus beiden gekonnt Ländern kombiniert.

Bhf→2 km

♜ Ludwig van

✉ 1060 · Laimgrubengasse 22 · ☎ ((01)) 5 87 13 20
Reg., Moderne Wirtshausküche · Küche: 11:30–14:30/18–24 Uhr · **Ruhetag:** Sa./So. · **Tische:** 10/40 Plätze
info@ludwigvan.wien · www.ludwigvan.wien

Speisekarte: 3 Hauptgerichte von 19,00 bis 24,00 €; 3 Tagesgerichte von 10,00 bis 13,00 €; 2 Mittagsmenüs von 15,00 bis 19,00 €; 1 Menü von 51,00 bis 81,00 €
50 Weinpos.
Es ist historisch gesichert, dass Ludwig van Beethoven in diesem denkmalgeschützten Haus in Mariahilf eine Hofwohnung bewohnte und hier u. a. an der Missa solemnis und seiner 9. Sinfonie arbeitete, womit der Restaurantname mehr als schlüssig ist. Seit Jahrzehnten ein gut bürgerliches Restaurant, verwirklicht hier nun Oliver Jauk, Kulturmanager mit gastronomischer Vergangenheit, seine Vorstellung eines modernen Wiener Gasthauses, in dem man ambitionierte Küche ganz ohne Schwellenangst genießen kann. Grundehrlich, handwerklich präzise und mit raffinierten Ideen sorgt Chefkoch Andreas Spindler für sorgfältig zusammengestellte Speisen, mit denen er die österreichischen Wurzeln nicht verleugnet, sondern vielmehr hegt und pflegt. Das Ergebnis ist eine jahreszeitlich inspirierte Heimatküche voll unverfälschter Zubereitungen und kraftvoller Aromen. Patron Oliver Jauk hat eine spannende Weinauswahl zusammengestellt, in der viele Tropfen abseits ausgetretener Winzerpfade Neugier wecken. Er leitet auch mit Übersicht, leichter Hand und Zugewandtheit den liebenswürdigen Service.

Bhf→3 km

Meissl & Schadn

✉ 1010 · Schubertring 10-12 · ☎ ((00 43) 1) 9 02 12
Österreichische Küche · Küche: 12–22 Uhr · **Tische:** 35/160 Plätze
www.meisslundschadn.at

Speisekarte: 9 Hauptgerichte von 14,30 bis 23,50 €; 1 Mittagsmenü von 9,90 bis 14,90 €
Meissl & Schadn gehörte zur KuK-Monarchie wie der Opernball zu Wien. Hier wurde der österreichischen Küche – allen voran dem Wiener Schnitzel – ein Denkmal gesetzt. Heute gilt es, diese Klassiker in moderner Form und verführerischer Qualität wieder zu entdecken.

Bhf→2 km

Mraz und Sohn OT Brigittenau/20. Bezirk

✉ 1200 · Wallensteinstraße 59 · ☎ (01) 3 30 45 94 · Fax: 3 50 15 36
Int. Küche, eig. Kreationen · Küche: 19–21 Uhr · **Ruhetag:** Sa./So. · **Tische:** 12/40 Plätze
restaurant@mrazundsohn.at · www.mraz-sohn.at

Speisekarte: 1 Abendmenü zu 144,44 €
1040 Weinpos.
Traditionen werden im "Mraz & Sohn" durchaus gelebt, aber nicht in einem starren "das war schon immer so"-Sinne. Vielmehr pflegen Vater Markus und Sohn Lukas die etwas andere, ungemein innovative Produktküche, setzen auf be-

kannte Zutaten und unkonventionelle Zubereitungsformen. Sohn Manuel komplettiert das Trio und ist Mittler zwischen Küche und Gast.

Palais Coburg Residenz - Silvio Nickol Gourmet Restaurant

Bhf→1 km

1010 · OT 1. Bezirk · Coburgbastei 4 · ☎ (01) 5 18 18-130 · Fax: 5 18 18-818
Klass. u. Int. Küche · Küche: 18:30–20 Uhr · **Ruhetag:** So./Mo. · **Tische:** 12/35 Plätze
restaurant@palais-coburg.com · www.palais-coburg.com

Speisekarte: 6 Hauptgerichte von 51,00 bis 64,00 €; 1 5-9 Gänge Menü von 155,00 bis 195,00 €

5.500 Weinpos.

Das Interieur des Gourmetrestaurants ist von gestalterischer Klasse und niveauvoller Schlichtheit. Die Küche von Silvio Nickol entführt den Gast in eine kulinarische Welt der Sonderklasse. Seine Kombinationen sind nicht nur präzise und gekonnt, sondern von faszinierendem Ideenreichtum und virtuoser Eleganz.

Shiki Brasserie

1010 · Krugerstraße 3 · ☎ (01) 5 12 73 97 · Japanische Küche mit europäischen Elementen · **Geöffnet:** Di.-Do. 18-24 Uhr, Fr./Sa. 12-24 Uhr · Küche: 12–23 Uhr · **Ruhetag:** So./Mo. · **Tische:** 20/50 Plätze
info@shiki.at · www.shiki.at

Speisekarte: 6 Hauptgerichte von 28,00 bis 64,00 €; 2 Saisonale Menüs (nur abends) von 84,00 bis 98,00 €

180 Weinpos.

Die Brasserie ist ein bisschen wie das "Shiki" für jeden Tag. Sehr geradlinig und puristisch gestaltet, ist hier die Showküche das Herzstück, bietet sie doch spannende Einblicke in die Abläufe bei den Speisezubereitungen. Auch wenn Sushi und Sashimi – entschuldigung für das lahme Wortspiel – in aller Munde ist: In der Qualität, in der es in der Brasserie zubereitet wird, findet man es in der Alpenrepublik so schnell kein zweites Mal. Chefkoch Alois Traint wird vom ersten Sushimeister Masahiro Yamada und dem hochkonzentriert arbeitenden Team unterstützt. Viele der Speisen erfordern eine oft mehrstündige Vor- und Zubereitung. Entsprechend offen und neugierig darf und sollte man sein, denn die Fusion japanischer und europäischer Elemente ist kulinarisch ungemein spannend und eröffnet faszinierende neue Geschmackserlebnisse. Exzellente Sushi- und Sashimi-Spezialitäten werden von punktgenau gebratenen Steakzubereitungen ergänzt. Eines der zwei angebotenen, jahreszeitlich inspirierten Menüs ist vegan. Thomas Grund ist auch hier als umsichtiger Maître erster Ansprechpartner. Der Schani-Garten macht den Genuss an warmen Tagen zu einem open-air-Erlebnis. Die schlicht gestylte Bar ist in der Brasserie integriert und lädt zusätzlich zu attraktiven Signature Drinks zu einer Vielzahl von Getränken, Aperitifs und Digestifs ein.

Shiki Japanese Fine Dining

1010 · Krugerstraße 3 · (01) 5 12 73 97
Japanische Küche mit europäischen Elementen · Küche: 12–22:30 Uhr · **Ruhetag:** So./Mo. · **Ferien:** 12.-25.8 · **Tische:** 10/36 Plätze
info@shiki.at · www.shiki.at

Speisekarte: 2 Menüs von 125,00 bis 155,00 €
180 Weinpos.
Österreich und Japan – das geht zusammen, wenn man es will. Patron Joji Hattori wollte. In Japan geboren und in Österreich aufgewachsen, hat er 20 Jahre in London als Dirigent und Geiger gearbeitet und sich mit dem nahe der Wiener Staatsoper gelegenen Restaurant "Shiki" (was sowohl Vier Jahreszeiten als auch Dirigent bedeutet) einen Herzenswunsch erfüllt. Dank dem österreichischen Chefkoch Alois Traint und dessen engagiertem Team wird hier eine Fusionsküche präsentiert, in der das Beste aus beiden Welten seinen Platz hat, selbstbewusst für sich stehen kann oder in Kombination mit Elementen der anderen Küche zu ganz neuen Geschmacks- und Aromawelten zusammengefügt wird. Alois Traint weiß um die Charakteristika der japanischen Küche, ihre aufwändige und doch puristische Zubereitungsform. Basis für seine genialen und innovativen Kombinationen sind erstklassige Zutaten aus kontrollierten Gewässern und von nahe gelegen Bio-Bauernhöfen. Ob Fonds, Eingelegtes, Saucen oder Ramen (japanische Nudeln), alles wird gekonnt und konzentriert selbst gemacht. Japanische Küche und europäische Fine Dining Kultur treffen aufeinander und befruchten sich zur Freude des Gastes gegenseitig. Die angebotenen Menüs sind siebengängig, eines ist vegan zusammengestellt. Thomas Grund leitet als zuvorkommender Maître mit leichter Hand durch den Abend, erläutert gerne die verschiedenen japanischen Zutaten, gibt Auskunft zu den Fachbegriffen und empfiehlt mit sensiblem Gespür korrespondierende Weine.

Bhf→500 m

Steirereck im Stadtpark

1030 · OT 3. Bezirk · Am Heumarkt 2a · (01) 7 13 31 68 · Fax: 71 33 16 82
Neue Österr. Küche · **Geöffnet:** 11:30–15/18:30–22 Uhr · Küche: 11:30–15/18:30–22 Uhr · **Ruhetag:** Sa./So.
wien@steirereck.at · www.steirereck.at

Speisekarte: Hauptgerichte von 38,00 bis 65,00 €; Menüs von 149,00 bis 165,00 €
1200 Weinpos.
In schlichter und kubusförmiger Modernität fällt das "Steirereck" bereits optisch aus seiner organischen Umgebung im Stadtwald. Diese Spannung transportieren auch die genialen Speisen von Chef de Cuisine Heinz Reitbauer, der erst zufrieden ist, wenn Aromen und Texturen auf dem Teller zu außergewöhnlichen Kreationen werden und eine ausbalancierte Einheit finden.

Restaurant mit exzellenter Weinkarte

Zell am See

♜ Landhotel Erlhof OT Thumersbach

Bhf→6 km

Family

✉ 5700 · Erlhofweg 11 · ☎ (0 65 42) 5 66 37 · Fax: 5 66 37 63 · Privatbadestrand, Familienarrangements, Kinderspielplatz, Zi.-Preise inkl. Frühstück
5 km
VISA
erlhof@aon.at · www.erlhof.at

8 **DZ** von 130,00 bis 180,00 €;
1 **EZ** von 67,00 bis 72,00 €;
4 **Suiten** von 190,00 bis 300,00 €;
6 **Panorama-Suiten** zu 300,00 €

Oberhalb des Zeller Sees mit tollem Blick auf die Bergwelt des Nationalparks der Hohentauern und mit eigenem Badestrand findet man dieses schöne Hotel – mit erster urkundlicher Erwähnung 1137 eines der ältesten Häuser der Region und ein liebevoll gepflegtes Refugium für die ganze Familie. Die komfortablen Zimmer (das Frühstück ist im Preis inkludiert, Aufzahlung HP 30,- € p. P.) sind im Landhausstil eingerichtet und haben zum größten Teil Sonnenbalkons mit herrlicher Aussicht. Erfolgreiches Tagen und völlige Konzentration findet man im technisch bestens ausgestatteten Seminarraum mit direktem Zugang zur Gartenanlage. Auf einer kleinen Erhöhung rechts vom Erlhof gibt es ein separates Gebäude mit sehr exklusiven Panorama Premium Suiten mit Balkon und Traumblick durch die großen Fensterfronten auf den See und die Berge. In der Freizeit warten der kristallklare See und eine der schönsten Golfanlagen Österreichs. Im nahe gelegenen Golfclub Zell am See-Kaprun wird Hotelgästen eine 30%ige Greenfee-Ermäßigung gewährt. Auf zahlreichen Wanderwegen und (E-)Bikestrecken kann man die faszinierende Alpenlandschaft erkunden.

Hervorragendes Hotel mit außergewöhnlichem Komfort

Dorn-Methode

Bei der Dorn-Methode handelt es sich um eine Gelenk- und Wirbeltherapie: durch sanften Druck werden hierbei Fehlstellungen der Wirbelsäule und des Beckens behandelt und korrigiert. Ohne Bänder und Sehnen stark zu belasten kann so die Beweglichkeit der Wirbelgelenke verbessert werden. Auch zahlreiche andere Beschwerden, die durch Wirbelblockaden oder –verschiebungen entstehen, können so behandelt werden.

Bhf→6 km

Erlhof

5700 · OT Thumersbach · Erlhofweg 11 · ☎ (0 65 42) 5 66 37 · Fax: 5 66 37 63
Neue u. gehobene Regionale Küche · Küche: 12–14/18–22 Uhr · **Ruhetag:** Di./Mi. ·
Ferien: Nov. · **Tische:** 14/50 Plätze
VISA
erlhof@aon.at · www.erlhof.at ·

Speisekarte: 14 Hauptgerichte von 16,00 bis 34,00 €; 2 Menüs von 65,00 bis 88,00 €

300 Weinpos.

Elegante und gediegene Landhausromantik – und ein flackerndes Kaminfeuer im Winter – erwarten den Gast im Restaurant des "Erlhof". Die Pinzgauer- und Kaminstube sind so liebe- und geschmackvoll eingerichtet, dass man sich sofort wohl fühlt. Hier kommt die durchdachte und ehrliche Küche von Josef Brüggler und Tochter Sonja perfekt zur Geltung. Die beiden nutzen das große Warenangebot der Region und beziehen die Produkte bevorzugt bei bekannten Händlern und Erzeugern, die ihren Respekt vor Tierwohl und nachhaltig erzeugten Produkten teilen. Die Speisen werden sorgfältig und unverfälscht zubereitet, frische Kräuter kommen zum Einsatz und moderne Gerichte und feine Fischspezialitäten ergänzen sie mit einem Angebot beliebter regionaler Schmankerl wie Tafelspitz oder steirischem Krenfleisch. Tochter Katrin und Mutter Renate Brüggler komplettieren das kulinarische Quartett und leiten den herzlichen Service, geben Tipps rund um die toll bestückte Weinkarte mit österreichischem Schwerpunkt und sind stets engagierte Ansprechpartner.

Ein Restaurant mit anspruchsvoller Küche.

Die Küchenleistung dieses Restaurants ist hervorhebenswert in seiner Kategorie.

Hotels und Restaurants mit diesem Zeichen befinden sich in einem historischen Gebäude.

Schloss Prielau

Bhf→2,5 km

5700 · OT Prielau · Hofmannsthalstr. 12 · ☎ (0 65 42) 72 91 10 · Fax: 7 29 11 11
Schlossrest. m. reg. Küche, Frühstück 22,- € p. P., Gewölbestube, Terrasse
5 km
VISA AE
info@schloss-prielau.at · www.schloss-prielau.at

7 **DZ** ab 260,00 €;
als **EZ** ab 170,00 €;
2 **Suiten** ab 6000,00 €

Schloss Prielau liegt am Nordufer des Zeller Sees und ist ein Kleinod österreichischer Gastlichkeit, das mit den Annehmlichkeiten eines internationalen Luxushotels aufwarten kann und mit großem Engagement und viel Herzblut von Anette und Andreas Mayer geführt wird. Ein Privatbadestrand für Hotelgäste und ein "Badehaus" mit Caldarium, Dampfbad und Massagen bieten nachhaltige Entspannung. Im Winter finden alpine Skifahrer und Skilangläufer in der malerischen Landschaft beste Bedingungen vor. Top ausgestattete Tagungsräume und eine toll gestaltete Scheune für Events und Bankette (für bis zu 200 Personen) ergänzen das vielfältige Angebot. Sogar einen Hubschrauberlandeplatz gibt es. Ferien, Feiern und Genießen auf Schloss Prielau – ein idealer Rahmen. Das gesamte Schloss lässt sich für bis zu 24 Personen ab 4.500,- € pro Tag mieten. Hier eine Hochzeit zu feiern wird zu einem unvergesslichen Erlebnis für alle Gäste, denn das zuvorkommende Hotelteam begleitet exklusive Events von der Buchung bis zur Verabschiedung. Feuerwerke, Outdoor-Shows, Livemusik, Show-Barkeeper – den Möglichkeiten sind kaum Grenzen gesetzt. Ganzjährig geöffnet, hat das Haus eine Schlosswirtschaft, in der man von 12 bis 22 Uhr gehobene regionale Speisen genießen kann (Mi. Ruhetag).

Bhf→2,5 km

♜ Schloss Prielau - Mayer's Restaurant

✉ 5700 · OT Prielau · Hofmannsthalstr. 12 · ☎ (0 65 42) 72 91 10 · Fax: 7 29 11 11
Klassische u. Neue Küche, eigene Kreationen · Küche: 19–21:30 Uhr · **Ruhetag:** Mo./Di. · **Ferien:** Nov. · **Tische:** 10/32 Plätze
info@schloss-prielau.at · www.mayers-restaurant.at

Speisekarte: 2 Menüs von 82,00 bis 159,00 €

260 Weinpos.

Runde, elegant und in Weiß eingedeckte Tische mit sanft geschwungenen, anthrazitfarbenen Fauteuils fügen sich in "Mayer's Restaurant" zu einem sehr niveauvollen Ambiente von lässigem Charme. Chefkoch Andreas Mayer hat seinen Beruf, der ihm auch Berufung ist, über die Jahre immer weiter verfeinert und kocht auf einer kulinarischen Top-Ebene, die staunenswert ist. Er orientiert sich an französischer Hochküche, lässt sich aber ebenso von tradierten Rezepturen und den wechselnden Jahreszeiten inspirieren. Sein Streben nach Perfektion lässt die Speisen zu genial ertüftelten Zusammenstellungen werden, bei denen Aromen und Texturen durchaus in einem Spannungsfeld stehen können, am Ende aber immer in ein ausbalanciertes Degustations- oder vegetarisches Menü münden, das den Gast in ganz neue kulinarische Welten entführt. Egal wie filigran eine Speise mit ihrer optischen Darbietung sein mag, sie bleibt dem Gast verständlich und verliert nicht die Bodenhaftung. Eine Kunst, die wahrlich nicht jeder Koch beherrscht. Christopher Ardu geleitet als umsichtiger Maître durch den Abend und wird von Reinhard Walcher ergänzt. Der berät als kenntnisreicher Sommelier sensibel zu den korrespondierenden Weinen und steht bei Fragen gerne bereit. In der Schlosswirtschaft mit durchgehender Küche von 12-20 Uhr (Mi. Ruhetag) kocht Chefköchin Miriam Fridrik mit ihrem Team empfehlenswerte gehobene, regionale und saisonale Speisen.

SEEHOTEL BELLEVUE ****superior

Bhf→5 km

5700 · Seeuferstraße 41 · ☎ (0 65 42) 2 18 28 · Fax: 2 18 28 52 · à-la-carte-Frühstücks-Restaurant (21,-/26,- € p Ps.), Bar, Weinkeller "Cave 1872", Seeterrasse
4 km
VISA EC
info@seehotel-bellevue.at · www.seehotel-bellevue.at ·

27 **DZ** von 210 bis 366 €;
5 **Suiten** von 280 bis 410 €;
10 **Residenz-App.** von 350 bis 690 €
Michael und Andrea Schnell haben sich mit dem Seehotel Bellevue in Zell am See-Kaprun einen Lebenstraum erfüllt und führen nun gemeinsam mit sehr engagierten Mitarbeitern ein Haus, das sich durch seine Individualität und Klasse abhebt und in dem Traditionen und Moderne eine gelungene Symbiose eingehen. Seit 1872 thronte das imposante Anwesen über dem Ufer des Zeller Sees bei Thumersbach und war für die "Schönen und Reichen" Blickfang und Treffpunkt zugleich. Nach wechselvoller Geschichte ist das Seehotel Bellevue nun in seiner jetzigen Form immer noch ein Haus der Begegnungen, des Genusses und der Vergnügungen, aber in moderner Interpretation. Entsprechend komfortabel sind die stilvoll und geradlinig mit edlen Naturmaterialien gestalteten Zimmer. Das gastronomische Angebot ist verführerisch und vielseitig. Die BistroBar-Lounge "Geistreich" gefällt in puristischer Moderne, die durch zahlreiche alte Ölbilder mit See- und Bergmotiven raffiniert aufgebrochen wird. Hier gibt es von 11:30-17 Uhr eine Bistrokarte mit feinen, kleinen Speisen. Die Seeterrasse „SEE LA VIE“ ist ein Traum und der Ort, an dem man eins wird mit seinem Urlaubsgefühl. Der Wellnessbereich steht unter dem Motto "laissez faire" und verspricht mehr als nur momentane Erholung. Ob im Sommer oder Winter – die Urlaubsregion Kaprun bietet eine riesige Fülle von Angeboten, dass man sie einfach zu jeder Jahreszeit einmal besuchen sollte. Der private und exklusive Beach Club "VUE" inklusive gemütlichem Bistro Pavillon - Gastro Outlet mit „Bar, Lounge & Chill Area“ und eigener Bootsanlegestelle für 2 Boote ist die perfekte Event-Location mit privatem und einzigartigem Zugang zum Zeller See! Dass Hochzeitsfeiern im Bellevue einen ganz besonderen Rahmen bekommen, ist nur folgerichtig.

Bhf→5 km

SEENSUCHT-Restaurant am See

✉ 5700 · Seeuferstraße 41 · ☎ (0 65 42) 2 18 28 · Fax: 2 18 28 52
Crossover Küche · Küche: 18–22 Uhr · **Ruhetag:** So.-Abd./Mo. · **Ferien:** Nov. + April · **Tische:** 25/60 Plätze
VISA EC
info@seehotel-bellevue.at · www.restaurant-am-see.at

Speisekarte: 7 Hauptgerichte von 18,80 bis 70,60 €; 2 Menüs von 38,80 bis 48,80 €
180 Weinpos.

Fast scheint es egal, wie das Restaurant eingerichtet ist – geradlinig mit viel Holz, blanken Tischen mit bequemen Stühlen, modern und unprätentiös und sehr geschmackvoll – so hinreißend sind seine Lage und die grandiose Aussicht von der Terrasse auf den Zeller See und das Kitzsteinhorn. Man möchte sich in dem Blick verlieren, wird aber bald von der ausdrucksstarken Küche von Patron und Chefkoch Michael Schnell abgelenkt. Die Zutaten für seine unverfälschten alpin-mediterranen Speisen kauft er am liebsten in erntefrischer Topqualität von bekannten Händlern und Erzeugern aus der Region. Die aromenstarken, südländisch geprägten Zusammenstellungen ergänzt er mit neu interpretierten Klassikern, edlen, auf den Punkt gebratenen Fleisch-Cuts und den stets beliebten regionalen Schmankerln. Ehefrau Andrea leitet den herzlichen und zuvorkommenden Service mit liebenswertem Charme und berät mit Kompetenz zu den passenden Weinen. Die Restaurant- und Lounge-Terrasse „SEE LA VIE“ ist an warmen Tagen ein echter Publikumsmagnet. Hier kann man die feinen Speisen genießen, Kaffee und Tee trinken, relaxen oder auch eine (Geburtstags-) Party feiern. In der Bar GEISTREICH klingt der Tag in lässiger Atmosphäre bei frischen Drinks harmonisch und gesellig aus. Im Restaurant können auch top betreute private und geschäftliche Veranstaltungen in toller Atmosphäre stattfinden.

Hervorragende Serviceleistung

Schweiz

Basel
Flüh
Arlesheim
Liestal
Trimbach
Hägendorf
Egerkingen
Aarburg
Solothurn
Wangen
Nebikon
Le Noirmont
Wengi
Le Prévoux
Aarberg
Burgdorf
St. Blaise
Neuchâtel
Münchenbuchsee
BERN
Münchenwiler
Murten
Avry
Fribourg
Steffisburg
Thun
Sigriswil
Spiez
Gunten
Wilderswil
Cossonay
Vufflens-le-Ch.
Lausanne
Kandersteg
Montreux
Glion
Gstaad
Lenk
Leukerbad
Satigny
Genf
Corin
Sierre
Stalden
Martigny
Orsières
Saas Fee
Zermatt

Schweiz

Schaffhausen
Büsingen
Diessenhofen
Kreuzlingen
Wigoltingen
Eschikofen
Altnau
Arbon
Goldach
Dielsdorf
Winterthur
St.Pelagiberg
Rehetobel
St.Gallen
Pfäffikon
Zürich
Appenzell
Gattikon
Küsnacht
Uetikon
Ebnat
Sax
Zug
Vaduz
Meggen
Walchwil
Triesen
Filzbach
Weggis
Steinen
Mels
Fläsch
Vitznau
Brunnen
Bad Ragaz
Stans
Altdorf
Samnaun
Klosters
Flims
Chur
Amsteg
Arosa
Davos-Dorf
Ftan
Gurtnellen
Davos-Platz
Lenzerheide
Flüela
Fürstenau
Tarasp-Fontana
Andermatt
Zuoz
Airolo
Sta.Maria
St.Moritz
La Punt-Chamues-Ch.
Champfèr
Pontresina
Losone
Locarno
Ascona
Bellinzona
Sorengo
Lugano
Bissone
Chiasso-Vacallo

Koch 2022

Christian Kuchler

Taverne zum Schäfli - Wigoltingen

Christian Kuchler ist ein Koch, den Leidenschaft, Offenheit und Neugierde antreiben, der mit Freude die gastronomische Tradition der Familie fortgesetzt hat. Er versteht es, aus scheinbar Bekanntem, avantgardistische Speisen zu ertüfteln, die von den Küchen der Welt inspiriert sind. Christian Kuchler arbeitet progressiv und bisweilen visionär, verliert aber nie die Bodenhaftung. Eine Kunst, die dem Gast immer wieder neue, faszinierende Geschmackserlebnisse beschert.

NEWCOMER 2022

© lvffood.com

NIKLAS OBERHOFER

Epoca by Tristan Brandt - Flims

Niklas Oberhofer nimmt seine Gäste auf eine spannende kulinarische Reise in die Alpen mit und lässt gleichzeitig klassische und asiatische Elemente in seine staunenswerte und leidenschaftliche Küche einfließen. So entstehen Speisen, die bei aller Präzision und handwerklichen Kunstfertigkeit voller Wagemut sind und in aufregend neue Aromenwelten münden.

Pâtissier 2022

Kay Baumgardt

Gasthaus zur Fernsicht - Heiden

Tausendfach 'Like' heißt es von Followern in den sozialen Medien, um ihre Anerkennung für eine der verheißungsvollen Kreationen von Kay Baumgardt auszudrücken. Als Pâtissier und Influencer, macht er deutlich, dass die kleinen Verführungen am Ende eines Menüs und ihre Urheber längst das Interesse einer breiten Öffentlichkeit geniessen. So beschränken sich seine Verdienste nicht mehr „nur“ auf seine formidablen Kleinigkeiten zum Dahinschmelzen.

RESTAURANT 2022

ROOTS

Basel

Im „roots" wetteifern die Blicke auf den Teller mit den Blicken auf den Rhein und in die Altstadt. Gewinnen wird immer das Restaurant mit seiner einladenden, lässig-entspannten Atmosphäre, in der fine dining nie steif und bieder, vielmehr sinnlich und genussreich ist. Es macht einfach Spaß, den Alltag für ein paar Stunden zu vergessen, um hier die leichte und verführerische Jahreszeitenküche von Chefkoch Pascal Steffen kennenzulernen.

PARK HOTEL VITZNAU

Vitznau

Direkt am Vierwaldstättersee gelegen, ist das über einhundert Jahre alte Park Hotel Vitznau ein mondänes Grandhotel mit sehr privater Atmosphäre. Gerade in unserer schnelllebigen, hektischen Zeit ist dieses Haus mit seinem facettenreichen gastronomischen Angebot und wahrlich erlesenem Charakter ein exklusives Hideaway für den anspruchsvollen Gast, der perfekten Service zu schätzen weiß.

Kompliment!

UNSERE **BESTEN** KÖCHE UND KÜCHEN IN DER SCHWEIZ

Basel · Cheval Blanc by Peter Knogl (Peter Knogl)
Basel · Stucki - Tanja Grandits (Tanja Grandits)
Crissier/Lausanne · Hôtel de Ville - B. Violier (Franck Giovannini)
Fürstenau · Schauenstein Schloss Restaurant (Andreas Caminada)
Le Noirmont · Maison Wenger (Jérémy Desbraux)
Satigny-Genève · Domaine de Châteauvieux (Philippe Chevrier)
Wigoltingen · Taverne zum Schäfli (Christian Kuchler)
Zürich · Baur au Lac - Le Pavillon (Laurent Eperon)
Zürich · The Dolder Grand - The Restaurant (Heiko Nieder)

DIE **HERVORRAGENDEN** KÜCHEN IN DER SCHWEIZ

Ascona · Eden Roc - La Brezza (Marco Campanella)
Ascona · Hotel Giardino - Ecco Ascona (Rolf Fliegauf)
Bad Ragaz · Grand Resort Bad Ragaz - Igniv (Silvio Germann)
Basel · roots (Pascal Steffen)
Heiden · Incantare (Tobias Funke)
Küsnacht · RICO'S (Rico Zandonella)
Lausanne · Palace - Anne-Sophie Pic (Kévin Vaubourg)
Mels · Schlüssel - Nidbergstube (Roger Kalberer)
Rehetobel · Gasthaus zum Gupf (Walter Klose)
Sierre · Didier de Courten (Didier de Courten)
Steinen/Schwyz · Adelboden (Franz Wiget)
St. Gallen · Einstein (Sebastian Zier)
St. Gallen · Segreto (Martin Benninger)
St. Moritz · Talvo by Dalsass (Martin Dalsass)
Trimbach · Traube (Arno Sgier)
Vitznau · focus (Patrick Mahler)
Vufflens-le-Chateaux - L'Ermitage (Bertrand u. Guy Ravet)
Zürich · Mesa (Sebastian Rösch)
Zürich · Widder Restaurant (Stefan Heilemann)

Altnau

Bhf→2 km

Urs Wilhelm's Restaurant

8595 · Kaffeegasse 1 · ☎ (0 71) 6 95 18 47 · Fax: 6 95 31 05
Klass., Intern. Küche · **Geöffnet:** Fr./Sa./So. ab 16 Uhr nach Voranmeldung · **Ruhetag:** Mo./Di./Mi./Do. · **Tische:** 6/20 Plätze
www.urswilhelm.ch

Speisekarte: Hauptgerichte von 16,50 bis 45,00 CHF 144 Weinpos. Ein bisschen Wohnzimmeratmosphäre, auf jeden Fall lässige Behaglichkeit prägt das Restaurant, in dem Patron und Chefkoch Urs Wilhelm mit Elan und Schwung kocht und besonders mit seinen großartigen Saucen punktet.

Arbon

Bhf→2 km

Restaurant-Hotel de charme Römerhof

9320 · Freiheitsgasse 3 · ☎ (0 71) 4 47 30 30 · Fax: 4 47 30 31
Restaurant, Terrasse, Zigarren-Lounge
16 km
info@roemerhof-arbon.ch · www.roemerhof-arbon.ch

8 **DZ** von 160,00 bis 250,00 CHF;
3 **EZ** von 90,00 bis 140,00 CHF
Das Hotel "Römerhof" ist ein schönes und kultiviertes Zuhause auf Zeit, nur wenige Meter vom Bodensee entfernt. Die Zimmer sind hochwertig und geschmackvoll eingerichtet und verfügen über viele zeitgemäße Annehmlichkeiten. Das liebenswürdige Hotelteam gibt gerne individuelle Tipps.

Bhf→2 km

Restaurant-Hotel de charme Römerhof

9320 · Freiheitsgasse 3 · ☎ (0 71) 4 47 30 30
Klassische Küche, franz.-martinique · Küche: 12–14/18–21:30 Uhr · **Ruhetag:** Sa.-Mittag/So./Mo. · **Tische:** 11+9/24+21+24 Plätze
info@roemerhof-arbon.ch · www.roemerhof-arbon.ch

Speisekarte: 5 Hauptgerichte von 25,50 bis 56,50 CHF; 1 Menü von 90,00 bis 129,00 CHF
147 Weinpos.
Geschmackvoll eingerichtet, kann man im Restaurant von Gerald und Dominique Bergue gut durchdachte klassische Speisen genießen, die vom Patron mit leichter Hand und raffinierten Ideen zubereitet werden. Das Angebot rundet er mit internationalen und gehobenen regionalen Zubereitungen ab.

Arosa

Bhf→2 km

Tschuggen Grand Hotel

7050 · Tschuggentorweg 1 · ☎ (0 81) 3 78 99 99 · Fax: 3 78 99 90
Versch. Rest., exquisites Frühstücksbuffet, Bar, Sonnenterrasse
3 km
info@tschuggen.ch · www.tschuggen.ch

52 **DZ** ab 375,00 CHF;
42 **EZ** ab 240,00 CHF;
22 **Jr.-Suit.** ab 565,00 CHF;
12 **Suiten** ab 875,00 CHF
Inmitten der Bündner Bergwelt entführt das „Tschuggen Grand Hotel" seine Gäste in eine neue Dimension von Entspannung, Genuss und Ästhetik.

Bhf→5 Min.

Tschuggen - Grand Restaurant

7050 · Sonnenbergstr. · ☎ (0 81) 3 78 99 99 · Fax: 3 78 99 90
Neue u. Int. Küche · Küche: 19–22 Uhr · **Ruhetag:** Mo./Di. (Winter nur Mo.) · **Tische:** 14/40 Plätze
info@tschuggen.ch · www.tschuggen.ch

Speisekarte: 1 Menü von 89,00 bis 135,00 CHF
665 Weinpos.
Chefkoch Uwe Seegert geht im Gourme-

trestaurant weit über die 1.800 Höhenmeter, auf denen es sich befindet, hinaus. Er kocht fulminant, bevorzugt heimische Zutaten und kombiniert sie zu aromentiefen Speisen aus der Kreativabteilung.

Waldhotel National

Bhf→500 m

7050 · Tomelistrasse · ☎ (0 81) 3 78 55 55 · Fax: 3 78 55 99
Restaurant, Alpin Lounge, Waldhotel-Bar, Terrasse
2 km
info@waldhotel.ch · www.waldhotel.ch

66 **DZ** von 310,00 bis 640,00 CHF;
als **EZ** von 210,00 bis 540,00 CHF;
32 **EZ** von 160,00 bis 250,00 CHF;
26 **Sui.** von 420,00 bis 1050,00 CHF
Das Waldhotel National ist ein imposantes Urlaubshotel inmitten der fantastischen Bergwelt Arosas. Zu jeder Jahreszeit ist der Aufenthalt in den mit viel Holz eingerichteten Zimmern ein Erlebnis (Preise inklusive HP).

Waldhotel National - Kachelofa-Stübli

Bhf→500 m

7050 · Tomelistrasse · ☎ (0 81) 3 78 55 55 · Fax: 3 78 55 99
Klass., Intern. u. Reg. Küche, eig. Kreationen · Küche: 12–14/19–21:30 Uhr · **Ferien:** Frühling-Herbst · **Tische:** 9/30 Plätze
info@waldhotel.ch · www.waldhotel.ch

Speisekarte: 2 Hauptgerichte von 39,00 bis 58,00 CHF; 2 Menüs ab 88,00 CHF
300 Weinpos.
Der hübsche, grüne Kachelofen ist Namensgeber des landestypisch eingerichteten, elegant-behaglichen Restaurants, in dem Chefkoch Gerd Reber eine ambitionierte Produktküche mit leichten, modernen und saisonalen Speisen präsentiert.

Ascona

Castello del Sole

Bhf→5,7 km

6612 · Via Muraccio 142 · ☎ (0 91) 791 02 02 · Fax: 792 11 18
3 Restaurants, 2 Bars, Private Lunch im "Rustico del Sole"
1 km
info@castellodelsole.ch · www.castellodelsole.com

30 **DZ** von 540 bis 910 CHF;
als **EZ** von 440 bis 810 CHF;
40 **Suiten** von 830 bis 3570 CHF
Die Geschichte des „Relais & Châteaux"-Hauses "Castello del Sole" mit seinem 110.000 m² großen Park, Terrasse und romantischen Innenhöfen lässt sich bis 1540 zurückverfolgen. Heute ist hier ein hinreißend schönes Refugium, um eine Auszeit vom Alltag zu nehmen.

Castello del Sole - Locanda Barbarossa

Bhf→5,7 km

6612 · Via Muraccio 142 · ☎ (0 91) 791 02 02 · Fax: 792 11 18
Klass. u. Mediter. Küche, eig. Kreationen · Küche: 19–21/Fr.-So. auch 12–13:30 Uhr · **Tische:** 11/40 Plätze
info@castellodelsole.ch · www.castellodelsole.com

Speisekarte: 6 Hauptgerichte von 58,00 bis 75,00 CHF; 1 Menü von 180,00 bis 210,00 CHF
486 Weinpos.
150 ha Anbaufläche umgeben das Castello del Sole und liefern über das eigene Hofgut "Terreni alla Maggia" eine Vielzahl der handverlesenen Produkte, die Chefkoch Mattias Roock gekonnt und mit faszinierenden Ideen zu seiner modernen Frischeküche mit hohem Erinnerungswert zusammenstellt.

Ein Restaurant mit anspruchsvoller Küche.

Bhf→3 km

Eden Roc

6612 · Via Albarelle 16 · ☎ (0 41) 91 785 71 71 · Fax: 91 785 71 43 · Vier Restaurants mit Seeblick, elegante Bar m. ausgef. Musikkonzept, Seeterrassen, Bootsanleger, Preise inkl. Frühstück
1 km VISA AE
info@edenroc.ch · www.edenroc.ch

58 **DZ** von 468,00 bis 966,00 CHF;
als **EZ** von 260,00 bis 842,00 CHF;
37 **Sui.** von 832,00 bis 2339,00 CHF;
2 **J.-Sui.** von 780,00 bis 1140,00 CHF
Das Luxushotel am Ufer des Lago Maggiore beeindruckt mit hinreißend schönen, individuell gestalteten Zimmern, SPA, dem weitläufigen Garten Eden, traumhaftem Seeblick und einer privaten Hafenanlage.

Bhf→3 km

Eden Roc - La Brezza

6612 · Via Albarelle 16 · ☎ (0 41) 91 785 7171 · Fax: 91 785 7143
Neue Küche · **Geöffnet:** ab 19 Uhr · **Tische:** 23/45 Plätze VISA AE
info@edenroc.ch · www.edenroc.ch

Speisekarte: 6 Hauptgerichte von 40,00 bis 64,00 CHF; 3 Menüs von 120,00 bis 195,00 CHF 600 Weinpos.
"La Brezza", die Sommerbrise, ist der passende Name für das Gourmetrestaurant des "Eden Roc". Das Leichte und Frische nimmt Chefkoch Marco Campanella in die Gerichte mit auf. Dabei bevorzugt er lokale Produkte und lässt sich von der Tessiner Umgebung inspirieren.

Bhf→3 km

Giardino Ascona

6612 · Via Segnale 10 · ☎ (0 91) 7 85 88 88 · Fax: 7 85 88 99
Rest. „Hide & Seek" m. Klass. u. Mediterr. Kü., Pool Café, Bar, Enoteca
0 m VISA AE
welcome@giardino-ascona.ch · www.giardinohotels.ch/ascona

51 **DZ** von 575,00 bis 795,00 CHF;
als **EZ** von 525,00 bis 745,00 CHF;
18 **Suiten** von 885,00 bis 1230,00 CHF
Das luxuriöse Hotel verbindet legeres Ambiente, gehobenen Service und charaktervolles Design zu einem Ort der Leichtigkeit und mediterraner Lebenslust. Ganzheitliche Entspanung und Erholung findet man dank des herrlichen dipiú-Spas, z.B. mit ayurvedischen Kuren und Anwendungen, Yoga oder Meditations Retreats.

Bhf→3 km

Hotel Giardino - Ecco

6612 · Via Segnale 10 · ☎ (0 91) 7 85 88 88 · Fax: 7 85 88 99
Int. Küche · Küche: 19–21:30 Uhr · **Ruhetag:** Mo./Di. · **Ferien:** Nov.-März · **Tische:** 12/28 Plätze VISA AE
ecco@giardino-ascona.ch · www.giardinohotels.ch/restaurants

Speisekarte: 1 Menü von 145,00 bis 240,00 CHF
438 Weinpos.
Direkt an einem wunderschönen Seerosenteich gelegen, begeistert das elegante Sternerestaurant mit einer puristischen Aromenküche, die Chefkoch Rolf Fliegauf auf virtuose Art und Weise in einer offenen Showküche unverfälscht und mit viel Raffininesse kreiert.

Bad Ragaz

Bhf→1 km

Grand Resort Bad Ragaz

7310 · Bernhard-Simon-Strasse · ☎ +41 (0) 81 303 30 30 · Fax: +41 (0) 81 303 30 33 · Sieben Restaurants, Bars, Casino, Terrassen, zwei Golfplätze
am Haus VISA AE
reservation@resortragaz.ch · www.resortragaz.ch

DZ ab 500,00 CHF;
EZ ab 390,00 CHF;
Deluxe Suite ab 750,00 CHF;
Spa Loft Superior ab 1000,00 CHF
Das Grand Resort Bad Ragaz ist ein luxuriöser Rückzugsort der Erholung und Entspannung. Das führende Wellbeing & Medical Health Resort Europas besteht

aus dem Grand Hotel Quellenhof & Spa Suites und dem Grand Hotel Hof Ragaz. Die Zimmer und Suiten bestechen durch Eleganz, Design und Behaglichkeit.

Grand Resort Bad Ragaz - Igniv

Bhf→1 km

7310 · Bernhard-Simon-Strasse · ☎ +41 (0) 81 303 30 30 · Fax: - 303 30 33
Fine Dining Sharing Experience · **Geöffnet:** Mi. bis Sa.: ab 18:30 Uhr; So.: ab 12 u. ab 18:30 Uhr · **Ruhetag:** Mo./Di. · **Tische:** 30 Plätze
reservation@igniv.com · www.igniv.com

Speisekarte: Mehrgang-Sharing-Erlebnis ab 148,00 CHF
ca. 500 Weinpos.
Die kosmopolitische Atmosphäre des Hotels findet sich auch im "IGNIV" (rätoromanisch für Nest), in dem Chefkoch Silvio Germann die ganze Bandbreites seines großen kulinarischen Könnens zeigt und Speisen von großer Kraft, Raffinesse und Klasse kreiert, die als "Sharing Dishes" zum Mittelpunkt geselligen Beisammenseins werden.

Basel

Ackermannshof

Bhf→1 km

4056 · St. Johanns-Vorstadt 19-21 · ☎ ((00 41) 61) 5 51 22 44
Moderne, Klassische Küche · Küche: 18:30–20:30 Uhr · **Ruhetag:** So./Mo. · **Ferien:** 8.-12.3. + 12.-23.7. · **Tische:** 9 (+ Terrasse 9)/34 (+ 34) Plätze
restaurant@ackermannshof.ch · www.ackermannshof.ch

Speisekarte: 1 Menü von 123,00 bis 193,00 € 398 Weinpos.
Fast könnte man meinen, es füge sich zusammen, was zusammengehört, denn sowohl Chefkoch als auch Gastgeber im "Ackermannshof" sind in der internationalen Gastroszene keine Unbekannten. Flavio Fermi war (u. a.) langjähriger Küchenchef in der "Osteria Tre". Die Eheleute Tischhauser führten das traditionsreiche Bad Bubendorf Hotel und wollten in einer einjährigen Auszeit eine Weltreise unternehmen – aber dann kam Corona. Allen Unbillen zum Trotz wagen sie mit dem "Ackermannshof" nun ein neues gastronomisches Abenteuer. Das über 800 Jahre alte Gebäude mit imposanter Steinfassade bietet noch Raum für kulturelle Veranstaltungen und nun auch ein Restaurant, das in ungezwungener Atmosphäre zu einem genussvollen Treffpunkt wird. Flavio Fermi interpretiert die aromenstarke mediterrane Küche neu und modern, Überbordendes entfällt, vielmehr beeindruckt die Reduktion auf das Wesentliche. Fleisch und Fisch müssen nicht immer DAS Hauptprodukt sein, denn Gemüse bekommt einen neuen Stellenwert und trägt schon einmal eine Komposition. Was den Zutaten gemeinsam ist: Sie kommen aus nachhaltiger Produktion und wenn möglich aus der Region. Gerne spiegeln die Zusammenstellungen auch das jahreszeitlich wechselnde Warenangebot. Die umfangreiche Weinkarte hat Michael Ruchti sorgfältig zusammengestellt und er berät mit Feingefühl und Expertise. Dieses Fachwissen und die Liebe zum Wein vermittelte ihm einst im Bad Bubendorf Hotel Roland Tischhauser. Und so schließt sich der Kreis – die Gäste danken es dem engagierten Quartett.

Bhf→4 km

Chez Donati

4056 · St. Johanns-Vorstadt 48 · ☎ ((00 41) 61) 3 22 09 19 · Italienische Küche mit französichem Einfluss · Küche: 11:30–14/18:30–22 Uhr · **Ruhetag:** So.-Abd, Mo., Di. · **Ferien:** je 2 Wo. Jan. + Juli · **Tische:** 40 (+ Terrasse 10)/100 (+ 20) Plätze
info@chez-donati.ch · www.chez-donati.ch

Speisekarte: 12 Hauptgerichte von 50,00 bis 70,00 CHF; 1 Mittagsmenü zu 44,00 CHF
170 Weinpos.
An der Johanniter Brücke gelegen, wurde das "Chez Donati" 1950 als eines der ersten italienischen Restaurants in Basel eröffnet und ist eine Institution, wenn es um authentische italienische Küche geht. Für die sorgt Chefkoch Alessandro Nardiello mit handwerklichem Geschick und Kreativität.

Bhf→2 km

Der Teufelhof Basel

4051 · OT Altstadt · Leonhardsgraben 49 · ☎ (0 61) 2 61 10 10 · Fax: 2 61 10 04
Restaurants "Bel Etage" und "Atelier", Café, Bar, Terrasse, Gartenrestaurants
15 km
info@teufelhof.com · www.teufelhof.com

29 **DZ** von 154,00 bis 378,00 CHF;
als **EZ** von 131,00 bis 358,00 CHF;
4 **Jun. Sui.** von 207,00 bis 438,00 CHF
Als gleichsam grenzüberschreitendes Gesamtkunstwerk präsentiert sich der „Teufelhof". Die Zimmer des „Kunsthotels" werden von jeweils einer Künstlerin oder einem Künstler als bewohnbares Kunstwerk für zwei bis drei Jahre individuell gestaltet.

Bhf→2 km

Der Teufelhof Basel - Bel Etage

4051 · OT Altstadt · Leonhardsgraben 49 · ☎ (0 61) 2 61 10 10 · Fax: 2 61 10 04
Klass. u. Neue Küche · Küche: 12–14/19–22 Uhr · **Ruhetag:** Sa.-Mitt./So./Mo. · **Tische:** 17/45 Plätze
info@teufelhof.com · www.teufelhof.com

Speisekarte: 3 Hauptgerichte von 62,00 bis 65,00 CHF; 1 Mittagsmenü zu 59,00 CHF; 1 Menü zu 155,00 CHF
453 Weinpos.
Klar, saisonal und produktorientiert, hält die facettenreiche Küche von Chefkoch Michael Baader für jeden Gourmet etwas Passendes bereit.

Bhf→1 km

Grand Hotel Les Trois Rois

4001 · OT Altstadt · Blumenrain 8 · ☎ (0 61) 2 60 50 50 · Fax: 2 60 50 60
Restaurant, Brasserie, Bar mit Terrasse, "Salon du Cigare"
info@lestroisrois.com · www.lestroisrois.com

43 **DZ** von 595,00 bis 765,00 CHF;
als **EZ** von 515,00 bis 675,00 CHF;
40 **EZ** von 415,00 bis 575,00 CHF;
11 **Ju.-Sui. (inkl. Frühstück)** von 1065,00 bis 1165,00 CHF;
7 **Suiten (inkl. Frühstück)** von 1715,00 bis 1815,00 CHF
Das im Herzen der Baseler Altstadt direkt am Rhein gelegene "Les Trois Rois" ist eines der ältesten und traditionsreichsten Stadthotels in Europa und verbindet Charme und Noblesse mit modernen Annehmlichkeiten. Der umfassende Service lässt keinen Wunsch offen.

Bhf→1 km

Grand Hotel Les Trois Rois - Cheval Blanc by Peter Knogl

4001 · OT Altstadt · Blumenrain 8 · ☎ (0 61) 2 60 50 07 · Fax: 2 60 50 60
Klass., Int. u. Neue Küche · Küche: 12–14/19–22 Uhr · **Ruhetag:** So./Mo. · **Ferien:** 1.-10.1./28.2.-14.3./1.8.-22.8. · **Tische:** 10/32 Plätze
chevalblanc@lestroisrois.com · www.chevalblancbasel.com

Speisekarte: 1 Menü von 240,00 bis 270,00 CHF
800 Weinpos.
In opulenter Pracht eingerichtet, ist das Restaurant eine elegante Bühne für den großen Küchenauftritt von Chef de Cui-

sine Peter Knogl. Klassisches erscheint bei ihm in einem neuen, modernen Gewand, in dem asiatische und mediterrane Elemente kunstvoll verwoben sind.

hotel brasserie au violon

Bhf→1 km

4051 · Im Lohnhof 4 · ☎ ((00 41) 61) 2 69 87 11 · Französische Küche · **Geöffnet:** Mo.-Sa. 11:30-15 + 17:30-23, Fr.+Sa. bis 23:30 · **Ruhetag:** So./Feiertag · **Ferien:** Weihnachten u. Neujahr · **Tische:** 30/80 Plätze
info@au-violon.com · www.au-violon.com

Speisekarte: 11 Hauptgerichte von 29,00 bis 54,00 CHF; 1 Mittagsmenü von 24,00 bis 37,00 CHF
46 Weinpos.

Das "Hotel Brasserie au Violon" in der Basler Altstadt hat eine wechselvolle Geschichte hinter sich. Im Mittelalter noch Kirche, dann Kloster, wurde es nach dem Bildersturm zu einem Stift und war von 1835 bis 1995 ein Gefängnis. Historisches Ambiente und moderne Annehmlichkeiten gehen nun im Interieur eine charmante Verbindung ein, das weit entfernt ist von den Zwängen seiner ehemaligen Bestimmung. Chefkoch David Goldbronn präsentiert eine frische und gehobene Brasserie-Küche mit individueller Gourmetnote. Die erntefrischen Zutaten kombiniert er zu leichten und zeitgeistigen Speisen, Traditionelles und Regionales verfeinert er geschickt. Das Auswahl-Mittagsmenü gibt es auch als vegetarische Variante. Ein zuvorkommender Service begleitet den Restaurantbesuch. Eine Auszeit vom Alltag vor traumschöner Kulisse bietet die hoch gelegene, nostalgisch anmutende Terrasse. Mit mächtigen, Schatten spendenden Bäumen und einem zentralen, leise plätschernden Brunnen als Kulisse erlaubt sie einen herrlichen Blick auf die malerische Altstadt.

Schützenhaus

Bhf→5 km

4051 · Schützenmattstrasse 56 · ☎ ((00 41)) 61 272 67 60
Klass. Reg. Küche · Küche: 11:30–14/18–21 Uhr · **Tische:** 12+12/65+65 Plätze
restaurant@schuetzenhaus-basel.ch · www.schuetzenhaus-basel.ch

Speisekarte: 7 Hauptgerichte von 39,00 bis 65,00 CHF; 1 Menü von 24,00 bis 45,00 CHF
111 Weinpos.

Das traditionsreiche Gasthaus befindet sich in einem der bedeutendsten Basler Baudenkmälern der Renaissance und bietet zwei Restaurants zur Auswahl: im eleganten „Gartensaal" serviert Küchenchef Gilles Brunin Gourmetklassiker aus der regionalen Schweizer und der französischen Küche. Alternativ kann man im urigen „Schluuch" eine sehr heimatlich verankerte Küche genießen.

Restaurant mit sehr guter Küche

Bhf→2 km

roots

✉ 4056 · Mühlhauserstraße 17 · ☎ (00 41 (61)) 3 22 10 56 · Innovative, Moderne Küche · **Geöffnet:** 18:30–24 Uhr · Küche: 18:30–21 Uhr · **Ruhetag:** So./Mo. · **Ferien:** Weihn., Neujahr, Fasnacht, Mitte Juli · **Tische:** 13/38 Plätze VISA AE EC
info@roots-basel.ch · www.roots-basel.ch · f

Speisekarte: 1 Menü von 139,00 bis 189,00 CHF

133 Weinpos.

Die Lage des Restaurants "roots" – unmittelbar am Rheinufer mit perfekter Sicht auf die Altstadt – ist so genial, dass man den Blick kaum abwenden mag. Wären da nicht die Speisen von Chefkoch Pascal Steffen und seinem Team. Das Interieur ist in unaufdringlicher Eleganz gestaltet, dunkle Brauntöne, weiß eingedeckte Tische und die raffinierte Illumination fügen sich zu einem niveauvollen Ganzen und vermitteln eine lässige und kosmopolitische Atmosphäre. Die Küche von Pascal Steffen basiert auf Zutaten, die nur in kompromissloser Frische und wenn ihre Zeit reif ist in sein Reich der Töpfe und Pfannen kommen. Dort treffen sie auf einen jungen Mann, der nicht statisch arbeitet oder einen Stil zum Dogma erhebt. Vielmehr nutzt er die unbegrenzten Möglichkeiten traditionelle und moderne Techniken, Garmethoden und Texturen zu vermischen, mit verschiedensten Aromen zu tüfteln und immer wieder neue, wirklich innovative Speisen zu kreieren, die einen jahreszeitlichen Bezug haben und in denen Gemüse und Saucen nie am Rande auftauchendes Beiwerk, sondern vielmehr elementarer Bestandteil des Gerichts sind. Überflüssiges Chichi gibt es nicht, die Konzentration aufs Wesentliche beherrscht den Teller. Das Menü kann man mit vier bis zu neun Gängen ordern, passende Weine gibt es in Topqualität. Hier berät Silke Reitzel mit professionellem Wissen und Feingefühl, dass sie auch als Restaurantleiterin beweist. Der unkomplizierte und natürliche Service trägt nicht unerheblich zur angenehm entspannten Atmosphäre im "roots" bei.

Dieses Restaurant bietet Ihnen eine exzellente Küche.

Stucki - Tanja Grandits OT Bruderholz

Bhf→3 km

4059 · Bruderholzallee 42 · ☎ (41(0) 61) 361 82 22 · Fax: 361 82 03
Aromaküche · Küche: 12–13/18:30–20 Uhr · **Ruhetag:** So./Mo. · **Ferien:** 3 Wo. Feb. /2 Wo. Okt. · **Tische:** 20/65 Plätze
info@tanjagrandits.ch · www.tanjagrandits.ch

Speisekarte: 1 (Di.-Fr.) Mittagsmenüs von 95,00 bis 140,00 CHF; 1 Aromamenü (9-Gang) zu 250,00 CHF

647 Weinpos.

Wenn das Restaurant "Stucki - Tanja Grandits" ein Gesamtkunstwerk ist, ist Tanja Grandits die virtuose Künstlerin, die es aus der Fülle erstklassiger Restaurants heraushebt. Über eine große Treppe betritt man die klassizistische Villa und gelangt in einen Speiseraum, der mit sanft geschwungenen Fauteuils in Naturtönen an edel eingedeckten Tischen beeindruckt, ein Raum, der von eleganter Schlichtheit ist und genau deshalb so wunderbar zu der Küche von Tanja Grandits passt. Ihre größte Inspirationsquelle ist die Natur mit ihrer überwältigenden Fülle an Düften, Farben und Pflanzen. Und wenn man einmal die Speisen der Chefköchin erleben durfte, wird man schwören, dass es ihr gelingt, auch die Klänge der Natur in die außergewöhnlichen Kompositionen einfließen zu lassen. Das Spiel mit Aromen, Texturen und Sensorik erscheint so federleicht und ist doch das Produkt von konzentrierter Arbeit, gepaart mit überbordender Kreativität. Die Speisen erscheinen wie ein im Tellerrund platziertes Gedicht. Jeder Gang ist das Spiel mit und den feinsten Aromen und einer Grundfarbe, die in staunenswerten Variationen erscheint, so dass am Ende tatsächlich ein Kunstwerk entstanden ist, dass durch seine Vergänglichkeit noch kostbarer wird. Grégory Rohmer ist ein formvollendeter Maître, der ebenso wie sein top geschulter Service dem Gast mit außerordentlicher Zugewandtheit und natürlicher Liebenswürdigkeit begegnet. Sommelier Christian Juppe steht dem mit Sachkenntnis und Sensibilität in nichts nach. Für Feierlichkeiten oder geschäftliche Anlässe steht ein teilbarer Saal in schlichter Eleganz zur Verfügung.

St. Alban Stübli

Bhf→1,5 km

4052 · St. Alban-Vorstadt 74 · ☎ (00 41 (61)) 2 72 54 15
Klassische und Regionale Küche · **Geöffnet:** 12–14/18–23 Uhr · **Ruhetag:** Sa./So. · **Ferien:** Weihn., Neujahr + 2 W. Juli · **Tische:** 13 + 13/50 + 50 Plätze
tobias.schaub@stalbanstuebli.ch · www.stalbanstuebli.ch

Speisekarte: 10 Hauptgerichte von 38,00 bis 55,00 CHF; 1 Mittagsmenü von 30,00 bis 39,00 CHF

273 Weinpos.

Dass das "St. Alban Stübli" in der liebevoll genannten Basler "Dalben-Vorstadt" eine über 100-jährige Geschichte hat, kann man erkennen, wenn man das historische Haus betritt. Von der Bierstube über die Quartierbeiz bis zum Feinschmeckerrestaurant war es ein wechselvoller, aber guter Weg. Patron Tobias Schaub hat das Interieur geschmackvoll renovieren lassen. Mit halbhohen, dunklen Holz-Kassettenwänden, weißer, kannelierter Säule und edel eingedeckten Tischen ist das Ambiente gediegen und weltoffen zugleich. In entspannter Atmosphäre kann man den Alltag bei erstklassigen Speisen außen vorlassen.

Die abwechslungsreiche, gerne auch saisonal inspirierte Frischeküche, in der sowohl klassische als auch raffiniert verfeinerte regionale Speisen ihren Platz haben, hält für jeden Geschmack etwas bereit. Mit großer Präzision, Sorgfalt und feinem kulinarischem Gespür werden die handverlesenen Zutaten kombiniert, präzise abgeschmeckt und in wunderschöner Optik ins Tellerrund platziert. Mittags wird ein Menü angeboten, das mit Fisch, Fleisch und vegetarischen Komponenten in zwei oder drei Gängen zur Auswahl steht. Der Patron ist formvollendeter Gastgeber und aufmerksamer Maître und wird von Yolanda Dimas in der Weinberatung unterstützt. An warmen Tagen kann man den hübsch begrünten Innenhof als Open-Air-Restaurant nutzen. Außerdem stehen für bestens betreute Bankette und Meetings schöne Räumlichkeiten zur Verfügung.

Bern

Bhf→1 km

Bellevue Palace

3001 · Kochergasse 3-5 · (0 31) 3 20 45 45 · Fax: 3 20 46 46
"VUE", "Bellevue Bar", Terrasse
20 km
info@bellevue-palace.ch · www.bellevue-palace.ch

75 **DZ** von 523,00 bis 623,00 CHF;
25 **EZ** von 399,00 bis 550,00 CHF;
29 **Suit.** von 784,00 bis 3550,00 CHF
Nicht nur Staatsgäste aus aller Welt wissen die exklusive Lage dieses beeindruckenden Berner Traditionshotels direkt neben dem Schweizer Bundeshaus zu schätzen.

Bhf→1 km

Bellevue Palace - VUE

3001 · Kochergasse 3-5 · (0 31) 3 20 45 45 · Fax: 3 20 46 46
Klassische, Neue, Reg. Küche · Küche: 12–14/18–22 Uhr · **Tische:** 20/50 Plätze
info@bellevue-palace.ch · www.bellevue-palace.ch

Speisekarte: 9 Hauptgerichte von 24,00 bis 62,00 CHF; 1 Abendmenü von 89,00 bis 135,00 CHF
496 Weinpos.
Belle Époque Stil ist die elegante Kulisse für den kulinarischen Auftritt von Chef de Cuisine Gregor Zimmermann. Mit hohem Kreativfaktor kombiniert er traditionelle Rezepturen und Zubereitungsformen mit modernen Trends.

Bhf→100 m

Schweizer Hof Hotel & Spa

3001 · Bahnhofplatz 11 · ((00 41)) 31 326 80 80
Restaurant, Biergarten, Dachterrasse, Café, Raucher-Lounge, Arrangements
info@schweizerhof-bern.ch · www.schweizerhof-bern.ch

78 **DZ** von 330,00 bis 679,00 CHF;
19 **Suiten** von 660,00 bis 1794,00 CHF
Bereits seit 1859 begrüßt das traditionsreiche Hotel Gäste aus aller Welt. Elegantes und charmantes Interieur versprechen dem niveauvollen Gast einen angenehmen Aufenthalt, der keine Wünsche offen lässt. Das Restaurant „Jack´s Brasserie" offeriert vorzügliche Speisen und eine der besten Weinkarten der Schweiz.

Bhf→300 m

Wein & Sein Härzbluet

3011 · Münstergasse 50 · ((00 41)) 31 311 98 44
Klass. u. Reg. Küche · Küche: 18–20 Uhr · **Ruhetag:** So./Mo. · **Tische:** 9+9/26+26 Plätze
info@weinundsein.ch · www.weinundsein.ch

Speisekarte: 1 Menü von 128,00 bis 148,00 CHF
148 Weinpos.
In historischen Gewölben begrüßt Gastgeberin Daniela Jaun zusammen mit Küchenchef Simon Sommer die Gäste mit einer anspruchsvollen Gastronomie. Bei der Produktauswahl für die regelmässig wechselnden Menüs wird höchster Wert auf saisonale Frische und Nachhaltigkeit gelegt.

Zum Äusseren Stand

Bhf→500 m

✉ 3011 · Zeughausgasse 17 · ☎ ((00 41)) 31 329 50 50
Klass.-moderne, schweizerisch u. asiat. Küche · Küche: 11:30–14/18–21:30 Uhr ·
Ruhetag: So./Mo. · **Tische:** 18/45 Plätze
info@aeussererstand.ch · www.aeussererstand.ch

Speisekarte: 6 Hauptgerichte von 34,00 bis 54,00 CHF; 1 Mittagsmenü von 45,00 bis 62,00 CHF; 1 Menü zu 145,00 CHF

103 Weinpos.

Inmitten der Berner Altstadt gelegen, genießt man hier in stilvollem Ambiente die Küche von Sternekoch Fabio Toffolon, der hochwertige und saisonale Produkte in unvergessliche und spannende Geschmackserlebnisse verwandelt.

Bubendorf

Bad Bubendorf Hotel

✉ 4416 · Kantonsstraße 3 · ☎ (0041 (0) 61) 935.55.55 · Fax: 935.55.66 · Restaurants, Gartenwirtschaft, Hotelbar und Loungebereich, Specials, Zi.-Preise inkl. Frühst.
2,5 km
hotel@badbubendorf.ch · www.badbubendorf.ch

50 **DZ** von 170,00 bis 330,00 CHF;
als **EZ** von 169,00 bis 400,00 CHF;
3 **Suiten** von 310,00 bis 420,00 CHF

Das "Bad Bubendorf Hotel", im schönen Baselbiet an der Verzweigung alte Hauensteinlinie Waldenburger- und Reigoldswilertal gelegen, bietet sowohl dem Business- als auch dem Individualgast beste Logis. Der komplett renovierte denkmalgeschützte, historische Teil des Hauses wurde mit einem schick designten Erweiterungsbau ergänzt und verbindet nun Tradition und Moderne in harmonischer Atmosphäre. Die Zimmer (Preise inkl. reichhaltigem Frühstücksbuffet) sind mit sehr viel Geschmack und hochwertigen Materialien eingerichtet und verfügen über zeitgemäße Annehmlichkeiten. Tagungsgäste finden hier neben klimatisierten und lichdurchfluteten Seminarräumen eine perfekte Infrastruktur mit moderner Moderations- und Präsentationstechnik und fachkompetenten Dienstleistungen vor – das Haus zählt nicht ohne Grund zu den beliebtesten Seminarhotels in der Schweiz. Ein geschultes Team begleitet die individuell geplante Veranstaltung, so dass immer ein kompetenter Ansprechpartner vor Ort ist. Dieser umfassende Service bezieht sich natürlich auch auf den Ablauf privater Feiern, für die stilvolle Räumlichkeiten bereitstehen.

♜ Bad Bubendorf Hotel – Osteria TRE

✉ 4416 · Kantonsstraße 3 · ☎ (0041 (0) 61) 935.55.55 · Fax: 935.55.66
Neue und Italienische Küche · **Geöffnet:** Di.-Sa. ab 18 Uhr · **Ruhetag:** So./Mo. ·
Ferien: variabel · **Tische:** 15/30-40 Plätze
hotel@badbubendorf.ch · www.badbubendorf.ch

Speisekarte: 3 (Di.-Do.) Tagesgerichte von 55,00 bis 60,00 CHF; 2 Menüs (Fr./Sa.) von 125,00 bis 162,00 CHF
550 Weinpos.

Bodentiefe Fenster, helle Farben, unzählige, gerahmte Schwarzweiß-Fotos an der Stirnwand und in edlem Weiß eingedeckte Tische verbinden sich in der "Osteria Tre" zu einem unaufgeregten, entspannten und weltoffenen Ambiente. Mit Vittorio Conte steht ein neuer Chefkoch (und "alter" Souschef) am Herd, der aus der Region um Neapel kommt und mit einer ungemein ehrlichen und facettenreichen italienischen Küche begeistert. Das gesamte Küchenteam ist aus Italien, entsprechend aromenbetont sind die Speisen, die bei Vittorio Conte trotz aller Unverfälschtheit zu einer kreativen Gourmetküche avancieren. Dienstag bis Donnerstag gibt es à la carte Speisen und es stehen immer jeweils drei Vor- und Hauptspeisen (Fleisch, Fisch oder vegan) und drei Desserts zur Auswahl. Am Wochenende gibt es zwei wunderbar ausgetüftelte Menüs. Bodenständiges und Snacks gibt es in der "Wirtschaft zum Bott" und klassische Gerichte warten im Wintergarten-Pergola Restaurant. Besonders gerne genießen die Gäste von Anfang April bis Ende September die Speisen unter großen Bäumen im malerischen Bauerngarten.

Le Murenberg

✉ 4416 · Krummackerstraße 4 · ☎ (0043-61) 931 14 54 · Fax: 931 18 46
Klassische und Regionale Küche · Küche: 12–13:30/18:30–21 Uhr · **Ruhetag:** So./Mo. · **Ferien:** variabel · **Tische:** 13/35 Plätze
info@lemurenberg.ch · www.lemurenberg.ch

Speisekarte: 5 Hauptgerichte von 48,00 bis 58,00 €; 1 Tagesgericht von 28,00 bis 32,00 €; 1 Mittagsmenü von 45,00 bis 55,00 €; 2 Menüs von 90,00 bis 125,00 €
598 Weinpos.

Patron und Chef de Cuisine Denis Schmitt hat sein Restaurant "Le Murenberg" mit großem Einsatz zu einem beliebten kulinarischen Treffpunkt gemacht. Reisende, Stammgäste und Feinschmecker werden hier gleichermaßen von der durchdachten Küche begeistert sein. Das Interieur ist mit Stil und Niveau eingerichtet: Umlaufende, hochlehnige, in einem Limettenton gepolsterte Bänke und schlichte, hellgraue Fauteuils an den edel eingedeckten Tischen ergeben ein stimmiges Ganzes mit privatem und behaglichem Flair. Die Speisen des Patrons sind in der französischen Küche verwurzelt und basieren auf erstklassigen, erntefrischen und gerne auch saisonalen Zutaten. Er kocht ehrlich und fantasievoll, kombiniert die verschiedenen Aromen wohlüberlegt und ausbalanciert und lässt immer wieder finessenreiche Elemente aus der Kreativabteilung einfließen. Wer im Oktober an den gut besuchten Bretonischen Wochen mit frischen Meeres- und Krustentieren aus der Bretagne teilnehmen möchte, sollte unbedingt rechtzeitig reservieren. Mittags gibt es wahlweise ein Zwei- oder Dreigang-Menü. Melanie Schmitt ist die charmante Dame des Hauses, begrüßt die Gäste mit großer Liebenswürdigkeit und leitet den zuvorkommenden Service. Weine gibt es in staunenswerter Fülle – hier berät Dimitri Preis mit Expertise und Feingefühl. Hervorhebenswert ist auch der wunderschöne Gastgarten mit Blick ins malerische Grün, der den Restaurantbesuch zu einer traumschönen Auszeit vom Alltag macht.

Crissier / Lausanne

Hôtel de Ville - B. Violier

Bhf→9 km

1023 · Rue d'Yverdon 1 · (+ 41 21) 634 05 05 · Fax: 634 24 64
Klassische Küche · Küche: 12–13/19–20:30 Uhr · **Ruhetag:** So./Mo. · **Tische:** 15/50 Plätze
VISA AE
reservation@restaurantcrissier.com · www.restaurantcrissier.com

Speisekarte: 5 Hauptgerichte von 100,00 bis 220,00 CHF; 2 Menü von 315,00 bis 390,00 CHF
721 Weinpos.
Chef de Cuisine Franck Giovannini präsentiert Speisen, die einem steten Wandel unterliegen und dank des Könnens und der überbordenden Kreativität des Chefkochs zu einer Küche der unbegrenzten Möglichkeiten werden.

Davos

Seehof Davos OT Dorf

Bhf→100 m

7260 · Promenade 159 · (0 81) 4 17 94 44 · Fax: 4 17 94 45 · Rest., "Chesa Davos" mit Sonnenterrasse u. "Panorama", Gourmet Stübli, Hotellounge m. Bar
2 km
VISA AE
info@seehofdavos.ch · www.seehofdavos.ch

81 **DZ** ab 280,00 CHF;
7 **EZ** ab 190,00 CHF;
5 **Suiten** ab 720,00 CHF;
6 **Ju.-Suiten** ab 520,00 CHF
Unmittelbar neben der Talstation der bekannten Parsennbahn liegt dieses Urlaubshotel, das seit 1869 gastliche Traditionen pflegt. Die Zimmer sind stilvoll (Preise inkl. Frühst.) und genügen allerhöchsten Ansprüchen.

Waldhotel Davos

Bhf→2,5 km

7270 · OT Platz · Buolstrasse 3 · (0 81) 4 15 15 15 · Fax: 4 15 15 16 · Restaurant m. Reg. u. Intern. Küche, Bibliothek, Bar, Terrasse, Zi.-Preise inkl. Frühstück
2 km
VISA AE
info@waldhotel-davos.ch · www.waldhotel-davos.ch

27 **DZ** von 214,00 bis 817,00 CHF;
15 **EZ** von 133,00 bis 449,00 CHF;
8 **(Ju.-)Sui.** von 329,00 bis 1197,00 CHF
Einst ein Waldsanatorium, empfängt das luxuriöse Hotel in exklusiver Lage seine Gäste heute mit ungezwungenem Charme und einer angenehm privaten Atmosphäre.

Bhf→2,5 km

Waldhotel Davos - Atrium

✉ 7270 · OT Platz · Buolstr. 3 · ☎ (0 81) 4 15 15 15 · Fax: 4 15 15 16
Französische Küche · Küche: 18:30–21:30 Uhr · **Tische:** 10/25 Plätze
VISA AE
info@waldhotel-davos.ch · www.waldhotel-davos.ch

Speisekarte: 6 Hauptgerichte von 25,00 bis 65,00 CHF; 1 Menü von 125,00 bis 185,00 CHF
715 Weinpos.
Fine Dining in entspannter, weltoffener Atmosphäre wird im Restaurant dank Küchenchef Jeroen Achtien regelrecht zelebriert. Er kocht unverfälscht, aromensicher und blickt gerne auch über den nationalen Tellerrand.

Delémont

Metropole

✉ 2800 · Quai de la Sorne 4 · ☎ ((00 41) 32) 4 23 41 01
Gehobene Französische Küche · **Geöffnet:** 9-14, 18:30-22 Uhr, So 9-15:30+18-23:30 · **Ruhetag:** Di./Mi. · **Ferien:** 2 W. Ostern, 3 W. Juli/Aug. · **Tische:** 16/50 Plätze
info@restaurant-metropole.ch · www.restaurant-metropole.ch

Speisekarte: 8 Hauptgerichte von 24,00 bis 50,00 CHF; 1 Tagesgericht zu 18,50 CHF; 1 Mittagsmenü zu 54,00 CHF; 1 Businesslunch zu 52,00 CHF
Nahe dem Bahnhof und der Fußgängerzone findet man in einem imposanten Eckhaus aus dem Jahre 1906 das Restaurant "Metropole". Lange Zeit ein Bistro von etwas zweifelhaftem Ruf, kann man hier nun seit 1987 eine abwechslungsreiche und ehrliche französische Küche genießen. Für die sorgt Chefkoch Cyril Schwartz mit Fleiß, Einfallsreichtum und handwerklichem Geschick. In seine Küche gelangen nur ausgesuchte, frische Zutaten, alles wird selber gemacht, Convenience-Produkte sind verpönt. Das aktuelle und saisonale Marktangebot bestimmt häufig den Speiseplan. Die auf tagesfrischen Einkäufen basierenden Zusammenstellungen werden auf einer Tafel annonciert. Die Region um Delémont ist für ihr Wild bekannt, so dass von September bis Ende Dezember besonders exquisite Wildspezialitäten auf der Karte stehen. Für die begleitenden Weine sorgt Ehefrau Claudia Schwartz, sie hat ein Sommelier-Diplom mit höchster Auszeichnung und berät mit großem Wissen und Feingefühl.

Restaurant mit gehobener Küche

Flims

Chesa

Bhf→10 m

7018 · OT Waldhaus · Promenada 18 · ☎ ((00 41) 79) 7 77 96 21
Saisonale Küche mit französischen Elementen · Küche: 11:30–14/18–21 Uhr ·
Ruhetag: Mi. · **Ferien:** Mitte Okt.-Mitte Nov. · **Tische:** 8/25 Plätze
info@hotelchesa.ch · www.hotelchesa.ch ·

Speisekarte: 8 Hauptgerichte von 29,00 bis 55,00 €; 1 Tagesgericht zu 22,00 €; 1 Menü von 80,00 bis 110,00 €

126 Weinpos.

Das Restaurant im Hotel Chesa ist in unaufdringlicher Eleganz eingerichtet und bietet zusätzlich zur feinen Frischeküche einen schönen Ausblick in die herrliche Graubündner Landschaft. Chefkoch Valère Braun arbeitet im Einklang mit der Natur und lässt sich bei seinen gut durchdachten Speisen vom jahreszeitlich wechselnden Marktangebot inspirieren. Seine modernen und zeitgemäßen, leichten Gerichte nehmen Anleihen in der elsässischen und mediterranen Küche mit ihrer großen Aromenfülle. Er arbeitet präzise, konzentriert und mit handwerklichem Können. Mittags und abends kreiert er gemeinsam mit seinem Team ausbalancierte Speisen, deren Grundprodukte – nicht zuletzt um der Nachhaltigkeit willen – selbst zubereitet werden. Rund ums Jahr gibt es an ausgesuchten Tagen verschiedenste Spezialitäten wie z. B. Bouillabaisse, Wild, Trüffel, Hummer oder Austern. Dominique Reutter berät zu den korrespondierenden Weinen und leitet mit Übersicht den liebenswürdigen Service.

Waldhaus Flims Alpine Grand Hotel & Spa

Bhf→20 km

7018 · Via dil Parc 3 · ☎ (0 81) 9 28 48 48
"Chadafö" und "Summit" Bar, Terrassen, verschiedene Restaurants
7 km
info@waldhaus-flims.ch · www.waldhaus-flims.ch ·

120 **DZ** von 360,00 bis 860,00 CHF;
als **EZ** von 275,00 bis 470,00 CHF;
3 **EZ** von 360,00 bis 710,00 CHF;
12 **Sui.** von 660,00 bis 3500,00 CHF

Wiederbelebte Grandezza prägt das Ambiente in diesem luxuriösen Domizil. Der Charme der Jahrhundertwende verbindet sich mit modernem Wohnkomfort aufs Feinste zu einer perfekten Einheit. Die Zimmer sind individuell und überaus geschmackvoll eingerichtet und bieten zeitgemäßen Komfort. Eingebettet in den größten Hotelpark der Schweiz kann man auf den Wiesen oder im Pool herrlich entspannen, das hinreißende Freizeitangebot nutzen und in der wirklich prachtvollen Wellnessoase die Seele baumeln lassen. Für die Kleinen gibt es einen Kids' Club mit Restaurant. Das gastronomische Angebot mit dem Gourmetrestaurant "epoca by Tristan Brandt", "Fairöuz" (libanesische Küche), "Pomodoro" (italienische Küche), "Siam" (authentische thailändische Küche) und dem Restaurant "Brasserie" ist ungemein vielseitig und wird von den Bars "Chadafö" und "The Summit" ergänzt.

Bhf→20 km

Epoca by Tristan Brandt

7018 · Via dil Parc 3 · ☎ ((00 41) 81) 9 28 48 48
Internationale und Regionale Küche · Küche: 18:30–22:30 Uhr · **Ruhetag:** Mo./Di./Mi. · **Ferien:** je 2 Wo. Feb. + Sept. · **Tische:** 12/35 Plätze
restaurant@waldhaus-flims.ch · www.waldhaus-flims.ch

Speisekarte: 5 Hauptgerichte von 39,00 bis 49,00 CHF; 1 Menü von 139,00 bis 189,00 CHF 460 Weinpos. Großflächig verglast, verschmelzen im Gourmetrestaurant das elegant-moderne Innen- und das alpine Außenleben. So wird die gewaltige Bergwelt zu einer beeindruckenden Kulisse für ein nicht weniger faszinierendes gastronomisches Abenteuer. Gemeinsam mit Chefkoch Niklas Oberhofer hat Küchenchef Tristan Brandt ein neues Küchenkonzept für das Epoca entwickelt, das den Gast auf eine kulinarische Reise der Extraklasse mitnimmt. Auch in der Feinschmeckerabteilung kocht man unter dem Aspekt „vom Bauernhof zum Tisch". Die frischesten saisonalen Erzeugnisse, die von bekannten Lieferanten in Graubünden angebaut werden, kommen zum Einsatz und sind die Basis für die durchdachten Kombinationen. Niklas Oberhofer arbeitet präzise, mit großem handwerklichem Geschick.

Sein Können mündet in eine moderne französische Küche mit asiatischen und alpinen Einflüssen und überraschend innovativen Geschmackmomenten. Mit Paul Stiebler gibt es einen kenntnisreichen Sommelier, der zur top sortierten Weinauswahl berät und auch mit leichter Hand den zuvorkommenden und kompetenten Service leitet.

Fribourg

Bhf→3 km

Restaurant des Trois Tours

1722 · Route de Bourguillon 15 · ☎ (0 26) 3 22 30 69 · Fax: 3 22 42 88
Neue Küche, eig. Kreat. · Küche: 12–14/19–21 Uhr · **Ruhetag:** So./Mo. · **Tische:** 15/50 Plätze
a.baechler@troistours.ch · www.trois-tours.ch

Speisekarte: 9 Hauptgerichte von 60,00 bis 68,00 CHF; 1 Tagesgericht von 75,00 bis 170,00 CHF; 1 Menü von 150,00 bis 182,00 CHF 362 Weinpos. Jede der durchdachten Speisen von Chef de Cuisine Alain Bächler ist auch optisch ein Kunstwerk. Er versteht es, aus handverlesenen Zutaten innovative Kompositionen mit aromatischem Tiefgang zu kreieren.

Ftan/Unterengadin

Hotel Paradies

Bhf→6 km

7551 · · ☎ (0 81) 8 61 08 08 · Fax: 8 61 08 09
Restaurant „Cucagna Alpina“, Terrasse, Bar, Kaminhalle, Zi.-Preise all inclusive
8 km
info@paradieshotel.ch · www.paradieshotel.ch ·

4 **DZ** ab 970,00 CHF;
als **EZ** ab 485,00 CHF;
4 **Suiten** ab 1.480,00 CHF;
11 **Ju.-Suiten** ab 1.090,00 CHF
Umgeben von der Lischanakette und der Silvrettagruppe, ist die Hotellage fantastisch. Die Zimmer sind mit Geschmack individuell eingerichtet. Wellnessoase, Bibliothek, Restaurants und die Terrasse gehören zum Angebot. Die Preise verstehen sich inklusive aller Mahlzeiten und Getränke.

Hotel Paradies - Cucagna Alpina

Bhf→6 km

7551 · · ☎ (0 81) 8 61 08 08 · Fax: 8 61 08 09
Eigene (Fleisch-)Kreationen · **Geöffnet:** 18–22 Uhr · **Ferien:** Apr./Nov. · **Tische:** 13/40 Plätze
info@paradieshotel.ch · www.paradieshotel.ch ·

Speisekarte: 6 Tagesgerichte von 18,00 bis 48,00 CHF
410 Weinpos.
Der Blick in die hinreißend schöne alpine Landschaft ist beeindruckend, das moderne Küchenangebot mit exzellenten Fleischspezialitäten steht dem in nichts nach. Tagesgerichte werden von einem täglich wechselnden Abenmenü ergänzt.

Fürstenau

Schauenstein Schloss Restaurant Hotel

7414 · · ☎ (0 81) 6 32 10 80
Klass.-Moderne-Regionale Küche · **Geöffnet:** Do.-So. ab 12 Uhr, Mi.-So. ab 19 Uhr · **Ruhetag:** Mo/Di · **Ferien:** variabel · **Tische:** 10/28 Plätze
kontakt@schauenstein.ch · www.schauenstein.ch ·

Speisekarte: 1 Menü von 238,00 bis 272,00 CHF
900 Weinpos.
Patron und Chefkoch Andreas Caminada hat die ohnehin schon vielgepriesene Küche der Eidgenossen auf ein faszinierend hohes Niveau geschraubt. Was er mit den handverlesenen Zutaten kreiert und ertüftelt, eröffnet dem Gast faszinierend neue Geschmackswelten.

Gattikon

Sihlhalde

Bhf→4 km

8136 · OT Thalwil · Sihlhaldenstr. 70 · ☎ (044) 7 20 09 27
Klassische und Neue Küche · Küche: 11:30–14/18:30–22 Uhr · **Ruhetag:** So/Mo · **Tische:** 14/45 Plätze
info@smoly.ch · www.smoly.ch

Speisekarte: 8 Hauptgerichte von 58,00 bis 66,00 CHF; 1 Menü von 98,00 bis 128,00 CHF
187 Weinpos.
Klassische Küche wird im in dezenter Eleganz eingerichteten Restaurant in moderner und leichter Form präsentiert. Die von Patron und Chefkoch Gregor Smolinsky handwerklich korrekt zubereiteten Speisen spiegeln gerne auch das jahreszeitliche Warenangebot wider.

Ein Restaurant mit anspruchsvoller Küche.

Genève

Bhf→500 m

Beau-Rivage

1201 · Quai du Mont-Blanc 13 · ☎ (0 22) 7 16 66 66 · Fax: 7 16 60 60
Restaurants, Bar (Nachmittagstee, Cocktails)
5 km
reservation@beau-rivage.ch · www.beau-rivage.ch

73 **DZ** von 870,00 bis 1320,00 CHF;
als **EZ** von 800,00 bis 1320 CHF;
17 **S.** von 1620,00 bis 12000,00 CHF
Ein Aufenthalt im weltbekannten „Beau-Rivage", dem Luxusdomizil am Ufer des Lac Lémain mit seinen stilvoll-eleganten Zimmern und Antiquitäten, ist geprägt von Wohnkultur auf Topniveau.

Bhf→500 m

Beau-Rivage - Le Chat Botté

1201 · Quai du Mont-Blanc 13 · ☎ (0 22) 7 16 66 66 · Fax: 7 16 60 60
Klass. u. Neue Kü., eig. Kreat. · Küche: 12–13:30/19–20:30 Uhr · **Ruhetag:** Sa.-Mit./So. · **Tische:** 20/50 Plätze
info@beau-rivage.ch · www.beau-rivage.ch

Speisekarte: 7 Hauptgerichte von 50,00 bis 90,00 CHF; 1 Mittagsmenü von 60,00 bis 75,00 CHF; 2 Menüs von 120,00 bis 220,00 CHF
912 Weinpos.
Mit Chef de Cuisine Dominique Gauthier hat das "Le Chat Botté" einen Chefkoch, der so unverfälscht wie innovativ und faszinierend vielfältig kocht. Ganz ohne Dogma stellt er die Viktualien zusammen und kreiert erlesene Genussmomente.

Goldach

Bhf→1 km

Villa am See

9403 · Seestrasse 64 · ☎ (071) 8 45 54 15 · Fax: 8 45 54 16
Klass. u. eig. Kreationen · Küche: 11:30–14:30/18–23 Uhr · **Ruhetag:** Mo./Di. · **Tische:** 16/50 Plätze
www.villa-am-see.ch

Speisekarte: 10 Hauptgerichte von 30,00 bis 75,00 CHF; Tagesgerichte von 35,00 bis 63,00 CHF; Menüs von 95,00 bis 115,00 CHF
285 Weinpos.
Die "Villa am See" ist ein idyllischer Ort, um gepflegt zu speisen. Leicht, aromenstark und mediterran inspiriert ist die Küche von Peter Runge, der auch Regionales raffiniert verfeinert.

Gstaad

Bhf→3 Min.

Le Grand Bellevue

3780 · Untergstaadstrasse 17 · ☎ (0 33) 7 48 00 00 · Fax: 7 48 00 01
Restaurant, Piano-Bar
10 km
info@bellevue-gstaad.ch · www.bellevue-gstaad.ch

48 DZ und 9 **Suiten** auf Anfrage
Das exklusive 5-Sterne-Hotel ist bekannt für höchste Ansprüche an Qualität, die persönliche Atmosphäre und für eine hervorragende Gourmetküche. Der neu renovierte 3000 qm Spa-Bereich mit seiner einmaligen Thermal-Oase bietet viel Raum zum Entspannen.

Bhf→3 Min.

Le Grand Bellevue - Leonard's

3780 · Untergstaadstrasse 17 · ☎ (41 33) 7 48 00 00
Internationale u. Regionale Küche · Küche: 7–22:45 Uhr
info@bellevue-gstaad.ch · www.bellevue-gstaad.ch

Speisekarte: 14 Hauptgerichte von 38,00 bis 84,00 CHF; 1 Menü von 85,00 bis 148,00 CHF
600 Weinpos.
Unaufdringliche Eleganz prägt das Restaurant, ausbalancierte Zusammenstel-

lungen, die bevorzugt auf heimischen Zutaten basieren, kennzeichnen die durchdachte Produktküche von Chefkoch Francesco de Bartolomeis.

Le Grand Chalet

Bhf→1 km

3780 · OT Neueret · Neueretstrasse 43 · (0 33) 7 48 76 76 · Fax: 7 48 76 77
Restaurant "La Bagatelle", Panoramaterrasse, Bar, Spielplatz
10 km
hotel@grandchalet.ch · www.grandchalet.ch

18 **DZ** von 280,00 bis 730,00 CHF;
als **EZ** von 170,00 bis 580,00 CHF;
4 **Suiten** von 510,00 bis 850,00 CHF;
3 **Ju.-Sui.** von 470,00 bis 640,00 CHF

Im Hotel "Le Grand Chalet" wird der Gast mit großer Herzlichkeit empfangen und umsorgt und wohnt in liebevoll eingerichteten Zimmern mit zeitgemäßem Komfort und Balkon (Preise inkl. Frühstück).

Le Grand Chalet - La Bagatelle

Bhf→1 km

3780 · OT Neueret · Neueretstr. 43 · (0 33) 7 48 76 76 · Fax: 7 48 76 77
Klass./Int./Reg. Kü. · Küche: 12–22 Uhr · **Tische:** 15/40 Plätze
hotel@grandchalet.ch · www.grandchalet.ch

Speisekarte: 14 Hauptgerichte von 28,00 bis 65,00 CHF; 1 Mittagsmenü ab 58,00 CHF; 1 Abendmenü von 108,00 bis 158,00 CHF 1012 Weinpos.

Ländliche Eleganz prägt das Restaurant, das im alpenländischen Stil eingerichtet ist. Chefkoch Steve Willié lässt sich besonders gerne vom heimischen Warenangebot inspirieren und kocht pointiert und aromenstark.

Heiden

Gasthaus zur Fernsicht - Incantare

9410 · Seeallee 10 · ((00 41) 41 71) 8 98 40 40
Moderne Klassiche Küche · **Geöffnet:** Di.-Sa. 18.30-23 Uhr · **Ruhetag:** So./Mo.
info@fernsicht-heiden.ch · www.fernsicht-heiden.ch

Speisekarte: 8-Gang-Menü zu 230,00 €
ca. 1000 Weinpos.

Die Speisen von Chefkoch Tobias Funke sind ungemein kreativ. Er tüftelt mit ausgesuchten Zutaten, verändert das angebotene Menü alle 14 Tage und überlässt dem Gast die Auswahl und Zusammenstellung der einzelnen Gänge.

Interlaken

Victoria-Jungfrau Grand Hotel - La Terrasse

3800 · Höheweg 41 · (0 33) 8 28 28 28 · Fax: 8 28 28 80
Klass. u. Neue Küche · Küche: 18–22 Uhr · **Ruhetag:** So./Mo. · **Tische:** 49/120 Plätze
interlaken@victoria-jungfrau.ch · www.victoria-jungfrau.ch

Speisekarte: 4 Hauptgerichte von 42,00 bis 76,00 CHF; 1 Menü von 125,00 bis 135,00 CHF
437 Weinpos.

Die Küche von Chef de Cuisine Stefan Beer ist wunderbar kreativ, ohne eine klare Linie zu verlassen. Er kombiniert die handverlesenen, gerne regionalen Zutaten mit raffinierten Ideen und handwerklicher Präzision.

Victoria-Jungfrau Grand Hotel und Spa

Bhf→750 m

3800 · Höheweg 41 · (0 33) 8 28 28 28 · Fax: 8 28 28 80
Restaurants, Bars, Terrassen, exquisites Frühstücksbuffet
8,5 km
interlaken@victoria-jungfrau.ch · www.victoria-jungfrau.ch

103 **DZ** von 650,00 bis 800,00 CHF;
19 **EZ** ab 300,00 CHF;
102 **Suiten** ab 800,00 CHF

Schon der Name dieses klassischen

Grand Hotels ist Programm: Der Ausblick auf das Jungfrau-Massiv ist einfach fantastisch. Das Herzstück des historischen Hauses mit den eleganten Zimmern ist der exklusive Health- und Beautybereich.

Klosters

Alpina

Bhf→50 m

✉ 7250 · Bahnhofstrasse 1 · ☎ (0 81) 4 10 24 24 · Fax: (0 81) 4 10 24 25 · "Bündnerstube" u. "Grischunstübli", Frühstücksbuffet im Zi.-Preis inkl., Bibliothek, Terr. 1 km VISA AE
hotel@alpina-klosters.ch · www.alpina-klosters.ch

40 **DZ** von 215,00 bis 354,00 CHF;
als **EZ** ab 199,00 CHF;
8 **App.** ab 280,00 CHF

Vom Ehepaar Verena und Räto Conzett mit viel Engagement und sehr liebevoll geführt, gefällt das Hotel schon von außen mit landestypischer Fassade. Die Liebe zum Detail setzt sich in den gemütlich gestalteten Räumen fort, die auch dank modernem Komfort ein wunderschönes Zuhause auf Zeit sind. Das reichhaltige Frühstücksbuffet ist im Zimmerpreis inkludiert. Ein gepflegter Wellnessbereich mit Sauna, Sanarium, Dampfbad und Infrarotlichtkabine verspricht ebenso Entspannung wie eine Massage. Wer's aktiver mag, nutzt die Technogym-Geräte im Fitnessraum. Das gastronomische Angebot ist mit der "Bündnerstube", dem Gourmetrestaurant "Grischunstübli" sowie der Alpin-Bar sehr vielseitig. Ob Wandern, alpines Skilaufen, Langlauf oder Biken – Klosters ist zu jeder Jahreszeit eine Reise wert und das "Hotel Alpina" der perfekte Ort, um Graubünden zu entdecken.

Alpina - Grischunstübli/Bündnerstube

Bhf→50 m

✉ 7250 · Bahnhofstr. 1 · ☎ (0 81) 4 10 24 24 · Fax: (0 81) 4 10 24 25
Klass. u. Neue Küche · **Geöffnet:** Warme Küche 1.30-21.30 Uhr · **Ruhetag:** Mi. ab ca. Mitte Aug. · **Ferien:** a. Anfr. · **Tische:** 14/45 Plätze VISA AE
hotel@alpina-klosters.ch · www.alpina-klosters.ch

Speisekarte: 7 Hauptgerichte von 27,00 bis 54,00 CHF; 7 Tagesgerichte von 23,00 bis 54,00 CHF; 1 Menü von 65,00 bis 79,00 CHF
326 Weinpos.
Mit dem "Grischunstübli" und der "Bündnerstube" ist das Restaurant im Hotel „Alpina“ ungemein gemütlich und landestypisch gestaltet. Hier erlebt man alpine Gastlichkeit, die von Herzen kommt, und kann die frische, ehrliche und aromenstarke Küche von Chefkoch Florian Friedl genießen. Gemeinsam mit seinem motivierten Team bereitet er alles à la minute zu, Convenience-Produkte gelangen nicht in seine Küche, vielmehr handverlesene Zutaten, die dem Angebot der wechselnden Jahreszeiten entsprechen und vorzugsweise aus der Region stammen. Seine Speisen sind durchdacht, handwerklich korrekt und eine gelungene Mischung aus Klassik und Moderne, Regionalem und Internationalem. Verena und Räto Conzett sind liebenswürdige Gastgeber, der Patron berät zu den korrespondierenden Weinen und Christin Brietzke leitet mit leichter Hand den Service. Von der teilüberdachten Sonnenterrasse aus hat man einen wunderbaren Blick auf die alpine Landschaft. Zum gastronomischen Angebot gehören noch die gediegene Alpina-Bar und ein exzellenter Catering-Service, der dank des effektiven Teams auch nicht zurückschreckt, viele Hundert Personen mit individuell abgesprochenen Buffets und Speisefolgen zu umsorgen.

Küsnacht

RICO'S

Bhf→500 m

8700 · Seestrasse 160 · (0 44) 9 10 07 15
Klass., Neue, Mediter. Küche · Küche: 12–14/19–22 Uhr · **Ruhetag:** So./Mo. · **Ferien:** variabel · **Tische:** 12/45 Plätze
contact@ricozandonella.ch · www.ricozandonella.ch

Speisekarte: 6 Hauptgerichte von 46,00 bis 78,00 CHF; 1 Mittagsmenü von 56,00 bis 66,00 CHF; 1 Menü von 125,00 bis 260,00 CHF 423 Weinpos.
Patron Rico Zandonella arbeitet, ohne auf Auszeichnungen zu schielen, sondern schlicht, weil er es kann und es ihm Spaß macht. Im charmant eingerichteten Restaurant ist alles ein bisschen anders. Unkonventionell und fröhlich ist das Ambiente, aufregend, anregend und ungemein spannend die erstklassige, weltoffene Küche von Rico Zandonella.

Lausanne

Beau-Rivage Palace OT Ouchy

Bhf→1,5 km

1006 · Place du Port 17-19 · (0 21) 6 13 33 33 · Fax: 6 13 33 34 · Restaurants "Anne-Sophie Pic" u. "Miyako Lausanne", "Café Beau-Rivage", Bars, Terrasse
11 km
reservation@brp.ch · www.brp.ch

161 **DZ** von 590,00 bis 2000,00 CHF;
7 **Suiten** von 4000,00 bis 10000,00 CHF
Als eines der besten Hotels in Europa fühlt sich das Hotel seiner Tradition verpflichtet, die es unermüdlich mit neuem Elan füllt. Luxuriös gestaltete Zimmer und ein exklusiver Wellnessbereich lassen keine Wünsche offen.

Anne-Sophie Pic

Bhf→1,5 km

1006 · Place du Port 17-19 · (0 21) 6 13 33 39 · Fax: 6 13 33 34
Eigene Kreationen · Küche: 12–14/19–21:30 Uhr · **Ruhetag:** So./Mo. · **Ferien:** variabel · **Tische:** 19/52 Plätze
asp@brp.ch · www.brp.ch

Speisekarte: 9 Hauptgerichte von 80,00 bis 250,00 CHF; 1 Mittagsmenü zu 95,00 CHF; 2 Menüs von 210,00 bis 350,00 CHF
968 Weinpos.
Die Philosophie und das kulinarische Konzept von Anne-Sophie Pic werden von Chefkoch Kévin Vaubourg mit viel Schwung, großem handwerklichem Geschick und genügend Raum für eigene Ideen in Form erlesener Gourmandisen umgesetzt.

Le Noirmont

Maison Wenger

Bhf→30 m

2340 · Rue de la Gare 2 · (0 32) 9 57 66 33 · Fax: 9 57 66 34
Klassische u. Regionale Küche · Küche: 12–14/19–21 Uhr · **Ruhetag:** Mo./Di. · **Tische:** 15/50 Plätze
info@maisonwenger.ch · www.maisonwenger.ch

Speisekarte: 4 Hauptgerichte von 80,00 bis 82,00 CHF; 1 Mittagsmenü zu 125,00 CHF; 3 Menüs von 180,00 bis 275,00 CHF
1.356 Weinpos.
Die Zutaten in der großartigen Küche von Chef de Cuisine Jérémy Desbraux sind von allererster Güte. Vieles (Brot, Süßigkeiten, Schokolade) wird selber hergestellt. Das Team vesrteht es, die vielseitigen Ideen des Chefkochs präzise umzusetzen und so kommt der Gast in den Genuss innovativer Geschmackserlebnisse.

Hervorragende Serviceleistung

Locarno

Bhf→5 km

Villa Orselina

6644 · OT Orselina · Via Santuario 10 · (0 91) 7 35 73 73 · Fax: 7 35 73 74
Restaurants "Il Ristorante" u. "La Pergola" mit Ital. Küche und Pasta
3 km
welcome@villaorselina.ch · www.villaorselina.ch

7 **DZ** von 250,00 bis 500,00 €;
21 **Suiten** von 300,00 bis 850,00 €
In privilegierter Lage mit Panoramablick über den Lago Maggiore ist die"Villa Orselina" mit kosmopolitischer Atmosphäre und edlen Zimmern (Preise inkl. Frühstück) ein wunderschönes und luxuriöses Zuhause auf Zeit.

Lömmenschwil

Bhf→1 km

Neue Blumenau

9308 · Romanshornerstr. 2 · (0 71) 2 98 35 70
Neue, Reg., Klass. Küche, eig. Kreat. · Küche: 11:30–14/18:30–22 Uhr · **Ruhetag:** Sa.-Mitt./So./Mo. · **Tische:** 9/35 Plätze
info@neueblumenau.ch · www.neueblumenau.ch ·

Speisekarte: 5-8 Hauptgerichte von 45,00 bis 69,00 CHF; 1 Mittagsmenü zu 58,00 CHF; 3 Abendmenüs von 98,00 bis 172,00 CHF
200 Weinpos.
Lömmenschwil ist ein kleiner Ort in Häggenschwil im Kanton St. Gallen und gefällt mit einer ländlichen, ruhigen Umgebung mit Wiesen, Feldern und Obstgärten. In dieses idyllische Umland passt das Restaurant "Neue Blumenau" – beheimatet in einem hübschen, weißen Haus mit blauen Fensterläden – einfach perfekt. Das Interieur ist mit sehr viel Geschmack in zurückhaltender Eleganz und zeitloser Moderne eingerichtet. Ein echter Blickfang vor der weißen Wand ist der grüne, historische Kachelofen. Man spürt einfach, dass Bernadette Lisibach als charmante Gastgeberin und virtuose Köchin hier mit Herzblut am Werke ist. Ihre Küche ist klar, ehrlich und vielseitig. Einziges Credo ist, dass die Speisen den Gästen schmecken müssen. Und wie sie das tun! Nicht zuletzt, weil ihnen erstklassige, erntefrische Zutaten zu Grunde liegen. Die nahe Bodenseeregion ist bekannt für ihre Produktvielfalt. Fisch, einheimisches Fleisch, Gemüse und Obst kommen in unübertrefflicher Frische und im saisonalen Wechsel in die Küche und werden zu konzentrierten und aromenprononcierten kulinarischen Köstlichkeiten, die mit Unverfälschtheit und Raffinesse punkten. Zusätzlich zu den drei Abendmenüs gibt es ein frisches und ausgewogenes Business-Lunch. Im kleinen "Lädeli" werden u. a. hausgemachte Liköre, Essig, Konfitüren und Sirup zum Kauf angeboten. An warmen Tagen ist die Terrasse mit weitem Blick ins Grüne ein echter Sehnsuchtsort, an dem man den Alltag einfach vergisst.

Losone

Osteria dell'Enoteca OT San Giorgio
Bhf→4 km

6616 · Contrada Maggiore 24 · (0 91) 7 91 78 17 · Fax: 7 91 78 17
Intern. u. Mediterr. Küche · Küche: 11:30–14:30/18:30–22 Uhr · **Ruhetag:** So./Mo. ·
Tische: 10/32 Plätze
VISA AE EC
info@osteriaenoteca.ch · www.osteriaenoteca.ch

Speisekarte: 5 Hauptgerichte von 47,00 bis 54,00 CHF; 1 Mittagsmenü zu 39,00 CHF; 1 Menü von 89,00 bis 109,00 CHF 192 Weinpos. Das Restaurant mit romantischem Innenhof ist eine wunderschöne Kulisse für die gekonnte und vielseitige Küche von Chefkoch Tomasso Cacciapuoti. Die frischen Zutaten werden unter seinen begabten Händen zu regionalen und mediterranen Speisen direkt aus der Kreativabteilung.

Lugano - Lago di Lugano

Best Western Hotel Bellevue au Lac
Bhf→1 km

6902 · Riva A. Caccia 10 · (0 91) 9 94 33 33 · Fax: 9 94 12 73
Rest. "Le Gourmet" u. "Il Giardinetto" m. Ital. u. Reg. Küche, Bar, Terrasse
8 km
VISA AE EC
info@hotelbellevue.ch · www.hotelbellevue.ch

30 **DZ** ab Executive DZ ab 275,-, 20 DZ De Luxe view mit direkter Seesicht ab 305,- CHF;
als **EZ** ab 206,00 CHF;
10 **Junior-Suiten** ab 335,00 CHF;
5 **Superior-Suiten** ab 365,00 CHF
Internationales Flair und traditionelle Gastlichkeit prägen dieses Best-Western-Hotel an der Seepromenade von Lugano. Elegant eingerichtete Zimmer (Preise inkl. Frühstück) – alle mit Balkon und Klimaanlage – Restaurants und Bar machen das Haus zu einem exklusiven Zuhause auf Zeit.

Grand Hotel Villa Castagnola
Bhf→5 km

6900 · OT Cassarate · Viale Castagnola 31 · (0 91) 9 73 25 55 · Fax: 9 73 25 50
Prächtige Terrasse, Rest. "La Rucola" u. "Arté al Lago", Bar, Liegewiese
15 km
VISA AE EC
info@villacastagnola.com · www.villacastagnola.com

42 **DZ** von 465,00 bis 530,00 CHF;
als **EZ** von 365,00 bis 430,00 CHF;
32 **Jun. Sui.** von 600,00 bis 1550,00 CHF
Die elegante Villa aus dem Jahr 1880 vereint den Charme einer längst vergangenen Ära mit dem Komfort und den Annehmlichkeiten eines modernen Luxus-Hotels. Inmitten eines subtropischen Parks gelegen, bietet es einen schonen Blick auf den Luganer See. Der Service des Hauses lässt keine Wünsche offen. Zimmerpreise inkl. Frühstück.

Grand Hotel Villa Castagnola – Arté
Bhf→5 km

6906 · OT Cassarate · Piazza Emilio Bossi 7 · (0 91) 9 73 48 00 · Fax: 9 73 25 50
Neue und Intern. Küche · **Ruhetag:** Mo./Di. · **Ferien:** Januar · **Tische:** 14/36 Plätze
VISA AE EC
info@villacastagnola.com · www.villacastagnola.com

Speisekarte: 8 Hauptgerichte von 56,00 bis 62,00 CHF; 3 Mittagsmenüs zu 60,00 CHF; 1 Menü von 115,00 bis 135,00 CHF
234 Weinpos.
Chef de Cuisine Frank Oerthle nimmt die Ausstellung wechselnder Kunstwerke im stilvollen Restaurant als Herausforderung, seinen Speisen eine vergleichbar kunstvolle Note zu geben. Das gelingt ihm dank Können, Neugierde, Fleiß und Fantasie mit Bravour. Die erlesenen Kompositionen kommen inklusive faszinierendem Seeblick zum Gast.

Mels

Bhf→7 km

Schlüssel - Nidbergstube

8887 · Oberdorfstrasse 5 · ☎ (+ 41 81) 723 12 38
Neue u. Regionale Küche · Küche: 11:30–14/18:30–21 Uhr · **Ruhetag:** So./Mo. ·
Tische: 7/35 Plätze
VISA
info@schluesselmels.ch · www.schluesselmels.ch

Speisekarte: 8 Hauptgerichte von 49,00 bis 69,00 CHF; 2 Mittagsmenüs von 65,00 bis 75,00 CHF; 1 Feinschmecker-Menü von 108,00 bis 190,00 CHF
643 Weinpos.
Das Patrizierhaus aus dem Jahre 1811 ist eine wunderschöne, historische Kulisse für die innovative Küche von Roger Kalberer, die zwar Anleihen bei traditionellen Rezepturen nimmt, aber ganz im Hier und Jetzt verortet ist. Die Klasse, mit der die Speisen zubereitet und optisch präsentiert werden, ist einfach nur staunenswert.

Montreux

Bhf→500 m

Victoria

1823 · OT Glion · · ☎ (0 21) 9 62 82 82 · Fax: 9 62 82 92 · Frühstück im Zimmerpreis inkl., Rest. mit Intern. Küche, Terrasse, überdachter Parkplatz
18 km
VISA AE
info@victoria-glion.ch · www.victoria-glion.ch

30 **DZ** von 280,00 bis 420,00 CHF;
als **EZ** von 280,00 bis 340,00 CHF;
16 **EZ** von 180,00 bis 260,00 CHF;
5 **Suiten** von 510,00 bis 620,00 CHF;
5 **App.** von 500,00 bis 700,00 CHF
Hoch über dem Genfer See steht inmitten eines wunderschönen 7 ha großen Parks das 1869 erbaute Hotel. Die Belle Époque feiert hier – natürlich gepaart mit hohem Wohnkomfort – eine Renaissance und gibt dem Luxusdomizil Stil und Klasse.

Neuchâtel

Bhf→1 km

Beau-Rivage

2001 · Esplanade du Mont-Blanc 1 · ☎ (0 32) 7 23 15 15 · Fax: 7 23 16 16
Rest. mit Klass. und Reg. Küche, Pianobar, Veranda-Bar, 2 Seeterrassen
5 km
VISA AE
info@beau-rivage-hotel.ch · www.beau-rivage-hotel.ch

62 **DZ** von 410,00 bis 520,00 CHF;
als **EZ** von 340,00 bis 450,00 CHF;
4 **Sui.** von 640,00 bis 2000,00 CHF
Direkt am See gelegen, wartet in dem prächtigen, historischen Bauwerk eine Insel der Ruhe und Raffinesse. Das „Beau-Rivage" bietet in seinen Wohnräumen den eleganten Luxus eines Grandhotels mit Tagungsräume und herrlichen Terrassen.

Pfäffikon (Schwyz)

Bhf→1,5 km

Seedamm Plaza

8808 · Seedammstrasse 3 · ☎ (0 55) 4 17 17 17 · Fax: 417 17 18
Restaurant mit mediterraner Küche, Take Away Sushi Restaurant, Bar & Lounge
VISA AE
info@seedamm-plaza.ch · www.seedamm-plaza.ch

84 **DZ** ab 200,00 CHF;
56 **EZ** ab 180,00 CHF;
2 **Sui.** ab 360,00 CHF
Ganz oben am Zürichsee gelegen und mit einem einzigartigen Ausblick begeistert dieses Eventhotel und Kongresszentrum. Großzügig geschnittene Komfortzimmer und technisch bestens ausgestattete Konferenzräume lassen keine Wünsche offen.

Pontresina

Grand Hotel Kronenhof

Bhf→500 m

7504 · Via Maistra · ☎ (+41) 0 81 8 30 30 30 · Fax: 0 81 8 30 30 31
Rest. "Grand Restaurant", "Kronenstübli", "Le Pavillon", "Private Dining"
6 km
info@kronenhof.com · www.kronenhof.com

51 **DZ** ab 455,00 CHF;
15 **EZ** ab 325,00 CHF;
9 **Suiten** ab 865,00 CHF;
37 **Junior-Suiten** ab 725,00 CHF
Das "Grand Hotel Kronenhof" mit fantastischer Aussicht auf die umliegende Bergwelt zählt zu den architektonisch bedeutendsten Alpenhotels des 19. Jh. und bietet dem anspruchsvollen Gast elegante Logis.

Kronenhof - Kronenstübli

Bhf→500 m

7504 · Via Maistra · ☎ ((+41) 0 81) 8 30 30 30 · Fax: 0 81-8 30 30 31
Ital. u. franz. Küche · Küche: 19–21:30 Uhr · **Ruhetag:** So./Mo. · **Ferien:** M.Okt.-A.Dez./A.April-M.Juni · **Tische:** 17/45 Plätze
info@kronenhof.com · www.kronenhof.com

Speisekarte: 10 Hauptgerichte von 32,00 bis 98,00 CHF; 2 Menüs von 103,00 bis 198,00 CHF
355 Weinpos.
Chefkoch Fabrizio Piantanida überzeugt seine Gäste im vollholzverkleideten Restaurant mit einer unverfälschten und ehrlichen italienisch-mediterranen Küche, die vor tiefgründigen Aromen nur so strotzt.

Rehetobel

Gasthaus zum Gupf

Bhf→13 km

9038 · Gupf 21 · ☎ (0 71) 8 77 11 10 · Fax: 8 77 15 10 · Klass. u. Reg. Küche, eig. Kreationen · Küche: 11:30–14/18–21 Uhr · **Ruhetag:** Mo./Di. · **Ferien:** je 3 Wochen im Sommer und Winter · **Tische:** 15/70 Plätze
info@gupf.ch · www.gupf.ch

Speisekarte: 12 Hauptgerichte von 42,00 bis 68,00 CHF; 1 Menü von 118,00 bis 144,00 CHF
3.112 Weinpos.
Ein Tipp vorab: Um das "Gasthaus zum Gupf" in all seiner Vielseitigkeit kennen zu lernen, sollte man bei seinem Besuch am besten eine Übernachtung mit einplanen (8 Zimmer, 2 Suiten 260,-/480,- CHF). Denn die himmlisch schöne Alleinlage, hoch droben über dem Bodensee, vermittelt zu jeder Tageszeit eine ganz eigene Stimmung, die sicherlich mit einem Sonnenuntergang am Abend und einem Besuch des Restaurants ihren Höhepunkt findet. Hier, auf dem Gipfel einer Hochwiese in den Appenzeller Bergen kann der Blick ungehindert und weit ins Alpsteingebirge und über den Bodensee von Konstanz bis nach Bregenz gleiten. Der Alltag rückt in weite Ferne und wer mag, kann sich auf erholsame und nachhaltige Ruhe einlassen. Familie Klose trägt ihr Übriges dazu bei, den Aufenthalt zu einem unvergesslichen Erlebnis zu machen.
Im Gasthaus selber warten mit Boden-

see-, Gupf-, Alpstein- und Säntisstube verschiedene Stuben, um zu speisen, zu feiern oder um den Tag entspannt ausklingen zu lassen. Alle sind mit ganz viel Holz gestaltet, bei der einen bezaubert der Kachelofen, bei der anderen die Decke mit aufwändigem Schnitzwerk, bei der nächsten die hübschen Sprossenfenster. Den Gupf umgeben 11 ha Land, auf denen Pächter Albert Zähner naturnah frei laufende Schweine, Kälber und Rinder groß zieht. Die wiederum das Angebot in der Küche mit Fleisch von unübertrefflich guter Qualität bereichern. Spätestens jetzt kommt Walter Klose ins Spiel: Er weiß die erlesenen Gaben der Natur zu schätzen, arbeitet unter nachhaltigen Aspekten und bringt in seiner Küche jedem Produkt entsprechenden Respekt entgegen. Seine Zubereitungen sind aromenstark, wunderbar ehrlich, unverfälscht und bleiben bei aller Raffinesse und allen kreativen Ideen immer verständlich. Weine gibt es in unendlicher Fülle und erlesener Qualität, besonders kostbar wird es in der Weinschatzkammer mit dem Besten vom Besten. Es ist ein Segen, Stefan Schachner als versierten Sommelier zur Seite zu haben, so kann man immer wieder faszinierende Neuentdeckungen machen. Den zugewandten Service leitet Manuela Klose mit leichter Hand und großem Herzen. An warmen Tagen ist man im romantischen Gastgarten dem Himmel ganz besonders nah.

Riedholz

Bhf→5 Min.

Attisholz

✉ 4533 · Attisholzstr. 3 · ☎ (0 32) 6 23 06 06 · Fax: 6 23 06 07
Klass. u. Neue Küche, eig. Kreationen, Gaststube u. Gourm.-Rest. „le feu" ·
Ruhetag: So./Mo./Di. · **Tische:** 12+12/50+50 (Terrasse) Plätze VISA AE
info@attisholz.ch · www.attisholz.ch

Speisekarte: 13 Hauptgerichte von 32,00 bis 59,00 CHF; 1 Menü von 75,00 bis 138,00 CHF 439 Weinpos. Chefkoch und Inhaber Jörg Slaschek kombiniert mit viel Verve, Können und Ideenreichtum die handverlesenen Zutaten und präsentiert exklusive, sehr innovative moderne Speisen.

Samnaun

Bhf→36 km

Chalet Silvretta Hotel & Spa

✉ 7563 · OT Dorf · Dorfstraße 17 · ☎ ((0041) 81) 8 61 95 00 · Restaurant, Zimmerpreise inkl. Frühstück, Kinderbetreuung (saisonal), Spielraum
38 km VISA AE
info@hotel-silvretta.ch · www.hotel-silvretta.ch

24 **DZ** ab 180,00 CHF;
als **EZ** ab 110,00 CHF;
Suiten ab 300,00 CHF

Das "Chalet Silvretta Hotel & Spa" liegt mitten im Herzen von Samnaun und ist der ideale Ausgangspunkt, um das faszinierende Engadin zu erkunden. Das gesamte Haus und die Zimmer sind mit viel Holz gestaltet und vermitteln eine behagliche, einladende Atmosphäre. Das Silvretta SPA ist wie geschaffen, um den Alltag komplett zu vergessen: Der 900m² große Wellnessbereich ist durch einen unterirdischen Gang mit dem Partnerhotel Chasa Montana verbunden und zusammen bieten die beiden Häuser ein hinreißendes Angebot an Bäder-, Kosmetik- und Heilmassagen inklusive römischem Erlebnishallenbad mit Wasserfall und Unterwassermassagen sowie einem Fitnessraum mit topmodernen Geräten. Gäste des Chalet Silvretta Hotel & Spa profitieren von allen VIP-Leistungen der Zollfrei-Geschäfte von ZEGG und der Möglichkeit eines Dine Around zwischen den ZEGG Spezialitätenrestaurants. Das Freizeitangebot in der Region ist überwältigend: Im Sommer warten 250 km Wander- und Themenwege sowie 80 km Mountainbike-Routen, um die einzigartige Naturlandschaft kennen zu lernen, im Winter ist das Silvretta Arena Samnaun/Ischgl Skigebiet mit 238 Pistenkilometern und 45 topmodernen Beförderungsanlagen der größte Anziehungspunkt.

Hervorragendes Hotel mit außergewöhnlichem Komfort

Chalet Silvretta Hotel & Spa - Bündner Stube

✉ 7563 · OT Dorf · Dorfstraße 17 · ☎ ((0041) 81) 8 61 95 00
Regionale Küche · Küche: 12–14/18–21 Uhr · **Ferien:** Juni + Sept. · **Tische:** 6/24 Plätze
info@hotel-silvretta.ch · www.hotel-silvretta.ch

Speisekarte: Hauptgerichte von 24,50 bis 49,00 CHF; 1-2 Tagesgerichte von 13,00 bis 38,00 CHF; 1 Menü von 50,00 bis 65,00 CHF

150 Weinpos.

In der vollholzverkleideten "Bündner Stube" setzen rote Läufer auf den blanken Tischen und rote Kissen auf den umlaufenden Bänken farbenfrohe Akzente. In diesem urig-rustikalen Ambiente kann man herrlich entspannen und – am besten in geselliger Runde – die Regionalküche von Chefkoch Steven Del Regno genießen. Aus heimischen Zutaten kreiert er aromenstarke und authentische Speisen, die er mit asiatischen Elementen facettenreich ergänzt. Mit besonderer Freude präsentiert er Spezialitäten aus dem Engadin und Graubünden. Bündner Fleisch, Rinderconsommé, Rösti, Capuns, Samnauner Bergkäse und Käsespätzle schmecken hier besonders gut. Für weitere kulinarische Abwechslung gibt es das "Dine Around": Hier kann man sich täglich bis 12:00 Uhr von der Halbpension abmelden, in einem der fünf Spezialitätenrestaurants speisen und sich kulinarisch in aller Herren Länder entführen lassen. Den Service leitet Zoltán Haász, der als liebenswürdiger Gastgeber stets für seine Besucher ansprechbar ist.

Bhf→36 km

Chasa Montana Hotel & Spa

✉ 7563 · OT Dorf · Dorfstraße 30 · ☎ ((00 41) 81) 81 861 9000 · Verschiedene Restaurants, Wintergarten, Lobby mit Bar, Zimmerpreise inkl. Frühstück
38 km
VISA AE
info@hotelchasamontana.ch · www.hotelchasamontana.ch

42 **DZ** ab 260,00 CHF;
als **EZ** ab 150,00 CHF;
11 **(Jui.-) Suiten** ab 340,00 CHF
Ob Genießen, Wellness, Sport oder Shopping – im "Chasa Montana" ist alles möglich. Traumhaft schön inmitten der majestätischen Bergwelt gelegen, ist dieses Haus mit dem besonderen Flair eine kleine Urlaubswelt für sich. Die Zimmer sind mit natürlichen Materialien und viel warmen Hölzern liebevoll ausgestattet und bieten allen zeitgemäßen Wohnkomfort. Nicht nur mit italienischem Flair, sondern auch mit einer ausgezeichneten Küche überzeugt das stilvolle Restaurant "La Pasta", klassisches Schweizer Raclette und Fondue warten im "La Grotta" und Gourmet vom Allerfeinsten erleben wir im Toprestaurant "La Miranda". In einem Hotel dieser Klasse kommt natürlich auch die Freizeit nicht zu kurz: der exklusive Wellnessbereich "Montana Spa" in römischer Architektur mit einer hinreißenden Bäder- und Vitallandschaft, Saunen, belebenden Anwendungen und Ruheraum garantiert die totale Entspannung. Aktiver geht's bei geführten Wanderungen, Biketouren, auf Nordic-Walking-Strecken oder bei Skiabfahrten zu.

Bhf→36 km

Chasa Montana Hotel & Spa - La Miranda

✉ 7563 · OT Dorf · Dorfstraße 30 · ☎ ((00 41) 81) 81 861 9000
Neue Küche · Küche: 18–21:30 Uhr · **Ruhetag:** So./Mo. · **Ferien:** Mai + November · **Tische:** 6/16-24 Plätze
VISA AE
info@hotelchasamontana.ch · www.hotelchasamontana.ch · f

Speisekarte: Menüs von 99,00 bis 170,00 CHF
1.400 Weinpos.

Kräftige Farben – sinnliches Rot und dunkles Braun –, ein modern gestalteter Kamin, Bilder von Rudolf Mirer an den Wänden und in edlem Weiß eingedeckte Tische verbinden sich im Gourmet Stübli "La Miranda" zu einer Melange des guten Geschmacks. Die Atmosphäre ist herrlich ungezwungen und entspannt und lässt viel Raum für die Vorfreude auf die ausgeklügelte Küche von Chefkoch Bernd Fabian. Er kann sich am Herd auf ein engagiertes Team verlassen und hat sich ein Netzwerk verlässlicher Händler und Produzenten aufgebaut. Er kauft vorzugsweise in der Region ein, wobei nachhaltige Landwirtschaft und artgerechte Tierhaltung immer im Vordergrund stehen. Die erstklassigen Zutaten werden mit sehr viel Geschick und Fantasie zu klassischen modernen Speisen mit mediterranen Elementen kombiniert. Man schmeckt einfach, mit wie viel Leidenschaft Bernd Fabian kocht, denn die Speisen sind konzentriert, filigran und virtuos zugleich. Der 100 m² große Weinkeller ist eine Welt für sich. Hier lagern über 20.000 Flaschen. Zum Glück gibt es mit Thomas Monsberger und Gastgeber Daniel Eisner zwei geschulte Sommeliers, die ihr großes Fachwissen gerne in Form von wertvollen Tipps zur Weinbegleitung weitergeben.

Hotel Garni Nevada

Family

Bhf→36 km

7563 · OT Dorf · Dorfstraße 23 · ((00 41) 81) 8 61 91 00 · ZEGG-Restaurants unterirdisch erreichbar, Duty Free Shop im Hause, Frühstück 21,-/27,- CHF
38 km
info@hotelnevada.ch · www.hotelnevada.ch

31 **DZ** ab 120,00 CHF;
als **EZ** ab 80,00 CHF;
DZ als App. ab 150,00 CHF

Inmitten des Bergdorfs Samnaun gelegen, ist das "Hotel Garni Nevada" besonders gut geeignet für Gäste, die einen individuellen Urlaub verbringen möchten. Die großzügig geschnittenen, hellen und komfortabel ausgestatteten Zimmer verfügen über eine Kochnische und können auch als Appartement gebucht werden, von dem sich zwei zu einem extra großen Appartement zusammenfügen lassen. So werden sie zu einer guten Alternative für Familien, die viel Platz brauchen und aufs Budget achten müssen. Dank der wunderbar zentralen Lage – die Skipiste beginnt neben dem Haus – und der Zusammengehörigkeit mit den ZEGG Hotels "Chasa Montana Hotel & Spa" sowie "Chalet Silvretta Hotel & Spa" werden vielseitige Zusatzleistungen angeboten. Die atemberaubende Aussicht auf die umliegende Samnauner Bergwelt, 200 km Wanderwege und 80 km Bikerouten tragen zusätzlich zur Erholung bei.

Family

Ein Hotel mit speziellen Angeboten für Urlaub mit der ganzen Familie.

Satigny-Genève

Bhf→10 km

Domaine de Châteauvieux

✉ 1242 · OT Peney-Dessus · ☎ (0 22) 7 53 15 11 · Fax: 7 53 19 24
Klassische Französ. u. Neue Küche · Küche: 12–14/19–22 Uhr · **Ruhetag:** So./Mo. · **Tische:** 14/50 Plätze
reservation@chateauvieux.ch · www.chateauvieux.ch

Speisekarte: 9 Hauptgerichte von 85,00 bis 120,00 CHF; 1 Mittagsmenü zu 98,00 CHF; 3 Menüs von 170,00 bis 300,00 CHF
907 Weinpos.
Chef de Cuisine Philippe Chevrier präsentiert Speisen, die nicht von dieser Welt sind. Sein Können, seine Ideen und seine Fantasie kombiniert er mit erstklassigen Zutaten und kreiert Geschmackserlebnisse, die für jeden Gourmet aufregend neu sind.

Schaffhausen

Sommerlust

✉ 8200 · Rheinhaldenstraße 8 · ☎ (00 41 - 52) 5 33 55 33 · Regionale und Spanische Küche · **Geöffnet:** Di.-Fr. 11:30-14, 18-23, Sa. 18-23, So. 11:30-15 · **Ruhetag:** Mo. · **Ferien:** 1. Januar-Woche · **Tische:** 15 + 30 Terrasse/40 + 100 Plätze
info@sommerlust.ch · www.sommerlust.ch

Speisekarte: 7 Hauptgerichte von 37,00 bis 69,00 €; 1 Mittagsmenü von 45,00 bis 59,00 €; 2 Menüs von 98,00 bis 148,00 €
182 Weinpos.
In einer wunderschönen Villa mit Garten nahe am Rhein gelegen, findet sich das Restaurant "Sommerlust". Hier kann man natürlich nicht nur im Sommer formidabel speisen, sondern auch in jeder anderen Jahreszeit, aber im Sommer ist es einfach noch lustvoller, kann man dann nämlich auch auf der Terrasse und im Garten sitzen und sich in zauberhaftem Ambiente eine Auszeit vom Alltag gönnen. Lichtdurchflutet und in schlichter Eleganz präsentiert sich das Interieur des Restaurants. Mittags wird ein schnelles und doch exquisites Menü angeboten, für die geschäftliche Besprechung gibt es einen stilvollen "Private Room". Der Abend ist dem großen Küchenauftritt von Chefoch Dan Rodriguez Zaugg vorbehalten. Mit ausgesuchten, gerne saisonalen und bevorzugt heimischen Zutaten stellt er grundehrliche, aromentiefe Speisen zusammen. Er arbeitet ideenreich und mit Sorgfalt und ergänzt regionale Spezialitäten mit spanischen aus seiner Heimat. Man schmeckt einfach, dass er mit Neugierde, Können und Leidenschaft kocht. Maria Kayser leitet mit Charme den Service und berät zu den Weinen, gerne verweist sie an schönen Tagen auf die Terrasse und den romantischen Garten. Die ist für Feiern ebenso beliebt wie der romantische Garten, der Bankettraum oder die Orangerie. In der "Sommerlust" finden besonders Hochzeiten einen traumschönen Rahmen. Das liebenswürdige Serviceteam betreut sämtliche Feiern mit guter Laune und Kompetenz.

D´Chuchi

Bhf→1,5 km

8200 · Brunnengasse 3-5 · ((00 41)) 52 620 05 28
Klass. u. moderne Küche · Küche: 18–22:30 Uhr · **Ruhetag:** So./Mo. · **Tische:** 5/27 Plätze
essen@dchuchi.ch · www.dchuchi.ch

Speisekarte: 4 Hauptgerichte von 34,00 bis 48,00 CHF; 1 Menü von 85,00 bis (inkl. Weinbegleitung) 110,00 CHF
78 Weinpos.
Die experimentierfreudige Küche von Chefkoch Jan Schmidlin steht für frische und innovative Ideen. Basierend auf heimische Zutaten, sind die Gerichte regional verankert und international inspiriert. Die Atmosphäre ist authentisch und ungezwungen und bietet alles für einen genüsslichen Abend.

Schnaus

Stiva Veglia

Bhf→2 km

7130 · Miez Vitg 6 · (0 81) 9 25 41 21 · Fax: 9 25 41 33 · Reg. Küche, eig. Kreationen · Küche: Mi., Fr., Sa. ab 18-21–Do. auch 11:30-14:30 Uhr+18-21/So. 11:30–21 Uhr · **Ruhetag:** Mo./Di. · **Tische:** 11/52 Plätze
stiva@veglia.ch · www.stiva.veglia.ch

Speisekarte: 4-6 Hauptgerichte von 35,00 bis 72,00 CHF; 2 Menüs von 97,00 bis 180,00 CHF
136 Weinpos.
In einem alten Bündnerhaus ist Tino Zimmermann der Chef am Herd. Kreativ und handwerklich geschickt verbindet er gekonnt Neues mit Traditionellem zu geradelinigen und aromenbetonten Gourmandisen.

Sierre

Didier de Courten

Bhf→150 m

3960 · Rue du Bourg 1 · (0 27) 4 55 13 51 · Fax: 4 56 44 91 · Klass., Neue Küche, eig. Kreat. · **Geöffnet:** Di.-Do. 8:30-23 Uhr, Fr. 8:30-00.00 Uhr, Sa. 10-00.00 Uhr · **Ruhetag:** So./Mo. · **Ferien:** s. Homepage · **Tische:** 14/50 Plätze
info@hotel-terminus.ch · www.hotel-terminus.ch

Speisekarte: 7 Hauptgerichte von 42,00 bis 52,00 CHF; 3 Menüs von 90,00 bis 125,00 CHF 289 Weinpos.
Kochen ist für Chef de Cuisine Didier Courteneine Welt der unbegrenzten Möglichkeiten und so kombiniert er die Edel-Viktualien zu immer wieder neuen, immer wieder anderen Speisefolgen, die den Gast in faszinierende Geschmackswelten entführen.

Sigriswil

Restaurant Bären Sigriswil

Bhf→8 km

3655 · Raftstraße 6 · (0 33) 2 52 80 80 · Fax: 2 52 80 81
Reg. Küche · **Geöffnet:** 11:30-21 Uhr, So. 11-18 Uhr · **Ruhetag:** Mo. · **Tische:** 20/50 Plätze
info@baerensigriswil.ch · www.baerensigriswil.ch

Speisekarte: 11 Hauptgerichte von 17,00 bis 44,00 CHF
143 Weinpos.
Im Restaurant "Bären" kommt man in den Genuss einer frischen, abwechslungsreichen Küche mit Klassikern wie Flammkuchen, Burgern, Rösti und Fondue-Spezialitäten.

Die Küchenleistung dieses Restaurants ist hervorhebenswert in seiner Kategorie.

Sihlbrugg

♜ Krone Sihlbrugg - Tredecim by Monika Jans und Thomas Huber

✉ 8816 · OT Hirzel · Sihlbrugg 4 · ☎ (0 44) 7 29 83 33 · Fax: 7 29 83 32
Klassische u. Neue Küche · Küche: 11:30–14/18:30–22:30 Uhr · **Ruhetag:** Mo./Di. ·
Tische: 6/18 Plätze
mail@krone-sihlbrugg.ch · www.krone-sihlbrugg.ch

Speisekarte: 10 Hauptgerichte von 35,00 bis 65,00 CHF; 1 Mittagsmenü von 49,00 bis 89,00 CHF; 1 Menü von 155,00 bis 185,00 CHF 500 Weinpos. Monika Jans berät als ausgebildete Sommelière zu den Weinen, kümmert sich liebenswürdig um die Gäste und bringt ihnen die Speisen ihres Partners Thomas Huber nahe. Der kocht unverfälschte, aromenprononcierte Speisen mit Tiefgang, in die immer wieder auch asiatische Elemente einfließen.

Solothurn

♜ Restaurant zum Alten Stephan

✉ 4500 · Friedhofplatz 10 · ☎ ((0041) 32) 6 22 11 09 · Fax: 6 23 70 60 · Klassische u. Neue Küche · **Geöffnet:** 11:30–14/19–24 Uhr · Küche: 11:30–13:30/18:30–21:30 Uhr · **Ruhetag:** So./Mo. · **Ferien:** 2 W.Weihn./1 W. vor Ostern · **Tische:** 17/60 Plätze
mail@alterstephan.ch · www.alterstephan.ch

Speisekarte: 14 Hauptgerichte von 20,00 bis 68,00 CHF; 1 Tagesgericht zu 21,00 CHF; 1 Menü von 59,00 bis 86,00 CHF
356 Weinpos.
Das "Restaurant zum alten Stephan" ist das älteste Gasthaus der Stadt Solothurn. Heute erscheint es in einem zeitlos-eleganten Gewand und macht einen Besuch auch wegen der angenehm entspannten Atmosphäre so schön. Stefan und Tamara Bader führen ihr gastronomisches Kleinod mit großem Engagement und werden von einem fleißigen Team unterstützt. Der Patron steht selber am Herd und weiß die ausgesuchten, gerne regionalen Zutaten so zu verarbeiten und zu kombinieren, dass sich am Ende aromenstarke, unverfälschte und ehrliche Speisen auf dem Teller finden. Sein Motto "Einfach, aber das richtig gut", setzt er mit Hingabe, Können und Ideenreichtum Woche für Woche in die Tat um. Im Klassischen verwurzelt, ist seine Küche offen für alle Richtungen. Zu den korrespondierenden Weinen berät Tamara Bader, die auch charmante Gastgeberin ist, mit großer Expertise. Ob Geschäftsessen, Feste oder die Traumhochzeit – auch Veranstaltungen finden im Hause einen stilvollen Rahmen, werden individuell besprochen und kulinarisch begleitet. Vor dem Haus ist eine kleine Terrasse, so dass man zusätzlich zum guten Essen das geschäftige Treiben in der Altstadt verfolgen kann.

Spiez

Eden

Bhf→400 m

✉3700 · Seestr. 58 · ☎ (0 33) 655 99 00 · Fax: 655 99 01
Rest. m. Reg. u. Intern. Küche, Panoramaterrasse, Bar, Solebad
12 km
welcome@eden-spiez.ch · www.eden-spiez.ch

30 **DZ** ab 202,00 CHF;
12 **EZ** ab 176,00 CHF;
3 **Jun.-Sui.** ab 378,00 CHF
Erholungssuchende wie Geschäftsreisende werden in diesem komfortablen und modernen Hotel gleichermaßen fündig: Komfort und Eleganz prägen das luxuriöse Haus und bescheren auch dank des vielseitigen Wellnessangebotes wunderschöne Tage.

♜ Strandhotel Belvédère

Bhf→300 m

✉3700 · Schachenstr. 39 · ☎ (0 33) 6 55 66 66 · Fax: 6 54 66 33 · Gourmetrestaurant, Vinothek, Bar, Terrasse, herrlicher Park, Preise inkl. Frühstück
10 km
info@belvedere-spiez.ch · www.belvedere-spiez.ch

31 **DZ** ab 270,00 CHF;
EZ ab 150,00 CHF;
5 **(Jui.-)Suiten** ab 360,00 CHF
Die Zimmer im "Strandhotel Belvédère" sind wunderschön gestaltet und mit allem zeitgemäßen Komfort ausgestattet. Wellnessoase und ein feines Restaurant gehören zum Angebot.

St.-Blaise

Bocca

Bhf→500 m

✉2072 · Avenue de Bachelin 11 · ☎ (0 32) 7 53 36 80 · Fax: 7 53 13 23
Klass., Neue u. Reg. Küche · Küche: 12–14/19–22 Uhr · **Ruhetag:** So./Mo./Di. · **Tische:** 13/50 Plätze
www.le-bocca.com

Speisekarte: 9 Hauptgerichte von 38,00 bis 68,00 CHF; 3 Menüs von 130,00 bis 160,00 CHF
437 Weinpos.
Die Küche von Chefkoch Claude Frôté basiert auf Zutaten, die er gerne in der Region bezieht und die er mit großem Sachverstand und viel Fantasie zu innovativen Speisen mit Bodenhaftung zusammenstellt.

Steinen / Schwyz

♜ Adelboden

Bhf→6 km

✉6422 · Schlagstrasse · ☎ (0 41) 8 32 12 42 · Fax: 8 32 19 42
Klassische Küche · **Geöffnet:** Di.-Fr.: 19-24 Uhr, Sa.-Mittag ab 12, Abend ab 19 Uhr · **Ruhetag:** So./Mo. · **Ferien:** 13.2.-10.3.22 · **Tische:** 6/18 Plätze
franz.wiget@bluewin.ch · www.wiget-adelboden.ch

Speisekarte: 1 Menü von 205,00 bis 235,00 CHF 428 Weinpos.
Hier spürt man in jedem Detail die Liebe zur Schweizer Bergwelt. Die feinsinnige Küche von Chefkoch Franz Wiget orientiert sich an klassischen Rezepten, die äußerst raffiniert und pointiert neu interpretiert werden.

♜ Hotels und Restaurants mit diesem Zeichen befinden sich in einem historischen Gebäude.

St. Gallen

Bhf→3 km

Segreto

✉ 9300 · Abacus-Platz 1 · ☎ (+41 71) 290 11 11 · Fax: (+41 71) 290 11 17
Intern., Reg. u. Mediter. Küche · **Geöffnet:** 18:30–22 Uhr · **Ruhetag:** So./Mo. ·
Tische: 10/30 Plätze
info@segreto.ch · www.segreto.ch

Speisekarte: 3 Hauptgerichte von 58,00 bis 62,00 CHF; 1 Tagesgericht von 48,00 bis 74,00 CHF; 1 Menü von 90,00 bis 150,00 CHF

1600 Weinpos.

Zeitlose Moderne prägt das "Segreto" im Interieur: Die Farbgebung in Schwarz, Weiß und Rot gibt der Einrichtung eine elegante und kunstfertige Note. Die großen Glasfronten lassen sich zur Terrasse hin öffnen, die an warmen Tagen zum Open-Air-Genuss einlädt. Dass sich hier jeder Gast sofort wohlfühlt, liegt am natürlichen und sehr liebenswürdigen Service unter Leitung von Maître Stefan Vossberg, der stets ansprechbar ist, bei Sonderwünschen immer ein offenes Ohr hat und mit großer Expertise auch zu den korrespondierenden Weinen berät. Chefkoch Martin Benninger konzentriert sich in seiner Küche auf das Wesentliche: die sorgfältige Verarbeitung der erstklassigen, vorzugsweise regionalen Zutaten, das Herausarbeiten ihrer Charakteristika, ausbalancierte Aromen und fein aufeinander abgestimmte Texturen. Sein handwerkliches Geschick und seine Kreativität münden in innovativen Neuinterpretationen tradierter mediterraner und grenzübergreifender Rezepturen. Mit leichten, verführerischen Elementen passt er sie behutsam dem Zeitgeist an. In der Woche ist mittags auf Anfrage geöffnet. Dank des Online-Shops kann man sich die Küche des Segreto bei Bedarf auch noch Hause holen und seine Gäste z. B. mit hausgemachter Pasta und Tomatensauce verwöhnen.

Einstein Gourmet

✉ 9000 · Berneggstrasse 2 · ☎ ((41)71) 2 27 55 55
Klassische und Moderne Küche · **Geöffnet:** Mi.-Sa. ab 18 Uhr · **Ruhetag:** So./Mo./
Di. · **Ferien:** 1.-18.1.22 + 26.6.-16.8.22
hotel@einstein.ch · www.einstein.ch

Speisekarte: 1 Menü von 190,00 bis 240,00 €

180 Weinpos.

Klassische französische Küche verbinden Sebastian Zier und Richard Schmidtkonz mit modernen Würz- und Garmethoden Sie kreieren Speisen, die so innovariv wie geerdet sind und präsentieren sie als hinreißend schöne, optische Kunstwerke.

Jägerhof

Bhf→800 m

9000 · Brühlbleichestrasse 11 · ☎ (0 71) 2 45 50 22 · Fax: 2 45 26 12
Klass. u. Reg. Küche · **Geöffnet:** Mo.-Fr. 11-14 + 18-22 Uhr, Sa. 17-23 Uhr · **Ruhetag:** Sa.-Mittag/So. · **Tische:** 11/48 Plätze
VISA AE
info@jaegerhof.ch · www.jaegerhof.ch

Speisekarte: 2 Tagesgerichte von 29,50 bis 34,50 CHF; 1 Mittagsmenü von 59,00 bis 81,00 CHF; 2 Menüs von 110,00 bis 170,00 CHF
1200 Weinpos.
Patron und Chef de Cuisine Agron Lleshi kocht aromenstark, vielfältig und bei aller kulinarischen Raffinesse immer verständlich. Erstklassig ist auch das mehrgängige Businesslunch.

St. Moritz

Talvo by Dalsass OT Champfér

Bhf→5 km

7512 · Via Gunels 15 · ☎ (0 81) 8 33 44 55 · Fax: 8 33 05 69 · Neue, Medit. Küche, eig. Kreat. · **Geöffnet:** mittags ab 12 Uhr, abends ab 18:30 · **Ruhetag:** Mo./Di.-Mitt. · **Ferien:** Okt./Nov./Apr.-Jun. · **Tische:** 20/70 Plätze
VISA AE EC
info@talvo.ch · www.talvo.ch

Speisekarte: 10 Hauptgerichte von 42,00 bis 145,00 CHF; 4 Tagesgerichte von 39,00 bis 44,00 CHF; 1 Menü zu 194,00 CHF
800 Weinpos.
Mediterrane Aromenfülle prägt die saisonale Produktküche von Patron und Chefkoch Martin Dalsass. Die Leidenschaft, mit der er kocht, lässt sich erahnen, wenn man die feinsinnigen Kompositionen in hinreißender Optik auf dem Teller sieht.

Thun

Congress Hotel Seepark

Bhf→1,2 km

3602 · Seestrasse 47 · ☎ ((00 41)) 33 226 12 12
Bar, Restaurant, Biergarten, E-Bike u. PKW-Ladestation, Bowling, Arrangements
20 km
VISA AE EC
info@seepark.ch · www.seepark.ch

72 **DZ** von 260,00 bis 460,00 CHF;
9 **EZ** von 185,00 bis 310,00 CHF;
6 **Suiten** von 350,00 bis 710,00 CHF
Direkt am Thunersee gelegen, bietet das moderne Hotel viel Ruhe und eine herrliche Aussicht. Die komfortablen Zimmer sind hell und geschmackvoll eingerichtet und ideal, um einen erlebnisreichen Tag in der herrlichen Landschaft entspannt ausklingen zu lassen.

dasRestaurant

Bhf→1,2 km

3602 · Seestrasse 47 · ☎ ((00 41)) 33 226 12 12
Klass. u. Int. Küche · **Geöffnet:** Do./Fr./Sa. ab 18:30 Uhr · **Ruhetag:** So.-Mi. · **Tische:** 12+12/40+40 Plätze
VISA AE EC
info@seepark.ch · www.seepark.ch

Speisekarte: 2 Menüs zu 130,00 CHF
225 Weinpos.
Die Küchenchefs Dominik Sato und Anja Bühler präsentieren eine raffinierte Küche mit japanischen Elementen, die der Gast in eleganter Umgebung und mit wunderschönem Ausblick auf See und Berge stilvoll genießen kann. Die Zutaten sind stets marktfrisch und bevorzugt von einheimischen Lieferanten.

Ein Restaurant mit anspruchsvoller Küche.

Trimbach

Bhf→1 km

Traube

✉ 4632 · Baslerstr. 211 · ☎ (0 62) 2 93 30 50 · Fax: 2 93 01 50
Klass. u. Neue Küche, eig. Kreationen · **Geöffnet:** Di.-Sa. ab 12 Uhr, abends ab 18 Uhr · **Ruhetag:** So./Mo. · **Ferien:** 7.2.-14.2.22 · **Tische:** 11/35 Plätze
postmaster@traubetrimbach.ch · www.traubetrimbach.ch

Speisekarte: 1 Tagesgericht zu 25,00 CHF; 1 Mittagsmenü zu 75,00 CHF; 3 Menüs von 145,00 bis 190,00 CHF 1150 Weinpos. Das Restaurant "Traube" hat sich weit über Solothurn hinaus einen hervorragenden Ruf erworben. Patron und Chefkoch Arno Sgier arbeitet mit handwerklicher Präzision, äußerst aromensicher und hat immer wieder neue Ideen, um die klassischen und zeitgeistigen Speisen in Szene zu setzen.

Vaduz (FL)

Bhf→3,8 km

Amarone

✉ 9490 · Im Städtle 29 · ☎ (0 04 23) 2 32 22 88
Moderne Küche · Küche: 12–14/18–22 Uhr · **Ruhetag:** Sa./So. · **Tische:** 12/60 Plätze
reservation@amarone.li · www.amarone.li

Speisekarte: Hauptgerichte ab 20,00 €
Chefkoch Martin Ospelt setzt auf Regionalität und Kreativität, wenn er die saisonalen Produkte mit Liebe zum Detail kombiniert und französische und italienische Speisen mit leichter Hand in neuen Interpretationen dem Zeitgeist anpasst. Viele Speisen werden zusätzlich auf Tafeln annonciert.

Bhf→6 km

Park Hotel Sonnenhof - Marée

✉ 9490 · Mareestr. 29 · ☎ (0 04 23) 2 39 02 02 · Fax: 2 39 02 03
Int. u. Neue Küche · **Geöffnet:** Di.-Sa.: 12-13:15 + 19-21:15 Uhr, Sa. 19-21.15 Uhr · **Ruhetag:** So./Mo. · **Tische:** 15/ca. 45 Plätze
real@sonnenhof.li · www.sonnenhof.li

Speisekarte: 9 Hauptgerichte von 49,00 bis 69,00 CHF; 2 Menüs von 79,00 bis 155,00 CHF 359 Weinpos. Die wechselnden Jahreszeiten sind Ideengeber für die vielseitige Küche von Patron und Chef de Cuisine Hubertus Real. Ob feines Menü oder klassischer Business-Lunch – die durchdachten Kombinationen überzeugen auch anspruchsvolle Feinschmecker.

Bhf→5 km

♜ Torkel

✉ 9490 · Hintergass 9 · ☎ (0 04 23) 2 32 44 10 · Klass. u. Neue Küche, eig. Kreationen · Küche: 11:30–13:30/18:30–21:30 Uhr · **Ruhetag:** Sa-Mtg./So./Mo. · **Ferien:** 19.4.-7.5./5.10.-22.10./21.12.-7.1. · **Tische:** wechselnd, Plätze: á la Carte bis 50, Bankett bis 100 Personen
office@torkel.li · www.torkel.li

Speisekarte: 2 Hauptgerichte von 58,00 bis 65,00 CHF; 1 Mittagsmenü von 76,00 bis 84,00 CHF; 1 Menü zu 138,00 CHF 203 Weinpos. Chefkoch Ivo Berger führt die gastronomische Familientradition mit Leidenschaft fort und macht aus seinem Restaurant mit der historischen Weinpresse (Torkel) ein echtes klulinarisches Kleinod. Seine handwerklich präzise Küche ist saisonal, grundehrlich und sehr finessenreich.

Restaurant mit gutem Genuss-/Preisverhältnis.

Vevey

Denis Martin - Le Château

Bhf→300 m

1800 · Rue du Château 2 · (0 21) 9 21 12 10 · Fax: 9 21 45 52
Neue Küche · **Geöffnet:** ab 19 Uhr · **Ruhetag:** So./Mo. · **Ferien:** 21.12.-5.1. · **Tische:** 12/40 Plätze
www.denismartin.ch

Speisekarte: 2 Menüs von 280,00 bis 360,00 CHF
So konzentriert die zurückgenommene Molekularküche von Chef de Cuisine Denis Martin auch ist, so intuitiv und verständlich sind die einzelnen Gangfolgen.

Vitznau

Park Hotel Vitznau

Bhf→500 m

6354 · Seestr. 18 · (+41 (0) 41) 3 99 60 60 · Fax: 3 99 60 70 · Restaurants focus ATELIER, PRISMA, Grillrestaurant "Seeterrasse", eigener Seezugang und Boote, Zi.-Preise inkl. Frühstück
8 km
info@parkhotel-vitznau.ch · www.parkhotel-vitznau.ch

Family

48 **Residenzen, Suiten u. Junior Suiten** ab 800,00 CHF
Unaufdringlicher Luxus und stilvolles Ambiente prägen dieses auch historisch wertvolle, exklusive Domizil direkt am Vierwaldstättersee mit hoteleigenem Zugang zum See. Die eleganten Suiten mit Marmorbädern und Balkon/Terrasse bieten Wohnkultur auf höchstem Niveau und garantieren angenehme Privatsphäre. Tagungen und Bankette finden in repräsentativen Räumlichkeiten statt. In der Freizeit warten u. a. der beheizte Infinity-Außenpool mit Blick auf den Vierwaldstättersee und in die Berge, Fitness- und hinreißend schöne Wellnessangebote sowie hauseigene Motorboote für Ausflüge und Wasserski. Das gastronomische Angebot gehört mit verschiedenen, sternegekrönten Gourmetrestaurants zu den besten des Landes. Eine herrliche Pool-Terrasse und schick gestylte Bar runden das vielseitige Angebot im Park Hotel Vitznau ab.

Hotels und Restaurants mit diesem Zeichen befinden sich in einem historischen Gebäude.

Bhf→500 m

♜ Park Hotel Vitznau - focus ATELIER

✉ 6354 · Seestr. 18 · ☎ (+41 (0) 41) 3 99 60 60 · Fax: 3 99 60 70
Klassische Küche · **Ruhetag:** So./Mo. · **Tische:** 10/40 Plätze
info@parkhotel-vitznau.ch · www.parkhotel-vitznau.ch · f
VISA AE EC

Speisekarte: 2 Menüs von 225,00 bis 265,00 CHF
4.500 Weinpos.

"Primus inter pares" trifft es ganz gut, wenn man vom Gourmetrestaurant Focus Atelier spricht, denn selbst im Reigen der anderen zwei erstklassigen Restaurants im Park Hotel Vitznau sticht es mit seiner kulinarischen Klasse noch hervor. Dafür sorgt Sternekoch Patrick Mahler mit seinem engagierten und hochkonzentrierten Team. Vor dem Hintergrund klassisch französischer Haute Cuisine kreiert er Speisen, die die klassischen Wurzeln nicht verleugnen, aber mit genussvoller Leichtigkeit neu interpretiert werden. Elegante Leichtigkeit, farbenfrohe Kompositionen mit Esprit und facettenreiche Aromen prägen die Küche, die der Chefkoch zu einem wundervollen, einmaligen Genusserlebnis macht, das in bester Erinnerung bleibt. Gekonnt und präzise kombiniert er Zutaten aus aller Welt, die den Jahreszeiten entsprechen und in acht- bis zwölfgängige Menüs münden. Julia Tritschler leitet den unaufdringlichen und zugewandten Service mit leichter Hand, während Lucas Kroessen als formidabler Sommelier zu den Weinen berät, die es in so staunenswerter Fülle gibt, dass seine Expertise gerne angenommen wird. Durch die bodentiefen Fenster begleitet ein traumschöner Blick auf den Vierwaldstättersee den Restaurantbesuch und macht ihn zu einem wahren Fest für alle Sinne.

Restaurant mit exzellenter Weinkarte

PRISMA

Bhf→500 m

6354 · Seestr. 18 · ☎ (+41 (0) 41) 3 99 60 60 · Fax: 3 99 60 70
Europäisch/Asiatische Küche · **Ruhetag:** Mi./Do. · **Tische:** 18 (+ Terrasse 8)/24 (+ 24) Plätze
VISA AE
info@parkhotel-vitznau.ch · www.parkhotel-vitznau.ch

Speisekarte: 1 Menü von 125,00 bis 145,00 CHF

4.500 Weinpos.

Im mit klaren Linien und wertigen Naturmaterialien gestalteten Restaurant PRISMA verbindet Sternekoch Philipp Heid das Beste aus zwei kulinarischen Welten – der europäischen und asiatischen. Beide Kulturen finden sich in filigranen und raffinierten Zubereitungen in einem Omakase-Menü wieder, das im Sharing-Stil präsentiert wird. Omakase – "ich überlasse es Ihnen" – ist die japanische Art des bekannten Überraschungsmenüs das vom Chefkoch zusammengestellt wird und ist im PRISMA seit 2020 fester Bestandteil der Fusionsküche von Philipp Heid. Seit November 2021 gibt es eine Konzeptänderung im Restaurant: weg von Fleisch und Fisch als unabdingbare Komponente eines Menüs und hin zu einem reinen Gemüsemenü, dem Midori (grün) Omakase, das auf Wunsch um Beilagen von "Land" und "Wasser" erweitert werden kann. Auf diese spannende Änderung der kulinarischen Ausrichtung sollte man sich unbedingt einlassen und erfahren, mit wie viel Ideenreichtum und Warenkunde Philipp Heid die Speisefolgen zusammenstellt. Alessia Ruggiero leitet umsichtig den Service und auch hier wird auf den größten Weinschatz der Schweiz zurückgegriffen – Sven Uzat schöpft daraus und empfiehlt den passenden Tropfen.

Bhf→500 m

Grillrestaurant Seeterrasse

✉ 6354 · Seestr. 18 · ☎ (+41 (0) 41) 3 99 60 60 · Fax: 3 99 60 70
Europäische Küche und Grillspezialitäten · Küche: 12–21:30 Uhr · **Tische:** 15 (Terrasse + 25)/40 (+ 80) Plätze
VISA AE EC
info@parkhotel-vitznau.ch · www.parkhotel-vitznau.ch

Speisekarte: 16 Hauptgerichte von 46,00 bis 82,00 CHF

4.500 Weinpos.

Chefkoch Felix Kattchin sagt selber, dass er schon von klein auf "Feuer und Flamme" fürs Kochen war. Wie passend, dass er Jahrzehnte später leidenschaftlich gerne ein ausgesuchtes, saftiges Stück Fleisch auf den Grill legt und es zu einer genial guten Speise brät. Neben langsam gereiften Spezialitäten aus dem Dry Ager gibt es aber auch fangfrischen Fisch, edle Meeresfrüchte und sogar Vegetarisches. Feine, frisch zubereitete Saucen und verschiedenste Beilagen komplettieren die Speisen und überzeugen in ihrer handwerklichen Perfektion. An schönen Sommertagen verlagert sich das kulinarische Geschehen auf die Seeterrasse direkt am Ufer des Vierwaldstättersees und bietet nicht nur Genuss für den Leib, sondern mit einer himmlischen Fernsicht in die Alpen auch Genuss für die Seele. Wenn die Temperaturen fallen, züngelt das Feuer für die Gerichte des Grillrestaurants in der Hauptküche im Gartengeschoss. Auch hier ist Sven Uzat versierter Sommelier und empfiehlt Tropfen aus einem der sechs Weinkeller. Kevin Bevendorf leitet den liebenswürdigen Service und steht gerne bei kleinen Wünschen bereit.

Vufflens-le-Château

Bhf→500 m

L'Ermitage de Bernard Ravet

✉ 1134 · Rue du Village 26 · ☎ (0 21) 8 04 68 68 · Fax: 8 02 22 40
Eigene Kreationen · Küche: 12–13:30/19–21:30 Uhr · **Ruhetag:** So./Mo. · **Ferien:** 2 W. Aug./3 W. ab Weihn. · **Tische:** 18/60 Plätze
VISA AE EC
ermitage@ravet.ch · www.ravet.ch

Speisekarte: 1 Mittagsmenü von 95,00 bis 120,00 CHF; 2 Menüs von 180,00 bis 295,00 CHF

950 Weinpos.

Schlichte Eleganz prägt das Restaurant. Ähnlich konzentriert auf das Wesentliche präsentiert sich die Produktküche von Vater Bernard und Sohn Guy Ravet. Die beiden kochen mit einer Wucht, die begeistert und jeden Feinschmecker angesichts der wunderschön servierten Speisen andächtig werden lässt.

Wengi bei Büren

Mösching's Sonne

Bhf→15 km

✉ 3251 · OT Scheunenberg · ☎ (0 32) 3 89 15 45 · Fax: 3 89 15 36 · Klass./Neue u. Mediterr. Küche · **Geöffnet:** Mi.-Fr.:11:30-15/18.30-23, Sa.: 11:30-23, So.: 11:30-17 Uhr · **Ruhetag:** Mo./Di. · **Ferien:** a. Anfr. · **Tische:** 14/35 Plätze
sonne-scheunenberg@bluewin.ch · www.sonne-scheunenberg.ch

Speisekarte: 5 Hauptgerichte von 56,00 bis 75,00 CHF; 4 Tagesgerichte von 40,00 bis 69,00 CHF; 1 Mittagsmenü zu 75,00 CHF; 2 Menüs von 149,00 bis 174,00 CHF 640 Weinpos.
Am Rande des malerischen Limpachtales, inmitten von Feldern und sanften Hügeln findet man ein wunderschönes historisches Bauernhaus, das von einem idyllischen Garten umgeben ist und das Restaurant "Mösching's Sonne" beheimatet. Die Leidenschaft, mit der Kurt und Iris Mösching ihr Restaurant seit mehr als zwanzig Jahren betreiben, ist allgegenwärtig. Hier lassen sich hier entspannte Stunden abseits von Hektik und Stress verleben, die von einer exzellenten Küche begleitet werden. Der Patron steht selber am Herd und präsentiert Speisen der französischen Haute Cuisine, die er behutsam dem modernen Zeitgeist anpasst, denen er seine ganz eigene, leichte und aromenpronocierte Note gibt. Die Zutaten bezieht er bevorzugt in der Region und lässt sich zusätzlich vom jahreszeitlich wechselnden Angebot inspirieren, um immer wieder neue Kombinationen zu ertüfteln. Am Wochenende wird eine Weekend-Box mit einem eigens kreierten 3-Gang-Menü als Fleisch-, Fisch- oder Veggi-Variante angeboten, die sich ganz einfach zu Hause zubereiten lässt. Den Service im Restaurant leitet Iris Mösching mit großer Liebenswürdigkeit, sie erläutert die Speisen ihres Mannes gerne genauer und spricht passende Weinempfehlungen aus. Im Sommer sollte man einen Platz im Garten mit üppig blühenden Hortensien wählen. Für private und geschäftliche Veranstaltungen und Treffen stehen verschiedenste Räumlichkeiten – allen voran das romantische Stöckli – zur Verfügung, die alle mit leichter Hand und sehr viel Geschmack bezaubernd eingerichtet sind.

Winterthur

Taggenberg OT Wülflingen

Bhf→4 km

✉ 8408 · Taggenbergstr. 79 · ☎ (0 52) 2 22 05 22 · Neue u. Regionale Küche · **Geöffnet:** Di.-Fr. 11:30-14:30 + 18-24, Sa. 18-24 Uhr Mi.-Sa. 11:30-14 Uhr · **Ruhetag:** So./Mo. · **Ferien:** Letzte Wo.Aug.+1. Wo. Sep. · **Tische:** 12/50 Plätze
gruezi@dastaggenberg.ch · www.dastaggenberg.ch

Speisekarte: 7 Hauptgerichte von 17,00 bis 58,00 CHF; 2 Tagesgerichte von 29,00 bis 49,00 CHF; 1 Menü zu 109,00 CHF 140 Weinpos.
Herzliche Gastfreundschaft wird hier ebenso großgeschrieben wie eine marktfrische, saisonale Küche, die auf leichten, französischen Klassikern basiert.

Wigoltingen

Bhf→500 m

Taverne Zum Schäfli

8556 · Oberdorfstrasse 8 · ☎ (0 52) 7 63 11 72
Klassische Küche, eigene Kreationen · **Geöffnet:** Di.-Sa. ab 18:30, Mi.-Sa. auch 11:30-14 Uhr · **Ruhetag:** So./Mo. · **Tische:** 9/30 Plätze
kontakt@schaefli-wigoltingen.ch · www.schaefli-wigoltingen.ch

Speisekarte: 4 Hauptgerichte von 58,00 bis 90,00 CHF; 1 Menü von 179,00 bis 220,00 CHF
550 Weinpos.
Es ist nicht allein die wunderschöne Fachwerkfassade dieses historischen Hauses, in dem sich das Feinschmeckerdomizil der Kuchlers findet, die besonders einladend ist, vielmehr ist auch das Interieur des Restaurants mit seiner schlichten Eleganz wie geschaffen, ein paar genussvolle Stunden zu verbringen. Hier einzukehren, heißt, das Besondere zu schätzen und anzuerkennen, mit wie viel Leidenschaft das Restaurant geführt wird. Christian Kuchler hat vor sieben Jahren das gastronomische Erbe der Eltern Wolfgang und Marlis angetreten, die mit der "Taverne zum Schäfli" ein Restaurant für außergewöhnliche Genussmomente etabliert hatten. Seine kulinarischen Wanderjahre ließen ihn weit über den Schweizer Tellerrand hinausblicken und so präsentiert er nun seinen Gästen eine Küche, die vor Ideenreichtum sprüht. In der französischen Haute Cuisine verwurzelt, interpretiert er vieles neu und lässt sich z. B auch von Elementen der nordafrikanischen Küche inspirieren, um seinen fantasievollen, innovativen Kompositionen eine ganz eigene Note zu geben. Er liebt das Spiel mit Aromen, Texturen und Gewürzen, kombiniert scheinbar Schlichtes, um daraus komplett neue Geschmackserlebnisse zu kreieren, die alles sind, nur niemals dogmatisch. Lebensgefährtin Ramona Gubler ist liebenswürdige Gastgeberin und sorgt dafür, dass sich jeder einzelne Besucher sofort wohl fühlt. Kompetenter und zugewandter Maître ist Fabian Mennel, der als kenntnisreicher Sommelier auch sensibel zu den korrespondierenden Weinen berät.

Zuoz

Bhf→500 m

Castell

7524 · Via Castell 300 · ☎ (0 81) 8 51 52 53 · Fax: 8 51 52 54 · Kaminzimmer, Billardraum, Bar, Panoramaterrasse, Spielplatz, Kinderbetreuung
500 m
info@hotelcastell.ch · www.hotelcastell.ch

63 **DZ** von 240,00 bis 470,00 CHF;
2 **EZ** von 120,00 bis 160,00 CHF;
5 **Suiten** von 400,00 bis 540,00 CHF
Das 1912 auf einer traumhaften Aussichtsterrasse erbaute "Castell" ist eine perfekte Melange aus niveauvoller Gastronomie, Architektur, Kunst, Kulinarik und Wellness.

Castell

Bhf→500 m

✉ 7524 · Via Castell 300 · ☎ (0 81) 8 51 52 53 · Fax: 8 51 52 54 · Klassische u. Regionale Küche · **Geöffnet:** Bar u. Terrasse: 12-24 Uhr, Restaurant 18-22 Uhr · **Ferien:** April-12. Juni, Nov.-10.Dez. · **Tische:** 45/120 Plätze
info@hotelcastell.ch · www.hotelcastell.ch

Speisekarte: 6 Hauptgerichte von 28,00 bis 41,00 CHF; 1 Menüs zu 65,00 CHF
400 Weinpos.
Als gebürtiger Südtiroler weiß Chefkoch Helmut Leitner, wie er Speisen mit alpinem Bezug zubereitet. Erstklassige Zutaten verarbeitet er unverfälscht, aromenstark, kreativ und präsentiert sie auch gerne im Rhythmus der wechselnden Jahreszeiten.

Zürich

Baur au Lac

Bhf→1 km

✉ 8001 · Talstrasse 1 · ☎ (0 44) 2 20 50 20 · Fax: 2 20 50 44
Rest. „Baur's", Park mit Panoramablick, Bar, Terrasse
3 km
info@bauraulac.ch · www.bauraulac.ch

62 **DZ** zu 870,00 CHF;
als **EZ** zu 870,00 CHF;
13 **EZ** ab 570,00 CHF;
18 **Suiten** von 1800,00 bis 6200,00 CHF;
27 **J.S.** von 1200,00 bis 1800,00 CHF

Schon Kaiserin Sissi, Kaiser Wilhelm II., der russische Zar, Richard Wagner und andere illustre Gäste nächtigten in dem traumhaft gelegenen Prachtpalais mit eigenem Park.

Baur au Lac - Le Pavillon

Bhf→1 km

✉ 8001 · Talstrasse 1 · ☎ (0 44) 2 20 50 22 · Fax: 2 20 50 44
Neue u. Französische Küche, eig. Kreationen · **Geöffnet:** Di.-Sa.: 19-23 Uhr · **Ruhetag:** So./Mo. · **Ferien:** variabel · **Tische:** 17/56 Plätze
info@bauraulac.ch · www.aupavillon.ch

Speisekarte: 6 Hauptgerichte von 86,00 bis 88,00 CHF; 2 Menüs von 228,00 bis 298,00 CHF
506 Weinpos.
Klassische Französische Küche genießt man im großzügig verglasten "Pavillon" vor der Kulisse des Parks und des Zürichsees. Chef de Cuisine Laurent Eperon bringt dank seines enormen Fachwissens und seines Ideenreichtums eine ganz eigene kulinarische Linie in die virtuos zubereiteten Speisen.

Boutique Hotel Helvetia

Bhf→1 km

✉ 8004 · Stauffacherquai 1 · ☎ (0 44) 2 97 99 99 · Fax: 2 97 99 90
Bar, Lounge, Terrasse, Zimmer-Preise exklusive Frühstück
5 km
info@hotel-helvetia.ch · www.hotel-helvetia.ch

35 **DZ** von 165,00 bis 350,00 CHF;
als **EZ** von 165,00 bis 350,00 CHF
Das Boutique-Hotel "Helvetia" wird dank der familiären Leitung zu einem liebenswerten Stück Heimat in der Fremde. Hinreißend ist die gelungene Mischung aus klassischen Jugendstilelementen und zeitlos-elegantem Mobiliar.

Boutique Hotel Helvetia - Helvetia

Bhf→1 km

✉ 8004 · Stauffacherquai 1 · ☎ (0 44) 2 97 99 99 · Fax: 2 97 99 90
Neue, Intern. u. Reg. Küche, eig. Kreationen · **Geöffnet:** Mo.-Fr. 11:30-14 + 18-24 Uhr, Sa. 18-24 Uhr · **Ruhetag:** So. · **Tische:** 25/50 Plätze
info@hotel-helvetia.ch · www.hotel-helvetia.ch

Speisekarte: 7 Hauptgerichte von 30,00 bis 46,00 CHF; 1 Mittagsmenü von 28,00 bis 36,00 CHF
108 Weinpos.
Frisch, leicht und innovativ ist die durchdachte Küche von Chefkoch Karim Schumann, dem es mit feiner Hand gelingt, auch traditionelle Rezepturen in neuem Gewand zu präsentieren.

Bhf→500 m

Haus zum Rüden

✉ 8001 · Limmatquai 42 · ☎ (0 44) 2 61 95 66 · Klassische und Neue Küche · Küche: 11:30–14:15/18–22 Uhr · **Ruhetag:** So./Mo. · **Ferien:** Weihnachten/ 2 WO Sommer · **Tische:** 13 (+ 14 Terrasse)/40 + 40 Plätze
info@hauszumrueden.ch · www.hauszumrueden.ch

Speisekarte: 10 Hauptgerichte von 18,00 bis 68,00 CHF; 1 Tagesgericht von 25,00 bis 30,00 CHF; 1 Mittagsmenü zu 29,00 CHF; 1 Menü von 75,00 bis 140,00 CHF

98 Weinpos.

Bereits seit 1295 steht das „Haus zum Rüden" in der Stadt an der Limmat. Die einstige Trinkstube der Edelleute der Stadt Zürich ist heute ein sorgfältig erhaltenes Stück Zeitgeschichte, in dem Traditionen bewahrt werden, das Haus aber ein Treffpunkt für Kommunikation und Geselligkeit bleibt und das doch im Hier und Jetzt der quirligen Metropole angekommen ist. Das Interieur ist eine gelungene Mischung aus Historie und Moderne und eine schöne Kulisse für die Küche von Küchenchef Thomas Kolke. Er bewahrt authentische Zürcher Esskultur und ergänzt sie mit zeitgeistigen Strömungen, kocht präzise und unverfälscht und präsentiert neben Zunfthausklassikern Speisen, die das jahreszeitliche Marktangebot widerpiegeln. Man munkelt, nur hier das echte Zürcher Geschnetzelte zu bekommen, weil es auf alten Zürcher Kochbüchern basiert, aber auch die Felchen an leichter Champagnersauce mit Mangold und Salzkartoffeln wussten zu überzeugen. Den Service leitet Andrea Cancedda mit Übersicht, der auch zu den Weinen wertvolle Tipps gibt. Wer mag, speist an warmen Tagen auf den Außenplätzen unter den Arkaden mit schönem Blick auf die Limmat.

Die Küchenleistung dieses Restaurants ist hervorhebenswert in seiner Kategorie.

Bhf→3 km

Maison Manesse OT Widecken

✉ 8045 · Hopfenstraße 2 · ☎ ((00 41) 44) 4 62 01 01 · Moderne Schweizer Küche · Küche: 11:45–14/18–22 Uhr · **Ruhetag:** So./Mo./Di. · **Ferien:** 24.12.-5.1. + 2 Wo. im Sommer · **Tische:** 13 (Terrasse + 8)/40 (+ 25) Plätze
info@maisonmanesse.ch · www.maisonmanesse.ch

Speisekarte: 7 Hauptgerichte von 24,00 bis 36,00 CHF; 3 (Mo.-Fr.) Tagesgerichte von 30,00 bis 38,00 CHF; 1 Mittagsmenü von 35,00 bis 50,00 CHF; 1 Menü von 115,00 bis 160,00 CHF

602 Weinpos.

Mit blanken Tischen und in unprätentiösem Bistro-Stil eingerichtet, gibt es im "Maison Manesse" keine Schwellenängste, vielmehr eine fulminante, nachhaltige Produktküche, in der Chefkoch Benjamin Pisek immer auch einen veganen Hauptgang offeriert.

Mesa

Bhf→1,5 km

✉ 8006 · Weinbergstraße 75 · ☎ (0 43) 3 21 75 75 · Fax: 3 21 75 77 · Moderne Klassische Küche · Küche: 11:30–13:30/18:30–21:30 Uhr · **Ruhetag:** So./Mo. · **Ferien:** Mitte. Juli - Mitte. Aug.+Weihn./Neuj. · **Tische:** 13/38 Plätze
info@mesa-restaurant.ch · www.mesa-restaurant.ch ·

Speisekarte: 4 Tagesgerichte von 26,00 bis 38,00 CHF; 1 Mittagsmenü zu 55,00 CHF; 2 Menüs von 110,00 bis 190,00 CHF
330 Weinpos.
Schlichte Eleganz prägt das Interieur im "Mesa", Können und Klasse die dortige Küche. Dafür sorgt Chefkoch Sebastian Rösch mit leichter Hand. Handwerklich perfekt, lässt er innovative und traditionelle Elemente in die großartig ertüftelten Speisen einfließen.

Schweizerhof

Bhf→50 m

✉ 8021 · Bahnhofplatz 7 · ☎ (0 44) 2 18 88 88 · Fax: 2 18 81 81
Rest. "La Soupière" mit Franz. Küche, „Café Gourmet", Bar
6 km
info@hotelschweizerhof.com · www.hotelschweizerhof.com

65 **DZ** ab 670,00 CHF;
45 **EZ** ab 295,00 CHF;
4 **J.-Sui.** CHF;
2 **Suiten** ab 1240,00 CHF

Gegenüber vom Hauptbahnhof und der Fußgängerzone steht dieses Hotel mit stilvollen Zimmern und vielseitigem gastronomischem Angebot.

Sonnenberg

Bhf→3 km

✉ 8032 · OT Zürichberg · Hitzigweg 15 · ☎ (0 44) 2 66 97 97 · Fax: 2 66 97 98
Klass., Intern. u. Regionale Küche · **Geöffnet:** Di.-Fr.: 11-14:30, + 18-24, Sa./So. 11-24 Uhr · **Ruhetag:** Mo. · **Tische:** 25/120 Plätze
restaurant@sonnenberg-zurich.ch · www.sonnenberg-zurich.ch ·

Speisekarte: 19 Hauptgerichte von 28,00 bis 68,00 CHF; 1 Mittagsmenü zu 32,00 CHF
321 Weinpos.
Der "Sonnenberg" war seit je ein beliebtes Ausflugsziel mit herrlichem Blick auf die Stadt. Heute sorgt Gastgeber Giovanni Rizzo mit seinem engagierten Team für eine gelungene Frischeküche mit Speisen aus aller Herren Länder.

Storchen - La Rôtisserie

Bhf→1 km

✉ 8001 · Weinplatz 2 · ☎ ((00 41) 44) 2 27 21 13
Klassische u. Internationale Küche · Küche: 12–14/18–22 Uhr · **Tische:** 18 (+ Terrasse 18)/60 (+ 60) Plätze
rotisserie@storchen.ch · www.storchen.ch ·

Speisekarte: 5 Hauptgerichte von 44,00 bis 78,00 CHF; 1 (Mo-Fr.) Mittagsmenüs von 58,00 bis 72,00 CHF; 1 Abendmenü ab 185,00 CHF 286 Weinpos.
Großstädtisch und weltoffen geht es in der gediegen-elegant eingerichteten "Rôtisserie" zu. Chefkoch Stefan Jaeckel kocht mit kulinarischer Wucht und interpretiert mit großem Ideenreichtum klassische Speisen neu und modern.

Storchen Zürich

Bhf→5 Min.

✉ 8001 · OT Altstadt · Weinplatz 2 · ☎ (0 44) 2 27 27 27 · Fax: (0 44) 2 27 27 00
Restaurant "La Rôtisserie", „Cigar Bar", herrliche Terrasse, Frühstücksbuffet
5 km
info@storchen.ch · www.storchen.ch ·

56 **DZ** von 430,00 bis 920,00 CHF;
15 **EZ** von 390,00 bis 620,00 CHF;
5 **Ju.-Suite** auf Anfrage;
2 Suit./7 Familienzimmer auf Anfrage
Seit mehr als 660 Jahren schätzt man die Gastlichkeit des "Storchen" weit über die Landesgrenze hinaus. Das erstklassige Hotel liegt zentral im Herzen von Zürich und vereint stilvoll modernen Lifestyle mit klassischer Tradition.

Bhf→3,5 km

The Dolder Grand

8032 · Kurhausstr. 65 · (0 44) 4 56 60 00 · Fax: 4 56 60 01
Restaurant "Saltz" mit Intern. Küche, Bar, Terrasse, Ballsaal
0 m
info@thedoldergrand.com · www.thedoldergrand.com ·

100 **DZ** ab 750,00 CHF;
als **EZ** ab 650,00 CHF;
15 **EZ** ab 540,00 CHF;
55 **(Jui.-)Sui.** ab 1050,00 CHF;
5 **Top Sui.** ab 5500,00 CHF

Das Schweizer Traditionshaus mit Blick auf die Stadt, den See und die Alpen hat sich auch als City Resort einen Namen gemacht und verwöhnt mit unaufdringlichem Luxus, komfortablen ZImmern, zuvorkommendem Service und einer herrlichen Wellnessoase.

Bhf→3,5 km

The Dolder Grand - The Restaurant

8032 · Kurhausstr. 65 · (0 44) 4 56 60 00 · Fax: 4 56 60 01 · Neue u. Klassische Küche, eig. Kreationen · **Geöffnet:** Mi.-Sa. 19-22 Uhr, Do./Fr. zusätzl 12-14 Uhr · **Ruhetag:** So./Mo. · **Ferien:** auf Anfrage · **Tische:** 15/45 Plätze
therestaurant@thedoldergrand.com · www.thedoldergrand.com ·

Speisekarte: 3 Hauptgerichte von 89,00 bis 112,00 CHF; 2 Mittagsmenüs von 128,00 bis 198,00 CHF; 2 Menüs von 218,00 bis 298,00 CHF
500 Weinpos.

Wer in Zürich das Besondere genießen möchte, sollte einen Besuch des "Restaurant" im traditionsreichen "The Dolder Grand" unbedingt einplanen. In angenehm privater Atmosphärte zeigt Chefkoch Heiko Nieder die große Bandbreite seines Könnens, Klassisches zu dekonstruieren und in einen aufregend neuen Kontext zu setzen.

Bhf→300 m

Widder Hotel

8001 · Rennweg 7 · (0 44) 2 24 25 26 · Fax: 2 24 24 24 · Preise inkl. Frühst., Restaurant-Boucherie "AuGust", Widder Bar & Kitchen, Kamin, Terrasse
5 km
home@widderhotel.com · www.widderhotel.com ·

26 **DZ** von 580,00 bis 1250,00 CHF;
7 **EZ** von 580,00 bis 870,00 CHF;
14 **Suiten** von 940,00 bis 3910,00 CHF

Im beliebten Augustiner-Quartier liegt dieses unaufdringliche Luxushotel. In neun historischen Wohnhäusern findet man liebevoll gestaltete, individuell möblierte Zimmer und exquisite Suiten. Auch der umfassende und persönliche Service überzeugt.

Bhf→300 m

Widder Restaurant

8001 · Rennweg 7 · (044) 2 24 24 12
Intern. Küche, eigene Kreationen · Küche: 11:30–14/18–21:30 Uhr · **Ruhetag:** So./Mo. · **Tische:** 25/90 Plätze
home@widderhotel.com · www.widderhotel.com

Speisekarte: 3 Hauptgerichte von 70,00 bis 120,00 CHF; 2 Menüs von 220,00 bis 280,00 CHF
169 Weinpos.

Küchenchef Stefan Heilemann kocht im eleganten Restaurant nach den Grundsätzen der klassischen Küche und überrascht seine Gäste gerne mit kreativen, aromentiefen und exotischen Geschmackskombinationen.

Dieses Restaurant bietet Ihnen eine exzellente Küche.

LIMONI CAVIALE 100% ITALIANI

PERLA DI GIOVE

Jupiters Perle. Der Zitronenkaviar.

Göttliche Perlen für Ihre kulinarischen Ideen.

Ein Anwendungsbeispiel von Küchenchef Salvatore Fontanazza
im Field Restaurant in Lüchow.

Perla di Giove di Gabriella Donnarumma - Via Migliara 58 – I-04019 Terracina Italien – info@perladigiove.it

Südtirol

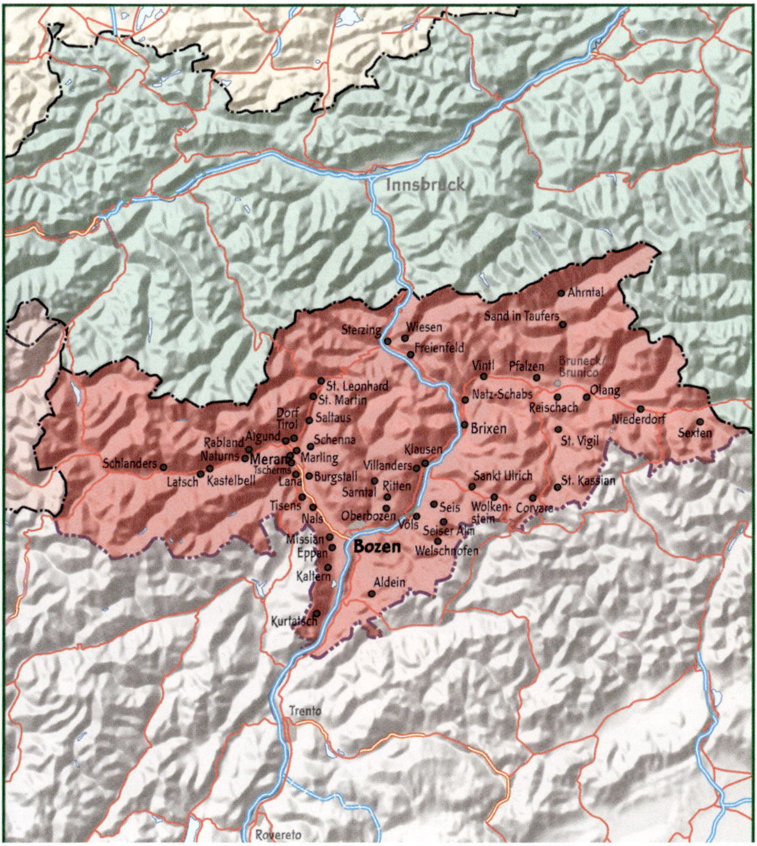
Innsbruck
Ahrntal
Sand in Taufers
Sterzing
Wiesen
Freienfeld
Vintl
Pfalzen
Bruneck/
Brunico
St. Leonhard
St. Martin
Natz-Schabs
Olang
Reischach
Dorf
Tirol
Saltaus
Niederdorf
Brixen
Sexten
Rabland
Algund
Schenna
St. Vigil
Naturns
Meran
Marling
Klausen
Schlanders
Tscherms
Villanders
Latsch
Kastelbell
Lana
Burgstall
Sankt Ulrich
St. Kassian
Sarntal
Ritten
Tisens
Seis
Wolken-
stein
Corvara
Nals
Oberbozen
Völs
Seiser Alm
Missian
Eppan
Bozen
Welschnofen
Kaltern
Aldein
Kurtatsch
Trento
Rovereto

Ahrntal

Bhf→25 km Alpenschlössl u. Linderhof Wellnessresort

39030 · Steinhaus 123 · ☎ (04 74) 65 21 90 · Fax: 65 24 14 · Rest. für Hausgäste, Bar, Vinothek, vielseitige Arrangements, Zi.-Preise inkl. Verwöhnpension
25 km VISA
info@wellnessresort.it · www.wellnessresort.it

35 **DZ** ab 191,00 €;
als **EZ** ab 187,00 €;
32 **Suiten** ab 208,00 €
Traditionelle Gastlichkeit und die Traumlage inmitten der Bergwelt machen den Besuch dieser unteridisch miteinander verbundenen Hotels mit 3.000 m² großer SPA-Landschaft angenehm.

Bhf→20 km Alpwell Gallhaus

39030 · OT St. Johann · Mühlegg 1 · ☎ (04 74) 65 21 51 · Fax: 65 24 32 · Rest. nur für Hausgäste mit Reg. u. Mediter. Küche, Lobbybar, Zi.-Preise = 3/4-Pension
20 km VISA
info@gallhaus.com · www.gallhaus.com

38 **DZ** ab 170,00 €;
als **EZ** ab 85,00 €;
6 **Suiten** ab 260,00 €;
4 **Ju.-Suite** ab 230,00 €
Das "Alpwell Gallhaus" ist ein Urlaubsparadies für die ganze Familie, in dem man zu jeder Jahreszeit Erholung, Spaß und aufmerksamen Service findet.

Bhf→20 km Schwarzenstein

39030 · OT Luttach · Dorfstraße 11 · ☎ (04 74) 67 41 00 · Fax: 67 44 44
Rest. mit Intern. und Regionaler Küche, Cocktailbar, Kinderspielraum
20 km VISA
hotel@schwarzenstein.com · www.schwarzenstein.com

79 **DZ** von 396,00 bis 496,00 €;
21 **Suiten** von 492,00 bis 708,00 €
Umgeben von Wiesen, Wäldern und Seen kann man im stilvollen Hotel Schwarzenstein in geschmackvoll eingerichteten und gemütlichen Zimmern (Preise=3/4-Pension) und dem wunderschönen 5.000 m² Spa- und Wellnessbereich in Ruhe relaxen und neue Kraft schöpfen.

Aldein

Bhf→15 km Historischer Gasthof Krone

39040 · Dorfplatz 4 · ☎ (04 71) 88 68 25 · Fax: 88 66 96
Regionale und Traditionelle Küche · **Geöffnet:** 8–24 Uhr · Küche: 12:30–14/ 19:30–21 Uhr · **Ruhetag:** Mo. · **Ferien:** Nov. · **Tische:** 15/54 Plätze VISA AE
info@gasthof-krone.it · www.gasthof-krone.it

Speisekarte: 6 Hauptgerichte von 13,00 bis 15,00 €
215 Weinpos.
Inmitten prächtiger alpiner Landschaft gelegen, ist der Historische Gasthof Krone mit seinen ungemein gemütlichen Stuben ein echtes gastronomisches Kleinod, in dem man in den Genuss einer bodenständigen, saisonalen Küche kommt.

Algund

Bhf→3,1 km Pergola Residence

39022 · St. Kassianweg 40 · ☎ (04 73) 20 14 35 · Fax: 20 14 19
Exquisites Frühstück, Terrasse
13 km VISA
info@pergola-residence.it · www.pergola-residence.it

14 **Suiten** von 240,00 bis 400,00 €;
als **EZ** ab 190,00 €
Am Stadtrand von Meran befindet sich dieses architektonisch reizvolle und ex-

klusive Hotel. Die 14 Suiten mit großzügigen Terrassen und zeitlosem Design sind ein Ort für all jene, die Ruhe suchen und die Natur und Raum schätzen.

Schlosswirt Forst – Luisl Stube

Bhf→1 km

39022 · Vinschgauer Straße 4 · ☎ (04 73) 26 03 50
Mediterrane Küche · Küche: 18–21:30 Uhr · **Ruhetag:** So./Mo./Di. · **Tische:** 3/12 Plätze
info@schlosswirt-forst.it · www.schlosswirt-forst.it

Speisekarte: 5 Hauptgerichte von 32,00 bis 42,00 €; 2 Menüs von 118,00 bis 128,00 €

500 Weinpos.

Im 1302 erstmals urkundlich erwähnten Schlosswirt Forst gibt es das Restaurant "Luisl-Stube". Eine schönere Kulisse für die Frischeküche von Luis Haller lässt sich schwerlich vorstellen. Die Stube scheint direkt einem Märchen entsprungen: vollholzverkleidet mit Herrgottswinkel, einem in opulenter Ornamentik blauweiß gekachelten Kamin, umlaufenden Bänken, nostalgischen Details und blanken Tische, präsentiert sie sich in landestypischer Anmutung. Luis Haller arbeitet unter dem Motto "Die Natur gibt den Ton an". Das ist kein Lippenbekenntnis, sondern wird Tag für Tag am Herd gelebt. Nur wenige Kilometer vom Schlosswirt entfernt ist das "Köstbamergut", in dem unter nachhaltigen Aspekten biologisch gearbeitet wird. Morgens geerntet, kommen die Zutaten jeden Tag ins Restaurant und werden dort zu klaren, grundehrlichen und unverfälschten Speisen kombiniert. Luis Haller transformiert das Credo "vom Gemüsegarten auf den Teller" in ausgeklügelte, aromenintensive Zusammenstellungen und ergänzt sie mit in Vergessenheit geratenen Zutaten. Die Ingredienzen kommen in überschaubarer Zahl (und hinreißend schöner Optik) auf die Teller, weniger ist hier mehr, und überzeugen durch ein gekonntes Spiel verschiedenster Aromen und Texturen. Korrespondierende Weine vollenden die Speisen perfekt – hier berät Nicola Spimpolo, der auch umsichtig den herzlichen Service leitet, mit großem Fachwissen und Sensibiliät für den Gästewunsch.

Bozen

Eggentaler OT Kardaun

Bhf→3 km

39053 · Eggentaler Straße 47 · ☎ (00 39) 4 71) 36 52 94 · Fax:
info@eggentaler.com · Wellnessbereich mit Pool und Sauna, Zimmerpreise inkl. Frühstück
4 km
www.eggentaler.com

20 **DZ** von 140,00 bis 200,00 €;
als **EZ** von 85,00 bis 115,00 €;
EZ von 80,00 bis 100,00 €;
4 **Suiten** von 18,00 bis 220,00 €

Eingangs der berühmten Alten Dolomitenstraße findet sich das Eggentaler, in dem Traditionelles erhalten blieb und liebevoll mit modernen Annehmlichkeiten kombiniert wurde. Hervorhebenswert sind die echte Gastfreundschaft und der große Charme des Hauses und romantischen Innenhof-Gartens.

Bhf→3 km

Eggentaler OT Kardaun

39053 · Eggentaler Straße 47 · ☎ (00 39) 4 71) 36 52 94 · Fax: info@eggentaler.com · Italienische Küche · Küche: 12–14/18–22 Uhr · **Ruhetag:** Mo. · **Tische:** 25 (+ 25 Terrasse)/80 + 100 Plätze
www.eggentaler.com

Speisekarte: 10 Hauptgerichte von 25,00 bis 40,00 €; 5 Tagesgerichte von 15,00 bis 30,00 € 310 Weinpos.
Neben italienischen Speisen, die bevorzugt auf saisonalen, heimischen Zutaten basieren, setzt Chefkoch Armin Schmieder auf erstklassige Steakspezialitäten vom exklusiven "Hajatec"-Holzkohlengrill. Der historische Weinkeller hält erstklassige Tropfen bereit.

Bhf→800 m

Löwengrube

39100 · Zollstange 3 · ☎ (04 71) 30 32 74
Klassische u. Regionale Küche · **Geöffnet:** 11–15/18–24 Uhr · **Ruhetag:** So. · **Tische:** 14 + (Terrasse 6)/40 + 20 Plätze
info@loewengrube.it · www.loewengrube.it

Speisekarte: 5 Hauptgerichte von 24,00 bis 30,00 €; 5 Tagesgerichte von 12,00 bis 18,00 €; 1 Menü zu 60,00 €
960 Weinpos.
Seit 1543 ist die "Löwengrube" ein Wirtshaus und als gastronomische Institution aus Bozen nicht mehr wegzudenken. Historie und Moderne gehen hier eine harmonische Verbindung ein. Chefkoch Michael Meister bevorzugt marktfrische Zutaten aus dem Umland, die er konzentriert, gekonnt und mit der nötigen Prise Kreativität zu regionalen und klassischen Speisen zusammenstellt.

Bhf→150 m

Parkhotel Laurin

39100 · OT Altstadt · Laurinstr. 4 · ☎ (04 71) 31 10 00 · Fax: 31 11 48
Rest. mit alpin-mediterraner Küche, Bar, Smoker Lounge, 4.000 qm Park
25 km
info@laurin.it · www.laurin.it

85 **DZ** ab 164,00 €;
8 **EZ** ab 144,00 €;
7 **(Ju-) Suiten** ab 355,00 €
Im Herzen Bozens gelegen, ist das Jugendstilanwesen aus dem Jahre 1910 ein Kleinod gediegener Hotellerie. Jedes der Zimmer (Preis inkl. Frühstück) verfügt über modernen Komfort und ist mit Originalen zeitgenössischer Künstler individuell gestaltet.

Bhf→150 m

Restaurant Laurin

39100 · OT Altstadt · Laurinstr. 4 · ☎ (04 71) 31 10 00 · Fax: 31 11 48
Alpin-mediter., Intern. u. Reg. Küche · **Geöffnet:** 12-14:30, 19-22:30, So. nur abends · **Ruhetag:** So.-Mittag · **Ferien:** Jan.
info@laurin.it · www.laurin.it

Speisekarte: 5 Hauptgerichte von 25,00 bis 32,00 €; 1 Menü zu 35,00 €
380 Weinpos.
Das Interieur im Restaurant "Laurin" hebt sich mit der originalen Jugendstileinrichtung in seiner Exklusivität ab und ist die perfekte Kulisse für die vielseitige Alpe-Adria-Küche.

Bhf→400 m

Parkhotel Luna Mondschein

39100 · Piavestr. 15 · ☎ (04 71) 97 56 42 · Fax: 97 55 77 · Restaurant mit Intern. und Reg. Küche, Frühstücksbuffet inkl., Tagungsarrangements, Gartenterrasse
10 km
info@hotel-luna.it · www.hotel-luna.it

44 **DZ** von 135,00 bis 225,00 €;
als **EZ** von 138,00 bis 152,00 €;
29 **EZ** von 110,00 bis 130,00 €;
4 **Suiten** ab 225,00 €
Im historischen Stadtkern von Bozen blickt das Parkhotel auf eine traditionsreiche Geschichte zurück. Alle Zimmer sind stilvoll und individuell eingerichtet. Auf der schönen Gartenterrasse finden die beliebten Grillabende statt.

Brenner

Feuerstein Nature Family Resort

Bhf→9 km

✉ 39041 · Pflersch 185 · ☎ (04 72) 77 01 26 · Fax: 77 01 20
Restaurants, Bar, Café, Arrangements, bemerkenswerte Kinderbetreuung
VISA
info@feuerstein.info · www.feuerstein.info

20 **DZ** ab 190,00 €;
50 **Familienzimmer** ab 220,00 €;
21 **Chalets u. Fam.-Suiten** ab 260,00 €

Am Ende des Pflerschtales direkt am Fuße des Tribulauns gibt es ein Naturresort, dass in dieser Form seinesgleichen sucht. Über allen Bemühungen des top geschulten und unglaublich engagierten Hotelteams steht, Familien einen unvergesslichen Urlaub zu bereiten, in dem sich jeder nach seinen Wünschen entfalten kann. In dem über die Jahre gewachsenen Familienhotel in wunderschöner Naturlandschaft gibt es eine unglaubliche Fülle durchdachter Angebote jenseits von Plastik, TV und Spielkonsole. Hier lebt es sich nach dem Motto "Raus aus der digitalen Welt, rein ins Leben." Letzteres ist hier bunt und vielfältig: Im hauseigenen See auf dem Hotelgelände schwimmt ein Abenteuerfloß, in der mehrstöckigen Spielescheune warten ein echter Heuboden sowie eine beaufsichtigte Holzwerkstatt, im Malatelier dürfen die Kids kreativ werden (wer einen Pinsel heben kann, egal wie alt, darf rein) und in der einsehbaren Turnhalle für Ballspiele mit Toren und Baskets kann getobt werden. Rucksäcke und Kinderwagen für Wanderungen stehen bereit. Außerdem wird von 9-16 Uhr eine an die Maria-Montessori-Grundsätze angelehnte Kinderbetreuung angeboten, von 16-18 Uhr findet die beliebte Eltern-Kind-Zeit statt und von 18-21 Uhr kann man das weitere Betreuungsangebot mit Vorlesen, Spielen uvm. nutzen. Es ist diese fantastische Auswahl sinnvoller Inhalte, die weit über das Angebot klassischer Familienhotels hinausgeht. Hier wird man kindlichen Bedürfnissen ebenso gerecht wie denen der Eltern. Darüber hinaus verfügt das Hotel über einen weitläufigen Wellnessbereich mit Mountain Spa, Familiensauna, einem Adults Only Bereich über drei Etagen sowie vier Innen- und Außenpools mit Riesenrutschen. Zwei absolute Highlights für die Erwachsenen: der neue Weinkeller und das Gourmetrestaurant „Artifex“. Und selbstverständlich kommen auch Outdoor-Aktivitäten in der Umgebung nicht zu kurz.

Feuerstein Nature Family Resort - Artifex

Bhf→9 km

✉ 39041 · Pflersch 185 · ☎ (04 72) 77 01 26 · Fax: 77 01 20
Regionale Küche mit intern. Elementen · Küche: 19–23 Uhr · **Ruhetag:** Mo./Di./Mi. · **Tische:** 4/16 Plätze
VISA
info@feuerstein.info · www.artifex.feuerstein.info

Speisekarte: 2 Menüs von 95,00 bis 140,00 €

In gedeckten Farben gestaltet und schlicht eingerichtet, begeistert Chefköchin Tina Marcelli im Gourmetrestaurant "Artifex" ihre Gäste mit wunderbar authentischen Speisen, die die Natur-

region Alpen ebenso aufgreifen wie die wechselnden Jahreszeiten. Unter Aspekten einer nachhaltigen und regionalen Genussphilosophie kommen die frischen Produkte bevorzugt aus Südtirol und der heimischen Landwirtschaft, in der artgerechte Tierhaltung und gentechnikfreies Futter selbstverständlich sind. Mit Leidenschaft verarbeitet Tina Marcelli die Zutaten und kreiert Speisen, die „in Südtirol verwurzelt, in der Welt zuhause“ sind. Sie kocht innovativ, verzichtet auf alle Zusatzstoffe, verwendet nur Gewürze und Kräuter und möchte dem Gast ursprünglichen Genuss nahe bringen, ohne jedoch puristisch zu werden. Ein sehr liebenswürdiger Service unter Leitung von Valentina Lovi leitet durch die unverfälschte Genussreise, die mit exzellenten Weinen ergänzt wird. Hier ist Marco Tufo kompetenter Ansprechpartner.

Brixen

Bhf→1,2 km

Elephant

39042 · Weißlahnstr. 4 · ☎ (04 72) 83 27 50 · Rest. "Elephant", Haus-Museum, Bar, Parkanlage, Vinothek, Zi.-Preise inkl. Frühstück
30 km
VISA AE
info@hotelelephant.com · www.hotelelephant.com

25 **DZ** ab 198,00 €;
16 **EZ** ab 116,00 €;
3 **(Jui.-)Suiten** ab 242,00 €
Das traditionsreiche Grand-Hotel "Elephant" mit nunmehr 500-jähriger Geschichte präsentiert sich als gelungene, hochkomfortable Mischung aus Business- und Urlaubshotel mit Top-Service.

Bhf→1,2 km

Restaurant Apostelstube

39042 · Weißlahnstr. 4 · ☎ (04 72) 83 27 50 · Fax: 83 65 79
Intern. Küche, eig. Kreationen · Küche: 19:30–21:30 Uhr · **Ruhetag:** Di./Mi./Do. ·
Tische: 4/20 Plätze
VISA AE
info@hotelelephant.com · www.hotelelephant.com

Speisekarte: 5 - 7 Gänge Menü von 95,00 bis 115,00 €
498 Weinpos.
Silbergraue Wände, halbrunde, korallenfarben gepolsterte Sitzbänke und ein exklusiver Art-déco-Stil verbinden sich in der Apostelstube zu einem niveauvollen Ambiente. Hier begeistert Chefkoch Mathias Bachmann mit einer raffinierten Produktküche, in der Innovatives und klassische Speisen in die Menüfolgen einfließen.

♜ Goldener Adler

Bhf→1 km

✉ 39042 · Adlerbrückengasse 9 · ☎ (04 72) 20 06 21 · Fax: 20 89 73 · Dachterrasse, Zi.-Preise inkl. Frühstück, Bar, Rest. "Finsterwirt" und Vinothek "VITIS" 3 Gehmin. entfernt
20 km
VISA AE EC
info@goldener-adler.com · www.goldener-adler.com

22 **DZ** ab 158,00 €;
3 **EZ** ab 110,00 €;
4 **(Ju.-)Suiten** ab 235,00 €

Das Hotel "Goldene Adler" hat sich trotz moderner Ausstattung seinen historischen Charme bewahrt. Die Zimmer sind sehr komfortabel, warme Farben schaffen eine behagliche Atmosphäre. In der gepflegten Wellness-Landschaft kann man den Alltag hinter sich lassen.

Haller Suites

Bhf→2 km

✉ 39042 · Weinbergstraße 68 · ☎ (04 72) 83 46 01 · Restaurant, Bar, Dachterrasse, Abstellraum für Bikes- und Outdoor-Ausrüstung, kostenfreier E-Bike-Verleih (solange der Vorrat reicht)
VISA EC
stay@byhaller.com · www.byhaller.com

3 **DZ** ab 150,00 €;
als **EZ** ab 75,00 €;
18 **Suiten** ab 210,00 €

Mit den "Haller Suites" kann man fernab vom hektischen Alltag einen Ort finden, der Ruhe verspricht und dennoch nicht aus der Welt ist. Im kleinen Kranebitt, hoch über Brixen mit weitem Blick über die Bischofsstadt und das Eisacktal wurde dieses Refugium fester Bestandteil des hauseigenen Weinbergs und fügt sich mit der treppenförmigen Terrassierung harmonisch in die kultivierten knorrigen und grünen Hänge. In bester Familientradition – die Großeltern hatten hier einen Bauernhof, die Eltern führten einen Gasthof – setzt nun mit Tochter Teresa, Freund Levin und Bruder Simon die dritte Haller-Generation ihre Vorstellung von Gastlichkeit um. Sie wissen den außergewöhnlichen, fast magischen Ort zu schätzen und präsentieren ihren Gästen auf verschiedenen Terrassen liegende Suiten, die mit edlen Naturmaterialien puristisch gestaltet, den Blick auf die Landschaft richten. Die wird zur Kraftquelle, besonders, wenn man den "Rooftop Garden" zum Entspannen und Träumen oder im Sommer für Yoga oder Fitnesskurse nutzt. Wanderwege beginnen vor der Tür, vor der übrigens auch der Citybus hält. Oder man nimmt eines der kostenfrei zur Verfügung gestellten E-Bikes (Mountain + City), um die grandiose Bergwelt zu erkunden. Mit dem AO Restaurant und der Weinbar wird fürs leibliche Wohl gesorgt. In den "Haller Suites" fehlt es tatsächlich an nichts, wird der Urlaub auch dank der engagierten und liebenswürdigen Mitarbeiter zu einem Highlight des Jahres.

Bhf→2 km

AO Restaurant by Haller Suites

39042 · Weinbergstraße 68 · ☎ (04 72) 83 46 01
Regionale und Neue Küche · **Geöffnet:** 18:30-21 Uhr, Sa./So. auch 12-14 Uhr ·
Tische: 12/50 Plätze
stay@byhaller.com · www.byhaller.com

Speisekarte: 3 Hauptgerichte zu 25,00 €; 2 Tasting-Menüs ab 67,00 + 80,00 €
100 Weinpos.

Ganz unaufgeregt geht es im Restaurant "AO" zu. Simon (Pichler aus Südtirol) und Levin (Grüten aus Belgien), Levin und Simon – zwei junge Chefköche mit eigensinnigen Ideen – und das geht tatsächlich gut. Vor allem schmeckt es gut. Was zum einen an der sorgfältigen Auswahl der Zutaten liegt, die Basics sind aus dem Umland, Gemüse und Kräuter aus dem hauseigenen Garten, der Rest kommt in ebenso erstklassiger Qualität von bekannten Händlern, und zum anderen an den Ideen, mit denen Simon und Levin diese Ingredienzen verarbeiten. Sie kombinieren Traditionelles aus ihren Länderküchen mit zeitgeistigen Elementen, spielen mit Aromen und Texturen, kochen geradlinig und authentisch und überzeugen mit Speisen aus der Kreativabteilung, ohne dass klassische Südtiroler Spezialitäten auf der Strecke bleiben. Highlight sind fraglos die zwei Tasting-Menüs, in denen sich Klasse, präzises Handwerk und Fantasie bündeln. Was wäre ein Restaurant inmitten von Weinbergen ohne die passende Weinbegleitung? Die meisten Tropfen kommen aus Südtirol und viele davon vom hauseigenen Weinberg. Teresa Pichler weiß zu erklären und zu empfehlen und ist als charmante Restaurantleiterin jederzeit ansprechbar.

Bhf→2 km

Künstlerstübele Finsterwirt

39042 · Domgasse 3 · ☎ (04 72) 83 53 43 · Fax: 83 56 24
Regionale Küche, eig. Kreationen · Küche: 11:45–14:15/18:45–21 Uhr · **Ruhetag:** So.Abd./ Mo.
info@finsterwirt.com · www.finsterwirt.com

Speisekarte: 6 Hauptgerichte von 16,00 bis 36,00 €; 3 Menüs von 63,00 bis 90,00 €
400 Weinpos.

Mit dem Gütesiegel Bio oder Slow Food versehen, basieren die Speisen von Chefkoch Hubert Ploner auf handverlesenen Zutaten bevorzugt aus der Region und zeigen einen schmackhaften Querschnitt durch regionale und mediterrane Gefilde.

Restaurant mit gehobener Küche

Burgstall

Günther

Bhf→7 km

✉ 39014 · Romstraße 32 · ☎ (04 73) 29 11 24 · Fax: 29 09 20
Hotel garni (Preise inkl. Frühstücksbuffet), Wintergarten, Liegew., Dampfbad
5 km
info@hotel-guenther.com · www.hotel-guenther.com

12 **DZ** ab 124,00 €;
als **EZ** ab 84,00 €
Nur einen Kilometer von der Autobahnabfahrt Meran-Bozen entfernt, ist das Hotel "Günther" der ideale Ort, um sowohl erholsamen als auch aktiven Urlaub in wunderschöner Landschaft zu genießen. Die behaglichen Zimmer (Preise inkl. Frühst.) bieten Ruhe und stilvollen Wohnkomfort.

Hidalgo Restaurant

Bhf→2 km

✉ 39014 · Romstr. 7 · ☎ (04 73) 29 22 92 · Fax: 29 04 10
Regionale u. Mediterrane Küche · Küche: 12–14/19–22 Uhr
info@restaurant-hidalgo.it · www.restaurant-hidalgo.it

Speisekarte: 10 Hauptgerichte von 20,00 bis 29,00 €; 1 Menü ab 58,00 € 600 Weinpos.
Das „Hidalgo" ist ein klassisches Grill Restaurant mit bester Auswahl an frischen Zubereitungen. Von mediterranen Antipasti und Vorspeisen, Suppen und Salaten bis zu Spezialitäten, Grillgerichten und hauseigener Patisserie reicht das vielseitige Angebot.

Corvara / Alta Badia

Cappella - Rollerstube + Luis Trenker Stube

✉ 39033· Colfosco - Peceistr. 17· ☎ (04 71) 83 61 83· Fax: 83 65 61
Klass., Intern., Mediter. u. Reg. Küche · Küche: 12–14/19–21 Uhr · **Ferien:** M. April - M. Juni + Okt.-Nov. · **Tische:** 6/25 Plätze
info@hotelcappella.com · www.hotelcappella.com

Speisekarte: 4-6 Hauptgerichte von 26,00 bis 38,00 €; 1 Menü von 55,00 bis 70,00 € 400 Weinpos.
Auch im Restaurant spürt man die Handschrift von Familie Pizzinini. In verschiedenen Stuben kann man die vielseitige Küche von Chefkoch Paul Mittermair genießen. Dessen Speisen sind handwerklich präzise und blicken über den regionalen Tellerrand, denn er lässt internationale Elemente ebenso einfließen wie mediterrane.

Cappella

Bhf→34 km

✉ 39033 · Colfosco - Peceistr. 17 · ☎ (04 71) 83 61 83 · Fax: 83 65 61
HP-Rest., Kinderspielraum mit Kletterwand, Terrasse, Preise = HP
5 km
info@hotelcappella.com · www.hotelcappella.com

43 **DZ** von 275,00 bis 830,00 €;
als **EZ** von 150,00 bis 330,00 €;
8 **Suiten** von 350,00 bis 1000,00 €
Inmitten der Bergwelt der Dolomiten ist das Romantikhotel "Capella" ein Refugium für den besonderen Geschmack. Komfortzimmer, Treppenhäuser, die zugleich eine veritable Kunstgalerie sind, Kaminzimmer und Smoker's Lounge sowie erstklassige Wellnessangebote und vor der Haustür beginnende Wanderwege gehören zum Angebot.

Bhf→30 km

La Stüa de Michil

✉ 39033 · Col Alt Str. 105 · ☎ (04 71) 83 10 00 · Fax: 83 65 68
Klass. u. Reg. Küche · Küche: 19–21:15 Uhr · **Ruhetag:** So. · **Ferien:** variabel ·
Tische: 12/35 Plätze
info@hotel-laperla.it · www.hotel-laperla.it

Speisekarte: 5 Hauptgerichte von 32,00 bis 43,00 €; 2 Menüs von 120,00 bis 149,00 € 1.807 Weinpos. Zwei Stuben in originaler ladinischer Bauweise fügen sich zum Gourmetrestaurant, dass in seiner Gestaltung aus der Zeit gefallen zu sein scheint und deshalb umso zauberhafter ist. Chefkoch Simone Cantafio begeistert mit einer konzentrierten und kreativen Küche, in der Tradition und Moderne eine perfekte Symbiose eingehen.

Dorf Tirol

Bhf→5 km

Castel finedining

✉ 39019 · Keschtngasse 18 · ☎ (00 39) 04 73 92 36 93 · Fax: 04 73 92 31 13
Alpin-mediterrane Gourmetküche · **Geöffnet:** 19–24 Uhr · Küche: 19 und 19:30–Uhr · **Ruhetag:** So./Mo. · **Ferien:** Nov.-März · **Tische:** 5/20 Plätze
info@hotel-castel.com · www.castelfinedining.com

Speisekarte: 2 Menüs von 178,00 bis 208,00 € 480 Weinpos. Im Hotel Castel wurde die durch die Covid-Pandemie verursachte lange Schließzeit aufs Engagierteste genutzt. Chef de Cuisine Gerhard Wieser hat mit dem "Castel finedining" eine ganz neue Wirkungsstätte bekommen. Die einstige Trenkerstube wurde in die Hotel-Gastronomie integriert, das Gourmetrestaurant ist in einem eigenen, extravaganten Gebäude beheimatet, hat nun einen separaten Eingang und wurde von Grund auf neu gestaltet. Der Eingangsbereich bietet sofort einen spannenden Einblick in die nagelneue Küche, im Loungebereich warten Aperitif und Amuse-Gueule, anschließend gelangt man ins elegante Restaurant. Fünf Tische (eine Reservierung ist ratsam) sind vor den bodentiefen Fenstern platziert und bieten einen grandiosen Blick auf das Lichtermeer Merans. Bei allen großartigen Neuerungen – geblieben ist die fulminante Küche von Gerhard Wieser. Die ist eine gekonnte Melange aus alpinen und mediterranen Elementen und auch immer wieder der vielseitigen Landesküche verbunden. Die Zutaten werden unter Aspekten von Ethik, Nachhaltigkeit und Tierwohl bezogen, vieles kommt aus dem Umland, alle Produkte sind von erstklassiger Qualität. Und doch werden sie erst dank der kreativen Ideen des Chefkochs zu unverfälschten, tiefgründigen und aromenstarken Kombinationen, die für den Gast zu bleibenden Erinnerungen werden. Simon Oberhofer als ungemein sympathischer Maître begleitet gemeinsam mit seinem zuvorkommenden Team gewohnt souverän und zugewandt den Abend.

Hervorragende Serviceleistung

Castel

Bhf→5 km

✉ 39019 · Keschtngasse 18 · ☎ (00 39) 04 73 92 36 93 · Fax: 04 73 92 31 13 · Rest. "ÀlaCarte" für Hotelgäste, Bar mit Kamin, Panorama-Café-Terrasse, Zimmerpreise inkl. Halbpension
8 km
info@hotel-castel.com · www.hotel-castel.com

25 **DZ** von 364,00 bis 592,00 €;
als **EZ** von 236,00 bis 361,00 €;
20 **Suiten** von 468,00 bis 868,00 €
Das "Castel" als inhabergeführtes Hotel ist nicht nur auf der Sonnenterrasse am Südhang eines Weinbergs mit herrlichem Blick auf Meran und die Texelgruppe ein Logenplatz und Aushängeschild Südtirols. Das Ambiente ist geprägt von unaufdringlichem Luxus und die Atmosphäre ist einfach wohltuend entspannt – so und nicht anders sollte Urlaub sein. In diesem First-Class-Hotel finden sich Zimmer (Preise = Halbpension) mit exklusiver Einrichtung, voller Eleganz und Großzügigkeit. MIt dem Restaurant "ÀlaCarte" (im Rahmen der Halbpension) und dem Gourmetrestaurant "Castel finedining" ist man kulinarisch bestens aufgestellt Gerade letzteres spiegelt die einzigartige Klasse des Hauses wider. Der gepflegte und neu renovierte Beauty- und Wellnessbereich "Meranesse fine Spa" ist mit seiner exklusiven Ausstattung und der Fülle von Angeboten (u. a. Gesichts- und Körperpflege, Massagen, Ayurveda, Saunen, Bäder) ein Geschenk für alle Sinne. Ein harmonischer Tag klingt am Abend in der modernen Bar perfekt aus.

♜ Ansitz Golserhof

Bhf→8 km

✉ 39019 · Aichweg 32 · ☎ (04 73) 92 32 94 · Fax: 92 32 11
Rest. für Hausgäste, Panoramaterrasse, Bibliothek, Lobby Bar
15 km
info@golserhof.it · www.golserhof.it

16 **DZ** von 192,00 bis 342,00 €;
6 **EZ** von 124,00 bis 171,00 €;
8 **Suiten** von 278,00 bis 538,00 €
Heiter und familiär ist die Atmosphäre im "Golserhof", einem exklusiven Urlaubshotel eingebettet in die traumhafte Bergwelt und idyllische Obst- und Weingärten. (Preise = 1 Ü/HP)

Sonnbichl

Bhf→5 km

✉ 39019 · Segenbühelweg 15 · ☎ (04 73) 92 35 80 · Fax: 92 31 66 · Restaurant für Hausgäste, Bar, Panoramaterrasse, Zimmerpreise inkl. Halbpension
10 km
info@sonnbichl.it · www.sonnbichl.it

26 **DZ** ab 288,00 €;
1 **EZ** ab 144,00 €
Ein Paradies inmitten grandioser Natur ist das "Sonnbichl" (Zimmerpreise inklusive Halbpension). Ein Highlight des Hauses ist sicher der Außenpool mit atemberaubendem Blick auf die umliegende Bergwelt.

Eppan

Bhf→8 km

Zur Rose OT St. Michael

✉ 39057 · Josef-Innerhofer-Str. 2 · ☎ (04 71) 66 22 49 · Fax: 66 24 85
Klass., Neue, Reg. u. Mediter. Küche · Küche: 12–14/19–21:30 Uhr · **Ruhetag:** So./Mo.-Mittag · **Ferien:** variabel · **Tische:** 16/45 Plätze
info@zur-rose.com · www.zur-rose.com

Speisekarte: 6 Hauptgerichte von 17,00 bis 38,00 €; 3 Menüs von 75,00 bis 90,00 €
500 Weinpos.

An die lange Geschichte des ehemaligen Gerichtsgebäudes in Eppan, das schon im 16. Jh. eine Gaststube war und in dem heute das Restaurant "Zur Rose" beheimatet ist, erinnert noch immer die mächtige Gewölbedecke. Das Interieur ist so unaufgeregt, behaglich und authentischt gestaltet wie die Küche von Herbert Hintner daherkommt. Man spürt an jeder Ecke des Restaurants, mit wie viel Leidenschaft und Herzenswärme die gesamte Familie arbeitet und dabei immer das Wohlergehen ihrer Gäste im Blick hat. Der Patron ist tief in seiner Südtiroler Heimat verwurzelt und weiß die vielfältigen Gaben der Natur zu schätzen. In erntefrischer Qualität kommen die Zutaten von Händlern und Höfen, in denen Nachhaltigkeit und Tierwohl keine Lippenbekenntnisse sind. Die heimische Küche nicht in Vergessenheit geraten zu lassen, ist das eine, das andere ist ihre Weiterentwicklung und Bereicherung durch zeitgemäße Elemente und das Spiel mit verschiedensten Aromen, Texturen und Würzungen. Diese Tüfteleien münden in einen ganz eigenen Stil, der die Speisen von Herbert Hintner so individuell und einzigartig macht. Dank der Dame des Hauses, Margot Hintner, fühlt sich hier jeder Gast liebevoll umsorgt und hat auch bei Fragen zu den passenden Weinen immer eine kompetente Ansprechpartnerin. Der Patron bietet jedes Jahr mehrere individuell gestaltete Kochkurse an, in denen nicht nur Wissen vermittelt wird, sondern auch eine Menge Spaß mit bei ist.

Bhf→15 km

Gartenhotel Moser & Ramus Suites

✉ 39057 · OT Montiggl · Montiggler See 104 · ☎ (04 71) 66 20 95 · Fax: 66 10 75
Rest. mit Regionaler, Intern. und Ital. Küche, Bar, Vinothek, Kinderparadies
8 km
info@gartenhotelmoser.com · www.gartenhotelmoser.com

22 **DZ** ab 131,00 €;
als **EZ** ab 156,00 €;
20 **Suiten** von 121,00 bis 169,00 €;
20 **Fam.Suiten** von 131,00 bis 209,00 €

In dem liebevoll geführten Hotel inmitten des Biotops Montiggler Wald und umgeben von malerischen Weinbergen, genießt der Gast jeglichen Komfort in den hellen und geschmackvoll eingerichteten Zimmern. Das private See- und Badehaus am Montiggler See begeistert Groß und Klein gleichermaßen.

Weinegg

Bhf→8 km

✉ 39057 · OT Girlan · Lammweg 22 · ☎ (04 71) 66 25 11 · Fax: 66 31 51 · À-la-carte-Restaurant mit Regionaler, Ital. u. Mediterraner Küche. Preise inkl. Frühstück. 3 km
info@weinegg.com · www.weinegg.com

20 **DZ** von 272,00 bis 522,00 €;
als **EZ** von 175,00 bis 261,00 €;
66 **Suiten** von 280,00 bis 650,00 €
Unbeschwert und harmonisch ist die entspannte Atmosphäre in diesem von Obst- und Weingärten umgebenen Urlaubs- und Wellnesshotel mit hohem Wohlfühlfaktor.

Freienfeld

♜ Gourmetstube Einhorn

Bhf→3 km

✉ 39040 · OT Mauls · Mauls 10 · ☎ (00 39/04 72) 77 11 36 · Klass., Neue u. Reg. Küche · **Geöffnet:** 19-20:30, So./Feiertag auch 12-13:30 Uhr · Küche: 19–20:30 Uhr · **Ruhetag:** Di./Mi. · **Ferien:** variabel, a. A, · **Tische:** 5/14 Plätze
info@stafler.com · www.stafler.com

Speisekarte: 1 Menü von 130,00 bis 165,00 € 240 Weinpos. Dass Traditionen im "Stafler" großgeschrieben werden, ist auch in der Gourmetstube Einhorn allgegenwärtig. Seit Jahrhunderten unverändert, bezaubert der romantische und nostalgische Charme jeden Gast. Halbhohe Kassettenwände in dunklem Holz, Schnitzwerk, Erker und Butzenscheiben unter einer mächtigen Gewölbedecke verbinden sich zusammen mit den edel eingedeckten Tischen zu einem einzigartigen Ambiente. Chef de Cuisine Peter Girtler lebt seinen Beruf mit echter Leidenschaft. Fleiß, Neugierde und Experimentierfreude sind in seiner Küche ebenso zu Hause wie der Einsatz ausschließlich handverlesener Zutaten. Heimische Rezepturen werden zu aufregend neuen Kompositionen – die Verwurzelung in der Region ist unübersehbar – erfahren aber innovative Interpretationen und werden mit modernen Elementen, Garmethoden, verschiedensten Texturen

und Aromen gekonnt in Szene gesetzt. Peter Girtler zur Seite steht ein hochmotiviertes Team, dass seine Philosophie einer aromenstarken, leichten und zeitgemäßen Küche verinnerlicht hat. Jeder Teller, der den Pass verlässt, ist ein echtes, kleines Kunstwerk. Zu den korrespondierenden Weinen berät Lisa Kinkelin mit großer Expertise und sehr viel Feingefühl.

Dieses Restaurant bietet Ihnen eine exzellente Küche.

Die Küchenleistung dieses Restaurants ist hervorhebenswert in seiner Kategorie.

Bhf→3 km Romantik Hotel und Restaurant Stafler

39040 · OT Mauls · Mauls 10 · (00 39/04 72) 77 11 36 · Lobby mit Bar, Sonnenterrasse, im Zi.-Preis inkl. u. a. Halbpension, E-Bike-Verleih, Active-Card Light
9 km VISA
info@stafler.com · www.stafler.com ·

15 **DZ** ab 252,00 €;
als **EZ** ab 159,00 €;
3 **EZ** ab 134,00 €;
14 **(Jui.-)Sui./2 Ps.** ab 336,00 €

Im Jahre 1270 als Poststation erbaut, ist das Haus bereits seit fast 270 Jahren Herberge für anspruchsvolle Gäste. Es präsentiert sich in einer perfekten Melange aus Tradition und modernem Komfort. Jedes Gästezimmer bezaubert mit individuellem, antikem und sehr wohnlichem Interieur. Im Zimmerpreis sind die Halbpension und sehr viele Extras (z. B. E-Bike-Verleih, Active-Card light, Verleih von Wanderkarten und -zubehör) enthalten. Ob Schwimmen, Wandern: Jeder kommt in der Freizeit auf seine Kosten. Entspannung bieten die Finnische-, Bio- und Kräuter-Sole-Dampf-Sauna, die Infrarotkabine, Massagen, Beautybehandlungen und die herrliche Parkanlage mit Teich. Für kleine Gäste ist ein Besuch des Bauernhofes Stafler ein ganz besonderes Vergnügen. Raucherlounge, Regionales in "Stafler's Gasthofstube" und die sterngekrönte Küche von Peter Girtler im Gourmetrestaurant runden das Angebot ab. Immer empfehlenswert sind die verschiedenen, attraktiven Arrangements.

Bhf→3 km Stafler's Gasthofstube

39040 · OT Mauls · Mauls 10 · (04 72) 77 11 37
Intern. u. Reg. Küche · **Geöffnet:** 19-21 Uhr, Sa. und So. auch 12-14 Uhr · **Ruhetag:** Mi. · **Tische:** 15/60 Plätze VISA
info@stafler.com · www.stafler.de ·

Speisekarte: 4 Hauptgerichte von 18,00 bis 32,00 € 240 Weinpos. "Staflers Gasthofstube" ist eine von Herzen kommende Hommage an die Heimat. Wunderbar landestypisch und behaglich eingerichtet, lässt man in der entspannten Atmosphäre den Alltag vor der Tür und kann sich an herrlich unverfälschten und grundehrlichen Speisen erfreuen. Chefkoch Peter Girtler präsentiert hier das Beste aus Bergen und Meer und setzt seiner durchdachten "mare e monti"-Küche noch zusätzliche mediterrane Highlights. Traditionelle Rezepturen werden mit leichter Hand verfeinert und zu aromatischen Neuentdeckungen. Der Einsatz frischer Kräuter gibt den Speisen den letzten Aromakick. Speck, Lammschinken, Hirschschinken und Kaminwurzen aus der eigenen Selchkammer muss man einfach einmal probiert haben, um zu schmecken, wie genial gut Geräuchertes sein kann. Auf Vorbestellung werden auch gerne Menüs zusammengestellt. Zur Weinauswahl gibt Sommelière Lisa Kinkelin viele wertvolle Tipps. Der malerische Garten unter alten Bäumen, inmitten blühender Rosen kann mit frisch aus der Küche kommenden Speisen zu einem romantischen Picknick genutzt werden. Feierlichkeiten finden in den verschiedenen Räumen einen bezaubernd schönen Rahmen.

Ein Restaurant mit anspruchsvoller Küche.

Hafling / b. Meran

San Luis

Bhf→16 km

39010 · Vöranerstraße 5 · ☎ (04 73) 27 95 70 · Fax: 37 80 65
Restaurant im Clubhouse, SPA, Lobby, Bibliothek, Natursee mit Badesteg
VISA · EC
info@sanluis-hotel.com · www.sanluis-hotel.com

51 **Chalets + Baumhäuser p. Ps. pro Nacht mit HP** ab 305,00 €
Im auf 1.400 m² Höhe gelegenen "San Luis" mit Restaurant, Spa und einer 4 ha großen Bio-Landwirtschaft wohnt man inmitten überwältigender Natur. Umgeben von Wald und Wiesen, kann der Gast zwischen Baumhäusern und Chalets wählen, die mit charakteristischen Südtiroler Materialien gestaltet sind.

Sulfner

Bhf→10 km

39010 · OT St. Kathrein · St. Kathreinstraße 4 · ☎ (04 73) 27 94 24 · Fax: 27 95 25
Rest. m. Reg. u. Mediter. Küche, Panoramaterrasse, Weinkeller mit Proben
VISA · EC
info@sulfner.com · www.sulfner.com

10 **DZ** von 160,00 bis 248,00 €;
als **EZ** von 120,00 bis 186,00 €;
2 **EZ** von 83,00 bis 124,00 €;
1 **App.** von 182,00 bis 266,00 €;
20 **Suiten** von 176,00 bis 364,00 €

Fantastisch sind das Wohlfühlambiente und gastronomische Angebot in diesem elegant-gemütlichen Hotel im behaglichen, alpenländischen Stil. Die Zimmerpreise sind inklusive Halbpension.

Jenesien

Zum Hirschen

Bhf→15 km

39050 · Schrannz 19 · ☎ ((00 39) 4 71) 35 41 95
Restaurant, Wein- und Fahrradwanderungen, Zimmerpreise inkl. Frühstück
25 km
VISA · EC
info@hirschenwirt.it · www.hirschenwirt.it

16 **DZ** von 140,00 bis 240,00 €;
als **EZ** von 85,00 bis 115,00 €;
1 **EZ** von 90,00 bis 130,00 €;
9 **Suiten** von 180,00 bis 260,00 €
Nur 10 Autominuten von Bozen entfernt, liegt der "Hirschen" in herrlicher Ruhe inmitten malerischer Landschaft. Familiäre Gastfreundschaft, Komfort in den charmant eingerichteten Zimmern sowie ein exklusives Wellness- und Freizeitangebot zeichnen das moderne Refugium mit traditionellen Wurzeln aus.

Sehr gutes, komfortables Hotel

Zum Hirschen

Bhf→15 km

39050 · Schrannz 19 · ☎ ((00 39) 4 71) 35 41 95
Regionale Küche · Küche: 12–14/18:30–21 Uhr · **Ruhetag:** Mi. · **Ferien:** Mi. Jan.-Mi. März · **Tische:** 25 (+ 12 Terrasse)
VISA · EC
info@hirschenwirt.it · www.hirschenwirt.it

Speisekarte: 6 Hauptgerichte von 9,00 bis 23,00 €; 1 Menü bis 60,00 €
72 Weinpos.
Helle Gaststuben, Wintergarten und die holzgetäfelte Tiroler Stube sind die perfekte Kulisse für den überzeugenden Küchenauftritt von Maria Lutz. Sie nutzt das heimische Warenangebot oder im eigenen Garten Angebautes im saisonalen Wechsel und zaubert daraus kreative, regionale Speisen, die den modernen Zeitgeist einfangen.

Bhf→14 km

Saltus

✉ 39050 · Freigasse 8 · ☎ (+ 39 0471) 1 55 11 90
Saltino Bistro, Arrangements, Zimmerpreise inkl. Halbpension
32 km
VISA AE
info@hotel-saltus.com · www.hotel-saltus.com

23 **DZ** ab 189,00 €;
1 **EZ** ab 220,00 €;
3 **Suiten** ab 279,00 €

Über das Hotel "Saltus" zu schreiben, ist das eine, das Haus und sein Konzept zu erleben das andere. Wem Nachhaltigkeit, Achtsamkeit und bewusstes Leben auch im Urlaub wichtig sind, sollte hier unbedingt einen Aufenthalt planen. In einer Höhenlage von 1.100 Meter zwischen Dolomiten, Salten und ganz nah bei Bozen, eingebettet in einen Wald findet sich dieses außergewöhnlich gestaltete Hotel mit seiner besonderen Dynamik zwischen Natur und Architektur. Auf verschiedenen Höhen bieten zahlreiche Plattformen im Innen- und Außenbereich unterschiedliche Blickwinkel auf die umliegende, waldreiche Landschaft. Heimische Baumaterialien wie Lärchenholz, Bienenwachs und roter Porphyr prägen das einzigartige Erscheinungsbild. Die Hotelzimmer (Preise inkl. Halbpension) sind in wunderschöner Schlichtheit gehalten, unterliegen einem durchdachten Wabi-Sabi-Stil und lassen die Philosophie im Saltus erkennen: Nachhaltigkeit, Ruhe, eins sein mit der Natur, die vor dem Fenster oder der Loggia beginnt. Zum Haus gehört eine separat liegende Wellnessanlage. Der Forest Spa mit Einführungen in die bewährtesten Entspannungstechniken und vielfältigen Behandlungen ist ein Ort der Besinnung und Inspiration. Zwischen Latemar und Schlern sind ein Indoor und ein Outdoor Sky-Pool, beide ganzjährig beheizt und mit traumschönem 180° Blick auf die Dolomiten.

Im Restaurant Tschögglbergerhof, einem typischen Südtiroler Gasthaus, werden noch alte Bräuche gelebt, arbeitet das Küchenteam mit lokalen Bauern und Produzenten und präsentiert im Rahmen der Halbpension traditionelle Südtiroler Gerichte, die von der Jahreszeit geprägt sind. A-la-carte-Genuss, Kochkünste und ein geselliges Ambiente warten im Saltino Bistro.

Hervorragendes Hotel mit außergewöhnlichem Komfort

Kaltern am See

Parc Hotel am Kalterer See

Bhf→7 km

✉ 39052 · OT Klughammer · ☎ (04 71) 96 00 00 · Fax: 96 02 06
Restaurant mit Seeterrasse, mediterrane Küche, Arrangements
30 km
info@parchotel.cc · www.parchotel.cc

32 **DZ** ab 368,00 inkl. HP €;
5 **EZ** ab 231,00 inkl. HP €;
3 **Suiten** ab 438,00 inkl. HP €

Paradiesisch schön – direkt am wärmsten Badesee der Alpen (bis 29°C) gelegen und zeitgleich größter Badesee Südtirols – lädt das Hotel zum Wohlfühlen ein. Das Beauty- und Saunakonzept erstrahlt in lichtdurchfluteten Räumen in ganz besonderem Glanz.

Kastelbell

Kuppelrain

Bhf→50 m

✉ 39020 · Bahnhofstr. 16 · ☎ (04 73) 62 41 03 · Fax: 62 41 03
Klass., Neue u. Medit. Küche · **Geöffnet:** ab 19 Uhr · **Ruhetag:** So./Mo. · **Ferien:** Ende Jan.-Ende Feb. · **Tische:** 11/30 Plätze
info@kuppelrain.com · www.kuppelrain.com

Speisekarte: 2 Menüs von 90,00 bis 105,00 € 780 Weinpos.
Es gibt sie noch, die Restaurants, in denen das kulinarische Erbe an die nächste Generation weitergegeben wird. Und wenn sie dann noch so schön sind und so engagiert geführt werden wie das "Kuppelrain", ist das Genusserlebnis perfekt. Das Interieur wurde von den Trafoiers mit leichter Hand in zurückhaltender Eleganz mit hohem Wohlfühlcharakter gestaltet. Jedes Familienmitglied hat seine Aufgabe, die es mit Freude, Fleiß und großem Engagement erfüllt. Chefkoch Kevin Trafoier, der vom Vater inspiriert wurde und die kulinarische Tradition fortsetzt, präsentiert eine bodenständige Küche, die weit über das Regionale hinausgeht und mit großem Ideenreichtum eine raffinierte Verfeinerung erfährt. Wie viel Arbeit, Disziplin und Kreativität dahinterstecken, eine so aromendichte Küche zu präsentieren, erschließt sich dem Gast erst, wenn er die ausbalancierten, harmonisch zusammengestellten Zutaten in aufeinander abgestimmten Kombinationen zu Gesicht und an den Gaumen bekommt. Fest im Vinschgau verwurzelt, sind tradierte Rezepturen die Basis, von der aus der Blick über den Tellerrand geht und Speisen

ertüftelt werden, die – egal ob regional, klassisch oder grenzübergreifend – handwerklich präzise, klar und unverfälscht daherkommen. Sonya Trafoier ist charmante Gastgeberin und berät als gelernte Sommelière mit enormem Fachwissen zu den passenden Weinen, Tochter Nathalie verführt mit einer Patisserie, die mehr als eine Sünde wert ist, Nesthäkchen Giulya hilft, wann immer Hilfe benötigt wird und Vater Jörg hat ein aufmerksames Auge auf alle Abläufe. Die Gartenterrasse erlaubt einen herrlichen Blick auf blühende Stauden und Rabatten. Der Jörgenhofstadel ist die stilvolle Bühne für Feierlichkeiten aller Art.

Restaurant mit exzellenter Weinkarte

Bhf→50 m

Kuppelrain - Bistrot

39020 · Bahnhofstr. 16 · (04 73) 62 41 03 · Fax: 62 41 03
Mediterrane Bistroküche · **Geöffnet:** 12-15 Uhr · **Ruhetag:** So./Mo. · **Ferien:** E. Jan.-E. Feb. · **Tische:** 11/30 Plätze
info@kuppelrain.com · www.kuppelrain.com

Speisekarte: 4 Hauptgerichte ab 28,00 €; 1 Mittagsmenü zu 40,00 €
780 Weinpos.
Das "Bistrot" präsentiert sich in einem wunderschönen Gewand: der warme Holzboden, weiße Wände mit goldgerahmten Gemälden und elegant eingedeckte Tische unterstreichen die Ambition des Gesamtauftritts, der weit über ein klassisches Bistro hinausgeht. Von 12 bis 15 Uhr kommt man dank Chefkoch Kevin Trafoier und seinem Team in den Genuss einer leichten, aromenstarken und verführerisch guten Küche. Knackige Salate, warme Pasta-Gerichte oder Carpaccios werden von gut durchdachten Hauptspeisen und dem täglich wechselnden Mittagsmenü ergänzt. Natalie Trafoier sorgt als gelernte Konditorin und Patissière für göttliche Desserts, Kuchen, Gebäck, Mehlspeisen und Eisspezialitäten. Ansprechpartnerin für die Gäste ist auch hier Mutter Sonya. Außerdem gibt es im "Kuppelrain" noch hübsche Zimmer (145,-/165,- € f. 2 Ps. inkl. Frühstück), die ideal sind, um von hier aus den Vinschgau zu erkunden, dessen zahlreiche Wanderwege durch malerische Obst- und Weingärten vor der Haustür vorbeiführen.

Bhf→50 m

Hotel Bauhof

39020 · Mareinerstraße 1 · (04 73) 62 41 45 · Fax: 62 44 68
Restaurant mit Intern. und Regionaler Küche, Weinkeller, Kinderspielplatz
23 km
info@hotel-bauhof.com · www.hotel-bauhof.com

17 **DZ** ab 110,00 €;
4 **Suiten** ab 128,00 €
Weinberge bilden die Kulisse des gemütlichen Urlaubshotels. Seit 1788 ist das Haus im Besitz der Winzerfamilie Linser, die für eine harmonische Atmosphäre sorgt. Die Zimmer (Preise inkl. Frühst.) sind freundlich eingerichtet.

Kastelruth

Bhf→15 km

Chalet Tianes - Alpine Relax

39040 · St. Michael 3/2 · (04 71) 70 80 82 · Fax: 70 88 18 · HP-Rest. m. Reg. u. Mediter. Küche, Terrasse, Lounge, Zi.-Preise inkl. 3/4-Pension
7 km
info@hotel-tianes.com · www.hotel-tianes.com

21 **DZ** ab 190,00 €;
als **EZ** ab 110,00 €;
9 **Suiten** ab 220,00 €
Umgeben von herrlicher Naturlandschaft, kann man in diesem Hotel zu jeder Jahreszeit unbeschwerte Urlaubstage verbringen. Die Gäste logieren in stilvoll eingerichteten Komfortzimmern (Preise inkl. 3/4 Pension) und können die gepflegte Saunalandschaft nutzen.

Klausen

Bhf→500 m

Jasmin Restaurant Vitale

39043 · Griesbruck 4 · (04 72) 84 74 48 · Fax: 84 71 72
Intern. Küche, eig. Kreat. · **Geöffnet:** 20-23 Uhr · **Ruhetag:** Di · **Ferien:** April+Nov. · **Tische:** 7/20 Plätze
info@bischofhof.it · www.bischofhof.it

Speisekarte: 1 Menü von 135,00 bis 190,00 €
478 Weinpos.
Patron und Chefkoch Martin Obermarzoner lässt sich in seiner Produktküche von der Ware, die erntefrisch auf dem Markt ist, inspirieren. Entsprechend abwechslungsreich und saisonal sind die Speisen. Zur Spontaneität kommen noch eine große Portion Können sowie Feingefühl, Raffinesse und handwerkliches Geschick.

Unterwirt

Bhf→3 km

✉ 39043 · OT Gufidaun · Nr. 45 · ☎ (04 72) 84 40 00 · Fax: 84 40 65
Internationale u. Regionale Küche · Küche: 19–21 Uhr · **Ruhetag:** So./Mo. · **Ferien:** M.-E. Juni · **Tische:** 11/30 Plätze
info@unterwirt-gufidaun.com · www.unterwirt-gufidaun.com

Speisekarte: 3 Hauptgerichte zu 32,50 €; 3 Menüs zu 85,00 € 276 Weinpos. Die Gaststuben sind charmant und landestypisch eingerichtet, die Küche von Patron und Chefkoch Thomas Haselwanter ist in der Region verortet und wird von ihm raffiniert mit mediterranen Elementen ergänzt.

Lana

Der Waldhof² OT Völlan

Bhf→10 km

✉ 39011 · Mayernburgstr. 32 · ☎ (04 73) 56 80 81 · Fax: 56 81 42 · Gourmetrest. und Rest. f. Hausgäste, Zi.-Preis inkl. 3/4-Pension, Waldpark mit Naturteich
6 km
info@derwaldhof.com · www.derwaldhof.com

37 **DZ** ab 157,00 €;
6 **(Jui.-)Suiten** ab 177,00 €

Hoch über Lana liegt dieses romantische, familiär geführte Urlaubshotel, umgeben von einem 30.000 m² großen, hauseigenen Naturpark mit idyllischem Naturteich. Die Zimmer sind hell und freundlich eingerichtet, zur Austattung gehören kostenfreies W-LAN sowie ein Flat-TV. Die 3/4-Pension mit Frühstück, Nachmittagsbuffet und Abendessen ist im angegebenen Preis integriert. Auch kulinarisch ist "Der Waldhof" bestens aufgestellt: Die Bar "Drink & Smile", das Hotel- sowie das Gourmetrestaurant und die Panoramaterrasse bieten zu jeder Zeit für jeden Geschmack eine feine Auswahl frisch zubereiteter Speisen und vieler Getränke. Ob ein romantischer Aufenthalt zu Zweit oder Urlaub mit der ganzen Familie – hier findet jeder das passende Angebot. Auf 1.000 m² verteilt sich das Wald-Refugium mit Infinity-Pool, Luxus-Saunabereich, Ruhezonen, Infinitypool, Private SPA sowie der großzügig dimensionierten Beauty- und Vitalabteilung. In der reizvollen Südtiroler Landschaft kann man fast jeden Outdoor-Sport betreiben. Wem Wandern, Mountainbiken, Tennis, Golf und Nordic Walking nicht reichen, macht einfach bei den vom Hotel täglich angebotenen Sportprogrammen mit oder powert sich im "Fit & Fun Point" aus – einem großen Fitnessraum in einem eigenen kleinen Häuschen im Park.

Bhf→10 km

Hotel Kirchsteiger

✉39011 · OT Völlan · Propst-Wieser-Weg 5 · ☎ (04 73) 56 80 44 · Fax: 56 81 98
HP- und Gourmet-Rest., Café, Terrasse, Frühstücksbuffet (im Zi.-Preis inkl.)
6 km VISA EC
info@kirchsteiger.com · www.kirchsteiger.com

9 **DZ** ab 156,00 €;
1 **EZ** ab 88,00 €;
5 **Suiten** ab 220,00 €

Eingebettet in die sanften Hänge des Etschtals, kann man im Gasthof Kirchsteiger unbeschwerte Urlaubstage inmitten üppiger Natur genießen. Der Gast wohnt in liebevoll und behaglich eingerichteten Zimmern (Zimmerpreise inkl. Frühstücksbuffet) und profitiert vom persönlichen Service von Familie Pircher und ihrem herzlichen Mitarbeiterteam. Patron Christian Pircher sorgt im neu gestalteten Restaurant mit regionaler und Gourmetküche fürs leibliche Wohl. Wunderschön ist die Sonnenterrasse, auf der man im Sommer morgens auch das reichhaltige Frühstücksbüfett genießen kann. Nur 150 Meter vom Gasthof Kirchsteiger entfernt gibt es noch die hübsche Dependance Villa Birkenhof, die inmitten idyllischer Obstgärten liegt.

Bhf→10 km

Restaurant Kirchsteiger

✉39011 · OT Völlan · Propst-Wieser-Weg 5 · ☎ (04 73) 56 80 44 · Fax: 56 81 98
Klass., Reg. u. Mediter. Küche · Küche: 12–14/18–21:30 Uhr · **Ruhetag:** Do. ·
Ferien: Mitte Jan.-Mitte März · **Tische:** 20/65 Plätze VISA EC
info@kirchsteiger.com · www.kirchsteiger.com

Speisekarte: 6 Hauptgerichte von 19,00 bis 26,00 €; 5-7 Tagesgerichte von 10,90 bis 22,90 €; 2 Abendmenüs von 49,00 bis 62,00 € 400 Weinpos.

Im Kirchsteiger gibt es ein kleines, sehr feines Gourmetrestaurant. Die Gestaltung mit Holzverkleidung und Holzdielenboden, edler Tischkultur, umlaufenden Bänken und hochlehnigen, grau bespannten Sesseln spiegelt mit den Materialien und in der Farbgebung die umgebende, alpine Landschaft wider und ist sehr charmant. Chefkoch Christian Pircher arbeitet auf kulinarischem Top-Niveau. Er kauft nur erstklassige, bevorzugt aus dem Umland kommende Zutaten und hat sich ein Netzwerk verlässlicher und achtsam arbeitender Händler und Erzeuger aufgebaut. Mit großem Können, Fantasie und Fleiß werkelt er mit seinem Team, um unverfälschte und aromenstarke Speisen zu kreieren. Inspiration sind ihm nicht nur die Berge, sondern auch das Meer, was man an seiner fantasievollen alpin-mediterranen Küche mit Tiefgang bestens erkennen kann. Auf Vorbestellung wird auch Vegetariern und Veganern eine sorgfältig zusammengestellte Menüfolge angeboten. Verschiedene, gut durchdachte Spezialitätenwochen (u. a. Wild- und Apfelwochen, Blütenfesttage, Wildkräuter) ergänzen das kulinarische Angebot ebenso wie Kochkurse beim Chefkoch persönlich. An warmen Tagen sitzt man ganz besonders schön auf der malerischen Sommerterrasse mit Traumblick in die Natur.

♜ Gschwangut

Bhf→2,5 km

✉ 39011 · Treibgasse 12a · ☎ (04 73) 56 15 27 · Fax: 56 41 55 · Rest. m. Intern. u. Region. Küche, Zi.-Pr. inkl. Frühst., Bar m. Kaminzimmer, Wintergarten, Park
1 km VISA
info@gschwangut.com · www.gschwangut.com

DZ von 95,00 bis 110,00 €;
als EZ von 105,00 bis 175,00 €;
15 Suiten von 115,00 bis 165,00 €
Dieses familienfreundliche Hotel mit herrlicher, mediterraner Gartenanlage und einem vielfältigen Freizeit- und Wellnessangebot ist ideal, um unbeschwerte Ferientage zu genießen.

Vigilius Mountain Resort

Bhf→6 km

✉ 39011 · Vigiljoch · ☎ (04 73) 55 66 00 · Fax: 55 66 99 · Stube "Ida", Restaurant "1500", Lounge, Bar, Terrassen, Spa, Veranstaltungskalender
VISA AE
info@vigilius.it · www.vigilius.it

35 **DZ** von 310,00 bis 470,00 €;
als **EZ** von 230,00 bis 360,00 €;
6 **Suiten** von 490,00 bis 630,00 €
Das edle Hotel lebt mit der Natur als Vorbild. Die Wärme der Materialien Holz, Lehm und Leinen spiegelt sich in der natürlichen Herzlichkeit und dem überbordenen Komfort wider. Der imposante Ausblick auf die Dolomiten macht den Aufenthalt perfekt.

Latsch

Matillhof

Bhf→1,5 km

✉ 39021 · H.-Pegger-Straße 6a · ☎ (04 73) 62 34 44 · Fax: 62 33 76 · Rest. f. Hausgäste mit Südtiroler, Mediter. und Reg. Küche, Bar, Preise inkl. 3/4-Pension
22 km VISA
info@hotelmatillhof.com · www.hotelmatillhof.com

15 **DZ** ab 252,00 €;
als **EZ** ab 143,00 €;
9 **Suiten** ab 300,00 (2 Ps.) €
Geschmack und Komfort zeichnen dieses schöne Urlaubshotel im malerischen Vinschgau aus. Traditionelle Gastfreundschaft begleitet den Gast bei seinem Aufenthalt. Preise inkl. 3/4-Pension.

Marling bei Meran

Jagdhof

Bhf→3 km

✉ 39020 · St.-Felixweg 18 · ☎ (04 73) 44 71 77 · Fax: 44 54 04
Restaurant nur für Hausgäste, attraktive Arrangements rund ums Jahr
11 km VISA
info@jagdhof.it · www.jagdhof.it

28 **DZ** ab 310,00 €;
2 **EZ** ab 165,00 €;
8 **Suiten** ab 360,00 (2 Ps.) €
In einer grünen Oase der Ruhe wohnt der Gast dieses Hotels in stilvollen Räumen (Preise = HP). Im Restaurant bereitet Erlesenes aus Küche und Keller Gaumenfreude.

La Maiena Meran Resort

Bhf→100 m

✉ 39020 · Nörderstraße 15 · ☎ (04 73) 44 70 00 · Fax: 44 73 70
Rest. mit Mediter., Reg. u. Klass. Küche, Vinothek, Bar, Panoramaterrasse
10 km VISA
info@lamaiena.it · www.lamaiena.it

22 **DZ** von 149,00 bis 219,00 €;
als **EZ** von 178,80 bis 273,75 €;
1 **EZ** von 154,60 bis 204,00 €;
49 **Suiten** von 154,60 bis 319,00 €
Das reizvoll gelegene Hotel präsentiert sich mit den neu designten, stilvoll eingerichteten Komfortzimmern sowie dem neuen SPA- und Wellnessangebot als ein ideales Urlaubsdomizil für anspruchsvolle Genießer.

Bhf→100 m

Gourmet La Fleur

✉ 39020 · Nörderstraße 15 · ☎ (04 73) 44 70 00 · Fax: 44 73 70
Klass. u. Neue Küche, eig. Kreat. · Küche: 19–23 Uhr · **Ruhetag:** Do./Fr. · **Tische:** 4/8 Plätze
info@lamaiena.it · www.lamaiena.it

Speisekarte: 2 Menüs von 80,00 bis 115,00 €
450 Weinpos.
Kreativität und die Liebe zum Detail zeichnen die hohe Kochkunst von Küchenchef Andreas Schwienbacher aus. Seine alpine Küche mit mediterranen Einflüssen basiert auf frischesten Zutaten aus der Region und ist geschmacklich und optisch ein wahrer Genuss.

Bhf→2 km

Romantik Hotel Oberwirt

✉ 39020 · St. Felixweg 2 · ☎ (04 73) 22 20 20 · Fax: 44 71 11
Rest. à la Carte, Hausbar, Sonnenterrasse, Weinkeller
7 km
info@oberwirt.com · www.oberwirt.com

50 **DZ** ab 276,00 €;
als **EZ** ab 118,00 €;
23 **Suiten** ab 374,00 €
Nicht nur die hinreißende Lage, sondern auch das Interieur prädestinieren den "Oberwirt" zum veritablen Romantik Hotel. Die in alpenländischem Stil eingerichteten Zimmer sind ein wunderschönes Zuhause auf Zeit. Erholung bietet der gepflegte Wellnessbereich.

Bhf→2 km

Romantik Hotel Oberwirt - À la Carte

✉ 39020 · St. Felixweg 2 · ☎ (04 73) 22 20 20 · Fax: 44 71 30
Regionale u. Neue Südtiroler Küche · **Geöffnet:** 12-14, 14-18, à la carte: 18:30-21:30 Uhr · **Ferien:** 12.11.-20.3. · **Tische:** 17/55 Plätze
info@oberwirt.com · www.oberwirt.com

Speisekarte: 9 Hauptgerichte von 22,00 bis 38,00 €; 9 Tagesgerichte von 14,00 bis 30,00 €; 1 Menü von 55,00 bis 65,00 €
743 Weinpos.
Mit ganz viel Können und ungebremstem Engagement überzeugt Chefkoch Werner Seidner seit Jahrzehnten mit einer Küche, in der das Beste aus Südtirol und Italien in aromenstarken Speisen verbunden wird.

Meran

Bhf→500 m

Aurora

✉ 39012 · Passerpromenade 38 · ☎ (04 73) 21 18 00 · Fax: 21 11 13
Restaurant mit mediterraner Küche, Sonnenterasse, Cocktailbar "Sketch"
10 km
info@hotelaurora.bz · www.aurora-meran.com

DZ von 119,00 bis 289,00 €;
10 **EZ** von 69,00 bis 209,00 €;
Suiten von 199,00 bis 409,00 €
Ein schönes Boutique-Hotel mit Charme und Lifestyle-Charakter direkt im Zentrum von Meran. In den modernen Zimmern hat auch schon so manch prominenter Gast erholsame Tage genossen.

Bhf→1 km

Boutique Hotel Imperial Art

✉ 39012 · Freiheitsstraße 110 · ☎ (04 73) 23 71 72 · Bistro, Bar, Zi.-Preise inkl. Frühstücksbuffet, freier VIP-Eintritt in die Therme "Meran"
5 km
info@imperialart.it · www.imperialart.it

9 **DZ** von 194,00 bis 370,00 €;
8 als **EZ** von 117,00 bis 215,00 €;
2 **Suiten** von 290,00 bis 454,00 €;
1 **App.** von 224,00 bis 350,00 €
Jedes einzelne der zwölf Kunstzimmer (Preise inkl. Frühst.) wurde ganz individuell gestaltet und gewährt einen Einblick in das Werk der drei Meraner Künstler Marcello Jori, Elisabeth Hölzl und Ulrich Egger.

Castel Rundegg OT Obermais

Bhf→2,5 km

39012 · Schennastraße 2 · (04 73) 23 41 00 · Fax: 23 72 00 · Rest. mit Klassischer und Reg. Küche, Bar, Lesezimmer, Garten, Zi.-Preise inkl. Frühst.
10 km
info@rundegg.com · www.rundegg.com

19 **DZ** von 89,00 bis 136,00 €;
6 **EZ** von 92,00 bis 135,00 €;
5 **Suiten** von 129,00 bis 169,00 €
Das Schlosshotel bietet ein romantisch-stilvolles Ambiente, einen weitläufigen Garten, eine große Wellness- und Spa-Anlage sowie großzügig geschnittene Zimmer. Somit bekommt man hier als Gast alles geboten, was man für seinen wohlverdienten Urlaub braucht.

Hotel Therme Meran

Bhf→800 m

39012 · Thermenplatz 1 · (04 73) 25 90 00 · Fax: 25 90 99 · HP-Rest. "Olivi" u. Bistro "La Piazza", Lounge, Bar, Terrasse, Zi.-Preise inkl. Frühstück
12 km
info@hotelthermemeran.it · www.hotelthermemeran.it

115 **DZ** ab 148,00 €;
24 **Suiten** ab 202,00 €
Mit klaren Linien wurde dieses Hotel von Matteo Thun gestaltet und besticht durch einen Mix aus farbenfrohen Accessoires, vielen Details und edlen Materialien. Die stilvoll gestalteten Gästezimmer verfügen über jedweden Komfort.

Kallmünz

Bhf→3 km

39012 · Sandplatz 12 · (04 73) 21 29 17 · Fax: 23 98 02 · Regionale u. Intern. Küche · **Geöffnet:** Mo.: 18:30-21:30, Di.-Sa. auch 12-14 Uhr · **Ruhetag:** So./Mo.-Mittag · **Ferien:** Jan./Feb. + 1 W. Sommer · **Tische:** 30/70 Plätze
info@kallmuenz.it · www.kallmuenz.it

Speisekarte: 3 Hauptgerichte von 18,00 bis 26,00 €; 4 Tagesgerichte von 10,00 bis 35,00 € 483 Weinpos.
Man sitzt im freundlich gestalteten Restaurant in geselliger Atmosphäre. Heimische Lieferanten sorgen für Zutaten in marktfrischer Topqualität, die mit kulinarischem Sachverstand und großer Sorgfalt zu mediterranen Speisen zusammengestellt werden.

Meisters Irma

Bhf→700 m

39012 · OT Obermais · Schönblickstraße 14 · (04 73) 21 20 00 · Fax: 23 13 55
Rest. f. Hausgäste mit Mediterraner und Regionaler Küche, Weinkeller, Bar
7 km
info@hotel-irma.com · www.hotel-irma.com

38 **DZ** ab 348,00 €;
19 **EZ** ab 164,00 €;
20 **Suiten** ab 456,00 €
Eingebettet in einen zauberhaften 20.000 m² großen Garten heißt das "Meisters Irma" seine Gäste willkommen. Die großzügig geschnittenen Zimmer (Preise = HP) mit Balkon sind ein elegantes und sehr komfortables Zuhause auf Zeit.

Meranerhof

Bhf→2 km

39012 · Manzonistraße 1 · (04 73) 23 02 30 · Fax: 23 33 12
Rest. m. Reg. u. Internationaler Küche, Bar, Frühstücksbuffet, Wintergarten
12 km
info@meranerhof.com · www.meranerhof.com

45 **DZ** von 310,00 bis 394,00 €;
als **EZ** von 155,00 bis 223,00 €;
15 **EZ** von 164,00 bis 211,00 €;
5 **Suiten** von 380,00 bis 446,00 €
Der Glanz der Belle Époque erfüllt den Meranerhof. Auch in den edel gestalteten Gästezimmern (inkl. Halbpension) findet man den Stil wieder. Der idyllische Garten lädt ebenso zum Entspannen ein wie das Beauty-Paradies Avalon.

Bhf→8 km

♜ Relais & Châteaux Castel Fragsburg

✉ 39012 · Via Fragsburg 3 · ☎ (04 73) 24 40 71 · Fax: 24 44 93 · Frühstück Royale, 1st alchemistic Spa Castellum Natura, Sanctuarium, 50.000 m^2 Schlossgarten mit beheiztem Außenpool, höchster Wasserfall Südtirols in 8 Gehminuten
17 km
VISA AE EC
info@fragsburg.com · www.fragsburg.com

2 **DZ** von 446,00 bis 593,00 €;
18 **Suiten** von 488,00 bis 890,00 €
Eingebettet in einen Park, ist das charmante "Relais & Chateaux"-Hotel mit seinen 20 Zimmern das kleinste Luxushotel Tirols. Die Inhaberfamilie Ortner und ihr Team sorgen engagiert fürs Wohl der Gäste, nicht nur in den romantisch eingerichteten Zimmern (Preise inkl. Gourmet-HP). Die Wellnessoase offeriert eine Fülle individueller Verwöhnangebote, das Restaurant gehobene Küche.

Bhf→8 km

♜ Relais & Châteaux Castel Fragsburg – Prezioso

✉ 39012 · OT Labers · Via Fragsburg 3 · ☎ (04 73) 24 40 71 · Fax: 24 44 93
Neue Küche · **Geöffnet:** Di.-Sa.:19 - 21 Uhr · **Ferien:** 9.11.20.-21.4.21 · **Tische:** 4/14 Plätze
VISA AE EC
info@fragsburg.com · www.fragsburg.com

Speisekarte: 1 Menü von 85,00 bis 130,00 €
500 Weinpos.
Hoch über dem Etschtal mit Blick auf Meran präsentiert Chefkoch Egon Heiss eine aromenstarke Küche, die ihre kulinarischen Wurzeln in der Region hat und bevorzugt auf heimischen Zutaten basiert. Die Speisen sind eine Reduktion auf das Wesentliche: Klar, geradlinig und unverfälscht, aber immer mit der nötigen Prise Fantasie.

Bhf→500 m

Sissi - Andrea Fenoglio

✉ 39012 · Galileistraße 44 · ☎ (04 73) 23 10 62 · Fax: 23 74 00
Eigene Kreationen · Küche: 12:15–14/19–21:15 Uhr · **Ruhetag:** Mo./Di.-Mitt. ·
Tische: 12/50 Plätze
VISA EC
sissi@andreafenoglio.com · www.sissi.andreafenoglio.com

Speisekarte: ca. 8 Hauptgerichte von 22,00 bis 32,00 €; 3 Menüs von 80,00 bis 95,00 € 500 Weinpos.
Ein Besuch im "Sissi" ist ein Rundumerlebnis. Ob Speiseraum oder Stube – Chefkoch Andrea Fenoglio entführt seine Gäste in eine Welt, die kulinarische Traditionen und Avantgarde umfasst.

Die Küchenleistung dieses Restaurants ist hervorhebenswert in seiner Kategorie.

Meransen

Bhf→15 km

KlimaHotel® Gitschberg

✉ 39037 · Enderecker Str. 2 · ☎ (04 72) 52 01 70 · Fax: 52 02 88
Rest. m. Reg./Med./Intern. Kü., Panoramaterrasse, Spielplatz und -zimmer
20 km
VISA EC
info@gitschberg.it · www.gitschberg.it

34 **DZ** von 76,00 bis 130,00 €;
als **EZ** von 95,00 bis 147,00 €;
4 **Sui.** von 94,00 bis 167,00 €
Design & Natur in harmonischer Verbindung. Das ungezwungen stilvolle ambiente öffnet im KlimaHotel® Gitschberg das Herz. Der Fenilia Wellnessbereich schenkt gesunde Tiefenentspannung.

Nals

Gasthof Jäger

Bhf→9 km

✉ 39010 · OT Sirmian · Apolloniaweg 5 · ☎ (04 71) 67 86 05 · Fax: 67 86 05
Klassische, Regionale u. Neue Küche · Küche: 12–14/18–21 Uhr · **Ruhetag:** Di. ·
Tische: 25/75 Plätze
info@gasthof-jaeger.com · www.gasthof-jaeger.com

Speisekarte: Hauptgerichte von 12,00 bis 26,00 €; Menü von 35,00 bis 85,00 €
Auch das Restaurant profitiert vom familiären Engagement: Gemütlich und einladend – egal, ob Gast, Einheimischer oder Wanderer einkehren – wird hier ehrlich, geradlinig und verführerisch gut gekocht, wobei das saisonale Warenangebot der Region Ideengeber für die abwechslungsreichen Speisen ist.

Oberbozen

Parkhotel Holzner

Bhf→17 km

✉ 39054 · OT Ritten · Dorf 18 · ☎ (+39 04 71) 34 52 31 · Fax: 34 55 93
Park, Bibliothek, Vinothek, reichhaltiges Frühstückbuffet, Arrangements
info@parkhotel-holzner.com · www.parkhotel-holzner.com

Family

19 **DZ** ab 236,00 €;
als **EZ** ab 118,00 €;
3 **EZ** ab 118,00 €;
31 **(Jui.-) Suiten** ab 296,00 €
Am Südhang des Rittner Hochplateaus gelegen, kann der Blick ungehindert auf die hinreißend schöne Südtiroler Bergwelt und die weichen Hügel und Weinberge im südlichen Unterland schweifen. Im "Parkhotel Holzner", das sich seit über 100 Jahren und in nunmehr vierter Generationen in Familienbesitz befindet, trifft alpiner Jugendstil auf die klaren Linien der Moderne. Das architektonisch ungemein reizvolle Haus hat sich seine Geschichte bewahrt und dem neuen Zeitgeist dennoch nie verweigert. Viele erhaltene Einrichtungsdetails wie z. B. originale Thonet-Möbel verbinden sich mit modernen Elementen. Die Zimmer und Suiten sind höchst individuell gestaltet und ein zauberhaftes Zuhause auf Zeit. Bibliothek und Internet-Station haben ebenso ihren Platz wie der veritable Weinkeller oder Holzidragos Zirkuszelt mit einem durchdachten Unterhaltungsprogramm für Kinder. Ein sehr gepflegter Spa-Bereich mit Pool-Landschaft, Saunen, Hamam, Behandlungen und Massagen lässt keine Entspannungswünsche mehr offen. Besondere Erwähnung verdient das hochengagierte Serviceteam, das zusammen mit Familie Holzner stets bemüht ist, jedem Gast einen maßgeschneiderten und angenehmen Aufenthalt zu bereiten.

Hervorhebenswert in seiner Kategorie

Bhf→20 km

Holzner – 1908

✉ 39054 · OT Ritten-Oberbozen · Dorf 18 · ☎ (+39 04 71) 34 52 31 · Fax: 34 55 93
Regionale Küche · **Geöffnet:** 19–23 Uhr · Küche: 19–21:30 Uhr · **Ruhetag:** So./Mo. ·
Ferien: variabel · **Tische:** 7/25 Plätze
info@restaurant1908.com · www.restaurant1908.com ·

Speisekarte: 1 Menü von 69,00 bis 125,00 €
400 Weinpos.

Das Interieur im Gourmetrestaurant ist mit wertigen Materialien sehr schlicht und puristisch gestaltet. Blanke Tische aus hellem Holz, Stühle aus weißem und eine dunkelgrüne Wand mit Sprossenregalen ergeben ein stimmiges und charmantes Gesamtbild. Die Atmosphäre ist entspannt, lässig und weltoffen. Chefkoch Stephan Zippl kennt als gebürtiger Südtiroler viele der Bauernhöfe, Almen und Jagden, die Zulieferer für das vielseitige Warenangebot in seiner Küche sind. In der blickt er weit über den regionalen Tellerrand hinaus und lässt sich von modernen Küchentechniken ebenso inspirieren wie von kulinarischen Strömungen aus aller Welt. So kreiert er Speisen, die man mit alpin-innovativ beschreiben kann und hat mit Fleiß, Neugierde und Fantasie seinen ganz eigenen Stil entwickelt. Seine Küche basiert auf vier Komponenten – süß, sauer, pikant, knusprig –, die immer wieder in den ausgeklügelten Menükompositionen auftauchen und harmonisch zusammenfinden. Ein zuvorkommender Service begleitet den Restaurantbesuch.

Olang

Bhf→1 km

Mirabell OT Mitterolang

✉ 39030 · H.-v.-Perthaler-Str. 11 · ☎ (00 39 04 74) 49 61 91 · Fax: 49 82 27
HP-Rest., Lobby mit Bar, Terrasse, Zi.-Preise = 3/4-Verwöhnpension
20 m
hotel@mirabell.it · www.mirabell.it ·

5 **DZ** ab 300,00 €;
3 **EZ** ab 162,00 €;
38 **Ju.-Sui.** ab 306,00 €;
9 **Suiten** ab 340,00 €

In diesem luxuriösen Wellness-Hotel erlebt man die Leichtigkeit des Seins. Die edel und freundlich gestalteten Komfortzimmer garantieren erholsame Nächte nach ereignisreichen Tagen in der reizvollen Umgebung.

Hotel mit anspruchsvollem Wellnessangebot

Pfalzen

Schöneck

Bhf→10 km

39030 · OT Mühlen · Schloss-Schöneck-Str. 11 · ☎ (04 74) 56 55 50
Reg., Int. und Neue Küche, eig. Kreat. · Küche: 12–14/19–21:30 Uhr · **Ruhetag:** Mo./Di. · **Ferien:** variabel · **Tische:** 19/60 Plätze
info@schoeneck.it · www.schoeneck.it

Speisekarte: 8 Hauptgerichte von 26,00 bis 36,00 €; 3 Tagesgerichte von 10,00 bis 29,00 €; 1 Menü zu 82,00 €
624 Weinpos.
Drei Stuben mit historischem Charme sind die wunderschöne Kulisse für die fulminante Küche von Karl Baumgartner. Seine innovativen und aromenpronocierten Speisen sind in der Region verwurzelt, gehen aber mit der feinsinnigen Einbindung mediterraner und zeitgemäßer Elemente weit darüber hinaus.

Rabland / Partschins

Hanswirt

Bhf→1 km

39020 · Geroldplatz 3 · ☎ (04 73) 96 71 48 · Fax: 96 81 03
Bauernstube, reichhaltiges Frühstücksbuffet, Fahrradverleih
10 km
info@hanswirt.com · www.hanswirt.com

DZ ab 274,00 €;
EZ ab 137,00 €;
(Jui.-)Suiten ab 308,00 €
Mitten in der phantastischen Bergwelt des Vinschgaus steht dieses traditionsträchtige Hotel und erzählt von seiner abwechslungsreichen 400-jährigen Wirtshauskultur. Mit viel Sinn für Harmonie und Liebe zum Detail sind die komfortablen Zimmer ausgestattet.

Hanswirt

Bhf→1 km

39020 · Geroldplatz 3 · ☎ (04 73) 96 71 48 · Fax: 96 81 03
Mediter., Intern., Reg. Küche · Küche: 12–14/18–21 Uhr · **Ferien:** Jan.-März · **Tische:** 30/80 Plätze
info@hanswirt.com · www.hanswirt.com

Speisekarte: 8 Hauptgerichte von 15,00 bis 35,00 €; 6 Tagesgerichte von 15,00 bis 35,00 €
183 Weinpos.
Das "Hanswirt" ist ein Gasthaus im klassischen Sinne und man fühlt sich hier einfach sofort rundum wohl. Das liegt zum einen an der urgemütlichen Stuben-Einrichtung, zum anderen am persönlichen Service und vor allem an der gekonnt verfeinerten Regionalküche von Matthias Laimer.

Sarntal

Terra The Magic Place

Bhf→23 km

39058 · Auen/Prati 21 · ☎ (04 71) 62 30 55
Restaurant, Bar, Bistro, Terrasse, Arrangements
26 km
info@terra.place · www.terra.place

8 **DZ** von 275,00 bis 350,00 €;
2 **Suiten** von 410,00 bis 470,00 €
Ein magischer Ort, um Stille zu genießen. Mitten in der Natur mit atemberaubender Aussicht auf die Dolomiten liegt das von den Geschwistern Gisela und Heinrich Schneider sehr persönlich geführte Hotel mit äußerst geschmackvoll eingerichteten Zimmern und einem kleinen, heimeligen Wellnessbereich.

Bhf→23

Terra

39058 · Auen/Prati 21 · (04 71) 62 30 55 · Regionale und Neue Küche · **Geöffnet:** Sommer: 1.5.-4.11., Winter: 2.1.-15.3. · Küche: 19–21 Uhr · **Ruhetag:** So./Mo. (Aug. kein Ruhetag) · **Ferien:** auf Anfrage · **Tische:** 7/24 Plätze
info@terra.place · www.terra.place

Speisekarte: Hauptgerichte zu 40,00 €; Menü, 10 Gänge ab 179,00 €
1012 Weinpos.
Die umgebende Natur ist ein Fixpunkt im niveauvoll gestalteten Restaurant, sie wird zum Ruhepunkt für den Gast und ist auch integraler Bestandteil der innovativen ausgeklügelten Menüs von Patron und Chefkoch Heinrich Schneider, dessen Speisen in der Region ihren Ursprung haben, aber in ihrer Kunstfertigkeit weit darüber hinaus gehen.

Schenna

Bhf→4 km

Erzherzog Johann

39017 · Schloßweg 19 · (04 73) 94 56 41
Restaurant, Bar, Vinothek, Kamin, E-Bike-Station, Arrangements
6 km
erzherzogjohann@schenna.com · www.hotel-erzherzogjohann.com

Family

44 **DZ** von 95,00 bis 125,00 €;
3 **EZ** von 100,00 bis 130,00 €;
3 **Suiten** von 120,00 bis 150,00 €
Im schönen Südtirol gelegen, bietet das charmante Hotel der Familie Pichler einen erholsamen Aufenthalt für die ganze Familie. Ob geführte Wanderungen, die Wellnessoase oder das Panoramafreibad - hier werden Groß und Klein sich wohlfühlen.

Bhf→6 km

Hohenwart

39017 · Verdinserstraße 5 · (04 73) 94 44 00 · Fax: 94 59 96
Restaurant, Kaminhalle, Vinothek, Terrasse, Zi.-Preise inkl. Verwöhnpension
12 km
info@hohenwart.com · www.hohenwart.com

68 **DZ** ab 290,00 €;
14 **EZ** ab 114,00 €;
18 **Suiten** ab 370,00 €
Oberhalb Merans gelegen, in herrlich sonniger Panoramalage. Das Haus voll herzlicher Gastlichkeit bietet eine gelungene Mischung aus typischer Südtiroler Tradition und stilvoller Moderne, aus ganzheitlichem Wellness-Erlebnis und exzellenter Küche sowie aus Entspannen und Aktivsein. Die Preise verstehen sich inklusive der Verwöhnpension.

Seiser Alm

Alpina Dolomites Gardena Health Lodge & Spa

39040 · Compatsch 62/3 · (04 71) 79 60 04 · Fax: 78 60 64
HP-Rest. u. drei Stuben, Mountain Lounge + Bar, Kinderclub, SPA
9 km
info@alpinadolomites.it · www.alpinadolomites.it

Family

43 **DZ** von 428,00 bis 908,00 €;
13 **Suiten** von 548,00 bis 2616,00 €
Das "Alpina Dolomites" ist nicht nur unter Aspekten selbst gesetzter hoher ökologischer Ansprüche ein außergewöhnliches Hotel. Edel eingerichtete Zimmer (Preise inkl. HP), Wellnessbereich, Kinderclub, Restaurant und eine Vielzahl von Freizeitangeboten machen das Haus zusätzlich attraktiv.

Steinegg/Collepietra

Berghang

Bhf→14 km

✉ 39053 · Hauptstraße 26 · ☎ (0039 (04 71)) 37 65 16
Bar, Bistro, Café, Sonnenterrasse, Outdoor Schwimmbad
14 km
VISA
info@hotel-berghang.com · www.hotel-berghang.com

19 **DZ** von 85,00 bis 116,00 €;
1 **EZ** von 51,00 bis 60,00 €;
2 **App.** von 168,00 bis 204,00 €;
3 **Suiten** von 116,00 bis 136,00 €

Im "Hotel am Berghang" – nomen est omen – nahe am Karersee kann man zu jeder Jahreszeit umgeben vom UNESCO Weltnaturerbe der Dolomiten und begleitet von Familie Vieider und dem herzlichen Team wunderbar entspannende Urlaubstage verbringen. Die behaglich und individuell eingerichteten Zimmer (Gourmetfrühstück 25.- € p. Ps.) verfügen über zeitgemäßen Komfort und der Balkon über einen Traumblick auf die Bergwelt der Dolomiten. Wer auf Hotelkomfort nicht verzichten, aber unabhängiger sein möchte, kann auch ein Appartement buchen. Zusätzliche Entspannung verspricht die kleine Wellness Oase mit beheiztem Schwimmbad, Whirlpool und Sauna. Abends kann man sich im Restaurant von Sternekoch Gregor mit Südtiroler und Italienischer Küche und einem tollen Salatbuffet verwöhnen lassen. Und wer sich einmal etwas ganz Besonderes gönnen möchte, geht ins Sterne-Restaurant "Astra". Die weite Natur mit Wiesen, Wäldern, Seen und den Bergen bietet im Sommer mit ihren zahllosen Wanderwegen, Motorrad- und Mountainbikestrecken sowie den Skipisten im Winter Freizeitvergnügen und Abwechslung.

Restaurant ASTRA

Bhf→14 km

✉ 39053 · Hauptstraße 26 · ☎ (0039 (04 71)) 37 65 16
Intern. u. Italienische Gourmetküche · **Geöffnet:** 19:00 - 21:30, So. auch 12:00-14:00 Uhr · **Ruhetag:** Mo./Di./Mi. · **Ferien:** Jan. - März · **Tische:** 4/14 Plätze VISA
info@hotel-berghang.com · www.hotel-berghang.com

Speisekarte: 3 Hauptgerichte von 35,00 bis 40,00 €; 2 Menüs von 105,00 bis 125,00 €

229 Weinpos.

Die Leidenschaft, mit der Gregor Eschgfäller und seine Frau Melanie De Lazzer ihr Restaurant "Astra" führen, ist an jeder Ecke spürbar. Das beginnt mit der liebevollen und exklusiven Gestaltung des Interieurs – Möbel aus Ulmenholz, lederbezogene Stühle und selbst getöpfertes Geschirr auf den anthrazitfarbenen Tischen – und endet noch nicht mit der herrlichen Terrasse, die einen Traumblick in den Bozner Talkessel bietet. Denn da gibt es ja vor allem noch die fulminante Küche von Gregor Eschgfäller. Die unterliegt einem steten Wandel und lässt sich nicht einfach in eine Schublade packen, weil er mit Neugierde über den nationalen Tellerrand hinausblickt und sich von Elementen und Strömungen aus aller Welt zu innovativen Speisen inspirieren lässt. Mit wie viel Geschick, Präzision und Fantasie er die handverlesenen, erntefrischen Zutaten zusammenfügt, kann der Gast auf einem Bildschirm im Restaurant live ver-

folgen. Am Ende steht ein unverfälschter und facettenreicher kulinarischer Genuss. Charmante Gastgeberin ist Melanie De Lazzer, die liebenswürdig den Service leitet, gerne nähere Auskunft zu den Speisen ihres Mannes gibt und mit sensiblem Wissen zu den korrespondierenden Weinen berät.

Steinhaus im Ahrntal

Bhf→30 km

LUNARIS 1964 Gourmet Restaurant

✉ 39030 · Hittfeld 1a · ☎ (+39 04 74) 65 21 90
Regionale und Internationale Küche · **Geöffnet:** 18:30–23 Uhr · Küche: 18:45–20:15 Uhr · **Ruhetag:** Mi./Do. · **Tische:** 4/12 Plätze
lunaris@wellnessresort.it · www.wellnessresort.it

Speisekarte: Menü zu 114,00 €
250 Weinpos.

Tradition und Moderne finden sich nicht nur im Küchenstil, sondern auch im Restaurantnamen wieder: In ihm verschmelzen die Vergangenheit – 1964 wurde Familie Steger zu sympathischen Gastronomen – und die Gegenwart – "LUNARIS" heißt das Resort seit seinem großen Umbau und der Wiedereröffnung 2018. Diese Symbiose von Tradiertem und Modernem trifft man auch in der fantasievollen Küche von Matthias Kirchler an. Er kocht regional, interpretiert die tradierten Rezepturen aber mit Können, Neugierde und Experimentierfreude neu und modern. Internationalen Zutaten versperrt er sich nicht, unabdingbar ist jedoch immer ihre kompromisslos gute Qualität. Dass er dabei nach dem Prinzip "nose to tail" arbeitet, ist für ihn auch eine Frage der Nachhaltigkeit und des Respektes. Mit vielseitigen Ideen stellt er ein zwölfgängiges, alpin-mediterranes Menü zusammen, bei dem das "FINE" von Fine-Dining großgeschrieben werden muss. Das zugewandte und liebenswürdige Serviceteam begleitet den Abend und berät kompetent zur top sortierten Weinkarte.

LUNARIS Wellnessresort

Bhf→30 km

39030 · Hittfeld 1a · (+ 39 04 74) 65 21 90
Restaurant, Sky Bar & Lounge, Vinothek, Arrangements
lunaris@wellnessresort.it · www.wellnessresort.it

DZ ab 324,00 €;
als **EZ** ab 190,00 €;
Suiten ab 340,00 (2 Ps.) €;
Familiensuiten ab 396,00 (2 Ps.) €

Das Lunaris Wellnessresort beeindruckt mit seiner Großzügigkeit. Die Lobby, der Zuschnitt der Zimmer, die Außenanlagen: hier ist Platz zum Atmen, nichts steht einem Urlaub abseits ausgetretener Pfade im Weg. Im Herzen der Skiworld Ahrntal, neben der Kabinenbahn und den Pisten der Skiarena Klausberg gelegen, wird der Winter inmitten der wunderschönen Schneelandschaft zu einer bevorzugten Jahreszeit. Aber auch im Sommer ist das exklusive Lunaris Wellnessresort ein Ort, an dem man den Alltag vergisst, sich verwöhnen lässt und "runterkommt". Der Gast logiert in individuell eingerichteten Zimmern, die modern gestaltet sind und mit wertigen Naturmaterialien einen unmittelbaren Bezug zur Alpenregion herstellen. Der Wellnessbereich ist eine Welt für sich. Auf über 5000 m² gibt es Saunen, Eisbecken, Fitnessangebote, Beauty-Treatment-Behandlungsräume, Family-Spa, Juniorclub und Wasser, immer wieder Wasser: Gleich sechs In- und Outdoor-Pools für kleine und große Gäste erwarten den Besucher. Highlight ist fraglos der Sunset-Sky-Pool: Er verschmilzt gleichsam mit der alpinen Bergwelt und bietet einen Weitblick, der magisch anmutet. Ein ungemein herzliches und top geschultes Serviceteam begleitet den Aufenthalt, steht den Gästen jederzeit zur Verfügung, gibt Tipps zum vielseitigen Freizeitangebot und trägt zur Erholung in diesem luxuriösen Hideaway mit exklusivem Ambiente bei.

Sterzing

Kleine Flamme

Bhf→500 m

39049 · Neustadt 31 · (04 72) 76 60 65 · Fax: 76 60 65
Internationale Küche, eig. Kreationen · **Geöffnet:** 12-14, 18:30-21 Uhr, So. 12-14 Uhr · **Ruhetag:** So.Abd./Mo. · **Ferien:** variabel · **Tische:** 7/30 Plätze
info@kleineflamme.com · www.kleineflamme.com

Speisekarte: 4 Hauptgerichte von 28,00 bis 35,00 €; Tagesgerichte von 19,00 bis 28,00 €; Menüs von 59,00 bis 100,00 €
113 Weinpos.
Kulinarischer Weltenbummler und Chefkoch Burkhard Bacher entführt seine Gäste in eine Welt der italienischen, thailändischen, japanischen oder französischen Aromenvielfalt. Mit viel Feingefühl und Enthusiasmus schafft er spannende Geschmackssynergien, die voller Überraschungen stecken.

Bhf→1 km

arbor

39049 · Geizkoflerstraße 15 · (0039-04 72) 76 42 41 · Fax: 76 51 28
Regionale und Mediterrane Küche · **Geöffnet:** Di.-, Do.-, Fr.-Mittag n. m. Reservierung · Küche: 12–14/19–22 Uhr · **Ruhetag:** Mi. · **Tische:** 6/25 Plätze VISA
info@arbor.bz.it · www.arbor.bz.it

Speisekarte: 4 Hauptgerichte von 23,00 bis 28,00 €; 1 Menü von 41,00 bis 65,00 €
200 Weinpos.

Armin und Doris Siller führen ihr Restaurant mit sehr viel Leidenschaft und Einsatz Wunderschön ist die historische Zirnstube mit Dielenboden, Holzverkleidung und imposantem Kachelofen, eleganter mit warmen Farben und weich fließenden Stoffen ist der kleine Saal. Der Patron hat sein Handwerk von der Pike auf gelernt. Er nutzt bevorzugt Waren von einheimischen Bauern und Erzeugern aus dem Umland und kauft gerne im jahreszeitlichen Rhythmus ein. Wild kommt aus den umliegenden Jagdrevieren, geräuchert wird gerne selber. Seine Speisen sind in der Region verwurzelt, werden jedoch mit modernen, italienischen Elementen geschickt verfeinert. Unverfälscht und ehrlich, sind sie und bekommen durch Kräuter aus dem eigenen Garten den letzten Aromakick. Übers Jahr verteilt gibt es verschiedene Spezialitätenwochen, während der man ein speziell abgestimmtes Menü entdecken kann. Ehefrau Doris leitet den Service mit lebendiger Natürlichkeit und ist als diplomierte Sommelière die richtigen Ansprechpartnerin bei den Weinen mit Südtiroler Schwerpunkt. Mit einem vielseitigen Catering sorgt das arbor-Team auch für ein kulinarisches Gelingen außer Haus. Ein malerischer, kleiner Gastgarten macht den Restaurantbesuch an warmen Tagen zu einem Freiluftvergnügen.

Bhf→600 m

Lilie

39049 · Neustadt 49 · (04 72) 76 00 63 · Fax: 76 27 49 · Rest. mit Reg., Mediterr. Küche, Bistro, Café, eig. Konditorei, Zimmerpreise inkl. Frühstück
1,5 km VISA AE
info@hotellilie.it · www.hotellilie.it

15 **DZ** von 130,00 bis 170,00 €;
als **EZ** von 75,00 bis 95,00 €
Antike und Moderne treffen sich in diesem im historischen Zentrum Sterzings gelegenen Hotel, das als Fuhrmannsgaststätte bereits 1461 erstmals erwähnt wurde. Entspannung für Körper und Geist verspricht neben den liebevoll eingerichteten Gästezimmern die kleine, wunderschöne Wellnessoase.

St. Kassian

Bhf→40 km

Rosa Alpina

39030 · Strada Micurà de Rü 20 · (04 71) 84 95 00 · Fax: 84 93 77
Rest. "Wine Bar & Grill", Fondue-Stuben, Hotelbar, Kaminhalle
8 km VISA AE
info@rosalpina.it · www.rosalpina.it

21 **DZ** von 325,00 bis 650,00 €;
4 **EZ** von 285,00 bis 430,00 €;
26 **Sui.** von 425,00 bis 1400,00 €
Im idyllischen Bergdorf St. Kassian liegt der Familienbetrieb der Pizzininis: Ein Hotel, das in den rustikal-eleganten Zimmern alle Annehmlichkeiten und noch ein bisschen mehr bietet.

Rosa Alpina - St. Hubertus

Bhf→40 km

✉ 39030 · Strada Micurà de Rü 20 · ☎ (04 71) 84 95 00 · Fax: 84 93 77
Klass., Medit. Küche, eig. Kreationen · **Geöffnet:** ab 18:45 Uhr · **Ruhetag:** Mo./Di. ·
Ferien: Ostern-15.5./Okt./Nov. · **Tische:** 11/40 Plätze
info@rosalpina.it · www.rosalpina.it

Speisekarte: 5 Hauptgerichte von 38,00 bis 48,00 €; 1 Menü zu 320,00 €
437 Weinpos.
Chefkoch Norbert Niederkofler arbeitet mit einer staunenswerten Leidenschaft und hat das Gourmetrestaurant "St. Hubertus" zu einem echten Sehnsuchtsort für Gourmets gemacht, denn "Cook the Mountain" ist das Credo für seine fulminante und virtuose Produktküche, in der heimische Zutaten zur Basis für ehrliche kulinarische Kunst werden.

Hervorragende Serviceleistung

St. Martin (bei Meran)

Quellenhof Luxury Resort Passeier

Bhf→12 km

Family

✉ 39010 · Pseirerstraße 47 · ☎ (04 73) 64 54 74 · Fax: 64 54 99 · Gourmetrest, Teppanyaki-Rest., 9 Stuben, von Anfang Jan.-Mitte März geschlossen
1 km
info@quellenhof.it · www.quellenhof.it

50 **DZ** von 340,00 bis 500,00 €;
10 **EZ** von 175,00 bis 235,00 €;
5 **App.** von 290,00 bis 840,00 €;
40 **Suiten** von 420,00 bis 840,00 €

Inmitten üppiger Wiesen und Wälder, nur wenige Autominuten von Meran entfernt, findet sich mit dem Quellenhof Luxury Resort Passeier ein schönes und perfekt konzipiertes Urlaubs-Paradies für die ganze Familie. Das Ensemble besteht aus unterschiedlichen Gebäudekomplexen. Überall erwarten den Gast sehr schöne Zimmer, Suiten und Chalets mit erstklassiger Ausstattung, zeitgemäßem Komfort und je nach Kategorie exklusiven Extras wie Sauna, Loggia oder Dachterrasse (die Preise verstehen sich inklusive Gourmet-Halbpension). Die Fülle der Freizeitmöglichkeiten ist schlicht hinreißend. Hier kann man Wellnessurlaub auf über 10.000 m^2 verbringen. Alleine, zu Zweit oder mit den Kindern. Für die gibt es den Aqua Family Parc, den Miniclub mit Betreuung und Animation, ein Sportcamp, Kinderkurse uvm. Auf die großen Gäste warten top gepflegte Tennisplätze, Sauna-, Wasser- und Ruhe-Welten, Wellnessanwendungen, Heil- und Pflegeanwendungen, ein Medical Center, Massagen und ästhetische Medizin – eigentlich gibt es in diesem Urlaubs-Resort der Extraklasse nichts, was es nicht gibt. Natürlich auch eine breite gastronomische Palette – u. a. mit der "Quellenhof Gourmetstube 1897". In nur einem Urlaub kann man die fantastischen Angebote kaum alle nutzen und so wird man angesichts der vielen Möglichkeiten und herzlich-familiären Atmosphäre sehr gerne zum Wiederholungstäter.

Bhf→12 km

Quellenhof Gourmetstube 1897

✉ 39010 · Pseirerstraße 47 · ☎ (04 73) 64 54 74 · Fax: 64 54 99
Alpin-Mediterrane Küche · Küche: 18–24 Uhr · **Ruhetag:** So./Mo./Di. · **Ferien:** 10.1.-3.3.2021 · **Tische:** 5/15 Plätze
info@quellenhof.it · www.quellenhof.it

Speisekarte: 3 Hauptgerichte von 22,00 bis 35,00 €; 2 Menüs von 114,00 bis 124,00 € 700 Weinpos. Der "Quellenhof" an der Passeirer Straße – einst eine kleine Poststation – wurde 1897 gegründet. Dieses Gründungsjahr gibt dem Gourmetrestaurant heute seinen Namen. Das Interieur ist eine Demonstration des guten Geschmacks: Edle Naturmaterialien, warme, vor allem braune Farbtöne, offene Weinregale und avantgardistische Lampen, die den gekonnten Stilmix ins rechte Licht rücken, geben dem Restaurant ein exklusives, weltoffenes Ambiente. Chefkoch Michael Mayr steht für eine vielseitige und moderne alpin-mediterrane Küche. Das Umland ist reich an Gaben der Natur, die in erntefrischer, kompromisslos guter Qualität in die Küche gelangen. Hier werden sie vom Chefkoch und seinem Team mit Bedacht zusammengestellt. Können trifft auf Kreativität, Traditionelles auf Zeitgeist. Die alles umfassende Klammer sind unverfälschte, ehrliche Zubereitungen, gerne mit jahreszeitlichem Bezug und immer in bildschöner Optik. Mit "Rund um die Welt" und "Chef Calling" stehen zwei Menüs zur Auswahl mit Speisen, die in ihren Kombinationen sehr durchdacht und herrlich innovativ sind. Kräuter aus dem eigenen Garten setzen das aromatische i-Tüpfelchen auf die gelungenen Kompositionen (und können auf gemeinsamen Kräuterwanderungen mit der ganzen Küchen-Crew entdeckt werden). Matteo Lattanzi gibt als umsichtiger Maître gerne nähere Auskunft zu den Speisen und berät zu den passenden Weinen, die in verführerischer Fülle warten. Der schön gestaltete Weinkeller steht auch für Verkostungen in geselliger Runde bereit.

Restaurant mit gutem Genuss-/Preisverhältnis.

Bhf→15 km

Golf- und Spa Resort Andreus

✉ 39010 · Kellerlahne 3 · ☎ (04 73) 49 13 30 · Fax: 49 13 31
HP-Restaurant, Hotelbar, Kaminzimmer, Bibliothek, Sonnenterrasse
am Haus
info@andreus.it · www.andreus.it

76 **Suiten** ab 436,00 €;
3 **als EZ** ab 190,00 €
In der malerischen Landschaft des Passeiertals ist das Golf & Spa Resort Andreus ein Refugium der Extraklasse mit komfortablen Zimmern mit Balkon (Preise inkl. HP) und 7.000 m² großer, gepflegter Wellnessoase.

Family

St. Ulrich / Gröden

ADLER DOLOMITI Spa & Sport Resort

Bhf→20 km

39046 · Fußgängerzone · (04 71) 77 50 01 · Fax: 77 55 55
Rest. mit Intern. und Regionaler Küche für Hausgäste, Pianobar, Kinderclub
16 km
info@adler-dolomiti.com · www.adler-dolomiti.com

86 **DZ** von 300,00 bis 700,00 €;
6 **EZ** von 170,00 bis 400,00 €;
20 **Fam.-Zi.** von 300,00 bis 720,00 €
Seit 1810 wächst das Hotel im Einklang mit der Zeit und schafft neue Freiräume zum Entspannen und Erholen. Es verschmelzen Tradition und Moderne zu einem harmonischen Wohn- und Wohlgefühl, gepaart mit charmanter Südtiroler Gastfreundschaft.

"Anna Stuben" Gourmet Restaurant

Bhf→13 km

39046 · Via Vidalong 3 · (04 71) 79 63 15 · Fax: 79 65 13
Kreative u. innovative Küche · **Geöffnet:** ab 19 Uhr · **Ruhetag:** So. · **Ferien:** variabel, bitte anfragen · **Tische:** 7/25 Plätze
info@gardena.it · www.gardena.it

Speisekarte: 5 Hauptgerichte von 36,00 bis 52,00 €; 3 Menüs von 99,00 bis 118,00 €
750 Weinpos.
Die Gestaltung der Anna-Stube ist eine Hommage an die ländliche Umgebung und macht sie zu einem echten kulinarischen Kleinod. Chefkoch Reimund Brunner nutzt das vielseitige heimische Warenangebot und stellt die Zutaten mit sehr viel Fantasie zu Speisen zusammen, die so präzise wie ausgeklügelt sind.

Relais & Châteaux Gardena Grödnerhof

Bhf→36 km

39046 · Vidalongstraße 3 · (04 71) 79 63 15 · Fax: 79 65 13
Gourmet Restaurant, Hotelbar, Weinkeller, Kinderclub, Kamin-Lobby, SPA
15 km
info@gardena.it · www.gardena.it

48 **DZ** von 334,00 bis 850,00 €;
6 **Suiten** von 414,00 bis 998,00 €
Die Atmosphäre von unaufdringlichem Luxus, verbunden mit traditionellen alpinen Details, schafft Behaglichkeit und Freiräume im Grödnerhof. Die Komfortzimmer (Preise = HP) sind ein Refugium der Ruhe. Ein exklusives Spa und Möglichkeiten der Freizeitgestaltung zu jeder Jahreszeit gehören zum Angebot.

St. Vigil in Enneberg

Spaces

Bhf→15 km

39030 · Chi Vai 16 · (04 74) 50 11 86
Pizzeria, Bar, Fahrraddepot, Skiraum, E-Auto-Ladestation, Panorama-Terrasse
freedom@spaces-hotel.com · www.spaces-hotel.com

als **EZ** ab 150,00 €;
10 **Suiten** von 140,00 bis 390,00 €

Wer in seinem Hotel landestypische, alpine Gemütlichkeit bevorzugt, ist im "Spaces" nicht richtig. Wer Freiraum, Individualität, Unkonventionalität, kurz, das Besondere bevorzugt, kommt am "Spaces" nicht vorbei. Die Alleinlage inmitten des Naturparks Fanes-Sennes-Prags kann man dank der 360° Grad Dolomiten-Bergpanoramen mit allen Sinnen und zu jeder Jahreszeit genießen. Im Winter findet man sich direkt an der Piste am Kronplatz und hat 119 Pistenkilometer und 32 modernste Aufstiegsanlagen direkt vor der Tür, im Sommer sind es Wanderwege und solche für Mountainbikes, Klettersteige und Open-Air-Veranstaltungen. Zehn moderne Chalet-Suiten von 37 m² erwarten den Gast (die Preise verstehen sich inkl. Halbpension), spektakuläre Terrasse, Chilling place und Yoga floor inklusive. Die Architektur der Anlage ist im doppelten Wortsinn herausragend: geradlinig, klar und mit asymmetrisch platzierten Balkonen ist der Gesamteindruck so aufregend an-

ders wie das Interieur des Hotels und der Chalets. Hier verbinden sich wertige Naturmaterialien mit einem faszinierenden Purismus zu einem Wohngenuss, der nicht alltäglich ist, und von atemberaubenden Blicken ins faszinierende Rund der Bergwelt begleitet wird. Das gilt auch für das Restaurant "La Miara", die Bar, Pizzeria und natürlich ganz besonders den Terrassenplatz unter freiem Alpenhimmel. Die Rahmenbedingungen im "Spaces" sind außergewöhnlich, die individuelle Urlaubsgestaltung kann es dank der eigenen Fantasie werden.

Bhf→15 km

La Miara

✉ 39030 · Chi Vai 16 · ☎ (04 74) 50 11 86 · Internationale u. Regionale Küche · **Geöffnet:** mittags ab 12, abends ab 18:30 (Pizzeria nur abends) · **Ruhetag:** Mo.-Abd. nur in der Pizzeria · **Tische:** 28/100 Plätze
freedom@spaces-hotel.com · www.spaces-hotel.com

Speisekarte: 7-15 Hauptgerichte von 20,00 bis 35,00 €; 1 Mittagsmenü von 13,00 bis 15,00 €

30 Weinpos.

Die schlichte Einrichtung des Restaurants bekommt dank des Blicks durch die große Panorama-Fensterfront einen opulenten Gegenpart, denn dort wartet ein spektakuläres Alpenpanorama so weit das Auge reicht. Chefköchin Angelina Ivanova kocht mit kulinarischem Schwung und einer Vielzahl raffinierter Ideen. Gerade der Facettenreichtum ihrer Speisen, die in keine Schublade passen, macht das Essen hier so lustvoll. Sie kocht traditionell und modern, innovativ, kreativ, peppt alles auf, ohne zu übertreiben und präsentiert auch optisch wunderschöne Gerichte, die von teils molekularen Salaten über Fisch, Fleisch, Vegetarisches und köstlich duftende, italienische Pasta bis hin zu verführerischen Desserts reichen. Alles ist hausgemacht, die Produkte sind vorzugsweise aus der Region und kommen nur in einwandfreier Qualität in die Küche. Selbst gebaute Burger und die von Evelyn Ploner mit drei verschiedenen Teigsorten gebackenen Pizzen ergänzen das zeitgemäße und freche Angebot. Und an warmen Tagen verlagert sich das Geschehen gerne auf die Terrasse mit Ausblick auf die Dolomitengipfel, die mit ein bisschen Glück auch noch feuerrot im Sonnenuntergang leuchten. Übrigens – gerne werden auch private Feiern individuell geplant und vom engagierten Team kompetent ausgerichtet.

Terlan

Bhf→500 m

Patauner

✉ 39018 · OT Siebeneich · Bozner Straße 6 · ☎ ((00 39) 04 71) 91 85 02
Landestypische Küche · Küche: 12–14/18:15–21:15 Uhr · **Ruhetag:** So. · **Ferien:** je 2 Wo. Feb. + Juli · **Tische:** 16 (+ 15 Terrasse)/50 + 60 Plätze
restaurant-patauner@rolmail.net · www.restaurant-patauner.net

Speisekarte: 10 Hauptgerichte von 14,00 bis 25,00 € 132 Weinpos.

Seit vier Generationen erwartet den Gast im rustikal-behaglich eingerichteten Restaurant herzliche Gastlichkeit. Dafür sorgt Familie Patauner mit großem En-

gagement. Vater Heinz und Sohn Florian stehen am Herd und präsentieren Süftiroler Spezialitäten, die auf vielseitigen, saisonalen Zutaten basieren.

Tisens/Tesimo

Zum Löwen

Bhf→3 km

39010 · Hauptstraße 72 · ☎ (04 73) 92 09 27 · Fax: 92 73 12
Regionale, Neue u. Mediterrane Küche · Küche: 12–13:30/19–21:30 Uhr · **Ruhetag:** Mo./Di. · **Ferien:** variabel · **Tische:** 13/35 Plätze
zumloewen@rolmail.net · www.zumloewen.it

Speisekarte: Hauptgerichte von 35,00 bis 38,00 €; 2 Menüs von 89,00 bis 118,00 € 325 Weinpos.
Echte Leidenschaft ist die halbe Miete, wenn man etwas Besonderes tun möchte. Anna Matscher war vor Jahrzehnten Quereinsteigerin mit dem brennenden Wunsch zu kochen und hat sich zur Freude ihrer Gäste nicht davon abbringen lassen. Ihre Speisen sind Ausdruck überbordender Fantasie und großer Handwerkskunst.

Tscherms / Meran

Miil

Bhf→5 km

39010 · Gampenstr. 1 · ☎ (04 73) 56 37 33
Reg. u. Neue Küche, eig, Kreat. · Küche: 12–14/19–21:30 Uhr · **Ruhetag:** So./Mo. · **Tische:** 16/45 Plätze
info@miil.info · www.miil.info

Speisekarte: 4 Hauptgerichte von 20,00 bis 26,00 €; 4 Tagesgerichte von 9,00 bis 14,00 €; 1 Menü zu 75,00 €
244 Weinpos.
Die zeitgeistige Küche von Chefkoch Daniel Werth basiert auf qualitativ hochwertigen und nachhaltig produzierten Produkten und wird von den Jahreszeiten bestimmt. In Kombination mit der exklusiven Weinauswahl erfährt der Gast immer wieder neue Genussmomente, die begeistern.

Villanders

Family

Ansitz zum Steinbock OT St. Stefan

Bhf→5 km

39040 · Franz v. Defreggergasse 14 · ☎ (04 72) 84 31 11 · Fax: 84 34 68 · Reichhaltiges Frühstücksbuffet (im Zi.-Preis inkl.), Terrasse, Lesezimmer, Weinkeller
20 km
info@zumsteinbock.com · www.zumsteinbock.com

18 **DZ** ab 116,00 €;
als **EZ** ab 90,00 €;
1 **EZ** ab 58,00 €;
1 **Suite** ab 142,00 €

Im 15. Jh. war dieses Gebäude im malerischen Eisacktal der Sitz eines alten Adelsgeschlechtes und bereits 1750 gab es hier ein Gasthaus. Die lange Historie ist stets gegenwärtig in dem wunderschönen Haus, wo herzliche Gastfreundschaft groß geschrieben wird. Die mit viel Geschmack und Stil individuell eigerichteten Zimmer sind ein komfortables Zuhause auf Zeit (Preise inkl. Frühstück). Neue Suiten, Pool und eine Sauna machen das Hotel zusätzlich sehr attraktiv. Auf der Gartenterrasse bzw. Gartenlounge mitten im Dorf von Villanders trifft man sich, genießt kulinarische Häppchen oder feiert unvergessliche Feste. Die reizvolle Umgebung, so zum Beispiel die Villanderer Alm – eine der schönsten Hochalmen von Südtirol – bietet eine Fülle von verschiedenen Freizeitmöglichkeiten.

Bhf→5 km

Ansitz zum Steinbock OT St. Stefan

✉ 39040 · Franz v. Deffreggergasse 14 · ☎ (04 72) 84 31 11 · Fax: 84 34 68
Intern., Reg. u. Mediterr. Küche · Küche: 12–14/19–21 Uhr · **Ruhetag:** Mo. · **Ferien:** ca. 15.1.-15.2. · **Tische:** 15/50 Plätze
info@zumsteinbock.com · www.zumsteinbock.com

Speisekarte: 6 Hauptgerichte von 24,00 bis 36,00 €; 2-5 Tagesgerichte von 12,00 bis 28,00 €; 3 Menüs von 52,00 bis 84,00 €
800 Weinpos.
Lebensart und Lebensfreude längst vergangener Tage finden im "Ansitz zum Steinbock" die perfekte Bühne. Die historischen Stuben sind so wunderschön und landestypisch gestaltet, dass sie aus einem Märchenbuch stammen könnten. Die viele Hundert Jahre alten, originalen Einrichtungsdetails wie Truhen, Schränke und Holztüren geben den verschiedenen Stuben und Sälen ein wunderschönes Gepräge. Dem optischen Genuss steht der kulinarische in nichts nach. Die Speisen basieren auf erstklassigen Zutaten, die bevorzugt in erntefrischer Qualität aus dem Umland kommen. Vieles, wie Bergartischocken, Tomaten und Himbeeren stammen aus hauseigenem Anbau, das Fleisch von Angus- und Brillenschafen ist vom familieneigenen Hof. Die Ingredienzen werden mit großer Sorgfalt, Können und kreativen Ideen zusammengestellt, tradierte Rezepturen behutsam dem Zeitgeist angepasst und mit raffinierten Ideen neu interpretiert wie der Wolfsbarsch mit Latuga Salat, knusprigen Röstkartoffeln und schlichter, aber genial guter Beurre blanc. Elisabeth Rabensteiner ist formvollendete Gastgeberin, leitet den freundlichen Service mit Übersicht und berät zu den Weinen, die es in hinreißender Qualität und Auswahl gibt. In den Tiefen des historischen Weinkellers wartet eine moderne Tafel, um an wöchentlich stattfindenden Wein- und Käseverkostungen teilzunehmen. Die schöne Terrasse im Dorfzentrum von Villander ist an warmen Tagen ein bevorzugter Ort des Genusses.

Vintl

Bhf→700 m

Aktiv- und Genusshotel Lodenwirt

✉ 39030 · Pustertaler Straße 1 · ☎ (04 72) 86 70 00 · Fax: 86 70 70 · Reichhaltiges Frühstücksbuffet im Zimmerpreis inkludiert, Terrasse, Bar, Arrangements
17 km
info@lodenwirt.it · www.lodenwirt.it

50 **DZ** von 92,00 bis 140,00 €;
als **EZ** von 65,00 bis 100,00 €
Das Hotel "Lodenwirt" inmitten alpiner Natur ist der ideale Ort, um auszuspannen und sich aktiv zu erholen. Die komfortablen Zimmer sind mit Stil behaglich eingerichtet (die Preise verstehen sich inkl. des Frühstücksbuffets). Im Restaurant wartet mit Pizza, Pasta und Südtiroler Spezialitäten kulinarischer Genuss.

Bhf→8 km

La Passion

✉ 39030 · OT Obervintl · St. Nikolausweg 5/B · ☎ (04 72) 86 85 95
Reg., Mediterr. u. Int. Küche · Küche: 12–14/19–21:30 Uhr · **Ruhetag:** Mo. · **Tische:** 5/20 Plätze
info@lapassion.it · www.lapassion.it

Speisekarte: 4 Hauptgerichte von 30,00 bis 31,00 €; 4 Menüs von 51,00 bis 82,00 €
250 Weinpos.
Patron und Chefkoch Wolfgang Kerschbaumer kocht sehr innovativ, konzentriert und fantasievoll, ohne dass seine Speisen mit Südtiroler Bezug die Bodenhaftung verlieren.

Völs am Schlern

Romantik Hotel Turm

Bhf→15 km

39050 · Kirchplatz 9 · ☎ (04 71) 72 50 14 · Fax: 72 54 74
Rest., Bar, Arrangements, Zi.-Preise inkl. Frühstück, hauseigener Golfplatz
7 km
info@hotelturm.it · www.hotelturm.it

29 **DZ** von 204,00 bis 354,00 €;
3 **EZ** von 129,00 bis 174,00 €;
10 **Suiten** von 288,00 bis 404,00 €
Im Hotel "Turm" mit gepflegter Wellnessoase lässt sich vor hinreißender Alpenkulisse in den stilvoll eingerichteten Zimmern (Preise inkl. Frühstück) und den mit unzähligen Bildern dekorierten Räumlichkeiten ein herrlicher Urlaub verbringen.

Welschnofen

Johannisstube

Bhf→17 km

39056 · Gummerer Str. 3 · ☎ (04 71) 61 31 31
Reg. u. Neue Küche · Küche: 17–21 Uhr · **Ruhetag:** So./Mo./Di. · **Ferien:** Ostern 3 Wochen · **Tische:** 6/24 Plätze
booking@hotel-engel.com · www.hotel-engel.com

Speisekarte: Hauptgerichte zu 40,00 €; Menü (5-11 Gänge) von 98,00 bis 148,00 € 350 Weinpos.
Die umgebenden Wiesen und Wälder mit ihrem Produktreichtum sind Inspirationsquelle für Chefkoch Theodor Falser. Er kocht passioniert, ideenreich, gekonnt und fasst die Speisen unter „Taste nature" zusammen. Viele Zutaten werden selber angebaut und am Ende schmeckt man die Wahrhaftigkeit auf den schön angerichteten Tellern.

Wolkenstein

Alpenroyal Grand Hotel - Gourmet & Spa

Bhf→20 km

39048 · Meisulesstraße 43 · ☎ (04 71) 79 55 55 · Fax: 79 41 61 · Restaurant, Bar, Weinkeller, Kaminstube, Miniclub, Helicopterlandeplatz, Skiverleih- und Depot
25
info@alpenroyal.com · www.alpenroyal.com

30 **DZ** von 208,00 bis 1100,00 €;
25 **Suiten** von 356,00 bis 2032,00 €
Die Dolomiten sind die majestätische Kulisse dieses exklusiven Sport- und Wellnesshotels mit behaglichen Zimmern, einer großen Auswahl an Freizeitaktivitäten und einem wunderschönen 15.000 m^2 großen Park. Der aufmerksame und zugewandte Service umsorgt den Gast kompetent und herzlich.

Alpenroyal Gourmet Restaurant

Bhf→40 km

39048 · Meisules 43 · ☎ (04 71) 79 5 55 · Fax: 79 41 61
Klass. u. Innovative Gourmetküche mit mediterr. Schwerpunkt · Küche: 19:30–21 Uhr · **Ruhetag:** So. · **Tische:** 9/25 Plätze
info@alpenroyal.com · www.alpenroyal.com

Speisekarte: 5 Hauptgerichte von 28,00 bis 40,00 €; 2 Menüs von 90,00 bis 120,00 € 600 Weinpos.
Die Philosophie des sterngekrönten Gourmetrestaurants - unter Leitung von Chefkoch Mario Porcelli - ist es, aus den Geschenken, die uns die Natur macht, kunstvolle Geschmacksbilder zu kreieren, die den anspruchsvollen Gast begeistern.

Ein Restaurant mit anspruchsvoller Küche.

LEONARDO
Für besondere Genuss-Momente!
MATERA
Tafelgeschirr
GLASLIEBE. PER SEMPRE.
leonardo.de